ORDO

Band 59

ORDO

Jahrbuch für die Ordnung von Wirtschaft und Gesellschaft
Band 59

Begründet von

Walter Eucken
und
Franz Böhm

Herausgegeben von

Hans Otto Lenel
Clemens Fuest
Walter Hamm
Ernst Heuss
Wolfgang Kerber
Martin Leschke
Ernst-Joachim Mestmäcker
Wernhard Möschel

Josef Molsberger
Peter Oberender
Ingo Pies
Razeen Sally
Alfred Schüller
Viktor Vanberg
Christian Watrin
Hans Willgerodt

 Lucius & Lucius · Stuttgart

Schriftleitung

Professor Dr. *Hans Otto Lenel*
Universität Mainz, Haus Recht und Wirtschaft, D-55099 Mainz

Professor Dr. Dr. h.c. *Josef Molsberger*
Universität Tübingen, Wirtschaftswissenschaftliches Seminar
Mohlstr. 36, D-72074 Tübingen

Professor Dr. *Alfred Schüller*
Philipps-Universität Marburg, Fachbereich Wirtschaftswissenschaften
Universitätsstr. 25a, D-35037 Marburg

Professor Dr. Dr. h.c. *Peter Oberender*
Universität Bayreuth, Rechts- und Wirtschaftswissenschaftliche Fakultät,
Lehrstuhl für Volkswirtschaftslehre IV – Wirtschaftstheorie,
Universitätsstr. 30, D-95447 Bayreuth

Professor Dr. *Martin Leschke*
Universität Bayreuth, Rechts- und Wirtschaftswissenschaftliche Fakultät,
Lehrstuhl für Volkswirtschaftslehre V – Institutionenökonomik,
Universitätsstr. 30, D-95447 Bayreuth

Professor Dr. *Ingo Pies*
Martin-Luther-Universität Halle-Wittenberg,
Stiftungslehrstuhl für Wirtschaftsethik,
Große Steinstraße 73, D-06108 Halle (Saale)

Bibliografische Information der Deutschen Nationalbibliothek

Die Deutsche Nationalbibliothek verzeichnet diese Publikation in der
Deutschen Nationalbibliografie; detaillierte bibliografische Daten sind im
Internet über http://dnb.d-nb.de abrufbar.

© Lucius & Lucius Verlagsgesellschaft mbH Stuttgart · 2008
Gerokstraße 51, D-70184 Stuttgart
www.luciusverlag.com

Das Werk einschließlich aller seiner Teile ist urheberrechtlich geschützt. Jede
Verwertung außerhalb der engen Grenzen des Urheberrechtsgesetzes ist ohne
Zustimmung des Verlages unzulässig und strafbar. Das gilt insbesondere für
Vervielfältigungen, Übersetzungen, Mikroverfilmung und die Einspeicherung
und Verarbeitung in elektronischen Systemen.

Alle Rechte vorbehalten
Druck und Einband: Druckhaus „Thomas Müntzer", Bad Langensalza/Thüringen
ISBN 978-3-8282-0453-9
ISSN 0048-2129

Vorwort

Das ordoliberale Denken als Fundament einer vernünftigen nationalen und internationalen Wirtschaftspolitik ist heute wichtiger denn je. Die derzeitige Krise der international verflochtenen Finanzmärkte mit teilweise verheerenden Folgewirkungen ist nicht auf eine leicht revidierbare prozesspolitische Fehlsteuerung zurückzuführen. Die Ursachen liegen tiefer, sie sind ordnungspolitischer Natur und lassen sich mit einem nur an den Symptomen ansetzenden Aktionismus, Interventionismus und Dirigismus (Bankenverstaatlichung) nicht tiefgreifend und dauerhaft beheben. Vielmehr besteht damit die Gefahr, dass der Nährboden für die nächste Krise gelegt wird. Wir können diesen drängenden ordnungspolitischen Fragen in diesem Band nicht (mehr) ausführlich nachgehen, sehen jedoch für den kommenden Band einen thematischen Schwerpunkt zu den Ordnungsfragen des Banken- und Finanzmarktsystems vor. Vorab setzt sich *Alfred Schüller* im Anschluss an dieses Vorwort mit dem Versuch auseinander, liberale Gesellschafts- und Wirtschaftspolitik, wie sie von den Ordoliberalen seit 60 Jahren in diesem Jahrbuch vertreten wird, mit Laissez Faire-Kapitalismus gleichzusetzen und für die Finanzmarktkrise verantwortlich zu machen.

Der vorliegende 59. Band des ORDO-Jahrbuchs enthält erneut grundlegende und speziellere Beiträge zur Ordnungs- und Wettbewerbstheorie und -politik. Auch wenn nicht alle Implikationen der Beiträge die ungeteilte Zustimmung der Schriftleitung finden, werden die diskutierten Probleme und Thesen doch ausnahmslos als wichtig für die kritische Überprüfung und Klärung ordnungsökonomischer Positionen und Diskussionen angesehen. Der Band beginnt mit dem Spannungsverhältnis von Markt und Staat, geht dann über zu theoretisch-konzeptionellen und anwendungsbezogenen Problemen des Wettbewerbs, widmet sich anschließend Fragen der gesellschaftlichen und wirtschaftlichen Ordnung sowie der Politik und der Entwicklungszusammenarbeit. Der Hauptteil endet mit Erinnerungen an *Erich Hoppmann* und *Helmut Gröner* – zwei bedeutende Ökonomen, die sich um das ORDO-Jahrbuch verdient gemacht haben.

Viktor Vanberg behandelt in dem ersten Beitrag Auswirkungen der Globalisierung auf die rechtlich-institutionellen Grundlagen von Märkten und Staaten. Seine zentrale These ist, dass die Globalisierung dazu zwingt, zwei Funktionen des Staates strikter voneinander zu trennen, als dies bisher der Fall ist: die leistungsstaatlichen Aufgaben einerseits und die Regulierungsaufgaben andererseits. Der Beitrag erörtert insbesondere die Konsequenzen staatlichen Handelns, die aus der zunehmenden Globalisierung bzw. aus dem zunehmenden Standortwettbewerb erwachsen. In dem zweiten Beitrag widmet sich *Manfred Streit* dem Problem des Reformstaus in Deutschland. Es werden (aus der Perspektive der Public-Choice-Theorie) die Gründe der Reformzurückhaltung erörtert, und zudem werden normative Schlussfolgerungen gezogen. Mit Möglichkeiten und vor allem Grenzen ausgeglichener öffentlicher Haushalte beschäftigt sich der Beitrag von *Norbert Berthold* und *Daniel Koch*. Es werden Dilemma-Situationen im politischen Sektor herausgestellt, die immer wieder Verschuldungsanreize schaffen. Aufbauend auf dieser Diagnose plädieren die Autoren für eine Intensivierung des (politischen) Wettbewerbs und für ein Verbot kreditfinanzierter öffentlicher Investitionen. Mit der Einnahmenseite des Staates setzt sich anschließend der Beitrag von *Charles B. Blankart* auseinander. Auf der Suche nach Wegen zu mehr Steuerehrlichkeit werden Einflussfaktoren wie „Vertrauen in den Staat" und „Informationen und Sanktionen des Staates" näher untersucht. Ebenfalls mit der Einnahmenseite des Staates beschäftigt sich der Beitrag von *Tobias Thomas*. Aus wirtschaftshistorischer Sicht wird hier der Frage nachgegangen, welche Rolle der Staat gegenüber statusbedingtem Konsumverhalten (also gegenüber Luxusgütern) einnehmen soll. Den Bereich „Markt und Staat" beschließt der Beitrag von *Hans Jörg Hennecke*. Im Mittelpunkt steht eine ordnungsökonomische Analyse der drei neuen Grundsatzprogramme, die von den Regierungsparteien der Großen Koalition im Herbst 2007 kurz nacheinander beschlossen wurden und welche die älteren Programme von 1989 (SPD), 1993 (CSU) und 1994 (CDU) ersetzt haben.

Der zweite große Themenschwerpunkt „Probleme des Wettbewerbs" beginnt mit einer grundlegenden Abhandlung zur Frage „Wettbewerbsfreiheit oder Effizienz" von *Dieter Schmidtchen*. Soll das Wettbewerbsrecht der Freiheit verpflichtet sein oder der Effizienz? Der Autor argumentiert schließlich zugunsten des Effizienzprimats. Dieser Argumentation widerspricht *Ernst-Joachim Mestmäcker* in seiner Replik auf *Schmidtchen*. *Mestmäcker* plädiert für eine Wettbewerbpolitik, die in Übereinstimmung mit den allgemeinen Regeln gerechten Verhaltens geeignet ist, dem Primat der Wettbewerbsfreiheit Geltung zu verschaffen. An diese grundsätzlichen Abhandlungen knüpft auch der Beitrag von *André Schmidt* an, der sich derselben Frage („Freiheit versus Effizienz") anhand der Diskussion des „more economic approach" widmet. Die konkretere Problemstellung „Regulierung und Wettbewerbsrecht in liberalisierten Netzindustrien" wird in dem Beitrag von *Justus Haucap* und *André Uhde* diskutiert. Die Autoren machen deutlich, dass die Empfehlung für die institutionelle Ausgestaltung des Regulierungsrahmens in netzgebundenen Industrien maßgeblich von der vollzogenen und absehbaren Entwicklung des Wettbewerbs und damit von der tatsächlichen Regulierungsbedürftigkeit des jeweiligen Marktes abhängt. Die Ordnung der deutschen Elektrizitätswirtschaft steht in dem Beitrag von *Heinz-Dieter Smeets* und *Andreas Knorr* im Mittelpunkt der Analyse. Die Autoren gehen von der Feststellung aus, dass zentrale ordnungsökonomische Positionen und Thesen von *Helmut Gröner* auch heute noch gültig sind, Anzeichen dafür, dass die Zeit für eine Umsetzung *Gröner*s Reformideen gekommen sein könnte. Mit dem Beitrag von *Frank Daumann* und *Markus Breuer* endet der Themenschwerpunkt „Wettbewerb". Aufgrund der Erfahrungen mit der Regulierung des deutschen Glücksspielmarktes halten die Autoren das Aufrechterhalten des staatlichen Monopols aus ordnungsökonomischer Sicht für überholt.

Lothar Wegehenkel und *Heike Walterscheid* eröffnen mit ihrem Beitrag zur Rechtsstruktur und Evolution von Wirtschaftssystemen den Themenschwerpunkt „Fraugen der Ordnung und Politik". Die Autoren arbeiten die Hintergründe und Triebkräfte der zunehmenden Zentralisierung heraus. Diese werden dem polit-ökonomischen Bereich zugeordnet. Abschließend werden Ansatzpunkte aufgezeigt, die eine Durchbrechung der Zentralisierungstendenzen ermöglichen und den Weg zurück in Richtung Dezentralisierung öffnen könnten. Anschließend behandelt *Karl-Ernst Schenk* das Spannungsverhältnis von Rationalität und Systemtheorie. Ausgehend von *Hayek*s und *Simon*s Untersuchungen zur Rationalität wird gezeigt, dass die von *Popper* beschriebene situative Rationalität nicht nur geeignet ist, einzelne ökonomische Handlungssituationen zu spezifizieren, sondern auch um die unterschiedliche Einbettung von Systemkomponenten in Koordinationszusammenhänge besser analysieren zu können. Einer konkreteren Fragestellung widmet sich der bildungsökonomische Beitrag von *Karsten Mause*. Aufbauend auf dem von *Gary Becker* und seinen Mitarbeitern entwickelten Haushaltsproduktionsansatz wird argumentiert, die individuelle Bildung könne nicht als Ware betrachtet werden, die einfach auf Märkten käuflich zu erwerben sei. Hierzu wird versucht, begriffliche und analytische Klarheit in die sozialwissenschaftliche Analyse von Lehrdienstleistungsmärkten, Bildungsprozessen und Arbeitsmärkten zu bringen. Michael Wohlgemuth empfiehlt in seinem Beitrag „50 Jahre Europäische Ordnungspolitik" für die zukünftige Entwicklung Europas ein Modell flexibler, freiwilliger Integration nach Politikbereichen.

Zum Thema „Konzepte der Entwicklungspolitik" erarbeiten *Ingo Pies* und *Christof Wockenfuß* Vorschläge zur Überwindung des entwicklungspolitischen Konflikts zwischen „Armutsbekämpfung" und „Demokratieförderung". Gelingen kann dies, so ihre These, wenn bei Diktatoren ein Interesse daran geweckt wird, der Bevölkerung gegenüber weniger repressiv aufzutreten. Hierfür müsste die internationale Entwicklungszusammenarbeit mit einem entsprechenden Ordnungsrahmen versehen werden. Der Beitrag skizziert ein solches institutionelles Arrangement. Die *Sachs-Easterly*-Kontroverse wird anschließend in dem Beitrag *von Stefan Hielscher* behandelt. Aus einer „ordonomischen" Perspektive werden die Ansätze beider Protagonisten kritisch diskutiert. Es wird dafür plädiert, die Anreizstrukturen in der der entwicklungspolitischen Praxis so zu reformieren, dass sowohl die Interessen der Armen als auch die der Reichen berücksichtigt werden.

Mit Erinnerungen an *Erich Hoppmann* (*1923, †2007) und *Helmut Gröner* (*1930, †2006) schließt der Hauptteil. *Manfred Streit* hebt in seinem Beitrag unter anderem die engen Verbindungen *Hoppmanns* zur Freiburger Schule sowie dessen Skepsis gegenüber einer aktivistischen Konjunktursteuerung hervor. *Alfred Schüller* stellt noch einmal die klare Linie in *Helmut Gröners* ordnungspolitischem Denken heraus sowie seine wegweisenden Erkenntnisse in der Wettbewerbs- und Regulierungspolitik.

Auch dieser ORDO-Band schließt wieder mit Buchbesprechungen zu wirtschafts- und gesellschaftspolitisch relevanten Themen.

Die Schriftleitung dankt *Karin Bauer* für hilfreiche redaktionelle Arbeiten sowie *Kathrin Pongs* für das gelungene Management des Rezensionsteils. Ganz besonderer Dank gilt vor allem auch den zahlreichen Gutachtern, die mit ihren Stellungnahmen maßgeblich zu Verbesserungen der angenommenen Papiere beigetragen haben.

Die Schriftleitung

Liberale Ordnungspolitik – eine Notwendigkeit ohne Alternative
Ordnungsökonomische Gedanken aus Anlass der Bankenkrise

Alfred Schüller, Marburg*

I

Erleben wir jetzt das Ende des wirtschaftspolitischen Liberalismus? Ist die schwere Banken- und Finanzmarktkrise symptomatisch für die selbstzerstörerische Kraft des marktwirtschaftlichen Systems? Sind das Vertrauen in die Funktionsfähigkeit und Menschenwürdigkeit der marktwirtschaftlichen Wettbewerbsordnung und das Misstrauen gegenüber Ansprüchen einer staatlichen Allmacht nicht mehr begründet? Bei Fragen dieser Art mit dem Charakter von Grabreden wird die Frage nach leistungsfähigeren Ordnungen erst gar nicht mehr ernsthaft gestellt. Wie nach 1918, nach 1929 und nach 1945 werden auch jetzt wieder ordnungspolitisches Versagen von amtlicher Wirtschaftspolitik und die dadurch ausgelösten Instabilitäten in Wirtschaft und Gesellschaft der marktwirtschaftlichen Ordnung schlechthin angelastet. Als die Schuldigen gelten die sog. Neoliberalen[1]. Sie finden sich in der Rolle eines Sündenbocks wieder, der alles Übel symbolisiert, für alle Fehlentwicklungen und Misserfolge verantwortlich gemacht und aufgefordert wird, das Feld zu räumen. Demgegenüber ist festzuhalten, dass gesellschafts- und wirtschaftspolitische Positionen, die von vielen Politikern und Publizisten heute als „neoliberal" bezeichnet werden, von den wirklich Neoliberalen nicht vertreten wurden und werden – schon gar nicht von den Ordoliberalen. Vielmehr ist hier *im Grundsätzlichen* und in der *gegenwärtigen Bankenkrise* an das Versagen derjenigen zu erinnern, die mit ihrem politischen Handeln gewollt oder ungewollt die Idee einer funktionsfähigen und menschenwürdigen marktwirtschaftlichen Ordnung diskreditiert haben.

II

Auch vor und nach 1929 reichte die antimarktwirtschaftliche Bewegung von der marxistischen Linken bis zur nationalen Rechten, sie schloss auch Gewerkschaften und bürgerliche Kreise ein. Von dieser Seite wurde jeder, der im wirtschafts- und sozialpolitischen Meinungskampf darum bemüht war, Bestrebungen und Entwicklungen in Richtung Sozialismus und Kollektivismus aufzuhalten und umzukehren und damit die Verhältnisse zum Besseren zu wenden, in geradezu absurder Weise verdächtigt, für völlige und absolute Freiheit in der Wirtschaft zu sein, also Ideen eines primitiven menschenfeindlichen Laissez Faire realisieren zu wollen.

Auf diesem geistigen Nährboden setzte sich nach 1929 der Verfall der marktwirtschaftlichen Ordnung und der Weltwirtschaft beschleunigt fort. Politische Radikalisierung, der Zusammenbruch von Banken, zerrüttete Währungsverhältnisse, Vermachtungserscheinungen der Wirtschaft, ein aggressiver wirtschafts- und handelspolitischer

---

* Ich danke *Martin Leschke*, *Josef Molsberger* und *Hans Willgerodt* für hilfreiche Anmerkungen zur ersten Fassung dieses Beitrags.
1 Zur Ideengeschichte und zur Rolle dieses Begriffs im Meinungsstreit siehe *Hans Willgerodt* (ORDO, Bd. 57, 2007, S. 47-89).

Nationalismus waren die Folge eines immer weitergehenden staatlichen Interventionismus und Dirigismus, der sich auf gravierende Fehlurteile über die Leistungsfähigkeit staatlicher Planung und Lenkung des Wirtschaftsgeschehens stützte. Zentrale Prinzipien und Institutionen der marktwirtschaftlichen Ordnung gerieten unter die Räder der Staatsbürokratie – nämlich das Primat einer Währungspolitik, die Geldwertstabilität sichert, die freie Preisbildung und Währungskonvertibilität, die Aufgabe, das Privateigentum und die Vertragsfreiheit in Verbindung mit der Haftungspflicht zu sichern.

Außer Kurs gesetzt wurde auch die gesellschaftspolitische Aufgabe, privatwirtschaftliche Unternehmens- und Verbändemacht sowie die Staatstätigkeit zu begrenzen, einmal durch eine konsequente Politik der Wettbewerbsordnung, zum anderen durch Beschränkung des wirtschaftspolitischen Handelns auf die Aufgabe, die Ordnungsformen der Wirtschaft zu gestalten. Im Zusammenhang mit dem Hinweis auf diese beiden staatspolitischen Grundsätze sehen Liberale gerade auch im Erlass brauchbarer Kapitalverkehrs-, Börsen- und Hypothekengesetze eine staatliche Aufgabe[2], nicht aber in der unmittelbaren Lenkung der Finanzströme – etwa mit Devisenkurs- oder Zinssatzfestsetzungen. Die Erfahrung, dass der Staat dann das allgemeine Wohl am besten fördern kann, wenn er sich vor allem auf das ordnungspolitisch Erforderliche beschränkt, wurde missachtet. Das Herumkurieren an Symptomen, um Wählern die Fähigkeit und Bereitschaft zu raschem politischen Handeln vorzuführen, kam in Mode. Die menschenunwürdigen Fehlentwicklungen und Misserfolge des sich seit den 20er Jahren ausbreitenden „Interventionismus als Wirtschaftssystem"[3] entstanden aus einer heillosen Vermischung von Politik und Wirtschaft. Dies kam den Anhängern der marxistischen und nationalsozialistischen Ideologie wie auch jenen Parteien und Verbänden entgegen, die für die schrecklichen Deformationen des damaligen Wirtschaftsgeschehens die marktwirtschaftliche Ordnung schlechthin verantwortlich machten und mit syndikalistischen und sozialistischen Konzepten politische Macht anstrebten. Friede, Freiheit und Wohlstand sind auf der Strecke geblieben. Gefahren dieser Art sind nicht gebannt, wie viele glauben, die jetzt in einer erweiterten staatlichen Beherrschung des wirtschaftlichen Alltags durch eine Vielzahl unzusammenhängender und widerspruchsvoller, ja chaotischer Eingriffe das Allheilmittel sehen[4].

Es stellte sich damals und es stellt sich heute die Frage: Wie lässt sich das Vertrauen in die marktwirtschaftliche Wettbewerbsordnung wiederherstellen? Seit den 1920er Jahren ist dies das Streben der Neoliberalen, die auf verschiedene Weise Grundsätze und Institutionen für eine Wirtschaftsverfassung des Wettbewerbs als unverzichtbaren Teil einer Verfassung der Freiheit[5] anstreben. Zu diesen Neoliberalen zählen auch die Ordoliberalen der Freiburger Schule wie *Walter Eucken*, *Wilhelm Röpke*, *Franz Böhm*, *Ludwig Erhard* und viele andere, die seitdem an einer Weiterentwicklung der Konzeption einer menschenwürdigen freiheitlichen Wirtschaftsverfassung des Wettbewerbs

---

2 *Walter Eucken*, Grundsätze der Wirtschaftspolitik, 1. Auflage 1952, 6. Auflage, Tübingen 1990, S. 334 ff.
3 Siehe *Ludwig von Mises*, Kritik des Interventionismus. Untersuchungen zur Wirtschaftspolitik und Wirtschaftsideologie der Gegenwart, Jena 1929.
4 Vergleiche *Alfred Schüller*, Der wirtschaftspolitische Punktualismus: Triebkräfte, Ziele, Eingriffsformen und Wirkungen, ORDO, Bd. 49, 1998, S. 105-126.
5 Siehe *Friedrich A. Von Hayek*, Die Verfassung der Freiheit, Tübingen 1971.

arbeiten, die im Anschluss an *Alfred Müller-Armack* vielfach Soziale Marktwirtschaft genannt wird. Das ordoliberale Denken stieß zunächst nach 1945 in der politischen und publizistischen Öffentlichkeit auf erhebliche Skepsis, ja auf Widerstand und Ablehnung – aus Gründen, die *Franz Böhm* 1951 in diesem Jahrbuch[6] eindrucksvoll geschildert und widerlegt hat. Angesichts der aktuellen Propagierung antiliberaler Ideen ist dieser Aufsatz heute wieder besonders lesenswert. Ordoliberale konnten gleichwohl als wissenschaftliche Berater der Politik und als leidenschaftliche Publizisten zeitweilig die deutsche Wirtschaftsordnung mitgestalten.

III

Die Fähigkeit der neuen Ordnung, – heute vielfach in Vergessenheit geratene – wirtschaftliche und soziale Probleme rasch und nachhaltig zu lösen, kann als entscheidend für den gelungenen demokratischen Wiederaufbau Westdeutschlands nach 1949 angesehen werden. Die liberale Ordnungspolitik war eine starke geistig-politische und wirtschaftliche Basis für eine erfolgreiche Integration Deutschlands in die Europäische Gemeinschaft und in die Weltwirtschaft. Der Bann der staatsdirigistisch-kollektivistischen Vergangenheit Deutschlands schien für immer gelöst zu sein. Neo- und Ordoliberale haben gezeigt, dass die Nationalökonomie in der Lage ist, mit der analytischen Strenge eines realistischen Denkens in alternativen Ordnungen einen bedeutenden Beitrag zur geistigen und wirtschaftlichen Neuordnung Deutschlands, Europas und der Welt zu leisten. Den konkurrierenden Vorstellungen der deutschen Historischen Schule, des Marxismus und des wissenschaftlichen Sozialismus ist das nicht einmal in Ansätzen gelungen. Der gescheiterte Versuch der UdSSR, auf der Grundlage eines systematischen Dirigismus die internationalen Wirtschaftsbeziehungen mit Hilfe des Rates für Gegenseitige Wirtschaftshilfe zu gestalten, hat gezeigt, dass es keine konkurrenzfähige Alternative zur marktwirtschaftlich verfassten internationalen Ordnung gibt.

Seit 60 Jahren geht es in den Beiträgen dieses Jahrbuchs darum, die wissenschaftliche und politische Öffentlichkeit wie auch die amtliche Wirtschaftspolitik von der Notwendigkeit zu überzeugen, die Grundsätze und Institutionen einer menschenwürdigen und funktionsfähigen Wirtschaftsordnung im Lichte neuer Erkenntnisse zu prüfen und zu stärken. Im Vergleich der tatsächlichen und möglichen Ordnungen wurden die Konkretisierung einer freiheitlichen Ordnung und die Aufgaben des Staates geprüft, und es wurde gezeigt, wie die marktwirtschaftliche Wettbewerbsordnung national und international weiterentwickelt, dem organisierten Missbrauch der Wirtschafts- und Gesellschaftspolitik entzogen und vor Kräften der inneren und äußeren Zerstörung geschützt werden kann. Wenn, so *Franz Böhm* 1961 in diesem Jahrbuch, „der Wettbewerb als Ordnungsinstrument ausfällt, dann bleibt im Grunde bloß der Übergang zur Zentralplanwirtschaft übrig, wenn man vermeiden will, dass unsere Gesellschafts- und Staatsordnung in eine pseudo-feudale Libertätenanarchie dilettantisierender Interessenhaufen mit dem Überbau einer durch pseudofeudale Querverbindungen bis ins Mark korrumpierten, ressortmäßig ebenfalls blind in der Gegend herumdilettierenden Staatsverwaltung absinkt".

---

6 ORDO, Bd. III, 1951, S. LIV ff.

Tatsächlich begann sich dann aber im politischen Prozess der 60er Jahre ein wohlfahrtsstaatliche Verständnis von Sozialer Marktwirtschaft durchzusetzen, für das die Orientierungspunkte der Ordnungspolitik nicht mehr Personen, sondern Kollektive, vor allem Verbände und in vielfacher Abhängigkeit davon Parteien sind. Im politischen Prozess der Demokratie gelang es den Verbänden, sich immer mehr Personenrechte anzueignen und „das Volk, nach Gruppen- und Klasseninteressen organisiert, zum Druckmittel in der Hand von Funktionären" zu machen (*Götz Briefs*). Es drangen Denkrichtungen vor, die einer angeblich notwendigen und unvermeidbaren Unternehmenskonzentration das Wort redeten und eine aktivistische staatliche Konjunktur-, Beschäftigungs- und Sozialpolitik mit einer die Staatsverschuldung begünstigenden Unterordnung der Geldpolitik unter die Fiskalpolitik im Geist von *J. M. Keynes* forderten – trotz nachweislich negativer Erfahrungen, die damals schon in den USA, in Großbritannien und anderen Ländern damit gemacht worden waren. Mit dem Wunsch nach mehr Staat im quantitativen Verständnis wurde die erfolgreiche Wirtschaftspolitik von *Ludwig Erhard* und das ihr zugrunde liegende Denken in Ordnungen als überholt diskreditiert. Die Aufgabe, das liberale Konzept der Sozialen Marktwirtschaft weiterzuentwickeln, geriet in Vergessenheit.

Es waren und sind liberale Ökonomen, die unermüdlich nachgewiesen haben, was geschieht, wenn der Staat sich im wirtschaftlichen Alltagsgeschehen ein Wissen und Können anmaßt, über das er nicht verfügt – nämlich eine unentwirrbare Vermischung des Wirtschaftlichen und Politischen, die Ausbreitung von Gruppenegoismus und Gruppenanarchie, ein massives Anspruchsdenken in der Gesellschaft, fortschreitende Ruinierung der öffentlichen Finanzen, eine zunehmende Diskrepanz zwischen Entscheidung und Verantwortung (zum Beispiel durch ein haftungsfreies Unternehmensmanagement, eine haftungsfreie Mitbestimmung, die Syndikalisierung der Wirtschaft und viele andere Formen einer organisierten Verantwortungslosigkeit), die Verminderung der Anpassungskapazität der Wirtschaft und Schwächung ihrer Überlebensfähigkeit in Zeiten einer kritischen Struktur-, Konjunktur- und Beschäftigungsentwicklung. Es wurde den Unternehmen mit einer wettbewerbswidrigen Sozialpolitik mehr und mehr verwehrt, konjunkturelle Schlaglöcher aus eigener Kraft zu bewältigen. Die Fähigkeit der Wirtschaft, auf schockartige Herausforderungen angemessen zu reagieren, ist durch die wohlfahrtsstaatliche Überregulierung strukturell geschwächt worden.

IV

Wie absurd es ist, wenn liberales Ordnungsdenken pauschal zum Sündenbock der jüngsten Banken- und Finanzmarktkrise gemacht wird, sei an einigen Beispielen gezeigt:

1. Der Ursprung der Banken- und Finanzmarktkrise liegt in einer hektischen Geld- und Zinspolitik der amerikanischen Zentralbank im Dienste einer aktivistischen Konjunktur-, Beschäftigungs- und Sozialpolitik. Mit einer Zinssetzung nach Art einer Höchstpreispolitik entstehen regelmäßig Fehlanreize, die überall das Gegenteil des Gewünschten bewirken, mögen die wohlfahrtsstaatlichen Zwecke der Politik des niedrigen Zinses noch so wählerwirksam vermarktet worden sein. Zahlreiche US-Haushalte wurden in einer Niedrigzinsphase dazu verleitet, Immobilienkredite zur Verwirklichung ihres Traums vom eigenen Haus aufzunehmen. Angesichts des vereinbarten variablen

Zinssatzes, unzureichenden Eigenkapitalanforderungen und prekärer Erwerbssituationen befanden sich zahlreiche Hypothekenkreditnehmer von vornherein in einem potentiellen Überschuldungszustand. Dieser hat vor allem ab Mitte 2007 bei einem geld- und währungspolitisch notwendigem drastischen Zinsanstieg mit erhöhten Kapitaldienstbelastungen Züge eines massenhaften Bankrotts angenommen. Der Zusammenbruch des amerikanischen Immobilienkreditmarktes war begleitet von weitreichenden Einkommensverlusten vieler amerikanischer Haushalte. Deshalb sank die Nachfrage nach Binnen- und Importgütern. Damit verschlechterten sich auch die Perspektiven der ausländischen Exportwirtschaft. Die amerikanische Krise der Immobilienkredite hat in Verbindung mit gravierenden staatlichen Versäumnissen auf der Ebene der Bankenordnung bei einer Reihe von Banken Liquiditätsschwierigkeiten und Insolvenzen ausgelöst und in der Kombination mit staatlich verursachten starken Zins- und Wechselkursschwankungen, finanzwirtschaftlichen und konjunkturellen Vertrauenseinbußen die Gefahr einer globalen Kredit- und Bankenkrise heraufbeschworen.

Auslöser der Krise war eine verhängnisvolle staatliche Anmaßung von Wissen und Können auf der Grundlage einer wohlfahrtsstaatlich motivierten aktivistischen Geldpolitik *Keynes*scher Prägung. Liberale Ordnungspolitik geht dagegen davon aus, dass eine Währungsverfassung, die den geldpolitischen Instanzen freie Hand lässt, „diesen mehr zutraut, als ihnen im allgemeinen zugetraut werden kann. Unkenntnis, Schwäche gegenüber Interessengruppen und der öffentlichen Meinung, falsche Theorien, alles das beeinflusst diese Leiter sehr zum Schaden der ihnen anvertrauten Aufgabe".[7] Mit dieser Feststellung hat *Eucken* wichtige Gedanken vorweggenommen, die in den späteren Public Choice-Ansätzen wieder aufgenommen und weiterentwickelt worden sind. Sie bestätigen in Übereinstimmung mit den Arbeiten von *Milton Friedman* und *Karl Brunner* das, was *Henry C. Simons* in der Erkenntnis etwa so zusammenfasst: „Regeln sind besser als Personen", wenn national und international gesichert werden soll, dass die freie Gesellschaft durch die Geldpolitik verlässlich gestärkt und nicht geschwächt werden soll.

Eine Geldpolitik, die nicht als Ordnungspolitik angelegt, sondern – wie zuletzt in den USA, einem führenden Land im internationalen Währungs-, Banken- und Finanzmarktgeschehen – für konjunktur- und sozialpolitische Zwecke missbraucht wird, steht dazu im Widerspruch. Dafür wird jetzt der Welt die Rechnung präsentiert. Das werden auch diejenigen in Europa zu bedenken haben, die immer wieder eine politische Instrumentalisierung der Geldpolitik der EZB fordern, ohne die darin liegenden Gefahren der Krisenauslösung zu bedenken. Eine konstitutionell abgesicherte Unabhängigkeit der Zentralbank und eine Verstetigung geldpolitischen Handelns erleichtern dagegen die Aufgabe, nicht nur den Geldwert stabil zu halten, sondern auch eine ausreichende monetäre Planungssicherheit der Wirtschaftsteilnehmer zu gewährleisten und allokative und distributive Fehlentwicklungen zu vermeiden. In dieser grundlegenden Erkenntnis liberaler Ordnungspolitik könnte deshalb ein wichtiger Ansatzpunkt für eine Krisen vermeidende internationale Bemühung liegen, weltweit glaubwürdige Zentralbankverfassungen zu etablieren.

---

7 *Walter Eucken*, Grundsätze der Wirtschaftspolitik, a. a. O., S. 257.

2. Die Bankenkrise bestätigt erneut, dass zwei besonders gravierende ordnungspolitische Problemkomplexe auf der Ebene des Geschäftsbankensystems nicht gelöst sind:

(a) Für den *ersten* Problemkomplex ist zunächst die verbreitete Zulassung von staatlichen, quasi-staatlichen oder in anderer Form privilegierten Banken zu nennen, die verdeckt oder offen durch Sonderregeln einer sofort wirksamen Kontrolle des Wettbewerbs entzogen sind. Hinzu kommen folgende Mängel: Auf eine glaubwürdig bemessene Politik der Einlagensicherung ist verzichtet worden. Es ist versäumt worden, den Banken eine strengere Informationspflicht gegenüber der Öffentlichkeit aufzuerlegen, vor allem auch über die Risikoqualität von Finanzprodukten zu berichten. Man hat ein Bilanzrecht zugelassen, das missbraucht werden kann, um Vermögenswerte und Risikopotentiale gegenüber der Öffentlichkeit zu verschleiern. Es fehlte an hinreichend strengen Haftungsvorschriften – bis hin zur Haftung verantwortlicher Manager für nachweisliche Schäden durch unzureichende Informationen.

Auch das Recht auf Erfolgsbeteiligung ohne Pflicht zur Verlustbeteiligung steht im Widerspruch zum ordoliberalen Prinzip der Einheit von Entscheidung und Haftung. Und es sind wiederum Ordoliberale, die schon lange fordern, die Vorstände von Kapitalgesellschaften einer gegenüber heute wesentlich verschärften Verknüpfung von Entscheidung und Haftung zu unterwerfen. Expansionsstrategien beruhen auch im Bankenbereich nicht selten auf einem fadenscheinigen Effizienzoptimismus. *Eucken* wie viele andere Neo- und Ordoliberale nach ihm haben für Fälle einer Angliederung von Unternehmen empfohlen, dass die beherrschende Unternehmung für die übernommene Firma die volle Haftung übernimmt. Demzufolge wird gefordert, „....eine abhängige juristische Person, die faktisch nur eine Filiale darstellt, sollte auch rechtlich als Filiale der herrschenden Firma behandelt werden. Dass ein Konzern, der faktisch ein einheitlich geleitetes Unternehmen ist, in viele juristische Personen zerfällt, erweist sich als unerträglich".[8] In den Fällen, in denen Großaktionäre mit qualifiziertem Mehrheitsbesitz Beherrschungsverhältnisse begründen, müsste die Aktiengesellschaft durch die KGaA ersetzt werden, um eine engere Verbindung von personalem Entscheidungsrecht und personaler Haftungspflicht zu sichern.

Mit Überlegungen, wie private Macht jedweder Art von den Entstehungsgründen her zu bekämpfen ist, verweisen Neo- und Ordoliberale schon lange auf das gesellschaftspolitische Ärgernis von institutionellen Anreizen, die dem Management im Unternehmensgeschehen eine fragwürdige Sonderstellung verleihen. Die Führungsorgane von Kapitalgesellschaften haben nicht nur ein Haftungsprivileg, sondern sind vom geltenden Aktienrecht auch dadurch begünstigt, dass sie sich bei der Entscheidung über die Gewinnverteilung in einem erheblichen Ausmaß in der Rolle des Teilhabers ohne Eigentümerstatus befinden.[9]

---

8 *Walter Eucken*, Grundsätze der Wirtschaftspolitik, a. a. O., S. 283.
9 Zu den Möglichkeiten, den *personalen* Charakter des Gesellschaftsrechts durch *Repersonalisierung* der Rechte am Privateigentum an den Produktionsmitteln zu stärken siehe *Alfred Schüller*, Eigentumsrechte, Unternehmenskontrollen und Wettbewerbsordnung, ORDO, Bd. XXX, 1979, S. 325-346. *Ulrich Fehl und Peter Oberender*, Unternehmensverfassung, Kapitalmarktordnung und Wettbewerb: Zum Einfluss gesellschaftsrechtlicher Dimensionen der Kapitalmarktordnung auf den Wettbewerbsprozess, in: *Helmut Leipold* und *Alfred Schüller* (Hg.), Zur Interdependenz von Unternehmens- und Wirtschaftsordnung, Stuttgart und New York 1986, S. 137-151.

(b) Nur unvollkommen gelöst ist *zweitens* das Problem der Ordnung der Geschäftsbanken, das schon seit vielen Jahrzehnten von liberalen Ökonomen erkannt worden ist. Vor dem Hintergrund der Weltwirtschaftskrise nach 1929 ist das zweistufige Bankensystem weit über die USA hinaus einer scharfen Kritik unterzogen worden. Im Mittelpunkt dieser Politik steht die Möglichkeit der Buchgeldschöpfung durch die Geschäftsbanken. Deshalb ist in den 30er Jahren von Ökonomen der Universität Chicago, vor allem von *Simons* und später auch von *Friedman*, eine Regel vorgeschlagen worden, nach der die Sichteinlagen der Geschäftsbanken zu 100 % in Zentralbankgeld gedeckt sein müssten. Die Beseitigung der Möglichkeit, über diese verzinslichen Reserven hinausgehende Giralgeldschöpfung zu betreiben, würde das Aktivgeschäft der Banken nicht ausschließen, wohl aber anstelle der Politik der Fristentransformation die Politik der Fristenkongruenz zwischen Passiv- und Aktivgeschäft grundsätzlich erzwingen. Nach dieser sogenannten „Goldenen Bankregel" könnten die Geschäftsbanken den Einlagen zwar eine andere Form geben, sie könnten das Geld aber nicht mehr im bisherigen Umfang vermehren oder vermindern. Darin werden zwei Vorteile gesehen, die heute besonders interessieren könnten:

Einmal wird die Möglichkeit einer regelgebundenen Steuerung der inländischen Geldmenge durch die Zentralbank erleichtert. Ihr Einfluss auf Preise, Wechselkursentwicklung und andere ökonomische Variablen wird gestärkt, wenn sie institutionell vor politischen Einflüssen geschützt wird, unausweichlich auf Geldwertstabilität verpflichtet ist und andere Stellen direkt oder indirekt an einer ungeregelten Geldschöpfung gehindert werden können. Zum anderen würde bei Durchsetzung des Prinzips der Fristenkongruenz ein verbesserter Schutz der Gläubiger vor dem Verlust ihrer Ersparnisse gewährleistet. Das bankentypische Liquiditätsrisiko – Einlagen im Passivgeschäft stehen längerfristige Forderungen im Aktivgeschäft gegenüber – wird abgebaut. Die aus der Möglichkeit eines Run- und Dominoeffekts gefolgerte besondere Vertrauensempfindlichkeit der Geschäftsbanken würde gemildert. Insgesamt wird erwartet, dass die geldpolitisch wichtige Aufgabe der Sicherung des Gläubigerschutzes, der Stabilität und Vertrauenswürdigkeit des Bankensystems – als Hauptziele jeder staatlichen Bankenregulierung – wesentlich erleichtert würde.

Die Absichten, die mit dem 100 %-Plan verfolgt werden, lassen eine Problemsicht erkennen, die den als Laissez Faire-Kapitalisten geschmähten Vertretern der Chicago-Schule vielfach nicht zugetraut wird. Allerdings wirft diese Idee viele ernsthafte und zum Teil noch ungeklärte Funktions- und Ordnungsfragen des Geld- und Bankensektors auf[10] - zunächst einmal generell im Hinblick auf ein weiterhin mögliches geldpolitisches Versagen der Zentralbank; zum anderen können den Bankeinlagen andere Formen gegeben werden, die über die Verflechtung von Geschäftsbanken und anderen Finanzmarktteilnehmern als Basis genutzt werden können, um wiederum „faule" Finanzprodukte in Umlauf zu bringen. Tatsächlich hat sich im Verhältnis von Banken und anderen Finanzmarktteilnehmern offensichtlich eine Art von jener „pseudo-feudalen Libertätenanarchie" entwickelt, von der oben im Anschluss an *Franz Böhm* die Rede war.

---

10 Siehe hierzu *Gerrit Fey*, Banken zwischen Wettbewerb, Selbstkontrolle und staatlicher Regulierung. Eine ordnungsökonomische Analyse, Stuttgart 2006, S. 215 ff.

Wenn auf die sich in diesem Zusammenhang stellenden Probleme, die nach *Knight*[11] *vorauszusehen* waren, ordnungspolitisch rechtzeitig reagiert worden wäre, hätten die *überraschend* aufgetretenen Probleme wahrscheinlich nicht entstehen oder jedenfalls nicht das zu beklagende Ausmaß annehmen müssen.

3. Banken- und Finanzmarktkrisen sind letztlich regelmäßig auf krasses Staatsversagen zurückzuführen. Traditionell setzte die Therapie vor allem bei der Regulierung der Geschäftsbanken an, die sich einer immer rascher ansteigenden Flut von kostspieligen Vorschriften ausgesetzt sehen. So wurde mit dem deutschen Kreditwesengesetz von 1934, novelliert 1939, 1961, 1971, 1976, 1984, 1993, 1995 und bis heute in vielen weiteren Einzelpunkten abgeändert, ein Weg eingeschlagen, der seit den 80er Jahren von Bestrebungen einer beschleunigten Harmonisierung der internationalen Bankenaufsicht im Sinne des „Basel-Akkord" bestimmt ist. Offensichtlich wird aber mit den ständig verfeinerten Ansprüchen an eine „objektive Risikomessung" der inhärente Wissensmangel nationaler und supranationaler Behörden unterschätzt. Mit international harmonisierten Regulierungsmustern ist wahrscheinlich den Gläubigern der Banken eine Erwartungssicherheit suggeriert worden, die zur Gutgläubigkeit verleitet, sich jedenfalls als höchst fragwürdig herausgestellt hat. Wie sonst ist es zu erklären, dass nicht nur kleine und traditionell als weniger gut informiert geltende Sparer, sondern auch größere professionell anlegende Kunden zur Zeichnung von Wertpapieren veranlasst werden konnten, die sich als hochgradig vom Ausfall bedroht herausgestellt haben? Die Frage, ob und in welchem Maße die Auswirkungen grober Fehler der staatlichen Geld- und Währungspolitik durch eine Verschärfung und Fortentwicklung der Bankenregulierung im Sinne des Basel-Akkord aufgefangen werden können, erfordert im Hinblick auf die Zweckmäßigkeit des eingeschlagenen Regulierungspfades und mit Blick auf die oben skizzierten Ansätze einer marktwirtschaftlich ausgerichteten Gestaltung der Bankenordnung eine gründlichere Prüfung, als dies bisher wohl geschehen ist.

V

Das „Denken in Ordnungen" der Ordoliberalen hat sich in Zeiten rasch wachsenden Misstrauens in die bestehende Wirtschaftsordnung vielfach bewährt: nach dem Zweiten Weltkrieg in Westdeutschland, im Wettkampf der Systeme vor 1989, in den frühen Debatten über den Weg der europäischen Integration, nach 1989 in den Transformationsländern. Und auch jetzt haben die Liberalen allen Grund, ihre Waffen nicht zu strecken, sondern zu zeigen, dass es keinen anderen Weg gibt als konsequente Ordnungspolitik, um einen pathologischen Ordnungszustand von Gesellschaft, Staat und Wirtschaft effektiv und nachhaltig zu beseitigen.

Wie in der Krise nach 1929 ist auch heute die Destabilisierung des Banken- und Finanzsystems einem Versagen des Staates und der Politik anzulasten, in diesem Falle der USA, mit weitreichenden, teilweise verheerenden negativen Effekten für das gesamte Banken- und Finanzmarktsystem. Staaten, die das Monopol der Geldemission durch die Zentralbank beanspruchen, geraten damit gemäß dem Prinzip der Einheit von Entscheidung und Haftung systemlogisch auch in die Letztverantwortung, für die Konsequenzen

---

11 Siehe hierzu *Malcolm D. Knight*, Schmerzhafte Lernprozesse im globalen Finanzsystem, Schweizer Monatshefte, 88. Jg., April 2008, S. 29-34.

von Bankenkrisen zu haften, mögen diese ursprünglich auch von anderen Staaten ausgelöst worden sein. Das ist aber nur die reaktive Seite staatlicher Verantwortlichkeit. Die aktive Seite besteht in der Beachtung der Erkenntnis, dass die wirkungsvollste Bankenaufsicht darin besteht, (wirtschafts-)politisch verursachte Krisen zu vermeiden – nicht durch mehr Staat im *quantitativen* Sinne, sondern durch mehr Staat im *qualitativen* Verständnis einer liberalen Ordnungspolitik. Die Bedingungen für die notwendige Neubelebung liberaler Ordnungspolitik sind in einem offenen internationalen Wettbewerb der Ordnungen sehr viel günstiger als nach 1929.

Inhalt

Alfred Schüller
Liberale Ordnungspolitik – eine Notwendigkeit ohne Alternative IX

Viktor J. Vanberg
Markt und Staat in einer globalisierten Welt: Die ordnungsökonomische
Perspektive 3

Manfred E. Streit
Im Reformstau – oder das Elend des Verbändestaates 31

Norbert Berthold und *Daniel Koch*
Von der (Un-)Möglichkeit ausgeglichener Haushalte 39

Charles B. Blankart
Wege zu mehr Steuerehrlichkeit 63

Tobias Thomas
Fragwürdige Luxussteuern: Statusstreben und demonstratives Konsumverhalten
in der Geschichte ökonomischen Denkens 91

Hans Jörg Hennecke
Die neuen Grundsatzprogramme der deutschen Parteien aus
ordnungspolitischer Sicht 115

Dieter Schmidtchen
Wettbewerbsfreiheit oder Effizienz? –
Zur Zweisamkeit von Recht und Ökonomie im Bereich der Wettbewerbspolitik 143

Ernst-Joachim Mestmäcker
Wettbewerbsfreiheit und unternehmerische Effizienz.
Eine Erwiderung auf Schmidtchen 185

André Schmidt
Ordnungsökonomische Wettbewerbskonzepte: Die Wettbewerbspolitik im
Spannungsfeld zwischen Freiheit und Effizienz 209

Justus Haucap und *André Uhde*
Regulierung und Wettbewerbsrecht in liberalisierten Netzindustrien aus
institutionenökonomischer Perspektive 237

Heinz-Dieter Smeets und *Andreas Knorr*
Die Ordnung der deutschen Elektrizitätswirtschaft – heute 263

Frank Daumann und *Markus Breuer*
Zur Neuordnung des Lotteriemarktes in Deutschland 287

Lothar Wegehenkel und *Heike Walterscheid*
Rechtsstruktur und Evolution von Wirtschaftssystemen –
Pfadabhängigkeit in Richtung Zentralisierung?... 313

Karl-Ernst Schenk
Ökonomische Systemtheorie: Rationalität, widerlegbare Spezifizierung und
vergleichende Performance-Messung 343

Karsten Mause
Ist Bildung eine Ware? Ein Klärungsversuch 363

Michael Wohlgemuth
50 Jahre Europäische Ordnungspolitik:
ordnungs- und konstitutionenökonomische Anmerkungen... 381

Ingo Pies und *Christof Wockenfuß*
Armutsbekämpfung versus Demokratieförderung:
Wie lässt sich der entwicklungspolitische Trade-Off überwinden?.............................. 405

Stefan Hielscher
Die Sachs-Easterly-Kontroverse: „Dissent on Development" Revisited –
Eine ordonomische Analyse zur Interdependenz von Sozialstruktur
und Semantik moderner Entwicklungspolitik 441

Manfred E. Streit
Freiheit und Wettbewerb. In Memoriam Erich Hoppmann
(31. Dezember 1923 – 29. August 2007) 475

Alfred Schüller
Der Liberalität verpflichtet. In Memoriam Helmut Gröner
(12. Oktober 1930 – 27. Juli 2006) 479

Buchbesprechungen 493

Personenregister 579

Sachregister 589

Anschriften der Autoren.. 595

Hauptteil

Viktor J. Vanberg

Markt und Staat in einer globalisierten Welt: Die ordnungsökonomische Perspektive[1]

Inhalt

I. Vorspann 3
II. Die ordnungsökonomische Perspektive 5
III. Globalisierung 7
IV. Globalisierung und Staatenwettbewerb 10
V. Besteuerung in einer globalisierten Welt 12
VI. Bürger, Standortnutzer und der Steuerwettbewerb 16
VII. Die Besteuerung von Bürgern und die Besteuerung von Standortnutzern 19
VIII. Globalisierung und Regulierung 21
IX. Schluss: Die Soziale Marktwirtschaft in einer globalisierten Welt 24
Literatur 27
Zusammenfassung 28
Summary: Market and state in a globalized world: the perspective of constitutional economics 29

I. Vorspann

Wie viele von Ihnen wissen werden, bin ich von Hause aus Soziologe. All meine akademischen Abschlüsse, Diplom, Promotion und Habilitation, habe ich in diesem Fach erworben. Und Sie werden auch wissen, dass ich in den vergangenen dreizehn Jahren hier in Freiburg den Lehrstuhl innehatte, auf dem in den 1960er Jahren Professor *Friedrich August von Hayek* lehrte. Nun ist es sicherlich eine ungewöhnliche Konstellation, dass ein Soziologe – zumal einer, der im symbolträchtigen Jahr 1968 sein Diplomexamen abgelegt hat – eine wirtschaftswissenschaftliche Professur innehat, und dies ausgerechnet in der Nachfolge eines so dezidiert liberalen Ökonomen wie *von Hayek*. Dass diese ungewöhnliche Konstellation Realität werden konnte, hat mit einer – zumindest aus meiner Sicht – glücklichen Verkettung von Umständen zu tun, deren letztes Glied in der mutigen Entscheidung der Freiburger Wirtschaftswissenschaftlichen Fakultät im Jahre 1994 bestand, mich als Soziologen auf die Nachfolge *Hayeks* zu berufen. Nun

---

[1] Abschiedsvorlesung, gehalten an der Universität Freiburg i.Br. am 25. Juli 2008. Die Vortragsfassung ist für die Veröffentlichung um Anmerkungen und ein Literaturverzeichnis ergänzt worden. – Für wertvolle Hinweise danke ich *Alexander Schindler*.

waren die Anforderungen an den Mut der Fakultät dadurch etwas abgemildert, dass der amerikanische Ökonom *James Buchanan* 1983 den Entschluss gefasst hatte, mich zu einem längeren Aufenthalt als Gastwissenschaftler an das von ihm geleitete „Center for Study of Public Choice" an der George Mason University einzuladen, und dass wenig später das Economics Department dieser Universität den Mut hatte, einen deutschen Soziologen zum „Professor of Economics" zu ernennen. Die Freiburger Fakultät konnte sich bei ihrer Berufungsentscheidung also zumindest darauf stützen, dass ich bereits zehn Jahre lang an einer amerikanischen Universität als „Professor of Economics" gelehrt hatte.

Dass Professor *Buchanan* das Experiment wagte, einen deutschen Soziologen an sein Institut zu holen, hatte nun wiederum mit meinen Forschungsinteressen und meinen Veröffentlichungen sowie mit dem glücklichen Umstand zu tun, dass ich ihm auf einer Reihe von Konferenzen persönlich begegnen und mit ihm in einen fachlichen Austausch kommen konnte. Mit *Buchanan*s Werk war ich insbesondere durch meine damalige Mitarbeit im Münsteraner Institut für Genossenschaftswesen vertraut, in dem sich eine Reihe von Kollegen intensiv mit seinen verfassungsökonomischen Theorien und verwandten Ansätzen auseinandersetzten. Was also meine eigene Forschungsorientierung und meine Publikationen anbetraf, so war ich gewiss kein typischer Soziologe, erst recht kein typischer 68er.

Schon bald in meinem Studium hatte ich unter dem Einfluss der Schriften *Hans Albert*s, bei dem ich mich 1981 habilitieren durfte, eine kritische Einstellung zu den die damalige Soziologie dominierenden kollektivistischen Theorien entwickelt und mich einer dezidiert individualistischen Soziologie verschrieben, wie sie damals von einer winzigen Minorität im Fach vertreten wurde. Neben den Schriften von *Hans Albert* – und, dadurch angeregt, den wissenschaftstheoretischen und sozialphilosophischen Schriften *Karl Popper*s – war es vor allem das Werk von *Friedrich von Hayek*, das mein eigenes Denken nachhaltig prägen sollte. Es war das intensive Studium der Schriften *Hayek*s, das mir das argumentative Rüstzeug vermittelte, mit dem ich der intellektuellen Herausforderung der 68er Kulturrevolution – zumal in dem Berliner Umfeld, in dem ich von 1968 bis 1974 als Assistent arbeitete – begegnen konnte. Das Werk *Hayek*s prägte mein eigenes Denken und meine Forschungsinteressen so sehr, dass ich zu einem – ich glaube, so kann ich mich treffend bezeichnen – *Hayek*schen Soziologen wurde. Meine erste, 1972 erschienene, Publikation kommentierte denn auch ein Rezensent mit der Bemerkung, ich würde „im Stil der österreichischen Altliberalen" argumentieren, ein Kommentar, der in der damaligen Zeit als vernichtende Kritik gemeint war, den ich aber durchaus als Kompliment nahm.

Obwohl ich in meinem Denken so grundlegend durch *Hayek* beeinflusst wurde, dessen Schriften ich begierig verschlang, und obwohl *Hayek*, wie ich später erfuhr, auch einige meiner Schriften kannte, bin ich ihm persönlich doch erst recht spät, nämlich im Jahre 1981 begegnet, und zwar hier in Freiburg. Der Anlass war eine Tagung, bei der mir die ehrenvolle Aufgabe zugeteilt worden war, ein Korreferat zu *Hayek* zu halten, eine Gelegenheit, die ich nutzte, um meine Vorstellungen zur Vereinbarkeit der liberalen theoretischen Konzeptionen von *Hayek* und *James Buchanan* darzulegen, die von vielen als miteinander konfligierend angesehen wurden.[2] *Buchanan* nahm an der betreffenden Tagung ebenfalls teil, und es war bei dieser Gelegenheit, dass er mich zu einem ersten Forschungsaufenthalt an sein Institut einlud, aus dem sich dann die bereits erwähnte längerfristige Einladung und die Berufung auf die Professur an der George Mason University ergaben.

Aus diesem kurzen, bruchstückhaften Rückblick auf meinen akademischen Werdegang mag deutlich geworden sein, dass es zwar vieler glücklicher Umstände bedurfte, es aber vielleicht doch nicht einer gewissen Logik entbehrte, wenn ich den Weg nach Freiburg auf den *Hayek*schen Lehrstuhl gefunden habe. Freilich hätte ich in meiner Studien- und Assistentenzeit als junger *Hayek*-Verehrer nicht einmal zu träumen gewagt, dass ich einmal ein Nachfolger auf seinem Lehrstuhl sein würde. Hätte ich davon zu träumen gewagt, dann hätte ich sagen können, dass mit meiner Berufung nach Freiburg ein Traum in Erfüllung ging. Jedenfalls gab mir diese Berufung die wunderbare Gelegenheit, mein durch Hans Albert angeregtes, auf dem Werk *Hayek*s aufbauendes und durch die Verfassungsökonomik *Buchanan*s bereichertes Forschungsprogramm an dem Ort fortzuführen, an dem eine zu diesem Forschungsprogramm höchst kongeniale Tradition zu Hause ist, die Tradition der Freiburger Schule. Seit dem Tag, an dem ich in der Nachfolge von *Manfred Streit* die Freiburger Professur antrat, habe ich es als meine wesentliche Mission betrachtet, in Lehre und Forschung einen Theorieansatz zu vertreten und weiter zu entwickeln, der den Freiburger ordnungspolitischen Beitrag mit den Vorstellungen *Hayek*s und *Buchanan*s in systematischer Weise verbindet. Insofern bin ich denn auch im Jahre 2001 sehr gerne der Einladung gefolgt, zusätzlich zu meinem Lehrstuhl die Leitung des Walter Eucken Instituts zu übernehmen. Und im Sinne einer aus den drei genannten Quellen gespeisten ordnungsökonomischen Perspektive werde ich mich nun im Folgenden der Frage nach der Rolle von Markt und Staat in einer globalisierten Welt zuwenden.

II. Die ordnungsökonomische Perspektive

Ich möchte meinen Überlegungen zu dieser Frage ein Zitat aus der Antrittsvorlesung vorausschicken, die *Hayek* 1962 hier in Freiburg hielt, das das Anliegen der ordnungsökonomischen Perspektive deutlich herausstellt. Mit kritischem Blick auf ein Verständnis von Wirtschaftswissenschaft, das meint, nach dem Muster der exakten Naturwissenschaften ein Steuerungswissen bereitstellen zu können, das auf spezifische Ergebnisse abzielende wirtschaftspolitische Interventionen anleiten kann, stellte *Hayek* damals fest, „dass entgegen einer weitverbreiteten Meinung die Wirtschaftstheorie sehr viel über die Zweckmäßigkeit verschiedener Wirtschaftssysteme oder Wirtschaftsordnungen zu sagen hat, ... aber verhältnismäßig wenig über die konkreten Wirkungen besonderer Maßnahmen in gegebenen Umständen. Wir kennen den allgemeinen Charakter der selbstregulierenden Kräfte der Wirtschaft und die allgemeinen Bedingungen, unter denen diese Kräfte funktionieren oder nicht funktionieren werden, aber wir kennen nie all die besonderen Umstände, an die sie eine Anpassung herbeiführen" (*Hayek* 2001, S. 77).

---

2 Veröffentlicht als *Vanberg* (1981).

Im Zentrum des *Hayek*schen Ansatzes steht der – den zitierten Bemerkungen zugrunde liegende – Gedanke, dass Wirtschaft und Gesellschaft höchst komplexe Systeme sind, deren vielfältig verflochtene und interdependente Wirkungszusammenhänge es unmöglich machen, die Gesamtwirkungen spezifischer Eingriffe vorauszusehen. Wir müssen uns daher aus rationaler Einsicht in die Grenzen unseres Wissens damit bescheiden, Mustervoraussagen über die allgemeinen Wirkungstendenzen zu machen, die von Änderungen in grundlegenden Steuerungsprinzipien, den Spielregeln oder Rahmenbedingungen des Systems, zu erwarten sind. Das bedeutet aber auch, dass unser Ehrgeiz, das wirtschaftliche und soziale Geschehen zu beeinflussen, sich im wesentlichen auf *Ordnungspolitik*, also auf die zweckmäßige Gestaltung der allgemeinen Rahmenbedingungen beschränken muss, und dass wir nicht aus einer – wie *Hayek* es genannt hat – Anmaßung von Wissen heraus mit Maßnahmen in das komplexe gesellschaftliche Gefüge intervenieren sollten, deren unmittelbar voraussagbare Folgen uns vielleicht wünschenswert erscheinen mögen, deren vielfältige indirekte – und unter Umständen höchst verhängnisvolle – Konsequenzen wir aber nicht zu überschauen vermögen. Der Versuch, unvorhergesehenen unerwünschten Folgen solcher Eingriffe durch weitere Eingriffe entgegenzuwirken, führt nur zu leicht zu Interventionsspiralen, die schon recht bald in ein gänzlich undurchschaubares Dickicht von ineinander verflochtenen erwünschten und unerwünschten Konsequenzen einmünden. Die erst nach und nach sichtbar werdenden indirekten Auswirkungen mancher Interventionen in den Energiemarkt, wie etwa der staatlichen Förderung so genannter Biokraftstoffe, seien hier als lediglich ein Beispiel erwähnt.

Ordnungsökonomik *Hayek*scher Prägung – und dies trifft ebenso auf die Freiburger Schule und die Verfassungsökonomik *Buchanan*s zu – ist durchaus eine auf praktische Anwendbarkeit ausgerichtete Ökonomik, will sie doch Wissen bereit stellen, das zur Lösung von Problemen genutzt werden kann, mit denen Menschen in ihrem wirtschaftlichen und gesellschaftlichen Zusammenleben zu tun haben. Aber ihre spezifische Botschaft stellt gerade darauf ab, dass wir uns bei dem Bemühen um bewusste Gestaltung von Wirtschaft und Gesellschaft der Grenzen der Machbarkeit bewusst bleiben, die die Komplexität wirtschaftlicher und gesellschaftlicher Wirkungszusammenhänge solchem Bemühen setzt.

Eine der grundlegenden Herausforderungen, vor denen eine Wirtschaftswissenschaft, die einen Beitrag zur Bewältigung realweltlicher Probleme leisten will, heute steht, liegt gewiss darin, Wissen darüber bereit zu stellen, wie die Probleme gelöst werden können, mit denen unsere Gesellschaft angesichts der grundlegenden Wandlungen konfrontiert ist, die sich vor allem seit dem Zusammenbruch des sowjetischen Imperiums in der Weltwirtschaft vollzogen haben und weiterhin in nicht abnehmendem Tempo vollziehen, Wandlungen, die gemeinhin mit dem Stichwort der Globalisierung umschrieben werden. Dass unser überkommenes und in Jahrzehnten gesetzgebender und rechtsprechender Ausgestaltung geformtes, vielleicht auch verformtes, Modell der Sozialen Marktwirtschaft diesen Wandlungen nicht in allen Belangen angepasst und in wesentlichen Teilen revisionsbedürftig ist, wird mittlerweile wohl von den meisten Verantwortungsträgern in unserem Lande erkannt. Weniger einhellig sind freilich die Auffassungen davon, was denn genau zu reformieren ist, und große Ratlosigkeit macht sich schnell breit, sobald man auf die Frage zu sprechen kommt, wie die strukturellen Reformen, die zur Sicherung der Nachhaltigkeit unserer Wirtschafts- und Sozialordnung notwendig erscheinen, angesichts einer Wählerschaft politisch auf den Weg gebracht werden können, die zwar in Umfragen grundsätzliche Einsicht in Reformnotwendigkeiten erkennen lässt, an der Wahlurne aber diejenigen abstraft, die es wagen, dieser grundsätzlichen Einsicht konkrete Gestalt zu geben.

Nun wäre es gewiss eine ungeheure Anmaßung von Wissen, wenn ich den Anspruch anmelden würde, Ihnen mit meinem Vortrag eine Antwort auf diese Fragen geben zu können. Ich verfolge das wesentlich bescheidenere Ziel, einige grundsätzliche Überlegungen vorzutragen, die zu einem besseren Verständnis der Herausforderungen beitragen können, vor die die Globalisierung unser Modell der Sozialen Marktwirtschaft stellt, in der Hoffnung, damit für etwas mehr Klarheit in der Frage sorgen zu können, welche Reformen erforderlich sind, um die Zukunftsfähigkeit dieses Modells zu sichern.

III. Globalisierung

Versteht man unter Globalisierung die zunehmende Integration der Weltwirtschaft, so ist das, was wir heute mit diesem Begriff bezeichnen, keineswegs ein völlig neuartiges Phänomen sondern die Fortführung einer Entwicklung, die – wenn auch mit Rückschlägen und mit unterschiedlicher Intensität – die gesamte Menschheitsgeschichte durchzogen hat, nämlich eine ständige Ausweitung von Austausch- und Handelsnetzwerken. Der Wunsch der Menschen, Vorteile durch Tausch und Handel zu realisieren, hat sie schon immer dazu veranlasst, die Grenzen etablierter Handelsräume zu überschreiten. So zeigen etwa archäologische Befunde, dass es in der Menschheitsgeschichte schon recht früh, lange vor der durch schriftliche Zeugnisse dokumentierten Historie, ausgedehnten Fernhandel gegeben haben muss.

Auf die Frage, was Globalisierung für den Markt bedeutet, hat – lange bevor dieser Begriff geprägt wurde – bereits *Adam Smith* mit seinem Hinweis auf den Zusammenhang zwischen der Ausdehnung des Marktes und wirtschaftlichem Wohlstand die entscheidende Antwort gegeben (*Smith* 1776, 2005, S. 101 ff.). Die wesentliche Quelle nachhaltiger Wohlstandsmehrung, so argumentierte *Smith*, ist die Steigerung der Produktivität der menschlichen Arbeit. Die Produktivität menschlicher Arbeit ist ihrerseits vom Grad der Arbeitsteilung und Spezialisierung abhängig, und die Möglichkeiten der Arbeitsteilung und Spezialisierung sind wiederum abhängig von den Tausch- und Handelsmöglichkeiten, also – in den Worten von *Adam Smith* – von der Ausdehnung des Marktes. Im Sinne dieser Argumentationskette ist die Ausweitung des Marktes eine entscheidende Triebkraft für die Steigerung wirtschaftlichen Wohlstands. Globalisierung ist aber nichts anderes als Ausweitung des Marktes, und sie ist in diesem Sinne aus einer *Smith*schen Perspektive als ein wirksamer Motor weltweiter Wohlstandssteigerung anzusehen. Adam Smith wäre daher nicht überrascht gewesen, zu erfahren, dass im Zuge der Globalisierung in den letzten zwei Jahrzehnten der Anteil der in absoluter Armut lebenden Menschen in der Welt deutlich gesunken ist (*Sala-i-Martin* 2006), und ihn hätte auch nicht die Auskunft überrascht, dass die zwanzig ärmsten Länder dieser Welt in der Wohlstandsentwicklung weiter zurückgefallen sind, wenn man ihm die dazu gehörende Information geben würde, dass dies typischerweise Länder sind, die sich dem

Weltmarkt gerade nicht geöffnet haben und in ihrem Inneren nicht die elementaren rechtlichen Voraussetzungen dafür bieten, dass sich funktionsfähige Märkte entwickeln können (*Bhalla* 2002).

In der Einschätzung, dass Marktöffnung und Integration in die weltweiten Austausch- und Handelsnetzwerke die besten Strategien zur Wohlstandssicherung sind, ist die ökonomische Profession *Adam Smith* bis heute im Wesentlichen gefolgt. Zwar hat bekanntlich *Friedrich List* einen prominenten Versuch unternommen, den Nachweis zu führen, dass unter bestimmten Bedingungen nationalstaatlicher Protektionismus vorteilhafter sein kann als die Rezeptur der – so List – „kosmopolitischen Ökonomie" von Adam Smith (*List* 1841, 1910, S. 204 ff.). Und in ihrem Hang zur Modellesoterik sind eine ganze Reihe von Ökonomen *List* in dem Bestreben gefolgt, Ausnahmen von der *Smith*schen Regel zu identifizieren. Dass die praktische Relevanz dieser vermeintlichen Beispiele für wohlstandssteigernden Protektionismus recht zweifelhaft ist, wurde jedoch regelmäßig dann offenkundig, wenn man sich ernsthaft der Frage stellte, ob man realweltlichen Regierungen das Wissen und den Willen unterstellen kann, die erforderlich wären, um die hypothetischen Ausnahmen verlässlich zu identifizieren und im politischen Interessenkampf durchzusetzen.[3]

Dass die Globalisierung als Marktausweitung ein Motor allgemeiner Wohlstandssteigerung ist, schließt freilich keineswegs aus, dass die mit ihr einhergehenden Veränderungen der relativen Knappheiten und der Wettbewerbsbedingungen die Einkommenschancen bestimmter Gruppen beeinträchtigen und diese Gruppen damit unter Anpassungsdruck setzen. Im Hinblick auf dieses Problem ist in der öffentlichen Diskussion häufig von Globalisierungsverlierern die Rede, eine Redeweise, die verkennt, dass es hier zunächst einmal um eine normale Erscheinungsform der Funktionsweise marktwirtschaftlichen Wettbewerbs geht, die unter den Bedingungen der Globalisierung allerdings mit besonderer Intensität zum Tragen kommt. Die Produktivität der marktwirtschaftlichen Ordnung hat ja ihre Quelle darin, dass durch den Wettbewerb ständig Informationen darüber geschaffen werden, welche Ressourcennutzungen lohnender sind als andere, dass ständig Anreize geschaffen werden, Ressourcen in produktivere Verwendungen zu lenken, und dass ständig neue, bislang unbekannte aber möglicherweise ertragreichere Nutzungen entdeckt werden. Dass Marktteilnehmer damit dem Risiko ausgesetzt sind, dass die Leistungen, die sie anbieten, aufgrund von Innovationen und attraktiveren Angeboten von Konkurrenten in der Gunst der Nachfrager verlieren, und dass dadurch der Ertragswert ihrer versunkenen Investitionen in Real- oder Humankapital gemindert wird, ist die unvermeidbare Kehrseite dieser produktiven Dynamik des Wettbewerbsprozesses.

Es ist die untrennbare Verbindung dieser beiden Seiten der Marktwirtschaft, ihrer geliebten produktiven Seite und ihrer ungeliebten fordernden Seite, aus der sich das ambivalente Verhältnis der Menschen zur Wettbewerbsordnung speist. Die Konzeption der

---

3 *A.P. Lerner* (1957, S. 441; zitiert nach *Hayek* 2005, S. 42): „The free-trade doctrines are valid as general rules, whose general use is generally beneficial. As with all general rules, there are particular cases where, if one knew all the attendant circumstances and the full effects in all their ramifications, it would be better for the rule not to be applied. But that does not make the rule a bad rule or give reason for not applying the rule where, as is normally the case, one does not know all the ramifications that would make the case a desirable exception."

Sozialen Marktwirtschaft war bekanntlich durch das Bestreben motiviert und mit dem Anspruch verbunden, ein Ordnungsmodell zu bieten, das das Spannungsverhältnis zwischen den beiden Seiten der Marktwirtschaft zu mildern in der Lage ist, indem es deren Produktivität bewahrt und gleichzeitig dem Bedürfnis der Menschen nach sozialer Sicherung Rechnung trägt. Die konfligierenden Anforderungen, denen die Politik heute im Zeichen der Globalisierung ausgesetzt ist, sind in dieser Hinsicht kein Novum sondern stellen nur eine besonders intensivierte Variante eines alten Problems dar. Allerdings hat die Globalisierung die Rahmenbedingungen in folgenschwerer Weise verändert, unter denen politisches Handeln auf die gegenläufigen Anforderungen reagieren muss, einerseits die Effizienzvorteile zu nutzen, die ein offener Markt zu bieten hat, und andererseits die Wählerwünsche nach Schutz vor dem intensivierten Wettbewerb und seinen Folgen zu befriedigen.[4]

Die Veränderung der Rahmenbedingungen staatlichen Handelns und einige der daraus folgenden Konsequenzen sind das Thema meines Vortrages. Meine Hauptthese, die ich im Folgenden näher begründen und in ihren Folgerungen erläutern werde, lautet: Die Globalisierung zwingt dazu, zwei Funktionen des Staates deutlicher voneinander zu trennen als dies bisher – und gerade im Modell der Sozialen Marktwirtschaft – der Fall war, zwei Funktionen, in denen der Staat gänzlich unterschiedlichen Anforderungen ausgesetzt ist.

Zum einen ist der Staat das, was ich als Gemeinschaftsunternehmen der Bürger bezeichnen möchte. Er ist der Intergenerationenverband, in dem die Bürger als Verbandsmitglieder zusammengeschlossen sind, um sich mit Leistungen zu versorgen, an denen sie ein gemeinsames Interesse haben und die sich durch staatliche Organisation besser erbringen lassen als in privatrechtlichen Vertragsformen. Um die Funktion des Staates als ein solches Gemeinschaftsunternehmen zu betonen, bezeichne ich den demokratischen Staat gerne als Bürgergenossenschaft, wobei der Begriff der Genossenschaft die Selbstverständlichkeit unterstreichen soll, dass der demokratische Staat – ebenso wie ein genossenschaftliches Unternehmen – den gemeinsamen Interessen oder dem wechselseitigen Vorteil aller Mitglieder zu dienen hat.

Von dieser Funktion des Staates als Gemeinschaftsunternehmen der Bürger zu unterscheiden ist seine Funktion als das, was man als Standortunternehmen bezeichnen kann. Damit ist gemeint, dass der Staat als Territorialverband die Instanz ist, die die Regeln setzt und durchsetzt, denen alle unterworfen sind, die sich innerhalb seiner territorialen Grenzen aufhalten oder das betreffende Hoheitsgebiet für ihre privaten Zwecke nutzen wollen.

Im Sinne der Unterscheidung der beiden Rollen des Staates können Personen von staatlichen Handlungen in zweierlei Weise betroffen sein, nämlich einerseits als Bürger und andererseits als Standortnutzer. Als Bürger sind sie Mitglieder der Bürgergenossenschaft. Sie sind diejenigen, deren gemeinsamen Interesse das politische Unternehmen dienen soll und gegenüber denen die politischen Agenten sich zu rechtfertigen haben. Standortnutzer sind Personen – natürliche oder auch juristische – die im Jurisdiktionsgebiet eines Gemeinwesens tätig sind und dort allgemein zugängliche öffentliche Leis-

---

4 In der Literatur wird dieses Problem als der Konflikt zwischen dem „efficiency effect" und dem „compensation effect" der Globalisierung diskutiert. Siehe dazu etwa *Breton* und *Ursprung* (2002).

tungen für ihre wirtschaftlichen oder sonstigen Zwecke nutzen. Die Beziehung zwischen Bürgern und Gemeinwesen ist eine mitgliedschaftliche. Im Kontrast dazu kann man die Beziehung zwischen einem Gemeinwesen und seinen Standortnutzern am ehesten mit der Beziehung zwischen einem Unternehmen und seinen Kunden vergleichen. Zu beachten ist dabei, dass auch die Bürger eines Staates zu seinen Standortnutzern – und in diesem Sinne zu seinen Kunden – gehören. In den Entscheidungen, die sie als Privatrechtspersonen darüber treffen, wo sie ihr Kapital einsetzen, wo sie eine Beschäftigung suchen oder wo sie ihren Wohnsitz einrichten möchten, werden sie, wie andere Standortnutzer auch, die Vor- und Nachteile abwägen können, die ihre Heimatjurisdiktion im Hinblick auf die verschiedenen Nutzungen und im Vergleich zu Alternativjurisdiktionen aufweist.

So wie man nach den beiden Rollen des Staates zwischen Bürgern und Standortnutzern unterscheiden kann, so kann man das Gesamt der Regelungen, die der Staat als Gesetzgeber erlässt und durch seinen Machtapparat durchsetzt, in zwei Kategorien unterteilen. Dies sind zum einen die Regelungen, die die Mitgliedschaftsbedingungen in der Bürgergenossenschaft betreffen, die also die Rechte und Pflichten unter den Bürgern als den Verbandsmitgliedern regeln. Und dies sind zum anderen die Regelungen, die allgemein für Standortnutzer gelten, unabhängig davon, ob sie Mitglieder der betreffenden Bürgergenossenschaft sind oder den Standort als Nichtmitglieder nutzen.

Die beiden von mir unterschiedenen Funktionen, ihre Rolle als Gemeinschaftsunternehmen der Bürger und ihre Rolle als Standortunternehmen, haben Staaten seit jeher wahrgenommen, doch war ihre Unterschiedlichkeit solange von geringerer Bedeutung, wie die Mobilität von Menschen und Ressourcen unterhalb einer kritischen Schwelle blieb. Mit wachsender Mobilität von Menschen, Gütern und Kapital macht sich die Unterschiedlichkeit der beiden Rollen jedoch zunehmend bemerkbar, und gerade in dieser Hinsicht hat sich die Welt im Zeichen der Globalisierung in den vergangenen Jahrzehnten deutlich gewandelt.

IV. Globalisierung und Staatenwettbewerb

Die Bedeutung, die eine zunehmende Mobilität von Menschen und wirtschaftlichen Ressourcen für staatliches Handeln hat, kann man sich am besten verdeutlichen, wenn man sich die Staatenwelt gedanklich auf einem Kontinuum angeordnet vorstellt, an dessen einem Ende eine Welt steht, in der die einzelnen Staaten aus geographischen und sonstigen Bedingungen in völliger Isolation nebeneinander existieren, ohne jegliche Mobilität zwischen ihnen, und an dessen anderem Ende eine Welt steht, in der Menschen in der Wahl der Staatsbürgerschaft völlig frei sind, und in der sie sich als Standortnutzer ungehindert von einem Staat in einen anderen begeben können.

In der Welt gegeneinander völlig abgeschlossener Monopolstaaten können allein Geburt und Tod für einen Wechsel in der Population der Machtunterworfenen sorgen. Auch in einer solchen Welt kann man theoretisch zwischen Bürgern und Standortnutzern insofern unterscheiden, als Menschen – abgesehen vom Fall eines allumfassenden totalitären Staates – nicht gänzlich in ihrer Rolle als Mitglieder des politischen Gemeinwesens aufgehen, sondern als Privatrechtspersonen Rechte haben, über deren Nutzung im staatlichen Hoheitsgebiet sie individuell und separat verfügen können, wobei sie sich mit ihren privaten Aktivitäten auch an die Rahmenbedingungen, die der Staat vorgibt, anpassen werden. Aber die Unterscheidung zwischen ihren Rollen als Bürger und Standortnutzer bleibt insofern von begrenzter praktischer Relevanz, als Menschen in dieser Welt keinerlei Abwanderungsoption haben und ihre Mitwirkungsmöglichkeiten im politischen Prozess das einzige Mittel sind, das ihnen zum Schutz gegen unerwünschtes staatliches Handeln zur Verfügung steht. Theoretische Erwägungen und empirische Evidenz zeigen freilich, dass der Schutz, den sie sich – selbst unter günstigen Bedingungen eines demokratischen Systems – davon erhoffen können, sehr beschränkt ist. Wenn die innere Emigration die letzte Ausweichmöglichkeit gegenüber staatlicher Machtausübung bietet, ist das, was Regierungen ihren Bürgern und was Bürger einander mit Hilfe des politischen Prozesses zumuten können, weitgehend unbeschränkt.

In der am Gegenpol angesiedelten Welt ungehinderter Mobilität kommt die Unterscheidung zwischen den beiden Funktionen des Staates zur vollen praktischen Entfaltung. Hier können Menschen zum einen frei darüber entscheiden, welchem politischen Gemeinschaftsunternehmen sie als Mitglied angehören möchten, und sie können zum anderen ebenso frei entscheiden, in welchem staatlichen Hoheitsgebiet sie mit welchen ihrer wirtschaftlichen Ressourcen tätig werden wollen. Beide Entscheidungen werden sie in Abwägung der damit jeweils verbundenen Kosten und Nutzen treffen. Dies bedeutet, dass das, was ihnen die Regierung ihres Herkunftsstaates als Bürger zumuten kann, durch die Attraktivität der Mitgliedschaftsbedingungen in anderen Gemeinwesen begrenzt wird, und dass das, was Staaten, ihr Heimatstaat eingeschlossen, ihnen als Standortnutzern abfordern können, seine Grenze in der Attraktivität der Bedingungen findet, die an anderen Standorten gelten.

Die reale Welt der Staaten hat wohl niemals dem Extremmodell perfekt voneinander isolierter Gemeinwesen ohne jegliche Mobilität entsprochen, und auch unter den heutigen Bedingungen der Globalisierung entspricht die reale Staatenwelt keineswegs dem extremen Gegenmodell vollkommen ungehinderter Mobilität. Aber die Welt hat sich doch im Verlaufe der Menschheitsgeschichte deutlich von dem einen Pol fort- und auf den anderen Pol hinbewegt, und zwar in dem Maße, in dem technologische Entwicklungen und politischer Wandel die Möglichkeiten der Menschen erweitert haben, unerwünschten Verhältnissen, mit denen sie als Bürger oder als Standortnutzer konfrontiert sind, durch Abwanderung in attraktivere Jurisdiktionen zu entfliehen. Die Entwicklung der Transport- und Kommunikationstechnologien hat nicht nur den Bewegungsradius der Menschen zunehmend ausgeweitet. Menschen können sich auch leichter darüber informieren, wo ansonsten in der Welt attraktivere Verhältnisse zu finden sind. Und so, wie der Fortschritt in der Transport- und Kommunikationstechnologie – neben politischen Faktoren wie insbesondere dem Zusammenbruch des kommunistischen Imperiums – die entscheidende Triebkraft der Wandlungen ist, die der Begriff der Globalisierung beschreibt, so sind die erleichterten Möglichkeiten der Abwanderung in attraktivere Jurisdiktionen ein wesentliches Kennzeichen der Globalisierung. Die größere Mobilität von Menschen und wirtschaftlichen Ressourcen bedeutet aber, dass Regierungen verstärkt unter Wettbewerbsdruck geraten und sich zu größerer Rücksichtnahme auf die Interessen von Bürgern und Standortnutzern genötigt sehen, wenn sie nicht deren Abwanderung und damit den Verlust von Wohlstandsproduzenten und Steuerquellen riskieren wollen.

Nun bestehen natürlich, was die Rolle der Abwanderungsoption anbelangt, offensichtliche Unterschiede zwischen den Abwägungen, die Menschen in dieser Hinsicht als Bürger anzustellen haben, und den Erwägungen, die für sie als Standortnutzer von Bedeutung sind. Naturgemäß sind die Möglichkeiten des Wechsels der Staatsbürgerschaft wesentlich stärker eingeschränkt als die Möglichkeiten, die Standortnutzern für die Verlagerung ihrer Aktivitäten von einer Jurisdiktion in eine andere zur Verfügung stehen. Und auch die Vorteils-Nachteils-Abwägungen, die im einen und im anderen Fall anzustellen sind, unterscheiden sich deutlich. Das Leistungspaket, mit dem sich die Mitglieder einer Bürgergenossenschaft durch ihr Gemeinschaftsunternehmen Staat versorgen, ist wesentlich komplexer und umfangreicher als das Leistungsbündel, an dem Standortnutzer typischerweise interessiert sind. Insbesondere enthält es Elemente, deren Vor- und Nachteile nur unter sehr langfristiger Perspektive angemessen abgewogen werden können, wie etwa die Solidaritätsleistungen, zu denen Menschen sich im Intergenerationenverband Staat zu ihrem wechselseitigen Vorteil und im Interesse ihrer Nachkommen verpflichten können. Es ist denn auch vor allem die komplexere und auf längere Zeit angelegte Natur des Leistungspakets, das mit der Mitgliedschaft im staatlichen Gemeinwesen verbunden ist, die zur Folge hat, dass der Wechsel der Staatsbürgerschaft schwerer zu bewerkstelligen ist als die bloße Verlagerung wirtschaftlicher Aktivitäten oder selbst des Wohnsitzes von einem Staat in einen anderen.

Als Standortnutzer können Menschen mit wesentlich größerer Leichtigkeit zwischen alternativen Jurisdiktionen wählen, wobei freilich auch hier Unterschiede zu beachten sind. So erfordert die dauerhafte Verlagerung des Wohnsitzes offenkundig andere Abwägungen als etwa eine vorübergehende Verlagerung des Arbeitsplatzes, und die Abwägungen, die bei einer Verlagerung von Investitionen anzustellen sind, werden andere sein, wenn versunkenes oder zu versenkendes Kapital auf dem Spiel steht, als dies bei flexibleren Investitionen der Fall ist. Auf die mit solchen Unterschieden zusammenhängenden Fragen und sonstige Detailprobleme, die in der mittlerweile recht umfangreichen Literatur zum Thema Standortwettbewerb ausgiebig behandelt werden, will ich hier nicht weiter eingehen.[5] Ich möchte mich allein auf die Frage konzentrieren, welche Bedeutung in diesem Zusammenhang der Unterscheidung zwischen den beiden von mir genannten Rollen des Staates zukommt. Dabei werde ich insbesondere auf die Folgerungen eingehen, die sich aus dieser Unterscheidung für zwei zentrale Bereiche staatlicher Tätigkeit ergeben, nämlich für die Steuererhebung und für staatliche Regulierung.

V. Besteuerung in einer globalisierten Welt

Das deutsche Steuerrecht hat seine gesetzliche Grundlage in der sogenannten Abgabenordnung (AO), die in § 3 Absatz 1 zur Definition von Steuern feststellt: „Steuern sind Geldleistungen, die nicht eine Gegenleistung für eine besondere Leistung darstellen …" Diese Definition lässt zwei Lesarten zu, je nachdem, ob man die Betonung auf das Attribut ‚besondere' oder auf das Hauptwort ‚Leistung' legt. Und man wird zu unter-

---

5 Dazu *Vanberg* (2001); (2004); (2005a).

schiedlichen Schlussfolgerungen neigen, je nachdem, ob man betont, dass mit Steuern keine besondere Leistung entgolten wird, oder ob man betont, dass Steuern nicht die Gegenleistung für eine Leistung darstellen.

Die Zweideutigkeit, die sich aus der Unterschiedlichkeit der beiden Lesarten ergibt, durchzieht die gesamte praktische wie auch die wissenschaftliche Steuerdiskussion,[6] wobei man in beiden Bereichen einen deutlichen Hang zu einem Steuerverständnis feststellen kann, das die Trennung zwischen Steuern und staatlichen Leistungen hervorhebt.[7] Steuern werden üblicherweise nicht nur von Gebühren abgegrenzt, die für die Inanspruchnahme spezifischer Leistungen zu zahlen sind, sondern auch von Beiträgen, die für die Möglichkeit der Inanspruchnahme von Leistungen entrichtet werden.[8] Dabei liegt der Tenor unverkennbar darauf, dass Steuern keinen Anspruch auf staatliche Leistungen begründen. Ein solches Steuerverständnis unterstellt im Grunde, dass im Bereich des Steuerwesens das Prinzip von Leistung und Gegenleistung keinen Platz hat. Es unterstellt, mit anderen Worten, dass dieses Prinzip für die Ordnung des staatlichen Gemeinwesens unpassend ist, und dass es bei der Entrichtung von Steuern nicht darum gehen kann, zwischen Steuerlast und staatlichen Gegenleistungen abzuwägen.

Eine solche Unterstellung kann in zweierlei Weise gemeint sein. Sie kann als die empirische Behauptung gemeint sein, dass Steuerzahler eine solche Abwägung de facto nicht vornehmen. Und sie kann als normative Aussage darüber gemeint sein, wie das Steuerwesen geordnet sein sollte. Als empirische Behauptung dürfte die genannte Unterstellung allenfalls für eine Welt voneinander isolierter Nationalstaaten zutreffen. Sie erscheint aber umso fragwürdiger, je weiter wir uns von einer solchen Welt entfernen. In einer globalisierten Welt mit mobilen Menschen und Ressourcen werden ganz gewiss nicht nur Standortnutzer bei ihrer Standortwahl die Steuer-Leistungs-Pakete abwägen, die sie in unterschiedlichen Jurisdiktionen vorfinden. Auch Bürger werden in dem Maße, in dem ein Wechsel der Staatsbürgerschaft möglich ist, die Vor- und Nachteile abwägen, die mit der Mitgliedschaft in ihrer Heimatjurisdiktion verbunden sind, und sie mit der Vor- und Nachteilsbilanz in anderen Gemeinwesen vergleichen, in denen sie Aufnahme finden könnten.

---

6 In einem Standardkommentar zur Abgabenordnung heißt es etwa: „Die Steuer wird ohne Rücksicht auf eine individuell zurechenbare, besondere Gegenleistung erhoben (*BVerfG* 2 BvR 413/88 u.a., *BVerfGE* 93, 319/346). Ihre hoheitliche Auferlegung besteht unabhängig davon, ob und in welchem Maße das besteuernde Gemeinwesen dem Steuerpflichtigen Gegenwerte gewährt. In diesem Sinne wird die Steuer dem Betroffenen „voraussetzungslos" auferlegt (*BVerfG* 1 BvL 18/93 u.a., *BVerfGE* 92, 91/113). Keine Gegenleistung ist die Zweckbindung des Steueraufkommens, aufgrund derer die Leistung dem Steuerpflichtigen mittelbar wieder zugute kommt bzw. das Aufkommen einer bestimmten Steuer gesetzlich bestimmten Zwecken vorbehalten ist (*BVerfG* 2 BvR 413/88 u.a., *BVerfGE* 93, 319/348 …). Der Kreis der Abgabepflichtigen ist bei den Zweckbindungssteuern nicht auf solche Personen begrenzt, die aus dem wirtschaftlichen Vorteil aus dem öffentlichen Vorhaben ziehen können (*BVerfG* 2 BvR 1275/79, *BVerfGE* 65, 325/344)" (*Pahlke* 2004, § 3 Rz. 18).
7 *Zimmermann* und *Henke* (2005, S. 17 f.): „Außerdem handelt es sich bei den Steuern selbst um eine öffentliche Abgabe ohne Anspruch auf Gegenleistung. De facto mögen dem steuerzahlenden Bürger zwar durchaus öffentliche Leistungen zugute kommen, einen möglichen Anspruch auf sie erwirbt er jedoch als Staatsbürger, nicht als Steuerzahler. Steuern kann man mithin als Zwangsabgaben charakterisieren, deren Zahlung keinen Anspruch auf Gegenleistung begründet."
8 Siehe z.B. *Zimmermann* und *Henke* (2005, S. 18 f.).

Das normative Postulat, dass das Prinzip von Leistung und Gegenleistung in der Ordnung des staatlichen Steuerwesens keine Rolle spielen sollte, dürfte in der Tat dem in der Finanzwissenschaft und in der alltäglichen Steuerdiskussion gängigen Prinzip der Besteuerung nach Leistungsfähigkeit zugrunde liegen,[9] wird dieses Prinzip doch in der Regel so verstanden, dass Menschen im Maße ihrer finanziellen Belastbarkeit zum Steueraufkommen des Staates beitragen sollten, gänzlich unabhängig von der Frage, in welchem Umfang sie aus dessen Leistungen Vorteile ziehen.

Nun liegt gegen eine solche Besteuerungsnorm nicht nur der Einwand nahe, dass sie angesichts der Abwanderungsoptionen, die Bürger und Standortnutzer in einer Welt mobiler Menschen und Ressourcen haben, auf die Dauer schwer durchsetzbar sein dürfte. Es sind auch durchaus Zweifel angebracht, ob eine solche Norm als ein begründbares ethisches Prinzip gelten kann. Solche Zweifel hat jedenfalls der schwedische Ökonom *Knut Wicksell*, aus dessen Werk *James Buchanan* wichtige Anregungen für seinen theoretischen Ansatz gewonnen hat,[10] in seiner 1896 erschienenen Schrift „Ein neues Prinzip der gerechten Besteuerung"[11] vorgetragen, in der er als Alternative zum Prinzip der Besteuerung nach Leistungsfähigkeit oder Belastbarkeit das Prinzip der Besteuerung nach Interesse als ein gerechteres Prinzip der Lastenverteilung im staatlichen Gemeinwesen verteidigt. Menschen Steuerlasten nach dem Kriterium der Belastbarkeit und ohne Bezug zu den Vorteilen aufzuerlegen, welche die so finanzierte Staatstätigkeit ihnen bietet, habe, so *Wicksell*s Urteil, nichts mit Gerechtigkeit zu tun. Denn, so lautet ein Kernsatz seiner Schrift, „scheint es doch ein handgreifliches Unrecht zu sein, wenn jemand zur Kostendeckung von Maßregeln herangezogen würde, die sein wohlverstandenes Interesse nicht nur nicht fördern, sondern demselben vielleicht schnurstracks zuwiderlaufen."[12]

Auf die Einzelheiten der Argumentation von *Wicksell* und die Probleme des spezifischen Vorschlages, den er zur praktischen Umsetzung des Prinzips der Besteuerung nach Interesse formuliert hat,[13] kann ich hier nicht näher eingehen. Worauf es mir ankommt, ist, dass das von Wicksell vorgeschlagene Prinzip – in angemessener Weise interpretiert – ein Prinzip ist,

das, erstens, in einer globalisierten Welt mobiler Menschen und Ressourcen wettbewerbsrobust ist,

das, zweitens, in einem normativen Sinne am besten zu einem demokratischen Gemeinwesen als einer Bürgergenossenschaft passt, und

---

9 *Märkt* (2003, S. 110 ff.); *Blankart* (2002a, S. 367 f.); *Vanberg* (2004, S. 67).
10 Siehe dazu *Buchanan*s 1986er Nobelpreis Rede „The Constitution of Economic Policy", wieder abgedruckt in *Buchanan* (1999, S. 455-468).
11 Enthalten in *Wicksell* (1896, S. 76-164).
12 *Wicksell* (1896, S. 112).
13 *Wicksell* hatte die Vorstellung, es müssten politische Entscheidungsverfahren bezüglich der Aufteilung der Steuerlasten zu finden sein, die die Durchführung von im gemeinsamen Interesse liegender Projekte und den Schutz vor Interessenverletzung sogar für jedes einzelne öffentliche Vorhaben sicherstellen können. Dass diese Vorstellung wegen der Nachteile der Einstimmigkeitsregel als alltäglicher Entscheidungsregel als unrealistisch gewertet werden muss, bedeutet nicht, dass damit das von ihm favorisierte Paradigma der Besteuerung nach Interesse als normatives Referenzmodell seine Bedeutung verliert. – Dazu *Buchanan* (1999, S. 463 ff.).

– das, drittens, kompatibel ist mit einer Lesart der vorhin zitierten Steuerdefinition der Abgabenordnung, die die Betonung auf das Attribut „besondere" legt.

Ich werde diese drei Aspekte in umgekehrter Reihenfolge kommentieren.

Liest man die Steuerdefinition der Abgabenordnung mit der Betonung, dass Steuern Geldleistungen sind, „die nicht eine Gegenleistung für eine besondere Leistung darstellen", so besagt sie zwar, dass Steuern von Gebühren unterschieden werden müssen, die Zahlungen für jeweils besondere Leistungen – etwa die Ausstellung eines Passes oder die Genehmigung eines Bauvorhabens – darstellen, sie besagt aber nichts dagegen, dass Steuern in einem Zusammenhang mit Leistungen des Staates zu sehen sind, aus denen der Steuerzahler Vorteile zieht. Im Unterschied zu in der einschlägigen Literatur zu findenden Abgrenzungen sehe ich daher keinen Grund, warum man Steuern nicht mit Beiträgen vergleichen kann, also mit Geldleistungen, die „für die bloße Möglichkeit, eine Leistung in Anspruch zu nehmen", entrichtet werden.

Im Sinne der Unterscheidung zwischen Bürgern und Standortnutzern kann man, so meine These, in Steuern zweierlei Arten von Beiträgen sehen. Dies sind einerseits die Geldleistungen, die Bürger als Mitgliedschaftsbeitrag in ihre Bürgergenossenschaft erbringen, vergleichbar den Beiträgen, die Mitglieder von privaten Vereinen oder Verbänden als Gegenleistung für die Vorteile zu zahlen haben, die ihnen aus der Mitgliedschaft erwachsen. Als von den Bürgern zu entrichtende Mitgliedschaftsbeiträge kann man Steuern entsprechend als Gegenleistung für die mit der Mitgliedschaft verbundenen Rechte betrachten, also als Beitrag für die Möglichkeit, die Leistungen in Anspruch zu nehmen, die das Gemeinschaftsunternehmen Staat seinen Mitglieder bereitstellt. Von Steuern als Mitgliedschaftsbeiträgen der Bürger strikt zu unterscheiden sind die Abgaben, die Standortnutzern als Beitrag für das Recht abgefordert werden, das Hoheitsgebiet des betreffenden Staates für ihre verschiedenen Zwecke nutzen zu können, also als Gegenleistung für die Vorteile, die sie aus dieser Nutzungsberechtigung ziehen.

Versteht man Steuern im erläuterten Sinne als Beiträge, als Mitgliedschaftsbeiträge einerseits und als Standortnutzungsbeiträge andererseits, so stellen sie durchaus eine Gegenleistung für die Möglichkeit der Nutzung vom Staat bereitgestellter Leistungen dar. Und auf einen solchen Zusammenhang von Leistung und Gegenleistung passt durchaus das Prinzip der Besteuerung nach Interesse, das – im Kontext meiner Überlegungen interpretiert – besagt, dass Bürger und Standortnutzer in dem Maße zu den Kosten der Erstellung des staatlichen Leistungspakets beitragen sollten, in dem sie daraus Vorteile ziehen, also daran ein Interesse haben.

Die Begründung für die These, dass das Prinzip der Besteuerung nach Interesse die passende Besteuerungsnorm für den demokratischen Staat ist, ergibt sich aus den Erläuterungen, die ich vorhin zur Charakterisierung des demokratischen Gemeinwesens als einer Bürgergenossenschaft angeführt habe. Der Philosoph *John Rawls* hat in seinem einflussreichen Buch zur Theorie der Gerechtigkeit den von mir betonten Gesichtspunkt mit der Formulierung ausgedrückt, eine demokratische Gesellschaft sei ein „Unternehmen der Zusammenarbeit zum wechselseitigen Vorteil" (*Rawls* 1975, S. 105). Aus dieser Sicht ist ein demokratisches Gemeinwesen als ein genossenschaftlicher Verband zu verstehen, zu dem sich gleich freie und gleichberechtigte Bürger zusammen schließen, um Projekte durchzuführen, die in ihrem gemeinsamen Interesse liegen. Von den Mitgliedern eines solchen Verbandes kann man zu Recht fordern, dass sie die Solidaritäts-

und Beitragspflichten erfüllen, die mit der Verfolgung der gemeinsamen Interessen verbunden sind. Es gibt aber keine legitime Grundlage dafür, ihnen im Sinne eines von Leistung und Gegenleistung völlig abgekoppelten Prinzips der Besteuerung nach Leistungsfähigkeit Steueropfer abzuverlangen, die in keinem Verhältnis zu den Vorteilen stehen, die ihnen aus der Mitgliedschaft in der Bürgergenossenschaft erwachsen.

Meine dritte These, dass das Prinzip der Besteuerung nach Interesse – im Kontrast zum Prinzip der Besteuerung nach Leistungsfähigkeit – in einer globalisierten Welt mobiler Menschen und Ressourcen wettbewerbsrobust ist, bedarf einer etwas ausführlicheren Erläuterung.

VI. Bürger, Standortnutzer und der Steuerwettbewerb

Eine im Kontext der Globalisierungsdiskussion häufig geäußerte Befürchtung besagt, vereinfacht formuliert, dass die erhöhte Mobilität von Menschen und Ressourcen, insbesondere Finanzkapital, einen verhängnisvollen Steuerwettbewerb in Gang setzt, der sowohl eine – unter Gesichtspunkten der Steuergerechtigkeit problematische – Verschiebung der Steuerlasten von den mobileren zu den immobileren Ressourcen zur Folge hat, als auch einen Unterbietungswettlauf, ein „race to the bottom", auslöst, der Staaten zunehmend in ihrer Fähigkeit beschränkt, die Gemeinwohlinteressen ihrer Bürger zu bedienen.[14] Ich werde im Folgenden zu begründen suchen, warum diese Befürchtung zwar für eine am Prinzip der Besteuerung nach Belastbarkeit, nicht jedoch für eine am Prinzip der Besteuerung nach Interesse orientierte Steuerpraxis zutrifft, und warum man deshalb auch erwarten kann, dass in einer Welt, aus der man den Wettbewerb zwischen Jurisdiktionen nicht wird verbannen können, Staaten zunehmend unter Druck geraten werden, ihre Steuererhebungspraktiken auf eine Besteuerung nach Interesse umzustellen.

Was zunächst die Besteuerung von Standortnutzern anbelangt, so ist – wie bereits erwähnt – die Beziehung, die Standortnutzer zu ihrem Gaststaat haben, mit der Beziehung zwischen einem Unternehmen und seinen Kunden vergleichbar. Als Monopolist mag ein Unternehmen die Macht haben, seine Preise nach der Zahlungsfähigkeit seiner Kunden zu differenzieren. Je mehr es jedoch im Wettbewerb steht und je leichter seine Kunden auf Konkurrenten ausweichen können, umso weniger wird es dazu in der Lage sein. Gleiches gilt für einen mit anderen Jurisdiktionen als Standortunternehmen im Wettbewerb stehenden Staat. Auch er wird die Beiträge, die er Standortnutzern für das Recht der Standortnutzung abverlangt, umso weniger nach deren Belastbarkeit differenzieren können, je leichter diese zu Konkurrenten abwandern können. Ebenso wie ein Bäcker seine zahlungsfähigeren Kunden vertreiben würde, wenn er seine Preise an deren Einkommen ausrichten sollte, so wird ein seine Standortnutzer nach Leistungsfähigkeit besteuernder Staat am Kundenschwund merken, dass er mit anderen Standortanbietern im Wettbewerb steht.

Die Implikationen dieser Diagnose sind besonders offenkundig im Falle der Unternehmensbesteuerung. Die traditionell am Prinzip der Besteuerung nach Leistungsfähig-

---

14 Dazu *Vanberg* (2004, S. 68 ff.).

keit orientierte Praxis der Unternehmensbesteuerung, nämlich die Besteuerung nach Gewinn, muss in dem Maße in Schwierigkeiten geraten, in dem Unternehmen in Jurisdiktionen abwandern können, in denen ihnen die für sie relevanten Standortqualitäten zu einem günstigeren Steuerbeitrag angeboten werden (*Vanberg* 2005a). Entsprechendes gilt aber allgemein für Standortnutzer. Wenn ihnen Alternativen offen stehen, werden sie für die sie interessierenden Nutzungen, und im Maße der Mobilität der in Frage stehenden Ressourcen, jenen Standorten den Vorzug geben, die das günstigere Steuer-Leistungspaket bieten, und sie werden kaum bereit sein, in einer Jurisdiktion zu verbleiben, in der ihnen höhere Steuerlasten nur deshalb auferlegt werden, weil sie belastbarer sind, also etwa ein höheres Einkommen oder ein größeres Vermögen haben. Das bedeutet nicht, dass Standortnutzer ständig auf dem Sprung sind und bei jeder kleinsten Veränderung der Vorteils-Nachteils-Bilanzen mit Abwanderung reagieren. Denn im Sinne der *Hirschman*schen Begrifflichkeit ist auch für Standortnutzer – und das gilt erst recht im Hinblick auf die Nutzung der Heimatjurisdiktion – ein gewisses Maß an Loyalität – also von Toleranz gegenüber zeitweiligen Widrigkeiten – ein Gebot der Klugheit in der längerfristigen Strategieplanung.[15] Aber es bedeutet, dass das Prinzip der Besteuerung nach Belastbarkeit unter Wettbewerbsbedingung zumindest gegenüber den Standortnutzern auf Dauer nicht durchsetzbar ist. Standortnutzer kann man in dem Maße zu Steuerbeiträgen heranziehen, in dem ihnen der Standort Nutzungsvorteile bietet. Und bei einer Besteuerung nach Nutzungsvorteilen wird man eine Erosion durch Wettbewerb, ein „race to the bottom", nicht befürchten müssen. Staaten wettbewerben nicht allein mit den Steuerpreisen sondern mit ihren Preis-Leistungs-Paketen, also den Steuern in Kombination mit den Standortvorteilen, die sie zu bieten haben – Infrastruktur, Rechtssicherheit, qualifizierten Arbeitskräften und anderen Faktoren. Und ebenso wenig, wie Restaurantbesucher sich bei der Wahl des Lokals nicht allein nach den Preisen auf der Menukarte, sondern auch nach der Qualität der Speisen richten werden, so werden auch Standortnutzer ihre Wahl nicht allein an den Steuersätzen orientieren.

Was die Besteuerung von Bürgern anbelangt, so begründet die Mitgliedschaftsbeziehung, die Bürger zu ihrem Gemeinwesen haben, typischerweise inhaltsreichere und intensivere Bindungen als die Kundenbeziehung von Standortnutzern. Daher liegt die Frage nahe, ob für Steuern als Mitgliedschaftsbeiträge der Bürger nicht doch andere Bedingungen gelten als für die Besteuerung von Standortnutzern. Und in der Tat sind hier, was die Frage der Berücksichtigung der Leistungsfähigkeit in der Steuerbemessung anbelangt, gewisse Differenzierungen angebracht.

Die Entscheidung über die Mitgliedschaft in der Bürgergenossenschaft als einem Intergenerationenverband, in den die Nachkommen der Mitglieder ohne Vorbedingung aufgenommen werden, und in dem Menschen sich in Generationen überdauernder Weise wechselseitig gegen Lebensrisiken versichern können, wirft offenkundig ganz andere Fragen der Abwägung von Vorteilen und Lasten auf als die Wahl des Standorts für bestimmte Nutzungen. In der Bürgergenossenschaft kann angesichts der Ungewissheiten über das eigene längerfristige Lebensschicksal, und erst recht das der eigenen Nachkommen, die Vereinbarung von Solidaritätspflichten im gemeinsamen Interesse aller

---

15 Im Originaltitel des in der deutschen Übersetzung als „Abwanderung und Widerspruch" betitelten Buches von *A.O. Hirschman* (1974) ist neben „exit" und „voice" als dritter Begriff „loyalty" genannt.

Beteiligten liegen, für die es im Verhältnis zwischen einem Staat und seinen Standortnutzer-Kunden keinerlei Grundlage gibt. Und es ist die wechselseitige Vorteilhaftigkeit solcher Solidaritätspflichten, aufgrund deren sich eine Berücksichtigung der Leistungsfähigkeit bei der Bemessung der Steuern aus den Interessen der Mitglieder der Bürgergenossenschaft heraus begründen lässt. Eine solche Begründung ergibt sich allein schon aus der Logik der Finanzierung eines Solidaritätsfonds, mit dessen Hilfe die Mitglieder der Bürgergenossenschaft sich selbst und ihre Nachkommen gegen existenzielle Lebensrisiken schützen können, etwa in Form der Garantie eines Mindesteinkommens oder der Garantie gewisser medizinischer oder sonstiger Versorgungsleistungen unabhängig von der eigenen Zahlungsfähigkeit. Die Füllung eines solchen Solidarfonds kann naturgemäß jeweils nur von denen geleistet werden, die zu den erforderlichen Beitragszahlungen auch fähig sind.

Über dieses Solidarfondsargument hinaus ist allgemein bei der Frage der Besteuerung in der Bürgergenossenschaft zu bedenken, dass der Umfang der Leistungen, die das Gemeinschaftsunternehmen Staat zum wechselseitigen Vorteil seiner Mitglieder erbringen kann, vom Umfang des ihm zur Verfügung stehenden Steueraufkommens abhängt. Das staatliche Leistungsangebot müsste daher sehr dürftig ausfallen, wenn die Zahlungsfähigkeit der Einkommensschwächsten die Obergrenze für die Bemessung der Mitgliedschaftsbeiträge der Bürger abgeben würde. Um ein allgemein erwünschtes staatliches Leistungsniveaus sicherstellen zu können, dürfte es angesichts der Unsicherheiten, die in langfristiger Sicht bezüglich der eigenen Einkommenschancen und der der Nachkommen bestehen, im gemeinsamen Interesse aller Beteiligten liegen, die Leistungsfähigkeit bei der Bemessung der Beitragspflichten zu berücksichtigen.

Man beachte, dass diese Argumenten für eine Berücksichtigung der Leistungsfähigkeit bei der Bemessung der Steuerbeiträge in der Bürgergenossenschaft keine Rehabilitation des Prinzips der Besteuerung nach Belastbarkeit bedeuten. Es sind vielmehr Argumente, die aus dem Prinzip der Besteuerung nach Interesse abgeleitet werden, Argumente, die deutlich machen sollen, warum es im gemeinsamen Interesse der Mitglieder der Bürgergenossenschaft liegen kann, sich zu einer nach Leistungsfähigkeit abgestuften Beitragsbemessung zu verpflichten. Anders als beim Leistungsfähigkeitsprinzip der traditionellen Steuerlehre wird eine höhere Belastung der Leistungsfähigeren nicht einfach als ein sich selbst legitimierendes Prinzip unterstellt. Ihre Legitimation kann sie nur in den Interessen der Betroffenen selbst finden, und diese Interessen geben auch das Kriterium für die Grenzen der Belastbarkeit an. In einer Bürgergenossenschaft als genossenschaftlichem Zusammenschluss zum wechselseitigen Vorteil kann die Belastung der Leistungsfähigeren nicht beliebig weit getrieben werden, ohne zur Abwanderung derjenigen zu führen, die zwischen der Abgabenlast, die ihnen aufgebürdet wird, und den Vorteilen, die ihnen – auch in langfristiger Sicht – die Mitgliedschaft im Gemeinwesen im Vergleich mit zugänglichen Alternativen bietet, keine angemessene Relation mehr erkennen können.

Das Fazit der bisherigen Überlegungen ist, dass das Prinzip der Besteuerung nach Leistungsfähigkeit oder Belastbarkeit in einer globalisierten Welt in Schwierigkeiten geraten muss. Je intensiver der Standortwettbewerb ist, umso weniger lässt es sich gegenüber mobilen Standortnutzern durchsetzen. Und wenn auch, wie erläutert, bei den Steuern, die den Bürgern als Mitgliedschaftsbeiträge abverlangt werden, die Leistungsfähigkeit mit guten Gründen Berücksichtigung finden kann, so setzt doch auch hier die Abwägung zwischen Steuerlasten und den Vorteilen aus der Staatsbürgerschaft dem Grenzen, was ein Staat seinen Bürgern in einer Welt, die Alternativoptionen bietet, zumuten kann.

Warum – im Kontrast zum Prinzip der Besteuerung nach Belastbarkeit – das Prinzip der Besteuerung nach Interesse wettbewerbsrobust ist, sollte leicht ersichtlich sein. Im Sinne dieses Prinzips sind Steuern als Preise zu verstehen (*Blankart* 2002b; *Märkt* 2003), zwar nicht in dem Sinne, dass sie für die Inanspruchnahme spezifischer Leistungen erhoben werden, aber doch im Sinne von ‚Zugangspreisen', die für die Gewährung bestimmter Rechte zu zahlen sind, die nur der Staat gewähren kann. Dies sind zum einen die Rechte, die mit der Mitgliedschaft im Gemeinwesen verbunden sind. So wie der Beitrag zu einem Verein als der Preis für die mit der Vereinsmitgliedschaft verbundenen Rechte betrachtet werden kann, so kann man die Steuern, die als Mitgliedschaftsbeitrag an das Gemeinwesen zu entrichten sind, als den Preis betrachten, den Bürger für die Option der Inanspruchnahme der mit der Staatsbürgerschaft verbundenen Rechte zu zahlen haben. Entsprechend sind die Steuern, die von Standortnutzern erhoben werden, als Preise für das Recht zu betrachten, den Standort – und damit die dort allgemein zugänglichen öffentlichen Einrichtungen – für eigene Zwecke nutzen zu können. Eine Besteuerung nach Interesse – also eine Besteuerung, die an dem Interesse orientiert ist, das der Besteuerte an den damit erworbenen Rechten hat – ist wettbewerbsrobust, da der Steuerzahler sich der Beitragsleistung nur zum Preis des Verzichts auf die Vorteile entziehen kann, die er als Bürger aus den Mitgliedschaftsrechten und als Standortnutzer aus der Inanspruchnahme der Standortleistungen ziehen kann.

In einer globalisierten Welt mobiler Menschen und Ressourcen werden Staaten sich auf Dauer nicht dem Druck entziehen können, ihre Steuersysteme auf das Prinzip der Besteuerung nach Interesse umzustellen. Und dies wird grundlegende Revisionen in manchen überkommenen Besteuerungspraktiken erfordern. Im verbleibenden Teil meines Vortrages werde ich einen zentralen Aspekt dieses wettbewerbsbedingten Drucks zur Revision traditioneller Besteuerungspraktiken näher beleuchten, nämlich den Zwang zur trennschärferen Abgrenzung von Steuern als Mitgliedschaftsbeiträgen der Bürger und Steuern als Standortnutzungsbeiträgen. Und ich werde weiterhin zu zeigen suchen, dass der Standortwettbewerb ebenfalls Druck in Richtung einer entsprechenden Abgrenzung bei staatlicher Regulierung erzeugt, zwischen Regulierungen, die das Binnenverhältnis der Mitglieder der Bürgergenossenschaft betreffen, und Regulierungen, die die Bedingungen für die Nutzung des Standorts definieren.

VII. Die Besteuerung von Bürgern und die Besteuerung von Standortnutzern

Betrachtet man die überkommenen und gegenwärtig noch weithin praktizierten Besteuerungsregelungen, so wird man einige Mühe haben, die von mir so betonte Unterscheidung der beiden Typen von Steuern darin widergespiegelt zu finden. Und in der Tat ist, so meine These, der Umstand, dass die überkommenen Besteuerungspraktiken dieser Unterscheidung ungenügend Rechnung tragen, einer der Hauptgründe für die

Schwierigkeiten, die der intensivierte Standortwettbewerb vor allem den europäischen Wohlfahrtsstaaten bereitet. Die Politik reagiert auf diese Schwierigkeiten gerne mit Forderungen nach Steuerharmonisierung und anderen Formen der Beschränkung des Steuerwettbewerbs. Doch was für Preiskartelle im Markt gilt, trifft auch auf Steuerkartelle zu: Sie mögen eine temporäre Milderung des Wettbewerbsdrucks bewirken können, bieten aber keine nachhaltige Problemlösung in einer Welt, aus der der Wettbewerb nun einmal nicht zu verbannen ist. Denn wie im Markt, wo wird es auch im Standortwettbewerb immer Außenseiter geben, die den vom Kartell ausgebeuteten Opfern attraktivere Alternativen bieten. Auch eine steuerharmonisierte EU bleibt dem weltweiten Standortwettbewerb ausgesetzt. Eine nachhaltige Strategie kann nur darin liegen, das eigene Steuersystem wettbewerbsrobust zu gestalten.

Zur Wettbewerbsrobustheit in einer globalisierten Welt gehört zu allererst, dass man auf den Versuch verzichtet, Standortnutzer mit den Kosten von Leistungen zu belasten, die allein Bürgern als Mitgliedern des Gemeinwesens Vorteile bringen, aber nicht dazu beitragen, die Attraktivität des Standorts für dessen Nutzer zu erhöhen. Genau dies, die Belastung von Standortnutzern zur Finanzierung von Bürgerprojekten, geschieht jedoch in der gängigen Besteuerungspraxis in vielerlei Weise. Ein besonders augenfälliges Beispiel liefert die bereits erwähnte Unternehmensbesteuerung. Als juristische Personen oder als Personenzusammenschlüsse sind Unternehmen naturgemäß nur Standortnutzer, nicht jedoch Mitglieder staatlicher Gemeinwesen, denn nur natürliche Einzelpersonen können Bürger sein. Dieser simple Sachverhalt wird jedoch von einer Besteuerungspraxis ignoriert, die wie selbstverständlich davon auszugehen scheint, dass man Unternehmen etwa zur Finanzierung der Solidarsysteme heranziehen kann, die die Nachfrage der Bürger nach sozialer Sicherheit und sozialer Gerechtigkeit befriedigen sollen.

Von Unternehmen wird man ebenso wenig wie von anderen mobilen Standortnutzern die Bereitschaft erwarten können, mit ihren Steuerbeiträgen Solidarprojekte der Bürger zu finanzieren, wenn ihnen die sie interessierenden Standortleistungen anderswo zu günstigeren Konditionen angeboten werden. Obschon entsprechende Befürchtungen nicht selten in oberflächlichen Analysen geschürt werden, schränkt der daraus resultierende Standortwettbewerb keineswegs die Mitglieder einer Bürgergenossenschaft in ihren Möglichkeiten ein, sich mit den öffentlichen Leistungen und solidarischen Absicherungen zu versorgen, die sie gemeinschaftlich zu finanzieren bereit sind. Die wettbewerblichen Zwänge, die ihnen die höhere Mobilität der Standortnutzer in einer globalisierten Welt auferlegt, schränken lediglich ihre Möglichkeiten ein, die Kosten solcher Vorhaben Dritten aufzuerlegen, die daraus keine Vorteile ziehen können. Anders gesagt, der Standortwettbewerb zwingt zur Kostenwahrheit in der Finanzierung der Leistungen, die das Gemeinschaftsunternehmen Staat für seine Bürger bereitstellt, und er zerstört die Illusion, dass man Standortnutzer zur Finanzierung dieser Leistungen über das Maß hinaus heranziehen kann, in dem sie daraus Vorteile ziehen.

Dies lässt durchaus einen breiten Raum für die Besteuerung von Unternehmen und anderen Standortnutzern zur Finanzierung öffentlicher Leistungen, die direkt oder indirekt die Attraktivität einer Jurisdiktion für deren Nutzungszwecke erhöhen. Und dazu können, um ein weniger naheliegendes Beispiel zu nennen, durchaus auch Leistungen des Sozialstaates gehören, in dem Maße, in dem diese, wie gemeinhin unterstellt wird, zum sozialen Frieden im Lande beitragen und dadurch die Attraktivität des Standorts erhöhen. Aber der entscheidende Punkt ist, dass man Standortnutzer zur Finanzierung solcher und anderer Leistungen eben nur in dem Maße heranziehen kann, in dem damit Standortqualitäten verbunden sind, für deren Nutzung sie zu zahlen bereit sind.

Nun ist die Unternehmensbesteuerung zwar sicherlich der Bereich, in dem die mangelnde Trennung zwischen Steuern als Mitgliedschaftsbeiträgen der Bürger und als Standortnutzungsbeiträgen besonders augenfällige Probleme schafft, sie ist jedoch keineswegs der einzige Bereich. Der Unterschied zwischen diesen beiden Steuerarten wird auch etwa in den Fällen vernachlässigt, in denen Staaten Ausländer, die sich als Arbeitnehmer in ihrer Jurisdiktion aufhalten, in gleicher Weise besteuern wie die eigenen Bürger, obschon sie nicht an dem vollen Leistungspaket partizipieren, das Bürgern gewährt wird, oder wenn Staaten ihren im Ausland residierenden eigenen Bürgern keinerlei Steuerbeitrag abverlangen, obwohl diese weiterhin Rechte aus ihrer Mitgliedschaft im Gemeinwesen in Anspruch nehmen können.

VIII. Globalisierung und Regulierung

Ich hatte vorhin angedeutet, dass der Anpassungsdruck, den Globalisierung und Standortwettbewerb auf die Besteuerungspraxis des Staates ausüben, sich in ähnlicher Weise auch auf den Staat als Regulierer auswirkt. Es ist meine These, dass der Standortwettbewerb auch im Bereich der Regulierung eine deutlichere Separierung zwischen der Rolle des Staates als Gemeinschaftsunternehmen der Bürger und seiner Rolle als Standortunternehmen erzwingt, und zwar in dem Sinne, dass eine striktere Unterscheidung vorgenommen werden muss zwischen Regulierungen, die das Verhältnis der Bürger untereinander gestalten sollen, und Regulierungen, die sich auf die Bedingungen für die Nutzung des Standorts beziehen.

Als Gemeinschaftsunternehmen der Bürger kann der Staat das Instrument der Regulierung zur Förderung gemeinsamer Bürgerinteressen nutzen, im Sinne der Realisierung wechselseitiger Vorteile durch gemeinsame Regelbindung (*Vanberg* 2005, S. 29 ff.). Als Standortunternehmen steht der Staat vor der Herausforderung, im Wettbewerb mit anderen Standortanbietern die Regeln für die Nutzung seines Hoheitsgebietes in einer Weise zu definieren, die für Standortnutzer ausreichend attraktiv ist. In der traditionellen Regulierungsdiskussion wird man den Unterschied zwischen diesen beiden Aspekten von Regulierung selten explizit thematisiert finden, und in der Tat wird es in der Praxis auch nicht immer möglich sein, Regulierungen trennscharf der einen oder anderen Kategorie zuzuordnen, da sie sich häufig sowohl auf das Gemeinschaftsleben der Bürger wie auch auf die Standortnutzungsbedingungen auswirken werden.

Mit der Unterscheidung der beiden Aspekte von Regulierung geht es mir denn auch nicht um die Forderung nach einer solchen eindeutigen Zuordnung. Es geht vielmehr darum, dass bezüglich des Anliegens, dem eine in Betracht gezogene Regulierung dienen soll, eindeutige Klarheit bestehen sollte, ob sie der Förderung gemeinsamer Bürgerinteressen oder einer Verbesserung der Standortnutzungsbedingungen dienen soll. Nur wenn in dieser Hinsicht Klarheit besteht, kann eine rationale Prüfung erfolgen, ob die im intendierten Zielbereich erhofften positiven Wirkungen mögliche negative Nebenwirkungen im anderen Bereich rechtfertigen. Nur dann wird man in Fällen, in denen etwa Regulierungen, die Anliegen der Bürgerschaft bedienen sollen, nachteilige Auswirkungen auf die Standortattraktivität haben, und umgekehrt, rational zwischen intendierten Vorteilen und nicht gewünschten Nebenwirkungen abwägen können.

So mögen, um dies an einem Beispiel zu illustrieren, Regulierungen, die im gemeinsamen Interesse der Bürger etwa zur Erhaltung einer traditionellen Feiertagskultur oder zur Landschaftspflege erlassen werden, die Attraktivität der Jurisdiktion für manche Standortnutzer mindern. Die Bürger werden in solchen Fällen die Vorteile, die sie von der Regulierung erwarten, gegen die aus der geminderten Standortattraktivität möglicherweise erwachsenden Nachteile abwägen müssen. Vor solchen Abwägungsproblemen werden Bürger bei der Entscheidung über Regulierungen in vielen Fällen stehen, und sie werden sich angesichts der komplexen Wirkungsverflechtungen in Wirtschaft und Gesellschaft nicht vermeiden lassen. Sie stellen aber auch nicht das Problem dar, auf das ich mit meinen Überlegungen hinaus will. Mir geht es um die Probleme, die dort auftauchen, wo der Versuch unternommen wird, Standortregulierungen als Instrument zu benutzen, um Anliegen der Bürgerschaft zu befriedigen, wo solche Anliegen also nicht direkt, durch Regelungen der Bürgergenossenschaft, sondern indirekt, über Auflagen für die Nutzung des Standorts angegangen werden.

Was ich damit meine, lässt sich gut am Beispiel der aktuellen Diskussion um ein Mindestlohngesetz illustrieren. Es ist eine Sache, wenn die Mitglieder der Bürgergenossenschaft einen Solidarpakt eingehen, durch den sie sich wechselseitig für den Fall der Bedürftigkeit die Sicherung eines Mindesteinkommens garantieren. Ein solcher Solidarpakt erscheint ex post als Umverteilung von den Einkommensstärkeren zu den Einkommensschwächeren, ex ante ist er – in einer für den Intergenerationenverband Staat angemessen langfristigen Sicht – ein Versicherungspakt, dem die Beteiligten in ihrem eigenen Interesse und in dem ihrer Nachkommen zustimmen können. Als Gemeinschaftsunternehmen der Bürger kann der Staat einen solchen Versicherungspakt für seine Mitglieder administrieren.

Es ist eine völlig andere Sache, wenn der Staat dem gleichen Anliegen durch ein Mindestlohngesetz nachzukommen sucht. Im Unterschied zu einer Mindesteinkommenssicherung geht es nämlich bei einem solchen Gesetz nicht darum, Rechte und Pflichten innerhalb der Bürgergenossenschaft zu ordnen. Mit einem solchen Gesetz gestaltet der Staat in seiner Rolle als Standortunternehmen die Bedingungen, unter denen Standortnutzer in der Jurisdiktion tätig werden können. Er untersagt es ihnen, Arbeitsverträge zu schließen, die einen niedrigeren als den gesetzlich vorgeschriebenen Lohnsatz vorsehen.

Ich brauche hier nicht die in der Ökonomik seit langem hinreichend diskutierten Gründe zu wiederholen, warum ein gesetzlicher Mindestlohn kein taugliches Mittel zur Einkommenssicherung für gering Qualifizierte sein kann, warum er zu Ausweichreaktionen in die Schattenwirtschaft führen und erhöhte Arbeitslosigkeit zur Folge haben wird.[16] Worauf ich die Aufmerksamkeit lenken will, ist der Umstand, dass die Befürworter eines Mindestlohngesetzes den Unterschied zwischen den beiden Rollen des Staates verkennen, wenn sie den Staat in seiner Rolle als Standortunternehmen heran-

---

16 Siehe etwa die verschiedenen Stellungnahmen in *Rürup* et al. (2008).

ziehen wollen, um ein Solidaranliegen der Bürgerschaft zu befriedigen, für das der Staat in seiner Rolle als Gemeinschaftsunternehmen der Bürger zuständig ist.

Die Tendenz zu einer solchen Rollenvermengung zeigt sich nicht nur in der Diskussion um die Frage eines gesetzlichen Mindestlohns, sie ist auch in vielen anderen Bereichen zu beobachten, und man kann leicht die Gründe ausmachen, aus denen Politiker der Versuchung ausgesetzt sind, echte oder vermeintliche Gemeinschaftsanliegen der Bürger nicht auf direktem Wege, durch Regelungen der Rechte und Pflichten unter den Mitgliedern des Gemeinwesens, sondern auf indirektem Wege, über Regulierungen der Standortnutzung zu befriedigen. Können sie doch auf diese Weise den Bürgern als Wählern die Befriedigung solcher Anliegen versprechen, ohne ihnen als Steuerzahlern die Gegenrechnung präsentieren zu müssen. So kann man sie im Glauben belassen, die Kosten der ihnen gewährten Wohltaten würden von Dritten, eben den Standortnutzern, getragen, ein Glaube, der sich langfristig als Illusion erweisen muss.

Als weiteres Beispiel sei hier nur die gesetzliche Pflicht zur Abwicklung eines Sozialplans bei Betriebsschließungen erwähnt. Es mag ein berechtigtes Solidaranliegen der Mitglieder einer Bürgergenossenschaft sein, sich gegen die Einkommensrisiken abzusichern, die ihnen drohen, wenn sie aufgrund einer Betriebsstilllegung ihren Arbeitsplatz verlieren sollten. Dieses Anliegen könnten sie über den Staat als ihr Gemeinschaftsunternehmen dadurch bedienen, dass sie einen entsprechenden Solidaritätsfond bilden, in den sie laufend einzahlen, und aus dem sie im Bedarfsfalle die vorgesehenen Hilfszahlungen erhalten. Ein Politiker, der einen solchen Fond vorschlagen würde, wäre genötigt, den Wählern zu begründen, warum ihnen die daraus erwachsenden Vorteile wichtiger sein sollten, als die mit einem solchen Fond verbundenen Kosten, einschließlich der Verwaltungskosten und der nicht vermeidbaren Missbrauchskosten. Diese Begründungsnot können Politiker sich ersparen, wenn sie die am Standort tätigen Unternehmen gesetzlich dazu verpflichten, im Falle von Betriebsschließungen allen Beschäftigen bestimmte Entschädigungszahlungen für den Verlust ihres Arbeitsplatzes zu leisten. Auf diese Weise kann man bei den Wählern den Eindruck erwecken, dass man ihnen etwas Gutes tut, ohne ihnen als Steuerzahlern eine Rechnung präsentieren zu müssen. Natürlich werden die Bürger für die vermeintliche Guttat in anderer Form zahlen müssen, nämlich mit einer Senkung ihrer generellen Chancen, einen Arbeitsplatz zu finden, weil mobile Standortnutzer durch eine solche Regulierung tendenziell davon abgehalten werden, am Standort unternehmerisch tätig zu werden. Allerdings werden Politiker, soweit sie selbst diese Zusammenhänge durchschauen, wohl kaum befürchten müssen, dass diese Kosten allzu vielen Wählern bewusst sein werden.

Ich überlasse es Ihrer eigenen Fantasie, unter den hier in Betracht kommenden gesetzlichen Regelungen weitere Beispiele dafür zu finden, wie das Instrument der Regulierung für den Versuch genutzt wird, Kosten von Solidarprojekten der Bürgergemeinschaft auf Standortnutzer zu überwälzen, etwa indem man Unternehmen über gesetzliche Kündigungsschutzregelungen verpflichtet, zur Produktion des von den Bürgern gewünschten Gutes ‚soziale Sicherheit' beitragen, oder indem man durch gesetzliche Regelungen des Arbeitsverhältnisses Unternehmen zur Beteiligung an den Kosten eines solidarisch gestalteten Gesundheitssystems heranzieht. Ich möchte mich, bevor ich zu meinem Schlusswort komme, darauf beschränken, das allgemeine Argument zusammenzufassen, um das es mir hier geht.

Auch in seiner Rolle als Standortunternehmen handelt der demokratische Staat selbstverständlich als Agent seiner Bürger und nicht als Sachwalter der Interessen von Standortnutzern per se. Sein Auftrag ist es, die Bedingungen für die Nutzung des Standorts – also die Steuerbeiträge, die er von Standortnutzern erhebt, und die Regulierungen, denen er ihnen auferlegt – so zu gestalten, dass sich insgesamt ein Nutzungsprofil ergibt, das den Interessen der Bürger dient. In diesem Sinne kann die Steigerung der Attraktivität des Standorts für den demokratischen Staat niemals Selbstzweck sondern nur insoweit ein Ziel sein, als dadurch von den Bürgern gewünschte Standortnutzer angezogen und von ihnen gewünschte Nutzungen erreicht werden können. Das bedeutet, dass Regulierungen – etwa Umweltregulierungen –, die bestimmte Standortnutzer von einem Engagement in der Jurisdiktion abhalten mögen, nichtsdestoweniger im gemeinsamen Interesse der Bürger liegen können, wenn ihnen die dadurch geförderten Eigenschaften ihrer Jurisdiktion mehr bedeuten, als die damit verbundenen Einbußen an wirtschaftlicher Aktivität. Als Agent der Bürger wird der Staat bei seiner Regulierungswahl also durchaus mögliche negative Auswirkungen auf die Attraktivität des Standorts gegen andere Ziele der Bürgerschaft abzuwägen haben. Was er allerdings nicht kann, und dies ist der Punkt, den ich deutlich machen wollte, ist, das Instrument der Regulierung zu benutzen, um die Kosten von allein den Interessen der Bürger dienenden Vorhaben auf Standortnutzer zu überwälzen. In einer globalisierten Welt werden diese sich im Maße ihrer Mobilität und der Zugänglichkeit attraktiver Alternativen solchen Ansinnen durch Abwanderung entziehen. Dadurch wird, um dies zu wiederholen, keineswegs die Fähigkeit der Mitglieder einer Bürgergenossenschaft eingeschränkt, die Gemeinschaftsprojekte durchzuführen, deren Kosten sie zu tragen bereit ist. Dadurch werden lediglich ihre Möglichkeiten eingeschränkt, die Kosten auf Dritte zu überwälzen. Andererseits dürften attraktive Standortbedingungen in ihren Konsequenzen für die Einkommenschancen der Bürger die Fähigkeit des Gemeinwesens erhöhen, seine Solidarleistungen zu finanzieren.

IX. Schluss: Die Soziale Marktwirtschaft in einer globalisierten Welt

An den Anfang meiner Überlegungen zum Thema „Markt und Staat in einer globalisierten Welt" hatte ich den Hinweis auf die Herausforderungen gestellt, vor denen das deutsche Modell der Sozialen Marktwirtschaft heute steht. Zum Abschluss meines Vortrages möchte ich auf diese Frage zurückkommen und einige der Folgerungen deutlich machen, die sich aus den hier vorgetragenen Argumenten für diese Frage ziehen lassen.

Dem Konzept der Sozialen Marktwirtschaft lag, in den Worten des Namensgebers *Alfred Müller-Armack*, das Anliegen zugrunde, die Ziele des sozialen Ausgleichs und der sozialen Sicherheit mit dem Prinzip der wirtschaftlichen Freiheit im Markt zu versöhnen.[17] Getragen war dieses Konzept von der Diagnose, dass ihre überlegene Produktivität allein der marktwirtschaftlichen Ordnung nicht die für ihre dauerhafte Stabilität notwendige politische Unterstützung sichern kann, weil die mit dem Wettbewerb und dem durch ihn vorangetriebenen wirtschaftlichen Wandel unvermeidbar verbundenen Unsicherheiten stets einen Anknüpfungspunkt für politische Agitatoren bieten werden,

---

17 Dazu *Vanberg* (2002).

Ressentiments gegen die Marktwirtschaft zu schüren.[18] Das Konzept der Sozialen Marktwirtschaft sollte als – so *Müller-Armack* – „irenische Formel" das Modell für eine Wirtschaftsordnung bieten, die dem Bedürfnis der Menschen nach sozialer Absicherung auf der Grundlage einer marktwirtschaftlichen Ordnung Rechnung trägt, und damit der Marktwirtschaft ihre politische Verwundbarkeit nimmt.

Auf dem Hintergrund der von mir betonten Unterscheidung zwischen den beiden Rollen des Staates könnte man das Konzept der Sozialen Marktwirtschaft in dem Sinne interpretieren, dass der Staat in seiner Rolle als Standortunternehmen für die Pflege der marktwirtschaftlichen Wirtschaftsordnung zuständig ist, und dass er in seiner Rolle als Gemeinschaftsunternehmen der Bürger ein solidarisches Unterstützungssystem organisiert, durch das sich die Bürger wechselseitig gegen grundlegende Einkommensunsicherheiten und Lebensrisiken absichern.

Offenkundig hat sich die politische Umsetzung des Konzepts der Sozialen Marktwirtschaft nicht an einer solchen klaren Trennung der Zuständigkeiten orientiert, und in der Tat haftet dem Konzept in dieser Hinsicht eine folgenreiche Zweideutigkeit an. Zwar waren die Theoretiker der Marktwirtschaft von Anfang an bemüht, diese Zweideutigkeit durch die Unterscheidung von marktkonformen und nicht konformen Interventionen zu vermeiden.[19] Aber diesem Gegensatzpaar mag die nötige Trennschärfe gefehlt haben, und ich meine, dass die von mir betonte Unterscheidung hier vielleicht für mehr Klarheit sorgen kann. Bereits der Begriff Soziale Marktwirtschaft legt allzu leicht die Interpretation nahe, dass es bei diesem Konzept nicht nur darum geht, das politische Gemeinwesen mit einem genossenschaftlichen Solidarpakt auszustatten, sondern darum, den Sicherheits- und Solidaranliegen der Bürger dadurch Rechnung zu tragen, dass man dem Markt selbst entsprechende Regelungen auferlegt. Und diese Interpretation hat in der Tat ganz augenscheinlich die politische Ausgestaltung des deutschen Modells in den sechs Jahrzehnten seiner Geschichte weitgehend bestimmt.

Nun ist der Markt aber nun einmal keine Abteilung des Gemeinschaftsunternehmens Bürgergenossenschaft. Und Regulierungen des Marktes betreffen nicht das Binnenverhältnis unter den Mitgliedern des Gemeinwesens. Sie betreffen vielmehr die Bedingungen für die Standortnutzung. Der Markt ist eine weltweit verflochtene Arena für privatwirtschaftliche Betätigung, eine Arena, für die der Staat aufgrund seiner Rechtsetzungskompetenz innerhalb seines Hoheitsgebietes Regelungen dekretieren kann, denen Standortnutzer unterworfen sind. Aber seine Standortnutzer – und das schließt auch die eigenen Bürger in ihrer privatrechtlichen Rolle als Standortnutzer ein – sind als solche nun einmal nur Kunden des Standortunternehmens Staat und nicht Mitglieder der solidarischen Bürgergenossenschaft.

Will man die Soziale Marktwirtschaft in der globalisierten Welt wettbewerbsrobust machen, so wird es notwendig sein, die beiden von mir hier beschriebenen Rollen des Staates, die im deutschen Sozialstaat in vielerlei Weise vermengt sind, deutlicher zu separieren. Es wird, kurz gesagt, erforderlich sein, eine klarere Trennlinie zu ziehen, zwischen, auf der einen Seite, den Aufgaben, die der Staat als Bürgergenossenschaft im Rahmen des Steueraufkommens wahrnehmen kann, das seine Mitglieder mit ihren Bei-

---

18 Dazu *Vanberg* (2005c).
19 *Röpke* (1942, S. 291 ff.).

trägen aufzubringen bereit sind, und, auf der anderen Seite, den Aufgaben, die er als Standortunternehmen zu erfüllen hat, und für die er die Standortnutzer in dem Maße zur Finanzierung heranziehen kann, wie dies unter Bedingungen des Standortwettbewerbs möglich ist. Natürlich wären mit dieser Separierung allein nicht alle Probleme gelöst, denn es bleibt auch dann noch die nicht minder schwierige Aufgabe, die Solidarsysteme der Bürgergenossenschaft nachhaltig zu gestalten, d.h. in einer Weise, die die Loyalität derjenigen nicht überfordert, die die Hauptlasten der Finanzierung zu tragen haben, und die die Leistungsbereitschaft der Unterstützungsempfänger nicht untergräbt. Es ist jedoch zu erwarten, dass diese Aufgabe leichter lösbar sein wird, wenn sie nicht länger von den Problemen überlagert ist, die sich aus der Vermengung der beiden Rollen des Staates ergeben.

Wie es Politikern, die sich der skizzierten Zusammenhänge bewusst sind, gelingen kann, die notwendigen Reformen unter den Bedingungen des Wettbewerbs um Wählerstimmen in der heutigen Mediendemokratie ins Werk zu setzen, ohne sich abgewählt zu finden, ist eine weitere Frage, eine Frage, die ich eingangs ebenfalls angesprochen hatte, auf die ich allerdings keine Patentantwort bereit habe, und auf die mein Fach, die Ordnungsökonomik, auch keine direkte Antwort geben kann. Ordnungsökonomik ist keine Disziplin, die sich zur Strategieberatung von Politikern anbietet. Sie lässt sich am Besten in der Weise charakterisieren, in der Adam Smith die von ihm betriebene politische Ökonomie beschrieben hat, nämlich als die „Wissenschaft des Gesetzgebers".[20] Sie ist eine Wissenschaft, die mit der Frage der zweckmäßigen Gestaltung der Regeln von Wirtschaft, Gesellschaft und Staat befasst ist, nicht mit Fragen politischer Taktik. Ordnungsökonomik kann in diesem Sinne zwar durchaus auch etwas zu der Frage sagen, wie die Spielregeln der Politik gestaltet sein müssten, damit Politiker, die die Soziale Marktwirtschaft in zukunftsichernder Weise reformieren wollen, größere Chancen hätten, sich im Wettbewerb um Wählerstimmen zu behaupten.[21] Aber sie kann Politiker wenig Hilfestellung bei dem Problem bieten, wie sie unter den gegebenen Bedingungen des politischen Wettbewerbs die Soziale Marktwirtschaft globalisierungstauglich machen können, ohne ihre Abwahl zu riskieren.

Dass die Ordnungsökonomik wenig zur politischen Strategieberatung taugt, bedeutet jedoch keineswegs, dass der Beitrag, den sie zur Lösung der Ordnungsprobleme unserer Zeit leisten kann, unbedeutend wäre. Sie kann den Beitrag leisten, den die Begründer der Freiburger Schule sich von dem Lehr- und Forschungsprogramm erhofften, das sie in den 1930er Jahren initiiert haben, und mit dem sie ihre Kollegen in der Wirtschafts- und Rechtswissenschaft auffordern wollten, wieder ihr Bewusstsein für die Rolle zu schärfen, die diesen Wissenschaften bei der Lösung gesellschaftlicher Ordnungsprobleme zukommt, ein Bewusstsein, das nach der Diagnose der Freiburger unter dem Einfluss der Deutschen Historischen Schule verkümmert war.[22] Heute ist der Einfluss die-

---

20 *Smith* (2005, S. 334). Der im englischen Original zu findende Ausdruck „the science of the legislator" (IV, ii, 39) ist in der deutschen Übersetzung als „Kunst des Gesetzgebers" wiedergegeben.
21 In einem Aufsatztitel hat *Buchanan* (1992) dieses Problem mit den Worten umschrieben: „Wie können Verfassungen gestaltet werden, sodass um die ‚Gemeininteressen' bemühte Politiker überleben können?" – Für eine Zusammenstellung von Beiträgen, die sich mit dieser Frage befassen, siehe *Wohlgemuth* (2005).
22 *Böhm, Eucken* und *Großmann-Doerth* (1937).

ser Schule nicht mehr zu spüren, aber die Mahnung der Freiburger Gründerväter ist – zumindest in unserem Fach – von nicht geringerer Aktualität angesichts starker Tendenzen zu einer auf sich selbst bezogenen und zum Selbstzweck werdenden Formalisierung.

Der Beitrag, den die Wissenschaft im Sinne der Freiburger Schule zur Lösung der gesellschaftlichen Ordnungsprobleme leisten kann, liegt in der forschenden Erkundung der relevanten Sachzusammenhänge, in der Vermittlung der entsprechenden Erkenntnisse an Studenten, von denen nicht wenige in Positionen mit gesellschaftsgestaltender Verantwortung tätig sein werden, und im aufklärenden Beitrag zur öffentlichen Meinungsbildung. Dass ich in den vergangenen Jahren durch meine Tätigkeit auf dem ordnungspolitischen Lehrstuhl unserer Fakultät und durch die Leitung des Walter Eucken Instituts im Sinne dieser Freiburger Tradition wirken konnte, hat mich mit großer Befriedigung erfüllt. Ich hoffe, dass ich auch in Zukunft in der einen oder anderen Form dazu einen Beitrag leisten kann, und ich wünsche meinem Nachfolger, dass er oder sie in der Fortführung dieser Tradition die gleiche Befriedigung finden möge.

Literatur

Bhalla, Surjit (2002), *Imagine There's No Country: Poverty, Inequality and Growth in the Age of Globalization*, Washington D.C.
Blankart, Charles B. (2002a), A Public Choice View of Tax Competition, *Public Finance Review*, Bd. 30, S. 366-376.
Blankart, Charles B. (2002b), Steuern als Preise – Eine finanzwissenschaftliche Untersuchung mit einer Anwendung auf die EU-Zinsbesteuerung, *Schweizerische Zeitschrift für Volkswirtschaft und Statistik*, Bd. 138, S. 19-38.
Böhm, Franz, Walter Eucken und Hans Großmann-Doerth (1937), Unsere Aufgabe, in: Franz Böhm, *Die Ordnung der Wirtschaft als geschichtliche Aufgabe und rechtsschöpferische Leistung*, Stuttgart, Berlin, S. VII- XXI, wieder abgedruckt in: Nils Goldschmidt und Michael Wohlgemuth (Hg.), *Grundtexte zur Freiburger Tradition der Ordnungsökonomik*, Tübingen, 2008, 27-37.
Breton, Albert und Heinrich W. Ursprung (2002), *Globalisation, Competitive Governments, and Constitutional Choice in Europe*, CESifo Working Paper Series Nr. 657.
Buchanan, James M. (1992), How Can Constitutions Be Designed So That Politicians Who Seek To Serve 'Public Interest' Can Survive, *Constitutional Political Economy*, Bd. 4, S. 1-6.
Buchanan, James M. (1999), The Constitution of Economic Policy, in: *The Logical Foundations of Constitutional Liberty*, Bd. 1, The Collected Works of James M. Buchanan, Indianapolis, S. 455-468.
Hayek, Friedrich A. von (2001), Wirtschaft, Wissenschaft und Politik, in: Ders., *Wirtschaft, Wissenschaft und Politik. Aufsätze zur Wissenschaftslehre*, Gesammelte Schriften in deutscher Sprache, Bd. A6, Tübingen.
Hayek, Friedrich A. von (2005), *Die Verfassung der Freiheit*, Gesammelte Schriften in deutscher Sprache, Band B3, Tübingen: Mohr Siebeck.
Hirschman, Albert O. (1974), *Abwanderung und Widerspruch. Reaktionen auf Leistungsabfall bei Unternehmungen, Organisationen und Staaten*, Tübingen.
Lerner, Abba P. (1957), The Backward-leaning Approach to Controls, *Journal of Political Economy*, Bd. 65, S. 437-441.
List, Friedrich (1841, 1910), *Das nationale System der Politischen Ökonomie*, Jena.
Märkt, Jörg (2003), *Steuern als Preise. Zur Notwendigkeit einer Besteuerung ohne Trittbrettfahrer angesichts des Steuerwettbewerbs*, Schriftenreihe des Instituts für Allgemeine Wirtschaftsforschung der Albert-Ludwigs-Universität Freiburg i.Br., Bd. 74, Freiburg.

Pahlke, Armin (2004), Kommentar zu § 3 AO, in: Armin Pahlke und Ulrich Koenig (Hg.), *Kommentar zur Abgabenordnung*, München.
Rawls, John (1975), *Eine Theorie der Gerechtigkeit*, Frankfurt a.M.
Röpke, Wilhelm (1942), *Die Gesellschaftskrisis der Gegenwart*, Erlenbach-Zürich.
Rürup, Bert, et al. (2008), Mindestlohn: Für und Wider, *ifo Schnelldienst*, Sonderausgabe, 61. Jg., S. 12.-14.
Sala-i-Martin (2006), The World Distribution of Income: Falling Poverty and Convergence, Period, *Quarterly Journal of Economics*, Bd. 121, S. 351-397.
Smith, Adam (1776, 2005), *Untersuchung über Wesen und Ursachen des Reichtums der Völker*, Tübingen.
Vanberg, Viktor J. (1981), *Liberaler Evolutionismus oder vertragstheoretischer Konstitutionalismus? Zum Problem institutioneller Reformen bei F.A. von Hayek und J.M. Buchanan*, Walter Eucken Institut, Vorträge und Aufsätze, Bd. 80, Tübingen.
Vanberg, Viktor J. (2001), Standortwettbewerb und Demokratie, in: Siegfried Frick, Reinhard Penz und Jens Weiß (Hg.), *Der freundliche Staat. Kooperative Politik im institutionellen Wettbewerb*, Marburg, S. 15-75.
Vanberg, Viktor J. (2002), Soziale Sicherheit, Müller-Armacks ‚Soziale Irenik' und die ordoliberale Perspektive, in: Rolf .H. Hasse und Friedrun Quaas (Hg.), *Wirtschaftsordnung und Gesellschaftskonzept*, Bern-Stuttgart-Wien, S. 227-260.
Vanberg, Viktor J. (2004), Bürgersouveränität und wettbewerblicher Föderalismus: Das Beispiel der EU, in: Wolf Schäfer (Hg.), *Zukunftsprobleme der europäischen Wirtschaftsverfassung*, Schriften des Vereins für Socialpolitik, NF, Bd. 300, Berlin, S. 51-86.
Vanberg, Viktor J. (2005a), Auch Staaten tut der Wettbewerb gut: Eine Replik auf Paul Kirchhof, *ORDO – Jahrbuch für die Ordnung von Wirtschaft und Gesellschaft*, Bd. 56, S. 47-53.
Vanberg, Viktor J. (2005b), Market and state: the perspective of constitutional political economy, *Journal of Institutional Economics*, Bd. 1, S. 23-49.
Vanberg, Viktor J. (2005c), Das Paradoxon der Marktwirtschaft: Die Verfassung des Marktes und das Problem der sozialen Sicherheit, in: Helmut Leipold und Dirk Wentzel (Hg.), *Ordnungsökonomik als aktuelle Herausforderung*, Schriften zu Ordnungsfragen der Wirtschaft, Bd. 78, Stuttgart, S. 52-67.
Wohlgemuth, Michael (Hg.) (2005), *Spielregeln für eine bessere Politik, Reformblockaden überwinden – Leistungswettbewerb fördern*, Freiburg.
Zimmermann, Klaus und Klaus-Dieter Henke (2005), *Finanzwissenschaft*, München.

Zusammenfassung

Gegenstand dieses Beitrages sind die Auswirkungen der Globalisierung auf die rechtlich-institutionellen Grundlagen von Märkten und Staaten. Die Hauptthese ist, dass die Globalisierung dazu zwingt, zwei Funktionen des Staates strikter voneinander zu trennen als dies bisher der Fall war. Dies ist einerseits die Rolle des Staates als Gemeinschaftsunternehmen der Bürger, durch das diese sich mit öffentlichen Leistungen versorgen. Und es ist andererseits die Rolle des Staates als Standortunternehmen, das die rechtlich-institutionellen Rahmenbedingungen definiert, unter denen Standortnutzer, ob Bürger oder Nichtbürger, in der Jurisdiktion tätig werden können. Es werden insbesondere die Konsequenzen erörtert, die aus der Separierung dieser beiden Funktionen für die Bereiche der Besteuerung und der Regulierung folgen.

Summary:
Market and state in a globalized world: the perspective of constitutional economics

This article examines how the process of globalization affects the legal-institutional foundations of markets and states. Its main thesis is that globalization demands a stricter distinction between two different functions of the state, functions that have traditionally not been clearly separated. The first is the role of the state as the joint enterprise of its citizens, i.e. as the agency through which citizens provide themselves with public services. The second is its role as a 'territorial enterprise,' i.e. as the agency through which citizens define and enforce the legal-institutional terms under which economic and other agents, citizens as well as non-citizens, may operate within its jurisdiction. Making this distinction has important implications for taxation and regulation.

Manfred E. Streit

Im Reformstau – oder das Elend des Verbändestaates

Inhalt

I. Einleitung 31
II. Überblick 32
III. Einschlägige Beobachtungen 32
IV. Politisch-ökonomische Erklärungen 33
V. Reformen und konsensuale Politik 33
VI. Lähmende Selbstbindung der politischen Klasse 34
VII. Verfassungsrechtliche Bedenken 35
VIII. Was zu tun wäre 35
Literatur 36
Zusammenfassung 37
Summary: The backlog of reforms or the misery of the pressure groups 37

> „Nichts ist gefährlicher als der Einfluß privater Interessen in öffentlichen Angelegenheiten und die Verletzung des Rechts durch die Regierung ist weniger schlimm als die Korruption des Gesetzgebers, welche die unvermeidliche Folge privater Gesichtspunkte ist"
>
> *J.J. Rousseau*, (1762), eigene Übers.

I. Einleitung

In seiner Neujahrsansprache 2008 mahnte der Bundespräsident „Reformeifer" an und sein Vorgänger im Amt wünschte mit dem Blick auf Reformen, dass ein „Ruck" durch Deutschland gehen müsse. Inzwischen ist es um die wirtschaftspolitischen Reformen still geworden, welche die vorangegangene Legislaturperiode des Deutschen Bundestages beherrschten und deren Wirkungen die politisch Verantwortlichen in einer kurz geschlossenen Ursachenzurechnung für sich beanspruchen, obwohl sie zuvor die Reformversuche zu blockieren trachteten. Still ist es deshalb geworden, weil anstehende Wahlen zur Vorsicht mahnen; denn Reformeifer dürfte sich kaum in Wählerstimmen umsetzen lassen. Das wird wohl den Reformstau eher verlängern, der noch vor 2000 häufig beklagt wurde und in dem die herrschende Klasse (MOSCA 1947/1950) verharrte. Insofern ist das Phänomen Reformstau für Deutschland klärungsbedürftig.

II. Überblick

Dementsprechend sind die nachstehenden Ausführungen wie folgt gegliedert: Zunächst (vgl. III:) werden zwei Beobachtungen zu Reformbemühungen Anfang 2007 aufgegriffen, welche die hier erörterte Thematik beleuchten dürften. Sodann (vgl. IV.) werden politisch-ökonomische Erklärungen von Reformvorhaben und dem davon ausgelösten Reformstau versucht. Im Kapitel V. soll die politische Strategie beurteilt werden, die in Deutschland gewählt wurde, um den Reformstau zu überwinden. Danach (vgl. VI.) soll der Frage nachgegangen werden, warum sich Mitglieder der politischen Klasse in Deutschland mit wirtschaftspolitischen Reformen so schwer tun. Das führt zu verfassungsrechtlichen Bedenken, die man bei dieser Sachlage haben sollte. Und schließlich (vgl. VII.) geht es darum, was getan werden könnte, um das Problem des Reformstaus ursachentherapeutisch anzugehen.

III. Einschlägige Beobachtungen

Die Beobachtungen gelten einem wirtschaftspolitischen Dauerbrenner: der Reform des Gesundheitswesens. Nach einem quälenden Hin und Her in so genannten konzertierten Aktionen und Expertenkommissionen präsentierte die zuständige Bundesministerin dem Deutschen Bundestag Anfang 2007 den Entwurf zu einem Gesundheitsreformgesetz mit dem beschönigenden Titel „Wettbewerbsverstärkungsgesetz". Sie betonte dabei, dass sie den Gesetzentwurf (von opulenten 400 Seiten) gegen die Lobby durchgesetzt habe. Die Lobby selbst war nahezu täglich mit Kommentaren in den Medien präsent. Auch Abgeordnete beteiligten sich munter öffentlich als Gesundheitsexperten ihrer Fraktion an der Diskussion der erwogenen Reformschritte. Nachdem sie sich dem einen oder anderen Argument der Verbandsfunktionäre angeschlossen hatten, ließen sie erkennen, wie sie denn am Ende im Sinne des Gemeinwohls abgestimmt hatten; denn auf das Gemeinwohl waren sie als Abgeordnete eingeschworen.

Die zweite Beobachtung bezieht sich auf einen veröffentlichten Brief, den der Wissenschaftliche Beirat beim Bundesministerium für Wirtschaft und Technologie in Sachen „Wettbewerbsstärkungsgesetz" dem Minister ebenfalls Anfang 2007 geschrieben hatte. Der Beirat wies darauf hin, dass das Ziel der Gesundheitsreform, den Wettbewerb im Gesundheitswesen zu stärken, nicht erreicht werden kann, weil der Schutz des Wettbewerbs für die gesetzlichen Krankenkassen auf nationaler und europäischer Ebene außer Kraft gesetzt sei. Nach § 69 SGB V sind die Krankenkassen nach einem Urteil des Bundesgerichtshofs als Bereichsausnahmen von GWB und UWG zu betrachten. Das Gesetz hindert also die Krankenkassen nicht an wettbewerbswidrigem Verhalten. Der so gegebene Rechtszustand stehe, so der Beirat, in krassem Widerspruch zum Anspruch eines „Wettbewerbsstärkungsgesetzes". Konsequent forderte der Beirat, § 69 SGB V ersatzlos zu streichen. Die Antwort des Ministers war eine gewunden wortreiche Ablehnung, die er mit der Hoffnung verband, dass das Schreiben des Beirats „die Diskussion um einen adäquaten Wettbewerbsschutz befördert, damit das Gesetz (gemeint: das Wettbewerbsstärkungsgesetz) in dieser Hinsicht seinem Namen auch gerecht wird..." Man kann dazu nur lakonisch konstatieren, dass dies wieder einmal Arbeit eines wissenschaftlichen Beratungsgremiums für den Papierkorb war und sich fragen, wie der Minister zu der Ablehnung kam und welchen Interessen er damit dienen wollte.

IV. Politisch-ökonomische Erklärungen

Die Vertretung von Interessen in der wirtschaftspolitischen Willensbildung in Deutschland durch Verbände fällt nicht nur bei der Gesundheitsreform auf. Wann immer eine wirtschaftspolitische Aktivität erwogen wird, stets melden sich Vertreter von Interessenverbänden zu Wort, um vorgebliche Wünsche oder Klagen ihrer Klientel geltend zu machen. Das gilt besonders für erwogene wirtschafts- und finanzpolitische Reformvorhaben. Der Chor der Wortmeldungen ist vieltönig und häufig dissonant. 2006 waren 1896 Verbände aufgelistet, die nach der Geschäftsordnung des Deutschen Bundestages Zugang zum Bundestag und zu den Bundesministerien hatten. 1972 waren es 635 Verbände (*Kirchhof* 2006, S. 57). Insgesamt sind in Deutschland rund 14.000 Verbände und Dachverbände tätig. Von ihnen wird nahezu jeder gesellschaftliche Lebensbereich abgedeckt und durch Funktionäre politisch zur Geltung gebracht.

Aus der Sicht der Verbandsfunktionäre dürfte es zweckrational sein, die Erwerbsinteressen ihrer Klientel werbend zu vertreten (*Streit* 2005, S. 339 ff). Es geht ihnen vermutlich darum, in Gesetzgebungs- und Regulierungsverfahren rechtlich abgesicherte Privilegien für ihre Klientel zu erlangen, die dieser erwerbslose Zusatzeinkommen oder Renten gewähren. Dies geschieht durch ein politisches Tauschgeschäft. Getauscht wird die Privilegienvergabe gegen politische Unterstützung bei der Wahl oder Wiederwahl eines Mandatträgers oder einer Partei. Dieser Vorgang des „rent-seeking" (*Tollison* 1982) wurde *von Hayek* (2003, S. 405) als „Schacher-Demokratie" eloquent kritisiert.

Wirtschafts- und finanzpolitische Reformen beinhalten aus dieser Sicht nichts anderes als eine Umkehrung des beschriebenen Tauschgeschäfts. Es geht darum, früher vergebene Wahlgeschenke bei den Beschenkten wieder einzusammeln. Wahlgeschenke in Form von Leistungsausweitungen der Sozialversicherungen wurden vor jeder Bundestagswahl seit 1949 gemacht (*Vaubel* 1989). Gegenwärtig werden sie als Belastungen angesehen, ohne dass ihre Entstehung von den Verursachern selbstkritisch erwähnt wird. Ähnlich zu beurteilen sind die extrem hohen und dauerhaften Subventionen an die Landwirtschaft und an den Steinkohlebergbau. Auf sie entfällt nach dem jüngsten Subventionsbericht der Bundesregierung (Bundesministerium der Finanzen, 2002) fast ein Viertel aller Finanzhilfen und Steuervergünstigungen des Bundes.

Reformen des Sozialversicherungs- und Steuersystems bedeuten nun, dass die aufgezeigten Privilegien den begünstigten Gruppen entzogen werden sollen. Das ruft unweigerlich die Vertreter der organisierten Gruppen auf den Plan, die sich als Besitzstandswahrer in Wort und Schrift bemerkbar machen.

V. Reformen und konsensuale Politik

Der Widerstand von Interessengruppen gegen Reformvorhaben legte den Gedanken nahe, die betroffenen Gruppen in die Reformbemühungen einzubinden, „partnerschaftlich" vorzugehen. Eine „konsensuale Politik" schien nahe zu liegen. Organisiert wurde sie in „konzertierten Aktionen", „runden Tischen", „Gipfelgesprächen" und „Regierungskommissionen". Die verfassungsrechtliche Problematik dieses Vorgehens wurde schlicht übergangen; denn es hätte gefragt werden müssen, woher die einbezogenen Verbandsfunktionäre eigentlich die Legitimation zu derart politischem Handeln nehmen wollten.[1] Selbst die Frage nach ihrer demokratischen Legitimation im Verband wäre in manchen Fällen prekär gewesen.

Bei näherem Hinsehen waren und sind derartige Veranstaltungen im Rahmen einer konsensualen Politik sehr fragwürdig. Spieltheoretisch betrachtet handelt es sich um kooperative Spiele, d. h. den „Spielern" ist es erlaubt, zu kommunizieren. Das beinhaltet auch, dass (temporäre) Koalitionen geschlossen werden. Unter realistischen Bedingungen haben solche Spiele keine stabile Lösung. Statt dessen ist zu erwarten, (1) dass Informationen, die von Spielern in das Spiel hinein gegeben werden, aus strategischen Gründen verzerrt sein können, (2) dass Täuschung und Drohung von allen Seiten als strategische Optionen genutzt werden, (3) dass es zu taktischen Verzögerungen im Verhandlungsprozess ebenso kommt wie zu ermüdenden Marathonrunden und (4) dass Verhandlungen durch übermäßige Forderungen eines Spielers aufgehalten und die übrigen zu Konzessionen im Interesse des Fortgangs der Verhandlung genötigt werden können.

Was wohl am ehesten konsensfähig sein dürfte, sind Einigungen zu Lasten unbeteiligter Dritter, im Zweifel der Steuer- und Beitragszahler. Die Einigung selbst wird dann nach viel Taktieren und Lavieren medienwirksam zelebriert. Es genügt, wenn sie sich zur wortreichen Selbstdarstellung der beteiligten Akteure eignet, wobei beratend hinzugezogene Wissenschaftler dem Ganzen den Anschein der Solidität geben sollen (*Streit* 2005a).

VI. Lähmende Selbstbindung der politischen Klasse

Eine Erklärung für den beschriebenen Reformstau findet sich, wenn der Frage nachgegangen wird, warum die Verbandfunktionäre nur gelegentlich und zögernd von den politischen Akteuren als Besitzstandswahren erwähnt werden, wo doch ihre Präsenz kaum zu übersehen ist. Die Antwort auf diese Frage dürfte darin zu suchen sein, dass die politische Klasse in Deutschland mit den Interessenverbänden sowohl funktionell als auch materiell vielfältig verflochten ist.[2] Die funktionelle Verflechtung ergibt sich aus der Mitgliedschaft von Abgeordneten in Interessenverbänden. In ihrer Eigenschaft als Verbandsvertreter stellen sie neben den Abgeordneten aus dem öffentlichen Dienst die zweitstärkste Gruppe von Abgeordneten (*von Arnim* 1997). Rund 40 v. H. des 1990 gewählten 12. Bundestages nehmen hauptberufliche oder ehrenamtliche Funktionen in einem Interessenverband wahr (*von Arnim*, op. cit.). Etwa ein Viertel der Abgeordneten waren Verbandsgeschäftsführer (*von Arnim* op. cit.), standen also sowohl funktionell als auch materiell im Dienst von Verbänden. Wenn im Zuge einer Haushaltssanierung die

---

[1] Verfassungstheoretisch und ordnungsökonomisch handelt es sich bei dieser Art von Politik um eine Form des Korporatismus. Kritisch hierzu vgl. *Gäfgen* (1988), *Streit*(1988) und Wissenschaftlicher Beirat beim BMWi (2000)
[2] Vgl. hierzu die Untersuchungen von *von Arnim* (1997) und *Leyendecker* (2003).

Kürzung von Subventionen für die Landwirtschaft diskutiert wurde und berücksichtigt wird, dass im Landwirtschaftsausschuss Landwirte und Bauernverbandsfunktionäre sitzen und im Ausschuss für Arbeit und Soziales Gewerkschaftsführer unter sich sind (*von Arnim* 1997), nimmt es kaum Wunder, wenn der Subventionsabbau und die Flexibilisierung der Arbeitsmärkte nicht voran kommen, da die Abgeordneten im Grunde über eigene Angelegenheiten entscheiden.

Die Anhängigkeit der Abgeordneten von Verbänden beginnt bereits mit ihrer Nominierung, bei der Verbandsvertreter als solche begünstigt werden (*von Arnim* 1997, S. 264). Die Konsequenz der aufgezeigten personellen und materiellen Verflechtung von politischer Klasse und Verbänden ist für Reformbemühungen enttäuschend. Eine lähmende Selbstbindung der politischen Klasse an die Verbände und an die von ihnen vertretenen Interessen muss konstatiert werden, wenn der Reformstau erklärt werden soll.

VII. Verfassungsrechtliche Bedenken

Wird die funktionelle und materielle Verflechtung von Mitgliedern der politischen Klasse Deutschlands mit Verbänden berücksichtigt, so dürfte die Stellung von Abgeordneten fragwürdig sein. Zu fragen ist nämlich, ob aufgrund dieses Sachverhalts tatsächlich Art. 38, Abs. 1 Grundgesetz auf sie anwendbar ist. Danach sind sie Vertreter des ganzen Volkes, an Aufträge nicht gebunden und nur ihrem Gewissen unterworfen. Bezogen auf das Parlament ist an eine belehrende Feststellung von *Edmund Burke*, dem Mitglied des englischen House of Commons für Bristol von 1774 zu erinnern: „Das Parlament ist nicht ein Kongress von Botschaftern verschiedener, sich bekämpfender Interessen, die jeder wie ein Agent und Advokat gegen andere Agenten und Advokaten verfechten muss, sondern das Parlament ist eine frei ihre Meinung äußernde Versammlung einer Nation mit einem Interesse, nämlich dem des Ganzen, in der nicht lokale Bestrebungen, nicht lokale Vorurteile leitend sein dürfen, sondern das Gemeinwohl, das aus der allgemeinen Vernunft des Ganzen hervorgeht." (zit. nach *von Arnim* 2001, S. 33). Von diesem Bild des repräsentativen Abgeordneten dürfte die deutsche Realität nur zu sehr abweichen. Stattdessen kann mit dem Nestor der deutschen Politikwissenschaft, Theodor Eschenburg, gefragt werden: „Herrschaft der Verbände?" (*Eschenburg* 1963).

VIII. Was zu tun wäre

Bleibt abschließend zu fragen, wie diese Herrschaft gebrochen werden könnte. *Walter Eucken* (1960) bot mit seinem ersten staatspolitischen Grundsatz eine Radikalkur an. Danach wären wirtschaftliche Machtgruppen – und Interessenverbände dürften dazu zählen – entweder aufzulösen oder in ihren Funktionen zu begrenzen. Der Versuch, diesen Grundsatz zu realisieren, müsste allerdings scheitern; denn ihm könnte die grundgesetzlich garantierte Koalitionsfreiheit (Art. 9 GG) entgegen gehalten werden. Außerdem setzt das voraus, dass die davon betroffenen Abgeordneten sich selbst beschränken müssten; denn sie wären nunmehr Regelgeber und Schiedsrichter in eigener Sache.

Das zuvor aufgezeigte Kompetenz-Kompetenzproblem steht allen ursachentherapeutischen Bemühungen entgegen, die auf eine Verfassungsänderung zielen, um den Prozess der Rentenschaffung und des Stimmenfangs zu beenden.[3] Die Abgeordneten können nicht und haben keinerlei Anreize, sich durch Selbstbindung davor bewahren, zu „Sklaven" von Interessenverbänden (*Hayek* 2003) zu werden.

Das Elend des von Verbänden beherrschten, demokratischen Staates besteht darin, dass der ordnungspolitische Flurschaden durch systemwidrige Interventionen, den politische Klasse und Verbände über Jahrzehnte anrichten und den *Mancur Olson* treffend mit „institutionelle Sklerose" (*Olson* 1985, S. 103) beschrieben hat, ursachentherapeutisch und nachhaltig nicht behoben werden kann. Diese unschöne Lage kommentierte *F.A. Hayek*, ein überzeugter Vertreter des demokratischen und rechtsstaatlichen Ideals mit alarmierender Skepsis: „Es fehlt nicht an Anzeichen dafür, dass die uneingeschränkte Demokratie ihrem Ende zueilt und dass sie nicht mit Getöse untergehen wird, sondern mit Gewimmer" (*Hayek* 2003, S. 5).

Literatur

Arnim, Hans H. von (1997), *Fetter Bauch regiert nicht gern – Die politische Klasse – selbstbezogen und abgehoben*, München.
Arnim, Hans H. von (2001), *Das System – Die Machenschaften der Macht*, Rottenburg.
Bouillon, Hardy (1991), Ein Maulkorb für Leviathan: Intra- und interessenbedingte Grenzen der Staatstätigkeit, in: Gerard Radnitzky und Hardy Bouillon (Hg.), *Ordnungstheorie und Ordnungspolitik*, New York.
Bundesministerium der Finanzen (2002), *Bericht der Bundesregierung über die Finanzhilfen des Bundes und der Steuervergünstigungen 1999-2002*, 18. Subventionsbericht, Berlin.
Eschenburg, Theodor (1963), *Herrschaft der Verbände?*, Stuttgart.
Eucken, Walter (1960), *Grundsätze der Wirtschaftspolitik*, Reinbeck bei Hamburg.
Gäfgen, Gérard (1988), Korporative Wirtschaftspolitik, neuer Korporativismus und Wirtschaftsordnung, in: Joachim Klaus und Paul Klemmer (Hg.), *Wirtschaftliche Strukturprobleme und soziale Fragen*, Berlin, S. 41-52.
Hayek, Friedrich August (2003), *Recht, Gesetz und Freiheit – Eine Neufassung der liberalen Grundsätze der Gerechtigkeit und der politischen Ökonomie*, Gesammelte Schriften in deutscher Sprache, Bd. B4, hg. von Viktor Vanberg, Tübingen.
Leipold, Helmut (1988), Ordnungspolitische Konsequenzen der ökonomischen Theorie der Verfassung, in: Dieter Cassel, Bernd-Thomas Ramb, Hans-Jörg Thieme, *Ordnungspolitik*, München.
Leyendecker, Hans (2003), *Die Korruptionsfalle – Wie unser Land im Filz versinkt*, Reinbeck bei Hamburg.
Mosca, Gaetano (1950/1947), *Die herrschende Klasse. Grundlagen der politischen Wissenschaft*, 1893, nach der 4. Auflage 1947, Salzburg, übersetzt von Franz Borkenau.
Olson, Mancur (1985), *Aufstieg und Niedergang von Nationen*, Studien in den Grenzbereichen der Wirtschafts- und Sozialwissenschaften, Bd. 42, Tübingen.
Streit, Manfred E. (1988), The Mirage of Neo-Corporatism, *Kyklos*, Bd. 41, S. 603-634.
Streit, Manfred E. (2005), *Theorie der Wirtschaftspolitik*, Stuttgart.
Streit, Manfred E. (2005a), Wissenschaftliche Politikberatung zwischen Wissensmangel und Opportunismus, in: Andreas Freytag (Hg.), *Wirtschaftlicher Strukturwandel, nationale Wirtschaftspolitik und politische Rationalität*, Köln, S. 30-35.
Tollison, Robert D. (1982), Rent Seeking: A Survey, *Kyklos*, Bd. 35, 575-602.

---

3 Die Vorschläge von Hayek und Buchanan zu einer entsprechenden Änderung der Verfassung untersucht *Bouillon* (1991)

Vaubel, Roland (1986), Der Missbrauch der Sozialpolitik in Deutschland: Historischer Überblick und Politisch-Ökonomische Erklärung, in: Gerard Radnitzky und Hardy. Bouillon (Hg.), *Ordnungstheorie und Ordnungspolitik*, Berlin, Heidelberg, New-York.
Wissenschaftlicher Beirat beim Bundesministerium für Wirtschaft und Technologie (BMWi), (2000): *Aktuelle Formen des Korporatismus*, Gutachten vom 26./27. Mai 2000, BMWi-Dokumentation, 470.

Zusammenfassung

Nach einer Einleitung (vgl. I.) werden zu Beginn (vgl. III.) zwei Beobachtungen angeführt, die Licht auf das Thema dieses Aufsatzes werfen sollten. Danach (vgl. IV.) wird die Theorie des Public Choice herangezogen, um sowohl diese Beobachtungen als auch den Reformstau zu erklären. In Kapitel V. wird eine politische Strategie zur Überwindung von Reformwiderständen, genannt „konsensuale Politik", beurteilt. Sodann (vgl. VI.) wird gefragt, warum die politische Klasse in Deutschland vor Reformen in der Wirtschafts- und Sozialpolitik zurück zu schrecken scheint. Das führt zu verfassungsrechtlichen Einschränkungen (vgl. VII.), die man in dieser Situation machen kann. Schließlich (vgl. VIII.) wird diskutiert, was im Sinne einer Ursachentherapie getan werden könnte, um den Reformstau zu beseitigen.

Summary:
The backlog of reforms or the misery of the pressure groups

To begin with (part III.), two observations will be reported which should throw some light on the theme of this essay. Thereafter (part IV.) the theory of Public Choice will be employed to explain these observations as well as the jam of reforms. In part V., a political strategy to overcome the jam, called „consensual politics" will be assessed. Then (part VI.) it will be asked why members of the political class in Germany seem to shy away from reforms of economic and social policy. This leads to reservations (part VII.) regarding constitutional law, which one can have in view of this situation. Finally (part VIII.) it will be discussed what could be done in terms of a causal therapy to remove the jam of reforms.

Norbert Berthold und *Daniel Koch*[1]

Von der (Un-)Möglichkeit ausgeglichener Haushalte

Inhalt

I. Einleitung 39
II. Staatsverschuldung und Wettbewerb auf politischen Märkten 40
   1. Wettbewerb auf politischen Märkten 41
   2. Bedeutung der Staatsverschuldung im politischen Wettbewerb 42
   3. Warum es immer wieder zu Defiziten kommt 46
   4. Wann solide Finanzpolitik doch möglich ist 49
III. Schlussfolgerungen für die Bekämpfung von Defiziten 52
   1. Selbst-Regulierung vs. Fremd-Regulierung 52
   2. Intensivierung vs. Kanalisierung des Wettbewerbs 55
IV. Abschließende Handlungsempfehlung 57
Literaturverzeichnis 60
Zusammenfassung 61
Summary: The Impossibility of balanced budgets 62

I. Einleitung

Nach finanzpolitisch schwierigen Jahren, voller Defizite, verfassungswidriger Haushalte und überschrittenen Maastricht-Kriterien, sprudeln die Einnahmen der öffentlichen Hand wieder kräftig. Die Defizite sinken, die Stimmung steigt. Wieder einmal werden Zeitpläne zur Erreichung der Nullverschuldungsgrenze aufgestellt, wieder einmal wird von nachhaltig strukturell ausgeglichenen Haushalten geträumt, wieder einmal scheint die Überwindung der Verschuldungsproblematik in greifbare Nähe gerückt.

Doch wie realistisch sind diese Träume? Besteht eine berechtigte Hoffnung, dass die Staatsverschuldung unter dem gegebenen institutionellen Arrangement dauerhaft erfolgreich bekämpft werden kann? So sicher wie das Amen in der Kirche, folgen neue Begehrlichkeiten auf höhere Einnahmen, folgen teure Wahlversprechen auf harten politischen Wettbewerb, folgt die Krise auf den Boom. Was wird bleiben, von den Träumen von ausgeglichenen Haushalten, wenn die Steuerquellen nicht mehr so üppig sprudeln, wenn die Regierung um ihre Wiederwahl fürchten muss, wenn die Mehreinnahmen großzügig unters Volk verteilt wurden?

---

[1] Für wertvolle Anmerkungen und Kritik danken wir zwei anonymen Gutachtern.

In dieser Arbeit zeigen wir, dass öffentliche Verschuldung mit negativen externen Effekten verglichen werden kann und dass Politiker einer Dilemma-Situation ausgesetzt sind, die sie immer wieder zur Verwendung der Staatsverschuldung zwingt. Daraus lässt sich ableiten, dass es im gegenwärtigen Regulierungssystem fast zwangsläufig wieder zu neuen Defiziten kommen wird und auch, dass bestimmte, immer wieder diskutierte Wege zur Defizitvermeidung grundsätzlich zum Scheitern verurteilt sind. Daraus lässt sich andererseits aber auch ableiten, welche Ansätze grundsätzlich Erfolg versprechend sein können.

Im ersten Teil der Arbeit diskutieren wir die Mechanismen, die immer wieder zu einem Auftreten der Staatsverschuldung führen. Wir beginnen mit einer knappen Schilderung der Annahmen und beschäftigen uns anschließend eingehend mit der Bedeutung der Staatsverschuldung im politischen Wettbewerb. In den beiden folgenden Abschnitten leiten wir daraus ab, warum es immer wieder zu Defiziten kommt, und wann solide Finanzpolitik doch möglich ist. Im zweiten Teil ziehen wir die entsprechenden Schlüsse und untersuchen mögliche Gegenmaßnahmen.

II. Staatsverschuldung und Wettbewerb auf politischen Märkten

Im folgenden Kapitel sollen die grundlegenden polit-ökonomischen Entstehungsgründe für Staatsverschuldung analysiert werden. Es wird gezeigt, dass sich die Erkenntnisse über Marktwettbewerb, Dilemmastrukturen und die Bekämpfung negativer externer Effekte auf die Politik und die Bekämpfung von Staatsverschuldung übertragen lassen. Dabei wird Staatsverschuldung als ein negativer externer Effekt betrachtet, den politische Akteure ausüben, um ihre Preise zu senken. Solide Fiskalpolitik wird als gewünschte Zusammenarbeit zum gegenseitigen Vorteil gesehen, die jedoch durch ein Gefangenendilemma verhindert wird. Der politische Wettbewerb führt zwangsläufig zu einer überhöhten Staatsverschuldung.

Unter dem Begriff Staatsverschuldung verstehen wir hier alle Lasten, die von der Gegenwart auf die Zukunft verschoben werden, unabhängig davon, ob es sich um explizite Finanzschulden oder um unverbriefte, implizite Verschuldung handelt. Kredite für Ertrag bringende Investitionen werden ausgeklammert, da hier den Forderungen ein Wert gegenübersteht.[2]

---

2 Es geht also darum, dass die Gegenwart sich auf Kosten der Zukunft bereichert. Dass heute Nutzen anfällt, für den morgen Steuern erhoben werden müssen. Dabei ist es egal, ob man explizit Kredite aufnimmt, um Ausgaben zu tätigen, oder implizite Schulden kreiert indem man Zahlungsverpflichtungen für die Zukunft definiert (Bsp. Pensionsansprüche für Beamte). In beiden Fällen muss die Zukunft zahlen, um heutigen Nutzen/Konsum zu finanzieren. Gegen kreditfinanzierte Investitionen ist im Grundsatz nichts einzuwenden, da hier mit Hilfe der Verschuldung eine nutzungsäquivalente Verteilung der Lasten erreicht werden kann („pay as you use"). Wenn den Schulden ein Gegenwert gegenübersteht, können sie als „gedeckt" betrachtet werden. Kritisch wird es dann, wenn die nötigen Abschreibungen nicht getätigt werden. Wenn im Extremfall das Investitionsobjekt nicht mehr vorhanden ist, die Schulden aber schon. Die in einer Periode anfallenden Abschreibungen sind also Konsum. Werden die entsprechenden Kredite nicht getilgt, entsteht „ungedeckte" Staatsverschuldung, weil der Gegenwert verschwunden ist. Wir beziehen uns hier auf die Summe dieser ungedeckten Schulden.

1. Wettbewerb auf politischen Märkten

Politische Märkte können mit Gütermärkten verglichen werden. Oder um mit *Buchanan* und *Wagner* (1977, S. 96) zu sprechen: „In a democracy, the pressures placed upon politicians to survive competition from aspirants to their office bear certain resemblances to the pressures placed upon private entrepreneurs."

Es gibt zahlreiche Anbieter (die Politiker oder Parteien), die mit einem Produkt (der von ihnen vorgeschlagenen Politik) um die Gunst der Nachfrager (die Wähler) konkurrieren. Der Preis des Politischen Angebots ist der zur Finanzierung nötige Steuersatz, bzw. der Umfang der angebotenen öffentlichen Güter. Die Wähler kaufen das günstigste Produkt, d.h. wählen die Partei, deren Politikvorschlag ihnen den größten Nutzen bringt.

Dabei genügt für unsere Zwecke das denkbar einfachste Modell, wie man es so ähnlich quer durch die Literatur immer wieder finden kann. (vgl. z.B. *Persson* und *Tabellini* 2000, *Besley* und *Coate* 1997 oder *Downs* 1957). Die zahlreichen Verfeierungen ändern nichts am Grundgedanken, wir konzentrieren uns also darauf, das Prinzip möglichst deutlich herauszustreichen.

Eine beliebige Zahl von Politikern oder Parteien $P = A, B, ... N$ stehen zur Wahl. Sie sind eigennutzorientiert. Ziel der politischen Akteure ist es, gewählt zu werden (office-seeking), wobei es hier egal ist, ob sie die absolute Stimmenzahl π maximieren (*max π_P*), oder nur die Wahrscheinlichkeit p ins Amt gewählt zu werden (*max p_P = Prob[π_P > ½]*). Wir gehen aus von pre-election-politics: Im Wahlkampf geben die Kandidaten simultan und nicht-kooperativ bindende Versprechen ab, welche Politik q_P sie im Falle ihrer Wahl realisieren werden. Diese besteht aus einem Bündel an öffentlichen Gütern g_P und dem Steuersatz τ_P, der erhoben werden muss, um die öffentlichen Güter zu finanzieren. g und τ können nicht zielgruppenspezifisch ausgestaltet werden. Die Bürger verfügen über die indirekte Nutzenfunktion $W^i(q)$. Sie wählen denjenigen Politiker, dessen q_P ihnen das höchste $W^i(q)$ verspricht.

Wir gehen nun davon aus, dass es unter allen Politikalternativen einen klaren Condorcet-Sieger gibt, d.h. ein bestimmtes g^*, das alle anderen dominiert und die Siegchancen maximiert. Dabei ist es für unsere Zwecke unerheblich, ob dies die Folge homogener Präferenzen ist, oder weil wir trotz heterogener Präferenzen von einem Median-Wähler-Gleichgewicht ausgehen. Wir vernachlässigen Aspekte wie Ideologie, Sympathie für Kandidaten, probabilistic voting, etc. Folglich wird die Struktur der Staatsausgaben in den Vorschlägen der verschiedenen Kandidaten identisch sein, alle Kandidaten werden $g_P = g^*$ vorschlagen. Die vorgeschlagenen q_P können sich aber sehr wohl im Steuersatz τ_P unterscheiden.

Wir gehen davon aus, dass die Kandidaten keine perfekten Substitute sind, sondern dass sie sich bei den Kosten der Erstellung der öffentlichen Güter unterscheiden. Wir führen daher den Effizienzparameter θ_P ein, der zum Ausdruck bringt, wie effizient ein Politiker sein Programm umzusetzen vermag. θ_P wird von verschiedenen Faktoren beeinflusst. Es kann ein Ausdruck der persönlichen Kompetenz des Kandidaten sein, wie *Rogoff* (1990) es erstmals vorgeschlagen hat, oder von den Renten, die er sich selbst genehmigt, oder von anderen Faktoren. Diesen Punkt werden wir im nächsten Kapitel noch einmal aufgreifen. Ein effizient arbeitender Politiker hat ein niedrigeres θ_P, er stellt die öffentlichen Güter also billiger her und kann einen niedrigeren Steuersatz τ_P in Aussicht stellen. Hier findet der Wettbewerb zwischen den Kandidaten statt. Der Steuersatz τ_P entspricht dem Preis der angebotenen Politik und jeder Kandidat wird sich bemühen, möglichst billig anzubieten, also möglichst niedrige Steuern zu erheben.[3]

Halten wir also fest, dass auch auf dem politischen Markt ein Preiswettbewerb um die Zustimmung der Bürger herrscht. Wie auf dem Gütermarkt folgt auch auf dem politischen Markt aus dem Wettbewerb der Zwang, zu einem möglichst niedrigen Preis anzubieten. Denn letztlich werden die nutzenmaximierenden Bürger sich am Wahltag für den Anbieter entscheiden, der den niedrigsten Preis hat. Wer einen zu hohen Preis verlangt, wird nicht gewählt.[4]

2. Bedeutung der Staatsverschuldung im politischen Wettbewerb

Im folgenden Abschnitt versuchen wir darzulegen, welche Rolle die Staatsverschuldung in diesem Modell einnimmt. Wir betrachten sie dabei als Instrument, mit deren Hilfe Politiker versuchen, die Preise ihrer Politik zu senken, um ihre Wahlchancen zu erhöhen. Dabei verursachen sie jedoch negative externe Effekte.

Staatsverschuldung ermöglicht es, Nutzen von der Zukunft in die Gegenwart zu transferieren. Oder anders gesagt: Das heutige Angebot an öffentlichen Gütern zu erhöhen, bzw. die heutigen Steuern zu senken und spätere Akteure dafür zahlen zu lassen. Diese Abwälzung von Lasten auf Dritte ermöglicht es der amtierenden Regierung, die Preise für ihre politischen Angebote zu senken. Was der Fluss für das Chemiewerk ist, welches zu Lasten der Fischer ungeklärtes Wasser ableitet um seine Kosten zu senken, ist die Möglichkeit, Schulden aufzunehmen, für die Politik: Eine Methode, ohne eigene Anstrengungen die Preise zu senken und einen Wettbewerbsvorteil erlangen zu können. Alle Kandidaten antizipieren diese Option und senken entsprechend die Steuersätze in ihrem vorgeschlagenen Politikbündel. Staatsverschuldung wird damit zu einem Einflussfaktor für θ_P. Somit wird Staatsverschuldung zu einem negativen externen Effekt, den Politiker ausüben um ihre Preise zu senken und damit ihre Wahlchancen zu erhöhen. Um diese These zu untermauern müssen wir drei Fragen beantworten:

– Liegt tatsächlich ein negativer Effekt vor?
– Liegt tatsächlich ein externer Effekt vor?
– Kann sich ein Politiker durch höhere Staatsverschuldung Vorteile verschaffen?

In der so genannten „Lastenverschiebungsdebatte" wurden die beiden ersten Fragen ausführlich thematisiert, wenn auch nicht unter dem Stichwort negativer externer Effekt. Doch letztlich ging es darum: Welche Wirkung hat die Staatsverschuldung? Gehen tatsächlich negative Effekte von ihr aus? Lassen sich Lasten auf Dritte abwälzen?

---

[3] Man könnte genauso gut von einem festen τ und einem variablen gP ausgehen, und den Wettbewerb über den Umfang der Staatsausgaben, z.B. die Höhe der Transfers, modellieren. Hier entspräche der Umfang des Angebots dem Preis, es wäre also dasjenige Angebot am billigsten, dass den größten Umfang hätte. Oder man gibt sowohl τ als auch g frei und lässt den Wettbewerb über den Gesamtnutzen des Politikbündels q laufen. Am Kerngedanken des Preiswettbewerbs auf dem politischen Markt würde sich nichts ändern, wir bleiben also bei der einfachsten Variante.

[4] Natürlich gibt es auch einige Charakteristika, die den Wettbewerb auf dem Gütermarkt und dem politischen Markt unterscheiden, vgl. z.B. *Buchanan* und *Wagner* (1977, Kapitel 7).

Zur ersten Frage: *Liegt ein negativer Effekt vor?* Die Frage nach den Auswirkungen gilt seither als weitgehend geklärt. Zwar gibt es auch noch Stimmen, die sie – zumindest auf dem gegenwärtigen Niveau – als nicht nachteilig, oder gar zu niedrig betrachten (vgl. z.B. *Prescott* 2006), doch warnen die meisten Beiträge vor den negativen Folgen und fordern eine Reduktion und Begrenzung der öffentlichen Schuld. (vgl. z.B. *Bersch* 2004), *Blankart* 1994, *Schlesinger* et al. 1993, *Schemmel* und *Borell* 1992, *Wenzel* 1992 und *Cukierman* und *Meltzer* 1989). Seit *Musgraves* Aggregated Investment Approach steht die negative Wachstumswirkung der Staatsverschuldung im Mittelpunkt der Kritik. Aufbauend auf dem Modell von *Romer* (1986) lässt sich zeigen, dass zu hohe Schulden höhere Zinsen hervorrufen, und damit einen niedrigeren Kapitalstock, weniger Wirtschaftswachstum und geringere Reallöhne. Auch sonst deutet vieles auf Crowding-Out hin (*Schlesinger* et al. 1993, S. 154 f. und *Deutsche Bundesbank* 1982, S. 39). Dazu kommen Effizienzverluste durch Verhaltensanpassungen an verzerrende Steuern. Neben diesen ökonomischen Nachteilen ist auch eine politische Dimension zu beachten: stetig steigende Schulden, ziehen stetig steigende Zinszahlungen nach sich und strangulieren so nach und nach die Handlungsfreiheit des Staates. Schließlich führt Staatsverschuldung über den Umweg der steigenden Zinsen auch zu einer Umverteilung von Arm zu Reich. Früher heiß diskutierte Punkte wie die Staatsschuldneutralität spielen heute keine Rolle mehr. Es gibt also alles in allem einen negativen sozialen Grenznutzen. Staatsverschuldung hat negative Effekte.[5]

Damit kommen wir zur zweiten Frage: *Liegt ein externer Effekt vor?* Wenn es negative Folgen gibt, wen treffen sie? Ist der negative Effekt tatsächlich auch ein externer? Oder kann man im Sinne des *Lerner'*schen „we owe it to ourselves" die Sache als ein internes Problem abtun, da diejenigen, die es verursachen, es auch ausbaden müssen? Diese Sicht gilt inzwischen als überholt. Lasten können sehr wohl in die Zukunft verschoben werden. Wie *Buchanan* (1958) gezeigt hat, kann die heutige Zeichnung von Schuldtiteln nicht als Last gesehen werden, da sie freiwillig geschieht. Die höheren Steuern in der Zukunft, sowie die anderen geschilderten negativen Auswirkungen hingegen sehr wohl. Als Gegenargument ließe sich zwar das ricardianische Äquivalenz-Theorem anführen, doch auch dieses greift nicht, oder zumindest nicht vollständig.[6] Es wird also auf jeden Fall eine Last auf spätere Akteure abgewälzt.[7] In der Finanzwissenschaft herrscht daher Konsens darüber, dass Staatsverschuldung zu einer intergenerativen Umverteilung führt. Auch innerhalb der Politik lässt sich ein externer Effekt konstatieren: Die NPÖ hat schon lange erkannt, dass Regierungen Staatsverschuldung als strategisches Instrument zur Beeinflussung ihrer Nachfolgeregierung verwenden. (vgl.

---

5 Ausnahmen können sich bei der Kreditfinanzierung ertragbringender Investitionen ergeben. Diese „gedeckte Staatsverschuldung" wurde jedoch oben ausgeklammert.
6 Das genaue Ausmaß der erhöhten Ersparnis und Vererbung aufgrund höherer Staatsverschuldung ist umstritten, sicher ist jedoch, dass auf keinen Fall die gesamte Staatsschuld ausgeglichen wird. Die Frage ist also nicht, ob eine Last verschoben wird, sondern in welchem Umfang die Last verschoben wird.
7 Man mag darüber diskutieren können, inwieweit ein Teil der Last doch von den Verursachern getragen wird wenn z.B. ein heute dreißigjähriges Individuum, das von der höheren Staatsverschuldung profitiert, mit 50 ein niedrigeres Realeinkommen hat, als es ohne die Staatsverschuldung hätte haben können. Aber spätestens bei den zum Zeitpunkt der Verschuldung noch nicht geborenen Generationen liegt eindeutig ein externer Effekt vor.

Persson und *Tabellini* 2000, S. 351-361.) Obgleich auch hier nie von externen Effekten gesprochen wird, stützt dies unsere Interpretation.

Unter diesen Punkt fällt eine weitere Frage: Werden Eigentumsrechte verletzt? Um von negativen externen Effekten sprechen zu können, müssen nicht nur negative Auswirkungen auftreten, es müssen auch Eigentumsrechte von Dritten verletzt werden. Hier herrscht ein breiter Konsens, dass es das Recht der jüngeren Generation gibt, keine Lasten ohne entsprechenden Gegenwert aufgebürdet zu bekommen. So betonen *Schlesinger* et al. (1993, S. 217-231), dass die Schulden aus Sicht der Generationengerechtigkeit zu hoch sind, für *Schemmel* und *Borell* (1992, S. 143-153) ist es unbestritten, dass spätere Generationen durch sie benachteiligt werden und *Homann* (1988, S. 270) macht deutlich, dass die gegenwärtige Generation – abgeleitet aus dem Gebot der Rationalität – verpflichtet ist, den gegenwärtigen Konsum aus den laufenden Erträgen zu finanzieren. Dieser Position schließen wir uns an. Daraus folgt, dass tatsächlich Eigentumsrechte verletzt werden, wenn ungedeckte Schulden vererbt werden. Da sich aber noch ungeborene Individuen schlecht wehren können, haben wir hier den Fall zuordenbarer, aber nicht durchsetzbarer Eigentumsrechte.

Bleibt die dritte Frage: *Kann sich ein Politiker durch höhere Staatsverschuldung Vorteile im politischen Wettbewerb verschaffen?* Diese Frage kommt erst durch eine kleine Besonderheit auf: normalerweise kommt der Nutzen eines negativen externen Effektes direkt dem Verursacher zugute. Dann stellt sich die Frage nicht, ob es ihm etwas nutzt. In unserem Fall sind es aber die gegenwärtigen Wähler, die von dem höheren Konsum, der durch die Staatsverschuldung möglich wird, profitieren. Sie sind es, die z.B. die höheren Transfers empfangen. Die Verursacher, die politischen Akteure, profitieren nur indirekt, nämlich nur, wenn die Wähler den höheren Konsum in ihrer Wahlentscheidung honorieren.[8]

Auf den ersten Blick ist man geneigt, diese Frage recht schnell zu bejahen. Ein Politiker der gewillt ist, Staatsverschuldung zur Finanzierung seiner Politik einzusetzen, kann diese ohne Frage zu einem niedrigeren Steuersatz verwirklichen, als einer der dies nicht tun wird. Damit kann er zu einem niedrigeren Preis anbieten und erhöht die Wahrscheinlichkeit, die Wahl zu gewinnen. Auf den zweiten Blick wird die Sache etwas diffiziler. Denn die eben gegebene Antwort impliziert, dass die Bürger die negativen Folgen der Staatsverschuldung nicht berücksichtigen und sich bei ihrer Wahlentscheidung einzig von dem gegenwärtigen Preis des Politikangebots leiten lassen. Eigentlich müssten sie doch die Folgekosten antizipieren und beim „Preisvergleich" mit einkalkulieren. Dann wäre der vermeintliche Preisvorteil aber schnell dahin und die Verschuldung wäre eher ein Nachteil bei der Wahl. Staatsverschuldung ist also nur dann für einen Politiker vorteilhaft, wenn die Wähler ihr nicht ablehnend gegenüberstehen. Dies ist bei mindestens drei Annahmen der Fall: *Reine Rationalität, andere Prioritäten* und *Staatsschuldillusion*.

Reine Rationalität: Die Bürger kennen die negativen Folgen der Staatsverschuldung, nehmen diese aber bewusst in Kauf, um ihren eigenen Nutzen zu maximieren. *Cukierman* und *Meltzer* (1989) sprechen gar von einer bewussten Ausbeutung der jungen Ge-

---

8 Natürlich profitiert auch ein Politiker in seiner Eigenschaft als Bürger von diesen Ausgaben. Doch ist dies vernachlässigbar. In seiner Eigenschaft als Politiker hat er keinen direkten Vorteil.

neration. Da Staatsverschuldung den eigenen Nutzen zu Lasten anderer erhöht, ist es rational für die heutige Generation dieses Instrument zu nutzen. Die Wähler befürworten Staatsverschuldung also ausdrücklich.

Andere Prioritäten: Dies ist ein Spezialfall der Rationalität, den wir jedoch als eigenen Punkt aufführen. Es wäre auch denkbar, dass die Wähler Staatsverschuldung grundsätzlich ablehnen. Dies widerspricht zwar dem traditionell interpretierten Rationalitätsprinzip, wäre aber unter Einbeziehung sozialer Normen gut denkbar (vgl. *Fehr* und *Fischbacher* 2002). Trotz der Ablehnung sind ihnen aber andere Dinge wichtiger. Sie achten z.B. in erster Linie darauf, wie die Politik auf ihre individuelle Situation wirkt, so dass nicht die Höhe des Defizits, sondern die selber erlittenen Einsparungen das Wahlverhalten bestimmen. Während die Wähler bei der reinen Rationalität Staatsverschuldung aktiv befürworten („Lasst uns die späteren Generationen ausbeuten!"), lehnen sie Schulden in diesem Fall zwar ab, bestrafen sie aber nicht, da sie ihre Wahlentscheidung von anderen Aspekten abhängig machen („Sparen ja, aber nicht bei mir!"). Obwohl Schulden also abgelehnt werden, steigen sie doch weiter, weil ein sparsamer Politiker von denen abgestraft wird, bei denen er gespart hat und von den anderen nicht fürs Sparen belohnt wird.

Staatsschuldillusion: Man kann aber auch annehmen, dass die Bürger einer Staatsschuldillusion[9] unterliegen, also die Folgen der Verschuldung nicht erkennen und sich daher von den niedrigen Preisen täuschen lassen. Schon *Buchanan* und *Wagner* (1977) argumentierten, dass die Bürger aufgrund von Informationsasymmetrien die künftigen Probleme nicht antizipieren würden, daher keine höheren Steuern akzeptieren würden und somit das Entstehen von Staatsverschuldung begünstigen (Kapitel 7). Sie konstatieren die Existenz einer „fiscal illusion that will systematically produce higher levels of public outlay" (S. 125.). Auch in der neueren Theorie der politischen Ökonomie wird die vollständige Internalisierung der Staatsschuld durch die Bürger kaum noch angenommen und das Auftreten ineffizient hoher Verschuldung kaum noch bestritten.[10] (*Persson* und *Tabellini* 2000, S. 49 ff., *Besley* und *Coate* 1997, *Schlesinger* et al. 1993). Ein klassisches Beispiel für die strategische Verwendung der Staatsverschuldung durch die Politik sind die so genannten „electoral cycles". (vgl. *Rogoff* und *Sibert* 1988, *Rogoff* 1990 und *Persson* und *Tabellini* 2000). Hier lässt sich beobachten, dass die Staatsverschuldung oft im Vorfeld von Wahlen hochgefahren wird, um die Wiederwahl zu sichern, indem z.B. kreditfinanzierte Wohltaten verteilt werden. Die Tatsache, dass diese Strategie funktioniert und dass sich die Bürger von solchen Aktionen täuschen lassen, zeigt recht deutlich, wie ausgeprägt die Staatschuldillusion sein kann. Es ist also plausibel davon auszugehen, dass die Bürger Folgen und Ausmaß der Staatsverschuldung

---

9 Im Unterschied dazu verstehen *Hagen* und *Harden* (1995) unter „fiscal illusion" eine Fehlbewertung der Staatsschuld durch die Politiker.
10 Das Postulat der Chicago School, nach dem politischer Wettbewerb zu optimalen Politikergebnissen führt (vgl. z.B. *Stigler* 1982 und *Becker* 1985), wird heute nur noch in besonderen Ausnahmefällen anerkannt.

nicht (voll) überblicken können.[11] Die Wähler bestrafen Staatsverschuldung also nicht, weil sie ihre Folgen nicht erkennen.[12]

Wahrscheinlich liegt die Wahrheit irgendwo zwischen „Anderen Prioritäten" und „Staatsschuldillusion", da es viele Hinweise gibt, die auf diese beiden Thesen hindeuten. Die bewusste Ausbeutung jüngerer Generationen hingegen dürfte nur eine untergeordnete Rolle spielen.[13] Jedoch ist es für uns letztlich unerheblich, welche der Prämissen realistischer ist, so dass wir diese Frage hier nicht näher vertiefen. Sie führen alle gleichermaßen zu dem Schluss, dass die Bürger die zukünftigen Kosten der Staatsverschuldung nicht, oder nicht ausreichend bei der Wahlentscheidung berücksichtigen. Dass ihr Einsatz einem Politiker also tatsächlich bei der Wahl Vorteile bringt. Im Abschnitt 3.4 diskutieren wir Ausnahmen, aber in der Regel können wir davon ausgehen, dass Staatsverschuldung nicht ausreichend von den Wählern bestraft wird. *David Hume* hatte also Recht als er bereits 1752 anmerkte, dass es für einen Minister sehr verführerisch sei, mit Hilfe des Staatskredits „den großen Mann" zu spielen, ohne das Volk mit höheren Steuern ärgern zu müssen.

Fassen wir dieses Kapitel noch einmal zusammen: Staatsverschuldung übt einen negativen Effekt aus, dieser wirkt auf Externe, verletzt deren Eigentumsrechte und bringt dem ausübendem Akteur Vorteile. Es wird in der Gegenwart ein Nutzenzuwachs realisiert, dessen Last spätere Akteure tragen müssen. Die Politiker erkaufen sich politische Vorteile, indem sie den Nutzen der heutigen, zu Lasten der morgigen Bürger erhöhen und die Handlungsfreiheit späterer Regierungen einschränken.

Damit können wir festhalten: Es kann auf den politischen Märkten zum Marktversagen kommen. Staatsverschuldung kann als negativer externer Effekt interpretiert werden, den Politiker ausüben, um ihre Preise zu senken und damit ihre Chancen im politischen Wettbewerb zu erhöhen.

3. Warum es immer wieder zu Defiziten kommt

Gehen wir also davon aus, dass sich die Politiker in einem vollkommenen Preiswettbewerb um die Gunst der Wähler befinden, dass es keine gesetzliche Beschränkung von Staatsverschuldung gibt, dass Staatsverschuldung einen negativen Effekt auf spätere Generationen ausübt, dass dieser negative externe Effekt von den Wählern nicht internalisiert wird und dass das Hauptziel der Politiker die Wiederwahl ist.

In einem solchen Szenario kann man – abgesehen von später zu diskutierenden Ausnahmen – von einer Unmöglichkeit ausgeglichener Haushalte sprechen. Jede Hoffnung auf eine längerfristig solide Finanzpolitik ist trügerisch. Denn der politische Wettbe-

---

11 Besonders wenn man bedenkt, wie lange selbst die Ökonomen darüber gestritten haben, oder wie lange es gedauert hat, bis selbst die Fachleute erkannten, dass z.B. die implizite Verschuldung von hoher Relevanz ist.
12 Oder weil sie sich aus rationalem Desinteresse heraus nicht dafür interessieren (vgl. *Pitlik* 1997, S. 209).
13 Die empirische Wirtschaftsforschung liefert immer mehr Hinweise darauf, dass die Menschen keineswegs immer nur ihren eigenen Nutzen maximieren und sich gegenseitig auszubeuten, sondern auch auf Aspekte wie Fairness achten (vgl. z.B. *Falk* 2003).

werb zwingt alle Marktteilnehmer, zum niedrigsten Preis anzubieten und dieser kann mit Hilfe negativer externer Effekte wie der Staatsverschuldung erreicht werden.

Es mag zwar vorkommen, dass es kurzfristig zu ausgeglichenen Haushalten kommt, aber dies wird nicht von Dauer sein. Vielleicht gibt es ab und an einen Politiker, der aufgrund einer starken Präferenz für ausgeglichene Haushalte einen solchen durchsetzt, oder eine Situation, in der die Einnahmen so stark sprudeln, dass Verschuldung gar nicht nötig ist, um Wohltaten zu verteilen. Doch über kurz oder lang werden die Defizite zurückkehren. Sei es weil sich die Rahmenbedingungen wieder verschlechtert haben, weil der Politiker aus Angst vor einer drohenden Abwahl seinen Sparkurs gelockert hat, oder schlichtweg, weil er durch einen anderen Politiker ersetzt wurde, der ihn, dank des Einsatzes von Staatsverschuldung, preislich unterbieten konnte.

Aber warum gelingt es der Politik nicht, dauerhaft solide Finanzpolitik zu betreiben? Warum verhallen all die gut gemeinten Aufrufe á la „spart und verhaltet euch verantwortungsbewusst" scheinbar ungehört?

Spieltheorie, Wirtschaftsethik und Kartelltheorie können uns bei der Beantwortung dieser Frage helfen.

Die Wirtschaftsethik (vgl. z.B. *Suchanek* 2001, *Homann* und *Suchanek* 2000 und *Homann* und *Blome-Drees* 1992) betont die Bedeutung der „Zusammenarbeit zum gegenseitigen Vorteil" und sieht in der Schaffung geeigneter Institutionen, die eine solche Zusammenarbeit ermöglichen, den Schlüssel, durch den normativ wünschenswertes Handeln erreicht werden kann. Das Zustandekommen von Kooperationen scheitert jedoch häufig daran, dass sich die Akteure in einer Dilemma-Situation befinden. So auch die Politik im Bezug auf die Staatsverschuldung: eine dauerhaft solide Fiskalpolitik ist nur möglich, wenn alle Kandidaten auf die Ausübung dieses negativen externen Effekts zur Reduktion ihrer Kosten verzichten würden, wenn es also zu einer freiwilligen Kooperation käme. Eine solche Zusammenarbeit zum gegenseitigen Vorteil würde den Gesamtnutzen maximieren. Jedoch hat jeder Kandidat den Anreiz, das kooperative Verhalten der anderen auszunutzen, indem er selber seine Preise doch ein wenig mit Hilfe der Staatsverschuldung senkt, um so seine Konkurrenten zu unterbieten und die Wahlen für sich zu entscheiden. Dies wird allgemein antizipiert, so dass die Kooperation doch wieder in sich zusammenfällt und es wieder zu Staatsverschuldung kommt. Wenn alle Kandidaten kooperieren würden, d.h. auf Staatsverschuldung verzichten, wäre keiner benachteiligt, jeder hätte die gleiche Ausgangssituation im Wettbewerb wie ohne Kooperation, aber die Wohlfahrt wäre höher. Obwohl es also für keinen Kandidaten von Nachteil wäre, wenn es zu der Kooperation kommt, wird diese dennoch nicht von Dauer sein, da jeder die Angst hat, dass die eigene Kooperation mit Nichtkooperation beantwortet wird und er sich in der schlechtesten möglichen Situation wieder findet.[14]

---

14 Dieses Spiel geht von der positiven Annahme aus, dass Politiker – nachdem sie ihre eigene Wahl gesichert haben – grundsätzlich nach einer Erhöhung der Wohlfahrt streben. Daher 8 Punkte in Feld 4 und nur 5 in Feld 1. Man könnte auch etwas pessimistischer sein, und davon ausgehen, dass die Wohlfahrt der Politik egal ist. Dann wären Feld 1 und 4 gleich bewertet. Oder noch schlimmer: Jeder Politiker erhöht seinen Nutzen, wenn er ein möglichst hohes Budget verteilen darf, dann wären die Werte von 1 und 4 sogar vertauscht und eine Kooperation zur Vermeidung von Staatsverschuldung gänzlich unmöglich. So oder so, wird es auf keinen Fall zu der gewünschten und gesamtgesellschaftliche optimalen Kooperation kommen.

Wenn man die Erkenntnisse der Kartelltheorie zu der Frage, wann Kartelle stabil sein können, auf die Frage nach der Möglichkeit einer dauerhaften Zusammenarbeit zur Vermeidung von Staatsverschuldung überträgt, lassen sich weitere Argumente finden, warum eine solche Kooperation nicht von Dauer sein wird. *Schulz* (2003, S. 59 f.) nennt vier Bedingungen, welche die Stabilität von Kartellen erhöhen. Diese lassen sich auch darauf übertragen, wie wahrscheinlich eine freiwillige Kooperation zu Vermeidung von Staatsverschuldung erfolgreich sein wird. Keine der Bedingungen ist erfüllt: 1. Eine geringe Zahl von Wettbewerbern und Kartellmitgliedern. In der Politik gibt es jedoch eine sehr hohe Zahl von Wettbewerbern (viele Politiker, die gerne aufsteigen möchten und mit populären Vorschlägen ihre Beliebtheit steigern möchten), womit die Wahrscheinlichkeit steigt, dass jemand aus der Zusammenarbeit aussteigt. 2. Ähnliche Kostensituationen bei allen Akteuren. Hier sind die Kostensituationen jedoch sehr unterschiedlich, denn Amtsinhaber haben einen großen Vorteil im Vergleich zu Herausforderern oder zu jungen Nachwuchspolitikern. Damit steigt die Versuchung der Schwächeren, den Nachteil durch ungedeckte Versprechen wett zu machen. 3. Standardisierte Produkte. Der einzige Punkt bei dem kein klares „Nein" ertönt. In unserem Modell sind die Angebote identisch, dies wäre dann ein stabilisierender Faktor. Allerdings kann diese vereinfachende Annahme durchaus auch hinterfragt werden. 4. Ein stabiles Marktumfeld. Auch dies ist nicht gegeben. Gerade in Zeiten zunehmender Wechselbereitschaft unter den Wählern steigt der Druck auf die Kandidaten, Wählerschichten durch Wahlgeschenke an sich zu binden.

Außerdem gibt es hier noch eine Besonderheit, welche die Instabilität einer Staatschuld-Vermeidungs-Kooperation weiter erhöht: Die Kooperationspartner profitieren nicht selber von ihrer Zusammenarbeit! Normalerweise werden Kooperationen zum gegenseitigen Vorteil der Kooperierenden geschlossen. Jeder der nicht kooperiert, weiß, dass es sich in einer für ihn selbst schlechteren Situation wieder finden kann. Trotzdem verhindert die Dilemma-Struktur oft erfolgreiche Kooperationen. Von der Vermeidung von Defiziten hingegen profitieren vor allem die künftigen Generationen, nicht die gegenwärtigen Politiker, die kooperieren. Solange nur die Wettbewerbsbedingungen gleich sind, ist es für die Kandidaten unerheblich, ob alle oder ob keiner die Verschuldung instrumentalisiert. Jemand der die Kooperationsvereinbarung bricht hat die Chance auf einen signifikanten Wettbewerbsvorteil, riskiert aber keine eigenen Nachteile. Schlimmstenfalls kalkulieren auch die anderen mit Staatsverschuldung und er hat keinen Vorteil mehr. Wie viel höher ist also hier die Wahrscheinlichkeit, dass ein Ausbruch aus der Dilemmastruktur nicht gelingen wird.

Damit wird zwangsläufig auch gute Finanzpolitik instabil sein.[15] Denn mit Hilfe der Staatsverschuldung kann man seinen Wählern mehr bieten, das wird bei der Wahl honoriert. Selbst ein Politiker, der keine Staatsverschuldung möchte, wird sie nutzen (müssen). Eine Regierung die spart, würde abgewählt werden. Paradoxerweise selbst von denjenigen, die eigentlich das Ziel ausgeglichener Haushalte unterstützen. Denn jeder hätte gewollt, dass die Einsparungen bei einer anderen Gruppe vorgenommen werden. Daher sind sie verärgert, wählen die andere Partei und hoffen, dass diese „richtig" spart. (Siehe Stichwort „andere Prioritäten" im vorigen Abschnitt.)

---

15 Ausnahmen von dieser Regel diskutieren wir im nächsten Abschnitt.

Wir sehen also, dass es die institutionellen Rahmenbedingungen sind, welche die Staatsverschuldung (mit) verursachen. Verfassungsregeln, die ein solches Marktversagen hervorrufen und die das Verursachen von negativen externen Effekten zulassen, tragen die Verantwortung. Moralische Verurteilungen von „verantwortungslosen Politikern" und normative Appelle sind fehl am Platz. Es ist das System, dass solches Verhalten geradezu erzwingt.

Zusammenfassend lässt sich also sagen, dass der politische Wettbewerb alle Akteure zur Nutzung der Staatsverschuldung zwingt. Die Dilemma-Situation, der Politiker ausgesetzt sind, macht eine stabile Fiskalpolitik dauerhaft unmöglich. Irgendwer wird ausbrechen und den Sparer ausstechen, indem er seinen Preis unterbietet. Dies zwingt alle Kandidaten den negativen externen Effekts der Staatsverschuldung auszuüben, um im Wettbewerb zu bleiben.

4. Wann solide Finanzpolitik doch möglich ist

Ganz offensichtlich gilt das oben formulierte Postulat von der Unmöglichkeit ausgeglichener Haushalte nicht in allen Fällen. Ein kurzer Blick auf länderübergreifende Statistiken zeigt, dass es sehr wohl Staaten mit ausgeglichenen Haushalten gibt. Zwar kann man die meisten Fälle durchaus in unsere Regel mit einbeziehen, doch es gibt Ausnahmen.

In der Regel verschwinden die Überschüsse schneller wieder, als sie kamen. Unsere Grundannahme, dass der politische Wettbewerb immer aufs Neue zu Staatsverschuldung führt, wird bestätigt. Klassisches Beispiel ist *John Major*, der die von *Margaret Thatcher* mühsam erreichte Konsolidierung, aus Angst vor seiner drohenden Abwahl, wieder zunichte machte. Aber was ist mit Ländern wie Finnland, Schweden, Australien oder Kanada, die über Jahre hinweg solide Haushalte aufzuweisen haben? Oder, um in Deutschland zu bleiben, wie passt unsere These auf ein Bundesland wie Bayern, dass sich unter jahrelangen schmerzhaften Sparanstrengungen zum ausgeglichenen Haushalt hingearbeitet hat? (vgl. *Bertelsmann Stiftung* 2006 für einen Überblick über erfolgreiche Konsolidierungen.)

Das Marktversagen kann nur auftreten, wenn die politischen Akteure ausreichend diskretionäre Spielräume haben (vgl. *Berthold* und *Fricke* 2006 und *Weingast* 1995), d.h., nur wenn sie die Lasten ungestraft abschieben können. Für unseren Fall müssen dafür drei Bedingungen erfüllt sein, auf denen die Gültigkeit des Unmöglichkeitspostulates beruht:

a) *Nicht-Bestrafung* der Verschuldungspolitik durch die Wähler, sei es aufgrund von Präferenzen, einer Staatsschuldillusion, Desinteresse oder aktiver Bejahung.

b) Nicht *vorhandene Grenzen* der Staatsverschuldung, die ein Ausüben des negativen externen Effekts verhindern würden.

c) Vollkommener politischer *Wettbewerb*, der zum Auftreten des Marktversagens führt, so dass die Politiker gezwungen werden, zu einem möglichst niedrigen Preis anzubieten.

Ist eine dieser Bedingungen nicht erfüllt, kann es zu einer Ausnahme von unserer Regel und zu dauerhaft ausgeglichenen Haushalten kommen. Betrachten wir sie etwas näher:

Zu a): Nicht-Bestrafung

Ein Politiker kann seine Preise nur dann mit Hilfe der Staatsverschuldung senken, wenn seine Wähler deren Kosten nicht internalisieren. Wie wir oben geschildert haben, ist dies der Fall, wenn den Menschen die Folgen der Defizite entweder egal, nicht bewusst oder nicht wichtig genug sind. Sollten nun die Wähler aus irgendeinem Grund eine starke Abneigung gegen Schulden haben, also eine hohe Präferenz für ausgeglichene Haushalte, würden Defizite das Leistungsangebot der Politiker verschlechtern. Sie könnten ihren Preis also gerade durch Senkung der Verschuldung reduzieren.

Obwohl man generell von der Existenz einer Staatsschuldillusion ausgehen kann, sind Situationen denkbar, in denen diese, gleichsam wie ein Schleier, zerreißt und den Menschen die Notwendigkeit zu sparen bewusst wird; z.B. wenn ein Land in einer schweren Krise steckt und eine in Punkt b) geschilderte ökonomische Grenze erreicht wird, so dass die negativen Folgen der Verschuldung unmittelbar durchschlagen und in der Gegenwart schmerzhaft werden. In solchen Fällen verliert die Politik ihre diskretionären Spielräume, die ihnen die Passivität der Wähler sonst ließ, und damit die Möglichkeit, Lasten in die Zukunft zu verschieben und negative externe Effekte auszuüben.

Zu b): Grenzen

Wir unterscheiden hier juristische und ökonomische Grenzen. Erstere sind schnell abgehandelt: falls es eine wirksame Budgetregel geben sollte, die Defizite verbietet, ist der Politik dieser Weg zur Senkung der Preise verschlossen.[16] Unter letzteren verstehen wir Situationen, in denen es dem Staat faktisch nicht mehr möglich ist, neue Kredite zu erhalten, oder in denen die mit neuen Schulden verbundenen Kosten und Nachteile untragbar hoch werden. (vgl. *Augsten* 2002, S. 7-80, *Blankart* 1994, S. 327 ff. und S. 344 f. und *Domar* 1944); z.B. wenn der Gesamtschuldenstand bereits zu hoch ist, wenn das Land in einer schweren ökonomischen Krise steckt, oder wenn das Land in einem so intensiven ökonomischen Wettbewerb steht, dass es sich keine Verschlechterung seiner Wettbewerbsposition erlauben kann. Dies erklärt, warum vornehmlich kleinere Volkswirtschaften einen ausgeglichenen Haushalt aufweisen und diese oft als Reaktion auf wirtschaftliche Krisen durchgesetzt wurden. (Vgl. *Bertelsmann Stiftung* 2006, S. 15.) Hier gibt es eine Rückkoppelung mit dem Punkt der Nicht-Bestrafung: Wenn die Folgen der Staatsverschuldung zu drückend werden, verändert sich die Haltung der Wähler und sie beginnen die Verschuldung in ihr Wahlkalkül einzubeziehen.

---

16 Diese sind allerdings recht selten. Regelungen wie der Artikel 115 GG oder das amerikanische Gramm-Rudman-Hollings-Gesetz bieten zahlreiche Ausweichmöglichkeiten (vgl. *Kampmann* 1995 und *Kleist* 1991). Solche Grenzen müssen nicht unbedingt explizit sein, das Beispiel Schweiz zeigt, dass auch eine ausgeprägte direkte Demokratie Defizite reduzieren kann (vgl. *Frey* 1994, *Kirchgässner* 2000 und *Feld* und *Kirchgassner* 2006).

Zu c): Wettbewerb

Wenn es keinen Wettbewerb gibt, können auch keine unerwünschten Nebeneffekte des Wettbewerbs auftreten. Wenn der Wettbewerb auf dem politischen Markt nicht funktioniert, entfällt natürlich auch der Zwang zur Verschuldung. Wenn es z.B. ein Monopol gibt, dann liegt es nahe, dass der Monopolinhaber eine langfristige Maximierung durchführt, die Folgen der Staatsverschuldung internalisiert und den Preis nicht aufs Äußerste drückt. Mit etwas Augenzwinkern könnte man hier die CSU und den ausgeglichenen bayerischen Haushalt anführen, indem man der CSU ein natürliches Monopol oder wenigstens eine Stackelberg-Führerschaft attestiert. Natürlich braucht es für diesen Effekt nicht unbedingt ein Monopol, es reicht auch eine sehr hohe Wahrscheinlichkeit, an der Macht zu bleiben.

Auch eine niedrige Wettbewerbsintensität erleichtert den Abbau von Defiziten. So hat sich empirisch gezeigt (*Bertelsmann Stiftung* 2006, Kapitel 2 und S. 166 ff.), dass Konsolidierungen v.a. von großen Koalitionen eingeleitet werden.

Außerdem ist es möglich, dass sich doch eine stabiles Zusammenarbeit zu gegenseitigen Vorteil ergibt, in der man sich darauf einigt, die Preise nicht durch den Einsatz der Staatsverschuldung zu senken. Wenn das Marktumfeld dies fördert, kann es in Ausnahmefällen doch zu einem politischen Konsens kommen, auf Staatsverschuldung zu verzichten und dafür die Preise zu erhöhen.

Dies passt hervorragend zu den Befunden der NPÖ, dass politische Stabilität, seltene Regierungswechsel, eine geringere Zahl von Parteien und ein breiter Konsens über die politische Agenda die Verschuldungstendenzen eines Landes reduzieren. (vgl. *Persson* und *Tabellini* 2000, S. 348-361, *Kontopoulos* und *Perroti* 1997, 1999 und *Alesina* und *Tabellini* 1990.)

Zu guter Letzt können auch die Besonderheiten des politischen Wettbewerbs an sich eine Rolle spielen. So ist dieser ja nicht kontinuierlich, sondern findet v.a. im Umfeld von Wahlen statt. Unmittelbar nach einer Wahl gibt es also die Möglichkeit zu sparen, ohne dafür bestraft zu werden. Diese These der „electoral cycles" hatten wir oben bereits erwähnt.

Allerdings dürfen diese Ausführungen nicht dahingehend missverstanden werden, dass der politische Wettbewerb per se das Übel ist. Im Gegenteil, er führt zu einer besseren Berücksichtigung der Präferenzen der Bürger und senkt die Renten der Politik. Wie auf den Gütermärkten kann man auch in der Politik eigentlich nie genug Wettbewerb bekommen. Das Problem ist das Marktversagen, das unter den gegebenen Regeln im Wettbewerb auftritt, also die negativen externen Effekte, die der Wettbewerb hervorruft. Dieses Problem durch eine Beschränkung des Wettbewerbs beheben zu wollen, hieße, das Kind mit dem Bade auszuschütten.

Fassen wir also zusammen: Das Unmöglichkeitspostulat gilt nur, wenn bestimmte Kriterien erfüllt sind. Es zeigt sich also, dass auch die Existenz von Ländern mit dauerhaft ausgeglichenen Haushalten durchaus vereinbar ist, mit unserer These von der grundsätzlichen Unmöglichkeit ausgeglichener Haushalte. Gleichzeitig werfen die Ausnahmen aber auch ein Schlaglicht auf mögliche Wege zur Bekämpfung von Staatsverschuldung. Ansatzpunkt ist eine Verringerung der diskretionären Spielräume der Politik.

III. Schlussfolgerungen für die Bekämpfung von Defiziten

Was können wir aus all dem für die Bekämpfung der Staatsverschuldung lernen? Wir werden in diesem Kapitel diskutieren, welche grundlegenden Strategien im Kampf gegen die Staatsverschuldung Erfolg versprechend sind, indem wir die beiden scheinbaren Widersprüche „Selbst- vs. Fremd-Regulierung" und „Intensivierung vs. Kanalisierung" diskutieren und zeigen, dass sie, in einer Doppelstrategie vereint, komplementär wirken können.

1. Selbst-Regulierung vs. Fremd-Regulierung

Wenn Defizite negative externe Effekte sind, die aufgrund eines Marktversagens auftreten, dann lassen sie sich vielleicht auch so ähnlich bekämpfen wie negative externe Effekte. Tatsächlich lässt sich aus den Grundprinzipien der klassischen Maßnahmen zur Bekämpfung von negativen externen Effekten viel lernen. Diese lassen sich in zwei Grundstrategien unterteilen, mit der eine Internalisierung der Kosten erreicht werden sollen: Selbst- und Fremd-Regulierung.

Selbst-Regulierung bedeutet, dass man versucht, solche Rahmenbedingungen zu setzen, dass die Akteure die Kosten selbstständig internalisieren und von sich aus das Richtige tun, also dass der Markt sich selber reguliert. Wenn man erreicht, dass die Kosten da getragen werden müssen, wo sie verursacht werden, werden die Akteure den schädlichen Output auf ein effizientes Niveau senken. Fremd-Regulierung hingegen bedeutet, dass der Staat eine Regelung vorgibt, z.B. eine Outputmenge festsetzt, an die sich alle zu halten haben. Auf ersteres setzen das Coase-Theorem, auch in seiner Fortentwicklung des Zertifikatehandels, und Fusionen. Auf letzteres setzen staatliche Verbote. Die Pigou-Steuer ist eine Sonderform: hier greift der Staat regulierend ein, aber auf eine anreiz-kompatible Art und Weise, bei welcher die Fremd-Regulierung zu einer Selbst-Regulierung führt.

Wenn man die Diskussion um die Begrenzung der Staatsverschuldung beobachtet, so fällt auf, dass diese unwissentlich entlang derselben Grenzen verläuft: Die eine Gruppe von Vorschlägen (vgl. z.B. *Blankart* et al. 2006, *Fasten* 2006) zielt darauf ab, Handlung und Haftung besser in Deckung zu bringen und dadurch Staatsverschuldung zu vermeiden. Im Zuge der deutschen Föderalismusdiskussion, zum Beispiel, hofft man, die Länder durch einen Haftungsausschluss disziplinieren zu können, weil sie dann für zu hohe Schulden durch ein schlechteres Kapitalmarktranking bestraft würden. Offensichtlich zielen diese Vorschläge auf die Internalisierung der durch Staatsverschuldung entstehenden negativen externen Effekte ab, wodurch eine Selbst-Regulierung erreicht werden soll. Auf der anderen Seite gibt es Ansätze (vgl. z.B. *Weizsäcker* 2004, *Danninger* 2002 und *Kleist* 1991), die auf eine striktere gesetzliche Regulierung der Problematik setzen. Verschuldung soll verboten oder nur noch in eng definierten Grenzen eingesetzt werden dürfen, oder von einer unabhängigen Institution geregelt werden. Es erfolgt eine Fremd-Regulierung, die den Akteuren bestimmte Handlungsvorgaben macht.

Betrachtet man die in Abschnitt 2.4 diskutierten Ausnahmen vom Unmöglichkeitspostulat, spiegelt sich ebenfalls dieser Unterschied wieder. Das Unmöglichkeitspostulat wird ausgehebelt, wenn Politiker für Staatsverschuldung bestraft werden, d.h. ihre Kosten internalisieren müssen und sich daher selber regulieren, oder wenn ein wirksames Verbot besteht, d.h. eine Fremd-Regulierung vorgenommen wurde.

Die Vorteile einer Selbst-Regulierung liegen auf der Hand: Hat man ein entsprechendes institutionelles Arrangement gefunden, so werden die Kosten automatisch internalisiert und die Probleme regeln sich weitgehend von selber. Die Akteure haben ein eigenes Interesse daran, sich wie gewünscht zu verhalten und der negative externe Effekt wird wirksam bekämpft. Fremd-Regulierung hingegen hat die Nachteile, dass sie in der Regel starr und gegen die Marktkräfte gerichtet ist. Die Akteure haben weiterhin ein Interesse daran, den negativen externen Effekt auszuüben und zeigen eine oft erstaunliche Kreativität, Wege zur Umgehung der Regulierung zu finden. Gerade bei Regulierungen zu Staatsschuldbegrenzung hat sich gezeigt, dass diese meist sehr löchrig ausgestaltet wird. Auch werden selbst bestehende Regelungen oft missachtet, da sie schwer durchzusetzen sind (vgl. z.B. *Kirchgässner* 2004, *Kampmann* 1995, *Kleist* 1991).[17]

Dennoch können die reinen Selbst-Regulierungs-Strategien nicht überzeugen. Denn ein wirksamer Internalisierungsmechanismus lässt sich bei der Staatsschuldproblematik nur schwer einrichten. Eine Umsetzung des Coase-Theorems, auch mit der Weiterentwicklung des Zertifikatehandels, scheint für die Reduktion der Staatsverschuldung kaum sinnvoll, denn diese ist ein monetäres Problem. Und wie soll eine Entschädigung für ein monetäres Problem ausgestaltet werden? Wie soll die heutige Generation Ausgleichzahlungen für zu hohe Schulden an die morgige Generation leisten? Natürlich könnte man Rücklagen in Höhe der Verschuldung machen, aber dann wäre es ja auch keine Verschuldung mehr, das Ganze führt sich also selber ad absurdum. Dazu kommt das Problem nicht vorhandener Gleichzeitigkeit. Ursache und Folge, Handeln und Geschädigt-Werden liegen zeitlich weit auseinander. Die Geschädigten sind noch nicht geboren, können sich also nicht wehren. Und man kann auch nur schwer mit ihnen verhandeln. Auch ein Zertifikatehandel mit Ungeborenen ist eher schwierig. Ein Handel mit Schuldenzertifikaten zwischen einzelnen Ländern würde ggf. einen effizienten Einsatz der Verschuldung ermöglichen, brächte aber nichts im Hinblick auf ihre Gesamthöhe. Mit *Coase* kommen wir hier nicht weiter. Die Eigentumsrechte sind nicht durchsetzbar, Ausgleichzahlungen nicht durchführbar, die Transaktionskosten unendlich. Auch Fusionen sind hier nicht möglich. Hinzu kommt: das Handeln des Staates von der aktuellen Regierung bestimmt, man müsste also die individuellen Maximierungsfunktionen der Politiker fusionieren, was nicht möglich ist. Auch dieser Ansatz hilft uns also nicht weiter.

Die bereits erwähnten Modelle, die eine Internalisierung der Kosten durch eine ausgeprägtere Haftung der Länder für ihre Schulden erreichen wollen, verkennen einen entscheidenden Punkt: Nicht nur die Staaten müssen die Kosten ihrer Verschuldungspolitik internalisieren, sondern auch und vor allem die Politiker. Denn letztlich wird das Handeln der Staaten von den Politikern bestimmt, und damit von deren Interessen. Und was kümmert es einen von Abwahl bedrohten Regierungschef, dass sein heutiges Handeln langfristig das Rating des Landes verschlechtert, wenn es ihn kurzfristig im Amt hält? Darüber macht er sich bestenfalls dann Sorgen, wenn er wiedergewählt wurde.

---

17 So legen z.B. die deutschen Bundesländer regelmäßig verfassungswidrige Haushalte vor, ohne dass die betroffenen Politiker irgendwelche Sanktionen zu befürchten hätten.

Wahrscheinlich trifft es aber eh erst seine Nachfolger, so dass er sich überhaupt keine Sorgen darum machen muss. Letztlich muss also erreicht werden, dass die Politiker ein eigenes Interesse daran haben, die Staatsverschuldung im Rahmen zu halten.

Da ein Ausgleich zwischen Schädiger und Geschädigtem nur schwer zu bewerkstelligen ist, und da es mit den Politikern und den von ihnen geleiteten staatlichen Einheiten zwei (wenn man die Wähler mit einbezieht sogar drei) Interessensebenen gibt, wird sich diese Form des negativen externen Effekts kaum durch Internalisierung allein bekämpfen lassen. Das Marktversagen auf politischen Märkten wird nicht ohne regulatorische Eingriffe zu beheben sein. Natürlich gibt es gewisse Bereiche des Problems, z.B. das Abwälzen von Verschuldung auf andere in einem föderalistischem Staat ohne Haftungsausschlüsse, wo sich eine Internalisierung durch den jeweiligen Akteur vielleicht erreichen und das Teilproblem damit lindern lässt, doch wird man, wie oben geschildert, damit nie das Gesamtproblem beseitigen können. Man wird nicht darum herum kommen, eine verbindliche Grenze zu setzten, welche nicht überschritten werden darf. Negative externe Effekte die nicht internaliserbar sind, müssen schlichtweg verboten werden. Aber auch dies ist leichter gesagt, als getan. Abgesehen davon, dass sich die Politik ständig neue diskretionäre Spielräume und Lastenverschiebungskanäle schafft um solche Regelungen zu umgehen, bleibt auch die Frage, wie eine Einhaltung der Regeln erzwungen werden soll.

Was also tun? Wie soll man Staatsverschuldung bekämpfen, wenn Selbst-Regulierung nicht funktioniert, Fremd-Regulierung aber mit zu vielen Nachteilen behaftet ist? Unseres Erachtens nach liegt die Lösung in einer Kombination dieser beiden Elemente, in einer Überwindung des „Entweder-Oder", in einer Nutzung der Stärken beider Systeme.

Wo immer möglich, muss man für eine Internalisierung der Kosten und damit Selbst-Regulierung sorgen, indem man diskretionäre Spielräume schließt und Lastenverschiebungskanäle trockenlegt. Je mehr sich von selber regelt, umso besser. Allerdings kann dies nicht mehr sein, als eine flankierende Maßnahme zusätzlich zur Fremd-Regulierung. Die Bereiche, die sich nicht internalisieren lassen, müssen reguliert werden. Allerdings kann es viel Druck von der regulatorischen Grenze nehmen, wenn in den Bereichen, in denen es möglich ist, möglichst viel internalisiert wird. Und auch im Rahmen der Regulierung selber kann das Internalisierungsprinzip fruchtbringend angewandt werden. Man könnte mit der Regulierung den Rahmen setzen und definieren, ob oder wie viel Staatsverschuldung erlaubt ist. Statt die Einhaltung des Rahmens aber mit Hilfe von Verboten durchsetzen zu wollen, könnte man mit Sanktionen arbeiten, die dann doch wieder zu einer Internalisierung führen. Eine Regulierung, die sich so zu wehren weiß, wäre weitaus wirksamer, als ein zahnloses Verbot. Hier weist uns die Pigou-Steuer die Richtung, in die wir denken können. Der Staat reguliert und setzt den Rahmen, aber er erreicht seine Einhaltung, indem er den Verursachern von negativen externen Effekten solche Kosten aufbürdet, dass sie den Output auf das gewünschte Niveau reduzieren.[18] Allerdings muss darauf geachtet werden, dass die Sanktionen auch

---

18 In ihrer klassischen Grundform ist die Pigou-Steuer natürlich nicht eins zu eins auf die Staatsschuldproblematik übertragbar. Denn auch hier ergibt sich das Problem, dass das monetäre Problem der Staatsverschuldung schlecht durch monetäre Strafzahlungen behoben werden kann. Verschärft wird dies durch die fehlende Gleichzeitigkeit und durch das Fehlen einer übergeordneten Instanz, welche

den tatsächlichen Akteur treffen, dass also sowohl der Kredite aufnehmende Staat an sich, als auch der Verschuldung beschließende Politiker ein ureigenes Interesse an einer Einhaltung der Zielmarke haben.

Bevor wir im nächsten Abschnitt diskutieren, welches Instrumentarium am geeignetsten erscheint, fassen wir zusammen: Wo immer möglich, sollte Staatsverschuldung durch Internalisierung der Kosten bekämpft werden, so dass es zu einer Selbst-Regulierung kommt. Dies wird aber nicht überall gelingen, so dass es auch einer Fremd-Regulierung bedarf, die verbindliche Grenzen setzt.

2. Intensivierung vs. Kanalisierung des Wettbewerbs

Die im letzten Abschnitt geführte Debatte um das Begrenzungsprinzip setzt sich bei der Wahl der Mittel fort. Auch hier gibt es zwei scheinbar widersprüchliche Ansätze, wie das gewünschte Ziel erreicht werden kann. Auf der einen Seite kann man auf eine Intensivierung des Wettbewerbs setzen, auf der anderen kann man versuchen, ihn zu kanalisieren.

Bei einer Intensivierung des politischen oder ökonomischen Wettbewerbs soll der Wettbewerbsdruck die Politiker in Zaum halten und ihnen so die Möglichkeit nehmen, die negativen externen Effekte auszuüben. Hierbei ist es jedoch wichtig, zwischen dem ökonomischen und dem politischen Wettbewerb zu unterscheiden. Eine Intensivierung des politischen Wettbewerbs mag viele Vorteile haben, z.B. eine bessere Berücksichtigung der Präferenzen der Bürger oder niedrigere Renten für die Politiker, wird aber im Hinblick auf die Staatsverschuldung wenig bringen. Immerhin ist es gerade der Wettbewerb, der ein Auftreten des negativen externen Effekts begünstigt. Je schärfer der Wettbewerb, umso mehr werden die Kandidaten gezwungen, ihre Preise zu senken. Und solange die Möglichkeit dazu besteht, werden sie dies auch mit Hilfe der Staatsverschuldung tun. Gerade darin liegt ja das Marktversagen des politischen Wettbewerbs. Aber auch eine Reduktion der Wettbewerbsintensität auf den politischen Märkten ist aus staatspolitischen Gesichtspunkten und aus Gründen der Präferenzberücksichtigung nicht wünschenswert. Eine Intensivierung des ökonomischen Wettbewerbs hingegen kann dazu beitragen, dieses Marktversagen zu bekämpfen. Dies haben wir ja im Abschnitt 2.4 bereits gesehen. Zu dem ökonomischen Wettbewerb rechnen wir auch institutionelle Regelungen, die ein Zusammenfallen von Handlung und Haftung bewirken, z.B. Haftungsausschlüsse, die ein Abwälzen der eigenen Verschuldung auf andere Länder unmöglich machen. Die Intensivierung des ökonomischen Wettbewerbs trägt dazu bei, die diskretionären Spielräume der Politik abzuschleifen und die negativen Folgen der Staatsverschuldung eher für die Bürger sichtbar und spürbar zu machen. So trägt er zu einer Internalisierung der Kosten bei. Konkret könnte dies eine Liberalisierung von Kapital-, Güter- und Arbeitsmärkten bedeuten. Diese müsste begleitet werden von institutionellen Reformen, die mehr Transparenz in die innerstaatlichen Umverteilungsregime bringen und echte Selbstverantwortung bei den eigenen Finanzen und einer Stär-

---

die Steuern eintreibt. Das Prinzip kann aber fruchtbar gemacht werden, wie z.B. der Europäische Stabilitäts- und Wachstumspakt mit seiner Androhung von Strafzahlungen bei übermäßigen Defiziten vom Grundsatz her zeigt.

kung der wettbewerblichen Elemente im Staatsaufbau, z.B. ein echter Wettbewerbsföderalismus, wie in der Schweiz. (vgl. *Berthold* und *Fricke* 2007).

Dennoch ist der Wettbewerb im Bezug auf die Staatsschuldproblematik kein Allheilmittel. Zum einen haben wir gesehen, dass sich nicht alle Kosten internalisieren lassen, zum anderen greifen die ökonomischen Schranken oft zu spät. Bei kleineren Ländern, oder bei Ländern, die in sehr massiven ökonomischen Schwierigkeiten stecken oder bei sehr gravierendem Fehlverhalten, machen sich die negativen Folgen von Fehlverhalten relativ schnell bemerkbar. Große Volkswirtschaften, die noch weit genug von den ökonomischen Grenzen der Staatsverschuldung entfernt sind, haben jedoch noch genügend Spielraum, sich weiter zu verschulden. So ist es auch nicht verwunderlich, dass in der Liste der erfolgreichen Konsolidierungen vor allem, und in der Liste der nachhaltig erfolgreichen Konsolidierungen ausschließlich kleinere Länder zu finden sind (vgl. *Bertelsmann Stiftung* 2006). Diese waren dem Wettbewerbsdruck so stark ausgesetzt, dass sie konsolidieren mussten und diesen Kurs auch beibehalten haben. Offensichtlich verblieben den Politikern nicht mehr ausreichend diskretionäre Spielräume, um ihre Preise durch Staatsverschuldung zu senken. Deutschland hingegen hatte als wirtschaftlich großes Land, trotz ökonomischer Probleme, immer noch den Spielraum, sich weiter zu verschulden. Auch in den USA schlugen die Kosten der Staatsverschuldung nicht direkt genug durch, um einen Rückfall in die Verschuldungspolitik zu verhindern. Bei großen Ländern wird es schwer fallen, den Wettbewerb so stark zu intensivieren, dass die Grenzen so eng werden, dass es zu keiner Staatsverschuldung mehr kommt. Hier greifen die Grenzen erst, wenn das Kind schon in den Brunnen gefallen ist. Wir brauchen aber eine Regel, die sofort wirkt. Es zeigt sich wieder, dass die Internalisierung nicht ausreicht. Es bedarf auch einer Regulierung. Entsprechend genügt die Intensivierung des Wettbewerbs nicht, er muss auch kanalisiert werden.

Bei einer Kanalisierung des Wettbewerbs sollen institutionelle Regelungen einen Rahmen setzen, der das Auftreten der negativen externen Effekte verhindert; z.B. durch Verbote oder – wie bei der Geldpolitik erfolgreich praktiziert – die Übertragung von Kompetenzen auf unabhängige Institutionen. Offensichtlich zielt dieses Instrumentarium auf eine Umsetzung des Begrenzungsprinzips der (Fremd-)Regulierung ab. Man könnte die Kanalisierung fälschlicherweise als eine Einschränkung des politischen Wettbewerbs verstehen, wodurch die Kanalisierungs-Strategie im Widerspruch zur Intensivierungsstrategie stünde. Tatsächlich verändert eine Kanalisierung jedoch nur die Spielregeln, den Rahmen des Wettbewerbs, nicht aber seine Intensität. In einem sportlichen Wettkampf wird das Ringen der Mannschaften um den Sieg ja auch nicht weniger intensiv, nur weil das Spielfeld etwas verkleinert wird. Lediglich die Strategien zum Sieg ändern sich. Genauso würde sich auch die Intensität des politischen Wettbewerbs nicht verändern, wenn man der Politik die Verschuldungskompetenz entzöge. Zwar ändert sich die Preiskalkulation der Kandidaten, doch überall gleichermaßen. Man würde lediglich verhindern, dass der Wettbewerb zu Lasten Dritter ausgeführt wird.[19] Damit löst sich auch der scheinbare Widerspruch zwischen Intensivierungs- und Kanalisierungsstrategie auf. So wie oben Internalisierung und Regulierung, können auch diese

---

19 Ggf. könnte dies sogar zu einer Intensivierung des politischen Wettbewerbs führen: Ein Politiker mit einem schlechten Effizienzparameter θP könnte diesen nicht mehr durch höhere Staatsverschuldung ausgleichen. Die eigentliche Kompetenz tritt also deutlicher zu Tage.

beiden komplementär verwendet werden. So wie sich die Regulierung durch ein Internalisierungsregime verteidigen lässt, so kann eine Kanalisierung des Wettbewerbs seine Intensivierung ergänzen, um sicherzustellen, dass die höhere Intensität nicht zu mehr negativen externen Effekten führt. Sie könnte z.B. so aussehen, dass der Artikel 115 GG so verschärft wird, dass er tatsächlich eine Wirkung entfaltet. Oder es könnte ein generelles Schuldenverbot sein, die Auslagerung der Verschuldungskompetenz an die Bundesbank, die Einführung einer Schuldenbremse, wie in der Schweiz, die Einführung einer automatischen Schulden-Straf-Steuer, das generelle Verbot von Staatsverschuldung, oder etwas anderes in diese Richtung.

IV. Abschließende Handlungsempfehlung

Staatsverschuldung kann als negativer externer Effekt verstanden werden, den Politiker ausüben, um ihre Preise zu senken und ihre Wahlchancen zu erhöhen. Es wird zu keiner freiwilligen Internalisierung kommen, da die Dilemma-Situation, in der die Politiker stecken, eine solche Zusammenarbeit zum allgemeinen Vorteil unmöglich macht. Unser Unmöglichkeitspostulat besagt daher, dass der politische Wettbewerb eine dauerhaft solide Finanzpolitik unmöglich macht. Ausnahmen können nur auftreten, wenn die Folgen der Staatsverschuldung den Wählern bewusst sind und von diesen bestraft werden, die Rahmenbedingungen Sparmaßnahmen erzwingen oder der politische Wettbewerb nicht vollkommen ist. Da der politische Wettbewerb die Politik gleichsam in eine solche Dilemma-Situation bringt, dass sie förmlich gezwungen werden, sich negativ zu verhalten, ist es die Aufgabe der Institutionen, die Anreize so zu setzen, dass sich die Akteure auf die gewünschte Art verhalten (*Suchanek* 2001).

Die Strategie zur Bekämpfung von Staatsverschuldung muss aus einer Kombination von Fremd- und Eigenregulierung bestehen. Feste Grenzen setzen den Rahmen, in dem die Politik handeln kann, anreizkompatible Arrangements bewirken ihre Einhaltung. Das Instrumentarium zur Durchsetzung der Regulierung sollte eine Mischung aus Intensivierung und Kanalisierung des Wettbewerbs sein. Eine Intensivierung des (insbesondere ökonomischen) Wettbewerbs lässt die diskretionären Spielräume der Politik abschmelzen, führt zur Internalisierung der Kosten und senkt den Druck auf regulative Grenzen. Eine wirksame Regulierung unterbindet darüber hinaus gehende Verschuldungstendenzen.

Wo immer möglich, sollten staatsschuldbegünstigende institutionelle Regelungen beseitigt, Handlung und Haftung in Übereinstimmung gebracht, diskretionäre Spielräume reduziert und wettbewerbliche Elemente gestärkt werden. Dadurch werden die Kosten der Staatsverschuldung möglichst stark von Politikern und Ländern internalisiert, so dass diese als Mittel zur Senkung der Kosten im politischen Wettbewerb möglichst unattraktiv wird. In Deutschland ist insbesondere eine wettbewerblichere Ausgestaltung des Föderalismus' von Nöten. Dies wird aber in den meisten Fällen nicht ausreichen. Es bedarf darüber hinaus – gleichsam als Sicherheitsnetz – einer Regulierung, die den politischen Wettbewerb so kanalisiert, dass die Ausübung des negativen externen Effekts der Staatsverschuldung wirksam unterbunden wird.

Bei der Ausgestaltung einer solchen Begrenzungsregel sieht man sich vor ein neues Problem gestellt: Wie viel Vertrauen setzt man in die Möglichkeiten zur regelgeleiteten

Feinsteuerung politischer Aktivitäten? Oder anderes herum ausgedrückt: Wie viel Angst hat man vor der Fähigkeit politischer Akteure, definierte Grenzen kreativ zu umgehen oder auszuhöhlen? Entsprechend kann man versuchen, eine komplizierte und ausgefeilte Lösung zu kreieren, die einen möglichst optimalen Umgang mit der Staatsverschuldung ermöglicht, oder aber man wird eine eher grobe und pauschale Lösung wählen, die zwar Nachteile mit sich bringt, aber dafür sicher ist und wenigstens eine Verbesserung im Vergleich zum Status Quo bietet. Diese Problematik wird besonders bei dem Thema kreditfinanzierter Investitionen deutlich. Es wäre im Sinne des Pay-as-you-Use-Prinzips sicher sinnvoll, die Tätigung neuer Netto-Investitionen mit Hilfe von Krediten zu erlauben. Um ein stetiges Anwachsen der Schuldenberge zu verhindern, müsste eine solche Ermächtigung aber mit komplizierten Regeln überwacht werden. Es müsste sichergestellt werden, dass aus dem laufenden Haushalt Abschreibungen für frühere Investitionen getätigt werden, dass der Investitionsbegriff nicht aufgebläht wird, etc. Die Erfahrung hat aber gezeigt, dass gerade der Investitionsbegriff sehr dehnbar ist, und die Lehren der Neuen Politischen Ökonomie legen den Schluss nahe, dass eine wirksame Kontrolle des Instrumentariums kreditfinanzierter Investitionen eher schwierig sein dürfte. Im Sinne des „Lieber den Spatz in der Hand, als die Taube auf dem Dach" - Prinzips und angesichts der Untiefen politischer Kompromissfindung, halten wir daher einen kompletten Verzicht auf dieses Instrument für sinnvoller. So wird die Öffnung neuer Lastenverschiebungskanäle und diskretionärer Spielräume gleich im Keim erstickt.

Die Regulierung sollte möglichst anreizkompatibel ausgestaltet sein, so dass die Politiker ein eigenes Interesse an ihrer Einhaltung haben, und ihre Kreativität nicht vornehmlich in die Umgehung der Regel investieren, sondern in die Suche nach Wegen zu ihrer Einhaltung.

Ziel muss es sein, eine Doppelstrategie umzusetzen: den Wettbewerbsdruck erhöhen, insbesondere durch eine Reform des Föderalismus, und parallel eine wirksame Schuldenbremse einführen. Wir wollen an dieser Stelle abschließend mögliche Grundzüge einer solchen Regelung skizzieren:

1. Verfassungsmäßige Grenzen

Es bedarf einer harten Grenze, die das maximale Ausmaß zulässiger Verschuldung definiert. Diese muss in der Verfassung verankert werden und eine Verpflichtung zu ausgeglichenen Haushalten enthalten. In Deutschland bietet sich hier eine Neuausrichtung des Artikels 115 GG an. Verschuldung darf nur zulässig sein in Krisen und Notsituationen und zur Überbrückung kurzfristiger Schwankungen. Nicht für Investitionen oder gar konsumtive Zwecke.

2. Mittelfristiger Haushaltsausgleich und Sanktionen

Ein jährlicher Haushaltsausgleich mit völligem Verzicht auf Staatsverschuldung ist unrealistisch. Zumindest ein mittelfristiger Haushaltsausgleich muss jedoch festgeschrieben werden. Da ein Ausgleichskonto wie in der Schweiz zahlreiche Probleme mit sich bringt, bieten sich zur Überbrückung kurzfristiger Schwankungen andere Lösungen an. Hier sollte über fest definierte Rückzahlungszeiträume oder Schwankungsreserven nachgedacht werden.

Viel spannender aber ist die Frage nach der Durchsetzung und anreizkompatiblen Ausgestaltung der Ausgleichspflicht. Wie geschildert, muss die Regelung für die amtierenden Politiker anreizkompatibel sein, d.h. eine Verletzung der Grenzen muss diesen weh tun. Da eine persönliche Haftung kein gangbarer Weg ist, bietet sich der Umweg über die Wahlaussichten der Politiker an. Eine Verletzung der Defizitgrenzen muss sich direkt auf die Popularität der Regierung auswirken. Dies ließe sich zum Beispiel durch eine im Folgejahr erhobene automatische Strafsteuer zum Ausgleich des aufgelaufenen Defizits erreichen, die als Aufschlag auf die Einkommenssteuer erhoben würde. Eine solche temporäre Steuer wäre extrem unpopulär, würde eine zeitnahe Rückkopplung bewirken und so die Politik disziplinieren. Außerdem würden aufgelaufene Defizite sofort ausgeglichen, so dass keine Lastenverschiebung stattfinden könnte.

3. Wirksame Durchsetzung durch externe Kontrolle

Neben der Kanalisierung des politischen Wettbewerbs und der Eigenregulierung durch Anreize, muss die Einhaltung der Grenzen auch durch Fremdregulierung abgesichert werden. Tendenzen zur Umgehung oder Verschleierung der Situation müssen durch eine unabhängige externe Kontrolle unterbunden werden. Hierfür bieten sich die Bundesbank oder der Bundesrechnungshof an. Diese Instanz muss die Verletzung der Grenzen feststellen und die notwendige Höhe der Strafsteuer festsetzen. Diese Fragen müssen unter allen Umständen aus dem politischen Alltagsgeschäft herausgehalten werden.

4. Institutionelle Veränderungen zur Reduzierung diskretionärer Spielräume

Feste und wehrhafte Grenzen sind unabdingbar und gut. Noch besser aber ist es, wenn sie gar nicht erst greifen müssen und möglichst wenige Probleme überhaupt entstehen. Dazu kann eine Verschärfung des ökonomischen Wettbewerbs beitragen, der die diskretionären Spielräume der Politik abschleift und den Schleier der Fiskalillusion lüftet. Auch weitere institutionelle Veränderungen, die zu effizienteren Politikergebnissen führen, fallen darunter. Entscheidende Maßnahmen wären neben einer Öffnung der Märkte und einem mehr auf Wettbewerb orientiertem Föderalismus, auch ein Haftungsausschluss für die Schulden anderer Gebietskörperschaften und effizientere Budgetverfahren. Je weniger Druck im Kessel ist, umso weniger Sorgen muss man sich machen, ob denn der Deckel auch fest sitzt.

Bei einer Umsetzung dieser vier Punkte würde der politische Wettbewerb kanalisiert, durch feste, auf ein klares Ziel hin ausgerichtete Grenzen. Gleichzeitig erfolgte innerhalb dieser Grenzen eine Intensivierung des Wettbewerbs. Elemente der Selbst- und Fremdregulierung würden so kombiniert, dass eine Überschreitung der Grenzen verhindert würde. So würden alle drei Bedingungen für die Gültigkeit des Unmöglichkeitspostulates ausgehebelt: die Bürger würden übermäßige Defizite bestrafen, es gäbe wirksame Grenzen, der politische Wettbewerb würde wirksam kanalisiert. Die Dilemma-Situation, der sich Politiker derzeit ausgesetzt sehen, würde aufgehoben werden, das Auftreten des negativen externen Effekts der Staatsverschuldung erfolgreich bekämpft.

Literaturverzeichnis

Alesina, Alberto und Guido Tabellini (1990), A Positive Theory of Fiscal Deficits, *Review of Economic Studies*, Bd. 57, S. 403-414.
Augsten, Frank (2002), *Zur Begrenzung der Staatsverschuldung im föderalen Staat*, Inauguraldissertation, Passau.
Becker, Gary S. (1985), Public Policies, Pressure Groups, and Dead Weight Costs, *Journal of Public Economics*, Bd. 28, S. 329-347.
Bersch, Julia (2004), Ak-Modell mit Staatsverschuldung und fester Defizitquote, *BERG Working Paper No. 48*, Bamberg.
Bertelsmann Stiftung (2006), *Erfolgreiche Budgetkonsolidierungen im Vergleich*, Aktion Demografischer Wandel, Gütersloh.
Berthold, Norbert und Holger Fricke (2006), Föderalismus und Wachstum – Eine vernachlässigte Beziehung, in: Empter, Stefan und Robert B. Vehrkamp (Hg.), *Wirtschaftsstandort Deutschland*, Wiesbaden, S. 279-316.
Berthold, Norbert und Holger Fricke (2007), *Volkswirtschaftliche Auswirkungen der finanziellen Ausgleichsysteme in Deutschland*, Würzburg.
Besley, Timothy J. und Stephen Coate (1997), An Economic Model of Representative Democracy, *Quarterly Journal of Economics*, Bd. 112, 1, S. 85-144.
Blankart, Charles B. (1994), *Öffentliche Finanzen in Der Demokratie*, 2. Auflage, München.
Blankart, Charles B., Erik R. Fasten und Achim Klaiber (2006), Föderalismus ohne Insolvenz?, *Wirtschaftsdienst*, Bd. 9, S. 567-571.
Buchanan, James M. (1958), *Public Principles of Public Debt*, Homewood.
Buchanan, James M. und Richard E. Wagner (1977), *Democracy in Deficit – the Political Legacy of Lord Keynes*, New York u.a.
Cukierman, Alex und Allan H. Meltzer (1989), A Political Theory of Government Debt and Deficits in a Neo-Ricardian Framework, *American Economic Review*, Bd. 79, 4, S. 713-48.
Danninger, Stephan (2002), A New Rule: The Swiss Debt Brake, *IMF Working Paper*, 02/18.
Deutsche Bundesbank (1982), Struktur und Eigenschaften einer neuen Version des ökonometrischen Modells der Deutschen Bundesbank, *Monatsberichte der Deutschen Bundesbank*, Bd. 34, 8, S. 32-41.
Domar, Evsey (1944), The „Burden of the Debt" and the National Income, *American Economic Review*, Bd. 34, S. 798-827.
Downs, Anthony (1957), *An Economic Theory of Democracy*, New York.
Falk, Armin (2003) Homo Oeconomicus versus Homo Reciprocans: Ansätze für ein neues Wirtschaftspolitisches Leitbild?, *Perspektiven der Wirtschaftspolitik*, Bd. 4, 1, S. 141-172.
Fasten, Erik R. (2006), *Market Mechanisms to Restrict Irresponsible Politicians – Lessons from Switzerland*, Jahreskonferenz der EPCS, Turku.
Fehr, Ernst und Urs Fischbacher (2002), Why Social Preferences Matter – The Impact of Non-Selfish Motives an Competition, Cooperation and Incentives, *Economic Journal*, Bd. 112 (478), S. C1-C33.
Feld, Lars P. und Gebhard Kirchgässner (2006), On the Effectiveness of Debt Brakes: The Swiss Experience, *CREMA Working Paper Series*, Basel.
Frey, Bruno S. (1994), Direct Democracy: Politico-Economic Lessons from Swiss Experience, in: *American Economic Review, Papers and Proceedings*, Bd. 84, 2, S. 338-342.
Hagen, Jürgen von und Ian J. Harden (1995), Budget Processes and Commitment to Fiscal Discipline, *European Economic Review*, Bd. 39, S. 771-779.
Homann, Karl (1988), *Rationalität Und Demokratie*, Tübingen.
Homann, Karl und Franz Blome-Drees (1992), *Wirtschafts- und Unternehmensethik*, Göttingen.
Homann, Karl und Andreas Suchanek (2000), *Ökonomik – Eine Einführung*, Tübingen.
Kampmann, Birgit (1995), *Staatsverschuldung – Begrenzungskonzepte in der Kritik*, Baden-Baden.
Kirchgässner, Gebhard (2000), Wirtschaftliche Auswirkungen der direkten Demokratie, *Perspektiven der Wirtschaftspolitik*, Bd. 1, S. 161-180.
Kirchgässner, Gebhard (2004), *Die Wirksamkeit von Schuldenbremsen, Perspektiven der Wirtschaftspolitik: Festschrift Zum 65. Geburtstag von Prof. René L. Frey*, Zürich, S. 107-123.

Kleist, Rüdiger von (1991), *Das Gramm-Rudman-Hollings-Gesetz – Ein Gescheiterter Versuch Der Haushaltskonsolidierung*, Frankfurt a.M. u.a.
Kontopoulos, Yianos und Roberto Perroti (1997), *Fragmented Fiscal Policy*, New York.
Kontopoulos, Yianos und Roberto Perroti (1999), Government Fragmentation and Fiscal Policy Outcomes: Evidence from the Oecd Countries, in: Poterba, James M. und Jürgen von Hagen (Hg.), *Fiscal Institutions and Fiscal Preference*, Chicago, S. 81-102.
Persson, Torsten und Guido Tabellini (2000), *Political Economics – Explaining Economic Policy*, Cambridge, MA u.a.
Pitlik, Hans (1997), *Politische Ökonomie des Föderalismus*, Frankfurt a.M. u.a.
Prescott, Edward (2006), From the Causes of Booms to the Size of Our Debt: Dispelling Seven Macroeconomic Myths, *Knowledge@W.P. Carey*, http://knowledge.wpcarey.asu.edu/article.cfm?articleid=1321
Rogoff, Kenneth (1990), Equilibrium Political Budget Cycles, *American Economic Review*, Bd. LXXX, S. 21–36.
Rogoff, Kenneth und Anne Sibert (1988), Elections and Macroeconomic Policy Cycles, *Review of Economic Studies*, Bd. 55, 181, S. 1-16.
Romer, Paul M. (1986), Increasing Returns and Long-Run Growth, *Journal of Political Economy*, Bd. 94, 5, S. 1002-1037.
Schemmel, Lothar und Rolf Borell (1992), *Verfassungsgrenzen für Steuerstaat und Staatshaushalt – Ein Beitrag zur Reform der Finanzverfassung*, Wiesbaden.
Schlesinger, Helmut, Manfred Weber und Gerhard Ziebarth (1993), *Staatsverschuldung – Ohne Ende?*, Darmstadt.
Schulz, Norbert (2003), *Wettbewerbspolitik*, Tübingen.
Stigler, George (1982), Economists and Public Policy, *Regulation*, Bd. May/June, S. 7-13.
Suchanek, Andreas (2001), *Ökonomische Ethik*, Tübingen.
Weingast, Barry (1995), The Economic Role of Political Institutions: Market-Preserving Federalism and Economic Development, *Journal of Law, Economics and Organization*, Bd. 11, S. 1-31.
Weizsäcker, Robert K. von (2004), *Repräsentative Demokratie und Öffentliche Verschuldung – Ein strategisches Verhängnis*, München.
Wenzel, Heinz-Dieter (1992), Staat und Wachstum – Grundlegende Zusammenhänge zwischen staatlicher Aktivität und gesamtwirtschaftlicher Kapitalbildung, Universität Bamberg, *Volkswirtschaftliche Diskussionsbeiträge*, Nr. 50, Bamberg.

Zusammenfassung

Staatsverschuldung wird hier als ein negativer externer Effekt verstanden, den Politiker ausüben, um die Kosten ihres politischen Angebots zu senken und somit im politischen Wettbewerb bestehen zu können. Die Gegebenheiten des politischen Wettbewerbs und die Möglichkeit diesen externen Effekt auszuüben, versetzen die Politiker in eine Dilemma-Situation, welche die Vermeidung von Defiziten, also eine Zusammenarbeit zum allgemeinen Vorteil, unmöglich macht und zwangsläufig zu immer neuen Defiziten führt. Ausnahmen ergeben sich nur, wenn die Kosten der Staatsverschuldung internalisiert werden. Da eine vollständige Internalisierung über den Markt aber in der Regel nicht gelingen kann, wird eine erfolgreiche Bekämpfung des Verschuldungsproblems nur mit Hilfe von Regulierung gelingen. Wir plädieren daher für eine Kombination aus Intensivierung des Wettbewerbs, um eine verstärkte Internalisierung der negativen externen Effekte zu erreichen, und dem Verbot kreditfinanzierter Investitionen, um den Einsatz von Staatsverschuldung zu begrenzen und die Dilemmastruktur aufzubrechen.

Summary:
The Impossibility of balanced budgets

Public debt is here understood as a negative external effect, caused by politicians trying to reduce the costs of their political offer, thus gaining advantages in the political competition.The realities of political competition and the possibility of exercising these external effects, put the politicians in a dilemma situation: the avoidance of public deficits - a cooperation for the common good - becomes impossible, public debts inevitably rise. Exceptions occur only if the cost of public debts are internalized. But as a full internalization through the market seldom succeeds, rising debts have to be battled with regulation as well. We therefore call for combining two

strategies: the intensification of competition, to enhance internalization of negative externalities, and a ban of debt covered investments, to limit the usage of public debt and break the structural dilemma imposed on politicians.

Charles B. Blankart

Wege zu mehr Steuerehrlichkeit[1]

Inhalt

I. Staat, Steuererfüllung, Schattenwirtschaft und Steuerhinterziehung:
   Einige erste Beobachtungen 63
II. Erhöhung der Steuererfüllung durch mehr direkte Demokratie und
    durch ein gutes Steuerdesign (positive Anreize) 67
   1. Mehr Freiwilligkeit – weniger Zwang 67
   2. Aktivierung von Objektsteuern 68
   3. Umsatzsteuer: Rückkehr zum Ursprungslandprinzip? 70
III. Erhöhung der Steuerehrlichkeit durch Repression (negative Anreize) 76
   1. Entdeckungswahrscheinlichkeit 78
   2. Einschätzung und Prognose des Risikos p 78
   3. Politische Ökonomik der Steuerfahndung 79
   4. Führen höhere Strafen zu geringerer Hinterziehung? 82
   5. Steuersatz 83
IV. Schlussfolgerungen: Bessere Institutionen, weniger Repressionen 86
Literatur 87
Zusammenfassung 89
Summary: Towards a Better Tax Compliance 89

I. Staat, Steuererfüllung, Schattenwirtschaft und Steuerhinterziehung: Einige erste Beobachtungen

Weshalb bezahlt ein Individuum Steuern? Im Gesetz findet sich nur eine vage Andeutung: So lautet § 3 der deutschen Abgabenordnung: „Steuern sind Geldleistungen, die nicht eine Gegenleistung für eine besondere Leistung darstellen..." Der Bürger muss erst einmal leisten. Ob, wann und inwiefern er eine Gegenleistung erhält, wird

---

1 Überarbeitete und ergänzte Fassung der Hayek-Lecture, die der Autor am 26. Juni 2008 in der Aula der Universität Freiburg i.B. gehalten hat. Der Autor dankt *Erik R. Fasten* und *Florian Buck* und einem anonymen Gutachter für wertvolle Kritik, Unterstützung und Diskussion der Arbeit. Frühere Fassungen wurden vor der Progress Foundation in Zürich, dem Institut für Unternehmerische Freiheit Berlin und an verschiedenen Seminaren der Humboldt-Universität zu Berlin vorgetragen. Der Autor dankt allen Teilnehmerinnen und Teilnehmern für wertvolle Kommentare.

offen gelassen. Zu einem so uneingeschränkten Ja zur Steuer wird er nur bereit sein, wenn er dem Staat durch und durch vertrauen kann, das staatliche Vertrauenskapital daher sehr groß ist. In diesem Idealfall beträgt seine Steuererfüllung, seine „tax compliance", gerade 1 und es gibt keine Steuerhinterziehung. Ist die Regierung für den Steuerbürger weniger vertrauenswürdig, so wird er dem Staat nicht mehr die ganze, sondern nur noch eine Steuererfüllung von kleiner als 1 zugestehen. Die Regierung wird zwar versuchen, dem mit Strafdrohungen entgegenzuwirken. Aber das Vertrauensverhältnis ist nicht mehr das Gleiche. Die Steuerehrlichkeit wird in der Regel zurückgehen.[2]

Abbildung 1: Umfang der Schattenwirtschaft in Prozent des BIP, 2007

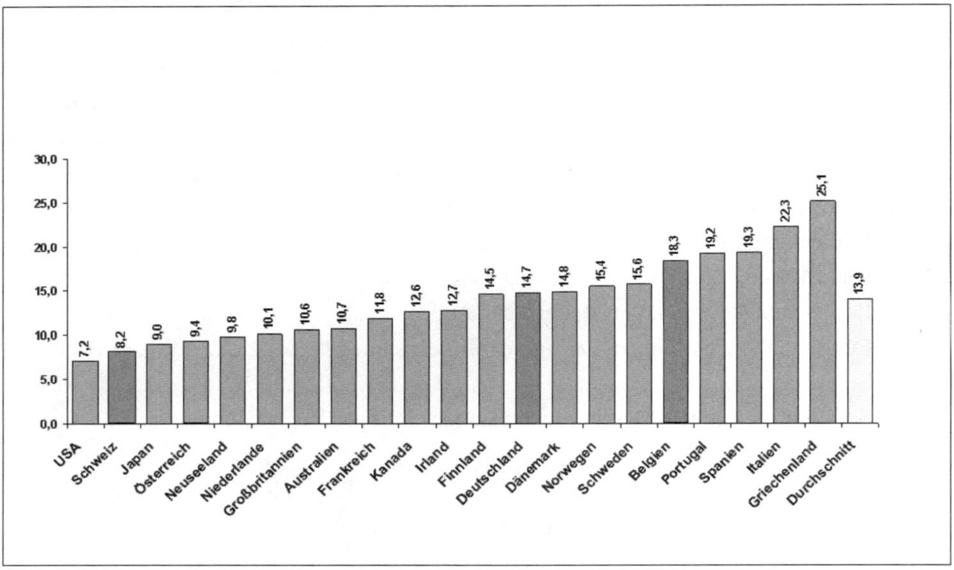

Quelle: Schneider (2007)

Wie aber lässt sich ersehen, wie hoch die Steuererfüllung in einem Land ist? Einen ersten Anhaltspunkt darüber erteilt ein Blick in Schätzungen der Schattenwirtschaft. Wo eine Tätigkeit im Schatten vollzogen wird, da werden auch Steuern hinterzogen.[3] *Friedrich Schneider* von der Universität Linz schätzt die Schattenwirtschaft für die Bundesrepublik Deutschland im Jahr 2007 auf 356 Mrd. Euro oder 14,7 Prozent des BIP von

---

[2] Ich verwende den Begriff Steuerehrlichkeit, weil er weitgehend wertneutral ist. Ehrlichkeit zeigt an, dass der alltägliche Umgang mit einem Individuum funktionieren kann, wie immer es denkt. Moral, hier Steuermoral, ist demgegenüber ein wertbeladener Begriff. Mit Steuermoral wird vom Bürger eine positive innere Einstellung zum Staat, auch zum totalitären Staat gefordert. Im Rechtsstaat wird dagegen nicht gefragt, wie der Bürger denkt. Der Rechtsstaat verlangt keine Akklamation, sondern er beruht auf der Verlässlichkeit der Regeln und deren Anwendung. Eine umfassende Darstellung der Motive der Steuerehrlichkeit findet sich bei *Schöbel* (2008).

[3] Nicht zur Schattenwirtschaft zählt die Steuervermeidung durch Eigenproduktion, Nachbarschaftshilfe und dergleichen.

2.423 Mrd. Euro (*Schneider* 2007). Damit liegt Deutschland, wie sich aus Abbildung 1 ersehen lässt, etwa im OECD-Mittelfeld. Deutlich darunter liegt z.b. die Schweiz, merklich darüber z.B. Belgien.

Gemessen wird der Umfang der Schattenwirtschaft meist in aggregierten Umsätzen, d.h. im Schatten-Bruttoproduktionswert. Um zur Steuerhinterziehung zu gelangen, ist aus diesem in einem ersten Schritt die Bruttowertschöpfung zu ermitteln und in einem zweiten sind die Steuern, welche auf die Schattenaktivität hätten bezahlt werden sollen, aber faktisch hinterzogen werden, zu berechnen abzüglich der Steuern auf Input-Gütern aus der offiziellen Wirtschaft. Hinzu kommen die auf ausländischen Schwarzkonten hinterzogenen Steuern (außerhalb des BIP). Das alles ergibt für Deutschland im Jahr 2007 eine Steuerhinterziehung in Höhe von rund 90 Mrd. Euro oder 3,6 % im Vergleich zum BIP.[4]

Tabelle 1: Steuererfüllung in verschiedenen OECD-Staaten 1990/93

Staat	Abweichung von 1 in %	Staat	Abweichung von 1 in %
1. Nordirland	67,9	9. Deutschland	53,6
2. Schweiz	63,4	10. Gr. Britannien	53,4
3. Österreich	62,3	11. Irland	48,8
4. Dänemark	57,3	12. Frankreich	46,5
5. Schweden	56,4	13. Niederlande	44,1
6. Spanien	56,1	14. Norwegen	43,1
7. Island	56,0	15. Finnland	40,3
8. Italien	55,2	16. Portugal	39,4
		17. Belgien	34,3

Quelle: Torgler und Schneider (2006)

Schattenwirtschaft und daraus folgende Steuerhinterziehung sind Indikatoren dafür, dass die Individuen dem Staat nicht durch und durch vertrauen und ihre Steuererfüllung daher wie gesagt unter 1 liegt. Es ist zu vermuten, dass die Individuen diese Skepsis gegenüber dem Staat auch zum Ausdruck bringen, wenn sie in einer Umfrage danach gefragt werden. Das lässt sich aus dem so genannten World Value Survey erkennen.

---

4 Die genannten 356 Mrd. Euro entsprechen bei der angewandten Bargeldumlaufmethode dem Bruttoproduktionswert der Schattenwirtschaft 2007. Bei einer Nettoquote (wie für haushaltsnahe Dienstleistungen) von 65% beträgt die Bruttowertschöpfung der Schattenwirtschaft 231 Mrd. Euro, worauf eher konservativ geschätzt rund 25% fällige Steuern und Sozialabgaben hinterzogen werden, d.h. 58 Mrd. Euro abzüglich der Steuern, die die Schattenwirtschaft auf den Input-Gütern aus der offiziellen Wirtschaft tatsächlich bezahlt hat in der Höhe von vereinfachend 19 % Steuersatz mal 35 % des Bruttoproduktionswertes als Bemessungsgrundlage entsprechend 34 Mrd. Euro plus schätzungsweise 54 Mrd. Euro Erträge aus Schwarzgeldkonten im Ausland ergibt eine Steuerhinterziehung von 88 Mrd. Euro entsprechend 3,6 % des BIP. Quelle: Eigene Berechnungen unter Mitverwendung von Daten, die dem Autor von Prof. Dr. Dr. h.c. mult. *Friedrich Schneider* freundlicherweise zur Verfügung gestellt worden sind.

Einer Gruppe von Probanden in unterschiedlichen Staaten wurde die Frage gestellt: „Sind Sie der Meinung, eine Gelegenheit zur Steuerhinterziehung zu nutzen, ist ... nie gerechtfertigt."[5] In Tabelle 1 findet sich der Prozentsatz der Probanden, die diese Frage mit ja beantwortet haben. In der Schweiz antworteten 1990-1993 etwa zwei Drittel mit ja, in Deutschland etwa die Hälfte und in Belgien nur ein Drittel.

In Abbildung 2 werden die Daten von Tabelle 1 zur weiteren Illustration zu den Daten über den Umfang der Schattenwirtschaft in Abbildung 1 in Beziehung gesetzt. Es zeigt sich, dass die Einstellung zur Steuerhinterziehung, in der sich das Vertrauen der Bürger in den Staat niederschlägt, auch in ihrer Teilnahme an der Schattenwirtschaft und damit mutmaßlich auch in ihrer Steuerhinterziehung reflektiert. Wo es an Vertrauen mangelt, da neigen die Individuen zu Schattenwirtschaft und Steuerhinterziehung.

Abbildung 2: Steuererfüllung und Umfang der Schattenwirtschaft

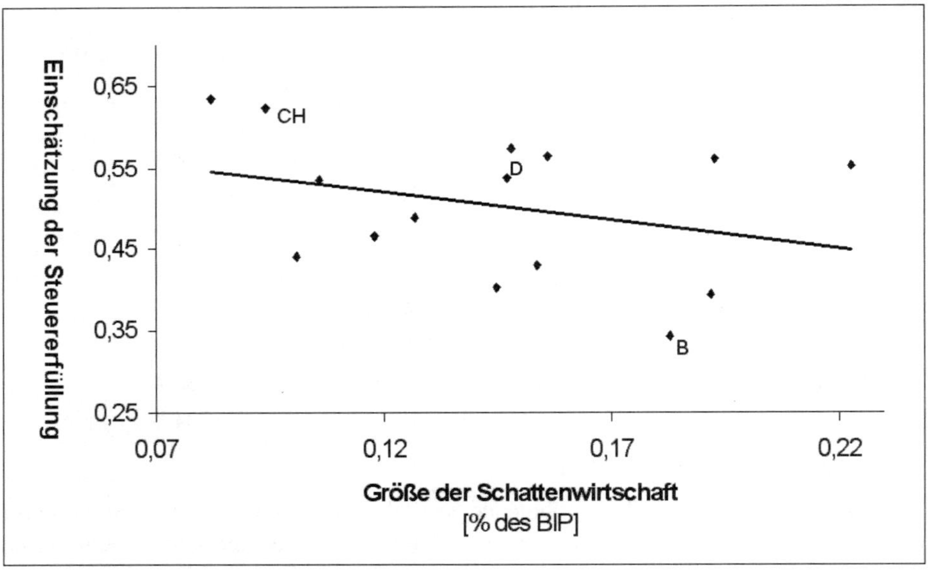

Quelle: Eigene Darstellung (siehe Text)

Übersicht über die weiteren Teile der Abhandlung

Welche weiteren Kräfte allerdings hinter dieser Korrelation wirken, bleibt in Abbildung 2 verborgen. Sie näher zu ergründen, stellt die Aufgabe dieses Vortrags und Aufsatzes dar. Für das erste sehen wir einen Zusammenhang und schließen daraus, dass für eine höhere Steuererfüllung vor allem dieses Vertrauen gestärkt werden muss. Denn ohne Vertrauen trägt ein verfasstes Regel- und Sanktionssystem, wie schon *North* (1992) hervorhebt, nur wenig zur Zielerfüllung bei.

Vertrauen bildet sich, wie in Teil II darzulegen ist, aus der Art, wie Steuern beschlossen werden. Gute Beschlüsse stabilisieren das Vertrauen in den Staat und generieren

---

5 Übersetzt vom Verfasser. Näheres siehe *Torgler* und *Schneider* (2006).

neues Vertrauen. In Abschnitt *II.1* werden drei Möglichkeiten der Beschlussfassung vorgelegt: Konsens, direkte Demokratie und repräsentative Demokratie und was hieraus hinsichtlich der Steuererfüllung zu erwarten ist. Aber auch vom Steuerdesign können wesentliche Anstöße zur Steuererfüllung ausgehen. Steuern können schon aus ihrer Konstruktion hinterziehungsgefährdet und so dem Vertrauen abträglich sein. Diese Hypothese wird in Abschnitt *II.2* am Gegensatz von Objektsteuern versus Subjektsteuern sowie in Abschnitt *II.3* am Bestimmungslandprinzip versus Ursprungslandprinzip dargestellt.

Während es in Teil II um positive Anreize zur Anhebung der Steuererfüllung geht, werden in Teil III negative, repressive Anreize, also Fahndung und Strafen betrachtet. Solche negative Anreize laufen zwar grundsätzlich dem in Teil II diskutierten Ziel entgegen, die Steuererfüllung durch vertrauensbildende Maßnahmen zu stärken. Wer sich der steten Fahndung ausgesetzt sieht, wird schwerlich den Staat als Hort des Vertrauens ansehen. Was manchmal als kurzfristiger Fahndungserfolg in der Presse gepriesen wird, kann langfristig zu einem Vertrauensverlust und zu Kosten führen.[6] Deswegen wird wie eingangs ausgeführt das Vertrauen in den Staat als das Primäre betrachtet. Dennoch wird der Staat auf das Instrument der Repression nicht gänzlich verzichten können, weil es auch im besten Staat Freifahrer gibt, die das Bezahlen von Steuern lieber ihren Mitbürgern überlassen, als sich selbst in die Pflicht zu nehmen. Die Grenze zwischen zu wenig und zu viel Repression ist daher besonders schwer zu ziehen. Umgekehrt lassen sich aber Kombinationen von Steuern und Strafen charakterisieren, die der Vertrauensbildung mit großer Wahrscheinlichkeit abträglich sind. In den Schlussfolgerungen in Teil IV wird gezeigt, wie positive Anreize durch ein verbessertes institutionelles Design einerseits und die praktische Durchsetzung von Strafen anderseits miteinander verbunden werden können, damit sowohl Steuern bezahlt als auch Fehlanreize möglichst vermieden werden und die Steuerehrlichkeit zunimmt.

II. Erhöhung der Steuererfüllung durch mehr direkte Demokratie und durch ein gutes Steuerdesign (positive Anreize)

In erster Linie ist anzustreben, Steuern so zu gestalten und zu beschließen, dass die Bürger möglichst von sich aus bereit sind, diese zu bezahlen.

1. Mehr Freiwilligkeit – weniger Zwang

Als Ideal ist zunächst der Vorschlag einer freiwilligen Steuer zu betrachten. Schöpfer und konsequenter Anhänger des Freiwilligkeitsprinzips der Besteuerung ist der schwedische Finanzwissenschaftler *Knut Wicksell* (1896). In seinen „Finanztheoretischen Untersuchungen" schreibt er, Steuern sollen aus einem Vertrag hervorgehen, in dem jeder

---

6 *Frey* (1997) sowie *Feld* und *Frey* (2002) weisen darüber hinaus darauf hin, dass Steuererfüllung auf der intrinsischen Motivation der Bürger beruht, Steuern zu bezahlen, dass diese Motivation aber durch Steuerprüfungen, -fahndungen und dergleichen verdrängt werden kann.

verbindlich erklärt, wie viel er zu den öffentlichen Projekten beizusteuern bereit ist. Das garantiere zum einen, dass nur Projekte unternommen würden, deren Vorteile die Kosten wirklich aufwiegen, zum andern dass das, was einer für sich an Steuern akzeptiert, bei ihm auch durchgesetzt werden kann. In *Wicksells* Idealwelt gibt es somit keine Steuerhinterziehung – Steuer, staatliche Gegenleistung und Vertrag fallen zusammen. Die Steuererfüllung beträgt 1.

In der Praxis lässt sich *Wicksells* Vorstellung vom Vertrag (W) nur in Annäherung realisieren. Eine Steuer wird von den Bürgern in ihrer Gebietskörperschaft nicht einstimmig, sondern bestenfalls direktdemokratisch z.B. mit einfacher Mehrheit der abstimmenden Bürgerinnen und Bürger gebilligt (DD). Das aber bedeutet, dass der „Vertrag" geschlossen und wirksam wird, ohne dass die unterlegene Minderheit zugestimmt hat. Die schlechter gestellte Minderheit wird mit dem öffentlichen Haushalt in dieser Form nicht einverstanden sein. Eine geringere Steuererfüllung ist zu erwarten.

In vielen, wenn nicht den meisten Gebietskörperschaften, wird jedoch nicht einmal direktdemokratisch, sondern nur repräsentativdemokratisch (RD) über Steuern und Staatsausgaben entschieden. Das heißt, die Wahrscheinlichkeit, dass Bürgerpräferenzen übergangen werden, ist in diesem Fall noch größer. Folglich ist hinsichtlich der Steuererfüllung eine Sequenz W > DD > RD zu erwarten. Die erste und heute noch maßgebliche empirische Untersuchung zu dieser Frage geht auf *Weck-Hannemann* und *Pommerehne* (1989) zurück.[7] In ihr werden Schweizer Kantone mit direkter und mit parlamentarischer Demokratie in den Untersuchungsjahren 1970/1978 miteinander verglichen. Es zeigt sich, dass Steuern auch unter direkter Demokratie hinterzogen werden und das Ideal W verfehlt wird. Aber vor allem ist die Hinterziehung in Kantonen, in denen die Bürger über den Haushalt und dessen Finanzierung über Steuern in direkter Demokratie abstimmen, erheblich, nämlich um 30 % geringer als in Kantonen, die parlamentarische Demokratie praktizieren, was die Ungleichheit W > DD > RD bestätigt. Das heißt, Reformen in Richtung direkter Demokratie könnten eine lohnende Perspektive eröffnen, um die Steuerehrlichkeit zu verbessern.[8]

2. Aktivierung von Objektsteuern

Ein großer Teil der Steuerhinterziehung rührt daher, dass die Regierungen sich nur oft wenig Gedanken darüber machen, wie eine Steuer erhoben werden soll. Es werden Konstrukte aufgebaut, die den Bezug zwischen Leistung und Gegenleistung zum Verschwinden bringen und im Bürger die Frage hochkommen lassen, was der Sinn der Steuer überhaupt ist. Folge ist, dass die Steuerehrlichkeit zurückgeht. Ich möchte diese Entwicklung an zwei Fällen illustrieren: Hier in Abschnitt II.2 dem Übergang von der

---

7 Eine gute Darstellung findet sich bei *Kirchgässner* (2007, S. 53 f.).
8 Statt Steuern zu erheben, können Regierungen bei spezifischen Leistungen auch Gebühren festsetzen. Gebührenhinterziehung ist schwieriger als Steuerhinterziehung, weil das Individuum ohne Leistung die spezifische Gegenleistung nicht erhält. Aus diesem Grund kann die Gebühr für eine Leistung, die der Staat als Monopolist anbietet, weit über den Kosten liegen und so einer Steuer nahe kommen.

Objekt- zur Subjektsteuer und im nächsten Abschnitt II.3 der Verdrängung des Ursprungsland- durch das Bestimmungslandprinzip.

In früheren Jahrhunderten besteuerte der Staat vorwiegend Objekte und dadurch indirekt die Subjekte. Die direkte Besteuerung von Subjekten ist relativ neu. Sie geht auf die Wende vom 19. zum 20. Jahrhundert zurück. Bis dahin überwog die Objektbesteuerung nach dem Belegenheits- oder Territorialprinzip. Dessen Durchführung war relativ einfach. Der Steuerbeamte konnte die Objekte inspizieren und dann zum Schluss kommen, dass der Eigentümer den (Soll-)Ertrag gerade richtig oder zu gering deklariert hat. Daraus resultierte vielfach Streit mit den Steuerbehörden. Aber Steuerhinterziehung im Sinne der Nichtdeklaration war nicht die Regel. Schließlich konnte das Grundstück oder der Betrieb von der Behörde schwerlich übersehen werden. Um den Streit um die Bewertung in Grenzen zu halten, wenn auch nicht gänzlich zu umgehen, wurden in der französischen Revolution vier Steuertypen geschaffen: Les quatre vieilles: die Grundsteuer, die Wohnsteuer, die Gewerbesteuer die Tür- und Fenstersteuer (1790/1798).[9]

Heute werden Objektsteuern oft kritisiert, weil sie den Faktor Kapital belasten und damit Investitionen entmutigen. Diese Sicht greift aber zu kurz. Denn dezentral erhobene Objektsteuern geben den Regierenden Anreize, dem mobilen Kapital eine nützliche Infrastruktur bereitzustellen. Sie stellen einen wichtigen Wettbewerbsfaktor dar, der im Ansatz von *Brueckner* (1982) zu einer optimalen, den Bodenwert maximierenden Infrastrukturausstattung autonomer Gebietskörperschaften führt. Dazu gehören auch eine hinreichende Anzahl Schulen, Krankenhäuser und dergleichen in der Umgebung. Das alles entspricht dem Äquivalenzprinzip. Für die Investoren führen Objektsteuern zum Ausgleich der Nettorenditen, so dass alle Sparer nach dem gleichen konsistenten Maßstab ihre Konsum-Sparentscheidungen treffen können. Damit ist die Objektsteuer intertemporal neutral. Es werden alle Tauschmöglichkeiten zwischen Konsum heute und morgen ausgeschöpft. Wird die Objektsteuer schließlich als Fest-, d.h. als Sollertragsteuer erhoben, so erteilt sie während des festgesetzten Zeitraums Anreize zur Steuereinholung und damit zur Effizienzsteigerung. Unrichtig ist, dass die Objektsteuer den persönlichen Verhältnissen des Kapitaleigners nicht Rechnung trägt. Denn dieser wird nach der Anzahl von Objekten besteuert, die er besitzt, also wenn man will, nach seiner Leistungsfähigkeit. Das ist auch der Grund, warum Adam Smith keinen Unterschied zwischen Äquivalenz- und Leistungsfähigkeitsprinzip sah.[10]

Warum also, so lässt sich fragen, wurde die Objektsteuer weitgehend durch die Subjektsteuer verdrängt? Das heißt, warum wird ein Individuum am Produktionsort steuerlich entlastet und dafür am Wohnort mit all seinem Welteinkommen belastet? Die üblichen Lehrbuchgründe wie Exportneutralität sind wenig überzeugend. Denn das entlastete Kapital leistet so am Produktionsort keinen Beitrag zur in Anspruch genommenen Infrastruktur. Bei all dem ist der Aufwand zur Durchsetzung des Wohnortprinzips enorm. Es bedarf eines Informationsaustausches über die Kapitalerträge zwischen allen Gebietskörperschaften und Staaten, in denen der Steuerpflichtige Kapital investiert hat.

---

9 Steuerhinterziehung gab es jedoch vielfach bei den Akzisen. Gerade diese sollten aber durch die genannten Objektsteuern zurückgeführt werden.

10 *Musgrave* und *Peacock* (1958)

Die Fülle von OECD-Musterabkommen, EU-Richtlinien und Doppelbesteuerungsabkommen belegen dies. Man kann sich fragen, welchen Anreiz die Regierung einer Gebietskörperschaft hat, einem solchen Informationsaustausch beizutreten und zu kooperieren. Ein nahe liegender Grund ist die so ermöglichte individuell differenzierte Besteuerung. Nur unter dem welteinkommensbezogenenen Wohnortprinzip kann jedes Individuum separat und damit progressiv belastet werden. Mag sein dass eine solche Besteuerung in einem höheren Ausmaß dem Leistungsfähigkeitsprinzip entspricht als die vorher betrachtete Objektbesteuerung. Doch steuerliche Leistungsfähigkeit ist ein diffuser Begriff, der für jede Steuer passend definiert werden kann.[11] Die eigentliche Attraktivität liegt im steuerlichen Mehrertrag gegenüber einem System konkurrierender Objektsteuern. Diese Perspektive macht es für die meisten (wenn auch nicht für alle) Gebietskörperschaften/Staaten lohnend, dem aufwendigen Meldekartell beizutreten, bzw. ein solches kollektiv zu beschließen.

Mit dem Wohnsitzprinzip wird das das Individuum ökonomisch aus dem Gleichgewicht gedrängt. Während es unter dem Objektsteuersystem seine Anlagen solange verschiebt, bis sich seine Nettorenditen ausgleichen (s.o.), ist ihm dies unter dem Wohnortprinzip verwehrt. Nunmehr muss es mit seinem ganzen Hab und Gut ausziehen, wenn es mit dem Steuer-Leistungs-Verhältnis zu Hause nicht mehr zufrieden ist. Seine Mobilitätskosten steigen beträchtlich und entsprechend steigt die Besteuerungsmacht des Fiskus. Auf diese Weise erschwert das Wohnsitzprinzip die legale Exit-Option des unzufriedenen Steuerschuldners.

Das so aus dem Gleichgewicht gedrängte Individuum hat – solange das Wohnsitzprinzip noch nicht welteinheitlich verwirklicht ist – einen Anreiz, seine Aktiva an Orten mit höherer Nettorendite einzusetzen, d.h. zum Territorialprinzip mit Objektbesteuerung zurückzukehren. Es betreibt ökonomisch gesehen Arbitrage, die die Steuerbehörden dann aber Steuerhinterziehung nennen und verfolgen. Daher ist unter dem Wohnortsprinzip mit einem Sinken der Steuerehrlichkeit zu rechnen.

Eine Reform könnte darin bestehen, wieder vermehrt zu Territorialprinzip und Objektbesteuerung zurückzukehren. Dieses ist ja auch unter der Ära des Wohnsitzprinzips nie ganz verschwunden. Bei Grundsteuern und Gewerbesteuern ist dies offensichtlich, aber auch in Doppelbesteuerungsabkommen bleibt meist noch ein Teil der örtlichen Besteuerung erhalten, und schließlich gilt es teilweise auch bei der Erbschaftsteuer. Dies zeigt: Grenzen der steuerlichen Durchsetzbarkeit gibt es weniger beim Territorial- als beim Wohnsitzprinzip. Somit könnte eine Verschiebung der Steuerlast in diese Richtung die Steuererfüllung anheben.[12] Gleichzeitig gilt es, das Wohnsitzprinzip zu entlasten, wie dies unten in Teil III noch zu erörtern ist.

---

11 *Blankart* (2008, 10. Kapitel)
12 Hinter dieser Schlussfolgerung steht die Überlegung, dass vor allem die Inanspruchnahme von physischen Ressourcen dem Staat Kosten verursacht und daher Steuern rechtfertigt. Ein Depot in einer Bank kostet hingegen den Staat relativ wenig, so dass eine Pauschalsteuer ausreichen mag. Anders gesagt, die Besteuerung des Faktors Kapital würde sich bei Anwendung des Territorialprinzips von der Belastung des Finanzkapitals auf die des physischen Kapitals verschieben; sie würde nicht entfallen.

3. Umsatzsteuer: Rückkehr zum Ursprungslandprinzip?

Das Ungenügen des heutigen Bestimmungslandprinzips

18 Mrd. Euro Mehrwertsteuer oder rund 17 % des Mehrwertsteuerertrags sollen nach Berechnungen des Ifo Instituts in Deutschland im Jahr 2003 am Fiskus vorbei in private Taschen geflossen sein.[13] Auch dieser Fall der Steuerhinterziehung lässt sich ganz wesentlich auf ein mangelhaftes Steuerdesign zurückführen. Meine These lautet: Das System der derzeitigen nationalen Mehrwertsteuern nach dem Bestimmungslandprinzip mit Vorsteuerabzug und Grenzausgleich ist in einem gemeinsamen Markt der EU ohne Binnengrenzen nur mit Einschränkungen funktionsfähig. Als es noch Grenzkontrollen gab, konnte dieses System hinlänglich funktionieren. Der deutsche Spediteur fuhr mit der Ware zum deutschen Zoll, ließ die Rechnung des Exporteurs vom Zollbeamten als „exportiert" abstempeln, wofür dieser das Recht erhielt, die Mehrwertsteuer von seinem Fiskus zurückzufordern. Dann fuhr der Spediteur weiter zum französischen Zoll, wies die Rechnung vor, womit der Importeur vom französischen Fiskus identifiziert und belastet wurde. Das Gut wurde ein normales französisches Inlandgut, das steuerbelastet war und unter Abzug der Vorsteuer (Importsteuer) mehrwertsteuerbelastet weiterverkauft wurde. Das System war hinlänglich wasserdicht. Im Markt ohne Binnenhandelsgrenzen ist dies nicht mehr der Fall, weil nicht mehr der Zollbeamte, sondern der Importeur die Rechnung des deutschen Exporteurs stempelt und gleichzeitig dem französischen Fiskus seine Steuerpflicht meldet. Steuertechnisch wird von der so genannten „Übergangsregelung" gesprochen (solange ein einheitliches EU-Mehrwertsteuersystem noch nicht gefunden ist). Unterlässt aber der Importeur diese Meldung, so hat er gute Chancen, unentdeckt zu bleiben. Er kann das Gut mit Mehrwertsteuer weiterveräußern und die Differenz einstecken. Der Fiskus wird von der Existenz des Importeurs wenn überhaupt erst dann etwas erfahren, wenn er in einem Bündel der zum Vorsteuerabzug eingereichten Rechnungen (also nach einigen Monaten) den fraglichen Importeur entdeckt und ihn vor Gericht zieht. Der Fiskus sieht sich vor dem Problem, eine Nadel in einem Heuhaufen finden zu müssen. Zwischenzeitlich wird der Importeur die Möglichkeit nutzen, sich aus dem Markt zurückzuziehen und mit der vereinnahmten Steuer zu verschwinden. Die Geschichte kann sich sogar wiederholen, wenn das Gut nun unter Rückerstattung der französischen Mehrwertsteuer wieder nach Deutschland eingeführt und dort vom Importeur als „missing trader" weiterverkauft wird usw. Diese Art der Mehrwertsteuerhinterziehung wird Karussellgeschäft genannt. Sie fällt deshalb ins Gewicht, weil sie bei jeder Runde zweimal zu Buche schlägt: einmal beim französischen, dann beim deutschen Fiskus.

In Reinform erfordern Karussellgeschäfte die völlig zuverlässige, verschwiegene Kooperation jedes Mitglieds des Rings von Kriminellen. Durch undichte Stellen wird

---

13 Diese Zahl ist mit den in Fußnote 4 angegebenen Schätzungen für die Steuerhinterziehung nicht vergleichbar. Jene sind aufgrund des Bargeldumlaufs, diese ist aufgrund eines Vergleichs des tatsächlichen Steueraufkommens mit dem hypothetischen Steueraufkommen, wie es sich auf Basis des privaten Konsums unter Berücksichtigung der nicht steuerpflichtigen Bereiche ergibt, berechnet (*Sinn* et al. 2004). – *Kean* und *Smith* (2007) rechnen für Großbritannien mit 13,5 % bis 17 % Steuerhinterziehung (für 2000 / 2005).

der Ring als ganzer gefährdet und fliegt möglicherweise auf. Daher dürfte die Reinform selten zu beobachten sein. Doch die Reinform ist gar nicht erforderlich. Ein Ring kann sich durch das eigennützige Verhalten jedes Mitglieds ergeben. Keiner braucht vom anderen etwas zu wissen. Es braucht auch nicht immer die gleiche Ware gehandelt zu werden. Der Ring ergibt sich aus dem Markt.

Bisher ist es nicht gelungen, solche Ringe zu verhindern, und ich zweifle, dass dies in Zukunft möglich sein wird. Nach dem als Reform vorgeschlagenen Reverse Charge Verfahren soll die Steuer am Verkäufer hängen bleiben, es sei denn, er kann dem Finanzamt verbindlich den Empfänger der Ware und damit den Steuerzahler nennen (EU-Kommission, 2006). Beim Weiterverkauf wird dieser dem Finanzamt den nächstfolgenden Empfänger nennen usw., bis der letzte Händler an einen Endverbraucher verkauft, der sich nicht mehr als Händler ausweisen kann und daher die Steuer tragen muss.[14] Dadurch wird die Lücke beim Export geschlossen, was folgerichtig aussieht. Aber der Handel ist vielgestaltig. Handelswege teilen oder vereinigen sich, so dass sich die Kette typischerweise nicht Glied für Glied verfolgen lässt. Es ist ja gerade die Stärke des Marktes gegenüber der Planwirtschaft, dass jeder nur mit seinem unmittelbaren Lieferanten und seinem unmittelbaren Abnehmer verhandeln muss und der ganze Rest der Leistungskette nicht weiter hinterfragt zu werden braucht. Gerade dieses Fundamentalprinzip wird durch das Reverse Charge Verfahren in Frage gestellt, was den einzelnen Händlern hohe Transaktionskosten aufbürdet. Nicht mehr der Fiskus, sondern die Händler werden jetzt dafür verantwortlich gemacht, dass die Steuerzahlung beim Fiskus ankommt. Dies veranschaulicht den Umfang der Verantwortungsverschiebung. Im Übrigen setzt das Verfahren Anreize, dass sich der Letzte in der Kette nicht als Konsument zu erkennen gibt und die ganze Steuer (also nicht nur wie beim jetzigen System die Steuer auf der letzen Stufe) hinterzogen wird. Aus allen diesen Gründen hat dieses System kaum Chancen, die für eine Annahme in der EU erforderliche Einstimmigkeit im EU-Ministerrat zu erhalten. Zurzeit wird eher darüber diskutiert, das bestehende System durch zwischenstaatliche Koordination der Kontrollen zu stärken.[15]

Weshalb heute das Bestimmungslandprinzip praktiziert wird. Der Fall Frankreichs

Die derzeitige Konzeption der Mehrwertsteuer befindet sich offensichtlich in einer Sackgasse. Daher ist es sinnvoll zu fragen, welche Entscheidungen in sie hinein geführt haben. Erst daraus lässt sich erkennen, ob es politische Kräfte gibt, die wieder aus ihr herausführen. Hierfür bietet die Fiskalgeschichte Frankreichs wertvolle Einsichten. Frankreich war der erste Staat, der ein Mehrwertsteuersystem nach heutigem Muster eingeführt hat. Drei Entscheidungsstufen lassen sich unterscheiden.

---

14 Alternativ wurde vom Ifo-Institut unter der Leitung von *Hans-Werner Sinn* (2004) ein Verfahren unter dem Stichwort „erst zahlen, dann erstatten", entwickelt, nach dem Vorsteuern erst abgesetzt werden dürfen, nachdem die Mehrwertsteuer beim Fiskus eingegangen ist. Dies soll über ein Treuhandkonto oder im Bargeldverkehr mittels Steuermarken (ähnlich dem italienischen Scontrino-Modell vernetzter Registrierkassen) erfolgen.

15 vgl. *Cnossen* (2008).

In einer ersten Stufe nach dem Ersten Weltkrieg begann Frankreich wie auch Deutschland, die Umsätze der Unternehmen mit einer allgemeinen kumulativen Allphasenbruttoumsatzsteuer zu belasten. Die Umsatzsteuern der beiden Staaten unterschieden sich aber in den Sätzen. In Frankreich lagen diese von Anfang an bei etwa 2 %, und in Deutschland nur zwischen 0,75 % und 2 %, in der Regel aber unter 2%. Darüber hinaus gab es Abzüge für sozial sensible Güter. Folglich waren die Verzerrungen durch die kumulative Belastung aller Produktionsstufen in Frankreich größer und politisch brisanter als in Deutschland.[16] Es wurde daher früher als in Deutschland nach Wegen gesucht, diese Verzerrungen zu vermindern. Im Jahr 1936 wurde in Frankreich die Allphasenbruttoumsatzsteuer (nebst vielen kleinen Verbrauchsteuern) abgeschafft und in einer zweiten Reformstufe durch eine Produktionsteuer mit weitgehendem Vorumsatzabzug der Inputs (und eine ergänzende Dienstleistungsteuer) ersetzt, also nach wissenschaftlicher Terminologie ein Ursprungslandprinzip mit Vorsteuerabzug eingeführt[17]. Die Kumulativwirkung war weitgehend eliminiert.

Nach dem Krieg, ab 1948, ging die französische Finanzdirektion in einer dritten Stufe dazu über, bei der Produktionsteuer statt des Vorumsatzabzugs den Vorsteuerabzug von der eigenen Umsatzsteuer zuzulassen, und diesen ab 1954 auf die gesamten materiellen und finanziellen Vorleistungen und Investitionen auszudehnen. Das war die Geburtsstunde der dem Inspecteur des finances *Maurice Lauré* (1953) zugeschriebenen „taxe sur la valeur ajoutée".[18] Die zunächst nur für Großunternehmen zugelassene Steuer wurde später auf alle Unternehmen ausgedehnt.

Während sich die erste politische Entscheidung, vom Allphasenbruttobesteuerungssystem auf eine Produktionssteuer mit Vorumsatzabzug überzugehen, aus dem nahe liegenden Allokationsgewinn erklären lässt, ist dies bei der zweiten Entscheidung, vom Vorumsatzabzug zum Vorsteuerabzug zu wechseln, nicht mehr ohne weiteres einsichtig. Die Produktionsteuer mit Vorumsatzabzug hätte ebenso wie die Steuer mit Vorsteuerabzug durchaus ausgebaut und auf alle Unternehmen ausgedehnt werden können. Es hätte des Übergangs auf den Vorsteuerabzug nicht bedurft.[19]

---

16 Es ist freilich zu bedenken, dass die Kumulativwirkung nicht nur von der Zahl der Handelsstufen, sondern auch vom Umfang der belasteten und nicht belasteten Inputs abhängt (*Willgerodt* 1958).
17 Demgegenüber sprechen die Finanzministerien vom Ursprungslandprinzip, wenn sie das Common Market Prinzip meinen, nach welchem alle Transaktionen unabhängig von den nationalen Steuersätzen wie Inlandtransaktionen abgerechnet werden.
18 *Lauré* unterscheidet zwischen dem System von 1936, mit „payments fractionnés", d.h. Steuern unter Abzug des steuerbefreiten Vorumsatzes auf jeder Stufe, und der ab 1948 durchgeführten „suspension de taxe": „*chaque producteur* acquitte maintenant la taxe sur le montant de ces ventes, *déduction faite* de celle déjà payée par ses fournisseurs". (*Lauré* 1953, S. 16; s. ebenso: Parlement Européen, Direction générale de la recherche 1995, S. 3).
19 Auch die These, dass eine allgemeine Mehrwertsteuer auf allen Gütern mit Vorumsatzabzug im wohlfahrtsökonomischen Sinne ineffizient wäre (z.B. *Cnossen* 2008 et al.), hält einer genaueren Analyse nicht stand. Vielmehr zeigt *Homburg* (2007, Kap. 8), dass eine Mehrwertsteuer nach dem Bestimmungslandprinzip zu einer Mehrwertsteuer nach dem Ursprungslandprinzip bei zwei Ländern, einem transportkostenfrei mobilen Gut, je einem nationalen Steuersatz, gleichen Produktionsfunktionen, immobilen Produktionsfaktoren, Währungsunion und Wettbewerb äquivalent und in beiden Fällen effizient ist. *Lockwood*, *de Meza* und *Myles* (1994) zeigen darüber hinaus, dass Äquivalenz auch bei beliebig vielen Gütern und Faktoren, mit Transportkosten, mit gleichzeitig erhobenen Faktorsteuern mit

Der vermutlich entscheidende Grund für den Systemwechsel wird aus zeitgenössischer Sicht von *Schmölders* (1956, S. 574) hervorgehoben. Es ist die mit dem Vorsteuerabzug möglich gewordene Entlastung der Exporte bei gleichzeitiger Belastung der Importe, während das Ausland vorläufig beim Status Quo der kumulativen Allphasenbruttoumsatzsteuer oder einer Variante davon verbleibt. Dies dient den Interessen der Export- wie der Inlandindustrie. Der Fiskus bleibt als dritter Beteiligter etwa gleich gestellt. Was er durch die Entlastung der Exporte verliert, gewinnt er durch die Belastung der Importe.[20]

Damit bestätigt sich die Theorie von *Olson* (1965), wonach kleine Produzentengruppen wie die Exporteure und Inlandproduzenten es leichter haben, ihre Interessen zu organisieren und diese in die Politik einzubringen als große Gruppen wie die Konsumenten, die sich bei der Geltendmachung ihrer Interessen durch das Freifahrerverhalten gegenseitig lähmen. Die Regierung nimmt dabei die Funktion eines politischen Maklers zwischen den organisierten Interessen wahr – die Konsumenten werden nicht gefragt. Weil die anderen Staaten durch diesen Schritt Frankreichs benachteiligt werden, haben sie einen Anreiz, ebenfalls zum Bestimmungslandprinzip überzugehen und so eine Kettenreaktion aller Staaten hervorzurufen. So lässt sich auch die nachfolgende Entwicklung in der Europäischen Union verstehen.[21]

Von Frankreichs Mehrwertsteuer zur Mehrwertsteuer der Europäischen Union

In der Tat verwundert es nicht, dass die gleichen Interessen, die in Frankreich zur Mehrwertsteuer mit Vorsteuerabzug führten, sich auch auf EU-Ebene durchsetzten, als es 1967 darum ging, ein gemeinsames Mehrwertsteuersystem einzuführen.[22] Sie wollten ein System mit Grenzausgleich, zumal dieses auch den durch die Öffnung zum Gemeinsamen Markt erzeugten Wettbewerbsdruck abfederte. Dabei blieb die Höhe der Steuer-

---

unvollständigem Wettbewerb und weiteren Verallgemeinerungen gilt. Somit lässt sich der Systemwechsel in Frankreich von einer allgemeinen Mehrwestseuer nach dem Ursprungslandprinzip zu einer solchen nach dem Bestimmungslandprinzip schwerlich aus Effizienzüberlegungen verstehen, sondern eher, wie im Text dargelegt, aus politisch-ökonomischen Interessen.

20 Auch *Lauré* nennt diesen Vorteil der von ihm vorgeschlagenen Mehrwertsteuer, obwohl er sich als Steuertechniker für die dahinter stehende politische Ökonomie nicht so sehr interessiert (*Lauré*, 1953, S. 23).

21 Einen Unterschied zwischen Ursprungs- und Bestimmungslandprinzip gibt es aber sehr wohl, wenn die Politiker die Mehrwertsteuer als spezielle Gütersteuer betrachten. Wohlfahrtsökonomisch ist unter dieser Annahme das das letztere Prinzip dem ersteren vorzuziehen; denn jedes Gut wird als Einzelfall betrachtet, dessen Anbieter die Steuerlast weder vor- noch zurückwälzen kann. Somit garantieren gleiche Nettopreise in beiden Ländern Produktionseffizienz, was unter dem Bestimmungslandprinzip gegeben ist. *Homburg* (2007, S. 315f.) zeigt, dass Regierungen, die unter Wohlfahrtsgesichtspunkten Produktionseffizienz anstreben, von sich aus ein Interesse haben, Importe in der Höhe der heimischen Steuer zu belasten und Exporte bis auf die Produktionskosten steuerlich zu entlasten, mithin das Bestimmungslandprinzip anzustreben. Auf diese Weise maximieren sie die Summe aus Konsumenten- und Produzentenrente. Ob als Folge dieses Prozesses die Preise steigen oder fallen, ob also Produzenten oder Konsumenten davon profitieren, wird als politisch neutral betrachtet, solange nur die Renten insgesamt steigen. Gerade diese Annahme scheint mir aber unplausibel. Es kommt in der Politik sehr darauf an, wer die Renten erhält. Deshalb wird oben ein politisch-ökonomischer Ansatz gewählt, bei dem explizit gemacht wird, welche Gruppen profitieren.

22 Richtlinie 67/227/EWG des Rates vom 11.4.1967, ABl. 071 vom 14.4.1967

sätze in nationaler Autonomie. Dadurch konnte der dem Bestimmungslandprinzip eigene Schutzeffekt konsolidiert und mit jeder Steuersatzerhöhung ausgebaut werden. Demgegenüber waren wettbewerbliche Steuersenkungen unter den Mitgliedstaaten durch die kartellartige Festlegung der Mehrwertsteuermindestsätze nach unten begrenzt.[23] Dies alles begünstigte die kriechende Erhöhung der Mehrwertsteuersätze beispielsweise in Deutschland von ursprünglich 10% und 5 % auf heute 19 % und 7 %.

Als es Mitte der 90er Jahre in der EU darum ging, die Übergangsregelung der Mehrwertsteuer in ein definitives Verfahren zu überführen, wurde nur noch das Vorsteuerabzugsverfahren diskutiert. Die Alternative des Vorumsatzabzugsverfahrens hatte von Anfang an keine Chance mehr.[24]

Der britische Berichterstatter beim Europäischen Parlament und frühere Abgeordnete, Ben Patterson, bedauert, dass er sich mit dem Vorumsatzabzugsverfahren nicht durchsetzen konnte. Es sei schade, dass dieses einfache und seiner Ansicht nach vorzugswürdige System nicht weiter verfolgt werde. Die jetzt angewandte Steuer trage ihren Namen „Mehrwertsteuer" eigentlich zu Unrecht; denn sie belaste gar nicht den geschaffenen „Mehrwert", die Produktion, sondern den Konsum. Wäre die Mehrwertsteuer tatsächlich eine Steuer auf dem Mehrwert, so wären die fragwürdigen Zu- und Abschläge beim Import und Export nicht erforderlich – sie wäre eine Produktionsteuer (Parlement Européen 1995, S. 12).

Wenn am Ende dieses Prozesses die Regierungen aller Staaten das Bestimmungslandprinzip angenommen haben, dann werden dessen Promotoren erkennen, dass sie sich gegenüber einem Zustand, in dem alle dem Ursprungslandprinzip mit Vorumsatzabzug gefolgt wären, nicht besser stellen. Unter dem Bestimmungslandprinzip ist ihr Konsum teurer und ihr Realeinkommen daher niedriger geworden. Unter dem Ursprungsland lastet die Steuer ebenso auf ihnen, weil sie sich in den Faktorentlöhnungen niederschlägt und ihr Realeinkommen aus diesem Grunde niedriger ist. In der Tat lässt sich, wie *Homburg* (2007) und *Lockwood*, *de Meza* und *Myles* (2004) haben gezeigt, unter nicht allzu restriktiven Bedingungen von einer Äquivalenz zwischen dem Bestimmungslandprinzip und dem Ursprungslandprinzip im Rahmen einer allgemeinen, alle Güter betreffenden Mehrwertsteuer sprechen.[25]

Die Äquivalenz zwischen beiden Prinzipien wandelt sich zu einem eindeutigen Pro Ursprungsland, wenn weitere Argumente bedacht werden. Zum einen bedarf das Vorumsatzabzugsverfahren keines Grenzausgleichs, es handelt sich um eine Steuer in nationaler Autonomie, und zum anderen leistet jeder Steuerzahler durch seine Abgabe einen Beitrag für die bei seiner Produktion in Anspruch genommene staatliche Infrastruktur (Äquivalenzprinzip). Beim Bestimmungslandprinzip verhält es sich gerade umgekehrt und m.E. pervers: Die Konsumenten von Gütern, die im Ausland hergestellt worden

---

23 Richtlinie 77/388/EWG vom 17.5.1977, ABl. L 145 vom 13.6.1977. Zur politischen Ökonomik dieser sechsten Richtlinie s. insbesondere auch *Vaubel* (2003).
24 Für das Vorumsatzabzugsverfahren setzten sich vorgängig auch das so genannte Neumark Committee (1963), der Wissenschaftliche Beirat beim Bundesministerium für Wirtschaft (1986), *Boss* (1989) sowie *Fehr*, *Rosenberg* und *Wiegard* (1994) ein. Keines dieser Gremien und keiner dieser Autoren konnte die politischen Entscheidungen der EU beeinflussen.
25 Vgl. oben Fußnote 19.

sind, leisten einen Steuerbeitrag an die Infrastrukturkosten der Güter, die im Inland hergestellt werden. Es findet eine Art Quersubventionierung statt und vice versa im Ausland.

Allerdings findet der politische Prozess nicht von selbst zum Vorumsatzabzugsverfahren. Im Gegenteil, die dominante Strategie der Staaten, bzw. ihrer Regierungen besteht wie oben dargelegt zunächst darin, dass jeder Staat das Bestimmungslandprinzip annimmt. Es entsteht ein prisoners' dilemma zugunsten der allokativ vermutlich unterlegenen Lösung, was am Beispiel Frankreichs und der EU dargelegt worden ist.[26]

Allerdings gibt es Gegenkräfte. Je mehr die Anfälligkeit des Bestimmungslandprinzips auf Steuerhinterziehung beim Grenzausgleich evident wird, desto weniger werden die Verteidiger des Bestimmungslandprinzips und desto zahlreicher die Anhänger eines verlässlicheren Systems wie des Vorumsatzabzugsverfahrens. Andere von Wissenschaft und Politik in die Diskussion gebrachte Verfahren können diesbezüglich nicht überzeugen. Das von Deutschland und Österreich propagierte Reverse Charge Verfahren ist zu aufwendig und letzlich nicht hinterziehungssicher, andere Vorschläge zu zentralistisch (*Crawford, Keen* und *Smith*, 2008) und der Vorschlag von *Cnossen* (2008), mehr Kontrollen durchzuführen, wenig anreizverträglich. Das Vorumsatzabzugsverfahren gewährt den EU-Mitgliedstaaten volle Steuerautonomie in der Konkretisierung der Bemessungsgrundlage wie in den Sätzen. Mehrwertsteuer bleibt ein nationales Problem und Mehrwertsteuerhinterziehung kann zusammen mit der Einkommensteuerhinterziehung verfolgt werden. Es bedarf nicht einer gesonderten Fahndungsbürokratie. Auch aus der Sicht des Äquivalenzprinzips ist das Vorumsatzabzugsverfahren folgerichtig. Es bezahlen jene die Steuer, die durch ihre Produktion öffentliche Infrastruktur in Anspruch nehmen, und nicht andere, die damit nichts zu tun haben. Nicht zuletzt werden die Finanzministerien erkennen und darauf drängen, mit dem Vorumsatzabzugsverfahren einen effizienten Wege der Steuererfüllung zu beschreiten, um zu den von ihnen dringend benötigten Einnahmen zu gelangen.

III. Erhöhung der Steuerehrlichkeit durch Repression (negative Anreize)

Zum Instrument der Repression muss der Staat Zuflucht nehmen, wenn er zu wenig Vertrauen erwirtschaftet und infolgedessen drohend und strafend auftreten muss. Repression ist aber auch unvermeidlich, weil es auch im besten Staat Bürger gibt, die keine Steuern bezahlen wollen – folglich ist die Abwägung schwierig.

In den traditionellen Modellen der Steuerhinterziehung wägt ein Individuum ab, ob es sich in seinem Fall angesichts der Drohungen des Staates eher lohnt, eine Steuer zu erfüllen oder zu hinterziehen. Wie es sich aus dieser Sicht am besten verhält, lässt sich an folgendem Beispiel ersehen (Abbildung 3).

---

26 Vgl. Fußnote 21.

Abbildung 3: Das Gleichgewicht zwischen Steuerhinterziehung, Strafwahrscheinlichkeit und Strafe

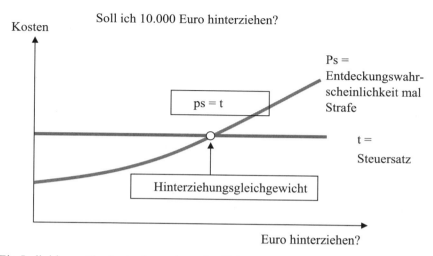

Ein Individuum überlegt, ob es einen fraglichen verdienten Betrag von 10.000 Euro verheimlichen soll oder nicht. Bei einem marginalen Steuersatz t von 50 Prozent beträgt der erzielte Einkommensgewinn der Verheimlichung 5.000 Euro. Die erwarteten Kosten belaufen sich bei einer Aufdeckungswahrscheinlichkeit von 50 Prozent und einem Strafsteuersatz s von 100 Prozent auf ebenfalls 5.000 Euro zusätzlich zur zu bezahlenden statutarischen Steuer von 5.000 Euro. Das Individuum befindet sich dann hinsichtlich seines Risikokalküls im Gleichgewicht und ist damit indifferent zwischen Verheimlichung oder Deklaration. Nimmt jedoch s mit der Höhe des verheimlichten Betrags zu, so überwiegen die erwarteten Kosten, und das Individuum wird von einer zusätzlichen Steuerhinterziehung absehen. Umgekehrt dürfte es sich bei Hinterziehungen in geringerem Umfang verhalten. Hier wird davon ausgegangen, dass die Kosten der Hinterziehung, d.h. das Produkt aus Aufdeckungswahrscheinlichkeit mal Strafsteuern, progressiv ansteigt und dass der marginale Steuersatz konstant ist. Das individuelle Gleichgewicht befindet sich bei ps = t.[27] Ein Anstieg des Grenzsteuersatzes erhöht den Einkommensgewinn der Hinterziehung und befördert daher das Hinterziehungsverhalten, ps = t verschiebt sich nach rechts. Umgekehrt führen eine Zunahme der Prüfung und Fahndung und damit der Aufdeckungswahrscheinlichkeit, sowie erhöhte marginale Strafsteuern, zu einer Verringerung der Steuerhinterziehung, ps = t verschiebt sich nach links.

Abbildung 3 stellt aber nur den ersten groben Zusammenhang dar. Jetzt geht es darum zu zeigen, durch welche Variablen p, s und t beeinflusst sein könnten. Diese Variablen werden im Folgenden näher betrachtet.

---

27 Eine formale Ableitung befindet sich bei *Blankart* (2008, 11. Kapitel), vgl. auch die dort zitierte Literatur von *Rosen* (1988, S. 339).

1. Entdeckungswahrscheinlichkeit

Im Jahr 2006 waren bei den deutschen Finanzämtern 2.568 Steuerprüfer und -fahnder beschäftigt. Hinzu kommen bei der zentralen Fahndung rund 6.500 ehemalige Zollbeamte, die nach der Aufhebung der innergemeinschaftlichen Zollgrenzen in der Steuerfahndung eine neue Beschäftigung erhalten haben. Bei den Betriebsprüfungen entfielen im Jahr 2006 rund 20 Großunternehmer, 80 bis 100 kleine und mittlere Unternehmen und 480 Kleinstunternehmen auf einen Prüfer bei insgesamt 477.000 Untersuchungen (*Feld* 2008).

Wichtig ist, ob die Entdeckungswahrscheinlichkeit mit zusätzlichem Einsatz von Prüfern steigt. In der schon erwähnten Studie von *Weck-Hannemann* und *Pommerehne* (1989) wird ein solcher Zusammenhang nachgewiesen. Daraus kann aber noch nicht geschlossen werden, es sollten mehr Fahnder eingesetzt werden. Es kommt darauf an, wie effizient eine solche Maßnahme ist, was sie im konkreten Fall zusätzlich kostet und was sie zusätzlich bringt. Dabei sollten die Steuerfahnder zwar schon auf die Größe des möglichen Fangs achten, darüber hinaus aber auch die daraus resultierenden Kollateralschäden des Verlusts an Vertrauen in den Staat und seine Institutionen beurteilen. Ich komme in Abschnitt *III.3* darauf zurück.

2. Einschätzung und Prognose des Risikos p

Angenommen die Individuen kennen die in Abbildung 3 implizit dargestellte Wahrscheinlichkeit p, bei der Steuerhinterziehung entdeckt zu werden. Dann ist noch zu klären, wie sie dieses Risiko bewerten. Bisher ist angenommen worden, dass sie bei gegebenem Risiko Abweichungen nach oben wie nach unten gleich bewerten, also risikoneutral sind. Es könnte aber sein, dass sie mit zunehmendem Einkommen risikoscheuer werden, z.B. weil sie das Erreichte bewahren wollen, oder aber dass sie auch risikofreudiger werden, weil sie es sich leisten können. Die in der Graphik unterstellte Risikoneutralität stellt in Bezug auf das Einkommen eine mittlere Variante dar.

Weiter gehen *Kahneman* und *Tversky* (1979) in ihrer „Prospect Theory". Sie fragen ganz allgemein, wie Individuen lediglich mögliche Ergebnisse im Vergleich zu eher sicheren Ergebnissen in einem Gesamtprozess von Aufbereitung und Evaluation analysieren und bewerten. Dabei finden die Autoren heraus, dass Individuen lediglich mögliche Ergebnisse eher unter- vergleichsweise sichere eher überbewerten mit dem Ergebnis, dass sie bei den ersteren eher risikofreudig und bei den letzteren eher risikoavers entscheiden. Damit wird die traditionelle Erwartungsnutzentheorie in manchen Teilen in Frage gestellt, und systematische Fehleinschätzungen sind nicht mehr auszuschließen. Was die Autoren in eine allgemeine Theorie gegossen haben, war in Fallstudien schon früher aufgezeigt worden. Am Beispiel von Erdbebenrisiken hat *Kunreuther* (1976) gezeigt, dass Individuen niedrige Risiken, die schwerwiegende Konsequenzen haben, nicht nur falsch, sondern systematisch zu niedrig bewerten. Menschen ziehen seiner Untersuchung zufolge in Erdbebengebiete, in denen das durchschnittliche Risiko von Erdstößen bekannt ist, glauben aber, dass sie persönlich nicht davon betroffen werden, was wiederum der Erwartungsnutzenhypothese widerspricht. Auch Steuerhinterziehungen können in manchen Fällen solche „low-probability-high-loss-risks" beinhalten, die demzufolge systematisch unterschätzt werden. Ein Individuum unterschätzt das Risiko, dass sein Schwarzgeldkonto einmal aufgedeckt werden könnte, oder es vertraut darauf, dass es, wenn es zu einer Razzia kommt, durchschlüpfen wird. Durch solche Fehleinschätzungen verschiebt sich die Risikokurve ps in Abbildung 3 nach rechts. Die Individuen hinterziehen mehr, obwohl dies eigentlich einem korrekten Nutzenkalkül widerspricht.

3. Politische Ökonomik der Steuerfahndung

Steuerfahndungsbehörden haben im vergangenen Jahrzehnt bei der Verfolgung von Steuerhinterziehungsdelikten an Einfluss gewonnen. Über ihre Verfolgungstätigkeit hinaus haben sie indirekt die internationale Steuerpolitik beeinflusst. Drei Stufen lassen sich unterscheiden.

(1) In einem *strikten Rechtsstaat* sind die Möglichkeiten der Steuerfahndung beschränkt. Der Staat wirbt für sich durch die Verlässlichkeit seiner Regeln, den Schutz der Privatsphäre und das dadurch generierte Vertrauen (vgl. oben Teil I). Folglich muss sich die Steuerfahndung weitgehend auf ihre eigenen Quellen wie die Daten der Finanzämter und des Zolles beschränken. Hinzu kommen beiläufige Informationen aus der Presse und Anzeigen missmutiger Bürger.

Abbildung 4: Angebot und Nachfrage nach Daten im strikten Rechtsstaat und im „lockeren Rechtsstaat"

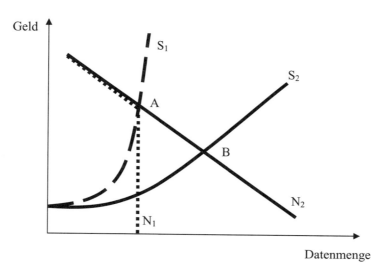

Legende: S_1 und N_1 strikter Rechtsstaat; nachfragebeschränktes Gleichgewicht A
S_2 und N_2 „lockerer Rechtsstaat"; angebotsbeschränktes Gleichgewicht B

In Abbildung 4 drückt sich dies dadurch aus, dass die Grenzkosten der Datenbeschaffung, d.h. die Angebotskurve S_1 der Fahndung, unelastisch ist und steil nach oben verläuft. Zusätzliche Daten zu beschaffen, ist für die Regierung nicht nur kostspielig und daher von begrenztem Interesse, sondern es würden auch die Schranken des strikten Rechtsstaates überschritten. Die Menge beschaffbarer Steuerdaten ist durch den Rechtsstaat „nachfragebegrenzt". Von der Fahndung wird nur bereitgestellt, was die Regierung rechtlich korrekt nachfragen darf und nachfragen wird. Daher knickt die Nachfragekurve N_1 am Punkt A senkrecht nach unten.[28]

(2) Mehr Daten werden von der Fahndung beschafft und der Regierung bereitgestellt, wenn diese den Rechtsstaat lockerer interpretiert. Seit dem Liechtensteinfall scheint diese Doktrin zunehmend zur Anwendung zu kommen. Einerseits sind heute legale, halblegale und illegale Daten auf dem Markt in großer Fülle erhältlich. Sie bewirken, dass die Angebotskurve in Abbildung 4 eine wesentlich elastischere Gestalt annimmt. Anderseits schreckt die Regierung im *„lockeren Rechtsstaat"* auch nicht davor zurück, Daten fragwürdiger Provenienz nachzufragen. Nachfrage N_2 und Angebot S_2 schneiden sich dann am Punkt B. Hier ist die Menge ist „angebotsbeschränkt".

Für den konkreten Fall der Liechtensteiner Steueraffäre hat Ulrich Sieber vom Freiburger Max-Planck-Institut im Wesentlichen vier Eigentümlichkeiten herausgearbeitet, die – auf das vorliegende Modell projiziert – dazu beitragen, das Gleichgewicht vom Punkt A zum Punkt B zu bewegen.[29]

1. Kriminelle Datenbeschaffung: Ein Angestellter der LGT-Bank verschaffte sich bei der Arbeit im Jahr 2002 illegal Kundendaten und bot diese später dem Bundesnachrichtendienst (BND) für über 4 Millionen Euro an. Damit machte er sich Sieber (2008) zufolge nach deutschem Recht „wegen der unbefugten Verwertung oder Mitteilung eines unbefugt verschafften Geschäftsgeheimnisses nach § 17 Abs. 2 Nr. 2 UWG strafbar".[30] Die Tat wird nur auf Antrag verfolgt. Ein Rechtshilfegesuch des Fürstentums Liechtenstein an die Bundesrepublik Deutschland mit dem Ziel, den Täter zu überführen, wurde gestellt, aber bisher nicht behandelt. Im Gegenteil, dem Täter wurde offenbar eine neue Identität verliehen, so dass er sich der Festnahme mit großer Wahrscheinlichkeit wird entziehen können.

2. Lockere Gewaltenteilung zwischen BND und Verwaltung: Dass der BND bei dieser Aktion Gesetze übertrat, braucht wiederum nach *Sieber* (2008) nicht ohne weiteres angenommen zu werden. Der BND darf illegal beschaffte Daten gegen Geld erwerben, soweit er „Vorgänge von außen- und sicherheitspolitischer Bedeutung" aufklärt, da ohne solche Befugnisse eine nachrichtendienstliche Aufklärung vor allem im Ausland kaum möglich wäre. Das bedeutet aber nicht, dass der BND die so erlangten Informationen im Inland an die Wuppertaler Steuerfahndung weitergeben darf. Hier soll eine „informationelle Gewaltenteilung" praktiziert werden, so dass die eine Hand (die Fahndung) nicht erfährt, was die andere (der BND) seinem spezifischen Auftrag zufolge erfahren hat. Diese Trennung ist offenbar nicht eingehalten worden.

---

28 Zugrunde liegt das Bürokratiemodell von Niskanen (1971), nach welchem die Bürokratie – hier in der Form der Fahndung – der Regierung eine Leistung anbietet und diese ihr dafür ein Budget gewährt.
29 Sieber (2008) und andere Quellen.
30 Durch das deutsche Strafrecht werden inländische wie ausländische Individualinteressen gleichermaßen geschützt.

3. Beihilfe zu einer Straftat: Der Beamte des Fiskus hat die gestohlenen Daten vom Kriminellen nicht einfach entgegengenommen, sondern ihm hierfür (durch Vermittlung des BND) einen hohen Betrag bezahlt. Dies legt den Tatbestand der Beihilfe zur strafbaren Verwertung von Geschäftsgeheimnissen (§ 17 Abs. 2 Nr. 2 UWG) nahe. Nur wenn davon ausgegangen werden kann, dass der Fahndungsbeamte nicht wusste, dass es derzeit kein Gesetz gibt, das solche Zahlungen erlaubt, kann er wegen Verbotsirrtum nach § 17 StGB für einmal als entschuldigt erklärt werden. Ob es bei dem einzigen Mal bleibt, scheint eher unsicher. Denn ein neuer Fall wird nie deckungsgleich mit dem alten sein, so dass § 17 StGB möglicherweise erneut herangezogen werden kann. Jedenfalls gibt es heute schon Internetadressen, in denen für Tipps, die zur Ergreifung von Steuersündern führen, Belohnungen aus der Staatskasse versprochen werden.[31]

4. Verwendung von kriminell beschafften Daten: Schließlich stellt sich die Frage nach der gerichtlichen Verwertbarkeit der rechtswidrig erzielten Beweise. *Sieber* (2008) ist der Meinung, dass die beschafften Kontendaten nur bei schwerer Steuerkriminalität zur Verfolgung verwendet werden dürfen. Hingegen könnten nach Abwägung die indirekt, z.B. bei einer Hausdurchsuchung zusätzlich erlangten Beweisstücke vor Gericht verwendet werden. Die amerikanische „fruit of poisonous tree doctrine", nach der auch solche Beweisstücke nicht vor Gericht verwendet werden dürfen, wird in Deutschland offenbar grundsätzlich nicht anerkannt. Diese Frage steht derzeit noch offen.

Sieber sieht insbesondere Punkt 3 (Beihilfe zur Straftat) als sehr problematisch an. Ob allerdings die verantwortlichen Beamten bestraft werden und wann, scheint unsicher.

(3) Doch unabhängig von der konkreten Behandlung des Rechtsfalles der LGT-Daten, der sich über Jahre hinziehen wird, hat die Offenlegung dieser Daten schon heute wichtige Auswirkungen für die Reputation von Finanzplätzen mit Bankkundengeheimnis. Deren Kunden können kriminelle Handlungen nicht mehr gänzlich ausschließen und uneingeschränkt darauf vertrauen, dass ihre Depots sich in Sicherheit befinden. Sie müssen u.U. neu disponieren. Regierungen der betroffenen Finanzplätze müssen ihre Strategie überprüfen. Dem helfen die Regierungen von Steuerfluchtstaaten (wie Deutschlands) durch Droh- und Verunsicherungspolitiken gegenüber den betroffenen Regierungen nach, z.B. durch

- die Schaffung neuer Steuertatbestände, indem bestehende Gesetze neu ausgelegt werden,
- die Interpretation von Bankkundenberatung als Beihilfe zur Steuerhinterziehung und damit als Delikt,
- die Ahndung solcher Beratung im Inland, möglicherweise aber auch im Ausland durch exterritoriale Anwendung des nationalen Rechts,
- Beuge- und Untersuchungshaft von Verdächtigen und u.U. auch ihrer Bankberater mit dem Ziel, Geständnisse zu erwirken,

---

31 Derzeit wirbt das Unternehmen Steuerverrat GbR (www.steuerverrat.de)

- Retorsionsmaßnahmen auf anderen Gebieten der Außenwirtschaftspolitik wie z.b. durch Kapitalverkehrskontrollen oder Sicherstellungen und Belastungen im internationalen Warenverkehr gegenüber nicht „kooperationsbereiten Staaten",
- Ersetzung strikter Regeln (z.b. im Umgang mit dem BND) durch Abwägungstatbestände.[32]

Das alles bewirkt, dass nicht nur die Banken des betreffenden Landes, sondern auch dessen übrige Industrien in Mitleidenschaft gezogen werden und die Regierung sich gezwungen sieht, bisher verweigerte steuerliche Informationen doch offen zu legen.

Was „Offenlegen" genau bedeutet, wird Verhandlungssache sein: Von der heutigen Steuerstrafrechtshilfe aufgrund eines ausländischen Urteils und Strafbarkeit des Tatbestands in beiden Staaten über eine Amtshilfe unter Finanzämtern im Falle eines begründeten Verdachts des ausländischen Finanzamtes bis zur beidseitigen Online-Konto- und Depotabfrage durch die Finanzämter beider Staaten ist alles möglich. Typischerweise werden Verhandlungen erst nach einer strategischen Wartefrist aufgenommen. Im Abkommen selbst werden dann einige Punkte offen gelassen oder nur ungenau beschrieben („and the like"), so dass später bei Bedarf weitergehende Forderungen aufgestellt werden können. Bei diesen Drohkulissen ist zu bedenken, dass ein kleines Land im Falle von Retorsionsmaßnahmen in der Regel mehr zu verlieren hat als ein großes. Anderseits verliert auch ein großes Land an Verlässlichkeit und Vertrauenskapital.

Schließlich darf aus all den spektakulären Erfolgen, die die Steuerfahndung in der jüngsten Vergangenheit erzielt hat, noch nicht der Schluss gezogen werden, dass die Steuerhinterziehung wesentlich eingedämmt worden ist. Betroffen werden möglicherweise kleinere Vermögen im grenznahen Ausland. Große Vermögen sind jedoch mobil; sie lassen sich weltweit platzieren.

4. Führen höhere Strafen zu geringerer Hinterziehung?

Nach der jüngsten Liechtensteiner Steueraffäre haben deutsche Politiker aller Lager eine Verschärfung des Strafregimes gefordert. Dem ist im Jahressteuergesetz 2009 teilweise nachgekommen worden. Im Wesentlichen stellt sich das deutsche Sanktionssystem wie folgt dar:

- *Steuerordnungswidrigkeiten*, d.h. leichtfertige Steuerverkürzungen werden nach Art. 378 AO mit maximal 50.000 Euro Strafe bei einer Verjährung nach 5 Jahren geahndet.
- *Steuerstraftaten*, d.h. willentliche Falschangaben nach Art. 370 AO werden mit Bußzahlung bzw. Gefängnis bis zu 5 Jahren abhängig vom hinterzogenen Betrag, seit 2003 „in besonders schweren Fällen" auch „als Mitglied einer Bande" mit Freiheitsstrafen bis zu 10 Jahren bestraft. Verjährung erfolgt nach 5, neu nach 10 Jahren. Das Bußgeld steigt in Vielfachen von Tagessätzen entsprechend dem Tagesein-

---

32 Zusammenstellung aus verschiedenen Quellen der Tagespresse.

kommen des Straftäters. Als Faustregel gilt: Die Strafe folgt dem doppelten des hinterzogenen Betrages plus Steuernachzahlung.[33]
- *Für Steuerordnungswidrigkeiten und Steuerstraftaten zusammen* wurden im Jahr 2007 1.603,8 Mio. Euro bestandskräftige Mehreinnahmen festgesetzt (1.433,6 im Jahr 2006). Diese verteilen sich auf 36.309 Fälle (35.666 Fälle 2006); d.h. 44.171 Euro pro Fall (40.195 Euro pro Fall 2006). Freiheitsstrafen wurden in der Höhe von 1.794 Jahren (2.226 Jahren 2006) verhängt.

Letztlich aber kommt es aber darauf an, ob die Meinung der Politiker, dass höhere Strafen die Steuerhinterziehung senken, gerechtfertigt ist. *Feld, Schmidt* und *Schneider* (2007) haben die Granger-Kausalität zwischen Schattenwirtschaft, Geldstrafen pro Untersuchung, Unternehmen pro Betriebsprüfung, Haftstrafen pro Untersuchung und Geldstrafen pro Untersuchung von 1974 bis 2001 analysiert. Im Ganzen zeigt sich, dass die Schattenwirtschaft einen Granger-kausalen Einfluss auf die Geldstrafen pro Untersuchung ausübt (politische Reaktion), dass aber die Hypothese, dass die Strafen pro Untersuchung keinen restriktiven Granger-kausalen Einfluss auf die Schattenwirtschaft ausüben (individuelle Reaktion) nicht zurückgewiesen werden kann. Somit scheint die These vieler Politiker, durch eine Verschärfung des Strafregimes die Schattenwirtschaft einzudämmen, verfehlt. Das alles spricht fürs erste nicht für ein Regime harter Strafen. Allerdings ist mit diesen Ergebnissen das letzte Wort noch nicht gesprochen. Einmal stellt die Schattenwirtschaft nur eine Proxy für die Steuerhinterziehung dar und zum anderen ist die neueste Entwicklung im Steuerstrafrecht in den untersuchten Daten noch nicht enthalten.

5. Steuersatz

In den meisten empirischen Studien – so auch in der erwähnten Studie von *Weck-Hannemann* und *Pommerehne* (1989) – wird die intuitive Annahme bestätigt, wonach die Steuerhinterziehung mit steigenden marginalen Steuersätzen zunimmt, weil die absolute Risikoscheu mit steigendem Einkommen zurückgeht. Dahinter steht aber auch die Überlegung, dass Vielverdiener mit entsprechend hohem Grenzsteuersatz mehr hinterziehen als Wenigverdiener, weil der Einspareffekt bei hohem Einkommen größer ist und weil sie es sich leisten können.[34]

---

33 Faustregel der Bochumer Staatsanwaltschaft. Bei Kooperation mit der Fahndung werden Abschläge gewährt. Bei so genannten „Schwarzen Fonds", über die keine Bilanzen veröffentlicht werden, sollen die Steuern angeblich bis zu 90 % des eingesetzten Kapitals ausmachen, wozu noch der doppelte Betrag der Strafe kommen soll, was allerdings höchstrichterlich noch nicht bestätigt ist. Alle Angaben nach Informationen von „Der Spiegel", Nr.26 vom 23.6.2008. S. 55 und ergänzenden Informationen, die dem Autor von Frau Barbara Schmid vom Spiegel zur Verfügung gestellt worden sind. – Selbstanzeigen wirken nicht mehr strafbefreiend, sondern seit 2003 nur noch strafmildernd
34 Die unmittelbar intuitive Annahme lautet, dass ein Individuum sich mehr riskante Positionen leisten kann, wenn sein Bruttoeinkommen steigt. Nicht ganz klar ist, wie das Individuum auf eine Steuererhöhung reagiert. Die Steuererhöhung macht es dem Grundmodell von *Allingham* und *Sandmo* (1972) folgend vergleichsweise ärmer, weshalb es nach obiger Annahme weniger zu hinterziehen geneigt ist. Der Einkommenseffekt ist hier negativ. Gleichzeitig vermindert sich die Differenz zwischen Strafsteuer- und statutarischem Steuersatz mit steigendem Einkommen, so dass das Individuum einen An-

Hier soll jedoch darauf hingewiesen werden, dass bei Ersparnissen nicht einfach vom Spitzensteuersatz laut Einkommensteuertarif ausgegangen werden kann. Bei gegebenem statutarischem Spitzensteuersatz steigt nämlich der effektive Spitzensteuersatz umso mehr an, je länger ein Individuum spart. Frühkonsumierer werden sehr viel weniger besteuert als Langsparer. Das liegt an der zusätzlich zur (Arbeits-)Einkommensteuer erhobenen Zinssteuer. Diese wird statutarisch pro Jahr berechnet, was aber bei einer Planungsperiode von z.B. 40 Jahren willkürlich ist und den Kumulativeffekt zur Folge hat. Rose und andere haben anschaulich darauf hingewiesen, wie abträglich die jährliche Zinssteuer für Kapitalbildung und Wirtschaftswachstum ist.[35] Ähnlich dürfte sich die Zinsbesteuerung auch auf die Steuerhinterziehung auswirken.

In der nachfolgenden Tabelle 2 ist die Situation eines jungen Sparers dargestellt, der zunächst einmal nur für ein Jahr spart. Es gelten die Einkommensteuer zum Spitzensteuersatz plus Solidaritätszuschlag und die Abgeltungsteuer plus Solidaritätszuschlag. Zum Vergleich wird ein Beispiel für den Spitzensteuersatz für die Stadt Zürich berechnet, wo alle Einkommen zur Einkommensteuer von Gemeinde, Kanton und Bund belastet werden.

Tabelle 2: Steuerbelastung eines Sparers, der von seinem Bruttolohn 10.000 Euro für ein Jahr beiseite legen möchte

Zinssatz 4 % *Deutscher /* Schweizer Steuerzahler	2008 zur Ersparnis vorgesehener Teil des Einkommens	Verbleiben nach Steuerabzug von *47,5 % /* 34,4 %	Verzinst zu 4 % nach einem Jahr	Steuerabzug *26,4 % /* 34,4 %	Verfügbar zum Konsum	Steuersatz steigt von….auf
Ohne Steuer	10.000	…	10.400	…	10.400	…
Einkommensteuer	*10.000*	*5.250*	*5.460*	*55*	*5.405*	*47,5→48,0*
	10.000	6.560	6.822	90	6.732	34,4→35,3
Kapitalertragsteuer	*10.000*	*5.250*	*5.460*		*5.460*	*47,5→47,5*
bereinigte Einkommensteuer	10.000	6.560	6.560	6.822	6.822	34,4→34,4

Erläuterung: Kursiv: Deutschland, nicht kursiv: Schweiz

Quelle: Eigene Darstellung

reiz, hat zur Steuerhinterziehung überzugehen. Dieser Substitutionseffekt wirkt dem Einkommenseffekt entgegen und wird bei hinreichender Annäherung der beiden Steuersätze die Steuerhinterziehung stimulieren und den Einkommenseffekt möglicherweise übertreffen, so dass die intuitive Annahme durchschlägt, was bei den hohen Steuersätzen, die den nachfolgenden Beispielen zugrunde liegen, nicht unplausibel scheint (vgl. auch die generelle Diskussion bei *Sandmo* 2005).

35 *Gress*, *Rose* und *Wieswesser* (1998).

Von den genannten 10.000 Euro, die ein Individuum verdient, versteuert und auf die Seite gelegt hat, bleiben ihm in Deutschland nach Einkommen-, Abgeltungsteuer und Solidaritätszuschlag noch 5.405 Euro. Schon eingeschlossen sind hier die Steuern auf das Zinseinkommen, die die Belastung von 47,5 % auf dem Arbeitseinkommen auf insgesamt 48,0 % anheben. Dies stellt eine zunächst geringfügige Zusatzlast im Vergleich zur kapitalertragsteuerbereinigten Einkommensteuer dar, bei der Zinsen nicht belastet werden. In der Schweiz wird der gleiche Effekt wirksam, aber die anfängliche Belastung ist niedriger.

Tabelle 3: Steuerbelastung eines Sparers, der von seinem Bruttolohn 10.000 Euro über 40 Jahre beiseite legen möchte

Zinssatz 4 % *Deutscher / * Schweizer Steuerzahler	2008 zur Ersparnis vorgesehener Teil des Einkommens	Verbleiben nach Steuerabzug von *47,5 % / * 34,4 %	Verzinst zu 4 % nach 40 Jahren	Steuerabzug *26,4 % / * 34,4 %	Verfügbar zum Konsum	Steuersatz steigt von....auf
Ohne Steuer	10.000	...	48.010	...	48.010	...
Einkommensteuer	*10.000*	*5.250*	*25.205*	*8.441*	*16.757*	*47,5→65,1*
	10.000	6.560	31.495	13.008	18.487	34,4→61,5
Kapitalertragsteuer bereinigte Einkommensteuer	*10.000*	*5.250*	*25.205*		*25.205*	*47,5→47.5*
	10.000	6.560	31.495		31.495	34,4→34,4

Erläuterung: Kursiv: Deutschland, nicht kursiv: Schweiz
Quelle: Eigene Darstellung

Die Belastung ändert sich erheblich, wenn der betrachtete junge Sparer mit Blick auf sein Alter und seine Hinterbliebenen auf 40 Jahre plant. Zwar verzinsen sich die nach Steuer angelegten 5.250 Euro beträchtlich. Aber durch die alljährliche Besteuerung werden nicht 25.205 Euro (ohne Zinssteuer), sondern lediglich 16.757 Euro (mit Zinssteuer) erreicht, also nicht einmal ein Fünftel von dem, was ein Sparer erreicht, der seine 10.000 Euro gleich zu Beginn beiseite schafft und steuerfrei im Ausland anlegt. Durch die Zinsbesteuerung steigt die anfängliche Steuerbelastung von 47,5 % auf 65,1 %. Im Vergleich dazu stellt sich der Schweizer Sparer bei Steuererfüllung in der Gesamtbelastung trotz seiner niedrigeren Ausgangsbesteuerung nur wenig besser; denn seine Zinsen unterliegen der progressiven Einkommensteuerbelastung, während der Deutsche mit der niedrigeren Abgeltungsteuer etwas günstiger fährt.

Für Deutschland ist im Weiteren noch die derzeitige Erbschaftsteuer dazuzurechnen, falls der Sparer seine Hinterbliebenen begünstigen will. Diese Steuer kann je nach Verwandtschaftsgrad und Geldsumme bis zu 50 % betragen. Das bedeutet, dass die Belastung des deutschen Sparers auf 83 % ansteigt, ihm also im Vergleich zu einer Anlage des unversteuerten Einkommens im Ausland nur 17 % verbleiben. Es leuchtet ein: Steuerhinterziehung wird unwiderstehlich.

Zusammenfassend lässt sich festhalten: Beides, Vertrauen in den Staat wie auch Strafen sind Voraussetzungen, dass Individuen Steuern bezahlen. Über das bestmögliche Mischungsverhältnis der beiden lässt sich streiten. Aber es lassen sich Fälle herausarbeiten, in denen dieses Mischungsverhältnis mit großer Wahrscheinlichkeit verfehlt wird. Bei der Zinsbesteuerung, die hier exemplarisch angeführt wird, sind

- bei langfristiger Anlageplanung die Steuersätze extrem hoch und die Steuerhinterziehung daher kaum zu unterdrücken,
- hinterzogene Zinserträge sind nur schwer erkennbar,
- die Mittel zur Fahndung und Unterdrückung der Steuerhinterziehung infolgedessen unverhältnismäßig hoch,
- die Wachstumsverluste wegen Demotivierung des Sparens bei erfolgreicher Durchsetzung der Zinsbesteuerung entsprechend groß,
- manch spektakulärer Erfolg bei der Steuerfahndung dazu geeignet, das Vertrauen des Bürgers in den Staat schmälern und die Steuererfüllung weiter zu untergraben, wenn dieser mit rechtsstaatlich fragwürdigen Mitteln erzielt worden ist.

Das alles lässt die Frage aufkommen, ob sich die steuerliche Verfolgung der Langfrist-Sparer wirklich lohnt oder ob nicht ein großes Missverhältnis von Nutzen und Kosten besteht und ein neues Steuerdesign vonnöten ist. Mit der 2009 eingeführten Abgeltungsteuer ist ein erster Schritt in die m.E. richtige Richtung vollzogen worden, weil die Steuersätze auf Zinsen für viele Sparer etwas gesenkt wurden.[36] Aber das dürfte, wie die obigen Modellrechnungen belegen, noch lange nicht ausreichen, um die Steuerhinterziehung zum Verschwinden zu bringen. Weitere Schritte sollten folgen.

IV. Schlussfolgerungen: Bessere Institutionen, weniger Repressionen

Erstens wird in diesem Aufsatz davon ausgegangen, dass Steuerzahlung nicht einen moralischen Akt, sondern eine ökonomische Entscheidung darstellt. Zu fragen ist: Weshalb erwägen so viele Menschen, ihre Steuern zu hinterziehen? (Tabelle 1) Wären alle Menschen mit dem Staat völlig zufrieden, so könnte die Steuererfüllung wesentlich höher liegen, wenngleich das Ideal einer Steuererfüllung von 1 schwerlich erreichbar ist. Doch die Realität ist weit von 1 entfernt. Daher stellt sich die Frage: Wie können die Entscheidung über Steuern und das Design von Steuern verbessert werden, um die Individuen zu einer höheren Steuererfüllung zu motivieren? Einiges könnte die direkte Demokratie leisten, anderes wäre über den vermehrten Einsatz von Objekt-, statt Subjektsteuern sowie der Übergang vom Bestimmungsland- zum Ursprungslandprinzip vermutlich zu erreichen. Durch glaubwürdigere Steuern könnte auch die Reputation des Staates gegenüber den Steuerzahlern gestärkt werden. Hier gilt es das Äquivalenzprinzip zu

---

36 Die gleichzeitig eingeführte Besteuerung der Kursgewinne auf Wertpapieren wirkt demgegenüber in die umgekehrte Richtung.

bedenken. Wo eine Gegenleistung sichtbar ist, da wird die Steuer einsichtig und auch eher bezahlt.

Zweitens erweist sich die Repression durch Fahndung und Bestrafung als ein zwar notwendiges, aber vergleichsweise stumpfes Schwert. Repression kann die Einstellung der Bürger zum Staat nicht verbessern und sie so zur Steuerzahlung bewegen. Im Gegenteil, manche neue Praktiken der Beweisbeschaffung sind dazu geeignet, das Vertrauen der Bürger in den Rechtsstaat zu unterhöhlen, statt zu stärken. Insbesondere kann Unsicherheit über den Rechtsstaat die Steuerhinterziehung begünstigen. Kontraproduktiv für die Steuererfüllung ist es auch, solche Einkommen mit hohen Sätzen zu belasten, die sich relativ leicht hinterziehen lassen und die Fahndung zur Repression gerade bei diesen Steuern besonders intensiv einsetzen. Vielmehr gilt es, hier auszutarieren, um mit beschränkten Mitteln eine möglichst hohe Steuererfüllung zu erreichen. Beispielsweise könnten reine Zinsen, d.h. Entschädigungen, für die Bereitschaft, erst später zu konsumieren, gar nicht oder jedenfalls sehr viel niedriger besteuert werden. Denn die faktischen Steuersätze der Zinssteuer liegen insbesondere für Langfristsparer weit über den statutarischen Steuersätzen. Mit gezielten Steuerbefreiungen würde einem großen Teil der Steuerhinterziehung der Wind aus den Segeln genommen. Andere Steuern auf das Kapital sollten möglichst vor Ort vorgenommen werden, wo auch die verursachten Kosten anfallen und die Steuererfüllung höher ist.

Literatur

Allingham, Michael G. und Agnar Sandmo (1972), Income tax evasion: A theoretical analysis, *Journal of Public Economics,* Bd. 1, S. 323-338.
Blankart, Charles B. (2008), *Öffentliche Finanzen in der Demokratie,* München.
Boss, Alfred (1989), Steuerharmonisierung und Realisierung des EG-Binnenmarktes, *Wirtschaftsdienst,* Jg. 69, S. 249-251.
Brueckner, Jan K. (1982), A Test for Allocative Efficiency in the Local Public Sector, *Journal of Public Economics,* Bd. 19, S. 311-331.
Cnossen, Sijbren (2008), *VAT Coordination in the European Union: It's the break in the audit trail, stupid!,* Vortrag am Kongress des International Institute of Public Finance 2008 in Maastricht.
Crawford, Ian, Michael Keen und Stephen Smith (2008), in: James Mirrlees (Hg.), *Reforming the Tax System for the 21st Century, The Mirrlees Review, VAT and Excises,* Oxford.
EU-Kommission (2006), *Mitteilung der Kommission an den Rat gemäß Artikel 27 Absatz 3 der Richtlinie 77/388/EWG;* KOM (2006) 404 endgültig, Brüssel.
Fehr, Hans, Christoph Rosenberg und Wolfgang Wiegard (1994), Should the EC Adopt the Origin Principle for VAT after 1997?, *Finanzarchiv,* Bd. 51, 1-27.
Feld Lars P. (2008), *Presidential Addrees* an der Tagung der European Public Choice Society in Jena.
Feld, Lars P. und Bruno S. Frey (2002), Trust Breeds Trust: How Tax Payers are Treated, *Econmics of Governance,* Bd. 3, S. 87-99.
Feld, Lars P., Andreas J. Schmidt und Friedrich Schneider (2007), *The Size of the Shadow Economy and Deterrence in Germany: First Results from a Time Series Analysis,* Universität Heidelberg.
Frey, Bruno S. (1997), A Constitution for Knaves Crowds Out Civic Virtues, *Economic Journal,* Bd. 107, S. 1143-1153.
Gress, Manfred, Manfred Rose und Rolf Wieswesser. (1998), *Marktorientierte Einkommensteuer,* München.
Homburg, Stefan (2007), *Allgemeine Steuerlehre,* München.

Kahneman, Daniel und Amos Tversky (1979), Prospect theory: An analysis of decision under risk, *Econometrica*, Bd. 47, S. 263-291.
Keen, Michael und Stephen Smith (2007), VAT Fraud and Evasion: What Do We Know, and What Can be Done? *International Monetary Fund Working Paper* 2007.
Kirchgässner Gebhard (2007), Direkte Demokratie, Steuermoral und Steuerhinterziehung: Erfahrungen aus der Schweiz, *Perspektiven der Wirtschaftspolitik*, Bd. 8 (1), S. 38-64.
Kunreuther, Howard (1976), Limited knowledge and insurance protection, *Public Policy*, Bd. 24, S. 227-261.
Lauré, Maurice (1952) *Taxe sur la valeur ajoutée*, Paris.
Lockwood, Ben, David de Meza und Gareth D. Myles (1994), When are Origin and Destination Regimes Equivalent ?, *International Tax and Public Finance*, Bd. 1, S. 5-24.
Musgrave, Richard A. und Alan T. Peacock (1958), (Hg.), *Classics in the Theory of Public Finance*, London u.a.
Niskanen, William A. (1971), *Bureaucracy and Representative Government*, Chicago und New York.
North, Douglas C. (1992), *Institutionen, institutioneller Wandel und Wirtschaftsleistung*, Tübingen.
Olson, Mancur (1965), *The Logic of Collective Action, Boston*, deutsch: Die Logik des kollektiven Handelns, Tübingen, 1968.
Oualid, William (1929), Das Budget und das Finanzsystem Frankreichs, *Handbuch der Finanzwissenschaft*, 3. Band, Tübingen, S. 103-142.
Parlement Européen, Direction générale de la recherche (1995), *Document de travail options pour un régime définitif de TVA*, Série Affaires Economiques E5-FR 09/95, Brüssel.
Rosen, Harvey S. (1988), *Public Finance*, 2. Aufl., Homewood, Ill.
Sandmo, Agnar (2005), The Theory of Tax Evasion: A Retrospective View, *National Tax Journal*, Bd. 58, S. 643-663.
Schmölders, Günther (1956), Die Umsatzsteuern, *Handbuch der Finanzwissenschaft*, 2. Aufl., 2. Band, Tübingen, S. 564-600.
Schneider, Friedrich (2007), Does the Shadow Economy Pose a Challenge to Economic and Public Finance Policy? Some Preliminary Findings, in: Pio Baake und Rainald Borck (Hg.), *Public Economics and Public Choice: Contributions in Honour of Charles Beat Blankart*, Heidelberg und Berlin, 157-180.
Schöbel, Enrico (2008), *Steuerehrlichkeit*, Frankfurt.
Sieber, Ulrich (2008), Ermittlungen in Sachen Liechtenstein – Fragen und erste Antworten, *Neue Juristische Wochenschrift*, 61. Jg., Nr. 13, S. 881-886.
Sinn, Hans-Werner, Rüdiger Parsche und Andrea Gebauer (2004), Das ifo-Modell zur Eindämmung des Mehrwertsteuerbetrugs: Erst zahlen, dann erstatten, *ifo Schnelldienst*, 57. Jg. Nr. 2, S. 34-38.
Torgler, Benno und Friedrich Schneider (2006), Attitudes Towards Paying Taxes in Austria: An Empirical Analysis, *Empirica*, Bd. 32, S. 231-250.
Weck-Hannemann Hannelore und Werner W. Pommerehne (1989), Einkommensteuerhinterziehung in der Schweiz: Eine empirische Analyse, *Schweizerische Zeitschrift für Volkswirtschaft und Statistik*, 125. Jg., Heft 4, S. 515–556.
Wicksell, Knut (1896), Finanztheoretische *Untersuchungen nebst Darstellung und Kritik des Steuerwesens Schwedens*, Jena.
Willgerodt, Hans (1958), Umsatzsteuern und Handelsoptimum im Gemeinsamen Markt, *ORDO*, Bd. 10, S. 63-114.
Wissenschaftlicher Beirat beim Bundesministerium für Wirtschaft (1986), *Stellungnahme zum Weißbuch der EG-Kommission über den Binnenmarkt,* Gutachten vom 21. und 22. Februar 1986; BMWA-Studienreihe Nr. 51.
Vaubel, Roland (2003), Principal-Agent-Probleme in internationalen Organisationen, *HWWA Discussion Paper*, Nr. 219, Hamburg.

Zusammenfassung

Warum bezahlen Individuen Steuern? In erster Linie weil und insoweit sie Vertrauen in den Staat haben. Vertrauen bildet sich aus der Art, wie Steuern beschlossen werden. Gute Beschlüsse stabilisieren das Vertrauen in den Staat und generieren neues Vertrauen. So wirken Konsens und direkte Demokratie stärker förderlich auf die Steuererfüllung als repräsentative Demokratie. Aber auch von einem guten Steuerdesign können positive Anreize zur Steuererfüllung ausgehen. Umgekehrt können Steuern schon aus ihrer Konstruktion hinterziehungsgefährdet und so dem Vertrauen abträglich sein. So werden häufig Objektsteuern eher getragen als Subjektsteuern sowie Steuern nach dem Ursprungslandprinzip eher als solche nach dem Bestimmungslandprinzip.

In zweiter Linie spielen Sanktionen eine Rolle. Denn auch im besten Staat gibt es notorische Freifahrer, die das Bezahlen von Steuern lieber ihren Mitbürgern überlassen, als sich selbst in die Pflicht zu nehmen. In der Verfolgung solcher Steuerhinterzieher muss sich auch der Staat an geltendes Recht halten. Sich auf fragwürdige Informationsquellen zu stützen, schmälert das für die Steuererfüllung notwendige Vertrauen. Es sollte pragmatisch vorgegangen werden. Regierungen sollten bei jeder Steuer abwägen, ob sich die erforderlichen Durchsetzungskosten gegenüber dem erzielten Steuerertrag, den Effizienzkosten und dem möglicherweise hingenommenen Vertrauensverlust die Waage halten. Bei der Besteuerung der Langfristsparer könnte die Balance schon heute ins Negative ausschlagen.

Summary:
Towards a Better Tax Compliance

Individuals pay taxes because they trust in government. Governments' adherence to the rule of law seems to increase trust and tax compliance. But the tax design also influences tax compliance. Taxes for which the quid pro quo is not visible or which are not self determined by the citizenry are more likey to be evaded. VAT according to the origin principle fares better than VAT according the destination principle. Tax design should keep revenue in balance with enforcement costs, efficiency loss and citizen's trust in government. Questionable are extremely high tax rates, such as those on long term savings.

Tobias Thomas[1]

Fragwürdige Luxussteuern: Statusstreben und demonstratives Konsumverhalten in der Geschichte ökonomischen Denkens

Inhalt

I. Luxus, Statusstreben und demonstratives Konsumverhalten – Eine Einführung 92
II. Statusstreben und demonstratives Konsumverhalten in der Geschichte ökonomischen Denkens 93
  1. Seit 1500 – Die merkantilistische Schule 93
  2. Seit 1756 – Die physiokratische Schule 95
  3. Seit 1776 – Die klassische Schule 95
  4. Seit 1840 – Die deutsche historische Schule 97
  5. Seit 1871 – Die marginalistische Schule 98
  6. Seit 1890 – Die neoklassische Schule 99
  7. Seit 1899 – Die institutionalistische Schule 99
  8. Seit 1906 – Die wohlfahrtsökonomische Schule 101
  9. Seit 1958 – Die gesellschafts- und sozialkritische Bewegung 102
III. Statusstreben und demonstratives Konsumverhalten im ökonomischen Denken heute 104
  1. Demonstratives Konsumverhalten und intrinsische Motivation – Status als Erfüllung 105
  2. Demonstratives Konsumverhalten und extrinsische Motivation – Status als Instrument 107
IV. Fazit 109
Literatur 111
Zusammenfassung 113
Summary: Questionable Luxury Taxes: Status Seeking and Conspicuous Consumption in the History of Economic Thought 113

---

[1] Der Autor dankt *Hans-Joachim Braun* und *Klaus W. Zimmermann* (beide Hamburg) sowie zwei anonymen Gutachtern für wertvolle Hinweise und konstruktive Kritik.

I. Luxus, Statusstreben und demonstratives Konsumverhalten – Eine Einführung

„Luxus ist jeder Aufwand, der über das Notwendige hinausgeht. Der Begriff ist offenbar ein Relationsbegriff, der erst einen greifbaren Inhalt bekommt, wenn man weiß, was das „Notwendige" sei" (*Sombart* 1913, S. 71). Nach *Sombart* gibt es grundsätzlich zwei Möglichkeiten, das Notwendige zu begreifen. Einerseits kann man das Notwendige subjektiv, zum Beispiel auf ethische oder ästhetische Vorstellungen gestützt, determinieren. Andererseits kann man versuchen, einen objektiven Maßstab zu finden. Hier führt *Sombart* (1913, S. 71) die physiologische Notdurft und die Kulturnotdurft an.

Erweist sich die physiologische Notdurft in entwickelten Volkswirtschaften als weniger geeignet, Luxusgüter abzugrenzen, so beinhaltet der Begriff der Kulturnotdurft alles, was in Bezug auf eine bestimmte Kultur als notwendig erachtet wird. Ob ein Gut als Luxusgut bezeichnet werden kann, hängt demnach vom sozialen Umfeld ab, in dem es konsumiert wird.

Während der Begriff Luxusgut ein Gut bezeichnet, welches relativ zu den Konsumgewohnheiten der Bezuggruppe hochpreisig ist, bezieht sich der Begriff Statusgut auf den sozialen Rang, der mit dem Konsum des Gutes verbunden wird. Luxusgüter und Statusgüter sind somit generell keine Synonyme, in dem Fall, dass sich Status auf die wirtschaftliche Position eines Individuums in einer Gesellschaft bezieht, haben sie jedoch eine große Schnittmenge. Werden Statusgüter mit dem Motiv der sozialen Distinktion demonstrativ konsumiert, spricht der amerikanische Altinstitutionalist *Thorstein B. Veblen* (1899) von *conspicuous consumption*.

Luxus, Statusstreben und demonstratives Konsumverhalten wurden in der Geschichte ökonomischen Denkens bis heute immer wieder unterschiedlich betrachtet. So wundert es nicht, dass die Antwort auf die Frage, welche Rolle der Staat im Hinblick auf statusbedingtes Konsumverhalten einnehmen soll, je nach Perspektive und historischem Hintergrund unterschiedlich ausfällt. Die Frage nach einem Staatseingriff auf dem Gebiet statusbedingten Konsumverhaltens kann hierbei in zwei Teilfragen untergliedert werden: Erstens ist die Frage zu klären, ob der Staat überhaupt eingreifen sollte und welche Ziele mit dem Staatseingriff verfolgt werden, und zweitens sollte geklärt werden, mit welchen Instrumenten das Ziel überhaupt realisiert werden kann.

Eng verknüpft mit der ersten Teilfrage ist ein Ergebnis des vorliegenden Beitrags, dass innerhalb der ökonomischen Wissenschaft Statusstreben und Luxusgüterkonsum meist moralisch aufgeladen und mit verdecktem oder offenem Normativismus betrachtet wurden. Die zweite Teilfrage zielt auf eine Besonderheit der Nachfrage nach Luxus- und Statusgütern. Werden Güter aus dem Motiv des Prestige- und Distinktionsstrebens konsumiert, so existieren interpersonelle Konsumeffekte und die Herleitung der Gesamtnachfrage erweist sich als wesentlich komplexer als die simplizistische Aggregation individueller Nachfragefunktionen.

Der vorliegende Beitrag ist wie folgt aufgebaut: Kapitel II zeigt, wie Statusstreben und demonstratives Konsumverhalten in der Geschichte ökonomischen Denkens seit den Merkantilisten gesehen wurden. Kapitel III fokussiert auf aktuelle Ansätze und ordnet sie, bevor in Kapitel IV ein Fazit gezogen und die Besteuerung von Luxusgütern kritisch hinterfragt wird.

II. Statusstreben und demonstratives Konsumverhalten in der Geschichte ökonomischen Denkens

Bereits in frühen Gesellschaften kannte man das Phänomen demonstrativen Konsumverhaltens, nur war es zumeist einer kleinen Minderheit elitärer Oberklassen vorbehalten. Diese Eliten fürchteten die stärkere Verbreitung eines Konsumverhaltens, welches auf einen ihnen ähnlichen Status hindeuten könnte und versuchten dieses imitierende Verhalten mit Hilfe von Gesetzen gegen übertriebenen Luxus (*sumptuary laws*) zu unterdrücken. Begründet wurden solche Gesetze allerdings nicht mit dem Schutzbedürfnis der Führungseliten vor Nachahmern, sondern mit der moralischen Verwerflichkeit eines solchen Konsumverhaltens. *Sumptuary laws* waren insbesondere im antiken Rom, im frühen Europa und in den Feudalherrschaften Chinas und Japans zu beobachten.[2]

1. Seit 1500 – Die merkantilistische Schule

Hauptvertreter der merkantilistischen Schule sind *Thomas Mun* (*1571, †1641), *William Petty* (*1623, †1687) und *James Steuart* (*1712, †1780). Weitere wichtige Vertreter der merkantilistischen Schule sind *Charles Davenant* (*1656, †1714) und *Jean Baptiste Colbert* (*1619, †1683).

Für die Merkantilisten war Enthaltsamkeit und Sparsamkeit die Voraussetzung für die wirtschaftliche Entwicklung einer Volkswirtschaft. Ein unproduktiver, da nichtinvestiver Luxusgüterkonsum breiter Bevölkerungsschichten wurde hingegen als unvereinbar mit der nachhaltigen wirtschaftlichen Entwicklung einer Volkswirtschaft gesehen und zudem von Staat und Kirche häufig als moralisch oder religiös verwerflich geächtet. In Hinblick auf das Konsumverhalten der Führungseliten urteilte man hingegen wesentlich unkritischer. Letzteres wurde als untrennbare Verbindung von politischer beziehungsweise ökonomischer Macht und dem damit in natürlicher Weise verbundenen demonstrativen Konsum als unproblematisch gesehen.

Einen konträren Standpunkt zum Mainstream der damaligen Zeit vertrat *Bernard de Mandeville* (*1670, †1733), der 1705 sein Gedicht *The Grumbling Hive: or, Knaves Turn'd Honest* veröffentlichte, welches 1714 in seinem Werk *The Fable of the Bees: or, Private Vices, Publick Benefits* wieder erschien. Inhalt ist die These, dass egoistische, ökonomische Aktivitäten gleich welcher Art, also auch der Konsum von Luxusgütern, zu wirtschaftlichem Wachstum und Wohlstand einer Volkswirtschaft führen. Mandeville sieht Statusstreben, welches er in sämtlichen gesellschaftlichen Schichten beobachtete, somit als erwünschtes Motiv (*Mandeville* 1714, 1924, S. 17 ff.).[3]

---

2 Eine herausragende konzeptionelle wie historische Untersuchung zum Thema Luxus liefert *Berry* (1994). Für einen einführenden Überblick zum Thema *sumptuary legislation* siehe *Vincent* (1948).
3 *Mandeville*, der 1690 von Holland nach England emigrierte, stützte seine Thesen zum Teil auf Beobachtungen aus seinem Heimatland. Holland erlebte während des 17. Jahrhunderts ein goldenes Zeitalter wirtschaftlichen Erfolges, welcher eng mit dem Aufstieg der Handelsklasse und einer kräftigeren Verbreitung aufwendigen und demonstrativen Konsumverhaltens verbunden war. Die Thesen *Mandevilles*, der die Forderung von Staat und Kirche nach einem tugendhaften und nicht-egoistischen Ver-

David Hume (*1711, †1776) hingegen betrachtet Luxusgüterkonsum auf zwei Ebenen: der ökonomischen und der moralphilosophischen. Einerseits stimmt er der förderlichen Wirkung aufwendigen Konsumverhaltens für die wirtschaftliche Entwicklung einer Volkswirtschaft grundsätzlich zu, unterscheidet aber zwischen zwei Formen eines solchen Verhaltens. Unbedenklich oder gar unschuldig sei die Zurschaustellung des eigenen Besitzes, wenn das dahinter liegende Motiv der Stolz auf den eigenen Besitz und das eigene Einkommen ist. Ist hingegen Eitelkeit das Motiv hinter dem demonstrativen Konsumverhalten, so sei das Verhalten moralisch verwerflich. (*Hume* 1739, 1896, S. 266)

Auch zur Zeit der Merkantilisten versuchte man, dem aufwendigen Konsumverhalten breiterer Bevölkerungsgruppen mit *sumptuary laws* Einhalt zu gewähren. So erreichte die Phase der *sumptuary laws* in Europa ihren Höhepunkt im 17. Jahrhundert. Mit dem Aufstieg der Handelsklasse und der fortschreitenden Verbreitung demonstrativen Konsumverhaltens zunächst in Holland und später in England traten zusätzlich Finanzierungsziele der Besteuerung von Luxusgütern in den Vordergrund. So finden sich in der steuerhistorischen Literatur seit dem 17. Jahrhundert zahlreiche Beispiele für Steuern, die unter dem Oberbegriff der Luxussteuern subsumiert werden können. In England wurden unter anderem Steuern auf Fenster (1696), Karossen (1747) und Silbergeschirr (1756) erhoben (*Wagner* 1910, S. 208 f.).

Die Besteuerung dieser Luxusgüter basierte allerdings weniger auf der Überlegung, den demonstrativen Konsum aufwendiger Güter zurückzudrängen, sondern vielmehr darauf, dass eine Einkommensbesteuerung im heutigen Sinn noch nicht möglich war. Allein aufgrund der vielen Naturalleistungen, mit denen Arbeiten und Dienste, aber auch die Nutzung von Land entgolten wurden, war man damals noch nicht in der Lage, eine Einkommensteuer sinnvoll zu erheben. Folglich war eine Besteuerung von sichtbaren Anzeichen des Reichtums nichts Unvernünftiges. Die angeführten Besteuerungsgegenstände wurden somit als Ausdruck von Leistungsfähigkeit und damit als Anlass für eine Besteuerung im Sinne des Leistungsfähigkeitsprinzips gesehen.

Die Kritiker *Mandeville*s wurden schließlich von der Realität eingeholt. Trotz verschiedener Versuche, den aufwendigen Luxusgüterkonsum breiterer Bevölkerungsschichten via Gesetz einzudämmen und trotz der Mahnungen zahlreicher Ökonomen dieser Zeit verbreitete sich der demonstrative Konsum mit dem Aufstieg der Kaufleute und Händler auch in England immer mehr, und der Markt für Luxusgüter und Mode begann zu florieren. Die Kommerzialisierung des Handels im England des 18. Jahrhunderts wurde zur Geburtsstunde der Konsumgesellschaft.[4] Die Koinzidenz einer aufstrebenden Handelsklasse, wirtschaftlicher Prosperität und der damit verbundenen zunehmenden Verbreitung aufwendigen Konsumverhaltens falsifizierte die Hypothese, dass

---

halten als pure Heuchelei ansah, empörten das Establishment derart, dass seine Schriften im Jahre 1723 in England zum öffentlichen Ärgernis erklärt wurden (*Mason* 1998, S. 6).

4 Die beobachtbare Entwicklung kann auch in Verbindung mit der Hypothese *Max Weber*s (1904/05) gesehen werden, dass die protestantische Ethik und insbesondere ihre calvinistischen Wurzeln ein idealer Hintergrund für die Entwicklung des Kapitalismus in *Weber*s Sinne sind. So hatte im Verlauf des 18. Jahrhunderts der Calvinismus, der im wirtschaftlichen Erfolg einen Indikator für die Prädestination der Menschen sieht, die Arbeitsmoral und -ethik in England maßgeblich beeinflusst und legitimiert.

ausschließlich Enthaltsamkeit und Sparsamkeit zu Wachstum und wirtschaftlichem Erfolg führen könne (*McKendrick, Brewer* und *Plumb* 1985, S. 9 f.).

2. Seit 1756 – Die physiokratische Schule

Sieht *Hume* den Konsum von Luxusgütern als moralisch verwerflich an, wenn er der persönlichen Eitelkeit dient, so hatten die Physiokraten diesbezüglich eine wesentlich pragmatischere Sicht. *Quesnay* (*1694, †1774), neben *Turgot* (*1727, †1781) zentraler Vertreter der physiokratischen Schule, stellte in seinem *Tableau Economique* 1758 zum ersten Mal einen Wirtschaftskreislauf dar. Für die Physiokraten stand die technische Verbindung von Geld- und Güterströmen im Wirtschaftskreislauf im Zentrum ihrer Betrachtung. In diesem Wirtschaftskreislauf spielt die Landwirtschaft die entscheidende Rolle, auf die sich als Urproduktion sämtliche weitere Produktion zurückführen lässt (*Quesnay* 1758, 1971, S. 336).

Die Darstellung des Wirtschaftskreislaufs diente den Physiokraten vor allem aber auch dazu, nachzuweisen, dass letztlich alle Steuern auf die Grundeigentümer überwälzt würden, die mehr als das Subsistenzniveau verdienten und einer Besteuerung nicht ausweichen konnten. Deren Konsum aber wiederum wurde zu einem großen Teil als Luxus betrachtet. Er sollte deshalb durch die Alleinsteuer auf Grund und Boden zu Gunsten der Finanzierung nützlicher Staatsausgaben reduziert werden.

3. Seit 1776 – Die klassische Schule

Der herausragende Vertreter der klassischen Schule ist *Adam Smith* (*1723, †1790). Weitere wichtige Vertreter der klassischen Schule sind *David Ricardo* (*1772, †1823), *Thomas Malthus* (*1766, †1834), *Jeremy Bentham* (*1748, †1832), *Jean-Baptiste Say* (*1767, †1832), *William Nassau Senior* (*1790, †1864) und *John Stuart Mill* (*1806, †1873).

Adam Smith (1963, 1759, S. 545) attackiert in seiner *Theory of Moral Sentiments* die Ausführungen *Mandeville*s scharf. In *The Wealth of Nations* unterscheidet er zwischen legitimiertem Demonstrationskonsum, welcher dazu dient, den eigenen Status unter seinesgleichen aufrechtzuerhalten und verwerflichem, Luxuskonsum der durch Eitelkeit bedingt ist (*Smith* 1910, 1776, S. 351 ff.).[5]

William Nassau Senior differenziert in seiner *Outline of the Science of Political Economy* zwischen drei Klassen von Gütern: *Necessaries*, *Decencies* und *Luxuries*. Während erstgenannte der Befriedigung physischer Grundbedürfnisse dienen, bezeichnen *Decencies* die Güter, die konsumiert werden müssen, um den individuellen Status in der Gesellschaft zu erhalten. *Decencies* dienen also der notwendigen und somit legitimen Unterscheidung sozialer Klassen. Mit dem gesellschaftlichen Aufstieg der Individuen

---

5 *Smith* offenbart somit eine Sichtweise von ökonomischen Zusammenhängen, die seinerzeit nicht getrennt von moralphilosophischen Überlegungen betrachtet wurden. Dies verwundert allenfalls aus heutiger Sicht, denn die Moralphilosophie deckte zur Schaffenszeit *Hume*s und *Smith*s eine Bandbreite von der Theologie über die politische Ökonomie bis hin zur Ethik ab. *Smith* wurde 1752 Professor für Moralphilosophie an der Universität von Glasgow.

werden die *Decencies* dem neuen Rang angepasst. Alle Güter, die wiederum nicht zu der Klasse der *Necessaries* und *Decencies* gehören, subsumiert Senior unter dem Begriff *Luxuries* (*Senior* 1836, 1951, S. 36. f.).

Ein weiterer, wenn auch nicht so prominenter Vertreter der klassischen Schule ist *John Rae* (*1796, †1872). In seinem Hauptwerk *Statement of Some New Principles on the Subject of Political Economy, Exposing the Fallacies of the System of Free Trade, and of Some Other Doctrines maintained in the „Wealth of Nations"* (1834) setzt er sich, wie bereits der Titel offenbart, mit den Trugschlüssen von *Adam Smiths Wealth of Nations* (1776) auseinander. Sein elftes Kapitel *Of Luxury* widmet er hierbei ausschließlich dem aufwendigen Konsum von Luxusgütern und seinen Folgen (*Rae* 1834, 1965, S. 265 ff.).[6]

Luxusgüterkonsum ist in der Ökonomik *Rae*s durch menschliche Eitelkeit motiviert. *Rae* beobachtet das Phänomen des Statusstrebens in allen gesellschaftlichen Schichten. Bei seiner Analyse unterscheidet er zwischen reinen Luxusgütern, die keinerlei Gebrauchsnutzen stiften, und gemischten Luxusgütern, die sowohl Gebrauchsnutzen stiften, als auch dem Statusstreben dienen. Unterschiede in der konkreten Ausprägung demonstrativen Konsumverhaltens in verschiedenen Ländern führt *Rae* auf die unterschiedliche Ausprägung der intellektuellen Stärke einerseits und den in der Gesellschaft vorherrschenden Altruismus andererseits zurück. Geographische und demographische Faktoren bestimmen wiederum das Ausmaß demonstrativen Konsumverhaltens. In ländlichen Regionen würde demonstratives Konsumverhalten eine relativ geringe Rolle spielen, da die Menschen in persönlichem Kontakt zueinander stehen und sich kennen. In Städten mit großer Einwohnerzahl hingegen nimmt aufgrund des unpersönlichen und anonymen Miteinanders demonstratives Konsumverhalten eine wichtigere Rolle ein.[7]

Gesamtgesellschaftlich besitzt Statusstreben nach *Rae* keine direkte Wohlfahrtswirkung, da die demonstrierte Besserstellung derer, die Luxusgüter konsumieren, immer Hand in Hand mit einer Schlechterstellung derer geht, die nicht konsumieren.[8] Statusstreben besitzt aber sehr wohl Effekte auf die wirtschaftliche Entwicklung einer Volkswirtschaft, deren Triebkräfte Kapitalakkumulation und Erfindergeist sind. Der aufwendige Konsum verhindert nun einerseits eine vermehrte Kapitalakkumulation. Andererseits regt er den Erfindergeist an, da ein Luxusgut zunächst zu hohen Kosten produziert und zu einem hohen Preis verkauft wird. Sinken die Produktionskosten dann aufgrund von Prozessinnovation, so können die nützlichen Produkte, wie mit Glas oder Seife ge-

---

6 Die intellektuelle Verbindung zwischen dem Werk *John Rae*s und dem Werk *Thorstein Veblens* hat immer wieder zu Mutmaßungen und Verdächtigungen geführt, *Veblen* habe in seiner *Theory of the Leisure Class Rae* kopiert, ohne sich je auf ihn zu beziehen. So resümieren *Edgell* und *Tilman* (1991, S. 743): „As it was typical of Veblen not to cite other people's works, the precise degree to which he drew upon Rae's earlier and markedly similar discussion of conspicuous consumption must remain a matter of conjecture."
Kann der konkrete Einfluss *Rae*s auf *Veblen* nicht eindeutig nachgewiesen werden, so kann doch konstatiert werden, dass beide entscheidende Zusammenhänge zwischen Statusstreben und demonstrativem Konsumverhalten sowie deren Auswirkungen auf die gesamtwirtschaftliche Wohlfahrt betrachtet haben und: *Rae* tat dies 65 Jahre vor *Veblen*.
7 So zeigen sich bei der Argumentation *Rae*s Residuen des Denkens in Bahnen der feudalistischen Gesellschaft, die zu seiner Zeit aber schon Vergangenheit war.
8 Somit findet sich bereits bei *Rae* die Sichtweise, der insbesondere *Hirsch* (1976) in seinen *Social Limits to Growth* wieder Nachdruck verleihen sollte. Siehe hierzu Abschnitt II.9.

schehen, immer größeren Schichten zugängig gemacht werden (*Rae* 1834, 1965, S. 291 f.).

Rae sieht in der verminderten Kapitalakkumulation den deutlich gewichtigeren Faktor, was ihn dazu bewegt, vehement für eine Staatsintervention zu plädieren. Darüber hinaus differenziert *Rae*, ähnlich wie *Smith*, zwischen legitimem demonstrativen Konsum, der dem Statuserhalt vor den Mitgliedern der eigenen Bezugsgruppe oder der eigenen Schicht dient, und illegitimen Konsum, der dem individuellen Streben nach höherem Status dient. Mit Verweis auf die Erfahrung des römischen Reiches argumentiert *Rae*, dass der illegitime demonstrative Konsum zu gesellschaftlicher Instabilität und somit zum Niedergang einer Volkswirtschaft führt (*Rae* 1834, 1965, S. 326 f.).

Aufgrund der in mehrerlei Hinsicht destabilisierenden Wirkung demonstrativen Konsums plädiert *Rae* für ein ganzes Konzert von Staatsinterventionen: Erstens soll eine Steuer auf reine Luxusgüter ohne Gebrauchswert erhoben werden. Ähnlich wie *Mill* (1848, 1965) ist *Rae* hierbei klar, dass diese Steuer keinen Lenkungseffekt haben würde, da der Preis eines Luxusgutes einen Wert an sich darstellt.[9] Er zielt vielmehr darauf, die Steuereinnahmen wohlfahrtsförderlich einzusetzen. *Rae* (1834, 1965, S. 369 ff.) empfiehlt zweitens, Investitionen in die einheimische Luxusgüterproduktion zu unterbinden und Importzölle auf ausländische Luxusgüter zu erheben. Drittens sollte für gemischte Luxusgüter mit Gebrauchswert der Wettbewerb gefördert werden, damit breitere Schichten in den Genuss neuer und nützlicher Produkte kommen.

Neben der angeführten symptomatischen Behandlung aufwendigen Konsumverhaltens fokussiert *Rae* (1834, 1965, S. 265) insbesondere auf die Ursachen des demonstrativen Konsums, der menschlichen Eitelkeit. Garanten gesellschaftlicher Stabilität seien hingegen Moralität und eine strenge religiöse Erziehung (*Rae* 1834, 1965, S. 218).

4. Seit 1840 – Die deutsche historische Schule

Wilhelm Roscher (*1817, †1894), *Bruno Hildebrand* (*1812, †1878) und *Karl Knies* (*1821, †1898) gehören zum älteren Zweig der deutschen historischen Schule. Hauptvertreter des jüngeren Zweiges sind *Gustav von Schmoller* (*1838, †1917), *Georg Friedrich Knapp* (*1842, †1926) und *Adolph Wagner* (*1835, †1917).

Roscher (1854) unterscheidet in seiner wirtschaftsgeschichtlich geprägten Betrachtung zwischen dem Luxusgüterkonsum „blühender Völker" und Luxusgüterkonsum in „verfallenden Nationen". In „blühenden" Volkswirtschaften diffundiert Wohlstand in breitere Schichten und ermöglicht dort den Konsum nützlicher Gütern, die zuvor nur einer pekuniären Oberklasse vorbehalten waren. Zusätzlich kann in „blühenden" Volkswirtschaften das Nacheifern breiterer Schichten seine motivatorische Wirkung entfalten und sich somit positiv auf die Produktivität auswirken (*Roscher* 1854, S. 416 ff.).

---

9 Im Hinblick auf Staatsinterventionen auf dem Feld demonstrativen Konsums luxuriöser Güter glaubt *Mill* (1848, 1965, S. 868 f.) in seinen *Principles of Political Economy* nicht, dass man mit Besteuerung von Luxusgütern deutliche Lenkungseffekte erzielen kann. Allerdings oder gerade deshalb sieht er in der Besteuerung von Luxusgütern eine hervorragende Möglichkeit, Steuereinnahmen zu generieren.

Ein ausschweifender Luxuskonsum der Führungseliten in „verfallenden Nationen" hingegen, der auf dem Elend unterdrückter Klassen und Provinzen beruht, besitzt, laut *Roscher* (1854, S. 424 f.), einen „unklugen und unsittlichen Charakter" und sei daher abzulehnen.

Die deutsche historische Schule erlebte mit *Werner Sombart* (*1863, †1941) eine kurze Renaissance. In seinem 1913 veröffentlichten Werk *Luxus und Kapitalismus*, welches ursprünglich unter dem Titel *Liebe, Luxus und Kapitalismus* erscheinen sollte,[10] führt Sombart aufwendigen Luxusgüterkonsum auf den sexuellen Trieb zurück und verfolgt im Grunde einen behavioristischen Ansatz: „Sinneslust und Erotik sind letzten Endes ein und dasselbe. Sodass der erste Antrieb zu etwelcher Luxusentfaltung in der großen Mehrzahl aller Fälle gewiss auf irgendwelches bewusst oder unbewusst wirkende Liebesempfinden zurückzuführen ist. Deshalb wird überall dort, wo Reichtum sich entwickelt, und wo das Liebesleben naturgemäß und frei (oder frech) sich gestaltet, auch Luxus herrschen" (*Sombart* 1913, S. 73).

Mit anderen Worten: Sind die finanziellen Möglichkeiten gegeben und verläuft das Liebesleben in einer Gesellschaft nicht in institutionellen und vorgeschriebenen Bahnen, sondern ist „frei (oder frech)", so wird die Anbahnung einer Partnerschaft eben auch mit dem Konsum von Luxusgütern unterstützt.[11] Zusätzlich sieht Sombart in seinem fünften Kapitel *Die Geburt des Kapitalismus aus dem Luxus* im Luxus die Ursache für die Entwicklung eines Wirtschaftssystems hin zum Kapitalismus. Im Folgenden betont er mit Verweis auf *Montesquieu* und *Mandeville* die positiven Folgen des Luxusgüterkonsums und warnt inständig vor einer wertenden Haltung dem Luxus gegenüber (*Sombart* 1913, S. 133 f.).

5. Seit 1871 – Die marginalistische Schule

Die Hauptvertreter der marginalistischen Schule sind *William Stanley Jevons* (*1835, †1882), *Carl Menger* (*1840, †1921), *Friedrich von Wieser* (*1851, †1926) und *Eugen von Böhm-Bawerk* (*1851, †1914). Ihre Vorläufer sind *Antoine-Augustine Cournot* (*1801, †1877), *Johann Heinrich von Thünen* (*1783, †1850) und *Hermann Heinrich Gossen* (*1810, †1858).

Antoine-Augustine Cournot veröffentlichte 1838 sein Hauptwerk *Recherches sur les principes mathématiques de la théorie des richesses*. Cournot legte hiermit das Fundament einer mathematischen Entwicklung der Volkswirtschaftslehre, die auf den ersten Blick keinen Raum für kulturalistische oder behavioristische Erklärungsansätze bietet. Nach *Cournots* fundamentalem Nachfragegesetz wird die Nachfrage als Funktion des Preises dargestellt und die Nachfragefunktion „im allgemeinen" als kontinuierlich und fallend angenommen. Jedoch sieht *Cournot* (1838, 1924, S. 37) Ausnahmen: „Wir fügen einschränkend die Worte im allgemeinen hinzu. Tatsächlich gibt es Liebhabereien und Luxusgegenstände, die lediglich wegen ihrer Seltenheit und der aus ihr entspringenden Preiserhöhung gesucht werden."

---

10 Dies begründet *Sombart* (1913, S. VI) selbst in seinem Vorwort zu Luxus und Kapitalismus.
11 Es findet sich somit bereits bei *Sombart* die Sichtweise, die in aktuellen Signaling-Modellen vertreten wird. Siehe hierzu Abschnitt III.2.

Dennoch fokussieren *Cournot* wie auch *Jevons*, *Menger* und *Walras* nicht auf interpersonelle Effekte im Konsum, sondern auf die Entwicklung einer neuen mathematischen Nutzentheorie. Zusammenfassend kann man konstatieren, dass obwohl die Vertreter der marginalistischen Schule die Existenz interpersoneller Effekte im Konsum anerkannten, sie diese doch als Sonderfall klassifizierten und als weitgehend irrelevant abtaten.

6. Seit 1890 – Die neoklassische Schule

Hauptvertreter der neoklassischen Schule ist *Alfred Marshall* (*1842, †1924). *Marshall*s Haltung gegenüber interpersonellen Effekten der Nachfrage ist ambivalent. *Marshall* ist sich bewusst, dass es Streben nach Status und sozialer Abgrenzung immer gab und geben würde. Hinsichtlich der Bewertung folgt er weitgehend der moralphilosophischen Argumentation der klassischen Schule im Allgemeinen und *John Rae* im Speziellen. *Marshall* unterscheidet wie *Rae* zwischen legitimem Luxuskonsum, der dazu dient, seinen sozialen Rang zu sichern, und verwerflichem Luxus, der dazu dient, nach außen zu wirken und der dem wahren Status widerspricht. Marshall stimmt auch mit *Rae* überein, dass verwerflicher Luxusgüterkonsum die gesellschaftliche Ordnung gefährden kann.

Obwohl *Marshall* (1890, 1920, S. 78 f.) in seinen *Principles of Economics* interpersonelle Effekte des Konsumverhaltens als empirisches Phänomen aufführt, ignoriert er diese bei der Entwicklung seiner Nachfragetheorie und verweist die Erklärung dieser Phänomene an andere, nicht-ökonomische Disziplinen.

Dennoch sieht *Marshall* ebenso wie die Vertreter der klassischen Schule übertriebenes statusbedingtes Konsumverhalten als *social waste* an und plädiert für eine Lenkung eines solchen Verhaltens in wohlfahrtsförderliche Bahnen. Im Gegensatz zu den Ansätzen, demonstratives Konsumverhalten über *sumptuary laws* oder Luxussteuern einzudämmen, will *Marshall* das Statusstreben über eine Änderung der öffentlichen Meinung in eine wohlfahrtsförderliche Richtung lenken. Status soll nur demjenigen zuteil werden, der seinen Reichtum wohlfahrtsförderlich einsetzt. Nur sozial-verträgliches Verhalten soll gesellschaftlich anerkannt, wohlfahrtsschädliches Verhalten hingegen geächtet werden. Bezeichnenderweise lautet der Titel von *Marshall*s Beitrag *The Social Possibilities of Economic Chivalry*. Dort kommt *Marshall* (1907, S. 25-26) zu folgendem Schluss:

„An endeavour should be made so to guide public opinion that becomes an informal Court of Honour: that wealth, however large, should be no passport to social success if got by chicanery, by manufactured news, by fraudulent dealing, or by malignant destruction of rivals ..."

7. Seit 1899 – Die institutionalistische Schule

Einer der autoritativen Pioniere des amerikanischen Institutionalismus ist *Thorstein Bunde Veblen* (*1857, †1929). Weitere Gründerväter des amerikanischen Institutionalismus sind *John R. Commons* (*1862, †1945) und *Wesley C. Mitchell* (*1847, †1948).

Veblen versteht Institutionen sowohl als organisatorische Ausprägung, als auch als allgemein akzeptierte Denk- und Verhaltensweisen.[12] In *The Theory of the Leisure Class. An Economic Study in the Evolution of Institutions*, wendet *Veblen* eine Art darwinistischer Evolutionstheorie analog auf die Entwicklung moderner industrieller Gesellschaften an.[13]

Veblens Akteure handeln nicht aus einem rationalen und nutzenmaximierenden Kalkül heraus, sondern folgen Fundamentalinstinkten, die im Prozess der Sozialisation durch Institutionen im Sinne *Veblens* kanalisiert werden. Handelt es sich bei den Instinkten um konstruktive Neigungen, die der Wohlfahrt einer Gesellschaft zuträglich sind, so wertet *Veblen* sie positiv. Untergraben die Instinkte die Entwicklung der gesellschaftlichen Wohlfahrt, so wertet *Veblen* sie negativ.[14] Zu den positiven Instinkten zählt *Veblen* unter anderem den Arbeitseifer *instinct of workmanship* und die menschliche Neugier. Unter dem *instinct of workmanship* versteht *Veblen* das grundsätzliche Streben nach einer zielorientierten Gestaltung und Instrumentalisierung der Umwelt. Die menschliche Neugier wiederum ist Quelle technischen Fortschritts. *Veblens* Instinkte sind hierbei nicht fix, sondern veränderlich. So kann sich bei veränderten Umweltbedingungen der *instinct of workmanship* in den *instinct of sportsmanship* wandeln. Die Umweltbedingungen sind jedoch, zumindest zum Teil, keine exogen gegebene Größe, sondern verändern sich mit dem technischen Wandel. Der *instinct of sportsmanship* kann sich auch zu seiner räuberischen Form, dem *predatory instinct*, wandeln. Ein weiterer negativ gewerteter Instinkt ist das pekuniäre Nacheifern *pecuniary emulation*.

Im gesellschaftlichen Evolutionsmodell *Veblens* läuft der soziale Wandel mehrstufig ab und mündet in eine Drei-Klassen-Gesellschaft. Ausgangspunkt ist eine Urgruppe, die auf Subsistenzniveau friedlich zusammen lebt und in der der produktive Instinkt des *workmanship* dominiert. Die Urgruppe entsteht hierbei durch natürliche Auslese. Veränderte Umweltbedingungen, beispielsweise aufgrund technischen Fortschritts, ermöglichen nun eine Produktion oberhalb des Subsistenzniveaus und soziale Differenzierung.

---

12 Zählt *Veblen* allgemein akzeptierte Denk- und Verhaltensmuster zum Begriff der Institution, so wird der Begriff mit der weiteren Entwicklung der Institutionenökonomik zusehends enger gefasst. Bei *James M. Buchanan* (1975) reduziert sich das ökonomische Verständnis von Institutionen auf die ordnungspolitisch rationale Setzung von konstitutionellen Regeln. Dieses eingeschränkte Institutionenverständnis öffnet sich wieder mit *Douglas C. North* (1991, S. 97), der unter Institutionen formgebundene Institutionen wie Verfassungen, Gesetze und Eigentumsrechte, und formungebundene Institutionen wie Gebräuche, Tabus und Traditionen subsumiert.

13 Betrachtet man das Werk *Veblens* in Bezug auf den Prozess gesellschaftlicher Evolution oberflächlich, so kann man schnell auf das Glatteis der Fehlinterpretationen geraten. In *The Theory of the Leisure Class* verweist *Veblen* häufig auf ethnische Merkmale, von denen einige in einem Prozess gesellschaftlicher Evolution herausselektiert werden. Mit ethnischen Merkmalen meinte *Veblen* allerdings keine genetischen Prädispositionen, sondern sozial gelernte Verhaltensweisen. Der Evolutionsprozess ist bei *Veblen* also kein Selektionsprozess in einem genetisch-biologischen Sinne, sondern das darwinistische Gedankengebäude dient nur als Quelle einer Analogie.

14 *Veblen* konnte seiner eigenen Forderung nach einer wertfreien Wissenschaft sowie seiner Verurteilung der Metaphysik nie gerecht werden. Unter anderen stellt *Hill* (1958, S. 136) fest, dass die Verwendung des Begriffs der Instinkte weniger angebracht, aber durchaus vorteilhaft für Veblen war: „By this pedagogical maneuver, he ... could thus seemingly avoid the need to formulate his own ethical norms and make his value judgements explicit. Further, he could proceed without inquiring more deeply into human motives and the process of habituation."

Bei einem Teil der Urgruppe dominiert weiterhin der *instinct of workmanship*. Aus dieser Gruppe entsteht die Arbeiterklasse, der nur ein Konsum knapp oberhalb des Subsistenzniveaus möglich ist. Die Kontrolle der materiellen Umwelt oder besser: der materiellen Zwänge steht hier im Vordergrund. Demonstrativer Konsum hingegen, und somit eine aktive Teilnahme am sozialen Wettbewerb, ist den Mitgliedern dieser Gruppe nicht möglich. Bei dem anderen Teil der Urgruppe rückt der kompetitive *instinct of sportsmanship* und seine pervertierte Form der *predatory instinct* immer mehr in den Vordergrund. Hier geht es nunmehr um die Kontrolle der sozialen Umwelt und nicht in erster Linie um die Bewältigung materieller Zwänge. Im sozialen Wettbewerb setzt sich diejenige Gruppe durch, deren institutionalisierte Verhaltensmuster sich im Umgang mit der Umwelt besser bewähren. So bilden sich zwei weitere Klassen heraus: die Mittelklasse und die Oberklasse. Die Mitglieder der Mittelklasse konsumieren im Gegensatz zur Arbeiterklasse bereits demonstrativ und versuchen hierbei das Konsumverhalten der Oberklasse zu imitieren. Um sich den demonstrativen Konsum leisten zu können, müssen sie allerdings ihre Zeit mit produktiver Tätigkeit verbringen. An der Spitze der gesellschaftlichen Hierarchie steht die Oberklasse. Bei den Mitgliedern dieser Gruppe dominiert der *predatory instinct*. Durch ihr ausbeuterisches Verhalten können sich die Mitglieder dieser Klasse zusätzlich zum demonstrativen Konsum leisten, demonstrativ Zeit zu verschwenden. Der demonstrative Müßiggang ist daher das konstitutive Merkmal der pekuniären Oberklasse.[15] Der Begriff „demonstrativer Müßiggang" wird von *Veblen* allerdings sehr weit gefasst. Er umschließt sämtliche Tätigkeiten, die nach *Veblen* nicht-industriell und somit nicht-produktiv sind. *Veblen* (1899, 1953, S. 21) nennt insbesondere vier Tätigkeitsfelder: „These upper-class occupations may be roughly comprised under government, warfare, religious observances, and sports."

Wird *Veblens* Werk häufig vordergründig als Kritik an gerade diesem unproduktiven und daher wohlfahrtsschädlichen Verhalten der Oberklasse, der *leisure class*, gesehen, so entpuppt es sich bei genauerer Betrachtung als wesentlich weiterreichende Systemkritik am amerikanischen Finanzkapitalismus im Allgemeinen und an der Institution des Eigentums im Speziellen, welche es ermöglicht, dass das wohlfahrtschädliche Verhalten der führenden Klasse reproduziert wird. *Veblen* proklamiert daher den Systemwandel hin zu einer sozialistischen Gesellschaft technokratischer Prägung, an derer Spitze Techniker und Ingenieure stehen, die selbstlos, da von der Institution des Eigentums befreit, den technischen Fortschritt zum Wohle aller vorantreiben und die Arbeiterklasse paternalistisch anleiten.

8. Seit 1906 – Die wohlfahrtsökonomische Schule

Neben *Vilfredo Pareto* (*1848, †1923) ist *Arthur Cecil Pigou* (*1877, †1959) der herausragende Vertreter der Wohlfahrtsökonomik.

Im deutlichen Gegensatz zu *Marshall* sind in den Augen von *Arthur Cecil Pigou* interpersonelle Nachfrageeffekte keineswegs vernachlässigbar. So unterscheidet *Pigou* zwischen Gütern, deren subjektiv wahrgenommener Nutzen mit dem zunehmenden

---

15 Insofern trifft der Titel des englischen Originals *The Theory of the Leisure Class* auch inhaltlich wesentlich besser als der deutsche Titel *Die Theorie der feinen Leute*.

Konsum anderer Konsumenten zunimmt und anderen Gütern, deren subjektiv wahrgenommener Nutzen mit dem zunehmenden Konsum anderer Konsumenten abnimmt. Werden erstgenannte aufgrund des Motivs der Nachahmung konsumiert, so fußt der Konsum letztgenannter Güter hingegen auf dem Streben nach Abgrenzung. *Pigou* (1913, S. 20-21) betont somit die Relevanz interpersoneller Konsumeffekte.

„The quantity of a distinction-bearing article that anyone demands at a given price depends, not merely on the price, but also on the extent to which it is 'the thing' to buy that article, and thus, indirectly upon the quantity that people in general are buying."

Pigou argumentiert weiter, dass, wenn interpersonelle Nachfrageeffekte vorliegen, die Herleitung der Gesamtnachfragekurve durch Aggregation individueller Nachfragefunktionen nicht zutreffend sei. Die Folgen interpersoneller Nachfrageeffekte für die Herleitung der Gesamtnachfrage und Wohlfahrtsanalyse seien dermaßen immens, dass die Aussagekraft der *Marshall*schen Modelle für große Gruppen von Gütern deutlich in Frage gestellt werden würden.

„In circumstances of the kind just described, it is evident that ... the demand (or supply) schedules of the separate sources that make up the market cannot be so represented, and cannot be simply added together to constitute the aggregated demand (or supply) schedule" (*Pigou* 1913, S. 21).

Pigou (1920) geht in seiner Betrachtung davon aus, dass der Konsum bestimmter Luxus- und Statusgüter wohlfahrtschädlich ist, da der Konsum von Gütern, die aufgrund ihrer Exklusivität gekauft werden, gerade eben den Wert dieser Güter im Hinblick auf ihre Exklusivität senkt. Es handele sich also um den klassischen Fall negativer externer Effekte, die mit Hilfe einer Pigousteuer internalisiert werden können. Eine Steuer auf Güter, die nur aufgrund ihrer Exklusivität konsumiert werden, könnte somit die Wohlfahrt erhöhen (*Pigou* 1920, 1932, S. 226).

9. Seit 1958 – Die gesellschafts- und sozialkritische Bewegung

Seit den späten 1950er Jahren und insbesondere seit den 1970er Jahren kamen vermehrt die Stimmen einiger Ökonomen auf, die die Konsumgesellschaft kritisch betrachten und die qualitativen Aspekten wirtschaftlichen Wachstums fokussieren. Hauptvertreter dieser gesellschafts- und sozialkritischen Bewegung sind *John Kenneth Galbraith* (*1908, †2006), *Fred Hirsch* (*1931, †1978) und *Tibor de Scitovsky* (*1910, †2002).

John Kenneth Galbraith, der in seinem Werk *The Affluent Society* (1958) die amerikanische Konsumgesellschaft kritisiert, vertritt die These, dass in einer Gesellschaft, in der die Grundbedürfnisse weitgehend befriedigt sind, die bisherigen Modelle der Konsumtheorie nur noch bedingten Erklärungsgehalt bieten. In seiner „Nachfragetheorie" einer Überflussgesellschaft werden soziale Bedürfnisse durch die Produzenten und ihre Produktwerbung kreiert. Hierdurch ist, so *Galbraith*, die Konsumentensouveränität deutlich in Frage gestellt. *Galbraith* (1958, S. 351) stellt fest, dass das beobachtbare Konsumverhalten in der amerikanischen Gesellschaft nicht zielführend für das Glück der Menschen ist. Er hingegen weiß, was für das Glück aller zuträglich ist und stellt es dem Leser frei, seine eigenen Vorstellungen dem anzupassen.[16]

---

16 In seinem Beitrag *On the Methodology and Political Economy of Galbraithian Economics* betrachtet *Gérard Gäfgen* das Werk *Galbraith*s kritisch, bemängelt neben methodologischen und konzeptionellen Schwächen insbesondere die suggestive Argumentationsweise sowie die Immunisierungsstrate-

Auch *Tibor de Scitovsky* befürwortet eine stärkere Betrachtung der qualitativen Dimensionen des Wachstums und unterscheidet in seinem Werk *The Joyless Economy – The Psychology of Human Satisfaction* (1976) zwischen *joyless* und *joyful* Konsum. Im ersten Teil seines Werkes stellt er gegen den ökonomischen Mainstream ein eigenes Alternativmodell auf. Hierzu wendet sich *Scitovsky* gegen die Theorie der offenbarten Präferenzen, auf der das klassische mikroökonomische Modell fußt, und spricht sich für einen Forschungsansatz entsprechend der psychologischen Verhaltensforschung aus. Grundsätzlich geht *Scitovsky* von der Sättigung menschlicher Bedürfnisse mit steigendem Ressourceneinsatz aus, jedoch führt er in seinem sechsten Kapitel zwei Ausnahmen an: einerseits die Bildung von Konsumgewohnheiten, denen nachzugehen keine Freude oder keinen Nutzen stiftet, deren Aufgabe jedoch Leid erzeugt, und andererseits statusbedingten Konsum, der nur dazu dient, den gesellschaftlichen Rang zu halten und welcher aufgrund der Anpassung des Anspruchsniveaus keinen Nutzen stiftet. Beide führen nun dazu, dass der Zusammenhang zwischen Konsum und Bedürfnisbefriedigung aufgelöst ist (*Scitovsky* 1976, 1992, S. 15 ff.).

Ausgehend von seinem behavioristischen Modell greift *Scitovsky* (1976, 1992, S. 149 ff.) im zweiten Teil seines Werkes die amerikanische Konsumgesellschaft scharf an. Konsumgewohnheiten und Statusstreben führen dazu, dass Ressourcen nicht nutzenstiftend eingesetzt werden – die *joyless economy* ist die Folge.[17]

Die Sichtweise zweier sich parallel entwickelnder Wirtschaftssysteme innerhalb industrieller Volkswirtschaften vertritt *Fred Hirsch*. Der britische Finanzwissenschaftler österreichischer Herkunft differenziert in seinem 1976 veröffentlichten Werk *Social Limits to Growth* zwischen der *material economy* und der *positional economy*. Im *material sector* werden Güter produziert, die die Bedürfnisse der Konsumenten im konventionell-utilitaristischen Sinne befriedigen, wohingegen im *positional sector* Güter produziert werden, die Konsumenten aufgrund ihres Strebens nach Prestige und Status konsumieren. Nach *Hirsch* führt nun das wirtschaftliche Wachstum auf Basis der Entwicklung im *material sector* nicht nur zu einer Steigerung der Wohlfahrt, sondern auch zu einer Intensivierung des Wettbewerbs um Status innerhalb einer Gesellschaft. Mit fortschreitender Entwicklung einer Volkswirtschaft werden nun immer mehr Ressourcen aus der *material economy* abgezogen und in der *positional economy* eingesetzt. Da Statusstreben gesamtgesellschaftlich ein Nullsummenspiel ist und sich somit nicht positiv

---

gien *Galbraith*s und bezeichnet schließlich den *Galbraith*ianischen Ansatz als „*popular institutionalist thinking*" und „*vulgarized economics*" (Gäfgen 1974, S. 730). Tatsächlich wendet sich *Galbraith* (1958, S. 350-351) zunächst selber gegen normative Aussagen, um sein Werk vom Normativismus, das eigene Werk betrifft, auszuschließen. Eine schließende Antwort auf die Frage, ob *Galbraith* damit wirklich einen drohenden Normativismusvorwurf entkräften kann oder das Gegenteil offenbart, wird an dieser Stelle – ganz im Sinne *Galbraith*s – dem Leser freigestellt.

17 Kritisch anzumerken bleibt, dass sich *Scitovsky* durch eine Abkehr von der Theorie der offenbarten Präferenzen die Tür zur argumentativen Beliebigkeit öffnet. *Scitovsky* weiß, besser als die Konsumenten selbst, welcher Konsum mit dem Ziel der Bedürfnisbefriedigung betrieben wird, welcher eine Folge von Konsumgewohnheiten ist und welcher eine Form statusbedingten Konsums darstellt. Nicht nur aufgrund dieses „Wissensvorsprungs", sondern insbesondere auch aufgrund der Absprache jeglicher Nützlichkeit der beiden letztgenannten Konsumkategorien muss *Scitovsky*s Werk als normativ eingeordnet werden.

auf die gesamtwirtschaftliche Wohlfahrt auswirkt, schlussfolgert *Hirsch* auf die „sozialen Grenzen des Wachstums" (*Hirsch* 1976).[18]

Ähnlich wie *Galbraith* sieht *Scitovsky* einen Ausweg aus dem Dilemma darin, dass die Gesellschaft lernt, die Ressourcen nutzenstiftend einzusetzen und ihr Konsumverhalten umzustellen. *Scitovsky* proklamiert die Abkehr vom aufwendigen Lebensstil, der auf Statusstreben und Konsumgewohnheiten basiert. Hierbei hofft er gegenüber Konsumenten und Ökonomen auf die Kraft seiner Argumente. *Hirsch* plädiert für eine Eindämmung der Aktivitäten im *positional sector*, was er in erster Linie durch eine Veränderung der moralisch-ethischen Vorstellungen in der Gesellschaft herbeiführen will. Den Mitgliedern der Gesellschaft soll nach *Hirsch* nahe gebracht werden, dass der soziale Rang gar nicht wichtig ist (*Hirsch* 1976, S. 179). Wie diese „Umerziehung" realisiert werden soll, lässt *Hirsch* jedoch weitgehend offen.

Hatte die Gesellschafts- und Sozialkritik der späten 1950er und 1970er Jahre keinen direkten Einfluss auf das tatsächliche Konsumverhalten, so wurden ihre normativen Grundannahmen in der Folgezeit von zahlreichen Ökonomen weitergeführt und finden sich noch heute häufig in Modellen. Insofern kann das Wirken von *Galbraith*, *Scitovsky* und insbesondere *Hirsch* in Bezug auf die theoriegeschichtliche Entwicklung als durchaus erfolgreich in ihrem Sinne gewertet werden, was sich insbesondere in Abschnitt III.1 zeigen wird.

III. Statusstreben und demonstratives Konsumverhalten im ökonomischen Denken heute

Obwohl seit Mitte des 20. Jahrhunderts statusorientiertes Konsumverhalten in Disziplinen wie der Marketingwissenschaft, die hierzu aus den Erkenntnissen diverser Quelldisziplinen, so der Psychologie und der Sozialpsychologie schöpfte, oder Sozialanthropologie, deren Programm die Erforschung menschlicher Handlungen und sozialer Beziehungen sowie ihrer kognitiven und kulturellen Bedingtheit beinhaltet, eine zunehmend zentrale Rolle spielten, fällt Statusstreben und demonstrativem Konsumverhalten innerhalb der ökonomischen Wissenschaft weiterhin eher eine Nebenrolle zu.[19]

Zwei Ausnahmen stellen die prominenten Beiträge von *James Duesenberry* und *Harvey Leibenstein* dar. *Duesenberry*, der interpersonelle Nachfrageeffekte nicht als einen Sonderfall, sondern als die zentrale Determinante des Konsumverhaltens betrach-

---

18 Hatte *Galbraith* noch versucht, sich gegen Normativismuskritik zu immunisieren, so lautet es in dem Klappentext der deutschen Übersetzung der *Social Limits to Growth* ganz offen: „Erst langsam hat sich die westliche Wirtschaftspolitik die Warnungen von Keynes zu eigen gemacht ... Sie betreibt Konjunkturpolitik zugunsten eines möglichst bruchlosen stetigen Wachstums des Bruttosozialprodukts. Ohne konkret zu fragen, was eigentlich wachsen soll und was besser nicht" (*Hirsch* 1976, 1980, Klappentext).

19 Nach *Douglas* und *Isherwood* (1979, 2002), prominente Vertreter der Sozialanthropologie, dient Konsum in erster Linie dazu, die Zugehörigkeit des Konsumenten zu einer Gruppe zu symbolisieren. Auch *Günter Schmölders* Ansatz einer interdisziplinär ausgerichteten sozialökonomischen Verhaltensforschung ist grundsätzlich dazu geeignet, sich dem Phänomen statusbedingten Nachfrageverhaltens zu nähern. Siehe hierzu *Das Prestigemotiv in Konsum und Investition, Demonstrative Investition und aufwendiger Verbrauch* von *Kreikebaum* und *Rinsche* (1961) in den von *Schmölders* herausgegebenen Beiträgen zur Verhaltensforschung.

tet, verschaffte mit der makroökonomisch ausgerichteten Analyse in *Income, Saving and the Theory of Consumer Behavior* (1949) dem Phänomen des Statusstrebens in der ökonomischen *scientific community* wieder breitere Aufmerksamkeit, während *Leibenstein* mit seinem Beitrag *Bandwagon, Snob, and Veblen Effects in the Theory of Consumers' Demand* (1950) interpersonellen Konsumeffekten in gewisser Weise Anschlussfähigkeit an das mikroökonomische Standardmodell verschaffte.

Neben dem Mitläufer- oder Bandwagon-Effekt, also der positiven Abhängigkeit der individuellen Nachfrage von der insgesamt nachgefragten Menge, und dem Snob-Effekt, also der negativen Abhängigkeit der individuellen Nachfrage von der insgesamt nachgefragten Menge, beschreibt *Leibenstein* (1950, S. 203) einen weiteren Sonderfall des Nachfrageverhaltens, den er, wie er selbst betont, in Ermangelung eines besseren Begriffs *Veblen-Effekt* nennt.[20] Der *Veblen-Effekt* beschreibt, dass beim Konsum gewisser Gütern die Nachfrage positiv vom Preis abhängt, da sich Güter mit einem hohen Preis besser dazu eignen, via demonstrativem Konsum seinen Wohlstand anzuzeigen und so sozialen Status zu erlangen. Je nach dem, ob der klassische Preiseffekt oder der *Veblen-Effekt* dominiert, weist die Nachfragefunktion eine positive Steigung, eine negative Steigung oder abschnittsweise beides auf (*Leibenstein* 1950, S. 202 f.).[21]

Auch in aktuellen Beiträgen werden Statusstreben und demonstratives Konsumverhalten in ökonomischen Modellen betrachtet. Hierbei lassen sich grundsätzlich zwei Modellgruppen unterscheiden: In der einen Modellgruppe stiftet Status „an sich" den Individuen Nutzen und ist somit intrinsisch motiviert. In der anderen Modellgruppe dient Status den Individuen als Mittel oder Instrument, einen anderen Zweck zu erreichen und ist somit extrinsisch motiviert.

1. Demonstratives Konsumverhalten und intrinsische Motivation – Status als Erfüllung

In den Beiträgen von *Frank* (1985), *Ireland* (1994), *Corneo* und *Jeanne* (1997) nützt Status „an sich" den Individuen und geht direkt in die Nutzenfunktion ein. Das demonstrative Konsumverhalten ist in diesen Modellen also intrinsisch motiviert und kann daher als Erfüllung gesehen werden.[22]

Die Autoren differenzieren zwischen einem normalen Gut und einem Gut, welches der sozialen Distinktion dient. So unterscheidet *Frank* (1985, S. 101) zwischen *positional* und *non-positional goods* und bezieht sich dabei direkt auf *Fred Hirsch* (1976). *Ireland* (1994, S. 93) spricht von *visible* und *non-visible goods*, während *Corneo* und

---

20 Somit sorgte *Leibenstein* indirekt auch für den nach wie vor hohen Bekanntheitsgrad *Thorstein B. Veblens* in akademischen Kreisen, denn der *Veblen-Effekt* ist noch heute häufig als Sonderfall in mikroökonomischen Lehrbüchern zu finden.
21 Auf mögliche positive Steigungen einer Nachfragefunktion aufgrund von Status- und Prestigeeffekten weisen auch *Alcaly* und *Klevorick* (1970) und *Kalman* (1968) sowie später *Corneo* und *Jeanne* (1997) hin.
22 Auch *Hopkins* und *Kornienko* (2004) stehen in der Tradition dieser Beiträge und untersuchen die Auswirkungen von Veränderungen der Einkommensverteilung auf das demonstrative Konsumverhalten.

Jeanne (1997, S. 57) eine begriffliche Anleihe bei *Thorstein B. Veblen* machen und *conspicuous consumption* betrachten.

Der Status der Individuen wird in den Modellen über ihren Rang in der Einkommenshierarchie in der Bezuggesellschaft definiert. Hierbei kennen Individuen zwar ihr eigenes Einkommen, können jedoch das Einkommen der anderen nicht direkt beobachten. Daher liegt eine Situation asymmetrischer Information vor. Die Individuen haben jedoch die Möglichkeit, demonstrativ zu konsumieren, um so ihren Wohlstand anzuzeigen. Die anderen Mitglieder der Gesellschaft schließen dann vom beobachtbaren Konsumverhalten auf das individuelle Einkommen zurück und weisen den Konsumenten ihren gesellschaftlichen Status zu. Im Gleichgewicht entsprechen sich Einkommenshierarchie und Hierarchie demonstrativen Konsums.

Eine weitere Gemeinsamkeit der Modelle ist, dass die Autoren, *Hirsch* folgend, Statusstreben gesamtgesellschaftlich als Nullsummenspiel modellieren. Ein „Mehr" an Status des einen Individuums geht Hand in Hand mit einem „Weniger" an Status anderer Individuen. Somit ändert erhöhter demonstrativer Konsum den Statusnutzen auf gesellschaftlicher Ebene nicht. Demonstratives Konsumverhalten ist jedoch sehr wohl ressourcenaufwendig. Daher kommen die Autoren in ihrer Wohlfahrtsanalyse unisono zu dem Ergebnis, demonstratives Konsumverhalten sei wohlfahrtsmindernd und somit *social waste*.

In modellogischer Folge empfehlen die Autoren einen Staatseingriff. Plädiert *Frank* (1985, S. 115) für die Einführung einer *Pigou-Steuer* auf *positional goods*, um externe Effekte auf andere Konsumenten zu internalisieren und das Verhalten in eine wohlfahrtsförderliche Richtung zu lenken, und schlägt auch *Ireland* (1994, S. 103 f.) eine Steuer auf Statusgüter vor, um die verzerrten Konsumpläne der Haushalte zu korrigieren und positive Wohlfahrtseffekte zu erzielen, so äußern sich *Corneo* und *Jeanne* (1997, S. 66 f.) im Hinblick auf einen Staatseingriff differenzierter: Ein Verbot demonstrativen Konsumverhaltens führt nach *Corneo* und *Jeanne* immer zu einem Anstieg der Wohlfahrt. Eine Besteuerung von *conspicuous consumption* führt hingegen nur eindeutig zu einem Anstieg der Wohlfahrt, wenn die Nachfragefunktion einen klassischen, fallenden Verlauf aufweist. Besitzt sie hingegen eine positive Steigung, so kann eine Steuer auf *conspicuous goods* auch zu einem Absinken der Wohlfahrt führen.[23]

Betrachtet man den Wohlfahrtsvergleich bei *Frank* (1985) und *Ireland* (1994) näher, kommen Zweifel auf. So vergleicht *Frank* (1985, S. 104) einen *noncooperative case*, in der individueller Status von dem Rang in der Hierarchie demonstrativen Konsums abhängt, mit einer *cooperative case*, in dem individueller Status direkt vom Rang in der Einkommenshierarchie abhängt, also das Einkommen allgemein bekannt ist und somit

---

23 Besonderheiten demonstrativen Konsumverhaltens im Hinblick auf die staatliche Einnahmengenerierung stehen im Zentrum der Betrachtung von *Miller* (1975) und *Ng* (1987 und 1993) So weist *Miller* (1975, S. 153) darauf hin, dass es sich bei Luxussteuern womöglich um eine *excess burden* freie Möglichkeit der Generierung von Steuereinnahmen handelt. *Ng* geht einen Schritt weiter und argumentiert, dass es sich bei der Besteuerung von *diamond good*s, die nur aufgrund ihres Wertes wertgeschätzt werden, um eine *burden* freie Möglichkeit der Einnahmengenerierung handele (*Ng* 1987, S. 186). Noch einen Schritt weiter geht *Ng* in einem späteren Beitrag, in dem er zeigt, dass die Nachfrage nach gemischten *diamond goods* eine positive Steigung aufweisen kann und darüber hinaus sogar ein negativer *burden*, mit anderen Worten ein *benefit* der Besteuerung möglich ist (*Ng* 1993).

vollständige Information herrscht, und auch *Ireland* (1994, S. 99) bringt einen *full information case* als Benchmark in Anschlag. Dieser Vergleich ist jedoch unzulässig, da die Informationsstruktur innerhalb des Vergleichs gewechselt wird. Dass Demonstrationskonsum als Signal in einer Welt vollständiger Information nicht effizienzsteigernd wirken kann, ist weitgehend trivial. *Corneo* und *Jeanne* (1997, S. 65 f.) liefern hingegen einen zulässigen Wohlfahrtsvergleich mit konsistenter Informationsstruktur, kommen jedoch aufgrund der Nullsummenspielannahme zu ähnlichen Ergebnissen im Hinblick auf die Wohlfahrtswirkung demonstrativen Konsumverhaltens.

Die Argumentation, demonstratives Konsumverhalten sei *social waste,* ist jedoch allenfalls eine Seite der Medaille *conspicuous consumption.* Das Motiv, demonstrativ zu konsumieren, liegt ja, wie sämtliche Autoren auch betonen, darin, den anderen Mitgliedern der Gesellschaft den individuellen Wohlstand anzuzeigen, da dieser in einer Welt unvollständiger, da asymmetrischer Information nicht direkt beobachtbar ist. Signale können aber in einer Welt unvollständiger Information unter Umständen effizienzsteigernd wirken, auch wenn die Methode der Informationsübermittlung kostenaufwendig ist. Ist Statussignaling jedoch als Nullsummenspiel modelliert, so kann es auf gesellschaftlicher Ebene nicht wohlfahrtsfördernd sein, selbst wenn durch den demonstrativen Konsum Informationsasymmetrien abgebaut werden.

Mit der Annahme, Statusstreben sei auf gesellschaftlicher Ebene ein Nullsummenspiel, folgen die Autoren implizit oder wie *Frank* (1985, S. 101) explizit dem Ansatz der Gesellschafts- und Sozialkritik der 1970er Jahre. *Congleton* (1989, insb. S. 176) bezweifelt hingegen in seinem Beitrag *Efficient Status Seeking: Externalities, and the Evolution of Status Games,* dass sich ineffiziente Statusspiele in einem Prozess hayekianischer Evolution in einer Gesellschaft durchsetzen würden.

2. Demonstratives Konsumverhalten und extrinsische Motivation – Status als Instrument

In den Beiträgen von *Bagwell* und *Bernheim* (1996), *Cole et al.* (1995) und *Haucap* (2001) dient Status den Individuen als Mittel, einen anderen Zweck zu erreichen. Demonstratives Konsumverhalten ist in diesen Modellen also extrinsisch motiviert und kann daher als Instrument gesehen werden. Im Unterschied zu den Modellen in Abschnitt III.1 geht Status nicht direkt in die Nutzenfunktion ein, sondern nützt den Akteuren auf andere Art und Weise:

Wie bereits bei *Sombart* (1913, S. 73), dient demonstratives Konsumverhalten hier als Signal bei der Anbahnung von sozialen Kontakten oder Partnerschaften. Eine Partnerschaft mit einem Partner mit guten Eigenschaften nützt hierbei mehr als eine Partnerschaft mit einem Partner mit weniger guten Eigenschaften. Während *Bagwell* und *Bernheim* (1996, S. 353) sowie *Haucap* (2001, S. 247) allgemein den Nutzen aus sozialen Kontakten betrachten, nennen *Cole et al.* (1995, S. 13) sehr konkret die erhöhten Konsummöglichkeiten in einer Partnerschaft mit einem reichen Partner als Motiv.

Wiederum sind den Individuen die eigenen Eigenschaften bzw. das eigene Einkommen bekannt, jedoch können sie die Eigenschaften bzw. das Einkommen potentieller Beziehungspartner nicht direkt beobachten. Daher liegt eine Situation asymmetrischer

Information vor. Die Individuen haben allerdings auch hier die Möglichkeit, ihren Wohlstand durch *conspicuous consumption* (*Bagwell* und *Bernheim* 1996, S. 352 sowie *Cole et al.* 1995, S. 16) glaubhaft anzuzeigen.[24] Potentielle Partner schließen dann vom beobachtbaren Konsumverhalten auf den Wohlstand eines Konsumenten zurück und entscheiden sich für oder gegen den Eintritt in eine Partnerschaft (*Bagwell* und *Bernheim* 1996, S. 354-355).[25]

Ein weiterer entscheidender Unterschied zu den Modellen im vorangegangenen Abschnitt ist, dass demonstratives Konsumverhalten nicht als Nullsummenspiel modelliert ist, so dass sich Raum für die Analyse der potentiell effizienzsteigernden Wirkung demonstrativen Konsumverhaltens öffnet. Fokussieren *Bagwell* und *Bernheim* (1996) wie auch *Cole et al.* (1995) jedoch nicht auf die Wohlfahrtswirkung demonstrativen Konsumverhaltens, so rückt *Haucap* (2001) diese ins Zentrum seiner Betrachtung.

Vergleicht man die Wohlfahrtssituation in einer Welt asymmetrischer Information mit einer utopischen Welt vollständiger Information, so liegt bereits ein (hypothetischer) Wohlfahrtsverlust vor. Demonstratives Konsumverhalten als Signal ist nun grundsätzlich dazu geeignet, diesen Wohlfahrtsverlust zumindest teilweise zu heilen.[26] Je nach dem, ob der vermiedene Wohlfahrtsverlust auf gesellschaftlicher Ebene die Signalingkosten übersteigt oder nicht, steigert demonstratives Konsumverhalten die Wohlfahrt oder senkt sie. Somit zeigt *Haucap* (2001, S. 252), dass demonstratives Konsumverhalten in einer Welt asymmetrischer Information die Wohlfahrt steigern kann und daher mitnichten in jedem Fall als *social waste* einzuordnen ist.

Bagwell und *Bernheim* (1996, S. 368 f.) untersuchen hingegen nicht die Wohlfahrtswirkung demonstrativen Konsumverhaltens, sondern betrachten in ihrer positiven Analyse die technischen Besonderheiten und Wirkungsweisen von Steuern auf dem Markt für Luxus- beziehungsweise Statusgüter. Eine Besonderheit ist, so *Bagwell* und *Bernheim*, dass die Nachfrage nach Luxus- und Statusgütern hochelastisch sei. Luxus- und Statusgüter werden zu einem von den Konsumenten „gewünschten" Preis gekauft, der wiederum die kostengünstigste Möglichkeit darstellt, imitierendes Konsumverhalten zu verhindern. Dieser Preis ermöglicht einerseits, dass auf Luxus- oder Statusgütermärkten nachfrageseitig induzierte *pure profits* der Unternehmen auftreten können. Andererseits ist dieser Preis *tax-inclusive* und ändert sich auch bei einer Steuererhöhung nicht. Dies wiederum verhindert, dass Unternehmen die Steuer auf die Konsumenten überwälzen

---

24 *Bagwell* und *Bernheim* (1996) zeigen, mit welchen Mitteln wohlhabende Akteure ein bestehendes *Separating Equilibrium* durch die effektive Abwehr imitierenden Konsumverhaltens verteidigen können. Grundsätzlich kommt hierzu, neben dem Konsum einer großen Menge und Vielfalt auffälliger Güter, der Konsum hochqualitativer auffälliger Güter sowie der Konsum auffälliger Güter zu einem „überhöhten" Preis in Betracht. Von diesen Möglichkeiten wählen die Akteure immer die günstigste.
25 Auch im Modell von *Pesendorfer* (1995) dient Demonstrationskonsum als Signal bei der Anbahnung von Partnerschaften. Jedoch handelt es sich bei dem Modell um gar kein Signalingmodell im engeren Sinne, da dort der Konsum modischer Güter über die direkte Beeinflussung der Matching-Technologie die Wahrscheinlichkeit erhöht, auf einen Partner mit den gewünschten Eigenschaften zu treffen, worauf *Haucap* (2001, S. 246) deutlich hinweist.
26 Dass Signale in einer Welt asymmetrischer Information effizienzsteigernd wirken können, ist spätestens seit *Spence* (1973 und 1974) hinlänglich bekannt. *Spence* (1974, S. 62) selbst weist bereits unter Verweis auf Veblens *Theory of the Leisure Class* auf die Möglichkeit hin, dass demonstratives Konsumverhalten auch als Signal für Wohlstand, Macht und Status gelten kann und regt die analoge Anwendung seines Arbeitsmarktbeispiels auf den Fall demonstrativen Konsumverhaltens an.

können. Folglich würde eine Steuer, solange sie nicht die Differenz zwischen Preis und Grenzkosten übersteigt, als nicht-verzerrende Steuer auf *pure profits* wirken. Im Gegensatz zu den Empfehlungen der Ramsey-Regel wären aus Effizienzgesichtspunkten Status- und Luxusgüter zu besteuern (*Bagwell* und *Bernheim* 1996, S. 368).[27]

IV. Fazit

„In effect, legislation had never been successful – it was always difficult to enforce and did little in real terms to suppress status-motivated consumption" (*Mason* 1998, S. vii).

Die Aussage *Mason*s macht deutlich, dass man bei den zahlreichen historischen Versuchen eines Staatseingriffs mit einiger Berechtigung von historischem Versagen sprechen kann. Offensichtlich ist es zu keinem Zeitpunkt gelungen, die technischen Besonderheiten demonstrativen Konsumverhaltens vollständig zu begreifen. Doch vorgelagert zu der Frage nach den technischen Besonderheiten ist die eingangs gestellte Frage zu klären, ob demonstratives Konsumverhalten und Statusstreben überhaupt eingedämmt werden sollten.

Bei einem Blick in die Theoriegeschichte der Ökonomik offenbaren hierbei zahlreiche Ansätze offenen oder verdeckten Normativismus. In frühen Gesellschaften wurde aufwendiger Luxuskonsum als moralisch oder religiös verwerflich stigmatisiert, während die Merkantilisten zusätzlich die wohlfahrtsmindernde Wirkung aufwendigen Konsums aufgrund verhinderter Kapitalakkumulation argumentativ in Anschlag brachten.

Hier drängte sich bereits der Eindruck auf, dass die vordergründige Argumentation hintergründig nur dem Schutzbedürfnis der Führungseliten vor imitierendem Konsumverhalten diente. Betrachtet man die Aussagen der klassischen und neoklassischen Schule, so erhärtet sich dieser Verdacht. Vertreter der klassischen und neoklassischen Schule, wie *Smith* (1778), *Mill* (1834) und *Marshall* (1890), unterscheiden offen zwischen legitimem und illegitimem demonstrativem Konsum, der die gesellschaftliche und wirtschaftliche Stabilität einer Volkswirtschaft gefährden würde, was auch *Rae* (1834) betont. Das Konsumentenverhalten, welches dem Status des Akteurs entspricht, wird als legitim betrachtet, während das Konsumentenverhalten, welches darüber hinausgeht, als illegitim gilt.

Eine Renaissance erfuhr dieser Normativismus im Gewand der Gesellschafts- und Sozialkritik der späten 1950er und 1970er Jahre. Die Vertreter der Gesellschafts- und Sozialkritik sorgen sich um die „richtige" Verwendung der Ressourcen und nähern sich vor dem Hintergrund der wirtschaftlichen Entwicklung einer Volkswirtschaft der Frage, „was eigentlich wachsen soll und was besser nicht". Da Statusstreben in wachsenden Volkswirtschaften einen immer größeren Anteil der Ressourcen verzehrt, wähnt *Hirsch* (1976) gar die sozialen Grenzen des Wachstums entdeckt zu haben.

---

27 Darüber hinaus weisen *Bagwell* und *Bernheim* (1996, S. 368) im Hinblick auf Wettbewerbspolitik darauf hin, dass hohe Gewinne gerade auf dem Markt für Luxus- oder Statusgüter nicht zwingend ein Indiz für eine monopolistische oder oligopolistische Marktstruktur und Kollusion sind, die daher auch nicht zwingend nach einen wettbewerbspolitischen Staatseingriff verlangen.

Hierbei blieben die Gedanken der Gesellschafts- und Sozialkritik nicht wirkungslos, sondern mündeten seit den 1980er Jahren in zahlreiche Modelle, die demonstratives Konsumverhalten und Statusstreben fokussieren. So verursacht demonstratives Konsumverhalten und Statusstreben in den Modellen von *Frank* (1985), *Ireland* (1994) sowie *Corneo* und *Jeanne* (1997) externe Effekte, die die optimalen Konsumpläne der Akteure verzerren und die Wohlfahrt mindern. Die Autoren, die *Hirsch* (1976) folgend Statusstreben auf gesellschaftlicher Ebene als Nullsummenspiel modellieren, betrachten in modellogischer Folge demonstratives Konsumverhalten als *social waste*.

Dieses eindeutige Ergebnis der Wohlfahrtsanalyse fußt jedoch gerade darauf, dass die Autoren demonstratives Konsumverhalten als Nullsummenspiel modellieren. Ist demonstratives Konsumverhalten jedoch als Nullsummenspiel modelliert, so kann es auf gesellschaftlicher Ebene nicht wohlfahrtsförderlich sein und der Blick auf die potentiell effizienzsteigernde Wirkung demonstrativen Konsumverhaltens in einer Welt asymmetrischer Information bleibt verstellt. Darüber hinaus vergleichen *Frank* (1985) und *Ireland* (1994) in ihrer Wohlfahrtsanalyse eine Welt mit asymmetrischer Information und demonstrativem Konsum mit einer Welt vollständiger Information ohne demonstrativen Konsum. Dieser Vergleich ist jedoch unzulässig, da die Informationsstruktur innerhalb des Vergleichs gewechselt wird. Dass Demonstrationskonsum als Signal in einer Welt vollständiger Information nicht effizienzsteigernd wirken kann, ist weitgehend trivial.

Einen völlig anderen Ansatz verfolgen *Bagwell* und *Bernheim* (1996), *Cole et al.* (1995) und *Haucap* (2001). In ihren Modellen dient demonstratives Konsumverhalten als nützliches Signal bei der Anbahnung sozialer Kontakte. Verzichten *Bagwell* und *Bernheim* (1996) und *Cole et al.* (1995) auf eine explizite Analyse der Wohlfahrt, so weist *Haucap* (2001) die potenziell effizienzsteigernde Wirkung demonstrativen Konsumverhaltens in einer Welt asymmetrischer Information nach.

So unterschiedlich Statusstreben und demonstratives Konsumverhalten in der Geschichte ökonomischen Denkens bis heute gesehen wurde und wird, so unterschiedlich fallen auch die Politikempfehlungen der jeweiligen Zeit und Denkschule aus. Nachdem man in frühen Gesellschaften, so im antiken Rom, im frühen Europa und in den Feudalherrschaften China und Japans versuchte, das „verwerfliche", demonstrative Konsumverhalten mit Gesetzen gegen übertriebenen Luxus, sogenannten *sumptuary laws*, zu unterdrücken, wurden seit Mitte des 17. Jahrhunderts vermehrt Luxussteuern in Anschlag gebracht. Zusätzlich empfehlen Vertreter der klassischen und neoklassischen Schule und insbesondere die Vertreter der Gesellschafts- und Sozialkritik eine Änderung der Präferenzen der Bürger. Während *Rae* (1834) gesellschaftliche Stabilität durch eine strenge religiöse Erziehung garantiert sieht, schlägt *Marshall* (1907) vor, die öffentlichen Meinung und sozialen Druck einzusetzen. Die Vertreter der Gesellschafts- und Sozialkritik hingegen hoffen auf Lerneffekte und die Kraft ihrer Argumente. Erfüllte sich diese Hoffnung nicht und waren auch die *sumptuary laws* von nur geringem Erfolg gekrönt, so trafen Versuche einer Besteuerung von Demonstrationskonsum auf technische Schwierigkeiten.

Ein Teil der Ökonomen, so *Ireland* (1994), setzt bei der Besteuerung von Luxusgütern auf die Lenkungswirkung einer Steuer, während ein anderer Teil der Ökonomen, so bereits *Rae* (1834) und *Mill* (1848), die Möglichkeit einer Lenkungswirkung in die gewünschte Richtung aufgrund der Besonderheiten demonstrativen Konsumverhaltens verneinen. Auch zeigen *Corneo* und *Jeanne* (1997), dass wenn der Preis eines Gutes positiv auf den Status seines Konsumenten wirkt, die individuelle Nachfragefunktion eine positive Steigung aufweisen kann und kommen daher im Gegensatz zu *Ireland* (1994) zu dem Schluss, dass eine Besteuerung von Statusgütern nicht zwingend zum gewünschten Lenkungseffekt und einem Anstieg der Wohlfahrt führt.

Da einerseits Politikempfehlungen, den demonstrativen Konsum luxuriöser Güter mittels Staatseingriff einzudämmen, auf der Modellierung von Statusstreben als Nullsummenspiel und somit einer modelltechnischen Beliebigkeit sowie zum Teil auf einer unzulässigen komparativen Wohlfahrtsanalyse fußen und Luxussteuern andererseits aufgrund der Besonderheiten demonstrativen Konsums so gut wie unkalkulierbare Folgen mit sich bringen, erscheint die Besteuerung von Luxus- und Statusgütern als fragwürdiges Unterfangen.

Literatur

Alcaly, Roger E. und Alvin K. Klevorick (1970), Judging Quality by Price, Snob Appeal, and the New Consumer Theory, *Zeitschrift für Nationalökonomie*, Bd. 30, S. 53-64.
Bagwell, Laurie S. und B. Douglas Bernheim (1996), Veblen Effects in a Theory of Conspicuous Consumption, *American Economic Review*, Bd. 86, S. 349-373.
Berry, Christopher J. (1994), *The Idea of Luxury: A conceptual and historical investigation*, New York.
Buchanan, James M. (1975), *The Limits of Liberty*, Chicago.
Cole, Harold L., George J. Mailath und Andrew Postlewaite (1995), Incorporating Concern for Relative Wealth Into Economic Models, *Federal Reserve Bank of Minneapolis Quarterly Review*, Bd. 19, S. 12-21.
Congleton, Roger D. (1989), Efficient Status Seeking: Externalities, and the Evolution of Status Games, *Journal of Economic Behavior and Organization*, Bd. 11, S. 175-190.
Corneo, Giacomo und Olivier Jeanne (1997), Conspicuous consumption, snobbism and conformism, *Journal of Public Economics*, Bd. 66, S. 55-71.
Cournot, Augustin (1838, 1924), *Untersuchungen über die mathematischen Grundlagen der Theorie des Reichtums*, Jena.
Douglas, Mary und Baron Isherwood (1979, 2002), *The World of Goods: Towards an Anthropology of Consumption*, London und New York.
Duesenberry, James S. (1949, 1967), *Income, Saving, and the Theory of Consumer Behavior*, 5. Auflage, Cambridge.
Edgell, Stephen und Rick Tilman (1991), John Rae and Thorstein Veblen on Conspicuous Consumption: A Neglected Intellectual Relationship, *History of Political Economy*, Bd. 23, S. 731-744.
Frank, Robert H. (1985), The Demand for Unobservable and Other Nonpositional Goods, *American Economic Review*, Bd. 75, S. 101-116.
Gäfgen, Gérard (1974), On the Methodology and the Political Economy of Galbraithian Economics, *Kyklos*, Bd. 27, S. 705-773.
Galbraith, John Kenneth (1958), *The Affluent Society*, Cambridge.
Haucap, Justus (2001), Konsum und soziale Beziehungen, *Jahrbuch für Wirtschaftswissenschaften*, Bd. 52, S. 243-263.
Hill, Forest G. (1958), Veblen and Marx, in Douglas F. Dowd (Hg.), *Thorstein Veblen: A Critical Reappraisal. Lectures and Essays Commemorating the Hundredth Anniversary of Veblen's Birth*, New York, S. 129-149.
Hirsch, Fred (1976), *Social Limits to Growth*, Cambridge.
Hirsch, Fred (1976, 1980), *Die sozialen Grenzen des Wachstums*. Reinbek.
Hopkins, Ed und Tatiana Kornienko (2004), Running to Keep in the Same Place: Consumer Choice as a Game of Status, *American Economic Review*, Bd. 94, S. 1085-1107.

Hume, David (1739, 1896), *A Treatise of Human Nature: Being An Attempt to introduce the experimental Method of Reasoning into Moral Subjects,* London.
Ireland, Norman J. (1994), On limiting the market for status signals, *Journal of Public Economics,* Bd. 53, S. 111-126.
Kalman, Peter J. (1968), Theory of Consumer Behavior when Prices enter the Utility Function, *Econometrica,* Bd. 36, S. 497-510.
Kreikebaum, Hartmut und Günter Rinsche (1961), *Das Prestigemotiv in Konsum und Investition: Demonstrative Investition und aufwendiger Verbrauch,* Berlin.
Leibenstein, Harvey (1950), Bandwagon, Snob, and Veblen Effects in the Theory of Consumers' Demand, *Quarterly Journal of Economics,* Bd. 64, S. 183-207.
Mandeville, Bernard (1714, 1924), *The Fable of the Bees: or, Private Vices, Publick Benefits,* Oxford.
Marshall, Alfred (1907), The Social Possibilities of Economic Chivalry, *Economic Journal,* Bd. 17, S. 7-29.
Marshall, Alfred (1890, 1920), *Principles of Economics,* 8. Auflage, London.
Mason, Roger (1998), *The Economics of Conspicuous Consumption: Theory and Thought since 1700,* Cheltenham.
McKendrick, Neil, John Brewer und Jack H. Plumb (1985), *The Birth of a Consumer Society: The Commercialization of Eighteenth-Century England,* Bloomington.
Mill, John S. (1848, 1965), *Principles of Political Economy with Some of Their Applications to Social Philosophy,* Toronto.
Miller, Edward (1975), Status Goods and Luxury Taxes, *American Journal of Economics and Sociology,* Bd. 34, S. 141-154.
Ng, Yew-Kwang (1987), Diamonds are a Government's Best Friend: Burden-Free Taxes on Goods Valued for their Values, *American Economic Review,* Bd. 77, S. 186-191.
Ng, Yew-Kwang (1993), Mixed diamond goods and anomalies in consumer theory: Upward-sloping compensated demand curves with unchanged diamondness, *Mathematical Social Sciences,* Bd. 25, S. 287-293.
North, Douglas C. (1991), Institutions, *Journal of Economic Perspectives,* Bd. 5, S. 97-112.
Pesendorfer, Wolfgang (1995), Design Innovation and Fashion Cycles, *American Economic Review,* Bd. 85, S. 771-792.
Pigou, Arthur C. (1913), The Interdependence of Different Sources of Demand and Supply in a Market, *Economic Journal,* Bd. 23, S. 19-24.
Pigou, Arthur C. (1920, 1932), *The Economics of Welfare,* 4. Auflage, London.
Quesnay, François (1971), *Ökonomische Schriften in zwei Bänden.* Berlin.
Rae, John (1834, 1965), Statement of Some New Principles on the Subject of Political Economy, Exposing the Fallacies of the System of Free Trade, and of Some Other Doctrines maintained in „The Wealth of Nation", in: R. Warren James (Hg.), *John Rae: Political Economist. An Account of his life and a compilation of his main writings,* Vol. 2. Toronto.
Roscher, Wilhelm (1854), *System der Volkswirtschaft, Ein Hand- und Lesebuch für Geschäftsmänner und Studierende, Band 1: Die Grundlagen der Nationalökonomie,* Stuttgart und Tübingen.
Senior, Nassau W. (1836, 1951), *Outline of the Science of Political Economy,* London u.a.
Scitovsky, Tibor (1976, 1992), *The Joyless Economy: The Psychology of Human Satisfaction,* New York u.a.
Smith, Adam (1759, 1963), *The Theory of Moral Sentiments,* Aalen.
Smith, Adam (1776, 1910), *The Wealth of Nations,* London.
Sombart, Werner (1913), *Luxus und Kapitalismus,* München und Leipzig.
Spence, A. Michael (1973), Job Market Signaling, *Quarterly Journal of Economics,* Bd. 87, S. 355-374.
Spence, A. Michael (1974), *Informational Transfer in Hiring and Related Screening Processes,* Cambridge und London.
Veblen, Thorstein B. (1899, 1953), *The Theory of the Leisure Class. An Economic Study of Institutions.* New York.
Vincent, J.M. (1948), Sumptuary Legislation, in: Edwin R. Seligman und Alvin Johnson (Hg.), *Encyclopedia of the Social Sciences,* 6. Auflage, New York u.a., S. 464-466.

Wagner, Adolph (1910), *Finanzwissenschaft. Dritter beschreibender Teil: Spezielle Steuerlehre. 1. Buch (Band): Steuergeschichte vom Altertum bis zur Gegenwart*, 2. Auflage, Leipzig.
Weber, Max (1904/05, 2000), *Die protestantische Ethik und der „Geist" des Kapitalismus*, 3. Auflage, Weinheim.

Zusammenfassung

Luxus, Statusstreben und demonstratives Konsumverhalten werden in der Geschichte ökonomischen Denkens bis heute immer wieder unterschiedlich betrachtet. So wundert es nicht, dass auch die Antwort auf die Frage, welche Rolle der Staat im Hinblick auf statusbedingtes Konsumverhalten einnehmen soll, je nach Perspektive und historischem Hintergrund unterschiedlich ausfällt. Der vorliegende Beitrag zeigt, wie Statusstreben und demonstratives Konsumverhalten in der Geschichte ökonomischen Denkens gesehen wurden und ordnet aktuelle Beiträge ein. Da die Politikempfehlungen einerseits auf der Modellierung von Statusstreben als Nullsummenspiel und somit einer modelltechnischen Beliebigkeit sowie zudem teilweise auf einer unzulässigen komparativen Wohlfahrtsanalyse fußen, und Luxussteuern andererseits aufgrund der Besonderheiten demonstrativen Konsums so gut wie unkalkulierbare Folgen mit sich bringen, erscheint die Besteuerung von Luxus- und Statusgütern als fragwürdiges Unterfangen.

Summary:
Questionable Luxury Taxes: Status Seeking and Conspicuous Consumption in the History of Economic Thought

In the history of economic thought luxury, status seeking and conspicuous consumption are seen highly divergent. Thus, it is hardly surprising that economic advice with respect to a possible governmental intervention varies with time and perspective. This contribution provides an overview how conspicuous consumption was seen in the history of economic thought and outlines the connection between recent contributions and historical thinking on the issue. On the one hand, recent policy recommendations are often based on the arbitrary definition of status seeking as a zero sum game and partly on an incorrect welfare comparison. On the other hand, specific characteristics of the market demand function for status goods make the taxation of luxuries a venture with incalculable outcomes. Taking these results into account luxury taxes are hard to justify and extremely difficult to design.

Hans Jörg Hennecke

Die neuen Grundsatzprogramme der deutschen Parteien aus ordnungspolitischer Sicht

Inhalt

I. Die deutsche Parteienlandschaft 115
II. Was kann man von Parteiprogrammen erwarten? 117
III. Ausgangsbedingungen und Verlauf der Programmdebatten 119
IV. Die neuen Parteiprogramme aus ordnungspolitischer Sicht 121
   1. Zeitdiagnosen und Selbstverständnisse 121
   2. Globalisierung 126
   3. Wirtschaft und Arbeit 128
   4. Soziale Sicherung im demographischen Wandel 130
   5. Steuern und Finanzen 131
   6. Europa 133
V. Bilanz und Schlussfolgerungen 135
Literatur: 140
Zusammenfassung: 141
Summary: The German Parties' new manifestos from an
ordo-liberal perspective 142

I. Die deutsche Parteienlandschaft

Nachdem die vereinigungsbedingten Übergangsprobleme an Dringlichkeit und Aufmerksamkeit verloren hatten, wurde die politische Agenda in Deutschland von Mitte der 1990er Jahre an durch die Auswirkungen der Globalisierung, die Folgen der Staatsverschuldung, die Fragen der sozialen Sicherung im demographischen Wandel und die angehäuften Strukturproblemen in Wirtschaftsordnung und Arbeitsmarkt geprägt. Weder die Regierung *Kohl* noch die Regierung *Schröder* brachten nach 1990 den Willen und die Kraft zu einer stringenten und ausdauernden Reformpolitik auf. Innen- wie außenpolitisches Leitmotiv der deutschen Politik blieben die mangelnde Anpassungsfähigkeit an veränderte Umfeldbedingungen und das Festhalten an strukturellen Fehlentwicklungen. Wer sich von der vorgezogenen Bundestagswahl 2005 einen neuen Konsens für eine tragfähige Reformstrategie erhofft hatte, wurde rasch eines Besseren belehrt. Ins Amt kam eine Große Koalition, die formal über starke Mehrheiten verfügte und sich über viele der institutionellen Hürden für eine durchgreifende Reformstrategie hätte hinwegsetzen können. Ihre Bilanz blieb aus ordnungspolitischer Perspektive jedoch mehr als durchwachsen: einige Teilerfolge – eine zaghafte Reform des Föderalismus, die überfällige Durchsetzung der Rente mit 67 und verhaltene Ansätze zu einer haushaltspolitischen Selbstdisziplin – wogen die lange Liste der Fehltritte und Rückschritte nicht auf.

Wenn man dem Tenor der Leitartikler und der politikwissenschaftlichen Forschung glauben darf, stecken Parteien immer in der Krise.[1] Erst recht das Verfassen von Grundsatzprogrammen gilt als untrügliches Symptom der Verunsicherung und Orientierungslosigkeit. Mit Blick auf die Regierungsparteien der Großen Koalition bestätigt sich diese Vorannahme. Eingepfercht in eine Koalition, die – anders als 1966 – niemand angestrebt und niemand programmatisch vorbereitet hat, ringen sie darum, ob sie ihren Anspruch als „Volksparteien" (*Mintzel* 1984) angesichts nachlassender Bindungskräfte zu Wählern und Mitgliedern noch einlösen können. Die Regierung *Merkel* wurde von drei Parteien gebildet, die verunsichert und orientierungslos waren und – jeweils aus unterschiedlichen Gründen – mit den Kompromissen und Sachzwängen der gemeinsamen Regierungsarbeit unzufrieden waren. Nahezu gleichzeitig gaben sich CDU, CSU und SPD im Herbst 2007 neue Grundsatzprogramme und ersetzten mit diesen Beschlüssen ihre Programme aus den Jahren 1994, 1993 und 1989. Die gleichzeitige Ausrufung der Grundsatzdebatten diente offenkundig in allen drei Fällen dazu, programmatische Selbstbesinnung jenseits des unbefriedigenden Regierungsalltags zu finden. Zugleich standen die drei Debatten von Beginn an auch in der Gefahr, zu bloßen Beschäftigungstherapien für Funktionäre und Mitglieder zu geraten, deren Ergebnisse nicht unbedingt darauf angelegt waren, die Flexibilität bei der Suche nach großkoalitionären Kompromissen nennenswert einzuschränken.

Was ist, nach den ernüchternden Erfahrungen mit der Großen Koalition, von den derzeitigen Regierungsparteien in Zukunft in ordnungspolitischer Hinsicht zu erwarten? Im Folgenden sollen zunächst einige allgemeine Überlegungen zur Rolle von Grundsatzprogrammen vorausgeschickt werden und die Ausgangslagen der Parteien skizziert werden, bevor die neuen Grundsatzprogramme auf einschlägige Themen durchgemustert werden und abschließend einige Befunde und Konsequenzen aus ordnungspolitischer Sicht aufgezeigt werden.

Dass auf die programmatischen Entwicklungen der kleinen Oppositionsparteien hierbei nur am Rande eingegangen werden kann, sollte nicht darüber hinwegtäuschen, dass auch dort einige Bewegung und viel Unsicherheit zu registrieren sind. Während die FDP in den zurückliegenden Jahren nach dem Abklingen ihrer Führungsdebatte wieder in ruhigeres Fahrwasser geraten ist, sind die programmatischen Spannungen bei den Grünen und der Linken größer: die Grünen müssen über ihre programmatische Ausrichtung auch eine Entscheidung über ihre grundsätzlichen Koalitionsoptionen treffen, und die LINKE tut sich nach der Eingemeindung der westdeutschen WASG in die ostdeutsche SED-Nachfolgepartei PDS bemerkenswert schwer, die unterschiedlichen Strömungen und Denkschulen am linken Rand hinter einem belastbaren Grundsatzpro-

---

[1] Als neuere Analysen des deutschen Parteiensystems vgl.: *Zehetmair* (2004), *Haas* (2007), *Decker* (2007), *Niedermayer* (2008). Zu älteren Traditionen siehe: *Ziebura* (1969), als neuere Überblicke: *Poguntke* (2004)und *Jun* (2004).

gramm zu versammeln. Gleichwohl gibt sie der SPD und damit mittelbar auch der Union den Takt im Parteienwettbewerb vor.

II. Was kann man von Parteiprogrammen erwarten?

Um realistische Erwartungen über den Inhalt von Parteiprogrammen zu formulieren, muss man sich über die unterschiedlichen Intentionen und möglichen Wirkungen von Parteiprogrammen im Klaren sein (*Stammen* 1975). Dabei sollten Grundsatzprogramme, um die es im folgenden geht, von Aktionsprogrammen und Regierungsprogrammen unterschieden werden, da sie jeweils unterschiedliche Zeitdimensionen, Konkretisierungsgrade und Sprachstile aufweisen und die jeweiligen Anteile von Situationsanalysen, Wertereflexionen und Handlungsankündigungen anders gewichten. Nach außen gerichtet können Grundsatzprogramme eine Profilierungs- oder eine Werbefunktion gegenüber potentiellen Wählern oder Mitgliedern wahrnehmen. Allerdings wird es sich hierbei nur um sehr indirekte Wirkungen handeln, da das Wissen um Inhalte bei Wählern und Mitgliedern selbst in Bezug auf heftig beworbene Wahlprogramme meist sehr diffus ist (*Rölle* 2000 und 2002). Zu bedenken ist dabei, dass Fremdwahrnehmungen und Selbstverständnisse von Parteien nicht beliebig durch Programmbeschlüsse verändert werden können, sondern allenfalls behutsam korrigiert und arrondiert werden können. Die thematischen Kompetenzen, die den Parteien jeweils zugeordnet werden, erweisen sich zumindest in groben Zügen über die Jahrzehnte hinweg als erstaunlich stabil. Die Parteien tun daher gut daran, diese Markenkerne durch programmatische Positionierungen und durch Aufmerksamkeitsmanagement für „ihre" Themen sorgfältig zu pflegen.

Nach innen gerichtet sind Programme daran zu messen, inwieweit sie zur Integration verschiedener Flügel und Strömungen einer Partei beitragen und ihnen eine gemeinsame Identität vermitteln können. Nicht zu unterschätzen sind damit auch weitere mögliche Funktionen wie etwa das Erzeugen von Legitimität für Sachpositionen oder die Mobilisierung von Mitgliedern und Anhängern. Schließlich können Programme innerparteiliche Machtverhältnisse ordnen, indem sie Repräsentanten und Deuter von programmatischen Kernideen hervortreten lassen. Deshalb können Programmdebatten bisweilen auch der Bildung von neuen Netzwerken oder der Rekrutierung von neuen Führungspersönlichkeiten dienen. Inwieweit diese Wirkungen eintreten, hängt nicht nur von dem Text eines Programms selbst ab, sondern ergibt sich auch daraus, wie die Programmdebatte geführt wird, wie groß der Kreis der Mitwirkenden ist und schließlich auch wie ein Programmtext in den folgenden Jahren und Jahrzehnten als Bezugspunkt der weiteren Parteirhetorik dient (*Schönbohm* 1974). Vor allem dann, wenn ein Programm rückblickend als legitimationsstiftend für bestimmte Koalitionsentscheidungen oder für Regierungsperioden gedeutet werden kann, gewinnt es Deutungsmacht für eine Partei: die Düsseldorfer Leitsätze der CDU von 1949, das Godesberger Programm der SPD von 1959 und die Freiburger Thesen der FDP von 1971 gelten gerade deshalb als besonders erfolgreiche und wirkungsvolle Programme.

All dies sind mögliche Intentionen, Wirkungen oder Funktionen von Programmen in der Logik des kollektiven Handelns in und von Parteien, die nicht notwendigerweise mit einer anderen denkbaren Funktion von Programmen, nämlich der Erarbeitung eines kohärenten Orientierungsrahmens für ein realistisches, tragfähiges und durchdachtes Regierungshandeln, zusammenfallen müssen. Ganz im Gegenteil tragen diese politischen Funktionen dazu bei, dass sich Programme von einer wissenschaftlich begründbaren Ideallinie von Problemlösungen entfernen. Eine solche Sachrationalität wird sich in politischen Programmen in aller Regel nicht durchsetzen und entsprechend naiv wäre die Hoffnung auf lupenreine ordnungspolitische Bekenntnisschriften. Je größer die Reichweite von Parteien ist, mit desto mehr Verwässerungen und Verunreinigungen muss man rechnen – bis hin zur rhetorischen Verknüpfung von eigentlich unvereinbaren Prinzipien. Es gibt insbesondere plausible Gründe dafür, dass Parteiprogramme um ihrer Integrationskraft willen zur sprachlichen Homogenisierung von Widersprüchen neigen und sich ein hohes Maß an Langeweile, Unschärfe und Unverbindlichkeit erhalten müssen (*Flechtheim* 1966, *Luhmann* 1977). Wie schon im Parteinamen zur Geltung kommt, verstanden sich die Unionsparteien von Beginn an als Sammlungsparteien, die nicht nur über die konfessionelle, sondern auch über die wirtschaftlich-soziale Konfliktlinie hinweg christliche, liberale, soziale und konservative Milieus zusammenführen wollte, wobei die CSU in Bayern auch große Teile des sozialdemokratischen Spektrums in sich aufgenommen hat. Während innerhalb der Unionsparteien die landsmannschaftlichen Orientierungen einige programmatische Konflikte abmildern, koexistieren innerhalb der SPD traditionell zwei programmatisch und strategisch rivalisierende Flügel: den im Zweifelsfalle staatstragenden Sozialdemokraten stehen – vor allem im mittleren Funktionärskader – „demokratische Sozialisten" gegenüber, die mit einigen historischen Leitentscheidungen der Bundesrepublik hadern und auch bei Partnern außerhalb des freiheitlich-demokratischen Spektrums Mehrheiten zu suchen bereit sind.

Allen Unkenrufen zum Trotz lässt sich zwar die Gretchenfrage der *policy*-Forschung „Do parties matter?" oftmals mit einem mehr oder wenigen deutlichen „Ja" beantworten, weil die parteipolitische Zusammensetzung von Regierungen Auswirkungen auf das Regierungshandeln hat. Dieser Nachweis gelingt vorzugsweise in denjenigen Themenfeldern, in denen Parteien von programmatischem Ehrgeiz beseelt sind und ihr Gestaltungsspielraum nicht durch andere Veto-Spieler oder Mitregenten allzu sehr eingeengt wird.

Nun folgt aber politisches Handeln keinem kybernetischen Schaltplan, dem gemäß Regierungshandeln von Parteiprogrammen über Wahlprogramme und Koalitionsvereinbarungen vorhersehbar gesteuert würde. Politisches Handeln erfolgt in konkreten politischen Situationen, in denen programmatische Selbstverpflichtungen als Orientierungsgröße für die Akteure durchaus Wirkung entfalten können, aber immer wieder auch andere Entscheidungskriterien die Oberhand gewinnen können. Die Mehrwertsteuererhöhung von 2005 oder die „Agenda 2010" von 2003 sind für die Unberechenbarkeit politischer Entscheidung lehrreiche Beispiele. Grundsatzprogramme werden sich auch deshalb nicht notwendigerweise nachprüfbar in Regierungshandeln niederschlagen, weil die Ankündigung künftigen Handelns in ihnen nicht selbstverständlich im Vordergrund stehen muss. Nicht immer wird sich ein origineller Forderungskatalog identifizieren lassen, dessen Einlösung in späterem Regierungshandeln Punkt für Punkt überprüft werden könnte.

Bei ihrer Formulierung wird es vielmehr auch darum gehen, dass die Texte sich in den Traditionsbestand bisheriger Programmaussagen einfügen und dass sie helfen, aktuelle Positionierungen in diese Programmtradition einzubetten. Insofern weisen Grundsatzprogramme oft einen eher dokumentarischen, nachholenden und legitimierenden Charakter auf und können allmähliche Lernprozesse, die aus der Konfrontation mit der Wirklichkeit resultiert sind, abbilden. Freilich können Programmdebatten – zumal nach dem Verlust einer quälenden Regierungsverantwortung – gelegentlich auch zu einer Flucht aus der Wirklichkeit geraten und Lernprozesse aus einem zurückliegenden Regierungsalltag wieder in Frage stellen.

III. Ausgangsbedingungen und Verlauf der Programmdebatten

Nach der historischen Niederlage von 1998 und den Spendenskandalen 1999/2000 unternahm die ohne wirkliche Hausmacht an die Spitze der CDU gelangte *Angela Merkel* (2000) zwar unter Leitbegriffen wie „Wir-Gesellschaft" oder „Neue Soziale Marktwirtschaft" einzelne Vorstöße zu einer programmatischen Neuausrichtung, aber erst nach der knappen Niederlage bei der Bundestagswahl 2002 kam es zu wegweisenden Beschlüssen. Die Union trug die von Kanzler *Schröder* vorgeschlagene „Agenda 2010" mit und beschloss auf ihrem Leipziger Parteitag vom Herbst 2003 ein Aktionsprogramm, das marktwirtschaftliche Reformen betonte. Nach dem enttäuschenden Ergebnis bei der vorgezogenen Bundestagswahl von 2005 gab es aber bezeichnenderweise gewichtige Stimmen, die das schwache Abschneiden der Union auf eine übermäßige „Neoliberalisierung" zurückführten, obwohl eher taktische und kommunikative Fehler der Wahlkampfführung ausschlaggebend gewesen sein dürften. Mit Rücksicht auf die fragile Vorrangstellung der Union in der Großen Koalition erfolgte allerdings keine wirkliche Diskussion über die Ursachen des Wahlergebnisses, sondern es wurde die Ausarbeitung eines neuen Grundsatzprogramms beschlossen. Die innerparteiliche Diskussion erfolgte nach der Voranstellung von rund fünfzig „Leitfragen" im Wesentlichen über die Einbeziehung der Landesverbände und Vereinigungen, bevor im Juli 2007 ein erster Textentwurf vorgelegt und auf mehreren Regionalkonferenzen diskutiert wurde. Zwar verlief die eigentliche Programmdebatte ohne spektakuläre Kontroversen, allerdings ließen parallele Auseinandersetzungen über die Arbeitslosenpolitik erkennen, dass große Teile der Partei eine deutlichere Abgrenzung zu marktwirtschaftlichen Positionen und eine stärkere Betonung des sozialpolitischen Profils wünschten, während der wirtschaftsliberale und der konservative Flügel der Partei personell und argumentativ an Boden verloren.

Die CSU erlebte 2002 mit der nur knapp gescheiterten Kanzlerkandidatur Edmund Stoibers einen Höhepunkt ihres bundespolitischen Einflusses und triumphierte im folgenden Jahr bei der bayerischen Landtagswahl. Ein von Stoiber nach der Landtagswahl durchgepeitschtes Reformprogramm sorgte allerdings für erhebliche Unruhe, und die Autorität des Vorsitzenden, der Gelegenheiten zum Zugriff auf die Ämter des Bundespräsidenten und des EU-Kommissionspräsidenten verstreichen ließ, schmolz dahin, als er auf seinen vor der Bundestagswahl 2005 angekündigten Wechsel in die Bundespolitik verzichtete. Dadurch geriet die CSU in eine mehrfach problematische Situation: in der Großen Koalition auf Bundesebene konnte die CSU weder für das Wirtschaftsministerium die ordnungspolitische Wortführerschaft in zentralen Politikfeldern durchsetzen, noch die beanspruchte „Scharnierfunktion" zwischen CDU und SPD erfüllen. In Bayern gelang es nicht, die bereits ausgebrochenen Nachfolgekämpfe zu ersticken. Ganz offenkundig diente die Ausrufung der Programmdebatte in dieser Lage dazu, von der schwelenden Personalfrage abzulenken und die aufgewühlte Partei zu beschäftigen. Dass der straffe Zeitplan der Programmdebatte von Januar 2006 bis September 2007 auch eingehalten wurde, nachdem *Stoiber* zum Jahreswechsel 2006/2007 doch noch zum Amtsverzicht gedrängt worden war und ein offener Wettbewerb um den CSU-Parteivorsitz eingesetzt hatte, war wohl in erster Linie ein Verdienst des allseits respektierten Landtagspräsidenten *Alois Glück*. Wichtige Etappen der Debatte waren eine Mitgliederbefragung im Herbst 2006, eine erste Arbeitsfassung des Programms 2007, eine Serie von Programmkonferenzen im Frühjahr 2007, aus der rund 4.000 Änderungsvorschläge hervorgingen, sowie die Beschlussfassungsphase im Sommer 2007, die mit der Beratung und Zustimmung auf dem Münchner Parteitag am 28. und 29.9.2007 endete.

Am verwickeltsten und langwierigsten gestaltete sich die Programmdebatte in der SPD, die 1998 an die Macht gelangt war, ohne dass dem eine programmatische Klärung vorangegangen war. Mit der von *Schröder* verfolgten angebotsorientierten Wirtschaftspolitik, mit der von *Lafontaine* verkörperten Nachfrageorientierung und dem von Kanzleramtsminister *Hombach* verfolgten Anspruch, das ordnungspolitische Erbe *Ludwig Erhard*s durch die Sozialdemokratie zu übernehmen, standen seinerzeit mindestens drei wirtschaftspolitische Leitbilder in Konkurrenz zueinander. Nachdem *Schröder* mit dem Versuch einer autoritativen Durchsetzung eines neuen Leitbildes („Schröder/Blair-Papier") den Widerstand aus der Partei provoziert hatte und die fahrige Regierungspolitik vielerlei Widerspruch hervorgerufen hatte, setzte im Herbst 1999 die offizielle Arbeit an einem neuen Grundsatzprogramm ein. Diese Programmdebatte wurde jedoch vor der Bundestagswahl 2002 ausgesetzt und bald darauf durch die „Agenda 2010" überlagert und verdrängt. Ein neuer Anlauf unter dem SPD-Vorsitzenden Müntefering 2004/2005 blieb wegen der vorgezogenen Bundestagswahl wiederum in den Anfängen stecken. Dessen Nachfolger *Platzeck* griff die Programmdebatte wieder auf, trat aber im April 2006 just in dem Moment, als er unter dem Leitbild des „Vorsorgenden Sozialstaats" (*Platzeck* 2006) erste Signale setzte, aus gesundheitlichen Gründen zurück. Der neue Vorsitzende *Kurt Beck* schien zunächst die Stoßrichtung *Platzecks* weiterzuverfolgen, akzentuierte sogar auf eine für die Union gefährliche Weise das Leistungsprinzip und die Orientierung zur politischen Mitte, begab sich jedoch immer stärker in die Abhängigkeit des linken Parteiflügels (vgl. z.B. *Beck* 2006 und 2007). So machte sich die SPD unter *Beck* die Forderung nach Mindestlöhnen und nach einer „Bürgerversicherung" zu eigen, haderte mit der von Arbeitsminister *Müntefering* durchgesetzten „Rente ab 67" und distanzierte sich schließlich gegen dessen erbitterte Gegenwehr symbolträchtig von Kernelementen der „Agenda 2010". Beachtlich war, dass die Programmdebatte unter *Beck* recht zügig zu ihrem Ende geführt wurde. Nach Vorlage erster Leitsätze im April 2006 erfolgte eine Dialogphase, die Ende 2006 in eine erste Textfassung, den so genannten „Bremer Entwurf" (SPD 2007a) vom Januar 2007, mündete. Es folgte eine zweite Dialogphase, die eine Mitgliederbefragung (SPD 2007b) einschloss, bevor im Herbst 2007 ein neuer Text (SPD 2007c) vorgelegt wurde, der deutlich straffer ausfiel und eine erkennbar „linkere" Handschrift trug. Vor allem diese Akzentverschiebung gegenüber dem „Bremer Entwurf" bestimmte die politische Wirkung des „Hamburger Programms" (SPD 2007d), wie es am 28. Oktober 2007 beschlossen wurde.

IV. Die neuen Parteiprogramme aus ordnungspolitischer Sicht

1. Zeitdiagnosen und Selbstverständnisse

Wer erstmals seinen Blick über die neuen Grundsatzprogramme schweifen lässt, dem fällt der defensive Ton der Zeitdiagnosen ins Auge. Ob die Haltung zur Globalisierung, die Bewertung der Wiedervereinigung oder die Würdigung des alles in allem beachtlichen Wohlstands im Lande: auch dort, wo man mit einer Portion Selbstbewusstsein oder Genugtuung auf Erfolge zurückblicken könnte, überwiegt eine Rhetorik der Angst, des Neids oder der Unzufriedenheit. So sehr alle Parteien darum bemüht sind, ihre bisherige Programmtradition als Erfolgsgeschichte darzustellen und auf deren große Prägekraft in der Geschichte der Bundesrepublik hinzuweisen, stößt man in allen drei Programmen auf die Wahrnehmung einer von den Umständen bedrängten Politik. Sei es die Globalisierung oder die weltpolitische Unsicherheiten oder auch der demographische Wandel: den Takt gibt nicht das programmatische Wollen der Parteien, sondern geben die Herausforderungen vor, auf die die Politik reagieren muss. In der Haltung zu diesen Herausforderungen machen sich allerdings durchaus benennbare Unterschiede bemerkbar: in mancher Hinsicht wird versucht, die Chancen des Unvermeidlichen zu betonen, in anderen Fällen wird versucht, der Politik über den Umweg der Europäisierung Gestaltungskraft zurückzugeben, und bisweilen findet man auch selbstkritische und einsichtige Bemerkungen, mit denen der Gestaltungsanspruch der Politik gedrosselt wird.

Ausgangs- und Bezugspunkt des neuen Grundsatzprogramms der CDU ist das 1994 beschlossene Programm, das unter dem Titel „Freiheit in Verantwortung" nicht nur die Bewältigung der deutschen Einheit und den Wandel der weltpolitischen Situation thematisierte, sondern mit Schlagworten wie Wettbewerbsfähigkeit, Wirtschaftsstandort, Abbau der Staatsquote und Deregulierung auch in starkem Maße die kühle Rhetorik der „Standortdebatte" der 1990er Jahre aufgriff. Nach den Misserfolgen bei den Bundestagswahlen 1998 und 2005 hat sich die CDU demgegenüber einen zurückhaltenderen und stärker auf Ausgleich bedachten Stil auferlegt. Bereits im neuen Titel „Freiheit und Sicherheit" wird nahe gelegt, dass Freiheit nicht mehr der zentrale Bezugspunkt des Programms ist und von ihm ausgehend eine zusammenhängende und einzelne Politikfelder überspannende Ordnungsidee zugrunde gelegt wird, sondern dass das Programm den Anspruch auf Ausgleich zweier konkurrierender Prinzipien legt. Die 1994 zum Leitbild erhobene „Ökologische und Soziale Marktwirtschaft" wurde dabei stillschweigend zurückgestuft, obwohl die Bewahrung der Schöpfung angesichts der forcierten Klimadebatte für die CDU an programmatischem Gewicht gewonnen hat.

Nun betont die CDU ihr Selbstverständnis als „Volkspartei der Mitte", die die Werte Freiheit, Solidarität und Gerechtigkeit als gleichrangig ansieht. Während ein konservatives oder evolutionäres Denken im Sinne von *Burke* oder *Hayek* Freiheit als Produkt zivilisatorischer Entwicklung und ihrer rechtlichen Institutionen betrachten würde, geht das neue CDU-Programm davon aus, dass der Mensch frei geschaffen sei (CDU 2007b, S. 6), und knüpft damit auffälligerweise an rationalistische Sozialtheorien im Sinne von *Hobbes* oder *Rousseau* an, in deren Verständnis die ursprüngliche und natürliche Freiheit durch die Feindseligkeit der Menschen zueinander gefährdet wird. Zwar stellt das neue Programm einerseits im Zusammenhang mit seinem Freiheitsverständnis die Begriffe Eigenverantwortung, Subsidiarität, Nächstenliebe, Solidarität und Mitverantwortung als persönliche Tugenden heraus, betont, dass die Freiheit durch Rechtsstaat und wehrhafte Demokratie geschützt werden müsse, und macht sich in diesem Sinne ein individualistisches, negatives und auf Gleichheit vor dem Recht gemünztes Konzept von Freiheit zu eigen. Andererseits mangelt es nicht an Gelegenheiten, in denen Freiheit nicht auf die Abwesenheit von Willkür oder Zwang begrenzt wird, sondern in Abhängigkeit von bestimmten materiellen Ausstattungen im Sinne einer Freiheit von Not oder von Mangel gesehen wird: „Die Verwirklichung der Freiheit bedarf der sozialen Gerechtigkeit. Die Verhältnisse, unter denen der Mensch lebt, dürfen der Freiheit nicht im Wege stehen" (CDU 2007b, S. 7). Dementsprechend wird dem Rechtsstaat, der Gerechtigkeit als gleiches Recht für alle gewährleisten soll, eine andere Art von Gerechtigkeit als notwendige Ergänzung zur Seite gestellt: der Staat möge auch gerechte Chancen schaffen, die Chancengesellschaft verwirklichen, gleiche Startchancen in Bildungswege und Arbeitswelt gewähren und Belastungen angemessen verteilen. Dass zwischen der klassisch liberalen Gerechtigkeit als gleichem Recht für alle und diesem bunten Strauß von Chancengerechtigkeiten ein grundsätzlicher Konflikt besteht, der nicht einfach aus der Welt geschafft werden kann, wird nicht weiter reflektiert. Dass das Ideal der „Chancengesellschaft, in der die Menschen frei und sicher leben", nicht durchdacht ist, wird deutlich, wenn es an einer Stelle heißt: „Die soziale Herkunft des einzelnen darf nicht über seine Zukunft entscheiden" (CDU 2007b, S. 20). Es überrascht, einen solchen Satz von einer Partei zu lesen, die im Übrigen die Familie als Lebensform zu verteidigen und jakobinischen Bildungsegalitarismus zu bekämpfen beansprucht. Dass ein urbürgerlicher Satz wie *Odo Marquards* Diktum „Zukunft braucht Herkunft" (1988) vom neuen CDU-Grundsatzprogramm jedenfalls nicht mehr vorbehaltlos mitgetragen wird, lässt ahnen, dass jenseits der ordnungspolitischen Fragen auf breiter Front bürgerliche Wertvorstellungen verloren gegangen sind.

Aus ordnungspolitischer Warte fällt auf, dass der Begriff der Ordnungspolitik selbst trotz aller Bekenntnisse zur Sozialen Marktwirtschaft im neuen CDU-Grundsatzprogramm nur dreimal erscheint. Bezeichnenderweise dient der Begriff nicht dazu, in wirtschafts- und sozialpolitischen Fragen die Schraubzwingen des Interventionismus wenigstens an einigen Stellen etwas zu lockern und Selbstbestimmung und Selbstverantwortung zu stärken. Verwendung findet er vielmehr dann, wenn es darum geht, auf internationaler Ebene neue wirtschafts- und finanzpolitische Regulierungsinitiativen zu begründen.

Im Vergleich zur CDU tut sich die CSU erwartungsgemäß leichter, in ihrem Programm den christlichen Bezug und ihre Heimatverbundenheit zu bekräftigen und damit einen authentischen Konservatismus zu vertreten. Die Darlegung des christlichen Menschenbildes fällt in der Betonung von Selbstbestimmung, Eigenverantwortung und Schutz des ungeborenen Lebens deutlicher als bei der größeren Schwesterpartei aus. Das konservative Element wird offensiv als ein bundesweit sichtbarer Markenkern der CSU herausgestellt und mit der Vorsorge für künftige Generationen und dem Eintreten für Nachhaltigkeit auf eine Weise akzentuiert, die neben der Bindung an Tradition und Herkunft auf die Verantwortung in die Zukunft als Anspruch hinweist.

Wie bei der CDU fällt auch bei der CSU ins Auge, wie sehr der Begriff der Chancengerechtigkeit in den Vordergrund rückt und mit einem auf Gleichheit vor dem Recht gemünzten Gerechtigkeitsverständnis konkurriert. Zum Ausdruck kommt dies nicht nur im Titel des Programms „Chancen für Alle", der entweder als Abschwächung des Versprechens auf „Wohlstand für Alle" oder als kollektivistische Konzession an materielle Gerechtigkeitsvorstellungen gelesen werden kann, sondern auch in der Variation des legendären Slogans von 1976 und 1980: statt wie seinerzeit „Freiheit oder Sozialismus" propagiert die CSU nun „Freiheit und Chancen für alle" und gibt damit die damals wohl auch von Hayek inspirierte Prägnanz auf. Für beide Unionsparteien gilt, dass sie Gerechtigkeit nicht ausschließlich als Gleichheit vor dem Recht verstehen, sondern durch die Auffächerung und Anreicherung des Gerechtigkeitsbegriffs vor allem diverse materielle Leistungsansprüche an den Staat definieren. Bei der CSU entspricht dem das Bekenntnis zu einem starken Staat, der einen Ordnungsrahmen bereitstellen und neben der inneren Sicherheit und der Rechtsstaatlichkeit auch die Daseins- und Zukunftsvorsorge als Aufgabe erfüllen muss.

Ein origineller und möglicherweise politisch tragfähiger Versuch der CSU, die Soziale Marktwirtschaft neu zu definieren, ist das Leitbild der „Solidarischen Leistungsgesellschaft" (*Glück*, *Vogel* und *Zehetmair* 2006). Während manche Umschreibungen wie der angestrebte „ökonomische und soziale Fortschritt" recht nichtssagend sind, gewinnt die geforderte Verknüpfung von Leistungskultur und Sozialkultur Profil, wenn bemerkenswerterweise von einer „Chancengerechtigkeit für die Schwachen und die Starken" (CSU 2007, S. 34) die Rede ist. Man mag in diese Formulierung hineinlesen, dass die Erfolgreichen und Leistungswilligen nicht nur das Melkvieh einer ausgreifenden Umverteilungspolitik sein dürfen. Ähnlich wie die „Soziale Marktwirtschaft" steht freilich auch die „Solidarische Leistungsgesellschaft" in der Gefahr, als Addition verschiedener Ordnungsprinzipien wahrgenommen zu werden und damit anfällig für eine Überfrachtung des den Leistungsgedanken relativierenden Prinzips zu sein. Während im Grundsätzlichen die CSU ihre besondere Sympathie für Subsidiarität und aktive Bürgergesellschaft zum Ausdruck bringt und eine staatlich organisierte Solidarität nur hilfsweise am Platze sieht, zeigt sich im Detail, dass die CSU den realexistierenden Wohlfahrtsstaat nicht grundlegend ändern will, sondern allenfalls für behutsame Anpassungsreformen plädiert. Das kleinschrittige Vorgehen ist unter den Bedingungen der deutschen Verhandlungsdemokratie nicht eigentlich problematisch, sondern durchaus realistisch. Aus ordnungspolitischer Sicht ist allerdings die entscheidende Frage, ob die einzelnen Schritte wirklich auf ein gemeinsames Ziel ausgerichtet sind und ob es sich um mehr handelt als um ein unüberlegtes Herumdoktern an den Symptomen.

Während die beiden Unionsparteien für einen eher pragmatischen Umgang mit ihren Programmen bekannt sind, blickt die SPD auf eine viel längere und viel argwöhnischer bewachte Programmtradition zurück (*Dowe* und *Klotzbach* 1990). Als die Programmdebatte innerhalb der SPD Anfang 2006 wieder aufgenommen wurde, herrschten unter dem Vorsitzenden *Platzeck* diejenigen Kräfte vor, die die „Soziale Marktwirtschaft" als Parallelbegriff zur „Sozialen Demokratie" für die SPD besetzen wollen. Dieser Versuch einer sozialdemokratischen Interpretation der Sozialen Marktwirtschaft, der im „Bremer Entwurf" vorherrschte, ist mit dem „Hamburger Programm" nicht völlig aufgegeben worden, aber im Ergebnis wurde statt dessen die Tradition des „demokratischen Sozialismus" reanimiert. Ein redaktionelles Detail hatte hierfür Signalwirkung: Der „Vorsorgende Sozialstaat", der Zentralbegriff in *Platzecks* Programmbemühungen, wurde nun als „vorsorgender Sozialstaat" sprachlich eingebnet. Die entscheidende Akzentverschiebung war jedoch, dass die „Soziale Demokratie", die im „Bremer Entwurf" noch titelgebend war, nun – mit Ausnahme des Vorworts – aus allen Überschriften verschwunden ist, nur noch auf einer Seite erläutert wird und darüber hinaus nur gelegentlich Erwähnung findet. Akzentuiert wird der Begriff der „Sozialen Demokratie" im Gegensatz zu einer „Ökonomisierung aller Lebensbereiche", die sich nur nach einer Seite hin, nämlich zu Union und FDP hin, abgrenzt. Entscheidende Stichworte sind hierfür: Lebensqualität, intakte Gemeinschaften, Anerkennung, Zusammenhalt, Absage an ein Leben nach der Stoppuhr, die Garantie wirtschaftlicher und sozialer Grundrechte, gleichberechtigte soziale Teilhabe durch „gesellschaftliche Demokratisierung, vor allem Mitbestimmung, durch den auf Bürgerrechte gestützten vorsorgenden Sozialstaat und durch eine koordinierte Marktwirtschaft, in der der Vorrang der Demokratie vor den Märkten gewährleistet ist" (SPD 2007d, S. 18 f.). Im „Bremer Entwurf" dagegen war die Abgrenzung umfassender sowohl gegen „Konservative" (CDU/CSU), „Marktradikale" (FDP) als auch „Populisten" (LINKE) gerichtet und wurde der Anspruch auf Besetzung einer realistisch denkenden Mitte erhoben. „Soziale Demokratie" und „Vorsorgender Sozialstaat" waren dort Begriffe, die für eine strategische Stoßrichtung standen, mit der die SPD tief in das Terrain der Union hätte eindringen können.

Mit dem „Hamburger Programm" hat die SPD diese Chance zur Orientierung in die politische Mitte hinein fallen gelassen und ein linkes Selbstverständnis betont. War im „Bremer Entwurf" der Sozialismus zu einer bloß historischen Kategorie geworden, die neben Christentum, Humanismus, Aufklärung, Gewerkschaften, Frauenbewegung und Neuen Sozialen Bewegungen als eine der für die SPD im Laufe der Jahrzehnte prägenden Impulse und Ideen eine eher lieblose Erwähnung fand, brachte das Hamburger Programm eine unverkennbare Rehabilitierung des Begriffs. Bereits in den ersten Sätzen ist die Rede von „der stolzen Tradition des demokratischen Sozialismus". Die Passage über die historischen Impulse der linken Volkspartei wurde auffällig modifiziert, indem die Aufzählung nun Judentum und Christentum, Humanismus und Aufklärung, marxistische Gesellschaftsanalyse und Erfahrungen der Arbeiterbewegung, Frauenbewegung und Neue Soziale Bewegungen umfasst und damit sogar ausdrücklich den Marxismus wieder programmfähig macht.

Die Idee des „demokratischen Sozialismus" wird im „Hamburger Programm" als geschichtlich prägend charakterisiert und zugleich aktualisiert. Sie verlange eine Ordnung von Wirtschaft, Staat und Gesellschaft, in der die bürgerlichen, politischen, sozialen und wirtschaftlichen Grundrechte für alle Menschen garantiert seien, alle Menschen ein Leben ohne Ausbeutung, Unterdrückung und Gewalt, also in sozialer und menschlicher Sicherheit führen könnten. Das Ende des Staatssozialismus sowjetischer Prägung habe die Idee des demokratischen Sozialismus nicht widerlegt, sondern die Orientierung der Sozialdemokratie an Grundwerten eindrucksvoll bestätigt: „Der demokratische Sozialismus bleibt für uns die Vision einer freien, gerechten und solidarischen Gesellschaft, deren Verwirklichung für uns eine dauernde Aufgabe ist. Das Prinzip unseres Handelns ist die soziale Demokratie" (SPD 2007d, S. 16 f.).

Programmatisch gesehen fällt die SPD damit auf den Stand von vor 1989 zurück, und die verschiedenen Anläufe, das Epochenjahr 1989 zu verarbeiten und sich einzugestehen, dass der Sozialismus bislang nirgends auf Dauer mit Demokratie und Freiheit (weder im Sinne der Abwesenheit von Zwang noch im Sinne der Abwesenheit von Not und Furcht!) vereinbar war, wurden damit ausgebremst. Die Sozial- und Arbeitspolitik der Regierung *Schröder* scheint damit ebenso aus dem Parteigedächtnis verdrängt zu werden wie einst die Außen- und Sicherheitspolitik der Regierung Schmidt. Nachdem der zentristische, aber vom linken Flügel gestützte *Beck* im September 2008 den Parteivorsitz niedergelegt hat und ihm eine ausgerechnet aus *Franz Müntefering* und *Frank-Walter Steinmeier* bestehende Doppelspitze gefolgt ist, sind daher unabhängig vom Ausgang der Bundestagswahl 2009 weitere Richtungsdebatten und Machtkämpfe in der Partei vorprogrammiert.

Wer aus der entschiedenen Bekräftigung des „demokratischen Sozialismus" eine unmissverständliche programmatische Annäherung der SPD an jene Partei herauslesen will, die in ihrem Namen bis vor kurzem dieses Schlagwort für sich beanspruchte, muss indes sehen, dass sich im Hamburger Programm die aus der Tagespolitik bekannte strategische Unentschlossenheit spiegelt. Denn wenn unter anderem auch „nachhaltiger Fortschritt" als Ziel deklariert wird, das wirtschaftliche Dynamik, soziale Gerechtigkeit und ökologische Vernunft vereine, so ist dies ein Signal, das nur für eine mögliche Ampelkoalition mit Grünen und FDP plausibel ist. Die SPD des Hamburger Programms dürfte indes große Schwierigkeiten haben, einerseits glaubwürdig darzulegen, dass sie als „linke Volkspartei" dem „demokratischen Sozialismus" verpflichtet ist und der Konkurrenzpartei DIE LINKE das Wasser abgraben kann und andererseits eine Koalitionsoption mit der stets als „marktradikal" gebrandmarkten FDP inhaltlich zu legitimieren.

Wie auch bei den Unionsparteien formuliert die SPD eine Grundwertetrias von Freiheit, Gerechtigkeit und Solidarität. Während die Begrifflichkeiten in den Programmen der beiden Unionsparteien eher diffus und additiv sind, arbeitet das „Hamburger Programm" der SPD deutlicher die Unterschiede zu einem klassisch liberalen Werteverständnis heraus. So betont sie die rechtlichen und materiellen Voraussetzungen der Freiheit. Dieser Wert besteht aus sozialdemokratischer Sicht in der „Möglichkeit, selbstbestimmt zu leben", frei zu sein „von entwürdigenden Abhängigkeiten, von Not und Furcht" und muss jedem die Chance bieten, seine Fähigkeiten zu entfalten und in Gesellschaft und Politik mitzuwirken: „Nur wer sich sozial ausreichend gesichert weiß, kann seine Freiheit nutzen" (SPD 2007d, S. 15).

Gerechtigkeit besteht nach sozialdemokratischer Lesart aus gleicher Teilhabe an Bildung, Arbeit, sozialer Sicherheit, Kultur und Demokratie, aus gleichem Zugang zu allen öffentlichen Gütern, aus mehr Gleichheit in der Verteilung von Einkommen, Vermögen und Macht. „Soziale Gerechtigkeit" stellt der Gleichheit des Rechts die Gleichheit der Teilhabe und der Lebenschancen im Sinne von „sozialer Gerechtigkeit" zur Seite. Deshalb bekennt sich das Hamburger Programm deutlich antiliberal: „Unser Verständnis der Grundwerte bewahrt uns davor, Freiheit auf die Freiheit des Marktes, Gerechtigkeit auf den Rechtsstaat, Solidarität auf Armenfürsorge zu reduzieren" (SPD 2007d, S. 15). Zwar wird die Vorstellung von Gleichmacherei zurückgewiesen, aber wenn als gerecht unter anderem angesehen wird, dass eine der Leistung angemessene Verteilung von Einkommen und Vermögen vorgenommen wird, setzt deren politische Umsetzung voraus, dass eine zentrale Instanz bewertet, welche Leistung vorliegt und ob der Markt sie angemessen honoriert. Es ist viel von den Grenzen des Marktes und der Korrektur seiner Ergebnisse die Rede, aber wenig über die Grenzen der Politik und von den Gefahren einer Politisierung all der Umstände, die auf das Leben des einzelnen einwirken.

Deutlich wird dies auch beim Grundwert der „Solidarität". Zwar wird hier ähnlich wie bei den Unionsparteien die Sympathie für wechselseitige Verbundenheit, Zusammengehörigkeit, spontane und individuelle Hilfsbereitschaft bekundet, aber auch offen für gemeinsame Regeln und Organisationen und für den Sozialstaat als „politisch verbürgter und organisierter Solidarität" geworben und allerhand öffentliche Güter definiert, für die der Primat der Politik geltend gemacht wird: Recht, Sicherheit, Bildung, Gesundheit, Kultur, natürliche Umwelt, Daseinsvorsorge oder die gerechte Verteilung von Lebenschancen. Von alldem wird vermutet, dass der Markt in seiner sozialen und ökologischen Blindheit solche Güter nicht genügend bereitstellen könne, dass aber die Politik diesen Anspruch einlösen könne. Nicht eingegangen wird dabei auf all die Anreiz- und Lenkungsprobleme, die einem Ordnungsökonomen beim Schlagwort „öffentlichen Güter" zu Recht den Schweiß auf die Stirn treiben.

2. Globalisierung

In allen drei Parteiprogrammen stellt die Globalisierung einen Schlüsselbegriff dar, von dessen Deutung nahezu alle wirtschafts- und finanzpolitischen Aussagen bestimmt werden. Dabei herrscht ungeachtet aller unbestreitbaren Vorteile, die sich aus der weltwirtschaftlichen Integration für Deutschland insgesamt ergeben, eine kapitalismuskritische und protektionistische Tonlage vor, deren Argumente aus früheren Debatten durchaus vertraut ist.

Aus Sicht der CDU ist der Prozess der Globalisierung etwas Ambivalentes: als Ausdruck wirtschaftlicher Freiheit, der zu mehr Freihandel und zum Abbau von Handelshemmnissen führt, wird sie grundsätzlich begrüßt und mit einigen anerkennenden Bemerkungen gewürdigt. Dabei wird – vor allem mit Blick auf Demokratie, Menschenrechte, soziale und ökonomische Ziele – allerdings der Anspruch auf politische Gestaltung der Globalisierung erhoben. Damit wird vor allem darauf abgezielt, den Anpassungsdruck auf nationale Institutionen und Standards zu mindern. Mit Blick auf den weltweiten Standortwettbewerb wird, insoweit nationale Steuerungsmöglichkeiten geringer geworden sind, ein internationaler Ordnungsrahmen vor allem für die Finanzmärkte als nötig betrachtet. Verbreiteten Ängsten vor der Globalisierung trägt die CDU Rechnung, indem sie bekundet, die Globalisierung dürfe nicht das Ende des Sozialstaats und der Sozialen Marktwirtschaft sein. Vielmehr erhebt sie den Anspruch, die Standards der Sozialen Marktwirtschaft international ebenso zu verankern wie Menschenrechte und unabdingbare ökologische und soziale Mindeststandards. Einen besonderen Regulierungsanspruch formuliert die CDU angesichts des Problems, dass Staaten durch aktives Eingreifen – etwa durch Unternehmensbeteiligungen von staatlichen Unternehmen – nationale wirtschaftsstrategische Ziele durchzusetzen versuchen. In diesen Fällen könne es legitim sein, eigene Interessen durch eigenes staatliches Handeln durchzusetzen.

Die Position der CSU unterscheidet sich hier nicht wesentlich. Chancen durch erweiterten Freihandel werden anerkannt, aber auch hier liegt der Schwerpunkt auf der Frage, wie man unerwünschte Folgen der Globalisierung durch politische Gestaltung minimieren kann. Der Katalog der Begründungen fällt sogar umfangreicher aus als im CDU-Programm aus: die Spaltung in Gewinner und Verlierer der Globalisierung möge überwunden werden, auch die Wahrung der Menschenrechte, der Raubbau an der Schöpfung, der Schutz von Umwelt, Klima und Weltmeere werden als politische Aufgaben angeführt. Für die globale Wirtschaft werden „ordnungspolitische Leitplanken" eingefordert: Menschenrechte, soziale Standards, Umwelt- und Klimaschutz, das internationale Finanzsystem, Korruptionsbekämpfung, der Schutz des Eigentums, die Schaffung einer globalen Wettbewerbspolitik und die Herstellung von Transparenz der Kapitalmärkte sind hier Stichworte, deren Gesamtbestand über das ordnungspolitisch Gebotene hinausweist und in der Zusammenschau ganz ähnlich wie der CDU den Anspruch hervortreten lässt, den aktuellen Zustand der deutschen Wirtschafts- und Sozialordnung mit dem Konzept der Sozialen Marktwirtschaft gleichzusetzen und als Maßstab für internationale Ordnungspolitik zu empfehlen.

In ihrer internationalistischen Tradition misst die SPD Fragen der internationalen Wirtschafts- und Sozialbeziehungen einen prominenten Stellenwert zu. Es erstaunt nicht, dass in der sozialdemokratischen Deutung der Globalisierung ein sehr kritischer Ton herauszulesen ist und dass der korrigierende Gestaltungsanspruch um so deutlicher erhoben wird. Man stehe am Scheideweg zwischen mehr Wohlfahrt, Gerechtigkeit und Demokratie einerseits und zwischen erbitterten Verteilungskämpfen und entfesselter Gewalt andererseits. Zwar werden einige Chancen und Erfolge der Globalisierung anerkannt, etwa die Bekämpfung von Hunger, Armut und Seuchen oder die Ausbreitung von Wissen, stets folgen aber einschränkende und anklagende Bemerkungen, die im Gesamtbild eine bedrohliche, krisenhafte Stimmung erzeugen. In auffälliger Weise wird der „globale Kapitalismus" als Schreckbild gezeichnet, vor allem „unkontrollierte Kapitalbewegungen" sind der SPD ein Dorn im Auge und lassen sie die Forderung nach Regulierungen und Interventionen rufen, mit denen die Folgen globalen Wettbewerbs kontrolliert werden können. Unproblematisch sind Forderungen nach Öffnung von Agrarmärkten für Entwicklungsländer und nach Abbau von Subventionen für Agrarexporte aus den Industrieländern, selbst die Forderung nach einem wirksamen ordnungspolitischen Rahmen für Finanzmärkte auf internationaler Ebene muss für sich genommen keinen Argwohn wecken. Auffällig ist die Klage der SPD darüber, dass die Gestaltungsmöglichkeiten des demokratischen Nationalstaats gesunken seien. Sie fordert deshalb ein „soziales Europa" als Antwort auf den globalen Kapitalismus und stellt sich eine umfassende Weltinnenpolitik unter dem Dach der UNO vor. So soll diese einen Globalen Rat für Wirtschafts-, Sozial- und Umweltpolitik schaffen, dem in einer recht optimistischen Manier eine umfassende Regulierungs- und Interventionskompetenz zugewiesen wird: „Er soll wirtschaftliche Interessen, soziale Bedürfnisse und ökologische Notwendigkeiten aufeinander abstimmen, die Gefahren unkontrollierter Kapitalbewegungen, soziales und ökologisches Dumping begrenzen helfen" (SPD 2007d, S. 23). Hier und bei vielen anderen Bemerkungen kommt der Wille zum Ausdruck, umfassende Leistungsrechte und Verteilungsziele durch internationales Recht und durch internationale Organisationen zu verwirklichen. Ein weit gefasster Sicherheitsbegriff, der Begriffe wie Frieden, Gerechtigkeit, Freiheit, Demokratie, soziale, wirtschaftliche, kulturelle und nachhaltige Entwicklung einschließt, und ein ambitionierter Demokratiebegriff werden dem als undemokratisch und ungerecht beschriebenen Kapitalismus gegenübergestellt. Der Umstand, dass der nationale Wohlfahrts- und Interventionsstaat des 20. Jahrhunderts an die Grenzen seiner Steuerungskraft gestoßen ist, wird hier nicht zum Anlass genommen, über den Umfang politischer Kontrolle des wirtschaftlichen und sozialen Geschehens kritisch nachzudenken. Vielmehr wird hier der programmatische Versuch unternommen, mit einer expansiven Grundrechterhetorik europäische oder gar globale Regulierungs- und Interventionsmöglichkeiten zu legitimieren. Die Frage, ob solche Interventionsvorstellungen nach den Erfahrungen mit den nationalen Wohlfahrtsregimes der Vergangenheit ordnungstheoretisch tragfähig sind und ob dabei eine konstitutionelle und demokratische Kontrolle der zuständigen Institutionen und der in ihnen agierenden Bürokratien, Parteien und Verbände gewährleistet werden kann, wird dabei nicht ernsthaft bedacht.

3. Wirtschaft und Arbeit

Ausgangspunkt aller wirtschafts- und arbeitsmarktpolitischen Aussagen ist für die CDU das Bekenntnis zur Sozialen Marktwirtschaft. Ludwigs Erhards Versprechen von „Wohlstand für alle" wird jedoch modifiziert und relativiert zu einer „Chance auf Wohlstand und Sicherheit für alle". Mit dem Bekenntnis zur Sozialen Marktwirtschaft will sich die CDU nicht nur gegen Sozialismus und Kollektivismus abgrenzen, sondern auch gegen „ungezügelten Kapitalismus, der allein auf den Markt setzt und aus sich heraus keine Lösung der sozialen Fragen unserer Zeit findet" (CDU 2007, S. 46 f.). Dass Soziale Marktwirtschaft nicht auf ein die Politikfelder überwölbendes Ordnungsverständnis zurückgeführt wird, sondern in eine freiheitliche Wirtschafts- und eine solidarische Sozialordnung differenziert wird, ist konzeptionell bereits recht problematisch. Nachgerade gefährlich ist es jedoch aus ordnungspolitischer Sicht, wenn die Soziale Marktwirtschaft deswegen als sozial definiert wird, „weil sie die Solidarität, auf der unsere staatlich organisierten Systeme der sozialen Sicherung beruhen, ökonomisch ermöglicht" (CDU 2007, S. 48). Das heißt nichts anderes als, dass die Marktwirtschaft an sich nicht sozial sei und ihre Rechtfertigung nur darin liege, einen ethisch überlegenen Sozialstaat zu finanzieren, wobei zudem davon ausgegangen wird, dass der soziale Zweck am besten durch die kollektiven Zwangsversicherungssysteme, wie sie derzeit existieren, erreicht werde. Solange die Kosten dieser Systeme noch so eben von der wirtschaftlichen Leistungsfähigkeit der Marktwirtschaft getragen oder auf künftige Generationen abgewälzt werden können, fehlt aus dieser Warte jedes sozialethische Argument gegen eine weitere Kollektivierung des Menschen. Wer so argumentiert, mag eine mehrheitsfähige Position formulieren, begeht aber auch eine Selbsttäuschung, wenn er sich dabei auf das geistige Erbe Ludwig Erhards beruft. Auch die gesellschaftspolitischen Anliegen, die in den ursprünglichen Konzepten zur Sozialen Marktwirtschaft eine große Rolle spielten, werden von der CDU nur noch eingeschränkt mitgedacht.

Das ordnungspolitische Argument ist im CDU-Programm am ehesten dort präsent, wo es im engeren Sinne im Fragen der Wirtschafts- und Arbeitswelt geht: wenn hier für mehr Freiheit und Wettbewerb statt Überregulierung plädiert wird, wenn als Grund für die anhaltend hohe Arbeitslosigkeit die häufige Verletzung der Grundprinzipien der Sozialen Marktwirtschaft angeführt wird, so sind dies Ausprägungen einer zwar nach wie vor abrufbaren, aber eben nicht mehr umfassend gedachten ordnungspolitischen Grundorientierung. Auch das Plädoyer für weitere Privatisierungen, von denen auch die kommunale Wirtschaftstätigkeit nicht ausgenommen werden soll, für die Begrenzung staatlicher Subventionen, für mehr Flexibilisierung der Tarifordnung, flexiblere Altersgrenzen und die stärkere Beteiligung von Arbeitnehmern am Unternehmenskapital sind aus ordnungspolitischer Sicht Vorstöße in eine richtige Richtung. Es fällt ins Auge, dass die Forderung nach Rückbesinnung auf grundlegende Ordnungsprinzipien der Sozialen Marktwirtschaft erhoben wird, um die Ziele Vollbeschäftigung, stetiges und angemessenes Wirtschaftswachstum, solide Haushalte und stabile soziale Sicherungssysteme zu erreichen, mithin also eine Art neues makroökonomisches Viereck der Globalsteuerung als Maßstab dient.

Die CSU versteht unter der Sozialen Marktwirtschaft ein „sozial verantwortliches, nachhaltiges Wirtschaften, das den Menschen dient, neue Chancen für den Einzelnen und die Gemeinschaft eröffnet, den Wohlstand mehrt und den gesellschaftlichen Zusammenhalt stärkt" (CSU 2007, S. 62) und befindet sich in den meisten Positionierungen in Übereinstimmung mit der CDU. Mehr Nachdruck legt die CSU einerseits unter dem Schlagwort „sozialer Friede" auf die Bedeutung von Tarifautonomie, Mitbestimmung und Sozialpartnerschaft und andererseits auf die Förderung beruflicher Selbständigkeit und auf Mittelstandspolitik. Auch die Ergänzung niedriger Löhne durch staatliche Transferleistungen findet ihren Niederschlag und dient der Abgrenzung der von der SPD vertretenen Forderung nach staatlichen Mindestlöhnen.

Angesichts der Renaissance des Begriffs des „demokratischen Sozialismus" fallen die Versuche der SPD, den Begriff der Sozialen Marktwirtschaft in ihrem Sinne auszulegen und für sich zu reklamieren, halbherziger aus, als die nach 1998 zeitweilig den Anschein hatte. Unter dem alten Leitbegriff der „wirtschaftlichen Demokratie", für den zum Teil wörtlich auf das Berliner Programm von 1989 zurückgegriffen wird, legt die SPD das Schwergewicht ihrer Forderungen auf den Erhalt und Ausbau der bestehenden Mitbestimmungsstrukturen, die nach Möglichkeit auch auf europäischer Ebene verankert werden sollen. Die bestehenden Regelungen zum Flächentarifvertrag und zum Kündigungsschutz werden hartnäckig verteidigt. Vollbeschäftigung soll erreicht werden durch hohes, qualitatives Wachstum, durch Vorsprung bei innovativen Produkten, durch den „vorsorgenden Sozialstaat" und durch Angebote öffentlich geförderter und gemeinwohlorientierter Beschäftigung. Zudem wird mehr Flexibilität und Selbstbestimmung in der Arbeitszeitpolitik gefordert, allerdings taucht mit der Forderung nach Arbeitszeitverkürzung auch ein Gespenst der 1980er Jahre wieder aus der Mottenkiste auf. Ein notfalls staatlich festzusetzender, existenzsichernder Mindestlohn soll die Niedriglohnproblematik lösen helfen. Der staatliche Interventionsanspruch wird in mehrfacher Weise erhoben: so etwa durch die Forderung nach einer Steuerpolitik, die Ungleichheit begrenzen und gleiche Chancen fördern soll und zum anderen durch die Forderung nach industriepolitischen Prioritätensetzungen und nach staatlichen Investitionsimpulsen für Leitmärkte. Keynesianische Denkreste klingen auch in der These an, dass eine hohe Binnennachfrage mehr Beschäftigung schaffe und dass deshalb die Lohnsteigerungen sich mindestens an der Produktivität und der Inflation orientieren sollten.

Aus diesen und anderen Details lässt sich kein ausgeprägtes Problembewusstsein für die ordnungspolitischen Ursachen der Arbeitslosigkeit und die Wirkungen der Verbändemacht in der Arbeits- und Wirtschaftsbeziehungen ablesen. Vielmehr bestätigt sich hier der aus der Tagespolitik zu gewinnende Eindruck, dass gerade die Arbeitsmarktpolitik als dasjenige Politikfeld dient, in dem weite Teile der SPD eine spürbare Linkskorrektur vornehmen wollen. Mit ihren Forderungen schafft die SPD eine deutliche Nähe zu den wirtschafts- und arbeitsmarktpolitischen Positionen von DIE LINKE, wird sich freilich gerade in der Mindestlohndebatte immer wieder in der Rolle des Hasen gegenüber dem Igel wieder finden: egal wie hoch sie ihre Forderungen schrauben mag, es wird der Konkurrenzpartei DIE LINKE leicht fallen, jede Position, die die SPD erreichen will, schon besetzt zu halten und deren Forderungen zu überbieten. Es handelt sich dabei allerdings um durchweg populäre Forderungen, gegenüber denen das ordnungspolitische Argument einen schweren Stand hat – erst recht, wenn es von der Gegenseite nur halbherzig und allzu verwickelt vorgetragen wird.

4. Soziale Sicherung im demographischen Wandel

Die CDU stellt ihre sozialpolitischen Diagnosen und Forderungen unter das Leitbild eines aktivierenden Sozialstaats, der auf Eigeninitiative und Eigenverantwortung beruht. In den sozialen Sicherungssystemen sollen deshalb die Eigenverantwortung gestärkt, Generationengerechtigkeit und Leistungsgerechtigkeit verwirklicht und die Abhängigkeit von der Erwerbsarbeit reduziert werden. Was das konkret bedeuten soll, wird vor allem bei der Gesundheitspolitik deutlich, über die die Union seit Jahren mit sich ringt. Hier schwebt der CDU vor, die an das Arbeitseinkommen gekoppelte Finanzierung stufenweise durch ein solidarisches Prämienmodell mit Kapitalbildung zu ersetzen, wobei ein sozialer Ausgleich und die Versicherung für Kinder aus Steuermitteln erfolgen soll. An der Pflegeversicherung, die 1994 als weitere Säule der sozialen Sicherung hinzukam und innerhalb einer Dekade ins Defizit geriet, hält die CDU fest, obwohl eine ordnungspolitische Korrektur im Sinne eines Versicherungszwangs anstelle der bestehenden Zwangsversicherung noch ohne große Übergangsprobleme möglich wäre. Hier plädiert die CDU nicht für eine ordnungspolitische Notbremse, sondern gibt sich zufrieden mit der Forderung nach einer Ergänzung um solidarische Prämienelemente und die rasche Ersetzung durch ein kapitalgedecktes, solidarisches Prämienmodell. Diese unausgegorenen Mittelwege sind, wie die bisherige Debatte zeigt, nicht wirklich populär und dürften gegen die Forderungen nach umfassender Kollektivierung der sozialen Sicherungssysteme keine nennenswerte Widerstandskraft entfalten. Populärer dürfte dagegen die – innerparteilich zuletzt heiß debattierte – Forderung sein, die Bezugsdauer für Leistungen bei Arbeitslosigkeit an die Dauer der vorangegangenen Beitragszahlung zu koppeln. Trotz des zutreffenden Arguments der Leistungsgerechtigkeit im Versicherungsprinzip scheut aber die CDU den konsequenten Schritt in mehr Selbstbestimmung und zu privaten Versicherungslösungen.

Die sozialpolitischen Ausführungen der CSU kommen etwas wortgewaltiger als die eher technokratischen Positionsbestimmungen der großen Schwesterpartei daher. Neben dem demographischen Wandel an sich werden auch der „Irrweg Versorgungsstaat" als große Herausforderung beschrieben und die Verantwortung und Vorsorge für die Nachkommen als konservatives Argument ins Felde geführt. Vor diesem Hintergrund will die CSU den Glauben an einen allzuständigen „Betreuungsstaat" zurückdrängen, die

Kernaufgaben des Staates stärken, Hilfe für Schwache sichern, Selbstentfaltung fördern, zu Selbstverantwortung befähigen und den Vorrang privater Selbstverantwortung stärken. Die CSU gemahnt daran, dass die Kosten des Sozialstaats durch Leistung erwirtschaftet werden, begibt sich damit allerdings in die Gefahr, dass das Argument für wirtschaftliche Freiheit bloß instrumentell und damit angreifbar gerät. Umgekehrt wird soziale Sicherheit als Grundvoraussetzung für ein innovatives und leistungsfähiges Gemeinwesen und als Grundlage für Mut zur Freiheit, für Bereitschaft zu eigener Verantwortung herausgestellt. Trotz mancher einprägsamer und gelungener Formulierungen verliert sich das sozialpolitische Programm in einer „sowohl als auch"-Rhetorik, die sich zwischen individueller Freiheit und sozialer Sicherheit bewegt und viele Fragen offen lässt. Zu Recht wendet sich die CSU gegen eine nivellierende Einheitsversicherung in der Gesundheitspolitik und plädiert sie für den Erhalt der Privatversicherungen, aber jenseits dessen bleibt diffus, welche Leitgedanken für Reformkonzepte gelten sollen.

Der Begriff „vorsorgender Sozialstaat" hätte in der SPD durchaus das Potential gehabt, eine Neuausrichtung der Sozialstaats zu legitimieren, bei der ordnungspolitische Fragen der Anreizwirkungen und der Nachhaltigkeit in politischen Kreisen Anerkennung hätten finden können, deren Sozialpolitik bislang meist allzu symptomatisch, interventionistisch und verteilungspolitisch angelegt war. Durch die Relativierung des Begriffs gerät das sozialpolitische Programm der SPD jedoch wieder in alter Tradition zu einem großen Warenhauskatalog des Wünschenswerten, der für alle Arten von Staatseingriffen und für die Politisierung der menschlichen Lebensumstände Begründungen liefert. Sicherheit, Teilhabe und Emanzipation unabhängig von sozialer Herkunft, Geschlecht, Lebensalter oder einer Behinderung, Bekämpfung der Armut, Förderung existenzsichernder Erwerbsarbeit, Hilfe bei Erziehung, Gesundheitsprävention, Gestaltung des demografischen Wandels, Förderung einer höheren Erwerbsquote von Frauen und Älteren und manches andere mehr wird hier an Staatszielbestimmungen zusammengetragen. Die Finanzierung der sozialen Sicherungssysteme will die SPD auf eine breitere Basis stellen und denkt dabei an weitere Steuereinnahmen, die sich auf alle Einkunftsarten beziehen sollen. Die SPD wirbt für eine „Solidarische Bürgerversicherung", die nicht nur auf das Gesundheitswesen, sondern auch auf die Pflegeversicherung bezogen werden soll: niemand soll sich der vom Staat organisierten Solidarität entziehen dürfen, damit alle denselben Anspruch auf Versorgung und gleiche Teilhabe am medizinischen Fortschritt haben.

5. Steuern und Finanzen

Die finanzpolitischen Programmaussagen der CDU spiegeln deutlich die Gegenstände der Verhandlungen um eine Reform der Finanzverfassung wider. Die CDU bekennt sich zum Abbau von Verschuldung und Schuldenstand, will die verfassungsrechtliche Verschuldungsgrenze durch eine restriktivere Definition öffentlicher Investitionen und durch festgelegte Tilgungspläne verbindlicher machen und proklamiert als Ziel ein grundsätzliches Neuverschuldungsverbot auf allen Ebenen, bei der allerdings Vorsorge für Konjunkturschwankungen getroffen werden soll. Die föderale Finanzverfassung soll die finanzielle Eigenverantwortung stärken und transparent machen, einen einfacheren

Finanzausgleich bringen und föderalen Wettbewerb ermöglichen. Für Verschuldungssünder sollen verbindliche Sanierungsprogramme festgelegt werden. Gemessen an der Aufregung, die sich in den vergangenen Jahren an den Steuerkonzepten entzündeten, welche mit den Namen *Friedrich Merz* und *Paul Kirchhof* verbunden waren, fällt ins Auge, wie lakonisch das CDU-Programm zu diesem Themenfeld Stellung bezieht. Gewiss, es werden niedrige, einfache und gerechte Steuersätze und die Entlastung des Faktors Arbeit gefordert. Es wird auch für eine Unternehmensteuer plädiert, die wettbewerbsneutral und unabhängig von Rechtsform gestaltet sein soll. Doch insgesamt scheint das Thema Steuerpolitik für die Partei an Attraktivität eingebüßt zu haben.

Grundsätzliche Unterschiede lassen sich bei der CSU in bezug auf die Steuerpolitik nicht erkennen. Auffällig ist die große Zurückhaltung in bezug auf eine Reform der Finanzverfassung, bei der man aus bayerischer Sicht ein eindringlicheres Plädoyer für einen Wettbewerbsföderalismus erwartet hätte. Unübersehbar ist auch, dass die konservative Deutung des Nachhaltigkeitsarguments im Zusammenhang mit der Haushaltspolitik aufgeweicht wird und Interpretationsspielräume offen hält: Nachhaltige Finanzpolitik bedeutet für die CSU nicht nur Beschränkung des Gegenwartskonsums, sondern auch Schwerpunktsetzungen für so genannte Zukunftsinvestitionen.

Andere Akzentsetzungen, die den Finanzbedarf des Staates zum Maßstab nehmen, finden sich bei der SPD: der Staat brauche „für politische Gestaltung ausreichende und verlässliche Einnahmen: „Nur Reiche können sich einen armen Staat leisten" (SPD 2007d, S. 45). Anders als die Unionsparteien legt die SPD offen, dass sie für höhere Steuern plädiert: vor allem mit dem Bekenntnis zu progressiver Besteuerung und der Forderung nach „gerechte[r] Besteuerung von großen Vermögen und Erbschaften" tauchen sozialdemokratische Programmklassiker als Kontrastmittel zum Koalitionspartner auf.

Noch deutlicher als bei der CSU wird das eingängige, aber zu hinterfragende Argument herausgestellt, dass Haushaltskonsolidierung nicht auf Kosten einer maroden Infrastruktur gehen dürfe. Weitere Aussagen zu einer ausgabenorientierten Finanzpolitik, mit denen sozialdemokratische Traditionslinien einer aktiven Konjunktur- und Wachstumspolitik bekräftigt werden, sind das Eintreten für eine Stabilisierungs- und Ausgabenpolitik zur Überwindung konjunktureller Krisen und für „kontinuierlich ansteigende Investitionen" in Bildung, Forschung und Infrastruktur. Neben all diesen eher prozesspolitisch motivierten Vorstellungen fällt als eher ordnungspolitisch motivierter Gedanke das Ziel ins Auge, mit Hilfe des Steuer- und Aktienrechts Anleger zu stärken, die langfristiges Engagement in einem Unternehmen im Blick haben.

Es bedarf keiner allzu großen Phantasie, um vorauszusehen, dass vor dem Hintergrund dieser programmatischen Grundorientierungen bei einer Reform der Finanzverfassung bestenfalls Teilerfolge zu erzielen sein werden. Insgesamt sind die programmatischen Aussagen zur Haushaltspolitik der drei Parteien weich genug formuliert, um auch künftig bei kleineren Belastungsproben das Heil eher in höherer Verschuldung oder in höherer Abgabenbelastung als in Aufgaben- und Ausgabenkritik zu suchen.

6. Europa

Die langjährigen Debatten um den gescheiterten EU-Verfassungsvertrag und den Vertrag von Lissabon bilden den Hintergrund der europapolitischen Positionierungen. In der deutschen Europadebatte herrschte eine recht unkritische Integrationseuphorie vor, auch wenn eine stärkere Verbindlichkeit des Subsidiaritätsprinzips eingefordert wurde. Auffällig war dabei, dass die bessere Durchsetzung von Binnenmarkt und Freihandel in den Hintergrund geriet und die Legitimation für eine weitere Integration nicht zuletzt in der Ausdehnung von sozialpolitischen Kompetenzen gesucht wurde. Befürworter einer vertieften Integration sahen für die Europäische Union eine Rolle als wohlfahrtsstaatlicher Akteur, der anstelle der in ihrer Steuerungsfähigkeit begrenzten Nationalstaaten der Globalisierung durch Regulierungen und Schutzmaßnahmen begegnen könne. Das Scheitern des Verfassungsvertrags hatte zwar deutlich gemacht, dass die europäische Idee mit zu hohen Erwartungen befrachtet worden war, aber der Vertrag von Lissabon machte gegenüber der in vielen Ländern verbreiteten EU-Skepsis allenfalls symbolische Zugeständnisse, während an der Substanz des Verfassungsvertrags kaum Abstriche gemacht wurden. Sieht man von der Frage eines EU-Beitritts der Türkei ab, so waren die deutschen Parteien in der Europadebatte der vergangenen Jahre um ein hohes Maß an Konsens bemüht, während ordnungstheoretische oder demokratietheoretische Kontroversfragen zu Maß und Ziel der Integration von den etablierten Parteien kaum aufgeworfen wurden. Dies schlägt sich auch in den neuen Grundsatzprogrammen nieder.

Die CDU bekräftigt in ihrem neuen Programm ihren Anspruch als Partei der europäischen Integration und hält am langfristigen Ziel einer europäischen Verfassung fest. Zwar wird gefordert, den Einsatz der EU-Finanzmittel gezielter, effizienter und zukunftsorientierter vorzunehmen, Vorschriften und Verwaltungskosten abzubauen, Überregulierung zu vermeiden und das Gemeinschaftsrecht zu vereinfachen, aber trotz aller Betonung des Subsidiaritätsprinzip vermisst man eine Diskussion darüber, inwieweit der stetig angewachsene Zuständigkeitsbereich der EU zugunsten der Nationalstaaten und Regionen begrenzt werden könnte. Abgesehen von den erwähnten Punkten richten sich Bedenken gegen den Stand der Integrationspolitik vornehmlich auf die Frage der Erweiterung. Die Fixierung auf die Debatte um einen Beitritt der Türkei zur EU kompensiert offenbar eine fehlende ordnungspolitische und verfassungsökonomische Debatte um Aufgabenkritik der EU. Es finden sich vielmehr einige Themen, in denen eine weitere Zentralisierung gewünscht wird: die Daueraufgabe der Vollendung und Weiterentwicklung des Binnenmarktes ist in dieser Hinsicht ordnungspolitisch wohl weniger bedenklich als die Forderung nach einheitlichen Mindeststandards in der Sozial- und Umweltpolitik und der Ausbau der europäischen Entwicklungszusammenarbeit. Aus ordnungspolitischer Sicht anerkennenswert ist jedoch, dass die CDU an der Unabhängigkeit der Zentralbank festhält und sich zur strikten Einhaltung des Wirtschafts- und Stabilitätspakts bekennt. Die CDU fordert zwar, dass Europäischer Rat und Europäisches Parlament künftig gleichberechtigt an der EU-Normsetzung mitwirken sollen, hat aber offenbar kein großes Vertrauen darin, dass ein solcher Zweikammerparlamentarismus auf europäischer Ebene eine hinreichende Gewähr dafür bietet, eine kluge und vorausschauende Finanzpolitik zu betreiben. Im heiklen Punkt der EU-Finanzierung tritt die Union jedenfalls für ein System ein, das sich an der Wirtschaftskraft der Mitgliedstaaten orientiert, und lehnt eigene Kompetenzen der EU zur Steuererhebung und zur öffentlichen Kreditaufnahme ab.

Wie auch die CDU plädiert die CSU für eine Stärkung der EU-Zuständigkeiten in bezug auf die äußere und innere Sicherheit. Im Tenor des Programms überrascht es nicht, dass die bayerische Regionalpartei mit mehr Nachdruck ihre Bedenken gegen weitere Erweiterungsrunden formuliert und eine Einhaltung des in der Praxis recht zahnlosen Subsidiaritätsprinzips anmahnt. Die Rechtsetzung der EU solle sich auf das wirklich Notwendige beschränken sowohl im Hinblick auf den Gegenstand selbst als auch auf Handlungsform und Regelungstiefe. Ob freilich das für das EU-Parlament geforderte Initiativrecht bei der EU-Rechtsetzung dem Anliegen der Subsidiarität dienlich ist, steht auf einem anderen Blatt.

Noch deutlicher als die Unionsparteien geht die SPD davon aus, dass es ein „Europäisches Gesellschaftsmodell" gebe. Als dessen Kern gelten der SPD ein leistungsfähiger Staat, die Absicherung elementarer Lebensrisiken durch Sozialsysteme, ein hohes Bildungsniveau, öffentliche Daseinsvorsorge, geregelte Arbeitsbedingungen sowie Beteiligungs- und Mitwirkungsrechte der Arbeitnehmer. Das entspricht wohl kaum der Vielschichtigkeit und Verschiedenheit der europäischen Gesellschaften, dient aber als normatives Konzept, um dem Bild eines „sozialen und demokratischen Europas" Konturen zu verleihen. Die von den Unionsparteien nur zaghaft und unschlüssig aufgeworfene Frage nach ordnungstheoretischer Aufgaben- und Regelungskritik stellt sich für die SPD im Angesichte der Globalisierung gar nicht erst: wo der Nationalstaat den Märkten keinen sozialen und ökologischen Rahmen mehr setzen kann, wird nicht der scheiternde Regelungsanspruch hinterfragt, sondern die Regelung der Europäischen Union zugewiesen. Bezeichnend für den Hang zu europäischer Zentralisierung ist das, was die SPD unter einem „föderalen Europa" versteht: hier geht es nicht um Subsidiarität, Wettbewerb regionaler politischen Lösungen und Stärkung der Eigenverantwortung der kleineren Einheiten, sondern um den Gedanken, dass die Nationalstaaten an der europäischen Gesetzgebung mitwirken (SPD 2007d, S. 27). Die Verflechtungsfalle, in die der deutsche Föderalismus getappt ist, soll somit als Prinzip eines europäischen Föderalismus befestigt werden.

Die SPD setzt große Hoffnungen in die Stärkung des Parlaments und in den Aufbau einer „europäischen Öffentlichkeit" von Medien, Parteien und Verbänden, worunter im Ergebnis wohl vor allem eine Stärkung des europäischen Korporatismus zu verstehen ist. Damit einher soll eine Ausdehnung der europäischen Zuständigkeiten stehen. Ein „Sozialer Stabilitätspakt" müsse Ziele und Standards nationaler Sozial- und Bildungsausgaben festlegen, die sich an der jeweiligen wirtschaftlichen Leistungsfähigkeit orientieren. Finanzpolitisch plädiert die SPD für Mindestsätze bei der Unternehmensbesteuerung und gemeinsame Bemessungsgrundlagen, um einen echten Steuerwettbewerb zu vermeiden. Langfristig soll die EU eigene Einnahmequellen erhalten, um in Bildung, Forschung und Innovation zu investieren.

Trotz der europapolitischen Akzentunterschiede hat in den Grundsatzprogrammen der drei Parteien eine ordnungspolitisch oder verfassungsökonomisch reflektierte Kritik am Grad der Europäisierung und an der Überkomplexität der Institutionen keinen Platz. Aus der deutschen Politik sind nach wie vor keine wirksamen Gegengewichte zur in mancherlei Hinsicht problematischen Eigendynamik der Europäisierung zu erwarten.

Vor allem dürfte aus Deutschland der Druck anhalten, auf europäischer Ebene die ohnehin an einigen Stellen bereits durchstochenen Dämme der Geld-, Wirtschafts- und Finanzpolitik weiter aufzuweichen und konjunktur-, sozial-, investitions- oder beschäftigungspolitische Zielsetzungen über die deutsche Verfassungslage hinweg verbindlich zu machen.

V. Bilanz und Schlussfolgerungen

Die neuen Grundsatzprogramme der Regierungsparteien waren in erster Linie darauf ausgerichtet, Identität zu stärken, von der Unzufriedenheit mit dem Regierungsalltag abzulenken und durch breit angelegte Diskussionsprozesse zu integrieren. Das Zeug zum Klassiker hat keines der drei Programme, sie dürften kaum längeren Bestand haben als die jeweiligen Vorgängerprogramme. Sie haben überwiegend dokumentarischen und kaum präskriptiven Charakter, ihre Verbindlichkeit für künftige wahlprogrammatische und tagespolitische Positionierungen ist eher gering zu veranschlagen. Allerdings spiegeln sie auch charakteristische Mentalitäten wider, die bei der künftigen Entscheidung über Wahl- und Regierungsprogramme wirksam werden dürften.

Mag auf der Ebene des Regierungshandelns und der Entscheidungspolitik der Großen Koalition auch ein hohes Maß an Konvergenz herrschen, so suchen die Regierungsparteien um so mehr auf der Ebene der programmatischen Darstellungspolitik nach Möglichkeiten der Polarisierung und Profilierung. Es handelt sich bei den Differenzen, die in den neuen Grundsatzprogrammen zu Tage treten, keineswegs um eine gespielte Inkohärenz, sondern um substantielle und signifikante Unterschiede. Während die SPD ihre relative Positionierung links von der Union und ihre programmatische Annäherung an DIE LINKE vorzugsweise mit wirtschafts- und sozialpolitischen Themen versucht, ist bei den Unionsparteien der Ehrgeiz zur Profilierung in diesen Politikfeldern eher gering. Sie setzen zur Profilierung stärker auf innen- und sicherheitspolitische Fragen, bei wirtschafts- und sozialpolitischen Themen sind sie hingegen auffällig darauf bedacht, den Vorwurf des Neoliberalismus zu entkräften und keine allzu große Lücke zu sozialdemokratischen Positionen entstehen zu lassen. Der ordnungspolitische Anspruch der Unionsparteien ist zwar nicht völlig aufgegeben worden, aber nur noch punktuell abrufbar.

Die neuen Grundsatzprogramme der großen Parteien spiegeln wider, dass es nach bald anderthalb Jahrzehnten Reformdiskussion in Deutschland keinen breiten Konsens über notwendige System verändernde Reformen des Wohlfahrtsstaates gibt. Um ihre Mehrheitsfähigkeit bedacht, tragen die großen Parteien dem Umstand Rechnung, dass in der Bevölkerung allenfalls System erhaltende Reformen zustimmungsfähig sind, auch wenn Symptome wie Politikverdrossenheit, Steuerbetrug, Schwarzarbeit, nachlassende Verbindlichkeit des Rechts oder andere Umgehungsstrategien eine verbreitete Unzufriedenheit mit der bürokratischen Praxis staatlicher Regulierungen erkennen lassen. In einem Land, in dem immer mehr Menschen von Transferleistungen des Staates abhängig sind und immer weniger Menschen von ihrer eigenen Leistung leben, gibt es keine politisch tragfähige Bereitschaft für die Kürzung staatlicher Subventionen oder den Ausbau persönlicher Eigenverantwortung. Auffällig ist dabei, dass es der SPD allen schlechten Umfragewerten zum Trotz gelingt, mit dem „Mindestlohn", der „Bürgerversicherung" oder der „Einheitsschule" eingängige, populäre Forderungen zu erheben, denen gegenüber das bürgerliche Lager keine feste und attraktive Gegenposition zu formulieren weiß. Letzteres hat in den genannten Feldern nur halbherzig durchdachte und vorgetragene Gegenargumente und ist von einer klaren ordnungspolitischen Gegenhaltung zum Plädoyer für sektoralen Kollektivismus weit entfernt. Wie die aktuelle Mindestlohndebatte zeigt, ist es dann nur eine Frage der Zeit, bis bei diesen Themen die Dämme brechen.

In den vergangenen Jahren hat sich ein Mehrparteiensystem etabliert, das stabile und programmatisch kohärente Regierungsbildungen auf Bundesebene und in vielen Bundesländern zunehmend erschwert, zumal dessen Polarisierungs- und Zerfallsprozess keineswegs abgeschlossen sein muss. Die Parteien stehen nicht nur vor der komplizierter gewordenen Frage, wie sie in der neuen Wettbewerbssituation ihr programmatisches Profil als Markenkern verteidigen können, sondern auch vor der zwiefachen Herausforderung, Macht im Simultanwettbewerb auf dem Wählermarkt und auf dem Koalitionsmarkt zu erringen. Das deutsche Parteiensystem ist in eine Ära der koalitionspolitischen Experimente eingetreten, die zu einer Vielzahl kurzlebiger, unvorbereiteter und fragiler Regierungsbündnisse führen wird, bei denen der *Eucken*sche Appell zu „Konstanz der Wirtschaftspolitik" mehr denn je ein frommer Wunsch bleiben wird.

Die neuen Grundsatzprogramme deuten in diese Richtung. Die koalitionspolitischen Signale bei der Union sind auf die FDP gestellt, mit Blick auf die Grünen ist der Ehrgeiz, deren bürgerliche Wähler durch klima- und umweltpolitische Sensibilität zu ködern, größer als die Bereitschaft, eine bundespolitische Koalition vorzubereiten. Seitens der SPD stärkt das neue Programm ein linkes Selbstverständnis und wirkt in diesem Sinne vorbereitend auf eine mittelfristige Zusammenarbeit mit der Partei DIE LINKE, auch wenn die seit Herbst 2008 amtierende Doppelspitze andere Präferenzen haben mag. Zieht man andere europäische Parteiensysteme zum Vergleich heran, so ist derzeit allerdings keineswegs ausgemacht, ob eine gemäßigte sozialdemokratische Partei, die ihre Regierungspolitik nur mit schlechtem Gewissen betreibt und es versäumt, ihre Kernwählerschaft von der Attraktivität und Legitimität nachhaltiger Reformstrategien zu überzeugen, auf Dauer stärker sein wird als eine konsequent sozialistische Partei.

Die Erfolgsaussichten für ordnungspolitische Reformen hängen allerdings maßgeblich von den künftigen Mehrheitsoptionen im deutschen Parteiensystem ab. In dem komplizierter gewordenen deutschen Parteiensystem könnte es eine vergebliche Hoffnung sein, auf günstige Koalitionen zu hoffen. Die Herausforderung besteht vielmehr darin, auch unter unerprobten und ungünstigen Regierungsbedingungen ordnungspolitische Argumente in allen Parteien akzeptabel zu machen. Das setzt seitens der beratenden Wissenschaft jedoch voraus, dass man sich nicht darauf beschränkt, der Politik den Spiegel vorzuhalten und ordnungspolitisch optimale Lösungsmöglichkeiten aufzuzeigen. Vielmehr verlangt dies eine zwar theoretisch sattelfeste, aber zugleich der politischen Praxis zugewandte Wissenschaft, die die Nöte politischer Führung ernst nimmt und neben der Sachrationalität auch die Vermittlungs- und die Durchsetzungsrationalität von Reformen realistischer als bisher reflektiert.

Die Skepsis, die der Ordnungstheoretiker für gewöhnlich gegenüber der Politik hegt, ist gewiss in vielen Fällen berechtigt. In der Tat ist es eine Gratwanderung für den beratenden Wissenschaftler, sich zwischen klarem theoretischem Profil und Einfühlungsvermögen für politische Konstellationen, in denen für Mehrheiten geworben werden muss, zu bewegen: ohne Vorschläge zu verwässern, muss er theoretisch richtige Lösungen so formulieren, dass es sich zugleich um realistische Lösungen handelt. Im Sinne von verbesserten ordnungspolitischen Durchsetzungsstrategien dürfen sich die Anstrengungen jedoch nicht darin erschöpfen, mit Reformvorschlägen die Handlungslogik der Akteure zu durchkreuzen und deren Macht einschränken, sondern sollten stärker darauf ausgerichtet werden, deren Handlungslogik und Eigeninteressen für die Implementierung von ordnungspolitisch durchdachten Reformen zu nutzen. Der so enttäuschende Verlauf der Föderalismuskommission II zeigt, wie schwierig dies im konkreten Fall einzulösen ist.

Ein wichtiges Feld, auf dem die Ordnungstheorie und Ordnungspolitik in den letzten Jahrzehnten viel Boden verloren hat, ist der Kampf um politisch tragfähige und theoretisch wasserdichte Begriffe. Die ordnungspolitische Szene hat zu wenig Aufmerksamkeit darauf verwandt, in die Arena der „Sprachgebrauchspolitik" (*Lübbe* 1975) hinabzusteigen und attraktive Begriffe und griffige Feindbilder der politischen Kommunikation zu prägen. Vielmehr hat sie sich im Laufe der Jahrzehnte nahezu alle wichtigen Begriffe entwenden lassen und deren Umdeutung hingenommen.

Auch die neuen Grundsatzprogramme dokumentieren, dass die Deutungshoheit über viele wichtige Begriffe „nach links" gewandert ist. Das wird bereits am Begriff „Ordnungspolitik" selbst deutlich. Dort wo er in den Grundsatzprogrammen der Parteien überhaupt noch Verwendung findet, dient er gegenwärtig in erster Linie dazu, neue Regulierungen zu begründen, nicht aber um Interventionismus zurückzudrängen oder zumindest etwas mehr Fingerspitzengefühl für Richtung und Maß von auch ordnungspolitisch vertretbaren Eingriffen zu entwickeln. Vor allem die Vorstellung, es gebe ein europäischen Sozialmodell (z.B. bei *Giddens* 2006 und *Rüttgers* 2007), dient derzeit als Triebfeder solcher Forderungen.

Auch Begriffe wie Kapitalismus, Marktwirtschaft, Globalisierung oder Neoliberalismus sind nicht mehr Selbstbeschreibungen eines ordnungspolitischen Grundverständnisses, sondern pejorativ besetzte Begriffe, die derzeit nur zur Abgrenzung genutzt werden können. Andere Begriffe wie Freiheit oder Gerechtigkeit werden auch von den bürgerlichen Parteien nicht mehr im liberal-individualistischen Sinne, sondern zumindest auch im kollektivistischen Sinne genutzt. Solche Konzessionen sind allenfalls kurzfristig in Wahlkampagnen erfolgreich, denn auf lange Sicht muss derjenige seine Mehrheitsfähigkeit einbüßen und sich selbst das Wasser abgraben, der die Meinungsführerschaft über zentrale Begriffe der politischen Kommunikation aufgibt und die intellektuelle Deutungshoheit des politischen Gegners akzeptiert.

Einstige Hochwertbegriffe der politischen Kommunikation wie Freiheit und Reform wecken mittlerweile zuallererst Ängste vor neuen Zumutungen, weiteren Leistungseinschnitten oder mehr Eigenverantwortung. Die schwierigen und unvollkommenen Reformprozesse seit den 1990er Jahren haben insbesondere gezeigt, dass sich deren politische Kommunikation und Durchsetzung nicht auf eine Aura des Notwendigen, Vernünftigen und Unvermeidlichen beschränken darf. Vielmehr muss den Bedürfnissen nach wertegebundener und identitätsstiftender Führung Rechnung getragen werden: Parteimitglieder und Wähler haben nur dann Vertrauen in Reformen, wenn sie trotz aller Zumutungen programmatische Markenkerne wiedererkennen und ein Stück Erwartungssicherheit vermittelt bekommen.

Wer ordnungspolitische Reformen insbesondere des Wohlfahrtsstaats will, kann sich nicht damit zufrieden geben, einschlägige Maßnahmen als notwendig und unvermeidbar hinzustellen, sondern er muss erhebliche Anstrengungen unternehmen, um das in der Sache Gebotene in eine tragfähige und attraktive Reformkommunikation einzubetten und Unpopuläres mehrheitsfähig zu machen. Das ordnungspolitische Argument muss angesichts der auf absehbare Zeit schwierigen Mehrheitsverhältnisse in Deutschland insbesondere seine Überzeugungskraft gegenüber Wankelmütigen verbessern und auch dort wirken, wo nicht die reine Lehre, sondern bestenfalls Kompromisse durchsetzbar sind. Neue Koalitionsszenarien müssen daher bedacht und durch die Auslotung möglicher Schnittmengen vorbereitet werden. Das betrifft zum einen die Unionsparteien, die ihr geistiges Erbe zu erheblichen Teilen verschleudert haben. Hier stellt sich die Frage, wie man die vielen trojanischen Begriffe und Denkfiguren, die in deren Programmatik Eingang gefunden haben, zurückdrängen kann oder ob man alternative Begriffsangebote entwickeln kann, die mit Aussicht auf Erfolg ordnungspolitische Denkfiguren wieder etablieren helfen. Wenn es beispielsweise gelänge, den Begriff „soziale Verantwortung" anstelle von „sozialer Gerechtigkeit" zu etablieren, wäre dies aus streng liberaler Warte immer noch heikel genug, aber es fiele um einiges leichter, eine ordnungspolitische Sichtweise auf sozialpolitische Fragen zu eröffnen. Zum anderen müssen sich die Bemühungen auch an die SPD und die Grünen richten. Auf der Suche nach Ansatzpunkte für einen ordnungspolitischen Diskurs in die SPD hinein sollte man – trotz seiner zwischenzeitlichen Relativierung – auf den Begriff des „Vorsorgenden Sozialstaats" zurückzukommen, der sich als Vehikel für einige ordnungspolitische Argumente durchaus eignet. Wer auf die SPD nicht setzen mag, muss sehen, dass künftige Mehrheitsbildungen jenseits der Großen Koalition in erster Linie von der Entwicklung der Grünen abhängen. Hier gibt es einerseits mit dem Konzept „Grüne Marktwirtschaft" (Bündnis 90/Die Grünen 2007) wirtschaftspolitische Vorstellungen, die an ordnungspolitische Vorstellungen anschlussfähig sind, andererseits herrscht in der Partei nach wie vor ein wirtschaftspolitischer Keynesianismus vor. Wie sich die Grünen auf lange Sicht programmatisch verorten, ob sie zu zeitweiligen Koalitionen mit den bürgerlichen Parteien bereit sind und was von solchen Koalitionen inhaltlich zu erwarten ist, dürfte sich nicht zuletzt daran entscheiden, ob es gelingt, den für die Grünen zentralen Begriff der Nachhaltigkeit ordnungspolitisch zu deuten und gegen den in der Partei vorherrschenden Keynesianismus auch in wirtschafts-, finanz- und sozialpolitischer Hinsicht zu verankern. Mit Blick auf die Grünen – und große Teile der Unionsparteien – wird es wichtig sein herauszuarbeiten, dass die große Wasserscheide politischen Denkens und die Konfliktlinie nicht zwischen „links" und „rechts", sondern zwischen Kollektivismus einerseits und Individualismus/Personalismus andererseits verläuft.

Um die Attraktivität der Ordnungspolitik über die liberal-konservative Kernklientel hinaus zu steigern, muss ihr Anwendungsbereich geweitet werden. Ordnungspolitik ist – zumindest in der öffentlichen Wahrnehmung, auf die es ankommt – auf die Frage der wirtschaftlichen Ordnung zurückgedrängt, daher ist ihre Relativierung durch andere Ziele jederzeit möglich. Ordnungspolitisches Denken muss als politikfeldübergreifendes Verständnis auch in Fragen der Sozialpolitik oder der Umweltpolitik Geltung erlangen.

Nur wenn man über Hochwertbegriffe wie Nachhaltigkeit, Gerechtigkeit oder Solidarität Deutungshoheit gewinnt und sie mit ordnungspolitischer Substanz füllen kann, wird ordnungspolitisches Denken auch in komplizierten Mehrheitskonstellationen durchsetzbar sein.

Ein synoptisches, politikfeldübergreifendes Ordnungsdenken politisch wieder salonfähig zu machen ist nach der Lektüre der neuen Grundsatzprogramme die größte gedankliche Herausforderung. 60 Jahre nach ihrer „Erfindung" wird die Verschiebung der Deutungsmacht am Begriff der Sozialen Marktwirtschaft auf dramatische Weise deutlich. Der Begriff hat eine weitgehende Umdeutung und Sinnentleerung erfahren, die auch von den Unionsparteien nicht mehr grundsätzlich angefochten wird. Im politischen Raum wird die Soziale Marktwirtschaft nicht mehr als Ordnungszusammenhang von Wirtschafts- und Sozialordnung verstanden, sondern als Addition und Koexistenz zweier Prinzipien, der „wirtschaftlichen Vernunft" und der „sozialen Gerechtigkeit". Freiheit und Gerechtigkeit werden nicht mehr als universelle, sondern nur noch als parzellierte Begriffe verstanden, die je nach Bezugrahmen beliebig definiert werden können und deren verschiedene Auslegungsformen beliebig miteinander addiert werden können.

Besonders verheerend wirkt sich aus, dass es der bürgerlichen Seite immer schwerer fällt, für die ethische Begründung der Marktwirtschaft politisch, medial und pädagogisch einzutreten. Die ethische Legitimation der Marktwirtschaft ist darauf geschrumpft, dass mit ihrer höheren wirtschaftlichen Leistungsfähigkeit der an sich ethisch überlegene Wohlfahrtsstaat finanziert werden soll. Wirtschaftsethische Argumente dienen üblicherweise nicht zur Begründung des marktwirtschaftlichen Ordnungsprinzips, sondern seiner Einschränkung und Außerkraftsetzung. Das hat in der Tat seine Berechtigung, insofern es viele wasserscheue Wirtschaftskapitäne gibt, denen der Wettbewerb nicht behagt, die sich der persönlichen Haftung für ihr unternehmerisches Handeln zu entziehen versuchen und sich auf kurzfristiges Denken beschränken. Wo aber das ethische Argument für die Marktwirtschaft (siehe aber z.B. *Homann* 2007) nicht mehr vorgetragen wird und im öffentlichen Diskurs wahrnehmbar ist, da muss man sich nicht wundern, wenn die Anerkennung der Wirtschafts- und Sozialordnung erodiert und das Verständnis für ihre Funktionsweisen und das Bewusstsein um seine Leistungen verloren geht und die Scham vor ordnungspolitischen Sündenfällen schwindet. Das Argument ökonomischer Vernunft ist allein schon deshalb nicht genug, weil mit ihm wirtschaftsferne Intellektuelle und Angehörige der erwerbsfernen Transfergesellschaft mit ihm nicht erreicht werden und sich eine wachsende Kluft zwischen denen auftut, deren Wohlstand und Glück von Leistung und Eigenverantwortung abhängen, und denen, deren Lebenserfahrung durch staatliche Betreuung und Alimentierung geprägt ist.

Es greift im politischen Raume jedenfalls zu kurz, wenn die marktwirtschaftliche Ordnung nur wegen ihres materiellen Nutzens gerechtfertigt wird und sie nicht mehr durch Werte begründet wird. Die Marktwirtschaft als Ordnungsprinzip wird dann anfällig für relativistische Argumentationen, die dem oft unsichtbaren und indirekten Nutzen des marktwirtschaftlichen Ordnungsprinzips den oft sichtbaren und direkten Nutzen interventionistischer Organisationswillkür entgegenhalten. Eine freiheitliche Wirtschaftsordnung ist nicht nur funktional zu begründen, da sie leistungsfähiger ist, sondern weil sie die einzige Wirtschaftsordnung ist, die einer menschenwürdigen Gesellschaft angemessen ist. Wirtschaftsethik muss daher mehr umfassen als Gebote an die

Akteure in der Marktwirtschaft, sie muss auch ordnungstheoretische Begründungen für eine Wirtschaftsordnung der Freiheit als Bestandteil einer umfassend freiheitlichen Gesellschaft liefern.

Literatur:

Beck, Kurt (2006), Leistung muss sich wieder lohnen, *Welt am Sonntag*, 20.8.2006.
Beck, Kurt (2007), Das soziale Deutschland, *Frankfurter Allgemeine Zeitung*, 11.6.2007.
Bündnis 90/Die Grünen (2007), *Grüne Marktwirtschaft: Fraktionsbeschluss vom 3. Juli 2007*, Berlin.
CDU (1994), *Freiheit in Verantwortung. Grundsatzprogramm der Christlich Demokratischen Union Deutschlands*. Beschlossen vom 5. Parteitag, Hamburg, 20.-23.2.1994.
CDU (2003), *Deutschland fair ändern. Beschluss des 17. Parteitages der CDU Deutschlands*, Berlin.
CDU (2007a), *Grundsätze für Deutschland. Entwurf des neuen Grundsatzprogramms*. Antrag des Bundesvorstandes der CDU Deutschlands an den 21. Parteitag am 3./4. Dezember 2007 in Hannover, Berlin.
CDU (2007b), *Freiheit und Sicherheit. Grundsätze für Deutschland. Das Grundsatzprogramm*. Beschlossen vom 21. Parteitag, Hannover, 3.-4. Dezember 2007.
Clement, Wolfgang (2000), Durch innovative Politik zu gerechter Teilhabe, in: SPD (Hg.), *Grundwerte heute: Gerechtigkeit*, Berlin, April 2000, S. 9-16.
CSU (1976), *Grundsatzprogramm der Christlich Sozialen Union*, München.
CSU (2007), *Chancen für Alle! In Freiheit und Verantwortung gemeinsam Zukunft gestalten*. Grundsatzprogramm beschlossen auf dem Parteitag der CSU am 28. September 2007, München.
Dowe, Dieter und Kurt Klotzbach (Hg.) (1990), *Programmatische Dokumente der deutschen Sozialdemokratie*, Bonn.
Flechtheim, Ossip K. (1966), Politische Programme, in: Hermann Kunst u.a. (Hg.), *Evangelisches Staatslexikon*, Stuttgart-Berlin, Sp. 1564-1579.
Giddens, Anthony (2006), Die Zukunft des Europäischen Sozialmodells, *Berliner Republik* 1/2006, S. 20-29.
Glück, Alois, Bernhard Vogel und Hans Zehetmair (Hg.) (2006), *Solidarische Leistungsgesellschaft: Eine Alternative zu Wohlfahrtsstaat und Ellenbogengesellschaft*, Freiburg.
Haas, Melanie (2007), Auswirkungen der Großen Koalition auf das Parteiensystem, *Aus Politik und Zeitgeschichte,* B 35-36/2007, S. 18-26.
Homann, Karl (2007), *Ethik in der Marktwirtschaft*, München.
Jun, Uwe (2004), Parteien und Parteiensystem, in: Ludger Helms und Uwe Jun (Hg.), *Politische Theorie und Regierungslehre: Eine Einführung in die politikwissenschaftliche Institutionenforschung*, Frankfurt-New York, S. 163-193.
Lübbe, Hermann (1975), Fortschritt als Orientierungsproblem im Spiegel politischer Gegenwartssprache, in: Clemens Graf Podewils (Hg.), *Tendenzwende? Zur geistigen Situation der Bundesrepublik*, Stuttgart 1975, S. 8-24.
Luhmann, Niklas (1977), Probleme eines Parteiprogramms, in: Horst Baier (Hg.), *Freiheit und Sachzwang: Beiträge zu Ehren Helmut Schelskys*, Wiesbaden.
Marquard, Odo (1988), Zukunft braucht Herkunft. Philosophische Betrachtungen über Modernität und Menschlichkeit, in: *Zukunft braucht Herkunft: Philosophische Essays*, Stuttgart 2003, S. 234-246
Merkel, Angela (2000), Die Wir-Gesellschaft: Über die Notwendigkeit einer Neuen Sozialen Marktwirtschaft, *Frankfurter Allgemeine Zeitung*, 18.11.2000.
Mintzel, Alf (1984), *Die Volkspartei: Typus und Wirklichkeit. Ein Lehrbuch*, Opladen.
Niedermayer, Oskar (Hg.) (2008), *Die Parteien nach der Bundestagswahl 2005*, Wiesbaden.
PDS (1993), *Programm der Partei des Demokratischen Sozialismus. Beschlossen von der 1. Tagung des 3. Parteitages der PDS, 29. bis 31. Januar 1993*, Berlin.
Platzeck, Matthias (2006), Soziale Gerechtigkeit für das 21. Jahrhundert, *Der Spiegel* 17/2006, 9.4.2006.

Poguntke, Thomas (2003), Internationale Vergleichende Parteienforschung, in: Dieter Berg-Schlosser und Ferdinand Müller-Rommel (Hg.), *Vergleichende Politikwissenschaft*, 4. A., Opladen, S. 189-206.
Rölle, Daniel (2000), Wahlprogramme: Richtschnur parlamentarischen Handelns, *Zeitschrift für Parlamentsfragen* 31 (2000), S. 821-833.
Rölle, Daniel (2002), Nichts Genaues weiß man nicht!? Über die Perzeption von Wahlprogrammen in der Öffentlichkeit, *Kölner Zeitschrift für Soziologie und Sozialpsychologie* 54 (2002), S. 264-280.
Rüttgers, Jürgen (2007), *Die Marktwirtschaft muss sozial bleiben*, Köln.
Schönbohm, Wulf (1974), Funktion, Entstehung und Sprache von Parteiprogrammen, *Aus Politik und Zeitgeschichte*, B 34-35, S. 17-37.
Schönbohm, Wulf (Bearb.) (1980), *Die Geschichte der CDU. Programm und Politik der Christlich Demokratischen Union Deutschlands seit 1945*, Bonn.
SPD (1989), *Grundsatzprogramm der Sozialdemokratischen Partei Deutschlands. Beschlossen vom Programm-Parteitag der Sozialdemokratischen Partei Deutschlands am 20. Dezember 1989 in Berlin*, Berlin.
SPD (2007a), *Soziale Demokratie im 21. Jahrhundert. „Bremer Entwurf" für ein neues Grundsatzprogramm der Sozialdemokratischen Partei Deutschlands*, Januar 2007, Berlin.
SPD (2007b), *Die Mitgliederbefragung zum „Bremer Entwurf" für ein neues Grundsatzprogramm*, SPD-Projektberichte Nr. 2-2007, Berlin.
SPD (2007c), *Soziale Demokratie im 21. Jahrhundert. Grundsatzprogramm der Sozialdemokratischen Partei Deutschlands. Empfehlungen zum „Bremer Entwurf" für ein neues Grundsatzprogramm der SPD. Beschluss der Programmkommission*, 22. September 2007, Berlin.
SPD (2007d), *Hamburger Programm. Grundsatzprogramm der Sozialdemokratischen Partei Deutschlands. Beschlossen auf dem Hamburger Bundesparteitag der SPD am 28. Oktober 2007*, Berlin.
Stammen, Theo (1975), Systematische Einleitung, in: Rainer Kunz und Herbert Maier und ders., *Programme der politischen Parteien in der Bundesrepublik*, München, S. 13-49.
Wiesendahl, Elmar (2007), *Mitgliederparteien am Ende? Eine Kritik der Niedergangsdiskussion*, Wiesbaden.
Zehetmair, Hans (Hg.) (2004), *Das deutsche Parteiensystem. Perspektiven für das 21. Jahrhundert*, Wiesbaden.
Ziebura, Gilbert (Hg.) (1969), *Beiträge zur allgemeinen Parteienlehre. Zur Theorie, Typologie und Vergleichung politischer Parteien*, Darmstadt.

Zusammenfassung:

Im Mittelpunkt des Beitrags steht eine Analyse der drei neuen Grundsatzprogramme, die von den Regierungsparteien der Großen Koalition im Herbst 2007 kurz nacheinander beschlossen wurden und die älteren Programme von 1989 (SPD), 1993 (CSU) und 1994 (CDU) ersetzt haben. Die bisherige Bilanz der Regierung Merkel, die Erweiterung des Parteienwettbewerbs durch die Etablierung der LINKEN als fünfter Partei sowie die programmatischen Standortbestimmungen haben das deutsche Parteiensystems in einer Weise gewandelt, die nicht zuletzt nach dem Stellenwert und die Mehrheitsfähigkeit von ordnungspolitischen Positionen fragen lässt. Der Beitrag analysiert die neuen Parteiprogramme in Bezug auf ordnungspolitisch zentrale Problem- und Handlungsfelder und will einige Schlussfolgerungen ziehen, welchen Herausforderungen ordnungstheoretisches und ordnungspolitisches Denken gerecht werden muss, um seinen Einfluss auf die programmatischen Grundlinien der deutschen Politik zu verteidigen und nach Möglichkeit wieder zu stärken.

Summary:
The German Parties´ new manifestos from an ordo-liberal perspective

This article is focussing on the new manifestos which have been passed by the three parties of the German Grand Coalition in the autumn of 2007 to replace their older manifestos of 1989 (SPD), 1993 (CSU) and 1994 (CDU). Caused by the rise of DIE LINKE and the new programmatic positions of the established parties, the German party system has changed during the years of the Merkel Government. This development rises questions about whether the ordo-liberal position is still capable of obtaining political majorities. This article analyses the new manifestos by focussing on key issues of economic and social order and tries to offer some conclusions on the challenges ordo-liberalism has to face, if it wants to defend and extend its influence on the programmatic baselines of German politics.

Dieter Schmidtchen

Wettbewerbsfreiheit oder Effizienz? Zur Zweisamkeit von Recht und Ökonomie im Bereich der Wettbewerbspolitik

Inhalt

I. Einleitung 144
II. Zum Problem der normativen Grundlegung der Wettbewerbspolitik 147
   1. Konditionalprogramm vs. Zweckprogramm 147
   2. Der Widerspruch von ökonomischer Rationalität zur Rationalität des Rechts 150
   3. Rechtsprinzip der Freiheit statt ökonomische Rationalität 151
III. Die Grenzen von Freiheit als Rechtsprinzip 153
   1. Begriffsbestimmungen 153
   2. Drei Beispiele für die Unbrauchbarkeit von Freiheit als Rechtsprinzip 158
   3. Gefahr einer Leerformel 160
   4. Zusammenfassung 162
IV. Die Vorteile von Effizienz als Rechtsprinzip 163
   1. Begriffsbestimmungen 163
   2. Effizienz als Rechtsprinzip bei der Arbeit 166
   3. Zweifel am Nutzen des Effizienzkriteriums 172
V. Schluss 177
Literatur 181
Zusammenfassung 183
Summary: Freedom for competition or efficiency? –
The dualism of law and economics in the field of competition policy 184

I. Einleitung

> „Nachzugehen ist [...] dem Verhältnis zweier Wissenschaften, die eigene Erkenntnisinteressen und Methoden haben und gleichwohl voneinander nicht lassen können, selbst wenn sie es möchten. [...] Unverkennbar ist jedoch die Versuchung, der Zweisamkeit durch Herrschaft zu entkommen. Dem neuen economic imperialism steht der in der staatsphilosophischen Tradition begründete Herrschaftsanspruch von Staat und Recht über die Wirtschaft gegenüber."
>
> Ernst-Joachim Mestmäcker

Die mit dem Begriff „more economic approach" (MEA) verbundenen Reformen im Europäischen Wettbewerbsrecht geben Anlass, sich erneut mit der Frage nach dem Verhältnis von ökonomischen und rechtlichen Kriterien in der Beurteilung von Wettbewerbsbeschränkungen auseinanderzusetzen. Eine vor der Verabschiedung des GWB und auch danach geführte Diskussion über den Zweck von Normen gegen Wettbewerbsbeschränkungen – kurz: dem Schutzzweck von Gesetzen gegen Wettbewerbsbeschränkungen – gewinnt im Zuge der Europäisierung des Wettbewerbsrechts neue Aktualität. Während die einen den Schutzzweck auf das Rechtsprinzip der Freiheit gründen und die eigene Rationalität des Rechts beschwören, verlangen die anderen eine stärkere Bezugnahme der Rechtsetzung und Rechtsanwendung auf ökonomische Konzepte. Effizienz als Rechtsprinzip heißt das neue Leitbild.

Nicht nur bei der Kontrolle von Kartellvereinbarungen und Unternehmenszusammenschlüssen, sondern auch in der Missbrauchsaufsicht über marktbeherrschende Unternehmen sowie in der Kontrolle staatlicher Beihilfen sollen Wettbewerbsbehörden und Gerichte ihre Entscheidungen nach Ansicht der Befürworter eines MEA stärker als bisher an ökonomischen Kriterien ausrichten und den Stand moderner ökonomischer Forschung reflektieren.

Statt eines struktur- und verhaltensbasierten Ansatzes, in dem unternehmerische und staatliche Verhaltensweisen hinsichtlich ihrer Beeinträchtigungen des Wettbewerbs nach ihrem „Wesen" (Vorliegen begrifflicher Tatbestandsmerkmale), (eher) „formalistisch" im Wege juristischer Normauslegung und Normanwendung beurteilt werden, sollte im Stile der ökonomischen Analyse des Rechts ein „wirkungsbasierter" (folgenorientierter) Ansatz verfolgt werden.[1]

Leitprinzip dieses wirkungsbasierten Ansatzes ist das einer bilanzierenden Gesamtschau: Sowohl die möglichen pro-kompetitiven wie die potentiellen anti-kompetitiven Wirkungen eines in Rede stehenden Verhaltens sollen im Einzelnen untersucht und sodann Grundlage einer abwägenden Entscheidung werden. Dabei ist möglichen Effizienzvorteilen des Verhaltens Rechnung zu tragen (*Schmidtchen* 2005a, 2005b, 2006a, 2006b, 2008a, 2008b).[2]

---

1   Zur Folgenorientierung in der Rechtsanwendung siehe *Eidenmüller* (1995, S. 397 ff.), *Schmidtchen* (1998). In der Terminologie Luhmanns heißt der formalistische Ansatz Konditionalprogramm und der wirkungsbasierte Ansatz Zweckprogramm; siehe *Luhmann* (1972, S. 88, 227 ff.).

2   Es gibt grundsätzlich zwei Verfahren für eine solche bilanzierende Gesamtschau: Die Kartellbehörden nehmen die bilanzierende Gesamtschau vor (so genannter integrierter Ansatz) oder die Kartellbehörden fokussieren die Untersuchung auf die anti-wettbewerblichen Wirkungen und stellen es den betrof-

Eine solche bilanzierende Gesamtschau verlangt nach zweierlei: erstens einer umfassenden Wirkungsanalyse eines Verhaltens unter Berücksichtigung der konkreten Umstände des Einzelfalls auf der Grundlage der modernen Wettbewerbstheorie (positive Analyse) und zweitens einem Kriterium zur Abwägung pro- und anti-kompetitiver Effekte (normative Analyse).

Eine Wirkungsanalyse ist auch dann erforderlich, wenn bei der Beurteilung eines Verhaltens nicht auf den konkreten Einzelfall abgestellt wird, sondern eine Klasse von Verhaltensweisen als Gefährdungstatbestand normiert und das jeweilige Verhalten aufgrund seiner Zugehörigkeit zu dieser Klasse geahndet wird (siehe dazu *Hellwig* 2007, S 10, 12 ff.).

Der MEA wurde – vornehmlich in Deutschland – heftig kritisiert (siehe *Mestmäcker* 1999, 2005, 2008; *Möschel* 1999, 2000, 2006; *Immenga* 2006; *Schmidt* 2005; Monopolkommission 1999, 2002; Wissenschaftlicher Beirat beim Bundesministerium für Wirtschaft 2000).[3]

Bemängelt wurde insbesondere, dass bei einem MEA Handlungsfreiheiten dem Effizienzziel geopfert würden, dass ein solches Vorgehen nicht normbezogen sei und deshalb keine Rechtsanwendung darstelle; die Eigenbedeutung von Rechten und Rechtsregeln – die Rationalität des Rechts – vernachlässigt würde; außerdem würde die Rechtsunsicherheit dadurch gefördert, dass mit dem MEA Per-se-Regeln durch einen Rule-of-Reason-Standard ersetzt würden.

Jüngst haben *André Schmidt* und *Stefan Voigt* (2007) in diesem Jahrbuch Zweifel an der mit einem MEA verbundenen Hoffnung geäußert, die europäische Wettbewerbspolitik zu verbessern.

Die Autoren kommen zu dem Ergebnis, dass die Kosten dieses Ansatzes dessen Nutzen bei einer Einzelfallabwägung übersteigen, weil insbesondere auf die Vorteile von Per-se-Regeln in Form von mehr Transparenz, einem höheren Grad an Rechtssicherheit, vergleichsweise niedrigen Transaktionskosten und Schutz vor Behördenwillkür verzichtet werden müsste.[4]

---

fenen Unternehmen anheim, pro-wettbewerbliche und Effizienzeffekte (Effizienzeinrede) nachzuweisen. Beide Verfahren müssen nicht zu denselben Ergebnissen führen, weil sie sich hinsichtlich der Beweislastverteilung unterscheiden.

3 Zu einer umfassenden Würdigung des MEA siehe *Schmidtchen* (2007). Die Kritik am MEA entzündete sich an den im Weißbuch von 1999 entwickelten Modernisierungsvorschlägen der Europäischen Kommission. Zum einen wurden formaljuristische Argumente bezüglich der Ersetzung des Genehmigungssystems für Kartelle durch das Legalausnahmesystem vorgebracht, zum anderen wurde auch ökonomisch argumentiert. Die Behauptungen entbehrten einerseits jeglicher wirtschaftstheoretischen Fundierung mittels eines wohldefinierten Modells, andererseits litten sie vor allem am Phänomen der „nirvana fallacy"; man verglich das neue System mit einem Ideal und nicht – im Stile eines „comparative institutions approach" – mit dem real existierenden Genehmigungssystem. Eine ausführliche institutionenökonomische Analyse der Thematik liefert erstmalig *Will* (2008).

4 Mit den Kosten und Nutzen von Per-se-Regeln im Vergleich zu einem Rule-of-Reason-Standard habe ich mich in einem Beitrag in ORDO befasst (*Schmidtchen* 2006c). Dort findet man ein Modell, das die Kosten und Vorteile beider Institutionen abzuschätzen erlaubt. Die von *Mantzavinos* (2007) in ORDO geäußerte Kritik an meiner Kritik ist diskussionswürdig, aber sie behandelt an keiner Stelle die von mir gegen die Verwendung von Per-se-Regeln vorgebrachten auf praktische Erfahrungen und Modelle gestützten Argumente. In *Lemley* und *Leslie* (2007) findet man weitere Argumente, die die von mir (2006c) vertretene Position stützen.

Die Kritik richtet sich jedoch primär gegen die Umsetzung des neuen Ansatzes in Form der Einzelfallbeurteilung, nicht jedoch gegen die Intention des Ansatzes selbst (siehe *Schmidt* und *Voigt* 2007, S. 46): „Die Umsetzung des ‚more economic approach' sollte daher nicht bei der Regel*anwendung* ansetzen, sondern vielmehr bei der Regel*setzung*.".

Wie dem Titel dieses Beitrages zu entnehmen ist, wird er sich mit dem im ersten Kritikpunkt angesprochenen Spannungsverhältnis zwischen Wettbewerbsfreiheit und wirtschaftlicher Effizienz bei der normativen Grundlegung der Wettbewerbspolitik befassen.

Dazu ist es zunächst erforderlich, die wichtigsten Argumentationslinien der Kritiker eines „more economic approach" nachzuzeichnen. Dies soll vor allem anhand des grundlegenden, äußerst facettenreichen Argumentationsmusters geschehen, das *Ernst-Joachim Mestmäcker* in seinem Vortrag aus Anlass des dreißigjährigen Bestehens der Monopolkommission entwickelt hat (Kapitel II. Zum Problem der normativen Grundlegung der Wettbewerbspolitik). Ergänzend wird auf *Mestmäcker*s Artikel „50 Jahre GWB: Die Erfolgsgeschichte eines unvollkommenen Gesetzes" zurückgegriffen, der jüngst in der Zeitschrift Wirtschaft und Wettbewerb erschienen ist (siehe *Mestmäcker* 2008).

In Kapitel III wird anhand von drei Beispielen erläutert, warum Freiheit als Rechtsprinzip in der Wettbewerbspolitik unbrauchbar ist. Die Beispiele sind: Preiskartell, Unternehmenszusammenschluss und Lieferungsverweigerung. Dabei wird auf die Theorie der Property Rights zurückgegriffen.

Der Schutz der Wettbewerbsfreiheit gilt als das Hauptanliegen des GWB. Sie lässt sich als institutionelles und unteilbares Rechtsgut dadurch schützen, dass man allen Teilnehmern am Wettbewerbsspiel individuelle Handlungsrechte, Property Rights, zuteilt. Die Property Rights definieren die Grenzen, innerhalb derer die Inhaber des Rechts tun und lassen können, was sie wollen, und die niemand ohne ihre Zustimmung überschreiten darf. Wettbewerbsrecht tut genau dies: Es spezifiziert Property Rights und ordnet sie personell zu.[5] Beispielsweise definiert es Grenzen der Vertragsfreiheit. Es schränkt etwa in der Fusionskontrolle die Abschlussfreiheit ein, und es beschränkt, was die Preissetzung anlangt, die Abschluss- und die Inhaltsfreiheit.[6]

Wie aus der ökonomischen Analyse des Rechts bekannt ist, sind Property Rights in Situationen erforderlich, in denen Handlungen verschiedener Akteure miteinander in Konflikt geraten können. In solchen Situationen impliziert die Schwächung der Rechtsposition des A automatisch die Stärkung der Rechtsposition des B (Implikation des Fak-

---

5   Normen gegen Wettbewerbsbeschränkungen stellen eine „selbständige wirtschaftsrechtliche Disziplin" dar (*Mestmäcker* 2008, S. 13), und Wettbewerbsfreiheit wird als Individualrecht begriffen (*Mestmäcker* 2008, S. 13): „Die durch Verfassung und einfaches Gesetz normierte Gewerbe- und Wettbewerbsfreiheit, die zunächst nur den Staat verpflichtete, wurde durch Normen gegen Wettbewerbsbeschränkungen mit unmittelbarer privatrechtlicher Wirkung konkretisiert. Die individualrechtlich verstandenen privatrechtlichen Institute, die Transaktionen und Organisationen im Wirtschaftsverkehr auf der Grundlage von Privatautonomie ermöglichen und ordnen, wurden für Normen gegen Wettbewerbsbeschränkungen und deren Wertungen geöffnet."

6   Zu einer Property-Rights-theoretischen Interpretation der Wettbewerbspolitik siehe *Schmidtchen* (1983).

tums des Handlungskonflikts), wenn die Rechtsordnung dem Prinzip der Widerspruchsfreiheit verpflichtet ist.

Wir haben es bei der Formulierung und Anwendung des Wettbewerbsrechts deshalb mit einem Problem reziproker Natur zu tun, das alle Charakteristiken aufweist, die *Coase* in seinem berühmten Artikel behandelt hat.[7] Die Untersuchung der drei oben genannten Fälle soll verdeutlichen, dass es sich bei wettbewerbspolitisch relevanten Fällen um Interessenkonflikte handelt, die ähnlich strukturiert sind, wie jene die *Ronald Coase* bei der Formulierung des nach im benannten „Theorems" vor Augen hatte. Sie erzeugen ein Problem reziproker Natur, das man auch als Rechtedilemma bezeichnen könnte. Die Entscheidung eines Interessenkonflikts erfolgt durch die Spezifikation und personelle Zuordnung von Property Rights und sie ist niemals ohne Schädigung einer über die Externalität miteinander verbundenen Parteien möglich: Entweder der Gesetzgeber erlaubt Preiskartelle oder Unternehmenszusammenschlüsse – dann mögen die Konsumenten geschädigt werden; oder der Gesetzgeber verbietet sie, dann werden die Unternehmen geschädigt. Eine ähnliche Konfliktlage ergibt sich bei Lieferungsverweigerungen: Eine Erlaubnis schädigt das nicht belieferte Unternehmen, ein Verbot das liefernde und/oder konkurrierende Unternehmen.

Kapitel IV legt dar, warum Effizienz als Rechtsprinzip zur Lösung des in Kapitel III identifizierten Problems einer freiheitlichen Handelsordnung beitragen kann. Auch wird geprüft, ob und inwieweit Zweifel an der Tauglichkeit des Effizienzkriteriums zutreffend sind.

Um Missverständnisse zu vermeiden, sei ausdrücklich erwähnt:

Aus dem Aufzeigen der Grenzen von Freiheit als Rechtsprinzip folgt weder die Ablehnung einer freiheitlichen Handelsordnung noch deren Unmöglichkeit. Vielmehr wird die Entscheidung für eine freiheitliche Handelsordnung als Ausgangspunkt der Analyse akzeptiert, und es wird lediglich gezeigt, dass Effizienz als Rechtsprinzip zur Lösung des zentralen Problems bei der Etablierung einer freiheitlichen Ordnung, der Definition von Property Rights in Konfliktsituationen, brauchbar ist.

Kapitel V schließt den Beitrag ab.

II. Zum Problem der normativen Grundlegung der Wettbewerbspolitik

1. Konditionalprogramm vs. Zweckprogramm

In seinem Beitrag zur Dreißig-Jahr-Feier der Monopolkommission befasst sich *E.-J. Mestmäcker* mit der Interdependenz von Recht und Ökonomie in der Wettbewerbspolitik (siehe *Mestmäcker* 2005). Im Zentrum seines Beitrages steht die Frage nach der normativen Grundlegung der Wettbewerbspolitik, zu deren Beantwortung die Ökonomie seiner Ansicht nach wenig beizutragen hat.

---

[7] Siehe *Coase* (1960, S. 1-44). Dieser Artikel ist für die Wettbewerbspolitik von größter Bedeutung, weil all das, was traditionell als Wettbewerbsbeschränkung verstanden wird, nichts anderes ist als ein Ausfluss positiver Transaktionskosten. Siehe dazu bereits *Schmidtchen* (1983).

Mestmäcker begründet diese These wie folgt:

Die Aussagen der ökonomischen Theorie sind „hypothetische Aussagen von apodiktischer Gewissheit, die eine tiefe Kluft zu den praktisch geforderten Aussagen über die ökonomische Wirklichkeit" erzeugen (*Mestmäcker* 2005, S. 21). Solche hypothetischen Aussagen – vermutlich sind damit die in ökonomischen Modellen abgeleiteten Ergebnisse gemeint – blenden nach *Mestmäckers* Ansicht die Folgerungen aus, „die sich daraus ergeben, dass es sich bei Normen gegen Wettbewerbsbeschränkungen um Rechtsnormen handelt" (*Mestmäcker* 2005, S. 21): „Recht und Rechtswissenschaft haben es, was die Wirklichkeit angeht, zunächst mit Lebenssachverhalten zu tun. Über deren Relevanz entscheidet die anzuwendende Norm, über ihre Anwendung der Beweis, dass der relevante Sachverhalt gegeben oder nicht gegeben ist. Hier haben Hypothesen keinen Platz."

Diesen Aussagen liegt offensichtlich ein Verständnis von Recht als Konditionalprogramm im Sinne *Luhmanns* zugrunde. Rechtsnormen sind ihrer allgemeinen Form nach Konditionalprogramme: „Die Grundform lautet: *wenn* bestimmte Bedingungen erfüllt sind (wenn ein im Voraus definierter Tatbestand vorliegt), ist eine bestimmte Entscheidung zu treffen" (*Luhmann* 1972, S. 227).

Im Konditionalprogramm soll aus dem vorhandenen Bestand positivierter rechtlicher Regeln und ungeschriebener Rechtsgrundsätze die richtige Antwort auf eine Rechtsfrage abgeleitet werden: „Rechtsanwendung wird auch bei unklarer Rechtslage oder Fehlen einer gesetzlichen Regelung als ein im Wesentlichen gebundener Prozess verstanden. Charakteristisch ist der ‚Blick nach oben' auf Rechtsnormen und Rechtsgrundsätze, aus denen der Rechtsanwendende die Fallentscheidung entwickeln soll" (*Eidenmüller* 1995, S.397 f.).

Konditionalprogramme legen „bestimmte Ursachen als Auslöser bestimmten Handelns in einem Wenn-Dann-Schema" fest (*Luhmann* 1972, S. 88). Ein bestimmtes Verhalten eines Unternehmens oder einer Unternehmensgruppe wird anhand eines kategorialen Schemas beurteilt, das auf der Idee einer Einteilung des Verhaltens in zwei Schubladen beruht: rechtmäßig und rechtswidrig.

Ein Beispiel mag dieses Vorgehen verdeutlichen. Angenommen, Kopplungsgeschäfte seien per se verboten. Geprüft werden muss dann lediglich, ob ein Verhalten ein Kopplungsgeschäft darstellt oder nicht. Diese Prüfung kann anhand der Definition des Begriffs Kopplungsgeschäft vorgenommen werden (zu den Problemen siehe *Lemley* und *Leslie* 2007). Der Rechtsanwender (ob Kartellbehörde oder Richter) schaut auf die äußere Form des Verhaltens und ordnet ein; er klassifiziert. Welche Wirkungen dieses Verhalten hat und inwiefern davon eine Schädigung des Wettbewerbs ausgeht, braucht nicht geprüft zu werden. Auch muss nicht geprüft werden, ob ein Verhalten einem legitimen Zweck dient.

Dieses dichotomische Denken wird auch praktiziert, wenn Rechtsfolgen an die Feststellung gebunden sind, ob ein Unternehmen marktbeherrschend ist oder nicht (siehe *von Weizsäcker* 2007, S. 1079). Wenn z.B. ein marktbeherrschendes Unternehmen den

Preis seines Produktes unterhalb der variablen Durchschnittskosten setzen sollte, dann genügt allein dieser Umstand, das Verhalten als missbräuchlich einzustufen.[8]

Rechtsanwendung gemäß Zweckprogramm verlangt dagegen, bei der Abwägung möglicher Entscheidungsalternativen in erster Linie auf die *Folgen* zu achten, die mit den einzelnen Alternativen in der Wirklichkeit verbunden sind: „Verkürzt gesagt: ‚gute' Folgen sprechen für, ‚schlechte' Folgen gegen eine bestimmte Entscheidungsalternative. Charakteristisch für diese Position ist der ‚Blick nach unten' auf die Auswirkungen, die eine konkrete Entscheidung in der Rechtswirklichkeit besitzt" (*Eidenmüller* 1995, S. 398).[9]

Was *Mestmäcker* mit dem Ausdruck „Hypothesen" meint, ist nichts anderes als Folgenorientierung in der Rechtsanwendung. *Luhmann* ist einer der schärfsten Kritiker der Folgenorientierung in der Rechtsanwendung: Für ihn impliziert Folgenorientierung „eine dogmatisch nicht mehr steuerbare, [...] unreflektierte(n) [...] Zuwendung zur Output-Grenze [...]" (*Luhmann* 1974, S. 33). Es entfalle damit die Garantie, dass ein Rechtsstreit aufgrund der *Rechtslage* entscheidbar sei: „[...] ein für das Rechtssystem unannehmbares Ergebnis" (*Luhmann* 1974, S. 34). Auch würden Richter mit Aufgaben konfrontiert, die sie nicht bewältigen könnten: „Die Kunstbauten juristischer Konstruktion sind davon abhängig, daß nicht zuviel von ihnen verlangt wird. An der Output-Grenze lassen sich diese Bedingungen nicht realisieren. Hier wird das System mit einer offenen Zukunft konfrontiert" (*Luhmann* 1974, S. 37).

Wenngleich das Konditionalprogramm das Selbstverständnis der meisten Juristen wiedergibt, die sich mit Fragen der Methodenlehre befasst haben und befassen (siehe *Eidenmüller* 1995, S. 397), so ist es gleichwohl keineswegs so, dass das Zweckprogramm in der Rechtswissenschaft keine Anhänger besitzt.[10]

Wenn die Folgen in Rechtsnormen genau spezifiziert werden, die bei der Entscheidung einer Rechtsfrage zu beachten sind, dann verschwindet der Unterschied zwischen Konditional- und Zweckprogramm oder genauer, er reduziert sich darauf, dass beim Konditionalprogramm vorliegende Tatsachen zu prüfen sind, während ein Zweckprogramm sich auf Voraussagen von Wirkungen stützen muss. Es spricht vieles dafür, dass man bei der Anwendung des Kartellrechts um eine Abschätzung der Folgen einer Entscheidung nicht herumkommt: Man denke nur an das in Art. 81 geregelte Kartellverbot mit Erlaubnisvorbehalt. Auch bei der Frage der Genehmigung von Unternehmenszu-

---

8 Zu einer Kritik siehe *Hellwig* (2007, S. 2 ff.). Als Beispiel für einen „vor-Galileischen Umgang mit der Empirie" (*Hellwig*) erwähnt *Hellwig* die Ansicht des Gerichts Erster Instanz in der Sache British Airways gegen Kommission der Europäischen Gemeinschaften, dass der Nachweis einer konkreten Wirkung des inkriminierten Bonussystems auf den betroffenen Märkten nicht erforderlich sei: „Es genüge der Nachweis, dass das betreffende Verhalten ‚aufgrund seiner Art und Eignung eine solche Wirkung haben kann'"; *Hellwig* (2007, S. 26).
9 *Mestmäcker* (2008, S. 15) spricht nicht von „Zweckprogramm", sondern von „Konsequenzialismus" und setzt „Konsequenzialismus" mit der traditionellen Wohlfahrtsökonomie gleich, in der die „Eigenbedeutung von Rechten und Rechtsregeln" vernachlässigt werde. Es wäre interessant, eine Begründung für die These zu sehen, nach der Recht um seiner selbst Willen gewünscht wird oder dem öffentlichen Interesse dient. Im Übrigen sollte Konsequenzialismus nicht mit Utilitarismus gleichgesetzt werden. Die moderne ökonomische Analyse des Rechts ist konsequenzialistisch, aber nicht utilitaristisch.
10 Siehe dazu die bei *Eidenmüller* (1995, S. 398, Fn. 4) zitierte Literatur.

sammenschlüssen wird auf pro- und anti-wettbewerbliche Folgen zu achten sein. Generell: Bei jeder Entscheidung eines Gesetzgebers oder Rechtsanwenders muss bedacht werden, dass mit ihr selbst eine Beschränkung des Wettbewerbs verbunden sein kann.

2. Der Widerspruch von ökonomischer Rationalität zur Rationalität des Rechts

Außer dieser im vorigen Abschnitt behandelten rechtstechnischen Schranke, die angeblich einer Anwendung der ökonomischen Theorie entgegensteht, formuliert *Mestmäcker* noch eine weitere Schranke, die sich aus einem Widerspruch der ökonomischen Rationalität zur Rationalität des Rechts herleitet.

Er weist die Forderung, „Normen gegen Wettbewerbsbeschränkungen und deren Auslegung danach zu beurteilen, ob sie den Erfordernissen ökonomischer Rationalität entsprechen", mit dem Hinweis darauf zurück, dass das Recht eine „eigene Rationalität und Eigengesetzlichkeit" aufweise (*Mestmäcker* 2005, S. 21): „Das Recht hat eine eigene Rationalität und Eigengesetzlichkeit, die sich nicht notwendig auf preistheoretisch optimierte Modelle wettbewerbsgemäßen oder wettbewerbswidrigen Verhaltens zurückführen lassen."[11]

Was *Mestmäcker* (2005, S. 28 f.) im Abschnitt „Europäisches Recht: Effizienz vs. Freiheit?" ausführt, veranschaulicht sehr schön seine Grundposition:

„Gemeinsam ist diesen Normen (Art. 81 und 82 EGV) jedoch der Bezug auf den Wettbewerb als einem Koordinationssystem, das aus dezentralen unternehmerischen Entscheidungen entsteht. Ihr ökonomischer Zweck besteht in der effizienten Allokation der Produktionsfaktoren, ihr rechtlicher Zweck in der Gewährleistung eines Wettbewerbssystems, in dem die Wettbewerbsfreiheit des einzelnen mit der gleichen Freiheit aller nach einer allgemeinen Regel vereinbar ist. Normen gegen Wettbewerbsbeschränkungen sollen zu den Bedingungen beitragen, von denen die Funktionsfähigkeit eines solchen Systems abhängt [...] Die Gesamtordnung, die Normen gegen Wettbewerbsbeschränkungen in Bezug nehmen, ist die marktwirtschaftliche Ordnung [...] Daraus folgt jedoch nicht, dass es möglich oder geboten ist, die von der Gesamtordnung angestrebten Ergebnisse – die effiziente Allokation der Produktionsfaktoren – als Beurteilungsmaßstab in das Recht zu übernehmen oder zu übersetzen."

Interessant ist die Begründung, die *Mestmäcker* für die im letzten Satz des vorausstehenden Zitats enthaltene Behauptung liefert. Dieser Versuch, effiziente Allokation der Produktionsfaktoren als Beurteilungsmaßstab in das Recht zu übernehmen, ist seiner Ansicht nach nicht möglich, weil es sich bei Wettbewerb um einen Prozess handelt, der von Versuch und Irrtum gekennzeichnet ist (Prinzip der negativen Rückkopplung); deshalb können „Transaktionen, die Teil des Wettbewerbsprozesses sind, [...] nicht anhand ihrer Ergebnisse beurteilt werden. Normen gegen Wettbewerbsbeschränkungen müssen vielmehr in Übereinstimmung mit dem System ausgelegt und angewendet werden, das sie sichern sollen" (*Mestmäcker* 2005, S. 29).

---

11 So wahr diese Aussage auch sein mag, so wahr ist es aber auch, dass die dem Recht eigentümliche Rationalität und Eigengesetzlichkeit – was immer man darunter verstehen mag – nicht aus sich selbst heraus abgeleitet und legitimiert werden kann. Das Recht dient außerrechtlich bestimmten Zwecken. Andererseits stellt die Rationalität und die Eigengesetzlichkeit des Rechts eine Schranke (Nebenbedingung) für die Formulierung von Zielsetzungen bezüglich der anzustrebenden Art sozialer Ordnung dar. Man sollte keine Ziele setzen, die man mit dem Recht nicht verwirklichen kann. Die Schranke ist aber ein technisches Problem. Siehe zur Problematik von „Law for Law's Sake" *Rabin* (1996).

Die von der Gesamtordnung angestrebten Ergebnisse als Beurteilungsmaßstab in das Recht zu übernehmen oder zu übersetzen sei auch nicht geboten (also unklug), weil Wettbewerbsfreiheit als unbedingtes, wenn auch nicht schrankenloses, Recht zu begreifen sei und nicht als Recht, das im Rahmen eines zweckgebundenen Gestaltungsauftrags gewährt wird. Man könnte im letzteren Falle von einem „teleologisch dienstverpflichteten Liberalismus" (*Zöller* 2007) sprechen, der mit einer auf individueller Autonomie basierenden freien gesellschaftlichen Ordnung, wie sie *Mestmäcker* vorschwebt[12], nichts mehr zu tun hat.

Die Behauptung, dass es nicht möglich sei, Transaktionen, die Teil des Wettbewerbsprozesses sind, anhand ihrer Ergebnisse zu beurteilen, ist nicht zutreffend. Die ökonomische Theorie stützt die Vermutung, dass solche Transaktionen wohlfahrtsfördernd sind (bei Abwesenheit negativer Externalitäten).

Wenn auch zuzugeben ist, dass Einzelvoraussagen bezüglich der Art von Transaktionen und der mit ihnen verbundenen Ergebnisse bei Wettbewerb nicht möglich sein dürften, so kann man doch Mustervoraussagen im Sinne *von Hayeks* wagen. Die Entscheidung von Interessenkonflikten nach Maßgabe ökonomischer Effizienz definiert – wie zu zeigen sein wird – die Wettbewerbsfreiheit, ohne dass damit ein zweckgebundener Gestaltungsauftrag verbunden wäre.

3. Rechtsprinzip der Freiheit statt ökonomische Rationalität

Wenn Effizienz oder ökonomische Rationalität nach Ansicht von *Mestmäcker* als Rechtsprinzip zur normativen Grundlegung des Wettbewerbsrechts nichts taugen, was setzt er an deren Stelle? Es ist das Rechtsprinzip der Freiheit.

Mestmäcker (2005, S. 24) beruft sich auf *Kant*: „Freiheit, sofern sie mit jedes anderen Freiheit unter einem allgemeinen Gesetze zusammen bestehen kann, ist dieses Einzige, Ursprüngliche, jedem Menschen kraft seiner Menschheit zustehende Recht. Gegenstand des Rechts und der Rechtslehre wird dieses Recht jedoch im Hinblick auf das äußere Mein und Dein. Das Recht erweist sich damit nicht nur als eine Schranke der Freiheit, sondern als ihre Voraussetzung. Der Bezug auf das ‚äußere Mein und Dein', also auf ‚property rights', sollte es Ökonomen erleichtern, diesen Ansatz aufzunehmen."[13]

Die Normen gegen Wettbewerbsbeschränkungen sollen die größte Freiheit aller Mitglieder einer Gesellschaft durch „genaue Bestimmung und Sicherung der Grenzen dieser Freiheit gewährleiste(n), damit sie mit der Freiheit anderer bestehen könne" (*Mestmäcker* 2005, S. 24).

Mestmäcker definiert an keiner Stelle, was er unter dem Begriff Wettbewerb und insbesondere dem Begriff funktionsfähiger oder wirksamer Wettbewerb versteht. Allerdings lassen sich aus seinen Ansichten über die Rolle des – wie immer definierten –

---

12 Siehe dazu den Abschnitt „Geordnete Freiheit oder Anarchie" in *Mestmäcker* (2005, S. 23 ff.).
13 Wenn sich Recht nicht nur als eine Schranke der Freiheit erweist, sondern als ihre Voraussetzung, dann kann der Begriff nicht dazu benutzt werden, die Grenzen von Mein und Dein – also die Rechtspositionen – zu definieren.

Wettbewerbs und sein Rangverhältnis zu den Freiheitsrechten gewisse Rückschlüsse ziehen:

> „Der Wettbewerb ist, richtig verstanden, die Voraussetzung dafür, dass wirtschaftliche Handlungsfreiheiten und die Ausübung von Freiheitsrechten mit dem öffentlichen Interesse vereinbar bleiben. Dies ist der Kern einer rechtlich verfassten wettbewerblichen Marktwirtschaft. Der Wettbewerb tritt gleichrangig neben die Freiheitsrechte, die ihn ermöglichen und aus denen er entsteht. Dies erfordert Einsicht in die Bedingungen, unter denen der Wettbewerb geeignet ist, als Ordnungsprinzip zu wirken" (*Mestmäcker* 2005, S. 23 f.).

Das Zitat ist bemerkenswert: Der Wettbewerb tritt gleichrangig neben die Freiheitsrechte. Was könnte damit gemeint sein?

Mestmäcker versteht Wettbewerb als einen nicht autoritär organisierten Mechanismus sozialer Kontrolle (ein Ordnungsprinzip), der materiell-rechtlich verbürgte wirtschaftliche Freiheitsrechte sowohl legitimiert als auch ihnen Grenzen setzt (siehe auch *Mestmäcker* 2005, S. 21).

Wirtschaftliche Freiheitsrechte sind nur insoweit legitimiert, als sie nicht missbraucht werden.

Missbrauch kann stattfinden und ist zu erwarten, wenn Marktteilnehmer Marktmacht besitzen. Bei wirksamem Wettbewerb hat aber keiner Marktmacht. Deshalb gibt es bei wirksamem Wettbewerb einen solchen Missbrauch von Freiheitsrechten nicht; kein Marktteilnehmer kann seine Handlungsfreiheit zur Ausbeutung anderer Marktteilnehmer – seien es Nachfrager, Lieferanten oder Konkurrenten – nutzen. So umfasst beispielsweise die Handlungsfreiheit eines Anbieters im Wettbewerb die Möglichkeit (Erlaubnis), einen Preis zu fordern, der höher ist als der herrschende Wettbewerbspreis – aber der Anbieter wird dies aus Eigeninteresse nicht tun. Wettbewerb beschränkt nicht die Handlungsfreiheit, sondern deren Nutzung.

Die Position *Mestmäckers* lässt sich wie folgt zusammenfassen:

Mestmäcker weist in seinem Vortrag alle Versuche, die Wettbewerbspolitik auf ein ökonomisch definiertes Ziel auszurichten, kategorisch zurück (siehe auch *Hellwig* 2006a, S. 233). Da Wettbewerb aus der Ausübung von Freiheitsrechten, der Gewerbefreiheit, der Vertragsfreiheit, des Eigentums und anderer Vermögensrechte entsteht (*Mestmäcker* 2005, S. 23), sei alleiniges Ziel der Wettbewerbspolitik – und damit alleinige Legitimation staatlichen Zwangs – der Schutz der Wettbewerbsfreiheit.

Weil Kartelle und marktbeherrschende Unternehmen aber die Wettbewerbsfreiheit beschränken, ist staatliche Wettbewerbspolitik zur Bekämpfung der Beschränkungen der Wettbewerbsfreiheit sinnvoll und erforderlich. Unter Verweis auf *Kant* wird staatlicher Zwang in Form der Wettbewerbspolitik damit legitimiert, dass die Freiheit des einen tatsächlich mit der Freiheit des anderen zusammen existiert. Zwar beschränkt staatliche Wettbewerbspolitik ebenfalls die Freiheit, etwa die von Kartellanten und Marktbeherrschern, aber die mit staatlicher Wettbewerbspolitik notwendig verbundenen Eingriffe in die Handlungs- und Vereinigungsfreiheiten, aus denen der Wettbewerb entsteht, haben nur den Sinn der Freiheitssicherung. Sie sind erforderlich, um die Funktionsfähigkeit des Wettbewerbs im öffentlichen Interesse zu gewährleisten:

> „Das öffentliche Interesse erschöpft sich nicht in den Interessen oder Rechten der Unternehmen, die am Wettbewerb teilnehmen; es steht vielmehr der Entscheidung dieser Unternehmen entgegen, den Wettbewerb unter sich auszuschließen oder gemeinsam den Zugang zum Markt für Dritte zu behindern. Das öffentliche Interesse gebietet schließlich, die Chance zur Teilnahme am Wettbewerb von

Rechts wegen und für Unbekannt zu gewährleisten, wie es durch die Gewährleistung der Gewerbe- und Wettbewerbsfreiheit geschieht" (*Mestmäcker* 2008, S. 14).

Ohne *A. Smiths* These von der unsichtbaren Hand oder den Begriff der spontanen Ordnung zu verwenden, formuliert *Mestmäcker* (2008, S. 13) diese Einsicht so:

> „Das Ziel der Wettbewerbsfreiheit wird mit Hilfe von Normen verwirklicht, die das Verhalten von Unternehmen als Teil des Wettbewerbsprozesses zum Gegenstand haben. Der Wettbewerbsprozess bildet den Rahmen, innerhalb dessen die für die Entscheidung von Interessenkonflikten erheblichen Tatsachen zu würdigen sind. Die Wohlfahrtsförderung ist ein Produkt des Wettbewerbsprozesses, ohne zum Tatbestand der Normen zu gehören. Es ist der Zweck dieser Normen, die Unternehmen vorab darüber zu informieren, welcher Einsatz im Wettbewerb aus Rechtsgründen ausgeschlossen sein soll."

Das Problem der Rechtfertigung von Wettbewerbspolitik scheint damit gelöst, ohne dass auf Effizienzerwägungen rekurriert würde (*Hellwig* 2006a, S. 240): „Dass die Ergebnisse von Wettbewerbsmärkten Pareto-optimal sind, kann als Indiz für die Segnungen einer freiheitlichen Ordnung angesehen werden, steht aber nicht im Zentrum der Argumentation."

Diese Einsicht wurde früher die Non-Dilemma-These genannt.

Für *Mestmäcker* ist bei Fragen der normativen Grundlegung von Wettbewerbspolitik Freiheit als Rechtsprinzip das Maß aller Dinge. Zwar lassen sich nach seiner Ansicht die in der behördlichen und gerichtlichen Entscheidungspraxis auftretenden Fragen „nur unter Berücksichtigung der wechselseitigen Abhängigkeit von Recht und Ökonomie" beantworten (*Mestmäcker* 2005, S. 21),[14] aber – wie *M. Hellwig* mit Recht hervorhebt – die „spezifische Sachkompetenz der Ökonomie bei der Analyse wirtschaftlicher Zusammenhänge erstreckt sich *nicht* auf die normative Grundlegung der Wettbewerbspolitik" (*Hellwig* 2006a, S. 233).

III. Die Grenzen von Freiheit als Rechtsprinzip

1. Begriffsbestimmungen

Es gibt kaum einen Begriff, mit dem mehr Missbrauch getrieben wird als mit dem Begriff Freiheit. Er wird – wie *Isaiah Berlin* in seinen *Four Essays* (*Berlin* 1969) berichtet – in mehr als zweihundert Bedeutungen verwendet. Nun kann sich jeder, der die Regeln der Kombinatorik kennt, leicht ausmalen, was geschehen kann, wenn man diesen Begriff mit dem des Wettbewerbs verknüpft, der in fast ebenso vielen Bedeutungen Verwendung findet.

Begriffliche Klarheit tut not. Deshalb werden zu Beginn dieses Abschnitts die Begriffe Rechtsprinzip und Freiheit erläutert.

a) Prinzipien und Regeln

Jedes entwickelte Rechtssystem kennt zwei grundlegend verschiedene Arten von Normen: Regeln einerseits, Prinzipien andererseits. Nach *Alexy* (1986, S. 72) sind Prinzipien ebenso wie Regeln Gründe für konkrete Sollensurteile. Während es sich bei Re-

---

14 „Nichts hindert den empirischen Gesetzgeber, die Klugheits- und Nützlichkeitslehren der Wirtschaftswissenschaften in positiven Gesetzen in Rechnung zu stellen, solange er aus dem Rechtsprinzip der Freiheit folgende Gebote, die *Kant* natürliche Gesetze nennt, beachtet. Diese Grenze gilt auch dort, wo die Einschränkungen der individuellen Freiheit aus der pareto-optimalen Nutzung ökonomischer Ressourcen folgen"; *Mestmäcker* (2005, S. 24 f.).

geln um Normen handelt, deren Tatbestände nur entweder erfüllt oder nicht erfüllt sein können (siehe Dworkin 1984, S. 58; Alexy 1986, S. 76), handelt es sich bei Prinzipien um Optimierungsgebote (siehe Dworkin 1984, S. 61f.; Alexy 1986, S.75). Wenn ein Sachverhalt die Tatbestandsmerkmale einer Regel erfüllt, dann ist die Norm anwendbar und die Rechtsfolge tritt ein. Eine Norm ist demgemäß entweder anwendbar oder nicht (Alles- oder Nichts- Charakter). Bei Prinzipien ist dies anders. Diese sind dadurch charakterisiert, „dass sie in unterschiedlichen Graden erfüllt werden können und dass das gebotene Maß ihrer Erfüllung nicht nur von den tatsächlichen, sondern auch von den rechtlichen Möglichkeiten abhängt. Der Bereich der rechtlichen Möglichkeiten wird durch gegenläufige Regeln und Prinzipien bestimmt" (*Alexy* 1986, S. 76).

Als Optimierungsgebote können sich Prinzipien u.a. auf individuelle Rechte beziehen (siehe *Eidenmüller* 1995, S. 463). *Eidenmüller* führt als Beispiel die allgemeine Handlungsfreiheit in Art. 2 I GG an. Dort wird das Recht auf die freie Entfaltung der eigenen Persönlichkeit unter anderem durch die „Rechte anderer" eingeschränkt: „Diese Rechte müssen mit der eigenen Handlungsfreiheit abgewogen werden, bevor man sagen kann, ob ein bestimmtes Verhalten verfassungsrechtlich erlaubt ist oder nicht" (*Eidenmüller* 1995, S. 463).

Nach Canaris entfalten Prinzipien „ihren eigentlichen Sinngehalt erst in einem Zusammenspiel wechselseitiger Ergänzungen und Beschränkungen" (Canaris 1983, S. 53). Solche wechselseitigen Ergänzungen und Beschränkungen – Abwägungen – werden unter anderem dann erforderlich, wenn formal in Gewande von Regeln einhergehende Normen unbestimmte Rechtsbegriffe enthalten (Alexy nennt diese Normen Normen mit Doppelcharakter; Alexy 1986, S. 124).[15] Man denke an das Tatbestandsmerkmal „überragende Marktstellung" in § 19 Abs. 2 Nr. 2 GWB, dessen Feststellung unter anderem eine Abwägung von Marktanteil, Finanzkraft des Unternehmens, Zugang zu Beschaffungs- und Absatzmärkten, Marktzutrittsschranken und Existenz potentiellen Wettbewerbs erfordert.

Ein besonders anschauliches Beispiel einer Norm mit Doppelcharakter stellt der erste Paragraph des Sherman Act dar. Er besagt, dass jeder Vertrag, der den Handel einschränkt, ungültig sein soll. Der Oberste Gerichtshof der Vereinigten Staaten fasste diese Bestimmung als Regel auf, behandelte diese aber so, dass sie das Wort „unbegründet" enthält, wodurch sie nur „unbegründete" Einschränkungen des Handels verbietet (siehe Dworkin 1984, S. 63): „Auf diese Weise wurde es möglich, dass die Bestimmung logisch als eine Regel fungierte (immer wenn ein Gericht feststellt, dass die Beschränkung ‚unbegründet' ist, ist es verpflichtet den Vertrag für ungültig zu halten) und in Wirklichkeit als ein Prinzip (ein Gericht muss eine Vielzahl anderer Prinzipien und Zielsetzungen berücksichtigen, wenn es bestimmt, ob eine bestimmte Beschränkung unter bestimmten ökonomischen Bedingungen „unbegründet" ist)" (Dworkin 1984, S. 63 f.). Dworkin weist darauf hin, dass Wörter wie „begründet", „fahrlässig", „ungerecht" und „signifikant" oft die Funktion haben, Regeln de facto Prinzipien anzunähern (siehe Dworkin 1984, S. 64).

---

15 *Hart* hat darauf hingewiesen, dass Rechtsregeln eine Art von Indeterminiertheit aufweisen, die er „open texture" nennt (siehe *Hart* 1994, S. 124 ff.). Die Ursachen sieht er in der Natur der menschlichen Sprache, der Abstraktheit der in den Regeln verwendeten Begriffe (bezüglich Personen, Handlungen, Dinge, Umstände) sowie des Auftretens nicht vorhergesehner Weltzustände.

Prinzipien besitzen im Gegensatz zu Regeln eine Dimension. Wenn Prinzipien kollidieren, dann sollte das von Alexy so genannte Abwägungsgesetz angewendet werden: „Je höher der Grad der Nichterfüllung oder Beeinträchtigung eines Prinzips ist, um so größer muss die Wichtigkeit der Erfüllung des anderen sein" (Alexy 1986, S. 146). Eine Kollision von Regeln ist wegen deren Alles- oder- Nichts- Charakters auf diese Weise nicht aufzuheben.

b) Freiheit

Freiheit sei als Bezeichnung für eine Eigenschaft verwendet, die einer (natürlichen oder juristischen) Person zukommt. Häufig wird der Freiheitsbegriff auch auf etwas anderes bezogen, nämlich auf Handlungen oder den Willen. Aber dies steht nicht im Widerspruch zum personenbezogenen Freiheitsbegriff, weil man Sätze über die Freiheit von Handlungen und des Willens auf Sätze über die Freiheit von Personen zurückführen kann (*Alexy* 1986, S. 197).

Sei x ein Akt wie z.B. sprechen, versammeln, Abschluss eines Vertrages, Setzen eines Preises. Eine Person hat die Freiheit, x zu tun, wenn x weder geboten noch verboten ist und wenn es anderen verboten ist, den Akt zu stören. Wenn x weder geboten noch verboten ist, dann ist x erlaubt.

Freiheit lässt sich demgemäß als geschützte Erlaubnis definieren (*Cooter* 2000, S. 245; *Schmidtchen* 1988). Der Schutz erfolgt typischerweise durch die Zuteilung sanktionsbewehrter individueller Rechte (Recht der Freiheit) oder bei Zivilrechtsversagen durch Regulierung. Auch nicht-gesetzte Regeln, etwa solche der Moral, können eine Schutzfunktion ausüben. Dieser Umstand wird in dem ökonomischen Begriff Property Rights eingeschlossen, der mehr Sachverhalte umfasst als der Rechtsbegriff Eigentum.

Das Recht der Freiheit, *Hayek* (2003, S. 110) nennt es Nomos, besitzt die Eigenschaft, individuelle Freiheit mit der Vermeidung persönlicher Konflikte zu vereinbaren. Diese Eigenschaft resultiert aus dem Umstand, dass Nomos sogenannte „protected domains" definiert (*Hayek* 2003, S. 58; siehe auch *Schmidtchen* 2004a). Innerhalb dieser „protected domains" kann jeder sein Wissen für seine Zwecke gebrauchen, ohne andere um Zustimmung für sein Handeln bitten zu müssen. „Protected domains" sind also Gebiete, die der autonomen Kontrolle von Personen unterliegen. Sie bestehen aus dem Bündel an Property Rights, das sich im Besitz einer Person befindet. Solche Property Rights verleihen ihrem Besitzer gleichsam eine Lizenz, Ressourcen im Rahmen geltender Schranken nach Belieben zu benutzen. Man denke an § 903 BGB: Der Eigentümer einer Sache kann, soweit nicht das Gesetz oder Rechte Dritter entgegenstehen, mit der Sache nach Belieben verfahren und andere von jeder Einwirkung ausschließen.

Property Rights definieren also nicht nur die Grenze dessen, was der Inhaber tun darf, sondern zugleich die Grenze, die andere durch ihr Handeln nicht verletzen dürfen. Property Rights des einen werden zum Maß der Freiheit des anderen. Schadenersatz, Unterlassungsansprüche, Strafe, öffentlich-rechtlich organisierte Schutzvorkehrungen (das Kartellrecht und staatliche Regulierung) sowie spontan entstandene Verhaltensregeln sollen diese Grenze gegen Invasionen sichern.

Im Folgenden werden einige Implikationen des Freiheitsbegriffs genannt:

(1) In der Anarchie gibt es keine Freiheit im definierten Sinne. Die Anarchie ist definitionsgemäß ein regelloser, insbesondere rechtloser Zustand. Folglich kann es weder

Gebote noch Verbote geben, auch keine Verbote, die Handlungen anderer zu stören. In der Anarchie ist jedermann alles „erlaubt", auch die Störung der Handlung eines anderen. Würde man dieses Merkmal der Anarchie als Freiheit definieren, dann implizierte der Übergang zu einer Rechtsordnung zwingend eine Einschränkung der Freiheit; man hätte es mit einem System geordneter Freiheit zu tun.

(2) Sieht man einmal von der Existenz spontan entstandener Regeln der Moral ab, so ist Freiheit ein Produkt des Rechts. Sie manifestiert sich in der Definition und der personellen Zuordnung von Property Rights an knappen Ressourcen. Das ist auch die Vorstellung von *Mestmäcker* (siehe *Mestmäcker* 2005, S. 24).

(3) Die Definition (Begrenzung) und personelle Zuordnung von Property Rights ist nur dort erforderlich, wo es aus der Natur der Sache heraus zu Interessenkonflikten kommen kann. Zur Illustration: Die Interessensphären von Individuum A und Individuum B seien durch die beiden Kreise repräsentiert.

Abbildung 1: Interessenkonflikte

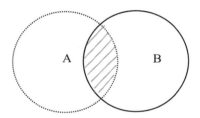

Wenn sich aus der Natur der Sache heraus die beiden Kreise nicht überschneiden, kann es niemals zu Konflikten kommen. In diesem Fall können Property Rights zwar personell zugeordnet sein, aber sie sind unbegrenzt. Es gibt keine rechtlichen Schranken des Handelns, nur tatsächliche. Im Grunde sind dann Property Rights funktionslos. Als Beispiel sei auf *Robinson Crusoe* verwiesen. Seine Handlungsmöglichkeiten rechtlich zu beschränken wäre sinnlos. In Situationen, die denen von *Crusoe* ähneln, wird ein Rechtsprinzip „vom Optimierungs- zum nur noch auf die faktischen Möglichkeiten bezogenen Maximierungsgebot" (*Alexy* 1986, S. 80, Fn. 37).

Wenn sich dagegen die beiden Sphären überschneiden, dann repräsentiert diese Fläche das Gebiet potentieller Konflikte. Es ist dieses Gebiet, für das die Einrichtung von Property Rights erforderlich wird. Mit der Definition und personellen Zuordnung von Property Rights wird entschieden, wer die Freiheit besitzt, Handlungen vorzunehmen, die diese Sphäre betreffen; wer seine Interessen rechtmäßig verfolgen darf. Der andere muss die Folgen dieses Handelns dulden.

Unter Benutzung des Begriffs „externer Effekt" lässt sich dies so formulieren: Der Rechteinhaber darf durch sein Handeln einem anderen einen (negativen oder positiven) externen Effekt – sei es ein „technologischer", sei es ein pekuniärer – auferlegen: Letzterer besitzt kein Abwehrrecht.[16]

---

[16] „Technologische" oder „technische" externe Effekte sind direkte (nicht durch Preise vermittelte) unbeabsichtigte Nebenwirkungen der legitimen Produktion/Konsumtion bestimmter Güter durch Wirtschaftssubjekte auf das Nutzen- oder Gewinnniveau Dritter. Pekuniäre externe Effekte sind durch

(4) In Konfliktsituationen impliziert die Vergrößerung der „protected domain" des einen die Einschränkung der „protected domain" des anderen. Ein Mehr an Rechten des einen (Stärkung seiner Rechtsposition) verlangt notwendig nach einem Weniger für den anderen (Schwächung seiner Rechtsposition).[17]

Würde man sich auf die Formel berufen „Die Freiheit des einzelnen endet da, wo sie die Freiheit der anderen beeinträchtigt", dann landete man im Nirgendwo. Diese Formel ist eine Leerformel. Man betrachte die obige Abbildung. Ohne Grenzziehung, d. h. die rechtliche Zuordnung der Schnittfläche zur Interessensphäre von A oder B, existiert weder Freiheit für A noch für B. Mit der Grenzziehung, d. h. der Entscheidung, zu wessen „protected domain" die Schnittfläche gehört und wer demgemäß Störungen seiner Interessensphäre mit Rechtsmitteln abwehren darf, wird die Freiheit für beide, A und B, konstituiert. Vorher gibt es keine Freiheit des anderen, die als Schranke für den Freiheitsbereich des „einen" gelten könnte. Folglich kann die Freiheit des anderen durch die Grenzziehung selbst auch nicht beeinträchtigt werden. Mit der Grenzziehung ergibt sich ein Zustand, in dem die Freiheit des einen mit der jedes anderen zusammen bestehen kann.

(5) Anhänger der Naturrechtslehre argumentieren gerne, dass Freiheit ein vorpositivistisches, angeborenes, unveräußerliches Recht darstelle, das jeder Person in gleichem Maße zustehe. Das sei unbestritten, doch hilft uns das nicht weiter, wenn die Nutzung der Freiheit des einen mit der Nutzung der Freiheit des anderen kollidiert (siehe dazu *Macleod* 2003). Was bedeutet gleiche Freiheit z.B. im Falle eines Rauchers und eines Nichtrauchers, die sich dasselbe Zimmer teilen müssen? Entweder hat der Raucher das Recht zu rauchen (ihm ist Rauchen erlaubt), dann hat der Nichtraucher kein Abwehrrecht; oder aber der Nichtraucher hat ein Abwehrrecht (er kann, aber muss nicht das Rauchen verbieten), dann hat der Raucher kein Handlungsrecht. In Konfliktfällen dieser Art ist es unmöglich, jeder Person Freiheit in gleichem Maße zu gewähren. Erlaubnis ist unteilbar: Entweder Person A besitzt die Erlaubnis zum Handeln oder Person B besitzt die Erlaubnis zur Verhinderung dieses Handelns.[18]

Die Frage, wem was in einer Konfliktsituation erlaubt ist, kann mit Hilfe zweier Konzepte beantwortet werden:

Einerseits mit Bezug auf eine Wertordnung im Sinne einer Wert*rang*ordnung und andererseits durch Abwägung von Prinzipien nach der folgenden Formel: „Je höher der Grad der Nichterfüllung oder Beeinträchtigung des einen Prinzips ist, um so größer muss die Wichtigkeit der Erfüllung des anderen sein" (*Alexy* 1986, S. 146).[19]

Dem Juristen ist die Arbeit der Rechtsgüterabwägung wohlvertraut.

Preise vermittelte, indirekte, unbeabsichtigte Nebenwirkungen der legitimen Produktion/Konsumtion bestimmter Güter durch Wirtschaftssubjekte auf das Nutzen- oder Gewinnniveau Dritter.

17 Diese Schlussfolgerung ist zwingend, wenn die Rechtsordnung das Prinzip der „compossibility" beachten will, was von einer rationalen Rechtsordnung verlangt werden muss. Zu diesem Prinzip der logischen (und faktischen) Vereinbarkeit von Rechtspositionen siehe *Steiner* (1977).
18 Freiheit ist in solchen Konfliktsituationen ein knappes Gut. Es existiert Rivalität in der Nutzung von Freiheit. Mit dem ökonomischen Begriff der Rivalität korrespondiert eine Rechteallokation, die nicht „compossible" ist.
19 *Alexy* (1986, S. 146 ff.) illustriert das „Abwägungsgesetz" mit Hilfe von Indifferenzkurven, wie sie in der Wirtschaftswissenschaft verwendet werden.

(6) Das in Punkt 5 Dargestellte erhellt, dass es unmöglich ist, in Konfliktsituationen, also solchen Situationen, in denen ein Mehr an Freiheit des A ein Weniger an Freiheit des B impliziert, ein Maximum an Freiheit zu verwirklichen (siehe dazu *Macleod* 2003). Von einer Maximierung der Freiheit ließe sich sinnvoll nur unter folgenden Umständen reden: Gegeben sei die geschützte Erlaubnis von A und die geschützte Erlaubnis von B. Wenn man B „mehr" erlauben würde, ohne die Möglichkeit von Handlungskonflikten mit A zu erzeugen, dann wäre ein Mehr an Freiheit (im Aggregat) möglich. Man könnte von einem pareto-superioren Zustand sprechen.

(7) Die Ergebnisse von Punkt 5 und 6 gelten auch, wenn man Freiheit nicht durch Recht konstituiert begreift, sondern den Begriff auf einen vorrechtlichen Zustand, also die Anarchie, bezieht.

2. Drei Beispiele für die Unbrauchbarkeit von Freiheit als Rechtsprinzip

a) Preiskartell

In der Behandlung von Preiskartellen sind aus ökonomischer Sicht grundsätzlich zwei reine Fälle zu unterscheiden:

Entweder haben die Anbieter in einem Markt das Recht, ein Preiskartell zu bilden, oder die Nachfrager haben (einzeln oder im Kollektiv) ein Abwehrrecht. Im ersteren Falle ist es den Anbietern weder geboten noch verboten, also erlaubt, ein Preiskartell zu bilden. M.a.W.: Die Vertragsfreiheit der Anbieter ist so umfassend definiert, dass sie die Erlaubnis enthält, vertraglich den Wettbewerb zu beschränken und eine Preisvereinbarung in beliebiger Höhe zu treffen.

Die Nachfrager müssen die durch das Preiskartell in der Regel bewirkten pekuniären externen Effekte in Form erhöhter Preise dulden. Die Bildung des Preiskartells stellt keine Verletzung ihrer „protected domain" dar.[20] Die Erlaubnis zum Schließen eines Preiskartells schließt ein Abwehrrecht seitens der Nachfrager aus, wenn die Rechtsordnung dem Prinzip der „compossibility" verpflichtet ist.

Wenn die Nachfrager dagegen ein Abwehrrecht haben, dann würde die Bildung eines Preiskartells eine Verletzung ihrer „protected domain" bedeuten, gegen die sie rechtlich vorgehen könnten, aber nicht müssen (es ist ihnen weder geboten noch verboten, also erlaubt, rechtliche Schritte gegen das Preiskartell zu ergreifen).

Die Erlaubnis (Freiheit) ist ein knappes Gut – es herrscht Rivalität in der Nutzung. Entweder den Unternehmen ist ihr Verhalten erlaubt oder den Nachfragern ist es erlaubt, das Verhalten der Unternehmen mit Rechtsmitteln zu verhindern. Wir haben es mit einem Nullsummen-Spiel zu tun, dessen Lösung jedenfalls nicht mit Hilfe des Freiheitskriteriums selbst gefunden werden kann, weil eine Lösung in der Wahl einer von

---

20 Eine Verletzung ihrer „protected domain" läge z.B. dann vor, wenn die Property Rights der Unternehmen in ihrem Umfang derart beschränkt wären, dass sie zwar Preisvereinbarungen treffen dürfen, aber der prozentuale Aufschlag auf die Grenzkosten (Lerner-Monopolmaß) maximal x % betragen darf, aber tatsächlich bei y % liegt, mit $y > x$. Die erlaubte Abweichung des Preises von den Grenzkosten wird in der ökonomischen Theorie der Patente als ein Maß (neben anderen) für den Umfang eines Patentrechts verwendet.

zwei sich wechselseitig ausschließenden Rechteallokationen besteht und erst mit ihr die „protected domains" (die Freiheitsbereiche) definiert werden.

b) Unternehmenszusammenschluss

Bei einem Unternehmenszusammenschluss liegen die Dinge ähnlich wie im Falle des Preiskartells.

Die Frage lautet hier: Soll es Unternehmen erlaubt sein, sich zusammenzuschließen und anschließend einen Monopolpreis zu verlangen, oder sollen von dem Unternehmenszusammenschluss negativ Betroffene (negative pekuniäre Externalität in Form von Gewinneinbußen auf Seiten von Konkurrenten und überhöhten Preisen für Nachfrager) ein Abwehrrecht haben?[21] Wir haben es auch hier wie bei der Behandlung eines Preiskartells mit einem Nullsummen-Spiel zu tun, dessen Lösung jedenfalls nicht mit Hilfe des Freiheitskriteriums gefunden werden kann.

c) Lieferverweigerung

Wir unterscheiden zwei Formen der Lieferverweigerung (siehe *Schmidt* 1999, S. 279 f.): Lieferverweigerung zur vertikalen Preisbeeinflussung und Lieferverweigerung zur Beschränkung der Vertriebswege.

Die Lieferverweigerung zur Preisbeeinflussung, etwa zur Durchsetzung von unverbindlichen Preisempfehlungen, verstößt gegen das Verbot des § 21 Abs. 2 GWB. Der Schutzzweck der Norm besteht darin, die Umgehung kartellrechtlicher Verbote durch Druck- und Lockmittel vorzubeugen und damit die Entschließungsfreiheit der Abnehmer und des Preiswettbewerbs auf nachgelagerten Wirtschaftsstufen zu sichern (siehe *Schmidt* 1999, S. 279). Wie der Fall Uhren-Krämer/Seiko exemplarisch zeigt (siehe dazu *Schmidt* 1999, S. 279 f.), muss im Falle eines Rechtsstreits das Gericht entscheiden, ob eine Lieferverpflichtung besteht oder nicht besteht. Wird die Existenz einer Lieferverpflichtung bejaht, dann bedeutet dies, dass es dem Lieferanten nicht erlaubt ist, die Lieferung zu verweigern. Die Folge davon ist, dass dieser einen negativen pekuniären externen Effekt in Form einer Gewinnminderung zu dulden hat (wenn man unterstellt, dass die Lieferverweigerung in seinem Gewinninteresse liegt). Auch Konkurrenten auf dem nachgelagerten Markt, die sich an die Preisempfehlung halten, haben die Schädigung zu dulden, die mit einer Lieferung an einen „Preisempfehlungsbrecher" verbunden ist.

Verneint das Gericht die Existenz einer Lieferpflicht, dann werden die Property Rights des Lieferanten so definiert, dass sie die Erlaubnis zur Lieferverweigerung umfassen. Das bedeutet aber, dass nicht belieferte Unternehmen einen negativen pekuniären externen Effekt in Form einer Gewinnminderung zu dulden haben.

Genau so stehen die Dinge im Falle der Lieferverweigerung zur Sicherung des Allein- oder Selektivvertriebs (siehe dazu *Schmidt* 1999, S. 280 ff.). Auch hier lautet die zentrale Frage: Soll es dem Lieferanten erlaubt sein, die Lieferung zu verweigern (mit der Folge einer Schädigung der Interessen nicht belieferter Unternehmen im nachgelagerten Markt) oder sollen nicht belieferte Unternehmen ein Recht auf Lieferung haben

---

21 Ähnliche Problemlagen ergeben sich in Fällen des so genannten Preishöhenmissbrauchs. Eine ausführliche Property-Rights-theoretische Untersuchung solcher Fälle findet man in *Schmidtchen* (1983).

(mit der Folge, dass der Lieferant und seine Kooperationspartner im Allein- oder Selektionsvertrieb negative pekuniäre externe Effekte zu tragen haben).

Bei beiden Formen der Lieferverweigerung taucht das bereits bekannte Dilemma der Rechteallokation (Nullsummen-Spiel) auf:

Die Rechtsordnung kann nicht sowohl dem Anbieter ein Lieferverweigerungsrecht geben und ihm zugleich eine Lieferpflicht auferlegen. Ein Mehr an Freiheit für den einen ist nur mit einem Weniger an Freiheit für den anderen zu haben.

3. Gefahr einer Leerformel

Mit der Entscheidung von Handlungskonflikten im Markt durch Spezifikation und personelle Zuteilung von Property Rights wird der Umfang individueller Handlungsfreiheiten definiert. Für diese Definition kann aber aus logischen Gründen weder eine der individuellen Handlungsfreiheiten selbst noch etwa beide zusammen benutzt werden. Wie will man das Mehr an Handlungsfreiheit des einen mit dem unabdingbar damit verbundenen Weniger an Handlungsfreiheit des anderen saldieren?

Wer aus dem Ziel Schutz der Wettbewerbsfreiheit (oder der Festlegung „des" Wettbewerbs als Schutzobjekt) Kriterien für die Abgrenzung individueller Handlungsrechte ableiten will, der muss entweder auf einen von den individuellen Freiheiten abgesonderten Meta-Freiheitsbegriff zurückgreifen (der Kriterien für die Definition individueller Handlungsfreiheiten in Konfliktsituationen bereitstellt) oder aber eine Leerformel benutzen. Der vielzitierte Satz „Die Freiheit des einzelnen endet dort, wo sie die Freiheit der anderen beeinträchtigt" entpuppt sich als Leerformel (siehe auch *von Weizsäcker* 2003, S. 337), wenn man als Abgrenzungskriterium Freiheit selbst verwendet. Will man die Leerformel mit Inhalt füllen, dann bietet sich folgendes Kriterium an (*von Weizsäcker* 2003, S. 337): „Dem einzelnen sind solche Handlungen nicht erlaubt, die anderen mehr Schaden zufügen als sie ihm Nutzen stiften".[22] Das aber ist das Effizienzkriterium.[23] Das ihm zugrunde liegende Denkschema ist dem Juristen wohlvertraut, der einen Rechtsstreit zu entscheiden hat: Er wägt gegenläufige Interessen ab, fragt nach der relativen Schwere eines Eingriffs und misst Interessen, hinter denen die eines anderen zurückzustehen haben.

---

22 Eine Alternative besteht in dem von *Hayek* vorgeschlagenen Test auf Verträglichkeit mit der überlieferten Rechtsordnung (siehe dazu *Schmidtchen* 2004a) oder im Rückgriff auf ein Gerechtigkeitskriterium (siehe *Schmidtchen* 2004b).

23 Die in der juristischen Literatur vertretene These, dass die Allokationsfunktion des Marktes dem Prinzip der Freiheitsverwirklichung unter allgemeinen Gesetzen (Privatautonomie) nachgelagert sei und sich zur Letztbegründung von Rechtsregeln nicht eigne (siehe *Mestmäcker* 1984; *Köhler* 1994), ist verfehlt. Bei Transaktionskosten von Null kann die Erstallokation von Property Rights „beliebig" sein; der Markt sorgt dafür, dass Rechte dorthin wandern, wo sie – gemessen an der Zahlungsbereitschaft – am höchsten bewertet werden. Dieses Beispiel zeigt, dass die Betrachtung des Marktes als ein Koordinationsmechanismus, in dem Pläne mit den Mitteln des Vertragsrechts verwirklicht werden, und die Interpretation als Mechanismus zur effizienten Allokation knapper Güter zwei Seiten einer Medaille sind. Die von *Mestmäcker* und *Köhler* vertretene These mag zutreffen, wenn man die Wohlfahrtsökonomik mit dem Utilitarismus gleichsetzt. Dies muss man aber nicht tun. In diesem Beitrag wird eine Allokationstheorie verwendet, in der die privatautonom bestimmten Zahlungsbereitschaften der Individuen die Allokation in Richtung Maximierung der Wertschöpfung („wealth maximization") steuern.

Möschel hat in seinem Beitrag zur Festschrift *Mestmäcker* die Behauptung vom Leerformelcharakter zurückgewiesen.

Lesen wir, was er schreibt:

„Nach dem in diesem Lande vorherrschenden Verständnis wird Wettbewerb als Wert für sich begriffen. Es ist der Interaktionsprozess, der schlicht aus der Wahrnehmung individueller Handlungsfreiheiten erwächst. Dies ist ein vertragstheoretisch begründetes Verständnis von Recht und Gerechtigkeit. Es fügt sich einer bereits zitierten mächtigen philosophischen Tradition ein. Man hat dieser Sicht Leerformelcharakter vorgeworfen" (*Möschel* 2006, S. 366).

Den Vorschlag, die Leerformel unter Rückgriff auf das Effizienzkriterium mit Inhalt zu füllen, kommentiert er wie folgt:

„Solcher Inhaltsfüllung ist besser nicht zu folgen. In ihrer utilitaristischen Ergebnisorientierung ist sie mit der Prämisse der Interaktion von Handlungsfreiheiten, was gerade Ergebnisungewissheit impliziert, nicht zu vereinbaren. Ein solcher Ordnungsentwurf entspräche noch nicht einmal der Minimalanforderung wertungsmäßiger Konsistenz. Die Einschätzung als Leerformel dürfte vorschnell sein: Die Unterstellung dieses Interaktionssystems unter die Herrschaft des Rechts im Sinne allgemeiner und gleicher Regeln ist eine Struktur, die nicht als inhaltsleer zu begreifen ist. Für die Feinabstimmung im Einzelnen mag der Hinweis von Hayeks auf Ordnungsformen, die nicht Ergebnis menschlichen Entwurfs, sondern Ergebnis menschlichen Handelns sind, den Rahmen setzen. Dies ist dann keine strenge Theorie. Ob eine solche auf der Basis von Freiheitsrechten über das hinaus möglich ist, was man pattern prediction oder Strukturaussagen nennt, ist eher zweifelhaft. Denn es würde prophetische Gaben bei einem außen stehenden Beobachter voraussetzen. Nur kann man solchen historischen Prozess der Erfahrungs- und der Erkenntnisgewinnung nicht als Leerformel beiseite schieben" (*Möschel* 2006, S. 366.)

Obwohl in der zitierten Passage der Anschein erweckt wird, sich mit dem Leerformel-Argument auseinanderzusetzen, findet diese Auseinandersetzung tatsächlich nicht statt. *Möschel*s Ausführungen behandeln die Begründung des Leerformelvorwurfs überhaupt nicht, nämlich die logische Unmöglichkeit, das Freiheitskriterium selbst zur Definition von Freiheitsbereichen bei Vorliegen von Handlungskonflikten heranziehen zu können. *Möschel* behauptet einfach, dass der Vorwurf falsch ist, ohne sich mit der Begründung des Vorwurfs auseinanderzusetzen. Seine Verurteilung der utilitaristischen Ergebnisorientierung betrifft bestenfalls eine von mehreren Lösungen für ein identifiziertes Problem, nämlich den Leerformelcharakter der Aussage, dass man das Freiheitskriterium zur Definition von Freiheitsbereichen benutzen könne, und nicht das Problem selbst. Der Hinweis darauf, dass Wettbewerb eine spontane Ordnung sei und insofern ein historischer Prozess der Erfahrungs- und der Erkenntnisgewinnung, ist richtig, kann aber ebenfalls nicht als Beweis dafür angeführt werden, dass es logisch unmöglich ist, Freiheit als Rechtsprinzip zur Abgrenzung individueller Handlungsfreiheiten in Konfliktsituationen zu benutzen. Gewiss kann man fragen, wie die Property Rights von Marktteilnehmern spezifiziert und personell zugeordnet werden sollten, wenn man einen historischen Prozess der Erfahrungs- und Erkenntnisgewinnung ermöglichen, erhalten und fördern möchte. Aber dann ist es dieses Marktergebnis, das als erwünscht gesetzt und als Kriterium zur Spezifikation und personellen Zuordnung von Property Rights benutzt wird. Dieses Kriterium erfüllt dann dieselbe Funktion wie das Effizienzkriterium. Wer die Begründung der Behauptung eines Leerformelcharakters aufmerksam liest, wird feststellen, dass mit ihr alles andere getan wurde, als den historischen Prozess der Erfahrungs- und Erkenntnisgewinnung als Leerformel beiseite zu schieben.

4. Zusammenfassung

Den drei vorstehend analysierten Fallgruppen ist eines gemeinsam: Sie implizieren Interessenkonflikte, zu deren Lösung Freiheit als Rechtsprinzip nichts beitragen kann. Denn die Stärkung der Property Rights einer Partei geht zwingend mit einer Abschwächung der Property Rights einer anderen Partei einher oder – unter Verwendung des Begriffs der Freiheit: Mehr Freiheit für den einen bedeutet zwingend weniger Freiheit für einen anderen. Das Freiheitskriterium selbst ist zur Entscheidung der Frage, wer wie viel Freiheit erhalten soll, nicht zu gebrauchen.[24]

Man könnte einwenden, dass dieses Urteil nur deswegen zutreffend ist, weil die Fallbeispiele auf ein striktes Entweder-Oder hin konstruiert wurden. Tatsächlich geht es in der Rechtspraxis aber häufig um marginale Entscheidungen (marginal im ökonomischen Sinne verstanden), um Maß und Mitte: Wie viel soll dem einen zusätzlich erlaubt sein? Oder: Wann darf ein Unternehmen die Lieferung verweigern, wann darf das Unternehmen dies nicht?

Der Übergang zu einer Marginalbetrachtung ändert jedoch nichts an der Schlussfolgerung, dass Freiheit als Rechtsprinzip zur Entscheidung von Interessenkonflikten nichts taugt: Auch ein marginales Mehr bei dem einen ist nur durch ein marginales Weniger bei dem anderen zu haben. (Wäre das nicht der Fall, dann läge gar kein Interessenkonflikt vor.)

Ein Optimum an Freiheit ist mit Hilfe des Freiheitsbegriffs selbst aus Gründen logischer Konsistenz nicht zu finden. Tatsächlich entscheiden Kartellbehörden und Gerichte Kartellrechtsfälle durch Güterabwägung. Trotz aller Freiheitsrhetorik, die in den Beschlüssen und Urteilen zu finden ist, gründen diese im Kern auf einer Abwägung der wirtschaftlichen Interessen nach dem Motto: Welcher Partei ist eine Abschwächung ihrer Property Rights eher zuzumuten? Daneben mag auch mehr oder weniger bewusst die Frage eine Rolle spielen, welche Marktergebnisse gesellschaftlich erwünscht sind.

Die in diesem Artikel aufgestellte These, dass Freiheit als Kriterium zur Entscheidung der Frage unbrauchbar ist, welche von zwei konfligierenden Freiheiten Vorrang vor der anderen haben sollte, wird auch von *Macleod* 2003 vertreten.

Vorrangfragen sollten seiner Ansicht nach auf der Grundlage von Werten und Interessen entschieden werden, denen die Freiheiten dienen: „determining which of two conflicting freedoms ought in given circumstances to be given precedence must rest, at least in part, on judgments about the comparative importance in the circumstances of the values and interests served by the freedoms in question" (*Macleod* 2003, S. 44). Und: "The argument of the paper thus gives us one reason for rejecting the idea that 'maximization of freedom' and 'equalization of freedom' are criteria we should invoke when faced by the question which of two conflicting freedoms to give precedence to" (*Macleod* 2003, S. 45 f.).

---

24 Ähnlich ist in hier nicht betrachteten Fällen wie Boykott, Preisdifferenzierung, Preisdiskriminierung und Ausschließlichkeits- und Kopplungsbindungen zu urteilen. Auch bei Patenten taucht das Rechtedilemma auf: Die Freiheit des Patentinhabers steht in Konkurrenz zur Freiheit von Imitatoren und Nachfragern von Produkten, deren Produktion die Nutzung des patentierten Wissens verlangt; siehe dazu auch *v. Weizsäcker* (2007).

Diese Aussagen dürfen nicht so verstanden werden, dass damit die Möglichkeit verneint wird, in bestimmten Situationen Freiheit um ihrer selbst willen als wünschenswert zu betrachten. Ein Hinweis auf die Freiheit des künstlerischen Ausdrucks mag genügen.

Aber wer Freiheit um ihrer selbst willen wünscht und schützen möchte, gerät in große Schwierigkeiten, wenn in einer konkreten Situation Freiheiten kollidieren, z.B. Freiheit des künstlerischen Ausdrucks und Persönlichkeitsschutz.

Ein Beispiel, das *Macleod* anführt, soll diesen Punkt verdeutlichen: "Thus, if A's freedom to pursue a scientific career at a research institute is in conflict with B's freedom to do so, a decision in favor of A may be warranted, other things being equal, if A's talents and qualifications make it more likely that he or she can help the institute achieve its research goals more effectively than B" (*Macleod* 2003, S. 43).

Im folgenden Kapitel soll gezeigt werden, dass und wie Effizienz als Rechtsprinzip funktioniert. Man muss Effizienz als Rechtsprinzip nicht für wünschenswert halten, aber im Vergleich zu Freiheit als Rechtsprinzip hat Effizienz den Vorteil, dass dieses Kriterium logisch konsistent benutzt werden kann, um Interessenkonflikte zu entscheiden. Daneben ist es auch operationabel definierbar.

IV. Die Vorteile von Effizienz als Rechtsprinzip

In diesem Kapitel wird zunächst der Effizienzbegriff definiert und anschließend für die drei in Kapitel III behandelten Fallgruppen beschrieben, wie das Problem reziproker Natur unter Rückgriff auf Effizienz als Rechtsprinzip gelöst werden kann.

Ein drittes Unterkapitel befasst sich mit der Kritik an diesem Prinzip, die *Mestmäcker* am Beispiel von Unternehmenszusammenschlüssen entfaltet hat (siehe *Mestmäcker* 2005, S. 32). Außerdem wird die These von *M. Hellwig* geprüft, dass ein reines Effizienzziel als normative Grundlegung der Wettbewerbspolitik nicht ausreicht, weil Wettbewerbspolitik immer auch Verteilungspolitik sei (siehe *Hellwig* 2007, S. 30 f.).

1. Begriffsbestimmungen

a) Effizienz

Aus Sicht eines demokratischen Rechtsstaates muss jedes Maß für das gesellschaftliche Wohl zwei Bedingungen genügen:

(1) Die Interessen aller Gesellschaftsmitglieder müssen erfasst, kein Gesellschaftsmitglied darf diskriminiert werden. Zur Gesellschaft zählen nicht nur die Konsumenten, sondern auch die Anbieter von produktiven Leistungen (Arbeitskraft, Kapital und Boden), die sich zu Unternehmen als Organisatoren der Produktionsprozesse zusammenschließen.

(2) Das Maß muss Regeln des methodologischen Individualismus genügen. Dies bedeutet, dass in ihm die Präferenzen der Bürger reflektiert werden, wie diese sie selbst setzen (Präferenzautonomie). Außerdem muss Freiwilligkeit bezüglich der Akzeptanz von Transaktionen, insbesondere Tauschtransaktionen (Vertragsfreiheit) gewährleistet sein.

Ein beide Bedingungen erfüllendes Maß stellt die Ökonomie mit dem Konzept des sozialen Überschusses zur Verfügung. Als sozialer Überschuss in einem Markt wird die Summe aus Konsumentenrente und Produzentenrente bezeichnet. Die Konsumentenrente misst den Vorteil der Konsumenten aus der Teilnahme am Markt; die Produzentenrente misst den Vorteil für die Anbieter (sie entspricht dem Gewinn vor Abzug der fixen Kosten). Es handelt sich bei dem sozialen Überschuss um ein theoretisch und empirisch bewährtes Maß für die Größe und Änderung der gesellschaftlichen Wohlfahrt, das in der Industrieökonomik (aber nicht nur dort) breite Anwendung findet.

Dagegen wird die Wohlfahrt der Konsumenten in Europa und auch in Deutschland als Standard für die Wettbewerbspolitik verwendet. Dies ist ein in mehrerlei Hinsicht bedenkliches Verfahren.[25]

(1) Hinter einer solchen Praxis steht häufig die Idee, dass „die" Wirtschaft den Konsumenten zu dienen habe. Diese Instrumentalisierung „der" Wirtschaft lässt sich nur schwer mit dem Menschenbild vereinbaren, das einer Privatrechtsgesellschaft zugrunde liegt. Denn „die" Wirtschaft, das sind die Eigentümer von Produktionsfaktoren, die sich z.T. zu Personenverbänden – Unternehmen genannt – zusammengeschlossen haben, um ihre Produktionsfaktoren (genauer: Property Rights) bestmöglich zu verwerten. Haben diese weniger Rechte als die Konsumenten? Wer die Konsumentenwohlfahrt anstelle der aggregierten Wohlfahrt zum Effizienzmaß erhebt, muss unterstellen, dass die Interessen der Konsumenten mehr wert sind als die der Produzenten.

(2) Ein Blick in die ökonomische Theorie des allgemeinen Gleichgewichts zeigt, dass die Haushalte nicht nur die Eigentümer der Ressourcen, sondern auch die Eigentümer der Unternehmen sind. Die Produzentenrente fließt letztlich also ebenfalls an die Konsumenten. Dem Kollektiv aller Konsumenten ist es egal, ob der Gewinn aus der Beteiligung am Marktgeschehen ihnen als Konsumentenrente oder als Produzentenrente zufließt.[26] Ihr Interesse besteht darin, den Gewinn insgesamt so groß wie möglich werden zu lassen. Das bedeutet aber, den sozialen Überschuss zu maximieren.

(3) Es werden Verteilungsfragen mit einem Instrumentarium, nämlich dem Wettbewerbsrecht, zu lösen versucht, für das bessere Alternativen existieren, nämlich das Steuer- und Transfersystem (siehe *Kaplow* und *Shavell* 2002). Der einzige mit einer bürgerlichen Gesellschaft der Gleichen kompatible Effizienzmaßstab ist die aggregierte Wohlfahrt („social surplus") – also die Summe aller Gewinne aus der Beteiligung am Marktgeschehen. Politisch-ökonomische Überlegungen könnten allerdings eine Bevorzugung der Konsumentenwohlfahrt gegenüber der aggregierten Wohlfahrt nahe legen, wenn z.B. der politische Einfluss der Konsumenten geringer ist als der der Produzenten oder wenn eine Informationsasymmetrie zwischen Kartellbehörden und Produzenten die Kartellbehörden im Ergebnis zu einer produzentenfreundlichen Spruchpraxis verführt.

b) Wettbewerb und Wettbewerbsbeschränkung

Ein Wettbewerbsmodell, das in der Wettbewerbspolitik verwertbare Ergebnisse liefern soll, muss mehreren Kriterien genügen: Es muss das reale Phänomen adäquat theo-

---

25 Eine ausführliche Behandlung der Thematik findet sich in *Schmidtchen* (2008b); siehe auch *Kirchner* (2007), *Van den Bergh* (2007).
26 Aus Sicht des einzelnen Konsumenten mögen sich die Dinge anders darstellen, wenn er nur in einem Unternehmen arbeitet und sein Geldvermögen nur in ein Unternehmen investiert ist.

retisch abbilden; es muss Begriffe und Konzepte liefern, die operationabel sind; es muss empirisch überprüfbar und an moderne Entwicklungen der Ökonomie anschlussfähig sein. Es ist zweckmäßig und entspricht neueren Entwicklungen in der Ökonomie, Wettbewerb als ein Spiel zu definieren, das sich als marktlicher Parallel- und Austauschprozess vollzieht, und in dem es um die Schaffung von Werten und deren Aneignung geht (siehe auch *Schmidtchen* 2008a).[27] Diese Definition trifft den Kern dessen, was seit den Klassikern unter Wettbewerb verstanden wurde. Die im Laufe der Zeit entwickelten und verfeinerten Wettbewerbskonzepte akzeptieren diese Idee und unterscheiden sich lediglich hinsichtlich der Voraussetzungen (Bedingungen), insbesondere bezüglich der Marktstruktur und der rechtlichen Rahmenbedingungen, unter denen es zur größtmöglichen Wertschöpfung kommt.

Wettbewerb ist kein Konstantsummenspiel, bei dem die Interessen der Spieler nur gegensätzlich sind, weil der (zusätzliche) Gewinn des einen unweigerlich zum Verlust des anderen führt, sondern ein Variabelsummenspiel, bei dem sich gegensätzliche und parallel laufende Interessen untrennbar miteinander verknüpfen. Die Spieler sind die Unternehmen und die Konsumenten. Die Auszahlungen der Spieler im Wettbewerbsspiel bestehen in Anteilen an der Kooperationsrente (sozialer Überschuss). Rationale Spieler streben danach, möglichst große Anteile an der Kooperationsrente zu erhalten. Deshalb lässt sich individuell maximierendes Verhalten im Wettbewerb auch als rentensuchendes Verhalten bezeichnen. Das gilt für Anbieter, die eine möglichst hohe Produzentenrente erstreben, wie für Nachfrager, die an einer möglichst hohen Konsumentenrente interessiert sind.

Im hier skizzierten Konzept des Wettbewerbs ist dieser ein dynamischer Wettbewerb (siehe *Makowski* und *Ostroy* 2001, S. 479-535; *Schmidtchen* 2005a). Wenn er den maximal möglichen sozialen Überschuss verwirklicht, sei er dynamischer perfekter Wettbewerb genannt. Wird das Maximum des sozialen Überschusses verfehlt, dann heißt er dynamischer imperfekter Wettbewerb (siehe dazu *Makowski* und *Ostroy* 2001, S. 479-535; *Schmidtchen* 2005a).

Im Konzept dynamischen perfekten Wettbewerbs bietet sich eine natürliche Definition des Begriffs Wettbewerbsbeschränkung an: Wettbewerbsbeschränkungen sind solche Maßnahmen oder Zustände, die bewirken, dass die Wertschöpfung kleiner ist, als sie sein könnte.[28] Mögliche Ursachen sind: klassische (stationäre) Monopolstellungen, nacktes Preiskartell, Markteintrittsbarrieren, vertikale Restriktionen, asymmetrische Information. Allokationstheoretisch handelt es sich um Fälle des Marktversagens. Spieltheoretisch gesehen sind es Defekte in den Spielregeln (was auch die Möglichkeit zu ungeahndeten Rechtsverstößen einschließt) oder in der Informationsstruktur eines Spie-

---

27 Ein Spiel ist vollständig beschrieben durch die Spielform und die Auszahlungsmengen. Eine Spielform ist durch die Menge der Spieler, die Menge der Strategiekombinationen, die Menge der Ergebnisse, die der Menge der Strategiekombinationen zugeordnet ist, sowie die Informationsstruktur charakterisiert. Spielformen definieren Spielregeln. Fügt man die Bewertung der Ergebnisse durch die Spieler sowie die Information hinzu, dann erhält man ein Spiel. Wettbewerbspolitik besteht in der Gestaltung von Spielformen.

28 *Von Weizsäcker* hat vorgeschlagen, die Verringerung der Wertschöpfung zum definierenden Merkmal von Markteintrittsschranken zu erheben; siehe *von Weizsäcker* (2005). Diese Idee wird hier verallgemeinert, indem alle Formen von Wettbewerbsbeschränkungen über das Merkmal Verringerung der Wertschöpfung definiert sind.

les. Wenn die Wertschöpfung in einem Markt kleiner ist als sie sein könnte, dann impliziert dies die Existenz negativer pekuniärer externer Effekte.

Diese können in drei Erscheinungsformen auftreten:

(1) Nachfrager bezahlen höhere Preise als bei Wettbewerb; (2) Anbieter erzielen geringere Gewinne als bei Wettbewerb; (3) Nachfrager kommen am Markt nicht zum Zuge, obwohl ihre (maximale) marginale Zahlungsbereitschaft (Beschaffungspreisobergrenze) größer ist als die zu ihrer Versorgung erforderlichen volkswirtschaftlichen Grenzkosten (Abgabepreisuntergrenze).

2. Effizienz als Rechtsprinzip bei der Arbeit

Die Leitlinie lässt sich in einem Satz zusammenfassen: Folge den Einsichten von *Coase*: Bei Transaktionskosten von Null bewirkt jede eindeutige Spezifikation und eindeutige personelle Zuordnung von Property Rights eine maximale Wertschöpfung (Effizienz). Sind die Transaktionskosten prohibitiv hoch, dann sollten die Property- Rights so spezifiziert und personell zugeordnet werden, dass daraus die maximale Wertschöpfung resultiert.

a) Preiskartell

Zuerst muss die Frage nach den Schäden eines Preiskartells beantwortet werden.[29] In einer Privatrechtsgesellschaft können Schäden nur Personen oder Personenverbänden wie z.B. Unternehmen entstehen. Auch Rechtsgüter, die unter dem Begriff *ordre public* zusammengefasst werden, sind gemäß den Prinzipien des methodologischen Individualismus auf Individualinteressen zurückzuführen.[30]

D sei die Nachfrage eines Endverbrauchers. Angenommen, n Anbieter des Gutes vereinbaren, das Gut zum Monopolpreis p_2 zu verkaufen (siehe Abb.2).

---

29 Die Darstellung des Modells orientiert sich an *Hellwig* (2006b). Die Auswertung des Modells erfolgt hier aber unter einem anderen Gesichtspunkt als bei *Hellwig*.
30 Gleiches gilt für Ziele wie Erhaltung des Wettbewerbs als Koordinationssystem oder Erhaltung einer Wettbewerbsordnung. Siehe zu dieser Problematik auch *Hellwigs* Kritik am Ordo-Liberalismus; *Hellwig* (2006a, S. 241 ff.).

Abbildung 2: Wirkung einer Preisabsprache

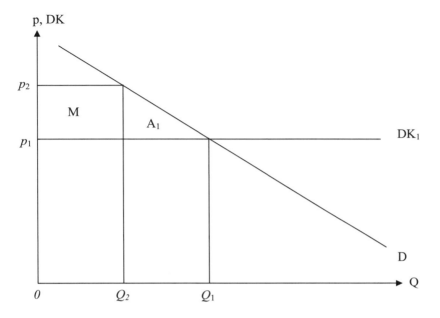

Der Nachfrager kauft die Menge Q_2 vom Anbieter k. Welchen Schaden erleidet er durch diese Vereinbarung? (Kausalität) Um die Frage zu beantworten, muss eine Vergleichssituation bestimmt werden. Hierfür existieren grundsätzlich zwei Möglichkeiten:

Ohne Vereinbarung wäre jeder Anbieter frei gewesen, den Preis p_2 zu verlangen. Im Vergleich zu dieser Situation hätte der Nachfrager keinen Schaden erlitten.

Aber bei Wettbewerb wäre ein solches Marktergebnis unwahrscheinlich, denn Wettbewerb würde die Anbieter dazu veranlassen, einen Preis $p < p_2$ zu setzen. Zur Bestimmung des Wettbewerbspreises sei folgendes angenommen: Alle Anbieter haben dieselben konstanten Durchschnittskosten (= Grenzkosten) in Höhe von DK_1. Die ökonomische Theorie sagt voraus, dass im wettbewerblichen Marktgleichgewicht jeder Anbieter einen Preis in Höhe von DK_1 verlangt (Bertrand-Wettbewerb oder perfekter Wettbewerb). Dies ist die effiziente Lösung.

Angenommen, dieser Wettbewerbspreis $p_1 = DK_1$ sei der Vergleichsmaßstab. In dieser hypothetischen Welt hätte der Nachfrager also Q_1 nachgefragt.

Es gilt: $Q_2 < Q_1$.

Die Kartellbildung hat zwei Effekte:

(1) Allokationseffekt: Die Nachfrage sinkt von Q_1 auf Q_2.

(2) Umverteilungseffekt: Der Nachfrager muss für die tatsächlich gekaufte Menge Q_2 den Betrag $p_2 \cdot Q_2$ ausgeben anstelle von $p_1 \cdot Q_2$.

Welches sind die Wohlfahrtswirkungen?

Der Gewinn des Anbieters k steigt um M. Die Wohlfahrt des Nachfragers sinkt um denselben Betrag. Dies ist der Umverteilungseffekt. Der Allokationseffekt reduziert die Wohlfahrt des Nachfragers um A_1, ohne dass der Anbieter davon negativ oder positiv betroffen wäre. $Q_1 - Q_2$ ist der Nachfragerückgang.

$\dfrac{p_2 - p_1}{2}$ ist ein Maß für den Nutzenverlust pro Einheit des Nachfragerückgangs.

Vom ökonomischen Standpunkt aus ist der private Schaden des Nachfragers, der durch die Preiserhöhung von p_1 auf p_2 entsteht, gleich der folgenden Summe:

$$(p_2 - p_1) \cdot Q_2 + (Q_1 - Q_2) \cdot \dfrac{p_2 - p_1}{2}$$

Er entspricht in Abb. 2 der Fläche $M + A_1$.

Diese *Summe* aus distributivem und allokativem Effekt kann als *negativer pekuniärer externer Effekt* interpretiert werden, den das Kartell dem Käufer auferlegt.[31]

Im Beispiel des Preiskartells ist der Schaden, den der Nachfrager als Folge der Abweichung des Kartellpreises vom Vergleichspreis bei Wettbewerb erleidet, um A_1 größer als der zusätzliche Gewinn des Unternehmens. Hat der Nachfrager ein Abwehrrecht, dann ist das Unternehmen nicht in der Lage, diesen zum Verzicht auf dieses Recht zu bewegen. Er wird in einer Verhandlung mit jenem mindestens eine Kompensation in Höhe des monetären Schadens verlangen (Abgabepreisuntergrenze für die Abgabe des Rechts); das Unternehmen wird maximal den Zusatzgewinn bieten (Beschaffungspreisobergrenze). Eine Einigung ist nicht möglich. Die effiziente Lösung resultiert.

Hat das Unternehmen dagegen ein Recht zum Abschluss des Kartellvertrages, dann wird der Nachfrager das Unternehmen zum Verzicht auf die Mitwirkung bewegen können, weil sein Schaden (Beschaffungspreisobergrenze für den Verzicht des Unternehmens) größer ist als der Zusatzgewinn (Abgabepreisuntergrenze für das Handlungsrecht). Gegen Zahlung von z.B.

$$p_2 \cdot Q_2 + (p_1 + r) \cdot (Q_1 - Q_2) \text{, mit } r \geq 0,$$

wird das Unternehmen k bereit sein, die Menge Q_1 zur Verfügung zu stellen.[32] Es resultiert die effiziente Lösung.

Bei prohibitiv hohen Transaktionskosten sind Verhandlungen nicht möglich. Es sollte deshalb der Nachfrager ein Vetorecht gegen die Beteiligung des Unternehmens k am Kartellvertrag haben und bei einem Verstoß Schadenersatz verlangen dürfen. Da der Schadenersatz größer ist als der Zusatzgewinn, unterbleibt die Mitwirkung am Kartellvertrag. Ein gesetzliches Kartellverbot stellt ein Substitut für diese privatrechtliche Lösung dar, wenn die erwartete Sanktion den Mehrgewinn aus der Beteiligung am Kartell abschöpft. Es stellt auch ein Substitut für die Verhandlungslösung dar, was die produ-

---

31 Die gleiche negative Externalität würde sich einstellen, wenn Unternehmen k als ein marktbeherrschendes Unternehmen angesehen würde. Das Verlangen eines Preises in Höhe von p_2 wäre dann ein Missbrauch einer marktbeherrschenden Stellung (Preishöhenmissbrauch).
32 Die Größe von r hängt von der Verhandlungsmacht der beiden Akteure ab. Die obere Grenze für r liegt bei *$(p_2 - p_1)/2$*.

zierte und verkaufte Menge anlangt. Aber die Verteilungswirkungen sind extrem verschieden.

Beim Kartellverbot fließt die gesamte Kooperationsrente aus der Transaktion zwischen dem Nachfrager und Anbieter k an den Nachfrager. Bei der Verhandlungslösung erhält der Anbieter k aufgrund der Kompensation den größten Anteil.

Ein Verbot der Kartellbildung schädigt das Unternehmen k. Eine Erlaubnis zur Kartellbildung schädigt dagegen den Nachfrager.

Verwendet man Effizienz als Rechtsprinzip, dann ist die Wahl zwischen den beiden sich ausschließenden Rechteallokationen leicht zu treffen: Der Schaden des Unternehmens k bei einem Kartellverbot ist kleiner als der Schaden des Nachfragers bei einer Zulassung des Kartells – folglich sollte man das Kartell verbieten, was zur maximalen Wertschöpfung führt.

b) Unternehmenszusammenschluss

D sei die Nachfrage eines Endverbrauchers. Angenommen: n Anbieter des Gutes schließen sich zu einem Unternehmen zusammen. Dieses Unternehmen verkauft das Gut zum Monopolpreis p_2. Der Nachfrager kauft die Menge Q_2 (siehe Abb. 2). Ohne den Unternehmenszusammenschluss möge der Marktpreis $p_1 = DK_1$ gelten.

Wie im Fall des Preiskartells treten zwei Effekte auf: Ein Allokationseffekt und ein Umverteilungseffekt.

Auch hier kann die Summe aus distributivem und allokativem Effekt als negative Externalität interpretiert werden, die durch den Unternehmenszusammenschluss dem Nachfrager auferlegt wird. Sollten die n Unternehmen das Recht haben, diese Externalität zu erzeugen, oder sollte der Nachfrager ein Abwehrrecht besitzen?

Diese Frage führt zu denselben Überlegungen, wie sie im Falle des Preiskartells angestellt wurden. Der Unternehmenszusammenschluss stellt lediglich einen Ersatz für ein Preiskartell dar (Annahme: die Durchschnittskosten bleiben auf der Höhe DK_1). Deshalb sei auf das in Abschnitt IV 2. a) Dargestellte verwiesen.

Angenommen, als Folge des Unternehmenszusammenschlusses sinken die Durchschnittskosten auf DK_2. Das Unternehmen setze den Monopolpreis in Höhe von p_2. (Siehe Abb. 3, die den Williamson-Trade-off darstellt.)

Das Unternehmen erzielt nun im Vergleich zur Situation vor dem Unternehmenszusammenschluss aus der Transaktion mit dem Nachfrager einen Mehrgewinn in Höhe von $M + A_2$.

Abbildung 3: Williamson-Trade-off

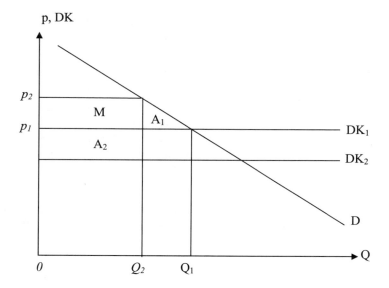

Berechnet man den Schaden des Nachfragers durch Vergleich mit der Situation vor dem Unternehmenszusammenschluss, dann erleidet er einen Schaden in Höhe von $M + A_1$.

Die Größenverhältnisse zwischen M, A_1 und A_2 hängen vom Verlauf der D-Kurve und dem Umfang der Kostensenkung ab.

Hier soll beispielshalber der Fall $A_2 > A_1$ betrachtet werden.

Der Schaden des Nachfragers $M + A_1$ ist kleiner als der Mehrgewinn des Unternehmens. Hat der Nachfrager ein Abwehrrecht und verlangt er die Lieferung von Q_1 zum Preis von p_1, dann wird das Unternehmen diesem Verlangen nachkommen; es verbleibt dem Unternehmen ein Mehrgewinn in Höhe von $(p_1 - DK_2) \cdot Q_1$.

Das gleiche Ergebnis würde sich einstellen, wenn das Unternehmen beim Fordern des Preises p_2 einen Schadenersatz in Höhe von $M + A_1$ zahlen müsste.

Haben dagegen die Unternehmen ein Recht zum Zusammenschluss und unbeschränkter Preissetzung, dann kann der Nachfrager das Unternehmen – bei Transaktionskosten von Null – im Verhandlungswege dazu bringen, ihm die Menge Q_1 zum Preis von p_1 zu verkaufen. Es resultiert die effiziente Lösung.

Wie sollte das Wettbewerbsrecht ausgestaltet werden, wenn hohe Transaktionskosten sowohl Verhandlungen zwischen den Parteien wie auch die Einreichung einer Klage verhindern?

Der Unternehmenszusammenschluss sollte genehmigt werden und die Preiserhöhung von p_1 auf p_2 als Missbrauch einer marktbeherrschenden Stellung (Preishöhenmissbrauch) untersagt werden. Das Unternehmen wird zum Preis p_1 die Menge Q_1 verkaufen und einen Mehrgewinn im Vergleich zur Situation vor dem Unternehmenszusammenschluss in Höhe von $(p_1 - DK_2) \cdot Q_1$ erzielen. Es resultiert die effiziente Lösung.[33]

c) Lieferverweigerung

In den Fällen der Lieferverweigerung wird bei Transaktionskosten von Null der Lieferant immer dann die Lieferung verweigern, wenn sein durch diese Verweigerung erzeugter Mehrgewinn größer ist als die Schäden aller von der Lieferverweigerung negativ Betroffenen. Es resultiert die effiziente Lösung. Bei positiven Transaktionskosten wäre die Allokation von Property Rights zu wählen, bei der der resultierende Schaden am niedrigsten ist. Ist der Mehrgewinn größer als der Schaden aller von der Lieferverweigerung negativ Betroffenen, dann sollte der Lieferant das Recht zur Lieferverweigerung erhalten. Im umgekehrten Fall sollte es ihm verweigert werden.

d) Zusammenfassung

Wenn das Coase-Theorem gilt, also die Transaktionskosten Null sind, dann wird von jeder beliebigen Ausgangsallokation der Property Rights im Verhandlungswege eine effiziente Lösung (maximaler sozialer Überschuss) herbeigeführt. Dies ist die perfekte Annäherung an das Idealbild einer bürgerlichen Gesellschaft (Fragen der Verteilungsgerechtigkeit nach Endzustandsgrundsätzen ausgeklammert). Bei positiven Transaktionskosten sieht das anders aus. Hier können nicht-internalisierte externe Effekte auftreten. Diesem Umstand sollte nach *Coase* durch eine entsprechende Anfangsallokation der Property Rights Rechnung getragen werden. Eine Politik gegen Wettbewerbsbeschränkungen findet hier ihre Legitimation. Sie definiert und schützt Property Rights. Bei Transaktionskosten von Null würde – wie gezeigt – auch bei einem Preiskartell ein Transaktionsvolumen erreicht wie bei vollkommenem Wettbewerb. Bei positiven Transaktionskosten wird es verfehlt. Ein Kartellverbot behebt diesen Mangel.

Interessen von Nachfragern, die bei Transaktionskosten von Null und wohl definierten Property Rights bei Unternehmenszusammenschlüssen im Wege der Verhandlung berücksichtigt würden, werden bei positiven Transaktionskosten nicht berücksichtigt. Dieses „Verhandlungsversagen" kann durch eine Fusionskontrolle in Verbindung mit einer Missbrauchsaufsicht zu korrigieren versucht werden. Verhandlungsversagen kann auch bei Lieferverweigerungen durch eine „richtige" Zuteilung von Property Rights geheilt werden.

Die bei prohibitiv hohen Transaktionskosten anzuwendende Regel lässt sich allgemein auch wie folgt beschreiben: Prüfe, ob der bei Erlaubnis eines Verhaltens sich ergebende Mehrgewinn ausreicht, die Geschädigten zu kompensieren und der Gewinner gleichwohl noch einen Mehrgewinn im Vergleich zum Status quo aufweist. Wenn dies der Fall ist, erlaube das Verhalten. Wenn dies nicht der Fall ist, untersage es. Offensichtlich entspricht diese Regel dem Kaldor-Hicks- Kompensationstest.

Gibt es keine Geschädigten, sollte das Verhalten immer erlaubt sein. Freiheit als Rechtsprinzip und Effizienz als Rechtsprinzip führen dann zum selben Ergebnis.

---

33 Man beachte, dass sich dieses Ergebnis auch dann einstellt, wenn $A_2 < A_1$

3. Zweifel am Nutzen des Effizienzkriteriums

a) Überforderung der Rechtsanwender?

Mestmäcker (2005, S. 30) gesteht zu, dass Zusammenschlüsse von Unternehmen eine Erscheinungsform von Wettbewerb sind: „Versteht man unter einem Zusammenschluss die Verfügung über unternehmerisch genutzte Ressourcen, die eine neue Verteilung von Verfügungsrechten und eine andere Organisation unternehmerisch genutzter Ressourcen herbeiführen soll, so ist deutlich, dass es sich dabei um einen Teil des Wettbewerbs handelt, der zur effizienten Allokation der Ressourcen beitragen soll."

Gleichwohl lehnt er aber eine Effizienzprüfung von Unternehmenszusammenschlüssen ab und verteidigt den Ansatz, Zusammenschlüsse nach ihrer Eignung zu beurteilen, eine marktbeherrschende Stellung zu begründen oder zu verstärken und so wirksamen Wettbewerb zu verhindern (*Mestmäcker* 2005, S. 31). Zwei Gründe führt er dafür an: Erstens, die Entlastung der Kartellbehörden von den Folgeproblemen der Missbrauchsaufsicht oder Regulierung: „Die Beurteilung von Zusammenschlüssen nach ihrer Eignung, eine beherrschende Stellung zu begründen oder zu verstärken und wirksamen Wettbewerb zu verhindern, bezieht sich auf einen anhand der Marktstruktur zu ermittelnden Ausschnitt aus den wahrscheinlichen Außenwirkungen des Zusammenschlusses auf den betroffenen Märkten. Dieser Strukturbezug der Fusionskontrolle soll Wettbewerbsbehörden, Gerichte und Unternehmen von den Folgeproblemen der Missbrauchsaufsicht oder Regulierung entlasten, mit denen zu rechnen ist, wenn beherrschende Stellungen einmal entstanden sind" (*Mestmäcker* 2005, S. 31).

Ein Strukturansatz ergibt allerdings nur Sinn, wenn man eine bewährte Theorie besitzt, nach der ein stabiler Zusammenhang zwischen Marktstruktur, Marktverhalten und Marktergebnissen existiert. Dann reicht es in der Tat, die Marktstruktur zu kontrollieren, weil sich auf diese Weise „automatisch" auch das erwünschte Marktverhalten und die erwünschten Marktergebnisse einstellen (oder unerwünschtes Verhalten unterbleibt). Das aber ist nicht mehr die Einsicht der Ökonomie von heute.

Zum einen gibt es Rückkoppelungsschleifen zwischen Marktstruktur, Marktverhalten und Marktergebnissen und zum anderen determiniert die Marktstruktur in vielen Fällen nicht das Marktverhalten (siehe zu einer Kritik des Paradigmas aus institutionenökonomischer Sicht *Schmidtchen* 1994). So kann etwa in einem homogenen Duopol im Marktgleichgewicht der Preis auf der Höhe der Grenzkosten zu liegen kommen, wenn das Spiel ein Spiel in Preisstrategien ist, oder nach oben von den Grenzkosten abweichen, wenn die Strategien der Spieler Mengenstrategien sind. In hoch-komplexen Marktstrukturen dürfte die Vielfalt des Verhaltens und der Marktergebnisse noch viel größer sein.

Außerdem ist die Frage „Strukturansatz oder Missbrauchsaufsicht bzw. Regulierung?" im Kern eine Frage danach, wie man am besten Rechtspositionen schützt. Die zentrale Frage lautet hier: Mit welcher Methode begeht man mit welcher Wahrscheinlichkeit den Fehler vom Typ I (false positive), diagnostiziert eine Wettbewerbsbeschränkung, obwohl keine vorliegt, und den Fehler vom Typ II (false negative), diagnostiziert wettbewerbliches Verhalten, obwohl tatsächlich eine Wettbewerbsbeschränkung vorliegt, und wie sehen die relativen Kosten des Begehens der Fehler aus? (Siehe *Schmidtchen* 2005a, 2006b.) Außerdem spricht einiges dafür, dass die Missbrauchskontrolle und nicht die staatliche Genehmigung unternehmerischen Verhaltens das Herzstück einer Ordnung zum Schutz der bürgerlichen Gesellschaft darstellt. Das Genehmigungssystem der Fusionskontrolle ist Regulierung und im Vergleich zur Missbrauchskontrolle der härtere staatliche Eingriff.

Der zweite Grund, der *Mestmäcker* zu einer Ablehnung der Effizienzprüfung von Unternehmenszusammenschlüssen veranlasst, ist die Vermutung, dass Wettbewerbsbehörden überfordert wären, die Existenz von Effizienzgewinnen zu prognostizieren: „Die Effizienzprüfung nimmt aber jene methodischen und praktischen Probleme in die vorausschauende Beurteilung von Zusammenschlüssen auf, die der Strukturbezug der Fusionskontrolle verhindern soll. Die Wettbewerbsbehörden sollten sich nicht in eine Situation bringen, in der sie die Ergebnisse des Wettbewerbsprozesses erraten müssen und besser als die Unternehmen selbst wissen wollen, ob ein Zusammenschluss effizient ist" (*Mestmäcker* 2005, S. 31).

Der Strukturbezug kann jedoch die methodischen und praktischen Probleme einer Effizienzprognose gar nicht verhindern, weil er selbst auf einer generalisierenden vorausschauenden Beurteilung von Zusammenschlüssen aufbaut. Das von *Mestmäcker* in diesem Zusammenhang zusätzlich angeführte Argument, „dass ein Marktbeherrscher vom Markt nicht gezwungen wird, die Effizienzgewinne an die Verbraucher weiterzugeben" (*Mestmäcker* 2005, S. 31), beruht auf der Idee, dass Wettbewerbspolitik Verteilungspolitik sei und dass die Verbraucher ein Recht darauf besitzen sollten, über Preissenkungen am Fortschritt beteiligt zu werden. Wie sollte dieses Recht begründet werden?[34]

Was schließlich das Argument anlangt, dass sich Wettbewerbsbehörden nicht in eine Situation bringen sollten, „in der sie die Ergebnisse des Wettbewerbsprozesses erraten müssen und besser als die Unternehmen selbst wissen wollen, ob ein Zusammenschluss effizient ist", so verliert es an Überzeugungskraft, wenn man den Unternehmen die Beweislast für das Vorliegen von Effizienzvorteilen (und wenn es denn schon sein muss: auch die Art der Weitergabe an die Nachfrager) aufbürdet (siehe dazu *Schmidtchen* 2006a, S. 15) und eine Erfolgskontrolle durchführt (siehe *Schmidtchen* 2006a, S. 15; *Stucke* 2007).

Mestmäcker (2005, S. 32.) nimmt in seinem Vortrag direkt Bezug auf die in diesem Artikel vertretene Position:

> „Das Effizienzkriterium ist von *Dieter Schmidtchen* im Anschluss an die neue Politik der EG-Kommission aufgegriffen und generalisiert worden. Seine These lautet abgekürzt, dass alle Fälle, mit denen Kartellbehörden oder Gerichte befasst seien, die Struktur des *Coase*-Theorems aufweisen. Hier wurde dargelegt, dass das *Coase*-Theorem den Wettbewerbscharakter von Unternehmenszusammenschlüssen zwar bestätigt, dass der Efficiency-Test aber aus eben diesem Grunde mit der wettbewerbsrechtlichen Beurteilung unvereinbar ist. Überträgt man aber das *Coase*-Theorem im Ganzen auf die Beurteilung von Unternehmenszusammenschlüssen, dann ist es unausweichlich, die vermögensrechtlichen, insbesondere gesellschaftsrechtlichen Veränderungen, die den Zusammenschluss begleiten, in die Effizienzbeurteilung einzubeziehen. Es kann aber schwerlich die Aufgabe der Fusionskontrolle sein, bei Gelegenheit eines kontrollpflichtigen Zusammenschlusses zu prüfen, ob die Rechte von Minderheitsaktionären gewahrt, Gläubiger gefährdet oder Insidergewinne gemacht werden."

---

34 Im Übrigen ist die Argumentation, dass ohne Wettbewerb Effizienzgewinne nicht an die Verbraucher weitergegeben werden, eine zweischneidige Angelegenheit. Bei Wettbewerb werden möglicherweise effizienzsteigernde Maßnahmen unterlassen, weil sie nur unter Aufwendung von Kosten zu realisieren sind und die Konkurrenz die Früchte eines solchen Vorstoßes zu schnell zunichte macht.

Dass diese Rechte in einer bürgerlichen Gesellschaft eine Rolle spielen, dürfte unstreitig sein. Aber wird ihnen in einem Strukturbezug der Fusionskontrolle besser Rechnung getragen als in einem wirkungsbasierten Ansatz? Betrachtet man den Strukturbezug der Fusionskontrolle in dem von *Mestmäcker* erwähnten Zusammenhang, dann eröffnen sich zwei Argumentationsstränge. (1) Der Strukturbezug der Fusionskontrolle berücksichtigt diese Interessen und bezieht sie in die Effizienzbetrachtung ein. Behauptet wird dann implizit, dass der Schutz der Marktstruktur ein geeignetes Mittel ist, diese Rechte zu schützen. (2) Wenn der Strukturbezug diese Zusammenhänge dagegen nicht sieht, ändert das nichts an der Tatsache, dass der Strukturbezug faktisch einen Einfluss auf den Wert dieser Rechte ausübt. Die Rechteinhaber sind nun einmal von der Entscheidung der Kartellbehörden betroffen – so oder so.

*Mestmäcker*s Ansicht (*Mestmäcker* 2005, S. 32), dass bei Unternehmenszusammenschlüssen der „Efficiency Test ... mit der wettbewerbsrechtlichen Beurteilung unvereinbar sei" (de lege lata, de lege ferenda?) kann ebenfalls nicht überzeugen. Die Aufgabe der Kartellbehörden mag anspruchsvoller werden; aber das heißt nicht, dass sie nicht bewältigt werden kann. Der entscheidende Punkt liegt bei der Frage der Beweislastverteilung.[35] *Hayek* (1996) hat einmal mit Recht vor einer Anmaßung von Wissen seitens staatlicher Instanzen gewarnt, aber es gibt auch spiegelbildlich die Gefahr einer Anmaßung von Unwissen (siehe *Willgerodt* 2004).

*Mestmäcker*s Skepsis bezüglich der Möglichkeit, Effizienzgewinne von Unternehmenszusammenschlüssen prognostizieren zu können, wird unter Berufung auf *v. Hayek* legitimiert (*Mestmäcker* 2005, S. 29). Er zitiert *von Hayek*, der Wettbewerb als Spiel definiert, dessen Ergebnisse teilweise von den „skills" und teilweise vom Glück abhängen.[36]

Die Folgerungen aus diesem Umstand für das Wettbewerbsrecht sind nach Ansicht *Mestmäcker*s ebenso grundlegend wie weittragend: „Transaktionen, die Teil des Wettbewerbsprozesses sind, können nicht anhand ihrer Ergebnisse beurteilt werden. Normen gegen Wettbewerbsbeschränkungen müssen vielmehr in Übereinstimmung mit dem System ausgelegt und angewendet werden, das sie sichern sollen" (*Mestmäcker* 2005, S. 29.) Das nennt man das Prinzip der Ordnungskonformität (siehe *Schmidtchen* 2004 a). Aber wieso lassen sich Transaktionen, die Teil des Wettbewerbsprozesses sind, nicht beurteilen? Eines von mehreren Urteilen könnte so lauten: Jede (freiwillige) Transaktion ist wertschöpfend. Diese Behauptung lässt sich empirisch überprüfen und bestätigen. Man betrachte dazu Laborexperimente zur „double oral auction", die nicht nur Wettbewerb als Einheit von Parallel- und Austauschprozess repräsentiert, sondern zugleich zeigt, inwieweit er als Entdeckungsverfahren fungiert (siehe *Schmidtchen* und *Kirstein* 2003 sowie *Kirstein* und *Schmidtchen* 2002).

Das ökonomische System, dessen Etablierung und Erhalt von den Normen gegen Wettbewerbsbeschränkungen erwartet wird und die demgemäß in Übereinstimmung mit dem System ausgelegt und angewendet werden müssen (siehe *Mestmäcker* 2005, S. 29),

---

35 Siehe das Prüfschema in *Schmidtchen* (2005a, S. 30-32); *Schmidtchen* (2006a, S. 13-15).
36 Im Artikel Wettbewerb als Entdeckungsverfahren (siehe *Schmidtchen* und *Kirstein* 2003) wird ein solches Spiel untersucht. Die „skills" beziehen sich in dem Modell auf die Einsicht in die Funktionsweise des Spiels plus die Reservationspreise. Das Glückselement besteht in der Chance, eine gute Karte oder eine schlechte Karte bezüglich der Reservationspreise zu ziehen.

soll sicherlich auch – oder: primär? – ökonomische Zwecke erfüllen. Folglich muss bei vielen Normen geprüft werden, ob und inwieweit sie dem Systemzweck dienen. Das aber erfordert Rechtsfolgenanalysen und -prognosen. Ohne diese geht es also nicht. Allerdings sollte beachtet werden, dass wir nicht immer genügend Wissen besitzen, um Einzelvoraussagen zu machen. Wohl aber sind wir nach Ansicht *Hayeks* in der Lage, Mustervoraussagen zu formulieren. Es folgt: Transaktionen, die Teil des Wettbewerbsprozesses sind, können durchaus anhand ihrer Ergebnisse beurteilt werden. Sie sind wertschöpfend. Transaktionstypen, die aufgrund wirtschaftstheoretischer Einsichten vermuten lassen, dass sie nur werteumverteilend (Nullsummen-Transaktionen) oder gar wertvernichtend sind, wären als wettbewerbsbeschränkend zu klassifizieren. Die Vermutung sollte als widerlegbar behandelt werden. Die Beweislast liegt bei den Unternehmen.

b) Wettbewerbspolitik ist auch Verteilungspolitik

Martin *Hellwig* (2007, S. 29; *Hellwig* 2006a, S. 233-248) hält die Kritik am Effizienzziel der Ökonomen für gerechtfertigt. Er identifiziert Effizienz mit dem Pareto-Kriterium, nach dem die Marktergebnisse bei Monopolen und Kartellen ineffizient sind. Kartellverbot und Missbrauchsaufsicht über marktbeherrschende Unternehmen könnten als Mittel zur Bekämpfung der Pareto-Ineffizienz interpretiert werden: Bei Konkurrenz ist die Wertschöpfung größer und alle Parteien könnten besser gestellt werden.

Diese Interpretation greift nach Ansicht von *Hellwig* aber zu kurz: „Das Wettbewerbsrecht beschränkt die Handlungsspielräume von Unternehmen, potentiellen Kartellisten und Marktbeherrschern, *ohne* dass die Unternehmen und ihre Eigentümer dafür kompensiert würden. Solche Eingriffe sind mit dem Pareto-Kriterium nicht zu begründen" (*Hellwig* 2007, S. 30).

Das ist richtig. Wohl aber sind sie mit dem Kaldor-Hicks Kriterium zu begründen, nach dem eine wirtschafts- oder rechtspolitische Maßnahme die Wohlfahrt der Gesellschaft (im Sinne von „wealth") steigert, wenn die Gewinner die Verlierer kompensieren *könnten* und gleichwohl noch ein Gewinn für sie verbleibt. Die Durchführung der Kompensation wird nach diesem Kriterium nicht verlangt.[37]

Hellwig meint, dass die Verteilungswirkungen der Wettbewerbspolitik durchaus vom Gesetzgeber intendiert sind (siehe *Hellwig* 2007, S. 30), und er fügt hinzu: „Meines Erachtens muss eine normative Grundlegung der Wettbewerbspolitik auch die Verteilungsfragen dieser Politik thematisieren und erklären, warum ein Kartellverbot ohne Kompensation von den Betroffenen zu akzeptieren ist. Ein reines Effizienzziel ist dafür nicht geeignet" (*Hellwig* 2007, S. 30).

Die Existenz des Kaldor-Hicks-Kriteriums mag Zweifel an der Richtigkeit der letzten Behauptung erzeugen. Aber es gibt noch ein durchschlagenderes Gegenargument:

---

37 *Kaldor* war der Ansicht, dass es eine politische Frage sei, ob die Verlierer tatsächlich aus den Gewinnen kompensiert werden oder nicht. Zur Beantwortung dieser Frage könnten Ökonomen als Erfahrungswissenschaftler nichts beitragen. Man kann den Kaldor-Hicks-Ansatz mit dem Pareto-Ansatz versöhnen, indem auf die ex ante Zustimmungsfähigkeit von Maßnahmen abgestellt wird; siehe *Posner* (1981, S. 92 ff.). Einer Pareto-Verbesserung können alle Parteien zustimmen, einer Kaldor-Hicks-Verbesserung ebenfalls, wenn eine hinreichende Wahrscheinlichkeit besteht, dass der Verlierer auf lange Sicht per Saldo gewinnt. Das ist die Idee der Generalkompensation; siehe *von Weizsäcker* (1998); *Schmidtchen* (2004 b).

Wenn man erkannt hat, dass es sich bei jedem wettbewerbspolitischen (-rechtlichen) Problem um ein Problem reziproker Natur handelt – also Schäden unvermeidbar sind –, dann sollte der größere Schaden vermieden werden.

Dies ist nicht nur effizient, sondern könnte auch als gerecht empfunden werden. Da das Effizienzziel bei niedrigen Transaktionskosten von jeder beliebigen Anfangsallokation von Property Rights aus erreicht wird, kann diese Allokation unter Verteilungsgesichtspunkten gewählt werden. Effizienzziel und Verteilungsziel können im Fall niedriger Transaktionskosten miteinander versöhnt werden.

c) Verbraucherinteressen als Indiz für Wettbewerbsbeschränkungen?

Hellwig unterstützt die von der *European Advisory Group on Competition Policy (EAGCP)*, der er selbst angehört, erhobene Forderung, „etwaige pro-kompetitive Effekte eines zur Diskussion stehenden Verhaltens schon im Rahmen der Wettbewerbsanalyse zu berücksichtigen" (siehe *Hellwig* 2006a, S. 234).

Was dies bedeutet, wird von ihm am Beispiel konditionaler Rabatt- und Bonussysteme erläutert. Hellwig meint, dass die Forderung der Advisory Group „der von Mestmäcker vertretenen Ausrichtung der Wettbewerbspolitik am ‚Rechtsprinzip der Freiheit' entspricht", und er fügt hinzu: „Es gilt der Gefahr vorzubeugen, dass eine wettbewerbspolitische Intervention per Saldo den Wettbewerb schädigt, da die mit dem behördlichen Eingriff verbundene Beschränkung der Wettbewerbsfreiheit stärker ins Gewicht fällt als die Beschränkung durch das beanstandete Verhalten. Dazu müssen die möglichen pro-kompetitiven Effekte eines Verhaltens und die Möglichkeit einer Wettbewerbsbehinderung durch den behördlichen Eingriff selbst schon im Rahmen der Wettbewerbsanalyse bedacht werden" (*Hellwig* 2006a, S. 234).

Wenn *Hellwig* dafür plädiert, mögliche pro-kompetitive Effekte eines Verhaltens sowie die Möglichkeit einer Wettbewerbsbeschränkung durch den behördlichen Eingriff selbst schon im Rahmen der Wettbewerbsanalyse (durch die Behörden) zu bedenken, so ist dies ein Plädoyer, die positive Analyse korrekt und umfassend vorzunehmen. Diesem Plädoyer ist zuzustimmen (wenngleich durchaus diskussionswürdig ist, ob dies nicht auch im Rahmen einer separaten Effizienzeinrede zu schaffen ist).

Gleichwohl wirft dies die Frage auf, wie der „Wechselkurs" aussieht, der es erlaubt, die Beschränkung der Wettbewerbsfreiheit durch das beanstandete Verhalten mit der Beschränkung durch die staatliche Intervention zu saldieren.

Der Begriff der Wettbewerbsfreiheit hilft hier nicht weiter. Er ist keine Kardinalskala (fraglich ist auch, ob er eine Ordinalskala darstellt).

Also benötigt man eine andere Metrik, um die Saldierung vorzunehmen. Eine solche Metrik wird von der Ökonomie in Form des Effizienzkriteriums zur Verfügung gestellt. Nimmt man den sozialen Überschuss zum Maßstab, dann ist die Kalkulation einfach: Man vergleicht dessen Größe mit und ohne Intervention und entscheidet sich für den Zustand, bei dem der soziale Überschuss größer ist.

Hellwig wählt im Anschluss an das Gutachten der *EAGCP* das Kriterium Verbraucherinteressen oder die Verbraucherwohlfahrt: „Eine Erhöhung der Verbraucherwohlfahrt kann daher als Beleg für positive Wettbewerbseffekte gesehen werden, eine Senkung als Beleg für negative Wettbewerbseffekte" (*Hellwig* 2006a, S. 265).

Und er erwähnt ausdrücklich: „Das Abstellen auf Verbraucherinteressen ist nicht als Effizienzargument durch die Hintertür zu verstehen. Unternehmensgewinne spielen in dieser Argumentation keine Rolle, auch nicht ein Konzept der ‚Gesamtwohlfahrt' als Summe aus Konsumenten- *und* Produzentenrenten. Es geht nicht um ‚allgemeine Wohlfahrt' als Ziel der Wettbewerbspolitik, sondern um Verbraucherwohlfahrt als Indiz für Wettbewerbswirkungen" (*Hellwig* 2006a, S. 264).

Zu diesem Zitat ist Zweierlei zu sagen:

(1) Das Abstellen auf Verbraucherwohlfahrt erfüllt denselben Zweck wie das Abstellen auf Gesamtwohlfahrt im hier vertretenen Konzept des Wettbewerbs als Prozess der Schaffung und Verteilung von Werten. Die Wettbewerblichkeit eines Verhaltens wird beide Male anhand eines Marktergebniskriteriums bestimmt.

(2) Es geht *Hellwig* weder um allgemeine Wohlfahrt, noch um Verbraucherwohlfahrt als Ziel, sondern um Verbraucherwohlfahrt als „Indiz für Wettbewerbswirkungen". Effizienz als Ziel der Wettbewerbspolitik zu setzen bedeutet nach *Hellwig*, Wettbewerb zu instrumentalisieren. Im Zusammenhang mit dem Verbot konditionaler Bonus- oder Rabattsysteme schreibt er:

„Als nachhaltige Wirkung des Verbots ist also vor allem die Möglichkeit anzusehen, dass die Kunden in dem betreffenden Markt schlechter gestellt werden. Der Effizienzverlust, der dies bewirkt, ist ein *Indiz* für die Beschränkung der Wettbewerbsfreiheit durch den behördlichen Eingriff. Er ist aber *nicht* unmittelbar der Grund dafür, dass von einem Verbot Abstand zu nehmen ist. Der Grund liegt vielmehr in der mit einem Verbot verbundenen Beschränkung von Freiheitsrechten. Würde man statt dessen auf Effizienzeffekte abstellen, so fiele man in das von Mestmäcker (2005) zu Recht kritisierte Muster der Instrumentalisierung des Wettbewerbs zum Erreichen von Effizienzzielen zurück. Der Versuch, etwaige, pro-kompetitive Effekte als Effizienzen zu behandeln, wird insofern der Bedeutung des Problems nicht gerecht" (*Hellwig* 2006a, S. 263).

Wird man der Bedeutung des Problems dadurch gerecht, dass man Verbraucherwohlfahrt an die Stelle der Effizienz setzt?

Wie kann man sich für Verbraucherwohlfahrt als Indiz entscheiden, wenn man die Maximierung dieser Verbraucherwohlfahrt nicht vorher als Ziel gesetzt hat?

Eine mögliche Antwort lautet: Es gibt eine ein-eindeutige Beziehung zwischen Wettbewerbsfreiheit einerseits und Verbraucherwohlfahrt andererseits derart, dass von der Höhe (oder Veränderung) der Verbraucherwohlfahrt auf die Wettbewerbsfreiheit (bzw. die Beschränkung der Wettbewerbsfreiheit) geschlossen werden kann.

Und wenn die Wettbewerbspolitik gegen ein Marktverhalten vorgeht, das per Saldo die Verbraucherwohlfahrt schädigt, dann geschieht dies nicht primär wegen dieses Wohlfahrtseffektes, sondern um die Wettbewerbsfreiheit zu schützen (siehe auch *Hellwigs* Argumentation hinsichtlich Effizienzverlusten, *Hellwig* 2006a, S. 263).

Es könnte sein, dass sich die Unterscheidung von Ziel und Indiz als semantischer Trick entpuppt.

V. Schluss

Nachzugehen war dem Verhältnis zweier Wissenschaften, die eigene Erkenntnisinteressen und Methoden haben und gleichwohl voreinander nicht lassen können. *Mestmäcker* betont mit Recht die Versuchung, der Zweisamkeit durch Herrschaft zu entkommen.

Was die Frage der normativen Grundlegung der Wettbewerbspolitik anlangt, scheint er der Versuchung erlegen zu sein. Er weist die Forderung, Normen gegen Wettbewerbsbeschränkungen und deren Auslegung danach zu beurteilen, ob sie den Erfordernissen ökonomischer Rationalität genügen, mit dem Hinweis auf die „eigene Rationalität und Eigengesetzlichkeit" des Rechts zurück. Bei der Anwendung des Rechts haben hypothetische Aussagen über Rechtsfolgen, wie sie seiner Ansicht nach die Ökonomie aus ihren Modellen ableitet, keinen Platz. Das ist zu bezweifeln.

Jede Formulierung einer Norm beruht auf Hypothesen bezüglich der durch sie in der Lebenswirklichkeit ausgelösten Folgen. Ohne solche auf Rechtsfolgenanalysen beruhende Hypothesen ist „rationales" Recht nicht möglich. Die Rechtswissenschaft wie auch die praktische Rechtssetzung und die Rechtsanwendung sind aber aus ihrem Eigenverständnis heraus und mit ihren Methoden nicht in der Lage, solche Rechtsfolgen abzuschätzen. Hier müssen sie auf die wissenschaftlichen Einsichten der Sozialwissenschaften – theoretischer wie empirischer Art – zurückgreifen (siehe dazu die Beispiele in *Hellwig* 2006a).

Schließlich kann weder das Recht noch die Rechtswissenschaft die normative Grundlegung, also die Legitimation, für das Wettbewerbsrecht liefern. Die These, dass Recht sich durch sich selbst legitimiert, erinnert an Münchhausen. Tatsächlich hat Recht – auch Wettbewerbsrecht – gesellschaftliche Funktionen zu erfüllen, die außerrechtlich begründet sind und die dem Rechtssystem von einem anderen gesellschaftlichen System aufgegeben werden.

Das Recht hat deshalb außerhalb seiner selbst bestimmte Werte und nicht immanente Werte zu verwirklichen. Recht hat eine dienende Funktion und ist insofern ein Mittel. Seine Herrschaft ist unter diesem Aspekt nur eine abgeleitete. Dies schließt allerdings nicht aus, dass ein Mittel auch unabhängig von seinen Konsequenzen Wert besitzt.

Wettbewerbspolitik entscheidet Interessenkonflikte. Dies sieht auch *Mestmäcker* so: „Der Wettbewerbsprozess bildet den Rahmen, innerhalb dessen die für die Entscheidung von Interessenkonflikten erheblichen Tatsachen zu würdigen sind" (*Mestmäcker* 2008, S. 13).

Sie tut das, was prinzipiell auch im Wege von Privatklagen bewerkstelligt werden könnte. Bei Behinderungsmissbrauch z.B. könnte die vermeintlich behinderte Partei vor Gericht ziehen und auf Unterlassung der Behinderung oder auf Schadenersatz klagen. Das Gericht müsste entscheiden, ob das betreffende Verhalten von den Property Rights des Behinderers umfasst wird oder nicht. Mit der Entscheidung werden die Grenzen der Property Rights aller Betroffenen definiert. Analoges gilt für Rechtsstreitigkeiten im Zusammenhang mit Preishöhenmissbrauch (Kartell, Fusion) oder Preisstrukturmissbrauch.

Der Umstand, dass Wettbewerbspolitik Interessenkonflikte zwischen Privaten entscheidet, dringt in Deutschland und Europa deshalb nicht ins Bewusstsein, weil Wettbewerbspolitik prozedural zur Kategorie des „public enforcement" von Property Rights gehört. Aber „public enforcement" kann als Ersatz und Ergänzung eines auf Privatinitiative gestützten Rechtsschutzsystems betrachtet werden, wenn letzteres aufgrund hoher Transaktionskosten nicht funktionsfähig sein sollte. Neuere Entwicklungen deuten eine Reprivatisierung von Rechtsstreitigkeiten im Kartellrecht an: Stichwort Privatklagen.

In diesem Beitrag wurde zu zeigen versucht, dass Freiheit als Rechtsprinzip zur Entscheidung von Interessenkonflikten, mit denen es die Wettbewerbspolitik auf der strategischen (legislativen) Ebene wie auf der operativen (administrativen und gerichtlichen) Ebene immer zu tun hat, nicht brauchbar ist.

Liegt ein Interessenkonflikt vor, dann bedeutet ein Mehr an Freiheit für den einen stets ein Weniger an Freiheit für den anderen. Der Entscheider ist mit einem Nullsummenspiel konfrontiert, zu dessen Lösung Freiheit als Rechtsprinzip nichts beitragen kann.

Akzeptiert man die These, dass alle Fälle, mit denen Gesetzgeber, Kartellbehörden und Gerichte befasst sind, Probleme reziproker Natur darstellen, dann bietet sich zur Entscheidung von Interessenkonflikten im Wettbewerbsrecht ein anderes Rechtsprinzip an – das der Effizienz.[38]

Mestmäcker (2008) hat sich jüngst erneut zum Spannungsverhältnis zwischen Wettbewerbsfreiheit und Effizienz geäußert und dabei insbesondere die Argumente kritisiert, mit denen *Carl Christian von Weizsäcker* den „Economic Approach" verteidigt (siehe *von Weizsäcker* 2007).

Von Weizsäcker versucht am Beispiel des Verbots der Preisbindung der zweiten Hand, des Verbots des Verkaufs von Waren unter Einstandspreis und des Patentschutzes zu zeigen, dass es nicht *die* Wettbewerbsfreiheit gibt, sondern verschiedene Varianten von Wettbewerbsfreiheit, zwischen denen der Gesetzgeber und der Rechtsanwender wählen muss.

Seine zentrale These, die im Ergebnis mit der in diesem Artikel vertretenen übereinstimmt, lautet: „Es gibt nicht *die* Wettbewerbsfreiheit. Gesetzgeber, Behörden und Gerichte stehen immer vor der Aufgabe, sich für bestimmte Varianten der Wettbewerbsfreiheit und damit automatisch gegen andere Varianten der Wettbewerbsfreiheit zu entscheiden. Bei der Abwägung zwischen verschiedenen Varianten der Wettbewerbsfreiheit gibt es keine Kriterien, die es einem erlauben, allein aus dem Begriff der Wettbewerbsfreiheit die eine der anderen Variante vorzuziehen." (*von Weizsäcker* 2007, S. 1084.)

Anstatt *von Weizsäckers* Argumentation dadurch zu entkräften, dass gezeigt wird, wie beim Vorhandensein mehrerer Wettbewerbsfreiheiten der gleichwohl noch vorhandene Konflikt mit Hilfe eines (oder mehrerer) Begriffs(e) von Wettbewerbsfreiheit entschieden werden kann, wird pauschal geurteilt: „Ein Begriff der Wettbewerbsfreiheit, dessen Wesen dazu führen soll, dass mehrere Wettbewerbsfreiheiten unverbunden nebeneinander stehen müssen, ist ein juristisches Phantom. Wer es für unmöglich erklärt, konkurrierende Handlungsfreiheiten, zu denen die Wettbewerbsfreiheit gehört, in ihrem Verhältnis zueinander zu beurteilen, verschließt sich den Zugang zum Wettbewerbsrecht" (*Mestmäcker* 2008, S. 15).

Vielleicht gibt es ja neben juristischen auch ökonomische Zugänge zum Wettbewerbsrecht.

---

38 Die Formulierung von Art. 98 EGV könnte ein solches Ziel nahe legen: „Die Mitgliedstaaten und die Gemeinschaft handeln im Einklang mit dem Grundsatz einer offenen Marktwirtschaft mit freiem Wettbewerb, wodurch ein effizienter Einsatz der Ressourcen gefördert wird".

Im zitierten Beitrag *Mestmäckers* liest man darüber hinaus folgendes: „Was aber die angebotene Lösung – die Konsumentenwohlfahrt – angeht, so bleibt v. Weizsäcker, und nicht nur er, den Hinweis schuldig, wie man anhand von Konsumentenwohlfahrt auf den richtigen Grad von Wettbewerb, Wettbewerbsbeschränkung, Marktmacht oder relativer Marktmacht zurückschließen kann" (*Mestmäcker* 2008, S. 16).

Ob man Konsumentenwohlfahrt zur Beurteilung des Verhältnisses konkurrierender Handlungsfreiheiten benutzen sollte, ist eine Frage normativer Setzung, aber dass dieses Kriterium operationabel ist, kann ernsthaft nicht bestritten werden.

Eine dem MEA verpflichtete Wettbewerbspolitik stellt keine geringen Anforderungen an den Wissensstand und die analytischen Fähigkeiten der Kartellbehörden und Gerichte. Aber diesen kann genügt werden. Eine Behörde, die z.B. den SSNIP-Test zur Abgrenzung des relevanten Markts beherrscht, besitzt alle Informationen, die für die Praktizierung des MEA erforderlich sind. Marktsimulationen und eine geeignete Beweislastverteilung können darüber hinaus die Arbeit erleichtern.

Im MEA orientiert sich die Wettbewerbspolitik stärker als bisher an einem *Rule-of-Reason*-Standard; wobei allerdings dirigistischer Aktivismus vermieden werden sollte. Ein Blick auf die Entstehungsgeschichte der *Rule of Reason* zeigt, dass es sich um ein Auslegungsprinzip für Normen mit kollidierenden Schutzzwecken handelt, dessen wichtige Funktion darin besteht, Verbotsnormen nach dem Prinzip der Verhältnismäßigkeit auszulegen (siehe Mestmäcker 1974). Offensichtlich erfordert dies ein wirkungs- oder ergebnisorientiertes Vorgehen.[39] Der Vorwurf, dass ein solches Vorgehen nicht normbezogen ist und keine Rechtsanwendung darstellt, ist überzogen.

Ein *Rule-of-Reason*-Standard muss nicht im Widerspruch stehen zu einer regelgeleiteten Wettbewerbspolitik oder zur *Rule of Law*. Bei komplexeren Regeln sind viele und/oder verwickelte Sachverhalte zu prüfen. Sollten komplexere Regeln tatsächlich Rechtsunsicherheit zur Folge haben, dann wäre dieser Nachteil gegen den Vorteil größerer Einzelfallgerechtigkeit (Treffsicherheit) abzuwägen.[40] Im Übrigen kann die Kritik am MEA nur überzeugen, wenn die dabei benutzten Prüfkriterien auch auf eine formbasierte Wettbewerbspolitik angewendet werden und die Letztere sich per Saldo als vorzugswürdig erweist.

---

39 *Elhauge* (2007) zeigt anhand der Analyse von sieben in den letzten zwei Jahren entschiedenen Antitrustfällen, dass die Richter in den Vereinigten Staaten einen Rule-of-Reason-Standard im Rahmen eines „moderaten Harvard-Schule-Ansatzes" praktizieren: „They (die sieben Fallentscheidungen, D.S.) indicate a clear embrace of using sound economic analysis to resolve antitrust issues, rather than a resort to either the old formalisms that favored plaintiffs, or new formalisms that try to favor defendants" (*Elhauge* 2007, S. 1).

40 Zum Thema Rechtssicherheit sei an dieser Stelle nur soviel gesagt (siehe ausführlicher *Schmidtchen* 2007b): Es müsste noch im Einzelnen gezeigt werden, dass die Rechtsunsicherheit bei einem MEA tatsächlich größer ist als die in der Praxis eines formbasierten Ansatzes. Rechtsunsicherheit kann auch wettbewerbsschädigendes Verhalten abschrecken. Es gibt ein Optimum an Rechtssicherheit, weil mehr Rechtssicherheit nur mit zusätzlichen Kosten zu erreichen ist. Im Übrigen stellt sich die Frage, ob Rechtssicherheit nicht zu Lasten der Treffsicherheit geht; siehe *Hellwig* (2007, S. 12 ff.).

Literatur

Alexy, Robert (1986), *Theorie der Grundrechte*, Frankfurt a.M.
Berlin, Isaiah (1969), *Four Essays on Liberty*, Oxford.
Bergh, Roger van den (2007), The ‚More Economic Approach' and the Pluralist Tradition of European Competition Law (Comment), in: Dieter Schmidtchen et al. (Hg.), *The More Economic Approach to European Competition Law, Conferences on New Political Economy (24)*, Tübingen, S. 27-36.
Canaris, Claus-Wilhelm (1983), *Systemdenken und Systembegriff in der Jurisprudenz, entwickelt am Beispiel des deutschen Privatrechts*, 2. Aufl., Berlin.
Coase, Ronald (1960), The Problem of Social Cost, *Journal of Law and Economics*, Bd. 3, S. 1-44.
Cooter, Robert (2000), *The Strategic Constitution*, Princeton.
Dworkin, Ronald (1984), *Bürgerechte ernstgenommen*, Frankfurt a.M.
Eidenmüller, Horst (1995), *Effizienz als Rechtsprinzip*, Tübingen.
Elhauge, Einer R. (2007), *Harvard, Not Chicago: Which Antitrust School Drives Recent Supreme Court Decisions*, John M. Olin Center for Law, Economics, and Business, Discussion Paper No. 594.
Hart, Herbert L.A. (1994), The Concept of Law, 2. Aufl., Oxford.
Hayek, Friedrich August von (1996), *Die Anmaßung von Wissen*, Tübingen.
Hayek, Friedrich August von (2003), *Recht, Gesetz und Freiheit*, Tübingen.
Hellwig, Martin (2006a), Effizienz oder Wettbewerbsfreiheit? Zur normativen Grundlegung der Wettbewerbspolitik, in: Christoph Engel und Wernhard Möschel (Hg.), *Recht und spontane Ordnung, Festschrift für Ernst-Joachim Mestmäcker zum achtzigsten Geburtstag*, Baden-Baden, S. 231-268.
Hellwig, Martin (2006b), *Private Damage Claims and the Passing-On Defense in Horizontal, Price-Fixing Cases: An Economist's Perspective*, Preprints of the Max Planck Institute for Research on Collective Goods, Bonn 2006/22.
Hellwig, Martin (2007), *Wirtschaftspolitik als Rechtsanwendung: Zum Verhältnis von Jurisprudenz und Ökonomie in der Wettbewerbspolitik*, Preprints of the Max Planck Institute for Research on Collective Goods, Bonn 2007/19.
Immenga, Ulrich (2006), Der „more economic approach" als Wettbewerbspolitik, *Wirtschaft und Wettbewerb*, Jg. 56, Heft 5, S. 463.
Kaplow, Louis und Steven Shavell (2002), *Fairness versus Welfare*, Cambridge, Mass.
Kirchner, Christian (2007), Goals of Antitrust and Competition Law Revisited, in: Dieter Schmidtchen et al. (Hg.), *The More Economic Approach to European Competition Law, Conferences on New Political Economy (24)*, Tübingen, S. 7-26.
Kirstein, Roland und Dieter Schmidtchen (2002), Eigennutz als Triebfeder des Wohlstands: die invisible hand im Hörsaalexperiment sichtbar gemacht, *ORDO*, Bd. 53, S. 227-240.
Köhler, Michael (1994), Das angeborene Recht ist nur ein „einziges", in: Karsten Schmidt (Hg.), *Vielfalt des Rechts – Einheit der Rechtsordnung?*, S. 61-84.
Lemley, Mark A. und Christopher R. Leslie (2007), *Categorical Analysis in Antitrust Jurisprudence, John M. Olin Program in Law and Economics*, Stanford Law School, Working Paper No. 348.
Luhmann, Niklas (1972), *Rechtssoziologie 1 und 2*, Reinbek bei Hamburg.
Luhmann, Niklas (1974), *Rechtssystem und Rechtsdogmatik*, Stuttgart u.a.
Macleod, Alistair (2003), When Freedoms Conflict, *Rechtstheorie*, Beiheft 21, S.35-47.
Makowski, Louis und Joseph Ostroy (2001), Perfect Competition and Creativity of the Market, *Journal of Economic Literature*, Vol. XXXIX, No. 2, S. 479-535.
Mantzavinos, Chrysostomos (2007), Zur Verteidigung des institutionenökonomisch-evolutionären Wettbewerbsleitbildes, *ORDO*, Bd. 58, S. 157-166.
Mestmäcker, Ernst-Joachim (1974), Das Prinzip der Rule of Reason und ähnliche Ausnahmemechanismen im Recht der Wettbewerbsbeschränkungen, in: Erich Hoppmann und Ernst-Joachim Mestmäcker, *Normenzwecke und Systemfunktionen im Recht der Wettbewerbsbeschränkungen*, Tübingen, S. 21-58.

Mestmäcker, Ernst-Joachim (1984), *Mehrheitsglück und Minderheitenherrschaft*, in: ders. (Hg.): Recht und ökonomisches Gesetz, 2. Aufl., Baden-Baden, S. 158 ff.

Mestmäcker, Ernst-Joachim (1999), Versuch einer kartellpolitischen Wende in der EU – Zum Weißbuch der Kommission über die Modernisierung der Vorschriften zur Anwendung der Art 85 und 86 EGV a. F. (Art 81 und 82 EGV n. F.), *Europäische Zeitschrift für Wirtschaftsrecht*, Bd. 17, S. 523-529.

Mestmäcker, Ernst-Joachim (2005), Die Interdependenz von Recht und Ökonomie in der Wettbewerbspolitik, in: Monopolkommission (Hg.), *Zukunftsperspektiven der Wettbewerbspolitik*, Baden-Baden, S. 19-35.

Mestmäcker, Ernst-Joachim (2008), 50 Jahre GWB: Die Erfolgsgeschichte eines unvollkommenen Gesetzes, *Wirtschaft und Wettbewerb*, Heft 1, S. 6-22.

Möschel, Wernhard (1999), Europäische Wettbewerbspolitik auf Abwegen, *Wirtschaftsdienst* 79 (8), S. 504-512.

Möschel, Wernhard (2000), Systemwechsel im Europäischen Wettbewerbsrecht? Zum Weißbuch der EG-Kommission zu den Art 81 ff EG-Vertrag, *Juristen Zeitung*, Bd. 55 (2), S. 61-67.

Möschel, Wernhard (2006), Wettbewerb zwischen Handlungsfreiheiten und Effizienzzielen, in: Christoph Engel und Wernhard Möschel (Hg.), *Recht und spontane Ordnung, Festschrift für Ernst-Joachim Mestmäcker zum achtzigsten Geburtstag*, Baden-Baden, S. 355-369.

Monopolkommission (1999), Sondergutachten 28. Kartellpolitische Wende in der Europäischen Union? Zum Weißbuch der Kommission vom 28. April 1999, Baden-Baden.

Monopolkommission (2002), Sondergutachten 32. Folgeprobleme der europäischen Kartellverfahrensreform, Baden-Baden.

Posner, Richard (1981), *The Economics of Justice*, London.

Rabin, Robert (1996), Law for Law's Sake, *The Yale Law Journal*, Bd. 105, S. 2261-2283.

Schmidt, André und Stefan Voigt (2007), Bessere europäische Wettbewerbspolitik durch den „more economic approach"? Einige Fragezeichen nach den ersten Erfahrungen, *ORDO*, Bd. 58, S. 33-50.

Schmidt, Ingo (1999), *Wettbewerbspolitik und Kartellrecht*, 6. Aufl., Stuttgart.

Schmidt, Ingo (2005), More economic approach versus Justitiabilität, *Wirtschaft und Wettbewerb*, Heft 9, S. 877.

Schmidtchen, Dieter (1983), Property Rights, Freiheit und Wettbewerbspolitik, Tübingen.

Schmidtchen, Dieter (1988), Fehlurteile über das Konzept der Wettbewerbsfreiheit, *ORDO*, Bd. 39, S. 111-135.

Schmidtchen, Dieter (1994), Antitrust zwischen Marktmachtphobie und Effizienzeuphorie: Alte Themen – neue Ansätze, in: Wernhard Möschel et al. (Hg.), *Marktwirtschaft und Rechtsordnung, Festschrift für Erich Hoppmann*, Baden-Baden, S. 143-166.

Schmidtchen, Dieter. (1998), Effizienz als Rechtsprinzip, *Jahrbücher für Nationalökonomie und Statistik*, Bd. 217, Heft 2, S. 251-267.

Schmidtchen, Dieter (2004 a), Recht, Eigentum und Effizienz: Zu Friedrich August von Hayeks Verfassung der Freiheit, *ORDO*, Bd. 55, S. 127-151.

Schmidtchen, Dieter (2004 b), Ökonomie und Gerechtigkeit, in: Kai Horstmann et al. (Hg.), *Gerechtigkeit – eine Illusion?*, Münster, S. 43-71.

Schmidtchen, Dieter (2005a), Effizienz als Leitbild der Wettbewerbspolitik: Für einen „more economic approach", in: Peter Oberender (Hg.), *Effizienz und Wettbewerb*, Berlin, S. 9-41.

Schmidtchen, Dieter (2005b), Abschlussreferat: Die Neue Wettbewerbspolitik auf dem Prüfstand, in: Peter Oberender (Hg.), *Effizienz und Wettbewerb*, Berlin, S. 173-179.

Schmidtchen, Dieter (2006a), Der „more economic approach" in der Wettbewerbspolitik, *Wirtschaft und Wettbewerb*, Jg. 56, S. 6-17.

Schmidtchen, Dieter (2006b), Fehlurteile über den „more economic approach" in der Wettbewerbspolitik, *Wirtschaft und Wettbewerb*, Jg. 56, S. 707.

Schmidtchen, Dieter (2006c), Wettbewerbsschutz durch regelgeleitete Wettbewerbspolitik – Anmerkungen zum institutionenökonomisch-evolutionären Wettbewerbsleitbild, *ORDO*, Bd. 57, S. 165-189.

Schmidtchen, Dieter u.a. (2007) (Hg.), *The More Economic Approach to European Competition Law*, Conferences on New Political Economy, Bd. 24, Tübingen.

Schmidtchen, Dieter (2008a), Marktmacht und Wettbewerb – Zu einer wertschöpfungsbasierten Re-Formulierung beider Konzeptionen, in: Martin Held et al. (Hg.), *Macht in der Ökonomie*, Jahrbuch Normative und institutionelle Grundfragen der Ökonomik, Bd. 7, Marburg, S. 51-76.
Schmidtchen, Dieter (2008b), Der „more economic approach" in der europäischen Wettbewerbspolitik – ein Konzept mit Zukunft, in: Jochen Bigus et al. (Hg.), Internationalisierung des Rechts und seine ökonomische Analyse, *Festschrift für Hans-Bernd Schäfer*, Wiesbaden, S. 473-488.
Schmidtchen, Dieter und Roland Kirstein (2003), Wettbewerb als Entdeckungsverfahren, *ORDO*, Bd. 54, S. 75-92.
Steiner, Hillel (1977), The structure of a set of compossible rights, *Journal of Philosophy*, Bd. 74, S. 767-775.
Stucke, Maurice E. (2007), *Behavioral Economists at the Gate: Antitrust in the 21st Century*, The University of Tennessee College of Law, Legal Studies Research Paper Series No 12.
Weizsäcker, Carl Christian von (1998), Das Gerechtigkeitsproblem in der Sozialen Marktwirtschaft, *Zeitschrift für Wirtschaftspolitik*, Jg. 47, Heft 3, S. 257-288.
Weizsäcker, Carl Christian von (2003), Hayeks Aufsätze zur Ordnungsökonomik sowie zur politischen Philosophie und Theorie, *ORDO*, Bd. 54, S. 335-339.
Weizsäcker, Carl Christian von. (2005), Marktzutrittsbarrieren, in: Peter Oberender (Hg.), *Effizienz und Wettbewerb*, Berlin, S. 43-61.
Weizsäcker, Carl Christian von (2007), Konsumentenwohlfahrt und Wettbewerbsfreiheit: Über den tieferen Sinn des „Economic Approach", *Wirtschaft und Wettbewerb*, Jg. 57 (11), S. 1078-1084.
Will, Birgit E. (2008), Die Modernisierung des europäischen Kartellrechts. Von der Genehmigung zur Legalausnahme – Ein ökonomischer Institutionenvergleich, Metropolis.
Willgerodt, Hans (2004), Die Anmaßung von Unwissen, *ORDO*; Bd., 55, S. 25-35.
Wissenschaftlicher Beirat beim Bundesministerium für Wirtschaft (2000): Reform der europäischen Kartellpolitik, Gutachten vom 1. Juli 2000 (BMWA-Dokumentation 480, *Wirtschaft und Wettbewerb*, Jg. 50 (11), S. 1096-1101.
Zöller, Michael (2007), Das Recht des Einzelnen, *Frankfurter Allgemeine Zeitung*, 6. Januar, Nr. 5, S. 13.

Zusammenfassung

Mit den unter dem Begriff „more economic approach" zusammengefassten Reformen im Europäischen Wettbewerbsrecht gewinnt die Frage nach dem Verhältnis von ökonomischen und rechtlichen Kriterien in der Beurteilung von Wettbewerbsbeschränkungen neue Aktualität.

Soll das Wettbewerbsrecht der Freiheit verpflichtet sein oder der Effizienz – das ist die Frage, auf die sich die gegenwärtige Diskussion konzentriert.

Der Beitrag zeigt, dass das Fundamentalproblem, das durch Normen gegen Wettbewerbsbeschränkungen zu lösen ist, ein Problem „reziproker Natur" (*Coase*) ist: Ein Mehr an Freiheit für den einen impliziert ein Weniger an Freiheit für den anderen.

Die Abgrenzung von Freiheitsrechten ist ein Nullsummen-Spiel. In dem Beitrag wird gezeigt, dass Freiheit als Rechtsprinzip dieses Dilemma nicht entscheiden kann, wohl aber Effizienz. Zweifel an der Praktikabilität des Effizienzkriteriums werden zurückgewiesen.

Summary:

Freedom for competition or efficiency? – The dualism of law and economics in the field of competition policy

The adoption of a „more economic approach" to European competition law gave rise to the question whether the basic aim of the law is to protect freedom in the marketplace or to enhance efficiency. Drawing on property rights theory, this paper shows that the basic problem to be solved by competition law is of a „reciprocal nature" (*Coase*):

Giving more freedom to one party (extending the scope of property rights of this party) necessarily means less freedom for another party. The design of property rights is a zero-sum game. It is shown that the concept of freedom is of no use in solving the dilemma, whereas the concept of efficiency works. Doubts regarding the applicability of the efficiency criterion are rejected.

Ernst-Joachim Mestmäcker

Wettbewerbsfreiheit und unternehmerische Effizienz. Eine Erwiderung auf Schmidtchen

Inhalt

I. Konditional- oder Zweckprogramm und die Leerformel der Freiheit 186
II. Die Interdependenz der Ordnungen oder die strukturelle Kopplung
  von Wirtschaft und Recht 189
  1. Das Modell Property Rights 190
  2. Freiheit im Nirgendwo 191
III. Gewerbe- und Wettbewerbsfreiheit 194
  1. Die Institutionalisierung des Wettbewerbs 194
  2. Zur Leerformel der Wettbewerbsfreiheit 195
  3. Wettbewerbsfreiheit im Privatrecht 196
  4. Gesetzgeberische Ausgestaltung 197
  5. „Erlaubte Freiheit" 200
IV. Effizienz und Property Rights 202
V. Coase und Hayek 204
Literatur 206
Zusammenfassung 208
Summary: Freedom of Competition and Efficiency of Firms 208

Schmidtchen (2008) setzt sich in seinem Aufsatz „Wettbewerbsfreiheit oder Effizienz" mit der von mir vertretenen Rechtstheorie und ihrer Anwendung auf das Wettbewerbsrecht auseinander. Die Möglichkeit, auf die überwiegend kritische Wiedergabe meiner Theorie zu antworten, nehme ich gern wahr, weil sie mir Gelegenheit gibt, Fehlvorstellungen oder Missverständnisse zu korrigieren und verbleibende Gegensätze zu kennzeichnen.

Schmidtchen stellt sich die Aufgabe einer normativen Grundlegung der Wettbewerbspolitik. Er nimmt sie in zwei Schritten in Angriff: Im ersten Schritt wird der Teil der normativen Grundlegung, der mit Rechtsnormen zu tun hat, unter Bezug auf die Systemtheorie *Luhmanns* anhand des Gegensatzes von Konditionalprogramm und Zweckprogramm behandelt; im zweiten Schritt geht es um die Rationalität oder die Irrationalität von Wettbewerbsfreiheit als Rechtsprinzip.

I. Konditional- oder Zweckprogramm und die Leerformel der Freiheit

Schmidtchen hält es für offensichtlich, dass ich in meiner Rechtstheorie den systemtheoretischen Ansatz von *Luhmann* in dessen Rechtssoziologie von 1972 folge.[1] Daran orientiert sich auch seine Kritik an meiner vermeintlich formalistischen juristischen Denkweise. *Schmidtchen* hat jedoch meine Kritik an *Luhmann* (1972) ebenso übersehen wie dessen grundlegend veränderte Position in „Das Recht der Gesellschaft" von 1993.[2] Diese Veränderungen betreffen hauptsächlich das hier im Mittelpunkt stehende Verhältnis von Rechtsordnung und Wirtschaftssystem. Gleichwohl ist zunächst das von *Schmidtchen* anhand von *Luhmann* (1972) begründete Verständnis von Rechtstheorie kritisch zu würdigen.

Wenn *Schmidtchen* meint, das Recht als konditionales Planprogramm entspreche der Auffassung „der meisten Juristen" und verzichte auf Folgenorientierung ebenso wie auf die Berücksichtigung von Normzwecken, dann werden die Juristen erneut als begriffsgläubige Subsumptionsapparate wahrgenommen. Wenn eine Aussage darüber möglich sein sollte, was die „meisten Juristen" über das Recht denken, dann lässt sich mit Zuversicht sagen, dass dazu „der Zweck im Recht" (*Ihering* 1883) und die an den Zweck anknüpfende Folgenorientierung gehören. *Schmidtchen* wählt ein Beispiel, das zeigen soll, warum es in meinem Rechtsverständnis und bei *Luhmann* (1972) auf Zweck und Folgenorientierung nicht ankomme. Im Beispiel sollen Kopplungsgeschäfte per se verboten sein: „Geprüft werden muss dann lediglich, ob ein Verhalten ein Kopplungsgeschäft darstellt oder nicht. Diese Prüfung kann anhand der Definition des Begriffs Kopplungsgeschäft vorgenommen werden." Das Beispiel ist schon deshalb ohne Aussagewert, weil es keine Rechtsordnung gibt, in der Kopplungsgeschäfte als solche per se verboten sind. Dazu gehören mindestens die Qualifikation der Normadressaten, die Eigenart des Vertrages, sein Bezug auf Marktverhältnisse und die zu berücksichtigenden Marktwirkungen, die anhand des Zweckes (!) der Normen zu beurteilen sind. Das Beispiel schließt überdies die Vorfrage nach den Gründen aus, warum ein Kopplungsgeschäft per se verboten sein soll oder nicht. Anhand der Kontroversen, die diese „Vorfrage" im amerikanischen, im europäischen und im deutschen Wettbewerbsrecht begleitet haben, hätte sich *Schmidtchen* auch über die für die Auslegung wettbewerbsrechtlicher Normen wesentlichen Kriterien unterrichten können. Der Zweck von Normen gehört neben Wortlaut, Entstehungsgeschichte und systematischem Zusammenhang zum Standard der Rechtsauslegung auch im Wettbewerbsrecht.

Schmidtchen hält Per-se-Verbote offenbar für besonders geeignet, die verderblichen Wirkungen juristischer Scheuklappen vorzuführen. Aber auch diese Tatbestände erklären sich nicht „per se", sie führen vielmehr zu Missverständnissen, wenn man ihren Ursprung im amerikanischen Recht nicht berücksichtigt.[3] *Schmidtchen* scheint schließlich das Recht als konditionales Planprogramm mit der Subsumption zu identifizieren, die jeder Rechtsanwendung vorausgeht (das „Wenn-dann-Schema"). Er wird damit nicht einmal *Luhmann* (1972) gerecht. *Luhmann* hebt wiederholt hervor, ihm gehe es nicht

---

1 Vgl. Luhmann (1972).
2 Vgl. Luhmann (1993).
3 Siehe den Überblick bei *Mestmäcker* und *Schweitzer* (2004, § 7 II 2 Rn. 31-41).

darum, eine juristische Kunstlehre zu entwickeln, sondern um die Eigenart des Rechts als Teil von Gesellschaft. Darauf ist im Folgenden einzugehen.

Für *Luhmann* (1972) waren die Elemente des Rechts maßgeblich, die es zu einem im Verhältnis zu seiner Umwelt selbständigen System qualifizieren. Er nennt das bis zur dritten Auflage der Rechtssoziologie die Autopoiesis des Rechts.[4] Die Eigenschaften dieses Systems werden bestimmt durch die Positivität des Rechts und seine Geschlossenheit gegenüber der Umwelt:[5]

> „Das System sichert seine Geschlossenheit dadurch, dass es sich in allen seinen Operationen Selbstreferenz mitlaufen lässt und davon abhängig macht, ob die von Moment zu Moment produzierten Elemente normative Qualität in Anspruch nehmen können oder nicht."

Es gibt keinen Import von normativer Qualität aus der Umwelt in das System und zwar weder aus der Umwelt im Allgemeinen (Natur) noch aus der innergesellschaftlichen Umwelt (etwa Religion, Moral). Zu der Umwelt, aus der keine Normativität importiert werden kann, gehörte die Wirtschaft. Die Folgenorientierung wurde demgemäß begrenzt durch die Positivität des Rechts und den damit einhergehenden Zwang, jeden Konflikt anhand der Rechtslage zu entscheiden.[6] Entgegen der Annahme von *Schmidtchen* habe ich mich in meinen Arbeiten zur Rechtstheorie nicht an *Luhmann* (1972) orientiert; vielmehr habe ich anhand seiner Theorie zeigen wollen, warum das wirtschaftlich erhebliche Recht ohne dauernden Bezug auf seine ökonomischen Funktionen nicht verstanden werden kann. Als Beweis sind Selbstzitate erlaubt und unvermeidlich.

Zurückgewiesen wurde zunächst die These *Luhmanns*, dass der Jurist die Rationalitätsproblematik des Rechts verkenne, wenn er teleologisch nach dem Zweck einer Regelung frage: „Die von Luhmann favorisierte ‚konditionale Programmierung' als wahre Rationalität des Rechts ist ihrerseits in hohem Maße selektiv. Sie reduziert jedoch das Recht auf ‚normierte Verhaltensmodelle', die zur Lösung erkannter Probleme entworfen werden."[7]

Große Normenmassen dienten zwar der Sozialplanung mit den Mitteln des Rechts. Gleichwohl sei es nicht gerechtfertigt, diese Erscheinungsform der Positivität des Rechts mit seiner Rationalität zu identifizieren. Damit werde der Teil einer Rechtsordnung, der auf spontaner Regelbildung beruht, als „strukturelle Zulassung von Flexibilität" systemfunktional verharmlost oder zur bloßen Umwelt des Systems erklärt. Damit verbunden sei der Verlust der Rolle des Rechts, die seit *Kant* die Staatsgewalt legitimiere und begrenze: Die Gewährleistung der gleichen Freiheit unter allgemeinen Gesetzen. Dieser Gedanke habe nichts mit der Annahme eines höheren Naturrechts oder der Rückführung des Rechts auf überholte Moralvorstellungen zu tun. Es handele sich vielmehr darum, ob das Recht Selbstbestimmung gewährleisten könne ohne ideologischen Selbsttäuschungen zum Opfer zu fallen.

---

4 Luhmann (1987, S. 354 ff.).
5 Luhmann (1987, S. 357).
6 Es ist dies eine Eigenart aller Rechtsordnungen, die voraussetzen, dass jeder Konflikt der ein Rechtskonflikt ist, auch entschieden werden muss. Ein notwendiger Zusammenhang mit einer positivistischen Rechtstheorie besteht entgegen Luhmann nicht.
7 Hierzu und zum Folgenden *Mestmäcker* (1985). Kritisch gewürdigt wurde *Luhmann* (1972, S. 342 und S. 376).

Die Feststellung, dass *Luhmann* (1972) mit seiner Theorie wesentliche Funktionen des Rechts verdeckte, und die Besonderheiten außer Acht ließ, die aus der Verbindung mit der Wirtschaftsordnung folgen, führte zur Kritik des rechtspositivistischen Kerns dieser Theorie:[8]

> „Die Identifikation allen positiven Rechts mit Planung ist bereits in der Hobbeschen Rechtstheorie vorgezeichnet. Sie wird in der modernen Rechtssoziologie von Luhmann – wiederum unter ausdrücklicher Berufung auf Hobbes – als Planungsproblem der Weltgesellschaft erneut thematisiert."

Ohne auf die mit der systemfunktionalen Fassung der Fragestellungen verbundenen Komplikationen einzugehen, lässt sich feststellen, dass Systemrationalität als Planungsrationalität zum Beurteilungsmaßstab des Rechts erhoben wurde. Bei *Luhmann* (1972, S. 342) heißt es:

> „Das Recht nähme die Form von normierten Verhaltensmodellen an, die zur Lösung erkannter Probleme entworfen, in Geltung gesetzt, erprobt und nach Maßgabe von Erfahrungen geändert werden. Die Normativität hätte nur noch die Funktion, die Konstanz des Erwartens zu sichern, solange und soweit sie sinnvoll erscheinen. Die moralische und die ideologische Begründung des Rechts würde ersetzt werden durch funktionale Kritik."

Meine Erwiderung (1977, 1984, S. 124) darauf lautete:

> „Jenseits aller moralischen und ideologischen Begründungen von Recht ist es eine seiner Hauptaufgaben, die Lösung unbekannter und zur Zeit der Gesetzgebung unerkannter Probleme gesellschaftlicher Interaktion zu ermöglichen. Hieraus sind die wesentlichen Bezüge von Rechtstheorie und Wirtschaftstheorie entstanden. Vor allem die zwischen Privatrecht und Wettbewerbsrecht einerseits, Wettbewerbstheorie andererseits."

Als Anweisung zur positivistischen Resignation wurde schließlich die Definition „Recht ist was recht ist" zurückgewiesen[9].

Radikal hat *Luhmann* schließlich ein System der Weltgesellschaft in Frage gestellt, das darauf angewiesen sei, seine Probleme als Privatinteressen in regionalen politischen Systemen zu vertreten und durchzusetzen.[10] Unverkennbar ist hier sein Blick auf die europäische Integration, die mit Hilfe marktwirtschaftlicher Prozesse politische Ziele verfolgt. Daraus folgte für *Luhmann* der Verdacht, dass auf weitere Entwicklungsmöglichkeiten hin gesehen, jene aus den Hochkulturen überlieferte Festlegung auf normative, politisch rechtliche Mechanismen eine Fehlspezialisierung der Menschheitsentwicklung gewesen sein könnte, an die sich eine weitere Evolution nicht anschließen lasse: „Mit dem Recht haben wir uns auf Systemebenen festgelegt, auf denen die Evolution menschlicher Sozialsysteme zu höherer Komplexität nicht fortgeführt werden kann."[11] Die von *Luhmann* in Betracht gezogene Alternative war die Reduzierung des Rechts auf Planung der Gesellschaft. Das Recht müsse als eine Struktur der Gesellschaft, die Rechtskategorie als Kategorie gesellschaftlicher Planung gesehen werden. Die Sicherung der Kontinuität des Erwartens werde als Teilmoment in den Planungskontext aufgenommen und durch ihn relativiert. Stabilität sei nicht mehr Voraussetzung, Stabilisierung sei das Problem planerischen Entscheidens.[12] Demgegenüber wurde auf die Her-

---

8 Hierzu und zum Folgenden *Mestmäcker*, (1977, 1984, S. 104 und 124). Die Kritik bezieht sich auf *Luhmann* (1972, Bd 2, S. 358).
9 *Mestmäcker* (1987, S. 20 ff.) sowie (1993, S. 12) zu *Luhmann* (1987, S. 362 f.).
10 *Luhmann* (1972, S. 339).
11 *Luhmann* (1972, S. 339 f.).
12 *Luhmann* (1972, S. 297).

ausforderung hingewiesen, die gleiche Freiheit unter allgemeinen Gesetzen im Rahmen der gegenwärtigen Wirtschaftsordnung zu verwirklichen.[13]

Diese retrospektive Betrachtung beweist nicht, dass *Schmidtchen* der Plantheorie des Rechts bei *Luhmann* folgt, aber sie zeigt, dass er die gegen *Luhmann* entwickelte Rechtstheorie, welche die Beziehung zu Wettbewerb und Markt in den Mittelpunkt stellt, nicht berücksichtigt hat. Die von *Schmidtchen* anhand von *Luhmann* (1972) begründete und mir zugeschriebene formalistische Rechtstheorie, welche es von vornherein ausschließen soll, Wettbewerb und Effizienz in den Blick zu nehmen, erweist sich als ein folgenreicher Irrtum.

II. Die Interdependenz der Ordnungen oder die strukturelle Kopplung von Wirtschaft und Recht

Die in Erinnerung gerufene kritische Auseinandersetzung mit *Luhmann* (1972) verweist zugleich auf ein Verständnis von Recht und Ökonomie, über das in der Tradition dieses Jahrbuchs Übereinstimmung zu bestehen schien. Diese Übereinstimmung verdankt sich keiner einheitlichen Ideologie, nicht einmal einer gemeinsamen Fragestellung, wie der Beitrag von *Schmidtchen* beweist. Es geht vielmehr um die Vereinbarkeit von individueller und gesellschaftlicher Rationalität im Licht sich stetig weiter differenzierender akademischer Disziplinen. Weitere Schwierigkeiten folgen daraus, dass die gemeinsamen Traditionen der verschiedenen Disziplinen fortschreitend verblassen. Mit der „Interdependenz der Ordnungen" schien ein Befund und eine Fragestellung formuliert zu sein, die den Blick für die jeweils andere Disziplin öffneten, ohne sie in ihrer Eigenart und Rationalität in Frage zu stellen. *Manfred Streit* (1995, S. 148) hat die hier zu berücksichtigenden Beiträge von Rechtswissenschaft und Wirtschaftswissenschaft im Anschluss an *Walter Eucken*, *Friedrich von Hayek* und *Franz Böhm* zusammengefasst:

> „Die Normativität des zu einer Marktwirtschaft erforderlichen Regelsystems beginnt sich zu erschließen, wenn berücksichtigt wird, dass im Geltungsbereich des Privatrechts die Rechtssubjekte grundsätzlich gleichgeordnet sind. Das gleiche Recht für alle gilt sowohl für ihre Kooperation, die sich in erster Linie auf der Grundlage von Verträgen vollzieht, als auch für die Regelung von Konflikten mit Hilfe des Rechts und unter Inanspruchnahme des Staats als Wahrer der Privatrechtsordnung. Zur Gleichordnung gehört auch, dass die individuellen Interessenssphären – nicht zuletzt durch Eigentumsrecht – gegeneinander abgegrenzt sind. Auf diese Weise finden die Handlungsmöglichkeiten des Einzelnen dort ihre Grenzen, wo deren Wahrnehmung die Freiheit anderer beschränken würde. Die Normativität des Privatrechts besteht also darin, dass es eine für alle gleiche Freiheit gewährleisten soll".

Es gehört zu den ermutigenden sozialwissenschaftlichen Entwicklungen, dass *Luhmann* diese gegenseitige Öffnung der Systeme Recht und Wirtschaft in seine Theorie aufgenommen hat. In *Luhmann* (1993) wird das Verhältnis von Recht und Umwelt, insbesondere das Verhältnis des Rechts zu Wirtschaft und Politik neu formuliert.[14] Die neue Kategorie der strukturellen Kopplung von Recht und Wirtschaft bestätigt, dass es in diesem Verhältnis nicht um gegenseitige Ausgrenzungen geht. Der von *Schmidtchen* vorgeschlagene Anschluss an *Luhmann* (1972) wird im Folgenden mit *Luhmann* (1993)

---

13 *Mestmäcker* (1989), auch (1993 S. 11-25, hier S. 15).
14 *Luhmann* (1993, besonders S. 440 ff.).

fortgeführt, weil *Schmidtchen* den Juristen außer den Wirtschaftswissenschaften die Sozialwissenschaften nahe legt (S. 178) und den Soziologen offenbar ein den Juristen überlegenes Verständnis des Rechts zutraut.

Zu widerlegen ist eine der grundlegenden Thesen von *Schmidtchen*, „dass es unmöglich ist, in Konfliktsituationen, also solchen Situationen, in denen ein mehr an Freiheit des A ein weniger an Freiheit des B impliziert, ein Maximum an Freiheit zu verwirklichen" (S. 158). Es soll damit in Übereinstimmung mit *von Weizsäcker* bewiesen werden, dass die Orientierung des Wettbewerbsrechts am Prinzip der Wettbewerbsfreiheit unmöglich sei.[15]

1. Das Modell Property Rights

Schmidtchen entwirft das Modell, das zu diesem Ergebnis führt, anhand der Konflikte, die aus der Ausübung von Property Rights entstehen: „Ein mehr an Rechten des Einen (Stärkung seiner Rechtsposition) verlangt notwendig ein weniger für den Anderen (Schwächung seiner Rechtsposition)" (III 4). Diese Rechnung geht jedoch nur auf, wenn man Rechte als Güter behandelt, deren Wert nach einem von allen Beteiligten anerkannten Maßstab vergleichend gewichtet werden kann. Dies ist in der Tat die Meinung von *Jeremy Bentham*, dem Vater des Utilitarismus: „Kein Gesetz kann ein Individualrecht begründen (pleasure) ohne zugleich eine Pflicht und einen Verstoß zu erzeugen (pain)".[16] Ausgeschlossen sei es, dem Begriff des Rechts einen Inhalt zu geben, ohne zugleich seinen Nutzen (utility) in Rechnung zu stellen.[17] Deshalb könne die Freiheit nicht Gegenstand von Rechten sein. Solange der Gesetzgeber nicht tätig geworden sei, solange er nicht befohlen oder verboten habe, seien alle Handlungen frei: Alle Personen sind in Freiheit (at liberty) solange es kein Recht gibt.[18] Diese Argumentation führt dazu, dass es ein Widerspruch in sich ist, innerhalb der Rechtsordnung von Freiheitsrechten auch nur zu sprechen („nonsense on stilts"). *Schmidtchen* scheint die Lieblingsthese von *Bentham* zu bestätigen, dass wir alle unbewusst, ob wir wollen oder nicht, Utilitaristen seien. Selbst wenn dies zutreffen sollte, folgt daraus entgegen *Schmidtchen* (und *Bentham*) nicht, dass sich auch das Recht in den Dienst des größten Glücks der größten Zahl stellen sollte.

Die Eigenart der Rechtsordnung, in der es Property Rights gibt, wird ferner auch dann verkannt, wenn man diese Rechte als sich überschneidende Kreise zeichnet und folgert, der Rechtsinhaber dürfe durch sein Handeln einem Anderen einen negativen oder positiven externen Effekt auferlegen (III 4). Vorausgesetzt wird damit eine Instanz, die Property Rights zuteilt, und folglich dem A nicht geben kann, ohne dem B etwas zu nehmen. Diese Annahme trägt jedoch nicht zum Verständnis eines Systems bei, in dem bei gegebener Verteilung von Property Rights zu unterstellen ist, dass die Rechte gegen Eingriffe gesichert sind und Veränderungen durch freie Handlungen möglich sind:

---

15 Zum Ausgangspunkt der Kontroverse ist zu verweisen auf *von Weizsäcker* (2007, S 1078-1084). Die Kritik von Weizsäckers richtet sich gegen *Basedow* (2007, S. 112-175). Zur Kritik an von Weizsäcker siehe auch *Mestmäcker* (2008, S. 6 und 14).
16 *Bentham* (1776, 1977, S. 88).
17 *Bentham* (1789, 1970), S. 16).
18 *Bentham* (1802, 1970, S. 253).

Durch Vertrag, durch zurechenbare unerlaubte Handlungen oder durch Wettbewerb. *Luhmann* hat diese Voraussetzungen, die erfüllt sein müssen, um eine auf subjektiven Rechten beruhende Ordnung zu ermöglichen, systemtheoretisch erfasst. Sein Verdienst besteht darin, dass er die rechtlichen Bestimmungsgründe dieser Entwicklung zusammenfasst, ohne die Ergebnisse der hier besonders ergiebigen rechtsphilosophischen und rechtstheoretischen Tradition (*Kant* und *Hume*, *Hayek* und *Böhm*) zu verkürzen. Im Mittelpunkt der hier zu besprechenden Strukturen stehen Vertragsfreiheit und subjektive Rechte, ökonomisch gesprochen Tausch und Property Rights. Subjektive Rechte, heißt es bei *Luhmann*, seien die wohl bedeutendste Errungenschaft der neuzeitlichen Rechtsevolution.[19] Und der Vertrag sei eine der bedeutendsten evolutionären Errungenschaften der Gesellschaftsgeschichte.[20] In beiden Bereichen geht es um die Personalisierung von Rechtslagen. Aber erst ihr Zusammenwirken erklärt Gesellschaftsstrukturen, die bestimmend sind für das Wirtschaftssystem. Subjektive Rechte ermöglichen „eine rechtstechnisch brauchbare Entfaltung des Freiheitsparadoxes", also die Notwendigkeit von Freiheitsbeschränkungen als Bedingung von Freiheit, eine Einschließung des Ausgeschlossenen, eine Individualisierung von Willkür.[21] Im Hinblick auf die bei *Schmidtchen* im Mittelpunkt stehende vermeintlich nicht aufzulösende Paradoxie der Freiheitsrechte ist es gerechtfertigt, ihre Auflösung in der Zusammenfassung von *Luhmann* (1993, S. 291) zu zitieren:

> „Im Rahmen seiner subjektiven Rechte kann Jedermann nach Belieben handeln; seine Motive werden rechtlich nicht kontrolliert; und wenn man dies einschränken will, muss (und kann) man dem Vorhaben die Rechtsform einer Einschränkung der subjektiven Rechte geben. Weitere Errungenschaften, die am Ende des 18. Jahrhunderts zur Verfügung stehen, setzen dies voraus und nutzen es für anschließende Generalisierungen – so die von Stand und Herkunft unabhängige allgemeine Rechtsfähigkeit und die Positivierung des Rechts, mit der die rechtlichen Grenzen der Blankettform Freiheit verschoben werden können, wenn dafür ein Bedarf besteht."

Es geht mithin um die für subjektive Rechte vorauszusetzende Befugnis, über sie zu verfügen (Vertragsfreiheit), und um die allseitige rechtliche Anerkennung der daraus entstehenden veränderten Rechtszuständigkeiten. Zu dieser Entwicklung gehört die mit der Erklärung der Menschenrechte einhergehende allgemeine, von Staat und Beruf unabhängige Rechtsfähigkeit und eine Positivierung des Rechts, mit der die Grenzen der „Blankettform Freiheit" verschoben werden können. *Kant* (1797, 1969, S. 238) spricht von der Notwendigkeit, Freiheit in einer positiven Rechtsordnung zu verwirklichen, welche die Grenzen des äußeren Mein und Dein normiert.[22]

2. Freiheit im Nirgendwo

Wenn *Schmidtchen* im Anschluss an *von Weizsäcker* wiederholt feststellt, wer sich auf die Formel berufe, die Freiheit des Einzelnen ende dort, wo sie die Freiheit der Anderen beeinträchtige, lande im Nirgendwo, dann wird eine Meinung widerlegt, die ich nicht vertreten habe. Sollte aber mit der „viel benutzten Formel" *Kant* in Bezug genommen sein, so würde es sich um ein folgenreiches Fehlzitat handeln. Unberück-

---

19 *Luhmann*, (1993, S. 291).
20 *Luhmann*, (1993, S. 459).
21 *Luhmann*, (1993, S. 291).
22 Zur Freiheit als regulatives Prinzip *Kant* (1797, 1969, S. 221).

sichtigt bliebe nämlich der Teil der Formel, der ihr erst einen normativen Inhalt gibt. Über die Vereinbarkeit der gleichen Freiheit des Einen mit der Freiheit des Anderen ist „nach einem allgemeinen Gesetz" zu entscheiden.[23] Das allgemeine Gesetz verweist auf die durch den Gesetzgeber ausgestaltete Rechtsordnung und schließt Einzelfallgesetze ebenso aus wie Befehle oder verbindliche Weisungen nach Plan. Weil Freiheit ohne Regel zur bloßen Beliebigkeit führt, ist sie zu ihrer Verwirklichung auf den Gesetzgeber angewiesen. Aus der Freiheit als solcher lassen sich keine anwendbaren Normen ableiten. Sie bedarf zu ihrer Verwirklichung Regeln, die es gestatten, über das äußere Mein und Dein zu urteilen. Diese von mir wiederholt hervorgehobene schlechthin grundlegende Bedingung für die Möglichkeit einer freien Ordnung wird von *Schmidtchen* nicht berücksichtigt. Im Nirgendwo landet man auch dann, wenn man von der Möglichkeit ausgeht, dass es Gesellschaften ohne Property Rights (subjektive Rechte) oder Gesellschaften ohne Verträge geben könne. Oder wenn man annimmt, dass sich subjektive Rechte, insbesondere die Wettbewerbsfreiheit gegenseitig neutralisieren, wenn sie im Wettbewerb aufeinander treffen.

a) *Subjektive Rechte und Vertragsfreiheit*

Der These sich gegenseitig ausschließender Wettbewerbsfreiheiten liegt die Vorstellung zugrunde, dass es sich bei subjektiven Rechten hauptsächlich um Abwehrrechte handelt, die den Status quo garantieren. Diese Funktionen haben sie gewiss auch. Der Eigentümer, der sich nicht aufkaufen lässt, hat in der Literatur und in der Geschichte tiefe Spuren hinterlassen. Er tritt auf als Repräsentant von Männermut vor Fürstenthronen und ist als Spekulant oder Querkopf der Albtraum planender Kommunalverwaltungen. Deshalb werden subjektive Rechte, insbesondere das Eigentum, durch den Gesetzgeber begrenzt und ausgestaltet. Die Grenzen, die auch dem Gesetzgeber gezogen sind, normieren die Grundrechte.

Subjektive Rechte sind aber nicht nur Abwehrrechte, sie sind im Gegenteil das Medium, das alle Veränderungen in der Verfügung über nutzbare Ressourcen vermittelt. Der Vertrag ist das wichtigste Mittel, die bei subjektiven Rechten immer mitgedachte „Blankettform Freiheit" wechselnden individuellen und gesellschaftlichen Bedürfnissen anzupassen. Ohne Verträge kann wirtschaftlich nicht rational gehandelt oder geplant werden: „Verträge stabilisieren auf Zeit eine spezifische Differenz unter Indifferenz gegen alles Andere, inclusive die Betroffenheit von den am Vertrag nicht beteiligten Personen und Gesellschaften".[24] Erst die Verbindung der Vertragsfreiheit mit den subjektiven Rechten führt zu der Auflösung traditioneller, durch Stand und Beruf normierter Rechtspositionen. Das Individuum wird zur Entschädigung für den Verlust fester Rechtspositionen mit subjektiven Rechten ausgestattet.[25]

Verträge sind das Instrument, das die Rechtsordnung zur Verfügung stellt, diese „Ausstattung der einzelnen durch Eigentum und andere subjektive Rechte" zum Gegenstand des Rechtsverkehrs zu machen. *Luhmann* fügt hinzu, dass die Vertragsfreiheit

---

23 *Kant* (1797, 1969, S. 230).
24 *Luhmann* (2003, S. 459).
25 *Luhmann* (1993, S. 487).

ihre Entsprechung im Disziplinierungsinstrument der Märkte finden müsse. Er erfasst damit einen für das Verständnis des Privatrechts und der mit ihm verbundenen Rechts- und Wirtschaftsordnung grundlegenden Sachverhalt.[26] Subjektive Rechte und Verträge setzen den Einzelnen instand, von den nur ihm zugänglichen Informationen vollen Gebrauch zu machen. Individuelle Rechtspositionen werden durch ein System von Regeln gerechten Verhaltens in die Privatrechtsordnung eingefügt. Diese normiert berechtigte Erwartungen, insbesondere die vertragliche, deliktsrechtliche oder wettbewerbsrechtliche Haftung für Tun oder Unterlassen. Der übergeordnete Grundsatz lautet: Relevant sind nur die Umstände, die den Teilnehmern bekannt sind oder bei gehöriger Sorgfalt bekannt sein können. Dies begrenzt zugleich die Umstände, die vom Richter in sein Urteil einzubeziehen sind.

b) Strukturelle Kopplung

Luhmann hat in der bereits erwähnten Weiterentwicklung seiner Rechtssoziologie die strukturelle Kopplung von Recht und Wirtschaft in seine Theorie aufgenommen. Solche Kopplungen entstehen, wenn ein System bestimmte Eigenschaften seiner Umwelt dauerhaft voraussetzt und sich strukturell darauf verlässt.[27] Die Begriffe oder Institutionen, die diese Kopplung leisten, sind Vertragsfreiheit, Eigentum, andere subjektive Rechte und die Konkurrenz. Ein Vergleich mit der Rolle von Vertragsfreiheit und subjektiven Rechten bei *Max Weber* bestätigt die historische Dimension der Fragestellung, aber zugleich den überlegenen Zugriff auf das seit *Karl Marx* im Mittelpunkt stehende Verhältnis von Recht und Wirtschaftssystem. *Max Weber* übernimmt von *Bentham* nicht nur dessen Rechtspositivismus, sondern auch die Einteilung der Rechtssätze in verbietende, gebietende und erlaubende.[28] Zu den erlaubenden oder ermächtigenden Rechtssätzen gehören bei *Max Weber* alle „so genannten Freiheitsrechte und die Vertragsfreiheit". Sie seien für die Wirtschaftsordnung besonders wichtig. Alle subjektiven Rechte stünden nämlich im Dienst der Marktverbreiterung. Auf diese Weise dienten sie nur noch dem Verwertungsstreben des Kapitals mit Sachen, Gütern und Menschen. In deutlicher Anlehnung an *Karl Marx* heißt es zusammenfassend zur Vertragsfreiheit: „Das Resultat der Vertragsfreiheit ist also in erster Linie: Die Eröffnung der Chance durch kluge Verwendung von Güterbesitz auf dem Markt, diesen unbehindert durch Rechtsschranken als Mittel der Erlangung von Macht über andere zu nutzen."[29]

Demgegenüber kommt es darauf an, die aus der Ausübung subjektiver Rechte entstehenden Konflikte und das damit verbundene Spannungsverhältnis von subjektiven Rechten und objektivem Recht rechtlich und wirtschaftlich zu bewältigen. Dazu gehört außer dem notwendigen Personenbezug aller subjektiven Rechte auf den Rechtsträger selbst *und* auf die davon betroffenen Dritten ein Verfahren für die Lösung von Konflikten, das diesem Zweck dient. Die mit subjektiven Rechten stets verbundenen Klagebefugnisse lassen sich in Analogie zum Vertragsrecht auch als „spezifische Differenz un-

---

26 Dazu *Mestmäcker* (2007, S. 35 und 47).
27 *Luhmann* (1993, S. 441).
28 *Weber* (1976, S. 397–440).
29 *Weber* (1976, S. 439).

ter Indifferenz gegen alles andere" definieren. Konflikte werden dezentralisiert und lokalisiert. Sie werden begrenzt auf das den Beteiligten von Rechts wegen zurechenbare Handeln oder Unterlassen. Die „Indifferenz" gilt bei Verträgen für die Motive der am Konflikt Beteiligten, für ihre Folgeplanungen und für die Fernwirkungen der erfolgreich abgeschlossenen Transaktionen. Die Interessen Dritter werden von der Beurteilung aus materiellrechtlichen und verfahrensrechtlichen Gründen ausgeschlossen. Diese Begrenzung hat im Vertragsrecht eine lange Tradition. Aber auch die gerichtliche Streitbeilegung setzt einen Streitgegenstand voraus, der durch den konkreten Konflikt und den für seine Beurteilung erheblichen Sachverhalt begrenzt ist.

III. Gewerbe- und Wettbewerbsfreiheit

Schmidtchen schlägt vor, die Wettbewerbsfreiheit als ein institutionelles und unteilbares Rechtsgut dadurch zu schützen, dass man allen Teilnehmern am Wettbewerbsspiel individuelle Handlungsrechte, Property Rights, zuteile (Einleitung I). Die Property Rights sollen sodann die Grenzen definieren, innerhalb deren die Inhaber des Rechts tun und lassen können, was sie wollen und die niemand ohne seine Zustimmung überschreiten dürfe. Wörtlich heißt es: „Wettbewerbsrecht tut genau dies: Es spezifiziert Property Rights und ordnet sie personell zu." Eben dies tut der Gesetzgeber nicht, wenn er Normen gegen Wettbewerbsbeschränkungen in Kraft setzt.

1. Die Institutionalisierung des Wettbewerbs

Schmidtchen verkennt den grundlegenden Unterschied der Wettbewerbsfreiheit von Property Rights, welche Nutzungsrechte zuweisen. Die Wettbewerbsfreiheit ist zunächst dadurch definiert, dass sie zur Teilnahme am Wettbewerb berechtigt. Welche Mittel die Teilnehmer im Wettbewerb einsetzen, um Erfolg zu haben, ist in den Grenzen zwingenden Rechts und der guten Sitten ihnen überlassen. Zur Gretchenfrage des Wettbewerbsrechts führt die Beurteilung der Wettbewerbsfolgen: Jeder erfolgreiche Wettbewerb, auch der mit rechtmäßigen Mitteln geführte Wettbewerb, schädigt Mitbewerber. Das gilt unabhängig davon, welche Property Rights davon betroffen sind. Die mit jedem Wettbewerb verbundene Gefahr, in seinen Erwartungen enttäuscht, also geschädigt zu werden, führt zur Frage nach dem zulässigen Selbstschutz. Diesen Schutz versprechen Vereinbarungen zwischen Unternehmen, durch die sie sich über die Modalitäten des Wettbewerbs oder über seinen Ausschluss verständigen. Das Kartellverbot soll solche Vereinbarungen verhindern.

Die scheinbar einfachen Fragen nach der erlaubten Schädigung Anderer im Wettbewerb und den Grenzen der Vertragsfreiheit im Wettbewerb verweisen erneut auf die strukturelle Kopplung von Rechtssystem und Wirtschaftssystem, die sich im Anschluss an die Institutionalisierung von Eigentum und Vertragsfreiheit fast unbemerkt ergeben hat: „Es geht um das folgenreiche Rechtsprivileg, das vorsätzliche Schädigungen erlaubt, wenn sie im Rahmen wirtschaftlicher Konkurrenz erfolgen".[30]

---

30 *Luhmann* (1993, S. 465).

Die Institutionalisierung des Wettbewerbs als einer Institution des Privatrechts im Rahmen einer marktwirtschaftlichen Ordnung ist eine späte Rechtsentwicklung. *Franz Böhm* hat sie auf die Einführung der Gewerbefreiheit zurückgeführt. Die darin zum Ausdruck kommende Entscheidung zugunsten eines herrschaftsfreien Ordnungsprozesses verändere die gesellschaftliche Funktion aller auf das Wirtschaftsleben bezüglichen Privatrechtsinstitute. Aber erst aus der Wettbewerbsfreiheit folge das für die Kooperation ausschlaggebende Macht und Erfolg verteilende Ordnungsprinzip.[31] Daraus folgt der Vorrang der Konkurrenzfreiheit vor dem Grundsatz der Vertragsfreiheit und vor dem Grundsatz der allgemeinen zivilrechtlichen Handlungsfreiheit.[32]

2. Zur Leerformel der Wettbewerbsfreiheit

Trotz dieser Genealogie ist die Wettbewerbsfreiheit in den Ruf gekommen, ein Reservat von Juristen zu sein, die an die Formalität des Rechts glauben oder als Richter ohne Störung durch Ökonomie klassifizieren oder subsumieren möchten. Die Wettbewerbsfreiheit als Grundlage des Wettbewerbsrechts führe zu einer Leerformel. Jeder Wettbewerber könne sich auf Wettbewerbsfreiheit berufen, es gebe aber keine Maßstäbe für konkurrierende Wettbewerbsfreiheiten. Einer von mehreren möglichen Auswegen aus dem Dilemma sei die Effizienz der Marktergebnisse. Sie seien zu ermitteln anhand der Gesamtwohlfahrt (so *Schmidtchen*) oder der Konsumentenwohlfahrt (so die EG-Kommission). Der Auslöser der Kontroverse ist der „more economic approach" der EG-Kommission.[33]

Wettbewerbsfreiheit und Effizienz haben eine lange und kontroverse Geschichte. Sie bewerten komplexe Sachverhalte, also sind sie anfällig für Ideologien. Es ist deshalb geboten die Wettbewerbsfreiheit in das System der Freiheitsrechte und in das System der subjektiven Rechte im Privatrecht einzuordnen.

Die Wettbewerbsfreiheit ist als Gewerbefreiheit Teil des bereits erwähnten evolutionären und revolutionären Prozesses, der die Einzelnen mit Vertragsfreiheit und subjektiven Rechten in Unabhängigkeit vom Staat ausgestattet hat. Nationale Besonderheiten erklären, warum die wirtschaftlichen Freiheitsrechte im Gefolge der französischen Revolution in den einzelnen europäischen Staaten eine ganz verschiedene verfassungsrechtliche und wirtschaftspolitische Bedeutung gewonnen haben. Die Verwirklichung der Gewerbefreiheit, der die Wettbewerbsfreiheit weitgehend entspricht, war in Deutschland Teil der verspäteten politischen und rechtlichen Umsetzung der wirtschaftlichen Freiheitsrechte. Der Begriff fasst rechtssystematische Bezüge zusammen, denen verschiedene positiv-rechtliche Konkretisierungen zugrunde liegen. Die folgenden Funktionen sind zu unterscheiden:

Die Wettbewerbsfreiheit ist als Gewerbe- und Berufsfreiheit ein Grundrecht auf freie Wahl und Ausübung wirtschaftlicher Tätigkeiten und ein Abwehrrecht gegen den Staat.

---

31 Böhm (1933, S. 118-127).
32 Böhm (1933, S. 129) sowie auch (1958, S. 167-203).
33 Das Schrifttum ist kaum noch übersehbar. Siehe den Überblick bei *Kerber* (2007) sowie *Schwalbe* und *Zimmer* (2006) und *Zimmer* (2007, S. 1198-1209).

Als subjektives Recht begründet sie ein Recht oder eine Chance auf Teilnahme am Wettbewerb. Die auf der Ebene des Privatrechts entstehenden Wettbewerbsbeziehungen unterscheiden sich vom Vertragsrecht ebenso wie vom Recht der unerlaubten Handlungen.

Die aus Wettbewerb entstehenden Marktprozesse wurden zwar zuerst privatrechtlich erheblich, aber erst Normen gegen Wettbewerbsbeschränkungen erfassen den Wettbewerb in seiner systematischen Bedeutung für die Rechts- und Wirtschaftsordnung im Ganzen. Die den Wettbewerb kennzeichnende aktuelle oder potentielle kämpferische Rivalität der beteiligten Unternehmen gehört zu seinen auch rechtlich immer vorausgesetzten Eigenarten. Schon deshalb lassen sich den im Wettbewerb stehenden Unternehmen keine gegenseitigen Abwehrrechte zuweisen.

Die Notwendigkeit, die Rechtsverhältnisse, die aus der Ausübung von Freiheitsrechten entstehen, gesetzlich zu regeln, ist keine Besonderheit der Wettbewerbsfreiheit. Die Wettbewerbsfreiheit ist das regulative Prinzip für die Ausgestaltung des Wettbewerbsrechts. Es bleibt als übergreifender Zweck für Auslegung und Kritik des geltenden Rechts erheblich. Als Ordnungsprinzip hatte sich die Wettbewerbsfreiheit mit politisch wirksamen, zum Teil noch vertretenen Gegenpositionen auseinanderzusetzen:
– Mit dem Verständnis als vorläufigem, jederzeit widerrufbarem Verzicht des Staates auf Regulierung;
– mit ihrer Reduzierung auf einen geduldeten, aber zu überwindenden Naturzustand;
– mit der Annahme, jede rechtliche Regelung sei mit wahrer Freiheit unvereinbar;
– zuletzt und neuerdings mit der These, sie führe sich als subjektives Recht selbst ad absurdum.

3. Wettbewerbsfreiheit im Privatrecht

Wer von dem Recht auf Teilnahme am Wettbewerb Gebrauch macht, setzt sich dadurch dem Risiko aus, durch erlaubten Wettbewerb geschädigt zu werden. Das ist die juristische Erscheinungsform des Prinzips der „negativen Rückkopplung". Solange das Handeln im Wettbewerb und seine Wirkungen gesetzlich nicht geregelt waren, wurden grundlegende Konflikte zuerst von der Rechtsprechung auf der Grundlage der privatrechtlichen Generalklauseln entschieden. Die Rechtsprechung hat in Deutschland von dieser Möglichkeit bekanntlich widersprüchlichen Gebrauch gemacht. Sie hat Kartellverträge auf der Grundlage der Vertragsfreiheit für wirksam gehalten, Kampfpreise von Kartellen als sittenwidrige Schädigung verurteilt und Schädigungen im Wettbewerb nur dann als sittenwidrig behandelt, wenn sie geeignet waren, die wirtschaftliche Existenz eines Unternehmens zu vernichten.

Normen gegen Wettbewerbsbeschränkungen sind anhand des Schutzzwecks der Wettbewerbsfreiheit für Wettbewerbsverhältnisse auf der Ebene des Privatrechts entwickelt worden. Entgegen *Schmidtchen* wird in Deutschland und Europa nicht verkannt, dass Wettbewerbspolitik Interessenkonflikte zwischen Privaten zum Gegenstand hat. Die behördlichen Zuständigkeiten (public enforcement) für die Anwendung des Wettbewerbsrechts widersprechen dem nicht. Public enforcement als Ersatz und Ergänzung eines an das Privatrecht anknüpfenden Rechtssystems lagen dem deutschen GWB von

Anfang an zugrunde. Weil auch behördlich angewendetes Wettbewerbsrecht privatrechtliche Wettbewerbsverhältnisse zum Gegenstand hat, wird die Rechtmäßigkeit von Entscheidungen des Bundeskartellamts von den Zivilgerichten und nicht von den Verwaltungsgerichten überprüft. Es bedarf ferner keiner neuen Entwicklungen, um kartellrechtliche Streitigkeiten zu „reprivatisieren". Seit Inkrafttreten des GWB sind private Schadensersatz- und Unterlassungsansprüche bei Verletzung eines Schutzgesetzes begründet.

Auch gegen *Möschel*s Verständnis des Wettbewerbs als eines auf der Ebene des Privatrechts angesiedelten Interaktionsprozesses, der aus der Ausübung individueller Handlungsfreiheiten entsteht (*Möschel*, 2006), hat *Schmidtchen* den Einwand der Leerformel erhoben (S. 160 f.). Die These, *Möschel* habe sich mit diesem Einwand gar nicht auseinandergesetzt, ist nur verständlich, wenn man mit *Schmidtchen* annimmt, dass bei *Möschel* nicht vom Privatrecht die Rede sei und die Leerformel allein durch Effizienz und Property Rights zu überwinden sei. Unbeachtet bleiben auf diese Weise die im Privatrecht entwickelten Methoden über konkurrierende Handlungsfreiheiten und kollidierende Interessen zu entscheiden.

Dagegen spricht nicht, dass die Beurteilung von Wettbewerbsschäden eine Gretchenfrage des Wettbewerbsrechts geblieben ist. Die englischen Gerichte haben nach Common Law jeden Schadensersatz aus unerlaubter Handlung wegen Wettbewerbsschäden abgelehnt. Es gibt wichtige Stimmen im amerikanischen Schrifttum[34], die es bei diesem Zustand belassen möchten. Die Vorsicht des US-Supreme Court in der antitrustrechtlichen Beurteilung von predatory pricing ist so ausgeprägt, dass das Gericht diesem Ergebnis nahe kommt.[35]

4. Gesetzgeberische Ausgestaltung

Mit der gesetzgeberischen Ausgestaltung der Wettbewerbsfreiheit kommt notwendig das Ermessen des Gesetzgebers, aber auch der Beurteilungsspielraum von Behörden und Gerichten ins Spiel. Auch hier meinen *von Weizsäcker* und *Schmidtchen*, bei Konkurrenz oder Konflikten von mehreren Wettbewerbsfreiheiten müsse immer ein dem Kriterium der Wettbewerbsfreiheit exogenes Ziel vorgegeben sein, deshalb seien wir logisch gezwungen, Konsequenzialisten zu sein. Die Wettbewerbsfreiheit hat mit anderen gesetzgeberisch ausgestalteten subjektiven Rechten gemeinsam, dass sie rechtlich geschützte Interessen konkretisiert. Rechtsauslegung und Rechtsanwendung bestehen in der Ermittlung der gesetzlich bewerteten Interessen. Daraus sind die Maßstäbe für die Entscheidung von Interessenkonflikten unter Berücksichtigung der Schutzzwecke von Verbotsnormen zu entnehmen. Die Interessen der an Wettbewerbsbeschränkungen beteiligten Unternehmen sind im Lichte des Wettbewerbsprozesses, an dem sie teilnehmen, und im Hinblick auf die Funktionsfähigkeit des Wettbewerbs zu beurteilen.

Die Geschichte der Preisbindung zweiter Hand bietet für diese Entwicklung und für die schwankende Bewertung kollidierender Interessen mit und ohne Berücksichtigung der Wettbewerbsfreiheit reiches Anschauungsmaterial.

---

34 *Epstein* (1995, S. 109-110).
35 Zuletzt *US-Supreme Court* (2007).

Ich lasse im Folgenden die Besonderheiten außer Acht, die aus der Wahl der Gesetzgebungstechnik und den verschiedenen Sanktionen im Privatrecht, Verwaltungsrecht oder Verwaltungsstrafrecht (Bußen) folgen. Vorgreiflich sind jedoch die folgenden Grundsätze. Wettbewerbsrechtliche Normen müssen nicht nur der Rationalität des Rechts, sondern auch der ökonomischen Rationalität des Verfahrens Wettbewerb Rechnung tragen. Die Gebots- oder Verbotsnormen sollen so beschaffen sein, dass die Unternehmen in der Lage sind, über ihr Verhalten ex ante und anhand von Informationen zu entscheiden, die ihnen zugänglich sind.[36] Die Sanktionen sollen ihrerseits mit den Erfordernissen des Wettbewerbs und dem wettbewerbsorientierten Handeln der Unternehmen vereinbar sein.

Der Zusammenhang des Wettbewerbs mit dem Effizienzprinzip ist eng. Es ist die Peitsche des Wettbewerbs, welche die Unternehmen im Eigeninteresse zum möglichst kostengünstigen Einsatz ihrer Ressourcen und zum technischen und wirtschaftlichen Fortschritt zwingt. Damit ist jedoch nicht entschieden, dass sich das einzelwirtschaftliche Prinzip der Effizienz als Maßstab dafür eignet, ob ein Verhalten, das den Wettbewerb beschränkt, erlaubt oder verboten sein sollte.[37] Das Effizienzprinzip als Teil der Gesamt- oder Konsumentenwohlfahrt führt methodisch zu einer Neuauflage des Als-Ob-Wettbewerbs.

Die Grundfrage nach dem Verhältnis von Wettbewerbsfreiheit und Effizienz wird landläufig als Zweck-Mittel-Relation erörtert. Das bestätigen Verfassungsgipfel der EU. Weil es niemand gebe, der den Wettbewerb um seiner selbst willen schützen wolle, könne man das Ziel unverfälschten Wettbewerbs im EG-Vertrag getrost streichen. Dafür wird der französische Präsident *Sarkozy* zitiert. Der entsprechenden These von Kommissionspräsident *Barroso* habe ich selbst zugehört.

In dem mit Recht berühmten Alcoa Urteil sagt der Richter *Learned Hand* zum Monopol: Nothing but death is an absolute.[38] Dasselbe gilt gewiss für die Wettbewerbsfreiheit. Aber auch dieser Befund schließt nicht aus, dass es Gründe für die Orientierung des Wettbewerbsrechts an der Wettbewerbsfreiheit gibt, die unempfindlich sind für exogene Ziele und nicht zu Zirkelschlüssen führen. Für exogene Ziele sorgt der politische Prozess im Überfluss. Fast jeder Politiker, der sich mit Wettbewerb befasst, weiß in der Regel genau, was der Wettbewerb tun und vor allem was er nicht tun sollte.

Die Wettbewerbsfreiheit sichert die Freiheitsrechte, aus denen Wettbewerb entsteht. Die Verkehrs- und Grundfreiheiten im EU-Vertrag zeigen, wie vielfältig und verschieden die rechtlichen und wirtschaftlichen Zusammenhänge sind, in denen ihre Anwendung zum Wettbewerb führt. Der Schutzzweck Wettbewerbsfreiheit stellt sicher, dass jeder auf den Märkten entstehende, auch der neue und unvorhersehbar entstandene Wettbewerb vor privaten oder öffentlichen Eingriffen zu schützen ist. Von neu entstandenem Wettbewerb kann man getrost sagen, dass er anhand des durch ihn geänderten Status quo häufig als zweckwidrig kritisiert wird. Dumping ist das Stichwort, mit dem unerwarteter oder auch nur lästiger Wettbewerb diskreditiert werden soll.

---

36 Das gilt insbesondere für die Anwendung des Missbrauchsverbots in Art. 82 EGV. Für die Anwendung des Missbrauchsverbots in Art. 82 zuletzt EuG 10.4.2008 Deutsche Telekom AG/Europäische Kommission T 271/03 Rn. 192.
37 Übereinstimmend *Hellwig* (2006) und (2007).
38 U.S. v. Aluminum Co. of America, 148 F 2d 416 (2d Cir. 1945).

Aus dem Prinzip der Wettbewerbsfreiheit folgt unter anderem, dass die gesetzlichen Eingriffe in den Wettbewerb und die daraus folgenden Schranken für die Handlungsfreiheit der Unternehmen nicht weitergehen dürfen als es ihr Zweck – der von Beschränkung befreite Wettbewerb – erfordert. Das gilt zugunsten und zu Lasten der betroffenen Unternehmen. Es gilt aber auch für Rechtsprechung und Verwaltung. Sie sollen die am Eigeninteresse orientierte dezentrale Planung der Unternehmen nicht durch ihr eigenes Urteil ersetzen. Auch Abhilfemaßnahmen (remedies) sollen nicht zur Regulierung führen.

Als ein wirtschaftlich und rechtlich erheblicher Zugang zum Verständnis von Handlungsfreiheiten und Wettbewerb hat sich seit Adam Smith die Metapher der Spielregel erwiesen.[39] Zu einer Spielregel gehören die Entscheidung über das Recht, am Spiel teilzunehmen, die Regeln über zulässige und unzulässige Einsätze, schließlich die Akzeptanz des allseitigen Risikos zu gewinnen oder zu verlieren, also das wiederholt erwähnte Prinzip der negativen Rückkopplung. Der Gedanke der Spielregel wird von *Schmidtchen* und von *Hayek* zur Erklärung der eigenen Theorie herangezogen. Das Vorbild *Adam Smith* (1759, 1974, S. 234) konfrontiert die Selbstgewissheiten eines zentralen Planers oder Regulierers mit den Erfordernissen einer freien Ordnung:[40]

> „In dem großen Schachspiel der menschlichen Gesellschaft hat jeder sein eigenes Bewegungsgesetz, das ganz verschieden von dem sein kann, das der Gesetzgeber durchsetzen will. Wenn diese Prinzipien (das Prinzip freie Handlungen und die Gebote des Gesamtsystems) zusammentreffen, und in ein und dieselbe Richtung weisen, wird das Spiel der menschlichen Gesellschaft harmonisch sein und zu Glück und Erfolg führen. Sind sie aber entgegengesetzt und verschieden, so wird es ein miserables Spiel werden und die Gesellschaft wird zu jeder Zeit den höchsten Grad der Unordnung aufweisen."

Hier ist mithin von den Prinzipien die Rede, an denen sich der Gesetzgeber orientieren sollte, der die Handlungsfreiheiten seiner Bürger respektiert. Die Entscheidung darüber, was Recht und Unrecht ist, steht nicht im Belieben des Gesetzgebers. Er muss vielmehr das Bewegungsgesetz der Gesellschaft in Rechnung stellen, das aus den freien Handlungen freier Bürger hervorgeht. Der Wettbewerb gehört zum Bewegungsgesetz der Gesellschaft und die allgemeinen und abstrakten Regeln des Rechts sind es, die damit im Grundsatz übereinstimmen.

Schmidtchen beruft sich für seine Interpretation der Spielregel auf „die Klassiker". Nach seiner Definition ist ein Spiel vollständig beschrieben durch die Spielform und die Auszahlungsmenge (S. 165 Fn. 27). Im Konzept des dynamischen Wettbewerbs sei der Wettbewerb perfekt, wenn er den maximal möglichen sozialen Überschuss verwirkliche (S. 164). Eine solche Analyse ist nach *Hayek* mit dem Konzept der Spielregel „Wettbewerb" unvereinbar. Man veranstaltet Wettbewerb nur, weil das Ergebnis unbekannt ist, das mit seiner Hilfe erreicht werden soll. Daraus ergeben sich weit reichende Folgerungen: Wenn wir die Tatsachen, die wir mit Hilfe des Wettbewerbs entdecken wollen, nicht schon vorher kennen, können wir auch nicht feststellen, wie wirksam er zur Entdeckung aller relevanten Umstände führt, die hätten entdeckt werden können (*Hayek* 1968, 2003, S. 132 f.). Die Korrektur der Ergebnisse wäre nur durch die Wiederholung des Spiels möglich; eine Möglichkeit, die von vornherein ausgeschlossen ist, die aber die Eigenart einer Spielregel noch einmal hervortreten lässt.

---

39 Smith (1759, 1974, S. 234).
40 Übersetzung des Verfassers.

Die Ex-post-Beurteilung von wettbewerbsbeschränkenden Verhaltensweisen anhand von „efficiencies" gerät mit den genannten Grundsätzen unabhängig davon in Konflikt, ob sie an ein gesamtwirtschaftliches Wohlfahrtsmaximum oder an die Konsumentenwohlfahrt anknüpfen. Bei den in den 60er Jahren in den USA heftig geführten Diskussionen über den „performance test" und „workable competition" stand „efficiency" als Erklärung und Rechtfertigung von Wettbewerbsbeschränkungen im Mittelpunkt. Gleichzeitig sind die mit einer solchen Politik verbundenen Fallstricke deutlich geworden. In den Worten von *Dirlam* und *Kahn* (1954, S. 39): „To put the matter bluntly, the market performance test looks at the wrong end of the process." Das gilt entsprechend für den „efficiency"-Test.

Erfahrung und ökonomische Analyse sind unerlässlich, um die vorteilhaften oder schädlichen Wirkungen wettbewerbsrechtlicher Regelungen zu beurteilen, neu einzuführen oder zu korrigieren. Aber das fordert kein vom Wettbewerb verschiedenes Rationalitätsprinzip, wie es Utilitarismus und Wohlfahrtstheorie in ihren verschiedenen Erscheinungsformen postulieren. Diese Ansätze sind vielmehr mit einer Gesamtordnung unvereinbar, die aus Wettbewerb hervorgeht und hervorgehen soll.

Bei *Hayek* (1968, 2003, S. 135) folgt die Absage an alle Kriterien der Wohlfahrt aus dem Befund, dass die Grobstruktur der Wirtschaft keine Regelmäßigkeiten zeigen kann, die nicht Ergebnisse der Feinstruktur sind und dass jene Aggregate oder Durchschnittswerte, die statistisch allein erfassbar sind, keine Informationen über Vorgänge in der Feinstruktur geben. Wettbewerb, Property Rights und Regeln gerechten Verhaltens sind Teil der Feinstruktur, aus der Maßstäbe für die Beurteilung von Wettbewerbsbeschränkungen zu entnehmen sind. *Hayek* steht nicht allein mit seiner Kritik an tatsächlichen oder hypothetischen aggregierten Wohlfahrtsergebnissen als Maßstab für die Beurteilung individuellen Verhaltens. Aus dem Zweck der allokativen Effizienz, heißt es in einer vergleichenden Analyse rechtlicher Institutionen, folge im Ergebnis nichts für das Verständnis des Rechts und subjektiver Rechte.[41]

5. „Erlaubte Freiheit"

Der Wettbewerbsprozess, in dem über Erfolg oder Misserfolg im Wettbewerb entschieden wird, lässt sich nicht, wie *Schmidtchen* am Beispiel von Preiskartellen vorschlägt, auf „protected domaines" zurückführen (S. 166). Verfehlt werden ferner die Funktionen des Wettbewerbs, wenn man die Freiheit (Erlaubnis) als knappes Gut behandelt, über dessen Nutzung durch Allokation von Rechten entschieden werde. Das im Verhältnis zur Rechtsgüterverteilung übergreifende Prinzip ist die Gemeinfreiheit, die in der Wettbewerbsfreiheit stets mitgedacht ist. Den Grundgedanken zeigt der Gegensatz von patentrechtlich geschütztem Wissen und dem im Wettbewerb frei zugänglichen und nutzbaren Wissen.

---

41 *Komesar* (2001, S. 23). Die Kritik an einer ausschließlich instrumentellen Interpretation von Rechten im Utilitarismus Benthams wie in der an „efficiency" und „pareto optimum" orientierten neuen Wohlfahrtstheorie ist ein wesentlicher Bestandteil der eigenen Theorien von *Amartya Sen* (1988) und (2004).

Die Definition von Freiheit als Erlaubnis verweist erneut auf die wohl nicht erkannte Nachfolge nach *Jeremy Bentham*. Danach sind auch Erlaubnisse der Reflex von Normen. Wer aber nur auf Grund einer Erlaubnis frei ist, wird zum Träger utilitaristischer Funktionen. Das von *Schmidtchen* wiederholt herangezogene Verbot von Preiskartellen verteilt keine Property Rights zwischen Anbietern und Nachfragern, es stellt vielmehr die Wettbewerbsfreiheit her und überlässt es den Unternehmen und den Märkten, wie sich diese Entscheidung auf die Güterverteilung auswirkt. Die unter der Rubrik Preiskartell mitbehandelten Ansprüche auf Grund von Behinderungsmissbrauch lassen sich nicht als Prozesse definieren, in denen über die Property Rights der Beteiligten entschieden wird. Kampfpreise eines Marktbeherrschers können unter bestimmten Voraussetzungen rechtswidrig sein. Aber das Urteil, das die Rechtswidrigkeit der Preisunterbietung feststellt, weist keine Property Rights zu, sondern stellt die vom Recht gewollte Preisfreiheit der Beteiligten her: Die des bekämpften Unternehmens und die des Unterbieters mit der Maßgabe, dass seine Preispolitik die den Rechtsverstoß begründenden Merkmale, zum Beispiel einen Verkauf unter variablen Kosten, meidet.

Zu der Property Rights-Interpretation der gesetzlichen Tatbestände der Wettbewerbsbeschränkung (Kartell, Fusion, Missbrauchsverbot für beherrschende Unternehmen) nehme ich nicht im Einzelnen Stellung, weil die zuvor erörterten Grundsatzfragen wiederkehren würden. Anlass zu gesonderter Stellungnahme gibt jedoch der Befund, dass *Schmidtchen* anhand seiner Theorie die verschiedenen gesetzlichen Tatbestände nach einheitlichen Kriterien beurteilen will, zum Beispiel die Fusion wie ein Preiskartell und beide in Übereinstimmung mit dem Missbrauchsverbot. Kann eine Fusion wegen hoher Transaktionskosten weder durch Vereinbarungen noch durch Klage verhindert werden, so soll die Fusion trotz Marktbeherrschung genehmigt werden; Wohlstandsverluste seien durch eine Kontrolle des Preishöhenmissbrauchs zu verhindern.

Wenn man annehmen darf, dass der Gesetzgeber verschiedene Tatbestände der Wettbewerbsbeschränkung unter Berücksichtigung ihrer ökonomischen Eigenarten normiert, dann vermag eine Interpretation nicht zu überzeugen, die auf diese Eigenarten keine Rücksicht nimmt. Das ist nicht nur ein juristisches, es ist ebenso ein ökonomisches Argument. Die Meinung von *Schmidtchen* ist mit der Ratio der Fusionskontrolle unvereinbar. Wenn es eine wettbewerbspolitische Rechtfertigung für die Fusionskontrolle gibt, über die bisher Einigkeit zu bestehen schien, dann ist es ihre Funktion, den Umschlag des Wettbewerbsrechts in verbreitete Preis- und Missbrauchskontrollen zu vermeiden. Die Überlegung von *Schmidtchen* hat jedoch einen über ihre konkrete Anwendung hinausgehenden Erkenntniswert: Seine Doktrin der effizienten Zuweisung von Property Rights ist keine Theorie des Wettbewerbs, sondern eine Theorie der Regulierung. Das bestätigt die These (S. 156 f.), dass die Missbrauchskontrolle und nicht die staatliche Genehmigung unternehmerischen Verhaltens das Herzstück einer Ordnung zum Schutz der bürgerlichen Gesellschaft darstelle. Ich belasse es bei der Anmerkung, dass dieser „Trade off" von Fusionskontrolle und Missbrauchskontrolle einen einmaligen Eingriff (Genehmigung) durch eine flächendeckende und auf Dauer angelegte Regulierung ersetzen würde. Eine bürgerliche Gesellschaft, deren „Herzstück" eine allgemeine Missbrauchskontrolle sein soll, empfiehlt sich als Kennzeichen eines Überwachungsstaates.

IV. Effizienz und Property Rights

Effizienz ist dasjenige Kriterium, das nach *Schmidtchen* (S. 160) und *von Weizsäcker* den Ausweg aus der Leerformel Wettbewerbsfreiheit verspricht. Um den Verdacht pauschaler, das heißt unbegründeter Urteile zu entgehen (*Schmidtchen*, S. 154 f.) ist es geboten, besonders auf die Begründung des Effizienzkriteriums als „normativer Grundlegung der Wettbewerbspolitik" einzugehen. *Schmidtchen* fasst die Leitlinie für Effizienz als Rechtsprinzip anhand von *Coase* zusammen: „Folge den Einsichten von Coase: Bei Transaktionskosten von Null bewirkt jede eindeutige Spezifikation und eindeutige personelle Zuordnung von Property Rights eine maximale Wertschöpfung (Effizienz). Sind die Transaktionskosten prohibitiv hoch, dann sollen die Property Rights so spezifiziert und personell zugeordnet werden, dass die maximale Wertschöpfung resultiert (S. 166)."

Coase formuliert seine grundlegende These vorab: Traditionell wird in der Ökonomie und im Recht gefragt, welche Sanktionen für den gelten, der schädigend in die Property Rights Dritter eingreift.[42] In Betracht kommen dann Unterlassungs- und Schadensersatzansprüche im Privatrecht auf der einen Seite, öffentlich-rechtliche Sanktionen, die vom Verbot bis zur steuerlichen Belastung reichen können, auf der anderen Seite. *Coase* stellt dem die These gegenüber, dass es sich um ein reziprokes Problem handelt, bei dem nicht ausgemacht ist, dass nur die Sanktionen zu Lasten des Schädigers oder Störers rational sind. Die Schäden sind so auszugleichen, dass sie zu einer optimalen Allokation der Ressourcen beitragen.

Coase unterscheidet ein Modell ohne und ein Modell mit Transaktionskosten. Bei Abwesenheit von Transaktionskosten führen zureichend definierte Property Rights bei Vernachlässigung von Einkommenseffekten zu einer optimalen Allokation: „With costless market transactions the decision of the Court's concerning liability for damage would be without effect on the allocation of ressources".[43] Eine Diskussion in den Kategorien der Kausalität bestätigt, dass der Schaden von beiden Parteien verursacht und der Ausgleich unter Berücksichtigung der Interessen beider Parteien gesucht wird. *Schmidtchen* hält das Modell ohne Transaktionskosten, das nach *Coase* auf sehr unrealistischen Annahmen beruht[44], gleichwohl für aussagekräftig (S. 171). Er verwendet es als Maßstab für die Korrektur von Marktverhältnissen mit Wettbewerbsbeschränkungen. Bei positiven Transaktionskosten könnten nicht internalisierte externe Effekte auftreten. Diesem Umstand sollte nach *Coase* durch eine entsprechende Anfangsallokation der Property Rights Rechnung getragen werden. Eine Politik gegen Wettbewerbsbeschränkungen finde hier ihre Legitimation. Sie definiere und schütze Property Rights. Bei Transaktionskosten von Null würde – wie gezeigt – auch bei einem Preiskartell ein Transaktionsvolumen ereicht wie bei vollkommenen Wettbewerb. Bei positiven Transaktionskosten werde es verfehlt. Das Kartellverbot behebe diesen Mangel.

Die Zweifel an der Schlüsselrolle, die *Schmidtchen* dem Modell von Property Rights ohne Transaktionskosten zuweist, folgen aus *Coase* selbst: das Coase-Theorem ist nicht nur und nicht einmal in erster Linie ein Theorem von Property Rights ohne Transakti-

---

42 *Coase* (1960, S. 1 f.).
43 *Coase* (1960, S. 10).
44 *Coase* (1960, S. 15).

onskosten. Praktisch wichtiger ist die Beurteilung von Eingriffen in Property Rights in der Realität, das heißt unter Berücksichtigung von Transaktionskosten.[45] Erhalten bleibt zwar bei dieser Betrachtung die grundlegende Einsicht, dass es sich bei Eingriffen in Property Rights im Verhältnis von Störern und Gestörten, von Schädiger und Geschädigtem um ein reziprokes Problem handelt. Gesondert zu würdigen ist jedoch die weitere Errungenschaft des Coase-Theorems, dass es sich bei den Produktionsfaktoren, die ein Unternehmen erwirbt, nutzt und gegen Eingriffe verteidigt, um ein Bündel von Handlungsrechten handelt. Die damit verbundene Annäherung an die rechtswissenschaftliche Tradition führt zugleich zur Notwendigkeit neuer Abgrenzungen. Für beide, für Recht und Ökonomie, gilt mit *Coase*, dass ein System, in dem die Rechte der Einzelnen unbegrenzt sind, ein System sein würde, in dem es keine Rechte zu erwerben gäbe. Wir haben es in einer freien Ordnung mithin stets mit der gegenseitigen Abgrenzung und Anpassung von Handlungs- und Verfügungsrechten zu tun. In die dafür notwendige Abwägung sind alle erheblichen Umstände einzubeziehen. Vermögens- oder Handlungsrechte ändern jedoch nichts daran, dass diese Rechte an die physische Realität der geschützten Gegenstände und an rechtlich zwingende Einschränkungen ihrer Mobilität und Teilbarkeit gebunden bleiben. Insbesondere sind Property Rights in der Erscheinungsform von subjektiven Rechten an Sachen nicht beliebig teilbar. Deshalb gewinnen bei der Kollision von Property Rights unter Berücksichtigung von Transaktionskosten die institutionellen Bedingungen maßgebliche Bedeutung, unter denen über den Konflikt zu entscheiden ist. *Coase* unterscheidet die folgenden, mit jeweils verschiedenen institutionellen Bedingungen verbundenen Verfahren: Den vertraglichen Interessenausgleich; die Rechtsprechung, die der reziproken Dimension des Problems in verschiedener Weise Rechnung tragen soll; schließlich den Gesetzgeber, der die Property Rights zugunsten *oder* zu Lasten des Störers neu zuordnet. Stets geht es um die Frage, ob die Vorteile des Verbots der Störung größer sind als die Verluste, die an anderer Stelle, zum Beispiel beim Störer, eintreten. Ob Vertrag, Rechtsprechung oder der politische Prozess die am besten geeigneten Mittel sind, hängt von der Art der Störung und von den Transaktionskosten zu ihrer Beseitigung ab. Diffuse Schäden, die eine große Zahl von Menschen betreffen, die also wegen hoher Transaktionskosten durch Vertrag oder Rechtsprechung nicht oder nur unzulänglich ausgeglichen werden können, bedürfen gesetzlicher Regelung. Dabei soll die Gesamtwohlfahrt unter Berücksichtigung der Opportunitätskosten optimiert werden. *Coase* fügt hinzu: „Aber es sei selbstverständlich wünschenswert, dass die Wahl zwischen verschiedenen gesellschaftlichen Arrangements zur Lösung ökonomischer Probleme nicht nur Produktionswerte vergleiche, vielmehr seien alle Sphären des Lebens der Menschen zu berücksichtigen. Dazu gehörten – nach *Frank Knight* - die Öffnung der Wohlfahrtsökonomie für Kategorien der Ästhetik und des Rechts."[46] Hinzuzufügen sind die Unterschiede des Wissens und der Informationen, die den verschiedenen, zur Entscheidung berufenen Institutionen zur Verfügung stehen.

---

45 Die verbreiteten Zweifel an dem Erkenntniswert des Modells ohne Transaktionskosten entsprechen weitgehend den bekannten Einwänden gegen Modelle der vollkommenen Konkurrenz. Siehe den Überblick bei *Richter* und *Furubotn* (2003, S. 113-115).
46 *Coase*, (1972, S. 43).

Gerichte haben anderes Entscheidungswissen als der Gesetzgeber. Im Gegensatz zum Gesetzgeber können sie die konkrete Interessenlage der am Rechtsstreit Beteiligten berücksichtigen. *Coase* hebt hervor, dass Maß- und Gradfragen und der Interessenabwägung bei gerichtlichen Entscheidungen ausschlaggebendes Gewicht zukommt. Das ganze Recht der Störungen (nuisance) sei flexibel und gestatte den Vergleich des Nutzens, den die Handlung stifte mit den Nachteilen, die sie herbeiführe. Er übernimmt aus der rechtswissenschaftlichen Literatur den Grundsatz: „The whole law of nuisance is an attempt to reconcile and compromise between conflicting interests." Jedenfalls sei die Interessenabwägung einer strikten Regel vorzuziehen.[47]

Bezieht man die institutionellen Bedingungen ein, unter denen bei *Coase* über Eingriffe in Property Rights unter Berücksichtigung der reziproken Externalitäten zu entscheiden ist, so lässt sich die von *Schmidtchen* behauptete Alleinherrschaft des die Gesamtwohlfahrt maximierenden Effizienzprinzips nicht aufrecht erhalten. Die dargestellten Einschränkungen des Prinzips folgen bei *Coase* aus den Grenzen, die dem vertraglichen und den gerichtlich zu entscheidenden Interessenausgleich gezogen sind. Sie folgen hauptsächlich aus dem begrenzten Wissen der Gerichte und den rechtlich wie tatsächlich begrenzten Verfügungsmöglichkeiten der Beteiligten. Im Wettbewerbsrecht folgen die Grenzen der Beurteilungskriterien aus der Eigengesetzlichkeit des Wettbewerbs und dem erst durch Wettbewerb zu ermittelnden Wissen.

V. Coase und Hayek

Carl Christian von Weizsäcker, auf den sich *Schmidtchen* wiederholt beruft, folgert die Nicht-Kollision von Effizienz und Freiheit (Recht) aus einem Vergleich des Coase-Theorems mit der „Rule of Law" bei *Hayek*.[48] *Coase* führe die effiziente Zuordnung von Verfügungsrechten unter Berücksichtigung von Transaktionskosten auf kumulatives Richterrecht zurück. Auch *Hayek* sehe in der Rechtsfindung im Common Law den evolutorischen Prozess der Bildung von abstrakten Regeln, die die Freiheit des Individuums in einer produktiven Gesellschaft garantieren. Entscheidend für das Verhältnis dieser theoretischen Ansätze zueinander sei der Begriff der Freiheit. Die Brücke, so meint *von Weizsäcker*, folge aus der sich scheinbar von selbst beantwortenden Frage: In welchem Sinne ist eine zuträgliche, abstrakte Regel etwas anderes als eine abstrakte Regel, die Effizienz befördert? Die Antwort, die beide Positionen zu vereinen scheint, lautet dann: „Den Einzelnen sind solche Handlungen nicht erlaubt, die anderen mehr Schaden zufügen, als sie ihm nutzen". Die Rule of Law im Sinne von *Hayek* sei danach identisch mit dem Effizienzregime, das nach *Coase* ebenso wie die Rule of Law aus dem Common Law resultieren.

Vorab ist zu bemerken, dass in diesem Szenario der „Dritte" fehlt. Das ist bei *Hayek* der Wettbewerb, der bei *Coase* nicht vorkommt, weil er den Prozess untersucht, der ohne oder mit Transaktionskosten die Tendenz hat, zu einer effizienten Allokation von Verfügungsrechten bei schädigenden Störungen oder Eingriffen zu führen. Die Rule of Law hat bei *Hayek* eine wirtschaftlich und rechtlich andere Frage zum Gegenstand als

---

47 *Coase*, (1972 S. 38).
48 von Weizsäcker (2003, S. 335-339).

die efficiency bei *Coase*. Regeln gerechten Verhaltens sind Teil der institutionellen Vorkehrungen, die den einzelnen instandsetzen, trotz weitgehender Unwissenheit über eine Gesamtheit von Gesellschaft mehr Wissen zu nutzen als er individuell haben kann. Diese Regeln ergänzen das Preissystem, das seinerseits Wettbewerb voraussetzt. Das Common Law dient *Hayek* als Beleg dafür, dass es möglich ist, in einer spontanen Ordnung Regeln gerechten Verhaltens durch eine Rechtsprechung zu entwickeln, die sich nicht an konkreten Zwecken der Beteiligten, auch nicht am öffentlichen Interesse orientiert. Maßgeblich sind allgemeine Regeln, die sich im Laufe der Zeit herausgebildet haben und Teil der berechtigten Erwartungen geworden sind, welche die Akteure in ihren Plänen in Rechnung stellen können. Bei *Coase* handelt es sich im Falle der hier zu vergleichenden Rolle der Rechtsprechung um Kollisionen von Property Rights und um die Entscheidung der daraus entstehenden Interessenkonflikte. Dem Gericht sind die beteiligten Parteien ebenso bekannt wie die Tatsachen, die für die Beurteilung der reziproken Folgeschäden erheblich sind. Dieses Problem ist nicht Gegenstand des Wettbewerbsrechts. Bei *Hayek* geht es um die Nutzung von Wissen, das erst durch den Wettbewerb gewonnen wird und durch keine andere Art ermittelt werden kann. In den Worten von *Hayek* (1968, 2003, S. 256):

„Die Ordnung manifestiert sich in erster Linie darin, dass die Erwartungen von bestimmten Transaktionen mit anderen Menschen, auf die die Pläne aller Wirtschaftenden aufgebaut sind, in hohem Maße erfüllt werden. Diese wechselseitige Anpassung der individuellen Pläne wird dabei durch einen Vorgang zustande gebracht, den wir, seit dem die Naturwissenschaften auch begonnen haben sich mit spontanen Ordnungen oder selbst organisierenden Systemen zu befassen, gelernt haben, als negative Rückkopplung zu bezeichnen."

Die durch negative Rückkopplung bewirkte Enttäuschung von Erwartungen ist ein notwendiger Bestandteil des Marktprozesses und der Informationen, die durch das Entdeckungsverfahren Wettbewerb gewonnen werden.

Der aus den verschiedenen Fragestellungen folgende Gegensatz *Hayek/Coase* ist damit noch nicht zureichend gekennzeichnet. Ich kehre zur Ausgangsthese von *von Weizsäcker* zurück: Ob eine Handlung nicht erlaubt ist, weil sie dem Anderen mehr Schaden zufügt als sie ihm Nutzen bringt, lässt sich unter Bedingungen des Wettbewerbs nicht beantworten, weil der einzelne Wettbewerber nicht wissen kann (und auch nicht wissen soll), wie sich seine erfolgreichen oder erfolglosen Aktionen auf Mitbewerber auswirken.

Austauschverträge sind ein wesentlicher Teil des Wettbewerbsprozesses. Auch sie haben bei *Hayek* eine andere Funktion als bei *Coase*. Hier kehrt das bereits behandelte Prinzip der Begrenzung des Vertrages auf die Vertragspartner und seine Neutralität im Verhältnis zu Dritten wieder. Der Vorschlag, bei unvollständigen Verträgen oder bei Vertragsstörungen die „most efficient solution" nach dem Vorbild des Coase-Theorems zugrunde zu legen, weil sie am ehesten dem gemeinsamen Interesse der Parteien entspreche[49], verfehlt die für Austauschverträge typische Interessenlage. Für die Verfolgung gemeinsamer Interessen stehen die gesellschaftsrechtlichen Rechtsformen zur Verfügung. Maßgeblich ist im vorliegenden Zusammenhang jedoch der auch von der ökonomischen Analyse akzeptierte Grundsatz, dass dem Willen der Parteien entsprechende

---

49 *Posner* (2003, S. 96).

Verträge auch die „most efficient solution" sind[50]. Die Folgewirkungen des Vertrages hängen demgemäß von den Dispositionen der Parteien ab, die nicht Gegenstand des Vertrages sind und durch ihn nicht erklärt werden können. Entsprechend begrenzt sind mögliche Aussagen über die gesamtwirtschaftliche, marktübergreifende Effizienz von Verträgen.

Es bleibt ein Unterschied zu behandeln, den *von Weizsäcker* aus dem Freiheitsbegriff *Hayeks*, aus dem Freiheitsbegriff nach herkömmlichem Verständnis und dem Effizienzbegriff der Mainstream-Ökonomie folgert. *Hayek* gehe im Gegensatz zum herkömmlichen Mainstream nicht vom voll rationalen Homo Oeconomicus aus. Der Unterschied zum herkömmlichen Freiheitsbegriff ergebe sich daraus, dass *Hayek* rechtliche Einschränkungen der Freiheit durch Verbote rechtfertige. Die Bindung der Freiheit an Rechtsregeln ist jedoch keine Eigenart des Hayekschen Freiheitsbegriffs. Wir kehren zurück zum „Paradox der Freiheit". Die Möglichkeiten irrationalen Handelns, die *Hayek* einbezieht, sind nicht nur eine Frage der Anthropologie (des Menschenbildes); sie erklären vielmehr die von der Ökonomie verschiedene Eigenart des Rechts. Der Homo Oeconomicus handelt in der utilitaristischen Tradition von *Jeremy Bentham* nur dann rechtmäßig, wenn er rational handelt. In der entgegengesetzten Tradition von *David Hume, Adam Smith* und *Kant* besteht dagegen Übereinstimmung darüber, dass es ausgeschlossen ist, eine Rechtstheorie auf übereinstimmende Motive, moralische Werturteile, Tugenden oder „Pleasure and Pain" zu gründen. Deshalb müssen die Regeln gerechten Verhaltens abstrakt und zweckfrei sein. *David Hume* spricht von den „Rules of Justice" als künstlichen Regeln (artificial rules), die gleichwohl nicht willkürlich sind. Sie müssen gegen die egoistischen Neigungen und das Machtstreben der Menschen entwickelt und im Recht durchgesetzt werden.[51]

Normen gegen Wettbewerbsbeschränkungen nehmen als allgemeine Regeln am Paradox der Freiheit teil, indem sie die Funktion von Verträgen, subjektiven Rechten und Wettbewerb aufeinander abstimmen. Die Erfahrung zeigt, dass der Wettbewerb durch Inanspruchnahme eben dieser Rechtseinrichtungen gefährdet werden kann. Alle Unternehmen sind in der Lage und in der Versuchung, Wettbewerb durch Verträge oder Verhaltensweisen auszuschließen oder zu beschränken. Deshalb soll das Recht der Wettbewerbsbeschränkungen in Übereinstimmung mit den allgemeinen Regeln gerechten Verhaltens die Wettbewerbsfreiheit schützen und gewährleisten.

Literatur

Basedow, Jürgen (2007), Konsumentenwohlfahrt oder Effizienz – Neue Leitbilder der Wettbewerbspolitik?, *Wirtschaft und Wettbewerb*, 57. Jg., S. 112-175.
Bentham, Jeremy (1776, 1977) *Comment on the Commentaries and a Fragment on Government*, hg. von J.H. Burns und H.L.A., Hart, London.
Bentham, Jeremy (1789, 1970), *An Introduction to the Principles of Moral and Legislation*, hg. von J.H.Burns und H.L.A. Hart, London.
Bentham, Jeremy (1802, 1970), *Of Laws in General*, hg. von J.H.Burns und H.L.A. Hart, London.

---

50 *Posner* (2003, S. 96 f.).
51 *Hume* (1740, 1964), S. 252-258).

Böhm, Franz (1933), *Wettbewerb und Monopolkampf, Eine Untersuchung zur Frage der rechtlichen Struktur der geltenden Wirtschaftsordnung*, Berlin.
Böhm, Franz (1958), Wettbewerbsfreiheit und Kartellfreiheit, *ORDO*, Bd. 10, S. 167-203.
Coase, Ronald H. (1960), The Problem of Social Cost, *Journal of Law and Economics*, Bd. 3, S. 1-44.
Dirlam, Joel B. und Alfred E. Kahn (1954), *Fair Competition. The law and economics of antitrust policy*, New York und London.
Epstein, Richard A. (1995), *Simple Rules for a Complex World*, Cambridge.
Hayek, Friedrich A. (1968, 2003), Der Wettbewerb als Entdeckungsverfahren, in: ders., *Rechtsordnung und Handelnsordnung, Aufsätze zur Ordnungsökonomik*, Tübingen, S. 132-149.
Hellwig, Martin (2006), Effizienz oder Wettbewerbsfreiheit? Zur normativen Grundlegung der Wettbewerbspolitik, in: *Recht und spontane Ordnung, Festschrift für E.-J. Mestmäcker zum achtzigsten Geburtstag*, Baden-Baden, S. 231-268.
Hellwig, Martin (2007), *Wirtschaftspolitik als Rechtsanwendung, Zum Verhältnis von Jurisprudenz und Ökonomie in der Wettbewerbspolitik*, Walter-Adolf-Jöhr-Vorlesung 2007, Universität St. Gallen.
Hume, David (1740, 1986) A *Treatise of Human Nature, Part Three, Of Morals*, The Philosophical Works of David Hume, Bd. 2, hg. von T. H. Green and T. H. Grose, London.
Ihering, Rudolf von (1877-1883), *Der Zweck im Recht*, Leipzig.
Kant, Immanuel (1797, 1969), *Metaphysik der Sitten*, Akademieausgabe Bd. VI, Berlin und New York.
Kerber, Wolfgang (2007), Ökonomische Grundlagen des Wettbewerbsrechts, in: Günther Hirsch, Frank Montag und Franz-Jürgen Säcker (Hg.), Münchener Kommentar zum Europäischen und Deutschen Wettbewerbsrecht (Kartellrecht), Bd. 1: Europäisches Wettbewerbsrecht, München, S. 238-430.
Komesar, Neil. K. (2001), *Law's Limits. The Rule of Law and the Supply and Demand of Rights*, New York.
Luhmann, Niklas (1972, *Rechtssoziologie*, 2 Bände, Reinbek.
Luhmann, Niklas (1987), *Rechtssoziologie*, 3. Auflage, Reinbek.
Luhmann, Niklas (1993), *Das Recht der Gesellschaft*, Frankfurt.
Max Weber (1976), Wirtschaft und Gesellschaft. Grundriss der verstehenden Soziologie, 2. Halbband, 5. revidierte Auflage, Tübingen.
Mestmäcker, Ernst-Joachim (1989), Der Kampf ums Recht in der offenen Gesellschaft, *Rechtstheorie*, Bd. 20, S. 273–288.
Mestmäcker, Ernst-Joachim (1977, 1984), Die sichtbare Hand des Rechts, in: ders. (Hg.), *Recht und ökonomisches Gesetz*, 2. Auflage, Baden-Baden, 1984, S. 104-135; ursprünglich erschienen in: Horst Baier (Hg.), *Freiheit und Sachzwang. Beiträge zu Ehren Helmut Schelskys*, Opladen, 1977, S. 294-308.
Mestmäcker, Ernst-Joachim (1993) (Hg.), *Recht in der offenen Gesellschaft*, Baden-Baden.
Mestmäcker, Ernst-Joachim (2007), Franz Böhm und die Lehre von der Privatrechtsgesellschaft, in: Karl Riesenhuber (Hg.), *Privatrechtsgesellschaft – Entwicklung, Stand und Verfassung des Privatrechts*, S. 35-52.
Mestmäcker, Ernst-Joachim (2008), 50 Jahre GWB: Die Erfolgsgeschichte eines unvollkommenen Gesetzes, *Wirtschaft und Wettbewerb*, 58. Jg., S. 6-22.
Mestmäcker, Ernst-Joachim und Heike Schweitzer (2004), *Europäisches Wettbewerbsrecht*, 2. Auflage, München.
Mestmäcker, Ernst-Joachim (1985), Schelskys Theorie der Institutionen und des Rechts, in: *Recht und Institutionen, Helmut Schelsky Gedächtnissymposium*, Münstersche Beiträge zur Rechtswissenschaft, Bd. 15, S. 19-31.
Möschel, Wernhard (2006), Wettbewerb zwischen Handlungsfreiheiten und Effizienzzielen, in: *Recht und spontane Ordnung, Festschrift für E.-J. Mestmäcker zum achtzigsten Geburtstag*, Baden-Baden, S. 355-369.
Posner, Richard (2003), *Economic Analysis of Law*, 6. Auflage, New York.
Richter Rudolf und Eirik G. Furubotn (2003). *Neue Institutionenökonomik*, 3. Auflage; Tübingen.
Schwalbe, Ulrich und Daniel Zimmer, (2006), Kartellrecht und Ökonomie, Frankfurt a.M.
Sen, Amartya (1988), *On Ethics and Economics*, Oxford.

Sen, Amartya (2004), *Rationality and Freedom*, Harvard.
Smith, Adam (1759, 1974), *Theory of Moral Sentiments*, Oxford.
Streit, Manfred (1995), Die Interdependenz der Ordnungen, Eine Botschaft und ihre aktuelle Bedeutung, in: ders., *Freiburger Beiträge zur Ordnungsökonomik*, Tübingen, S. 135-158.
US-Supreme Court (2007), *Weyerhaeuser Co. v. Ross-Simmons Hardwood Lumber Co*, 20. Februar 2007.
Weizsäcker, Carl Christian von (2003), Hayeks Aufsätze zur Ordnungsökonomik sowie zur politischen Philosophie und Theorie. Besprechung zweier Bände aus Hayeks gesammelten Schriften, *ORDO*, Bd. 54, S. 335-339.
Weizsäcker, Carl Christian von (2007), Konsumentenwohlfahrt und Wettbewerbsfreiheit. Über den tieferen Sinn des „economic approach", *Wirtschaft und Wettbewerb*, 57 Jg., S 1078-1084.
Zimmer, Daniel (2007), Der rechtliche Rahmen für die Implementierung moderner ökonomischer Ansätze, *Wirtschaft und Wettbewerb*, Bd. 57, S. 1198-1209.

Zusammenfassung

Gegenstand dieses Beitrages ist das Verhältnis von Ökonomie und Recht in der Auslegung und Anwendung von Normen gegen Wettbewerbsbeschränkungen. Zurückgewiesen wird die im Beitrag zu diesem Band vertretene Meinung von Schmidtchen, „dass es unmöglich ist, in Konfliktsituationen, also solchen Situationen, in denen ein Mehr an Freiheit des A ein Weniger an Freiheit des B impliziert, ein Maximum an Freiheit zu verwirklichen." Die These widerspricht der Theorie des Wettbewerbs als Entdeckungsverfahren ebenso wie dem Verständnis der Wettbewerbsfreiheit im Privat- und Wettbewerbsrecht. Auch anhand des von Schmidtchen zugrunde gelegten Coase-Theorems lässt sich der Widerspruch der Wettbewerbsfreiheit mit sich selbst nicht begründen.

Summary:
Freedom of Competition and Efficiency of Firms

This article deals with the relation of law and economics in the interpretation and application of competition rules. The author takes issue with Schmidtchen's position argued in this volume, "that it is in case of conflicts impossible, to maximize freedom in cases where an additional unit of freedom for A implies an impairment of the same freedom for B." This position is incompatible with the theory of competition as a discovery procedure as well as with the meaning of freedom of competition in private and competition law. The Coase-theoreme, relied on by Schmidtchen, does not permit a finding of a self-contradiction of freedom of competition in dealing with conflicting competitive interests.

André Schmidt

Ordnungsökonomische Wettbewerbskonzepte: Die Wettbewerbspolitik im Spannungsfeld zwischen Freiheit und Effizienz

Inhalt

I. Einführung in die Problemstellung.. 209
II. Normative Grundlagen der Wettbewerbspolitik............................ 211
 1. Grundfragen der Ordnungsökonomik 211
 2. Wohlfahrtsökonomik.. 215
III. Rückblick: Wettbewerbspolitische Leitbilder................................. 217
 1. Wohlfahrtsökonomische Wettbewerbskonzeptionen.................. 218
 2. Das Konzept der Wettbewerbsfreiheit 220
IV. Wohlfahrtsökonomik und der „more economic approach"........... 222
V. Freiheit vs. Effizienz: Der Beitrag ordnungsökonomischer
 Wettbewerbskonzepte 225
 1. Grundprinzipien ordnungsökonomischer Wettbewerbspolitik ... 226
 2. Ordnungsökonomische Wettbewerbspolitik: Schutz der Wettbewerber?.... 228
VI. Fazit.. 231
Literatur 232
Zusammenfassung 235
Summary: Order Economic Concepts of Competition:
Competition Policy between Economic Freedom and Efficiency......... 236

I. Einführung in die Problemstellung

Im Rahmen der wettbewerbspolitischen Diskussion blickt die Frage nach adäquaten Wettbewerbskonzepten auf eine lange Tradition zurück. Insbesondere im deutschsprachigen Raum ist die Kontroverse zwischen *Kantzenbach* und *Hoppmann* unvergessen (*Kantzenbach* 1967, 1968; *Hoppmann* 1967, 1968). Allerdings war und ist diese Diskussion nicht nur auf den deutschsprachigen Raum beschränkt, sondern ließ sich insbesondere auch in den Vereinigten Staaten anhand der unterschiedlichen Konzepte der *Harvard School*, *Chicago School* und *Post-Chicago School* beobachten. Vordergründig ging es stets um die Frage, wie die Wettbewerbspolitik konkret ausgestaltet sein sollte. Angefangen von den Zielvorstellungen bis hin zur Frage, ob die Wettbewerbspolitik stärker einzelfall- oder regelorientiert sowie mehr oder weniger interventionistisch ausgeprägt sein soll. Im Hintergrund steht jedoch eine ganz andere Fragestellung, die den eigentlichen Kern der Diskussion bestimmt. Diese Fragestellung zielt vielmehr auf die normativen Grundlagen der Wettbewerbspolitik, d.h., es handelt sich um die Frage nach der Legitimation für Eingriffe des Staates in den Wettbewerbsprozess mittels wettbewerbspolitischer Regelungen. Die Ursache für diese kontroversen Diskussionen ist leicht ausgemacht: Während weitgehend unbestritten ist, dass der Wettbewerb derjenige Mechanismus in einer jeden Ökonomie ist, der für eine optimale Abstimmung der unzähligen Einzelpläne der Wirtschaftssubjekte führt, ist die Frage, wie dieser Wettbewerb im Einzelfall konkret aussehen soll, weitgehend unbeantwortet geblieben. Dies mag vor allem daran liegen, dass es sich beim Wettbewerbsprozess selbst um ein komplexes Phänomen (*Hayek* 1972) handelt, dessen Ergebnisse weder ex ante noch ex post genau erklärt werden können. Insofern vermag es nicht zu überraschen, wenn die Diskussion über die entsprechenden wettbewerbspolitischen Leitbilder immer wieder in neuen Fassungen auftaucht, ohne sich jedoch substanziell von den bereits vorangegangenen Diskussionen zu unterscheiden.

Neue Nahrung hat diese Diskussion nun vor allem durch den so genannten „*more economic approach*" in der europäischen Wettbewerbspolitik erhalten. Seit 2003 hat die Europäische Kommission ihre Wettbewerbspolitik grundsätzlich reformiert. Unter der Zielsetzung, die Wettbewerbspolitik stärker an den Erkenntnissen der ökonomischen Theorie auszurichten, wurden sowohl die Vorschriften bezüglich des Verbots horizontaler und vertikaler Wettbewerbsbeschränkungen als auch zur Fusionskontrolle angepasst. Gleiches droht nun der Missbrauchsaufsicht gegenüber marktbeherrschenden Unternehmen und der Beihilfenaufsicht. Insbesondere in Deutschland wird dieser ökonomischere Ansatz von kontroversen Diskussionen begleitet. Während einerseits die Befürworter die Möglichkeit sehen, die bisher im Strukturdenken verhaftete „orthodoxe" Wettbewerbspolitik zugunsten einer an der ökonomischen Effizienz orientierten Wettbewerbspolitik zu überwinden (*Hellwig* 2006, *Schmidtchen* 2005, 2006a, 2006b), werden andererseits die Risiken einer rein wohlfahrtsökonomischen Instrumentalisierung der Wettbewerbspolitik betont (*Mantzavinos* 2005, *Christiansen* 2006, *Schmidt* und *Voigt* 2006, 2007, *Basedow* 2007).

Ziel dieses Aufsatzes ist es, auf einer grundsätzlichen Ebene nach den Perspektiven einer ordnungsökonomisch geprägten Wettbewerbspolitik zu fragen. Dabei ist jedoch im ersten Schritt vor allem nach den normativen Grundlagen der Wettbewerbspolitik zu fragen. Hierbei werden Ordnungsökonomik und Wohlfahrtsökonomik einander gegenübergestellt. Daran schließt sich im dritten Teil ein kurzer Rückblick auf die wettbewerbspolitische Leitbilddiskussion an. Darauf aufbauend wird auf die aktuelle Diskussion über den so genannten ökonomischeren Ansatz in der Wettbewerbspolitik und dessen Kritik an den ordnungsökonomischen Ansätzen eingegangen. Die zentrale Frage dabei ist, inwieweit die Wettbewerbspolitik stärker zugunsten einer Effizienzorientierung insbesondere im Bereich der Missbrauchsaufsicht ausgerichtet werden soll, und wie diese aktuelle Forderung aus der Perspektive einer stärker ordnungsökonomisch fundierten Wettbewerbspolitik zu bewerten ist.

II. Normative Grundlagen der Wettbewerbspolitik

1. Grundfragen der Ordnungsökonomik

Die Ordnungsökonomik umfasst die Ordnungstheorie und in ihrer angewandten Form die Ordnungspolitik. Die Denkansätze, welche die Ordnungsbedingtheit wirtschaftlichen Handelns in das Zentrum ihrer Erkenntnisbemühungen stellen, sind untrennbar mit der Freiburger Schule und ihren wichtigsten Vertretern wie *Walter Eucken, Franz Böhm, Friedrich A. Lutz* und *Walter Röpke* verbunden (*Böhm 1980, Eucken 2004, Hartwig 1988*). Im Mittelpunkt des ordnungstheoretischen Denkens steht die Frage nach den unterschiedlichen Konsequenzen bestimmter Arten von Ordnungen für die Wirtschaft und auch für die Gesellschaft (*Radnitzky* 1991, S. III). Mit der expliziten Berücksichtigung der Auswirkungen auf die Gesellschaft soll deutlich werden, dass sich ordnungstheoretische Reflexionen keineswegs nur auf den Bereich der Wirtschaft erstrecken, sondern im Sinne einer Interdependenz der Ordnungen auch auf die gesellschaftliche Sphäre (*Eucken* 2004, S. 180 ff., *Krüsselberg* 1989, S. 226).

Gegenstand der Ordnungstheorie ist somit primär die Analyse und Erklärung der Funktionseigenschaften alternativer Rechts- und Regelordnungen. Die Ordnungstheorie dient daher vor allem der Erklärung des Entstehens allgemein anerkannter formal-rechtlicher Regelungen sowie moralischer Regeln und Normen, der Erklärung, wie diese das wirtschaftliche Verhalten der Akteure maßgeblich prägen und deren Bedeutung für die gesamtwirtschaftliche Koordination des einzelwirtschaftlichen Verhaltens unter Berücksichtigung der sich jeweils ergebenden Auswirkungen auf das Gesellschaftssystem. Darauf aufbauend fragt dann die Ordnungspolitik nach der Ausgestaltung geeigneter institutioneller Arrangements (Rechts- und Regelordnungen), um bestimmte, im Wirtschaftsleben beobachtbare Probleme zu lösen bzw. Zustände zu verbessern. Im Mittelpunkt der Ordnungsökonomik steht hierbei stets der Vergleich verschiedener Regelsysteme.

Die theoretischen Wurzeln der Ordnungsökonomik beschränken sich dabei keineswegs nur auf die Freiburger Schule, sondern haben insbesondere im Rahmen der „*Constitutional Economics*" der *Virginia-School* eine wesentliche Ergänzung erhalten (*Vanberg* 1988; *Leipold* 1990). Das zentrale Anliegen *Buchanans*, der als maßgeblicher Begründer der Konstitutionenökonomik anzusehen ist, war nicht nur die Erklärung für die Entstehung von Institutionen, sondern auch die Entwicklung von Normen für eine Bewertung bestehender Regelsysteme (*Buchanan* 1975, S. 54). Die methodologischen Grundlagen für die Bewertung von Regeln und deren Adäquatheit basieren dabei auf dem normativen Individualismus, wonach ausschließlich Individuen entsprechend ihren Präferenzen und Nutzenvorstellungen handeln. In Analogie des freiwilligen Tauschs auf den Gütermärkten wird das Zustandekommen oder auch die Änderung von Regeln oder auch einer Verfassung als ein freiwilliger Tauschakt betrachtet (*Buchanan* 1990). Individuen, die sich bspw. eine Verfassung geben, stimmen Beschränkungen ihres eigenen Handlungsspielraums zu, und zwar im Tausch gegen die Vorteile, die ihnen daraus erwachsen, dass der Handlungsspielraum der anderen Individuen ebenfalls durch die Regeln der Verfassung beschränkt wird. Nach Ansicht der Verfassungsökonomen kann das Zustandekommen oder die Änderung einer Verfassung nur dann als legitim angesehen werden, wenn hierzu die Zustimmung jedes einzelnen Kollektivmitgliedes erfolgt ist.

Nur die Anwendung der Einstimmigkeitsregel stelle sicher, dass nicht gegen individuelle Präferenzen verstoßen werde und somit effiziente Entscheidungen getroffen werden, also eine „optimale Verfassung" zustande kommt (*Buchanan* und *Tullock* 1962).

Regeln gelten daher stets dann als legitim, wenn kein rational handelndes Individuum Gründe gegen die Einführung dieser Regel anführen könnte. Insofern wird hierbei das aus der Wohlfahrtsökonomik bekannte Pareto-Kriterium auf die Gesamtgesellschaft angewendet (*Voigt* 2002, S. 256). Jedoch wird das Pareto-Kriterium anders als in der Wohlfahrtsökonomik interpretiert. An die Stelle der Pareto-Optimalität tritt die Pareto-Superiorität. Sie kennzeichnet eine Situation, in der eine alternative Regel im Vergleich zum *Status quo* geeignet ist, einen einstimmigen Konsens herbeizuführen. Dann ist die Alternativregel im Vergleich zur gültigen Regel superior.

Sowohl aus der Sicht der Freiburger Schule als auch der *Virginia School* ist für das Verständnis der Ordnungsökonomik elementar, dass Tauschprozesse bzw. ökonomische Interaktionen zwischen Wirtschaftssubjekten stets regelgeleitete Prozesse sind. Eine zentrale Frage der Ordnungsökonomik lautet daher, inwieweit sich dann durch Regeländerungen Tauschgewinne realisieren lassen.

Eine weitere Fragestellung im Forschungsinteresse der Ordnungsökonomik zielt auf die Eigenschaften von Regeln in einer Gesellschaft. Um diese Frage zu beantworten, ist vor allem auf die Österreichische Schule als der vielleicht wichtigsten theoretischen Denkschule der Ordnungsökonomik zu verweisen. Ohne an dieser Stelle auf die dogmengeschichtlichen Hintergründe der Ordnungsökonomik im Detail einzugehen, kann unterstellt werden, dass insbesondere das Denken in Ordnungen von der Österreichischen Schule maßgeblich beeinflusst wurde. Hierbei sei vor allem auf die Schriften von *Friedrich August von Hayek* verwiesen (*Hayek* 1969, 1975, 1976a). Grundlegend für das Verständnis der Österreichischen Schule ist die Annahme des in jeder Gesellschaft vorliegenden konstitutionellen Wissensmangels (*Hayek* 1991, S. 30 ff.). Dieser Wissensmangel ist ubiquitär. Das Wissen in der Gesellschaft ist zerstreut, es lässt sich nicht zentralisieren (*Streißler* 1995, S. 17 f.). Das .heißt, dass zentrale ökonomische Problem ist viel weniger in der effizienten Nutzung knapper Ressourcen zu sehen als vielmehr in der Hervorbringung und Nutzung weit verstreuten Wissens (*Hayek* 1976c, S. 49 ff.). In diesem Zusammenhang wird der Wettbewerb „*als ein Verfahren zur Entdeckung von Tatsachen ..., die ohne sein Bestehen entweder unbekannt bleiben oder doch zumindest nicht genutzt werden könnten*" (*Hayek* 1969, S. 249) angesehen.

Akzeptiert man die Vorstellung der Österreichischen Schule von der Unvollständigkeit des Wissens, so hat dies für die Ausgestaltung der wirtschaftlichen und gesellschaftlichen Ordnung weit reichende Konsequenzen. Eine Konsequenz ist, dass eine erfolgreiche Ordnung nur eine wettbewerbliche Ordnung sein kann, in deren Rahmen der Wettbewerb als Entdeckungsprozess genutzt werden kann. Gleichzeit bedeutet die Unvollständigkeit menschlichen Wissens aber auch, dass es unmöglich ist, eine solche Ordnung auf dem Reißbrett im Sinne einer geplanten bzw. gemachten Ordnung zu verwirklichen *(Hayek* 1986, S. 58 ff.). Insofern ist stets von der Überlegenheit spontaner Ordnungen gegenüber geplanten Ordnungen auszugehen:

„In keiner außer der allereinfachsten Art von sozialer Ordnung ist es vorstellbar, daß alle Tätigkeiten durch einen einzigen Kopf gelenkt werden; und sicherlich hat es noch niemand zustande gebracht, alle Tätigkeiten in einer komplexen Gesellschaft bewusst zu arrangieren, etwas wie eine voll geplante Gesellschaft von auch nur etwas höherem Grad von Komplexität gibt es nicht" (Hayek 1969, S. 41).

Spontane Ordnungen können sich jedoch nur dann entwickeln, wenn die Handlungs- und Entschließungsfreiheit eines jeden Individuums garantiert ist. Unter der Bedingung, dass jedes Individuum nur über unvollständiges Wissen verfügt, erhält in der Österreichischen Schule die persönliche Freiheit der Individuen eine übergeordnete Bedeutung. Die Bedeutung der persönlichen Freiheit ergibt sich aus dem Umstand, dass in komplexen Gesellschaften jedes Individuum auf Wissen angewiesen ist, welches sich nicht in seinem Besitz befindet. Der Erfolg spontaner Ordnungen hängt jedoch wesentlich davon ab, ob es gelingt, das individuell weit verstreute Wissen innerhalb der Gesellschaft allen Individuen verfügbar zu machen (*Hayek* 1991, S. 32 ff.). Mit Hilfe der Sicherung der persönlichen Freiheit sollen sich diejenigen Institutionen herausbilden, die den gesellschaftsweiten Wissenstransfer bewerkstelligen können. Im Rahmen der individuellen Freiheit besitzt jeder dann die Chance, sein Wissen zu nutzen, um mit neuen Handlungsweisen und Ideen experimentieren zu können. Regeln müssen daher unmittelbar darauf abzielen, die persönliche Freiheit der Individuen umfassend zu schützen.

Unter der Annahme der Unvollständigkeit des Wissens sollten daher die eine Ordnung bildenden Regeln die Eigenschaft der Universalisierbarkeit aufweisen. Diese Forderung nach universalen Regeln findet sich bereits schon bei *Kant* (1797). Universalisierbarkeit bedeutet in diesem Zusammenhang, dass die Regeln allgemein sein sollten, so dass sie auf eine nicht vorhersehbare Vielzahl von Personen und Fällen angewendet werden können und dass sie abstrakt formuliert sein sollten, d.h., keine konkreten Handlungen vorschreiben, sondern lediglich eine Reihe von Verhaltensweisen verbieten. Darüber hinaus müssen sie bestimmt sein, so dass die betroffenen Personen wissen, ob eine bestimmte Handlung verboten oder erlaubt ist, sie sollten zudem rechtfertigbar im Sinn als Ergebnis eines rationalen Diskurses sein.

Der Kern des ordnungsökonomischen Ansatzes lässt sich daher wie folgt zusammenfassen: Im Mittelpunkt der Ordnungsökonomik steht die Gestaltung von Regeln. Diese Regeln beziehen sich vor allem auf die Ausgestaltung der konstitutionellen Ebene von Gesellschaftssystemen, auf der festgelegt wird, in welchem Rahmen Gesellschafts- und vor allem Wirtschaftsprozesse stattfinden sollen. Für die Gestaltung der Regeln auf der konstitutionellen Ebene sind im Wesentlichen zwei Prinzipien essenziell. Die Regeln sollen so ausgerichtet sein, dass sie Wettbewerbsprozesse im Sinne des Entdeckungsprozesses ermöglichen und sie sollen die individuelle Freiheit, als Voraussetzung zur Teilnahme an Wettbewerbsprozessen, umfassend schützen.

Damit rückt vor allem die Gestaltung der Wettbewerbsordnung und der Wirtschaftsverfassung in den Mittelpunkt ordnungsökonomischen Denkens. Die Errichtung einer funktionsfähigen Wettbewerbsordnung gehört dabei zu den grundlegenden Prinzipien. In Analogie zum Rechtsstaat schafft sie denjenigen ökonomischen Rahmen, in dem die freie Betätigung der einzelnen Akteure durch die Freiheitssphäre der anderen begrenzt wird (*Eucken* 2004, S. 250). Die Umsetzung der Wettbewerbsordnung erfolgt dabei durch die Wirtschaftsverfassung. In deren Mittelpunkt steht zunächst die Bindung von Macht, sowohl ökonomischer als auch politischer Art. Die Wirtschaftsverfassung dient daher einerseits der Abgrenzung zwischen politischer und wirtschaftlicher Sphäre, andererseits soll sie diese über justiziable Kriterien miteinander kompatibel machen. Die Eigengesetzlichkeit des Ökonomischen soll weder in den rechtsfreien Raum entlassen werden noch dem Staat schutzlos ausgeliefert werden (*Behrens* 1986, S. 12 ff.). Damit ergibt sich für die Wirtschaftsverfassung ein dualistisches Funktionsverständnis. Der Forderung nach staatlicher Beschränkung gegenüber der Sphäre der Wirtschaft steht die Notwendigkeit der Institutionalisierung einer Privatrechtsordnung gegenüber, in der die Privatautonomie des Einzelnen nicht durch die Ausübung der Freiheit durch die Anderen zerstört wird. Die Wirtschaftsverfassung dient demnach primär dem Schutz der individuellen Freiheitsrechte. Der Wettbewerb übernimmt dabei die Rolle derjenigen Institution, in welcher die Freiheitsrechte zur Geltung kommen (*Mestmäcker* 1995, S. 12 sowie *Di Fabio* 2007).

Insbesondere die Freiburger Schule betont in diesem Zusammenhang die Notwendigkeit der Beschränkung von Macht. Dies bezieht sich sowohl auf die Beschränkung wirtschaftlicher als auch politischer Macht. Auch hier kommt dem Wettbewerb als Entmachtungsinstrument wiederum eine zentrale Bedeutung zu. „*Der Wettbewerb ist das großartigste und genialste Entmachtungsinstrument der Geschichte. Man braucht es nur zu beschwören, alle weitere Arbeit leistet es von allein*" (Böhm 1961, S. 22). Damit nimmt die Gestaltung des Wettbewerbs und der Wettbewerbsordnung in der Ordnungsökonomik eine zentrale Rolle ein. Der Wettbewerb dient hierbei weniger als Allokationsmechanismus, sondern vielmehr als ein Mechanismus der Entdeckung neuer Sachverhalte und der Kontrolle von Macht. Die Aufgabe der notwendigen Wettbewerbsordnung ist die Erfüllung zweier Schutzzwecke: Zum einen soll der Wettbewerb als Institution geschützt werden (Institutionenschutz) und zum anderen soll durch wirksamen Wettbewerb die individuelle Freiheit garantiert werden (Individualschutz).[1]

Kritiker mögen an dieser Stelle einwenden, dass die Ordnungsökonomik und der ihr zugrunde liegende Ordoliberalismus eine Schule der politischen und sozialen Ökonomie sei, die auf bestimmten philosophischen Annahmen fußt. Die Ordnungsökonomik würde nicht mehr den Geist der aktuellen Forschung widerspiegeln, da sie kein Konzept der ökonomischen Analyse des Rechts sei sowie nicht auf empirischen ökonomischen Beweisen oder auf mikroökonomischer Theorie beruhen würde, sondern ausschließlich auf humanistischen Werten (*Gerber* 1998, S. 232 ff., *Venit* 2005, S. 1157). Dem jedoch ist entgegenzuhalten, dass das Hauptaugenmerk der Wirtschaftspolitik auf der Rolle der Wirtschaft in der Gesellschaft liegt, was gerade in der Interdependenz der Ordnungen zum Ausdruck kommt. Interessanterweise findet sich diese Erkenntnis auch in der aktuellen Forschung wieder, insbesondere in der auf der Anwendung mikroökonomischer Modelle basierenden Neue Institutionenökonomik. Das Forschungsprogramm der Institutionenökonomik analysiert die Auswirkungen unterschiedlicher institutioneller Arrangements auf das ökonomische Verhalten. Die aktuelle Relevanz ordnungsökonomischer Fragestellungen wird hier vor allem auch durch empirische Ergebnisse unterstützt. Hierbei kann gezeigt werden, dass die Gesellschaften, in denen die Handlungsfreiheiten der Wirtschaftssubjekte umfassend durch die Existenz eines Rechtsstaates geschützt

---

1 Zum Verhältnis zwischen Institutionsschutz und Individualschutz vgl. insbesondere *Mestmäcker* (1968, S. 787 ff.).

werden, ein höheres Wachstum des Pro-Kopf Einkommens sowie höhere Innovationsraten realisieren (*Adkins, Moomaw* und *Savvides* 2002; *Ali* und *Crain* 2002; *Carlsson* und *Lundstrom* 2002). Insofern ist der häufig geäußerte Vorwurf, die Ordnungsökonomik würde nur „alte Geschichten" aufwärmen, an dieser Stelle zurück zu weisen.

2. Wohlfahrtsökonomik

Im Gegensatz zur Ordnungsökonomik wird im Rahmen wohlfahrtsökonomischer Theorie der Wettbewerb als ein Instrument zur Herstellung von Effizienz angesehen. Das Kriterium der allokativen Effizienz gilt dann als erfüllt, wenn die gegebenen Produktionsfaktoren ihrer jeweils günstigsten Verwendungsrichtung zugewiesen werden. Daneben ist auch die Herstellung dynamischer Effizienz anzustreben, im Sinne der Generierung technischen Fortschrittes durch Produkt- und Prozessinnovationen sowie der Herstellung von Anpassungsflexibilität, in dem Sinne, dass sich das Angebot an Waren und Dienstleistungen an veränderte Rahmenbedingungen anpasst.

Die Arbeiten von *Jeremy Bentham* liefern die methodologischen Wurzeln der Wohlfahrtsökonomik. Unter der Annahme eigennutzmaximierender Individuen wird die Erreichung eines gesamtwirtschaftlichen Wohlfahrtsoptimums angestrebt. Dieses Wohlfahrtsoptimum ist dann erreicht, wenn das Pareto-Kriterium erfüllt ist. Entsprechend des ersten Hauptsatzes der Wohlfahrtsökonomik ist das Konkurrenzgleichgewicht (vollständiger Wettbewerb) pareto-optimal, wenn die Nutzenfunktionen der Konsumenten stetig und monoton sind, die Produktionsfunktionen der Unternehmen stetig und die Bedingungen der vollständigen Markttransparenz erfüllt sind (*Arrow* 1951, *Arrow* und *Debreu* 1954). Unter den angegebenen Bedingungen des ersten Hauptsatzes lassen sich beliebige Pareto-Optima realisieren, wenn alle Präferenzen der Konsumenten konvex, die Produktionsfunktionen konkav sind und Kopfsteuern ohne Transaktionskosten durchgeführt werden können (zweiter Hauptsatz der Wohlfahrtsökonomik). Mit anderen Worten, jeder pareto-optimale Zustand kann durch ein allgemeines Konkurrenzgleichgewicht bei geeignet gewählten Kopfsteuern realisiert werden (*Debreu* 1959).

Ist die Realisierung dieser Pareto-Optima nicht möglich, so spricht man vom so genannten Marktversagen (externe Effekte, Größenvorteile, unvollständige Informationen). Dann werden in der Wohlfahrtsökonomik Eingriffe des Staates in den Marktprozess legitimiert. Die Modellwelt der Wohlfahrtsökonomik basiert auf der Fiktion eines so genannten wohlmeinenden sozialen Planers, der in der Lage ist, mittels dirigistischer Eingriffe in den Marktprozess, die pareto-optimale Situation herbeizuführen. Wohlmeinend bezieht sich darauf, dass dieser Planer die Präferenzen der Wirtschaftssubjekte genau kennt und auch entsprechend der Grundannahme des methodologischen Individualismus respektiert. Eigene Wertvorstellungen des Planers würden allenfalls bei Umverteilungsfragen eine Rolle spielen.

Damit wird deutlich, dass die Wirtschaftspolitik im Rahmen der Wohlfahrtsökonomik a priori ergebnisorientiert ausgerichtet ist, es geht um die Realisierung des Wohlfahrtsoptimums. Der Wettbewerb selbst ist hier nur ein entsprechendes Instrument zu Erreichung dieses Optimums, er ist allerdings keine notwendige Bedingung für dieses Optimum. Für die Ausgestaltung des Wettbewerbs und damit auch für die Wettbewerbspolitik bedeutet dies, dass der Wettbewerb so zu gestalten ist, dass er dieses Wohlfahrtsoptimum erreicht.

Gesellschaftspolitische Grundüberzeugungen, demokratietheoretische Aspekte sowie Werte wie Freiheit oder Bürgersouveränität spielen daher in der Wohlfahrtsökonomik explizit keine Rolle. Im Gegenteil, wenn beispielsweise durch Zwang eine effizientere Allokation öffentlicher Güter erfolgen kann, so wird in einer durch Zwang organisierten Gesellschaft ein höheres gesellschaftliches Nutzenniveau realisiert (*Hellwig* 2006, S. 237).[2] Aus wohlfahrtsökonomischer Perspektive ist dann eine solche, mittels Zwang und staatlicher Intervention organisierte Gesellschaft einer auf Freiheitswerten basierenden Gesellschaft vorzuziehen. Einziger Bewertungsmaßstab in der Wohlfahrtsökonomik ist die Herstellung von Effizienz.

Zusammenfassend lässt sich daher zeigen, dass in der Wohlfahrtsökonomik im Gegensatz zur Ordnungsökonomik Beschränkungen der individuellen Freiheit toleriert werden, wenn diese aus Zweckmäßigkeitsüberlegungen – meistens Effizienzüberlegungen – gerechtfertig erscheinen. Für die Prüfung, inwieweit durch Ausübung staatlichen Zwangs individuelle Freiheitsrechte verletzt werden, ist in der Wohlfahrtsökonomik kein Platz (*Hellwig* 2006, S. 238). Einziger Referenzmaßstab ist das Handeln des fiktiven wohlmeinenden Planers zur Herstellung gesellschaftlicher Wohlfahrt. Mit Verweis auf den „wohlmeinenden Planer" abstrahiert die Wohlfahrtsökonomik auch von dem in der Ordnungsökonomik postulierten Wissensproblem. Unter der Annahme der vollständigen Information reduziert sich die ökonomische Effizienz auf ein einfaches Optimierungskalkül. Allerdings bleibt offen, woher der wohlmeinende Planer das Wissen nimmt, das erforderlich ist, um die gesamten Wohlfahrtswirkungen des spezifischen Eingriffes in das komplexe System Wirtschaft umfassend, bzw. hinreichend genau, abschätzen zu können.

Auf der Basis der wohlfahrtsökonomischen Theorie haben sich insbesondere in der Neuen Industrieökonomik eine Reihe modelltheoretischer Ansätze entwickelt, die ohne Zweifel zur Weiterentwicklung der Wettbewerbstheorie geführt und die Wettbewerbspolitik theoretisch stärker fundiert haben. Dies betrifft vor allem die spieltheoretisch fundierte Oligopoltheorie sowie die verschiedenen Modelle unter unvollständiger Information. Fraglich ist allerdings, ob auf der Basis dieser Modelle eine höhere Entscheidungsqualität in der Wettbewerbspolitik erreicht werden kann (*Schmidt* und *Voigt* 2007). Diese Skepsis stützt sich vor allem auf die begrenzte Übertragbarkeit der Spieltheorie und deren eingeschränkten Annahmen auf die Erklärung realer Wettbewerbsprozesse (*Güth* 1992; *Phlips* 1995, S. 11), der Problematik multipler Gleichgewichte bei dynamischen Spielen unter asymmetrischen Informationen und dem daraus resultierenden Problem der fehlenden Eindeutigkeit des Gleichgewichts sowie der in der Neuen Industrieökonomik zunehmenden Fokussierung auf kurzfristige Preis- und Mengeneffekte und der damit drohenden Vernachlässigung anderer Wettbewerbsdimensionen (*Budzinski* 2007). Die Anwendung dieser Modelle setzt in wohlfahrtsökonomischer Tradition voraus, dass geeignete Entscheidungsträger, hier in diesem Fall die Wettbe-

---

2 Vgl. kritisch hierzu insbesondere *De Jasay, A.* (1991) und (1993) sowie *Bouillon, H.* (1997, S. 129 ff.).

werbsbehörde oder die entsprechenden Gerichte, in der Lage seien, die entsprechenden Effekte des Wettbewerbsverhaltens richtig abschätzen zu können. Über dieses Wissensproblem können sich jedoch auch die noch so stark verfeinerten und brillanten Modelle nicht hinwegsetzen.

Dabei vernachlässigt die Wohlfahrtsökonomik einen weiteren, nicht weniger bedeutenden Punkt. Das Konzept der Wohlfahrtsökonomik steht und fällt mit der Rolle des wohlmeinenden Planers. Warum ausgerechnet die politisch handelnden Akteure keine Eigennutzenmaximierung betreiben sollten, bleibt eine der wesentlichen theoretischen Inkonsistenzen der Wohlfahrtsökonomik. In diesem Zusammenhang sieht *Vanberg* für die Wohlfahrtsökonomik ein Adressatenproblem (*Vanberg* 2007). So zeige insbesondere die Public-Choice Theorie, dass die politisch handelnden Akteure diejenigen Maßnahmen beschließen werden, die ihren Eigennutzen unter den Bedingungen des politischen Wettbewerbs entsprechend maximieren (*Buchanan* und *Tollison* 1972). Diese müssen allerdings nicht den Handlungen eines wohlmeinenden Planers entsprechen. Allerdings erstreckt sich nach *Vanberg* das Adressatenproblem nicht nur auf die Agenten, sondern auch auf die Prinzipale bzw. die Wähler. So sind auch diese nicht an Maßnahmen interessiert, die eine abstrakte gesellschaftliche Wohlfahrtsfunktion maximieren, sondern an Maßnahmen, die ihre eigene Nutzenposition verbessern. Dies setzt jedoch dann wiederum eine allokationsneutrale Umverteilung entsprechend dem *Kaldor-Hicks-Kriterium* voraus, deren Durchsetzung dann wiederum häufig an den Intransparenzen und Unvollständigkeiten im politischen Wettbewerb scheitert.

Zusammenfassend wird bei der Gegenüberstellung der ordnungsökonomischen und der wohlfahrtsökonomischen Perspektive als normative Grundlagen der Wettbewerbspolitik deutlich, dass die Ordnungsökonomik auf eine indirekte Regelsteuerung der Wirtschaft abzielt. Dagegen setzt die Wohlfahrtsökonomik auf eine direkte Ergebnissteuerung der Ökonomie unter der Zielsetzung der Maximierung der Gesamtwohlfahrt. Insofern ist das Konzept der Wohlfahrtsökonomik von seinen Wurzeln her stärker interventionistisch ausgelegt. Darüber hinaus verzichtet die Wohlfahrtsökonomik im Vergleich zur Ordnungsökonomik auf eine Legitimation in Einklang mit gesellschaftlichen Grundwerten und abstrahiert von der ubiquitären Unvollständigkeit menschlichen Wissens. Diese unterschiedlichen Grundpositionen spiegeln sich auch in der unterschiedlichen Akzentuierung der Wettbewerbspolitik wider. Beide Ansätze beruhen auf Werturteilen. Während die Ordnungsökonomik auf dem Werturteil beruht, dass die Quellen des Wohlstands in einer Gesellschaft im umfassenden Schutz der individuellen Handlungs- und Entschließungsfreiheiten zu sehen ist, betont die Wohlfahrtsökonomik, dass das ausschließliche Ziel wirtschaftspolitischer Gestaltung die Herstellung gesamtwirtschaftlicher Wohlfahrt sei, die in den Nutzenpositionen der Produzenten und Konsumenten zum Ausdruck kommt.

III. Rückblick: Wettbewerbspolitische Leitbilder

Die wettbewerbspolitischen Leitbilder stellen Konzeptionen für die Ausgestaltung der Wettbewerbspolitik dar, in denen die wettbewerbspolitischen Ziele definiert und zielkonforme Instrumente und Träger abgeleitet werden. Idealtypisch lassen sich gemäß der einführenden Darstellung in der Wettbewerbspolitik der wohlfahrtsökonomische

Ansatz und der systemtheoretische Ansatz, der dem ordnungsökonomischen Paradigma entspricht, unterscheiden (*Herdzina* 1999, S. 107):

Abbildung 1: Überblick über wettbewerbspolitische Leitbilder

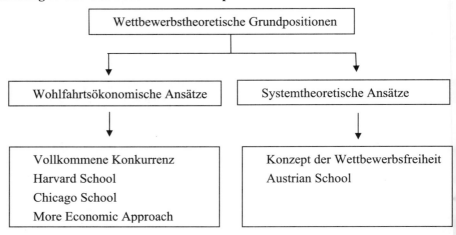

Die Zuordnung der verschiedenen wettbewerbstheoretischen Konzeptionen zu den Idealtypen ist dabei nicht frei von erheblichen Zuordnungsproblemen. So gibt es realtypische Positionen, die sowohl Elemente des wohlfahrtsökonomischen als auch des systemtheoretischen Ansatzes in sich vereinigen. Besonders deutlich wird dies beispielsweise bei der Einordnung der Konzeption der Chicago School. Obwohl die Chicago School hinsichtlich ihrer wettbewerbspolitischen Empfehlungen dem systemtheoretischen Ansatz sehr nahe steht (*Paqué* 1985, S. 412 ff.), kann sie dennoch aufgrund der Betonung des Ziels der Steigerung der Konsumentenwohlfahrt den wohlfahrtsökonomischen Ansätzen zugerechnet werden.

1. Wohlfahrtsökonomische Wettbewerbskonzeptionen

Kennzeichen der wohlfahrtsökonomischen Ansätze ist das funktionalistische bzw. ergebnisorientierte Wettbewerbsverständnis. Sie instrumentalisieren den Wettbewerb zur Erreichung spezifischer Ziele. So betont beispielsweise die Harvard School in bester wohlfahrtsökonomischer Tradition die Ziele zur Erreichung statischer und dynamischer Effizienz (*Clark* 1961, S. 63 ff.). Auf der Basis des zugrunde liegenden Marktstruktur-Marktverhalten-Marktergebnis-Paradigmas steht dann die geeignete Beeinflussung der Marktstruktur im Zentrum, um optimale – dem instrumentalistischem Verständnis von Wettbewerb entsprechende – Marktergebnisse hervorzubringen (*Bain* 1968, *Kantzenbach* und *Kallfaß* 1981). Das heißt, Wettbewerbspolitik ist im Verständnis der Harvard School und ihrer Vertreter zuallererst Marktstrukturpolitik (*Kantzenbach* 1967). Diese Marktstrukturpolitik erfolgt dann stets im Spannungsfeld zwischen den statischen und dynamischen Wettbewerbsfunktionen, wobei den dynamischen ein höherer Stellenwert eingeräumt wird.

Noch deutlicher tritt der Zielkonflikt zwischen allokativer und dynamischer Effizienz im wohlfahrtsökonomischen Konzept der Chicago School zu Tage. So beschreibt bereits *Williamson* in seinem Trade-off-Modell (*Williamson* 1968), dass die Wettbewerbsbehörde zwischen technischen Effizienzgewinnen und möglichen allokativen Ineffizienzen abzuwägen habe. So lange die technischen Effizienzgewinne die allokativen Ineffizienzen überkompensieren, wären wettbewerbsbeschränkende Verhaltensweisen hinnehmbar, da sie die Gesamtwohlfahrt erhöhen würden. Hierbei zeigt sich der wohlfahrtsökonomische Charakter der Chicago School, auch wenn sie als kritischer Gegenpol zum Konzept des funktionsfähigen Wettbewerbs der Harvard School aufgefasst werden kann (*Bork* 1978, *Posner* 1979, *Audretsch* 1988). Normativ lehnt die Chicago School den Zielpluralismus der Harvard School und das Marktstruktur-Marktverhalten-Marktergebnisparadigma als deren theoretische Basis ab. In der Maximierung der Konsumentenwohlfahrt sieht sie das alleinige Ziel der Wettbewerbspolitik. Die Konsumentenwohlfahrt wird ausschließlich durch allokative und produktive Effizienz bestimmt. *Bork* spricht in diesem Zusammenhang auch von der so genannten kompetitiven Effizienz, die sich am Unternehmenserfolg manifestiere, da dieser ein Anzeichen dafür sei, dass ein Unternehmen die Konsumentenwünsche optimal erfülle (*Bork* 1978, S. 104 ff.). Im Vordergrund stehen hierbei vor allem die Realisierung von „*economies of scale* and *scope*".

In der wettbewerbspolitischen Beurteilung gelangt daher die Chicago School im Vergleich zur Harvard School und deren Konzept eines funktionsfähigen Wettbewerbs zu anderen Ergebnissen, die vom Charakter her weniger interventionistisch ausfallen. Einer aktiven gestalterischen Wettbewerbspolitik stehen die Vertreter der Chicago School kritisch gegenüber, da sich optimale Unternehmensgrößen nur daran erkennen lassen, wer sich letztendlich im Markt durchsetzt. Das Bestreben nach Marktmacht wird zwar als negativ angesehen, da Marktmacht als solche immer mit allokativen Ineffizienzen verbunden sei, jedoch wird die stabile Existenz marktbeherrschender Stellungen vor allem durch den Verweis auf potenziellen Wettbewerb stark in Zweifel gezogen. Stabile Konzentrationsraten sind daher auch als Beweis dafür anzusehen, dass keine kollusive Verhaltensabstimmung erfolge, da anderenfalls Dekonzentrationsprozesse infolge des Marktzutritts potenzieller Konkurrenten auftreten würden (*Brozen* 1971, S. 1977).[3] Weitgehende Eingriffe in die Marktstruktur werden daher prinzipiell abgelehnt.

Auch wenn die Chicago School die wohlfahrtsökonomische Instrumentalisierung der Wettbewerbspolitik als solche ablehnt, bedeutet dies jedoch nicht, dass deren Konzeption in Widerspruch mit den grundsätzlichen Annahmen der Wohlfahrtsökonomik steht. Der Unterschied zur Harvard School manifestiert sich vielmehr in der Rollenzuweisung der wettbewerbspolitischen Entscheidungsträger. Während die Harvard School die wettbewerbspolitischen Entscheidungsträger in die Nähe des wohlmeinenden Planers rückt, der die Marktstrukturen so gestalten soll, dass sich wohlfahrtsoptimale Marktergebnisse einstellen, vertrauen die Vertreter der Chicago School viel stärker auf die Fä-

---

3 Hier zeigt sich bereits, dass es sich bei der Markttheorie der Chicago School um eine schwache Form der später von *Baumol, Panzar* und *Willig* (1982) entwickelten „contestable market theory" handelt (*Gilbert* 1989, S. 113).

higkeit von Marktprozessen, wohlfahrtsökonomisch wünschenswerte Ergebnisse im Sinne der Maximierung der Konsumentenwohlfahrt herbeizuführen. Staatliche Eingriffe in den Wettbewerbsprozess werden daher außerordentlich skeptisch beurteilt, vielmehr seien sie häufig gerade die Hauptquellen von Wettbewerbsbeschränkungen und Wettbewerbsverfälschungen. Inwieweit die rechtliche Sicherung des Wettbewerbs notwendig ist, weil der sich selbst überlassene Wettbewerb zur Selbstaufhebung durch Monopolisierung und Wettbewerbsbeschränkungen führt, beantwortet die Chicago School nur mit einem strikten Monopolisierungsverbot.

Von der Existenz eines Freiheitsziels wird in den wohlfahrtsökonomischen Ansätzen der Wettbewerbspolitik vollkommen abstrahiert. Insbesondere in der Chicago School wird das von *Eucken* und *Böhm* problematisierte Machtproblem nahezu gänzlich ausgeblendet. In der Wettbewerbspolitik, die ausschließlich dem Effizienzziel verpflichtet ist, findet sich kein Platz für die Berücksichtigung von Freiheitsaspekten. Dies ist insofern inkonsequent, als die Sicherung der wettbewerblichen Handlungs- und Entschließungsfreiheit eine essenzielle Voraussetzung dafür ist, dass der Wettbewerbsprozess seine effizienzfördernden Wirkungen auch zur Geltung bringen kann.

2. Das Konzept der Wettbewerbsfreiheit

Der systemtheoretische Ansatz wurde vor allem von *Erich Hoppmann* Ende der sechziger Jahre als Gegenentwurf zum Konzept des funktionsfähigen Wettbewerbs entwickelt. Er ist untrennbar mit der *Austrian School* verbunden und deren Annahmen bezüglich der Unmöglichkeit der rationalen Konstituierung einer gesellschaftlichen Ordnung und der Unvollständigkeit des Wissens. Im Verständnis der systemtheoretischen Wettbewerbskonzeption ist der Wettbewerb ein offener Prozess, dessen Ergebnisse nicht genau vorhergesagt werden können. Wettbewerbspolitik hat sich daher nicht an den Ergebnissen des Wettbewerbs zu orientieren, sondern an dessen Voraussetzungen, welche ausschließlich auf der Sicherung der Existenz der persönlichen Marktfreiheit basieren.

In der konkreten Anwendung der Wettbewerbspolitik zeichnet sich der systemtheoretische Ansatz durch ein hohes Maß an Bescheidenheit aus. Das Anspruchsniveau der staatlichen Wettbewerbspolitik wird erheblich abgesenkt (*Schmidtchen* 1978, S. 19). Unter den Annahmen, dass es sich bei Wettbewerbsprozessen um ein höchst komplexes Phänomen handelt und dass ein ubiquitärer Wissensmangel sowohl bei den Marktteilnehmern als auch bei den politisch handelnden Akteuren besteht, würde eine Wettbewerbspolitik, die den Wettbewerbsprozess rational gestalten wollte, ihre Erkenntnisgrenzen weit überschreiten. Es ist daher auch zwecklos, den Wettbewerb anhand etwaiger Marktergebnisse beurteilen zu wollen, da diese allenfalls Zwischenergebnischarakter haben, die den Marktteilnehmern anzeigen, wie sie ihr künftiges Handeln auszurichten haben (*Schmidtchen* 1988, S. 127). Wettbewerb fungiert einzig und allein als Koordinationsmechanismus, der effiziente Transaktionen ermöglicht, die für alle Marktteilnehmer vorteilhaft sind, was bei freiwilligen Transaktionen grundsätzlich unterstellt werden kann (*Kirzner* 1992, S. 184 ff.). Diese Koordinationsfunktion gilt allgemein als gesichert, wenn die persönliche Freiheit der Wirtschaftssubjekte durch allgemeine Verhaltensregeln geschützt wird.

In den systemorientierten Ansätzen hat die Wettbewerbspolitik daher nur einem einzigen Ziel zu dienen: der Sicherung der Freiheit (*Hoppmann* 1973, S. 41 ff.). Diese Wettbewerbsfreiheit umfasst sowohl die Freiheit der Konkurrenten zu Vorstoß und Imitation als auch die Auswahlfreiheit der Partner auf der Marktgegenseite (*Hoppmann* 1967, S. 88 ff.). Grundlegend für das Wettbewerbsverständnis von *Hoppmann* ist dabei die so genannte Non-Dilemma-These. Zwischen dem Freiheitsziel und ökonomischen Wettbewerbsfunktionen, die vor allem wohlfahrtsökonomische Aspekte abdecken, besteht Zielharmonie, da freier Wettbewerb eine komplexe Ordnung darstellt, die das Marktsystem im Sinne eines Selbststeuerungssystems funktionsfähig macht und gleichzeitig gute, im einzelnen aber nicht genau vorhersehbare ökonomische Ergebnisse hervorbringt. Wettbewerbsfreiheit ist dann für alle Marktteilnehmer ökonomisch vorteilhaft (*Hoppmann* 1968, S. 9 ff. und 14 ff.). Zielkonflikte können sich nur dann ergeben, wenn der Wettbewerb als ein Instrument angesehen wird, das der Verwirklichung überindividueller ökonomischer Zwecke dient. Eine solche Instrumentalisierung ist daher abzulehnen, eröffnet sie doch interventionistischen bzw. freiheitsbeschränkenden Bestrebungen unvorhersehbare Möglichkeiten.

Im Mittelpunkt der wettbewerbspolitischen Implikationen des Konzepts der Wettbewerbsfreiheit von *Hoppmann* steht demzufolge ein Verbot freiheitsbeschränkender Verhaltensweisen. Die Wettbewerbsfreiheit sieht *Hoppmann* immer dann in Gefahr, wenn die Handlungs- und Entschließungsfreiheit eines Wirtschaftssubjektes derart eingeschränkt wird, dass es nicht mehr seinen eigenen Plänen und Absichten folgen kann, sondern nur noch in den Dienst des Zwangsausübenden gestellt wird (*Hoppmann* 1988a, S. 302). Solche freiheitsbeschränkenden Verhaltensweisen sind daher per se zu verbieten. Gleiches fordert *Hoppmann* beispielsweise auch für Unternehmensfusionen. Fusionen stellen für ihn eine Freiheitsbeschränkung dar, da die Substitutionsmöglichkeiten im Austauschprozess systematisch reduziert werden (*Hoppmann* 1972, S. 66). Im Gegensatz jedoch zur ordnungsökonomischen Konzeption von *Eucken* und *Böhm* sieht *Hoppmann* die Legitimation der Fusionskontrolle hauptsächlich nicht in den Kriterien der Machtkontrolle und Verhinderung von Konzentration (*Hoppmann* 1988b, S. 338 f.). Es dürfe nicht das Ziel der Wettbewerbspolitik sein, Machtentstehung zu verhindern oder gar Macht an sich zu bekämpfen, da Bildung und Erosion von Macht für Wettbewerbsprozesse konstituierend sei. Einzig und allein die Bekämpfung unangemessener im Sinne nicht-leistungsbedingter Macht, die die Freiheitsspielräume von Dritten beschränkt, dient als Legitimationsargument für die Fusionskontrolle.

Der systemtheoretische Ansatz der Wettbewerbspolitik entspricht weitgehend dem ordnungsökonomischen Wettbewerbsverständnis. Nicht die Maximierung wohlfahrtsökonomischer Zielgrößen steht hier im Vordergrund, sondern die Sicherung der individuellen Freiheit. Demzufolge lässt sich Wettbewerbspolitik auch auf eine einfache Aufgabe reduzieren: Sie soll freiheitsbeschränkende Maßnahmen per se verbieten. Die Überlegenheit von Per-se-Regeln entstammt dabei weitgehend den Auffassungen der *Austrian School*, die der Anwendung von Rechtsregeln durch die Rechtsprechung keinerlei diskretionäre Handlungsspielräume zubilligt, da diese stets nur der Durchsetzung privilegierter Sonderinteressen dienen (*Hayek* 1976b, S. 101 sowie *Hayek* 1991, S. 185). Nicht diskretionär soll die Wettbewerbsbehörde in den Wettbewerbsprozess eingreifen, sondern mit Hilfe universaler Regeln sollen die Freiheiten der Wirtschaftssubjekte geschützt werden, die den Wettbewerb ermöglichen und aus denen er entsteht.

In der aktuelleren Forschung finden sich die Gedanken einer an der Wettbewerbsfreiheit orientierten Wettbewerbspolitik insbesondere in der Konstitutionenökonomik wieder (*Kerber* 2008). Im Rahmen der konstitutionenökonomischen Analyse können auf der Basis der Bürgerpräferenzen individuelle Freiheitsrechte abgeleitet werden, die den Status der absoluten Unverletzbarkeit erlangen. Das heißt, diese sind durch Per-se-Regeln umfassend zu schützen und dürfen daher nicht Gegenstand einer Abwägung sein. Das alles entscheidende Kriterium sind dann die Bürgerpräferenzen.

IV. Wohlfahrtsökonomik und der „more economic approach"

Betrachtet man die wettbewerbspolitische Praxis genauer, so stellt man sehr schnell fest, dass diese in der Hauptsache von den wohlfahrtsökonomischen Leitbildern der Wettbewerbspolitik dominiert wird.[4] Oder um es anders herum zu formulieren, die systemtheoretischen und damit stärker ordnungsökonomisch ausgerichteten Ansätze der Wettbewerbspolitik haben sich realiter kaum durchsetzen können. Allenfalls im Per-se-Verbot zum Missbrauch einer marktbeherrschenden Stellung und im generellen Kartellverbot finden sich Parallelen zum ordnungsökonomischen Wettbewerbsleitbild.

Die Ursachen hierfür sind sehr vielfältig: Zum einen lassen sich vor allem politökonomische Erklärungen anführen. Während der systemtheoretische Ansatz primär auf die Anwendung von Per-se-Verboten freiheitsbeschränkender Verhaltensweisen setzt und somit den Kartellbehörden wenig diskretionäre Entscheidungsspielräume lässt, haben diese selbst nur einen geringen Anreiz an der Durchsetzung einer ordnungsökonomisch ausgerichteten Wettbewerbspolitik, da sie damit ihre eigenen Handlungsspielräume beschränken würden. Zum anderen werden insbesondere aus wohlfahrtsökonomischer Sicht erhebliche Zweifel an der Effizienz von Per-se-Regeln in der Wettbewerbspolitik geäußert. So beenge die Verwendung von Per-se-Regeln die Möglichkeiten des Wettbewerbsschutzes im Sinne einer aktiveren Wettbewerbspolitik. (*Bartling* 1980, S. 54 ff.). Da es aus wohlfahrtsökonomischer Sicht vielleicht nur mit der Ausnahme von Preisabsprachen kaum Verhaltensweisen gibt, bei denen die wettbewerbsbehindernden Wirkungen stets die wohlfahrtsfördernden dominieren würden, sei es für die Beurteilung des jeweiligen Verhaltens unumgänglich, die gesamten relevanten Verhaltens- und Bedingungskonstellationen des konkreten Einzelfalls zu untersuchen. Dies sei mit Per-se-Regeln nicht realisierbar, woraus ein klarer Vorteil von Abwägungsklauseln im Sinne einer rule of reason gesehen wird (*Areeda* 1992, S. 42 f.). Mit anderen Worten, eine zentrale Schwäche freiheitsorientierter und regelgebundener Wettbewerbspolitik ist darin zu sehen, dass sie das Risiko „*überschießender Eingriffe*" (*Möschel* 2006, S. 366) in sich birgt, in dem Sinne, dass die Wettbewerbspolitik zu restriktiv ausfällt und so zu

---

4 Dabei soll keineswegs verschwiegen werden, dass die ordnungsökonomischen Ansätze der Freiburger Schule großen Einfluss auf das deutsche und europäische Wettbewerbsrecht genommen haben. Die Feststellung der Dominanz wohlfahrtsökonomischer Ansätze bezieht sich primär auf die Frage der Anwendung und die Ausgestaltung der konkreten Wettbewerbspolitik.

einer Erhöhung des Entscheidungsfehlers 2. Ordnung (ungerechtfertigte Untersagungen) führen würde (*Christiansen* 2006, 150 ff, *Cooper, Froeb, O'Brien* und *Vita* 2005, S. 306 f).

Darüber hinaus gibt es noch einen dritten Aspekt, der mit dem oben genannten in unmittelbarem Zusammenhang steht und die Durchsetzung und Realisierung einer ordnungsökonomisch orientierten Wettbewerbspolitik wohl maßgebend behindert hat. Die Ursache findet sich dabei im ordnungsökonomischen Ansatz selbst. Bis heute ist es den Vertretern ordnungsökonomischer Ansätze in der Wettbewerbspolitik nicht gelungen, das logisch konsistente ordnungsökonomische Konzept, die Wettbewerbspolitik auf den Schutz der Freiheit auszurichten, operationalisierbar zu machen. Eine ausreichende theoretische Fundierung des Begriffs der Wettbewerbsfreiheit ist bis heute nicht erfolgt. Die Anwendung eines freiheitsorientierten Wettbewerbskonzepts setzt aber voraus, dass man die freiheitsbeschränkenden Wirkungen wettbewerblichen Verhaltens in irgendeiner Weise operationalisieren kann. Dies gilt insbesondere dann, wenn solche Verhaltensweisen die Freiheit eines Dritten unangemessen beschränken. Soll dieses freiheitsbeschränkende Verhalten kontrolliert werden, so bedeutet dies nichts anderes, als dass die Freiheit dessen, von dem das wettbewerbsbeschränkende Verhalten ausgeht, selbst eingeschränkt werden muss. Dies setzt jedoch voraus, dass die Freiheitsrechte der Beteiligten gegeneinander abgewogen werden müssen. Mit dem einfachen Verweis, dass die persönliche Freiheit dort endet, wo die Freiheitsrechte eines Dritten tangiert werden, lässt sich das konkrete Problem in Wettbewerbssachen nur schwer lösen. Grundsätzlich, und daran kann es keinen Zweifel geben, leiden ordnungsökonomische - bzw. freiheitsorientierte Wettbewerbsansätze daran, dass es *die* Wettbewerbsfreiheit, die es zu schützen gilt, nicht gibt. Ist zwischen verschiedenen Varianten der Wettbewerbsfreiheit abzuwägen, fehlt es an geeigneten Kriterien, darüber zu bestimmen, welcher Freiheit der Vorzug einzuräumen ist (*Weizsäcker* 2007). Dieses Problem zeigt sich insbesondere bei der Behandlung marktbeherrschender Unternehmen. Die Missbrauchsaufsicht gegenüber marktbeherrschenden Unternehmen basiert auf dem Werturteil, dass einem marktbeherrschenden Unternehmen bei der Wahl seiner wettbewerblichen Aktionsparameter weniger Freiheitsrechte zugestanden werden als einem nicht-marktbeherrschenden Unternehmen. Dieses Werturteil basiert im Wesentlichen auf der empirischen Beobachtung, dass marktbeherrschende Unternehmen ihre wettbewerblichen Aktionsparameter vor allem danach ausrichten, den Marktzutritt zu erschweren und sich aktuellen und potenziellen Wettbewerbern zu entledigen. Dennoch bereitet diese normative Begründung insbesondere auch aus ordnungsökonomischer Sicht erhebliche Schwierigkeiten. Unterstellt man, dass das Unternehmen seine marktbeherrschende Stellung durch seine überragende Leistungsfähigkeit im Leistungswettbewerb errungen hat, so ist nicht a priori eindeutig, warum man die Freiheit dieses Unternehmens einschränken sollte. Dies würde auf eine Bestrafung der überragenden Leistungsfähigkeit und eine möglicherweise unangemessene Beschränkung der Freiheit dieses Unternehmens hinauslaufen, seine Marktposition zu verteidigen.

Diese Überlegungen zeigen die Schwierigkeit der Umsetzung ordnungsökonomischer Leitbilder in die Wettbewerbspolitik. Während aus wohlfahrtsökonomischer Perspektive die wohlfahrtstheoretischen Wirkungen anhand von Preis- und Mengeneffekten eine operationalisierbare Entscheidungsgrundlage liefern, fehlt eine solche den ordnungsökonomischen Ansätzen. Die Anwendung eines ordnungsökonomischen Ansatzes setzt voraus, dass die Aktionsparameter des Leistungs- und Behinderungswettbewerbs eindeutig abgegrenzt werden können. Hier sind in der Realität die Grenzen jedoch fließend, so dass den ordnungsökonomischen Ansätzen oftmals ein geeigneter Maßstab dafür fehlt, die Freiheitsrechte gegeneinander abzuwägen.

Vor diesem Hintergrund wird deutlich, warum sich in der wettbewerbspolitischen Praxis wohlfahrtsökonomische Positionen durchgesetzt haben. Dies zeigt sich nicht zuletzt in der aktuellen Diskussion über den „*more economic approach*" in der europäischen Wettbewerbspolitik. Ohne an dieser Stelle auf die Einzelheiten seines Entstehens einzugehen, kann davon ausgegangen werden, dass dieser ökonomischere Ansatz eine neue Art eines wettbewerbspolitischen Leitbilds in der europäischen Wettbewerbspolitik darstellt. Dabei ist in seiner Ausrichtung kein anderer Ansatz so konsequent an wohlfahrtsökonomischen Positionen ausgerichtet wie dieser „*more economic approach*". Im Kern zielt der ökonomischere Ansatz darauf, die in Wettbewerbsfällen typischen Interessenabwägungen (wie bereits am Beispiel des marktbeherrschenden Unternehmens aufgezeigt) anhand von Wohlfahrtskriterien durchzuführen. In diesem Zusammenhang wird darauf verwiesen, dass sich die Wettbewerbspolitik stärker als bisher an ökonomischen Kriterien auszurichten habe, die den Stand moderner ökonomischer Forschung reflektieren (*Schmidtchen* 2006c, S. 186). Dabei soll nicht mehr formalistisch („*form based approach*") unter Rückgriff auf abstrakt generalisierende Regeln beurteilt werden, sondern anhand der Untersuchung der Wirkungen auf den Wettbewerb im Einzelfall („*effect based approch*"). Gerade der letzte Satz macht den Widerspruch zum ordnungsökonomisch-systemtheoretischen Wettbewerbsleitbild nur allzu deutlich. Nicht die Anwendung universaler Regeln steht im Vordergrund, sondern die wohlfahrtsökonomischen Wirkungen der einzelnen Verhaltensweisen auf den Wettbewerb sollen die Wettbewerbspolitik bestimmen. Im Ergebnis bedeutet dies nichts anderes als eine reine Effizienzabwägung, wie wir sie insbesondere aus dem Leitbild der Chicago School kennen. In diesem Zusammenhang lässt sich der „*more economic approach*" als eine konsequente Forstsetzung der Chicago School betrachten. Gemeinsam ist beiden Ansätzen insbesondere die Fokussierung auf die in der wohlfahrtsökonomischen Sicht dominierende Maximierung der Konsumentenwohlfahrt, die nichts anderes besagt, als dass die aus der Wettbewerbsbeschränkung erwachsenden Vorteile den Verbrauchern zugute kommen müssen (*Klumpp* 2006, S. 99). Allerdings geht der „*more ecconomic approach*" im Vergleich zur Chicago School noch einen Schritt weiter. Während das Konzept der Chicago-Ökonomen durch eine weitgehende Zurückhaltung in der Wettbewerbspolitik geprägt ist, ergibt sich im Rahmen der Konzeption des „*more economic approach*" eine stärkere aktive und interventionistischere Rolle der Wettbewerbspolitik (*Budzinski* 2008).

Inwieweit der „*more economic approach*" tatsächlich einen Fortschritt in der Wettbewerbspolitik bedeutet, darf jedoch mit Recht bezweifelt werden. Ohne an dieser Stelle, die gesamte bereits breit in der Literatur diskutierten Vor- und Nachteile dieses neuen Ansatzes noch einmal darzustellen, soll an dieser Stelle auf einen Problemaspekt hingewiesen werden, der insbesondere in der aktuellen leitbildbezogenen Diskussion eine wichtige Rolle spielt: es geht um das Verhältnis zwischen Effizienz und Freiheit bzw. um die Fragestellung, inwieweit es wettbewerbspolitisch gerechtfertigt ist, Wettbewerbsbeschränkungen hinzunehmen, wenn sich dadurch effizientere Marktergebnisse einstellen und welchen Stellenwert die Freiheit eines marktbeherrschenden Unternehmens im Verhältnis zur Freiheit der Konkurrenten und der Abnehmer zukommt.

Ordnungsökonomisch besonders problematisch wird es dann, wenn die Berücksichtigung von Effizienzaspekten nicht nur bei Zusammenschlussentscheidungen, sondern auch bei der Missbrauchsaufsicht gegenüber marktbeherrschenden Unternehmen zur Anwendung kommen soll (*Europäische Kommission* 2005, *European Advisory Group Competition Policy* 2005). Nimmt man ein solches missbräuchliches Verhalten aus statischen Effizienzüberlegungen billigend in Kauf, dann bedeutet dies auch, dass man die Einschränkung des Wettbewerbs und damit die Einschränkung der aus ihm resultierenden dynamischen Wohlfahrtseffekte akzeptiert. Aus einer solchen Sicht können jedoch langfristig keine Wohlfahrtsgewinne realisiert werden. Mit anderen Worten, bei einer solchen Betrachtungsweise würden die dynamischen Effizienzgewinne zur Realisierung kurzfristiger statischer Effizienzgewinne geopfert werden. Eine solche Wettbewerbspolitik ist mit einer an der Sicherung der Freiheit orientierten Politik unvereinbar und zeigt erneut den Widerspruch zwischen der kurzfristigen wohlfahrtsökonomischen Instrumentalisierung der Wettbewerbspolitik und einer an der Freiheitssicherung orientierten ordnungsökonomischen Wettbewerbskonzeption auf.

In diesem Zusammenhang stellt sich daher tatsächlich die Frage, wie ökonomisch der „*more economic approach*" ist. Eine stärkere wohlfahrtsökonomische Interpretation ist dabei keineswegs die einzig mögliche Interpretationsform. Genauso könnte man den ökonomischeren Ansatz dahingehend auslegen, dass eine stärkere Fokussierung auf die Wettbewerbsfreiheit und die aus ihr resultierenden dynamischen Wettbewerbsprozesse bessere Ergebnisse hervorbringt als ein interventionistisches Konzept, welches ausschließlich auf statische Allokationseffizienz ausgerichtet ist (*Van den Bergh* 2007, S. 34). Die angebliche Modernität des „*more economic approach*" ist daher durchaus in Frage zu stellen. Keinen Disput gibt es diesbezüglich, dass die Wettbewerbspolitik theoretisch fundiert sein muss (*Haucap* 2007), die entscheidende Frage ist vielmehr, ob die Abwägungsentscheidungen ausschließlich auf der Basis der Wohlfahrtsökonomik oder eben auch auf der Basis anderer alternativer ökonomischerer Ansätze erfolgen sollte. Die Kontroverse zwischen den ordnungsökonomischen und wohlfahrtsökonomischen Wettbewerbskonzepten lässt sich daher zusammenfassend und vereinfachend auf die Diskussion über das richtige Abwägungskriterium reduzieren. Soll die Abwägung an den Konsequenzen auf die individuelle Handlungs- und Entschließungsfreiheit der am Wettbewerbsprozess beteiligten Individuen oder an deren Wohlfahrtspositionen festgemacht werden?

V. Freiheit vs. Effizienz: Der Beitrag ordnungsökonomischer Wettbewerbskonzepte

Die dargestellten Probleme zeigen sehr deutlich, dass sich in der aktuellen Diskussion die Wettbewerbspolitik am Scheideweg befindet (*Zimmer* 2007a). Die wohlfahrtsökonomischen Ansätze scheinen die ordnungsökonomische Ausrichtung der Wettbewerbspolitik mehr und mehr zu überlagern und damit auch abzuschwächen. Diese Entwicklung erscheint jedoch nicht ganz ungefährlich, da sie den Wettbewerb seiner freiheitssichernden Funktion, die für marktwirtschaftliche Systeme konstituierend ist, enthebt. Damit besteht die Gefahr, dass das Wettbewerbsrecht dazu verwendet wird, um im Interesse der Realisierung kurzfristiger Effizienzziele Wettbewerb zu verhindern. Diese Art der Instrumentalisierung des Wettbewerbsrechts hat bereits *Mestmäcker* (1984) eindrucksvoll als den so genannten verwalteten Wettbewerb bezeichnet. Daher scheint die Notwendigkeit der Rückbesinnung auf ordnungsökonomische Wettbewerbskonzeptionen dringend geboten. Die zentrale Frage dabei lautet jedoch, was können ordnungsökonomische Wettbewerbskonzeptionen inhaltlich Neues in die Diskussion einbringen. Betrachtet man die wissenschaftliche Diskussion in den letzten Jahren, so lässt sich konstatieren, dass sich, was die Weiterentwicklung systemtheoretischer Ansätze in der Wettbewerbspolitik anbelangt, relativ wenig getan hat.

Eine Ausnahme bildet das institutionenökonomisch-evolutionäre Wettbewerbsleitbild von *Matzavinos* (2005). Dabei wird die Wettbewerbspolitik allein auf den Schutz des Wettbewerbs reduziert. *„Was kann getan werden und auf welcher Ebene, um den Wettbewerb als ein innerhalb von Regeln ablaufenden evolutionären Prozess zu schützen?"* (*Mantzavinos* 2005, S. 217). Einer an Effizienzzielen getrieben Wettbewerbspolitik erteilt *Mantzavinos* daher eine klare Absage. In Einklang mit dem systemtheoretischen Ansatz von *Hoppmann* fordert *Mantzavinos* (2005, S. 221), dass sich Wettbewerbspolitik in der Hauptsache an Per-se-Regeln orientieren sollte, die gewährleisten sollen, dass am Markt überhaupt Wettbewerb besteht. Im Rahmen dieses minimalistischen Konzepts sollen Per-se-Regeln jedoch nicht dafür eingesetzt werden, dass der Wettbewerb möglichst vollkommen, funktionsfähig oder effizient ist. Unabhängig von einzelnen Detailproblemen[5], liefert dieser Ansatz wichtige Aussagen, auf deren Basis die Elemente für eine Rückbesinnung auf das ordnungsökonomische Leitbild für die Wettbewerbspolitik entwickelt werden können.

1. Grundprinzipien ordnungsökonomischer Wettbewerbspolitik

Grundsätzlich kann eine ordnungsökonomisch ausgerichtete Wettbewerbspolitik immer nur an den Voraussetzungen des Wettbewerbs ansetzten. Jedoch ist *Mantzavinos* an einem Punkt zu widersprechen, Wettbewerbspolitik sollte nicht daran ansetzten, den Wettbewerb zu schützen – so widersprüchlich dies auch auf den ersten Blick erscheinen mag – sondern stets nur darauf ausgerichtet sein, die Freiheit der am Wettbewerbsprozess Beteiligten zu schützen. Definiert man dagegen Wettbewerbsschutz als die zentrale Aufgabe der Wettbewerbspolitik, gerät man immer in Gefahr, die Frage beantworten zu müssen, welcher Wettbewerb geschützt werden soll. Damit besteht vor allem die Gefahr, sich in der Diskussion über das „wahre" Wesen des Wettbewerbs und der richtigen Definition des Wettbewerbsbegriffs zu verlieren (*Schmidtchen* 1978). Die Beantwortung der Frage nach dem wahren Wesen des Wettbewerbs können jedoch die Wettbewerbsbehörden, die letzten Endes die Wettbewerbspolitik umsetzen, nicht lösen. Wettbewerbsrecht und Wettbewerbspolitik sind im Rahmen der Ordnungsökonomik daher

---

5 Vgl. hierzu insbesondere *Schmidtchen* (2006c).

ausschließlich eindimensional nur auf eine einzige Aufgabe auszurichten: Schutz der Freiheit. Es ist nicht ihre Aufgabe dafür zu sorgen, dass die aus dem Wettbewerbsprozess hervorgehenden Marktergebnisse in irgendeiner Weise effizient sein sollen, denn dies würde voraussetzten, dass das Wettbewerbsrecht und die auf ihr basierende Wettbewerbspolitik über einen geeigneten Effizienzmaßstab verfügen würde. Auch wenn die wohlfahrtsökonomisch ausgerichtete Wettbewerbspolitik im Vergleich zum systemtheoretischen Ansatz über ein höheres Maß an Operationalisierbakeit verfügt, so bedeutet dies jedoch keineswegs, dass sie auch zu einer besseren Wettbewerbspolitik führt. Denn eine solche setzt voraus, dass es einen solchen konsistenten und konkordanten Effizienzmaßstab gibt. Aber über diesen verfügt auch die Wohlfahrtsökonomik nicht. Die in der Wettbewerbstheorie verwandten Modelle, sind allesamt komparativ-statischer Natur und erlauben keine Aussagen über die dynamischen Effekte (*Schwalbe* und *Zimmer* 2006, S. 374). Es bleibt daher ein ungelöstes Rätsel der Wohlfahrtsökonomik, wie sie mit Hilfe komparativ-statischer Modelle dynamisch im Wettbewerbsprozess sich ergebende Effizienzen bewerten will. Die Wettbewerbspolitik kann also nicht effizienzorientiert sein, weil sie gar nicht über die entsprechenden Instrumente verfügt, es sei denn, es ist das ausdrückliche Ziel der Wettbewerbspolitik, kurzfristige Effizienzgewinne zu generieren.

Es erscheint auch fraglich, ob die insbesondere von den Vertretern des „*more economic approach*" geforderte Orientierung der Wettbewerbspolitik an den Verbraucherinteressen einen geeignetes Ziel der Wettbewerbspolitik darstellen kann (*European Advisory Group Competition Policy* 2005, *Hellwig* 2006, S. 264 ff.). Eine solche Orientierung setzt stets voraus, dass die Wettbewerbsbehörden in ihren Entscheidungen zwischen den pro-wettbewerblichen und den anti-wettbewerblichen Effekten des zu untersuchenden Verhaltens auf die jeweiligen Verbraucher abwägen müssen. Unterstellt man, dass es sich bei Verbraucherinteressen um eine mehrdimensionale Größe handelt, sowie, dass Verbraucherinteressen nicht homogen, sondern heterogen sind und auch zwischen kurz- und langfristigen Interessen zu unterscheiden ist, stellt sich auch hier wiederum die Frage nach einem geeigneten Bewertungsmaßstab (*Heyer* 2006). Das Wettbewerbsrecht und die Wettbewerbspolitik wären jedoch überfordert, hier eine entsprechende Abwägung vorzunehmen. Vielmehr würde gerade hier einer Instrumentalisierung des Wettbewerbs Tür und Tor geöffnet werden. Auch der Verbraucherschutz bzw. die Verbraucherinteressen dürfen kein Maßstab dafür sein, Verhaltensweisen zu legitimieren, die mit dem Prinzip der Marktfreiheiten unvereinbar sind (*Mestmäcker* 2005, S. 35).

Die Basisprinzipien einer ordnungsökonomischen Wettbewerbspolitik lassen sich daher wie folgt zusammenfassen: Die Wettbewerbspolitik soll eindimensional dem Schutz der Freiheit verpflichtet werden. Weder Effizienzziele noch Verbraucherinteressen können eine geeignete Zielgröße darstellen. Entsprechend der Überlegenheit universaler Regeln, sollte die Wettbewerbspolitik primär auf Per-se-Regeln beruhen, da diese diskretionäre Handlungsspielräume begrenzen, Transparenz und Rechtssicherheit erhöhen und damit die Transaktionskosten der Wettbewerbskontrolle wirkungsvoll senken. Darüber hinaus sollte die Wettbewerbspolitik stets politikneutral – unabhängig – institutionalisiert werden, damit Interessenskonflikte zwischen dem Schutz der Freiheiten einerseits und anderen politischen und vor allem außerwettbewerblichen Zielen andererseits nicht von den Wettbewerbsbehörden ausgetragen werden müssen.

2. Ordnungsökonomische Wettbewerbspolitik: Schutz der Wettbewerber?

Gegen eine rein am Ziel der Freiheitssicherung orientierte Wettbewerbspolitik wird immer wieder eingewendet, dass die ordnungsökonomischen Ansätze nicht den Wettbewerb schützen würden, sondern primär die Wettbewerber, woraus eine falsche Akzentuierung des Freiheitsbegriffs resultiere.[6] So würde der ordnungsökonomische Ansatz beispielsweise insbesondere im aktuell diskutierten Bereich der Missbrauchsaufsicht (*Bundeskartellamt* 2007) gegenüber marktbeherrschenden Unternehmen die Freiheit dieser Unternehmen als weniger schützenswert ansehen und damit den Freiheitsschutz der Wettbewerber überbetonen.[7] So verstanden, würde die wettbewerbspolitische Intervention des Staates selbst die Freiheit der marktstarken oder gar marktbeherrschenden Unternehmen auf unannehmbare Weise beschränken (insbesondere *Hellwig* 2006, S. 240, 260, 266). Daher ist dem Problem der Marktbeherrschung und der hier vorgebrachten Argumentation noch einmal besondere Beachtung zu schenken.

Die hier vorgebrachte Kritik bedarf sowohl einer grundsätzlichen als auch einer ökonomischen Reflektion. Zunächst zur grundsätzlichen Ebene. Der Vorwurf, ordnungsökonomische Ansätze des Wettbewerbsrechts würden die Freiheit marktbeherrschender oder marktstarker Unternehmen in unannehmbarer Weise beschränken, verkennt zunächst, dass die Wettbewerbsordnung und das aus ihr hervorgehende Wettbewerbsrecht den Nährboden darstellen, aus dem die Freiheit erwachsen soll. Die Wettbewerbsordnung kann dabei jedoch selbst nicht Bestandteil der Freiheit sein. Wer die Freiheit wünscht, muss auch die Unfreiheit durch das Verhalten marktbeherrschender Unternehmen oder gar Monopole fürchten. Daher ist das Recht nicht nur Voraussetzung der Freiheit, sondern stellt auch eine notwendige wirkungsvolle Schranke für die Freiheit dar. (*Mestmäcker* 2005, S. 24). Es handelt sich hierbei keineswegs um eine „*Antinomie der Wettbewerbspolitik*" (*Hellwig* 2006, S. 241), sondern um ein Grundprinzip des verfassungsmäßigen Schutzes der Freiheit (*Kant* 1797, 1983, S. 230 ff). Dieses Problem ist auch kein spezielles Problem der Wettbewerbspolitik, sondern es findet sich in den verschiedenen Feldern des Rechts, beispielsweise in der Vertragsfreiheit oder auch in der Eigentumsfreiheit.

Handelt ein marktbeherrschendes Unternehmen bestimmte Konditionen am Markt aus, so dienen diese oftmals eben nur der Durchsetzung der eigenen Freiheit. Wenn sich das Wettbewerbsrecht hier schützend vor die Schwächeren stellt, so dient dies primär der Entfaltung der Wettbewerbsfreiheit und nicht deren Beschränkung.

Es ist jedoch auch aus ökonomischer Sicht zu fragen, ob beispielsweise ein Per-se-Verbot für marktbeherrschende Unternehmen zur Kopplung, Preisdiskriminierung und

---

6 Vgl. hierzu auch *Fox* (2003, S. 149 ff.).
7 Ähnlich kritische Einwende finden sich auch bei Beurteilung vertikaler Wettbewerbsbeschränkungen. Auch hier würden freiheitsbezogene Ansätze dazu neigen, den freiheitsbeschränkenden Charakter zu stark in den Vordergrund zu stellen (*Cooper, Froeb, Brien* und *Vita* 2005, S. 306 f.).

Marktschließung tatsächlich einen unannehmbaren Eingriff in dessen Freiheit bedeutet. *Hellwig* bspw. versucht einen solchen nicht hinnehmbaren Eingriff am Beispiel der Gewährung von Boni (Rabattsystemen) vor dem Hintergrund der Entscheidung des Europäischen Kommission im Fall *British Airways/Virgin Atlantic Airways* zu verdeutlichen (*Hellwig* 2006, 249 ff). Er verweist dabei auf die Effizienzsteigerungen durch Boni-Systeme, die ein marktbeherrschendes Unternehmen zur wirkungsvollen Kontrolle seines Vertriebs oder Außendienstes einführt. Ein Per-se-Verbot würde somit einem marktbeherrschenden Unternehmen die Möglichkeit nehmen, die kostengünstigste Vertriebsstrategie im Wettbewerb zu wählen. Es wäre daher widersinnig, „*den Wettbewerb dadurch schützen zu wollen, dass man das marktbeherrschende Unternehmen zwingt, eine ineffiziente Vertriebsstrategie zu wählen*" (*Hellwig*, 2006, S. 251).

Das Beispiel von *Hellwig* zielt auf die bekannte Unterscheidung zwischen legitimen Wettbewerbsverhalten und illegitimen Verdrängungswettbewerb ab. Grundsätzlich erkennen das Wettbewerbsrecht und auch die freiheitsorientierten wettbewerbspolitischen Ansätze die Freiheit eines Unternehmens zur Gestaltung des Vertriebssystems an. So ist es jedem Unternehmen freigestellt, die Gestaltung des Vertriebs als Aktionsparameter im Wettbewerbsprozess einzusetzen, ausgenommen es bedient sich des Instruments der Kartellierung oder es handelt sich um ein bereits marktbeherrschendes Unternehmen. Um die Freiheit auch eines marktbeherrschenden Unternehmens zu schützen, schlägt *Hellwig* vor, dass in solchen Fällen die Wettbewerbsbehörden in Analogie zur Berücksichtigung von Effizienzvorteilen in der Fusionskontrolle die wettbewerbsbehindernden Effekte in Form der Marktschließung gegenüber den wettbewerbsfördernden Effekten durch Effizienzen auch in der Missbrauchsaufsicht abgewogen werden sollen (*Hellwig* 2006, S. 255 ff.). In den Fällen, in denen ein elastisches Angebot an Vertriebsleistungen bestünde und der Marktzutritt neuer Vertriebsagenturen oder aber die Kapazitätsausweitung bestehender Vertriebsagenturen bis hin zur Erschließung neuer Vertriebskanäle gegeben seien, würden die wettbewerbsfördernden Effekte überwiegen (*Hellwig* 2006, S. 258). Hier ist *Hellwig* uneingeschränkt zuzustimmen. Das Problem ist nur, wenn diese von *Hellwig* genannten Bedingungen erfüllt sind, dann herrscht auch ausreichend hoher potenzieller Wettbewerbsdruck und unter diesen Umständen wäre der Tatbestand der Marktbeherrschung zu verneinen. Genau in diesem Fall, stünde es dem Unternehmen tatsächlich frei, über seine Vertriebspolitik selbst zu bestimmen, auch unter Zuhilfenahme von Boni-Systemen.

Die Kernfrage ist jedoch eine andere. Sie lautet stets, ob bei Erfüllung des Tatbestandes der Marktbeherrschung, tatsächlich noch eine Effizienzanalyse durchgeführt werden soll oder ob es grundsätzlich bei Vorliegen von Marktbeherrschung ein Per-se-Verbot für den Einsatz bestimmter wettbewerblicher Aktionsparameter geben soll. Ein solches Per-se-Verbot wäre dann gerechtfertigt, wenn bei Vorliegen von Marktbeherrschung Rabattsysteme in jedem Fall zur Marktschließung führen würden, weil sie nur noch darauf abzielen, für potenzielle und tatsächliche Wettbewerber die endogen versunkenen Kosten (*Sutton*, 1991) zu erhöhen. In diesem Fall dominieren stets die wettbewerbsbeschränkenden Effekte.

Aus ordnungsökonomischer Sicht sollte jedoch eine Effizienzberücksichtigung bei marktbeherrschenden Unternehmen nicht stattfinden. Dafür sprechen im Wesentlichen zwei Gründe. Der Vorwurf der Opponenten gegen das Konzept der Wettbewerbsfreiheit, dass sich die Wettbewerbsfreiheit nicht ausreichend operationalisieren lässt, ist absolut berechtigt. Umgekehrt lassen sich aber die angeblichen Effizienzvorteile ebenso wenig operationalisieren und zweifelsfrei feststellen. Dies gilt insbesondere auch für das Konzept der so genannten Konsumentenwohlfahrt. Langfristig kann nicht ausreichend belegt werden, dass von einzelnen Praktiken eines marktbeherrschenden Unternehmens die Konsumenten profitieren. Wird nämlich der Wettbewerbsprozess durch Manifestierung von Marktbeherrschung in seiner Struktur langfristig geschädigt, sind davon vor allem die Konsumenten negativ betroffen. Dies hat unter anderem der Fall Microsoft sehr eindrucksvoll belegt. Solange jedoch in der ökonomischen Theorie die langfristigen Wirkungen nicht eindeutig bestimmt werden können, sollte von der Berücksichtigung von Effizienzaspekten in der Missbrauchsaufsicht Abstand genommen werden. Als zweiten Grund lassen sich die begrenzten Fähigkeiten einer jeden Wettbewerbsbehörde anführen, geeignete Informationen über das Eintreten und das Ausmaß solcher Effizienzaspekte zu gewinnen. Vielmehr würden hierdurch die diskretionären Entscheidungsspielräume erhöht werden, was insbesondere auch aus Sicht der Neuen Politischen Ökonomik nicht als wünschenswert anzusehen ist.

Dieses Informations- und Entscheidungsproblem lässt sich wiederum auch sehr gut an dem von *Hellwig* erörterten Fall *British Airways* belegen. So sind insbesondere auch aus ökonomischer Sicht Zweifel erlaubt, ob bspw. aus der Gewährung von Rabattsystemen tatsächlich Effizienzgewinne resultieren. Im Kern geht es hier um das Problem von Prinzipal-Agenten-Beziehungen unter asymmetrischen Informationen (*Holmström* und *Milgrom* 1987). Da das Unternehmen die Anstrengungen seines Agenten nur unvollständig beobachten kann, werden als Anreize entsprechende Boni bzw. Rabatte gewährt. Insofern kann von der Gewährung von Boni bzw. Rabatten eine effizienzsteigernde Wirkung durch Verbesserung der Anreizstruktur in Prinzipal-Agenten-Beziehungen ausgegangen werden. Inwieweit jedoch Boni geeignet sind, tatsächlich die Anreizproblematik in Prinzipal-Agenten-Beziehungen zu verbessern, hängt von einer Reihe weiterer Faktoren ab (*Gibbons* 2005). So können Anreizprobleme auch bspw. durch Festlegung von Eigentumsrechten (*Hart* und *Grossman* 1986) sowie durch Delegation von Entscheidungsbefugnissen (*Baker*, *Gibbons* und *Murphy* 1994) gelöst werden. Insofern stellt sich hier die Frage nach den institutionellen Alternativen von Boni-Systemen zur Lösung der entsprechenden Anreizprobleme. Inwieweit eine Wettbewerbsbehörde in der Lage ist, tatsächlich die Effizienzpotenziale zu beurteilen, darf zu Recht bezweifelt werden. Gleichzeitig würde ein Per-se-Verbot von Rabattgewährung für marktbeherrschende Unternehmen nicht bedeuten, dass diese Unternehmen gezwungen werden, effizienzsteigernde Strategien aufzugeben. Das Wettbewerbsrecht untersagt ihnen lediglich, Effizienzsteigerungen zu realisieren, die mit Marktschließungseffekten einhergehen. Andere alternative institutionelle Arrangements werden den Unternehmen dagegen nicht untersagt. Insofern ist der Vorwurf, dass Wettbewerbsrecht würde marktbeherrschende Unternehmen zu ineffizienten Verhalten zwingen, sehr stark verkürzend.

Die Skepsis gegenüber der Berücksichtigung solcher effizienzsteigernden Effekte im Fall *British Airways* wurde vom EuGH in seinem Urteil vom 15. März 2007 nur teilweise bestätigt. So komme es bei Vorliegen einer marktbeherrschenden Stellung weniger auf die Verhaltensweisen an, die den Verbrauchern Schaden zufügen können, sondern vielmehr darauf, ob der „Struktur des tatsächlichen Wettbewerbs" Schaden zugefügt wird.[8] Dabei muss nicht der Nachweis einer „quantifizierbaren Verschlechterung" der Stellung einzelner Wettbewerber erbracht werden. Diese Verschlechterung der Struktur des tatsächlichen Wettbewerbs ist es letzten Endes, von der eine unangemessene Beschränkung der Freiheit der einzelnen Marktteilnehmer ausgeht. Insofern könne man unterstellen, dass der EuGH hier sehr stark ordnungsökonomisch argumentiert hat. Allerdings hat der EuGH in diesem Urteil nicht grundsätzlich die Berücksichtigung von Effizienzen bei Vorliegen einer marktbeherrschenden Stellung abgelehnt. Vielmehr hat er deutlich gemacht, dass im Rahmen einer zweiten Stufe, im Einzelfall eine Wettbewerbsbeschränkung ausnahmsweise durch überwiegende Wettbewerbsvorteile, die den Verbrauchern zu Gute kommen, gerechtfertigt werden kann (*Zimmer* 2007b). Insofern zeigen sich auch hier die Konturen des ökonomischeren Ansatzes und des Spannungsfeldes zwischen Effizienz und Freiheitssicherung.

VI. Fazit

Aus ordnungsökonomischer Sicht sollte die Wettbewerbspolitik nur einem einzigen Ziel verpflichtet sein: der Sicherung der individuellen Handlungs- und Entschließungsfreiheiten. Die in der aktuellen Diskussion häufig vorgebrachte Forderung nach einer in der wohlfahrtsökonomischen Tradition verankerten Effizienzförderung orientierten Wettbewerbspolitik ist abzulehnen. Weder ist der Begriff der Effizienz (statisch versus dynamisch) hinreichend geklärt, noch lässt sich eine solche Effizienzorientierung ausreichend operationalisieren. Wer eine solche Effizienzorientierung fordert, der verkennt, dass sie zu erheblichen diskretionären Ermessensspielräumen auf der Seite der Wettbewerbsbehörden führen würde. Der Weg zu einem am Kriterium der ökonomischen Effizienz „verwalteten Wettbewerb" wäre dann nicht mehr weit. In diesem Fall wäre aber der Wettbewerb seiner eigentlichen Funktion, Freiheit zu sichern, Macht zu kontrollieren und Entdeckungsprozesse zu generieren, enthoben.

Ähnlich kritisch sind die Bestrebungen zu sehen, dass sich die Wettbewerbspolitik explizit an der Wohlfahrt für die Verbraucher orientieren sollte. Auch hier fehlt ein geeigneter Beurteilungsmaßstab und es stellt sich der Verdacht ein, dass die so genannte Verbraucherorientierung nur vordergründig dazu dient, eine am Kriterium der ökonomischen Effizienz orientierte Wettbewerbspolitik zu legitimieren. Eine solche explizite Verbraucherorientierung erscheint nicht minder fragwürdig, denn sie basiert auf dem Werturteil, dass die „*property rights*" der Marktergebnisse ausschließlich den Konsumenten zufließen sollten. Insbesondere unter Berücksichtigung dynamischer Aspekte ist eine solche Sichtweise abzulehnen. Gerade aus einer solchen dynamischen Sicht, die auch die Aspekte des Innovationswettbewerbs berücksichtigt, sollte sich die Wettbewerbspolitik primär am Ziel der Freiheitssicherung orientieren. Daher ist insbesondere die Forderung nach einer Berücksichtigung von Effizienzaspekten bei Vorliegen von Marktbeherrschung abzulehnen.

---

8 Vgl. EuGH, British Airways/Kommission, erscheint in EuGH Slg. der Rspr.2007, Randnummer 106 ff.

Literatur

Adkins, Lee C., Ronald L. Moomaw und Andreas Svvides (2002), Institutions, Freedom, and Technical Efficiency, *Southern Economic Journal*, Bd. 69, S. 92-108.
Ali, Abdiweli M., und W. Mark Crain (2002), Institutional Distortions, Economic Freedom, and Growth, *Cato Journal*, Bd. 21, S. 415-426.
Areeda, Phillip (1992), Antitrust Law as Industrial Policy: Should Judges and Juries Make it?, in: Thomas Jorde und David Teece (Hg.), *Antitrust, Innovation, and Competitiveness*, New York und Oxford, S. 29-46.
Arrow, Kenneth J. (1951), *Social Choice and Individual Values*, New York.
Arrow, Kenneth J. und Gerard Debreu (1954), The Existence of an Equilibrium for a Competitive Economy, *Econometrica*, Bd. 22, S. 265-290.
Audretsch, David B. (1988), Divergent View in Antitrust Economics, *Antitrust Bulletin*, Bd. 33, S. 135-160.
Bain, Joe S. (1968), *Industrial Organization*, 2. Aufl., New York, London und Sydney.
Baker, George P., Robert Gibbons und Kenneth J. Murphy (1994), Subjective Performance Measures in Optimal Incentive Contracts, *The Quarterly Journal of Economics*, Bd. 109, S. 1125-1156.
Bartling, Helmut (1980), *Leitbilder der Wettbewerbspolitik,* München.
Basedow, Jürgen (2007), Konsumentenwohlfahrt und Effizienz – Neue Leitbilder der Wettbewerbspolitik?, *Wirtschaft und Wettbewerb*, Jg. 57, S. 712-715.
Baumol, William J., John Panzar und Robert D Willig (1982), *Contestable Markets and the Theory of Industry Structur*, San Diego.
Behrens, Peter (1986), Die ökonomischen Grundlagen des Rechts, Tübingen.
Böhm, Franz (1961), Demokratie und ökonomische Macht, in: Institut für ausländisches und internationales Wirtschaftsrecht (Hg.), *Kartelle und Monopole im modernen Recht*, Bd. 1, Karlsruhe.
Böhm, Franz (1980), *Freiheit und Ordnung in der Marktwirtschaft*, hg. von Ernst-Joachim Mestmäcker, Baden-Baden.
Bork, Robert H. (1978), *The Antitrust Paradox*: A Policy at War with Itself, New York.
Bouillon, Hardy (1997), *Freiheit, Liberalismus und Wohlfahrtsstaat:* Eine analytische Untersuchung zur individuellen Freiheit im klassischen Liberalismus und im Wohlfahrtsstaat, Baden-Baden.
Brozen, Yale (1971), Concentration and Profits: Does Concentration Matter?, *Antitrust Bulletin*, Bd. 16, S. 241-248.
Brozen, Yale (1977), The Concentration Collusion Doctrine, *Antitrust Law Journal*, Bd. 46, S. 826-863.
Budzinski, Oliver (2007), Monoculture versus Diversity in Competition Economics, *Journal of Economics*, Bd. 31, S. 295-324.
Budzinski, Oliver (2008), "Wettbewerbsfreiheit" und der "More Economic Approach": Wohin steuert die Europäische Wettbewerbspolitik?, in: Marina Grusevaja , (Hg.), *Quo vadis Wirtschaftspolitik?* Frankfurt am Main u.a., S. 15-38.
Buchanan, James M. (1975), The Limits of Liberty – Between Anarchy and Leviathan, Chicago.
Buchanan, James M. (1990), The Domain of Constitutional Economics, *Constitutional Political Economy*, Bd. 1, S. 1-18.
Buchanan, James M., und Gordon Tullock (1962), *The Calculus of Consent*: Logical Foundations of Constitutional Democracy, Ann Arbor.
Buchanan, James M., und Robert D Tollison (1972), *Theory of Public Choice*: Political Applications of Economics, Ann Arbor.
Bundeskartellamt (2007), *Die Zukunft der Missbrauchsaufsicht in einem ökonomisierten Wettbewerbsrecht*, Tagung des Arbeitskreises Kartellrecht am 20. September 2007.
Carlsson, Frederik, und Susanna Lundstrom (2002), Economic Freedom and Growth: Decomposing the Effects, *Public Choice*, Bd. 112, S. 335-344.
Christiansen, Arndt (2006), Der „more economic approach" in der EU-Fusionskontrolle, *Zeitschrift für Wirtschaftspolitik*, Bd. 55, S. 150-174.
Clark, Maurice (1961), *Competition as a Dynamic Process*, Washington, D.C.

Cooper, James, et al. (2005), A Comparative Study of United States and European Union Approaches to Vertical Policy, *George Mason Law Review* Bd. 13, S. 289-308.
Di Fabio, Udo (2007), Wettbewerbsprinzip und Verfassung, *Zeitschrift für Wettbewerbsrecht*, Bd. 5, S. 266-276.
Debreu, Gerard (1959), *Theory of Value: An Axiomatic Analysis of Economic Equilibrium*, New Haven – London.
Eucken, Walter (2004), *Grundsätze der Wirtschaftspolitik,* 7. Aufl., Tübingen.
Europäische Kommission (2005), *DG Competition Discussion Paper on the Application of Article 82 of the Treaty to Exclusionary Abuses*, Brüssel.
European Advisory Group Competition Policy (2005), *An Economic Approach to Article 82*, Brüssel.
Fox, Eleanor M. (2003), We Protect Competition, You Protect Competitors, *World Competition*, Bd. 26, S. 149-165.
Gerber, David (1998) *Law and Competition in Twentieth Century Europe*, Oxford 1998
Gibbons, Robert (2005), Four Formal(izable) Theories of the Firm?, *Journal of Economic Behavior & Organization,* Bd. 58, S. 200-245.
Gilbert, Richard J. (1989), The Role of Potential Competition in Industrial Organization, *Journal of Economic Perspectives*, Bd. 3, S. 107-127.
Güth, Werner (1992), Spieltheorie und Industrieökonomik – Muss Liebe weh tun?, *IFO-Studien*, Bd. 38, S. 271-316.
Hart, Oliver D., und Sanford J. Grossman (1986), The Costs and Benefits of Ownership: A Theory of vertical and lateral Integration, *Journal of Political Economy*, Bd. 94, S. 691-719.
Haucap, Justus (2007), Irrtümer über die Ökonomisierung des Wettbewerbsrechts, *Orientierungen zur Wirtschafts- und Gesellschaftspolitik,* Jg. 114, S. 12-16.
Hayek, Friedrich August von (1969), Arten der Ordnung, in: ders., *Freiburger Studien: Gesammelte Aufsätze*, Tübingen, S. 32-46.
Hayek, Friedrich August von (1972), *Die Theorie komplexer Phänomene*, Tübingen.
Hayek, Friedrich August von (1975), Die Anmaßung von Wissen, *ORDO-Jahrbuch für die Ordnung von Wirtschaft und Gesellschaft,* Bd. 26, S. 12-21.
Hayek, Friedrich August von (1976 a), *Recht, Gesetzgebung und Freiheit, Bd. 1, Regeln und Ordnung*, 2. Aufl., Landsberg.
Hayek, Friedrich August von (1976 b), *Recht Gesetzgebung und Freiheit, Bd. 2, Illusion der sozialen Gerechtigkeit*, 2. Aufl., Landsberg.
Hayek, Friedrich-August von (1976 c), Wirtschaftstheorie und Wissen, in: ders., *Individualismus und wirtschaftliche Ordnung*, Salzburg, S. 49-77.
Hayek, Friedrich August von (1991), *Die Verfassung der Freiheit*, 3. Aufl., Tübingen.
Hartwig, Karl-Hans (1988), Ordnungstheorie und die Tradition des ökonomischen Denkens, in: Dieter Cassel, Bernd-Th. Ramb und Hans-Jörg Thieme (Hg.), *Ordnungspolitik,* München, S. 31-51.
Hellwig, Martin (2006), Effizienz oder Wettbewerbsfreiheit? Zur normativen Grundlegung der Wettbewerbspolitik, in: Christoph Engel und Wernhard Möschel (Hg.), *Recht und spontane Ordnung: Festschrift für Ernst Joachim Mestmäcker zum achtzigsten Geburtstag*, Baden-Baden, S. 232-268.
Herdzina, Klaus (1999), *Wettbewerbspolitik*, 5. Aufl., Stuttgart.
Heyer, Ken (2006), Welfare Standards and Merger Anaslysis: Why not the Best?, *Competition Policy International*, Bd. 2, S. 29-54.
Holmström, Bengt, und Paul Milgrom (1987), Linearity and Aggregation in the Provision of Intertemporal Incentives, *Econometrica*, Bd. 55, S. 303-328.
Hoppmann, Erich (1967), Wettbewerb als Norm der Wettbewerbspolitik, *ORDO – Jahrbuch für die Ordnung von Wirtschaft und Gesellschaft*, Bd. 18, S. 77-94.
Hoppmann, Erich (1967, 1968), Die Funktionsfähigkeit des Wettbewerbs: Bemerkungen zu Kantzenbachs Erwiderung, *Jahrbücher für Nationalökonomie und Statistik,* Bd. 181, S. 251-264.
Hoppmann, Erich (1972), *Fusionskontrolle,* Tübingen.
Hoppmann, Erich (1973), Soziale Marktwirtschaft oder Konstruktivistischer Interventionismus? Zur Frage der Verfassungskonformität der wirtschaftspolitischen Konzeption einer „Neuen

Wirtschaftspolitik", in: Egon Tuchtfeldt (Hg.), *Soziale Marktwirtschaft im Wandel*, Freibug S. 27-68.
Hoppmann, Erich (1988a), Grundsätze marktwirtschaftlicher Wettbewerbspolitik, in: ders., *Wirtschaftsordnung und Wettbewerb*, Baden-Baden, S. 296-317.
Hoppmann, Erich (1988b), Marktmacht und Wettbewerb, in: ders., *Wirtschaftsordnung und Wettbewerb*, Baden-Baden, S. 334-346.
Jasay, Anthony De (1991), *Choice, Contracts, Consent: A Restatement of Liberalism*, London.
Jasay, Anthony De (1993), Research Note: Taxpayers, Suckers and Free-Riders, *Journal of Theoretical Politics*, Bd. 5, S. 117-125.
Kant, Immanuel (1797, 1983), *Die Metaphysik der Sitten*, Darmstadt.
Kantzenbach, Erhard (1967), *Die Funktionsfähigkeit des Wettbewerbs*, 2. Aufl., Göttingen.
Kantzenbach, Erhard (1967, 1968), Das Konzept der optimalen Wettbewerbsintensität: Eine Erwiderung auf den gleichnamigen Besprechungsaufsatz von Erich Hoppmann, *Jahrbücher für Nationalökonomie und Statistik*, Jg. 181, S. 193-241.
Kantzenbach, Erhard und Hermann H. Kallfaß (1981), Das Konzept des funktionsfähigen Wettbewerbs, in: Helmut Cox, Uwe Jens und Kurt Markert (Hg.), *Handbuch des Wettbewerbs*, München, S. 103-127.
Kerber, Wolfgang (2008), Should Competition Law Promote Efficiency? Some Reflections of an Economist on the Normative Foundations of Competition Law, erscheint in: Josef Drexl, Laurence Idot und Joel Moneger (Hg.), *Economic Theory and Competition Law*, Cheltenham.
Kirzner, Israel M. (1992), *The Meaning of Market Process: Essays in the Development of Modern Austrian Economics*, London und New York.
Klumpp, Ulrich (2006), *Die „Efficiency Defense" in der europäischen Fusionskontrolle: Eine rechtsvergleichende Untersuchung über die Berücksichtigung von Effizienzgewinnen bei der Zusammenschlusskontrolle nach deutschem, europäischem und us-amerikanischem Recht*, Baden-Baden.
Krüsselberg, Hans-Günter (1989), Zur Interdependenz von Wirtschaftsordnung und Gesellschaftsordnung: Eucken Plädoyer für ein umfassendes Denken in Ordnungen, *ORDO – Jahrbuch für die Ordnung von Wirtschaft und Gesellschaft*, Bd. 40, S. 223-241.
Leipold, Helmut (1990), Neoliberal Ordnungstheorie und Constitutional Economics – A Comparison between Eucken and Buchanan, *Constitutional Political Economy*, Bd. 1, S. 47-65.
Mantzavinos, Chrysostomos (2005), Das institutionenökonomisch-evolutionäre Wettbewerbsleitbild, *Jahrbücher für Nationalökonomie und Statistik*, Jg. 225/2, S. 205-224.
Mestmäcker, Ernst-Joachim (1968), Das Verhältnis des Rechts der Wettbewerbsbeschränkungen zum Privatrecht, *Der Betrieb*, Jg. 21, S. 787-740.
Mestmäcker, Ernst-Joachim (1984), *Der verwaltete Wettbewerb*, Tübingen.
Mestmäcker, Ernst-Joachim (1995), Wirtschaftsordnung und Geschichtsgesetz, *ORDO – Jahrbuch für die Ordnung von Wirtschaft und Gesellschaft*, Bd. 46, S. 9-25.
Mestmäcker, Ernst-Joachim (2005), Die Interdependenz von Recht und Ökonomie in der Wettbewerbspolitik, in: Monopolkommission (Hg.), *Zukunftsperspektiven der Wettbewerbspolitik*, Baden-Baden, S. 19.35.
Möschel, Wernhard (2006), Wettbewerb zwischen Handlungsfreiheiten und Effizienzzielen , in: Christoph Engel und Wernhard Möschel (Hg.), *Recht und spontane Ordnung: Festschrift für Ernst-Joachim Mestmäcker zum achtzigsten Geburtstag*, Baden-Baden, S. 356-369.
Paqué, Karl-Heinz (1985), How Far is Vienna from Chicago, *Kyklos*, Bd. 38, S. 421-434.
Phlips, Louis (1995), *Competition Policy: A Game-Theoretic Perspective*, Cambridge.
Posner, Richard A. (1979), The Chicago School of Antitrust Analysis, in: *University of Pennsylvania Law Review*, Bd. 127, S. 925-948.
Radnitzky, Gerard (1991), Einleitende Bemerkungen – ein Plädoyer für marktwirtschaftlich orientierte think tanks, in: ders. und Hardy Boullion (Hg.), *Ordnungstheorie und Ordnungspolitik*, Berlin u.a., S. III-XXVII.
Schmidt, André, und Stefan Voigt (2006), Der „more economic approach" in der Missbrauchsaufsicht: Einige kritische Anmerkungen zu den Vorschlägen der Generaldirektion Wettbewerb, *Wirtschaft und Wettbewerb*, Jg. 56, S. 1097-1106.

Schmidt, André, und Stefan Voigt (2007), Bessere Wettbewerbspolitik durch den „more economic approach"? Einige Fragezeichnen nach den ersten Erfahrungen, *ORDO-Jahrbuch für die Ordnung von Wirtschaft und Gesellschaft*, Bd. 58, S. 3-50.
Schmidtchen, Dieter (1978), *Wettbewerbspolitik als Aufgabe: Methodologische und systemtheoretische Grundlagen für eine Neuorientierung*, Baden-Baden.
Schmidtchen, Dieter (1988), Fehlurteile über das Konzept der Wettbewerbsfreiheit, *ORDO – Jahrbuch für die Ordnung von Wirtschaft und Gesellschaft*, Bd. 39, S. 111-135.
Schmidtchen, Dieter (2005), Die Neue Wettbewerbspolitik auf dem Prüfstand, in: Peter Oberender (Hg.), *Effizienz und Wettbewerb*, Berlin, S. 173-179.
Schmidtchen, Dieter (2006a), Der „more economic approach" in der Wettbewerbspolitik, *Wirtschaft und Wettbewerb*, Jg. 56 S. 6-16.
Schmidtchen, Dieter (2006b), Kommentar: Fehlurteile über den „more economic approach" in der Wettbewerbspolitik, *Wirtschaft und Wettbewerb*, Jg. 56, S. 707.
Schmidtchen, Dieter (2006c), Wettbewerbsschutz durch regelgeleitete Wettbewerbspolitik – Anmerkungen zum institutionenökonomisch-evolutionären Wettbewerbsleitbild , *ORDO – Jahrbuch für die Ordnung von Wirtschaft und Gesellschaft*, Bd. 57, S. 165-189.
Schwalbe, Ulrich und Daniel Zimmer (2006), *Kartellrecht und Ökonomie: Moderne ökonomische Ansätze in der europäischen und deutschen Zusammenschlusskontrolle*, Heidelberg.
Streißler, Erich W. (1995), Friedrich August von Hayek als wirtschaftswissenschaftlicher Informationstheoretiker, in: Hans-Hermann Francke (Hg.), *Ökonomischer Individualismus und freiheitliche Verfassung: Gedenkakademie für Friedrich August von Hayek*, Freiburg, S. 15-50.
Sutton, John (1991), *Sunk Costs and Market Structure:* Price Competition, Advertising, and the Evolution of Concentration, Cambridge, MA.
Vanberg, Viktor (1988), „Ordnungstheorie" as Constitutional Economics – The German Conception of a „Social Market Economy", *ORDO – Jahrbuch für die Ordnung von Wirtschaft und Gesellschaft*, Bd. 39, S. 17-31.
Vanberg, Viktor (2007), Wirtschaftspolitik als Ordnungspolitik – Zum Kontrast zwischen ordnungsökonomischer und wohlfahrtsökonomischer Perspektive, *Wirtschaftspolitische Blätter*, Jg. 54, S. 223-232.
Voigt, Stefan (2002), *Institutionenökonomik*, München.
Weizsäcker, Carl Christian von (2002), Criteria for Avaluating Rebating Schemes of Dominant Firms, in: Gabriele Kulenkampff und Hilke Smit (Hg.), *Liberalisation of Postal Markets*, Bad Honnef, S. 1-36.
Weizsäcker, Carl Christian von (2007), Konsumentenwohlfahrt und Wettbewrbsfreiheit: Über den tieferen Sinn des „Economic Approach",*Wirtschaft und Wettbewerb*, Jg. 57, S. 1078-1084.
Williamson, Oliver E. (1968), Economies as an Antitrust Defense: The Welfare Tradeoffs, *American Economic Review*, Bd. 58, S. 18-42.
Zimmer, Daniel (2007a), Wettbewerbspolitik am Scheideweg, *Frankfurter Allgemeine Zeitung* vom 18. August 2007, S. 11.
Zimmer, Daniel (2007b), Der rechtliche Rahmen für die Implementierung moderner ökonomischer Ansätze, *Wirtschaft und Wettbewerb*, Jg. 57, S. 1199-1210.

Zusammenfassung

Mit der Einführung des *more economic approach* in der europäischen Wettbewerbspolitik hat die Diskussion über die normativen Grundlagen der Wettbewerbspolitik neue Nahrung erhalten. Während die wohlfahrtsökonomischen Ansätze die Rolle der Wettbewerbspolitik als ein Instrument zur Generierung effizienter Marktergebnisse betonen, sehen die ordnungsökonomischen Ansätze vielmehr die Sicherung der ökonomischen Freiheit im Mittelpunkt der Wettbewerbspolitik. Der Aufsatz untersucht die Vor- und Nachteile beider Ansätze und diskutiert die Perspektiven der ordnungsökonomischen Wettbewerbskonzepte. Am Beispiel der Marktbeherrschung wird gezeigt, dass der „*mo-*

re economic approach" keineswegs zu einer besseren Wettbewerbspolitik führt. Konsumentenwohlfahrt und die Orientierung an statisch-allokativen Effizienzkriterien sind keine ausreichenden Beurteilungsmaßstäbe für das Wettbewerbsrecht. In Einklang mit der Freiburger Schule schließt der Aufsatz mit einem Plädoyer für eine an den Voraussetzungen und nicht an den Ergebnissen des Wettbewerbs orientierten Wettbewerbspolitik.

Summary:
Order Economic Concepts of Competition: Competition Policy between Economic Freedom and Efficiency

The *more economic approach* was implemented in the EU competition policy. Yet, the debate whether the normative foundations of competition law are vital has received new fuel. On the one hand, these normative foundations were derived from welfare economics which emphasize economic efficiency as the ultimate goal of competition law. On the other hand, the order-economic approaches, based on the Freiburg School, focus economic freedom. The paper examines pros and cons of each concept and discusses the perspectives of an approach favoring the order-economic concept. Market dominance serves as an example to show that the *more economic approach* does not at all grant better results in competition policy. Neither consumer welfare nor static-allocative standards are sufficient criteria for competition law. In accordance with the Freiburg School the author gives a pronounced summing-up for a competition policy tending more to safeguarding the requirements of competition than to its direct results.

Justus Haucap und *André Uhde*

Regulierung und Wettbewerbsrecht in liberalisierten Netzindustrien aus institutionenökonomischer Perspektive

Inhalt

I. Einleitung 237
II. Ökonomische Grundlagen der Liberalisierung netzgebundener
   Industrien 241
   1. Regulierungsbegriff 241
   2. Motiv und Objekt der Regulierung netzgebundener Industrien 241
III. Ökonomischer Vergleich einer eher regelgebundenen
    Ex-ante-Regulierung und einer eher diskretionären Ex-post-Aufsicht
    für netzgebundene Industrien 244
   1. Zum Verhältnis von Regulierung und Wettbewerbspolitik in
      netzgebundenen Industrien 245
   2. Vergleichende ökonomische Analyse der institutionellen
      Alternativen zur Kontrolle netzspezifischer Marktmacht 247
IV. Die Instrumentenleiter als Zwischenlösung 256
V. Fazit 257
Literatur 259
Zusammenfassung 261
Summary: Regulation and Competition Law in Liberalised Network
Industries as Seen from a New Institutional Economics Perspective 261

I. Einleitung

Sowohl die Telekommunikationsbranche als auch die Elektrizitätswirtschaft haben in den vergangenen 10 Jahren in Kontinentaleuropa einen drastischen Wandel ihres ordnungspolitischen Rahmens erlebt. Während sich jedoch in der Telekommunikation die Ausgestaltung des ordnungspolitischen Rahmens und auch die konkrete Regulierung in den verschiedenen EU-Mitgliedstaaten mittlerweile relativ stark angeglichen haben bzw. diese angeglichen wurden (vgl. *Kiesewetter* 2007), ist die Regulierung der Energiewirtschaft und somit auch der Liberalisierungsgrad zwischen den EU-Mitgliedstaaten noch sehr unterschiedlich (vgl. *Hense* und *Schäffner* 2004; *London Economics* 2007). Diese bis heute andauernde Heterogenität von Regulierungsregeln im Bereich der Elektrizitätswirtschaft resultiert einerseits aus den unterschiedlichen historischen Gegebenheiten, und andererseits auch aus der im Jahre 1997 erlassenen Strombinnenmarktrichtlinie (1996/92/EG), welche den EU-Mitgliedstaaten zunächst nur eine schrittweise Einführung des Wettbewerbs auf den Energiemärkten vorgeschrieben hat. In diesem Zuge ist es den einzelnen Mitgliedstaaten selbst überlassen worden, ihre Märkte ggf. über das Maß der vorgegebenen Mindestanforderungen hinaus für den Wettbewerb zu öffnen. Auch in der konkreten Ausgestaltung des ordnungspolitischen Rahmens wurde den Mitgliedstaaten zunächst relativ weitgehende Freiheiten zugestanden.

Deutschland stach bei der von der EU angestoßenen Liberalisierung im Vergleich zu den anderen Mitgliedstaaten bis 2005 durch zwei Besonderheiten hervor: Erstens wurde der Markt im Jahr 1998 sofort für alle Kundengruppen (private als auch industrielle Nachfrager) geöffnet, d.h. es erfolgte in einem Zuge eine 100-prozentige Marktöffnung. Und zweitens wurde im Gegensatz zu den meisten EU-Mitgliedstaaten der Netzzugang weder explizit normiert noch staatlich reguliert. Vielmehr hat sich der deutsche Gesetzgeber 1998 zunächst für die Wahl des verhandelten Netzzugangs entschieden,[1] wobei verschiedene Interessenverbände aus der Elektrizitätswirtschaft die Anforderungen zur strukturellen Ausgestaltung der Netznutzungspreise sowie weitere Netzzugangsbedingungen in Form der „Verbändevereinbarungen" (VV) selbst festschreiben durften. Die tatsächliche Einhaltung der vereinbarten Netzentgelte und die Vereinbarkeit der VV mit dem Wettbewerbsrecht sollte dabei im Rahmen einer Ex-post-Missbrauchskontrolle durch die Kartellämter überprüft werden (vgl. z.B. *Bier* 2002). Von vielen Ökonomen wurde diese Ex-post-Kontrolle zu Recht als unzureichend kritisiert (vgl. z.B. *Kumkar* 2000; *Monopolkommission* 2000 / 2002).

Die im Juni 2003 erlassene Beschleunigungsrichtlinie (EU-Richtlinie 2003/54/EG) stellte Deutschland dann vor einen Paradigmenwechsel hinsichtlich der Regulierung der heimischen, netzbasierten Energiewirtschaft, da die Richtlinie eine rein privatwirtschaftliche Regelung der Netzzugangskonditionen ausschloss und stattdessen – wie auch die *Monopolkommission* (2002) – die Einrichtung einer Regulierungsbehörde forderte, welche ex ante die Entgelte und weitere Konditionen für den Netzzugang festlegt.[2]

Obwohl die Beschleunigungsrichtlinie bereits zum 1. Juli 2004 für alle Nicht-Haushaltskunden in nationales Recht hätte transformiert werden müssen, dauerte es bis zum 1. Juli 2005, bis in Deutschland ein neues Energiewirtschaftsgesetz (EnWG 2005) verabschiedet wurde. Zentral war hier die Debatte um die konkrete Ausgestaltung des regulatorischen Ordnungsrahmens für die deutsche Elektrizitätswirtschaft. Neben den Schwierigkeiten bei der Bestimmung eines angemessenen Netznutzungsentgelts durch die Regulierungsbehörde (vgl. z.B. *Schebstadt* 2004) ging es innerhalb der Diskussion u.a. auch um die jeweiligen Vor- und Nachteile einer Ex-ante-Regulierung gegenüber einer Ex-post-Aufsicht für den deutschen Strommarkt und damit einhergehend auch um den ökonomischen Vergleich der Regulierung durch eine sektorspezifische Institution

---

1 Die Richtlinie sah mit der Wahl des verhandelten Netzzugangs (nTPA), des regulierten Netzzugangs (rTPA) sowie dem Alleinabnehmermodell (SB) grundsätzlich drei Optionen für die Öffnung des Netzzugangs vor.
2 Zusätzlich sah die Richtlinie ein buchhalterisches, organisatorisches und rechtliches (legal) Unbundling für vertikal integrierte Energieversorgungsunternehmen (EVU) mit mehr als 100.000 Kunden vor.

gegenüber einer sektorübergreifenden Wettbewerbsbehörde (vgl. z.B. *Haucap* und *Kruse* 2004).

Ähnliche Debatten hinsichtlich der relativen Vorteilhaftigkeit von Ex-ante-Regulierung und Ex-post-Aufsicht sind auch im Luftverkehr zu erwarten. Schon seit geraumer Zeit fordert z.b. der Bundesverband der Deutschen Fluggesellschaften (BDF), der Bundesnetzagentur Kompetenzen für die Regulierung von Flughäfen zu übertragen (so z.B. *BDF* 2007). Im Gegensatz dazu erleben wir eine Diskussion „mit umgekehrten Vorzeichen" derzeit im Telekommunikationsbereich, in dem es darum geht, wie einzelne Märkte oder Teilbereiche am besten aus der sektorspezifischen Ex-ante-Regulierung entlassen und in das allgemeine Wettbewerbsrecht überführt werden können. Die Monopolkommission hat hier 2007 vom „Wendepunkt der Regulierung" gesprochen (*Monopolkommission*, 2007). Auch in diesem Fall geht es wiederum um die Vor- und Nachteile einer sektorspezifischen Ex-ante-Regulierung im Vergleich zu einer allgemeinen Ex-post-Aufsicht (vgl. *Monopolkommission* 2007 / 2008).

Im Telekommunikationssektor spielt die Frage, ob Marktmacht durch das Wettbewerbsrecht oder durch Regulierung kontrolliert werden soll, auch deshalb eine wichtige Rolle, weil genau diese Frage Teil des sog. 3-Kriterien-Tests ist. Dem 3-Kriterien-Test zufolge liegt Regulierungsbedürftigkeit genau dann vor, wenn (1) hohe Marktzutrittsschranken bestehen (insb. bei monopolistischer Engpässen), (2) keine oder eine nur geringe Tendenz zu effektivem Wettbewerb festzustellen ist und (3) das Wettbewerbsrecht nicht ausreicht, um den Problemen von Marktmacht und daraus resultierendem Marktversagen Abhilfe zu schaffen. Dabei wird das dritte Kriterium, die Insuffizienz des Wettbewerbsrechts, jedoch in aller Regel nur kursorisch geprüft (vgl. *Möschel* 2007; *Monopolkommission* 2007 / 2008). Eine Standardbegründung der Bundesnetzagentur lautet: „Die alleinige Anwendung des allgemeinen Wettbewerbsrechts würde nämlich nur ein punktuelles Eingreifen in einzelnen Verfahren ermöglichen. Erforderlich sind wesentlich detailliertere Befugnisse zur Vornahme positiver Regelungen, z.B. fortlaufende Überwachung und häufiges Einschreiten. Außerdem ermöglicht das TKG in der Regel ein schnelleres Einschreiten, weil Verfügungen der Bundesnetzagentur grundsätzlich sofort vollzogen werden können."[3] Wie vor allem *Möschel* (2007) zu Recht darlegt, sind diese Unterschiede in der Anwendung von Regulierung und Wettbewerbsrecht jedoch immer und überall erfüllt (vgl. auch *Holznagel* und *Vogelsang* 2008). Die Bundesnetzagentur rekurriert im Kern auf Strukturunterschiede zwischen allgemeinem Wettbewerbsrecht und sektorspezifischer Regulierung, sodass das dritte Kriterium praktisch immer bejaht wird. Erforderlich wäre jedoch eine einzelmarktbezogene, komparativ-institutionenökonomische Analyse der Vor- und Nachteile von Regulierungsmaßnahmen und Wettbewerbsrecht (vgl. *Monopolkommission* 2008).

Zu beachten ist allerdings, dass die Grenzen zwischen Wettbewerbspolitik auf der einen Seite und Regulierung auf der anderen Seite in den liberalisierten Netzwirtschaften zunehmend verschwimmen. Sowohl in der Wettbewerbspolitik als auch bei regulierenden Eingriffen geht es ja um die Kontrolle und die Beschränkung des potenziellen Missbrauchs von Marktmacht. Dabei hat sich durch die Reform der netzbasierten In-

---

3 *BNetzA*, Notifizierungsentwurf für den Zugang zum öffentlichen Telefonnetz an festen Standorten, 107. Vgl. auch *Möschel* (2007).

dustrien allerdings der Fokus verschoben: Stand traditionell der potenzielle *Ausbeutungsmissbrauch* der Nachfrager durch überhöhte Strom- oder Telekommunikationspreise im Vordergrund, ist es nun vor allem die Befürchtung, dass ein *Behinderungsmissbrauch* gegenüber Wettbewerbern stattfinden könnte, welche bei der Ausgestaltung des ordnungspolitischen Rahmens im Mittelpunkt stehen. Eine Ausbeutung der Verbraucher soll durch Wettbewerb verhindert werden; damit der Wettbewerb sich jedoch entfalten kann, gilt es den Behinderungsmissbrauch zu unterbinden, welcher ansonsten den Wettbewerb im Keim ersticken könnte (vgl. *Dewenter* und *Haucap* 2004).

Das Problem eines potenziellen Behinderungsmissbrauchs lässt sich zumindest in der Theorie auf vielerlei Weise angehen. So kann prinzipiell eine Kontrolle ex post oder ex ante erfolgen, durch eine sektorspezifische oder eine sektorübergreifende Institution, durch eine stark regelgebundene Marktaufsicht für alle Netzbetreiber oder durch stärker diskretionäre Markteingriffe durch die zuständige Aufsichtsbehörde in Einzelfällen, etc. (vgl. dazu *Haucap* und *Kruse* 2004). Für die konkrete Ausgestaltung der Marktaufsicht gibt es somit viele Möglichkeiten, wobei jedoch oft wenigstens implizit davon ausgegangen wird, dass entweder (a) eine Ex-post-Aufsicht durch Einzelfallüberprüfungen auf der Grundlage des allgemeinen Wettbewerbsrechtes durch eine sektorübergreifende Institution stattfindet oder (b) eine Ex-ante-Regulierung aller Netzbetreiber auf Basis sektorspezifischer Regelungen durch eine sektorspezifische Behörde erfolgt. Diese Zweiteilung ist zwar gängig, aber keinesfalls zwingend wie die internationale Praxis und Erfahrung zeigt. So könnte z.B. auch das Wettbewerbsrecht von einer sektorspezifischen Behörde angewendet werden wie dies z.B. in der britischen Telekommunikationsbranche schon lange der Fall ist (vgl. *Oftel* 2000). Alternativ können auch sektorspezifische Gesetze von einer sektorübergreifenden Behörde angewendet werden, wie dies die *Australian Competition and Consumer Commission* (*ACCC*) tut oder auch das Bundeskartellamt und die Landeskartellbehörden mit dem neu geschaffenen § 29 GWB oder den sektorspezifischen Regeln zur Fusionskontrolle im Mediensektor.

Wir werden im Folgenden jedoch bei der Erörterung der Frage, welcher ordnungspolitische Rahmen für liberalisierte Netzindustrien aus einer institutionenökonomischen Sicht adäquat ist, weitgehend davon ausgehen, dass (a) eine Ex-post-Kontrolle auf wettbewerbsrechtlicher Basis einzelfallbezogen stattfindet und somit stärkere diskretionäre Spielräume aufweist und dass (b) eine Ex-ante-Regulierung stärker anhand sektorspezifischer Regeln für *alle* Netzbetreiber einer Industrie erfolgt. Nichtsdestotrotz bestehen natürlich auch bei einer Ex-ante-Regulierung gewisse diskretionäre Spielräume für den Regulierer wie auch das VG Köln festgestellt hat (vgl. *Schebstadt* 2004).[4]

Um zu erörtern, wie ein ordnungspolitisch angemessener institutioneller Rahmen für liberalisierte Netzindustrien aussehen sollte, werden wir zunächst die ökonomischen Grundlagen der Regulierung netzgebundener Industrien darstellen (*Abschnitt 2*). Anschließend werden wir die beiden meist diskutierten Alternativen zur Kontrolle von Marktmacht (ex ante und ex post sowie sektorspezifisch und sektorübergreifend) in einer vergleichenden ökonomischen Analyse einander gegenüberstellen (*Abschnitt 3*), um sodann die Ergebnisse auf die Frage nach der angemessenen institutionellen Ausgestaltung des Regulierungsrahmens für die netzgebundene Wirtschaftszweige aus einer

---

4 Vgl. VG Köln, MultiMedia und Recht, 2003, 686, 688; 814.

ökonomischen Perspektive zu übertragen (*Abschnitt 4*). Unser Fazit beendet diesen Beitrag (*Abschnitt 5*).

II. Ökonomische Grundlagen der Liberalisierung netzgebundener Industrien

1. Regulierungsbegriff

Während der Begriff der „Regulierung" innerhalb der ökonomischen Literatur schon länger und mithin eine recht selbstverständliche Verwendung findet, wurde der Terminus in der deutschen Gesetzgebung erstmals 1994 durch das Gesetz über die Regulierung der Telekommunikation und des Postwesens (PTRegG) aufgegriffen (vgl. *Schebstadt* 2004). Aus einer ökonomischen Perspektive lässt sich „Regulierung" in einer weiten und einer engen Begriffsfassung definieren. In einer *weiten* Begriffsfassung wird von Regulierung immer dann gesprochen, wenn ein Staat entweder direkt oder auch indirekt in das Marktgeschehen eingreift und sich nicht nur auf die Bereitstellung eines adäquaten Ordnungsrahmens wirtschaftlichen Handelns beschränkt (vgl. *von Weizsäcker* 1982; *Müller* und *Vogelsang* 1979).

Eine Abgrenzung zwischen der Bereitstellung eines wirtschaftlichen Ordnungsrahmens und einem indirekten Eingriff in das Marktgeschehen ist jedoch nicht trennscharf, denn die Etablierung eines Ordnungsrahmens kann auch als ein indirekter Eingriff des Staates interpretiert werden. Das Bereitstellen eines geeigneten Ordnungsrahmens (der u.a. Eigentumsrechte garantiert und den Wettbewerb schützt) sorgt jedoch erst dafür, dass Märkte ihre erwünschte Wirkung erst entfalten können (vgl. schon *Eucken* 1952). In engerer Abgrenzung würde die Bereitstellung und Garantie einer marktwirtschaftlichen Ordnung jedoch nicht unter den Begriff der Regulierung subsumiert. Im Hinblick auf die folgende Diskussion einer Ex-ante-Regulierung gegenüber einer Ex-post-Aufsicht für liberalisierte Netzindustrien soll daher auf eine engere Definition von Regulierung zurückgegriffen werden.

Nach dieser *engeren* Definition liegt Regulierung nur bei einer gezielten sektor- oder sogar unternehmensspezifischen Steuerung von Preisen, Produktions- und Absatzmengen, Investitionen und Kapazitäten, Qualitäten und Konditionen sowie Marktzutritt durch eine spezifische Regulierungsbehörde vor (vgl. *Stigler* 1971 und *Peltzman* 1976). Nicht zur Regulierung zählen somit alle indirekten staatlichen Maßnahmen, die für alle Wirtschaftssubjekte gleichermaßen geltende Rahmenbedingungen bedeuten. Demnach wird auch die Bereitstellung eines wirtschaftlichen Ordnungsrahmens, wie die allgemeine Missbrauchsaufsicht des § 19 Abs. 4 Nr. 4 GWB, innerhalb der engen ökonomischen Begriffsfassung nicht als eine Regulierungsmaßnahme angesehen.

2. Motiv und Objekt der Regulierung netzgebundener Industrien

Eine grundsätzliche Eigenheit regulativer Eingriffe in netzgebundene Märkte ergibt sich aus der Erkenntnis, dass der Begriff der Liberalisierung dieser Märkte nicht ohne Weiteres mit einer Deregulierung gleich gesetzt werden darf (vgl. *Vogelsang* 2003; *De-*

wenter und *Haucap* 2004). Während mit Liberalisierung die Öffnung des Marktes für neue Anbieter gemeint ist, wird nämlich unter Deregulierung der Abbau staatlicher Vorschriften über das Verhalten der Marktteilnehmer verstanden (vgl. *Vogelsang* 2003). Zwar kann durch eine erfolgreiche Liberalisierung eine Deregulierung im Bereich der Endkundenpreise erfolgen, da die Gefahr des *Ausbeutungsmissbrauchs* bei einer konsequenten Liberalisierung abnimmt. Zugleich steigt aber die Gefahr des *Behinderungsmissbrauchs* durch die ehemaligen, oftmals vertikal integrierten Gebietsmonopolisten. Damit also eine Liberalisierung erfolgreich ist und neue Anbieter auf einem liberalisierten Markt auch Fuß fassen können, ist es notwendig, bestimmte Teile netzbasierter Industrien – nämlich die Zugänge zu sog. wesentlichen Einrichtungen – zu regulieren. Somit erfordert eine erfolgreiche Marktliberalisierung netzgebundener Industrien in der Regel auch eine umfassende Re-Regulierung bestimmter Netzbereiche, wobei sich der Fokus, wie bereits eingangs erwähnt, weg vom *Ausbeutungsmissbrauch* hin zum *Behinderungsmissbrauch* verschiebt.

Die Grundvorstellung einer liberalen marktwirtschaftlichen Ordnung besteht allerdings darin, dass der Markt und die in ihm stattfindenden Wettbewerbsprozesse grundsätzlich besser dazu in der Lage sind, wirtschaftliche Probleme zu lösen, als politisch induzierte regulative Steuerungsmechanismen. Folglich ist eine Abkehr von dieser Grundvorstellung ökonomisch und auch ordnungspolitisch zu begründen, wenn die Frage nach der Notwendigkeit der gesonderten Behandlung einzelner Teilbereiche netzgebundener Industrien beantwortet werden soll (vgl. *Knieps* 2003; *Kreis* 2003).

Als eine solche Begründung genügt der *normativen* neoklassischen Theorie der Regulierung die Existenz von Marktversagen aufgrund spezifischer Besonderheiten eines Wirtschaftssektors (vgl. *von Weizsäcker* 1982). Die Begründung für eine Re-Regulierung netzgebundener Industrien ergibt sich genauer gesagt aus der Tatsache, dass zwar einige Teile der Wertschöpfungskette nach der Liberalisierung des netzgebundenen Marktes effizient in wettbewerblichen Strukturen organisiert werden können, in anderen Teilbereichen eine Marktöffnung aufgrund objektiver ökonomischer Faktoren jedoch (noch) nicht möglich ist. Der ökonomische Tatbestand, dass spezifische Teilbereiche netzbasierter Industrien nicht pauschal liberalisiert werden können, erschließt sich wiederum aus der Theorie natürlicher Monopole (vgl. *Train* 1991) in Verbindung mit marktspezifischer Irreversibilität (vgl. *Kruse* 2001).

Natürliche Monopole liegen genau dann vor, wenn die Kostenfunktion des monopolistischen Unternehmens im relevanten Bereich strikte Subadditivität aufweist, sodass ein einzelnes Unternehmen einen bestimmten Leistungsumfang kostengünstiger bereitstellen kann als zwei oder mehr Unternehmen (vgl. z.B. *Panzar* 1989). Als ein klassisches Argument für Subadditivität gelten sinkende Durchschnittskosten aufgrund von steigenden Skalenerträgen.[5] Jedoch können auch Verbund- oder Dichtevorteile zur Subadditivität der langfristigen Kostenfunktion führen. Gerade in Netzindustrien beruht das natürliche Monopol auf diesen Dichtevorteilen hinsichtlich der Versorgungs-, Verkehrs- oder Kommunikations-Infrastrukturen, vor allem im lokalen Bereich (vgl. *Kruse* 2001).

---

5 Sinkende Durchschnittskosten gelten als eine hinreichende aber nicht notwendige Voraussetzungen für ein natürliches Monopol.

Die marktspezifische Irreversibilität hingegen bezeichnet den Umfang versunkener Investitionen, welche für die Errichtung solcher Netzinfrastrukturen erforderlich sind. Da Netzinfrastrukturen häufig eine lange Lebensdauer aufweisen und einen wesentlichen Teil der Kosten ausmachen, stellen sie nicht nur eine beträchtliche Austrittsbarriere für den etablierten Anbieter dar, sondern sie bedeuten vor allem ein nicht unwesentliches Investitionsrisiko für potenzielle Wettbewerber, sodass der Markteintritt für neue Anbieter in den meisten Fällen nicht profitabel ist.

Erst die Kombination von Subadditivität und Irreversibilität erzeugt bei etablierten Anbietern Monopolresistenz. Und nur wenn es potenziellen Wettbewerbern auf vor- oder nachgelagerten Wertschöpfungsstufen nicht möglich ist, ohne Zugang zu diesen resistenten Monopolbereichen in einen nachgelagerten Markt einzutreten, wird auch von monopolistischen Engpassbereichen oder *Bottlenecks* (*Knieps* 2003) bzw. von wesentlichen Einrichtungen (*essential facilities*) gesprochen (vgl. *Areeda* 1990; *Lipsky* und *Sidak* 1999; *Rottenbiller* 2002). Für die Eigentümer solcher wesentlichen Einrichtungen kann es eine rationale Strategie darstellen, die Einführung von Wettbewerb auf den nachgelagerten Märkten zu unterbinden oder zumindest zeitlich zu verzögern, indem sie potenziellen Wettbewerbern den Zugang zu diesen Einrichtungen per se verweigern bzw. die Zugangsentgelte derart hoch anzusetzen, dass ein Markteintritt sich als nicht profitabel erweist (vgl. *Haucap* und *Heimeshoff* 2005).

Die mangelnde Bestreitbarkeit eines Marktes stellt allerdings nur eine notwendige und noch keine hinreichende ökonomische Bedingung für einen regulativen Staatseingriff dar. Hinreichend begründbar wird eine bestimmte Form der Regulierung eines resistenten Monopols erst dann, wenn dieser regulative Staatseingriff zu den *größtmöglichen* gesamtwirtschaftlichen Effizienz- bzw. Wohlfahrtsgewinnen führt, verglichen mit allen anderen, realistischerweise umsetzbaren Alternativen wie z.B. einer Ex-post-Aufsicht (vgl. *Williamson* 1996; *Dixit* 1996).[6] Daher fordert der o.g. 3-Kriterien-Test für die Telekommunikation nicht nur (1) die Existenz hoher Marktzutrittsschranken und (2) das Fehlen einer Tendenz zu wirksamem Wettbewerb, sondern auch (3) die sog. Insuffizienz des Wettbewerbsrechts, bevor die Regulierung eines Marktes gerechtfertigt ist.

Dass ein unreguliertes resistentes Monopol in aller Regel zu Ineffizienzen führt, ist aus ökonomischer Sicht nämlich relativ klar: So wird ein gewinnorientiert arbeitendes Monopolunternehmen sein Angebot künstlich verknappen, um einen gewinnmaximalen Preis zu erzielen. Die Folge dieses Verhaltens ist eine allokative Ineffizienz. Aus einer polit-ökonomischen Sicht können zudem die Verteilungswirkungen des Monopols zu einer wichtigen Eingriffsbedingung zählen, da im Vergleich zur Wettbewerbssituation ein Teil der Konsumentenrente zu Produzentenrente wird, d.h. es findet ein Transfer von Verbrauchern zum Monopolisten statt. Diese Verteilungswirkung ist zwar für die Beurteilung der gesamtwirtschaftlichen ökonomischen Effizienz zunächst irrelevant, sie

---

6 *Williamson* (1996) und *Dixit* (1996) stellen dabei beide auf einen Gesamtwohlfahrtstandard ab, während in der europäischen Wettbewerbspolitik zunehmend auf einen Konsumentenstandard abgestellt wird (mit Ausnahme der Beihilfenkontrolle allerdings, vgl. dazu *Monopolkommission* 2008). Bei einer normativen Vorgabe der Konsumentenwohlfahrt als Maßstab wäre nichtsdestotrotz ein Vergleich aller real umsetzbaren Alternativen erforderlich und kein Vergleich hypothetisch denkbarer, aber nicht implementierbarer Lösungen.

kann jedoch zu weiteren Ineffizienzen führen, wenn sie Verteilungskämpfe in Form von *Rent Seeking* und andere unproduktive Tätigkeiten induziert (vgl. *Tullock* 1967).

Um solche Ineffizienzen zu vermeiden, und auch aus verteilungspolitischen Motiven, hatten die meisten Staaten in den Versorgungsbereichen entweder die Endverbraucherpreise unter regulatorische Aufsicht gestellt (wie z.B. für den Elektrizitätssektor in Deutschland), oder aber die Leistungen wurden direkt staatlich erbracht (wie im Bereich der Telekommunikation), wobei das Angebot und auch die Preise dann ebenfalls überwiegend politisch determiniert wurden. Ziel dieser Regulierung war es, die Bereitstellung von netzgebundenen Leistungen flächendeckend und zu sozial erwünschten Preisen zu gewährleisten, um mithin eine Einschränkung der Konsumentensouveränität durch einen potenziellen Ausbeutungsmissbrauch zu verhindern (vgl. *Knieps* 2003, S. 2).

Heute erfolgt eine Liberalisierung der ehemaligen monopolistischen Versorgungsunternehmen in Europa vor allem vor dem Hintergrund von zwei Erkenntnissen: *Erstens* hat man festgestellt, dass Monopole nicht nur zu allokativer Ineffizienz, sondern aufgrund des fehlenden Wettbewerbsdrucks ebenso zu X-Ineffizienzen (vgl. *Leibenstein* 1966) bzw. produktiver Ineffizienz führen. Das Monopolunternehmen produziert dann zu ineffizient hohen Kosten.[7] *Zweitens* erscheint es nur wenig sinnvoll, die gesamte netzgebundene Industrie monolithisch als natürliches Monopol zu beschreiben. Eine disaggregierte Betrachtung der Wertschöpfungskette in einzelnen Märkten zeigt regelmäßig, dass die Sektoren oftmals in natürliche Monopolbereiche und potenziell kompetitive Bereiche unterteilt werden können (vgl. *Knieps* 1999). Letztere sind nicht zuletzt aus ordnungsökonomischen Gründen zu liberalisieren, sodass heute nicht mehr nur der Schutz der Nachfrager als ein vornehmliches Ziel der Regulierung netzgebundener Industrien angesehen wird, sondern vielmehr die Eindämmung eines potenziellen Behinderungsmissbrauches durch den Monopolisten hinsichtlich des Zugangs zu den wesentlichen Einrichtungen.

III. Ökonomischer Vergleich einer eher regelgebundenen Ex-ante-Regulierung und einer eher diskretionären Ex-post-Aufsicht für netzgebundene Industrien

Die Liberalisierung des Zugangs zu den monopolistischen Engpassbereichen erfolgt in netzbasierten Industrien vor allem über die Kontrolle der Netzzugangsbedingungen und -entgelte. Diese können prinzipiell entweder durch eine Regulierungsbehörde ex ante festgestellt und genehmigt oder im Rahmen einer allgemeinen Missbrauchsaufsicht durch eine Wettbewerbsbehörde ex post kontrolliert werden, sodass sich die Ausgestaltung des institutionellen Ordnungsrahmens einer angemessenen Regulierung netzbasierter Industrien oftmals in einem Spannungsfeld von eher regelgebundener Regulierung

---

7 X-Ineffizienzen sind möglich, da ein Monopolist anders als Unternehmen im Wettbewerb aufgrund fehlender Substitutionsmöglichkeiten für die Nachfrager auch bei ineffizienter Produktion am Markt bestehen bleiben kann.

und eher diskretionärer Missbrauchskontrolle befindet.[8] Darüber hinaus ist, wie bereits erwähnt, auch eine Vielzahl weiterer Spielarten denkbar. So können für die Marktaufsicht entweder (1) sektorspezifische oder (2) sektorübergreifende Regeln gelten, die entweder von (i) sektorspezifischen oder (ii) sektorübergreifenden Behörden entweder (a) ex ante oder (b) ex post angewendet werden. Zudem kann eine unterschiedliche institutionelle Ausgestaltung für verschiedene Aspekte in ein und derselben Industrie gelten. So wird z.b. die Fusionskontrolle in der Regel ex ante durch sektorübergreifende Behörden anhand von sektorübergreifenden Regeln (oder auch sektorspezifischen Regeln wie bei der Pressefusionskontrolle) vollzogen. Demgegenüber sind Fragen des Zugangs zu wesentlichen Einrichtungen bisher in Deutschland zum Teil anhand von sektorübergreifenden Regeln wie § 19 Abs. 4 GWB durch eine sektorübergreifende Institution geregelt worden (z.b. bei Hafenanlagen), während die Regulierung von Netzzugängen z.b. in der Telekommunikation anhand von sektorspezifischen Regeln durch (nahezu) sektorspezifische Behörden[9] durchgeführt worden ist. In anderen Staaten lassen sich weitere Unterschiede konstatieren. So wird z.B. in Australien der Zugang zu wesentlichen Einrichtungen für alle Branchen durch das allgemeine Wettbewerbsrecht, den *Trade Practices Act* (*TPA*), und zudem durch eine sektorübergreifende Behörde, die *Australian Competition and Consumer Commission* (*ACCC*) geregelt, wobei einzelne *Richtlinien* sektorspezifische Detaillierungen vornehmen.

In Deutschland hat sich die politische Debatte jedoch typischerweise auf die beiden Fälle einer (a) Ex-ante-Aufsicht durch eine einige Sektoren überspannende Regulierungsbehörde (sprich die Bundesnetzagentur) anhand sektorspezifischer Gesetze versus (b) einer Ex-post-Kontrolle durch das Bundeskartellamt, oftmals ebenfalls anhand sektorspezifischer Gesetze, konzentriert. Im Folgenden werden wir daher im Wesentlichen die Vor- und Nachteile einer Ex-Ante-Regulierung durch die Bundesnetzagentur und einer Ex-post-Kontrolle durch das Bundeskartellamt erörtern. Um die Vor- und Nachteile einer solchen Ex-ante-Regulierung und einer solchen Ex-post-Kontrolle beim Zugang zu wesentlichen Einrichtungen in einer allgemeinen Form beurteilen zu können, ist nicht nur eine normative ökonomische Analyse notwendig, sondern ebenso eine komparativ-institutionenökonomische Betrachtung. Diese geht allerdings grundsätzlich davon aus, dass in der Praxis keiner der beiden Ansätze fehlerfrei funktionieren wird.

1. Zum Verhältnis von Regulierung und Wettbewerbspolitik in netzgebundenen Industrien

Gemäß der weit verbreiteten, traditionellen ökonomischen Ansicht stellen Wettbewerbspolitik und Regulierung komplementäre, sich nicht behindernde Instrumente des Staates dar (vgl. auch *Kirchner* 2004). Wettbewerbspolitik ist zunächst im Wesentlichen ein Teilgebiet der Wirtschaftsordnungspolitik, denn sie schafft die Rahmenbedingungen

---

8 Im Kern geht es hier um die Übertragung der aus der Geldtheorie und -politik schon länger bekannten Debatte über „Rules versus Discretion" (vgl. *Kydland* und *Prescott* 1977; *Barro* 1986) auf die Regulierung wesentlicher Einrichtungen in netzgebunden Industrien.
9 Hier sei angemerkt, dass die RegTP auch bis 2005 schon für zwei Sektoren, nämlich Telekommunikation und Post, zuständig und somit sektorübergreifend tätig war. Seit 2005 ist sie zudem für Eisenbahn und die leitungsgebundene Gas- und Elektrizitätswirtschaft zuständig.

für wettbewerbliche Marktprozesse.[10] Wettbewerbspolitik kann weiter beschrieben werden als jede staatliche Handlungsmaßnahme, die darauf abzielt, den unbeschränkten Wettbewerb auf Märkten zu sichern, zu fördern oder wiederherzustellen. Indem Wettbewerbspolitik davor schützt, dass der Wettbewerb durch Behinderungsmissbrauch der Marktteilnehmer eingeschränkt oder sogar aufgehoben wird, kann sie auch als eine Wettbewerbsvoraussetzung bezeichnet werden.[11]

Der soeben skizzierten Definition von Wettbewerbspolitik liegt die Annahme zugrunde, dass ein effizienter Wettbewerb nicht nur zu individueller Freiheit, sondern vor allem auch zu positiven Wohlfahrtseffekten führt. Demnach erscheint es plausibel, jedwede Behinderungsmaßnahmen der Marktteilnehmer zu unterbinden, welche die Wohlfahrt einschränken. Allerdings kann eine solche Begründung für Wettbewerbspolitik nur teilweise gelten, denn öffentliche Güter, externe Effekte und insbesondere natürliche Monopole führen auch ohne beschränkende Maßnahmen der Marktteilnehmer zu Effizienzverlusten auf Märkten. Wettbewerbspolitik allein ist dann aufgrund technischer oder marktspezifischer Gegebenheiten nicht mehr ausreichend und sollte durch eine direkte Regulierung, also positiven Eingriffen des Staates in die Marktstruktur und den Wettbewerb, komplementiert oder sogar ersetzt werden. In einer solchen Vorstellung stehen Wettbewerbspolitik und Regulierung grundsätzlich nicht in einer konfligierenden Beziehung zueinander, sondern sie sind vielmehr auf die verschiedenen Marktszenarien abzustimmen und ergänzen sich somit gegenseitig (vgl. auch *Kirchner* 2004).

Hinsichtlich der Ausgestaltung eines angemessenen regulativen Ordnungsrahmens für netzgebundene Industriemärkte kann diese „Komplementaritäts-Hypothese" allerdings nicht ohne Weiteres aufrecht erhalten werden, denn Wettbewerbspolitik und Regulierung können hier ebenso in einem konfligierenden Verhältnis zueinander stehen. Zwar zeigt eine Disaggregation z.B. der deutschen Elektrizitätswirtschaft, dass sich die Wertschöpfungskette sowohl in resistente Monopolbereiche (Übertragungs- und Verteilnetz) als auch in potenziell wettbewerbsfähige Bereiche (Erzeugung, Versorgung) zerlegen lässt, sodass auf den ersten Blick sowohl eine Ex-ante-Regulierung als auch eine Ex-post-Aufsicht als angemessene Instrumente für die jeweiligen Bereiche gelten und damit komplementär zueinander eingesetzt werden können. Allerdings lassen sich, wie bereits argumentiert wurde, bestimmte Sachverhalte wie z.B. der Zugang zu wesentlichen Einrichtungen prinzipiell sowohl ex post durch wettbewerbsrechtliche Maßnahmen als auch alternativ dazu ex ante durch regulative Eingriffe regeln. Der bereits angesprochene 3-Kriterien-Test in der Telekommunikation macht das *substitutive* Verhältnis von Regulierung und Wettbewerbsrecht besonders klar: Nur wo das Wettbewerbsrecht als insuffizient eingeschätzt wird, soll Regulierung greifen, sodass die Beziehung zwischen Wettbewerbsrecht und Regulierung in der Tat als komplementär erscheint. Um diese Insuffizienz des Wettbewerbsrechts zu ermitteln, müssen aber Wett-

---

10 In Ausnahmefällen kann sie auch prozesspolitischen Charakter besitzen, wenn sie den Wettbewerb quasi ersetzt und Marktergebnisse positive vorschreibt, bspw. durch eine Ex-Post-Untersagung unangemessener Netznutzungsentgelte.
11 In diesem Zusammenhang hat die Wettbewerbspolitik zwei Aufgaben zu erfüllen. Zum einen muss der Wettbewerb als marktwirtschaftliches Anreiz-, Lenkungs- und Kontrollverfahren gesichert werden (Institutionenschutz, *Kantzenbach*). Zum anderen soll auch die individuelle Handlungsfreiheit der Marktteilnehmer geschützt werden (Individualschutz, *Hoppmann*).

bewerbsrecht und Regulierung miteinander verglichen und gegeneinander abgewogen werden, d.h. es kommt entweder zur Anwendung des Wettbewerbsrechts oder aber zur Verfügung von Regulierungsmaßnahmen, nicht aber beides zugleich. In diesem Fall stellen eine wettbewerbspolitische Ex-post-Aufsicht und eine sektor- oder sogar firmenspezifische Ex-ante-Regulierung echte Alternativen dar, sodass ihr Verhältnis als substitutiv beschrieben werden muss.

2. Vergleichende ökonomische Analyse der institutionellen Alternativen zur Kontrolle netzspezifischer Marktmacht

Wie bereits zu Anfang erwähnt wurde, lässt sich eine Vielzahl von institutionell unterschiedlich ausgestalteten Regulierungsalternativen erdenken. Im nun Folgenden werden wir dieses Spektrum einschränken, indem wir mit Hilfe einer vergleichenden ökonomischen Analyse die zentralen Merkmale einer stärker regelgebundenen Ex-ante-Regulierung durch eine auf wenige Sektoren spezialisierte Regulierungsbehörde und einer eher diskretionären Ex-post-Kontrolle durch eine sektorübergreifende Wettbewerbsbehörde einander gegenüber stellen. Der Vergleich erfolgt anhand der Kriterien der sachlichen und zeitlichen Konsistenz, der fachlichen und formalen Kompetenz sowie der Kosten der jeweiligen Regulierungsalternative.

Sachliche Konsistenz der Missbrauchskontrolle

Unabhängig von der konkreten Ausgestaltung der Missbrauchskontrolle sollte die Zielsetzung der zuständigen Regulierungs- bzw. Wettbewerbsbehörde zunächst möglichst einfach und klar definiert sowie transparent gestaltet werden, um den Grad der Unsicherheit für die Marktteilnehmer so gering wie möglich zu halten.

Im Rahmen einer Ex-post-Kontrolle obliegt die Aufsicht über das Wettbewerbsgeschehen zunächst den Wettbewerbsbehörden und gegebenenfalls den Gerichten. Diese entscheiden einzelfallbezogen darüber, ob bestimmte Verhaltensweisen der Marktteilnehmer als wettbewerbskonform gelten oder nicht, sodass ein diskretionärer Spielraum bleibt. Zudem erteilen Wettbewerbsbehörden den Eigentümern von Netzen im Rahmen der Ex-post-Kontrolle in der Regel keine präzisen Anweisungen, auf die sich potenzielle Wettbewerber verlassen könnten, sondern untersagen oftmals lediglich gewisse wettbewerbsbeschränkende Verhaltensweisen im Sinne des Verbotsprinzips.

Gegenüber der nachträglichen Missbrauchsaufsicht kann eine Ex-ante-Regulierung mehr Klarheit und Kalkulationssicherheit für potenzielle Wettbewerber bedeuten, sofern die zuständige Behörde hinsichtlich ihrer Entscheidungen konsistent einer regelgebundenen Handlungsmaxime folgt. Ist diese Bedingung erfüllt, weist eine stärker regelgebundene Ex-ante-Regulierung gegenüber der diskretionären Ex-post-Kontrolle einen wesentlichen Vorteil auf, denn wettbewerbswidrige Praktiken können bereits a priori durch die zuständige Behörde verhindert werden. Eine Ex-ante-Regulierung wäre daher besonders angezeigt, wenn ein Missbrauch von Marktmacht oft und wiederholt zu erwarten ist und durch den Missbrauch große und irreversible Schäden angerichtet werden können.

Eine Aggregation und Vermengung verschiedener Zielsetzungen unter dem Dach einer Behörde kann leicht zu widersprüchlichen Markteingriffen führen und mitunter sogar wettbewerbshemmend wirken. Als Konsequenz dieser Zielheterogenität sinkt die Transparenz und steigt die Unsicherheit für die Marktteilnehmer. Komplexe Zielstrukturen in einer Institution zu bündeln, sollte daher möglichst vermieden und verschiedene wirtschaftspolitische Eingriffsziele gegenüber einer Branche sollten konsequenterweise auch verschiedenen Institutionen übertragen werden. Dies lässt sich für die soeben genannten Zielkategorien unmittelbar praktizieren, findet seine Grenze jedoch bei einer Aufspaltung in Einzelziele, da sonst die Zahl der Behörden unvertretbar anwachsen würde. Im Falle solcher unvermeidbarer „Mehrziel-Behörden" ist dann der Gesetzgeber gefordert, die Zielfunktion möglichst präzise zu definieren (vgl. auch *Eickhof* und *Holzer* 2006).

In diesem Zusammenhang gilt es zu beachten, dass sektorspezifische Regulierungsbehörden im Gegensatz zu sektorübergreifenden Institutionen oftmals eine Reihe konkurrierender Ziele aus verschiedenen Politikfeldern verfolgen (Zielpluralismus), welche die Eindeutigkeit von Regulierungsregeln verwässern können. Während durch die Zugangsregulierung primär Wettbewerbs- und Effizienzziele angesprochen werden, sind im Energiesektor (wie auch in anderen Netzindustrien) neben industriepolitischen, regionalpolitischen und verteilungspolitischen Zielen und Interessen zusätzlich auch Umweltziele politisch relevant (vgl. *OECD* 1999; *Monopolkommission* 2007). Diese Teilziele dürften mit dem Wettbewerbs- und Effizienzziel nicht stets in einem komplementären Verhältnis stehen.

Zeitliche Konsistenz der Regulierung

In vielen Netzsektoren müssen Unternehmen mehr oder minder langlebige, irreversible Investitionen tätigen. Dies gilt insbesondere für die Bereiche der Netz-Infrastrukturen aber auch für Kapazitätserweiterungen, Funktionalitätssteigerungen, Innovationen etc. und betrifft sowohl die etablierten Anbieter als auch potenzielle Wettbewerber. Die Investitions- und Markteintritts-Entscheidungen werden erheblich davon beeinflusst, ob der Regulierungsrahmen als zeitlich konsistent betrachtet wird. Je unvorhersehbarer die Entscheidungen der regulierenden Instanz sind, desto geringer fällt tendenziell die Investitionsneigung der beteiligten Unternehmen aufgrund der vorherrschenden Erwartungsunsicherheit hinsichtlich zukünftiger Umweltszenarien aus und desto geringer wird die Bereitschaft der potenziellen Wettbewerber sein, *sunk costs* aufzubringen, um in den Markt einzutreten (vgl. auch *Haucap*, *Heimeshoff* und *Uhde* 2005).

Die Forderung nach einer zeitlichen Konsistenz der Regulierung bedeutet jedoch nicht, dass jede Regulierungsentscheidung langfristig konstant bleiben muss. Es kommt vielmehr darauf an, dass die Regulierungsbehörde ihre Prinzipien, nach denen sie jetzt handelt und in Zukunft handeln wird, für die einzelnen Engpassbereiche möglichst klar und substanziell (d.h. in wirtschaftlich relevanten Kategorien) definiert und im Zeitablauf auch an die geänderten Bedingungen des regulierten Bereichs anpasst. Dies kann einschließen, dass sie eine Politikänderung für den Fall avisiert, dass sich die Verhältnisse auf den Märkten in bestimmter Weise ändern. Diese Konditionen sollten den Marktteilnehmern ebenso bekannt sein wie die Prinzipien der neuen Politik und die (nicht zu kurzen, investitionsorientierten) Zeiträume, die dabei in Rede stehen. Wichtig ist also die Stabilität der regulatorischen Rahmenbedingungen bzw. die Vorhersehbarkeit von Änderungen.

Im Gegensatz zur Ex-ante-Regulierung tritt im Rahmen der Ex-post-Aufsicht typischerweise zusätzlich das Problem der zeitlichen Verzögerung hinsichtlich der Wirkung einer Regulierungsmaßnahme auf, welches sowohl durch die Komplexität des zu bewertenden Sachverhalts als auch durch behördliche Entscheidungen, Rechtsmittel und Gerichtsverfahren (evtl. durch mehrere Instanzen) hervorgerufen wird.[12] Ein solcher *time lag* kann von den Marktteilnehmern antizipiert und mithin strategisch genutzt werden. Grundsätzlich sind zeitliche Verzögerungen in netzbasierten Industrien, in denen sich der Wettbewerb durch Markteintritte erst entwickeln muss, besonders problematisch, da sie die Unsicherheit erhöhen und mithin die Anreize für potenzielle Wettbewerber, in den Markt einzutreten, deutlich senken, sodass Effizienzgewinne länger ausbleiben. Obwohl auch Ex-ante-Regulierungsentscheidungen gerichtlich angefochten werden können und damit ebenfalls das Problem der zeitlichen Verzögerungen besteht, ist dennoch ein wesentlicher Vorteil dieser Alternative gerade darin zu sehen, dass sie in der Regel schneller wirksam wird als eine nachträgliche Aufsicht durch die Kartellbehörden (vgl. *Laffont* und *Tirole* 2000, S. 276 f.).

Formale Kompetenz der Regulierungsbehörde

Wie bereits angedeutet wurde, sollte eine angemessene Regulierung den Prinzipien der sachlichen und zeitlichen Konsistenz genügen. Allerdings sind die politischen Akteure selbst häufig recht kurzfristig orientiert, auf zahlreichen Politikfeldern im Zeitablauf unterschiedlich intensiv tätig und von tagespolitischen Konstellationen, Stimmungen und Interessen abhängig. Ein Hineinregieren der Politik in konkrete Regulierungsentscheidungen ist deshalb fast immer kontraproduktiv und ineffizient. Diesem Problem kann dadurch begegnet werden, dass die Regulierungsbehörde ein hohes Maß an Unabhängigkeit erhält. Die Gesetze, die ihre Existenz und Funktionsweise rechtlich und materiell definieren, müssen ihnen ein solches Maß an formalen Kompetenzen (rechtlichen Handlungsmöglichkeiten) geben, dass kurzfristig motivierte politische Interventionen weder direkt (per Anordnung) noch indirekt (durch Drohung der Abberufung, Karrierenachteile, Entmachtung, Budgetkürzung) möglich sind.[13]

Die Regulierungsbehörde sollte jedoch nicht nur von der Tagespolitik unabhängig sein. Sie darf sich auch nicht zu einer Interessenvertretung der regulierten Branche entwickeln. Diese Befürchtung zielt auf die Problematik einer *regulatory capture* durch *rent seeking* und *rent defending* ab (*Stigler* 1971; *Peltzman* 1976; *Becker* 1983). Gemeint ist die Gefahr einer übermäßigen Beeinflussung der Aufsichtsbehörde durch Interessengruppen wie regulierte Unternehmen (typischerweise die Eigentümer der wesent-

---

[12] Die Unterschiede in den Reaktionszeiten lassen sich allerdings reduzieren, wenn der Sofortvollzug von kartellrechtlichen Verfügungen über den Zugang zu wesentlichen Einrichtungen zum gesetzlichen Regelfall wird.

[13] Die besondere Schwierigkeit ist in der Tatsache zu sehen, dass solche Gesetze, welche die Unabhängigkeit der Regulierungsbehörde von politischen Entscheidungen sichern, von den Politikern erst beschlossen werden müssen.

lichen Einrichtungen) sowie durch die von der Zugangsregulierung profitierenden Unternehmen (typischerweise die aktuellen oder potenziellen Wettbewerber).

Im Allgemeinen wird davon ausgegangen, dass diese Gefahr bei sektorspezifischen Institutionen wesentlich größer ist als bei sektorübergreifenden Institutionen (vgl. *OECD* 1999; *Monopolkommission* 2002; *Geradin* und *Kerf* 2003). Bei letzteren wird die Problematik deshalb als geringwertiger eingeschätzt, weil sie sich an eine größere Zahl von „Regulierungsadressaten" richten und weil durch eine Rotation der Mitarbeiter zwischen verschiedenen Branchen und Themengebieten eine zu starke Identifikation mit einer einzelnen Branche und mithin ein gewisses Maß an Betriebsblindheit weniger wahrscheinlich ist.[14]

Die formale Kompetenz einer Regulierungsbehörde umfasst jedoch nicht nur ihre Unabhängigkeit, sondern alle Handlungs- und Eingriffsmöglichkeiten, d.h. die Macht, die ihr per Gesetz verliehen wird. Diese beinhaltet Auskunftsrechte gegenüber den Unternehmen und die Möglichkeiten, Regulierungsentscheidungen auch tatsächlich durchzusetzen. Letztere hängt insbesondere davon ab, in welchem Maße, in welchen Fristen und mit welchen Folgen die Entscheidungen von den Gerichten aufgehoben werden können. Hier sind ökonomische Erfordernisse und Rechtswegprinzipien sorgfältig abzuwägen.

Bisher sind sektorspezifische Regulierungsbehörden in der Regel mit größeren formalen Kompetenzen und Eingriffsmöglichkeiten ausgestattet als sektorübergreifende Institutionen, welche oftmals lediglich nach allgemeinen wettbewerbsrechtlichen Grundsätzen handeln (vgl. *OECD* 1999). Eine solche Konstellation darf aber nicht als zwingend betrachtet werden, denn die Ausstattung der Behörden mit formalen Kompetenzen ist durchaus ordnungspolitisch gestaltbar. Ein Beispiel ist die (umstrittene) Einführung des neuen § 29 GWB, welcher durch die Beweislastumkehr bei Missbrauch einer marktbeherrschenden Stellung in der Energiewirtschaft die Eingriffsmöglichkeiten der Kartellbehörden drastisch vereinfacht. Prinzipiell ist es auch möglich unter dem Dach einer sektorübergreifenden Wettbewerbsbehörde sektorspezifische Abteilungen einzurichten, welche gesondert mit der Regulierung von netzbasierten Branchen beauftragt werden. Im Grunde ist dies durch die Erweiterung der Zuständigkeit der ehemaligen Regulierungsbehörde für Telekommunikation und Post (RegTP) um die Bereiche Elektrizität, Gas und Eisenbahn und die damit verbundene Umbenennung in Bundesnetzagentur auch geschehen, wenn auch die Zuständigkeit auf fünf Sektoren beschränkt bleibt.

Fachliche Kompetenz der Regulierungsbehörde

Einen entscheidenden Punkt hinsichtlich der adäquaten Regulierung des Zugangs zu wesentlichen Einrichtungen auf netzgebundenen Märkten stellt die fachliche Kompetenz der betreffenden Einrichtung dar.[15] Gemeint ist die professionelle Kompetenz und

---

14 Gerade hinsichtlich der Regulierung von netzbasierten Industrien gilt es zu berücksichtigen, dass die Einflussnahmen durch Politik und Unternehmen gelegentlich kumulieren, da die zu regulierenden Monopolbetriebe häufig staatliche Unternehmen sind oder waren (vgl. *OECD* 1999).
15 Die fachliche und die formale Kompetenz werden in der einschlägigen Literatur zusammen auch als institutionelle Kompetenz (*institutional capability*) bezeichnet (vgl. *Ergas* 1998).

Erfahrung der Behörde bzw. ihrer Mitarbeiter auf den relevanten Feldern und/oder ihr Zugang zu externer Expertise.

Im Allgemeinen geht man davon aus, dass eine sektorspezifische Regulierungsbehörde über detaillierteres Fachwissen, eine fundiertere Expertise und ein Mehr an aktuellen Informationen über „ihre Branche" verfügt als sektorübergreifende Wettbewerbsbehörden. Während eine Regulierungsbehörde die wettbewerbliche Entwicklung der ihr zugeteilten Branche langfristig und kontinuierlich verfolgen muss, beginnt eine Wettbewerbsbehörde oftmals erst bei der Vorlage eines konkreten Missbrauchstatbestands, die entscheidungsnotwendigen Informationen zu sammeln. Ein kontinuierliches Monitoring findet hier in der Regel nicht statt, wird jedoch auch nicht vollkommen ausgeschlossen.

Der sowohl quantitativ als auch qualitativ höhere Informationsstand von sektorspezifischen Regulierungsbehörden resultiert nicht zuletzt aus ihren im Vergleich zur Wettbewerbsbehörde weitergehenden Rechten hinsichtlich der Erhebung von Informationen. So sind im Rahmen einer Ex-ante-Netzentgelt-Regulierung grundsätzlich die Eigentümer der wesentlichen Einrichtungen selbst verpflichtet, Nachweise über ihre tatsächlichen Kosten aus der Netzunterhaltung erbringen, während bei einer Ex-post-Aufsicht durch sektorübergreifende Behörden die Beweislast oft auf Seiten der Behörde liegt, welche durch die Informationsasymmetrie zwischen Unternehmen und Behörden nur eingeschränkt getragen werden kann.[16]

Soweit dem hingegen die fachliche Kompetenz, das ökonomische *Know-how*, ein Verständnis für wettbewerbliche Prozesse und typische Marktentwicklungen sowie Probleme von Netzindustrien beschreibt, ist die Etablierung von sektorübergreifenden Institutionen von Vorteil, da Branchenbehörden eher betriebsblind werden und demzufolge seltener ökonomische Quervergleiche stattfinden. Eine weitere Schwierigkeit besteht in der Tatsache, dass die (sektorspezifische) Regulierungsbehörde im Rahmen ihrer Entscheidungen über das Netznutzungsentgelt die tatsächliche Wirkung unternehmerischer Strategien am Markt und die Reaktionen anderer Marktteilnehmer hinsichtlich des festgestellten Entgelts in die Zukunft fortschreiben muss (vgl. *Laffont* und *Tirole* 2000). Damit wirkt die Ex-ante-Regulierung stets als ein positiv gestalteter Eingriff in die Marktstruktur und den Wettbewerb unter Anmaßung von Wissen um angemessene Netzzugangspreise, welches durch den (durch die Regulierungsmaßnahme zu fördernden) Wettbewerb als ein Entdeckungsverfahren jedoch erst noch generiert werden soll (vgl. *Hayek* 1976). Im Rahmen der Ex-post-Kontrolle können die Wettbewerbsbehörden dagegen grundsätzlich auf die vorliegenden Marktinformationen der Vergangenheit und Gegenwart zurückgreifen. Fraglich bleibt aber, inwieweit die Gewinnung von objektiven Marktdaten möglich ist, denn es gilt zu beachten, dass die Transmission von Wissen in die Kartellämter wesentlich von den Problematiken aus einer Informationsasymmetrie zwischen Wettbewerbsbehörden und Marktteilnehmern beeinträchtigt werden kann.

Politökonomische Überlegungen

---

16 Im Bereich der Eisenbahnregulierung sind die Auskunftspflichten der regulierten Unternehmen gegenüber der Bundesnetzagentur jedoch bislang – im Vergleich zur Energiewirtschaft oder zur Telekommunikationsbranche – noch eingeschränkt und somit die Informationsasymmetrie weiterhin hoch.

Aus politökonomischer Sicht gilt es zwei Fragen zu beachten: (1) Welches Eigeninteresse werden Regulierungsbehörde verfolgen, und welches Interesse eine Wettbewerbsbehörde? (2) Welche Möglichkeiten der Einflussnahme haben Dritte (Verbände, Industrie, andere Dritte) auf die Entscheidungen der beiden Behördentypen?

Was die erste Frage betrifft, ist aus politökonomischer Perspektive davon auszugehen, dass beide Arten von Behörden auch ihr eigenes Interesse verfolgen werden und nur insoweit die politisch vorgegebenen Ziele verfolgen, wie dies mit eigenen Zielen zusammenfällt und/oder Entscheidungen kontrollierbar sind (z.B. durch Gerichte). In jedem Fall ist davon auszugehen, dass Behörden bzw. deren Mitarbeiter *auch* eigene Zielsetzungen verfolgen. Als eine solche Zielsetzung wird stets die Bedeutung der eigenen Arbeit genannt. Es ist menschlich und nachvollziehbar, dass jeder in der Tendenz lieber wichtig oder bedeutsam als unwichtig oder unbedeutsam ist. Die Bedeutung kann sich bei Behörden z.B. in der Anzahl der Untergebenen, der Mitarbeiter allgemein, des Budgets und/oder auch der Entscheidungsbefugnisse orientieren. Je mehr jemand zu entscheiden hat (bzw. dies darf) und je wichtiger oder weit reichender diese Entscheidungen sind, desto bedeutsamer ist seine Arbeit, zumindest tendenziell. Somit werden Behörden nicht dazu neigen, ihr Aufgabenspektrum auszudünnen und Aufgaben an andere zu übertragen. Im Gegenteil: Die Tendenz wird sein, Aufgabengebiete und Kompetenzen entweder auszudehnen oder aber länger beizubehalten als objektiv notwendig wäre.

Für eine Regulierungsbehörde impliziert dies, dass in der Tendenz zu viel und zu lange reguliert wird. Wichtiger aber noch ist vielleicht, dass aus politökonomischer Sicht aufgrund des Selbsterhaltungstriebs eine Regulierungsbehörde eine strukturbewahrende Regulierung, welche den Dienstewettbewerb fördert, aber nur geringe Anreize zum Aufbau alternativer Infrastrukturen (wichtig insbesondere im Telekommunikationsbereich) bietet, einer marktöffnenden Regulierung, die den Infrastrukturwettbewerb fördert, tendenziell vorziehen wird. Ein Beispiel mag die Regulierung des Bitstream-Zugangs im Telekommunkationsbereich durch die Bundesnetzagentur sein. Durch diese Regulierung wird zwar ein Dienstewettbewerb im Breitbandbereich gestärkt, zugleich aber die Investitionsanreize alternativer Anbieter (hier insbesondere der sog. City Carrier) erheblich geschwächt, da diese nun mit den günstigen Diensteanbietern konkurrieren müssen. Bei einer Ex-ante-regulierung durch Regulierungsbehörden besteht somit die Gefahr, dass Regulierungsformen gewählt werden, welche nicht förderlich sind, das Regulierungsproblem langfristig zu beheben, indem sie an der Ursache ansetzen. Stattdessen werden die Symptome eher bekämpft, und zugleich wird – aus politökonomischer Sicht auch im eigenen Interesse – der Aufbau alternativer Infrastrukturen gebremst. Im Gegensatz dazu werden Wettbewerbsbehörden, gerade auch um eine Abtretung von Kompetenzen an Regulierungsbehörden zu vermeiden, tendenziell eher aus solche Maßnahmen (auch struktureller Natur) setzen, welche geeignet sind, den Wettbewerb mittelfristig zu befördern.

Der zweite politökonomische Aspekt betrifft die Anfälligkeit der Behörden für politische Einflussnahme. Die Erfahrung lehrt, dass sektorübergreifende Instanzen hier weniger für Lobbyismus anfällig sind als sektorspezifische Behörden, insbesondere dann, wenn das Personal auch in gewissen Abständen zwischen den Bereichen rotiert. In sektorspezifischen Behörden hingegen besteht die Gefahr einer starken Identifizierung mit den regulierten Industrien. Noch deutlicher wird dies in der Exekutive auf Ebene der Ministerien, wo regelmäßig der Eindruck entsteht, das Verkehrsministerium handele als Interessenvertreter der Verkehrsträger – wie der *Deutschen Bahn AG* oder das Verteidigungsministerium als Interessenvertreter der Bundeswehr – und nicht im Sinne der allgemeinen Bevölkerung. Auch durch diese „Regulatory Capture" besteht die Gefahr, dass etablierte Unternehmen im Zweifelsfall zu sehr auf Kosten des Wettbewerbs geschützt werden. In Deutschland allerdings ist auf Ebene des Regulierers diese Gefahr der „Regulatory Capture" durch die Schaffung eines sog. Multi-Utility-Regulierers, der Bundesnetzagentur, welche auch aus diesen Gründen und auf Empfehlung der Monopolkommission (2003) so eingerichtet wurde, diese Gefahr etwas gemildert.

Im Vergleich zur Ex-post-Aufsicht treten insgesamt betrachtet bei Durchführung einer Ex-ante-Regulierung gerade der Netzzugänge tendenziell seltener sog. Fehler zweiter Art *(false negative)* auf, die sich darin äußern, dass ein regulierender Eingriff unterbleibt, obwohl er nötig gewesen wäre. Allerdings führt die Regulierung tendenziell auch zu mehr regulierenden Eingriffen, wenn keine erforderlich gewesen wären und damit zu Fehlern erster Art *(false positive)*. In diesem Zusammenhang gilt als besonders problematisch, dass dem Wettbewerb in netzbasierten Märkten durch eine regelgebundene Exante-Regulierung oftmals die Flexibilität und die Spontaneität genommen wird, die maßgeblich zu einer dynamischen Effizienz auf Märkten beiträgt. Die regulierten Unternehmen können nicht im gebotenen Maße auf Veränderungen der Nachfrage- und/oder Kostenbedingungen reagieren. Dies ist besonders nachteilig auf dynamischen Märkten mit raschen nachfrageseitigen oder technologischen Änderungen.

Kulturelle Unterschiede

Zu beachten ist auch, dass sich die Kultur und das Selbstverständnis von Regulierungs- und Wettbewerbsbehörden oftmals vehement unterscheiden. Während für Regulierungsbehörden Marktversagen und ein behördliches Eingreifen in einen Markt die Regel sind, stellt dies für Wettbewerbsbehörden die Ausnahme dar, sie haben es in der Regel mit funktionierenden Märkten zu tun. Der Glauben an die behördliche Gestaltbarkeit der Märkte ist oftmals in regulierenden Instanzen viel stärker ausgeprägt als in Institutionen, die primär den Wettbewerb zu schützen suchen, damit die Märkte sich selbst überlassen werden können. Allein bei der Mitarbeiterauswahl kann sich schon ein Selektionsbias ergeben: Wer auf Wettbewerb und die Selbststeuerungskraft der Märkte vertraut, wird sich eher in einer Wettbewerbsbehörde zuhause fühlen als in einer Regulierungsbehörde, während diejenigen, die auf staatliche Eingriffe in den Markt bauen, sich wohl eher in Regulierungsbehörde wohl fühlen werden. Diese Selbstselektion kann die regulierungs- bzw. Wettbewerbskultur der Behörden noch verstärken. In Zweifelsfällen ist daher davon auszugehen, dass eine Regulierungsbehörde aufgrund ihrer sonstigen Erfahrungen und der Behördenkultur im Zweifelsfall eher eingreifen wird, während eine Wettbewerbsbehörde im Vertrauen auf die Marktkräfte vielleicht eher etwas abwartender handeln würde.

Kosten der Regulierung

Unabhängig von Konsistenz- und Kompetenzaspekten sollten im Rahmen der Diskussion einer angemessenen Ausgestaltung des ordnungspolitischen Rahmens stets die

Kosten der jeweiligen Alternative im Vordergrund stehen. Hier lassen sich direkte von indirekten Kosten aus der Regulierung differenzieren. Während direkte Kosten die „Betriebskosten" der jeweiligen Aufsichtsbehörde sowie die Kontroll- und Durchsetzungskosten umfassen,[17] beschreiben indirekte Kosten sämtliche Effizienzverluste, welche durch eine Regulierung, insbesondere durch eine falsche, eine zu weitgehende oder eine zu lang andauernde Regulierung, entstehen. Typischerweise sind diese volkswirtschaftlichen Kosten umso höher, je länger die Regulierungseingriffe andauern, da im Zeitablauf weitere Anreizverzerrungen eintreten.

Aufgrund der Tatsache, dass die Ex-ante-Regulierung durch eine sektorspezifische Behörde in der Regel wesentlich ressourcenintensiver ausfällt und die Betreiber der wesentlichen Einrichtung einer kontinuierlichen Aufsicht und zum Teil auch Rechenschaftspflichten unterliegen, ist davon auszugehen, dass die direkten Regulierungskosten bei diesem Ansatz höher sind als bei einer diskretionären Ex-post-Aufsicht durch eine sektorübergreifende Behörde. Darüber hinaus bleiben mögliche Synergieeffekte, welche aus der über die Branchen weitgehend vergleichbaren Regulierung von monopolistischen *Bottlenecks* resultieren können, bei einer sektorspezifischen Regulierung weitgehend ungenutzt (vgl. *OECD* 1999). Insgesamt dürften daher die Transaktionskosten der Regulierung tendenziell umso niedriger ausfallen, je weniger sektorspezifisch die Regulierung gestaltet wird.

Allerdings gilt es zu beachten, dass die direkten Kosten für beide Arten von Regulierungsinstitutionen in einem erheblichen Umfang gestaltbar sind, und zwar je nach Personalbestand, dem Umfang der Nutzung externer Expertise, dem allgemeinen finanziellen Budget etc. Hier ist der adäquate *Trade-off* zwischen der Qualität der Regulierungsarbeit und den direkten Kosten zu finden und somit ein „optimales Regulierungsbudget" zu bestimmen.

Bezüglich der Anpassung des Regulierungsbudgets im Zeitablauf gilt es, wie bereits erwähnt, zu beachten, dass sektorspezifische Regulierungsbehörden aus politökonomischen Gründen zu einem langfristig konstanten und ggf. überhöhten Interventionismus neigen, da sich die Behörde dauerhaft ihrer eigenen Aufgabe, ihrer Ressourcen und letztlich ihrer Existenzberechtigung berauben würde, wenn sich ein selbsttragender Wettbewerb entwickeln und die Regulierung aufgegeben würde (*OECD* 1999). Schon deshalb ist zu befürchten, dass insbesondere sektorspezifische Regulierungsbehörden aus Eigeninteresse die Entwicklung zu einem funktionsfähigen Wettbewerb nicht schnell genug fördern und sich die Kosten der Regulierung somit im Zeitablauf nicht wesentlich verringern werden.

Zwischenfazit

Die Unterschiede zwischen Wettbewerbsrecht und Regulierung sind in der Tabelle auf der folgenden Seite zusammengefasst (vgl. auch *Holznagel* und *Vogelsang* 2008).

Festzuhalten ist allerdings auch, dass sich Wettbewerbsrecht und Regulierung in den vergangenen Jahren weiterentwickelt haben. Durch den Sofortvollzug von Missbrauchsverfügungen, die verbesserten Möglichkeiten der privaten Kartellrechtsdurchsetzung

---

[17] Diese Kosten werden zum Teil auch als politische Transaktionskosten bezeichnet (vgl. *Richter* und *Furubotn* 2003, S. 54 ff.).

und höhere Bußgelder und Sanktionen greift das Wettbewerbsrecht heute in vielen Fällen besser und entfaltet heute stärker eine abschreckende Wirkung als in der Vergangenheit. Vorgeschlagen ist zudem, auch in Deutschland die Möglichkeit zur Unternehmensentflechtung explizit mit in das Instrumentenarsenal des Bundeskartellamtes aufzunehmen (vgl. *Engel* 2008), wobei diese Möglichkeit – je nach juristischer Interpretation – möglicherweise schon heute besteht.[18]

Tabelle: Unterschiede zwischen Wettbewerbsrecht und Regulierung

	Wettbewerbsrecht/Kartellamt	Regulierung/Regulator
Politische Ziele	Effizienz	Effizienz
	Konsumentenstandard	Verbraucherschutz
	Wettbewerbsfreiheit	Infrastrukturinvestitionen
		Universaldienst
		Umwelt- und Klimaschutz
		weitere Ziele
Eingriffsschwelle	Marktbeherrschung	verschieden je nach Branche
Eingriffsfrequenz	punktuell	kontinuierlich
Informationen	keine kontinuierliche Marktüberwachung, Beweislast bei Kartellbehörden	kontinuierliche Marktüberwachung, Beweislast bei Unternehmen
Instrumente	Untersagung, ggf. Entflechtung, Pönalen, Schadensersatz, keine Preisfestlegung	Preisfestlegung, weitere Instrumente (Transparenz, ggf. Entflechtung)
Unabhängigkeit	oftmals relativ hoch	weniger hoch
Anfälligkeit für Lobbyismus	weniger stark	stärker ausgeprägt
Expertenwissen	weniger stark ausgeprägt	sehr hoch
Behördenkultur	Funktionsfähiger Wettbewerb ist die Regel, Interventionen die Ausnahme	Interventionen sind die Regel, funktionsfähiger Wettbewerb die Ausnahme

Diese Entwicklungen sollten eigentlich die Antwort auf die Frage, ob das Wettbewerbsrecht ausreicht oder eben insuffizient ist, beeinflussen. Dasselbe gilt für die nationalen Unterschiede in der „Wettbewerbskultur". Während das Bundeskartellamt

---

18 In § 32 Absatz 2 GWB heißt es nämlich, dass die Kartellbehörde zur Abstellung von Kartellrechtsverstößen „den Unternehmen oder Vereinigungen von Unternehmen *alle* Maßnahmen aufgeben (kann), die für eine wirksame Abstellung der Zuwiderhandlung erforderlich und gegenüber dem festgestellten Verstoß verhältnismäßig sind" (Hervorhebung unsererseits).

aufgrund seiner langjährigen Erfahrung und der weitgehenden politischen Unabhängigkeit in manchen Fällen sehr wohl die bessere Institution zur Marktaufsicht sein kann, mag das für denselben Markt in Staaten mit einer weniger ausgereiften Tradition der Wettbewerbspolitik, geringeren Erfahrungen in der Kartellrechtsdurchsetzung und einer weniger starken Unabhängigkeit der Kartellbehörden nicht gelten. Auch diese nationalen Unterschiede gilt es eigentlich zu berücksichtigen.

Allgemein lässt sich jedoch konstatieren, dass Regulierung in der Regel vor allem dann vorteilhaft ist, wenn (a) Wettbewerbsverzerrungen in einem Markt systematisch und nicht nur punktuell vorliegen *und* (b) diese Verzerrungen mit hoher Wahrscheinlichkeit regelmäßig zu signifikanten, irreversiblen Wohlfahrtsverlusten führen würden (sofern sie eben nicht abgestellt werden). Hinzu kommt, dass es für Kartellbehörden typischerweise schwierig ist, einen Missbrauch festzustellen, wenn es keine Wettbewerbsmärkte als Vergleichsmärkte gibt (wie z.B. bei monopolistischen Engpässen der Fall), da dann ein Preismissbrauch ohne detaillierte Kostenstudien schwierig nachweisbar ist. Analytische Kostenstudien erfordern jedoch sehr detaillierte Branchenkenntnisse und fallen daher eher in die Domain von Regulierungsbehörden.

IV. Die Instrumentenleiter als Zwischenlösung

Der ökonomische Vergleich der institutionellen Alternativen zeigt, dass sich sowohl Argumente für eine sektorspezifische Ex-ante-Regulierung als auch gute Gründe für eine sektorübergreifende Ex-post-Kontrolle durch eine Wettbewerbsbehörde finden lassen. Die Empfehlung für die institutionelle Ausgestaltung des Ordnungsrahmens in netzgebundenen Industrien hängt daher maßgeblich auch von der Entwicklung und damit von der tatsächlichen Regulierungsbedürftigkeit des jeweiligen Marktes im Zeitablauf ab (vgl. auch *Holznagel* und *Vogelsang* 2008).

Holznagel und *Vogelsang* (2008) haben (unter Mitwirkung von *Haucap* und *Kühling*) als Zwischenlösung eine Instrumentenleiter („ladder of remedies") zum Übergang in das Kartellrecht entwickelt. Die Idee ist dabei die folgende: Bis zur endgültigen Deregulierung durchläuft ein Telekommunikationsmarkt eine Stufenentwicklung von der Ex-ante-Regulierung über die Ex-post-Regulierung durch die Bundesnetzagentur bis zur Missbrauchsaufsicht durch die Kartellbehörde.

Bei der Zuordnung eines Marktes zu einer Stufe gibt es zwei eindeutige Fälle und eine Grauzone, in der die Zuordnung nicht eindeutig ist. Die beiden eindeutigen Situationen sind erstens der Fall, wenn Marktversagen die Regel ist. Hier zeichnet sich der vorgelagerte Markt durch die Existenz eines monopolistischen Bottlenecks aus, während auf dem nachgelagerten Markt wenigstens beträchtliche Marktmacht des etablierten Anbieters besteht. Ein solcher Markt ist eindeutig regulierungsbedürftig im Sinne des 3-Kriterien-Tests. Erforderlich ist eine Ex-ante-Regulierung durch die Bundesnetzagentur. Die zweite eindeutige Situation ist, dass eine ungestörte Marktlage die Regel ist und Störungen des Marktes nur ausnahmsweise auftreten. Hier existiert auf dem vorgelagert Markt kein Bottleneck, auf dem nachgelagerten Markt in der Regel auch keine beträchtliche Marktmacht. Die Regulierungsbedürftigkeit ist eindeutig nicht gegeben. Gegebenenfalls auftretende Wettbewerbsprobleme können mit den Mitteln des Wettbewerbsrechts durch die Kartellbehörde gelöst werden. Zwischen diesen beiden Polen gibt es eine Grauzone von Situationen, in denen die Vorteilhaftigkeit der anzuwenden Rechtsmaterie und die institutionelle Zuordnung stark vom Einzelfall bestimmt wird. Dabei gibt es eine Spanne von Fällen, in denen trotz eindeutiger Regulierungsbedürftigkeit neben der Ex-ante-Regulierung auch eine sog. Ex-post-Regulierung, wie sie etwa das TKG vorsieht, in Frage kommt, über Fälle, in denen keine Regulierungsbedürftigkeit mehr festzustellen ist, es aber weiterhin Zugangsprobleme mit der Notwendigkeit von Preisfestsetzungen gibt, bis zu Situationen, in denen zwar eine Preismissbrauchsaufsicht in Frage kommt, diese aber mit den kartellrechtlichen Mitteln durchaus zu bewältigen ist, weil für den relevanten Markt Vergleichsmärkte existieren. In den Fällen der Grauzone, in denen die Regulierungsbedürftigkeit im Sinne des 3-Kriterien-Tests zu verneinen ist, sollen die Bundesnetzagentur und das Bundeskartellamt einvernehmlich über die Zuständigkeit entscheiden.

Eine solche Zwischenlösung zwischen der alleinigen Zuständigkeit der Kartellbehörden und der Anwendung von Wettbewerbsrecht auf der einen Seite und der Zuständigkeit von Regulierungsbehörde und Regulierungsrecht auf der anderen Seite trägt dem Umstand Rechnung, dass Regulierungsbehörden der politökonomischen Theorie folgend dazu neigen, Märkte zu spät aus der Regulierung zu entlassen oder zu frühzeitig regulierend tätig zu werden (vgl. z.B. *Haucap* und *Kühling* 2006). Regulierungsbehörden folgen hier, auch aufgrund der o.g. Behördenkultur, tendenziell eher einem Vorsichtsprinzip, dem zufolge im Zweifelsfall eher regulierend eingegriffen wird. Besteht neben der Möglichkeit einer Be- oder Entlassung von Märkten im Wettbewerbsrecht auch die Möglichkeit einer sektorspezifischen Missbrauchsaufsicht oder einer sog. Expost-Regulierung wie sie etwa das deutsche Telekommunikationsgesetz (TKG) vorsieht, so ist davon auszugehen, dass die Regulierungsbehörde eher aus der Ex-ante-Regulierung aussteigt als ohne eine solche Situation. Allerdings ist eine Belassung der Wettbewerbsaufsicht bei der Regulierungsbehörde auch mit nicht unerheblichen Kosten und Risiken verbunden, was die intersektorale Konsistenz des Wettbewerbsrechts und die Anfälligkeit für politische Einflussnahme angeht, wie die Monopolkommission (2008) dezidiert dargelegt hat. Insofern wäre eine sektorspezifische Missbrauchsaufsicht unbedingt mit einer Sunset-Klausel zu verbinden, die einen Übergang in das allgemeine Wettbewerbsrecht sicherstellt. Die Ex-post-Regulierung kann dann jedoch den Ausstieg aus der Regulierung durch das Herabklettern der Instrumentenleiter ermöglichen und so den politökonomischen Überregulierungstendenzen Rechnung tragen.

V. Fazit

Die Liberalisierung netzgebundener Industrien muss regelmäßig über die Kontrolle der Marktmacht der ehemaligen Monopolunternehmen und hier besonders des Zuganges zu den wesentlichen Einrichtungen erfolgen. Dabei kann die Feststellung eines angemessenen Zugangsentgeltes und die Kontrolle von Marktmacht allgemein zumindest theoretisch sowohl durch die Ex-ante-Regulierung einer auf eine begrenzte Anzahl von Sektoren spezialisierten Institution wie die Bundesnetzagentur als auch durch eine Expost-Missbrauchsaufsicht einer sektorübergreifenden Wettbewerbsbehörde wie das Bundeskartellamt erfolgen. Ausgangspunkt eines institutionenökonomischen Vergleichs der institutionellen Ausgestaltungsmöglichkeiten ist dabei die Feststellung, dass sich der Fokus der Aufsicht von dem Problem des Ausbeutungsmissbrauchs auf den potenziellen Behinderungsmissbrauch verschoben hat. Dies ist insofern wichtig, als dass eine Behinderung von potenziellen Wettbewerbern ex post oftmals schwieriger zu revidieren ist als eine Ausbeutung der Endkunden durch überhöhte Preise.

Ein institutionenökonomischer Vergleich der Regelungsalternativen eröffnet somit zwar gleichermaßen Argumente für beide Ansätze, zeigt jedoch, dass eine Ex-ante-Regulierung der Netzzugangsentgelte größeren Erfolg bei der effektiven Prävention des Behinderungsmissbrauchs verspricht als eine Ex-post-Kontrolle diskriminierenden Verhaltens. In diesem Zusammenhang sind insbesondere die höhere sachliche und zeitliche Konsistenz sowie die fachliche Kompetenz einer Ex-ante-Regulierung als gewichtige Vorteile gegenüber der allgemeinen Missbrauchsaufsicht zu nennen.

Neben einer solchen normativen Dichotomisierung hängt die Empfehlung für die institutionelle Ausgestaltung der Regulierung in netzgebundenen Industrien jedoch maßgeblich von der Entwicklung und damit von der tatsächlichen Regulierungsbedürftigkeit des jeweiligen Marktes ab. Liegt Regulierungsbedürftigkeit im Sinne des 3-Kriterien-Tests vor und ist zudem von einer marktbeherrschenden Stellung des Monopolisten auf einem nachgelagerten Markt auszugehen, sprechen die Kriterien der sachlichen und fachlichen Kompetenz sowie der zeitlichen Konsistenz der Regulierungseingriffe eindeutig dafür, den Netzzugang zu den wesentlichen Einrichtungen ex ante durch eine Regulierungsbehörde überwachen zu lassen. Die Regulierung des Zugangs zu den wesentlichen Einrichtungen des Marktes sollte jedoch durch eine branchen*übergreifende* Behörde vollzogen werden. Eine solche Behörde ist weniger der Gefahr ausgesetzt, von Interessengruppen in ihrer wirtschaftlichen Unabhängigkeit beeinflusst zu werden, als dies bei einer sektorspezifischen Institution der Fall ist. Zudem können Synergien, welche sich aus der „Regulierung aus einer Hand" ergeben, genutzt werden und auch die Gefahr einer anhaltenden Überregulierung ist bei branchenübergeifenden Behörden als geringer einzuschätzen.

Liegt keine Regulierungsbedürftigkeit im Sine des 3-Kriterien-Tests vor, weil zwar die Kriterien 1 und 2 erfüllt sind, jedoch im nachgelagerten Markt wirksamer Wettbewerb herrscht, gilt es zwischen Ex-ante-Regulierung und Ex-post-Kontrolle für den Einzelfall abzuwägen. Bestehen trotz fehlender Regulierungsbedürftigkeit weiterhin Netzzugangsprobleme für potenzielle Wettbewerber, so sollte die notwendige Preisfestsetzung im Zuge der Netzzugangsregulierung durch die Regulierungsbehörde ex ante erfolgen, wenn der Kartellbehörde für eine Ex-post-Kontrolle der Netzzugangspreise entsprechende Vergleichsmärkte fehlen. Ist jedoch ausschließlich mit der Gefahr eines Ausbeutungsmissbrauchs zu rechnen, sollte eine Ex-post-Missbrauchsaufsicht durch die Kartellbehörde ausreichen. Zwar ist der Ex-post-Kontrolle eine geringere Unmittelbarkeit und Feinsteuerung als Ex-ante-Eingriffen zuzuschreiben, jedoch überwiegt der Vorteil der geringeren Beschränkung der Freiheit des Wettbewerbs.

Eine sektorspezifische Missbrauchsaufsicht oder eine Ex-post-Regulierung, wie das TKG sie ermöglicht, bieten einerseits den Vorteil, dass sie der politökonomischen Überregulierungstendenz entgegenwirken, sind allerdings andererseits auch mit nicht unerheblichen Kosten und Risiken verbunden, was die intersektorale Konsistenz des Wettbewerbsrechts und die Anfälligkeit für politische Einflussnahme angeht, wie vor allem die *Monopolkommission* (2008) betont hat. Insofern wäre eine sektorspezifische Missbrauchsaufsicht unbedingt mit einer Sunset-Klausel zu verbinden, die einen Übergang in das allgemeine Wettbewerbsrecht sicherstellt. Die Ex-post-Regulierung kann dann jedoch den Ausstieg aus der Regulierung durch das Herabklettern der Instrumentenleiter ermöglichen und so den Einstieg in den Ausstieg aus der sektorspezifischen Regulierung dort ermöglichen, wo dies wünschenswert ist.

Literatur

Areeda, Phillip (1990), Essential Facilities: An Epithet in Need of Limiting Principles, *Antitrust Law Journal*, 58, S. 841-853.

Barro, Robert J. (1986), Reputation in a Model of Monetary Policy with Imperfect Information, *Journal of Monetary Economics*, 17, S. 101-121.

BDF (2007), Zur Regulierung von Flughäfen: Was ist ein natürliches Monopol? online verfügbar unter: www.bdfaero.com/downloads/070905-Natuerliches_Monopol.pdf

Becker, Gary S. (1983), A Theory of Competition Among Pressure Groups for Political Influence, *Quarterly Journal of Economics*, 98, S. 371-400.

Bier, Christoph (2002), *Regulierter oder verhandelter Zugang zum Stromnetz? Eine ökonomische Analyse unter Berücksichtigung imperfekter Aufsichtsbehörden*, Hamburg.

Dewenter, Ralf und Justus Haucap (2004), Die Liberalisierung der Telekommunikationsbranche in Deutschland: Bisherige Erfolge und weiterer Handlungsbedarf, *Zeitschrift für Wirtschaftspolitik*, 53, S. 374-393.

Dixit, Avinash K. (1996), *The Making of Economic Policy: A Transaction-Cost Politics Perspective*, Cambridge u.a.

Eickhof, Norbert und Verena Holzer (2006), Das neue Energiewirtschaftsgesetz: Regelungen für einen erweiterten Zielkatalog, *Wirtschaftsdienst*, 86, S. 268-276.

Engel, Christoph (2008), *Die verfassungsrechtliche Zulässigkeit eines Entflechtungstatbestandes im Kartellrecht*, Baden-Baden.

Ergas, Henry (1998), Access and Interconnection in Network Industries, *NECG Discussion Paper*, Canberra.

Eucken, Walter (1952/1990), *Grundsätze der Wirtschaftspolitik*, Tübingen.

Geradin, Damien und Michel Kerf (2003), *Controlling Market Power in Telecommunications: Antitrust vs. Sector-specific Regulation*, Oxford.

Haucap, Justus und Ulrich Heimeshoff, (2005), Open Access als Prinzip der Wettbewerbspolitik: Diskriminierungsgefahr und regulatorischer Eingriffsbedarf, in: Karl-Hans Hartwig, und Andreas Knorr (Hg.), *Neuere Entwicklungen in der Infrastrukturpolitik*, Göttingen, S. 265-304.

Haucap, Justus; Ulrich Heimeshoff und André Uhde (2006), Credible Threats as an Instrument of Regulation for Network Industries, in: Paul Welfens und Mathias Weske (Hg.), *Digital Economic Dynamics: Innovations, Networks and Regulations*, Berlin, S. 161-192.

Haucap, Justus und Jörn Kruse (2004), Ex-Ante-Regulierung oder Ex-Post-Aufsicht für netzgebundene Industrien?, *Wirtschaft und Wettbewerb*, 54, S. 266-275.

Hayek, Friedrich A. von (1976), Die Verwertung des Wissens in der Gesellschaft, in: Friedrich A. von Hayek, (Hg.): *Individualismus und wirtschaftliche Ordnung*, Salzburg, S. 103-121.

Hense, Andreas und Daniel Schäffner (2004), *Regulatorische Aufgaben im Energiebereich – ein europäischer Vergleich*, Wissenschaftliches Institut für Kommunikationsdienste, Diskussionsbeitrag Nr. 254, Bad Honnef.

Holznagel, Bernd und Ingo Vogelsang (2008), Weiterentwicklung der TK-Regulierung im Lichte neuer Herausforderungen und ökonomischer Erkenntnisse, erscheint in: Justus Haucap und Jürgen Kühling (Hg.), *Effiziente Regeln für Telekommunikationsmärkte in der Zukunft: Kartellrecht, Netzneutralität und Preis-Kosten-Scheren*, Baden-Baden.

Kirchner, Christian (2004), Competition Policy vs. Regulation: Administration vs. Judiciary, in Manfred Neumann und Jürgen Weigand (Hg.): *The International Handbook of Competition*, Cheltenham, Northampton, MA, S. 306-320.

Knieps, Günter (1999), Zur Regulierung monopolistischer Bottlenecks, *Zeitschrift für Wirtschaftspolitik*, 48, S. 297-304.
Knieps, Günter (2003), *Der Wettbewerb und seine Grenzen: Netzgebundene Leistungen aus ökonomischer Sicht*, Diskussionsbeitrag des Instituts für Verkehrswissenschaft und Regionalpolitik, Diskussionsbeitrag Nr. 93.
Kreis, Constanze (2004), *Deregulierung und Liberalisierung der europäischen Elektrizitätswirtschaft – Theoretische und empirische Befunde*, Baden-Baden.
Kruse, Jörn (2001), Entgeltregulierung bei Fern- und Auslandsverbindungen?, in: Ulrich Immenga, Christian Kirchner; Günter Knieps und Jörn Kruse (Hg.), *Telekommunikation im Wettbewerb. Eine ordnungspolitische Konzeption nach drei Jahren Marktöffnung*, München, S. 111-127.
Kumkar, Lars (2000), *Wettbewerbsorientierte Reformen der Stromwirtschaft*, Tübingen.
Kydland, Finn E. und Edward C. Prescott (1977), Rules Rather than Discretion: The Inconsistency of Optimal Plans, *Journal of Political Economy*, 85, S. 473-491.
Laffont, Jean J. und Jean Tirole (2000), *Competition in Telecommunications*, Cambridge, MA.
Leibenstein, Harvey (1966), Allocative Efficiency vs. X-Efficiency, *American Economic Review*, 56, S. 392-415.
Lipsky, Abbott B. und Gregory J. Sidak (1999), Essential Facilities, *Stanford Law Review*, 51, S. 1187-1248.
London Economics (2007), *Structure and Performance of Six European Wholesale Electricity Markets in* 2003, 2004 *and* 2005, London Economics: London, online unter: http://ec.europa.eu/comm/competition/sectors/energy/inquiry/
Monopolkommission (2002), *Netzwettbewerb durch Regulierung: 14. Hauptgutachten*, Baden-Baden.
Monopolkommission (2003), *Telekommunikation und Post 2003: Wettbewerbsintensivierung in der Telekommunikation - Zementierung des Postmonopols*, Baden-Baden.
Monopolkommission (2007), *Wettbewerbsentwicklung bei der Telekommunikation 2007: Wendepunkt der Regulierung, Sondergutachten 50*, Baden-Baden.
Monopolkommission (2008), *17. Hauptgutachten: Weniger Staat, mehr Wettbewerb – Gesundheitsmärkte und staatliche Beihilfen in der Wettbewerbsordnung*, Baden-Baden.
Möschel, Wernhard (2007), Der 3-Kriterien-Test in der Telekommunikation, *MultiMedia und Recht*, 2007, S. 343-346.
Müller, Jürgen und Ingo Vogelsang (1979); *Staatliche Regulierung: Regulated Industries in den USA und Gemeinwohlbindung in wettbewerblichen Ausnahmebereichen in der Bundesrepublik Deutschland*, Baden-Baden.
OECD (1999); *Relationship between Regulators and Competition Authorities*, Paris.
Oftel (2000); The Application of the Competition Act in the Telecommunications Sector, London.
Panzar, John C. (1989); Technological Determinants of Firm and Industry Structure, in Richard Schmalensee und Robert D. Willig (Hg.): *Handbook of Industrial Organization*, Vol. I, North Holland: Amsterdam, S. 3-59.
Peltzman, Sam (1976), Toward a More General Theory of Regulation, *Journal of Law and Economics*, 19, S. 211-40.
Richter, Rudolf und Eirik Furubotn (2003), *Neue Institutionenökonomik: Eine Einführung und kritische Würdigung*, 3. Auflage, Tübingen.
Rottenbiller, Silvia (2002), *Essential Facilities als ordnungspolitisches Problem*, Frankfurt a.M.
Schebstadt, Arndt (2004), Die Aufsicht über Netznutzungsentgelte zwischen Kartellrecht und sektorspezifischer Regulierung, in: *Recht der Energiewirtschaft*, 8, S. 181-208.
Stigler, George (1971), The Economic Theory of Regulation, *Bell Journal of Economics*, 2, S. 35-58.
Train, Kenneth E. (1991), *Optimal Regulation: The Economic Theory of Natural Monopoly*, Cambridge, MA.
Tullock, Gordon (1967), The Welfare Cost of Tariffs, Monopolies, and Theft, *Western Economic Journal*, 5, S. 224-232.
Vogelsang, Ingo (2003), The German Telecommunications Reform – Where Did it Come From, Where is it, and Where is it Going? in: *Perspektiven der Wirtschaftspolitik*, 4, S. 313-340.

Weizsäcker, Carl C. von (1982), Staatliche Regulierung – positive und normative Theorie, *Schweizerische Zeitschrift für Volkswirtschaft und Statistik*, 118, S. 325-343.

Williamson, Oliver E. (1996), *The Mechanisms of Governance*, Oxford University Press: Oxford.

Zusammenfassung

Die Liberalisierung netzgebundener Industrien muss regelmäßig über die Kontrolle der Marktmacht der früheren Monopolunternehmen erfolgen. Dies kann zumindest theoretisch nicht nur durch eine Ex-ante-Regulierung einer auf eine begrenzte Anzahl von Sektoren spezialisierten Institution wie die Bundesnetzagentur erfolgen, sondern auch durch eine Ex-post-Missbrauchsaufsicht einer sektorübergreifenden Wettbewerbsbehörde wie das Bundeskartellamt. Auf den deutschen Elektrizitätsmärkten oblag die gesamte Kontrolle bis 2005 dem Bundeskartellamt, bevor dann die Bundesnetzagentur als sektorübergreifende Regulierungsbehörde eingerichtet und ihr die Kontrolle über die Netznutzungsentgelte übertragen wurde. In den Bereichen der Flughafenregulierung und für Telekommunikationsmärkte ist die Debatte „Ex-ante Regulierung oder Ex-post Aufsicht" jedoch noch lange nicht beendet.

Der vorliegende Beitrag zeigt, dass eine solch einfache Dichotomisierung der Komplexität der Problematik und der Vielfalt der institutionellen Ausgestaltungsmöglichkeiten nicht gerecht wird. Vielmehr hängt die Empfehlung für die institutionelle Ausgestaltung des Regulierungsrahmens in netzgebundenen Industrien maßgeblich von der vollzogenen und absehbaren Entwicklung des Wettbewerbs und damit von der tatsächlichen Regulierungsbedürftigkeit des jeweiligen Marktes ab. Der vorliegende Beitrag entwickelt dazu, ausgehend von dem für Telekommunikationsmärkte entwickelten 3-Kriterien-Test, weitere Elemente zur Ausdifferenzierung der Regulierung.

Vernünftige Ansätze enthält auch das deutsche Telekommunikationsgesetz (TKG). Eine sektorspezifische Missbrauchsaufsicht oder eine Ex-post-Regulierung, wie das TKG sie ermöglicht, bieten einerseits den Vorteil, dass sie der politökonomischen Überregulierungstendenz entgegenwirken, sind allerdings andererseits auch mit nicht unerheblichen Kosten und Risiken verbunden, was die intersektorale Konsistenz des Wettbewerbsrechts und die Anfälligkeit für politische Einflussnahme angeht. Insofern wäre eine sektorspezifische Missbrauchsaufsicht unbedingt mit einer Sunset-Klausel zu verbinden, die einen Übergang in das allgemeine Wettbewerbsrecht sicherstellt. Die Expost-Regulierung kann dann jedoch den Ausstieg aus der Regulierung durch das Herabklettern der Instrumentenleiter ermöglichen und so den Einstieg in den Ausstieg aus der sektorspezifischen Regulierung dort ermöglichen, wo dies wünschenswert ist.

Summary:
Regulation and Competition Law in Liberalised Network Industries as Seen from a New Institutional Economics Perspective

The most crucial task for the liberalisation of network industries is the control of the incumbent's and former monopolist's market power. In theory, this can be effected either through ex ante regulation by a special agency, which focuses on a limited number of industries, such as the Federal Network Agency in Germany, or through ex-post control by general competition authorities such as Germany's Federal Cartel Office. For the German electricity market, the Federal Cartel Office was in charge of controlling market power until 2005, when the Federal Network Agency as established as the regulator in charge of controlling network prices. For telecommunications and airports the debate over "ex-ante regulation vs. ex-post control" is not over yet, however.

This paper shows that such a simple dichotomisation neither captures the complexity of the problem nor the diversity of possible institutional arrangements. Any recommendation on the institutional design of the regulatory framework should depend on how competition has developed in the past what can be expected for the future. We develop elements for a further differentiation of regulatory measures, based on the so-called 3-criteria-test applied in European telecommunications markets.

The German Telecommunications Act (TKG) also contains reasonable approaches. Sector-specific ex post control of market power and ex post regulation, as envisaged by the TKG, have the advantage of countervailing well-known tendencies of overregulation. However, the consistency of competition law across sectors may suffer, and the regulator may be more prone to regulatory capture than a competition authority. Therefore, we argue that any sector-specific ex post control should be accompanied by a sunset clause to guarantee the transition into general competition law. Ex post regulation can, however, facilitate a faster exit from sector-specific regulation by climbing down the so-called ladder of remedies.

Heinz-Dieter Smeets und *Andreas Knorr*

Die Ordnung der deutschen Elektrizitätswirtschaft – heute

Inhalt

I. Einführung 264
II. Die Wertschöpfungskette in der Stromwirtschaft 264
   1. Stromerzeugung 265
   2. Stromtransport 266
   3. Stromhandel 268
III. Die Grundzüge von Gröners Wettbewerbsordnung für die
     Elektrizitätswirtschaft 268
   1. Radikale Strukturreformen 269
   2. Vorschläge zur ordnungspolitischen Gestaltung der Übergangsphase 271
V. Reality Check: die deutsche Stromwirtschaft seit 1998 273
   . Rechtliche Grundlagen 273
   . Regulierte Bereiche und zuständige Institutionen 275
   . Entwicklung der Marktstruktur 275
   . Preisbildung und -entwicklung 277
   . Ausblick 280
Literatur 282
Zusammenfassung 284
Summary: The structureof the electricity market in Germany 284

I. Einführung

> „Zu den umstrittensten Fragen der deutschen Wirtschaftspolitik gehören zweifelsfrei die ungelösten Probleme der Energiepolitik. Zwar hat es nicht an Anstrengungen gemangelt, auch für den Energiesektor eine funktionierende Ordnung zu finden, doch ist diesen wirtschaftspolitischen Bemühungen ein durchschlagender Erfolg bisher versagt geblieben."
>
> Helmut Gröner (1975, S. 17)

> „Nichts ist mächtiger als eine Idee, deren Zeit gekommen ist."
>
> Victor Hugo

> „Die Schwierigkeit ist nicht, neue Ideen zu finden, sondern den alten zu entkommen."
>
> John Maynard Keynes

Am 27. Juli 2006 verstarb nach langer schwerer Krankheit unser verehrter akademischer Lehrer *Helmut Gröner*. Seinem Andenken ist dieser Aufsatz gewidmet. Aus dem nicht nur außergewöhnlich umfangreichen, sondern vor allem thematisch ungemein vielfältigen wissenschaftlichen Lebenswerk *Helmut Gröners* stechen seine ordnungspolitischen Forschungen zur deutschen Elektrizitätswirtschaft schon quantitativ, vor allem aber auch qualitativ hervor. Nicht zuletzt seine 1975 publizierte Habilitationsschrift leitete zuerst zögerlich, dann umso vernehmlicher jene Reformdiskussion ein, die schließlich 1998 mit der Novellierung des Energiewirtschaftsgesetzes von 1935 als dem ersten Schritt hin zur formaljuristischen Öffnung des deutschen Strommarktes begann. Dürfen die zentralen Thesen *Helmut Gröners* heute zumindest unter Ökonomen als allgemein akzeptiert angesehen werden, eilten sie allerdings zum Zeitpunkt ihres Erscheinens dem akademischen wie dem politischen Zeitgeist zweifelsohne um viele Jahre, wenn nicht gar Jahrzehnte voraus. Weil seine Abhandlung nicht nur auf einem abstrakten formalökonomischen Modell basierte, sondern die wettbewerbstheoretische Analyse in bester ordnungstheoretischer und institutionenökonomischer Tradition und mit faszinierender Gründlichkeit in die historische Entwicklung der deutschen Stromwirtschaft einschließlich ihres komplexen rechtlich-institutionellen Rahmens einbettete, bleibt sie ein nach wie vor unerreichter Meilenstein in der deutschen energiewirtschaftlichen Diskussion. Wie im vorliegenden Beitrag gezeigt werden soll, kann freilich von wettbewerblichen Marktverhältnissen, wie sie *Helmut Gröner* propagierte, auch heute, acht Jahre nach Beginn der Marktöffnung, noch nicht die Rede sein. Der Elektrizitätswirtschaft in Deutschland, wie dem Energiesektor insgesamt, mangelt es somit nach wie vor an einer funktionsfähigen Wettbewerbsordnung.

II. Die Wertschöpfungskette in der Stromwirtschaft

Bei der Stromversorgung lassen sich grundsätzlich folgende Wertschöpfungsstufen unterscheiden: die Stromerzeugung, der Stromtransport (Netz- und Systembetrieb), bei dem wiederum zwischen der Fortleitung über das Höchst-, Hoch- und Mittelspannungsnetz bis hin zur lokalen Verteilung im Niederspannungsnetz zu differenzieren ist,[1] sowie der Stromhandel, also der Verkauf entweder an Endverbraucher oder an Weiterverteiler bzw. Großhändler. Auf die Erzeugungsstufe entfallen dabei nur etwa 30-45% der gesamten Wertschöpfung der Stromwirtschaft; der größere Teil entsteht somit im Netzbetrieb und bei der regionalen bzw. lokalen Verteilung. Die besonderen technisch-physikalischen Eigenschaften der Stromwirtschaft haben darüber hinaus erhebliche Konsequenzen für die Entfaltungsmöglichkeiten wettbewerblicher Marktverhältnisse auf den einzelnen Wertschöpfungsstufen und begründen somit zum Teil die Notwendigkeit staatlicher Regulierung.

Auf dem deutschen Strommarkt sind drei Arten von Versorgungsunternehmen aktiv, die sich in unterschiedlichem Umfang auf den einzelnen Wertschöpfungsstufen wirtschaftlich betätigen. Die Verbundunternehmen vereinen einen Großteil der Stromerzeugung und betreiben das Höchstspannungsnetz für den überregionalen Transport. Des Weiteren sind häufig auch Verteilung und Endkundenbelieferung integriert. Die Regionalunternehmen sind dagegen fast nie in der Erzeugung tätig; sie leiten stattdessen überwiegend den von den Verbundunternehmen bezogenen Strom in die dünner besiedelten ländlichen Regionen weiter. Dabei verteilen sie etwa 20% des insgesamt in Deutschland erzeugten Stroms. Lokalunternehmen – in der Regel Stadtwerke – fungieren schließlich als Weiterverteiler des Stroms, den sie von Verbund- und Regionalunternehmen beziehen, in die von ihnen versorgten Städte und Gemeinde; sie decken dabei etwa 30% des Stromverteilung ab.

1. Stromerzeugung

Hohe produktionstechnische Anforderungen zur Sicherstellung einer kontinuierlichen Versorgung ergeben sich zunächst aus der Nicht-Speicherbarkeit von Strom in Verbindung mit den starken zeitlichen Nachfrageschwankungen (*Gröner* 1984, S. 101 ff.). Letztere sind überdies nicht vollkommen vorhersehbar, auch wenn dabei insbesondere systematische zyklische Schwankungen (abhängig von Tageszeit, Wochentag und Jahreszeit) auftreten. Die Schwankungsbreite der Gesamtnachfrage ist dabei besonders groß, da die individuellen Verbrauchsmengen positiv korreliert sind. Produktion und Verbrauch müssen folglich zeitlich genau aufeinander abgestimmt sein, was generell die Ausrichtung der Gesamterzeugungskapazität an die Spitzennachfrage erfordert. Die Anpassung an nachfrageschwächere (bzw. -stärkere) Zeiten erfolgt dabei im Regelfall durch Abschaltung (bzw. Zuschaltung) von Kraftwerken.

Des Weiteren unterscheiden sich die Kraftwerkstechnologien in ihren Kostenstrukturen und in ihrer Fähigkeit zu kurzfristigen Produktionsanpassungen. Kapitalintensive Technologien weisen geringe variable (Brennstoff-)Kosten auf, sind aber nicht (bzw. nur zu hohen An- und Abfahrkosten) kurzfristig hochzufahren oder abzuschalten. Dementsprechend eignen sich die verschiedenen Anlagen unterschiedlich gut zur Bereitstellung der drei Stromarten Grund-, Mittel- und Spitzenlast.

Der kostenminimierende Einsatz der Kraftwerke erfolgt durch den Abruf nach der sogenannten ‚Merit order'. Kraftwerke mit geringen Kapital-, aber hohen variablen Ko-

---

1 Die Gesamtlänge des deutschen Stromnetzes beträgt derzeit 1,6 Mio. Kilometer (*Bundesministerium für Umwelt, Naturschutz und Reaktorsicherheit* 2007, S. 11).

sten werden nur eingesetzt, um Lastspitzen abzudecken. Bei einer insgesamt geringen jährlichen Laufzeit weisen solche Kraftwerke niedrigere Durchschnittskosten auf als diejenigen Kraftwerke mit hohen Fixkosten und geringen variablen Kosten, welche zur Deckung der Grund- und Mittellast genutzt werden. Zu letzteren zählen vor allem die Braun- und Steinkohle- sowie die Kernkraftwerke. Als Spitzenlastkraftwerke dienen in Deutschland Gasturbinen- und Pumpspeicherkraftwerke (*Monopolkommission* 2007a, S. 31). Es ergibt sich somit grob gesprochen folgende ‚Merit order': Wasserkraft – Kernkraft – Braunkohle – Steinkohle – Gas- und Dampfkraft – Gasturbinen (*Bode* und *Groscurth* 2006, S. 738).

Da die betriebswirtschaftlich effiziente Kraftwerksgröße mit 100 bis 1000 Megawatt inzwischen deutlich unter der Gesamtkapazität des deutschen Stromsystems von derzeit etwa 120 Gigawatt liegt, auf dieser Wertschöpfungsstufe also weder ein natürliches Monopol noch Unteilbarkeiten vorliegen, ist die Erzeugungsebene als prinzipiell wettbewerbsfähig einzustufen (*Monopolkommission* 2004, Tz. 1116). Hinzu kommen – aus Gründen, die weiter unten noch zu erläutern ein werden, allerdings nur in begrenztem Umfang – noch Stromimporte aus dem Ausland. Gleichzeitig wären jedoch selbst wettbewerblich organisierte Stromerzeugungsmärkte gegenwärtig tendenziell durchaus anfällig für Machtmissbrauch, da sie durch eine enges Angebotsoligopol, eine unelastische Nachfrage und ein zumindest in Spitzenlastzeiten ebenfalls preisunelastisches Angebot gekennzeichnet sind. Marktzutritte sind mit hohen Risiken verbunden, da Kraftwerke nicht nur einen hohen Kapitalbedarf und eine lange Lebensdauer aufweisen, sondern auch weitgehend irreversible Investitionen erfordern. Abhilfe schaffen könnte allerdings eine Entflechtung der Erzeugungskapazitäten, in deren Rahmen man, den politischen Willen dazu vorausgesetzt, „so weit dekonzentrieren [könnte], dass jeweils nur ein Kraftwerk ein selbständiges Unternehmen bildet" (*Gröner* 1975, S. 444). Neben diesen Marktzutrittsschranken für unabhängige Erzeuger wird die (internationale) räumliche Marktausdehnung auf der Erzeugungsebene durch weitere Eintrittsbarrieren in Form von Netzengpässen – konkret aufgrund fehlender Kapazitäten bei den für den grenzüberschreitenden Stromtransport erforderlichen Grenzkuppelstellen – beschränkt. Diese befinden sich auf deutscher Seite allesamt im Eigentum der vier großen und vertikal integrierten Verbundunternehmen RWE, Vattenfall Europe AG (VEAG), EnBW und E.ON. Diese kontrollieren derzeit außerdem 73% der deutschen Stromerzeugung und sogar 80% der Kraftwerkskapazitäten (*Börsen-Zeitung* 2007a, S. 8). Die restlichen 27% werden von zahlreichen meist kleineren, kommunalen Versorgungsunternehmen produziert, also insbesondere von den ca. 900 Stadtwerken (*Frenzel* 2007, S. 57), von denen aber nur etwa 150 über nennenswerte eigene Erzeugungskapazitäten verfügen. Die übrigen Lokal-EVU sind demgegenüber auf Zulieferungen der Regional- und vor allem der Verbundunternehmen angewiesen (*Schraven* 2008, S. 9). Sie übernehmen somit lediglich die Stromverteilung vor Ort.

2. Stromtransport

a) Ferntransport

Das Fernnetz umfasst den Transport über Höchst- und Hochspannungsnetze vom Erzeuger/Kraftwerk bis zur Übergabestelle (Netzknotenpunkt) des Übertragungsnetzes an nachgelagerte (lokale) Verteilnetze. Es ist in Deutschland in vier sogenannte Regelzonen aufgeteilt (*Frenzel* 2007, S. 85 ff.), die jeweils von einem der vier Verbundunternehmen betrieben werden. Der Netzbetrieb weist ökonomisch die Eigenschaften eines natürlichen Monopols auf. Der Zugang zum Fernleitungsnetz ist eine notwendige Voraussetzung für die wirtschaftliche Betätigung auf den vor- und nachgelagerten Erzeugungs- bzw. Verteilungsmärkten, so dass die Netze einer staatlichen Preisaufsicht unterliegen sollten. Als zweite Funktion hat ein Übertragungsnetzbetreiber neben dem Netzbetrieb auch den sogenannten Systembetrieb zu gewährleisten.

Der Systembetrieb umfasst die kurzfristige Koordination des Kraftwerkseinsatzes mit der schwankenden Nachfrage unter Berücksichtigung der verfügbaren Netzkapazitäten (Systemausgleich). Stromeinspeisungen und -entnahmen müssen jederzeit exakt ausgeglichen werden. Da es aufgrund mangelnder Prognostizierbarkeit auf beiden Seiten ständig zu ungeplanten Abweichungen kommen kann, muss der Systembetreiber kurzfristig flexible Kraftwerke zu- oder abschalten können, um den Systemausgleich wiederherzustellen. Bei Abweichungen von den (meist am Vortag) geplanten Ein- und Ausspeisungen wird auf eigens dafür bereitgehaltene Regelkraftwerke zurückgegriffen, die ihre Produktion von sogenannter Regelenergie sehr kurzfristig erhöhen oder senken können. Neben diesem physikalischen Ausgleich übernimmt der Systembetreiber meist auch den finanziellen, das heißt die Abwicklung der bei Minder- bzw. Mehreinspeisung zu leistenden Zahlungen oder anfallenden Vergütungen.

Diese Koordinierungsfunktion stellt notwendigerweise ebenfalls ein natürliches Monopol dar, da sie nur zentral auszuüben ist. Damit ist der Systembetreiber der einzige Nachfrager nach Regelenergie. Die traditionelle Organisation der Stromwirtschaft war durch die vertikale Integration von Stromerzeugung und Übertragungsnetzbetrieb gekennzeichnet, so dass der Betreiber für den Systemausgleich auf eigene Erzeugungskapazitäten zurückgegriffen hat. Seit der Liberalisierung ließe sich nun die Beschaffung der Regelenergie mittels Ausschreibung wettbewerblich organisieren. Beteiligen können sich alle an das Übertragungsnetz angeschlossenen und hinreichend flexiblen Kraftwerke (*Monopolkommission* 2004, Tz. 1211).

b) Regionale und lokale Stromverteilung

Die regionale und lokale Stromverteilung umfasst den Transport über Mittel- und Niederspannungsnetze von der Übergabestelle des Fernnetzes bis zum Endkunden. Der Netzbetrieb ist wie bei den Übertragungsnetzen als natürliches Monopol zu identifizieren, da die für Netze typischen Skaleneffekte und versunkenen Kosten auftreten. Kontrolliert wird diese sogenannte ‚letzte Meile' – und damit der Zugang zu den meisten Endkunden mit Ausnahme vieler Großabnehmer – vor allem von den kommunalen Versorgungsunternehmen, also den Stadtwerken, sowie den Regionalunternehmen. Versuche seitens der ‚großen Vier', aber auch der Regionalunternehmen, durch den Erwerb von Beteiligungen beherrschenden Einfluss auf große Stadtwerke zu gewinnen, wurden in der jüngeren Vergangenheit wiederholt vom Bundeskartellamt und den zuständigen Gerichten blockiert (*Börsen-Zeitung* 2007b, S. 8). Nicht übersehen werden sollte in diesem Zusammenhang, dass einige dieser lokalen Unternehmen neben ihrer erheblichen lokalen Marktmacht als Inhaber einer ‚Essential facility' eine mehr als respektable Größe erreichen. So ist beispielsweise die in Köln ansässige Rheinenergie der achtgrößte, die Mannheimer Stadtwerkevereinigung MVV sogar der siebtgrößte deutsche Stromversorger (*Börsen-Zeitung* 2007b, S. 8).

3. Stromhandel

Analog zu anderen Wirtschaftszweigen kann auch im Stromhandel zwischen den beiden Handelsebenen Großhandel und Einzelhandel unterschieden werden, wobei in beiden Fällen wiederum zwischen Spot- und Terminmärkten zu differenzieren ist (*Frenzel* 2007, S. 136 ff.). In Deutschland entwickelte sich erst nach der Liberalisierung ab 1998 auf Großhandelsebene ein eigenständiger Handelsmarkt für Strom als ein neues Element der Stromwertschöpfungskette. Zuvor war aufgrund der geschlossenen Versorgungsgebiete lediglich ein Ausgleich von Lastspitzen zwischen den Versorgern üblich – vom Prinzip her übrigens ganz ähnlich der Funktionsweise des Interbankenmarktes. Der Bezug von Strom von außerhalb des jeweiligen Versorgungsgebiets war demgegenüber untersagt. Die entscheidende rechtliche Voraussetzung für das Entstehen einer eigenständigen Handelsstufe war somit die Marktöffnung für reine Stromhändler; dabei handelt es sich insbesondere um Anbieter ohne eigene Erzeugungskapazitäten und/oder eigene Netze. Sie wurde durch eine entsprechende Änderung des Energiewirtschaftsgesetzes (EnWG) sowie die Abschaffung der Gebietsmonopole gemäß §103 GWB (in der damals geltenden Fassung) juristisch ermöglicht.

Die Einzelhandelsebene umfasst lediglich die bilateralen Geschäftsbeziehungen zwischen Erzeuger und Endabnehmer, wobei der gehandelte Strom in der Regel in vergleichsweise kleinen Mengen über das Mittel- und Niederspannungsnetz transportiert wird. Demgegenüber stützt sich der Großhandel infrastrukturell auf das Hoch- und Höchstspannungsnetz, da dieses durch die geringsten Leitungsverluste gekennzeichnet ist. Dabei erfolgt „der Einkauf ... an der Strombörse, beim Erzeuger, Händler oder einer entflochtenen Stromhandelsgesellschaft" und „der Verkauf an große Endkunden oder regionale Energieversorgungsunternehmen bzw. Lokalunternehmen" (*Frenzel* 2007, S. 138). Der Stromgroßhandel umfasst neben dem Over-the-counter-Segment – das heißt dem bilateralen Stromhandel zu Konditionen, die von den beiden Marktseiten individuell vereinbart werden – auch den Börsenhandel. Einziger Börsenplatz ist die am 1. Januar 2002 durch Fusion der konkurrierenden German Energy Exchange (GEX) in Frankfurt am Main und der Leipziger Power Exchange (LPX) hervorgegangene und seitdem in Leipzig ansässige European Energy Exchange (EEX).[2]

III. Die Grundzüge von Gröners Wettbewerbsordnung für die Elektrizitätswirtschaft

Die außergewöhnliche Komplexität einer ordnungspolitischen Grundsatzreform der Elektrizitätsmärkte wurde von *Gröner* (1975, S. 409) keineswegs unterschätzt, sondern im Gegenteil klar erkannt, wie das folgende Zitat belegt: „Die Analyse der eingesetzten elektrizitätswirtschaftspolitischen Mittel hat deutlich gezeigt, dass sich im Lauf der Jahre ein Dickicht beinahe undurchlässiger Wettbewerbsbeschränkungen herausgebildet hat. Deshalb wird von vielen das Ziel anerkannt, diese verhärteten Ordnungstrukturen aufzulockern." Insbesondere war er sich, und dies bis heute in auffälligem Gegensatz zu fast allen anderen Ökonomen sowie den politischen Entscheidungsträgern, der vielfältigen Implementierungs- und Übergangsprobleme vollkommen bewusst, die die Transformation vom Monopol zu einer funktionierenden Wettbewerbsordnung mit sich bringen würde – und die, sofern sie von den Verantwortlichen unbeachtet blieben, letztlich auch

---

2 Ausführlich dazu siehe *Frenzel* (2007, S. 136 ff. sowie S. 160 ff.)

den Erfolg der Marktöffnung latent gefährden würden (*Gröner* 1975, S. 441 ff.). Als Hauptziele des von ihm entwickelten Reformkonzepts für die Stromwirtschaft nannte *Gröner* (1975, S. 420)

- die „Schaffung und Sicherung einer Wettbewerbsordnung",
- „eine möglichst preisgünstige Elektrizitätsversorgung" sowie
- „eine möglichst sichere Elektrizitätsversorgung."

1. Radikale Strukturreformen

Als Kernproblem, weil aus seiner Sicht Hauptursache des Netzes von Wettbewerbsbeschränkungen, in welches die Elektrizitätsversorgung „eingesponnen" sei, identifizierte *Gröner* (1975, S. 420) in seiner Analyse zutreffend „die vertikale Integration von Geschäften mit elektrischer Energie und dem Transport dieser Strommengen unter dem gemeinsamen Dach von Elektrizitätsversorgungsunternehmen." Und weiter: „Der heute bereits sehr hohe Konzentrationsgrad bei der Engpaßleistung, bei der Erzeugung und beim überregionalen Transport und damit auf wichtigen Teilmärkten der Elektrizitätswirtschaft führt bei wettbewerbspolitischen Auflockerungen zu sehr unterschiedlichen Startchancen der Elektrizitätswerke. *Sollte nicht vor der Freigabe des Wettbewerbs das Problem dieser Konzentration tatkräftig angepackt und gelöst werden, so ist zu befürchten, dass wegen des großen Startvorsprungs einiger weniger riesiger Versorgungsunternehmen der heute bereits unerwünscht hohe Konzentrationsgrad weiter ansteigt*" (Gröner 1975, S. 418; Hervorhebung durch die Verfasser).

Konsequenterweise leitete *Gröner* (1975, S. 421) daraus die Forderung ab, den „mehrstufige[n] Einheitsmarkt, an dem Versorgungsunternehmen gleichzeitig Strommengen und Transportleistungen anbieten, aufzubrechen und neu zu gliedern." Notwendig sei nämlich keineswegs nur die (formaljuristische) Aufhebung der geschlossenen Versorgungsgebiete, also des §103 Abs. 2 GWB (in der damals geltenden Fassung). Denn in diesem Fall würden viele Kommunen nach wie vor mittels Ausschließlichkeitsbindungen zwischen Erzeugern und den von ihnen kontrollierten lokalen Verteiler-EVU (sprich den Stadtwerken) weiterhin Gebietsmonopole begründen können, um unter anderem ihre Einnahmen aus der Konzessionsabgaben nicht zu verlieren.

Von diesen grundsätzlichen Überlegungen ausgehend erarbeitete *Gröner* dann seine konkreten ordnungspolitischen Reformvorschläge unter Beachtung der spezifischen Bedingungen auf den aus seiner damaligen Warte sachlich relevanten Teilmärkten. Konkret betrachtete er dabei die Märkte für elektrische Energie, den Markt für Aushilfslieferungen und die Märkte für Stromtransporte.

a) Teilmarkt 1: der Markt für elektrische Energie

Unter der Annahme, dass das zum Zeitpunkt seiner Untersuchung bestehende Leitungsnetz ausreichende Kapazitäten bietet, sprach sich *Gröner* (1975, S. 422) für diesen Teilmarkt zunächst für eine vertikale Entflechtung von Produktions- und Transporteinrichtungen aus. Dies sollte die Voraussetzungen schaffen „für eine scharfe Wettbewerbsauslese, wie sie bislang durch Gebietsabsprachen und Konzessionsverträge verhindert wurde". Eine vollständige Individualisierung des Leistungsaustausches auf Nachfragerseite erachtete er jedoch aus technischen Gründen für unmöglich; daher müssten – so *Gröner* weiter (1975, S. 422) – „die individuellen Stromkonsumenten zu

Verbrauchergruppen zusammengeschlossen werden, die dann als Nachfrageeinheiten am Elektrizitätsmarkt agieren." Diese Rolle könnten sowohl einzelne Großabnehmer – wie z.B. Aluminiumwerke –, einzelne Stadtbezirke sowie die zu größeren Einheiten zusammengefassten „ländlichen Zwerggemeinden" übernehmen. Deren gebündelte Nachfrage „und damit praktisch deren Belastungsdiagramme" wären dann regelmäßig auszuschreiben, die eingehenden Angebote von den Repräsentanten der einzelnen Nachfragergruppen zu prüfen und den Mitgliedern der jeweiligen Nutzergruppe öffentlich zugänglich zu machen (*Gröner* 1975, S. 424 f.). Um die Vergleichbarkeit der eingegangenen Angebote sicherzustellen und wettbewerbswidrige Preisdiskriminierungen durchgreifend zu unterbinden, schlug *Gröner* (1975, S. 425) in diesem Zusammenhang auch die Abschaffung der in der deutschen Stromwirtschaft traditionell üblichen Marktspaltung nach Tarifabnehmern (Privathaushalte, landwirtschaftliche Betriebe, Gewerbetreibende) und Sonderabnehmern (industrielle Großabnehmer) vor. Nur so könne „jeder Stromverbraucher einzig nach den Teilstücken des Belastungsdiagramms eingestuft werden, zu denen er mit seiner Nachfrage beisteuert" und ihm die von ihm tatsächlich verursachten Erzeugungskosten angelastet werden.

Eine wichtige von *Gröner* jedoch nicht abschließend beantwortete Frage ist allerdings, nach welchem Verfahren die Repräsentanten der einzelnen Nachfragergruppen ausgewählt werden sollten. Im Fall der Großabnehmer erscheint dies grundsätzlich unproblematisch. Schließlich ist die Einheit von Handlung und Haftung hier voll gewahrt, und die Kosten der Stromversorgung beeinflussen unmittelbar deren eigene Wettbewerbsfähigkeit. Demgegenüber sehen sich Nachfragergruppen, die sich überwiegend aus den Privathaushalten einer oder mehrerer Kommunen zusammensetzen, einem Prinzipal-Agenten-Problem ausgesetzt. Dies gilt umso mehr, als viele Kommunen ja selbst Eigentümer von Stromversorgern sind und diese im Rahmen des kommunalen Querverbunds durchaus nicht ungern als Mittel der indirekten Besteuerung sowie zu redistributiven Zwecken einsetzen (*Haug* 2003). *Gröners* Vorschlag unterstellte also implizit, dass zuvor die von ihm propagierte Entflechtung von Produktions- und Transportkapazitäten auch auf kommunaler Ebene vollständig umgesetzt worden sein würde.[3]

b) Teilmarkt 2: Aushilfslieferungen

Der Markt für Aushilfslieferungen unter den Stromerzeugern dient der permanenten Gewährleistung der Versorgungssicherheit, also der Verhinderung von Stromausfällen. Produktionstechnischer Hintergrund ist die fehlende Lagerfähigkeit elektrischer Energie. Letztlich geht es also um das Angebot von bzw. die Nachfrage nach freien Produktionskapazitäten. Dieser Teilmarkt kann folglich prinzipiell sowohl auf nationaler Ebene als auch grenzüberschreitend in Gestalt eines Netzverbunds organisiert werden. Ein Beispiel für letzteres ist die Union for the Co-ordination of Transmission of Electricity (UCTE), ein Verbund von Netzbetreibern aus 24 europäischen Staaten. Nicht übersehen werden sollte in diesem Zusammenhang allerdings, dass die Leitung von Strom über unterschiedliche Netze hinweg deren Interoperabilität voraussetzt. Diese wird technisch durch die bereits erwähnten Grenzkuppelstellen sichergestellt, deren jeweilige Kapazitäten derzeit allerdings sehr große Unterschiede aufweisen (*Cornwall* 2008, pp. 967 ff.).

Wie *Gröner* (1975, S. 432) richtig erkannt hatte, sorgt ein offener und bestreitbarer

---

3 „Wenn den Gemeinden das finanzielle Interesse an der Elektrizitätsversorgung abgeht, da ihr Aktionsraum auf die Mittlerfunktion beschnitten ist, so wird dies die Homogenisierung der Wertungen fördern" (*Gröner* 1975, S. 427).

Markt für Aushilfslieferungen grundsätzlich dafür, „dass ein weiteres wichtiges Wettbewerbselement für eine Neuordnung der Elektrizitätswirtschaft gefestigt wird, nämlich ein glatter Marktzutritt für Newcomer." Doch auch dieser Markt war zum Zeitpunkt seiner Analyse aufgrund von „komplizierten Durchleitungsproblemen und ... der Marktmacht der überregionalen Verbundunternehmen" nicht wettbewerblich organisiert, sondern im Gegenteil von der damaligen Deutschen Verbundgesellschaft (DVG) – dem Zusammenschluss der größten deutschen Verbundunternehmen – faktisch kartelliert (*Gröner* 1975, S. 430).[4]

c) Teilmarkt 3: die Märkte für Stromtransporte

Die Leitungsebene der Elektrizitätswirtschaft weist, wie bereits erwähnt, alle Eigenschaften eines natürlichen Monopols auf. Das Ordnungsprinzip des Wettbewerbs im Markt scheidet somit als Gestaltungsalternative aus (*Sharkey* 1982; *Mittendorf* 2006). „Da sich das Leitungsmonopol nicht abschaffen läßt, kann man nur versuchen, dieses Monopol möglichst unwirksam zu machen und scharf zu überwachen" (*Gröner* 1975, 438). *Gröner* (1975, S. 434) spricht sich deshalb mit den bekannten ordnungspolitischen Einwänden gegen staatliche Angebotsmonopole für die Übertragung der Netze, „zumindest auf der überörtlichen Ebene, möglichst aber auch auf der Lokalstufe", an private Anbieter aus.[5] Die Netzanbieter müssten allerdings über einen Ausschreibungswettbewerb ausgewählt werden. Zwar erkennt *Gröner* auch die grundsätzlichen Probleme der Missbrauchsaufsicht über diese unweigerlich marktbeherrschenden Unternehmen. Er schätzt die Überwachungsprobleme gegenüber einem einstufigen Anbieter im Vergleich zu einem vertikal integrierten Unternehmen jedoch als deutlich geringer ein, „da sie über weniger Schlupfwinkel verfügen, um Wettbewerbsbeschränkungen und deren marktpolitische Folgen zu verschleiern". Außerdem, so seine zutreffende Analyse, sei es aufgrund des hohen Fixkostenanteils an den Gesamtkosten der Leistungserstellung im Stromtransport „weniger schwer ..., ihre Angebote zu vergleichen" (*Gröner* 1975, S. 438 f.).

2. Vorschläge zur ordnungspolitischen Gestaltung der Übergangsphase

„Eine umfassende wettbewerbspolitische Reform für die Elektrizitätsversorgung nach dem hier entworfenen Konzept, wirft nicht geringe Übergangsprobleme auf, weil die gewachsene Ordnung meilenweit von diesem Leitbild entfernt ist" (*Gröner* 1975, S. 441 f.). Dies war zum Zeitpunkt der Publikation von *Gröners* Habilitationsschrift insbesondere der Fall aufgrund

- des hohen Anteils öffentlichen Eigentums an den Produktionsmitteln;
- der hohen Anbieterkonzentration im Horizontalverhältnis;
- einer stark ausgeprägten vertikalen Integration, die in jedem Fall über die beiden Wertschöpfungsstufen Handel und lokaler Transport umfasste, sich oft aber auch noch auf die Erzeugungsebene erstreckte;

---

4 Die DVG wurde am 13. Juni 2001 durch Fusion mit der Fachgruppe Netze des Verbands der Elektrizitätswirtschaft (VDEW) in den Verband der Netzbetreiber (VDN) übergeleitet.
5 In der aktuellen Diskussion kommen etwa *Inderst* und *Haucap* (2008, S. 10) zu identischen Schlüssen.

- umfassender „Vertragssysteme für horizontale und vertikale Marktabgrenzungen, mit denen der Markt für elektrische Energie geschlossen und der Wettbewerb ausgeschaltet wurde"; sowie
- eines behördlicherseits festgelegten rigiden Tarifsystems mit ökonomisch nicht stichhaltig begründbaren Marktspaltungen.

Gröner sprach sich vor diesem Hintergrund dezidiert für einen graduellen Transformationsprozess anstelle eines ordnungspolitischen ‚Big Bang' aus (1975, S. 442). „Bevor man daran geht, Stromproduktion und Stromtransport zu trennen und den Rahmen für die zugehörigen Teilmärkte zu schaffen, sollte eine Anlaufphase mit folgenden Anfangsmaßnahmen vorgeschaltet werden":
- Einführung eines neuen Tarifsystems, in dem zum einen der tages- und jahreszeitliche Belastungsverlauf abgestaffelt sein sollte und zum anderen separate Abrechnungen für Strom- und Transportkosten zu erstellen wären; und
- Schaffung anonymer und nicht-exklusiver Preismeldestellen,[6] die auf Länderebene „für eine bessere Markttransparenz der Verbraucher sorgen und den Versorgungsunternehmen erste Anhaltspunkte über ihren Standort in den zu erwartenden Wettbewerbsprozessen signalisieren."

Im Anschluss daran seien, so *Gröner* (1975, S. 443) weiter, „aus den bisherigen Absatzgebieten neue geschlossene Versorgungsgebiete" zu formen, deren Ausdehnung und Nachfragerzahl in etwa den Versorgungsgebieten der damaligen kleineren und mittelgroßen Regionalversorger entsprechen sollten. Zusätzlich wären dort – sofern noch nicht vorhanden – lokale Verteilunternehmen zu etablieren und schließlich die Demarkationsverträge zwischen den Erzeugern aufzuheben. Dabei betonte *Gröner* zu Recht auch die herausragende Rolle der Wettbewerbspolitik in dieser frühen Übergangsphase, während der bereits erste „Ausscheidungsprozesse an[laufen], obwohl der hohe Konzentrationsgrad zunächst fortbesteht. Deshalb muss in diesem Anfangsstadium die Wettbewerbsaufsicht besonders aufmerksam gehandhabt werden, um einem unbilligen Verdrängungs- und Behinderungswettbewerb vorzubeugen." Außerdem sollte die Politik in dieser schwierigen Phase grundsätzlich auf Privatisierungen verzichten, um „nicht zuletzt auch dem Wagnis zu begegnen, daß die Privatisierung ordnungspolitisch in Mißkredit gerät." Zugleich sollte aber den in öffentlicher Trägerschaft befindlichen Elektrizitätswerken uneingeschränkte unternehmerische Handlungsfreiheit gewährt werden.

Nach einer gewissen – von ihm jedoch nicht näher konkretisierten – Zeitspanne könnten schließlich die zentralen Strukturreformen vollzogen werden: die „Trennung von Stromproduktion und Stromtransport, Dekonzentration auf der Angebotsseite und Gruppierung der Nachfrageeinheiten" (*Gröner* 1975, S. 444). Die Entflechtung sollte dabei im Transportbereich zunächst generell lokale und überörtliche Verteilungsnetze voneinander trennen. Auf den Ebene der regionalen und überregionalen Fortleitung empfahl *Gröner* (1975, S. 444) eine Zerschlagung anhand der beiden Kriterien „Spannungsstufe und die Anzahl der mit Transportleistungen zu versorgenden Nachfrageeinheiten." Für die Wertschöpfungsstufe Stromerzeugung propagierte er schließlich eine Entflechtung bis hinunter zur kleinsten möglichen Produktionseinheit, d.h. jedes einzel-

---

6 Die Forderung nach Anonymität und Nicht-Exklusivität ist selbstredend der hinlänglich bekannten wettbewerbspolitischen Ambivalenz von Markttransparenz geschuldet, die – insbesondere auf ohnehin schon vermachteten Märkten – kollusives Verhalten der Anbieter sogar noch fördern kann. Grundsätzlich zu dieser Problematik siehe bereits *Hoppmann* (1966), *Tuchtfeldt* (1966) sowie *von Delhaes* (1978).

ne Kraftwerk sollte ein selbständiges Unternehmen bilden. Er begründete diesen radikalen Vorschlag mit dem Argument, dass sich nur auf diesem Weg „im Marktprozeß [ohne die Gefahr von Verfälschungen der von Allokationsentscheidungen durch Quersubventionierung; die Verfasser] herausstellt, welches Elektrizitätsunternehmen lebensfähig ist und welches nicht" (*Gröner* 1975, S. 444).

IV. Reality Check: die deutsche Stromwirtschaft seit 1998

Die von *Gröner* vor mehr als dreißig Jahren entwickelten Vorschläge zur Reform der Elektrizitätswirtschaft fanden in Deutschland bei den politisch Verantwortlichen ob ihrer Radikalität jahrzehntelang kaum Gehör; demgegenüber verfolgte etwa zehn Jahre nach dem Erscheinen seiner – leider nicht ins Englische übersetzten – Habilitationsschrift die damalige neuseeländische Regierung interessanterweise eine sehr ähnliche Strategie bei der Restrukturierung der dortigen Stromwirtschaft (*Knorr* 1997, S. 30 ff.). Angesichts stark gestiegener Strompreise in den vergangenen Jahren – und ebenfalls massiv gestiegener Gewinne insbesondere der Verbundunternehmen – mehren sich inzwischen jedoch auch hierzulande die Stimmen derer, die nun dringend umfassende Entflechtungsmaßnahmen, zumindest aber eine wesentlich schärfere Regulierung und/oder Missbrauchsaufsicht anmahnen, um die Wettbewerbsintensität auf dem Strommarkt zu erhöhen (*Hering* 2007; *Möschel* 2007). Auch das Bundeskartellamt hat in jüngster Zeit mehrere Untersuchungen wegen des Verdachts illegaler Preisabsprachen eingeleitet sowie in seiner Entscheidungspraxis Übernahmen von Stadtwerken durch die Verbundunternehmen erheblich erschwert. In diesem Kapitel sollen deshalb zunächst die Grundzüge des neuen Ordnungsrahmens für die deutsche Elektrizitätswirtschaft, wie er sich seit Beginn der Liberalisierung 1998 entwickelt hat, dargestellt sowie daran anschließend die wichtigsten Marktergebnisse eingehender analysiert werden.

1. Rechtliche Grundlagen

In den 1990er Jahren setzte sich die Überzeugung zunehmend durch, dass die damals weltweit übliche Organisation des Elektrizitätssektors, gekennzeichnet durch weitgehend vertikal integrierte Gebietsmonopole, wettbewerbspolitisch nicht mehr zu rechtfertigen sei. Denn wie in anderen Sektoren mit netzgebundener Versorgung sind auch bei der Elektrizitätsversorgung Bereiche zu unterscheiden, die dem Wettbewerb zugänglich sind und solche, die insbesondere aufgrund ihrer Eigenschaft als natürliche Monopole oder als wesentliche Einrichtungen reguliert (,Essential facilities') werden müssen (*Mittendorf* 2006). Dieser sogenannte disaggregierte Regulierungsansatz (*Knieps* 2008, S. 101 ff.) unterscheidet sich wesentlich von der traditionellen Sichtweise, nach der Bereiche mit netzgebundener Versorgung in ihrer Gesamtheit als natürliches Monopol und damit als wettbewerblicher Ausnahmebereich anzusehen seien.

Als erste Region der EU öffnete England – jedoch nicht Großbritannien insgesamt – seinen Stromsektor bereits zu Beginn der 1990er Jahre. Die Liberalisierung der deutschen Stromwirtschaft wurde demgegenüber erst angestoßen durch entsprechende Bemühungen auf EU-Ebene (*Frenzel* 2007, S. 53 ff.). Sie fanden ihren Niederschlag schließlich in der im Februar 1997 in Kraft getretenen Binnenmarktrichtlinie für Strom (*Europäische Kommission* 1997). In Deutschland erfolgte deren Umsetzung in nationales Recht mit dem Ergebnis einer formalen Marktöffnung im Bereich der leitungsgebundenen Stromversorgung durch das Gesetz zur Neuregelung des Energiewirtschaftsrechts im April 1998; es wurde erstmals im Mai 2003 novelliert, was allerdings primär der Umsetzung der Binnenmarktrichtlinie für Gas diente. Neuer Handlungsbedarf im Strombereich ergab sich durch die im Juni 2003 auf EU-Ebene erlassenen sogenannten Beschleunigungsrichtlinien (*Europäische Kommission* 2003), mit deren Hilfe die EU den, von einigen wenigen wettbewerbsorientierten Mitgliedsstaaten abgesehen, unionsweit stockenden Liberalisierungsprozess vorantreiben wollte. Die Vorgaben dieser Richtlinien fanden ihren Niederschlag in der EnWG-Novelle vom Juli 2005.

Zu Beginn der Liberalisierung 1998 hatte Deutschland zunächst auf eine explizite sektorspezifische Regulierung der Netzzugangsbedingungen und -entgelte verzichtet. Stattdessen setzte man auf das Konzept des verhandelten Netzzugangs, das heißt, die Regierung überließ die Ausgestaltung der Konditionen den Marktteilnehmern selbst, und zwar im Rahmen sogenannter Verbändevereinbarungen (*Frenzel* 2007, S. 34 ff.; *Blankart, Cwojdzinski* und *Fritz* 2004). Die erste Verbändevereinbarung wurde bereits im Mai 1998 unterzeichnet und im Dezember 1999 und im Dezember 2001 modifiziert (*BDI, VIK, VDEW, VDN, ARE* und *VKU* 2001). Das Netzentgelt wurde dabei zunächst auf der Basis eines sogenannten (fiktiven) Kontraktpfadmodells bestimmt. Das bedeutete, dass „der Drittnutzer des Netzes ... nicht nur Einspeise- und Entnahmepunkt anzugeben [hatte], sondern jedes einzelne Leitungsstück vom Einspeise- zum Entnahmepunkt" (*Monopolkommission* 2002, Tz. 861). Dieses Prozedere widersprach allerdings dem Systemcharakter des Netzes, in dem sich an jedem Ort und zu jedem Zeitpunkt eine Vielzahl individueller Stromeinspeisungen und Stromentnahmen durchmischen. Das bedeutete wiederum, dass es kaum objektiv möglich war, die Kosten der Netznutzung den individuellen Transaktionen exakt zuzurechnen. Außerdem waren häufige Überlastungen des jeweils preisgünstigsten Pfads die logische Konsequenz, auf die der Netzbetreiber mit Hilfe eines – möglicherweise allerdings nicht wettbewerbsneutralen – Rationierungsmechanismus reagieren musste. Erst spätere Modifizierungen sahen einen sogenannten Puntttarif vor, bei dem nur ein Entnahmeentgelt anfiel (also das Einspeiseentgelt auf Null gesetzt wurde). Diese Form der Selbstregulierung der Branche wurde zwar im Laufe der Jahre erheblich fortentwickelt. Allerdings konnten die Regularien der Verbändevereinbarungen Verdrängungs- und Diskriminierungsstrategien des Netzbetreibers zu keinem Zeitpunkt durchgreifend unterbinden, da dieser mittels opportunistischer Preisdifferenzierung weiterhin Eigen- und Fremdnachfrage unterschiedlich belasten konnte. Zudem boten die Regelungen keinen hinreichenden Kostensenkungsdruck und Preissenkungsanreiz. Schließlich blieben auch die als Markteintrittsbarriere wirkenden hohen Durchleitungsentgelte bestehen (*Monopolkommission* 2002, Tz. 874).

Eine Ex post-Kontrolle mittels allgemeiner Missbrauchsaufsicht durch das Bundeskartellamt hatte sich in der Vergangenheit aufgrund konzeptioneller (kein Vergleichsmarkt) und verfahrensrechtlicher Probleme (lange Zeiträume bis zu rechtskräftigen Urteilen und Umsetzung) ebenfalls als ungeeignet erwiesen, dem Missbrauch von Marktmacht wirksam zu begegnen. Mit der Energierechtsreform nach der EnWG-Novelle vom Juli 2005 wurden deshalb vor allem zwei neue Vorgaben der EU in deutsches Recht umgesetzt (*Eickhof* und *Holzer* 2006): Entflechtungsbestimmungen für integrierte Versorgungsunternehmen sowie die Ex ante-Regulierung des Netzzugangs. Die Verbändevereinbarungen wurden damit also durch eine sektorspezifische Regulierung ersetzt; dazu im nächsten Abschnitt mehr. Weiterhin keine speziellen Eingriffsnormen bestehen bislang allerdings für die Stromgroßhandels- und Regelenergiemärkte.

2. Regulierte Bereiche und zuständige Institutionen

Die Europäischen Beschleunigungsrichtlinien geben inzwischen vor, dass ein regulierter Netzzugang einzuführen ist. Grundlage dieses Netzzugangsmodells bilden veröffentlichte und ex ante zu genehmigende Tarife bzw. Tarifberechnungsmethoden. Mit der genannten Novelle des EnWG vom Juli 2005 wurde die Ex ante-Regulierung der Netzzugangsentgelte auch hierzulande eingeführt. Dafür zuständig ist zum einen die neu geschaffene Bundesnetzagentur für Elektrizität, Gas, Telekommunikation, Post und Eisenbahnen; sie ging aus der früheren Regulierungsbehörde für Telekommunikation und Post hervor. Die Regulierungskompetenzen über kleinere, nur innerhalb eines Bundeslandes tätigen Netzbetreibers obliegen zum anderen den zuständigen Behörden des Bundeslandes, also meist dem hiesigen Wirtschaftsministerium.

Nach den neuen Entflechtungsvorgaben müssen vertikal integrierte Unternehmen ab einer gewissen Größe ihren Netzbetrieb rechtlich und operational entflechten. Unabhängig von der Größe sind zudem eine informationelle sowie eine buchhalterische Entflechtung vorzunehmen. Erstere ist in § 9 EnWG verankert und soll verhindern, dass die nun in der Regel rechtlich und organisatorisch ‚abgekoppelte' Netzsparte eines vertikal integrierten Versorgers wettbewerblich relevante Informationen an die übrigen Unternehmensbereiche weitergeben kann; es handelt sich also um die Verpflichtung zum Aufbau unternehmensinterner ‚Chinese walls'. Die in § 10 EnWG festgeschriebene buchhalterische Entflechtung verpflichtet die Versorger schließlich zur getrennten Rechnungslegung für die einzelnen Unternehmenssparten, insbesondere zu separaten Gewinn- und Verlustrechnungen. Damit sollen wettbewerbswidrige Quersubventionen unterbunden werden. Nicht vorgeschrieben ist dagegen bislang eine eigentumsrechtliche Trennung, so dass auch die Anreize zur Diskriminierung bislang keineswegs durchgreifend beseitigt sind. Die erhöhte Transparenz soll allerdings Informationsasymmetrien zu Lasten der Regulierer und der Wettbewerber verringern und so die Aufsichtstätigkeit erleichtern.

Ob das gewählte rechtlich-institutionelle Arrangement dieses grundsätzliche Problem in der Tat befriedigend wird lösen können, kann freilich erst die Zukunft zeigen. Die geänderten Vorschriften spiegeln jedoch zumindest die seit der grundsätzlichen Liberalisierung gewonnenen, überwiegend negativen Erfahrungen mit der bisherigen Regulierung im Bereich der Stromwirtschaft wider. Es hatte sich vor allem folgendes gezeigt:

– Die Selbstregulierung der Branche im Rahmen der Verbändevereinbarungen vermochte die erhoffte Intensivierung des Wettbewerbs nicht einzuleiten.
– Die Ex post-Kontrolle der Marktergebnisse war ebenfalls unzureichend, da die Beweislast für überhöhte Netzentgelte beim Bundeskartellamt lag, das mit den verfügbaren Mitteln faktisch aber kaum einen gerichtsfesten Nachweis erbringen konnte.
– Eine Ex ante-Regulierung der Netzentgelte ist notwendig, um Wettbewerb zumindest auf den Märkten zu ermöglichen, die dem Verbundnetz vor- und nachgelagert sind.

3. Entwicklung der Marktstruktur

Nach der Marktöffnung kam es zwar zunächst zu zahlreichen Markteintritten, sowohl durch Beteiligungen ausländischer Unternehmen als auch durch Neugründungen oder Händler. Neugründungen gab es vor allem im Bereich der Versorgung von Haushalts- und Gewerbekunden, von denen noch heute einige bundesweit tätig sind, darunter auch Tochtergesellschaften von Verbundunternehmen (so ist der größte Anbieter Yello Strom eine 100%-ige Tochter von EnBW). Viele Newcomer haben sich inzwischen allerdings wieder zurückgezogen. Auf der Erzeugungsstufe hat es Zutritte durch unabhängige Unternehmen nur im Bereich kleiner Anlagen bei erneuerbaren Energien und Kraft-Wärme-Kopplung gegeben. Diese Phase eines sich intensivierenden Wettbewerbs hielt jedoch nur etwa zwei Jahre lang an. Aufgrund marktstruktureller Fehlentwicklungen und einer unzureichenden Ausgestaltung der Netzregulierung verlief die Wettbewerbsentwicklung im Strombereich nach inzwischen vorherrschender Meinung in Wissenschaft und Politik danach bis heute insgesamt nicht zufriedenstellend (*Monopolkommission* 2006, Tz. 9).

So hat vor allem die intensive Fusionsaktivität nach der Marktöffnung die horizontale und vertikale Konzentration mittlerweile erheblich ansteigen lassen. Zu Beginn der Liberalisierung im April 1998 waren in Deutschland noch acht Verbundunternehmen, etwa achtzig Regional- und etwa 900 Lokalunternehmen aktiv (*Monopolkommission* 2002, Tz. 838). War der Konzentrationsgrad somit also bereits vor der Liberalisierung beträchtlich, hat er sich seitdem, allen ordnungs- und wettbewerbspolitischen Intentionen zum Trotz, nochmals beträchtlich erhöht.

Seit den im Jahr 2000 vollzogenen Fusionen gibt es statt zuvor acht nur noch vier Verbundunternehmen, nämlich E.ON (VEBA und VIAG), RWE (RWE und VEW), Vattenfall Europe (BEWAG, HEW, VEAG und LAUBAG) sowie EnBW. Jedes kontrolliert, wie schon erwähnt, eine Regelzone des Übertragungsnetzes mit Systembetrieb. Die Verbundunternehmen sind direkt oder indirekt über Beteiligungen über die gesamte Wertschöpfungskette hinweg vertikal integriert. Sie kontrollieren zusammen mit derzeit 73% den weit überwiegenden Teil der Stromerzeugung, wobei sie über mehr als 80% der deutschen Kraftwerkskapazitäten verfügen können. Dabei entfallen 33 % auf RWE, 24% auf E.ON sowie weitere 14% bzw. 13% auf Vattenfall und EnBW (*Hirschhausen*, *Weigt* und *Zachmann* 2007, S. 33; *Börsen-Zeitung* 2007a, S. 8).

Die Zahl der Regionalunternehmen halbierte sich auf etwa 40, und zwar teilweise aufgrund von Beteiligungsaktivitäten der Verbundunternehmen, d.h. infolge vertikaler Integration. Auch die Beteiligung der Verbundunternehmen an lokalen Versorgern schreitet trotz jüngster Widerstände seitens des Bundeskartellamts weiter voran. Meist wurden Minderheitsbeteiligungen erworben (< 20%), da diese zunächst nicht der Fusionskontrolle unterlagen. Von den 900 Stadtwerken haben bislang knapp 200 alleine RWE und E.ON nennenswerte Beteiligungen eingeräumt.

Ausgeprägt wettbewerbliches Verhalten ist angesichts der oligopolistischen Marktstruktur von den Verbundunternehmen nicht zwangsläufig zu erwarten. Vielmehr dürften die Spezifika des Strommarktes (homogenes Gut, keine Produktdifferenzierungsmöglichkeiten, kein Qualitätswettbewerb, hohe Transparenz bei Erzeugungskosten und Preisen, geringe Preiselastizität der Nachfrage) ein eher gleichgerichtetes Verhalten begünstigen. Durch die vertikale Integration bis in die Stadtwerke hinein sind zudem die Märkte effektiv gegen den Marktzutritt Dritter abgeschottet. Die über die Beteiligungen erzielte Absatzsicherung wiegt umso schwerer, als somit auch von den Kleinkunden kein nennenswerter Wettbewerbsdruck ausgeht, zumal die Wechselbereitschaft in diesem Segment in Deutschland im Vergleich zum EU-Durchschnitt bislang ohnehin eher gering ist (*Frenzel* 2007, S. 132 f.).

Markteintritte und damit auch die Wirksamkeit potenziellen Wettbewerbs werden insbesondere durch die hohen Netzzugangsentgelte beschränkt, da auf der Einzelhandelsebene nur geringe Gewinnmargen bestehen. Stromimporte spielen bislang eine untergeordnete Rolle, da der grenzüberschreitende Stromhandel durch beschränkte Kapazitäten an den Grenzkuppelstellen zum Ausland – die, wie bereits erwähnt, allesamt von den Verbundunternehmen kontrolliert werden – effektiv begrenzt wird. 2006, dem letzten Jahr für das bislang offizielle Zahlen vorgelegt wurden, importierte Deutschland 46.138 Mio. kWh aus dem Ausland; dies entspricht weniger als 9% der Inlandsproduktion. Demgegenüber exportierte die deutsche Stromwirtschaft 65.975 Mio. kWh – also 13,1% der Erzeugung in die Nachbarstaaten (*VDEW* 2007).

4. Preisbildung und -entwicklung

Nach der Marktöffnung sind die Preise für Endverbraucher zunächst deutlich gesunken (ausführlich zum Folgenden *Growitsch* und *Müsgens* 2005 sowie *Bundesministerium für Wirtschaft und Technologie* 2008). Zwischen 1998 und 2000 hatte der durchschnittliche Preisrückgang bei Industriestrom noch über 27% betragen, bei Haushaltskunden dagegen nur 8,5% (*Bundesministerium für Wirtschaft und Arbeit* 2003, S. 13). Letzteres ist allerdings durch die höhere Belastung mit der Stromsteuer zu erklären; um diesen Faktor korrigiert ergibt sich ein Preisrückgang von knapp 20% (*Auer* 2002, S. 3). Seit Mitte 2000 steigen die Preise, gemessen in Cent pro kWh, für alle Verbrauchergruppen jedoch wieder kontinuierlich an, wie den beiden nachstehenden Abbildungen zu entnehmen ist. Dabei ist zu beachten, dass der obere – in der Abbildung dunkler unterlegte – Abschnitt der Säulen den Anteil der staatlichen Abgabenbelastung auf Strom zeigt, während der heller gesetzte Abschnitt die von den EVU festgelegten Nettopreise widerspiegelt; dazu später mehr.

Abbildung 1: Entwicklung des Strompreises für die Industrie

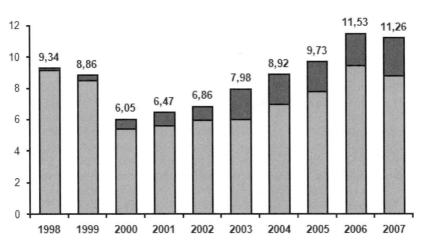

Quelle: Eigene Darstellung in Anlehnung an *Bundesministerium für Wirtschaft und Technologie* (2008, S. 24).

Abbildung 2: Entwicklung des Strompreis für Haushalte (3.500 kWh/Jahr)

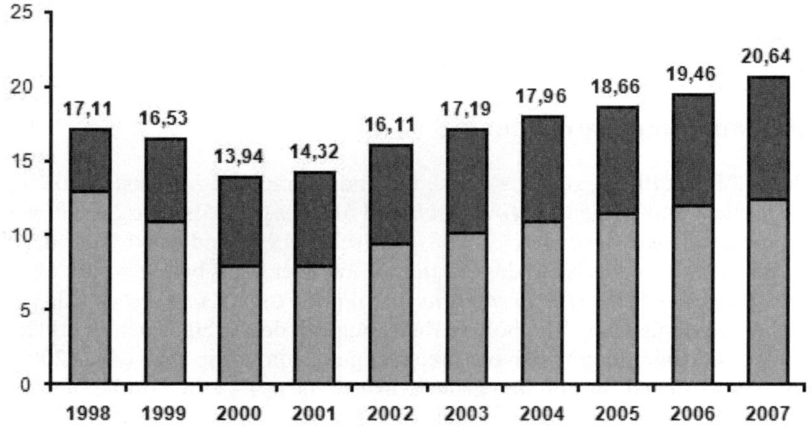

[Bar chart showing values: 1998: 17,11; 1999: 16,53; 2000: 13,94; 2001: 14,32; 2002: 16,11; 2003: 17,19; 2004: 17,96; 2005: 18,66; 2006: 19,46; 2007: 20,64]

Quelle: Eigene Darstellung in Anlehnung an *Bundesministerium für Wirtschaft und Technologie* (2008, S. 25).

Der zunächst zu beobachtende Preiswettbewerb zwischen den Verbundunternehmen war somit offensichtlich lediglich ein vorübergehendes Phänomen, mit dem vermutlich Marktzutritt abgewehrt werden sollte. Auf Wettbewerbsvorstöße in die Liefergebiete eines anderen Verbundunternehmens wurde und wird demgegenüber bislang weitgehend verzichtet. Die Preisentwicklung könnte daher auch den beschriebenen Prozess zunehmender horizontaler und vertikaler Konzentration widerspiegeln. Dafür spricht, dass auch die Netznutzungsentgelte als eine wesentliche Komponente der Endverbraucherpreise auf einem im internationalen Vergleich hohen Niveau weitgehend konstant geblieben sind.

Bis zur Liberalisierung gab es ausschließlich bilateralen Stromhandel zwischen Anbietern und Nachfragern auf der Einzelhandels- und Großhandelsebene auf der Basis individuell vereinbarter Verträge ohne Einschaltung unabhängiger Stromhändler. Seither wird dieser durch den organisierten Großhandel mit standardisierten Produkten an der Strombörse EEX in Leipzig ergänzt (zum Folgenden *Frenzel* 2007, S. 160 ff.). Auf dem Spotmarkt werden z. B. Lieferungen für Halbstunden- oder Stundenintervalle des folgenden Tages gehandelt. Kontrakte am Terminmarkt unterscheiden sich ebenfalls nach der Lieferperiode sowie nach verschiedenen Lasttypen (Grundlast, Spitzenlast). Die Preisbildung an der Strombörse erfolgt mittels eines Auktionsverfahrens auf der Grundlage einer Reihung der Gebote unterschiedlicher Kraftwerke nach deren jeweiligen Grenzkosten (,Merit order'). Deshalb bestimmt also stets das Grenzkraftwerk, also das letzte Kraftwerk, dessen Ausstoß zur Befriedigung der Nachfrage gerade noch notwendig ist, den Marktpreis.

Die erheblichen Preissteigerungen an den Großhandelsmärkten in der jüngeren Vergangenheit waren bereits Anlass für mehrere Studien, die hinsichtlich der wettbewerbspolitischen Implikationen allerdings nicht zu eindeutigen Schlussfolgerungen gelangten.⁷ Grundsätzlich gilt, dass eine funktionierende Strombörse ein hinreichend großes Handelsvolumen durch eine Vielzahl voneinander unabhängig agierender Anbieter voraussetzt, da enge und deshalb illiquide Märkte anfällig für Preismanipulationen durch marktmächtige Anbieter sind. Allerdings ist das Handelsvolumen an der EEX mit etwa 20% des deutschen Stromabsatzes eher gering, die Preisausschläge seit 2001 dagegen mitunter beträchtlich. Angesichts eines Marktanteils der ‚großen Vier' von über drei Vierteln am Transaktionsvolumen der EEX wurden deshalb wiederholt – bislang unbewiesene – Vorwürfe von Preismanipulationen durch Verbundunternehmen geäußert; sie führten sogar zu einer Untersuchung des Bundeskartellamtes. Preismanipulationen wären jedoch prinzipiell dadurch möglich, dass Kapazitäten kostengünstigerer Anlagen absichtlich zurückgehalten werden, wodurch sich die Angebotskurve nach links verschieben würde. Dabei wären gerade bei sehr steiler Angebotskurve nahe den Kapazitätsgrenzen und unelastischer Nachfrage erhebliche Preiserhöhungen zu erwarten.

Eine weitere Episode in der anhaltenden Kontroverse um mögliche Preismanipulationen an der EEX galt der Strategie der Versorger, die ihnen von der Bundesregierung kostenlos zugeteilten Emissionszertifikate auf ausländische Tochterunternehmen zu übertragen, um danach auf dem deutschen Markt die von ihnen hierzulande für die Stromerzeugung benötigten Zertifikate zu erwerben – mit entsprechenden Konsequenzen für deren Marktpreis. Diese Zusatzkosten wurden von ihnen daraufhin auf den Großhandelspreis überwälzt, was zu einem erheblichen Preisanstieg und damit zu beträchtlichen Zusatzeinnahmen für die großen Verbundunternehmen führte.⁸

Unabhängig davon darf in dem hier interessierenden Zusammenhang jedoch keinesfalls übersehen werden, dass ein nicht unwesentlicher Teil des öffentlich stark kritisierten Preisanstiegs auch auf exogene Faktoren zurückzuführen war und ist (*Bode* und *Groscurth* 2006). Neben dem Anstieg der Beschaffungspreise für einige der für die Stromerzeugung benötigten Primärenergieträger schlugen vor allem zahlreiche staatlich veranlasste Zusatzbelastungen zu Buche. Ihr Anteil ist in den beiden oben stehenden Abbildungen dunkel hinterlegt. Im einzelnen handelt es sich bei diesen administrativen Kosten- und damit Preisbestandteilen um die Konzessionsabgaben – die im Betrachtungszeitraum allerdings faktisch konstant geblieben sind –, die beiden Umlagen nach dem Erneuerbare-Energien-Gesetz bzw. dem Kraft-Wärme-Kopplungs-Gesetz sowie um die seit 2000 zumindest für Haushaltstrom ebenfalls deutlich erhöhte Stromsteuer. Die einzelnen Komponenten des Strompreises einschließlich ihres jeweiligen prozentualen Anteils sind der nachstehenden Abbildung 3 zu entnehmen.

---

7 Es handelt sich im einzelnen um *Müsgens* (2004 und 2006); *Growitsch* und *Müsgens* (2005); *Schwarz* und *Lang* (2006); *Hirschhausen, Weigt* und *Zachmann* (2007) sowie *Europäische Kommission* 2007.
8 Vgl. zu dieser Diskussion *Schmidt* (2005, S. 13, sowie 2006, S. 13) und *Stratmann* (2007, S. 4).

Abbildung 3: Zusammensetzung des Strompreises

Kostenbestandteil	Prozentsatz
Netznutzungsentgelte	36,6
Stromerzeugung, Vertrieb	24,7
Mehrwertsteuer	13,8
Ökosteuer	10,3
Konzessionsabgabe	9,2
Abgaben nach dem: Kraft-Wärme-Kopplungsgesetz	1,7
Erneuerbare-Energien-Gesetz	3,5

Quelle: Eigene Darstellung in Anlehnung an *Der Spiegel* (2006, S. 82)

V. Ausblick

Wie die vorstehenden Ausführungen gezeigt haben, ist die deutsche Stromwirtschaft nach wie vor durch eine hochgradig vermachtete und deshalb latent wettbewerbsgefährdende Marktstruktur gekennzeichnet. So ist nicht nur der ausgesprochen hohe horizontale Konzentrationsgrad eines Oligopols von zudem noch vertikal voll integrierten Verbundunternehmen wegen ihrer großen Spielräume für Ausbeutungs- und Behinderungsmissbräuche wettbewerbspolitisch höchst bedenklich. Darüber hinaus begünstigt auch die vergleichsweise geringe Liquidität des Börsenhandels strategisches Angebotsverhalten der ‚großen Vier'. Auch die auf den vier Regelenergiemärkten geltende räumliche Trennung in die vier Regelzonen und die von den Verbundunternehmen selbst aufgestellten Anforderungen zur Teilnahme am Auktionsverfahren wirken potenziell wettbewerbsbeschränkend (*Monopolkommission* 2004, Tz. 1111). Derzeit bleibt das Angebot innerhalb jeder Regelzone jedenfalls de facto oft auf die konzerneigenen Kraftwerke des jeweiligen Netzbetreibers beschränkt. Schließlich existiert aufgrund der geringen Kapazitäten der ebenfalls von den ‚großen Vier' kontrollierten Grenzkuppelstellen derzeit keine nennenswerte Beschaffungsalternative jenseits der deutschen Grenzen. Eine Verschärfung des Wettbewerbs, insbesondere auf der Erzeugungsstufe, durch Importkonkurrenz ist demnach auf absehbare Zeit nicht realistisch.

So wenig inzwischen also umstritten ist, dass auf dem deutschen Strommärkten beträchtlicher wettbewerbspolitischer Handlungsbedarf besteht, so unterschiedlich sind die vorgeschlagenen Handlungsempfehlungen. Im Wesentlichen lassen sich dabei zwei Denkschulen unterscheiden: die der Regulierungs- und die der Entflechtungsbefürworter. Der ‚Regulierungsfraktion' lässt sich zunächst die auf Initiative des Bundesministeriums für Wirtschaft und Technologie erfolgte Aufnahme eines speziellen ‚Energieparagraphen', nämlich des neuen §29, in das GWB, zurechnen. Er begründet eine sektorspezifische Verschärfung der Missbrauchskontrolle in der Energiewirtschaft.

Diese heftig kritisierte neue Regelung (für viele *Schmitt* 2006), zu der auch die Monopolkommission im März 2007 eine eher ablehnende Stellungnahme – Tenor: Symptom- statt Ursachentherapie – veröffentlicht hatte (*Monopolkommission* 2007b), soll dem Kartellamt die Durchsetzung des allgemeinen Missbrauchsverbots nach §19 GWB nun auch im Energiesektor deutlich erleichtern. Die Neuregelung enthält neben einer Umkehr der Beweislast zu Lasten der Beklagten vor allem den Wegfall des sogenannten

‚Erheblichkeitszuschlags' im Rahmen des Vergleichs(markt)konzepts. Das bedeutet konkret, dass das Kartellamt einen Verdacht auf Missbrauch bereits dann aussprechen kann, sobald ein Versorgungsunternehmen seinen Preis über den eines anderen Anbieters anhebt, ohne dabei selbst die Vergleichbarkeit der Unternehmen oder Märkte nachweisen zu müssen; der Beweis, dass dem nicht so ist, obliegt also dem oder den Beschuldigten. Zudem muss die Abweichung (von Entgelten, Entgeltbestandteilen oder sonstigen Geschäftsbedingungen) nicht mehr ‚erheblich' sein. Daneben sieht §29 GWB eine Art Gewinnbegrenzungskonzept auf Basis einer Kostenkontrolle vor, falls die Entgelte die Kosten in ‚unangemessener' Weise überschreiten.

Ebenfalls dem Regulierungsansatz zuzurechnen ist die in den Zuständigkeitsbereich der Bundesnetzagentur fallende ‚Anreizregulierung'. Sie soll, nachdem ihre Einführung bereits mehrmals verschoben werden musste, nunmehr im Januar 2009 in Kraft treten. Ihre Anwendung auf den deutschen Energiesektor war bereits in der EnWG-Novelle rechtlich geregelt worden. Während der mehrjährigen Vorbereitungsphase veröffentlichte die Bundesnetzagentur zwischen Dezember 2005 und April 2006 insgesamt vier Referenzberichte, welche sie, wie im Gesetz vorgesehen, im Juni 2006 in einem Bericht zur Einführung der ‚Anreizregulierung' zusammenfasste (*Bundesnetzagentur* 2006). Darin stellte sie die von ihr bevorzugte Modellvariante vor. Vorgeschlagen wird eine Erlös-Obergrenzen-Regulierung mit Mengenanpassung, die aus Sicht der Behörde den praktischen Vorteil eines vergleichsweise geringeren Informationsbedarfs aufweist. Genauer erläutert werden in dem Bericht zudem, wie die Versorgungsqualität sichergestellt werden soll, wie Effizienzziele ermittelt werden und wie die Ausgangsbasis für die Erlösobergrenzen bestimmt werden sollen. Nach derzeitigem Zeitplan, sollten somit im Jahr 2007 die erforderlichen Daten für die Ausgestaltung der ‚Anreizregulierung' erhoben werden. 2008 wäre dann ein Effizienzvergleich erfolgt, aus dem die Vorgaben für die erste Regulierungsperiode der ‚Anreizregulierung' ab 2009 abgeleitet würden.

Die Erfolgsaussichten der ‚Anreizregulierung' erscheinen allerdings unklar.[9] Nicht nur der außerordentlich hohe Informationsbedarf, die im Vergleich zu den personellen wie finanziellen Ressourcen der regulierten Unternehmen doch eher bescheidene Ausstattung der Netzagentur, sondern auch die nach wie vor bestehenden erheblichen Informationsasymmetrien lassen eine grundsätzliche Skepsis gegenüber diesem für Deutschland neuen Instrument geboten erscheinen. *Bohne* (2005) spricht in diesem Zusammen vollkommen zu Recht vom „Mythos unerschöpflicher staatlicher Regulierungsressourcen" und sogar sehr plakativ von „Regulierungswahn" – von dem allerdings eine rasch wachsende Zahl von Akteuren aus der Consulting- und Regulierungsindustrie zumindest betriebswirtschaftlich erheblich profitiert. Für die meist älteren Ökonomen, die – wie auch die Verfasser dieses Beitrags – noch über Kenntnisse des wirtschaftlichen Systemvergleichs verfügen, weist das Prozedere der ‚Anreizregulierung' überdies starke Parallelen zum Planungsprozess in den früheren Zentralverwaltungswirtschaften auf – systemimmanente Fehlanreize wie das Phänomen ‚weicher Pläne' ausdrücklich eingeschlossen.

Wie unmittelbar einsichtig, wäre ein Großteil dieser lediglich an Symptomen ansetzenden Regulierungsmaßnahmen heute überflüssig, wäre die Politik der bahnbrechenden Konzeption *Helmut Gröners* für eine Wettbewerbsordnung in der Elektrizitätswirtschaft aus dem Jahr 1975 gefolgt. Diese setzte radikal an den ökonomischen Ursachen der wettbewerbspolitischen Malaise in diesem Sektor an. Mehr als drei Jahrzehnte nach Erscheinen seiner Habilitationsschrift scheinen die damals nahezu revolutionären Ideen

---

9 Ausführlich dazu *Jahn* (2006); *Joskow* (2006); *Kraus* (2006) sowie *Säcker*, *Busse* und *Lang* (2007).

Gröners jedoch zunehmend politisch ‚satisfaktionsfähig' zu sein. Dies zeigen nicht zuletzt entsprechende Initiativen der EU-Kommission (2006) sowie die Vorstöße des hessischen Wirtschaftsministers *Alois Rhiel*, der sich politisch schon seit längerem mit Nachdruck für umfassende Entflechtungsmaßnahmen in der deutschen Stromwirtschaft einsetzt. Wir hätten es *Helmut Gröner* gewünscht, diesen sich immer klarer abzeichnenden und von ihm intellektuell maßgeblich vorbereiteten Paradigmenwechsel noch miterleben zu dürfen.

Literatur

Auer, Josef (2002), Strompreis: Anstieg infolge politischer Sonderlasten programmiert, Deutsche Bank Research, Aktuelle Themen, Frankfurt/Main, 30.01.2002. (http://www.dbresearch.com/PROD/DBR_NTERNET_DE-PROD/PROD00000000000 44634.pdf)

BDI, VIK, VDEW, VDN, ARE und VKU (2001), *Verbändevereinbarung über Kriterien zur Bestimmung von Netznutzungsentgelten für elektrische Energie und über Prinzipien der Netznutzung*, (http://www.verivox.de/power/gesetze/Verbaendevereinbarung.pdf).

Blankart, Charles Beat, Lisa Cwojdzinski und Marco Fritz (2004), Netzregulierung in der Elektrizitätswirtschaft: Was bringt das neue Gesetz?, *Wirtschaftsdienst*, 84. Jg., S. 498-505.

Bode, Sven und Helmuth Groscurth (2006), Das Erneuerbare-Energien-Gesetz und die Industriestrompreise, *Wirtschaftsdienst*, 86. Jg., S. 735-740.

Börsen-Zeitung (2007a), Regulierungspaket der EU versetzt Eon in Alarmstimmung, Nr. 164, 28.08.2007, S. 8.

Börsen-Zeitung (2007b), Stromkonzerne gieren nach Kontrolle über Stadtwerke, Nr. 155, 15.08.2008, S. 8.

Bohne, Eberhard (2005), Im Regulierungswahn, *Infrastrukturrecht*, 2. Jg, Heft 8, S. 170-175.

Bundesministerium für Umwelt, Naturschutz und Reaktorsicherheit (2007), *Strom aus erneuerbaren Energien. Was kostet er uns wirklich?*, Berlin. (http://www.bmu.de/files/pdfs/allgemein/application/pdf/broschuere_strom_aus_ee.pdf).

Bundesministeriums für Wirtschaft und Arbeit (2003), *Bericht des Bundesministeriums für Wirtschaft und Arbeit an den Deutschen Bundestag für über die energiewirtschaftlichen und wettbewerblichen Auswirkungen der Verbändevereinbarungen* (Monitoring-Bericht), Berlin, 31.08.2003. (http://vre-online.de/vre/veroeffentlichungen/03-09-02_Anlage.pdf).

Bundesministerium für Wirtschaft und Technologie (2008), *Schlaglichter der Wirtschaftspolitik. Monatsbericht Januar 2008*, Berlin.

Bundesnetzagentur (2006), *Bericht der Bundesnetzagentur nach § 112a EnWG zur Einführung der Anreizregulierung nach § 21a EnWG*, Bonn, 02.05.2006. (http://www.bundesnetzagentur.de/media/archive/5858.pdf).

Cornwall, Nigel (2008), Achieving Electricity Market Integration in Europe, in: Fereidoon P. Sioshansi (ed.), *Competitive Electricity Markets: Design, Implementation, Performance, Amsterdam, Boston*, Heidelberg u.a., S. 95-137.

Delhaes, Karl von (1978), Transparenz, Reaktionsgeschwindigkeit und Verhaltensweise: Eine Modellanalyse zum Ablauf von Informations- und Lernprozessen auf homogene Märkten, *Jahrbücher für Nationalökonomie und Statistik*, Bd. 193, S. 522-544.

Der Spiegel (2006), *Vier gegen alle*, Nr. 24, S. 80-82.

Eickhof, Norbert und Verena Leïla Hölzer (2006), Die Energierechtsreform von 2005 – Ziel, Maßnahmen und Auswirkungen, *Diskussionsbeitrag Nr. 83 der Wirtschafts- und Sozialwissenschaftlichen Fakultät der Universität Potsdam*, Potsdam. (http://www.uni-potsdam.de/u/ls_vwl_witheorie/wp/db83.pdf).

Europäische Kommission (1997), Richtlinie 96/92/EG des Europäischen Parlaments und des Rates betreffend gemeinsame Vorschriften für den Elektrizitätsbinnenmarkt vom 19. Dezember 1996, in: *Amtsblatt L 027 der EU* vom 20.01.1997, S. 20-29. (http://eur-lex.europa.eu/LexUriServ/LexUriServ.do?uri=CELEX:31996L0092:DE:HTML).

Europäische Kommission (2003), Richtlinie 2003/54/EG des Europäischen Parlaments und des

Rates vom 26. Juni 2003 über gemeinsame Vorschriften für den Elektrizitätsbinnenmarkt und zur Aufhebung der Richtlinie 96/92/EG, in: *Amtsblatt L 176 der EU* vom 15.07.2003, S. 37-55.
(http://eur-lex.europa.eu/LexUriServ/site/de/oj/2003/l_176/l_17620030715de00570078.pdf).
Europäische Kommission (2006), *Untersuchung der Europäischen Gas- und Elektrizitätssektoren gemäß Art. 17 der Verordnung (EG) Nr. 1/2003* (Abschlußbericht), Mitteilung der Kommission, KOM 851, Brüssel, 10.01.2007.
(http://eur-lex.europa.eu/LexUriServ/site/de/com/2006/com2006_0851de01.pdf).
Frenzel, Sabine (2007), *Stromhandel und staatliche Ordnungspolitik*, Berlin.
Gröner, Helmut (1975), *Die Ordnung der deutschen Elektrizitätswirtschaft*, Baden-Baden.
Gröner, Helmut (1984), Elektrizitätsversorgung, in: Peter Oberender (Hg.), *Marktstruktur und Wettbewerb*, München, S. 87-138.
Growitsch, Christian und Felix Müsgens (2005), An Analysis of Household Electricity Price Developments in Germany since Liberalization, in: TU Wien (Hrsg.), *Energiesysteme der Zukunft: Herausforderungen und Lösungspfade*, Tagungsband der IEWT 2005, Wien (http://www.ewi.uni-koeln.de/ewi/content/e266/e563/e2722/e2725/Veroeff_Muesgens_IEWT2005_ger.pdf).
Haug, Peter (2003): Quersubventionen in kommunalen Unternehmen: Praxis und theoretische Wertung?, *List-Forum für Wirtschafts- und Finanzpolitik*, 29. Jg., S. 197-215.
Hering, Hendrik (2007), Was tun auf dem Strommarkt? Weichenstellungen für mehr Wettbewerb!, *Wirtschaftsdienst*, 87. Jg., S. 814-817.
Hirschhausen, Christian von, Hannes Weigt und Georg Zachmann (2007), *Preisbildung und Marktmacht auf den Elektrizitätsmärkten in Deutschland*, Dresden.
(http://www.vik.de/fileadmin/vik/Pressemitteilungen/PM070118/VIK_Gutachten.pdf)
Hoppmann, Erich (1966), Preismeldestellen und Wettbewerb, *Wirtschaft und Wettbewerb*, 16. Jg., S. 97-116.
Inderst, Roman und Justus Haucap (2008), Der Scheinsieg der EU gegen Eon, *Handelsblatt*, Nr. 45 vom 04.03.2008, S. 10.
Jahn, Karoline (2006), Instrumente, Probleme und Erfolgsaussichten der Regulierung von Entgelten für den Netzzugang nach dem Energiewirtschaftsgesetz, *FÖV Discussion Paper*, Nr. 38, Speyer. (http://192.124.238.248/fbpdf/dp-038.pdf).
Joskow, Paul (2006), Incentive Regulation in Theory and Practice: Electricity Distribution and Transmission Networks, University of Cambridge. *Cambridge Working Papers in Economics*, No. 0607. (http://www.electricitypolicy.org.uk/pubs/wp/eprg0511.pdf).
Knieps, Günter (2008), *Wettbewerbsökonomie*, 3. Auflage, Berlin und Heidelberg.
Knorr, Andreas (1997), *Das ordnungspolitische Modell Neuseelands – ein Vorbild für Deutschland?*, Tübingen.
Kraus, Michael (2006), Incentive Regulation for German Energy Network Operators, *The Electricity Journal*, 19. Jg., No. 7, S. 33-37.
Mittendorf, Markus (2006), Das natürliche Monopol in der Elektrizitätswirtschaft, *Wirtschaftswissenschaftliches Studium*, 35. Jg., S. 266-271.
Möschel, Wernhard (2007), Entflechtungen in der Stromwirtschaft, *Frankfurt Allgemeine Zeitung*, Nr. 155 vom 07.07.2007, S. 15.
Monopolkommission (2002), *Netzwettbewerb durch Regulierung*, XIV. Hauptgutachten 2000/2001, Baden-Baden.
Monopolkommission (2004), *Wettbewerbspolitik im Schatten „Nationaler Champions"*, XV. Hauptgutachten 2002/2003, Baden-Baden.
Monopolkommission (2006), *Mehr Wettbewerb auch im Dienstleistungssektor!*, XVI. Hauptgutachten 2004/2005, Baden-Baden.
Monopolkommission (2007a), *Strom und Gas 2007: Wettbewerbsdefizite und zögerliche Regulierung*. Sondergutachten der Monopolkommission Nr. 49, Bonn.
(http://www.monopolkommission.de/sg_49/text_s49.pdf)
Monopolkommission (2007b), Preiskontrollen in Energiewirtschaft und Handel? Zur Novellierung des GWB. Sondergutachten der Monopolkommission Nr. 47, Bonn.
(http://www.monopolkommission.de/sg_47/text_s47.pdf)
Müsgens, Felix (2004), Market Power in the German Wholesale Electricity Market, *EWI Working Paper*, Nr. 04.03, Köln.

(http://ockenfels.uni-koeln.de/download/papers/muesgens_Ewiwp043_ger.pdf).
Müsgens, Felix (2006), Quantifying Market Power in the German Wholesale Electricity Market Using a Dynamic Multi-Regional Dispatch Model, *Journal of Industrial Economics*, Bd. 54, S. 471-498.
Säcker, Franz Jürgen und Walther Busse von Colbe (Hg.) (2007), *Wettbewerbsfördernde Anreizregulierung*, Frankfurt a.M. u.a.
Schmidt, Holger (2005), Industrie hält die Strombörse für einen manipulierten Markt, *Frankfurter Allgemeine Zeitung*, Nr. 156, 08.07.2005, S. 13.
Schmidt, Holger (2006), Hohe Strompreise nützen vor allem den großen Erzeugern, *Frankfurter Allgemeine Zeitung*, Nr. 9 vom 11.01.2006, S.13.
Schmitt, Dieter (2006), Verschärfung der Regulierung im Strom- und Gasbereich? *Wirtschaftsdienst*, 86. Jg., S. 719-723.
Schraven, David (2008), Stadtwerke greifen Energiemonopolisten an, *Die Welt – Welt Online*, Nr. 28.01.2008, S. 9.
(http://www.welt.de/welt_print/article1603959/Stadtwerke_greifen_Energiemonopolisten_an.html).
Schwarz, Hans-Günter und Christoph Lang (2006), The Rise in German Wholesale Electricity Prices: Fundamental Factors, Exercise of Market Power, or Both? *IWE Working Paper*, Nr. 02, Erlangen und Nürnberg.
(http://www.economics.phil.uni-erlangen.de/forschung/energie/abstracts/MarketPower.pdf).
Sharkey, William (1982), *The Theory of Natural Monopoly*, Cambridge, Mass.
Stratmann, Klaus (2007), Gutachter stellt sich hinter Stromkonzerne, *Handelsblatt*, Nr. 169 vom 03.09.2007, S. 4.
Tuchtfeldt, Egon (1966), Organisierte Markttransparenz und Wettbewerb. Bemerkungen zur wettbewerbspolitischen Beurteilung kooperativer Informationssysteme, *Schweizerische Zeitschrift für Volkswirtschaft und Statistik*, 101. Jg., S. 42-62.
VDEW (2007), *Stromzahlen. Der deutsche Strom- und Energiemarkt auf einen Blick*, Berlin.
(http://www.bdew.de/bdew.nsf/id/DE_Stromzahlen_2007_Der_deutsche_Strom-und_Energiemarkt_auf_einen_Blick?open&l=DE&ccm=300050020010).

Zusammenfassung

1975 veröffentlichte *Helmut Gröner* seine bahnbrechende Habilitationsschrift mit dem programmatischen Titel „Die Ordnung der deutschen Elektrizitätswirtschaft". Er legte darin die erste in sich geschlossene theoretische Konzeption für die Transformation einer traditionell hochgradig monopolisierten und umfassend regulierten Stromversorgungswirtschaft in einen wettbewerblich organisierten Strommarkt vor. Dürfen die zentralen Thesen *Helmut Gröners* heute zumindest unter Ökonomen als Allgemeingut gelten, eilten sie zum Zeitpunkt ihres Erscheinens dem akademischen wie politischen Zeitgeist zweifelsohne um viele Jahre, wenn nicht gar Jahrzehnte voraus. Allerdings mehren sich in jüngerer Zeit die politischen Anzeichen dafür, dass die Zeit für eine Umsetzung der Reformideen *Helmut Gröners* gekommen sein könnte.

Summary:
The structureof the electricity market in Germany

In 1975, *Helmut Gröner* published his seminal „Habilitation" thesis, programmatically entitled „The Order of the German Electricity Industry". His treatise provided the very first conclusive theoretical blueprint for the transition from a system of comprehensively monopolized and regulated public utilities to a competitive electricity market in Germany. While *Gröner's* main ideas may have become conventional wisdom among economists today, they were years, if not decades ahead of the academic and political

Zeitgeist which prevailed at that time. In recent years, however, there are auspicious indications of a fundamental change of energy policy along the lines of *Helmut Gröner's* then revolutionary concept.

Frank Daumann und *Markus Breuer*[1]

Zur Neuordnung des Lotteriemarktes in Deutschland

Inhalt

I. Problemstellung 288
II. Der Markt für Lotto in Deutschland 289
   1. Historische Entwicklung und Einordnung des Lottospiels 289
   2. Die aktuelle Rechtslage 290
   3. Die Verwendung der Erlöse der Lotto-Gesellschaften 292
III. Referenzsystem für eine Neuordnung 293
IV. Voraussetzungen und Ausgestaltung staatlicher Intervention auf dem Lotteriemarkt 297
   1. Marktversagen 297
   2. Vertragstheoretische Legitimation staatlicher Eingriffe 302
   3. Die ökonomische Legitimation staatlicher Eingriffe 304
   4. Fazit 308
V. Ausblick 309
Literatur 309
Zusammenfassung 312
Summary: About the rearrangement of the German lottery market 312

---

[1] Die Autoren danken zwei anonymen Gutachtern sowie der Schriftleitung für wertvolle Anregungen.

I. Problemstellung

> „Erstens ist es gut, dass wir die Glücksspiele in staatlicher Hand halten und dadurch Kontrolle ausüben. Zweitens ist es gut, dass wir dadurch Einnahmen haben. So einfach ist das."
>
> *Kurt Faltlhauser, ehemaliger Bayerischer Finanzminister*

Der Glücksspielmarkt in Deutschland befindet sich im Umbruch. Das von Kurt Faltlhauser angesprochene „in der Hand haben", also der staatliche Dirigismus weiter Teile des Glücksspielmarktes, gilt vor allem aus juristischer Sicht als problematisch und wird besonders in jüngster Zeit von der EU zunehmend kritisch untersucht. Das Lottospiel stellt dabei keine Ausnahme dar, sondern ist bislang wie praktisch jeder andere Bereich des Glücksspiels hochgradig vom Staat reguliert. Gleichwohl erfreuen sich die Angebote des Deutschen Lotto-Toto-Blocks, des Zusammenschlusses der 16 Ländergesellschaften mit dem Charakter eines de facto Monopols, breiter gesellschaftlicher Akzeptanz und einer konstant hohen Nachfrage: Im November und Dezember 2007, als der Lotto-Block einen Jackpot in Höhe von 43 Millionen Euro ausspielte, konnten alleine bei der Mittwochsziehung, mit der Chance von eins zu 140 Millionen[2] je Spielschein, 20 Millionen Lottoscheine verkauft werden (*Focus Online* 2007).

In der vorliegenden Abhandlung soll der Lotteriemarkt in Deutschland aus *ordnungsökonomischer* Perspektive analysiert werden. Der Schwerpunkt liegt dabei auf dem bekanntesten Produkt, dem bereits angesprochenen Zahlenlotto 6 aus 49. Dieses hat in Deutschland derzeit eine faktische Monopolstellung; einzige Konkurrenz sind die Norddeutsche bzw. die Süddeutsche Klassenlotterie NKL und SKL, die jedoch auf Grund ähnlicher rechtlicher Organisation sowie geringerer Marktbedeutung unberücksichtigt bleiben sollen. Im weiteren Verlauf wird der Begriff der *Lotterie* folglich synonym für das deutsche Zahlenlotto verwendet. Vom häufiger behandelten Themenblock der Sportwetten wird abgesehen.[3]

Die Themenbehandlung erfordert eine Bestandsaufnahme des deutschen Glücksspielmarktes (Kapitel II). Es folgt die Entfaltung eines Referenzsystems für eine Neuordnung (Kapitel III). Die Konsequenzen für die Anwendung auf den Lotteriemarkt schließen sich im Kapitel IV an. Im Kapitel V wird ein Fazit gezogen und Ausblick gehalten.

---

2 Dies entspricht der Wahrscheinlichkeit, mit der auf einem Tippschein nicht nur die sechs Gewinnzahlen richtig ausgewählt wurden, sondern zudem noch die gezogene Superzahl korrekt ist.
3 Der interessierte Leser sei unter anderem auf die Ausarbeitung von *Quitzau* (2007) verwiesen.

II. Der Markt für Lotto in Deutschland

1. Historische Entwicklung und Einordnung des Lottospiels

Das Glücksspiel hat eine lange Entwicklungsgeschichte, seine Entstehung verliert sich im „mythologischen Dunkel" (*Haase* 1992). Neben ersten Erwähnungen von Gewinnspielen in Ägypten und anderen frühen Hochkulturen kannte man das Spiel ebenso zur Zeit des römischen Imperiums wie im europäischen Mittelalter. Das Spiel galt allgemein als „ehrenvolles Suchen der Gefahr, nur aus Lust am Risiko, nicht aber aus Gewinnsucht" (*Kreutz* 2005). Freilich sind auch aus frühester Zeit die ersten Verbote von Glücksspielen bekannt, so z.B. ein Verbot des Würfelspiels in der römischen Republik zu der Zeit vor 550 v. Chr. (*Lange* 1862).

Das heute so populäre Zahlenlotto basiert auf einem Glücksspiel, das 1620 erstmals in Genua erwähnt wird (Lotto di Genova); hierbei konnte auf die Verteilung von Staatsämtern getippt werden (*Leonhardt* 1994). In Europa gewannen Glücksspiele vor allem im 18. Jahrhundert auf Jahrmärkten und in Badeorten an Popularität. Von niemand geringerem als *John Law* weiß man, dass er zeitweise sein Einkommen mit Hilfe des Würfelspiels bestritt.

Unter Glücksspiel wird nach dem aktuellen Glücksspielstaatsvertrag (GlüStV)[4] in Deutschland ein Spiel verstanden, bei dem für den Erwerb einer Gewinnchance ein Entgelt verlangt wird und die Entscheidung über den Gewinn ganz oder überwiegend vom Zufall abhängt. Laut § 3 (1) GlüStV gehören Wetten jedweder Art gegen Entgelt (meist in Form von Sportwetten) explizit zur Gruppe der Glücksspiele. Hierzu werden weiterhin Lotterien, Angebote innerhalb staatlicher Spielbanken (Tischspiele und Automaten) sowie Automatenspiele außerhalb staatlicher Casinos (z.B. in Gaststätten und Spielhallen) gezählt. Neben diesen bedeutenden Teilbereichen findet sich eine Anzahl weniger bekannter Glücksspiele wie das Gewinnsparen, das von öffentlich-rechtlichen und genossenschaftlichen Kreditinstituten angeboten wird.[5]

---

4 Die Glücksspielhoheit haben in der Bundesrepublik die einzelnen Bundesländer. Diese sind mit dem Staatsvertrag übereingekommen, den Markt für Glücksspiele hinsichtlich Veranstaltung, Durchführung und Vermittlung aller Art zu regeln (§ 2 GlüStV).
5 Hierbei handelt es sich um ein Mischprodukt aus Glücksspiel und Geldanlage, bei dem ein Sparvertrag in ein Anlagemodell mit durchschnittlich deutlich negativer Rendite umgewandelt wird. Eine kritische Betrachtung findet sich bei *Adams* und *Tolkemitt* (2000).

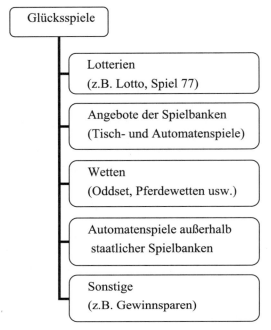

Wie erwähnt, konzentrieren sich die folgenden Ausführungen auf die Spiele, die vom Deutschen Lotto-Toto-Block angeboten werden und die – abgesehen von den Spielbanken – den umsatzstärksten Teil des Glücksspiels in Deutschland ausmachen.

Das bestehende deutsche Lotteriewesen mit dem Quasi-Monopol des Deutsche Lotto-Toto-Blocks ist eng mit der Suche nach Finanzierungsmöglichkeiten für den Sport verknüpft. Die Sport-Toto-GmbH Rheinland-Pfalz wurde 1948 durch die Sportbünde Rheinland, Rheinhessen und Pfalz gegründet, um Erträge zu generieren, die dem Sport in der Region zugute kommen sollten (*Leonhardt* 1994). 1956 folgte die Vereinigung der elf westdeutschen Toto-Gesellschaften zum Deutschen Toto-Block. Auch der deutsche Lotto-Block ist aus den vormals unabhängigen Landesgesellschaften entstanden[6]. Seit Beginn der 1990er Jahre gibt es den gesamtdeutschen Lotto-Toto-Block.

2. Die aktuelle Rechtslage

Nach dem Staatsvertrag über das Glücksspielwesen in Deutschland bedarf jede Art von öffentlichem Glücksspiel einer Genehmigung der *zuständigen Behörde des jeweiligen (Bundes-)Landes* (§ 4 GlüStV). Unerlaubtes Glücksspiel (Teilnahme und Veranstaltung) ist verboten und kann nach § 284 f StGB mit Geld- und Freiheitsstrafen geahndet werden. Diese Position wurde zuletzt am 30.08.2007 durch einen Entscheid des hessischen Verwaltungsgerichtshofs (Aktenzeichen 7 TG 616/07) bestätigt. Danach sind

---

[6] Auf die Fusionsgründe wird hier nicht näher eingegangen. Einer der Hauptgründe liegt in der Möglichkeit, durch Bündelung der Einnahmen die Gewinnchancen der Spieler zu vergrößern und somit die Massenattraktivität des Spiels zu erhöhen. Siehe hierzu Kapitel IV.

Konzessionen des Auslands wie auch solche aus der ehemaligen DDR ungültig (o.V. 2007a).[7]

Durch eine restriktive Praxis der Konzessionsvergabe wird das bestehende de facto Monopol gesichert. Ausnahmen sind die beiden erwähnten Klassenlotterien NKL und SKL.[8] Während privaten Unternehmen der Zugang zum Lotteriespiel bislang verwehrt wurde, erhielten die Blockunternehmen in den letzten Jahren vermehrt die Möglichkeit, ihr Angebot auszuweiten (*Adams* und *Tolkemitt* 2001). Hierzu gehörten z.B. die Einführung des „Lotto ohne Grenzen"[9] (1985), der Superzahl (1991), der Start von Oddset (2000) und der von KENO (2004).

Gemäß Bundesverfassungsgericht (BVG) ist die im Widerspruch zur Gewerbefreiheit stehende Ordnung des Glücksspielmarktes gerechtfertigt, wenn es im Interesse des Gemeinwohls liegt. Dieses wird in der Bekämpfung der Spiel- und Wettsucht, im Schutz der Spieler und in der Abwehr von Gefahren wie der Folgekriminalität gesehen.[10]

In einem Leitsatz vom 28.03.2006 stellt der erste Senat des BVG jedoch fest, dass das staatliche Monopol bei Sportwetten diese Gefahr nicht zu bannen vermag, da zahlreiche Internetanbieter, auch mit einem Sitz im Ausland, mit dem nationalen Recht nicht ausgeschlossen werden können. Folglich wurden die deutschen Bundesländer aufgefordert, das verfassungswidrige Monopol für Sportwetten aufzuheben. Ergebnis dieser Bemühungen ist ein neuer, seit Beginn des Jahres 2008 gültiger, Glücksspielstaatsvertrag. Dieser verbietet unter anderem den Vertrieb von Sportwetten über das Internet und schränkt die Werbemöglichkeiten weitgehend ein. Eine Liberalisierung des Marktes, insbesondere für Sportwetten, wurde hingegen nicht eingeleitet; vielmehr wurde das Monopol gestärkt. Vor Inkrafttreten des Vertrages stellte die Europäische Kommission im Oktober 2007 dessen Vereinbarkeit mit europäischem Recht in Frage. Insbesondere das Verbot der Online-Vermittlung sei unverhältnismäßig (o.V. 2007b). Auf Grund der Inkonsistenz des deutschen Vorgehens – Sportwetten im Internet sind nicht zugelassen, Pferdewetten aber wohl – leitete die EU-Kommission erwartungsgemäß im Januar 2008 ein Verfahren gegen Deutschland ein (o.V. 2008). Der Ausgang ist bislang offen. Unabhängig davon hat das Verwaltungsgericht Chemnitz am 09.01.2008 den neuen Staatsvertrag mit nationalem als auch mit EU-Recht vereinbar erklärt (Aktenzeichen 3 K 995/07).

---

7 Die unklare Rechtslage, gerade in Bezug auf Lizenzen aus der DDR, spielt unter anderem deshalb eine so große Rolle, weil mit *bwin* (ehemals bet and win) einer der größten Anbieter privater Sportwetten sich auf diese Ausnahmeregelung berief.
8 Die Klassenlotterien werden von den Bundesländern direkt veranstaltet, die sich mittels eines Staatsvertrages zur Norddeutschen Klassenlotterie (NKL, 10 Bundesländer) bzw. Süddeutschen Klassenlotterie (SKL, 6 Bundesländer) zusammengeschlossen haben. Beide Gesellschaften fungieren als Anstalten öffentlichen Rechts (*Kreutz* 2005).
9 Zuvor waren die Gewinne im Zahlenlotto zeitweise durch eine Obergrenze eingeschränkt.
10 Zitiert nach *Pieroth* (2007). Die Gefahr der Sucht wird dabei aktuell weder von der öffentlichen Hand noch vom Deutschen Lotto-Toto-Block bestritten. So haben im Kampf gegen eben jene Spielsucht der Deutsche Lotto-Toto-Block und die Bundeszentrale für gesundheitliche Aufklärung (BZgA) im Februar 2007 einen Kooperationsvertrag geschlossen. In diesem Rahmen finanzieren die Lotto-Anbieter u. a. ein telefonisches Beratungsangebot sowie eine Aufklärungskampagne.

3. Die Verwendung der Erlöse der Lotto-Gesellschaften

Die 16 Lotto-Gesellschaften schütten je nach Spiel ein Minimum von 50 % der Umsatzerlöse als Gewinn an die Spieler aus. Zu den laufenden Geschäftsausgaben kommen die Abgaben an die Länder.

Bei Westlotto – der größten der 16 bundesdeutschen Lottogesellschaften – entfallen z.b. 47 % aller Abgaben auf die Konzessionsgebühren, weitere 42 % auf die zu entrichtende Lotteriesteuer; die verbleibenden 11 % gelten als „Zweckerträge". Während Konzessionsabgaben und Lotteriesteuer jeweils direkt dem entsprechenden Landeshaushalt zu Gute kommen und für die Bundesländer eine reguläre Einnahmequelle darstellen, erfolgt die Verteilung der Zweckerträge unter der Obhut der einzelnen Gesellschaften. In den letzten Jahren empfingen die Landeshaushalte jeweils ca. 850 Millionen EUR aus der Lotteriesteuer sowie 1,1 Milliarden EUR aus Konzessionsabgaben. Zu den erwähnten Einnahmen vom Lotto-Toto-Block kommen die Abgaben der derzeit 63 öffentlichen Spielbanken[11], von denen neben den Landeshaushalten auch die Kommunen, in denen die entsprechenden Kasinos betrieben werden, profitieren. Der Arbeitskreis Steuerschätzung errechnete im Mai 2007 ein Aufkommen von zusammen 1,7 Milliarden EUR an Einnahmen aus der Rennwett- und Lotteriesteuer.

Von den Zweckerträgen der Westlotto z.B. entfielen 50 % auf die Förderung des Sports, 27 % auf die Unterstützung von Wohlfahrtsorganisationen, 14 % auf kulturelle Projekte, 5 % auf die Förderung von Gesundheitsprojekten und schließlich 4 % auf den Naturschutz. Die Vergabe liegt dabei vollständig im Ermessen der Lotto-Gesellschaften: Einzelne Organisationen können sich bei der entsprechenden Lotto-Gesellschaft um eine Mittelzuwendung bewerben, die Vergabekriterien sind jedoch nicht transparent und es besteht auch kein Rechtsanspruch auf finanzielle Unterstützung.

Auf Grund der dominanten Position der Sportförderung bietet es sich an, diesen Bereich und die zugehörigen Empfänger etwas genauer zu betrachten. Nach Angaben von Westlotto steht die Förderung des Sports nicht nur im Dienst der Gesundheit, sondern auch des Gemeinwohls (*Westlotto* 2007). Ausdruck hierfür ist die hohe Bedeutung der Breitensportförderung durch Lotterieeinnahmen. Ähnliche Aussagen finden sich in den Geschäftsberichten der anderen Landesgesellschaften: So legt z.B. der Geschäftsbericht von Lotto Baden-Württemberg besonderen Wert auf die Erwähnung des Toto-Lotto-Förderpreises (*Lotto Baden-Württemberg* 2007). Bei Lotto Niedersachsen wird auf die Förderung kleiner Vereine in Form von Finanzspenden, der Finanzierung von Sportbekleidung und anderen Sachausgaben hingewiesen (*Lotto Niedersachsen* 2007).

Betrachtet man die Empfänger von Leistungen im Geschäftsjahr 2006, so bestätigt sich die Ausrichtung der Lotto-Gesellschaften am Breitensport. Allein Westlotto leitete 1,3 Millionen EUR an den Deutschen Olympischen Sportbund (DOSB), 29,2 Millionen EUR an den Landessportbund NRW und 900.000 EUR an die Stiftung Deutsche Sporthilfe weiter (*Westlotto* 2007). Die immense Bedeutung der Zuwendungen aus Lotterieeinnahmen für den Sport auf Landesebene verdeutlicht auch die Tatsache, dass 2006

---

11 Nach Angabe der Interessen- und Arbeitsgemeinschaft deutscher Spielbanken beträgt die Spielbankabgabe ca. 80 % der Bruttospielerträge, also des Saldos aus Einsätzen und Gewinnen der Spieler. Die an die Länder abgeführte Summe belief sich im Jahr 2005 auf 774 Mio. Euro. Nähere Informationen finden sich unter: http://www.desia.de.

fast die Hälfte des Jahreshaushalts des Landessportbundes Niedersachsen durch Mittel von Lotto-Niedersachsen abgedeckt wurde (*Lotto Niedersachsen* 2007). Darüber hinaus treten die Lotto-Gesellschaften immer wieder als Sponsor von Vereinen und Veranstaltungen auf.

Die Mittel, die insgesamt aus Lottoeinnahmen der Sportförderung zu Gute kamen, betrugen 2006 mehr als 500 Millionen EUR; die Landeshaushalte wurden im Umkehrschluss um genau diesen Betrag entlastet. Einigkeit besteht unter den Repräsentanten des deutschen Sports darüber, dass die Einnahmen aus Glücksspielerlösen dringend benötigt werden, um höhere Beiträge der Mitglieder im Breitensport zu verhindern. Doch bei der Frage danach, wie diese Erlöse generiert werden sollen, herrscht bereits Uneinigkeit zwischen den Spitzenverbänden. So fordert der Deutsche Fußballbund (DFB) seit 2006 eine Liberalisierung im Bereich der Sportwetten, während Vertreter der Landessportbünde klar für einen Erhalt des staatlichen Monopols eintreten (*Hahn* 2006). Festzuhalten ist, dass der hohe Stellenwert der Sportförderung auch auf einem wettbewerblichen Glücksspielmarkt aufrechterhalten werden könnte, z.B. durch eine entsprechende Auflage.

Bezüglich der derzeitigen Ausgestaltung von Lotterien und der Verwendung der entsprechenden staatlichen Erlöse kann abschließend konstatiert werden, dass Lotterien eine regressive Umverteilungswirkung aufweisen. Diese Aussage konnte jüngst von *Beckert* und *Lutter* (2008) belegt werden, die insbesondere die Verteilung von Landesmitteln aus Abgaben des Lotto-Blocks untersuchten.[12]

III. Referenzsystem für eine Neuordnung

Will man den deutschen Lotteriemarkt in seiner heutigen Verfassung bzgl. der Möglichkeit einer Neuordnung beurteilen, bedarf es eines Referenzsystems. Hierfür bietet sich einerseits ein Ordnungsleitbild, andererseits die tatsächlich realisierte Ordnung an. Auf Grund der Tatsache einer sich wandelnden Ordnungsrealität ist von ihr als Orientierung jedoch abzusehen, da eine solche Bezugspunktsdynamik die Analyse deutlich erschweren würde (*Gutmann* 1986). In Deutschland wird vielfach im marktwirtschaftlichen System im Sinne Müller-Armacks ein geeignetes Leitbild gesehen.[13]

Die grundsätzliche Entscheidung hierfür bedarf immer auch der Zustimmung der Wähler. Einem mündigen Bürger kann dabei unterstellt werden, dass er sich für das Wirtschaftssystem entscheidet (sofern er einer Wahlmöglichkeit gegenübersteht), das seinen individuellen Wünschen nach Realisierung gesellschaftlicher Grundwerte am ehesten entspricht (*Langer* 2006). Nach *Tuchtfeldt* (1982) können Werte wie Freiheit, Gerechtigkeit und Sicherheit als solche Grundwerte angesehen werden. In der Entscheidung zwischen den beiden konkurrierenden Wirtschaftssystemen Zentralverwaltungswirtschaft und Marktwirtschaft sichert nur letztere die bestmögliche Befriedigung der individuellen Wünsche, insbesondere mit Blick auf die Möglichkeit, frei wählen und handeln zu können (*Weber* 1999). Für (West-)Deutschland ist die Grundsatzentschei-

---

12 Eine Übersicht über die bisherigen Studien zur Regressivität staatlicher Lotterien findet sich ebenfalls dort.
13 Zu Müller-Armack und dem Konzept der Sozialen Marktwirtschaft siehe auch *Willgerodt* (2001).

dung für die Marktwirtschaft unauflöslich mit dem Namen Ludwig Erhards verbunden, der „im politischen Raum gleichsam als Keimzelle und Wachstumshormon [...] fungierte" und zu einem Promoter wurde, „der von seiner Idee nicht nur überzeugt war, sondern auch über die Machtmittel zu ihrer Durchsetzung verfügte" (*Grossekettler* 1987). Die Möglichkeit der freien Wahl und Entscheidung wurde auch überwiegend von der Bevölkerung in den Transformationsstaaten in den 1990er Jahren als erstrebenswert eingeschätzt, was sich in der Entwicklung dieser Länder widerspiegelt.

Marktwirtschaftliche Systeme beruhen auf den wettbewerblichen Prozessen des Erwerbs, der Verwertung und der Kontrolle von Wissen (*Streit* 1995). Auf *Hayek* (1968, 1981) geht in diesem Zusammenhang der Begriff des Wettbewerbs als Entdeckungsverfahren sowie die Interpretation des Marktprozesses als Lernen durch Versuch und Irrtum zurück. Durch wettbewerbliche Interaktion der Individuen wird disperses Wissen genutzt und nach neuem Wissen geforscht. Sobald Nachfrager Leistungsunterschiede oder Substitutionsmöglichkeiten *entdecken*, erwächst daraus ein Druck auf die Anbieter; es kommt zu einer höheren Wettbewerbsintensität. Für einen Produzenten ist es in der Folge notwendig, die Ursachen eines möglichen Nachfragerückgangs zu erkennen und mittels Maßnahmen wie Innovationen oder einer Anpassung der Preise die angebotsseitige Fehleinschätzung auszugleichen. Die Problematik für den Verbraucher liegt in der Tatsache begründet, dass der Wissenserwerb mit Transaktionskosten verbunden ist. Diese Kosten sind vom Charakter her irreversibel und treten auch dann auf, wenn es nicht zur Entdeckung von unterschiedlichen Gütereigenschaften oder Substitutionsmöglichkeiten kommt. Die Wettbewerbsintensität ist somit mit der Bereitschaft verbunden, Ressourcen für den Wissenserwerb aufzuwenden (*Streit* 1995). Voraussetzung für die Funktionsfähigkeit des Wettbewerbs, wie er beim Umgang mit Wissen entsteht, ist die für alle Subjekte zu gewährleistende Entscheidungs- und Handlungsfreiheit (*Gutmann* 1986), deren Gebrauch mit Überraschungen und Enttäuschungen verbunden sein kann und die Revision der Pläne nahe legt. So kommt es zu einem fortlaufenden Prozess des Lernens.

Um das Funktionieren der wettbewerblichen Marktprozesse zu gewährleisten, kommt dem Staat aus ordoliberaler Sicht eine gestaltende Funktion zu. Dies spiegelt sich auch in der Vorstellung vom „Wettbewerb als staatliche Veranstaltung" nach *Miksch* (1937) wider. Kommt es innerhalb der marktwirtschaftlichen Prozesse zu Funktionsstörungen, beispielsweise durch ein außer Kraft gesetztes Preissystem, so kann dies durch staatliche Vorkehrungen verhindert werden. Mit *Eucken* (1975) lassen sich sieben konstituierende Prinzipien[14] benennen, an denen sich staatliche Aktivitäten ausrichten müssen: Die Forderung nach einer positiven Politik zur Durchsetzung der vollständigen Konkurrenz, die Stabilität der Preise, das Offenhalten von Märkten, die Existenz von Privateigentum, die Freiheit zum Vertragsabschluss, die Vermeidung von Haftungsbeschränkungen sowie die Stetigkeit der Wirtschaftspolitik. Weiterhin ist durch die Politik zu gewährleisten, dass Ungleichheiten in Startchancen abgebaut werden und benachteiligte, schwächere Gesellschaftsmitglieder unterstützt werden (Grundsatz der Subsidiarität, hierzu *Kath* 1999).

---

14 *Grossekettler* (1987) verwendet synonym zum Begriff der konstituierenden Prinzipien den der „notwendigen Elemente der Wettbewerbsordnung".

Tatbestände, die aus ökonomischer Sicht eine staatliche Intervention nach sich ziehen können, liegen immer dann vor, wenn es zu Markt- und Wettbewerbsstörungen kommt.[15] Von besonderer Relevanz sind in diesem Zusammenhang die Themenfelder der öffentlichen Güter, der meritorischen Güter, der externen Effekte (Marktexternalitäten), der Störungen durch die Existenz eines natürlichen Monopols sowie Informationsmängel.

- Von einem öffentlichen Gut spricht man genau dann, wenn ein Gut die Eigenschaften der Nichtausschließbarkeit und der Nichtrivalität im Konsum erfüllt. Klassische Beispiele für öffentliche Güter finden sich bspw. in der Bereitstellung der Landesverteidigung oder dem Konsumnutzen eines Feuerwerks. Auf Grund der o.g. Eigenschaften kommt es im wirtschaftlichen Handeln von individuell nutzenmaximierenden Individuen zum sog. Freifahrerverhalten, weshalb die Produktion dieser Güter zumindest einen staatlichen Anreiz erfordert.[16]

- Meritorische (verdienstvolle) Güter treten hingegen im Fall von verzerrten Präferenzen und/oder der Existenz einer besser informierten Gruppe im Markt auf.[17] In diesem Fall entspricht die am freien Markt nachgefragte Menge nicht der aus Wohlfahrtsaspekten optimalen Menge, weshalb hier staatliches Eingreifen bspw. in Form von Subventionen erforderlich ist.

- Von externen Effekten wird in einer Volkswirtschaft immer dann gesprochen, wenn die gesamtwirtschaftlichen Kosten eines Gutes nicht vollständig im Marktpreis abgebildet werden; neben den direkt Beteiligten entstehen weiterhin Kosten (oder Nutzen) bei unbeteiligten Dritten. Derartige Effekte können im Allgemeinen in der Produktion wie auch im Konsum von Gütern entstehen.[18] Aus Wohlfahrtssicht stellt sich auf Märkten, auf denen negative Externalitäten auftreten, ein zu niedriger Preis ein, der seinerseits zu einer suboptimalen, da zu hohen abgesetzten Menge führt. Lösungsansätze für externe Effekte finden sich vor allem in Form von Steuern oder der Definition von Eigentumsrechten.[19]

- Im Falle eines natürlichen Monopols versagt der Preismechanismus auf Grund einer besonderen Kostenstruktur in der Produktion. Ein derartiges Monopol liegt dann vor, wenn ein einzelner Anbieter alle relevanten Nachfrager kostengünstiger bedienen kann als zwei oder mehrere Anbieter, die jeweils Teilmengen bereitstellen *(Berg, Cassel, Hartwig* 1999). Grundlage hierfür ist eine subadditive Kostenstruktur, bei der unter der Annahme konstanter Fixkosten und degressiver oder konstanter Grenzkosten die Durchschnittskosten mit zunehmender Ausbringungsmenge sinken.[20]

---

15 Zur Theorie des Marktversagens siehe bspw. *Mühlenkamp* (2002) sowie die dort angegebenen Quellen.
16 Siehe zu Thematik insbesondere *Samuelson* (1954).
17 Zum Komplex der meritorischen Güter siehe auch *Musgrave* (1959).
18 Prinzipiell muss zwischen positiven und negativen Externalitäten unterschieden werden. Für diese Untersuchung ist jedoch nur die zweite Gruppe relevant.
19 Zur Thematik der Eigentumsrechte siehe *Coase* (1960) sowie *Helmedag* (1999).
20 Zur Thematik sinkender Durchschnittskosten siehe auch *Fritsch, Wein, Ewers* (2005). Weitere Informationen zur Regulierung von Monopolen finden sich unter anderem bei *Kruse* (1985).

- Auf realen Märkten werden Tauschvorgänge immer unter unvollständigen Informationen getätigt; die Effizienz dieser Märkte wird dadurch nicht zwangsläufig beeinflusst. Marktversagen tritt erst dann auf, wenn das Entdeckungsverfahren (s.o.) soweit eingeschränkt ist, dass Entscheidungen systematisch falsch getroffen werden (*Berg, Cassel, Hartwig* 1999). Im hier untersuchten Zusammenhang ist dies insbesondere dann der Fall, wenn ein Konsument die Qualität eines Produkts auf Grund asymmetrischer Informationen nicht einzuschätzen vermag.[21]

Wenn auf einem Markt derartige Erscheinungen eines Versagens konstatiert werden können, ist in einem nächsten Schritt zu prüfen, ob diese so gravierend sind, um eine staatliche Intervention zu rechtfertigen. Nach *Grossekettler* (1987) existiert auf Basis der bisherigen Ausführungen ein Ablaufschema, mit dem in Übereinstimmung mit den genannten *Eucken*schen Prinzipien wirtschaftspolitische Maßnahmen systematisch beurteilt werden können. Auf Basis dieses „Musters" kann einerseits die vertragstheoretische Legitimation eines Maßnahmenziels und andererseits die ökonomische Legitimation der entsprechenden Maßnahmengestaltung geprüft werden.

Die Prüfung der vertragstheoretischen Legitimation erfolgt in einem zweistufigen Verfahren. Im ersten Schritt wird die hypothetische Rechtfertigung überprüft, bevor im zweiten Schritt Verweise auf konkludentes (schlüssiges) Verhalten analysiert werden. Theoretische Basis des ersten Schrittes ist ein hypothetischer Vertrag zwischen aufgeklärten[22] Bürgern. Im Falle des Vorliegens eines solchen Vertrags kann man von einer notwendigen Bedingung für die Legitimation kollektiven Handelns sprechen, wenn diesem „alle als Freie und Gleiche" zustimmen könnten (*Ballestrem* 1983; *Homann* 1988). Diese Entscheidung, unabhängig ob Zustimmung oder Ablehnung, ist individuell in einer „Rawlsschen Urvertragssituation" (*Grossekettler* 1987) zu treffen. Im „Schleier des Nichtwissens" kennt niemand seinen Platz in der Gesellschaft oder seine individuellen Fähigkeiten, so dass eine jede Entscheidung allein unter allgemeinen Gesichtspunkten getroffen werden muss (*Rawls* 1975).

Neben der hypothetischen Rechtfertigung für eine staatliche Intervention verbleibt gemäß Grossekettlers Konzept zu prüfen, ob es einen Verweis auf konkludentes Handeln gibt. Hier ist zu analysieren, ob „in der Erfahrungswelt Anzeichen dafür [existieren], daß die in Rede stehende Zielsetzung vom Gros aufgeklärter und unparteiischer Bürger geteilt und Verstöße dagegen als soziale Missstände aufgefasst würden" (*Grossekettler* 1987). Anders ausgedrückt ist zu fragen, ob in der Vergangenheit bereits Maßnahmen von staatlicher Seite in ähnlichen Situationen ergriffen worden sind und ob diese als gesellschaftlich akzeptiert gelten können.

Sofern das *Maßnahmenziel* sich gemäß dem beschriebenen Verfahren als vertragstheoretisch legitim herausgestellt hat, wenn also sowohl der hypothetische Vertrag als auch das konkludente Handeln vorliegen, ist in der Folge die Überprüfung der ökonomischen Legitimität der möglichen *Maßnahmen* in einem vierstufigen Verfahren not-

---

21 Siehe hierzu "The Market for „Lemons" (*Akerlof* 1970).
22 Die Aufgeklärtheit ergibt sich hierbei insbesondere durch ein entsprechendes Wissen, d.h. jedes Individuum ist in der Lage, die Folgen seines Handelns zu erkennen, zu bewerten und eine entsprechende Haltung einzunehmen, die den individuellen Nutzen maximiert. Gegebenenfalls ist eine Bereitstellung der notwendigen Informationen von öffentlicher Seite sicherzustellen.

wendig. Sollte das Ziel hingegen keine vertragstheoretische Legitimation erfahren, weil eine der beiden Bedingungen nicht erfüllt ist, so entfallen die folgenden Schritte naturgemäß.

Nach der Ermittlung denkbarer Instrumente zur Zielrealisation (Stufe eins) kommt es in der zweiten Stufe zur Überprüfung dieser Instrumente auf ihre Zielkonformität. Nach *Gutmann* (1980) ist eine wirtschaftspolitische Maßnahme dann zielkonform, wenn sie zur Erreichung der gesetzten Ziele technisch geeignet ist. Da in der Realität häufig keine vollständige Zielerreichung im Rahmen des Möglichen liegt, sollten entsprechend diejenigen Instrumente gewählt werden, die den höchsten Zielerreichungsgrad aufweisen.

Im Anschluss an die Zielkonformität gilt es im dritten Schritt, die als zielkonform erkannten Maßnahmen hinsichtlich ihrer Ordnungs- bzw. Systemkonformität zu testen. Als konform gilt eine Maßnahme dann, wenn sie keine Wirkungen auslöst, die die Wirtschaftsordnung partiell oder vollständig außer Kraft setzt (*Gutmann* 1980). In einer Marktwirtschaft sind dies insbesondere Eingriffe in die Handlungsfreiheit der Individuen sowie Maßnahmen, die zusätzliche Kompetenzen für staatliche Stellen schaffen (und damit unter Umständen gegen das Subsidiaritätsprinzip verstoßen) (*Grossekettler* 1987). Im Rahmen der Überprüfung der Ordnungskonformität ist darüber hinaus die minimale Eingriffstiefe zu berücksichtigen. So ist nach *Böhm* (1950) eine Technik so anzuwenden, dass die geringstmögliche Dosierung zum Tragen kommt. Im Rahmen dieses Schritts erfolgt ein Aussonderungsprozess, an dessen Ende nur die Maßnahme mit der „absolut geringsten zielbedingten Minimalintensität der Ordnungsstörung" (*Grossekettler* 1987) verbleibt.

Der letzte Schritt dieses vierstufigen Verfahrens sieht schließlich die abschließende Prüfung der Verhältnismäßigkeit dieser Maßnahme vor. Je nach Komplexitätsgrad kann diese mittels einer Kosten-Nutzen-Analyse erfolgen.

Aufbauend auf diesem Referenzsystem soll in den folgenden Abschnitten geprüft werden, in welchem Maße im Falle des Lotteriemarktes Marktversagen vorliegt, inwieweit die Legitimität zu staatlichem Eingreifen gegeben ist bzw. ob die bisherigen Eingriffe legitim erscheinen und wie eine mögliche Neuordnung aussehen muss.

IV. Voraussetzungen und Ausgestaltung staatlicher Intervention auf dem Lotteriemarkt

Aufgabe der folgenden Abschnitte soll sein, an erster Stelle zu überprüfen, ob Marktversagenstatbestände im Lotteriemarkt vorliegen. Daran schließt sich die Anwendung des Verfahrens nach Grossekettler mit den bereits beschriebenen Stufen an. Auf dieser Basis wird sich am Ende eine Empfehlung abgeben lassen, ob und in welcher Form ein staatlicher Eingriff im Lotteriemarkt als legitimiert gelten kann.

1. Marktversagen

Die derzeitige Situation im Lotteriewesen wie im gesamten Glücksspielmarkt ist gekennzeichnet durch eine starke Regulierung in Form eines staatlichen Monopols (siehe

Kapitel II). Um mögliche Wettbewerbsstörungen zu erkennen, ist zu überprüfen, welche Situation sich im Falle des unregulierten Wettbewerbs einstellte. In einem freien Lotteriemarkt bestehen nach dem derzeitigen Wissensstand drei Gefahren, die als Marktversagen bzw. Wettbewerbsstörungen aufgefasst werden: Dies sind neben dem Auftreten von externen Effekten in Folge von Spielsucht die Gefahr eines natürlichen Monopols und das Auftreten von Informationsmängeln.

a. Spielsucht als externer Effekt

Wer an Lotteriespielen teilnimmt, lässt sich auf einen Tausch mit einer Gewinnerwartung ein. Im Falle der Existenz eines negativen externen Effektes müssten nun neben den Marktteilnehmern (Käufer bzw. Spieler und Verkäufer bzw. Lotterieanbieter) bei anderen, nicht unmittelbar am Marktgeschehen beteiligten Gruppen oder Individuen Kosten durch den Vertrieb von Losen entstehen.

Ein negativer externer Effekt könnte in der Verleitung zu einer Spielsucht gesehen werden, die in der Folge zum finanziellen Ruin der Spieler führen kann. Pathologisches Spielen wurde von der Weltgesundheitsorganisation (WHO) 1991 in die International Classification of Diseases (ICD) aufgenommen. Wie jede andere Form der Sucht, kann diese Art der Erkrankung jedes Gesellschaftsmitglied erfassen (*Nolte* 2007). Die Entstehung von Spielsucht wird durch eine Reihe soziokultureller und psychosozialer Faktoren begünstigt. Dazu gehören u. a. die Verfügbarkeit von Spielen, die Arbeits- und Lebensverhältnisse sowie die familiären Strukturen (*Meyer* und *Bachmann* 2005). Schätzungen gehen davon aus, dass es in Deutschland ca. 110.000 bis 180.000 pathologische Spieler gibt.[23] Diese weisen im Vergleich zu den stoffgebundenen Suchtkranken meist eine höhere Verschuldung auf; der Anteil der Therapieabbrüche kann als verhältnismäßig hoch angesehen werden (*Meyer* 2004). Spielsucht kann auf Grund der vorliegenden Daten als ein überwiegend männliches Phänomen bezeichnet werden (*ebenda*).[24] Den größten Anteil pathologischer Spieler findet man unter den Nutzern von Spielautomaten (8 %), gefolgt von den Teilnehmern an Pferdewetten (6 %). Unter den Lottospielern können hingegen nur 0,33 % der Spieler als spielsüchtig klassifiziert werden; Zahlenlotto weist also nur ein geringes Potential zur Entstehung von Sucht auf (*Stöver* 2006). Klinisch treten Lotteriespieler nur in Einzelfällen als Spielsüchtige in Erscheinung, obwohl es sich um das in Deutschland dominierende Glücksspiel handelt (*Petry* 2003 sowie die dort angegeben Quellen). Darüber hinaus muss bedacht werden, dass Lotto meist in Verbindung mit anderen Glücksspielen betrieben wird, so dass die Spielsucht

---

23 Die hier angegebenen Größen stellen eine Schätzung des Bundesministeriums für Gesundheit dar; andere Quellen geben teilweise abweichende Größenordnungen an. Eine besonders niedrige, wenngleich veraltete Schätzung, die von nur 2.000 bis 3.000 Süchtigen ausgeht, findet sich bei *Haase* (1992). Die allgemeine Unsicherheit in der Quantifizierung zeigt sich bereits in der Schwankungsbreite der Angaben des zuständigen Bundesministeriums.

24 So wird der Anteil der Männer in Ost- und Westdeutschland auf jeweils ca. 90 % aller pathologischen Spieler geschätzt. *Meyer* und *Bachmann* (1993) weisen jedoch darauf hin, dass sich mit der Verringerung der traditionellen Unterschiede zwischen den Geschlechterrollen auch die Verteilung der Spielsucht zwischen den Geschlechtern angleichen dürfte.

im Falle eines Lottospielers durchaus durch eine andere Art des Glücksspiels hervorgerufen worden sein kann.

Kosten der Spielsucht können sowohl bei der erkrankten Person als auch im Umfeld anfallen. Monetär sind neben den Ausgaben für die Betreuungs- und Behandlungsstellen[25] vor allem Ausgaben durch Arbeitsausfälle zu bewerten. Nicht-monetär und mehr dem Umfeld (Familie, Freunde) zuzurechnen sind sog. soziale Kosten, die durch Störung geordneter Lebensverhältnisse entstehen können. So bezeichnen sich 84 % der Spielerfrauen selbst als emotional krank (als Folge der Sucht ihres Ehepartners), 12 % von ihnen begingen Suizidversuche. Negative Effekte im familiären Umfeld entstehen außerdem in besonderem Maße bei Kindern von Spielsüchtigen. Als Folgen der psychischen Belastungen sind unter anderem Störungen wie Hyperaktivität, Einnässen und Sprachauffälligkeiten bekannt (*Meyer* und *Bachmann* 2005). Soziale Kosten treten dabei nicht isoliert auf, sondern stehen in einer Wechselbeziehung mit monetären Kosten. Es ist davon auszugehen, dass die Belastungen im privaten Bereich durch finanzielle Probleme (wachsende Verschuldung) verstärkt werden. Zur Höhe externer Kosten durch Glücksspielsucht gibt es für Deutschland derzeit keine verlässlichen Angaben (*Reeckmann* 2005).

Den oben gemachten Aussagen folgend liegt hiermit ein erster externer Effekt des Glücksspiels vor. Träger der externen Kosten finden sich im unmittelbaren wie auch im mittelbaren Umfeld der erkrankten Person. Eine Quantifizierung für die Bundesrepublik muss jedoch ausbleiben.

Ein zweiter negativer externer Effekt bleibt in der entsprechenden Literatur weitgehend unbeachtet. So konnte für die Jahre 1970 bis 1984 in einer empirischen Studie in den USA eine um 3 % höhere Kriminalitätsrate (bezüglich Eigentumsdelikten) in den Bundesstaaten, in denen eine öffentliche Lotterie betrieben wird, nachgewiesen werden (*Mikesell* und *Pirog-Good* 1990). Die resultierenden Kosten sind in diesem Fall nicht quantifizierbar. Gleichwohl kann festgehalten werden, dass in diesem Falle das Ausmaß des entsprechenden externen Effekts eine vielfach größere Gruppe tangiert. Während im Fall der Suchterkrankung nur das direkte Umfeld des Süchtigen betroffen ist, bestehen im Falle einer erhöhten Kriminalitätsrate negative Externalitäten für weite Bevölkerungskreise.

b. Die Möglichkeit eines natürlichen Monopols

Zur Frage, ob bei Lotterien generell der Charakter eines natürlichen Monopols angenommen werden muss, findet sich in der Literatur bislang keine eindeutige Meinung. Auf Grund der weitreichenden, weltweiten Regulierung derartiger Märkte entziehen sich diese noch weitgehend einer diesbezüglichen empirischen Untersuchung.

Im Wesentlichen könnten derzeit zwei Aspekte für ein Vorliegen von Marktversagen sprechen: Dies ist zum ersten der Hinweis auf eine entsprechende Kostenstruktur, wie sie bei natürlichen Monopolen vorherrscht (sinkende Durchschnittskosten). Nach *Viren*

---

25 Die Anzahl der ambulanten Beratungs- und Behandlungsstellen zur Kuration liegt bei knapp über 500 im Bundesgebiet. Sie werden teils von den Kommunen, teils von Kirchen, Wohlfahrtsverbänden oder in privater Trägerschaft geführt.

(2008) sind die Kosten einer Lotterie überwiegend fix; die Grenzkosten sind hingegen gering und in Abhängigkeit der Anzahl der verkauften Lose fallend. In einer empirischen Studie bei europäischen Lotterieanbietern konnte diese Aussage bestätigt werden. Bei Kostenstrukturen eines natürlichen Monopols bestünde im freien Wettbewerb demnach die realistische Möglichkeit der Entstehung eines globalen Monopols, sofern es weltweit zum Abbau staatlicher Regulierungen kommen sollte, die denen der derzeitigen deutschen Regelung ähneln. Dies ist umso wahrscheinlicher, als dass zum Vertrieb eines Loses kein physisches Leitungsnetz (Vertriebsnetz) mit den verbundenen Anfangsinvestitionen notwendig ist, sondern der Vertrieb online über das Internet erfolgen kann.

Der zweite Aspekt ist der Faktor „Höchstgewinn" (Jackpot) bei der Kaufentscheidung der Konsumenten. Es lässt sich feststellen, dass ein größerer Jackpot tendenziell eine größere Anziehungskraft auf die Spieler ausübt und somit die Nachfrage forciert[26] (*Young* 2007 sowie *Daffern* 2004). Ein empirischer Nachweis für den Anstieg der Lottoumsätze im Falle eines gestiegenen Jackpots findet sich z.B. bei *Cook* und *Clotfelter* (1993). Demzufolge würde ein Anbieter ein umso attraktiveres Produkt auf dem Markt anbieten können, je mehr Nachfrager er attrahieren kann. Der Anbieter mit den meisten Nachfragern würde demnach alle anderen Anbieter aus dem Markt verdrängen, da deren Produkte auf Grund geringerer Höchstgewinne für die Nachfrager weniger interessant wären. Zudem würden Newcomer vom Markteintritt abgehalten, da sie über erhebliches Kapital oder einen entsprechenden Kreditrahmen verfügen müssten, um wettbewerbsfähige Höchstgewinne ausschütten zu können. In dieser Hinsicht unterscheiden sich Lotterien elementar von anderen Arten des Glücksspiels wie bspw. Sportwetten oder Tischspielen in Kasinos. Die Existenz eines etablierten Geschäfts mit einem entsprechenden Kundenstamm *könnte* in diesem Fall als soziales Netzwerk interpretiert werden und somit eine strukturelle Nähe zum natürlichen Monopol begründen.

Tatsächlich sind die beiden Argumente für das vermeintliche Vorliegen eines natürlichen Monopols kritisch zu beurteilen:

- Die zum Nachweis degressiver Kostenstrukturen bemühte empirische Studie weist erhebliche Mängel auf (*Viren* 2008). So beruht diese z.B. auf kleinen Lottoanbietern mit verhältnismäßig kleinen Marktanteilen (*Viren* weist unter anderem darauf hin, dass in den USA der größte Anbieter lediglich 12% der gesamten Umsätze auf sich vereinigt). Weiterhin konnten nicht alle relevanten Faktoren in ausreichendem Maße berücksichtigt werden: Gerade im Bereich des Vertriebs ist zukünftig mit einer steigenden Bedeutung der Online-Verkäufe zu rechnen, was in den historischen Daten nur unzureichend berücksichtigt ist, die Kostenstruktur jedoch nicht unberührt lassen wird.

- Bislang konnte kein empirischer Nachweis geführt werden, ob tatsächlich die Höhe des Hauptgewinns oder nicht vielmehr die Anzahl der Gewinner die Attraktivität einer Lotterie ausmacht (*Young* 2007). So ist es denkbar, dass die Konsumenten in Kenntnis der geringen Gewinnwahrscheinlichkeit für die höheren Gewinnklassen eine möglichst breite Ausschüttung der Gewinne auf die Mehr-

---

26 Siehe in diesem Zusammenhang auch die Ausweitung der Angebotspalette des Deutschen Lotto-Toto-Blocks im Rahmen des „Lotto ohne Grenzen" in Kapitel II.

heit der Spieler bevorzugen, was die Bedeutung des Jackpots eindeutig verringern würde. Eine Markteintrittsschranke bestünde in diesem Fall nicht.

Vor diesem Hintergrund muss das Argument einer wettbewerblichen Störung durch Marktzutrittsschranken als fragwürdig bezeichnet werden. Auf Basis des derzeitigen Wissensstandes kann das Vorliegen eines natürlichen Monopols im Bereich von Lotterien weder zweifelsfrei belegt noch widerlegt werden. Möglicherweise werden zukünftige Studien insbesondere im Bereich der Kostenstruktur ein eindeutigeres Urteil zulassen. Solange die Lotteriemärkte weltweit jedoch weiterhin einem starken staatlichen Dirigismus unterliegen, wird auch die Aussagekraft dieser Untersuchungen hinsichtlich der Kostenstruktur unter Marktbedingungen eingeschränkt bleiben.[27]

c. Das Auftreten von Informationsmängeln

Ein Lotterielos kann aus Konsumentensicht wie jedes andere Gut als ein mehrdimensionaler Vektor von Produkteigenschaften angesehen werden. Diese Eigenschaften sind wiederum ausschlaggebend für die Kaufentscheidung.[28] Zu diesen Eigenschaften gehören neben der Gewinnchance unter anderem ein Spannungsmoment sowie z.B. eine gewisse soziale Interaktion, sofern im Rahmen einer Tippgemeinschaft gespielt wird. Da im Falle einer Lotterie nur ein geringer Teil der Käufer tatsächlich den Jackpot bzw. einen beträchtlichen Gewinn erhält, hat die überwiegende Mehrheit der Spieler keine Möglichkeit, den Nutzen des Loses in Form eines Geldgewinns durch eigene Erfahrungen zu bewerten, so dass in diesem Fall von einem Vertrauensgut (credence good) gesprochen werden kann (*Miers* 2003).[29]

Im Falle eines Lotteriebetreibers bieten sich nun diverse Möglichkeiten, dieses Vertrauen des Konsumenten zu missbrauchen. Zu nennen sind an dieser Stelle insbesondere zwei zentrale Aspekte:

– Erstens muss für den Spieler sichergestellt sein, dass Gewinnversprechen in Form von Mindestgrößen, Quoten oder Leibrenten eingehalten werden, d.h. dass der entsprechende Anbieter sowohl gewillt, als auch finanziell in der Lage ist, seinen Verpflichtungen nachzukommen.

– Zweitens muss die Durchführung einer Lotterie bestimmten Minimalstandards entsprechen. Zu denken ist hierbei z.B. an eine geordnete Ziehung der Gewinnzahlen (Losnummern) unter unabhängiger Aufsicht. Beispiele aus der Vergangenheit zeigen, welches Ausmaß der systematische Betrug im Bereich des Lottospiels annehmen kann. So wurde 2003 Klage gegen ein Unternehmen eingeleitet, das nach Presseangaben mehr als 8000 Kunden im Rahmen des staatlichen Zahlenlottos betrogen haben soll (*o.V.* 2003).

Kommt es auf einem unregulierten Markt zu Betrugsfällen oder auch nur zu Betrugsvorwürfen, so ist mit einem bedeutenden Vertrauensverlust der Spieler zu rechnen. Analog zum Gebrauchtwagenmarkt *Akerlof*s (1970) sind die Konsumenten nicht mehr

---

27 In Abhängigkeit von Stärke und Art der Regulierung ist es denkbar, dass sich Strukturen herausbilden, die durch überhöhte Kosten gekennzeichnet sind. Siehe dazu auch *Migué* und *Bélanger* (1974).
28 Siehe hierzu *Andersen* (1994) sowie die dort angegebenen Quellen.
29 Vertiefend zur Thematik der Vertrauensgüter siehe auch *Dulleck* und *Kerschbamer* (2006).

in der Lage, seriöse von unseriösen Anbietern zu unterscheiden. Dieses Informationsdefizit kann durch die Spieler nur unzureichend aufgelöst werden, da sich beispielsweise die internen Prozesse eines Anbieters seiner Kenntnis entziehen müssen[30]. Weiterhin entstehen bei der Informationsbeschaffung Kosten, die den Nutzen eines Loses schnell übersteigen können und den Prozess der Informationsgewinnung somit ökonomisch unmöglich machen. In der Folge ist davon auszugehen, dass Spieler ihre generelle Zahlungsbereitschaft reduzieren, was auf Seiten der Lotteriebetreiber zu einer adversen Selektion in der Form führen könnte, dass seriöse Anbieter sich langfristig vom Markt zurückziehen. In letzter Instanz könnte dies zu einem völligen Zusammenbruch des Marktes für Lotteriespiele führen.

Auf Basis dieser Ausführungen kann festgehalten werden, dass auf einem unregulierten Markt Informationsdefizite vorliegen, die vom Konsumenten nicht überwunden werden können. Die systematische Fehleinschätzung der Angebote kann nicht ausgeschlossen werden, so dass eine effiziente Allokation verhindert wird; Marktversagen liegt demnach vor.

d. Zwischenfazit

In den voranstehenden Abschnitten konnte gezeigt werden, dass durch Lotterien externe Effekte in Form von Spielsucht und deren Folgen entstehen. Bezüglich der wettbewerblichen Prozesse konnten hingegen keine Argumente aufgezeigt werden, die Marktversagen zweifelsfrei belegen. Weiteres Marktversagen konnte in Form von Informationsdefiziten nachgewiesen werden. Folglich verbleibt im weiteren Verlauf die weitergehende Prüfung der negativen Externalitäten sowie der unvollständigen Informationen, um im Anschluss jeweils eventuelle Interventionen zu analysieren.

2. Vertragstheoretische Legitimation staatlicher Eingriffe

Nach *Grossekettler* (1987) schließt sich – wie oben dargelegt wurde – nach dem Feststellen der Existenz von Marktversagen die Überprüfung an, ob für ein bestimmtes Maßnahmenziel eine vertragstheoretische Legitimation angenommen werden kann. Maßnahmenziele sind hier zum einen die Verhinderung der Spielsucht und ihrer negativen Externalitäten sowie zum anderen das Unterbinden von Betrug im Lotteriemarkt. Dieser Test erfolgt jeweils durch Überprüfung der Frage, ob das angestrebte Ziel im Allgemeininteresse ist.[31]

Unter den skizzierten Voraussetzungen des hypothetischen Vertrags kann angenommen werden, dass sich die Gemeinschaft der mündigen Bürger für entsprechende Maßnahmen gegen die oben erläuterten Externalitäten einer Suchterkrankung einsetzen wird, so dass von der Existenz eines entsprechenden Vertrages ausgegangen werden kann. Auf Grund des „Schleiers des Nichtwissens" sieht sich jedes Individuum der realistischen Möglichkeit gegenüber, die negativen Folgen des pathologischen Spielens

---

30 Im Falle von Internetanbietern verschärft sich dieses Problem weiter. Siehe dazu auch *Clarke* (2001).
31 Im Rahmen der Überprüfung ist nur das Interesse der Allgemeinheit relevant. Explizit ausgeschlossen werden hingegen Ziele, die nur einzelnen Gruppen dienen.

mittragen zu müssen und im Bestreben nach der individuellen Nutzenmaximierung nach Abwendung dieses Zustandes zu suchen.

Eine analoge Argumentation lässt sich für die Unterbindung von Betrug herleiten. So ist jeder Bürger in Unkenntnis über seine Position in der Gesellschaft an einem seriösen, nachhaltigen Angebot an Waren und Dienstleistungen interessiert. Selbst die Bürger, die in der Realität kein individuelles Interesse an der Nutzung von Lotterieangeboten haben, werden sich in der Regel für einen seriösen Ablauf dieser Spiele aussprechen, alleine um nicht der Verbreitung illegitimer Geschäftsmethoden Vorschub zu leisten.

Nachdem die Rechtfertigung für eine staatliche Intervention in beiden Fällen angenommen werden kann, verbleibt nach Grossekettler zu prüfen, ob es einen Verweis auf konkludentes Handeln gibt. Dieses schlüssige Handeln kann im Falle der Spielsucht z.B. darin gesehen werden, dass in der Vergangenheit von staatlicher Seite Maßnahmen in ähnlichen Situationen ergriffen worden sind und diese als gesellschaftlich akzeptiert wurden. Betrachtet man die Suchtbekämpfung in Deutschland, so lässt sich eine derartige Form konkludenten Handelns in vielerlei Hinsicht erkennen. Besonders im Bereich der „harten Drogen" wie Heroin ist derzeit keine Mehrheit in der Bevölkerung erkennbar, die eine Legalisierung fordert. Auf staatlicher Seite obliegt die Suchtbekämpfung dem Aufgabenbereich des Bundesministeriums für Gesundheit, das die Bekämpfung der Drogenproblematik nicht nur als Aufgabe der suchtkranken Menschen, sondern als eine gesamtgesellschaftliche Aufgabe ansieht. Eine weniger eindeutige Situation ergibt sich, wenn man die Sachlage im Bereich legaler Suchtmittel wie Tabak oder Alkohol untersucht. Hier werden von staatlicher Seite zwar immer wieder Interventionen vorgenommen (z.B. durch Abgabebeschränkungen oder warnende Etikettierpflichten), diese sind jedoch weniger unumstritten. An dieser Stelle muss jedoch eine Einschränkung vorgenommen werden: So entstammen die kritischen Stimmen gegenüber Interventionen im Falle legaler Suchtmittel in aller Regel von direkt Betroffenen. Dies können entweder Konsumenten der entsprechenden Produkte sein oder aber Interessenvertreter der Industrie bzw. des Handels. In beiden Fällen handelt es sich jedoch nicht um den unabhängigen und aufgeklärten Bürger, der zur Beurteilung einer solchen Situation gefordert wird.

Auch im Falle der Informationsmängel lassen sich klare Hinweise auf konkludentes Handeln finden. Als klassische Vertrauensgüter gelten gemeinhin Versicherungen. So ist in einigen Bereichen wie z.B. der medizinischen Versorgung Wissen naturgemäß ungleich verteilt, die physische Leistungserbringung kann jedoch als sicher gelten und ist vom Konsumenten beobachtbar. Bei einer Versicherung hingegen muss die Leistungserbringung als unsicher betrachtet werden, da nur im Eintreten eines Schadensfalls eine Zahlung geleistet werden muss. Dies ähnelt stark der Situation auf dem Lotteriemarkt, wo nur ein geringer Anteil der Spieler jemals einen nennenswerten Gewinn erhalten kann, so dass auch hier die Leistungserbringung als unsicher gelten kann. Betrachtet man nun den Versicherungsmarkt genauer, so zeigt sich, dass dieser bereits seit Beginn des 20. Jahrhunderts einer eigenen Aufsicht unterliegt. Die beiden Hauptziele des Gesetzes über die Beaufsichtigung der Versicherungsunternehmen (VAG) bestehen nach §81 darin, die Belange der Versicherten ausreichend zu wahren und sicherzustellen, dass die finanziellen Verpflichtungen aus Versicherungsverträgen jederzeit erfüllbar sind. Hierfür wird unter anderem die Bildung ausreichender Rückstellungen, die

Einhaltung kaufmännischer Grundsätze sowie die ordnungsgemäße Verwaltung und Buchhaltung eingefordert. Die operative Überwachung wird momentan durch die Bundesanstalt für Finanzdienstleistungsaufsicht (BaFin) durchgeführt, die ebenfalls für die Überwachung von Banken, Sparkassen und anderen Finanzanlageunternehmen zuständig ist.[32] Derzeit finden sich in Deutschland keinerlei Anzeichen für einen gesellschaftlichen Dissens über diese Art der Überwachung. Vielmehr wird gerade im internationalen Geschäft vermehrt eine stärkere Kontrolle gefordert.

Auf Basis der bisherigen Ausarbeitungen kann als Zwischenergebnis festgehalten werden, dass im Sinne eines hypothetischen Vertrags eine Legitimation für staatliche Interventionen mit dem Ziel der Reduzierung negativer Externalitäten vorliegt. Gleiches gilt mit geringen Einschränkungen für die Existenz konkludenten Handelns. Für die Frage nach der Beseitigung von Informationsmängeln konnten ebenfalls beide Voraussetzungen als erfüllt angesehen werden, so dass in einem nächsten Schritt die ökonomische Legitimation der Maßnahmengestaltung zur Erreichung beider Ziele (Bekämpfung der Spielsucht, Schutz des Bürgers vor Betrug) zu prüfen ist.

3. Die ökonomische Legitimation staatlicher Eingriffe

a. Ansatzpunkte

Maßnahmen zur Bekämpfung der Spielsucht können am Angebot oder an der Nachfrage ansetzen, so dass zwischen *angebotsseitigen* und *nachfrageseitigen* Instrumenten unterschieden werden kann. Im ersten Fall kommt es dabei zu Interventionen, die die Anbieter von Lotterien betreffen. Durch eine Reduktion des Angebots und einer folglich geringeren abgesetzten Menge auf dem legalen Markt kann das Auftreten der Spielsucht und ihrer negativen Externalitäten verringert werden. Im zweiten Fall wird hingegen versucht, die Konsumenten zu beeinflussen. Die Wirkung ergibt sich analog aus einer erwarteten reduzierten Nachfrage nach Lotterieprodukten. Im Falle eines effektiven Schutzes des Bürgers vor betrügerischem Verhalten entfallen nachfrageseitige Instrumente naturgemäß, so dass hier einzig und allein die Angebotsseite berücksichtigt werden muss.

Aus der Vielzahl der angebotsseitigen Alternativen sollen im weiteren Verlauf drei näher betrachtet werden:

1) Die Regulierung mittels einer Lizenzierung, wie sie z.B. im Bereich der Finanzdienstleistungen angewandt wird. Ein solches System könnte dergestalt aussehen, dass jedem Anbieter prinzipiell der freie Zugang zum Lotteriemarkt gewährt wird, er jedoch eine Betreiberlizenz zum Aufbau *und* Erhalt des Geschäftsbetriebs benötigt. Voraussetzungen zum Erhalt und Besitz einer Lizenz können z.B. sein: die persönliche Zuverlässigkeit der Geschäftsführung oder die wirtschaftliche Zuverlässigkeit gemessen mit Hilfe von Bilanzkennzahlen.[33] In

---

32 Weitere Informationen zur Bundesanstalt finden sich unter http://www.bafin.de.
33 Je nach Art der Ausgestaltung kann in Verbindung mit der Lizenzierung auch die Verwendung eines Teils der Erlöse zu Gunsten wohltätiger Zwecke wie der Sportförderung sichergestellt werden. Entsprechende Änderungen beim Procedere der Mittelvergabe könnten derzeitige Missstände wie das Fehlen transparenter Verteilungskriterien beheben.

Kombination mit Kontrollen ist weiterhin die Androhung von Strafmaßnahmen bei Zuwiderhandlung einzusetzen. Diese können von Geldstrafen bis hin zur zwangsweisen Auflösung des Unternehmens und Freiheitsstrafen der Geschäftsführung reichen, wenn z.b. der Verdacht des organisierten Betrugs vorliegt und durch entsprechende Ermittlungen bestätigt werden kann.

2) Die Fortführung des staatlichen Monopols.
3) Das vollständige Verbot von Lotterien.

Als nachfrageseitige Interventionen soll eine Beeinflussung der Konsumentenscheidung durch Aufklärung (moral suasion) betrachtet werden. Vor dem Konsumakt liegt in diesem Fall ein überwindbares Hindernis, das den Konsumenten zu einer bewusst überlegten Entscheidung zwingt (*Hartwig* und *Pies* 1995). Im Lotteriewesen sind derartige Eingriffe als Informationen über Spielsucht und ihre Folgen denkbar. Eine nachfrageseitige Intervention findet sich auf dem Glücksspielmarkt schon heute in der Einschränkung des Kundenkreises auf volljährige Bürger.

b. Prüfung der Zielkonformität

Vor dem Hintergrund des oben dargelegten Referenzsystems wird im Rahmen der Zielkonformitätsprüfung zunächst analysiert, inwieweit die betreffende Maßnahme die negativen Externalitäten des Lotteriespiels reduziert und anschließend, ob damit auch die Möglichkeiten zum Betrug eingeschränkt werden.

Im Falle der Lizenzierung ist ein höherer Absatz an Lotterielosen (bei gleichzeitig verringertem Preis bzw. höheren Ausschüttungsquoten) gegenüber dem derzeitigen Stand zu erwarten. Unter der Annahme, dass Lotteriespiele grundsätzlich über Suchtpotential verfügen, muss im Falle eines erhöhten Absatzes weiterhin mit dem Auftreten negativer Externalitäten gerechnet werden.

Für ein staatliches Monopol ergibt sich hinsichtlich der Zielerreichung ebenfalls kein zufrieden stellendes Ergebnis. So stellt die derzeitige Situation offensichtlich keinen vollständigen Schutz vor Spielsucht dar, wie sich an Hand der oben genannten Zahlen belegen lässt.[34] Darüber hinaus zeigt die Erfahrung der letzten Jahre, dass das staatliche Monopol in seiner aktuellen Form zu einer sukzessiven Ausdehnung des Angebots tendiert (siehe Kapitel II) und damit der Situation bei der Lizenzierung gleichkommt.

Den höchsten Grad der Zielerreichung bei der Vermeidung negativer Externalitäten von Spielsucht scheint ein völliges Verbot von Glücksspielangeboten zu versprechen. Doch hier stellt sich ein Problem in Form sog. Cross-Border-Sales ein. Mit diesem Begriff werden Transaktionen bezeichnet, die mittels des Internets über Staatsgrenzen hinweg durchgeführt werden. Bislang machen derartige Geschäfte im Lotteriemarkt erst 1 % des gesamten Umsatzes aus (*Viren* 2008), allerdings wäre mit einem deutlichen

---

34 Dies gilt, auch wenn nach Aussage von Elisabeth Pott, Leiterin der Bundeszentrale für gesundheitliche Aufklärung (BzgA), die Kombination aus gemeinsamem Vorgehen (zwischen der BzgA und den öffentlichen Anbietern) die beste Strategie zur Spielsuchtvorbeugung darstellt (*Deutscher Lotto-Toto-Block* 2007a).

Anstieg für den Fall eines Verbots in Deutschland zu rechnen.[35] Weiterhin ist im Falle eines Verbots mit dem Auf- und Ausbau illegaler Glücksspielmärkte zu rechnen.

Wenn es auch unrealistisch ist, das pathologische Spielen durch Aufklärungsarbeit und die gezielte Weitergabe von Informationen vollständig beseitigen zu wollen, so zeigen diese Maßnahmen doch gegenwärtig zumindest eine positive Wirkung, so dass die prinzipielle Zielkonformität fraglos gegeben ist. Der Umfang der Erreichung des ersten Maßnahmenziels wäre jedoch auch bei nachfrageorientierten Interventionen ungewiss.

Nach dem verwendeten Referenzsystem sollte das Instrument bevorzugt werden, dessen Zielerreichungsgrad am höchsten ausfällt. Eine Kombination hingegen ist nicht vorgesehen, da der Einsatz verschiedener Instrumente zur Erreichung eines Zieles offensichtlich die Interventionstiefe erhöht. Bezüglich der Frage nach der Erreichung des Ziels Minimierung der Spielsucht und ihrer Folgen fällt eine exakte Bestimmung des Zielerreichungsgrades außerordentlich schwer. Bislang kann hier auch nicht auf entsprechende Studien der Suchtforschung zurückgegriffen werden, da eine Evaluation bestimmter Maßnahmen im Rahmen des deutschen Glücksspielsektors bislang nicht oder nur in unzureichender Form stattgefunden hat (*Meyer* und *Bachmann* 2005). Als Zwischenergebnis bleibt somit festzuhalten, dass die in Form von Spielsucht auftretenden negativen Externalitäten mit keinem der hier dargestellten Instrumente vollständig beseitigt werden können. Den erwartungsgemäß höchsten Zielerreichungsgrad weisen die Lizenzierung, das staatliche Monopol und die Anwendung nachfrageorientierter Interventionen auf. Das vollständige Verbot ist bezüglich seiner Auswirkungen (illegale Glücksspielmärkte) mit den größten Unsicherheiten versehen. Dennoch ist es prinzipiell als zielführend einzustufen, so dass es im Rahmen der weiteren Analyse berücksichtigt werden soll.

Für das zweite Ziel, der Vermeidung von betrügerischen Aktivitäten auf dem Lotteriemarkt, führt die Analyse der Zielkonformität zu einem eindeutigeren Ergebnis. Auf die Darstellung nachfrageorientierter Maßnahmen kann hier verzichtet werden, da die Gefahr eines nachfrageseitigen Betrugs bereits durch entsprechende Normen des Strafgesetzes abgedeckt ist. In der Tat lässt sich, sofern man lediglich den legalen, inländischen Markt betrachtet, bei allen drei angebotsseitigen Eingriffen eine vollständige Zielerreichung erwarten. So kann im Falle einer Lizenzierung durchaus mit einer hinreichenden Seriosität der Anbieter gerechnet werden. Gleiches gilt für den Eingriff in Form des staatlichen Monopols. Die Geschichte des Deutschen Lotto-Toto-Blocks zeigt, dass auch in diesem Fall Mechanismen greifen, die einen Betrug weitestgehend ausschließen. Im Falle eines Verbots schließlich ist jedwede Grundlage im Rahmen eines legalen Angebots ausgeschlossen. Komplexer wird die Analyse der Zielerreichung jedoch auch hier durch die Erweiterung des Blickfeldes auf ausländische Anbieter. Durch das Nutzen derartiger Angebote oder das Entstehen eines entsprechenden

---

35 Freilich ließe sich die Problematik der Cross-Border-Sales durch ein international abgestimmtes Verbot einschränken. Im Falle eines globalen Verbots verbliebe den Spielern lediglich der illegale Markt, um an Lotteriespielen zu partizipieren. Eine solche Abstimmung erscheint aus heutiger Perspektive jedoch unmöglich. Insbesondere kleinere (Insel-)Staaten haben offensichtlich kein Interesse daran, ihre lokale Gesetzgebung auf den Druck anderer Staaten hin zu ändern, wie sich aktuell in der Diskussion um die Steuerpolitik zeigt. Siehe zu dieser Thematik auch *Thielemann* (2002).

Schwarzmarktes in den Grenzen der Bundesrepublik stiege die Betrugsgefahr zweifelsfrei an. Während im Falle eines Anbieters im Ausland wenigstens noch das dort geltende Glücksspielrecht ein Minimum an Sicherheit verspricht, so ist eine Prüfung illegaler Märkte für den einzelnen Konsumenten mit prohibitiv hohen Kontrollkosten verbunden. Aus dieser Perspektive muss dem vollständigen Verbot von Lotterien die geringste Zielerreichung zugesprochen werden.

Für das Ziel der Betrugsvermeidung kann somit als Zwischenergebnis das vollständige Verbot als nicht zielkonform eingestuft werden. Sowohl die staatliche Überwachung (Lizenzierung und Strafandrohung), als auch der Betrieb eines öffentlichen Monopols erscheinen im Gegensatz dazu geeignet, um Marktversagen durch Betrug auszuschließen.

c. Prüfung der Ordnungskonformität

Ein Lizenzierungsverfahren böte prinzipiell allen Unternehmen die Möglichkeit des Markteintritts und würde für alle Anbieter die gleichen Bedingungen garantieren. Somit wäre die Forderung nach offenen Märkten im Falle der Implementierung eines geeigneten Verfahrens ebenso erfüllt wie die nach der Handlungsfreiheit der Individuen. Kritikpunkt bleibt in dieser Hinsicht der zu erwartende Kompetenzzuwachs der öffentlichen Hand. In Form einer Aufsichtsbehörde läge die Entscheidung über Marktzutritttritte in der Hand des Staates.

Im Falle des staatlichen Monopols stellen sich hingegen massive Bedenken bezüglich der Ordnungskonformität ein. Dies liegt in der Tatsache begründet, dass eine solche Marktform der Wirtschaftsordnung der Marktwirtschaft und dem Leitbild der Konkurrenz widerspricht und die Postulate der offenen Märkte und der individuellen Handlungsfreiheit verletzt werden.

Das vollständige Verbot stellt wie bereits erwähnt die stärkste Intervention dar. Im Falle eines Verbots wird der legale Marktprozess nicht nur partiell, sondern innerhalb der Landesgrenzen vollständig außer Kraft gesetzt. Ein Gut, das momentan offensichtlich Millionen von Konsumenten Nutzen stiftet, würde auf den Schwarzmarkt verbannt. Weiterhin ist auch in diesem Fall ein Zuwachs staatlicher Kompetenz zu konstatieren in der Form, dass eben jenes Verbot durch die entsprechenden staatlichen Stellen überwacht werden muss. Ein vollständiges Verbot wäre unvereinbar mit der marktwirtschaftlichen Ordnung und in keiner Hinsicht zielführend.

Die Beeinflussung der Nachfrage ließe die Preisbildung (Ausschüttungsquote) unberührt. Das Postulat der Privatautonomie kann ordnungskonform eingeschränkt werden, wenn Fremd- oder Selbstschädigungen in Verbindung mit einem bestimmten Gut vorliegen. In einem solchen Fall muss ein Hersteller bspw. Wartezeiten oder Informationspflichten nachkommen (*Hartwig* und *Pies* 1995). Durch die Bereitstellung geeigneter Informationen kann der Anbieter (in diesem Fall der Lotteriebetreiber) Informationsdefizite bezüglich potentieller Schädigungen beim Konsumenten abbauen; die freie Entscheidung bliebe jedoch erhalten, so dass jeder nutzenstiftende Tauschakt auch weiterhin vollzogen werden kann.

Auf Basis dieser Aussagen ist nun das Instrument mit der minimalen Eingriffstiefe auszuwählen. Für das Ziel der Suchtvermeidung kann festgehalten werden, dass das Verbot und das staatliche Monopol eindeutig ausscheiden, da hier grundlegende Bestandteile der Marktwirtschaft mit erheblichen Wohlfahrtsverlusten außer Kraft gesetzt werden. Es verbleibt das angebotsseitige Instrument der Lizenzierung sowie die nachfrageseitige Intervention, Anbietern Informationspflichten aufzulegen, die einen Abbau von Informationsdefiziten bewirken können. Da eine solche Maßnahme offensichtlich die geringere Eingriffstiefe aufweist und sich hinsichtlich der Zielerreichung nach unserer Ansicht keine klare Aussage treffen lässt, ist somit der Informationsvermittlung der Vorrang einzuräumen.

Bezüglich des zweiten Ziels verbleiben nur das Lizenzierungsverfahren sowie das staatliche Monopol. In diesem Fall ist einer Lizenzierung mit Sicherheit die geringere Interventionstiefe zu bescheinigen – das öffentlich Monopol wurde als nicht ordnungskonform eingestuft –, so dass die gegenwärtige Regelung auch unter diesem Gesichtspunkt abgelehnt werden muss.

d. Prüfung der Verhältnismäßigkeit

Eine verbindliche Aufklärungspflicht in Form einer nachfrageseitigen Intervention konnte bislang als zielkonform und als ordnungskonform für die Bekämpfung negativer externer Effekte eingestuft werden. Bezüglich des zweiten Ziels, der Vermeidung von Betrug, gilt dies für die Einführung einer Lizenzbehörde. Da in beiden Fällen die Interventionstiefe gering bleibt und die marktwirtschaftlichen Prozesse in ihrer ursprünglichen Form nicht beeinträchtigt werden, soll im vorliegenden Rahmen auf eine detaillierte Kosten-Nutzen-Analyse verzichtet werden. Insbesondere im direkten Vergleich mit anderen angesprochenen Interventionsmaßnahmen sind diese Lösungsansätze als diejenigen einzuschätzen, die der Verhältnismäßigkeit am meisten entsprechen.

4. Fazit

Die Analyse hat gezeigt, dass ein staatliches Quasi-Monopol auf dem Lotteriemarkt – wie es derzeit besteht – aus ordnungsökonomischer Sicht nicht gerechtfertigt werden kann. Auf Grund der geringen Relevanz des Lotteriespiels für die Spielsucht im Allgemeinen ist diese Art der Intervention als nicht verhältnismäßig anzusehen. Sofern die Möglichkeit einer sich aus dem Lottospiel ergebenden Suchterkrankung bekämpft werden soll, ist eine Informations- und Aufklärungspflicht der Anbieter zweckmäßig. Zur Erreichung des zweiten Ziels in Form eines nachhaltigen, seriösen Lotteriemarktes konnte die Vergabe von Lizenzen mit einer entsprechenden Überwachung der laufenden Geschäfte als geeignet ermittelt werden.

Es soll an dieser Stelle festgehalten werden, dass im Falle einer Umsetzung beider Maßnahmen keine Kombination aus verschiedenen Interventionen vorliegt. Vielmehr wäre jedem der beiden Ziele eine Maßnahme zugeordnet. Freilich soll anerkannt werden, dass beide Maßnahmen ebenso wenig wie beide Ziele vollständig getrennt zu betrachten sind. So ist z.B. zu gewährleisten, dass im Rahmen der laufenden Überwachung der Anbieter auch geprüft wird, ob diese in ausreichendem Maße den Informationspflichten nachkommen.

V. Ausblick

Die derzeitige Diskussion um Lotterien und Glücksspiele im Allgemeinen wird nicht nur in der Ökonomie, sondern vor allem in der Rechtswissenschaft geführt. So ist zu erwarten, dass sich in diesem Segment innerhalb der nächsten Jahre erhebliche Veränderungen ergeben werden, die stärker auf europäischem Recht als auf ökonomischen Überlegungen basieren. Das eingangs erwähnte Zitat des ehemaligen bayerischen Finanzministers vernachlässigt diese internationale Ebene völlig, wie auch der gesamte Zusammenhang von ihm stark vereinfacht dargestellt wird. Zielsetzung des Artikels war es, den Aufbau des Marktes für Lotterieprodukte darzustellen und unter ordnungspolitischen Gesichtspunkten zu analysieren, ob und welche staatlichen Interventionen konform zum Leitbild der Marktwirtschaft eingesetzt werden können. Abschließend lässt sich konstatieren, dass eine nachfrageseitige Intervention in Form von Informationspflichten der Anbieter aus ordnungspolitischer Perspektive vertretbar ist. In diesem Fall wäre eine Ausweitung des Wettbewerbs bei gleichzeitigem Regulierungsabbau zweifelsfrei erreicht. Zur Sicherstellung eines ordnungsgemäßen Geschäftsbetriebs, eines nachhaltigen Marktes und des Schutzes des Bürgers vor Betrug durch Lotteriebetreiber wäre darüber hinaus die Vergabe von Lizenzen eine zweite ordnungskonforme Intervention. Das staatliche Monopol hingegen kann aus ordnungsökonomischer Sicht nicht als legitimiert gelten und sollte demnach durch eine Öffnung des Marktes beseitigt werden.

In einer repräsentativen Umfrage aus dem Jahr 2007 waren 61 % der Befragten der Meinung, dass eine staatliche Kontrolle zur Minimierung der Glücksspielrisiken nötig wäre, 76 % sprachen sich für eine staatliche Kontrolle im Allgemeinen aus (*Deutscher Lotto-Toto-Block* 2007b). Diese Zahlen verdeutlichen die Ressentiments, die in der deutschen Bevölkerung möglicherweise auch aus Mangel an einem Vergleich gegenüber einer reinen Marktlösung vorliegen und unterstreichen die Notwendigkeit angemessener staatlicher Eingriffe.

Literatur

Adams, Michael und Till Tolkemitt (2000), Verkauf von Hoffnung und Jagd auf die Armen. Eine ökonomische Analyse des Gewinnsparens, *Zeitschrift für Bank- und Börsenrecht*, Juni 2000, S. 163-168.

Adams, Michael und Till Tolkemitt (2001): Das staatliche Glücksspielunwesen – eine wirtschaftswissenschaftliche und rechtliche Analyse des Deutschen Toto-Lotto-Blocks und seiner Regulierung, *Zeitschrift für Bank- und Börsenrecht*, Juni 2001, S. 170-184.

Andersen, Esben Sloth (1994), *The evolution of credence goods – A transaction approach to product specification and quality control*, MAPP working paper no. 21.

Ballestrem, Karl G. (1983), Vertragstheoretische Ansätze in der politischen Philosophie, *Zeitschrift für Politik*, Bd. 30 (1), S. 1-17.

Beckert, Jens und Mark Lutter (2008), Wer spielt Lotto? Umverteilungswirkungen und sozialstrukturelle Inzidenz staatlicher Lotteriemärkte, *Kölner Zeitschrift für Soziologie und Sozialpsychologie*, Bd. 60 (2), S. 233-264.

Berg, Hartmut, Dieter Cassel und Karl-Hans Hartwig (1999), Theorie der Wirtschaftspolitik, in: Dieter Bender et al. (Hg.), *Vahlens Kompendium der Wirtschaftstheorie und Wirtschaftspolitik*, Bd. 2, 7. Auflage, München, S. 171-298.
Böhm, Franz (1950): Die Idee des ORDO im Denken Walter Euckens, *ORDO, Jahrbuch für Ordnung von Wirtschaft und Gesellschaft*, Bd. 3, S. XV–LXIV.
Clarke, Roger (2001), The Feasibility of Regulating Gambling on the Internet, *Managerial and Decision Economics*, Bd. 22, S. 125-132.
Cook, Philip J. und Charles T. Clotfelter (1993), The Peculiar Scale Economics of Lotto, *American Economic Review*, Bd. 83 (3), S. 634-643.
Coase, Ronald H. (1960), The Problem of Social Cost, *Journal of Law and Economics*, Bd. 3, S. 1-44.
Daffern, Peter (2004), *Assessment of the effects of competition on the National Lottery*, dcms Technical Paper No. 6.
Deutscher Lotto- und Totoblock (2007a): *Glücksspielsucht besser vorbeugen*, Presseinformation vom 08.02.2007.
Deutscher Lotto- und Totoblock (2007b): *Bürger eindeutig gegen Liberalisierung des Glücksspielmarktes*, Presseinformation vom 12.09.2007.
Dulleck, Uwe und Rudolf Kerschbamer (2006), On Doctors, Mechanics, and Computer Specialists: The Economics of Credence Goods, *Journal of Economic Literature*, Bd. 44 (1), S. 5-42.
Eucken, Walter (1975), *Grundsätze der Wirtschaftspolitik*, Tübingen (Erstauflage 1952).
Focus Online (2007): *Rekordjackpot geknackt*, Meldung vom 05.12.07, abrufbar unter: http://www.focus.de/panorama/welt/lotto_aid_228434.html.
Fritsch, Michael, Thomas Wein und Hans-Jürgen Ewers (2005): *Marktversagen und Wirtschaftspolitik*, 6. Auflage, München.
Grossekettler, Heinz (1987), *Der Beitrag der Freiburger Schule zur Theorie der Gestaltung von Wirtschaftssystemen*, Münster.
Gutmann, Gernot (1980): Zum Problem der Ordnungskonformität wirtschaftspolitischen Handelns, *WISU*, Ausgabe 3/1980, Nr. 9, S. 137-142.
Gutmann, Gernot (1986): Ordnungskonformität in Marktwirtschaften und Zentralverwaltungswirtschaften, *Hamburger Jahrbuch für Wirtschafts- und Gesellschaftspolitik*, Bd. 31, S. 49-62.
Haase, Henning (1992), *Der Spieler zwischen Wissenschaft und Propaganda*, Düsseldorf.
Hahn, Jörg (2006): Zeitgewinn beim Glücksspiel, *Frankfurter Allgemeine Zeitung*, Ausgabe vom 23.08.06, Nr. 195, S. 28.
Hartwig, Karl-Hans und Ingo Pies (1995), *Rationale Drogenpolitik in der Demokratie: wirtschaftswissenschaftliche und wirtschaftsethische Perspektive einer Heroinvergabe*, Tübingen.
Hayek, Friedrich A. v. (1968), *Der Wettbewerb als Entdeckungsverfahren*, Kieler Vorträge gehalten am Institut für Weltwirtschaft an der Universität Kiel, Neue Folge 56.
Hayek, Friedrich A. v. (1981): *Recht, Gesetzgebung und Freiheit, Band 2, Die Illusion der sozialen Gerechtigkeit*, Landsberg am Lech.
Helmedag, Fritz (1999), Zur Vermarktung des Rechts: Anmerkungen zum Coase-Theorem, in: Dorothee Wolf, Sabine Reiner und Kai Eicker-Wolf (Hg.), *Auf der Suche nach dem Kompaß. Politische Ökonomie als Bahnsteigkarte fürs 21. Jahrhundert*, Köln, S. 53-71.
Homann, Karl (1988), *Rationalität und Demokratie*, Tübingen.
Kath, Dietmar (1992), Sozialpolitik, in: Dieter Bender et al. (Hg.), *Vahlens Kompendium der Wirtschaftstheorie und Wirtschaftspolitik*, Bd. 2, 7. Auflage, München, S. 477-541.
Kreutz, Doreen (2005): *Staatliche Kontrolle und Beteiligung am Glücksspiel*, München.
Kruse, Jörn (1985), *Ökonomie der Monopolregulierung*, Göttingen.
Lange, Ludwig (1862), *Römische Alterthümer*, zweiter Band, Berlin.
Langer, Mathias (2006): *Öffentliche Förderung des Sports. Eine ordnungspolitische Analyse*, Berlin.
Leonhardt, Rolf-Peter (1994): *Der deutsche Toto-Lotto-Block – Dachorganisation der deutschen Lottounternehmen*, 2. Auflage, Trier.
Lotto Baden-Württemberg (2007): *6,1 – Zahlen für Gutes, Geschäftsbericht 2006*, Stuttgart.
Lotto Niedersachsen (2007): *Geschäftsbericht 2006*, Hannover.

Meyer, Gerhard und Meinolf Bachmann (1993), *Glücksspiel – Wenn der Traum vom Glück zum Alptraum wird*, Berlin u.a.
Meyer, Gerhard (2004): Glücksspiel – Zahlen und Fakten, *Imp Jahrbuch Sucht 2005*, S. 83-98.
Meyer, Gerhard und Meinolf Bachmann (2005), *Spielsucht*, 2. Auflage, Heidelberg.
Miers, David (2003), The Gambling Review Report: Redefining the Social and Economic Regulation of Commercial Gambling, *The Modern Law Review*, Bd. 66 (4), S. 604-622.
Migué, Jean-Luc und Gerad Bélanger (1974), Toward a general theory of managerial discretion, *Public Choice*, Bd. 17 (1), S. 27-47.
Mikesell, John und Maureen A. Pirog-Good (1990): State Lotteries and Crime: The Regressive Revenue Producer Is Linked with a Crime Rate Higher by 3 Percent, *American Journal of Economy and Sociology*, Bd. 49 (1), S. 7-19.
Miksch, Leonhard (1937), *Wettbewerb als Aufgabe*, Stuttgart.
Mühlenkamp, Holger (2002): "Marktversagen" als ökonomische Begründung für Interventionen der öffentlichen Hand, in: Rudolf Hrbek und Martin Nettesheim (Hg.), *Europäische Union und mitgliedschaftliche Daseinsvorsorge*, Baden-Baden, S. 65-78.
Musgrave, Richard A. (1959), *The Theory of Public Finance: A Study in Public Economy*, New York u.a.
Nolte, Frank (2007), „Sucht" – zur Geschichte einer Idee, in: Bernd Dollinger und Henning Schmidt-Semisch (Hg.), *Sozialwissenschaftliche Suchtforschung*, Wiesbaden, S. 47-58.
o.V. (2003), *Ermittlungen gegen Systemspiel-Anbieter ausgeweitet*, Spiegel Meldung vom 01.09.2003.
o.V. (2007a): Private Sportwetten bleiben verboten, *Frankfurter Allgemeine Zeitung*, Ausgabe vom 09.09.07, Nr. 211, S. 47.
o.V. (2007b): EU legt Länderregelungen zum Glücksspiel auf Eis, *Frankfurter Allgemeine Zeitung*, Ausgabe vom 10.10.07, Nr. 235, S. 12.
o.V. (2008): Lottostaatsvertrag unzulässig, *Frankfurter Allgemeine Zeitung*, Ausgabe vom 01.02.08, Nr. 27, S. 15.
Petry, Jörg (2003), *Glücksspielsucht – Entstehung, Diagnostik und Behandlung*, Göttingen u.a.
Pieroth, Bodo (2007): Erlaubnispflicht für gewerbliche Spielvermittlung am Maßstab des Grundgesetzes, in: Georg Hermes, Hans-Detlef Horn und Bodo Pieroth (Hg.), *Der Glücksspielstaatsvertrag*, Heidelberg u.a.
Quitzau, Jörn (2007): Staatliches Wettmonopol – ohne ökonomische Legitimation, *WiSt*, Heft 2, Februar 2007, S. 88-91.
Rawls, John (1975), *Eine Theorie der Gerechtigkeit*, Frankfurt.
Reeckmann, Martin (2005): *Die Bedeutung der Spielsucht im Glücksspielrecht*, Potsdam.
Samuelson, Paul A. (1954), The Pure Theory of Public Expenditure, *Review of Economics and Statistics*, Bd. 36, S. 387-389.
Stöver, Heino (2006), *Glücksspiele in Deutschland – Eine repräsentative Untersuchung zur Teilhabe und Problemlage des Spielens um Geld*, Bremen.
Streit, Manfred E. (1995), *Ordnungsökonomik – Versuch einer Standortbestimmung*, Max-Planck-Institut Jena, Diskussionsbeitrag 04/95.
Thielemann, Ulrich (2002), Grundsätze fairen Steuerwettbewerbs – Ein wirtschaftsethisches Plädoyer für einen Steuerleistungswettbewerb, in: Bernd Britzelmaier et al. (Hg.), *Regulierung oder Deregulierung der Finanzmärkte*, Heidelberg, S. 113-132.
Tuchtfeldt, Egon (1982): Wirtschaftspolitik, in: *Handwörterbuch der Wirtschaftswissenschaft*, Bd. 9, Stuttgart u.a., S. 178-207.
Viren, Matti (2008): The case for government lotto monopoly, in: Matti Viren (Hg.), *Gaming in the Changing Market Environment*, Basingstoke/Hampshire et al., S. 160-183.
Weber, Ralf L. (1999), Ordnungstheorie und Systemtransformation, in: Peter Engelhard und Heiko Geue (Hg.), *Theorie der Ordnungen – Lehren für das 21. Jahrhundert, Schriften zu Ordnungsfragen der Wirtschaft*, Bd. 60, Stuttgart, S. 165-197.
Westlotto (2007): *Spielen in Verantwortung*, Geschäftsbericht 2006, Münster.
Willgerodt, Hans (2001): Alfred Müller-Armack – der Schöpfer des Begriffs „Soziale Marktwirtschaft", *Zeitschrift für Wirtschaftspolitik*, Bd. 50 (3), S. 253-277.
Young, Robert (2007): *Gambling in the EU internal market: aspects of the micro-economics and socio-economics of gambling*, abrufbar unter:
http://www.eer.co.uk/download/2007bobspeech.pdf.

Zusammenfassung

Wie in den meisten Ländern so unterliegt der Glücksspielmarkt auch in Deutschland einer starken staatlichen Regulierung. Untersuchungsgegenstand des vorliegenden Artikels ist der Markt für Lotterien aus ordnungsökonomischer Sicht, der als ein Teil des gesamten Glücksspielmarktes momentan durch den Deutschen Lotto-Toto-Blocks und die von ihm angebotenen Produkte wie das populäre Samstagslotto geprägt wird. Mit Hilfe eines Referenzmodells, das auf dem Ordnungsleitbild der Marktwirtschaft basiert, kann gezeigt werden, dass eine staatliche Intervention durch das Auftreten negativer Externalitäten in Form der Spielsucht und ihrer Folgen sowie dem Vorliegen von Informationsmängeln begründet werden kann. Weitere Aspekte des Marktversagens können hingegen nicht zweifelsfrei nachgewiesen werden. Anhand eines mehrstufigen Prüfschemas werden auf dieser Grundlage verschiedene Alternativen angebots- und nachfrageseitiger Interventionen inklusiv eines vollständigen Verbots von Lotterien überprüft. Nach dessen Abschluss lässt sich konstatieren, dass aus ordnungsökonomischer Perspektive eine Informations- und Aufklärungspflicht der Anbieter über die Risiken des Glücksspiels zweckmäßig ist. Zur Sicherstellung eines nachhaltigen Wettbewerbs stellt weiterhin die Vergabe von Lizenzen an Lotteriebetreiber eine ziel- und ordnungskonforme Intervention dar. Ein Aufrechterhalten des Status Quo in Form des staatlichen Monopols kann hingegen nicht als ordnungs- bzw. systemkonform bezeichnet werden.

Summary:
About the rearrangement of the German lottery market

As well as in most countries the gambling market in Germany is strongly regulated by the federal government. This article focuses on the lottery market as one part which is strongly shaped by the German Lotto-Toto-Block and its products like the standard lotto. By the means of a reference model based on the concept of a market economy it is shown that public intervention can be legitimated because of the existence of negative external effects. Regarding lotteries like any other game of chance these effects are caused by the incidence of compulsive gambling and their negative consequences. A second aspect is reflected by the existence of information lacks. Regarding other forms of market failure like a natural monopoly no impact could be verified. Using a multi-level approach which is able to deal with interventions on both the demand as well as the supply side, we discuss possible interferences by the government to the point of a complete ban of lotteries in Germany. Finally it can be stated that introducing a system providing information about the danger of becoming a pathological gambler to potential consumers is obviously a legitimate intervention on the lottery market. Moreover the introduction of a licence system for suppliers should be used to ensure a sustainable lottery market. In contrast, a continuance of the current state monopoly could not be defined as being compliant to a market economy.

Lothar Wegehenkel und *Heike Walterscheid*[1]

Rechtsstruktur und Evolution von Wirtschaftssystemen – Pfadabhängigkeit in Richtung Zentralisierung?

Inhalt

 I. Einleitung 314
 II. Wirtschaftssysteme... 314
    1. Soziales System und Wirtschaftssystem.. 315
    2. Politisches und kulturelles System sowie das Rechtssystem
       als weitere Teilsysteme des sozialen Systems... 316
 III. Märkte und Handlungsrechte 318
    1. Grundlagen der Property-Rights-Theorie.. 318
    2. Systemtheoretische Interpretation der Transaktionskosten 321
    3. Wirtschaftssystem und technologische externe Effekte 322
    4. Internalisierung technologischer externer Effekte aus
       systemtheoretischer Perspektive 324
 IV. Eigentumsrechte zwischen Zentralisierung und Dezentralisierung 326
    1. Ein- und mehrdimensionale technologische externe Effekte 326
    2. Zentralisierende und dezentralisierende Internalisierung...................... 327
    3. Zum Nebeneinander der beiden Grundtypen der Internalisierung 329
    4. Probleme bei Fortbestand mehrdimensionaler externer Effekte 330
 V. Die Problematik des Wettbewerbs um politische Einflussnahme................ 331
    1. Rent-Seeking und Marktprozesse bei Teilzentralisierung...................... 333
    2. Der Weg zu dezentralisierender Internalisierung 337
 VI. Fazit: Pfadabhängigkeit in Richtung Zentralisierung? 338
Literatur 339
Zusammenfassung 341
Summary: The Structure of Property Rights and the Evolution of Economic
Systems – Path Independences leading into Centralization................................ 341

---

[1] Die Verfasser danken Frau Dipl.-Vw. *Nadine Wiese* sowie einem anonymen Gutachter für wertvolle Hinweise.

I. Einleitung

Die Zentralverwaltungswirtschaften des sozialistischen Typs standen weitgehend für Gemeineigentum und zentrale politische sowie wirtschaftliche Lenkung[2]. Mit ihrem Scheitern im Wettbewerb der Gesellschaftssysteme war eigentlich die Frage beantwortet, ob im evolutionären Selektionsprozess zentral gelenkte Systeme auf der Basis von Gemeineigentum und umgeben von einer sich schnell verändernden Umwelt überlebensfähig sein können. Entsprechend wäre zu erwarten, dass sich die relative Überlegenheit tendenziell handlungsrechtlich dezentralisierter Systeme durch Ausbau der Dezentralisierung weiter verstärkt. Tatsächlich kann aber beobachtet werden, dass die aktuellen – ursprünglich tendenziell dezentralisierten Systeme – einen versteckten, schleichenden handlungsrechtlichen Zentralisierungsprozess durchlaufen, der von einer zunehmenden Kollektivierung ursprünglichen Individualeigentums begleitet wird.

Im Ergebnis leidet mit zunehmendem Zentralisierungsgrad die Überlebensfähigkeit ursprünglich dezentralisierter Systeme im Systemwettbewerb. Historisch bedingte Pfadabhängigkeiten können zunehmend die Tendenz zur Zentralisierung verstärken. Der vielfältig besetzte Begriff der Pfadabhängigkeit dient in diesem Papier dazu, den Sachverhalt zu fassen, dass politische Repräsentanten von einmal etablierten Verhaltensweisen in vielen Fällen nicht mehr abweichen können, ohne persönliche Nachteile in Kauf zu nehmen – selbst wenn sie die Notwendigkeit zu einer Verhaltensänderung erkannt haben.

Ausdrücklich soll bereits einleitend betont werden, dass das Gegensatzpaar Zentralisierung-Dezentralisierung hier weniger aus politisch-organisatorischer, sondern aus eigentumsrechtlicher - genauer handlungsrechtlicher - Sicht behandelt wird.

II. Wirtschaftssysteme

In der Realität lässt sich eine große Vielfalt unterschiedlicher Wirtschaftssysteme identifizieren, die durch ein unterschiedliches Verhältnis zwischen Zentralisierung und Dezentralisierung charakterisiert sind. Alle diese Wirtschaftssysteme liegen in gewisser Weise im Wettbewerb miteinander (Systemwettbewerb). Für das Verständnis dieses Wettbewerbs, der in den vergangenen Jahren in vielen Fällen zur Systemtransformation geführt hat, sind einige elementare Zusammenhänge zwischen Recht und Kultur sowie dem Ablauf der Wirtschaftsprozesse von unabdingbarer Bedeutung. Im Spannungsfeld zwischen Zentralisierung und Dezentralisierung spielen dabei die mit ihnen jeweils verbundenen unterschiedlichen Formen der Koordination wirtschaftlicher Aktivitäten – einerseits politisch veranlasste zentrale Planung und andererseits spontaner dezentraler Tausch über Märkte – eine bedeutende Rolle. Für ein besseres Verständnis ist eine begriffliche Klärung erforderlich.

---

2 Für die Theorie der Zentralverwaltungswirtschaft siehe grundlegend *Hensel* (1979).

1. Soziales System und Wirtschaftssystem

Ein System ist definiert als strukturierte Menge von Elementen. Ein soziales System besteht in diesem Sinne aus strukturierten Handlungen mit einem das System kennzeichnenden Sinnverbund und den handelnden Menschen als Elemente (*Parsons* 2003). Systeme entstehen allgemein dadurch, dass die Vielfalt möglicher Elementeigenschaften und die Vielfalt der denkbaren Beziehungen zwischen den Elementen im chaotischen Ausgangszustand durch Strukturbildung (Ordnungsbildung) reduziert werden. Die solcherart ausgewählten Eigenschaften und Beziehungen werden damit zum konstitutiven Bestandteil eines sozialen Systems und generieren dynamische Systemgrenzen im Zuge eines Entdeckungsprozesses (*Graf* 1978, S. 108).

Angewandt auf soziale Systeme bedeutet dies, dass die Vielfalt der Handlungen, die von Menschen ausgehen können ebenso wie die Vielfalt der Eigenschaften, die Menschen aufweisen können, gegenüber einem chaotischen Ausgangszustand reduziert wird. Innerhalb eines sozialen Systems erfolgt die Reduktion der denkbaren Vielfalt durch Regeln, die entweder die Bandbreite möglicher Handlungen durch Verbote begrenzen (Handlungsverbote) oder die Bandbreite möglicher Handlungen positiv beschreiben (Eigentumsrechte, Verfügungsrechte, oder auch Handlungsrechte genannt). Die handelnden Menschen in einem sozialen System machen sich durch Einführung solcher Regeln hinsichtlich ihres wechselseitigen Verhaltens füreinander berechenbar. Als Konsequenz ergeben sich Gelegenheiten zu sozialen Interaktionen, die zuvor mangels Ordnung oder Struktur unmöglich waren.

Hierzu ein Beispiel: Eine Anzahl von Schiffsbrüchigen rettet sich auf eine unbewohnte Insel. Sie sprechen unterschiedliche Sprachen und wissen auch ansonsten nichts über die Sitten und Gebräuche ihrer Unglücksgefährten. In diesem Szenario ist die wechselseitige Unsicherheit über die Vielfalt der denkbaren Verhaltensweisen sehr hoch. Gelingt es, sich darauf zu verständigen, dass an den geretteten Gegenständen individuelle Eigentumsrechte geachtet und Handlungen wie Diebstahl, Raub und sonstige Gewaltanwendung in der Gruppe nicht geduldet werden, reduziert sich die Vielfalt denkbarer Verhaltensweisen. Die Menschen werden wechselseitig hinsichtlich ihres Verhaltens durch die entstandene Struktur (Ordnung) prognostizierbar und die wechselseitige Unsicherheit nimmt ab. Als Folge können sich soziale Interaktionen wie etwa arbeitsteiliger Tausch entwickeln.

Da soziale Systeme der Gegenwart von einer dynamischen, komplexen und mit Diskontinuitäten versehenen Systemaußenwelt umgeben sind, die wir im Anschluss an *Ashby* als „turbulente Umwelt" bezeichnen[3], können und müssen ständig weitere Systemanpassungsleistungen erfolgen. Ansonsten besteht die Gefahr, im Systemwettbewerb die hinreichende Eigenkomplexität in Relation zur relevanten Systemumwelt zu verfehlen. In diesem Fall mangelt es dem betreffenden System an der erforderlichen Vielfalt (*Ashby* 1956, 206 f.), um hinreichend flexibel auf Störungen respektive Veränderungen aus der relevanten Systemumwelt zu reagieren. Die Selektionsresistenz in Relation zu anderen Systemen ist damit gemindert.

---

3 Siehe *Ashby* (1956) und darauf aufbauend ausführlich *Röpke* (1977, S. 1-77).

Soziale Systeme sind im Sinne der allgemeinen Systemtheorie[4] offene Systeme, d.h. sie können aus der Systemumwelt insbesondere Energie, Materie und Wissen "importieren" und dadurch ihren Ordnungsgrad erhöhen. Der höhere Ordnungsgrad manifestiert sich in einem komplexeren Geflecht von Regeln, was komplexere soziale Interaktionen ermöglicht. Ohne Import von Energie, Materie und Wissen aus der Systemumwelt sinkt der Ordnungsgrad von Systemen nach und nach bis zu vollständiger Unordnung (Unstrukturiertheit) ab. Beim Import aus der Systemumwelt können sich Störungen (*Röpke* 1977, 15 f.) dergestalt ergeben, dass in der Systemumwelt Dinge knapp werden, die zuvor nicht knapp waren (z.B. Fischpopulationen, Erdöl, Kohle). Dann muss das System hinsichtlich seiner Struktur so angepasst werden, dass die Importprobleme regelbar sind.

Mit Zunahme des Ordnungsgrades eines sozialen Systems werden die Verhaltensspielräume der Menschen also stärker durch Regeln geleitet und damit auch begrenzt. Die Zunahme des Ordnungsgrades ermöglicht gleichzeitig jedoch soziale Interaktionen mit zunehmender Komplexität. So ist soziale Interaktion im Sinne des *Tauschs von Eigentum* ohne ein Minimum an durchgesetzten Regeln wie Diebstahls- und Raubverboten kaum denkbar. Mit zunehmender Komplexität des Regelgeflechts steigern sich auch die Möglichkeiten arbeitsteiligen Tauschs. So lassen sich Verträge über die Nutzung von Patenten und anderen Formen geistigen Eigentums erst abschließen, wenn die Struktur des sozialen Systems durchgesetzte Regeln über Patentschutz und geeignete Copyrights enthält.

Innerhalb des sozialen Gesamtsystems werden mit zunehmendem Ordnungsgrad verschiedene Teilsysteme ausdifferenziert, wobei jeder handelnde Mensch in verschiedenen gesellschaftlichen Teilsystemen als Element interagiert. Für die moderne Analyse von Wirtschaftssystemen übernehmen wir daher die bewährte Unterteilung in das Wirtschaftssystem, das politische System, das Rechtssystem und das kulturelle System als Teilsysteme des Gesellschaftssystems.

Als Wirtschaftssystem wird die Struktur der wirtschaftlichen Prozesse und der für diese Prozesse verbindlichen Regeln, die sich im Rechtssystem formal verfestigen, bezeichnet. Elemente des Wirtschaftssystems sind handelnde Menschen in ihrer Eigenschaft als Wirtschaftssubjekte. Die Menschen handeln dann als Wirtschaftssubjekte, wenn sie sich in sozialen Interaktionen engagieren, die dazu dienen, Güter und Dienstleistungen bereitzustellen und nachzufragen, die dem Kriterium der Knappheit entsprechen.

2. Politisches und kulturelles System sowie das Rechtssystem als weitere Teilsysteme des sozialen Systems

Als politisches System wird die Struktur der politischen Prozesse und der für diese Prozesse verbindlichen Regeln, die sich im Rechtssystem formal verfestigen, angesehen, mit den handelnden Menschen als Elementen in ihrer Eigenschaft als politische und bürokratische Agenten sowie als Wahlbürger. Innerhalb des politischen Systems werden – sofern es sich um Rechtsstaaten handelt – Güter mit eher kollektivem Charak-

---

4   Zur Systemtheorie siehe grundlegend *Bertalanffy* (1956).

ter, die der Organisation des Gemeinwesens dienen, bereitgestellt. In Abhängigkeit von der Struktur des politischen Systems werden innerhalb des politischen Systems gleichfalls die rechtlich verfestigten formalen Regeln des gesamten sozialen Systems erzeugt, also jene Regeln, die für das Wirtschaftssystem, das politische System selbst sowie das kulturelle System Gültigkeit haben.

Als kulturelles System bezeichnen wir die Struktur der kulturellen Prozesse und der für diese Prozesse verbindlichen Regeln mit den handelnden Menschen als Elementen. Menschen handeln innerhalb des kulturellen Systems, wenn ihre Interaktionen der Befriedigung von Bedürfnissen nach kulturellen Werten und dem Erhalt selbiger (Familie, Freundschaft, Kunst, Religion, Sprache, Regeln des guten Benehmens usw.) dienen und Identität generieren. Innerhalb des kulturellen Systems entstehen informelle Regeln, die ihren formellen Niederschlag im Rechtssystem finden können[5].

Als Rechtssystem werden die Struktur der rechtlichen Prozesse und die für diese Prozesse verbindlichen Regeln angesehen, mit den handelnden Menschen als Elementen. Menschen handeln innerhalb des Rechtssystems, wenn ihre Interaktionen der Befriedigung der Bedürfnisse nach Gerechtigkeit und Rechtssicherheit (individuelle Freiheit, Eigentumsschutz, Wahlrechte usw.) dienen.

Die Entscheidung, welche Strukturmerkmale und welche Handlungen innerhalb des sozialen Systems welchem Teilsystem zuzuordnen sind, muss aus dem Gesamtkontext getroffen werden. So agiert ein Mann, der in Mitteleuropa seine Angebetene umwirbt, in der Regel nicht *wirtschaftlich*, sondern kulturell - in anderen sozialen Systemen als den mitteleuropäischen kann dies durchaus anders sein. Ebenso wird jemand, der in der Bundesrepublik bei einer Wahl seine Stimme abgibt, in der Regel (hoffentlich) noch davon ausgehen, dass er innerhalb des politischen Systems handelt und nicht als Wirtschaftssubjekt.

Wie bereits erwähnt, können offene Systeme ihren Ordnungsgrad erhöhen oder anders formuliert, an Eigenkomplexität zunehmen. Die Zunahme der Eigenkomplexität von Systemen bezeichnet man auch als *Evolution* von Systemen. Die bekannten Mechanismen der Evolution sind Variation (Mutation, Innovation), Selektion und Stabilisierung (*Röpke* 1977, S. 65). Die Variation stellt eine Systemveränderung dar, die bewusst herbeigeführt oder auch zufällig zustande gekommen ist. Eine solche Veränderung kann z.B. eine Produktinnovation sein. Die Variation wird in der Realität einem wettbewerblichen Überlebenstest - dem Selektionstest - unterzogen. Übersteht sie den Selektionstest, wird sie ein dauerhaftes Moment des Systems und erhöht dessen Eigenkomplexität. Im Falle einer erfolgreichen Produktinnovation ist die Zahl der Märkte innerhalb des Wirtschaftssystems genau um einen Markt angewachsen, nämlich um jenen Markt, der durch die erfolgreiche Innovation dauerhaft entstanden ist. Die Stabilisierung des Systems auf einem höheren Ordnungsniveau entspricht gesteigerter Vielfalt in Relation zur turbulenten Systemumwelt.

---

5 Siehe ähnlich *Vanberg* (1994).

III. Märkte und Handlungsrechte

Märkte sind in der Realität beobachtbare Phänomene, deren Existenz aus der immer wieder auftretenden Notwendigkeit erwächst, Angebot und Nachfrage dezentral abzugleichen. Sie entstehen häufig scheinbar ganz spontan und treten in sehr vielfältigen Formen auf. So kann man Aktienmärkte, Konsumgütermärkte für kurz- und langlebige Güter, Produktionsgütermärkte, Märkte für Grund und Boden, Miete und Pacht, Märkte für Lizenzen und Patente, Märkte für Dienstleistungen verschiedenster Art beobachten – die Klassifikation kann beliebig aufgefächert werden. Gleichfalls ist beobachtbar, dass Märkte unterschiedlich „gut" funktionieren. So gleichen sich auf einigen Märkten Angebot und Nachfrage schnell und erkennbar genau ab (Markträumungsfunktion). Auf anderen Märkten sind hingegen Angebots- oder Nachfrageüberhänge unverkennbar.

Die Bewertung der relativen Knappheit verläuft auf einigen Märkten zufriedenstellend. Auf anderen Märkten – etwa gelegentlich auf Märkten für natürliche Ressourcen – stellen sich Preise ein, die zu Raubbau und Übernutzung führen. Es existieren auch Märkte, deren Preise im Ergebnis eine zu geringe Nutzung des angebotenen Gutes bewirken. Darüber hinaus vermisst man immer wieder Märkte, die eigentlich existieren sollten.

Aus den Ausführungen zur Systemtheorie sollte deutlich geworden sein, dass Märkte Teile des Wirtschaftssystems darstellen und als solche eingebettet in ein soziales Gesamtsystem sind. Märkte können daher nicht losgelöst von politischen, rechtlichen und kulturellen Aspekten des Gesamtsystems gesehen werden. Für die Funktionsweise von Märkten spielt die Ausgestaltung jenes Teils der Regeln des sozialen Systems eine bedeutsame Rolle, die sich auf Eigentum und die Sicherung von Eigentum beziehen.

1. Grundlagen der Property-Rights-Theorie

In der Theorie der Verfügungsrechte (Property-Rights-Theorie) sind die diesbezüglichen Zusammenhänge systematisch erarbeitet worden[6]. Die Theorie der Verfügungsrechte baut auf der fundamentalen Einsicht auf, dass auf Märkten nicht etwa Einheiten materieller und immaterieller Ressourcen und Güter direkt getauscht werden, sondern mehr oder weniger umfassende Bündel auf sie bezogener Verfügungsrechte[7], die zusammengefasst als Eigentum bezeichnet werden. Den Begriff „Verfügungsrechte" lösen wir im Weiteren durch den aus unserer Sicht den Sachverhalt besser kennzeichnenden Begriff der „Handlungsrechte" ab.

Die Bedeutung der Handlungsrechte für den Tauschwert, lässt sich am Beispiel der höchst unterschiedlichen Preise für Waldboden, Ackerboden und Bauland erhellen. Waldboden erbringt aus dieser Sicht am Markt deswegen den niedrigsten Preis, weil das Bündel der Handlungsrechte, aus denen Eigentum an Wald besteht, erheblich weniger umfasst als das Bündel der Handlungsrechte, aus dem Eigentum an Ackerboden oder

---

6 Siehe hierzu grundlegend *Alchian* (1979, S. 237); *Coase* (1959), *Coase* (1960) und *Demsetz* (1967, S. 31 ff.) sowie den Überblick bei *Furubotn* und *Pejovich* (1972) und den Sammelband von *Furubotn* und *Pejovich* (1974).
7 Siehe auch bereits bei *Commons* (1931, S. 652).

gar Eigentum an Bauland besteht. Das Eigentum an Waldboden enthält z.b. in der Bundesrepublik Deutschland lediglich die Handlungsrechte der holzwirtschaftlichen Nutzung und der Jagd. Eigentum an Ackerboden enthält diese beiden Handlungsrechte und weitere zusätzliche Handlungsrechte wie etwa alle jene Handlungsrechte, die zur agrarwirtschaftlichen Nutzung des Bodens erforderlich sind. Noch umfassender ist bekanntlich das Eigentum an Bauland, was sich in dessen Marktpreis niederschlägt. Schließlich sei noch darauf hingewiesen, dass der Bezug der Handlungsrechte gelegentlich äußerst indirekt werden kann. Dies gilt z.B. für Handlungsrechte, die in Form von Aktien an Kapitalgesellschaften gehalten werden. Die Ausgestaltung der Handlungsrechte ist insofern ein wesentliches Merkmal des sozialen Systems mit besonderer Relevanz für das Wirtschaftssystem. Für das Wirtschaftssystem relevant sind jene Handlungsrechte, die ausgeübt werden müssen, um knappe Güter und Dienstleistungen bereitzustellen.

Die Ausgestaltung der Handlungsrechte bestimmt wesentlich den Ordnungsgrad eines Wirtschaftssystems. Damit kann der Ordnungsgrad eines Wirtschaftssystems durch eine Ergänzung mit zusätzlichen Handlungsrechten erhöht werden. Wann dies sinnvoll und sogar erforderlich ist, wird in einem späteren Abschnitt abgehandelt. Im diesem Zusammenhang spielt die Qualität der gesetzten oder zu setzenden Handlungsrechte eine wesentliche Rolle. Für die Qualität der Handlungsrechte sind die nachfolgend aufgeführten Eigenschaften maßgeblich.

Erstens muss die Formulierung der Handlungsrechte unmissverständlich und genau sein (Präzision). Ansonsten treten bei den Interaktionen der Wirtschaftssubjekte unnötige Missverständnisse auf. Zweitens müssen Handlungsrechte kurzfristig zuverlässig akzeptiert und durchgesetzt sowie auch langfristig gültig sein (Rechtssicherheit). Ansonsten entsteht eine übergroße Neigung zur Gegenwartsnutzung. Drittens müssen Handlungsrechte die Eigenschaft der Exklusivität aufweisen. Ist individuelle Exklusivität nicht herstellbar, sollte ersatzweise Exklusivität für möglichst kleine jedenfalls geschlossene Gruppen hergestellt werden (Gruppeneigentum). Viertens müssen Handlungsrechte in allen Fällen, in denen eine marktliche Bewertung erfolgen soll, tauschbar sein. Entsprechen Handlungsrechte den vier genannten Kriterien, bezeichnet man sie als „wohldefiniert"[8].

Handlungsrechte müssen wohldefiniert sein, also den eben genannten vier Kriterien möglichst weitgehend entsprechen, wenn sie dem Wirtschaftssystem zu einem höheren Ordnungsgrad verhelfen sollen. Verfehlen Handlungsrechte die genannten Kriterien, treten unerwünschte Wirkungen in Form sogenannter technologischer externer Effekte auf. Handlungsrechte können den genannten Kriterien nur dann entsprechen, wenn ein geeignetes flankierendes Geflecht von solchen Handlungsverboten entsteht, die unter Einsatz geeigneten Sanktionspotenzials auch durchgesetzt werden. So können z.B. exklusive Fischereirechte auf einem großen See mit erheblich weniger Aufwand abgesichert werden, wenn flankierend Verbote erlassen werden, den See ohne Einverständnis mit dem Inhaber der Fischereirechte mit solchen Booten zu befahren, auf denen sich Fischereiausrüstung befindet.

Auch Handlungsverbote als Teil des Regelgeflechts eines Wirtschaftssystems müssen einigen Kriterien genügen, wenn sie dazu beitragen sollen, den Ordnungsgrad des

---

8 In Interpretation der Property Rights Theorie siehe hierzu ausführlich *Wegehenkel* (1980, S. 236 ff.).

Systems zu erhöhen. Diese Kriterien sind durch *F.A. von Hayek* als Eigenschaften so genannter „allgemeiner Regeln" formuliert worden[9]. Regeln werden gemäß *Hayek* dann als „allgemein" bezeichnet, wenn sie gleiche Anwendbarkeit auf alle Wirtschaftssubjekte, Abstraktheit und Gewissheit gewährleisten.

Besitzen Handlungsverbote die Charakteristika allgemeiner Regeln, können sie das System in der Weise durch dann entstehende Handlungsrechte ergänzen, dass eine Erhöhung seines Ordnungsgrades erfolgt und damit Interaktionen auf höherem Ordnungsniveau stattfinden können[10]. Eine Flankierung von Handlungsrechten durch solche - den oben genannten Kriterien entsprechenden - Handlungsverbote führt jedoch nur dann zu einem höheren Ordnungsniveau, wenn sie als Reaktion auf das Auftreten konfliktbehafteter Interaktion zwischen Wirtschaftssubjekten erfolgt.

Handlungsrechte und Handlungsverbote entstehen innerhalb des politischen Systems. Der Entstehungsprozess von Handlungsrechten verläuft in vier Phasen. Handlungsrechte müssen zunächst einmal spezifiziert (definiert) und dann personell zugeordnet werden. Danach müssen sie durchgesetzt und schließlich von ihren Inhabern überwacht werden.

Die Spezifikation des Handlungsrechts beinhaltet die Ausformulierung des Rechts auf der Basis des Problems, das zu lösen ist. Findet etwa bei Nichtexistenz von Fischereirechten Raubbau an Fischpopulationen statt, muss eine sinnvolle Spezifikation der Fischereirechte erfolgen. Dies geschieht in den entsprechenden Institutionen (etwa den Parlamenten) des politischen Systems.

Ist das Handlungsrecht spezifiziert, muss im nächsten Schritt eine personelle Zuordnung erfolgen. Innerhalb des politischen Systems muss darüber entschieden werden, wer das Handlungsrecht erhält. Da Handlungsrechte üblicherweise erst dann entstehen, wenn sie als wertvoll erachtet werden (siehe später), können an dieser Stelle Verteilungskonflikte ausbrechen. Auch die personelle Zuordnung erfolgt innerhalb des politischen Systems.

Da die personelle Zuordnung von Handlungsrechten in aller Regel nicht konfliktfrei abläuft, muss innerhalb des politischen Systems auch die Durchsetzung sichergestellt werden. Hierzu kann es zunächst erforderlich sein, Handlungsverbote zu setzen, die geeignet sind, die Exklusivität der Handlungsrechte zu verbessern. Hierfür sind üblicherweise die gleichen Institutionen zuständig wie für die Spezifizierung und personelle Zuordnung der Handlungsrechte. Für die weitere Durchsetzung haben sich innerhalb des politischen Systems weitere Institutionen wie Gerichte und Polizei entwickelt.

Auch die Durchsetzung innerhalb des politischen Systems stellt die Exklusivität eines Handlungsrechts noch nicht sicher. Der Inhaber der Handlungsrechte hat häufig noch individuellen Überwachungsaufwand zu betreiben. So benötigt er zur Wahrung der Exklusivität seiner Rechte an einem Grundstück mit Gebäude möglicherweise einen Zaun, eine Alarmanlage, einen Hund oder einen Wachdienst. Diese Anstrengungen laufen innerhalb des Wirtschaftssystems ab.

---

9 Siehe *Hayek* (1971), kompakt nachformuliert bei *Hoppmann* (1972) und später bei *Schmidtchen* (1983).
10 Für diese Synthese von Systemtheorie und Elementen der Property Rights Theorie siehe grundlegend *Wegehenkel* (1991).

2. Systemtheoretische Interpretation der Transaktionskosten

Die Entstehung und Nutzung von Handlungsrechten verursacht Kosten. Die Aufwendung dieser Kosten steht in Verbindung mit der Erhöhung des Ordnungsgrades des sozialen Systems. Mit Blick auf das Wirtschaftssystem führt die Erhöhung des Ordnungsgrades zu komplexeren wirtschaftlichen Interaktionen. Insbesondere führt die Erhöhung des Ordnungsgrades zu komplexeren Tausch- oder Transaktionsgeflechten. Die Kosten für Spezifizierung, personelle Zuordnung, Durchsetzung und Überwachung sind in diesem Sinne Investitionen in das Wirtschaftssystem, die neue Kategorien von Tauschakten ermöglichen. Da diese Kosten insofern als Voraussetzung für konkrete neue Tauschakte anfallen, kann man sie durchaus der Gruppe der Transaktionskosten zuordnen. Die hier beschriebenen Transaktionskosten müssen nach ihrer Investition in die Systemkomplexität in den laufenden Wirtschaftsperioden nicht mehr berücksichtigt werden. Sie versinken gewissermaßen in die Systemstruktur und werden deshalb im Weiteren als versunkene Transaktionskosten bezeichnet[11].

Von den versunkenen Transaktionskosten sind laufende Transaktionskosten zu unterscheiden. Als laufende Transaktionskosten werden hier jene Kosten bezeichnet, die in der laufenden Wirtschaftsperiode aufzuwenden sind, um konkrete Tauschakte vorzubereiten und abzuschließen. Die laufenden Transaktionskosten werden in der Literatur meist einfach als Transaktionskosten, die im Zuge einer Transaktion ex ante und ex post an einer jeweils definierten Schnittstelle X anfallen (*Williamson* 1985, S. 22 ff.), bezeichnet. Hierzu gehört zum einen der Komplex der ex ante Transaktionskosten, beispielsweise in Gestalt von Informations-, Vertragsverhandlungs-, Vertragsabschlußkosten. Zum anderen fallen ex post Transaktionskosten an, die zur Überwachung und Durchsetzung der Vertragserfüllung aufzuwenden und vom Ausmaß des opportunistischen Verhaltens der Vertragspartner abhängig sind.

Die Höhe der laufenden Transaktionskosten hängt unter anderem vom Ordnungsgrad des Wirtschaftssystems ab. Die laufenden Transaktionskosten können prohibitiv hoch sein, wenn der Ordnungsgrad des Systems für die konkret beabsichtigten Tauschakte zu niedrig ist. Dies ist z.B. dann der Fall, wenn jene Handlungsrechte fehlen, die für die Durchführung der beabsichtigten Tauschakte erforderlich sind. Die Höhe der laufenden Transaktionskosten wird ebenso nach oben getrieben, wenn die relevanten Handlungsrechte zwar existieren, aber die Eigenschaft der Wohldefiniertheit im zuvor beschriebenen Sinne verfehlen.

Des Weiteren ist es im Zuge der Diskussion um den Ordnungsgrad eines Systems sinnvoll, den Begriff des „Transaktionsquotienten" einzuführen. Als Transaktionsquotient soll kurz gefasst das Verhältnis des Wertes von potenziell Tauschbarem zu den für die Vorbereitung, Durchführung und Nachbereitung aufzuwendenden laufenden Transaktionskosten bezeichnet werden. Der Zähler des Transaktionsquotienten enthält den Wert der im jeweiligen institutionell und technisch vorgegebenen Szenario kleinsten, ökonomisch sinnvollen und personell zugeordneten Einheit des jeweils relevanten Handlungsrechts. Der Nenner umfasst die laufenden Transaktionskosten. Nimmt der

---

11 Zu dieser Variante des Transaktionskostenbegriffs siehe *Wegehenkel* (1981, S. 20 ff.).

Transaktionsquotient einen Wert < 1 an, lohnen Tauschakte im vorgegebenen Szenario offensichtlich nicht.

Daraus ergibt sich nebenbei, dass die Qualität bestehenden Eigentums als Bündel von Handlungsrechten vom Ordnungsgrad des Systems abhängt. Dies gilt insbesondere auch für den Grad der Exklusivität von Handlungsrechtsbündeln.

Die Zunahme des Ordnungsgrades des Wirtschaftssystems setzt also voraus, dass das politische System die notwendigen Handlungsrechte und Handlungsverbote mit der beschriebenen Qualität bereitstellt. Dies gelingt mit Blick auf die laufenden Transaktionskosten umso leichter, je mehr die Rechtsetzung in Übereinstimmung mit den Grundwerten und Normen steht, die sich innerhalb des kulturellen Systems entwickelt haben. Gelegentlich initiieren Sachzwänge, die sich im Bereich des Wirtschaftssystems manifestieren, Entwicklungen innerhalb des kulturellen Systems, die eine problemorientierte Schaffung neuer Handlungsrechte und Handlungsverbote innerhalb des politischen Systems erleichtern. So müssten z.B. religiöse Grundnormen, die etwa Geldzins verbieten, in geeigneter Weise verändert werden, wenn Chancen zur Entwicklung moderner dezentralisierter und arbeitsteiliger Wirtschaftssysteme eröffnet werden sollen.

Damit stellt sich nun die Frage, welcher Art jene Sachzwänge sein können, die es erforderlich machen, den Ordnungsgrad des Wirtschaftssystems durch Schaffung neuer Handlungsrechte und Handlungsverbote zu erhöhen. An früherer Stelle war bereits darauf hingewiesen worden, dass Märkte unterschiedlich gute Ergebnisse zeitigen können. Es war auch bereits erwähnt worden, dass Tausch ein gewisses Minimum an Ordnung also an Handlungsrechten und Handlungsverboten voraussetzt. Da Märkte die ideellen Orte der Tauschvorgänge darstellen, können auch Märkte nur entstehen, wenn das genannte Minimum an Ordnung in Form von Handlungsrechten und Handlungsverboten gegeben ist. Im Folgenden wird untersucht, unter welchen Umständen Märkte gut oder schlecht funktionieren und unter welchen Umständen und aus welchen Gründen Märkte neu entstehen sollten.

3. Wirtschaftssystem und technologische externe Effekte

Die Sachzwänge, denen wir uns jetzt zuwenden, lassen sich unter der Kategorie technologischer externer Effekte zusammenfassen. Technologische externe Effekte sind definiert durch die Existenz fremdbestimmter Argumente in Nutzen- und Produktionsfunktionen[12]. Fremdbestimmte Argumente in den Nutzenfunktionen von Haushalten blockieren die zur Maximierung des Haushaltsnutzens erforderliche Gütermengensubstitution.

Im Falle eines negativen technologischen externen Effekts wird das Nutzenniveau des Haushalts fremdbestimmt gemindert. Angenommen etwa, ein Haushalt plane, einen Nachmittag im Sommer an einem besonders schönen Meeresstrand zu verbringen, der sehr besucht ist, an dem aber im Verhältnis zum Ansturm wenige solcher Parkplätze vorhanden sind, die im Wege des ersten Zugriffs kostenlos besetzbar sind. Insbesondere existieren keinerlei Reservierungsmöglichkeiten – auch nicht gegen Entrichtung von

---

12 Siehe etwa *Buchanan* und *Stubblebine* (1962) sowie *Meade* (1973).

Parkgebühren. So wäre der Haushalt gezwungen, schon sehr frühzeitig bereits am Morgen anzureisen, um sicher sein zu können, sein Konsumziel zu erreichen. Wegen beruflicher Zwänge sei dies aber unmöglich. Das Nutzenniveau des Haushaltes könnte in diesem Szenario erhöht werden, gäbe es gegen entsprechende Gebühren die Möglichkeit der Parkplatzreservierung – er müsste dann nicht bereits am frühen Morgen anreisen und könnte seine Anreise entsprechend seiner Wünsche vornehmen. Der Haushalt wäre gegebenenfalls bereit, den Konsum anderer Güter zu reduzieren, also Gütersubstitution vorzunehmen. Das beschriebene Beispiel beinhaltet einen negativen technologischen externen Effekt.

Liegen hingegen positive technologische externe Effekte als positive Fremdbestimmtheit in der Nutzenfunktion vor, erreicht der Haushalt ohne eigene Steuerung und bedingt durch die Aktivität dritter Wirtschaftssubjekte ein höheres Nutzenniveau als ohne diese Aktivität. Solange der positive technologische externe Effekt wirkt, sind jedoch noch keine Arrangements getroffen worden, die es ermöglichen, durch Stimulation der betreffenden Aktivität das Nutzenmaximum des Haushalts zu realisieren.

Analog lässt sich eine negative sowie positive Fremdbestimmtheit in der Produktionsfunktion einer Unternehmung abhandeln. Dann tritt in der Produktionsfunktion ein Argument auf, das von der Unternehmung im Rahmen ihres Kostenminimierungskalküls nicht variiert werden kann. Somit wird sie daran gehindert, so kostengünstig zu produzieren, wie dies möglich wäre, wenn sie auch diesen Faktor hinsichtlich seines Einsatzes steuern könnte.

Stellen wir uns Fischer an einem größeren Binnensee vor, die feststellen müssen, dass sie nicht mehr sicher sein können, sofort eine freie Wasserfläche zu finden, wo sie ihre Netze auslegen können. Es muss normalerweise mit Wartezeiten gerechnet werden. Eine Möglichkeit der Reservierung etwa gegen Gebühr existiere nicht. Hier wirkt gleichfalls ein negativer technologischer externer Effekt, da die Erträge der Fischer mit niedrigeren Kosten produziert werden könnten, wären Kapital und Arbeit nicht für längere Zeit im Wartestand fremdbestimmt unproduktiv gebunden.

Im Fall positiver technologischer externer Effekte bedingt die Produktionsaktivität eines Wirtschaftssubjektes nicht nur seinen eigenen Ertrag. Seine Produktionsaktivität erhöht auch die Erträge anderer Wirtschaftssubjekte, ohne dass dieser Aspekt bei der Entlohnung zunächst berücksichtig wird. Diese Situation ist etwa dann gegeben, wenn den Synergieeffekten aus Arbeitsteilung nicht - oder nicht in hinreichendem Umfang – durch geeignete vertragliche Arrangements entsprochen werden kann.

Unterstellen wir, dass eine Musikgruppe, die sich aus hauptberuflich tätigen Mitgliedern zusammensetzt, gelegentlich einen nebenberuflichen Gitarristen mitwirken lässt, der – wie sich zunehmend herausstellt – die Wirkung der Gruppe auf die Zuhörer deutlich verbessert. Dann sollte es der Gruppe möglich sein, diesem Gitarristen ein Vertragsangebot zu machen, das ihn u.U. veranlasst, ständiges Mitglied zu werden. Dem Beispiel ist zu entnehmen, dass die Internalisierung positiver technologischer externer Effekte bei hinreichender Vertragsfreiheit spontan möglich ist.

4. Internalisierung technologischer externer Effekte aus systemtheoretischer Perspektive

Negative technologische externe Effekte sind Phänomene, die auf Verknappungen hinweisen, die durch das Wirtschaftssystem noch nicht erfasst werden können. Der Ordnungsgrad des Wirtschaftssystems ist noch nicht hoch genug, um jene Tauschakte zu ermöglichen, welche diese Verknappungen (neue Knappheitsmerkmale) in Marktpreise übersetzen. Der Ordnungsgrad des Wirtschaftssystems wird durch Schaffung zusätzlicher geeigneter Handlungsrechte und Handlungsbeschränkungen erhöht. Im Strandbeispiel würden geeignete Handlungsrechte an Parkraum einen Markt für Parkplätze mit Preisen als Knappheitsindikatoren initiieren. Die beschriebene Fremdbestimmtheit in der Nutzenfunktion wäre dann beseitigt. Im Fischereibeispiel könnte die Einführung von Fischfangrechten, die auf bestimmte Fischgründe bezogen sind, eine preisliche Bewertung über einen Markt herbeiführen. Dann wäre die beschriebene Fremdbestimmung in der Produktionsfunktion beseitigt und eine Verschwendung im Umgang mit knappen Gütern, Dienstleistungen und Ressourcen ausgeschlossen.

Betrachten wir unser Beispiel eines positiven technologischen externen Effekts, so profitiert die Musikgruppe von der Aktivität eines Wirtschaftssubjektes (Gitarrist), ohne zunächst den Umfang dieser Aktivität hinreichend beeinflussen zu können – das ändert sich nach Abschluss eines geeigneten Vertrags. Damit wird deutlich, dass positive technologische externe Effekte darauf hindeuten, dass im Zuge einzelwirtschaftlicher arbeitsteiliger Aktivitäten Chancen für Synergie- und Netzeffekte bestehen, die erst genutzt werden, wenn geeignete zusätzliche - stimulierende - Verträge abgeschlossen werden (können). Zur Internalisierung positiver technologischer externer Effekte ist also wichtig, dass die internalisierenden Verträge über bestehende Handlungsrechte tatsächlich aus technischer Sicht abgeschlossen werden können und aus rechtlicher Sicht abgeschlossen werden dürfen.

Mit der erfolgreichen Beseitigung (Internalisierung) negativer und positiver technologischer externer Effekte können also zusätzliche Knappheits- bzw. Qualitätsmerkmale innerhalb des Wirtschaftssystems auf (neuen) Märkten getauscht und mit Preisen bewertet werden. Unterbleibt die Internalisierung, erzeugen zusätzliche Knappheitsmerkmale Konflikte, da bestimmte Handlungen in einem höheren Umfang stattfinden als unter Effizienzgesichtspunkten wünschenswert ist, bzw. werden zusätzliche Qualitätsmerkmale in geringerem Umfang als wünschenswert bereitgestellt, wenn die Förderung der zugrunde liegenden Handlungen unterbleibt. In beiden Fällen wird die Selektionsresistenz des Gesamtsystems nachhaltig negativ beeinträchtigt.

Zusammenfassend treten technologische externe Effekte grundsätzlich dann auf, wenn das politische System keine hinreichend gut spezifizierten Handlungsrechte im Rechtssystem bereitstellt. Technologische externe Effekte treten genauer aus zwei Gründen auf. Im ersten Fall existieren die relevanten Handlungsrechte nicht. Der Ordnungsgrad des Wirtschaftssystems der durch das politische System zur Verfügung gestellt wird, ist damit zu niedrig. Die Abhilfe erfolgt durch Spezifizierung und personelle Zuordnung des relevanten Handlungsrechts. Im zweiten Fall sind einzelne Handlungsrechte nicht hinreichend gut definiert. Dies kann die nachfolgend aufgeführten Gründe haben.

Erstens können die Kosten der Durchsetzung zu hoch sein, weil die Handlungsrechte an den normativen Grundwerten einer Gesellschaft vorbei spezifiziert und personell zugeordnet wurden. In diesem Fall ist die *Korrektur* der Rechtssetzung durch Anpassung der Handlungsrechte an die Normen und Werte erforderlich, die innerhalb des kulturellen Systems gewachsen sind.

Zweitens können die Überwachungskosten in Relation zum Tauschwert eines Handlungsrechts zu hoch sein, weil dieser Aspekt bei der Spezifizierung und personellen Zuordnung nicht hinreichend beachtet wurde. Dieses Problem tritt regelmäßig dann auf, wenn die materiellen oder immateriellen Basen knapper Güter und Ressourcen, an welchen spezifizierte und personell zugeordnete Handlungsrechte verankert sind, innerhalb des politischen Systems zu feinkörnig gewählt werden. So sollten etwa exklusive Erdölförderungsrechte beim derzeitigen Stand des technischen Wissens nicht auf einzelne Kubikmeter innerhalb des Erdölfeldes als materieller Basis bezogen sein. Die Überwachungskosten wären in Relation zum Tauschwert zu hoch. Dieses Problem tritt nicht auf, wenn das *gesamte* Erdölfeld als materielle Basis für das Erdölförderungsrecht dient. Ähnlich verhält es sich im Zuge der Bereitstellung lokaler Infrastrukturgüter mit der Wahl der materiellen Basis von Handlungsrechten an Infrastruktur (hierzu später mehr). Eine Korrektur der Rechtssetzung mit Blick auf die Bezugseinheit löst die beschriebenen Probleme.

Drittens können die notwendigen flankierenden Handlungsverbote entweder fehlen oder sie sind bisher ungeeignet gefasst. Bilaterale Verhandlungen (Verträge) kommen aus dann rechtlichen Gründen nicht zustande, da die erwarteten laufenden Transaktionskosten prohibitiv wirken. Hier müssen geeignete flankierende Handlungsverbote gesetzt oder bestehende ungeeignete Handlungsverbote korrigiert werden.

Ist die Internalisierung unter Berücksichtigung der oben aufgeführten denkbaren Probleme erfolgt und hierbei insbesondere die optimale Bezugseinheit für das relevante Handlungsrecht gewählt worden, erreicht das System den *optimalen Internalisierungsgrad*[13].

Zusammenfassend ist nach der Internalisierung eines technologischen externen Effekts entweder ein neuer Markt entstanden oder ein bereits bestehender Markt erzeugt nunmehr einen Preis, der den Knappheitsgrad dessen, was auf diesem Markt getauscht wird, präziser wiedergibt. Der Ordnungsgrad des Wirtschaftssystems hat sich erhöht. Voraussetzung hierfür ist die Ergänzung der Wirtschaftsordnung innerhalb des Rechtssystems durch das politische System. Wesentliche Voraussetzung für eine geeignete Rechtssetzung ist jedoch – daran sei erinnert - die Konformität der zu ergänzenden oder anzupassenden Handlungsrechtsbündel mit den kulturell-normativen Werten innerhalb des kulturellen Systems. Die Überlebensfähigkeit des Gesamtsystems wird folglich durch die Fähigkeit einer Gesellschaft beeinflusst, Problembewusstsein zu entwickeln und demnach Anpassungsleistungen zu vollziehen[14].

---

13 Siehe grundlegend *Wegehenkel* (1991, S. 108); *Wegehenkel* (1992, S. 324). Der Begriff des optimalen Internalisierungsgrads wurde mit deutlich anderer Erklärungsabsicht auch schon von Tullock (1969) verwendet.
14 Siehe *Wegehenkel* (1991) sowie *Eger* (1996).

IV. Eigentumsrechte zwischen Zentralisierung und Dezentralisierung

Es sollte bis hierhin deutlich geworden sein, dass Funktionsfähigkeit und Funktionsqualität von Märkten von der Ausgestaltung des Systems der Handlungsrechte und Handlungsverbote abhängen. Bislang sind keinerlei Momente abgehandelt worden, die eine Koordination der Wirtschaftsprozesse außerhalb von Märkten erzwingen. Da in der Realität aber immer wieder zu beobachten ist, dass ein mehr oder weniger großer Anteil der Wirtschaftsprozesse einer Gesellschaft jenseits von Märkten auf der Basis politisch-zentraler Planungsprozesse abläuft, stellt sich die Frage, welche Sachzwänge hier wirken.

In diesem Abschnitt werden zunächst einige Umstände dargelegt, die eine Gesellschaft zwingen, zwischen *eigentumsrechtlicher* Zentralisierung und Dezentralisierung zu wählen. Darauf aufbauend werden einige Konsequenzen dieser Wahl mit Blick auf den Ablauf der Wirtschaftsprozesse ausgeführt. Dabei bleiben Probleme *organisatorischer* Zentralisierung und Dezentralisierung, die innerhalb der Ordnungspolitik gleichfalls erheblichen Stellenwert haben, zunächst unberücksichtigt.

1. Ein- und mehrdimensionale technologische externe Effekte

Als eindimensionalen technologischen externen Effekt wollen wir einen externen Effekt verstehen, der aus der Ausübung *eines* Handlungstyps durch mehrere Wirtschaftssubjekte entsteht (im Weiteren wollen wir den Begriff „technologischer externer Effekt" durch den abgekürzten Begriff „externer Effekt" ersetzen). Sind in einen solchen eindimensionalen externen Effekt *viele* Wirtschaftssubjekte involviert, kann man diesen auch als eindimensionalen multilateralen externen Effekt bezeichnen (Beispiel: Überfischen).

Als mehrdimensionalen externen Effekt bezeichnen wir einen externen Effekt, der aus der Ausübung *mehrerer* unterschiedlicher Handlungstypen durch verschiedene Wirtschaftssubjekte entsteht. Die Agrarproduktion oberhalb eines Erdölfeldes kann etwa durch die Erdölförderung dadurch beeinträchtigt werden, dass der Grundwasserpegel absinkt. In diesem Falle entstünde ein zweidimensionaler externer Effekt. Im Prinzip sind dabei soviel Dimensionen wie Handlungstypen denkbar. So könnten etwa auf (in) einem Binnensee Badeaktivitäten, Segelsport, Fischerei, Tauchsport und Naturbetrachtung miteinander einen fünfdimensionalen externen Effekt verursachen.

Lässt sich die Internalisierung eines externen Effekts im eindimensionalen Fall in der zuvor geschilderten Weise, nämlich durch geeignete Spezifizierung und personelle Zuordnung des relevanten Handlungsrechts, bewerkstelligen, ergeben sich bei der Internalisierung mehrdimensionaler externer Effekte zusätzliche Probleme. Im mehrdimensionalen Fall müssen alle Handlungsrechte, die Handlungstypen abdecken, die zum mehrdimensionalen externen Effekt beitragen, unter die Kontrolle eines Wirtschaftssubjektes gelangen. Die Internalisierung mehrdimensionaler externer Effekte erfordert also die Zusammenfassung mehrerer ursprünglich voneinander unabhängiger Handlungsrechte zu einem Bündel. Mit Blick auf die Internalisierungsrelevanz entstehen somit Nutzungszusammenhänge mit einer quantitativen und qualitativen Dimension[15], die für den

---

15 Siehe *Wegehenkel 1991* sowie *Walterscheid* 2004, S. 104 ff.

betreffenden Moment der Betrachtung dann optimale Nutzungszusammenhänge mit angepasster Exklusivität respektive einem Transaktionsquotienten ≥ 1 darstellen.

2. Zentralisierende und dezentralisierende Internalisierung

Da nun unterschiedliche Handlungsrechte möglicherweise auf unterschiedlich große Einheiten bezogen werden müssen, um den optimalen Internalisierungsgrad aufzuweisen, entstehen beim Zusammenfassen der Handlungsrechte zu einem Bündel u.U. Probleme, einen gemeinsamen Nenner zu finden. Im letzten Abschnitt war darauf hingewiesen worden, dass externe Effekte daraus entstehen können, dass Handlungsrechte bei der Rechtssetzung zu feinkörnig verankert werden oder im Fall neuer Knappheiten noch nicht verankert sind (Beispiel: Erdölförderungsrechte). Die erforderliche Mindestgröße der Bezugseinheit eines Handlungsrechtes ist offenbar abhängig von technischen Umständen. So lassen sich jene Handlungsrechte, welche die Agrarproduktion oberhalb des Erdölfeldes abdecken, problemlos auf kleine Teile dessen beziehen, was die gesamte Fläche oberhalb des Erdölfeldes ausmacht.

Bei der Zusammenfassung zweier Handlungsrechte zur Internalisierung eines zweidimensionalen externen Effekts lassen sich nunmehr zwei Varianten identifizieren. Nimmt man in unserem Beispiel die Fläche oberhalb des Erdölfeldes als gemeinsamen Nenner im Sinne eines quantitativen Nutzungszusammenhangs der Erdölförderungsrechte und jener feinkörnigeren Handlungsrechte, die Agrarproduktion abdecken, so lassen sich beide Handlungsrechte auf zweierlei Weise in einem qualitativen Nutzungszusammenhang zusammenfassen. Bei der ersten Internalisierungsvariante geraten die aggregierten Agrarproduktionsrechte und das Erdölförderungsrecht unter die Kontrolle eines Wirtschaftssubjektes. Dabei kann das Wirtschaftssubjekt auch aus einer Gruppe von Individuen, wie z.B. einer BGB-Gesellschaft oder einem Verein als juristischer Person oder aber auch aus der großen Gruppe des „Deutschen Volkes", bestehen. Die zweite Internalisierungsvariante besteht darin, die feinkörnigen Agrarproduktionsrechte in der ursprünglichen Form gestückelt zu erhalten, der Gruppe der Inhaber dieser feinkörnigen Agrarproduktionsrechte insgesamt jedoch zusätzlich die Kontrolle über das grobkörnigere Erdölförderungsrecht zuzuordnen.

Da im ersten Fall grobkörnig verankerte Agrarproduktionsrechte entstehen, feinkörnige Agrarnutzungsrechte also aufgelöst werden, bezeichnen wir diese Variante als zentralisierende Internalisierung. Im zweiten Fall bleibt die Feinkörnigkeit der Agrarproduktionsrechte auch nach der Zusammenfassung beider Rechte erhalten. Diese Art der Internalisierung kann deswegen auch als dezentralisierende Internalisierung bezeichnet werden[16]. Im ersten Fall entscheidet also ein Wirtschaftssubjekt über die Nutzung der beiden zusammengefassten Handlungsrechte. Im zweiten Fall agieren die Inhaber der Agrarnutzungsrechte weiterhin unabhängig und entscheiden als Gruppe über die Nutzung des grobkörnigeren Erdölförderungsrechts. Die beschriebenen Muster lassen sich in der realen Welt vielfach beobachten.

Soll eine der beiden Internalisierungsvarianten bevorzugt eingesetzt werden, muss dies in einer übergeordneten Verfassung festgelegt werden. Deutlich ist bereits an dieser

---

16 Zum Konzept der dezentralisierenden Internalisierung siehe *Wegehenkel* (1991, S. 113 f.).

Stelle jedoch, dass ein Minimum dezentralisierender Internalisierung stattgefunden haben muss, um die Entstehung von Individualeigentum und/oder feinkörnigem Gruppeneigentum im Fall des Auftretens neuer Knappheitsmomente zu ermöglichen. Das ist aber die Vorbedingung für Tauschprozesse und Vertragsabschlüsse über Märkte. Ein Minimum an dezentralisierender Internalisierung ist damit auch Voraussetzung für die spontane, evolutionäre Entwicklung von komplexen Organisationen wie Unternehmungen.

Die eben entwickelten Grundgedanken sollen an Hand weiterer Beispiele verdeutlicht werden. So halten Besitzer von Eigentumswohnungen individuell die auf einzelne Wohnungen bezogenen Handlungsrechte (Wohnen, Vermieten usw.). Demgegenüber verfügt die Gemeinschaft der Besitzer aller Eigentumswohnungen einer Wohnungsanlage als Gruppe über die Handlungsrechte, die sich auf bauliche Veränderung, Gartengestaltung, äußeres Erscheinungsbild usw. beziehen. Dieses rechtliche Arrangement kann man als dezentralisiert identifizieren. Zentralisierung läge vor, wenn die Gruppe der Besitzer aller Eigentumswohnungen gemeinschaftlich auch die Handlungsrechte auf Wohnen, Vermieten usw. halten würde und insofern auch über die Handhabung dieser Rechte Gruppenabstimmungsprozesse ablaufen müssten. Ähnliche Muster lassen sich bei Urbanisationen beobachten. Insgesamt werden Handlungsrechte, welche die Nutzung und Erstellung der vielfältigen Formen von Infrastruktur abdecken, notwendigerweise auf unterschiedlich große Flächen bezogen und unterschiedlich großen Gruppen zugeordnet.

Da bei der Internalisierung mehrdimensionaler externer Effekte in der Regel unterschiedlich großräumig verankertes Gruppeneigentum entsteht, werden an dieser Stelle Gruppenabstimmungsprozesse – also politische Prozesse – erforderlich, an deren Ende gemeinschaftlich beschlossene Nutzungs- oder Produktionspläne stehen. Gleichfalls wird an dieser Stelle deutlich, woraus das Nebeneinander marktlich-spontaner und gruppengebundener Koordinierung in den realen Wirtschaftssystemen herrührt. Die Notwendigkeit, immer wieder mehrdimensionale externe Effekte zu internalisieren, erzwingt auch die Zunahme von Gruppenabstimmungsprozessen und damit bei entsprechender Gruppengröße die Zunahme *politischer* Entscheidungsprozesse.

Die Beispiele machen überdies deutlich, dass handlungsrechtliche Zentralisierung tendenziell zur Minderung[17] bis zur Auflösung eigentlich möglichen Individualeigentums führt. Insgesamt sollten die bisherigen Ausführungen verdeutlicht haben, dass konsequent dezentralisierende Internalisierung den maximal möglichen Umfang an Individual- und Kleingruppeneigentum gewährleistet. Damit ist gleichzeitig das Maximum spontan möglicher Tauschakte in einer Gesellschaft gesichert. Dies entspricht spiegelbildlich dem minimal möglichen Umfang politischer Entscheidungsnotwendigkeiten über wirtschaftlich relevante Prozesse. Umgekehrt existiert nach konsequent zentralisierender Internalisierung auf alle Mitglieder einer Gesellschaft keinerlei Individual- oder Kleingruppeneigentum. Damit ist der Umfang politischer Entscheidungsnot-

---

17 Siehe ähnlich *Eger* (1998, S. 39 f.).

wendigkeiten über wirtschaftlich relevante Prozesse maximiert und spiegelbildlich der Spielraum für spontanen Tausch über Märkte minimiert.[18]

Zum besseren Verständnis der Konsequenzen dezentralisierender Internalisierung ist weiter die Erkenntnis bedeutsam, dass die von Gruppen gemeinsam kontrollierten Rechte, obzwar sie nicht individuell getauscht werden können, doch einer indirekten Bewertung über die Marktpreise für die individuell tauschbaren Rechte unterliegen. So hängt der Marktpreis einer Eigentumswohnung ganz sicher auch von der Qualität der Gesamtgestaltung der Wohnanlage als Gemeinschafts- oder auch Clubgut (*Buchanan* 1965) der Eigentümergemeinschaft ab. Es liegen folglich unterschiedliche Ausprägungen ausschließbar öffentlicher Güter[19] vor, wenn im Zuge der dezentralisierenden Internalisierung Gruppeneigentum entsteht. Dieser Aspekt ist insbesondere mit Blick auf die Erstellung lokaler Infrastruktur[20] und die Frage der Internalisierung damit verbundener positiver externer Effekte relevant.

Um Verwirrungen hinsichtlich des Konzepts der dezentralisierenden Internalisierung vorzubeugen, sei noch darauf hingewiesen, dass zeitlich nachfolgend das bekannt gewordene Konzept der optimalen Rechtsräume entwickelt wurde. Innerhalb dieses Konzepts werden allerdings politisch-organisatorische und handlungsrechtliche Aspekte kombiniert. Im Übrigen lässt sich dieses Konzept wohl auch aus diesem Grund nicht ganz so vielfältig auf unterschiedliche ökonomische Problemstellungen anwenden[21].

3. Zum Nebeneinander der beiden Grundtypen der Internalisierung

In der Realität ist immer wieder zu beobachten, dass mehrdimensionale externe Effekte uninternalisiert bleiben. Es befinden sich also Handlungsrechte, die zwecks Internalisierung eigentlich zusammengefasst werden müssten, unter der Kontrolle unterschiedlicher Wirtschaftssubjekte. Dieses besondere Phänomen fehlender oder fehlerhafter Internalisierung bezeichnen wir im Weiteren auch als Fraktionierung. Liegt Fraktionierung vor, tritt bei unterschiedlicher Größenordnung der Basis der Handlungsrechte das Phänomen auf, dass feinkörnige individuell zugeordnete Handlungsrechte getauscht und damit auf Märkten bewertet werden, die grobkörnig gefassten und großen Gruppen zugeordneten Handlungsrechte demgegenüber jedoch als Gemeineigentum entsprechend der Entscheidung politischer Agenten über zentrale Pläne koordiniert werden.

So sind beispielsweise Handlungsrechte an Immobilien in der Bundesrepublik feinkörnig und individuell ausgestaltet. Daher können sie auch Gegenstand individueller Tauschakte sein. Die verschiedenen Handlungsrechte, die sich auf Herstellung und Nut-

---

18 Da vollständig zentralisierende Internalisierung im Ergebnis keinerlei spontane Marktprozesse zulässt, wollen wir die Spezifika dieser Variante in diesem Papier nicht weiter verfolgen. Hierzu sei ersatzweise erneut auf die reichhaltig vorhandene Literatur über die sog. Zentralverwaltungswirtschaft verwiesen. Die Zentralverwaltungswirtschaft stellt aus der hier eingenommenen Perspektive die sich anbietende Koordinationsform nach vollständig zentralisierender Internalisierung dar. Zur Zentralverwaltungswirtschaft siehe grundlegend *Hensel* (1979).
19 Zur Bedeutung ausschliessbar öffentlicher Güter siehe insbesondere die kurzen aber vorausschauenden Ausführungen bei *Auster* (1977).
20 In ähnlicher Bedeutung wie die lokal öffentlichen Güter bei *Tiebout* (1956).
21 Zum Konzept der optimalen Rechtsräume siehe etwa *Schmidt-Trenz* und *Schmidtchen* (1994) sowie auch *Frey* (1997).

zung der unterschiedlichen Infrastrukturdimensionen beziehen, stehen jedoch unter der Kontrolle politischer Agenten unterschiedlich großer Gruppen von Wahlbürgern als Prinzipale. Die fehlende individuelle Zuordnung macht direkte Marktprozesse über solcherart kontrollierte Infrastruktur unmöglich. Der Tauschwert von Immobilienbesitz hängt nun – wie beschrieben – *auch* weitgehend von der Qualität der Infrastruktur ab, in welche die Immobilie eingebettet ist. Damit wird Infrastruktur indirekt über den Immobilientausch mitbewertet. Insgesamt verdeutlich das Beispiel, dass der Tauschwert individuellen Eigentums bei Wirken eines mehrdimensionalen externen Effekts durchaus auch von der Qualität von Gruppeneigentum abhängt, bei dem die Eignergruppe sich - anders als im Wohnanlagenbeispiel - nicht mit der entsprechenden Gruppe der Individualeigentümer deckt. Hieraus entstehen Reibungsverluste des Systems, die einer näheren Klärung bedürfen.

4. Probleme bei Fortbestand mehrdimensionaler externer Effekte

In unserem Immobilien-Infrastruktur-Beispiel lassen sich in real beobachtbaren Marktwirtschaften typischerweise zwei Gruppen von Wahlbürgern unterscheiden, die Teile des für Internalisierungszwecke relevanten Bündels der Handlungsrechte halten. Die erste Gruppe besteht aus den Inhabern der Handlungsrechte an Immobilien, die in der Regel auch als Wahlbürger über Stimmrecht verfügen. Als Wahlbürger beeinflussen sie auch die Entscheidungen über Herstellung und Nutzung von Infrastruktur, die im politischen Raum fallen. Die zweite – ungleich größere – Gruppe enthält jene Wahlbürger, die keine Handlungsrechte an Immobilien halten, über ihre Stimmabgabe aber die Entscheidungen über Herstellung und Nutzung von Infrastruktur im politischen Raum mitbestimmen.

Im beschriebenen Szenario ist das internalisierungsrelevante Handlungsrechtsbündel also fraktioniert, was in der Folge zu Teilzentralisierung führen kann[22]. Dieser Sachverhalt erzeugt eine Reihe von Effizienzproblemen. Effizienzprobleme können etwa in Verbindung mit den Finanzierungsnotwendigkeiten, den Nutzungsmöglichkeiten und den wirtschaftlichen Konsequenzen von Infrastruktur entstehen. Die Finanzierung von Infrastruktur, die sich in öffentlichem Besitz befindet, muss von der gesamten Gruppe der Wahlbürger geleistet werden. Dabei sind die Wahlbürger hinsichtlich ihrer Interessen unterschiedlich betroffen. Da die Marktpreise für Immobilienbesitz von einer Verbesserung von Infrastruktur im allgemeinen positiv beeinflusst werden, können Inhaber von Handlungsrechten an Immobilien nach infrastrukturellen Verbesserungsinvestitionen beim Verkauf ihrer Immobilien Wertsteigerungen realisieren, die nicht auf ihre eigenen individuellen Anstrengungen zurückzuführen sind. Werden die Immobilieneigner systematisch in angemessen hoher Form finanziell an den Infrastrukturinvestitionen beteiligt und entspricht die Kosten-Nutzen-Relation ihren Vorstellungen, ergeben sich keine direkten Effizienzprobleme. Lässt sich eine angemessene Beteiligung der Immobilienbesitzer im politischen Prozess nicht durchsetzen, treten Effizienzprobleme allerdings auf.

---

22 Siehe erstmals bei *Wegehenkel* (1991) und später ausführlicher bei *Walterscheid* (2004).

Bei zu hoher anteiliger Belastung sinkt die Neigung, Immobilien zu halten. Damit wird der Marktpreis aufgrund der verringerten Nachfrage gleichfalls sinken. In der Folge sinkt auch die Bereitschaft, privat in Immobilien zu investieren. Bei systematisch zu niedriger anteiliger Belastung der Immobilienbesitzer steigt die Nachfrage nach Immobilien, wodurch auch der Immobilienpreis steigt. In der Folge sinkt jedoch die Bereitschaft der Wahlbürger ohne Immobilienbesitz, Investitionen in Infrastruktur zu finanzieren, da sie erfahren müssen, dass ihre finanziellen Beiträge den Immobilienbesitzern zu einer exklusiv wirkenden Preissteigerung auf dem Immobilienmarkt verhelfen, an dem sie ohne Immobilienbesitz nicht nur nicht teilhaben sondern möglicherweise durch in der Folge erhöhte Mieten sogar negativ betroffen sind. Insgesamt bleibt festzuhalten, dass bei fehlender Internalisierung des beschriebenen zweidimensionalen externen Effekts die Wahlbürger ohne Immobilienbesitz sowohl von den positiven als auch den negativen Preiswirkungen auf dem Immobilienmarkt, die aus qualitativ unterschiedlicher Infrastruktur resultieren, unberührt bleiben.

Insgesamt führt daher die fehlende Internalisierung zu andauernden Verteilungskämpfen zwischen den beiden Gruppen. Dieses mittels des Beispiels illustrierte Ergebnis lässt sich auf viele Bereiche übertragen, die durch die Existenz dauerhaft fortbestehender mehrdimensionaler externer Effekte gekennzeichnet sind. Bleibt noch hinzuzufügen, dass die Internalisierung mehrdimensionaler externer Effekte häufig deswegen unterbleibt, weil innerhalb des kulturellen Teilsystems gewachsene Werte der Anwendung geeigneter Internalisierungstechniken entgegenstehen. In unserem Beispiel etwa könnte das Ergebnis der Internalisierung des zweidimensionalen externen Effekts dem Vorwurf ausgesetzt sein, zu einer Variante des Zweiklassen-Wahlrechts zu führen, da nach Internalisierung konsequenter Weise lediglich die Inhaber von Handlungsrechten an Immobilien über Infrastruktur abzustimmen berechtigt wären.

V. Die Problematik des Wettbewerbs um politische Einflussnahme

Fehlende Internalisierung macht jene Konflikte, die anlässlich der personellen Zuordnung individueller Handlungsrechte zu Internalisierungszwecken innerhalb des politischen Teilsystems schlimmstenfalls einmal zu lösen sind, zu Dauerkonflikten, die Konsequenzen für die weitere Entwicklung des sozialen Systems beinhalten. Je größer nämlich die wirtschaftliche Relevanz politischer Entscheidungen aus der Sicht der Wirtschaftssubjekte eingeschätzt wird, umso mehr lohnt es sich zu versuchen, politischen Einfluss zu gewinnen, um die eigene Position *wirtschaftlich* zu verbessern. Es beginnt der Wettbewerb um politische Einflussnahme, der innerhalb der Literatur über das Phänomen des „Rent-Seeking" ausführlich abgehandelt worden ist[23]. Der Spielraum für Wettbewerb um politische Einflussnahme ist nun umso größer, je stärker der durch Fraktionierung verursachte Umfang der Teilzentralisierung ausfällt. Dies gilt deswegen, weil aus dem größeren Umfang politischer Entscheidungsnotwendigkeiten bei Teilzentralisierung gegenüber konsequenter Dezentralisierung auf größere Verteilungsspielräume für politische Agenten bei Teilzentralisierung geschlossen werden kann.

---

23 Zum Wettbewerb um politische Einflussnahme siehe *Downs* (1957). Für einen umfassenden Überblick zur Theorie des Rent-Seeking siehe etwa *Rowley, Tollison* und *Tullock* (1988).

Als Renten werden innerhalb der Wirtschaftswissenschaften im weitesten Sinne Entlohnungen für zur Verfügung gestellte Ressourcen bezeichnet. Als Grundrente bezeichnet man etwa die Entlohnung für den Faktor Boden[24]. Renten entfallen aber auch auf schöne Stimmen, erworbenes Ansehen, Patente, Copyrights und Pfründe. Innerhalb der Rent-Seeking-Literatur werden insbesondere auch Einkünfte aus erworbenen Besitzständen als Renten bezeichnet. Renten sind als wirtschaftliche Anreize notwendig und nicht per se ineffizient. So führen etwa höhere Grundrenten zur intensiveren Nutzung des wertvolleren Bodens. Innerhalb der Rent-Seeking-Theorie werden jedoch Typen von Renten abgehandelt, die auf dramatische Weise effizienzmindernd wirken, wenn sie denn durch die Strukturen des politischen Teilsystems und des Wirtschaftssystems zugelassen werden[25].

Nehmen wir zur Verdeutlichung des Sachverhalts an, eine Gruppe von Unternehmungen produziere und verkaufe bislang auf einem etablierten Markt DVD-Brenner eines bestimmten technischen Standards und habe sich eine stabile Marktposition erarbeitet. Die Amortisation des investierten Kapitals erfolge bis dahin zufriedenstellend. Ein potentieller Wettbewerber plane, ein neues, technisch überlegenes Gerät als Innovation auf den Markt zu bringen und sei im Prinzip in der Lage, das bessere Gerät zu einem Preis anzubieten, der den aktuell gültigen Preisen für die eingeführten Produkte entspricht. Dann wären die etablierten Anbieter gezwungen, den Preis für ihre technisch schlechteren Produkte zu senken. Die Amortisation des investierten Kapitals müsste sich damit verschlechtern – die Rente aus ihren bisherigen Marktpositionen würde sinken. Dann bestünden seitens der Altanbieter wirtschaftliche Anreize, bis zur Höhe der verminderten Amortisation des eingesetzten Kapitals zu versuchen, politisch in der Richtung Einfluss zu nehmen, dass die Innovation verhindert wird. Dies gilt jedenfalls dann, wenn das Wirtschaftssystem wegen mangelhafter Internalisierung einen zu geringen Ordnungsgrad aufweist und damit Spielraum für wirtschaftlich wirksame politische Verteilungsprozesse besteht. Die Altanbieter könnten etwa den Blick darauf lenken, dass die neuen Brenner mehr Elektrosmog als die alten Geräte verursachen und daher gesundheitliche Gefahren für die Nachfrager entstehen können.

Die etablierten Anbieter könnten sich zu diesem Zweck etwa absprechen, gemeinschaftlich in Lobbyismus zu investieren. Die Grenze ihrer wirtschaftlichen Anreize hierzu liegt knapp unterhalb der Höhe der Minderung ihrer Nettoeinnahmen durch den Marktzutritt des neuen Wettbewerbers. Bis zu diesem Umfang wären die Altanbieter also bereit, Mittel für politische Einflussnahme aufzuwenden, um den Marktzutritt des Innovators zu verhindern. Dann muss der potentielle Innovator diese Zahlungsbereitschaft als Markteintrittsbarriere betrachten, die er nur überwinden kann, wenn er seinerseits bereit ist, in politische Einflussnahme zu investieren.

Die nachfolgende Abbildung veranschaulicht den Zusammenhang zwischen Teilzentralisierung und den Grenzgewinnen aus Profit-Seeking und Rent-Seeking-Aktivitäten als alternative Handlungsmöglichkeiten der Wirtschaftssubjekte[26].

---

24 Siehe etwa *Carrell* (1968, S. 80 ff. und S. 351 ff.).
25 Zur Wirkung von Rent-Seeking insbesondere auf das Innovationsverhalten siehe *Tullock* (1988).
26 Zum Gegensatzpaar Profit-Seeking vs. Rent-Seeking siehe ausführlich *Buchanan* (1980).

Abbildung 1: Ausgestaltung der Handlungsrechte einer Gesellschaft und Verhalten der Wirtschaftssubjekte[27]

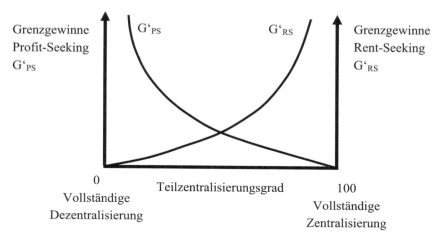

Entscheidend für den Einsatz knapper Mittel für Rent-Seeking (RS) oder Profit-Seeking-Aktivitäten (PS) ist demnach die Ausgestaltung der Handlungsrechte innerhalb einer Gesellschaft. Diese kann sich zwischen den Polen der Dezentralisierung mit einem Teilzentralisierungsgrad von 0 und Zentralisierung mit einem Teilzentralisierungsgrad von 100 bewegen, sofern politischen Agenten eines Gesellschaftssystems offen für Rent-Seeking-Aktivitäten sind. Die Kurve G'_{RS} beschreibt typisiert den Zusammenhang zwischen den Grenzgewinnen aus unproduktivem Rent-Seeking und dem Grad der Teilzentralisierung. Die Kurve G'_{PS} zeigt demgegenüber den Zusammenhang zwischen den Grenzgewinnen aus produktivem Profit-Seeking und ebenfalls dem Grad der Teilzentralisierung.

Aus den vorherigen Ausführungen werden zwei grundlegende Erkenntnisse der Theorie des Rent-Seeking deutlich: Je mehr Wettbewerb um politische Einflussnahme ablaufen kann, umso mehr werden Innovationen erschwert und umso mehr werden Ressourcen beim Einsatz in unproduktiven Verwendungen verschwendet. Ein soziales System, das den zwecks wirtschaftlicher Vorteile ablaufenden Wettbewerb um politische Einflussnahme auf ein notwendiges Minimum zu reduzieren in der Lage ist, erhöht den Anreiz zu Innovationen.

1. Rent-Seeking und Marktprozesse bei Teilzentralisierung

Die Höhe des Rent-Seeking-Potenzials eines Systems bestimmt sich aus zwei Komponenten. Zum einen entstehen bei jedem Internalisierungsversuch anlässlich der personellen Zuordnung neu spezifizierter Handlungsrechte politische Konflikte. So wird im Vorfeld der personellen Zuordnung wertvoller Handlungsrechte an Fischgründen sicher Wettbewerb um politische Einflussnahme stattfinden. Sind die Handlungsrechte jedoch

---

27 Eigene Darstellung, ähnlich bei März (1990).

einmal zugeordnet, enden auch die wirtschaftlich relevanten politischen Einflussnahmen. Zum anderen bestimmt sich das Rent-Seeking-Potenzial – wie früher ausgeführt - aus dem Grad der handlungsrechtlichen Teilzentralisierung. Ein hoher Anteil handlungsrechtlicher Teilzentralisierung bedeutet auch hohen direkten Einfluss politischer Institutionen auf den Ablauf der Wirtschaftsprozesse. Je höher der handlungsrechtliche Teilzentralisierungsgrad, umso mehr Anreize bestehen, sich an Wettbewerb um politische Einflussnahme gezielt organisiert[28] zu beteiligen – mit den entsprechenden negativen Wirkungen auf die Leistungsfähigkeit des Wirtschaftssystems.

Nun lässt sich die aus dem letzten Abschnitt ersichtliche Empfehlung an das politische Teilsystem, nach Möglichkeit dezentralisierend zu internalisieren, in der Realität nicht so leicht umsetzen. Wie oben beschrieben wurde, anlässlich der personellen Zuordnung von Handlungsrechten innerhalb des politischen Teilsystems Konflikte zu lösen. Den politischen Agenten steht jedoch eine Strategie zur Verfügung, der Lösung von Konflikten kurzfristig auszuweichen. Wird nämlich statt dezentralisierend zu internalisieren der Grad der Teilzentralisierung erhöht, sind die Konflikte zwischen den verschiedenen interessierten Gruppen von Wirtschaftssubjekten zunächst unter den Teppich gekehrt. Stünde etwa die Spezifizierung und personelle Zuordnung von Handlungsrechten an Fischgründen an, könnte man kurzfristig den Konflikten, die anlässlich der personellen Zuordnung zu erwarten sind, aus dem Wege gehen, indem man die Handlungsrechte an Fischgründen der Allgemeinheit zuordnet – also teilzentralisiert. Diese Strategie beinhaltet für die politischen Agenten neben der Konfliktvermeidung noch einen weiteren wesentlichen Vorteil. Durch weitere Teilzentralisierung entsteht nämlich weitere Verteilungsmasse zur Befriedigung der Interessenlagen unterschiedlicher Teilnehmer am Wettbewerb um politische Einflussnahme (*Downs* 1957). Sind die Handlungsrechte an Fischgründen teilzentralisierend zugeordnet worden, steht der Regierung die Möglichkeit offen, bestimmten Gruppen im Wege politisch-bürokratischer Zuordnungsprozesse temporär und *widerruflich* das Recht zum Fischfang zu gewähren (hiermit wird ein „Nutzungsrecht" begründet).

Die Gewährung derartiger Nutzungsrechte auf der Basis von Teilzentralisierung kann kostenlos erfolgen. Das entspricht einer direkten temporären Privilegiengewährung. Die Vergabe solcher Nutzungsrechte kann auch die Erhebung von Gebühren und Steuern vorsehen, womit verteilungs- und damit privilegierungsfähige Einnahmen erzielt werden. Im gegebenen Kontext sind auch Versteigerungen denkbar. Versteigerungen verschaffen politischen Agenten gleichfalls finanzielle Verteilungsmasse. Andererseits werden durch Versteigerung von Nutzungsrechten auf handlungsrechtlich teilzentralisierter Basis Marktprozesse eingeleitet.

Im Unterschied zu jenen Marktprozessen, die nach dezentralisierender Internalisierung ablaufen, fehlt hier jedoch die langfristige Orientierung, da politische Veränderungen auch die Praxis der Vergabe der Nutzungsrechte beeinflussen können. Tatsächlich steht die Vergabepraxis bei und nach jedem politischen Abstimmungsprozess neu zur Disposition. Daraus ergeben sich Planungsunsicherheiten der betroffenen Wirtschaftssubjekte, die bei dezentralisierender Internalisierung vermieden werden könnten. Nut-

---

[28] Siehe zur gezielten Organisation kollektiven Handelns in Interessengruppen grundlegend *Olson* (1971)

zungsrechte auf der Basis teilzentralisierter Handlungsrechte können damit nicht wohldefiniert sein. Die Planungsunsicherheiten erhöhen sich insbesondere auch dadurch, dass die Vergabepraxis von Nutzungsrechten zum Gegenstand von Wettbewerb um politische Einflussnahme wird, da alle Betroffenen wissen, dass die politischen Agenten diesbezüglich Verteilungsspielraum haben. Die naheliegende Ausweichstrategie der politischen Agenten führt also letztlich zu einer weiteren Erhöhung des Rent-Seeking-Potenzials mit den bereits geschilderten effizienzmindernden Wirkungen. Hieraus können Pfadabhängigkeiten im Sinne historisch bedingter Restriktionen hinsichtlich der Entscheidungsspielräume politischer Agenten entstehen[29].

Zusammenfassend sei unterstrichen, dass der Existenz und dem Entstehen von Nutzungsrechten die Fraktionierung wertvoller Handlungsrechtsbündel zugrunde liegt, die aus Effizienzgründen in der Hand eines Wirtschaftssubjektes gebündelt sein sollten. Erst die Fraktionierung und nachfolgende Teilzentralisierung in Richtung Politiksystem eröffnet den diskretionären Verteilungsspielraum politischer Agenten mit den geschilderten Wirkungen auf die Selektionsresistenz eines Gesellschaftssystems im Systemwettbewerb.

Zur Verdeutlichung dieser Zusammenhänge sei eine Internalisierungshierarchie für einen Wohnblock mit individuell gehaltenen Eigentumswohnungen skizziert. Als Internalisierungshierarchie wird hier einfach die Anordnung der Handlungsrechte in Abhängigkeit von jenem Umfang der Basis, der den optimalen Internalisierungsgrad erzeugt, bezeichnet. In unserer Darstellung (Abbildung 2) steigt der erforderliche Umfang von unten nach oben[30]. Für Abbildung 2 wird vollständig dezentralisierende Internalisierung unterstellt. Die (individuellen) Eigentümer von Eigentumswohnungen (H.R. EW) stimmen – der Internalisierungsrelevanz folgend – zuerst in der geschlossenen Gruppe der Eigentümerversammlung über die Gemeinschaftsanlagen bezüglich des Wohnblocks ab (H.R u. G.G Wohnanlage einschließlich des Grundstücks). Auf der nächsten Ebene der Internalisierungshierarchie kann man sich alle Eigentümer von Wohnungen in einer gleichfalls geschlossenen entsprechend größeren Gruppe organisiert vorstellen, die über die z.B. infrastrukturellen Belange einer ganzen Wohnsiedlung aus Wohnblocks mit Eigentumswohnungen befindet (H.R. u. G.G. Wohnsiedlung). Schließlich kann man sich auf der letzten in Abbildung 2 erfassten Ebene vorstellen, dass über die Infrastruktur einer ganzen Stadt, die aus Wohnsiedlungen der eben beschriebenen Art besteht, durch eine entsprechende Versammlung (oder ihre Vertreter) entschieden wird (Handlungsrechte und Gemeinschaftsgüter Stadt).

---

[29] Siehe hierzu etwa *North* (1990, S. 119); *Schlicht* (1998, S. 11) sowie *Ackermann* (2001, S. 171 ff.).
[30] Zur Internalisierungshierarchie siehe grundlegend *Wegehenkel* (1991).

Abbildung 2: Individualeigentum bei vollständiger dezentralisierender Internalisierung

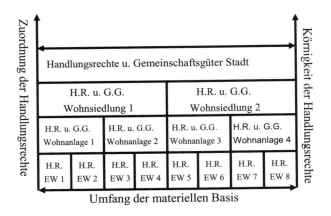

Abbildung 3: Individualeigentum bei Teilzentralisierung aller grobkörnigeren Rechte

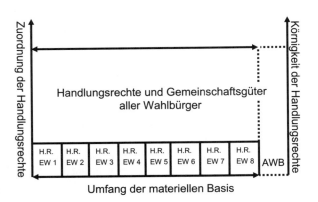

In Abbildung 3 wird nunmehr unterstellt, dass zwar nach wie vor individuelles Eigentum an den Wohnungen auf der untersten Ebene der Internalisierungshierarchie gegeben ist, doch alle Infrastrukturentscheidungen ohne Berücksichtigung der Internalisierungsrelevanz ausschließlich durch die Vertreter (politische Agenten), einer größeren und mit Blick auf Wohneigentum offenen Gruppe getroffen werden. Die zusätzlichen Mitglieder ohne Eigentumswohnungen werden in der Abbildung 3 durch AWB (Allgemeine Wahlbürger) gekennzeichnet.

Es entsteht dann Fraktionierung und Teilzentralisierung mit der Folge, dass mögliches Kleingruppeneigentum, das für die Qualität des Individualeigentums große Bedeutung aufweist, verschwindet.

Abbildung 4: Vermindertes Individualeigentum bei Zunahme der Teilzentralisierung

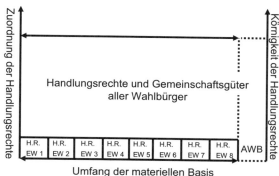

Abbildung 4 verdeutlicht abschließend, dass verbleibendes Individualeigentum somit der Gefahr ausgesetzt ist, aufgrund der Fraktionierung und Teilzentralisierung wertvoller Handlungsrechtsbündel und der fehlenden Beachtung der Internalisierungsrelevanz, im Zuge politischer Entscheidungen ausgehöhlt zu werden. Es findet genau genommen eine schleichende Teilenteignung statt, die zugleich die Verfügungsmasse politischer Agenten erhöht.

2. Der Weg zu dezentralisierender Internalisierung

Da das Nebeneinander von handlungsrechtlicher Zentralisierung und Dezentralisierung in Gestalt der Teilzentralisierung eine Reihe von Reibungsverlusten beinhaltet, die bei strikter handlungsrechtlicher Dezentralisierung nicht auftreten würden, stellt sich die Frage, wie angesichts der im letzten Abschnitt dargelegten Interessenlagen der politischen Agenten die Neigung zur Teilzentralisierung gemindert werden kann, bzw. wie sich das soziale Gesamtsystem aus dem Fraktionierungsdilemma und der daraus folgenden Teilzentralisierung befreien kann.

Die Neigung zu handlungsrechtlicher Teilzentralisierung resultiert letztlich daraus, dass allen Wirtschaftssubjekten klar ist, dass die politischen Agenten fortlaufend über wirtschaftlichen Verteilungsspielraum verfügen. Erst dieses Bewusstsein macht aus der Sicht der Wirtschaftssubjekte Engagement im Wettbewerb um politische Einflussnahme lohnend und führt dazu, dass die Anreize der politischen Agenten weiter in Richtung Teilzentralisierung wirken. Die hier wirkenden Anreize könnten nur durch eine verfassungsmäßig verankerte Reduktion der wirtschaftlichen Verteilungsmacht politischer Agenten gemindert werden. Hierfür bieten sich tatsächlich mehrere Ansatzpunkte an.

So könnte eine verfassungsrechtlich verankerte Verpflichtung zu dezentralisierender Internalisierung den Verteilungsspielraum politischer Agenten glaubwürdig eingrenzen. Wird weiter die Internalisierungsrelevanz von Elementen des Wahlrechts berücksichtigt, lässt sich ergänzend eine Verringerung der durch Fraktionierung erzeugten Ineffizienzen durch geeignete Anpassungen im Bereich der Wahlrechte von Wahlbürgern mit und ohne Eigentum an Grund und Boden erreichen.

Weiter könnte die Unabhängigkeit politischer Agenten von den Wirkungen des Wettbewerbs um politische Einflussnahme durch längerfristige Wahlperioden und höhere Entlohnung ihrer politischen Tätigkeit bei gleichzeitigem Verbot von Nebentätigkeiten verstärkt werden. In Verbindung mit längerfristigen Wahlperioden wäre auch eine Begrenzung der Wiederwählbarkeit für einige Kategorien politischer Agenten zu diskutieren.

Zusätzliche Wahlrechtsbündel, die eine Kontrolle politischer Entscheidungen auch während der Wahlperiode ermöglichen - ähnlich der in der Schweiz praktizierten Referenden und Initiativen - könnten das Auftreten der beschriebenen, die Selektionsresistenz (Widerstandsfähigkeit) der betroffenen Gesellschaftssysteme in turbulenter Umwelt schwächenden, Pfadabhängigkeiten reduzieren (*Feld* und *Savoiz* 1998).

Überdies bestehen Möglichkeiten, die demokratische Gewaltenteilung weiter zu differenzieren. In diesem Zusammenhang kommt dem Zweikammersystem, das von *F.A. von Hayek* vorgeschlagen wurde, in der prinzipiellen Aussage richtungsweisende Bedeutung zu (*Hayek* 1979, S. 105 ff.). In freier Anlehnung an *Hayek* müsste die Legislative der bis heute evolutionär gewachsenen Demokratien aufgeteilt werden in eine Kammer, welche die Prinzipien der Rechtssetzung vorgibt, ohne selbst konkret Recht zu setzen, und eine Kammer, die innerhalb der vorgegebenen Prinzipien konkretes Recht setzt. Evolution von Recht könnte dann in der Weise erfolgen, dass auf der Grundlage der Prinzipien der Rechtssetzung die Transferenz zwischen informellem und formellem Recht ermöglicht würde und in der Folge die Effizienz von Regeln in einem dynamischen Prozess zunähme.

VI. Fazit: Pfadabhängigkeit in Richtung Zentralisierung?

Der Grad der Teilzentralisierung der Handlungsrechte einer Gesellschaft bestimmt das Rent-Seeking-Potenzial, denn wertvolle Handlungsrechte sind Gegenstand des Maximierungsverhaltens politischer Agenten im Politiksystem. Der Wettbewerb um politische Einflussnahme in Wechselwirkung mit dem Wettbewerb um politische Stimmen erzeugt zudem Anreize bei politischen Agenten, den Umfang zentralisiert gehaltener wertvoller Handlungsrechte kontinuierlich zu erhöhen. Dies wird durch den Sachverhalt erleichtert, dass in vielen westlichen indirekten Demokratien eine zu geringe Abgrenzung zwischen dem Rechts- und Politiksystem besteht, sodass die Existenz einer realen Gewaltenteilung fragwürdig erscheint.

An dieser Stelle ist zu unterstreichen, dass zunehmende Teilzentralisierung über die oben geschilderten Hebel folglich eher zu einer Verminderung als zu einer Verstärkung der Gewaltenteilung in den derzeitigen demokratisch organisierten Gesellschaftssystemen führt. Zunehmende Teilzentralisierung führt darüber hinaus zu verringerter Anpassungsfähigkeit des Systems in einer turbulenten Umwelt, da zunehmende Teilzentralisierung aufgrund der dargestellten Zusammenhänge die Entwicklung innovativer Vielfalt und somit die Fähigkeit einer Gesellschaft behindert, Störungen aus der relevanten

Umwelt mit hinreichend aufgebauter Eigenkomplexität respektive erforderlicher Vielfalt auszuregeln.

Der von politischen Agenten strategisch einsetzbare Umfang teilzentralisierter Handlungsrechte würde hingegen im Zuge einer dezentralisierenden Internalisierung deutlich reduziert.

Die Entwicklung in Richtung zunehmender Teilzentralisierung demokratischer Gesellschaftssysteme kann zudem Pfadabhängigkeiten erzeugen, die eine Abkehr von dieser historisch beobachtbaren Entwicklung aufgrund zu hoher Opportunitätskosten zu Lasten politischen Agenten zunächst unmöglich macht. Der Weg in Richtung Dezentralisierung wäre demnach versperrt.

Die negativen Konsequenzen aus zunehmender Teilzentralisierung der Handlungsrechte verlangen folglich nach Überlegungen darüber, wie die geschilderte Pfadabhängigkeit durchbrochen werden kann. Der Weg in Richtung Dezentralisierung der Handlungsrechte setzt umfassende institutionelle Veränderungen voraus, die durchgängig in eine Zielrichtung weisen müssen – die Reduktion der ökonomischen Verteilungsmacht politischer Agenten und deren daraus resultierenden Loslösung vom Einfluss des Wettbewerbs um politische Einflussnahme. Die notwendigen institutionellen Veränderungen können als Weiterentwicklung moderner Demokratien in Richtung verbesserter Gewaltenteilung verstanden werden.

Wesentlich für die nachhaltig erfolgreiche Umsetzung solcher Maßnahmen, die den Weg in Richtung Dezentralisierung öffnen, ist jedoch deren Übereinstimmung mit den Grundwerten einer Gesellschaft. Solange diese insbesondere mit Blick auf den Medianwähler nicht über Informationsmärkte hergestellt wird oder werden kann, ist die Fortsetzung der Bewegung einer Gesellschaft auf dem Pfad der Teilzentralisierung in Richtung vollständiger Zentralisierung wahrscheinlich.

Literatur

Ackermann, Rolf (2001), *Pfadabhängigkeit, Institutionen und Regelreform*, Tübingen.
Alchian, Armen A. (1979), Some Implications of Recognition of Property Right Transactions Costs, in: Karl Brunner (Hg.), *Economics and Social Institutions*, Boston, The Hague und London, S. 233-254.
Alchian, Arman A. und Harold Demsetz (1973), The Property Rights Paradigm, *Journal of Economic History*, Bd. 33, S. 16-27.
Ashby, William R. (1956), *Introduction to Cybernetics*, London.
Auster, Richard D. (1977), Private Markets in Public Goods (or Qualities), *Quarterly Journal of Economics*, Bd. 91, 3, S. 419-430.
Bertalanffy, Ludwig von (1956), General System Theory, in: Ludwig von Bertalanffy, (Hg.), *General Systems. Yearbook of the Society for the Advancement of General Systems Theory*, Bd. 1, Ann Arbor, S. 1-10.
Buchanan, James M. (1965), An Economic Theory of Clubs, *Economica*, Bd. 32, S. 1-14.
Buchanan, James M. (1980), Rent-Seeking and Profit-Seeking, in: James M. Buchanan, Robert D. Tollison und Gordon Tullock (Hg.), *Toward a Theory of the Rent-Seeking Society*, College Station, Texas, S. 3-15.
Buchanan, James M. und William C. Stubblebine (1962), Externality, *Economia*, Bd. 29, S. 371-384.
Carell, Erich (1968), *Allgemeine Volkswirtschaftslehre*, 13. Auflage, Heidelberg.

Coase, Ronald H. (1959), The Federal Communications Commission, *Journal of Law and Economics*, Bd. 2, S. 26-27.
Coase, Ronald H. (1960), The Problem of Social Cost, *Journal of Law and Economics*, Bd. 3, S. 1-44.
Commons, John R. (1931), Institutional Economics, *American Economic Review*, Bd. 21, S. 648-657.
Demsetz, Harold (1967), Toward a Theory of Property Rights, *American Economic Review*, Bd. 57, S. 347-373.
Downs, Anthony (1957), *An Economic Theory of Democracy*, New York.
Eger, Thomas (1996), Die Entstehung von Recht als Prozess der Selbstorganisation, in: Birger P. Priddat und Gerhard Wegner (Hg.), *Zwischen Evolution und Institution – neue Ansätze in der ökonomischen Theorie*, Marburg, S. 211-244.
Eger, Thomas (1998), Private und öffentliche Eigentumsrechte aus ökonomischer Sicht, in: Martin Held und Hans G. Nutzinger (Hg.), *Eigentumsrechte verpflichten. Individuum, Gesellschaft und die Institution*, Frankfurt a.M. und New York.
Feld, Lars P. und Marcel R. Savoiz (1998), Vox Populi, Vox Bovi? Ökonomische Auswirkungen direkter Demokratie, in: Gerd Grötzinger und Stephan Panther (Hg.), *Konstitutionelle Politische Ökonomie. Sind unsere gesellschaftlichen Regelsysteme in Form und guter Verfassung?*, Marburg, S. 29-80.
Frey, Bruno S. (1997), *Ein neuer Föderalismus für Europa: Die Idee der FOCJ*, Tübingen.
Furubotn, Erik G. und Svetozar Pejovich (1972), Property Rights and Economic Theory: A Survey of Recent Literature, *Journal of Economic Literature*, Bd. 10, S. 1137-1162.
Furubotn, Erik G. und Svetozar Pejovich (Hg.) (1974), *The Economics of Property Rights*, Cambridge, Mass.
Graf, Hans G. (1978), *„Muster-Voraussagen" und „Erklärungen des Prinzips" bei F.A. von Hayek: Eine methodologische Analyse*, Tübingen.
Hayek, Friedrich A. von (1971), *Die Verfassung der Freiheit*, Tübingen.
Hayek, Friedrich A. von (1979), *Law, Legislation and Liberty, Vol. 3: The Political Order of a free People*, London und Henley.
Hensel, Karl. P. (1979), *Einführung in die Theorie der Zentralverwaltungswirtschaft*, Stuttgart und New York.
Heuss, Ernst (1965), *Allgemeine Markttheorie*, Tübingen und Zürich.
Hoppmann, Erich (1972), *Fusionskontrolle*, Tübingen.
Märtz, Thomas (1990), *Interessengruppen und Gruppeninteressen in der Demokratie*, Frankfurt a.M., Bern, New York und Paris.
Meade, James E. (1973), *The Theory of Economic Externalities. The Control of environmental Pollution and Similar Social Costs*, Leiden.
North, Douglass C. (1990), *Institutions, Institutional Change and Economic Performance*, Cambridge, Mass.
Olson, Mancur (1971), *The Logic of Collective Action: Public Goods and the Theory of Groups*, Cambridge, Mass.
Parsons, Talcott (2003), *Das System moderner Gesellschaften*, 6. Aufl., Frankfurt a.M.
Röpke, Jochen (1977), *Die Strategie der Innovation. Eine systemtheoretische Untersuchung der Interaktion von Individuum, Organisation und Markt im Neuerungsprozeß*, Tübingen.
Rowley, Charles K., Robert D. Tollison und Gordon Tullock (Hg.) (1988), *The Political Economy of Rent-Seeking*, Bosten, Dordrecht und Lancaster.
Schlicht, Ekkehart (1998), *On Custom in the Economy*, Oxford.
Schmidtchen, Dieter (1983), *Property Rights, Freiheit und Wettbewerbspolitik*, Tübingen.
Schmidt-Trenz, Hans-Jörg und Dieter Schmidtchen (1994), Theorie optimaler Rechtsräume. Die Regulierung sozialer Beziehungen durch die Kontrolle von Territorium, *Jahrbuch für Neue Politische Ökonomie*, Bd. 13, S. 7-29
Tiebout, Charles. M. (1956), A Pure Theory of Local Expenditures, *Journal of Political Economy*, Bd. 64, S. 416-424.
Tullock, Gordon (1969), Federalism: Problems of Scale, *Public Choice*, Bd. 4, S. 19-29.
Tullock, Gordon (1988), Rents and Rent-Seeking, in: Charles K Rowley, Robert D. Tollison und Gordon Tullock (Hg.), *The Political Economy of Rent-Seeking*, Bosten, Dordrecht und Lancaster, S. 51-62.

Vanberg, Viktor (1994), *Kulturelle Evolution und die Gestaltung von Regeln*, Tübingen.
Walterscheid, Heike (2004), *Sozioökonomische Evolution, Internalisierungserfordernisse und das Problem der Fraktionierung*, Ilmenau.
Wegehenkel, Lothar (1980), *Coase-Theorem und Marktsystem*, Tübingen.
Wegehenkel, Lothar (1981), *Gleichgewicht, Transaktionskosten und Evolution*, Tübingen.
Wegehenkel, Lothar (1991), Evolution von Wirtschaftssystemen und Internalisierungshierarchie, in: Hans-Jürgen Wagener (Hg.), *Anpassung durch Wandel. Evolution und Transformation von Wirtschaftssystemen*, Berlin, S. 101-137.
Wegehenkel, Lothar (1992), Die Internalisierung mehrdimensionaler externer Effekte im Spannungsfeld zwischen Zentralisierung und Dezentralisierung, in: Gerd R. Wagner (Hg.), *Unternehmerische Risikopolitik und Umweltschutz*, München, S. 319-335.
Williamson, Oliver E. (1985), *The Economic Institutions of Capitalism*, New York.

Zusammenfassung

Die nach dem Zusammenbruch der Zentralverwaltungswirtschaften sozialistischen Typs zu erwartende Weiterentwicklung dezentralisierter Systeme blieb aus. Vielmehr durchlaufen ursprünglich tendenziell handlungsrechtlich dezentralisierte Systeme derzeit einen schleichenden Zentralisierungsprozess, der mit einer zunehmenden Kollektivierung ursprünglichen Individualeigentums einhergeht. In diesem Papier werden zum einen die Hintergründe und Triebkräfte der zunehmenden Zentralisierung, die dem polit-ökonomischen Bereich zuzuordnen sind, verdeutlicht. Zum anderen werden unter besonderer Berücksichtigung der eigentumsrechtlichen Struktur Ansatzpunkte entwickelt, die eine Durchbrechung der Zentralisierungstendenzen ermöglichen und den Weg zurück in Richtung Dezentralisierung öffnen könnten.

Summary:
The Structure of Property Rights and the Evolution of Economic Systems – Path Independences leading into Centralization

There was an expansion of decentralised systems expected after the collapse of socialist regimes with a command economy, but this failed to appear. Rather, those new systems which began by tending towards decentralisation in matters of property rights are now subtly becoming more centralized. This process is accompanied by ever more collectivisation of what was originally individual property. The intention in this paper is to outline the background of the increasing centralization and analyse the forces driving it. Particularly with regard to the structure of property rights, there is as well a tentative approach to possible ways of disrupting this move towards centralisation, so that the route back towards decentralisation may be opened up.

Karl-Ernst Schenk

Ökonomische Systemtheorie: Rationalität, widerlegbare Spezifizierung und vergleichende Performance-Messung

Inhalt

I. Zur Spezifizierung der Eigenschaften von Wirtschaftssystemen 343
II. Hayeks Verständnis zur Rationalität von Systemen 344
III. Begrenzte und situative Rationalität: Von Simon zu Popper 347
IV. Wirtschaftspolitik und Systemverständnis 350
V. System-Komponenten und ihre Verknüpfung: Eine Rekonstruktion in Stufen 351
VI. Koordinationsketten und Verhaltensweisen 352
VII. Hypothesenbildung zur Regulierungsdichte 354
VIII. Differenzierende Einordnung mikroökonomischer Einflussfaktoren 356
IX. Resümee 359
Literatur 360
Zusammenfassung 360
Summary: Theory of economic systems: Rationality, refutability and performance measurement 361

I. Zur Spezifizierung der Eigenschaften von Wirtschaftssystemen

Zur Frage, welche Version der Rationalitätsbegriffe aus der Literatur bei der ökonomischen Analyse von Wirtschaftssystemen anzuwenden ist, gibt es unterschiedliche Ansichten. Insbesondere bei Gleichgewichtssystemen der Koordination ist eine Spezifizierung üblich, die beispielsweise von vornherein „objektive Rationalität"[1] unterstellt und darüber hinaus kostenlose Koordinationsverfahren wie sie bei einer Auktion durch Zuruf realisierbar wären. Will man auf derart stark abstrahierende Annahmen über Eigenschaften von Akteuren und über Institutionen von Systemen verzichten, um unterschiedliche Verhaltensweisen widerlegbar abzuleiten, dann ist eine Art von Rationalität notwendig, die realitätsnähere Spezifizierungen von Koordinationsverfahren und deren Eigenschaften ermöglicht. Denn es ist davon auszugehen, dass Entscheidungen von Akteuren, ausgestattet mit unterschiedlichen Eigentums- und Verfügungsrechten für Entscheidungen gleicher Art, nicht von gleichartigen Interessen geleitet werden. Bisher gibt

---

[1] So bezeichnet und kritisiert von Herbert A. Simon (1997), S. 93. Zu Simons „*bounded rationality*" siehe Abschn. III.

es für unterschiedliche Handlungssituationen eklektische Theorien, die durch unterschiedliche Annahmen voneinander isoliert sind, beispielsweise für unterschiedliche Marktformen. Deshalb eignen sie sich nicht, *voneinander abhängige* Eigenschaften real existierender Systeme zusammenhängend abzubilden. Für die mit diesem Problem verbundenen Fragen der Analyse sollen hier die erforderlichen theoretischen Voraussetzungen behandelt werden, insbesondere bezüglich der Formen der Rationalität und wie sie das reale Entscheidungsverhalten über Routinen der Koordination abbilden können.[2]

Dafür ist es unumgänglich, die Komplexität des realen Koordinationssystems einer Volkswirtschaft zu reduzieren und zu zeigen, wie Koordinations-Verfahren eines realen Wirtschaftssystems nicht nur voneinander, sondern auch von der Wirtschaftspolitik abhängig sind. Andererseits ist jedoch ein gewisses Maß von Komplexität beizubehalten, um die hypothetische Erklärung der Ergebnisse des Verhaltens der Akteure den alltäglichen Beobachtungen gegenüber stellen zu können, beispielsweise für Systeme der Marktwirtschaft oder der staatlichen Planung. Zu betonen ist, dass es in diesem Beitrag ausschließlich um Entscheidungen über die Unterschiede von Koordinationsverfahren (mit längerer Geltungsdauer) geht, nicht dagegen um die von Tag zu Tag erforderlichen operativen Entscheidungen mit ihrer sehr viel höheren Komplexität. Eine Theorie, die sich darauf konzentriert, wie Koordinationsverfahren (oder Routinen) als unterschiedliche Eigenschaften von Wirtschaftssystemen gewählt werden oder spontan zustande kommen, sollte insbesondere zum Verständnis des Zusammenhangs zwischen solchen unterschiedlichen Merkmalen und den davon geprägten Verhaltensweisen beitragen. Diese Eigenschaften sind dafür entscheidend, in wie weit durch sie „prozedurale Rationalität" realisiert werden kann und dafür, welches Potential zur Evolution sie zu nutzen in der Lage sind. Weitere Varianten der Rationalität charakterisieren zwar unterschiedliche Ansätze zur Ableitung von Verhaltensweisen von Akteuren, sind jedoch nicht immer für einen Vergleich von Evolutionspotentialen geeignet und sollen kurz erwähnt werden.

II. Hayeks Verständnis zur Rationalität von Systemen

Es ist einer der Verdienste *Hayeks*, sich mit den Fragen der Rationalität von Systemen auseinander gesetzt zu haben (1967, 2007, S. 71 ff.). Dabei hat er Formen der Rationalität behandelt, durch die unterschiedliche Regeln dafür unterstellt werden, wie Akteure entscheiden. Dies geschieht nach wie vor mit Versionen, die es gar nicht zulassen, beobachtbare Eigenschaften analytisch zu berücksichtigen und zu spezifizieren, geschweige denn komplexe Zusammenhänge von realen Systemen. Es ging *Hayek* dabei nicht nur darum, die Irrtümer aufzuzeigen, auf denen solche Formen des Rationalismus beruhen, sondern auch um den Nachweis der Überlegenheit einer durch die herrschende ökonomische Theorie fast verdrängten evolutorischen Betrachtung, die bis zu

---

2 Zum Begriff ‚Routine', hier häufig mit Koordinationsverfahren gleichgesetzt, siehe Nelson and Winter (1982). Routinen dienen der Führung von Unternehmen und anderer Organisationen und legen mehr oder weniger detailliert die von den Teileinheiten und Beschäftigten zu beachtenden Aufgaben und die Beziehungen zwischen Verantwortungsbereichen fest.

den schottischen Philosophen, insbesondere zu *David Hume* und *Adam Smith* zurückreicht.

Diese klassische Tradition ging davon aus, dass eine ökonomische Analyse die Existenzbedingungen der Akteure und deren normative Vorstellungen als durch die Gesellschaft geprägt anzusehen hat und nicht als davon getrennte und analytisch isolierbare individuelle Phänomene. *Hayek* bezeichnet diese Fehlkonzeption als „rationalistischen Pseudo-Individualismus"[3]. Was bedeutet die von ihm kritisierte konzeptionelle Abwendung von klassischen Vorstellungen für die ökonomische Wissenschaft, die sich mit der Analyse komplexer Strukturen und ganzer Systeme beschäftigt?

Hayek geht dabei auf Formen des naiven Rationalismus ein, für die er die Bezeichnungen „rationalistischer Konstruktivismus" und „Ingenieurstyp des Verstandes" benutzt (1967, 2007, S. 74-75). Als deren Vorläufer betrachtet er *Francis Bacon*, *Thomas Hobbes* und insbesondere *René Descartes*, die behaupten, dass alle nützlichen Institutionen auf der bewussten Anwendung rationaler Überlegungen beruhen. Sie sind somit jeweils Ergebnis einer rationalen Auswahl von solchen Arrangements, deren Wirkungen denen aller anderen vorzuziehen sind. Aus dieser Art von Konstruktivismus leiten sich für ihn die Spielarten des modernen Sozialismus, der Planung und des Totalitarismus ab.[4] Was von diesem Rationalismus verkannt und von *Hayek* ausführlich dargestellt wird, ist die dadurch mehr und mehr ausgeblendete Form weitgehend unbewusster Überlieferung und – damit jedoch keineswegs irrationaler – Weiterentwicklung sozialer Institutionen. Das geschieht durch Medien wie die Sprache als Rahmen und Reflektion unseres Denkens in Regeln, das in wiederkehrenden Situationen unser soziales Handeln erleichtert oder in Umrissen vorzeichnet.[5] Darüber hinaus geht menschliches Handeln von Regeln aus, die nicht nur weitgehend unbewusst bleiben, sondern von den Akteuren – auch bei bestem Willen – nicht explizierbar sind. Denn auch deren Fähigkeiten sind begrenzt, mehr als nur einige wichtige komplexe Umstände wahrzunehmen, die bei der Begründung von Entscheidungen zu berücksichtigen wären. Dies heißt für *Hayek* natürlich nicht, dass menschliches Handeln völlig unreflektiert ist und deshalb in der Regel auf guten Gründen beruhen wird:

> „Dies bedeutet nicht, daß die Vernunft bei Entscheidungen von Wertkonflikten keine Funktion hat – und alle moralischen Probleme sind Probleme, die durch Wertkonflikte entstehen" (1967, 2007, S. 77).

---

3   Neuerdings hat Herbert A. Simon sich in einem seiner letzten Beiträge (2005) mit diesem Problem befasst. Seine Analyse des Lernens und der Motivation von Individuen, die er als Ergebnis eines Gruppen-Prozesses betrachtet, insbesondere (wie auch hier) in wirtschaftlichen Organisationen, stützt die Auffassung von Hayek.
4   Diese Betrachtungsweise ist besonders ausgeprägt in Hayeks „Wirtschaftstheorie und Wissen" (1967, 2007), die er Karl Popper gewidmet hat und in denen er in gründlicher Weise seine von Popper stark beeinflusste Auffassung zu den Methoden der sozialwissenschaftlichen Forschung und der sich daraus für ihn ergebenden Beschränkung auf die Möglichkeit zur *Mustererkennung* von Eigenschaften (pattern recognition) darlegt. Dies ist der Fall, bei „... Voraussagen einiger allgemeiner Eigenschaften der Strukturen, die sich bilden werden, die aber keine speziellen Aussagen über die einzelnen Elemente enthalten, aus denen die Strukturen gebildet sein werden" (S. 91).
5   Hayek bezieht sich auf solche, von uns unbewusst angewandte Regeln zur Interpretation des sozialen Umfelds und der Welt, wenn er meint (1967, 2007, S. 76): „Dieses Phänomen impliziten Lernens ist selbstverständlich einer der wichtigsten Bestandteile kultureller Überlieferung, jedoch ein solcher, den wir bislang nur unvollständig verstehen".

Wenn er auf diese Weise die Prinzipien einer Erklärung für die evolutorische Entstehung von Regeln des Verhaltens und des Lösens von Problemen von *David Hume* (1978) wieder aufnimmt, dann ist dies auch und gerade verbunden mit einem veränderten analytischen Verständnis des Wettbewerbs und der Selektion von erfolgreichen Problemlösungen. Die wichtigsten Gründe wurden bereits erwähnt. Sie sind auch hier kognitiver Natur und der Komplexität des Umfeldes zuzuschreiben, kurz: der Erkenntnis über die Unzulänglichkeit analysierender Intelligenz, komplexe Zusammenhänge im Detail zu erfassen. Für dieses Kernstück seiner Erklärung evolvierender Rationalität, wie man sie nennen könnte, deren Erfolge im Wettbewerb von Populationen zur Gruppenselektion der erfolgreicheren führen, sieht *Hayek* „cultural transmission" wirken, einer Assoziation mit einer aus der Soziobiologie bekannten Erscheinung. Man könnte diese evolutorische Sichtweise auch als „klassische Rationalität" bezeichnen, um sie von der naiven Rationalität der zuvor erwähnten Epigonen zu unterscheiden (*Hayek* 1967, 2007, S. 76 ff.).[6]

Daraus folgt für die Wissenschaften, die sich mit Entscheidungen in einem sozialen – und damit stets nur begrenzt erfassbaren – Umfeld zu befassen haben, dass sie bei der Suche nach wichtigen Gründen für die Formen und Regeln der Koordination vom Denken in Populationen und deren selektivem Umfeld ausgehen können. Eine ausführliche Diskussion der analytischen Probleme komplexer Systeme und ihrer Lösung durch Muster-Vorhersage stammt von *Hayek* selbst. Als Hauptproblem wird von ihm herausgestellt, dass die Daten zur Bestimmung spezieller Phänomene niemals vollständig erfasst werden können. Der Ausweg liegt in der Beschränkung der Erklärung auf *allgemeine* Muster von wichtigen Eigenschaften, das heißt auf abstrakte Muster mit praktischer Relevanz (*Hayek* 1967, 2007, S. 27-29). Dabei hilft die Statistik, das Problem großer Zahlen von Komponenten eines Systems, beispielsweise Unternehmen, zu bearbeiten. Es genügt dann, sich über die Häufigkeit zu informieren, mit der unterschiedliche Merkmale zu erklärender Phänomene in statistischen Teilgesamtheiten solcher Komponenten vorkommen. Mit anderen Worten:

> „...die Statistik fußt auf der Annahme, daß eine Information über die numerische Häufigkeit der verschiedenen Elemente einer statistischen Masse zur Erklärung der Phänomene genügt und daß keine Information darüber benötigt wird, wie die Elemente miteinander verknüpft sind" (Hayek 1967, 2007, S. 197).

Bei dem in diesem Beitrag zu lösenden Problem geht es ebenfalls um Elemente aller (Industrie-) Populationen oder Wirtschaftszweige (unter die hier auch staatliche und föderale Administrationen subsumiert werden). Deshalb ist nach ihren spezifischen Eigenschaften zu fragen, nämlich wie sie als ein Teil einer Gesamtheit von Populationen mit Regimen wirtschaftspolitischer Eingriffe oder – im Falle von staatlichen Verwaltungen – mit direkten Anweisungen konfrontiert sind. Und weiterhin, ob dadurch für ihre Entscheidungen über geeignete Routinen der Koordination mehr oder weniger an eigenem Spielraum verbleibt.

---

6 Er unterscheidet deshalb zwischen der Tradition von David Hume, Adam Smith und den Auffassungen späterer Nachfolger und Epigonen. Danach geriet diese Tradition allerdings "... größtenteils in Vergessenheit ..., als sich ihre späteren Nachfolger mehr und mehr auf das enge Feld des Ökonomischen beschränkten" (1967, 2007, S. 76).

Die markanten Unterschiede in Bezug auf die an solche Populationen delegierten Eigentums- und Verfügungsrechte (kurz: Rechtstitel) bilden ein systematisches Merkmal, nach denen Populationen in wenige (als statistisch zu verstehende) Gesamtheiten aufzuteilen sind. Von solchen Teilgesamtheiten (oder Kollektiven von Populationen) ausgehend, soll in diesem Beitrag den Konsequenzen unterschiedlichen Verhaltens bei Entscheidungen über Koordinationsverfahren und der daraus resultierenden wirtschaftlichen Leistungsfähigkeit nachgegangen werden.[7] Die Suche nach maßgebenden Bestimmungsgründen für komplexe wirtschaftliche Zusammenhänge kann daher erheblich erleichtert werden, wenn sie statt auf Individuen zu schauen, auf Populationen abstellt, die in einem ähnlichen Umfeld unter einem selektiven Druck weitgehend übereinstimmender Art und ähnlichen Stärkegrades handeln. Dies erst recht dann, wenn die Erklärung sich ausschließlich auf deren Entscheidungen über institutionelle Arrangements bezieht, die auf mittel- und langfristige Geltung angelegt sind und sich tendenziell erst auf mittlere Sicht veränderten Umständen anpassen.

III. Begrenzte und situative Rationalität: Von Simon zu Popper

Bei solchen Entscheidungen kann in der Regel auf bereits bewährte Lösungen, „good" oder „best practices", in einem ähnlichen oder vielleicht nur teilweise anders strukturierten institutionellen Kontext zurückgegriffen wird. Diese und andere Anhaltspunkte und begründete Vermutungen ermöglichen es den Akteuren – auch im Rahmen von Organisationen – rein spekulatives Handeln zu vermeiden. Deshalb liegt im nächsten Schritt die Frage auf der Hand: Gibt es Korrelate zu dieser von *Hayek* nachgezeichneten Tradition, die uns helfen könnten, den Stellenwert der Rationalität und ihrer Spielarten wirklichkeitsnäher zu beurteilen und besser zu nutzen als dies durch die neoklassische Analytik geschieht, die sich, wie *Loasby* (2003) feststellt, in vielen Modellen als (sozusagen *vorgeordnete*) „Ex-ante-Rationalität" beschreiben lässt.

Eine Alternative zur universal angelegten Rationalität der herrschenden Ökonomik stellt das unter anderen von *March und Simon* (1958) und *Simon* (1959, 1978) vertretene Paradigma „begrenzter Rationalität" dar, auch als „bounded rationality" aufgrund konstitutionellen Unwissens bezeichnet. Sie ist zugleich eine Alternative zur situativen Rationalität, auf die sogleich einzugehen ist. Dieses Paradigma wird zur Beschreibung von unternehmerischen (oder allgemeiner: organisatorischen) Entscheidungs-Situationen angewandt, die wegen der Erkenntnisgrenzen eher auf eine zufrieden stellende Lösung eines akuten Problems (auf „satifycing") abstellt, nicht dagegen auf solche in übergreifenden und eher dauerhaften Systemzusammenhängen. In Zusammenhängen dieser letztgenannten Art wird mit Prozessen des Versuchs und der Irrtumselimination gerechnet; ein Vorgehen, das die mittel- und längerfristige Geltung von Institutionen berücksichtigt. Zu fragen ist allerdings, ob für Akteure, die in einen gegebenen

---

[7] In seinen Veröffentlichungen hat *Stanley Metcalfe* (2005, S. 398-9), der wohl kreativste Vertreter dieser Art von statistischen Analysemethoden, deren Vorzüge klar herausgestellt. Er schreibt: "What matters in defining the members of the population is not their characteristics per se but that they be subjected to common selective pressure. ... The consequence of this is that neither the population nor the relevant characteristics can be identified unless the relevant selection environment is also specified".

Koordinationszusammenhang eingebunden sind, die Motivation dazu vorhanden ist, das Ergebnis zu verbessern. Denn es ist nicht immer gesichert, dass ihnen die für Versuch und Irrtumselimination erforderlichen Handlungs- und Entscheidungsrechte verfügbar sind. Beides ist nicht für alle Organisationen eines Systems oder für Systeme überhaupt selbstverständlich. Beispielsweise versuchen regulierte Unternehmen eher, die auferlegten Regelungen zu umgehen und nach Auswegen zu suchen, um ihre Gewinne zu erhöhen. Von staatlichen Verwaltungen, und nicht nur dort, ist das berüchtigte Dezember-Fieber bekannt, des Strebens nach möglichst vollständiger Ausschöpfung vorgegebener Budgets, um dem Eindruck vorzubeugen, dass man im nächsten Jahr auch mit gekürzten auskommen könnte.

Mit den soeben angeführten Beispielen wird auf Situationen von Akteuren eingegangen, in die sie dauerhaft eingebunden sind, weshalb sie als besonders wichtig für ihre Entscheidungen angesehen werden. *Popper* hat mit seinen Gedanken zur situativen Rationalität eine Anregung gegeben, die sich zu einer Weiterentwicklung anbietet, weil sie zur Erfassung der Komplexität von Systemen geeignet ist. Er stellt zum situationsgerechten Handeln fest, dass es „ ... im Wesentlichen um einen Versuch (ging), die Methode der ökonomischen Theorie – der Grenznutzenlehre – so zu verallgemeinern, dass sie auf die übrigen Sozialwissenschaften anwendbar wird. In meinen späteren Formulierungen besteht die Methode darin, unter Berücksichtigung vor allem der institutionellen Situation ein Modell der sozialen Situationen menschlicher Handlungen zu konstruieren, um so die Rationalität... des Handelns zu erklären. Solche Modelle bilden die überprüfbaren Hypothesen der Sozialwissenschaften" (*Popper* 1974, 1979, S. 167).[8]

Mit dieser Art von Rationalität, die er ausdrücklich vor allem auf die *institutionelle* Situation bezieht, meint er offenbar genau das, was gerade in Bezug auf die Wahl von Koordinationsverfahren als Handeln aus guten Gründen bezeichnet worden ist. Sie geht in der Tradition der Klassiker von einem qualitativ unterschiedlichen Status von Praktiken aufgrund des Wissens und der Herkunft der Handelnden aus. Dies gilt, wie noch differenzierter zu zeigen ist, insbesondere dann, wenn sich Individuen und Gruppen bei der Lösung von funktionell gleichen Problemen in durchaus unterschiedlichen institutionellen Situationen befinden, wie beispielsweise Manager, die ihre Ziele selbständig setzen und solche, die zentraler Planung unterliegen. Eine so konzipierte Rationalität der Forschung ist nicht denkbar, wenn nicht zugleich der Versuch gemacht wird, das unterschiedliche Koordinations-Umfeld zu spezifizieren, in dem entschieden und gehandelt wird. Es wird zu zeigen sein, dass die Entwicklung eines solchen Paradigmas nicht nur analytisch geboten, sondern auch möglich ist. Damit würde die situative Analyse – im Sinne *Poppers* – auf unterschiedliche Systeme anwendbar werden, die unterschiedliche Handlungssituationen für statistische Teilgesamtheiten im Sinne von *Hayek* aufweisen. *Popper*, der für eines seiner Bücher den Titel „Alles Leben ist Problemlösen" gewählt hat, versteht seine Analyse-Methode als universal, jedoch offensichtlich bezogen auf isolierte Entscheidungs-Situationen und nicht etwa auf solche in System-

---

8 Allerdings wird bei dieser Aussage offen gelassen, *wie* die Ergebnisse menschlicher Handlungen überprüft werden können. (Siehe dazu Abschnitt VIII.)

Zusammenhängen mit sehr deutlich voneinander unterscheidbaren Entscheidungs- und Verfügungsrechten und deren Konsequenzen für das Verhalten.[9]

Dies schließt jedoch eine Weiterentwicklung des Popperschen Ansatzes zur Anwendung auf koordinierte – und sich koordinierende – Individuen und auf die Organisationen von Wirtschaftssystemen als Gesamtheiten nicht aus. Organisationen, hier und im Folgenden verstanden als Komponenten eines solchen Systems mit wirtschaftlichen und administrativen Funktionen, sind dann als koordinierte Hilfen für die Anwendung und Erweiterung von Wissen zu verstehen. Dies um – wie *Marshall* (1920, S. 138-9) es ausdrückt – in vielen unterschiedlichen Formen nach Lösungen für Probleme zu suchen. Dabei streben Organisationen danach, in unterschiedlichen Domänen ihres komplexen Umfeldes bessere Praktiken anzuwenden, indem sie ihrerseits soweit wie möglich entsprechende Diversität des „know-how" organisations*intern* aufbauen, die sie dann für Situationen relativ hoher Unsicherheit vorhalten können. Ihre Ergebnisse hängen vom Gütestatus ihrer Praktiken ab, nämlich wie sie an Veränderungen des Umfelds und der Entscheidungsprämissen angepasst werden.

Worin unterscheidet sich dieses soeben skizzierte, an *Hayek* und *Popper* anknüpfende Paradigma von dem der „bounded rationality"? Beim Letzteren handelt es sich um eine Form, die der situativen Rationalität einerseits sehr ähnlich ist, und zwar aufgrund ihrer Verknüpfung mit Organisationsprozessen, die insbesondere von *Simon* (1997) herausgearbeitet worden ist: Ist ein „befriedigendes" Anspruchsniveau erreicht, wird unterstellt, dass die Suche nach weiteren Informationen zur Verbesserung des Ergebnisses eingestellt wird; wenn nicht, wird das Niveau gesenkt. Mit anderen Worten: Zwischen der Suche nach Informationen (und anderen Kosten verursachenden Aktivitäten) einerseits und dem Anspruchsniveau andererseits besteht eine Wechselwirkung im Sinne eines Prozesses von Versuch und Irrtumselimination. Allerdings wäre von einer solchen Aussage kaum ein Erkenntnisfortschritt zu erwarten, solange die Bestimmungsgründe für diesen Prozess nicht geklärt sind.[10] Deshalb ist es hilfreich, wenn *Simon* eine Begründung des Anpassungsprozesses durch Organisationen liefert, die auf den Kosten der Nichtanpassung beruht: Das Anspruchsniveau wird zurück genommen, um einen Kompromiss mit den Interessen mehrerer Gruppen zu erreichen, deren Kooperation – und Identifikation mit den Zielen der Organisation – vorrangig ist (*Simon* 1997, S. 144). Denn andernfalls bestünde die Gefahr einer unausgeglichenen Bilanz zwischen den angebotenen Anreizen für solche Gruppen, insbesondere von Beschäftigten und deren Beiträgen zum Ergebnis der Organisation, bekannt als Anreiz/Beitrags-Bilanz. Damit kann einer Überforderung dieser Akteure vorgebeugt werden und damit einer Art zu befürchtender, selbst-organisierter Reaktion mit negativen Folgen für die prozedurale Rationalität der Organisation.

---

9 Siehe *A. Schüller* (1983) über den Property-Rights-Ansatz und seine weiteren Anwendungs-Bereiche.
10 Ohne diese Begründung wäre die Aussage genau so unbefriedigend wie die Theorien optimaler Informationsbeschaffung (*Stigler* 1961). Danach werden Individuen optimieren wie bei anderen Aktivitäten; nämlich dafür Ressourcen aufwenden, bis der Grenzertrag einer zusätzlichen Informationseinheit den Grenzkosten ihrer Beschaffung entspricht. Das erfordert jedoch, dass dieser Ertrag dem Akteur vor dem Kalkül bekannt sein muss, von *Arrow* (1974) als Informationsparadoxon bezeichnet. Auch eine stochastische Formulierung der zu lösenden Aufgabe aufgrund der Häufigkeitsverteilung von erwarteten Nutzen und Erträgen verhilft nicht dazu, die kognitiven Grenzen des Kalkulierenden zu überwinden.

IV. Wirtschaftspolitik und Systemverständnis

Wie bereits bei der Bildung von statistischen Kollektiven dargestellt, lassen sich nunmehr Populationen der Wirtschafts- und Verwaltungszweige diesen statistischen Teilgesamtheiten (oder Sektoren) zuordnen, die sich durch ein für ihre institutionelle Situation charakteristisches Merkmal in dem von *Hayek* (1967, 2007, S. 197) beschriebenen Sinne auszeichnen: Durch Unterschiede der Intensität staatlicher Auflagen für die Geschäfts- beziehungsweise Verwaltungstätigkeit der Akteure, nämlich bestimmte Ziele der legislativen und administrativen Organe – einschließlich der föderalen Ebenen – zu verfolgen. Erfasst werden dadurch sowohl Eingriffe im „staatlich regulierten Sektor" (wie beispielsweise der Regulierung des Wettbewerbs in der Telekommunikation) als auch Anweisungen im „staatlich direkt geleiteten Sektor" (wie der Bundesbahn). Von ihnen unterscheidet sich der „kommerzielle Sektor" dadurch, dass er nur allgemeinen gesetzlichen Vorschriften unterliegt wie Arbeitsschutz- und Umweltvorschriften, die in die Geschäftätigkeit nicht unmittelbar eingreifen. Die Unterschiede der Makro-Koordination lassen sich durch entsprechende wirtschaftspolitische Regime charakterisieren, und zwar nach dem Merkmal abnehmender Delegation von Rechten an die Populationen beziehungsweise zunehmender „Regulierungsdichte"[11]: Das *kommerzielle Regime* der Koordination, das *regulierte* und das der *direkten staatlichen Leitung*. Je nach analytischem Anspruch sind auch weitere Untergliederungen der Regime (bzw. Sektoren) denkbar[12]. Und je nach der Höhe dieses Intensitäts-Maßes können daraufhin typische beobachtbare Muster des Verhaltens und der Performance dieser Teilgesamtheiten erklärt werden. Mit anderen Worten gilt hier: Die Populationen, respektive die dazu gehörigen Organisationen, sind mit staatlichen Auflagen unterschiedlicher Eingriffsintensität konfrontiert, nach denen sich die Governance-Verfahren für ihre untergeordneten Ebenen und deren Tätigkeit zu richten haben. Weil diese Verfahren jedoch manchmal zu unerwarteten Verhaltensreaktionen führen können, sind Kontrollen angezeigt. Deshalb sind sie nicht nur als Routinen der Führung dieser Ebenen zu verstehen, sondern gleichzeitig als Routinen für die Beteiligung am Erfolg und des Monitoring, das sich auf die Einhaltung gesetzlich oder von der Organisationsspitze vorgegebener Regeln bezieht.[13] Diese Routinen erfüllen somit eine Brückenfunktion zwischen Makro-

---

11 Nahe liegend ist die Verwendung dieses Begriffes, weil er sich im allgemeinen Sprachgebrauch bereits weitgehend durchgesetzt zu haben scheint, und zwar in einem umfassenderen Sinne, das heißt bezogen auf beide der zuletzt aufgeführten wirtschaftspolitischen Regime.
12 In erster Linie wäre an einen zusätzlichen Regime-Sektor zu denken, wenn eine Regierung privaten Unternehmen wie beispielsweise Banken auferlegt, an das Finanzministerium bestimmte Abgaben der Anleger wie z.B. Ertragssteuern abzuführen und dies für die Steuerpflichtigen zu belegen. Dies wäre insbesondere dann sinnvoll, wenn hinsichtlich solcher und ähnlicher Auflagen erhebliche Unterschiede zwischen Ländern zu verzeichnen sind, die miteinander verglichen werden.
13 Diese Begriffe der Governance charakterisieren, auf welche Weise Ziele vorgegeben werden und an wen, worüber sowie in welcher Form untergeordnete Ebenen darüber zu berichten haben. Beispiele sind *Plan-Governance, Budget-Governance und Profit-Center Governance* (letztere mit einem finanziellen Erfolgs-Indikator wie z.B. der Kapital-Rentabilität für Kontroll- und Prämierungszwecke). Diese Begriffe lehnen sich somit an bestimmte Parameter an, die für die Art und Weise sowie für die Detailliertheit der Zielvorgabe(n) bezeichnend sind und gleichzeitig für die Rückmeldung der Ergebnisse (d.h. in beiden Richtungen). Die Kontroll- oder Direktionsspanne zwischen den Hierarchie-Ebenen einer Organisation nimmt ab, wenn jede(r) der mit Direktionsaufgaben Beschäftigten, die immer nur eine begrenzte Anzahl von untergebenen Personen oder Teileinheiten beaufsichtigen können,

Koordination und Mikro-Koordination, die ordnungstheoretisch umso interessanter wird, je mehr sich solche Strukturen der Industrieländer tendenziell in Richtung hierarchisch gegliederter Systeme wandeln.

Die jeweils für mehrere Wirtschafts- und Verwaltungszweige (oder kurz: Populationen) definierten Sektoren zeichnen sich dadurch aus, dass deren Organisationen auf ähnliche Weise mit staatlichen Organen interagieren und somit einem Wettbewerbsdruck ähnlicher Stärke unterliegen. Je mehr solcher Sektoren definiert werden können, um Unterschiede der Regulierungsdichte durch Makro-Koordination festzuhalten, desto genauer lassen sich Wirkungen auf die Wertschöpfung durch die Sektoren erfassen. Offensichtlich gibt es jedoch Grenzen der Untergliederung, weil man sich auf Experten-Urteile stützen muss, um die Populationen von Wirtschafts- und Verwaltungszweigen den definierten Teilgesamtheiten (Sektoren) mit ähnlicher Regulierungsdichte zuzuweisen. Auch würde es nur begrenzt einen Sinn haben, Systeme zu vergleichen, die sich in unterschiedlichen Stadien der wirtschaftlichen Entwicklung befinden.

In weiteren Schritten können dann, wie sich zeigen wird, aus der Makro-Koordination Bestimmungsgründe für unterschiedliche Handlungsweisen von Mikro-Organisationen abgeleitet werden. Dadurch soll festgestellt werden, wie durch die Einbettung in einem der Regime-Sektoren verschiedene Governance-Verfahren – und deren Verknüpfungen mit operativen Ebenen – privilegiert oder aber verdrängt werden. Dieses Vorgehen, beginnend mit anfangs angemessen reduzierter Komplexität und später mit einem durch mikro-ökonomische Faktoren erweiterten Ansatz, strebt nicht a priori Perfektion und Vollständigkeit an, sondern evolutorische Offenheit für neue und von Einbettungssituationen abhängige Hypothesen.

V. System-Komponenten und ihre Verknüpfung: Eine Rekonstruktion in Stufen

Ein derart stufenweise zu vollziehender analytischer Einstieg ist von *Loasby* vorgeschlagen worden. Ob dies zu einer zufrieden stellenden Lösung führt, ist für die Wissenschaft komplexer Phänomene eine interessante Frage. *Popper* (1973, S. 191) hat die Rekonstruktion von Handlungssituationen – auch von historischen – als Voraussetzung für die Erklärung des Handelns betrachtet. Dieses Vorgehen ist jedoch kontrovers, und darauf näher einzugehen, würde zu weit führen.[14]

Die empirische Forschung über Systeme hat sich aus nahe liegenden Gründen im letzten Jahrhundert insbesondere mit der Existenz und dem Zusammenbruch des Systems sowjetischen Typs befasst und es der Marktwirtschaft von Industrieländern gegenüber gestellt. Sie beruht auf der Beobachtung und Rekonstruktion einerseits der vom

---

stärker detaillierte Informationen (wie z.B. Plankennziffern anstelle zusammenfassender Kennziffern) zu sammeln, zu bearbeiten und weiter zu geben hat.

14 Ich gehe bei meiner Analyse der Koordinationsstrukturen davon aus, dass sie auf mittlere bis längere Sicht unverändert bleiben, was wohl auch für *Poppers Vorstellung* zur Rekonstruktion als *realistisch* unterstellt werden kann. Vielleicht ist dies eine Art von Realismus, für den man mit *Hans Albert*, der diese Position *Poppers* kritisiert, immerhin ‚gute Gründe' anführen kann, denen zufolge „ ... wir aus wissenschaftlichen Theorien etwas über die Struktur der Wirklichkeit lernen können" (*Albert* 2002, S. 36).

Staat organisierten planwirtschaftlichen Koordination und andererseits der relativ hohen Zahl notwendiger Governance-Ebenen von Industrieverwaltungen, unter deren ministerieller Aufsicht die Unternehmen tätig sind, und deren Verhaltensweisen.[15]

Entsprechende Erkenntnisse über solche Einschränkungen der sich daraus ergebenden Handlungsrechte sind auch weithin für westliche Marktwirtschaften bekannt; so beispielsweise in Form der bereits erwähnten Verkettungen durch „staatliche (oder öffentliche) Regulierung" und durch direkte staatliche Kontrolle von Unternehmen und Verwaltungen. Die aus diesen Formen der Einbindung resultierenden Verhaltensweisen sind nicht nur für sich genommen typisch. Sie zeigen darüber hinaus auf, wie sich Syndrome des Verhaltens (wie beispielsweise opportunistisches *rent-seeking* und *shirking* durch unzufriedene Gruppen von Beschäftigten) verstärken, je mehr sich diese Formen dem Extremzustand der Planwirtschaft annähern.[16] Deshalb ist das breite Spektrum der daraus folgenden charakteristischen Verhaltensweisen sehr aufschlussreich, aber bisher leider wenig analytisch und – im Sinne *Popper*s – rekonstruktiv verwertet worden. Jedoch wäre gerade dies vorteilhaft und notwendig, um über den Einzelfall hinausgehend zu explizieren, wie pathogenes Verhalten situationsbezogen entsteht. In extremen Fällen ist dies infolge von dominierenden hierarchischen Verkettungen (entsprechend ihrer systemweit relativen Häufigkeit) am deutlichsten zu beobachten.

Es bleibt also festzuhalten, dass die Realität in ihrer ganzen Breite von Situationen als ein unübertroffenes Beobachtungs- und Experimentierfeld gelten darf, wenn der ihr entsprechende rekonstruktive Ansatz angewandt wird. Mir ist bisher kein anderer Weg bekannt, auf dem man sowohl für frühere als auch für gegenwärtige komplexe Systeme zu einem vergleichenden statistischen Maß für die Regulierungsdichte gelangen könnte und insbesondere zu messen, wie häufig in einem gegebenen System die oben definierten unterschiedlichen wirtschaftspolitischen Regime für Teilgesamtheiten zuständig sind und wie sich diese relative Häufigkeit im Vergleich mit anderen Systemen auf deren wirtschaftliche Leistungs-Kennziffern auswirkt.

VI. Koordinationsketten und Verhaltensweisen

Nach diesen allgemeinen Bemerkungen zur Rekonstruktion ist im nächsten Schritt auf konkrete Gesetzmäßigkeiten der Verknüpfung zwischen Hierarchie-Ebenen einzugehen. Sie eignen sich gleichzeitig dafür zu erklären, welche der unterschiedlichen Hierarchie-Ebenen aufgrund ihrer Befugnisse für die Koordination mit zuliefernden oder belieferten Wirtschaftszweigen zuständig ist und wie dies ihr Verhalten beeinflusst. In dieser Hinsicht unterscheiden sich reale Wirtschaftssysteme beträchtlich. Es geht dabei um das Recht des Zugangs zu Märkten, das auf verschiedene Hierarchie-Ebenen delegiert sein kann, beispielsweise auf das Management einer operativen Organisation oder auf eine höhere Ebene, die unmittelbar einem Industrieministerium unterstellt ist, wie

---

15 Auch über den Ablauf und die inhärenten Probleme der Umsetzung staatlicher Pläne in operatives Handeln an der letztlich mit deren Lösung befassten Basis von Organisationen waren und sind – gleichsam als Beispiel für extreme Staatseingriffe – aus authentischer Forschung viele typische Aspekte bekannt, die situationsbezogen erklärt werden können (siehe dazu *Schenk* 2003, 2006).
16 Unter „rent-seeking" und „shirking" wird die durch Informations-Asymmetrie begünstigte Suche nach (und zumeist verdeckte Aneignung von) Vorteilen und die Drückebergerei verstanden.

für Planwirtschaften typisch. Deshalb wird in den folgenden Ausführungen von Hierarchien ausgegangen, deren unterschiedliche Delegationsverhältnisse für Wirtschaftszweige relativ gut beobachtet und erfasst werden können und nicht von dem häufig sehr viel komplexeren Geflecht der Märkte. Wie sich zeigen wird, sind Ergebnisse auf diese Weise viel systematischer und einleuchtender abzuleiten als in umgekehrter Reihenfolge. Dies erlaubt es, die bereits erwähnte Methode des sukzessiven Vorgehens anzuwenden, die sich an einen Vorschlag von *Loasby* anlehnt.[17] Sie geht von einer zunächst reduzierten Spezifizierung von Komplexität aus, wie es hier geschieht.

Inwiefern kann man dabei die bereits erwähnte Brückenfunktion von Governance-Verfahren ausnutzen? Die Antwort: Weil diese Routinen einen Verkettungs-Zusammenhang zwischen beiden Sphären, der Makro- und der Mikrokoordination festhalten und, davon ausgehend, *gerichtete* Wirkungen. Dabei nutzt die Spezifizierung eine typische Eigenschaft hierarchischer Koordination aus, die auf Befugnissen (oder Rechten) zur Koordination beruht und den gleichzeitig dadurch abgegrenzten und definierten Freiräumen für Entscheidungen und Handlungen auf den einzelnen Ebenen. Recht und Freiheit, oder besser: *spezifische* Rechte und Freiheiten, sind daher in einem unmittelbaren Zusammenhang zu betrachten, und zwar insbesondere im Hinblick darauf, wie sich unterschiedliche hierarchische Delegationsverhältnisse dort auf die Handlungs-Freiräume auswirken, wo in der Regel das Know-how vorhanden ist, um die operativen Probleme zu lösen.

Der wichtigste Vorteil dieser Betrachtungsweise liegt darin, dass sich aufgrund der situativen Logik die Delegationsverhältnisse von Rechten und Befugnissen besonders leicht spezifizieren lassen. Denn im Verhältnis zwischen jeweils zwei zusammenwirkenden Hierarchie-Ebenen darf in der Regel nicht mehr als eine von ihnen über ein bestimmtes Recht verfügen. Anders ausgedrückt: Durch Rechtstitel oder Befugnisse definierte Delegationsverhältnisse zeichnen sich somit durch strikte Subordination aus, so dass in der Regel keine Überschneidungen bei der Verfügung über einzelne Rechte auftreten. Darüber hinaus bieten Hierarchien eine geeignete Ausgangsposition, um andere Ordnungseigenschaften wie die bereits erwähnten Bestimmungsgründe und Konsequenzen der Entstehung von Märkten zu beobachten und zu spezifizieren sowie die sich daraus ergebenden Handlungsweisen.[18]

Zur Begründung von Eigenschaften, die für solche Systeme prägend sind, gehören weitere Merkmale, die für die unterschiedliche Architektur von Hierarchie-Pyramiden und die benötigte Zahl der Ebenen maßgebend sind, wie beispielsweise die Kontrollspannen von staatlich geleiteten Hierarchien, die auch vom Umfang des Sortiments abhängt, und die Anzahl der – beispielsweise einem Industrieministerium – untergeordneten Unternehmen (siehe auch *Schenk* 2003, 2006).[19] Mit anderen Worten: Die Art und

---

17 "Our only recourse is to start at the other end, with a simple view, and to add complexity as we are impelled to do so and to the extent that we are able of doing so" (*Loasby* 2003, S. 4).
18 Es geht dabei, allgemeiner und unter Berücksichtigung zentral geplanter Systeme formuliert, nicht nur um Märkte, sondern um die *laterale Koordination mit Abnehmern oder Zulieferern* und letztlich um die relative Häufigkeit ihres Vorkommens im Vergleich mit hierarchischen Formen.
19 Außer der bereits erwähnten Kontrollspanne bestimmt die Zahl der zu leitenden Unternehmen eines verstaatlichten Wirtschaftszweiges die Gestalt dieser Pyramide des Governance-Überbaus: *flach* bei hoher Kontrollspanne und wenigen Einheiten; *steil und vielstufig* im Falle der gegenteiligen Konstellation.

die systemweite Häufigkeit von Märkten, beziehungsweise Hierarchien, sind als Merkmale von den im jeweiligen System vorgegebenen Regimen der Wirtschaftspolitik abhängig – und Hierarchien wiederum von den aufgeführten Bestimmungsgründen des durch sie zu leistenden Informationsdurchsatzes.

Der Zugang zur Markt-Koordination wird somit zum überhaupt wichtigsten Rechtstitel, und zwar weil die unteren Ebenen staatlicher und privater Governance-Organe und deren operative Organisationen in den vorkommenden Systemen erfahrungsgemäß sehr unterschiedlich dazu befugt sind. Er ist deshalb für die Verbreitung von Märkten mit einer großen Zahl von Teilnehmern ein zentrales systemtypisches Merkmal.[20] Natürlich können Märkte nur dann wettbewerblich funktionieren, wenn das Management von dezentralisierten operativen Organisationen über dieses Recht verfügen kann. Ist demgegenüber der Staat dominanter Nachfrager und Anbieter, dann werden Märkte häufig zu einer einseitigen Angelegenheit, weil sie die Macht der Anbieterseite stärken. Deshalb können sie ihre eigentliche Rolle nicht spielen, durch Versuch und Irrtumselimination nach geeigneten Produkten, Tauschpartnern und Vertragsbeziehungen zu suchen. Sie mutieren dann zu Verkoppelungen zwischen privilegierten Lieferanten von Ausrüstungen für Ministerien von Industriezweigen (mit „Hoflieferanten-Status"), früher zuständig beispielsweise für die Staatsmonopole der Telekommunikation.

Im Extremfall staatswirtschaftlicher Systeme führt dies unabänderlich zu *exklusiv bilateralen* Beziehungen und Verhaltensweisen, die dann letztlich, wie beispielsweise im System sowjetischen Typs, die beteiligten Ministerien auf den Plan riefen. Denn die Probleme der damit verbundenen Bargaining-Prozesse und typischen Verhaltens-Syndrome konnten in der Regel nur zwischen diesen höchsten Ebenen gelöst werden (*Schenk* 2003, 2006). Da prinzipiell auch wettbewerbliche Märkte als Medien für Versuch und Irrtum bei der Auswahl von Marktpartnern zu verstehen sind (und der Art von Beziehungen zu ihnen), kann sich diese politisch bedingte Verlagerung von Zuständigkeiten auf höhere oder höchste Hierarchie-Ebenen nachhaltig negativ nicht nur auf das Verhalten, sondern auch auf die prozedurale Rationalität der betreffenden Systeme oder Teilsysteme auswirken.[21]

VII. Hypothesenbildung zur Regulierungsdichte

Für Folgerungen über die prozedurale Rationalität sind Vergleiche der Regulierungsdichte angebracht. Dies insbesondere deshalb, weil die öffentliche Meinung in vielen Industrieländern erkennen lässt, dass ein vernünftiges Maß an staatlicher Daseinsvor-

---

20 Typischerweise entstehen graue oder schwarze Märkte spontan (durch Selbstorganisation) besonders häufig in staatswirtschaftlichen Systemen, wofür das System des sowjetischen Typs genügend Beispiele lieferte. Sie halfen angesichts der allgemeinen Materialknappheit bei der Planerfüllung, sind jedoch als eine korrupte Form der Selbstorganisation zu betrachten, die sich hinter dem Rücken der obersten Organe abspielte und genau wie in Marktwirtschaften eine Reaktion auf die offizielle Politik darstellte, und zwar als Anmaßung von Rechten, durch untergeordnete Hierarchie-Ebenen.

21 Im System sowjetischen Typs war dieses Recht auf den höheren und höchsten Governance-Ebenen angesiedelt, um die Verhandlungsmacht zu stärken, nämlich unmittelbar bei Industrie-Ministerien mit mehrstufigen Verwaltungen. Das galt für wichtige Güter, von denen damals die meisten notorisch knapp waren. Allein aus diesem pragmatischen Grunde waren zentrale Planung (und Bewirtschaftung) sowie notorische Knappheit zwei Seiten einer Medaille (*Schenk* 2003, 2006).

sorge längst überschritten wird. Mit dem nun zu betrachtenden Vorschlag eines Maßstabs für die Regulierungsdichte in den oben definierten Sektoren können die Unterschiede der wirtschaftlichen Leistungsfähigkeit von Wirtschaftssystemen gemessen werden. Als eine Diskussionsvorlage verstanden, lässt er sich sicherlich noch anpassen und verbessern, wenn Probleme der verfügbaren statistischen Daten und der Messung auftreten.

Dafür bietet sich als Verhältnis zwischen Aufwand und Leistung der definierten Sektoren sowie der gesamten Volkswirtschaft das inflationsbereinigte Verhältnis der Netto-Wertschöpfung zu Faktorkosten (FK) – pro Beschäftigten jedes Sektors – zum Bruttoinlandsprodukt (BIP) pro Beschäftigten an. Der Gesamtindikator für eine Volkswirtschaft wird definiert als der gewogene Durchschnitt der Werte für die oben aufgeführten Sektoren als Teilgesamtheiten. Zunächst soll der günstige Fall effektiver Daseinsvorsorge betrachtet werden. Damit er eintritt, muss im betrachteten Zeitraum zwischen zwei Messungen durch kostenwirksame Eingriffe des *direkt staatlich geleiteten Sektors* in Befugnisse von Akteuren der übrigen Sektoren, nämlich des kommerziellen und des regulierten, im Verhältnis zu den zusätzlichen Faktorkosten ein hinreichend erhöhtes Bruttoinlandsprodukt entstehen. Das Verhältnis dieser beiden Größen kehrt sich allerdings bereits um, wenn die Kosten des Eingriffs im staatlichen Sektor und das BIP um den gleichen absoluten Betrag wachsen. Dadurch erhöht sich das Verhältnis zwischen Faktorkosten und Bruttoinlandsprodukt und damit der Gesamt-Indikator für die Regulierungsdichte, weil die Faktorkosten definitionsgemäß kleiner sind als das Brutto-Inlandsprodukt.[22]

Die meisten Industrieländer bemühen sich gegenwärtig ernsthaft um Bürokratie-Abbau, offensichtlich nicht ohne Grund.[23] Unter dem Eindruck solcher Bedingungen ist es realistischer, bei erhöhten Faktorkosten im staatlich geleiteten Sektor von der Annahme einer im Verhältnis geringeren Erhöhung des Bruttoinlandsproduktes in den anderen Sektoren auszugehen (aufgrund des dort gestiegenen bürokratischen Aufwands). Dadurch steigt der Gesamtindikator für die Regulierungsdichte. Die Teilindikatoren für die einzelnen Sektoren konkretisieren dann, wie sich die Erhöhung der Faktorkosten für „Regulierung" und deren Wirkung auf das Bruttoinlandsprodukt unterschiedlich auf die Sektoren verteilt. Dies ermöglicht es, nach den sektorspezifischen Gründen für die veränderten Beiträge der Sektoren zum Bruttoinlandsprodukt zu suchen.

Durch die Messung kann man den ursprünglich nur für einzelne Situationen des Handelns gedachten Rationalitätsansatz Poppers übergreifend auf den Vergleich ganzer Koordinationssysteme anwenden und den definierten Teilgesamtheiten (Sektoren) die durch Unterschiede dieser Situationen bedingten Wirkungen zurechnen. Darüber hinaus wird der Ansatz erst dadurch widerlegbar. Dies wäre nicht der Fall, wenn es darum ginge, die situative Rationalität des Handelns auf Einzelpersonen zu beziehen oder auf einzelne Organisationen oder Gruppen mit nicht institutionell bedingten Eigenheiten wie

---

22 Dabei gibt das BIP die im Inland entstandene wirtschaftliche Leistung an. Im staatlichen Sektor gehen in die Berechnung des BIP ausnahmsweise nur diese Kosten als Leistung ein, weil dafür in der Regel kein spezielles Entgelt berechnet wird.
23 In Deutschland wurde ein Normenkontrollrat gegründet als beratendes Gremium der Bundesregierung. Er kritisiert seine Auftraggeber wegen unzureichender Bemühungen bei der Realisierung dieses Ziels.

beispielsweise ideologischer Voreingenommenheit. Im Unterschied dazu wird bei der Performance-Messung durch die statistische Durchschnittsbetrachtung, die dem Vergleich zwischen nationalen Performance-Indizes zugrunde liegt, die Chance für Korrekturen oder Verfeinerungen der Messung und damit gleichzeitig auch für einen ergebnisoffenen wissenschaftlichen Diskurs erhöht.

Auch in marktwirtschaftlich strukturierten Systemen wirken sich relativ geringfügige Veränderungen der Eingriffe in Wirtschaftszweige auf die Verhaltensweisen aus. Als bekanntes Beispiel für eine gegenüber der Koordination auf einem Wettbewerbsmarkt etwas veränderten Makro-Einbettung von Industrien wurde bereits die staatliche Regulierung erwähnt und die daraufhin zu beobachtenden Ausweich- oder Umgehungsreaktionen durch die betroffenen Industrie-Populationen.[24] Deshalb ist die in diesen Beispielen implizierte Einbettung von Organisationen in den Koordinations-Zusammenhang, die eine Wahl zwischen intelligenten Governance-Verfahren und deren Einführung zulässt, nicht nur als eine der wichtigsten Strategien des Wettbewerbs auf Märkten anzusehen, sondern auch des Wettbewerbs zwischen Systemen um prozedurale Rationalität.

VIII. Differenzierende Einordnung mikroökonomischer Einflussfaktoren

Bisher wurde bereits deutlich, dass ein leitendes Governance-Organ mit nur wenigen unter-geordneten Ebenen – und somit nahe an der operativen Basis agierend – in der Regel sehr viel erfolgreicher abschneiden kann als ein Organ mit einer größeren Anzahl von Zwischenebenen. Seine Zielvorgaben und deren Monitoring können sich auf nur wenige Parameter und auf die Einhaltung weniger Regeln konzentrieren. Dies ist angesichts von Ungewissheit eine wichtige Voraussetzungen dafür, die Governance-Praktiken durch Versuch und Irrtum zu verbessern, und zwar in enger Verbindung mit Wissensträgern an der operativen Basis. Das Vertrauen, das zu einer solchen Delegation von Rechten gehört, ist besonders wichtig, wenn solche Verfahren auf komplexe Gegebenheiten oder anspruchsvolle Koordinationsprobleme im Umfeld anzuwenden oder anzupassen sind. Ein Beispiel ist die Kooperation mit Liefer- oder Abnehmer-Unternehmen zur Entwicklung neuer Produkte, technischer Ausrüstungen und beim Einkauf oder Absatz. Der Erfolg hängt in diesem Falle auch vom gegenseitigen Vertrauen der Träger von Wissen an der operativen Basis zweier oder mehrerer Organisationen ab und davon, wie sie die Ertragschancen der Zusammenarbeit bei der Entwicklung neuer Technologien und Produkte einschätzen.

Die Forschung über Wirtschaftssysteme hat gezeigt, dass solche Projekte zwischen Produzenten von Maschinen und den Anwendern in typischen Marktwirtschaften weit verbreitet und oft sehr erfolgreich sind. In Wirtschaftssystemen sowjetischen Typs war dies dagegen infolge der Abhängigkeit von den gegeneinander abgegrenzten Industrie-

---

24 Beispiele sind das ‚Einfangen' der Regulierungs-Verantwortlichen durch gewährte Einladungen und Vergünstigungen seitens der Unternehmen (oder des Versprechens von Beratungsverträgen für die Zeit nach deren Pensionierung – ‚regulatory capture'), Umgehung von Regulierungen (zum Beispiel durch Verlagerung von Aktivitäten ins Ausland – ‚circumvention' oder Verstärkung der Aktivitäten mit höheren Gewinnen auf Kosten (oder durch Vermeidung) gering vergüteter (‚cream skimming').

ministerien überhaupt nicht der Fall, wenn man von militärisch wichtigen Projekten und der prestigeträchtigen Raumfahrt absieht. Für die Unternehmen selbst waren die Risiken wegen der Unsicherheiten beim Bezug der damit verbundenen – zumeist notorisch knappen – Vorprodukte und Investitionsgüter in der Regel zu hoch (*Schenk* 2003, S. 111). Somit ist ein Spielraum zu einer selbstverantwortlichen und durch unmittelbares operatives Know-how charakterisierten Suche nach „best practices" in der Regel keine selbstverständliche Eigenschaft von Koordinationssystemen. Dies ist kaum der Fall, wenn mehrere Ebenen beteiligt sind und die Zusammenarbeit der Träger von Wissen infolge des dadurch notwendigen erhöhten Informations-Durchlaufs verzögert und gestört wird.

Entscheidend ist somit, ob auch das durch Governance-Organe delegierte Residuum von Rechtstiteln, *ihr Output*, noch möglichst weitgehend Selbstorganisation bei der Lösung von Problemen zulässt, was durchaus mit einer neuen Architektur und spontanen Verkoppelung von Elementen an der operativen Basis verbunden sein kann. Denn Chancen zur Lösung von komplexen Problemen werden nur dann besser genutzt, wenn sich operative Ebenen – und das von ihnen vorgehaltene operative Wissen – durch „trial and error" an das jeweils konfrontierte, komplexe und veränderliche Umfeld weitgehend selbstverantwortlich anpassen können (*Loasby* 2003). Sollen Entscheidungsspielräume als sinnvoll empfunden werden und Mitarbeiter zu Leistungen motivieren, dann setzt dies voraus, dass sie als Grundlage prozeduraler Rationalität für sie erfahrbar werden.

In der folgenden zusammenfassenden Übersicht werden einige begrenzende, abschwächende oder verstärkende Wirkungen auf die prozedurale Rationalität von Organisationen aufgeführt.

Zur Input-Seite von Governance-Organen: Der Gebrauch von geeigneten Governance-Routinen bietet prinzipiell die Chance, die Grenzen menschlicher Eigenschaften in Informationsnetzen erheblich zu erweitern. *Begrenzend* wirken, wie *Simon* (1962) begründet, die (ursprünglich) geringen Fähigkeiten von Individuen als Prozessoren von Informationen; *verstärkend* hingegen deren Kreativität und ausgeprägtes Gedächtnisrepertoire, mit dem sie in der Lage sind, auf Informations-Inputs flexibel zu reagieren (*Haberstroh* 1965, S. 1176). Durch geschickte Kombination komplementärer Arten von Know-how und deren differenzierte Vernetzung sind Organisationen somit in der Lage, begrenzende Faktoren abzuschwächen und vorteilhafte zu verstärken, kurz: mehr zu leisten als die Summe ihrer Elemente (*Hodgson*, 1999).

Zur Output-Seite von Governance-Organen: Darüber hinaus kommt es auf Grund der unterschiedlichen Ausstattung dieser Organe von Industrie-Populationen mit Rechtstiteln und Befugnissen zur Etablierung jeweils unterschiedlich wirksamer Praktiken von operativen Organisationen. Mit anderen Worten: Es ergeben sich beobachtbare, teilweise überlappende Eigenschaften (insbesondere motivationaler Art) sowie Fähigkeiten, auf denen diese Praktiken beruhen:

- In Bezug auf *Suchprozesse*: Dies betrifft, wie bereits erwähnt, auftretende Unterschiede bei der (förmlichen oder stillschweigenden) Autorisierung der Basis-Organisationen, nach sinnvollen und verbesserten Praktiken zu suchen und solche zu implementieren, die unter anderem notwendig sind, um sich auf neue Umfeldbedingungen einzustellen. Dies wäre beispielsweise der Fall, wenn ein Unternehmen überlegt, die Chancen eines Kooperationsangebots zu nutzen.

– In Bezug auf *Leistungsorientierung:* Unterschiedlich wirkt sich dieser Faktor auf die Attraktivität von Organisationen für leistungsorientierte Beschäftigte aus. Hier spielen hauptsächlich deren Erwartungen über persönliche Karrierechancen und über die Erreichbarkeit von Organisationszielen eine Rolle (*McClelland* 1967). Dies sind Aspekte, die hauptsächlich von den angewandten Governance-Praktiken abhängen, das heißt davon, wie die verantwortlichen Organe das Potential verfügbarer Governance-Verfahren umsetzen konnten. Dies ist auch durch die unterschiedlichen Erfolgs- oder Misserfolgsgeschichten der betreffenden Organisationen bedingt, und zwar aufgrund der Pfadabhängigkeit von früheren Erfahrungen.

– In Bezug auf das *Anreiz-Beitrags-Gleichgewicht*: Ein Faktor mit ähnlicher Wirkung auf das Leistungsstreben – von Beschäftigten oder potentiell interessierten Bewerbern – ist ein für alle Gruppen ausgewogenes *Anreiz/Beitrags-Verhältnis*, das in der Lage ist, opportunistisches „rent-seeking" und „shirking" durch unzufriedene Gruppen von Beschäftigten zu vermeiden. Solche pathogenen Reaktionen von Betroffenen, die leistungsorientierte potentielle Bewerber abschrecken können, sind ebenfalls Formen der Selbstorganisation. Sie reflektieren auch und gerade deren situativ rationales Handeln.

– In Bezug auf den *Informationsaustausch*: Als Voraussetzung für die Etablierung von „best practices" kommt es in der Regel – im Innen- und Außenverhältnis (hier insbesondere von kooperierenden Unternehmen aufeinander angewiesener Wirtschaftszweige) – auf einen intensiven Austausch von Know-how mit Wissensdetails an, die sich nicht oder nur teilweise überlappen. Dies gilt insbesondere für anspruchsvolle, schwer zu übermittelnde Informationen technischer und/oder geschäftlicher Art. Einzelheiten des praktischen Wissens, die manchmal nur intuitiv und unbewusst in Prozesse einfließen, weil sie sich einer formalen Vermittlung durch die Beteiligten entziehen, können dann gleichwohl gemeinsam erschlossen und ausgetauscht werden. Demzufolge ist in der Regel ein Erfolg versprechender Austausch nur aufgrund direkter Kontakte zwischen den jeweiligen Spezialisten möglich. Das ist allerdings nicht immer der Fall, sondern nur dann, wenn auch und gerade den unmittelbar an Problemlösungen arbeitenden, kooperierenden Organisationen und Spezialisten solche Kontakte erlaubt sind, und zwar ohne Governance-Verfahren, die erhebliche Umwege über Aufsichtsorgane vorschreiben oder sogar über mehrere Hierarchie-Stufen.

Für die aufgezählten Wirkungen auf Governance-Organe und operative Organisationen im Mikrobereich gilt die hierarchische Verknüpfungslogik und die dann anwendbare, institutionell abgeleitete situative Logik: Als von den Betroffenen nachteilig beurteilte Beschränkungen der verfügbaren Handlungs- und Entscheidungsrechte (durch übergeordnete Rechtstitel staatlichen Ursprungs) können im Mikrobereich nicht rückgängig gemacht werden. Ihre Wirkungen pflanzen sich fort. Irreversibilität in diesem Sinne ist somit als Verkettungsabhängigkeit des Mikrobereichs von politischen Entscheidungen zu verstehen, und führt dazu, dass sich durch solche Beschränkungen die Unterschiede zwischen Governance-Routinen vergrößern, die durch das Delegationsverhältnis an der Schnittlinie zwischen wirtschaftspolitischen Organen und Populationen von Wirtschaftszweigen und deren Organisationen bereits vorgegeben sind. Letztlich führt dies infolge solcher verstärkten Fortpflanzungs-Effekte zu Populationen mit relativ besseren und solchen mit inferioren (das heißt stärker voneinander abweichenden) Governance-Praktiken.[25]

IX. Resümee

Die hier zugrunde gelegten Ordnungseigenschaften von Delegationsverhältnissen der Entscheidungs- und Verfügungsrechte ermöglichen es, für unterschiedliche Systeme die relative Häufigkeitsverteilung der Wirtschafts- und Verwaltungszweige auf die statistischen Teilgesamtheiten (Sektoren) zu berücksichtigen und damit die auftretenden unterschiedlichen Verhaltensweisen zu erklären. Für diese Sektoren und ihr Verhalten spielt die Intensität eine wichtige Rolle, mit der sie in unterschiedlichem Maße staatlichen Eingriffen ausgesetzt sind. Dies gilt, so die Hypothese, auch für die daraus resultierende Intensität des Wettbewerbs insbesondere innerhalb von Populationen der Sektoren, die in dem Maße abnimmt, wie das definierte statistische Maß der Eingriffe zunimmt.

Für die Ausprägung der Verhaltensmerkmale im mikroökonomischen Bereich sind diese soeben genannten Faktoren aufgrund der hierarchischen Subordinationslogik wirksam. Hinzu treten weitere mikroökonomische Faktoren, die aufgrund der Verkettungsabhängigkeit von Governance-Verfahren diese Wirkungen eher verstärken als abschwächen. Der Grund: Die Sektoren sind a priori mit delegierten Handlungs- und Verfügungsrechten unterschiedlich ausgestattet. Das gilt auch für die ihnen zugeordneten Leitungsorgane und deren Governance-Routinen, mit denen sie diese ihre Leitungsfunktion ausüben. Da dies als Brückenfunktion die Verkettung mit dem Mikrobereich von Unternehmen und Verwaltungen entscheidend prägt, werden die für den Makrobereich geltenden statistischen Eigenschaften und deren Wirkungen weitgehend auf die dazu gehörigen Populationen und deren Organisationen übertragen. Das gute und inferiore Praktiken umfassende Spektrum von Eigenschaften im Mikrobereich wird dadurch verbreitert.

Dieser Systemansatz zur Erklärung des Verhaltens und die dazu herangezogene situative Logik des rationalen Entscheidens, die ja durchaus auch in Modellen der neoklassischen Ökonomik *in voneinander getrennten Teilbereichen* verwendet wird, soll eine solche Anwendung keineswegs ersetzen. Der Ansatz wird nur verallgemeinernd auf den alle Teilgesamtheiten umfassenden System-Verbund angewandt, und zwar *im Vergleich*, bezogen entweder auf ein System zu unterschiedlichen Zeitpunkten oder auf mehrere nationale Systeme. Wie gezeigt, kann die situative Logik *Popper*s auch pathologische Verhaltensweisen rational-analytisch erklären, wie sie qua Selbstorganisation nicht nur in den Ländern des sowjetischen Typs verbreitet waren, sondern auch anderswo durchaus existieren. Das unterstreicht den breiten Anwendungsbereich dieses Ansatzes, der nicht nur eklektisch für einen Systemtyp gedacht ist, sondern für alle Typen von Industrieländern.

---

25 Solche sich selbst verstärkenden Wirkungen von Koordinationsbeziehungen und deren Pfadabhängigkeit für die langfristige ökonomische Entwicklung sind besonders von *Ulrich Witt* (2003 S. 193) herausgearbeitet worden.

Literatur

Albert, Hans (2002), *Erkenntnislehre und Sozialwissenschaft: Karl Poppers Beitrag zur Analyse sozialer Zusammenhänge*, Wien.
Arrow, Kenneth J. (1974), *The Limits of Organizations*, New York.
Haberstroh, Chadwick J. (1965), Organization Design and Systems Analysis, in: James G. March (Hg.), *Handbook of Organizations*, Chicago, S. 1171-211.
Hayek, Friedrich A. von (1967, 2007), *Wirtschaftstheorie und Wissen. Aufsätze zur Erkenntnis- und Wissenschaftslehre*, Tübingen.
Hodgson, Geoffrey M. (1999), *Evolution and Institutions: On evolutionary Institutions and the Evolution of Economics,* Cheltenham, UK.
Hume, David (1978), *A Treatise on Human Nature*, hg. von L.A. Selby-Bigge, 2. Auflage überarbeitet von P.H. Nidditch, Oxford.
Loasby, Brian J. (2003), *The Evolution of Knowledge*, www.compilerpress.atfreeweb.com.
March, James G. und Herbert A. Simon (1958), *Organizations*, New York.
Marshall, Alfred (1920), *Principles of Economics*, 8. Auflage, London.
McClelland, David (1967), *The achieving Society*, New York.
Metcalfe, J. Stanley (2005), Evolutionary Concepts in Relation to Evolutionary Economics, in: Kurt Dopfer (Hg.), *The evolutionary Foundations of Economics*, S. 391-430, Cambridge, UK.
Nelson, Richard R. und Sidney Winter (1982), *An evolutionary Theory of economic Change*, Cambridge, MA.
Popper, Karl R. (1973), Zur Theorie des objektiven Geistes, in: *Objektive Erkenntnis: Ein evolutionärer Entwurf*, Hamburg, S. 172-212.
Popper, Karl R. ([1974] 1979), *Ausgangspunkte: Meine intellektuelle Entwicklung*, Hamburg (1.Ausg. 1974, *Unended Quest: An Intellectual Autobiography*, London und Glasgow).
Popper, Karl R. (1994), *Alles Leben ist Problemlösen: Über Erkenntnis, Geschichte und Politik*, Darmstadt.
Schenk, Karl-E. (2003), *Economic Institutions and Complexity: Structures, Interactions and Emergent Properties,* Cheltenham, UK.
Schenk, Karl-E. (2006), Complexity of economic Structures and Emergent Properties, *Journal of Evolutionary Economics*, Bd. 16, S. 231-253.
Schüller, Alfred (Hg.), (1983), *Property-Rights und ökonomische Theorie*, München.
Simon, Herbert A. (1959), Theories of decision-making in economics and behavioral sciences, *American Economic Review,* Bd. 49, S. 253-283.
Simon, Herbert A. (1962), The Architecture of Complexity, *Proceedings of the American Philosophical Society*, Bd. 106 (Dec.), S. 467-82.
Simon, Herbert A. (1978), Rationality as Process and Product of Thought, *American Economic Review,* Bd. 68, S. 1-16.
Simon, Herbert A. (1997), *Administrative Behavior*, 4. Auflage, New York, NY.
Simon, Herbert A. (2005), Darwinism, Altruism and Economics, in: Kurt Dopfer (Hg.), *The evolutionary foundations of Economics*, S. 89-104, Cambridge, UK.
Stigler, George J. (1961), The Economics of Information, *Journal of Political Economy*, Bd. LXIX, 3/61, S. 213-225:
Witt, Ulrich (1997, 2003), Self-organization and Economics–what is new? in: *Structural Change and Economic Dynamics*, Bd. 8, S. 489-707, wieder abgedruckt in: Witt, Ulrich (2003), *The Evolving Economy,* Cheltenham, UK and Northampton, USA.

Zusammenfassung

Ausgehend von *Hayeks* und *Simons* Untersuchungen zu Begriffen der Rationalität wird gezeigt, dass die von *Popper* beschriebene situative Rationalität nicht nur geeignet ist zur Spezifizierung einzelner ökonomischer Handlungssituationen, sondern auch zur Analyse der unterschiedlichen Einbettung von Systemkomponenten in den jeweiligen

Koordinationszusammenhang. Es wird gezeigt, warum dies gerade für die hierarchische Koordination durch Regime der Wirtschaftspolitik gilt, die Unterschiede der Eingriffsintensität aufweisen und deshalb auch Governance-Verfahren und mikroökonomisches Verhalten der Organisationen auf unterschiedlich charakteristische Weise prägen. Anhand dieser Unterschiede werden drei Regime-Sektoren gebildet und die Konsequenzen aus der unterschiedlichen Verfügbarkeit von Handlungsrechten der ihnen zugeordneten Organisationen für deren Verhalten und Performance abgeleitet. Zur Performance-Messung wird ein Regulierungsindex für die Regime-Sektoren und für den statistischen Vergleich von Volkswirtschaften entwickelt, gedacht als Anregung zu einem wissenschaftlichen Diskurs über das vorgeschlagene Konzept.

Summary:
Theory of economic systems: Rationality, refutability and performance measurement

On the basis of elaborations by *Hayek* and *Simon* about the meaning of different notions of rationality it is posited, that the situational rationality in the sense of *Popper* is apt to be applied not only to specifying single situations of acting but also to different embeddedness situations of system components in their coordination environment. It is pointed out why this applies also to the hierarchical coordination by economic policy regimes which feature differences of the intensity of intervention and, therefore, strikingly influence the governance procedures and the micro economic conduct of the pertinent organisations.

Based on these differences regime sectors are defined and the consequences for the pertinent organisations derived from the differently available decision rights for their performance. In order to measure economic performance a regulation index is proposed for the statistical comparison of regime sectors and of compound economic systems, which may stimulate refutability and a scientific discourse about the proposed concept.

Karsten Mause

Ist Bildung eine Ware? Ein Klärungsversuch[1]

Inhalt

I. Einleitung 363
II. Das Individuum als Produzent seiner Bildung 365
III. Die Zeit und andere Inputs der Bildungsproduktion 367
IV. Zur Eigenverantwortung des Bildungsproduzenten 369
V. Lehrdienstleistungen, Bildung und Humanvermögen 371
VI. Resümee und zwei Einwände 373
Literatur 376
Zusammenfassung 379
Summary: Is Education a Market Good? An Attempt to Clarify 380

> „Many highly schooled people are uneducated, and many highly ‚educated' people are unschooled" (*Milton Friedman* and *Rose Friedman* 1980, p. 187)

I. Einleitung

In bildungspolitischen Diskussionen ist häufig davon die Rede, dass (Hoch-)Schulen auf Bildungsmärkten (Hoch-)Schulbildung anbieten. Im Rahmen solcher Diskussionen wird nicht selten kritisch angemerkt, dass Bildung gegenwärtig zunehmend als Ware betrachtet werde, die zwischen den Schülern und Studenten als Bildungsnachfragern und den Schulen und Hochschulen als Bildungsanbietern gehandelt werde.[2] Dass der Slogan ‚Bildung ist keine Ware!' immer wieder in bildungspolitischen Debatten zum Ausspruch kommt, liegt zum einen vermutlich an den jeweiligen aktuellen Anlässen, wie zum Beispiel Diskussionen über die Einführung von Studiengebühren, das vermehrte Auftreten privater Lehrprogramm-Anbieter oder Verhandlungen darüber, ob und in welcher Weise ‚Bildung' in das General Agreement on Trade in Services (GATS) der Welthandelsorganisation (WTO) aufgenommen werden sollte. Ein weiterer Grund – so kann vermutet werden – ist, dass Bildungsökonomen mit ihren Studien, in denen häufig von Bildungsanbietern, Bildungsnachfragern, Bildungsgütern und Bildungsmärkten die

---
[1] Der Autor dankt zwei anonymen Gutachtern dieses Jahrbuches für kritische Kommentare und hilfreiche Anregungen zu einer früheren Fassung des Manuskripts.
[2] Siehe z.B. die Beiträge von *Bernhard* (2003, 2007), *Lohmann* (2003), *Köhler* und *Quaißer* (2003), *Hartmann* (2004), *Renner* et al. (2004), *Scherrer* (2005), *Vorstand ver.di* (2006), *Krautz* (2007) und *Huss* (2008).

Rede ist, überhaupt erst die Terminologie geschaffen haben, die oftmals auch von Bildungspolitikern und Bildungsforschern benutzt wird, und die immer wieder den Angriffspunkt für kritische Analysen von Pädagogen, Soziologen und anderen Sozialwissenschaftlern bildet.

Wenn *Friedman* (1962), *van Lith* (1985), *Lott* (1987), *Hanushek* (2001), *Kupferschmidt* und *Wigger* (2006) und andere Ökonomen in ihren Studien von Bildungsanbietern, die auf Bildungsmärkten das Gut ‚Bildung' (engl. education) anbieten, sprechen, dann meinen sie damit in der Regel das Gut ‚Lehre', das von Schulen, Hochschulen und anderen Organisationen auf Märkten angeboten werden kann. Zur Bezeichnung dieses Gutes werden in der ökonomischen Literatur bisweilen synonym auch Begriffe wie Bildungsgut, Bildungsdienstleistung (engl. educational services), Bildungsleistung, Ausbildung, Ausbildungsleistung, Lehrleistung oder Lehrdienstleistung verwendet. Oftmals wird der Begriff ‚Bildung' in ökonomischen Studien aber zugleich auch als Bezeichnung für den menschlichen Bestand an Bildung gebraucht. So betrachtet etwa *Woll* (1992, Kap. 8) in seiner Überblicksdarstellung zur Bildungsökonomie und Bildungspolitik „Bildung als eine Form der Humankapitalinvestition" (S. 275). An anderer Stelle wird festgestellt: „Das Ausmaß der Bildung bietet jedenfalls keinen Maßstab für die Höhe der materiellen Arbeitserträge" (S. 278). Neben diesen Aussagen, die auf die personenbezogene, individuelle Bildung abzielen, wird gleichzeitig aber auch „der Staat als Anbieter des Gutes Bildung" (S. 286) untersucht. Und darüber hinaus wird an mehreren Stellen vom Staat als Anbieter von „Schulausbildung", „akademischer Ausbildung", „Hochschulausbildung" oder des „Gutes Ausbildung" geschrieben. Aus dem jeweiligen Zusammenhang, in dem das Wort Bildung auftritt, kann der Leser der Texte von *Artur Woll* und anderen Ökonomen jedoch erschließen, welche der beiden oben genannten Bedeutungen im konkreten Fall gemeint ist: entweder (1) Bildung als Gut beziehungsweise Lehrdienstleistung oder (2) Bildung als individueller Bildungsstand. Wer dies möchte, kann freilich Begriffe wie Bildungsgut, Bildungsangebot oder Bildungsmarkt auch aus dem jeweiligen ökonomischen Zusammenhang reißen, um damit – wie die eingangs zitierten Autoren – gegen die angeblich zu beobachtende „Ökonomisierung", „Kommerzialisierung", „Kommodifizierung" oder „Verwarenförmigung" der Bildung anzuschreiben.

Um die immer mal wieder vorgebrachte Behauptung, dass Bildung eine Ware sei, ad absurdum zu führen, wird im vorliegenden Beitrag eine begriffliche Klärung versucht, und strikt zwischen (1) Lehrdienstleistungen, die in der Tat von öffentlichen und privaten Anbietern auf Märkten angeboten werden können, und (2) Bildung, die sich im Besitz (genauer: im Kopf) eines Individuums befindet, unterschieden. Schulen und Hochschulen bieten in der im Folgenden vorgestellten theoretischen Sichtweise nicht das Gut Bildung an, sondern Lehrdienstleistungen, die Individuen auf Märkten ‚kaufen' können, um mit deren Hilfe einen Bestand an Bildung aufzubauen oder den bereits vorhandenen Bildungsbestand zu erweitern. Schüler und Studenten werden, aufbauend auf dem von *Gary S. Becker* und seinen Mitarbeitern in den 1960er und 1970er Jahren entwickelten Haushaltsproduktionsansatz (*Becker* 1965; *Michael* und *Becker* 1973), als Produzenten ihrer eigenen Bildung aufgefasst. Bildung ist demnach kein Wirtschaftsgut wie Brötchen, Äpfel oder Süßwaren, die im Supermarkt gekauft werden können, sondern das Ergebnis eines zeitaufwendigen und mitunter mühevollen Produktionsprozesses, der im

Kopf des jeweiligen Bildungsproduzenten abläuft. Bei Lehrdienstleistungen handelt es sich allerdings aus ökonomischer Sicht schon um ein Gut, das wie Pediküre, Psychotherapie oder Frisördienstleistungen direkt auf Märkten gekauft werden kann – wobei die genannten Dienstleistungen selbstverständlich ihre jeweiligen Besonderheiten aufweisen und in unterschiedlichem Maße der Mitwirkung des Klienten bedürfen.

Entsprechend der ihnen zur Verfügung stehenden personellen und materiellen Kapazitäten können Schulen und Hochschulen pro Zeiteinheit (z.B. Schuljahr, Semester) eine bestimmte Anzahl von Schülern und Studenten aufnehmen und folglich eine bestimmte Menge an Lehrdienstleistungen (gemessen in Schul- oder Studienplätzen) auf dem Markt anbieten. Blickt man zum Beispiel auf das deutsche Bildungssystem, dann ist dort der Austausch ‚Geld gegen Lehrdienstleistungen' schon seit geraumer Zeit empirisch zu beobachten. Denn da es aus volkswirtschaftlicher Perspektive auch im Bildungssystem einer Gesellschaft bekanntlich „... no such thing as a free lunch" (*Friedman* 1975) gibt, mussten und müssen die Kosten des Angebots von Lehrdienstleistungen in staatlichen und privaten Schulen und Hochschulen von irgendjemandem getragen werden. Die normative Fragestellung, ob Schüler und Studenten (bzw. deren Eltern) und/oder ‚der Staat' (d.h. die Gemeinschaft der Steuerzahler) Geld als Gegenleistung für die von den Schul- und Hochschulkunden in Anspruch genommenen Lehrdienstleistungen zahlen sollten, wird indessen im Folgenden nicht weiter behandelt.[3]

Aufschlussreich für die hier vorgenommene Unterscheidung zwischen Bildung und Lehrdienstleistungen ist im Übrigen auch das folgende Zitat aus *Friedman* und *Friedman* (1980): „In line with common practice, we have used ‚education' and ‚schooling' as synonymous. But the identification of the two terms is another case of using persuasive terminology. In a more careful use of the terms, not all ‚schooling' is ‚education', and not all ‚education' is ‚schooling.' Many highly schooled people are uneducated, and many highly ‚educated' people are unschooled" (p. 187). Das Zitat macht darauf aufmerksam, dass die Inanspruchnahme von Lehrdienstleistungen in (Hoch-)Schulen – den Orten der Belehrung oder Beschulung (Stichwort: Schooling) – nicht automatisch dazu führt, dass ein Individuum zu einem mehr oder weniger gebildeten Menschen (Stichwort: Education) wird.

II. Das Individuum als Produzent seiner Bildung

Wie bereits in der Einführung erwähnt, wird im vorliegenden Beitrag die Auffassung vertreten, dass Schüler und Studenten ihre Bildungsnachfrage dadurch befriedigen, dass sie selbst als Produzenten ihrer eigenen Bildung tätig werden. Um Bildung zu produzieren, fragen Individuen auf verschiedenen Märkten diverse Zwischengüter beziehungsweise Produktionsfaktoren nach, die sie unter Aufwendung von Zeit und Mühe in ihrem

---

3 Auf Verteilungsfragen, etwa ‚Können sich alle Studieninteressenten in einem Gemeinwesen ein gebührenpflichtiges Studium finanziell leisten?', wird also nicht eingegangen. Ebenso unberücksichtigt bleiben mögliche allokative Marktversagenstatbestände. So ist zu beachten, dass auf Lehrdienstleistungsmärkten unter bestimmten Bedingungen Marktversagen auftreten kann, beispielsweise aufgrund einer asymmetrischen Informationsverteilung zwischen Anbietern und Nachfragern. Die gerade angeschnittenen allokativen und distributiven Fragenkomplexe werden z.B. in *van Lith* (1985), *Schmidtchen* und *Kirstein* (2005) oder *Kupferschmidt* und *Wigger* (2006) behandelt.

individuellen Bildungsproduktionsprozess zum Einsatz bringen. Diese auf den ersten Blick vielleicht etwas befremdlich wirkende Bildungsauffassung bedient sich des von *Gary S. Becker* und seinen Kollegen entwickelten Haushaltsproduktionsansatzes, der in der sozialwissenschaftlichen Literatur üblicherweise als „New Theory of Consumer Behavior" oder „New Home Economics" bezeichnet wird (siehe *Pollak* 2003 für eine Übersicht). Der Grundgedanke dieses Ansatzes wird in der Pionierarbeit von *Becker* (1965, S. 101) folgendermaßen auf den Punkt gebracht: „Man sollte allerdings darauf hinweisen, dass die Ökonomen in den letzten Jahren zunehmend anerkennen, dass ein Haushalt in der Tat eine ‚kleine Fabrik' ist: Er kombiniert Investitionsgüter, Rohstoffe und Arbeit zur Reinigung, Ernährung, Fortpflanzung und zur anderweitigen Produktion nützlicher Güter." In Anlehnung an die Arbeiten von *Becker* (1965) sowie *Michael* und *Becker* (1973) zur Haushaltsproduktion kann man sagen, dass ein Individuum im Rahmen seiner eigenen „kleinen Fabrik" Bildung (Z_B) unter Einsatz von Zeit (T_B), Arbeitsenergie bzw. Lernaufwand (A_B), Lehrdienstleistungen (x) und weiteren auf Märkten erhältlichen Gütern und Dienstleistungen ($y_1, y_2, ..., y_n$) selbst produziert. Der gerade verbal dargelegte Zusammenhang lässt sich formal auch durch die folgende individuelle Bildungsproduktionsfunktion zum Ausdruck bringen: $Z_B = f(x; y_1, y_2, ..., y_n; T_B; A_B)$.

Der späteren Fassung des Haushaltsproduktionsansatzes von *Stigler* und *Becker* (1977) folgend, bietet es sich in dem hier betrachteten Zusammenhang an, als Erweiterung zu berücksichtigen, dass ein Individuum seinen bereits aufgebauten Bestand an Humankapital („skills, training and other human capital") in der Haushaltsproduktion einsetzt. Wird Bildung (Z_B) als ein zentrales Element des individuellen Humankapitals begriffen,[4] und wird in Rechnung gestellt, dass Schüler und Studenten in der Regel schon ein bestimmtes Maß an Bildung mitbringen, wenn sie ihre Weiterbildung an Schulen und Hochschulen beginnen, dann muss allerdings die obige Bildungsproduktionsfunktion wie folgt umformuliert werden, um die Veränderung des individuellen Bildungsbestandes (ΔZ_B) erfassen zu können: $\Delta Z_B = f(x; y_1, y_2, ..., y_n; T_B; A_B; Z_B)$. In dieser umformulierten Funktion wird nun der wichtige Aspekt berücksichtigt, dass die Bildungsproduktion – neben anderen Inputs – auch vom bereits vorhandenen Bildungsstand (Z_B) abhängt.

Durch die vorgenommene Umformulierung wird im Übrigen auch der Unterschied zwischen Bildung und Humankapital als (a) Bestandsgrößen oder (b) als Stromgrößen (d.h. als Bestandsänderungen) deutlich. Auf die letztgenannte Sichtweise wird weiter unten, in Abschnitt V, näher eingegangen. Dort wird darauf hingewiesen, dass der Schulbesuch oder ein Hochschulstudium in der Bildungsökonomik üblicherweise als Investitionen in Bildung und Humankapital begriffen werden. Investitionen stellen in der Wirtschaftstheorie bekanntlich eine Stromgröße dar.

Der Output der individuellen Bildungsproduktion sei hier definiert als der Bestand an Kenntnissen und Fähigkeiten, die eine Person zu einem bestimmten Zeitpunkt erlangt hat. Synonym zum Ausdruck Bildung wird im Weiteren auch der Begriff Wissen verwendet. Mit den Worten von *William E. Becker*, einem U.S.-amerikanischen Bildungsökonomen, lässt sich der verwendete Bildungs- bzw. Wissensbegriff folgen-

---

4 Siehe zur Erörterung des Begriffs ‚Humankapital' ausführlicher Abschnitt V des vorliegenden Beitrags.

dermaßen definieren: „The word ‚knowledge' is used here to represent a stock measure of student achievement; it can be replaced with any educational outcome produced by the student with various forms of study time and methodology, as measured at a single point in time" (*Becker* 1997, p. 1364, FN 15).

In der hier eingenommenen Sichtweise stellen beispielsweise akademische Lehrdienstleistungen, die von Hochschulen im Rahmen von Studienprogrammen angeboten werden, und die tatsächlich mit Geldmitteln erworben werden können, nicht die alleinigen Einsatzfaktoren dar. Im Rahmen der Bildungsproduktion werden, wie oben erläutert, Lehrdienstleistungen und andere auf Märkten erwerbbare Güter und Dienstleistungen von dem jeweiligen Individuum unter Aufwendung von Zeit und Mühe sowie dem Einsatz des bereits vorhandenen Bildungsbestandes in Bildung transformiert. Ähnlich argumentiert auch die deutsche *Monopolkommission* (2000) in ihrem Gutachten „Wettbewerb als Leitbild für die Hochschulpolitik". Darin heißt es: „Die von der Hochschule bereitgestellten Dienstleistungen in der Lehre – wie z.B. Vorlesungen, Übungen und Sprechstunden – stellen Zwischenprodukte dar, die zur Erstellung des angestrebten Lernresultats eingesetzt werden; in welchem Ausmaß sie hierzu beitragen, ist jedoch in der Praxis kaum messbar. Denn die Studierenden erbringen private Eigenleistungen, die ebenfalls zum Lernergebnis beitragen, jedoch ohne direkte Beteiligung der Hochschulanbieter erfolgen und somit nicht zu beobachten sind" (S. 90).

Das in diesem Beitrag vorgestellte Bildungsverständnis wird in ähnlicher Form auch von anderen Autoren vertreten. Neben *van Lith* (1985, 1995) und dem gerade zitierten Gutachten der *Monopolkommission* (2000) sei exemplarisch auf eine bildungsökonomische Studie von *Barbier* (1969) verwiesen, der die in den 1960er Jahren erschienenen Pionierarbeiten *Gary S. Beckers* rezipiert und argumentiert, dass Ausbildung als Gut „... im Sinne eines Tausches ‚Geld-Ware' überhaupt nicht angeboten [wird]. Angeboten werden lediglich Sach-Inputs (Lehrmittel, Gebäude) und Dienstleistungen (Lehrerstunden), die aber erst in der produktiven Kombination mit eigenem Zeitaufwand zu einem Ausbildungsergebnis führen" (S. 82). Darüber hinaus ist hervorzuheben, dass der *Becker*sche Haushaltsproduktionsansatz in verschiedenen Modellvarianten auch schon von anderen ökonomischen Autoren auf die individuelle Bildungsproduktion im (Hoch-)Schulbereich übertragen worden ist: siehe neben dem eben genannten *Barbier* (1969, S. 35-41 und S. 82-90) auch *Devadoss* und *Foltz* (1996, p. 500), *Goethals* et al. (1999, Appendix) sowie *Dolton* et al. (2003). Die Nutzbarmachung dieses aus der mikroökonomischen Haushaltstheorie bekannten Ansatzes für die Analyse von bildungsökonomischen Fragestellungen ist also gar nicht so abwegig, wie es womöglich manchem Leser auf den ersten Blick erscheinen mag.

III. Die Zeit und andere Inputs der Bildungsproduktion

Im vorangehenden Abschnitt wurde bereits darauf hingewiesen, dass die knappe Ressource Zeit einen unverzichtbaren Produktionsfaktor darstellt, den ein Individuum benötigt, um Bildung zu produzieren (*Romer* 1993; *Marburger* 2001; *Dolton* et al. 2003; *Stinebrickner* and *Stinebrickner* 2004). Empirisches Material zu der Frage, wie viel Zeit deutsche Studenten für den Besuch von Lehrveranstaltungen, das Selbststudium und die Erwerbstätigkeit aufwenden, findet sich zum Beispiel in den Sozialerhebungen des Deutschen Studentenwerks, in denen „[d]ie wirtschaftliche und soziale Lage der Studierenden in der Bundesrepublik Deutschland" untersucht wird (siehe z.B. *Isserstedt* et al. 2007, Kap. 9). Weitere Faktorinputs, die in den Bildungsproduktionsprozess eingespeist werden können, sind beispielsweise Lehrbücher, Papier, Bleistifte, Computer, Textverarbeitungsprogramme, Handtelefone und Schokolade, aber auch Kaffee (*Landrum* 1992; *Shields* et al. 2004), alkoholische Getränke (*Williams* et al. 2003; *Korn* and *Maggs* 2004) oder Wohnungen (*Mause* 2008). Das Gut ‚Information', das beispielsweise in Form von Büchern, Vorlesungen oder Fachartikeln auftreten kann, ist in dieser Sichtweise ebenfalls ein Input-Gut der individuellen Bildungs- bzw. Wissensproduktion. Empirische Befunde für acht ausgewählte Ausgabenpositionen innerhalb des monatlichen Lebenshaltungsbudgets deutscher Studenten im Sommersemester 2006 (Miete, Ernährung, Kleidung, Lernmittel, Auto, öffentliche Verkehrsmittel, Krankenversicherung und Telekommunikation) präsentieren *Isserstedt* et al. (2007, Kap. 7).

Die genannten Zwischengüter beziehungsweise Vorprodukte stiften dem Konsumenten in der Perspektive des Haushaltsproduktionsansatzes keinen unmittelbaren Nutzen. Stattdessen werden Marktgüter und Marktdienstleistungen nachgefragt und im Rahmen der Haushaltsproduktion kombiniert, weil sie bestimmte Eigenschaften aufweisen, die aus Sicht des einzelnen Konsumenten geeignet erscheinen, ein ‚höheres' oder ‚grundlegenderes' Bedürfnis – zum Beispiel Bildung – zu befriedigen. Am Rande sei erwähnt, dass ein Privathaushalt, egal ob dieser aus einer Person oder mehreren Haushaltsmitgliedern besteht, natürlich in seiner „kleinen Fabrik" nicht nur Bildung produzieren wird. Ein Haushalt muss in der Regel eine Mehr-Güter-Produktion betreiben, um eine Reihe weiterer, mehr oder weniger überlebenswichtiger Bedürfnisse befriedigen zu können. Unter Einsatz von Zeit sowie durch die Kombinationen verschiedener Güter und Dienstleistungen, die im Modell von *Becker* und *Michael* als „market goods" bezeichnet werden (z.B. ein Studienplatz x), produziert ein Haushalt eine Vielzahl weiterer nutzenstiftender „commodities", die zum Leben notwendig erscheinen: zum Beispiel Gesundheit, soziales Prestige, Freundschaften, Mahlzeiten, Liebe, Kinderpflege, Hausputz, Körperpflege, Erholung oder Schlaf (*Pilcher* et al. 1997; *Tsai* and *Li* 2004). In den Worten von *Becker* (1965, S. 100): „Es wird angenommen, dass die Haushalte Zeit und Marktgüter [= market goods] kombinieren, um elementare Güter [= more basic commodities] zu produzieren, die unmittelbar in ihre Nutzenfunktion eingehen." Bei den in den eckigen Klammern enthaltenen Ausdrücken handelt es sich um die im Original verwendeten Begriffe, deren Unterscheidung fundamental für das Verständnis des Haushaltsproduktionsansatzes ist. Im Unterschied zur traditionellen mikroökonomischen Nachfragetheorie gehen nämlich nicht die *Marktgüter* (Bücher, Kaffee, Zigaretten usw.), sondern die nutzenspendenden Outputs der Haushaltsproduktion, die so genannten „*commodities*", als Argumente in die Nutzenfunktion des einzelnen Privathaushalts ein: $U = f(Z_1, Z_2, ..., Z_n)$. Eine dieser mit Z gekennzeichneten „commodities" könnte Bildung sein.

Die gerade herausgestellte Nutzenfunktion wird unter den Nebenbedingungen der dem Haushalt zur Verfügung stehenden Zeit, der Preise der am Markt erworbenen Güter und Dienstleistungen sowie des Gesamteinkommens („full income") des Haushalts maximiert: „Die Ressourcen bemessen sich nach dem sogenannten vollen Einkommen, der Summe aus dem monetären Einkommen und dem Einkommen, das dadurch entgangen oder ‚verloren' ist, dass Zeit und Güter zur Nutzenrealisierung eingesetzt werden. Die Preise der (vom Haushalt produzierten) Güter [= commodity prices] werden durch die Summe der Kosten ihrer Zeit- und Güter-Inputs gemessen" (*Becker* 1965, S. 128f.). In der eckigen Klammer steht der im Original verwendete Ausdruck, um wiederum die fundamentale Unterscheidung zwischen „market goods" und „commodities" zu verdeutlichen. Bei der Nutzenmaximierung ist überdies als weitere Restriktion die Haushaltsproduktionsfunktion zu berücksichtigen, in die, wie in Abschnitt II bereits am Beispiel der Bildungsproduktion erläutert wurde, Kombinationen von Marktgütern, die jeweils aufgewendete Zeit und Arbeitsenergie sowie der bereits aufgebaute Bildungsbestand als unabhängige Variablen eingehen. Fazit: Aus Sicht des hier in Anlehnung an *Gary S. Becker* entwickelten Theorieansatzes wird Bildung zugleich als eine nutzenstiftende „commodity" (d.h. ein Ziel an sich) und als ein Mittel zur Bildungs- bzw. Haushaltsproduktion angesehen. Als Mittel betrachtet geht Bildung (Z_B) als ein Argument neben anderen (Zeit, Marktgüter etc.) in die in Abschnitt II formulierte individuelle Bildungsproduktionsfunktion $\Delta Z_B = f(x; y_1, y_2, ..., y_n; T_B; A_B; Z_B)$ ein. Als Ziel geht Bildung (Z_B) als eine Nutzenkomponente neben anderen (Gesundheit, Erholung etc.) in die individuelle Nutzen- bzw. Zielfunktion $U = f(Z_1, Z_2, ..., Z_n)$ ein.

IV. Zur Eigenverantwortung des Bildungsproduzenten

Wird der in den bisherigen Ausführungen vorgestellte Bildungsbegriff verwendet, dann tritt unter dem Stichwort der Eigenverantwortung des Lernenden ein Tatbestand hervor, der im Grunde eine Selbstverständlichkeit ist, aber manchmal in Vergessenheit zu geraten scheint: Schüler und Studenten müssen selbst etwas dafür tun (d.h. Zeit und Arbeitsenergie investieren), um sich (weiter) zu bilden. Anders ausgedrückt: Lehrer, Professoren oder andere Lehrpersonen können zwar Informationen verbreiten; das heißt versuchen, Lehrinhalte zu vermitteln, Neugier zu wecken oder für Gespräche zur Verfügung stehen – aber Lesen, Schreiben und Rechnen, kurz: Denken und Lernen, müssen Schüler und Studenten schon selbst. Ebenso bleibt es den (Hoch-)Schulkunden selbst überlassen, wie sie mit den in Schulstunden, Vorlesungen, Seminaren und Sprechstunden empfangenen Informationen umgehen und ob sie damit Bildung produzieren. Im Extremfall ist durchaus vorstellbar, dass eine universitäre Lehrveranstaltung besucht wird, ohne dass der einzelne Student mit den empfangenen Lehrdienstleistungen zusätzliche Bildung produziert hat. Der Bildungsstand des betreffenden Individuums bleibt in diesem Fall trotz der nachgefragten Lehrdienstleistungen unverändert; in der in Abschnitt II vorgestellten Funktionsgleichung wäre ΔZ_B in diesem Fall gleich Null. In einer in der bildungsökonomischen Literatur geführten Diskussion über die Vor- und Nachteile einer studentischen Anwesenheitspflicht an U.S.-amerikanischen Colleges und Universitäten vertreten *Devadoss* und *Foltz* (1996, p. 506) eine ähnliche Auffassung, wenn sie bemerken, „... that attendance alone does not ensure that students are learning". In seinem Kommentar zu *Romer* (1993), der in der Überschrift zu seinem Beitrag fragt „Do Students Go to Class? Should They?", berichtet *Brauer* (1994) über seine Erfahrungen mit ‚gelegentlichen' Veranstaltungsbesuchern an einer U.S.-amerikanischen Business School: „Even when they are present physically, they still are mental no-shows, giving me and their seat-neighbors blank stares because they do not know what is going on" (p. 206).

Vor dem Hintergrund der gemachten Aussagen zu Schülern und Studenten als Produzenten ihrer eigenen Bildung dürfte klar sein, dass Individuen, die eine Schule oder Hochschule besuchen, selbst etwas dafür tun müssen, um sich – unter anderem – mit Hilfe der empfangenen Lehrdienstleistungen einen Bestand an Kenntnissen und Fähigkeiten zu erarbeiten. Insofern ist Bildung zwar aus ökonomischer Sicht keine Ware, die auf Märkten gehandelt wird, wie bisweilen behauptet wird. Gleichwohl werden auf Märkten Lehrdienstleistungen angeboten und nachgefragt. In diesem Sinne schreibt *van Lith* (1995), der Bildung als zentralen Teil des Humankapitals begreift: „Schulen und Hochschulen bieten lediglich Leistungen an, die zusammen mit den Eigenleistungen des Schülers/Studierenden zu einem bestimmten Bildungsergebnis (,qualifiziertes' Humankapital) führen" (S. 46). Und bereits bei *Wilhelm von Humboldt* (1767-1835) ist zu lesen: „[A]lle Bildung hat ihren Ursprung allein in dem Innern der Seele und kann durch äußre Veranstaltungen nur veranlasst, nie hervorgebracht werden" (*Humboldt* 1792, S. 87). Dass ‚Bildung' dem Individuum nicht – gleich einem Arzneimittel – verabreicht wird (Stichwort: „Nürnberger Trichter"), sondern stets Ergebnis eines mehr oder weniger zeit- und arbeitsaufwendigen (Produktions-)Prozesses ist, der im Subjekt abläuft, ist also eine Grundeinsicht pädagogischer Bildungstheorien spätestens seit dem 18. Jahrhundert. Von daher ist überraschend, dass gerade Pädagogen und Bildungsforscher gerne von der Bildung-als-Ware-Analogie Gebrauch machen.[5]

Der *Becker*sche Haushaltsproduktionsansatz wurde in dem vorliegenden Beitrag aber nicht allein deshalb in den Bildungskontext gestellt, um die Absurdität der in bildungspolitischen Diskussionen vielfach zum Einsatz kommenden Parole ‚Bildung ist keine Ware!' deutlich zu machen. Zudem sollte hervorgehoben werden, dass der einzelne Schüler oder Student ein gewisses Maß an Eigenverantwortung für seine geistige Entwicklung trägt. Ferner ist zu beachten, dass auch Bildungsproduzenten außerhalb der in den Abschnitten II und III entworfenen Modellwelt bemerken werden, dass sie bei ihren individuellen Entscheidungen über den Einsatz bestimmter Kombinationen aus Marktgütern und Marktdienstleistungen im Rahmen ihrer Bildungsproduktion durch die Höhe ihres jeweiligen finanziellen Budgets, die relativen Preise der auf Märkten angebotenen Güter und Dienstleistungen sowie ihre jeweilige Zeitrestriktion beschränkt werden. Des Weiteren kann beispielsweise die Studiengang-Auswahl durch kognitive Restriktionen oder durch Zulassungsvoraussetzungen, die die Lehrprogramm-Anbieter an künftige Studenten stellen, beeinflusst werden. Die genannten Restriktionen können verhindern, dass ein Nachfrager aus dem am Markt erhältlichen Studienprogramm-Angebot eine freie Auswahl treffen kann. Aus studentischer Sicht müssen derartige Zulassungsbeschränkungen als zusätzliche Nebenbedingungen bei der Maximierung ihrer individuellen Nutzenfunktion berücksichtigt werden.[6]

---

5   Exemplarisch sei nochmals auf die oben, in Fußnote 1, zitierten Literaturquellen verwiesen.
6   Unter Verweis auf ein Lied der Rolling Stones mit dem Titel „You can't always get what you want", veranschaulichen *Pindyck* und *Rubinfeld* (2005, S. 25) das menschliche Grundproblem der begrenzten Auswahl aus den jeweils verfügbaren Alternativen in ihrem Lehrbuch zur Mikroökonomik folgendermaßen: „Die Rolling Stones haben einmal gesagt: ‚Du kannst nicht immer das bekommen, was Du willst.' Das ist sicher wahr. Für die meisten Menschen (sogar für Mick Jagger) ist die Tatsache, dass

V. Lehrdienstleistungen, Bildung und Humanvermögen

Folgt man dem in den vorangehenden Abschnitten entwickelten Bildungsbegriff, dann kann zwar weiterhin von Schülern und Studenten als ‚Bildungsnachfragern' gesprochen werden – wobei diese ihr individuelles Bildungsbedürfnis durch ihre eigene Bildungsproduktion selbst befriedigen müssen. Aber die üblicherweise in der bildungsökonomischen Literatur sowie häufig in bildungspolitischen Diskussionen verwendeten Begriffe ‚Bildungsanbieter' und ‚Bildungsmarkt' führen fast zwangsläufig zu Missverständnissen. Wie oben mehrfach hervorgehoben wurde, wird von Schulen und Hochschulen nicht Bildung (auf einem Bildungsmarkt) angeboten; sondern diese Institutionen bieten Lehrdienstleistungen auf Märkten für diese Lehrdienstleistungen an. So gesehen ist es müßig und irreführend, wenn zum Beispiel in dem von *Teixeira* et al. (2004) herausgegebenen Sammelband „Markets in Higher Education: Rhetoric or Reality?", aber auch in vielen anderen Beiträgen zur Diskussion über neuere Entwicklungen im Hochschulbereich, darüber diskutiert wird, ob im Hochschulsystem eines Landes Lehrdienstleistungs*märkte* vorhanden sind oder nicht. Sobald private oder staatliche Studienplatz-Anbieter auf Studienplatz-Nachfrager treffen, ist aus ökonomischer Sicht von einem Markt zu sprechen. Welche Marktform dieser Markt aufweist (Monopol, Oligopol usw.), wie intensiv der Wettbewerb auf dem betrachteten Markt ist, und ob staatliche Instanzen mittels Preis-, Mengen-, Qualitäts- oder Marktzutrittsregulierungen in das Marktgeschehen eingreifen (und damit die Marktkräfte weitgehend ausschalten), sind selbstverständlich andere Fragen, die nur mit Blick auf reale Märkte zu beantworten sind. In jedem Falle bieten Hochschulen auf solchen Märkten im Rahmen von Studiengängen verschiedene Dienstleistungen an (Lehre, Betreuung, Bibliotheken etc.), die es ihren studentischen Kunden ermöglichen, sich bestimmte Kenntnisse und Fähigkeiten anzueignen und auf diese Weise ihr individuelles Bildungsbedürfnis zu befriedigen.

Der ‚Kauf' von Lehrdienstleistungen stiftet aber nicht nur einen kurzfristigen Konsumnutzen in der Gegenwart, der dem einzelnen Schüler oder Studenten durch den Besuch von Schulstunden, Vorlesungen oder durch die Teilnahme am Studentenleben zufließt. Längerfristig betrachtet, stellt die Absolvierung eines Lehrprogramms eine Investition in das eigene Humanvermögen dar, die sich in der Zukunft möglicherweise monetär oder in anderer Form auszahlen wird. Zum Beispiel verzichtet ein Student, dem daran gelegen ist, durch einen Hochschulabschluss seine künftigen Beschäftigungs- und Einkommensaussichten auf dem Arbeitsmarkt zu erhöhen, in der Gegenwart auf Arbeitseinkommen und entfaltet stattdessen eine Nachfrage nach akademischen Lehrdienstleistungen. Die Studienplatz-Nachfrage ist insofern eine mit Blick auf den Arbeitsmarkt abgeleitete Nachfrage, also eine Nachfrage, die sich aus den jeweiligen Anforderungen der Arbeitsmärkte ergibt. Die Qualität eines Studienprogramm-Anbieters wird sich aus Sicht des hier betrachteten idealtypischen berufsorientierten Studenten in aller Regel an der gebildeten Erwartung bemessen, ob und inwieweit der bei einem Programmanbieter zu erwerbende Studienabschluss später auf dem Arbeitsmarkt wirtschaftlich verwertbar sein wird.

---

man nicht immer das haben oder tun kann, was man will, eine einfache, aber harte Lektion, die sie in der frühen Kindheit gelernt haben".

Aber Schulen und Hochschulen bieten nicht nur Lehrdienstleistungen an. Außerdem bieten diese Institutionen etwas an, was im Regelfall nirgendwo zu kaufen ist: Zertifikate, die vom jeweiligen Zertifikatsbesitzer als Signal auf dem Arbeitsmarkt eingesetzt werden können (*Arrow* 1973; *Spence* 1973).[7] Erfüllt beispielsweise ein studentischer Kunde die seitens des Studiengang-Anbieters festgelegten Leistungsanforderungen, dann bekommt er/sie dafür ein Zertifikat, das bescheinigt, dass sich der Zertifikatsbesitzer mit mehr oder minder großem Erfolg einem Examen unterzogen hat, in dem sein Wissen in einem bestimmten Fachgebiet überprüft worden ist. Den eigenen Bestand an Kenntnissen und Fähigkeiten unter Anleitung mehr oder weniger professioneller Lehrdienstleister zu erweitern, sowie das Ziel, einen auf dem Arbeitsmarkt anerkannten Studienabschluss erreichen zu wollen, könnten Gründe sein, warum sich Studenten zur Aufnahme eines Hochschulstudiums bei einem bestimmten Lehrprogramm-Anbieter entschließen. Und dies macht genau den Zusammenhang zwischen Bildung und Humanvermögen deutlich. Bildung wird nicht auf einem Markt gehandelt. Aber Bildung kann als ein zentraler Bestandteil des individuellen Humanvermögens begriffen werden. Ein Mensch kann in dieser Sichtweise sein Humanvermögen auf einem Markt – dem Arbeitsmarkt – zu einem bestimmten Preis – dem Lohnsatz – anbieten.

In der englischsprachigen bildungsökonomischen Literatur wird im Anschluss an die Pionierarbeiten von *Mincer* (1958), *Schultz* (1961) und *Becker* (1962) üblicherweise der Begriff „human capital" zur Bezeichnung des menschlichen Humanvermögensbestandes verwendet: „Humankapital bezeichnet Wissen, Fähigkeiten und Erfahrung, die einer Einzelperson mehr Produktivität verleihen und es ihr ermöglichen, im Laufe ihres Lebens höhere Einkünfte zu erzielen" (*Pindyck* und *Rubinfeld* 2005, S. 738). Bildung ist demnach, dies sei nochmals hervorgehoben, ein Element des Humankapitalbestandes eines Individuums, wobei es „... jedoch neben der Bildung andere ‚Investitionen', die auf die feststellbare Qualität des Humankapitals einwirken können und in der Regel auch einwirken [gibt]: vor allem medizinische Versorgung, Erfahrungen durch räumlichen und beruflichen Wechsel, Informationen über adäquate Verwendungen der eigenen Arbeitskraft" (*Woll* 1992, S. 277). Den oben mehrfach verwendeten Begriff des Humanvermögens hat *Krüsselberg* (1977, 1994) in die deutschsprachige ökonomische Literatur eingeführt. Bereits bei *Smith* (1776, S. 318) ist, um abschließend noch eine klassische Fundstelle zur Humankapitaltheorie zu nennen, in Bezug auf den Erwerb von Kenntnissen und Fähigkeiten innerhalb von Lehranstalten zu lesen: „Die Erwerbung solcher Fähigkeiten ist in Form des Unterhalts des sie Erwerbenden während seiner Ausbildungs-, Studien- oder Lehrzeit immer mit realen Ausgaben verbunden ... . Diese Fähigkeiten sind ein Teil seines Vermögens und damit zugleich Teil des Vermögens der Gesellschaft, der er angehört. Die erhöhte Fertigkeit eines Handwerkers lässt sich einer Maschine oder einem Arbeitsgerät vergleichen, das die Arbeit erleichtert und verkürzt, aber auch gewisse Aufwendungen erfordert, die es jedoch mit Gewinn wieder einbringt."[8]

Aufbauend auf den in der Schule erworbenen Kenntnissen und den bislang im Leben angeeigneten Fähigkeiten kann ein Individuum seinen Humanvermögensbestand natür-

---

7 Von der Möglichkeit des Titelhandels sei hier einmal abgesehen. Wer daran zweifelt, dass diese Möglichkeit tatsächlich besteht, lese z.B. *Reid* (1959) oder *Ezell* und *Bear* (2005).
8 Die *Smith*sche Argumentation stellt somit primär auf Bildung als Instrument ab.

lich nicht nur durch die Absolvierung eines Hochschulstudiums ausbauen. Auch eine berufliche Ausbildung, Weiterbildungskurse oder der Besuch einer Abendschule stellen Investitionen in Humanvermögen dar. Und auch das Lernen aus Erfahrungen, egal ob diese in der Schule, an der Universität, im Beruf oder im Alltag gesammelt worden sind, kann im weiteren Sinne als Auf- und Ausbau von Humanvermögen verstanden werden, selbst wenn sich der jeweilige Investor dessen nicht immer bewusst sein mag. Erwähnenswert ist außerdem, dass neben den in humankapitaltheoretischen Arbeiten zumeist unterstellten Motiv der Maximierung des Lebenszeiteinkommens junge Menschen auch noch andere Dinge an Schule und Studium reizen könnten, worauf beispielsweise *Borjas* (2000, p. 230) in seinem Lehrbuch zur Arbeitsmarktökonomik am Beispiel der College-Ausbildung in den Vereinigten Staaten hinweist: „A college education obviously affects a person's utility in many other ways. It teaches the student how to read and appreciate Nietzsche and how to work out complex mathematical equations; it even reduces the cost of entering the ‚marriage market' by facilitating contact with a large number of potential mates." Weitere private, nicht-monetäre Vorteile eines Hochschulstudiums werden in dem Übersichtsartikel von *Cohn* und *Geske* (1992) herausgestellt.

VI. Resümee und zwei Einwände

In diesem Beitrag wurde argumentiert, dass die Bildung-als-Ware-Analogie, die immer wieder den Hintergrund für kritische Analysen bildet,[9] auf einem begrifflichen Missverständnis beruht. Zwar sprechen Ökonomen in ihren Studien zuweilen davon, dass öffentliche und private Schulen und Hochschulen auf dem Bildungsmarkt ‚Bildung' anbieten. Jedoch sind damit in der Regel die von diesen Institutionen angebotenen Lehrdienstleistungen gemeint. Um dieses begriffliche Missverständnis in bildungspolitischen Diskussionen erst gar nicht aufkommen zu lassen, und um begriffliche Klarheit in die sozialwissenschaftliche Analyse von Lehrdienstleistungsmärkten, Bildungsprozessen und Arbeitsmärkten zu bringen, wurde vorgeschlagen, konsequent zwischen Lehrdienstleistungen, Bildung und Humanvermögen zu unterscheiden. Aufbauend auf dem von *Gary S. Becker* und seinen Mitarbeitern entwickelten Haushaltsproduktionsansatz wurde argumentiert, dass die individuelle Bildung nicht als Ware betrachtet werden kann, die auf Märkten, etwa auf dem Markt für Hochschulbildung, käuflich zu erwerben ist. Stattdessen wurde – unter Verweis auf einige andere bildungsökonomische Autoren – die Auffassung vertreten, dass Schulen und Hochschulen mit Lehrdienstleistungen lediglich Hilfsmittel dafür bereitstellen, so dass sich ihre studentischen Kunden selbst (weiter-)bilden können.

Demzufolge handelt es sich bei Schulstunden, Seminaren, Vorlesungen oder Fremdsprachenkursen um Dienstleistungen, die von einer bestimmten Organisation, genauer gesagt von den Mitarbeitern dieser Organisation, erbracht werden. Insofern können Schüler und Studenten nicht nur als Käufer derartiger Lehrdienstleistungen, sondern gleichzeitig auch als Bildungsproduzenten betrachtet werden. Das Ergebnis dieser Bildungsproduktion geht, in Form von Bildung bzw. Wissen, in das Humanvermögen des jeweiligen Individuums ein. In dieser Sichtweise gibt es keinen ‚Bildungsmarkt', auf

---

9 Siehe z.B. die in Fußnote 1 in der Einleitung genannten Beiträge.

dem Bildung direkt als Ware gekauft werden kann. Demgemäß ist die Feststellung ‚Bildung ist keine Ware!' korrekt, wodurch sich hitzige bildungspolitische Diskussionen über die vermeintlich zu beobachtende „Ökonomisierung", „Kommerzialisierung", „Kommodifizierung" oder „Verwarenförmigung" der Bildung erübrigen; vorausgesetzt, alle Diskussionsteilnehmer folgen dem gemachten Definitionsvorschlag. Allerdings kann das Humanvermögen eines Menschen aus humankapitaltheoretischer Perspektive als ein Gut interpretiert werden, das auf einem Markt – dem Arbeitsmarkt – angeboten werden kann. So gesehen kann der Einzelne sein Humanvermögen auf dem Arbeitsmarkt wirtschaftlich verwerten. Diese Interpretation könnten Autoren in der Tradition der marxistisch inspirierten Politischen Ökonomie der Bildung freilich zum Anlass nehmen, zu argumentieren, dass Bildung als Element des subjektiven „Arbeitskraftvermögens" beziehungsweise als Teil der „menschlichen Ware Arbeitskraft", die Mann oder Frau auf dem Arbeitsmarkt „verkaufen" kann, dann *indirekt* doch zur Ware werde.[10]

Wie dem auch sei, akzeptiert man das in diesem Aufsatz vertretene Bildungsverständnis, dann kann ein Konsument von Lehrdienstleistungen das Produkt ‚Bildung' jedenfalls nicht auf einem Markt kaufen oder verkaufen, sondern nur auf dem Wege eigener Anstrengungen erhalten. In der eingenommenen Betrachtungsweise hat sich jede Person den Bildungsbestand, den sie zu einem bestimmten Zeitpunkt aufweist, selbst produziert, wobei sich die bis dato betriebene individuelle Bildungsproduktion unter mehr oder weniger förderlichen Produktionsbedingungen ereignet haben kann. In diesem Zusammenhang bemerkt etwa *Kromrey* (2001, S. 16f.) am Beispiel des Hochschulsystems: „In welcher Weise das Studium verläuft sowie ob und in welchem Ausmaß es erfolgreich abgeschlossen wird, hängt nach allen vorliegenden empirischen Erkenntnissen aus der Bildungsforschung in hohem Maße von Merkmalen in der Individualsphäre der Studierenden ab: wie Lebenssituation, Interesse und Leistungsmotivation, Studienstil und -intensität. Die von den Trägern des Studiengangs beeinflussbaren Gegebenheiten – Studieninfrastruktur, Lehre und Betreuung – können lediglich (wenn sie von schlechter Qualität sind) das Studium erschweren oder (bei guter Qualität) erleichtern."

Zusammenfassend kann vor diesem Hintergrund festgehalten werden, dass der einzelne Schüler oder Student aus bildungsökonomischer Sicht mehrere Rollen spielt: Er ist gleichzeitig Nachfrager bzw. Konsument von Lehrdienstleistungen und Eigentümer seines eigenen Humanvermögensbestandes, den er durch Investitionen in Gestalt des Schulbesuchs oder in Form eines Hochschulstudiums zu erweitern versucht. Außerdem kann der Schüler oder Student, wie in den Abschnitten II und III herausgestellt wurde, als Bildungsproduzent in eigener Sache aufgefasst werden. Und schließlich können Schüler und Studenten als Co-Produzenten innerhalb der von den Lehrprogramm-Anbietern betriebenen Dienstleistungsproduktion betrachtet werden (vgl. hierzu z.B. *Olivera* 1967; *Rothschild* and *White* 1995; *van Lith* 1995, S. 41ff.). Denn Schüler und Studenten sind als Produktionsinputs zum Teil selbst an der Erstellung der von ihnen nachgefragten Lehrdienstleistungen beteiligt. *Harvey* und *Green* (1993, p. 26) bemerken

---

10 Der Ausdruck „Arbeitskraftvermögen" wird in *Bernhard* (2007, S. 204) verwendet. Die „menschliche Ware Arbeitskraft" wird in *Bernhard* (2003, S. 926) „verkauft".

dazu: „Unlike manufacturing industry, the producers and customers (lecturers and students) are both part of the production process, making the process individual and personal depending on the characteristics of both the producer and the consumer." Blickt man zum Beispiel auf das Hochschulsystem, dann ist dies zwar nicht in allen Bereichen der Dienstleistungsproduktion einer Hochschule, aber etwa bei Seminaren und anderen Lehrveranstaltungen, die von der Beteiligung der Hochschulkunden leben, der Fall. Von daher dürfte es schwierig sein, im Nachhinein exakt zu bestimmen, wie stark der Einfluss des Lehrprogramms auf das Ergebnis der individuellen Bildungsproduktion, das heißt die zu einem bestimmten Zeitpunkt (z.B. am Ende des Studiums) gemessenen Studienleistungen eines Studenten, gewesen ist. Allerdings handelt es sich bei den gerade erwähnten Konzepten lediglich um alternative Sichtweisen auf das Untersuchungsobjekt ‚Schüler' respektive ‚Student'. Dessen Schulbesuch beziehungsweise Hochschulstudium kann für analytische Zwecke als Kaufakt, als Humanvermögensinvestition oder als Bildungsproduktionsprozess begriffen werden.

Abschließend sei noch auf zwei naheliegende Einwände gegen die vorgelegte Argumentation eingegangen. Der *erste Einwand* lautet, dass dieser Beitrag für Ökonomen keine neuen Erkenntnisse liefere, sondern lediglich (dem Ökonomen) wohl bekannte Grundlagen bildungsökonomischen Denkens in komprimierter Form präsentiere. Auf den ersten Blick ist dieser Einwand stichhaltig. So ist zu beachten, dass ein Student der Wirtschaftswissenschaften in der Regel bereits im Rahmen seines Grund- bzw. Bachelor-Studiums einen Überblick über die mikroökonomische Haushaltstheorie, humankapitaltheoretische Konzepte und betriebswirtschaftliche Aspekte der Dienstleistungsproduktion bekommt. Ferner besteht an vielen Universitäten die Möglichkeit, sich im Rahmen von Vertiefungsveranstaltungen zur Bildungsökonomik eingehender mit Fragestellungen aus den Bereichen Bildung und Humankapital sowie mit der Dienstleistungsproduktion innerhalb der Mehrprodukt-Unternehmung ‚Hochschule' auseinanderzusetzen. Allerdings wird in der bildungsökonomischen Literatur und dementsprechend in Lehrveranstaltungen zur Bildungsökonomik nicht immer explizit und sauber zwischen Lehrdienstleistungen, Bildung und Humanvermögen unterschieden. Dieser Tatbestand, auf den bereits in der Einleitung zu diesem Beitrag aufmerksam gemacht wurde, gab den Anlass zum Verfassen dieses Aufsatzes. Dahinter steht die Hoffnung, dass die vorgenommene begriffliche Sortierung für Teilnehmer an bildungspolitischen Diskussionen durchaus einen gewissen Nutzen bringen könnte.

Dennoch mag es Ökonomen geben, die nach der Lektüre zu der Auffassung gelangt sind, dass der Grenzertrag des vorliegenden Beitrages für die ökonomische Fachdiskussion gegen Null tendiere, so dass sich eine Publikation in einer wirtschaftswissenschaftlichen Fachzeitschrift erübrige. Diesem Im-Aufsatz-nichts-Neues-Einwand kann freilich entgegnet werden, dass vielen Ökonomen möglicherweise nicht bewusst ist, dass sie etwa durch das Argumentieren mit ‚Bildungsanbietern' (obwohl sie Schulen und Hochschulen als Anbieter von Lehrdienstleistungen meinen) und ‚Bildungsmärkten' (obwohl sie die Orte, auf denen Nachfrage und Angebot von Lehrdienstleistungen aufeinandertreffen, meinen) Kritikern ökonomischer Analysen des (Hoch-)Schulsektors eine willkommene Angriffsfläche bieten. Folgt man jedoch der angebotenen begrifflichen Klärung, dann dürfte sehr schnell deutlich werden, dass es absurd ist, von Bildungsmärkten, auf denen Bildung als Ware gehandelt wird, zu reden. So gesehen liefert dieser Aufsatz vielleicht einen kleinen Beitrag dazu, grundlegende Missverständnisse auf Seiten der Kritiker bildungsökonomischer Argumentationen auszuräumen, und trägt auf diese Weise zur Versachlichung der bildungspolitischen Diskussion, an der Soziologen, Pädagogen, Ökonomen und andere Sozialwissenschaftler teilnehmen, bei.

Der *zweite Einwand* beruht auf der Vermutung, dass Kritiker bildungsökonomischer Konzepte, die in ihren Arbeiten von der „Ökonomisierung der Bildung", vom „öffentlichen Gut Bildung" oder vom „neoliberalen Umbau der Bildung" sprechen,[11] der vorgenommenen begrifflichen Abgrenzung nicht folgen werden und weiterhin die Bildung-als-Ware-Analogie als Ausgangspunkt ihrer Fundamentalkritik verwenden werden. Damit liegt ein zweiter gewichtiger Grund vor, der den vorgelegten Beitrag zur begrifflichen Klärung überflüssig erscheinen lässt.[12] Der Aufklärung-wirkungslos-Einwand kann freilich in vielen politischen Diskussionen, zu denen Ökonomen einen Beitrag leisten möchten, angebracht werden. So war beispielsweise in der Umweltpolitik lange Zeit zu beobachten, dass politische Entscheidungsträger die von Umweltökonomen vorgeschlagenen marktwirtschaftlichen Instrumente zur Bekämpfung von Umweltschmutzproblemen wie handelbare Emissionszertifikate oder Steuerlösungen, kaum in die Praxis umgesetzt haben (*Hahn* 1989; *Schneider* und *Kirchgässner* 2005). Und auch in vielen anderen Problembereichen, in denen Ökonomen als Politikberater herangezogen wurden und werden, gab und gibt es derartige Implementationsprobleme (Stichwort: Beratungsresistenz).

Eine mögliche Form des Umgangs mit wahrgenommenen Umsetzungsproblemen ist es, als Wissenschaftler gänzlich auf Politikberatung zu verzichten. Eine andere Reaktionsform besteht darin, als sinnvoll erachtete Politikempfehlungen trotz erwarteter Beratungsresistenz weiterhin ungefragt in den öffentlichen Meinungsbildungsprozess auszusenden. Der letztgenannten Reaktionsweise folgend, versteht sich die vorgelegte Begriffsklärung als ein Vorschlag zur Abgrenzung und Verwendung der Begriffe Lehrdienstleistungen, Bildung und Humanvermögen. Ungewiss ist natürlich, ob dieses Definitionsangebot bei anderen an der bildungspolitischen Diskussion beteiligten Sozialwissenschaftlern auf Zustimmung, Ablehnung oder Desinteresse stoßen wird.

Literatur

Arrow, Kenneth J. (1973), Higher Education as a Filter, *Journal of Public Economics*, Bd. 2, Nr. 2, S. 193-216.
Barbier, Hans D. (1969), *Die Nachfrage nach Ausbildung: Eine konsumtheoretische Interpretation*, Köln.
Becker, Gary S. (1962), Investment in Human Capital: A Theoretical Analysis, *Journal of Political Economy*, Bd. 70, Nr. 5 (Part 2), S. 9-49.

---

11 Die zitierten Ausdrücke entstammen einer am 24. Juni 2008 getätigten Internet-Recherche mit der Suchmaschine *www.google.de*.
12 Einer der anonymen Referees hält dementsprechend in seinem Gutachten fest, dass sich „[d]ie Kritiker der ‚Ökonomisierung von Bildung' durch die vorgeschlagene begriffliche Differenzierung wohl kaum dazu veranlasst sehen [werden], ihre Position zu überdenken. Denn deren Vorbehalte gegen eine Marktorientierung der Bildungsproduktion sind sicher nicht mit einer begrifflichen Verwirrung zu erklären, sondern beruhen auf tiefer liegenden ideologischen Barrieren".

Becker, Gary S. (1965), A Theory of the Allocation of Time, *Economic Journal*, Bd. 75, Nr. 299, S. 493-517, im Text zitiert nach der deutschen Übersetzung in: Gary S. Becker (1982), *Der ökonomische Ansatz zur Erklärung menschlichen Verhaltens*, Tübingen, S. 97-130.
Becker, William E. (1997), Teaching Economics to Undergraduates, *Journal of Economic Literature*, Bd. 35, Nr. 3, S. 1347-1373.
Bernhard, Armin (2003), Bildung als Bearbeitung von Humanressourcen. Die menschlichen Wesenskräfte in einer sich globalisierenden Gesellschaft, *UTOPIE kreativ - Diskussion sozialistischer Alternativen*, Heft 156, S. 924-938.
Bernhard, Armin (2007), Bildung als Ware – Die Biopiraterie in der Bildung und ihr gesellschaftlicher Preis, *UTOPIE kreativ - Diskussion sozialistischer Alternativen*, Heft 197, S. 202-211.
Borjas, George J. (2000), *Labor Economics*, 2. Auflage, Boston, Mass.
Brauer, Jurgen (1994), Correspondence, *Journal of Economic Perspectives*, Bd. 8, Nr. 3, S. 205-207.
Cohn, Elchanan und Terry G. Geske, (1992), Private Nonmonetary Returns to Investment in Higher Education, in: William E. Becker und Darrell R. Lewis (Hg.), *The Economics of American Higher Education*, Boston, MA, S. 173-195.
Devadoss, Stephen und John Foltz (1996), Evaluation of Factors Influencing Student Class Attendance and Performance, *American Journal of Agricultural Economics*, Bd. 78, Nr. 3, S. 499-507.
Dolton, Peter J., Oscar D. Marcenaro und Lucia Navarro (2003), The Effective Use of Student Time: A Stochastic Frontier Production Function Case Study, *Economics of Education Review*, Bd. 22, Nr. 6, S. 547-560.
Ezell, Allen and John Bear (2005), *Degree Mills. The Billion-Dollar Industry That Has Sold Over a Million Fake Diplomas*, New York.
Friedman, Milton (1962), The Role of Government in Education, in: Milton Friedman, *Capitalism and Freedom*, Chicago, S. 85-107.
Friedman, Milton (1975), *There's no such thing as a free lunch*, LaSalle, Ill.
Friedman, Milton und Rose D. Friedman (1980), *Free to choose: A personal statement*, New York.
Goethals, George, Gordon Winston und David Zimmermann (1999), Students Educating Students: The Emerging Role of Peer Effects in Higher Education, in: Maureen E. Devlin und Joel W. Meyerson (Hg.), *Forum Futures 1999: Exploring the Future of Higher Education*, Cambridge, MA, S. 25-45.
Hahn, Robert W. (1989), Economic prescriptions for environmental problems: How the patient followed the doctor's orders, *Journal of Economic Perspectives*, Bd. 3, Nr. 2, S. 95-114.
Hanushek, Eric A. (2001), Economics of Education, in: Paul B. Baltes and Neil J. Smelser (Hg.), *International Encyclopedia of the Social and Behavioral Sciences*, Bd. 6, Amsterdam, S. 4200-4208.
Hartmann, Eva (2004), Der globale Bildungsmarkt. Hegemoniekämpfe um Qualitätsstandards und Anerkennung von Abschlüssen, *Prokla - Zeitschrift für kritische Sozialwissenschaft*, 34. Jg., Heft 137, S. 565-586.
Harvey, Lee und Diana Green (1993), Defining Quality, *Assessment and Evaluation in Higher Education*, Bd. 18, Nr. 1, S. 9-34.
Humboldt, Wilhelm von (1792), *Ideen zu einem Versuch, die Grenzen der Wirksamkeit des Staats zu bestimmen*, im Text zitiert nach der Reclam-Ausgabe 1982, Stuttgart.
Huss, Susanne (2008), *Von der Bildungsexpansion zur Ware Bildung: Bildung im Netz von Wirtschaft, Politik und Gesellschaft in der zweiten Hälfte des 20. Jahrhunderts*, München und Wien.
Isserstedt, Wolfgang, Elke Middendorff, Gregor Fabian und Andrä Wolter (2007), *Die wirtschaftliche und soziale Lage der Studierenden in der Bundesrepublik Deutschland 2006*, 18. Sozialerhebung des Deutschen Studentenwerks durchgeführt durch HIS Hochschul-Informations-System, Bonn und Berlin.
Köhler, Gerd und Gunter Quaißer (Hg.) (2003), *Bildung – Ware oder öffentliches Gut? Über die Finanzierung von Bildung und Wissenschaft*, Gewerkschaft Erziehung und Wissenschaft, Materialien und Dokumente, Frankfurt am Main.

Korn, Marcella E. und Jennifer L. Maggs (2004), Why Drink Less? Diffidence, Self-Presentation Styles, and Alcohol Use Among University Students, *Journal of Youth and Adolescence*, Bd. 33, Nr. 3, S. 201-212.

Krautz, Jochen (2007), *Ware Bildung: Schule und Universität unter dem Diktat der Ökonomie*, Kreuzlingen und München.

Kromrey, Helmut (2001), Studierendenbefragungen als Evaluation der Lehre? Anforderungen an Methodik und Design, in: Uwe Engel (Hg.), *Hochschul-Ranking: Zur Qualitätsbewertung von Studium und Lehre*, Frankfurt und New York, S. 11-48.

Krüsselberg, Hans-Günter (1977), Die vermögenstheoretische Dimension in der Theorie der Sozialpolitik: Ein Kooperationsfeld für Soziologie und Ökonomie, *Kölner Zeitschrift für Soziologie und Sozialpsychologie*, Sonderheft 19 („Soziologie und Sozialpolitik"), S. 232-259.

Krüsselberg, Hans-Günter (1994), Humanvermögen in der Sozialen Marktwirtschaft, in: Werner Klein (Hg.), *Soziale Marktwirtschaft: Ein Modell für Europa*, Festschrift für Gernot Gutmann zum 65. Geburtstag, Berlin, S. 31-56.

Kupferschmidt, Frank und Berthold U. Wigger (2006), Öffentliche versus private Finanzierung der Hochschulbildung: Effizienz- und Verteilungsaspekte, *Perspektiven der Wirtschaftspolitik*, 7. Jg., Heft 2, S. 285-307.

Landrum, R. Eric (1992), College students' use of caffeine and its relationship to personality, *College Student Journal*, Bd. 26, Nr. 2, S. 151-155.

Lith, Ulrich van (1985), *Der Markt als Ordnungsprinzip des Bildungsbereichs. Verfügungsrechte, ökonomische Effizienz und die Finanzierung schulischer und akademischer Bildung*, München.

Lith, Ulrich van (1995), Ordnungspolitik und Bildungsmarkt, in: Gertrude Brinek und Nikolaus Severinski (Hg.), *Staatsschule am Ende? Perspektiven für den Bildungsmarkt*, Wien, S. 39-62.

Lohmann, Ingrid (2003), Bildung – Ware oder öffentliches Gut? Auswirkungen des General Agreement on Trade in Services (GATS) auf den Bildungsbereich, in: Gerd Köhler und Gunter Quaißer (Hg.), *Bildung – Ware oder öffentliches Gut? Über die Finanzierung von Bildung und Wissenschaft*, Gewerkschaft Erziehung und Wissenschaft, Materialien und Dokumente, Frankfurt am Main, S. 242-252.

Lott, John R. (1987), Why Is Education Publicly Provided? A Critical Survey, *Cato Journal*, Bd. 7, Nr. 2, S. 475-501.

Marburger, Daniel R. (2001), Absenteeism and Undergraduate Performance, *Journal of Economic Education*, Bd. 32, Nr. 2, S. 99-109.

Mause, Karsten (2008), The Tragedy of the Commune: Learning from Worst-Case Scenarios, *Journal of Socio-Economics*, Bd. 37, Nr. 1, S. 308-327.

Michael, Robert T. und Gary S. Becker, (1973), On the New Theory of Consumer Behavior, *Swedish Journal of Economics*, Bd. 75, Nr. 4, S. 378-395, im Text zitiert nach der deutschen Übersetzung in: Gary S. Becker (1982), *Der ökonomische Ansatz zur Erklärung menschlichen Verhaltens*, Tübingen, S. 145-166.

Mincer, Jacob (1958), Investment in Human Capital and Personal Income Distribution, *Journal of Political Economy*, Bd. 66, Nr. 4, S. 281-302.

Monopolkommission (2000), *Wettbewerb als Leitbild für die Hochschulpolitik*, Sondergutachten der Monopolkommission gemäß § 44 Abs. 1 Satz 4 GWB, Baden-Baden.

Olivera, Julio H.G. (1967), Die Universität als Produktionseinheit, *Weltwirtschaftliches Archiv*, 98. Jg., Heft 1, S. 50-64.

Pilcher, June J., Douglas R. und Brigitte Sadowsky (1997), Sleep quality versus sleep quantity: Relationships between sleep and measures of health, well-being and sleepiness in college students, *Journal of Psychosomatic Research*, Bd. 42, Nr. 6, S. 583-596.

Pindyck, Robert S. und Daniel L. Rubinfeld (2005), *Mikroökonomie*, 6. Aufl., München.

Pollak, Robert A. (2003), Gary Becker's Contributions to Family and Household Economics, *Review of Economics of the Household*, Bd. 1, Nr. 1-2, S. 111-141.

Reid, Robert H. (1959), *American Degree Mills: A Study of Their Operations and of Existing and Potential Ways to Control Them*, Washington, D.C.

Renner, Elke, Erich Ribolits und Johannes Zuber (Hg.) (2004), *Wa(h)re Bildung: Zurichtung für den Profit*, Schulheft 113/2004, Innsbrucker Studienverlag.

Romer, David (1993), Do Students Go to Class? Should They?, *Journal of Economic Perspectives*, Bd. 7, Nr. 3, S. 167-174.
Rothschild, Michael and Lawrence J. White (1995), The Analytics of the Pricing of Higher Education and Other Services in Which the Customers are Inputs, *Journal of Political Economy*, Bd. 103, Nr. 3, S. 573-586.
Scherrer, Christoph (2005), GATS: Long-term Strategy for the Commodification of Education, *Review of International Political Economy*, Bd. 12, Nr. 3, S. 484-510.
Schmidtchen, Dieter und Roland Kirstein (2005), Mehr Markt im Hochschulbereich: Zur Effizienz und Gerechtigkeit von Studiengebühren, *ORDO*, Bd. 56, S. 237-260.
Schneider, Friedrich und Gebhard Kirchgässner (2005), Zur politischen Ökonomie der Umweltpolitik: Hat die Politikberatung etwas bewirkt? Einige Überlegungen aus der Perspektive der Neuen Politischen Ökonomie, in: Bernd Hansjürgens und Frank Wätzold (Hg.), *Umweltpolitik und umweltökonomische Politikberatung in Deutschland*, Berlin, S. 84-111.
Schultz, Theodore W. (1961), Investment in Human Capital, *American Economic Review*, Bd. 51, Nr. 1, S. 1-17.
Shields, Deborah H., Kattia M. Corrales und Elizabeth Metallinos-Katsaras (2004), Gourmet Coffee Beverage Consumption among College Women, *Journal of the American Dietetic Association*, Bd. 104, Nr. 4, S. 650-653.
Smith, Adam (1776), *An Inquiry into the Nature and Causes of the Wealth of Nations*, im Text zitiert nach Erich W. Streissler (Hg.) (2005), Untersuchung über Wesen und Ursachen des Reichtums der Völker, Tübingen.
Spence, Michael (1973), Job Market Signaling, *Quarterly Journal of Economics*, Bd. 87, Nr. 3, S. 355-374.
Stigler, George J. und Gary S. Becker (1977), De Gustibus Non Est Disputandum, *American Economic Review*, Bd. 67, Nr. 2, S. 76-90.
Stinebrickner, Ralph und Todd R. Stinebrickner (2004), Time-use and college outcomes, *Journal of Econometrics*, Bd. 121, Nr. 1/2, S. 243-269.
Teixeira, Pedro, Ben Jongbloed, David Dill und Alberto Amaral (Hg.) (2004), *Markets in Higher Education: Rhetoric or Reality?*, Dordrecht.
Tsai, Ling-Ling und Sheng-Ping Li (2004), Sleep patterns in college students: Gender and grade differences, *Journal of Psychosomatic Research*, Bd. 56, Nr. 2, S. 231-237.
Vorstand ver.di, Bereich Berufsbildungspolitik (Hg.) (2006), *Bildung ist keine Ware: Wie wir morgen arbeiten, leben und lernen wollen. Eine Streitschrift zur beruflichen Bildung*, vorgelegt vom Wissenschaftlichen Beraterkreis der Gewerkschaften IG Metall und ver.di, Berlin.
Williams, Jenny, Lisa M. Powell and Henry Wechsler (2003), Does alcohol consumption reduce human capital accumulation? Evidence from the college alcohol study, *Applied Economics*, Bd. 35, Nr. 10, S. 1227-1239.
Woll, Artur (1992), *Wirtschaftspolitik*, 2. Aufl., München.

Zusammenfassung

In diesem Beitrag wird die in bildungspolitischen Diskussionen bisweilen vorgebrachte Behauptung, dass Bildung gegenwärtig zunehmend als Ware betrachtet werde, ad absurdum geführt. Aufbauend auf dem von *Gary S. Becker* und seinen Mitarbeitern entwickelten Haushaltsproduktionsansatz wird argumentiert, dass die individuelle Bildung nicht als Ware betrachtet werden kann, die auf Märkten käuflich zu erwerben ist. Auf Märkten lassen sich freilich Lehrdienstleistungen kaufen, mit deren Hilfe sich Individuen selbst (weiter-)bilden können. Das Ergebnis dieser Bildungsproduktion geht, in Form von Wissen, in das Humanvermögen des jeweiligen Individuums ein. Sein Humanvermögen kann der Einzelne auf dem Arbeitsmarkt anbieten beziehungsweise verwerten. Die vorgeschlagene konsequente Unterscheidung zwischen Lehrdienstleistungen, Bildung und Humanvermögen stellt den Versuch dar, begriffliche Klarheit in die sozialwissenschaftliche Analyse von Lehrdienstleistungsmärkten, Bildungsprozessen und Arbeitsmärkten zu bringen.

Summary:
Is Education a Market Good? An Attempt to Clarify

This paper demonstrates the absurdity of the slogan 'Education is not a Commodity!', which is often used in discussions about educational policy issues. Based on the household production approach, which has been developed by *Gary S. Becker* and his colleagues, it is argued that an individual's education is not a good which can be purchased on a market. However, on markets individuals can buy educational services that may be used by a single person to 'produce' his/her stock of education. In economic terms, the output of this individual production process—education—can be interpreted as a part of a person's human capital. The latter may be utilized by the respective individual on the labor market. The proposed distinction between educational services, education, and human capital is an attempt to bring conceptual clarity into social-science analyses (i) of markets for educational services, (ii) of educational processes, and (iii) of labor markets.

Michael Wohlgemuth

50 Jahre Europäische Ordnungspolitik: ordnungs- und konstitutionenökonomische Anmerkungen[1]

Inhalt

I. Einleitung 381
II. Hayeks Vision und Erhards Befürchtungen: Bedingungen für einen
   (wirtschafts-) politischen Zusammenschluss von Staaten 383
III. Europas Wirtschaftsverfassung im Wandel 387
IV. Die polit-ökonomische Logik Europäischer Integration 389
V. Ordnungspolitische Selbstbindung via Brüssel 393
VI. Vertiefung und/oder Erweiterung: konstitutionenökonomische
    Überlegungen 396
VII. Ausblick 399
Literatur 400
Zusammenfassung 403
Summary: 50 years of European „*Ordnungspolitik*",
remarks from a constitutional economics perspective 404

I. Einleitung

Vor mehr als 50 Jahren, 1957, wurde mit den Römischen Verträgen der bedeutendste Grundstein für die Europäische Integration gelegt. 50 Jahre Europäische Integration sind auch 50 Jahre Europäische Ordnungspolitik, schließlich sind zentrale ordnungspolitische Aufgaben von Anfang an und später zunehmend an die EU delegiert worden. Grund genug, eine vorläufige Bilanz zu ziehen. Als Leitmotiv dieser Untersuchung soll die Frage dienen, inwieweit das deutsche Konzept einer (ordo-) liberalen Wirtschaftspolitik erfolgreich europäisiert wurde und sinnvollerweise europäisiert werden kann.

Tatsächlich gab es 2002 im Europäischen Verfassungskonvent eine Arbeitsgruppe (VI) mit dem Namen „Ordnungspolitik"[2]. Deren Schlussbericht (CONV 357/02) samt Empfehlungen enthält vielleicht so etwas wie einen ordnungspolitischen Minimalkon-

---

[1] Ich danke *Dennis Mueller*, *Gerhard Wegner* und zwei anonymen Gutachtern für wertvolle Kommentare und Anregungen.
[2] So hieß die Gruppe freilich nur in der deutschen Übersetzung. In den anderen Sprachen dominieren Übersetzungen von „*economic governance*" bzw. „*gouvernance économique*". Hierunter kann man schon eher „Lenkung" und „Steuerung" verstehen; der Schwedische Name der Arbeitsgruppe „Ordnungspolitik" – „*ekonomisk styrning*" – bringt die Betonung von Fremdsteuerung und Intervention noch stärker zum Ausdruck (ich danke *Niclas Berggren* für diesen Hinweis).

sens der (damals noch 15) Mitgliedstaaten (ergänzt jeweils um interventionswilligere Minderheitsvoten). Über den *status quo* der vorigen Verträge ging man kaum hinaus, gab lediglich verstärkte wirtschaftspolitische Koordination, verbesserten Dialog mit den Sozialpartnern, eine gewisse Steuerangleichung und etwas mehr Kompetenzen von Europäischem und nationalen Parlamenten zu bedenken. Begriffe wie „Ordnung", „Wettbewerb", oder „Marktöffnung" kommen auf den mageren 8 Seiten gar nicht erst vor. Dies mag als Zeichen dafür gewertet werden, dass der ordnungspolitische Grundkonsens in Europa schon so sehr gefestigt sei, dass er letztlich keiner gesonderten Erwähnung mehr bedürfe. Ebenso gut könnte man mutmaßen, dass „Ordnungspolitik" und *„gouvernance économique"* eben doch unterschiedlichen Leitmotiven folgen, wodurch die Suche nach einer „Europäischen Ordnungspolitik" ähnlich anspruchsvoll bliebe wie die nach dem heute viel beschworenen „Europäischen Sozialmodell".

Grundsätzlich läßt sich gerade aus konstitutionenökonomischer Sicht fragen: Gelten die gleichen Anforderungen an eine „gute" Wirtschafts- und Ordnungspolitik, die „wir Ordnungsökonomen" demokratisch legitimierten Nationalstaaten anempfehlen würden, unverändert auch für eine Europäische Union von 27 Mitgliedsstaaten, die überaus verschiedene Demokratien (politische Präferenzen), Ökonomien (wirtschaftliche Strukturen) und Kulturen (Werthaltungen, Traditionen) einheitlicher Gesetzgebung unterwirft? Diese große Frage ist leichter gestellt als abgehandelt. Ich will mich bescheiden und einen Maßstab für „Ordnungspolitik" anwenden, der als Ideal für Wirtschaftspolitik zumindest unter liberalen Ökonomen, vielleicht aber auch unter Europas Bürgern, prinzipielle Zustimmung finden könnte. Im Kern geht es um eine privilegienfreie „funktionsfähige und menschenwürdige Ordnung" (*Eucken* 1952, 1990, S. 14) einer Marktwirtschaft mit unverfälschtem Wettbewerb[3].

Zu Beginn (Teil II) möchte ich zwei konträre Erwartungen an einen wirtschaftspolitischen Zusammenschluss in Europa vergleichen: die frühe optimistische Vision des liberalen Denkers *Friedrich von Hayek* (1939) und die zeitnäher sehr skeptische Position des liberalen Politikers *Ludwig Erhard*. Beide tragen jeweils gute ordnungspolitische Gründe für einen liberalen Optimismus bzw. Skeptizismus vor; doch beide haben sich, rückblickend, ein wenig getäuscht. Diese ambivalente historische Entwicklung einer Europäischen Ordnungspolitik kann in Teil III nur grob anhand der Verträge von Rom (1957) bis zum „Reformvertrags-„ Mandat von Brüssel (2007) skizziert werden. Ordnungspolitische Verfehlungen können anhand der polit-ökonomischen Logik des Stimmentauschs unter selbstinteressierten Regierungen, ergänzt um Eigeninteressen internationaler Organisationen noch eher leicht erklärt werden (Teil IV). Ordnungspolitische Erfolge Europäischer Integration wiederum will ich versuchen, auch anhand des schon voraussetzungsvolleren Motivs der „Selbst- und Fremdbindung" plausibel zu machen (Teil V). Die große Frage nach den Grenzen ordnungspolitischer Bindungsfähigkeit, nach der Vereinbarkeit von legitimer Vertiefung und möglicher Erweiterung und damit implizit auch: nach den Grenzen Europas, will ich schließlich noch kurz in Teil VI konstitutionenökonomisch behandeln. Was all dies für die Zukunft „Europäischer Ordnungspolitik" bedeuten mag, wird in Teil VII angedeutet.

---

3 Vgl. *Goldschmidt* und *Wohlgemuth* (2008) für eine Darstellung ordnungspolitischer Grundprinzipien.

II. Hayeks Vision und Erhards Befürchtungen: Bedingungen für einen (wirtschafts-) politischen Zusammenschluss von Staaten

Ordnungspolitik wurde traditionell vor allem als (national-) staatliche Politik verstanden. Ein internationaler Kontext wurde anfangs beinahe nur über die Außenhandels- und Währungspolitik hergestellt und schien mit dem klassisch-liberalen Freihandelsargument weitgehend abgehandelt. Adressat einer solchen Politik offener Märkte und frei konvertibler Währungen blieb für die erste Generation (ordo-) liberaler Denker in den 1930er Jahren notgedrungen der Nationalstaat. Auch der Rest der Herstellung einer „Wettbewerbsordnung" blieb Aufgabe „ordnender Potenzen" (*Eucken* 1952, 1990, S. 325 ff.), die zu dieser Zeit beinahe nur einen „starken" (National-) Staat als Gewährleistungsinstanz vorfinden konnten.

Man kann die anfängliche Fokussierung auf nationalstaatliche Ordnungspolitik[4] durchaus mit fehlenden Adressaten auf internationaler Ebene erklären. Diese Erklärung gilt heute nicht mehr, da insbesondere für Mitgliedstaaten der EU ordnungspolitische Kernkompetenzen gar nicht mehr nationalstaatlich wahrgenommen werden *können* (s.u.).[5] Damit stellt sich aber auch für die Ordnungsökonomik die positiv wie normativ wichtige Frage: können für einen heterogenen politischen Verbund die gleichen Legitimitätsvoraussetzungen in Anspruch genommen werden und gelten damit auf supranationaler Ebene dieselben ordnungspolitischen Maßstäbe wie auf nationaler Ebene?

Kurz konstitutionenökonomisch gesagt, können diese Legitimitätsvoraussetzungen nur in einem Konsens der Bürger gefunden werden, die gemeinsame konstitutionelle Interessen auf der Regelebene ihrer „Bürgergenossenschaft" identifizieren, und sich entsprechend gegenseitig der Einhaltung gemeinsamer Regeln in einer Art (faktischem oder implizitem) „Gesellschaftsvertrag" versichern[6]. Hinsichtlich Art und Inhalt eines solchen Gesellschaftsvertrags dürfte es aber nicht unerheblich sein, wie weit die „Genossenschaft" gefasst ist, und damit: wer zur „Bürgerschaft" oder „Interessengemeinschaft" als „betroffene" und „relevante" Gruppe zu zählen ist (*Mueller* 2004).

Kleine, homogene Gruppen (von der Familie über die Dorfgemeinschaft bis hin zum Kanton oder Kleinstaat) dürften *leichter* einen Konsens über *andersartige* ordnungspolitische Prinzipien erzielen können als große, heterogene Gebilde (vom Nationalstaat bis hin zum Staatenbund oder einer Weltstaatenorganisation). Mit steigender Größe und Heterogenität der „relevanten" Gruppe von Entscheidungsträgern und Entscheidungsbetroffenen dürften sich folgende Veränderungen der Konsensbedingungen (und damit *prima facie* auch der Ausgangslagen für eine Konsens-orientierte Ordnungspolitik) ergeben:

---

4 Eine wichtige Ausnahme bildet *Wilhelm Röpke*, der schon in den 1920er Jahren zu Außenhandel gearbeitet hat und seine liberalen Gedanken über „Internationale Ordnung" im Januar 1945 veröffentlichte (*Röpke* 1945, 1954). Vgl. *Sally* (1999) oder *Petersen* und *Wohlgemuth* (2008) für eine ausführliche Darstellung der Haltung *Röpkes* zur Europäischen Integration.

5 Vgl. *Möschel* (2004, S. 183): „Mit dem Inkrafttreten der Römischen Verträge ... lässt sich die Frage einer Wirtschaftsverfassung für die Bundesrepublik Deutschland nur noch unter Einbeziehung des europäischen Gemeinschaftsrechts diskutieren ... Es steht in der Hierarchie der Normen noch über dem Grundgesetz."

6 Vgl. hierzu auch mit Bezug zur EU *Vanberg* (2004a) und *Buchanan* (2002).

(1) In kleinen, homogenen Gruppen dürften (positiv) und dürfen (normativ) die Ordnungsregeln eher konkreten (materiellen, solidarischen, verpflichtenden) Charakter haben. Die kleine „*face-to-face*" Gesellschaft kann auf Kenntnis der konkreten Betroffenheiten und Bedürfnisse der anderen vertrauen und damit Solidaritätspotentiale nutzen, um diese auch in Form konkreter Pflichten „ordnungspolitisch" im gemeinsamen Interesse der Gruppe zu regeln. In der „ausgeweiteten Ordnung" einer „offenen Gesellschaft" (*Hayek*, z.B. 1976, 2003, S. 296 ff.) dagegen schrumpft der Bereich des individuell vor der Gemeinschaft konkret zu Verantwortenden und von der Gemeinschaft zu Fordernden. Erfolgreiche Regeln des Zusammenlebens für eine „große Gesellschaft" nehmen daher auch zunehmend „abstrakten" Charakter an. Eine erfolgreiche und gerechte Ordnungspolitik wird sich demnach mehr an allgemeinen Verboten ungerechten Handelns gegenüber Unbekannten orientieren müssen; sie kann weniger auf spezifischen Geboten zur Erfüllung konkreter Pflichten beruhen (*Hayek*, ebd.).

Was *Hayek* noch eher sozialphilosophisch in der Tradition *Kant*'scher Rechtsphilosophie und *Hume*'scher Gesellschaftstheorie herleitet, kann auch aus Kriterien hergeleitet werden, die deutlicher auf prozedurale Erfolgsbedingungen eines konsensualen „Gesellschaftsvertrags" abheben:

(2) Je klarer definierbar, und damit je kleiner und homogener die „relevante" Gruppe der „betroffenen" „Bürgergenossenschaft" ist, desto geringer dürften im Sinne von *Buchanan* und *Tullock* (1962) sowohl die Entscheidungsfindungskosten als auch die „externen" Kosten (als Erwartungswert des Risikos, einer kollektiven Entscheidung unterworfen zu sein, die den eigenen Interessen widerspricht) ausfallen. In kleinen, homogenen Gruppen gerät ein „*calculus of consent*" aus beiden Gründen kostengünstiger und eher auf weitere Bereiche leistungsstaatlichen Handelns ausdehnbar. In großen Gruppen dagegen schrumpft der Bereich dessen, worauf man sich unter akzeptablen Konsensfindungs- und externen Kosten wird einigen können.

(3) Das gleiche Argument kann aus durchaus verwandten diskurstheoretischen Kriterien gewonnen werden. Auch die Diskurstheorie stellt auf die „Inklusion der Betroffenen" (*Habermas* 1992, S. 370) ab, bleibt aber meist eine konkrete Benennung des relevanten Entscheidungskollektivs und der deshalb zu beteiligenden (aber auch faktisch beteiligungsfähigen oder -willigen) Sprecher in einem „herrschaftsfreien Diskurs" schuldig. Klar dürfte dennoch sein, dass zumindest geteilte „Erfahrungswelten" und eine gemeinsame Sprache einer „idealen Sprechsituation" dienlich sein dürften, um diese jenseits eines elitären Expertendiskurses überhaupt unterstellen zu können. Je größer und heterogener das an einem Diskurs zu beteiligende betroffene Kollektiv, desto anspruchsvoller die „Sprechsituation" und desto bescheidener sollte die Diskursagenda bleiben.[7]

---

[7] „Bescheidener" meint hier nicht „unbedeutender", sondern „begrenzter" – auf Bereiche, in denen gemeinsame Interessen unterstellt bzw. diskursiv entdeckt werden, und gleichzeitig unter vertretbaren Interdependenzkosten einem konkreten Entscheidungsträger anvertraut werden können. Die Diskurstheorie meidet aber regelmäßig die Konkretisierung des Ortes, „an dem hochkomplexe Gesellschaften noch ein Bewußtsein von sich selbst ausbilden und die Probleme behandeln können, die sie zur politischen Einwirkung auf sich selbst nötigen" (*Habermas* 2004, S. 358). *Habermas*' Verweis (ebd.) auf das „diffuse Netzwerk einer zivilgesellschaftlich verankerten Öffentlichkeit" scheint mir keine Antwort auf dieses „selbst" zu sein. Jedenfalls dürfte gelten: je umfangreicher die Zahl derer, von denen

Alle drei Argumentationsweisen (klassisch-liberale Rechtsphilosophie, Sozialvertrags- und Diskurstheorie) laufen, bei allen Unterschieden in durchaus wichtigen Details, für die Frage nach einer Begründung einer „internationalen Ordnungspolitik" auf eine durchaus komplementäre Konsequenz hinaus: der materiale Gehalt (positive Verpflichtungscharakter auf materieller Ebene) sinkt in ähnlichem Maße wie mit steigender heterogener Gruppengröße prozedurale Ansprüche (Opportunitätskosten für Konsens- und Diskursansprüche) zunehmen. Diesen „*trade-off*" hat im Prinzip schon *Kant* (1795, 1995) erkannt; er wurde auch von *Rawls* (1999) ähnlich artikuliert.[8]

Friedrich August von Hayek dagegen hat erstaunlich wenig über internationale Ordnung oder das Projekt Europäischer Integration geäußert (s.a. *Sally* 2000). Pikanterweise im September 1939 erschien aber in der „New Commonwealth Quarterly" ein bemerkenswert optimistischer Beitrag über „die wirtschaftlichen Voraussetzungen föderativer Zusammenschlüsse" (*Hayek* 1939, 1952). Hier entwickelt Hayek eine arg anachronistisch anmutende liberale Vision[9]: Solange eine Föderation souveräner Staaten auf freiwilliger Basis zustande komme, schien ihm das Gespenst der Planwirtschaft gebannt. Es dürfte sich erweisen, „daß auf internationalem Gebiet eine demokratische Regierung nur möglich ist, wenn die Aufgaben einer internationalen Regierung auf ein im wesentlichen liberales Programm beschränkt sind" (*Hayek* 1939, 1952, S. 343). Man würde sich letztlich nur auf universalisierbare Verbotsregeln ungerechten Regierungsverhaltens (Protektionismus, Diskriminierung) einigen können, weil nur so allen gemeinsame Vorteile zugesichert werden könnten. Für Interventionen zugunsten bestimmter Firmen und Industrien würde eine solche „Regierung" kaum jemals allgemeine Unterstützung finden können.[10] Solidarische Sonderbehandlung sei nur dort möglich, wo „nationale Ideologien" oder „Mitgefühl mit dem Nachbarn" (*Hayek* 1939, 1952, S. 333) tatsächlich noch wirken – auf dezentraler Ebene.

---

verlangt wird, ein kollektives Selbstbewußtsein auszubilden und politisch auf „sich selbst" einzuwirken, desto fiktiver gerät das Ideal inklusiver und effektiver Teilhabe und konsensualer Ergebnisse. Vor diesem Hintergrund müßte *Habermas* Dezentralisierung begrüßen, um Grenzen der Kompetenzen politischer Einwirkung mit denen der Selbstorganisationsfähigkeit zivilgesellschaftlicher Öffentlichkeit einigermaßen in Deckung zu bringen. Dies widerstrebt jedoch seinem weltbürgerlichen Universalismus. Dem nahe liegenden Einwand von *Grimm* (1995) etwa, einer Europäischen Verfassung und Demokratie gehe mangels Europäischer Öffentlichkeit und Demos die zivilgesellschaftlich legitimierende Substanz abhanden, hält *Habermas* (2001) Erstaunliches entgegen: man müsse eben vorab schon einmal verfassungsrechtlich eine europäische Identität (die er selbst als wohlfahrtsstaatliches Bollwerk gegen amerikanischen Kapitalismus vordefiniert) feststellen; ein Europäischer Diskurs werde dann als identitätsstiftende Legitimation schon irgendwann hinterher eilen.

8 Vgl. hierzu auch *Wohlgemuth* und *Sideras* (2004).
9 Die Zeitumstände des September 1939 mögen auch erklären, dass *Hayek* (soweit mir bekannt, einmalig) die „Abschaffung souveräner Nationalstaaten" gefordert hat; s. ebd.: 314: „Die Abschaffung souveräner Nationalstaaten und die Schaffung einer wirksamen internationalen Rechtsordnung sind die notwendige Ergänzung und logische Vollziehung des liberalen Programms".
10 Im Ergebnis ähnlich rekonstruiert *Röpke* (1954, 2008, S. 477ff.) die erste Phase der Globalisierung, die „internationale offene Gesellschaft" des 19. Jahrhunderts, die nur unter den Bedingungen eines „liberalen Universalismus" möglich gewesen sei, der dem „Prinzip der grundsätzlichen ‚Entpolitisierung'" des wirtschaftlichen Bereichs und der äußersten Trennung der Sphären des Staates und der Wirtschaft" folge. Dem diente vor allem auch die Goldwährung als „ökonomisches" und nicht „politisches" Regime. Nur unter diesen Bedingungen sei „die Verbindung eines praktisch möglichen Maximums an internationaler Ordnung mit einem Minimum an Anforderungen an diese Ordnung" möglich gewesen.

Hayek erwähnt etwa Gesetze zur „Beschränkung der Arbeitszeit" oder „Natur- und Denkmalschutz", die, da sie „in armen oder reichen Gebieten in ganz verschiedenem Licht gesehen werden", eben auch nur „auf das Ausmaß beschränkt sein müssen, in dem sie lokal angewendet werden können, ohne daß gleichzeitig der freien Beweglichkeit Schranken auferlegt werden müssen" (*Hayek* 1939, 1952, 334). *Hayeks* Argument lässt sich mit folgendem Zitat illustrieren: „Daß Engländer und Franzosen den Schutz ihres Lebens, ihrer Freiheit und ihres Eigentums – kurz, die Funktionen eines liberalen Staates – einer übergeordneten Organisation anvertrauen, ist vorstellbar; daß sie aber bereit sein sollten, der Regierung eines Bundes die Macht zu geben, ihr Wirtschaftsleben zu regeln, zu entscheiden, was sie erzeugen und konsumieren sollen, scheint weder wahrscheinlich noch wünschenswert" (*Hayek* 1939, 1952, 336). Die Europäische Arbeitszeitrichtlinie oder die überwiegend aus Brüssel stammenden Regulierungen des Wirtschaftslebens, vor allem des Waren- und Dienstleistungsverkehrs, scheinen *Hayeks* Vision unmittelbar zu widerlegen.

Zeitnäher an der Gründung der Europäischen Wirtschaftsgemeinschaft (EWG) und sehr viel skeptischer war dagegen ein anderer liberaler Ordnungspolitiker: Ludwig Erhard[11]. Wäre es nach ihm gegangen, wären die „Römischen Verträge" am 25. März 1957 so nicht von deutscher Seite unterzeichnet worden. Eine EWG von nur sechs Teilnehmern und inspiriert von französischen Wünschen einer Abschottung der EWG nach außen, sowie sozial- und industriepolitischer Lenkung („*planification*") nach innen, war Erhard ein Graus. Was noch heute vielen Kritikern des europäischen Zentralismus gern polemisch unterstellt wird – sie wollten die EU zurückwerfen in eine „große Freihandelszone" – genau das war in den 1950er Jahren in der Tat *Ludwig Erhards* bevorzugte Alternative zur EWG: eine große Freihandelszone mit frei konvertiblen Währungen und voller Freizügigkeit für Personen, Waren, Dienstleistungen und Kapital. Sein Ziel war ein freier Markt für den ganzen freien Westen, Großbritannien und möglichst auch Nordamerika eingeschlossen. *Adenauer* sah dadurch das vorrangige Aussöhnungsprojekt mit Frankreich brüskiert und untersagte *Erhard* am 24. März 1959 schriftlich, weiterhin die EWG zu kritisieren (*Mierzejewski* 2005, S. 261).

Die Spaltung schon des freien Europa in EWG und EFTA nannte *Erhard* freilich weiterhin „gespenstisch" (*Erhard* 1962, S. 610). Deshalb dürfe die Sechsergemeinschaft „nicht als der Weisheit allerletzter Schluß, sondern als ein Schritt zu einer europäischen, ja zu einer atlantischen Lösung" (ebd.: 611) verstanden werden, so *Erhard* noch 1962. Sein ordnungspolitisches Ideal war das einer marktliberalen „Atlantischen Gemeinschaft" anstelle politischer Blockbildungen innerhalb der freien Welt. Auch lehnte er im selben Jahr vor dem Europäischen Parlament das Aktionsprogramm der Kommission, das eine weitgehende „Fusion der Politiken" forderte, brüsk als „primitive Planifikation" ab: „Wir brauchen kein Planungsprogramm, wir brauchen ein Ordnungsprogramm für Europa!" (*Erhard* 1962, 1988, S. 770). *Erhard* sah jenes Gespenst der Preiskontrolle und staatlichen Lenkung, das er in Deutschland gerade vertrieben zu haben hoffte, nun wieder vor sich, nicht zuletzt in Gestalt europäischer „Harmonisierung". In einer Hommage an *Wilhelm Röpke* machte *Erhard* klar, dass „es gerade die unterschiedlichen Umwelt-, Produktions-, Arbeits- und Kostenbedingungen sind, die die Funktion des

---

11 Vgl. hierzu etwa *Mierzejewski* (2005, 229 ff.); *Guth* (1997); *Hentschel* (1996, 228 ff.).

Güter- und Leistungsaustausches zwischen den Nationalwirtschaften" ausmachten. Strukturpolitische Gleichmacherei sei nicht die Voraussetzung von Integration, sondern die „Einleitung einer Disintegration", weshalb das „'Organisieren-' und ‚Harmonisieren-`, Wollen ... in den fast sicheren Abgrund" führe (*Erhard* 1959, S. 16 und 19).

Zwei Liberale mit gleichen Werthaltungen und derart unterschiedlichen Erwartungen. Wie konnte *Hayek* in den dunklen Zeiten von 1939 eine derart ordnungspolitisch-optimistische „Vision" föderativer Zusammenschlüsse von Staaten entwickeln, während *Erhard* in den Friedens- und Wirtschaftswunderzeiten die Anfänge Europäischer Wirtschaftsintegration so skeptisch sah? Und wer hat Recht behalten? Heute, gut 50 Jahre nach Ratifizierung der Römischen Verträge, kann man sich ein vorläufiges Urteil über die ordnungspolitische Qualität europäischer Integration erlauben, und zeigen, wo *Erhard* und *Hayek* gemeinsam normativ richtig und doch jeweils prophetisch falsch lagen. *Erhard* scheint in Einigem zu pessimistisch und *Hayek* zu optimistisch gewesen zu sein.

III. Europas Wirtschaftsverfassung im Wandel

Es kann hier nicht die Entwicklung der Europäischen Wirtschaftsverfassung der letzten 50 Jahre nach ordnungspolitischen Kriterien im Detail kritisch gewürdigt werden.[12] Ganz grob kann man die Entwicklung der ordnungspolitischen Qualität Europäischer Wirtschaftsverfassungen vielleicht daran illustrieren, wo sich *Hayek* und *Erhard* getäuscht haben:

Erhard konnte sich in den 1950er Jahren noch nicht vorstellen, dass Prinzipien wie unverfälschter Wettbewerb, verbotene staatliche Beihilfen, und vor allem die Verwirklichung der vier Grundfreiheiten nicht nur Absichtserklärungen der Römischen Verträge bleiben würden. Der gemeinsame Binnenmarkt hat indes auch erst mit der Gemeinsamen Europäischen Akte 1985 konkretere, unanfechtbar primärrechtliche Züge angenommen. Aus den römischen Absichtserklärungen sind inzwischen europäische Rechtsgrundsätze geworden, die von Kommission und Gerichtshof in vielen Fällen ordnungspolitisch konsequenter durchgesetzt wurden, als sie es wohl selbst in Deutschland (vor allem nach *Erhards* Amtszeit) je hätten werden können. Vor allem können die Grundfreiheiten seit den 1960er Jahren von den Bürgern der Union als subjektive einklagbare Freiheitsrechte, als Abwehrrechte gegen ihre Regierungen vor nationalen Gerichten oder vor dem Europäischen Gerichtshof durchgesetzt werden – ein entscheidender Schritt hin zu einer (ordo-) liberalen Wirtschaftsverfassung auf europäischer Ebene, die weit mehr bedeutet als eine herkömmliche völkerrechtliche Vereinbarung (*Behrens* 1992).[13] Zudem konnten oft erst über den europäischen Umweg die (und es wurden immer mehr) Mitgliedsländer bewogen oder gezwungen werden, etwa (Staats-) Mono-

---

12 Nach wie vor einschlägig für die Zeit von den Römischen Verträgen bis zum Vertrag von Maastricht bzw. von Amsterdam und Nizza: *Mestmäcker* u.a. (1987), *Mussler* (1998), *Biskup* (2004). Aktuelle ordnungs- und verfassungsökonomische Analysen bieten *Mayer* (2002) oder *Blankart* und *Mueller* (2004). Eine (auch) ordnungspolitische Würdigung des gegenwärtigen Stands Europäischer Integration findet sich im ersten (!) umfassenden OECD-Gutachten, das die EU als Gesamtheit analysiert (OECD 2007).
13 *Mestmäcker* (1994, S. 272) spricht deshalb von der „Konstitutionalisierung der Freiheitsgewährungen des Vertrags", die vor allem durch die Interpretation der Grundfreiheiten des EuGH geleistet wurde.

pole in der Telekommunikation, Energieversorgung, bei Banken, oder im Verkehr aufzubrechen. Auch *Erhards* zunächst durchaus berechtigte Befürchtung der Bildung einer „Festung Europa" als Bollwerk gegen den freien Welthandel hat sich in den meisten Sektoren (außer vor allem der Landwirtschaft) als eher überzogen herausgestellt.[14]

Hayek wiederum konnte sich sicher 1939 nicht vorstellen, dass ein europäischer Zusammenschluss eine derartige Umverteilungsmaschine für nicht universalisierbare Interessen würde etablieren können. So hielt er es für geradezu unvorstellbar, dass etwa „der französische Bauer bereit sein wird, für seinen Kunstdünger mehr zu bezahlen, um der englischen chemischen Industrie zu helfen" (*Hayek* 1939, 1952, S. 332). Heute plausiblere Beispiele wären, dass der europäische Konsument und Steuerzahler ungefragt bereit sein muss, etwa für französische (oder griechische oder andere) Landwirte ungeahnte (und intransparente) „Solidarleistungen" zu erbringen. Für *Hayek* sollten solche Politiken gerade mit sinkender „Homogenität und Ähnlichkeit der Ansichten und der Tradition der Bewohner eines Gebietes" (*Hayek* 1939, 1952, S. 335) immer unwahrscheinlicher werden. Tatsächlich gingen aber steigende Heterogenität (als Folge der Erweiterung) der EU bisher noch immer mit weiterer Zentralisierung und Umverteilung (weitere Vertiefung) der Union einher.

Damit stellt sich der erklärenden Ordnungsökonomik eine doppelte Frage, die jeweils auch die gängige Public Choice Theorie eigeninteressierter Regierungspolitiker vor nicht immer leichte Herausforderungen stellt:

(1) Wie konnte in der Europäischen Union ein (auf mittlerweile 96 000 Seiten Regelwerk geschätzter) Besitzstand überwiegend wirtschaftsregulierender EU-weit geltender Normen entstehen, der weit mehr umfasst als universalisierbare Verbote freihandelswidrigen Regierungsverhaltens? Wie konnte ein EU-Budget entstehen, das mit Agrarpolitik, Regional- und Strukturfonds den überwiegenden Teil distributiven Maßnahmen widmet, für die ein „gemeinsames Bürgerinteresse auf der Regelebene" aller Mitglieder nicht oder nur unter verwegenen Annahmen über diskursiv vermittelbare Solidaritätsnormen unterstellt werden kann? Und schließlich: Wie konnten nationalstaatliche Regierungen, Parlamente und Verwaltungen, für die die ökonomische Theorie der Politik ein Eigeninteresse an Kompetenz- und Budgetmaximierung annimmt, auf derart viel eigenen Gestaltungsspielraum verzichten?

(2) Wie konnten Regierungen gleichzeitig aber auch dazu bewogen werden, sich einer ordnungspolitischen Disziplin zu unterwerfen, die ihren diskretionären Handlungsspielraum in so wichtigen Bereichen wie der Außenhandelspolitik, der Geld- und der Wettbewerbspolitik, aber auch der Subventionsvergabe und Marktregulierung vollständig bis überwiegend reduziert? Ordnungspolitik scheint schließlich im Spannungsfeld zwischen ökonomischer und politischer Rationalität, zwischen dauerhaften gemeinsamen Bürgerinteressen und stimmenmaximierenden Koalitionen gutorganisierter Interessengruppen, die polit-ökonomisch unwahrscheinlichere Wahl zu sein (vgl. *Streit* 1988; *Kirsch* 1981).

---

14 Die als Meilenstein gefeierte Agrarreform von 2003 hat den Schutz der EU in Zolläquivalenten gerade einmal nur von 57% auf 55% reduziert; und auch sonst bleibt die Außenhandelspolitik der EU in wichtigen Bereichen, nicht zuletzt in Folge nicht tarifärer Handelsbarrieren, eher hinter den von der WTO gefassten Zielen zurück (*Messerlin* 2005).

Es bedarf der Rekrutierung eines umfangreichen Arsenals polit-ökonomischer Erklärungen, um beiden dialektischen Tendenzen in der Entwicklung Europäischer Wirtschaftsverfassung einigermaßen gerecht werden zu können.

IV. Die polit-ökonomische Logik Europäischer Integration

Als *Hayek* (1939, 1952) seine liberal-universalistische Vision der letztlich *polit*-ökonomischen „Voraussetzungen föderativer Zusammenschlüsse" entwickelte, stand ihm noch keine ökonomische Theorie der Politik (und noch weniger eine Polit-Ökonomie internationaler Organisationen) zu Verfügung. Noch in den 1970er Jahren hinterließ die inzwischen entwickelte ökonomische Theorie des Parteienwettbewerbs, des rent-seeking oder der Bürokratie kaum explizite Spuren in *Hayeks* Werk. Mit seinem Band über „Die politische Ordnung eines freien Volkes" (*Hayek* 1979, 2003) ändert sich dies, zumindest implizit. Zwar scheint *Hayek* hier (wie anderswo in seinem Werk) von der ebenfalls nunmehr entwickelten Europäischen Gemeinschaft merkwürdigerweise keine Notiz zu nehmen; doch finden sich 1979 exakt die Argumente, die ihn wohl zu einer Revision seiner optimistischen Erwartungen des Jahres 1939 geführt hätten.

Nunmehr war ihm bewusst, dass ein politischer „Apparat" auch auf formal-demokratischem Weg „Bündel von Maßnahmen" hervorbringen kann, die „in ihrer Gesamtheit von keinem vernünftigen Menschen gebilligt werden könnten, weil sie in sich widersprüchlich sind" (*Hayek* 1979, 2003, S. 312). Solcherlei Widersprüche bestanden seit Beginn des Europäischen Integrationsprozesses. *Ludwig Erhard* (1962, 1988, S. 773 f.) etwa beklagte bereits: „Man kann nicht auf der einen Seite Wettbewerb und auf der anderen Seite Planung, Planifikation oder Programmierung haben wollen". Was als individuelle Präferenzfunktion tatsächlich in Form „kognitiver Dissonanz" erhebliche psychische Kosten und Entscheidungshemmungen erzeugen würde, ist bei politischen Entscheidungen, zumal auf internationaler Ebene, dagegen schon beinahe die Schaffung politischen Nutzens und Bedingung eines Durchbruchs für gemeinsame Entscheidungen. Die „Bündelung" nationaler Sonderinteressen in gemeinschaftlichen Politikpaketen ist es denn auch, die dazu führt, dass auch solche Maßnahmen beschlossen werden, die weit jenseits der Schnittmenge gemeinsamer Interessen liegen und jeweils für sich betrachtet sogar allein einer Minderheit nutzen[15].

Die Logik des Stimmentausches erkennt *Hayek* (1979, 2003, S. 405) auch, wenn er von einer „Schacherdemokratie" spricht, die jeden Politiker nötigt, „eine Mehrheit zusammenzubringen und zusammenzuhalten, indem er die Forderung einer Vielzahl von Interessengruppen befriedigt, deren jede den Sondervorteilen, die anderen Gruppen gewährt werden, nur um den Preis zustimmt, daß ihre eigenen Sonderinteressen gleichermaßen Berücksichtigung finden". Stimmentausch erklärt, wie durch Bündelung von

---

15 Vgl. hierzu *Hayek* (1979, 2003, S. 439): „die Zentralisierung schreitet fort, nicht weil die Mehrheit der Menschen in der großen Region begierig wäre, den ärmeren Regionen Hilfsmittel zur Verfügung zu stellen, sondern weil die Mehrheit, um eine Mehrheit zu sein, die zusätzlichen Stimmen aus den Regionen benötigt, die einen Vorteil daraus ziehen, wenn sie am Reichtum der größeren Einheit teilhaben."

Maßnahmen, die jeweils Privilegien für eine Minderheit darstellen, Mehrheiten (bis hin zur Einstimmigkeit) „erkauft" werden können, die jeder Unterstellung universalisierbarer Ordnungspolitik diametral widersprechen[16].

Die politische Ökonomie der Zentralisierung ist damit auch auf die Europäische Union anwendbar (z.B. *Vaubel* 1994). Dies um so mehr, als entscheidende Akteure und Agenturen ins Spiel kommen, die wie Kommission, Europäisches Parlament und Europäischer Gerichtshof ein klares Eigeninteresse an einer Zentralisierung haben dürften, die ihre Macht, ihr Prestige und ihr Einkommen erhöht. All diese Akteure und ihre jeweiligen Kompetenzen sind freilich letztlich Ergebnisse mitgliedstaatlicher Delegation und Legitimation. Die Herausforderung an eine ökonomische Theorie Europäischer Zentralisierung ist demnach, zu erklären, weshalb nationale Regierungen (im Ministerrat) – aber auch nationale Parlamente – gemeinschaftlichen Politiken zustimmen, die den jeweils gemeinsamen nationalen Interessen widersprechen.

Die oben erwähnte Logik des Stimmentauschs *(log-rolling)* erklärt bereits die generelle Möglichkeit einer Zentralisierung und Umverteilung weit über gemeinsame ordnungspolitische Interessen hinaus. Deren Wahrscheinlichkeit wird durch weitere EU-spezifische Umstände noch verstärkt. Vor allem der Ministerrat ist mit seiner permanenten Ausschussstruktur geradezu ideal für transaktionskostengünstige Stimmentauscharrangements. Oft sind Interventionsanliegen der Mitgliedstaaten auf europäischer Ebene leichter durchsetzbar als auf nationaler. Nationale Parlamente (und noch mehr der Bürger) haben auf Entscheidungen im Ministerrat (die zudem regelmäßig nicht öffentlich transparent sind) so gut wie keinen Einfluss. Sie werden nicht für die Verhandlung, sondern bestenfalls nur noch für die Ratifizierung gebraucht, wo es aber für ein „Aufschnüren" des Pakets regelmäßig zu spät ist[17].

Hinzu kommt, dass nationale Volksvertretungen oft selbst im Nachhinein nicht genau wissen, welche rechtlichen und politischen Auswirkungen etwa ein neuer EU-Vertrag oder eine neue EU-Richtlinie haben wird.[18] Somit können Regierungen mächti-

---

16 Vgl. zur Logik des Stimmentauschs etwa *Weingast* und *Marshall* (1988); *Henning* (2000); *Salmon* (2004). Zur Frage, weshalb nur etwa 15% des EU-Budgets für Unions-weite „öffentliche Güter" (Forschung, Außenpolitik, Rechtspflege und Verwaltung) ausgegeben werden und warum in einem Regime prinzipieller Einstimmigkeit einige Länder dauerhafte Nettozahler sind, vgl. *Blankart und Kirchner* (2004). Demnach war schon auf der konstitutionellen Ebene der Römischen Verträge die Einrichtung von Agrar- und Sozialfonds die Bedingung Frankreichs und Italiens für eine Zustimmung zur Europäischen Marktintegration. Diese wurden zum Besitzstand, der aufgrund „unvollständiger Verträge" insbesondere bzgl. der Agrarpolitik auf post-konstitutioneller Ebene eine Expansionsdynamik entwickeln konnte, die zudem durch anfangs glaubwürdige „exit-„ Drohungen Frankreichs institutionell gefestigt wurde. Die Inkongruenz zwischen Entscheidungen auf der Ausgaben- und Einnahmenseite wirkt zudem als Sperrklinke, die verteilungspolitische Ansprüche an das EU-Budget nahezu irreversibel macht und durch Erweiterung der EU um weniger entwickelte Volkswirtschaften weiter erhöht.
17 Vgl. *Vaubel* (1995, S. 117): „Whoever thought that, in a parliamentary democracy, governments are controlled by their parliaments should note that, in the European Community, the national ministers assembled in Brussels jointly control their parliaments."
18 Auch die verhandelnden Parteien im Ministerrat beschließen nicht selten Dinge, deren rechtliche Tragweite sie kaum voraussehen können. Noch mehr gilt dies für die nationalen Parlamente, Medien und Öffentlichkeit. So wurde die europäische „Antidiskriminierungsrichtlinie" in Deutschland erst dann als kostspielig, oft unsinnig und kaum verfassungskonform entdeckt, als sie rechtskräftig wurde

ge nationale Interessengruppen selbst dann bedienen, wenn dies im nationalen Rahmen einer aufgeklärteren Öffentlichkeit kaum möglich wäre. Die intransparenten Entscheidungsstrukturen der Gemeinschaftsorgane verschleiern oft Art und Ausmaß der Privilegien; regt sich dennoch Kritik, so kann sie politisch „billig" auf „Brüssel" geschoben werden.[19] Die polit-ökonomische Logik europäischer Gipfel und Verträge besteht somit zu einem guten Teil genau darin, dass jedes Land seine Sonderinteressen weitest möglich wahrt und in einem Paket geschnürt findet, in dem Privilegien solange kombiniert und durch Vetodrohungen verteidigt werden, bis am Ende alle Minister und Regierungschefs der nationalen Wählerschaft von einem „Durchbruch" berichten können. Ein Durchbruch für die Ordnungspolitik scheint hierbei bestenfalls zufällig. Aber er ist passiert. Weshalb?

Folgt man einschlägigen, nicht zuletzt auch juristischen, Untersuchungen der Anfänge Europäischer Wirtschaftsintegration[20], so scheinen die Römischen Verträge von 1957, bei allen, aber sektoral begrenzten, Widersprüchen (Agrar-, Kohle- und Stahl-*„Planification"*) einen erstaunlich soliden Grundstock marktwirtschaftlicher Prinzipien und ordnungspolitischer Grundentscheidungen gelegt zu haben, den *Ludwig Erhard* (s.o.) wohl unterschätzt zu haben scheint. Am Anfang der Europäischen Integration, und wohl sowohl für die wenig marktwirtschaftliche Montanunion (EGKS, 1951), als auch für die Europäische Wirtschaftsgemeinschaft (EWG, 1957), stand das bestimmende gemeinschaftliche Nachkriegsziel der Friedenssicherung und damit ein „öffentliches Gut", an dessen überragender Bedeutung kein Zweifel bestehen konnte und das aufgrund seiner zutiefst moralischen Verpflichtung auch wenig „Trittbrettfahrerverhalten" duldete[21]. Gleichzeitig galt (neben Etablierung der NATO für die Europäischen Westmächte mit Ausnahme Frankreichs) wirtschaftliche „Integration" als wesentliches Mittel zur Bewahrung dieses überragenden „öffentlichen Gutes".

Was und wie wenig auch immer die Verfasser der Römischen Verträge an ordnungspolitischen Grundsätzen für Europa meinten vereinbart zu haben, es wurde etwas anderes und mehr als wohl alle erwarteten. Vor allem die einmal konstituierten Organe von Kommission und Europäischem Gerichtshof nahmen anfangs ein Mandat in Anspruch, dessen konkretes Ausmaß wohl weder die verhandelnden Regierungen (und noch weniger deren Parlamente und Bürger) voraussehen konnten.[22] Vielleicht hat auch der „kon-

---

(nachdem sie schon lange zuvor weitgehend unbemerkt von einer deutschen Regierung im Ministerrat mitbeschlossen wurde).

19 Hierzu gehören auch Phänomene wie *„blame-shifting"* und *„gold-plating"*. *„Blame-shifting"* findet statt, wenn etwa die nationale Erhöhung von Verbrauchssteuern mit dem Hinweis auf Erfordernisse einer Steuerangleichung im Binnenmarkt gerechtfertigt wird (selbst wenn EU-Recht dies nicht verlangt). *„Gold-plating"* bezeichnet den Fall, dass bei der Umsetzung einer EU-Richtlinie in nationales Recht weitergehende Eingriffe von nationaler Regierungsseite „draufgesattelt" werden.
20 *Oppermann* (1991, S. 306 ff.); *Mestmäcker* (1975, 1978, S. 28); *Mussler* (1998).
21 Vgl. *Brennan* und *Hamlin* (2004, S. 19): „the establishment of the European Union can be understood, in large part, as an attempt to institutionalize peace ... It is an attempt to construct a genuine political counterweight to political failure ... if overall costs and benefits are compared to reach a fully rounded evaluation, any institutional arrangement that can offer a small reduction in the probability of war will, in the end, be worthwhile."
22 Vgl. *Mussler* (1998, S. 125 ff.), dort auch etwa *Everling* (1987, S. 125): „Der Vertragstext hat sich vom Willen seiner Verfasser gelöst und mit Hilfe des Gerichtshofs eine eigenständige Entwicklung genommen".

stitutionelle Moment", noch dazu emotional gesteigert durch die allen Akteuren noch gewärtige Kriegserfahrung, eine Art *Rawls*schen Schleier über Rom gelegt, sodass bei diesem unerprobten Experiment Europäischer Vergemeinschaftung hinreichend Unsicherheit über die zukünftige Interessenlage geherrscht hat. Ordnungspolitik (Marktöffnung, grenzüberschreitende Privatautonomie, Einschränkung staatlicher Interventionskompetenzen) war jedenfalls eine bleibende Folge. Damit scheint die politökonomisch bemerkenswerte Konstellation geherrscht zu haben, „daß die beteiligten Regierungen zum Gründungszeitpunkt nicht bereit gewesen wären, dem Vertrag zuzustimmen, wenn sie die Souveränitätseinbußen vorhergesehen hätten, die sich daraus im Laufe der folgenden Jahre ergaben" (*Mussler* 1998, S. 125).

Ein wesentlicher Grund für die Etablierung durchaus ordnungspolitisch wirksamer Spielregeln könnte also in der historischen Situation, in einer Art „List der Vernunft" liegen, die durch „konstitutionelle Unsicherheit" ebenso befördert wurde wie durch gemeinschaftliche Agenturen, die auch einmal in ordnungspolitischer Rechtsschaffung und -durchsetzung eigene Machtbefugnisse fanden und nutzten. Der „Schleier der Unwissenheit" dürfte freilich nach 50 Jahren weitgehend zerrissen sein. Inzwischen sollten die Mitgliedstaaten das Spiel weitgehend durchschaut haben; und damit auch, welche Folgen für sie eine Änderung der Spielregeln – nach Maßgabe der Interessen der Schiedsrichter (EuGH, Kommission) – haben würde. Dementsprechend kann man die folgenden Verträge von der Einheitlichen Europäischen Akte (1986) bis zum momentan (September 2008) wieder unsicheren Mandat für einen „Reformvertrag" auch als „*recontracting*" betrachten, als Versuch der Mitgliedstaaten, verloren gegangene Regulierungskompetenzen nunmehr wenigstens auf Gemeinschaftsebene anzusiedeln.

Die Entwicklung interventionspolitischer Zentralisierung und Harmonisierung von der Einheitlichen Europäischen Akte (Technologiepolitik, Kohäsionspolitik, Verbraucherpolitik), über den Vertrag von Maastricht (Industriepolitik, Sozialpolitik) und den Vertrag von Amsterdam (Geldpolitik, Beschäftigungspolitik), scheint diesem Motiv durchaus zu entsprechen. Der Entwurf zum „Vertrag über eine Europäische Verfassung" war auch kein ordnungspolitischer Meilenstein; und für den eher symbolisch als substantiell von diesem abweichenden „Reformvertrag" gilt das Gleiche[23]. Er schafft (etwa über den Grundrechtskatalog) neue Interventions- und Zentralisierungsanlässe und macht eine „Integration von oben" zudem dadurch wahrscheinlicher, dass qualifizierte Mehrheitsentscheidungen in über 50 Bereichen nun zusätzlich zur Norm erhoben wurden und damit das Paketschnüren auf Kosten einer Minderheit erleichtert werden dürfte. Der Umstand, dass erstmals die „soziale Marktwirtschaft" als Leitbild europäi-

---

23 Es hätte dem französischen Präsidenten viel „*spin*"- Talent abverlangt, seine Bürger davon überzeugen zu müssen, der Reformvertrag beinhalte substantiell Weniger und Besseres als der Verfassungsentwurf, der per Referendum abgelehnt wurde. *Sarkozys* Vorstellung eines weniger referendumsbedürftigen „*mini-treaty*" oder „*traité simplifié*" ist jedenfalls nicht eingetreten. Der Reformvertrag ändert vor allem Symbolisches (eine Art „Verfassung", die nicht mehr so genannt werden soll, eine Art „Außenminister", der nicht mehr so genannt werden soll...). Strukturell ist die Rechtslage noch intransparenter und komplexer als sie beim konsolidierten Verfassungsvertrag gewesen wäre. Die alten Verträge und „Säulen" der EU bestehen weiter, ergänzt um Änderungen durch den Reformvertrag sowie etliche Erklärungen, Anhänge, *opt-outs* etc. Der Bürger (oder Ökonom), der würde wissen wollen, was nun in der EU konkret für wen aufgrund welcher Rechtsgrundlage gilt, wird sich noch mehr juristischen Beistand suchen müssen.

scher Wirtschaftspolitik vertraglich festgehalten werden dürfte, ist demgegenüber völlig bedeutungslos. Gleichzeitig ist aber auch die Ordnungspolitik all dem nicht zum Opfer gefallen, sondern konnte weitgehend gesichert und im Kern unumkehrbar gemacht werden (Marktfreiheiten, Wettbewerbspolitik, Stabilitätspolitik).

Nachdem der Schleier der Unwissenheit zumindest für die verhandelnden Akteure eher dünn geworden sein dürfte, nachdem Marktöffnungen, Stabilitätsverpflichtungen und Subventionsabbau aber nach wie vor (und tendenziell sogar mehr als in den 1950er bis 1980er Jahren) vorangeschritten sind (und von 6 auf 27 Staaten ausgeweitet werden konnten!), stellt sich eine andere polit-ökonomische Frage: könnte es nicht sein, dass sich Regierungen von Mitgliedstaaten auch bewusst einem „third-party enforcement" ordnungspolitischer Selbstbindungen via „Brüssel" unterwerfen wollen?

V. Ordnungspolitische Selbstbindung via Brüssel

Europäische Ordnungspolitik scheint, kaum anders als nationale Ordnungspolitik, am ehesten dort ihre „Hüter" zu finden, wo politische Kompetenzen Organen anvertraut wurden, die weniger Zielabwägungen zu treffen (EZB) oder weniger Rücksichten auf Wiederwahlrestriktionen (Kommission, EuGH) zu nehmen haben als parlamentarisch verantwortliche Regierungen. Die ordnungspolitischen Erfolge der deutschen Sozialen Marktwirtschaft – eine relativ stabile Geld- und eine relativ zupackende Wettbewerbspolitik – waren denn auch bei der relativ politikfernen Verantwortung von Bundesbank und Bundeskartellamt in besseren Händen als in Parlamenten und Ministerien. Exakt diese Kompetenzen sind nun zum großen Teil – und mit ähnlich großem Erfolg – „europäisiert" worden. Nicht so sehr trotz, sondern wohl vor allem wegen eines durchaus gewollten „Demokratiedefizits" konnten Kommission und EuGH eine Marktöffnungspolitik und die Europäische Zentralbank eine Geldpolitik betreiben, die Europas nationale Regierungen und Parlamente (aber auch das Europaparlament) sich wohl nur selten zugetraut hätten. Das Gerangel um die „Dienstleistungsrichtlinie" hat gezeigt, dass das Bemühen um den nach wie vor unvollendeten Binnenmarkt und damit um gemeinsame Interessen der Bürger Europas tatsächlich oft besser in Händen unhängiger Kommissare aufgehoben ist als in Händen derer, die nationale Sonderinteressen vertreten (einschließlich des Europäischen Parlaments).

Ordnungspolitik ist letztlich Vertrauenssache. Gleichzeitig ist „Vertrauen" die wohl am schwierigsten regenerierbare Ressource der Politik. Umfragen zeigen jedes Jahr, dass Politiker unter allen Berufsgruppen in Deutschland mit Abstand das geringste Vertrauen genießen, auch wenn die Zahl von 6% (2004) auf 10% (2007) angestiegen ist.[24] Ordnungspolitisch bemerkenswert ist dabei, dass ein solches prinzipiell „gesundes Misstrauen" die Bürger nicht davon abhält, „ungesunde" Staatsausuferungen zu provozieren, indem reflexartig nach dem Staat gerufen wird, weil man dem Markt oder sich selbst nicht zutraut, Probleme zu lösen. Derart werden Überforderung der Politik und Politikverdrossenheit der Bürger gleichermaßen generiert.[25]

---

24 GfK Custom Research, Pressemitteilung vom 3. August 2007.
25 Hinzu kommt, dass im Politischen – wie in privaten Beziehungen – Misstrauen der einen Seite Misstrauen der anderen Seite provoziert. Politiker reagieren auf Wahlenthaltung oder Parteiaustritte gern

Was eine politische Gemeinschaft einem solchen Teufelskreis entgegenstellen kann, sind weniger moralische Apelle als vielmehr glaubwürdige Selbstbindungen in Form von Institutionen, die gegenseitige Erwartungen stabilisieren und Handlungen kanalisieren. In „Institutionen" i.w.S. – Demokratie, Rechtsstaat, Gerichte, Verfassung – haben die Bürger deutlich mehr Vertrauen als in die „Politik" und ihre Protagonisten (vgl. *Walter-Rogg* 2005). Wenn Institutionen als Vertrauenssubstitut wirken könnten, „die Politik" selbst aber Produzent von Institutionen ist, wie können dann Politiker Vertrauen schaffen? Ist es denkbar, dass sich Spieler, denen man misstraut, Spielregeln, denen man vertraut, geben? Ist es für Politiker rational, sich selbst zu binden? Gerade zu diesen Fragen hat die Ökonomik inzwischen einige Antworten zu bieten.[26]

Vertrauen genießen zu können, wäre für Politiker, die mit ordnungspolitischen Reformagenden Wahlen gewinnen wollen, ein nahezu unübertrefflicher Vorteil gegenüber Rivalen, denen der Wähler misstraut. Politisches Vertrauen und Glaubwürdigkeit sind zudem entscheidende Standortfaktoren. Es wurde zur Genüge nachgewiesen, dass Vertrauen in sichere Eigentumsrechte und andere klassische Abwehrrechte und damit auch Vertrauen in die Grenzen der Politik entscheidende Investitions- und Wachstumsbedingungen schafft. Rechtsstaaten, die sich einem „*government under the law*" verpflichtet fühlen und Demokratien, die zu einer ordnungspolitischen Selbstbindung fähig sind, sind auch erfolgreiche Marktwirtschaften. Das Problem hierbei ist jedoch die Versuchung von Politikern, kurzfristige Vorteile höher einzuschätzen als das dauerhafte Gemeinwohl. Es geht also auch hier um eine „Willensschwäche", deren sich freilich kluge Politiker auch bewußt sind und entledigen möchten.

Im besten Falle geht es ihnen wie *Odysseus*, der vom betörenden Gesang der Sirenen erfahren hat, gleichzeitig aber auch weiß, dass es ihn und seine Mitreisenden ins Verderben führt, wenn er den Verlockungen des Augenblicks erliegt. Selbstbindung im politischen Prozess heißt, dass sich Politiker an legale (Verfassungs-) Masten binden (lassen), die es ihnen ermöglichen, ein Nachgeben gegenüber Versuchungen (Sirenengeheul der Sonderinteressen) konsequent *ex ante* zu verteuern. Es hilft Politikern wie dem Gemeinwohl, Anspruchsspiralen durch Ausschließen von Handlungsoptionen zu durchbrechen. Nur wer unter Verweis auf übergeordnete Regeln, Prinzipien oder Organisationen „Nein" sagen muss, kann auch „Nein" sagen[27]. Dieselben Spieler spielen ein anderes Spiel, wenn sie anderen Spielregeln glaubhaft unterworfen sind, die sie selbst nicht ohne weiteres ändern können (*Buchanan* 2005).

Ordnungspolitik kann über den Weg der Selbstbindung gerade dadurch eher politisch nachhaltig gemacht werden, dass sie nicht nur als guter Vorsatz der momentanen Regierung, sondern gleichzeitig als Fremdbindung der folgenden Regierungen wirkt (vgl.

---

ihrerseits mit Misstrauen gegenüber den Bürgern. Sie hegen dann etwa Befürchtungen gegenüber direkter Demokratie, misstrauen der Fähigkeit der Bürger zur Selbstverantwortung oder zur Steuerehrlichkeit. Ein solches Misstrauen wird leicht zur sich selbst erfüllenden Erwartung (vgl. *Feld und Frey* 2002).

26 Vgl. etwa *Elster* (1984); *Kydland* und *Prescott* (1977). Vgl. auch *Wohlgemuth* (2007).
27 Vgl. *Hayek* (1979, 2003, S. 318 und 323): „Wenn der Staat stark genug sein soll, um Ordnung und Gerechtigkeit zu wahren, müssen wir den Politikern jenes Füllhorn entwinden, dessen Besitz sie glauben läßt, sie könnten und sollten ‚alle Ursachen der Unzufriedenheit' beseitigen ... Das einzige, was ein Politiker gegen solchen Druck tun kann, ist, auf einen anerkannten Grundsatz zu verweisen, der ihn daran hindert, diesem nachzugeben, und den er nicht ändern kann".

Moe 1990). Geht es um allgemeine Regeln, die dauerhaft gelten, senkt sich ein Schleier der Unsicherheit auf kurzsichtige Eigeninteressen in der Zukunft (*Brennan* und *Buchanan* 1985, 2000, S. 33 ff.). Eine glaubhaft verbindliche Regel für ausgeglichene Staatsbudgets etwa reduziert die Befürchtung einer Regierung, durch eigene Sanierungsanstrengungen nur die Kassen einer danach erfolgreichen Opposition zu füllen. Zeitinkonsistenz-Risiken können reduziert werden, Regierung wie Opposition, Mitgliedstaat 1 bis Mitgliedstaat n, können der gegenseitig glaubhaft verpflichtenden Regel aus eigenem Interesse eher zustimmen als diskretionären Handlungsspielräumen, die auch trittbrettfahrende Rivalen nutzen können.

Eine allgemein bindende Regel kann auch zum anfangs verständlichen und akzeptablen und nach einer Weile selbstverständlichen und akzeptierten neuen Referenzpunkt werden. Eine gegenseitig glaubhaft verbindliche allgemeine Verbotsregel für Erhaltungssubventionen oder protektionistische Maßnahmen etwa kann als „*frame*" dienen, der generelle Zustimmung findet. Es geht dann nicht mehr darum, jeweils einzelne Subventionsbedürfnisse konkreter Gruppen bei jeweils diffusen und verstreuten Kosten für die Allgemeinheit zu bewerten, sondern die Bürger vor die Wahl des Prinzips „privilegienfreie Ordnung" oder „Ordnung freier Privilegienvergabe" zu stellen.[28]

Am verlässlichsten und in vielen Fällen auch erfolgreichsten könnte die radikale Selbstbindung an Prinzipien auf dem Wege einer Delegation ordnungspolitischer Entscheidungen sein. Wie schon erwähnt, gingen entscheidende Impulse für eine Marktöffnung, Subventionsabbau, Monopolentflechtung und Privatisierung in Europa von Entscheidungen des Europäischen Gerichtshofs und Initiativen der Kommission aus und damit von Organen, die selbst nicht der Wiederwahlrestriktion vor Europäischen „Bürgern" unterliegen. Es mag Nicht-Ökonomen paradox erscheinen, dass gerade die Interessen der Allgemeinheit etwa an Geldstabilität, geringer Staatsverschuldung, Schutz des Wettbewerbs und freiem Handel laufenden einfachen Mehrheitsentscheidungen auf dezentraler Ebene entzogen werden müssen, um sie vor Vertretern des Volkes, aber auch gelegentlich systematisch verzerrten Wählermeinungen zu schützen. Selbstbindung ist aber demokratisch legitimierbar (vgl. *Bredt* 2006). Sie ist auch nicht schlicht gleichzusetzen mit einer Aufgabe, sondern vielmehr mit einer Ausübung nationalstaatlicher Souveränität. Selbstbindung setzt „souveräne" Selbsterkenntnis geradezu voraus. Sie ist dann auch im wohlverstandenen Eigeninteresse sowohl von Politikern als auch von Wählern, die jeweils um ihre Schwächen wissen.

---

28 Hierzu auch *Vanberg* (2005, 2008). Einer solchen Wahl dürften auch andere Meinungen zugrunde liegen als häufig aus Umfragen entnommene Indizien für marktordnungsfeindliche, systematisch verzerrte Meinungen der Bürger, die etwa *Caplan* (2007) zitiert.

VI. Vertiefung und/oder Erweiterung: konstitutionenökonomische Überlegungen

Selbstbindung durch Delegation an (weitgehend) ungewählte Agenturen[29] kann jedoch auch ordnungs- und konstitutionenökonomisch durchaus heikel sein. Auf die sich verselbständigenden Zentralisierungs- und Interventionsinteressen etwa von Kommission und EuGH wurde schon verwiesen. Deshalb ist auch damit zu rechnen, dass nicht nur die „Herren der Verträge" (Mitgliedstaaten) in Stimmentauschhändeln über das hinausgehen, was im gemeinsamen Regelinteresse der Bürger wäre, sondern auch, dass die „Hüter der Verträge" (Kommission und EuGH) diese notwendig unvollständigen Verträge eher im Sinne ordnungspolitisch fragwürdiger Interventions- und Zentralisierungsmotive nutzen (*Vaubel* 2006).

Das Ausmaß dieser Fragwürdigkeit ist wiederum abhängig von der Größe und Heterogenität der Union. Hiervon kann auch die Diskussion um „Subsidiarität" nicht abstrahieren. Die Frage: welche Aufgaben können eher auf Ebene EU-weiter Gesetzgebung oder nationalstaatlicher Verantwortung gelöst werden, kann keine allgemeingültige Antwort haben. Es gibt keinen „repräsentativen" Mitgliedstaat, dessen Bürger und Politiker ebenso willig wie fähig wären, dieselbe Politik auszuführen wie ein beliebiger anderer Mitgliedstaat. Und es gibt auch keine *a-priori* Über- oder Unterlegenheit „EU-weiter" Regelung, die unabhängig davon wäre, wie „weit" die Union zusammengesetzt ist (wie viele unterschiedliche Mitglieder ihr angehören) und wie „tief" ihre Regelungen gehen (wie sehr sie materielle Vorschriften macht).

Die abschließend zu diskutierende Frage der Grenzen Europäischer „Weite" und „Tiefe" lässt sich polit-ökonomisch wenn auch nicht konkret lösen, so doch abstrakt illustrieren[30]. Abstrakt gesehen ist eine Kernaussage der ökonomischen Theorie der Clubs ebenso richtig und nahezu tautologisch wie politisch inkorrekt und nahezu tabu: Für unterschiedliche Politikbereiche gelten unterschiedliche „optimale" Clubgrößen. Das heißt umgekehrt: ein einziger allumfassender EU-Club, der hunderte einheitlicher Clubgüter für unterschiedlichste Mitglieder produziert, kann weder ökonomisch noch konstitutionenökonomisch „effizient" sein.

Das soll nicht heißen, dass die EU im Ganzen und absolut ineffizient ist, also ihren Mitgliedern dauerhaft und insgesamt negative Nettonutzen zumutet. Die enormen Anstrengungen, die die 12 neuen Mitglieder in den letzten Jahren auf sich genommen haben und die ungeduldigen Beitrittskandidaten auf sich nehmen, um zum „Club" zu zählen, können als „revealed preference" zumindest der jeweiligen Regierungen gewertet werden (aber doch zumeist auch der Bevölkerung, wie die Ergebnisse der Beitrittsreferenden zeigen). Sollte mit dem EU-Reformvertrag der Austritt aus der Union erstmals prozedural geregelt sein, kann die Union auch eine Art „Zustimmung durch Verbleib"

---

29 Vgl. *Vibert* (2007). Neben EuGH, Kommission oder EZB listet er weitere 30 EU-Agenturen auf, die als quasi-autonome Agenturen in Funktionen als *„service providers"*, *„risk assesors"*, *„boundary watchers"*, *„inspectors"* oder *„umpires"* tätig werden. Der Hauptvorteil, den solche *„unelected bodies"* bieten, ist nach *Vibert* die Bereitstellung vertrauenswürdiger und verlässlicher Information in einem System der Wissensteilung, ohne die in einer komplexen Welt Bürger und deren gewählte Agenten schlicht überfordert wären.

30 Vgl. hierzu *Wohlgemuth* und *Brandi* (2007).

in Anspruch nehmen. Bleibt der Befund einer „relativen Ineffizienz" – relativ zu Vorstellungen effizienter Integration bestehend aus einer gleichzeitigen Optimierung von Clubgröße und Intensität der Clubgutproduktion[31]. Hier zeigt sich ein klarer „*trade-off*", der mit steigender Clubgröße (und damit zunehmender Heterogenität der Bürgerpräferenzen und ökonomischen Belastbarkeiten) eine geringere Intensität der Clubgutproduktion, vor allem im Bereich regulierender leistungsstaatlicher Verpflichtungen, nahelegt.

Diese Optimierungsmodelle illustrieren im Prinzip *Hayeks* Hypothese der ökonomischen Voraussetzungen föderativer Zusammenschlüsse, wonach sich der Möglichkeitsraum gemeinschaftlicher Verpflichtungen durch Ausdehnung des Raums der sich freiwillig Verpflichtenden reduzieren sollte, bis letztlich nur mehr eine universalisierbare minimalstaatliche Ordnungspolitik als konstitutionenökonomisch „effizient" übrig bleibt. Dies entspräche auch der historischen Formel für das Europäische Wunder, wonach Heterogenität der Motor wirtschaftlichen wie zivilisatorischen Fortschritts ist, solange sie als Vielfalt von Wissen, Fähigkeiten, Ideen, Praktiken und Problemlösungsalternativen daherkommt, die im freien Wettbewerb freiwillig wählbar und nutzbar sind. Dieses evolutorische Argument gilt sehr weitgehend für das Herzstück Europäischer Integration: den Binnenmarkt.

Der freie markt-vermittelte Austausch von Gütern, Dienstleistungen, Kapital und Personen verkraftet und verarbeitet produktiv ein ungeheuer großes Maß an Vielfalt. Vielfalt wird hier zum Potential gegenseitiger Tauschgewinne und Lernprozesse. Die optimale Clubgröße für das Clubgut „gemeinsamer Binnenmarkt", für internationale marktvermittelte Arbeits- und Wissensteilung liegt deshalb, im Prinzip, bei unendlich![32] Anders steht es im Bereich politischer Integration durch kollektive Handlungen bei der Produktion und Durchsetzung von Recht, Regulierungen und politischen Programmen. Hier generiert Vielfalt der Vorstellungen, Vorlieben und Möglichkeiten zwischen den (Bürgern der) Mitgliedstaaten Kosten – sowohl Kosten der Entscheidungsfindung als auch (externe) Kosten der Entscheidungsduldung. Hier gerät Heterogenität zur Belastung sowohl für diejenigen, die weiter integrieren wollen und können als auch für die, die nicht noch mehr *acquis* auf sich laden wollen oder können.

Streit und *Voigt* (1995) befürworten deshalb als Strategie zur Reduzierung der Interdependenzkosten eine mehr oder minder generelle Re-nationalisierung europäischer Integration, ein *"flattening"* der EU-Kompetenzen bzw. ein *"integration-roll-back"*. Freilich scheint dies allzu einseitig auf generelle Kostenreduzierungen bezogen zu sein. Integration bringt auch Nutzen und auf einigen Gebieten dürfte auch weitere ordnungspolitische Integration für weitere Mitgliedstaaten (genauer: für deren Bürger) vorteilhaft sein (z.B. Umweltschutz, Migration, Sicherheit). Deshalb sollte eher nach flexiblen Wegen gesucht werden, wie gezielte Vertiefung und Erweiterung tatsächlich koexistieren können. Aus ordnungspolitischer und konstitutionenökonomischer Warte sind

---

31 Vgl. hierzu in einem Modell simultaner Optimierung: *Ahrens, Hoehn* und *Ohr* (2005).
32 "Im Prinzip" soll heißen, dass unter dem Titel "Binnenmarkt" in der EU nicht nur die negativen Freiheitsrechte der 4 Grundfreiheiten gebucht werden, sondern auch ein Großteil der Vorschriften, Normen, Standards und Harmonisierungen, die nicht in dem gleichen Maße unabhängig von Ort und Zeit universalisierbar sein können. Und in Betreff auf die Grundfreiheit der Freizügigkeit sind, etwa was den freien Zugang in territoriale, durch Umlage finanzierte Sozialsysteme betrifft, auch Vorbehalte angebracht.

hierzu in letzter Zeit vor allem Verfahren „flexibler Integration" befürwortet worden, die weitgehend von den oben genannten Argumenten gegen eine „one-size-fits-all" Integration inspiriert sind.[33] Das Ausmaß an ordnungspolitischer Ambition ist dabei durchaus variabel und hängt zum einen davon ab, wie man es mit dem Status quo (bzw. dem *acquis communautaire*) halten möchte.[34] Schließlich kann etwa für die bestehende „gemeinsame Agrarpolitik" der EU aus ordnungsökonomischer Sicht eine „optimale Clubgröße" festgestellt werden, die entweder 0 oder 1 betragen dürfte: 0 (es handelt sich um kein kollektiv wünschenswertes „Gut") oder 1 (kann in einem Mitgliedstaat eine überragende Solidarität der Bürger mit „ihren" Landwirten unterstellt werden, dann sollen, nur, diese Bürger auch dafür zahlen). Als ordnungspolitisch nach wie vor zu bewahrender und mehr als zuvor zu entwickelnder „Kern-*acquis*" ließe sich etwa das definieren, was die European Constitutional Group (s. *Bernholz* et al. 2004) in ihrem Verfassungsentwurf festlegt:

1) Schutz der Grundfreiheiten (Binnenmarkt-Kern)
2) Volle Konvertibilität der Währungen (Währungswettbewerb)
3) Wettbewerbsschutz (in klar definierten Grenzen)
4) Umweltpolitik (in klar definierten Grenzen)
5) Zusammenarbeit in der Terrorismusbekämpfung und Verteidigung

Der Rest wäre Sache eines auf Konsens basierenden Beitritts zu Unter-Clubs, die auf spezifischen Politikfeldern stärker zusammenarbeiten wollen. Die Europäische Union bildete damit nicht mehr (und nicht weniger) als „an association of sovereign states which pool their sovereignty in very restricted areas to varying degrees" (*Siedentop* 2000, S. 1). Aus polit-ökonomischer Sicht lägen viele Vorteile unmittelbar auf der Hand: Eine Integration der Fähigen und Willigen in freiwilligen Vereinbarungen zu konkreten Politikbereichen senkt Konsensfindungskosten ebenso wie „externe Kosten", sie senkt damit auch die Erpressbarkeit durch Veto-Spieler und die Notwendigkeit, sich gegenseitige Privilegien durch Stimmentausch gegen die gemeinsamen Interessen der Bürger zuzuschachern.

Diese Art der Argumentation gewinnt in Folge der bisherigen (und der noch anstehenden) Erweiterungen der EU an Gewicht: Flexible, differenzierte Integration mildert die „trade-offs" zwischen Effizienz, Legitimität und Erweiterung. Erweiterung erhöht die Konsensfindungskosten. Aus Gründen organisatorischer Effizienz wären mehr Mehrheitsentscheidungen nötig. Damit müssen aber unterlegene Minderheiten loyal bleiben und Entscheidungen gegen ihren Willen akzeptieren können. Das verlangt ein Minimum Europäischer Identität und Solidarität. Die wird aber durch Erweiterung unwahrscheinlicher. Eine EU als "Club von Clubs" mildert zumindest dieses Problem; auch im Hinblick auf die „absorption capacity" der Union, die vor allem vor dem Hintergrund einer möglichen Aufnahme der Türkei als Aufnahmekriterium (neben Umsetzung des „*acquis*") zunehmend hervorgehoben wird. Es dürfte im wohlverstandenen Interesse der bisherigen Clubmitglieder sein, der Türkei Zugang zum gemeinsamen Binnenmarkt, Wettbewerbspolitik, Umweltpolitik oder Sicherheitspolitik zu gewähren;

---

[33] Vgl. *Ahrens, Hoehn* und *Ohr* (2005); *Wohlgemuth* und *Brandi* (2007); *Ohr* (2008).
[34] Vgl. *Vanberg* (2004) oder *Buchanan* (2004) zum für die Konstitutionenökonomik normativ wie methodisch ebenso bedeutsamen wie anspruchsvollen Status des „*Status Quo*".

hier überwiegen Kollektivguteigenschaften. Das gilt nicht für die Gemeinsame Agrar-, Struktur(fonds)-, oder Industriepolitik; die schon für eine frühere, homogenere Union aus ökonomischer Sicht kaum eine Rechtfertigung finden konnten (s. *Alesina* et al. 2001).

Welche Integrationsschritte für welche Staaten/Regionen „gut" sind, wie gut (geeignet, machbar) sie sind, kann letztlich auch ordnungs- oder konstitutionenökonomisch nicht ein für alle mal festgestellt werden. Auch hier sollten vielmehr Verfahren gefunden werden, die alternative Modelle möglichst einem Test der Funktionsfähigkeit und bürgernahen Akzeptanz unterwerfen. Hierfür bieten sich einige Modelle flexibler Integration an, während andere (wie etwa „Europa der zwei Geschwindigkeiten", „Kerneuropa", „Pioniergruppe") vor den hier entwickelten Kriterien als eher negativ beurteilt werden (s. *Wohlgemuth* und *Brandi* 2007). Wettbewerb unter freiwilligen sachlich differenzierenden Integrationsmodellen kann erst die unterschiedlichen und veränderlichen politischen Opportunitätskosten Europäischer Politik offenlegen und die ebenso unterschiedlichen wie veränderlichen Integrationsfähigkeiten einzelner Regionen nutzen.

Eine offene, nach Politikbereichen (nicht Ländern) differenzierende „Clubs-im-Club" Struktur dürfte sowohl einen verbesserten Schutz vor der Ausbeutung durch Mehrheiten (auf nationaler wie auf Europäischer Ebene) bieten, als auch bessere Erkenntnisse über geeignetere Politiken („*best practice*") generieren. Geschlossene Volkswirtschaften sind wie „harmonisierte", großflächig auf „*one-size-fits-all*" Politiken gegründete Integrationsgebilde beschränkt auf konsekutives Lernen aus Versuch und Irrtum (*Vanberg* 1993: 18f). Clubwettbewerb und Systemwettbewerb dagegen schaffen erst einen echten politischen „Parallelprozess" im Sinne echter Rivalität gleichzeitig und mit konkreten Leistungen konkurrierender Anbieter politischer Güterbündel.

Flexible, freiwillige und konkurrierende Clubbildung erlaubt deshalb paralleles Lernen aus direktem Vergleich der Problemlösungsqualitäten gleichzeitig erprobter politischer „Hypothesen". Damit empfiehlt sich Club- und Systemwettbewerb als chancenreicheres und risikoärmeres Verfahren zur Entdeckung und Korrektur politischer Fehlentwicklungen und zur Reaktion auf eine sich laufend ändernde Vielfalt von Präferenzen und Problemlagen (*Wohlgemuth* 2008). Ungeeignete „harmonisierte" oder zentralisierte Hypothesen sind dagegen mangels beobachtbarer und wählbarer Alternativen schwerer identifizierbar; es kommt sehr viel eher zu irreversiblen Pfadabhängigkeiten und Sperrklinkeneffekten. Selbst erkannte Fehler können in „integrierten", verflochtenen „Politikkartellen" wegen komplexer Stimmentausch-Abmachungen kaum mehr revidiert werden; die EU gerät dann in eine Situation, in der sie sich heute in weiten Teilen befindet: in harmonisierter Sklerose.

VII. Ausblick

Europäische Integration war schon 1957 ein ordnungspolitisch ambivalenter Prozess; und sie ist es bis heute geblieben (*Möschel* 2004). Die Römischen Verträge mögen aufgrund des Neuanfangs und der unvorhersehbaren Mandatsausfüllung durch Kommision und EuGH noch hinter einem „Schleier der Unsicherheit" geschlossen worden sein.

Nach 50 Jahren dürfte dieser Schleier verflogen sein. Und doch bleibt die Ambivalenz. „Brüssel" ist zum Synonym geworden für die Verschleierung und Verschiebung von politischer (auch: ordnungspolitischer) Verantwortung. Wer ist für welche Politik verantwortlich? Die Regierungen der Mitgliedstaaten im Ministerrat, der letztlich die gesetzgebenden Lizenzen erteilt, verhandeln Pakete unter Ausschluss der Öffentlichkeit – und unter weitreichender Umgehung ihrer eigenen Parlamente. Ordnungspolitik bleibt hierbei oft nur ein nicht intendiertes Nebenprodukt. Anstelle des Schleiers der Unwissenheit (wir kennen unsere zukünftigen Interessen noch nicht) müsste nun eher bewusste Selbstbindung (wir kennen unsere Schwäche) treten, um weitere Chancen für eine europäische Ordnungspolitik zu kreieren.

Diesen Chancen stehen freilich auch unverschleierte Risiken der Selbstbindung via Delegation an europäische Gemeinschaftsorgane gegenüber. Symbolische Politikvereinbarungen, die sich, wie die Lissabon-Strategie, in wortreichen, aber ergebnisarmen Absichtserklärungen erschöpfen, bleiben ein überschaubares Risiko. Je mehr konkrete Gemeinschaftskompetenzen aber über ordnungspolitische „negative" Integration hinaus zu Zentralisierung, Abschottung und Harmonisierung führen, desto wichtiger wird es, das fundamentalere Übel zu beachten, wie es schon *Wilhelm Röpke* äußerte, nämlich: dass „,Europa' als Name eines gemeinsamen Kultur-, Wert-, und Gefühlssystems einen sehr differenzierten .... und mannigfach abgestuften Inhalt umschließt. Jedes Monolithische, starr Schablonenhafte ist ihm fremd", so dass „es das Wesen Europas ausmacht, eine Einheit in der Vielfalt zu sein, weshalb denn alles Zentralistische Verrat und Vergewaltigung Europas ist, auch im wirtschaftlichen Bereiche" (*Röpke* 1961, 1964, S. 301).

Heute besteht die Gefahr, Integration mit Vereinheitlichung gleichzusetzen, und dies, gerade auch im – ohnehin kaum existierenden – europapolitischen Diskurs als allein „europäisch korrekt" gelten lassen zu wollen. *Erhards* Warnungen scheinen deshalb weiter berechtigt. Aber auch *Hayeks* Hoffnungen haben neue Nahrung erhalten. Die letzten Erweiterungen der Union hemmen die weitere allgemeinverbindliche Vertiefung, vor allem in ihrer sektorale, kulturelle, ökonomische wie politische Besonderheiten ignorierenden „acquis"- Besessenheit. *Hayeks* Argument gewinnt dadurch neue Aktualität. In vielen neuen Mitgliedsländern ist zudem die Erinnerung an die Bevormundung aus „Moskau" noch zu frisch, als dass Vorgaben aus „Brüssel" ohne zweifaches Überdenken schlicht übernommen würden.

Damit gerät auch die Vision eines einheitlichen „Europäischen Sozialmodells", das den alt-europäischen Wohlfahrtsstaat zur generellen Maxime erheben will, die gegen besseres Wissen und gegen erfolgreichere alternative Modelle in einer „Festung Europa" rechtskräftig betoniert werden soll, zur Schimäre. *Erhard* und *Hayek* wären wohl erleichtert.

Literatur

Ahrens, Joachim, Herman W. Hoen und Renate Ohr (2005), Deepening Integration in an Enlarged EU: A Club-Theoretical Perspective, *European Integration*, Bd. 25, S. 417-439.

Alesina, Alberto, Ignazio Angeloni und Ludger Schuknecht (2001): What Does the European Union Do? *NBER Working Paper, Nr. 8647*, Cambridge, Mass.

Behrens, Peter (1992), Die Konvergenz der wirtschaftlichen Freiheiten im europäischen Gemeinschaftsrecht, *Europarecht,* Bd. 27, S. 145-162.

Bernholz, Peter, Friedrich Schneider, Roland Vaubel und Frank Vibert (2004), An alternative constitutional treaty for the European Union, *Public Choice,* Bd. 188, S. 451-468.

Biskup, Reinhold (2004), *Ordnungspolitik und europäische Integration,* Bern u.a.

Blankart, Charles B. und Dennis C. Mueller (2004) (Hg.), *A Constitution for the European Union,* Cambridge.

Blankart, Charles B. und Christian Kirchner (2004), The Deadlock of the EU Budget: An Economic Analysis of Ways In and Ways Out, in: Charles B. Blankart und Dennis C. Mueller (Hg.), *A Constitution for the European Union,* Cambridge, S. 109-138.

Bredt, Stephan (2006), *Die demokratische Legitimation unabhängiger Institutionen,* Tübingen.

Brennan, Geoffrey und James M. Buchanan (1985, 2000), *The Reason of Rules – Constitutional Political Economy,* Indianapolis.

Brennan, Geoffrey und Alan Hamlin (2004), The European Constitution and Peace: Taking the Heat out of Politics, in: Charles B. Blankart und Dennis C. Mueller (Hg.), *A Constitution for the European Union,* Cambridge, S. 3-23.

Buchanan, James M. (2002), Europe's constitutional opportunity, in: Institute of Economic Affairs (Hg.), *Europe's Constitutional Future,* London, S. 1-20.

Buchanan, James M. (2004), The Status of the Status Quo, *Constitutional Political Economy,* Bd. 15(2), S. 133-144.

Buchanan, James M. (2005), Gleiche Spieler, anderes Spiel: Wie bessere Regeln bessere Politik hervorbringen, in: Michael Wohlgemuth (Hg.), *Spielregeln für eine bessere Politik. Reformblockaden überwinden – Leistungswettbewerb fördern,* Freiburg, S. 25-35.

Buchanan, James M. und Roger D. Congleton (1998), *Politics by principle, not interest. Toward nondiscriminatory democracy,* Cambridge.

Caplan, Bryan (2007), *The Myth of the Rational Voter. Why Democracies Choose Bad Politics,* Princeton.

Elster, Jon (1984), *Ulysses and the Sirens,* Cambridge.

Erhard, Ludwig (1959), Grußadresse in: Albert Hunold (Hg.), *Wilhelm Röpke. Gegen die Brandung. Zeugnisse eines Gelehrtenlebens unserer Zeit,* Erlenbach-Zürich, S. 12-19.

Erhard, Ludwig (1962), Neue Aufgaben der Europäischen und Atlantischen Zusammenarbeit, in: ders., *Deutsche Wirtschaftspolitik. Der Weg der Sozialen Marktwirtschaft,* Düsseldorf, S. 608-621.

Erhard, Ludwig (1962, 1988), Planification – kein Modell für Europa, in: Karl Hohmann (Hg.), *Ludwig Erhard. Gedanken aus fünf Jahrzehnten,* Düsseldorf. S. 770-780.

Eucken, Walter (1952, 1990), *Grundsätze der Wirtschaftspolitik,* Tübingen.

Everling, Ulrich (1987), Vertragsverhandlungen 1957 und Vertragspraxis 1987 – dargestellt an den Kapiteln Niederlassungsfreiheit und Dienstleistungen des EWG-Vertrages, in: Ernst-Joachim Mestmäcker u.a. (Hg.), *Eine Ordnungspolitik für Europa,* Baden-Baden, S.111-130.

Feld, Lars und Bruno S. Frey (2002), Trust breeds trust. How taxpayers are treated, *Economics of Governance,* Bd.3, S. 87-99.

Goldschmidt, Nils und Michael Wohlgemuth (2008), Entstehung und Vermächtnis der Freiburger Tradition der Ordnungsökonomik, in dies. (Hg.), *Grundtexte zur Freiburger Tradition der Ordnungsökonomik,* Tübingen, S.1-16.

Grimm, Dieter (1995), Braucht Europa eine Verfassung?, *Juristenzeitung JZ,* 50. Jahrgang, Nr. 12, S. 581-591.

Guth, Wilfried (1997), Europäische Integration und Soziale Marktwirtschaft, in: Ludwig-Erhard-Stiftung (Hg.), *Soziale Marktwirtschaft als historische Weichenstellung,* Düsseldorf, S. 441-464.

Habermas, Jürgen (1992), *Faktizität und Geltung. Beiträge zur Diskurstheorie des Rechts und des demokratischen Rechtsstaats,* Frankfurt a.M.

Habermas, Jürgen (2001), Warum braucht Europa eine Verfassung?, ungekürzte Fassung des Vortrags, *DIE ZEIT* 27/2001, www.zeit.de/2001/27/Politik/20012/Verfassung.

Habermas, Jürgen (2004), *Wahrheit und Rechtfertigung. Philosophische Aufsätze,* erweiterte Ausgabe, Frankfurt a.M.

Hayek, Friedrich A. (1939, 1952), Die wirtschaftlichen Voraussetzungen föderativer Zusammenschlüsse, in: ders., *Individualismus und wirtschaftliche Ordnung*, Erlenbach-Zürich 1952, S. 324-344.
Hayek, Friedrich A. (1973, 1976, 1979, 2003), *Recht, Gesetz und Freiheit*, Tübingen.
Henning, Christian (2000), *Macht und Tausch in der europäischen Agrarpolitik*, Frankfurt.
Hentschel, Volker (1996), *Ludwig Erhard. Ein Politikerleben*, München.
Jones, Eric (1981), *The European Miracle*, Cambridge.
Kant, Immanuel (1975, 1995): *Zum ewigen Frieden*, hg. von Otfried Höffe, Berlin 1995.
Kirsch, Guy (1981), Ordnungspolitik als Gegenstand der politischen Auseinandersetzung, in: Othmar Issing (Hg.), *Zukunftsprobleme der sozialen Marktwirtschaft*, Berlin, S. 255-275.
Kydland, Finn E. und Edward C. Prescott (1977), Rules rather than discretion: the inconsistency of optimal plans, *Journal of Political Economy*, Bd. 85, S.473-491.
Mayer, Annette (2002): *Ordnungspolitik und Europäische Integration*.
Messerlin, Patrick A. (2005), *A European Economic Agenda After the NO Votes*, 35th Wincott Lecture, London.
Mestmäcker, Ernst-Joachim (1975, 1978), Wirtschaftsordnung und Staatsverfassung, in: ders., *Die sichtbare Hand des Rechts*, Baden-Baden 1978, S.27-62.
Mestmäcker, Ernst-Joachim (1994), Zur Wirtschaftsverfassung in der Europäischen Union, in: Rolf .H. Hasse, Joseph Molsberger und Christian Watrin (Hg.), *Ordnung in Freiheit*, Stuttgart, S. 263-292.
Mestmäcker, Ernst-Joachim, Hans Möller und Hans-Peter Schwarz (1997) (Hg.), *Eine Ordnungspolitik für Europa*, Festschrift für Hans von der Groeben zu seinem 80. Geburtstag, Baden-Baden.
Mierzejewski, Alfred C. (2005), *Ludwig Erhard. Der Wegbereiter der Sozialen Marktwirtschaft*, München.
Moe, Terry M. (1990), Political Institutions: The Neglected Side of the Story, *Journal of Law, Economics, and Organizations*, Bd. 6, S. 213-253.
Möschel, Wernhard (2004), Wirtschaftsverfassung, in: Nils Goldschmidt und Michael Wohlgemuth (Hg.), *Die Zukunft der Sozialen Marktwirtschaft. Sozialethische und ordnungsökonomische Grundlagen*, Tübingen, S. 175-190.
Mueller, Dennis (2004), Rights and Citizenship in the European Union, in: Charles B. Blankart und Dennis C. Mueller (Hg.), *A Constitution for the European Union*, Cambridge, S. 61-84.
Mueller, Dennis (2006), *European Union Expansion: A Constitutional Perspective*, mimeo.
Mussler, Werner (1998), *Die Wirtschaftsverfassung der Europäischen Gemeinschaft im Wandel. Von Rom bis Maastricht*, Baden-Baden.
OECD (2004), *Analysis of CAP Reform*, Paris.
OECD (2007), *Economic Survey of the European Union*, Paris.
Oppermann, Thomas (1991), *Europarecht*, München.
Petersen, Tim und Michael Wohlgemuth (2008), Wilhelm Röpke und die Europäische Integration, erscheint in: Heinz Rieter und Joachim Zweynert (Hg.), „Wort und Wirkung'. *Wilhelm Röpkes Bedeutung für die Gegenwart*, Marburg.
Rawls, John (1999), *The Law of Peoples*, Harvard.
Röpke, Wilhelm (1945, 1954), *Internationale Ordnung – heute*, 2. veränderte Auflage, Erlenbach-Zürich.
Röpke, Wilhelm (1954, 2008), Wirtschaftssystem und Internationale Ordnung, in: Nils Goldschmidt und Michael Wohlgemuth (Hg.), *Grundtexte zur Freiburger Tradition der Ordnungsökonomik*, Tübingen, S. 475-493.
Röpke, Wilhelm (1961, 1964), Europa in der Welt von heute, in; ders., *Wort und Wirkung*, Ludwigsburg, S. 292-309.
Sally, Razeen (1999), Wilhelm Roepke and International Economic Order: Liberalism from „Below", *ORDO*, Bd. 50, S. 47-51.
Sally, Razeen (2000), Hayek and International Economic Order, *ORDO*, Bd. 51, S. 97-118.
Salmon, Pierre (2004), Assignment of Powers in an Open-Ended European Union, in: Charles B. Blankart und Dennis C. Mueller (Hg.), *A Constitution for the European Union*, Cambridge, S. 37-60.
Siedentop, Larry (2000), *Democracy in Europe*, London.

Streit, Manfred E. (1988) (Hg.), *Wirtschaftspolitik zwischen ökonomischer und politischer Rationalität*, Festschrift für Herbert Giersch, Wiesbaden.
Streit, Manfred E. und Stefan Voigt (1995), Toward Ever Closer Union - Or Ever Larger? Or Both? Entry into the European Union from the Perspective of Constitutional Economics, *Max Planck Institute for Research into Economic Systems Discussion Paper*, Nr. 11/1995, Jena.
Vanberg, Viktor J. (1993), Constitutionally Constrained and Safeguarded Competition in Markets and Politics with Reference to a European Constitution, *Journal des Economistes et des Etudes Humaines*, Bd. 4, S. 3-27.
Vanberg, Viktor J. (2004, 2008), Bürgersouveränität und wettbewerblicher Föderalismus: Das Beispiel der EU, in: ders., *Wettbewerb und Regelordnung*, hg. von Nils Goldschmidt und Michael Wohlgemuth, Tübingen, S.117-151.
Vanberg, Viktor J. (2004), The *Status Quo* in Contractarian-Constitutional Perspective, *Constitutional Political Economy*, Bd. 15, S. 153-170.
Vanberg, Viktor J. (2005, 2008): Das Paradoxon der Marktwirtschaft. Die Verfassung des Marktes und das Problem der ‚sozialen Sicherheit', in: ders., *Wettbewerb und Regelordnung*, hg. von Nils Goldschmidt und Michael Wohlgemuth, Tübingen, S.155-171.
Vaubel, Roland (1994), The Political Economy of Centralization and the European Community, *Public Choice*, Bd. 81, S. 227-249.
Vaubel, Roland (1995), Social Regulation and Market Integration: A Critique and Public Choice Analysis of the Social Chapter", *Aussenwirtschaft*, Bd. 50, S. 111-132.
Vaubel, Roland (2005), Reformen der Europäischen Politikverflechtung, in: Michael Wohlgemuth (Hg.), *Spielregeln für eine bessere Politik. Reformblockaden überwinden – Leistungswettbewerb fördern*, Freiburg, S. 118-134.
Vibert, Frank (2007), *The Rise of the Unelected. Democracy and the New Separation of Powers*, Cambridge.
Walter-Rogg, Melanie (2005), Politisches Vertrauen ist gut - Misstrauen ist besser? Ausmaß und Ausstrahlungseffekte des Politiker- und Institutionenvertrauens im vereinigten Deutschland, in: Oscar W. Gabriel u.a. (Hg.), *Wächst zusammen, was zusammen gehört?* Baden-Baden, S. 129-186.
Weingast, Barry R. und William J. Marshall (1988), The industrial organization of congress: or why legislatures, like firms, are not organized as markets, *Journal of Political Economy*, Bd. 96, S. 132-163.
Wohlgemuth, Michael (2007), Reformdynamik durch Selbstbindung – Zur Politischen Ökonomie von Meinungen, Emotionen und Interessen, *Wirtschaftsdienst. Zeitschrift für Wirtschaftspolitik*, Bd. 87(9), S. 571-575.
Wohlgemuth, Michael (2008), Learning through institutional competition, in: Andreas Bergh und Rolf Höijer (Hg.), *Institutional Competition*, Cheltenham, S. 67-89.
Wohlgemuth, Michael und Clara Brandi (2007), Europe à la Carte? Club-theoretical vindications, in: Johannes Varwick und Kai Olaf Lang (Hg.), *European Neighbourhood Policy. Challenges for the EU-Policy Towards the New Neighbours*, Opladen, S. 159-180.
Wohlgemuth, Michael und Jörn Sideras (2004), Globalisability of Universalisability? How to Apply the Generality Principle and Constitutionalism Internationally, *Freiburg Discussion Papers on Constitutional Economics*, Nr. 04/7, Walter Eucken Institut, Freiburg.

Zusammenfassung

Die ordnungspolitischen Leistungen der Europäischen Integration der letzten 50 Jahre sind wechselhaft und widersprüchlich. Vor dem Hintergrund von *Hayeks* optimistischer Vision einer freiwilligen Integration unter dem Vorzeichen universalisierbarer Freiheitsgewährungen und *Erhards* Befürchtungen vor einem Europäischen Interventionsstaat diskutiere ich theoretische Gründe, die den gemischten empirischen Befund erklären können. *Hayeks* Optimismus läßt sich polit-ökonomisch vor allem unter Verweis auf die Logik des Stimmentauschs und die Eigeninteressen Europäischer Organe relativieren. *Erhard*s Pessimismus wiederum kann durch gewollte oder ungewollte Selbstbindung der Vertragsparteien sowie eine durchaus oft ordnungspolitisch weitreichende Interpretation der Verträge durch EuGH und Kommission in wichtigen Teilen widerlegt werden. Die weitere Entwicklung Europäischer Ordnungspolitik dürfte von den Reibungen zwischen Vertiefung (Harmonisierung, Zentralisierung) und Erweiterung der Union geprägt sein. Aus konstitutionenökonomischer Sicht empfiehlt sich ein Modell flexibler, freiwilliger Integration nach Politikbereichen in „clubs".

Summary:
50 years of European „*Ordnungspolitik*", remarks from a constitutional economics perspective

From a "neo-liberal" point of view, European integration during the last 50 years was a rather mixed event. I contrast *Hayek*'s early optimistic vision of voluntary interstate federalism leading to a freedom-preserving supra-national order with *Erhard*'s pessimistic premonition of an interventionist European super-state in order to show that, with the benefit of hindsight, both have been partly right and partly wrong. *Hayek* underestimated the power of log-rolling and vested interests of European agencies in activist interventionism. *Erhard*, in turn, did not foresee the element of self-binding commitments already incorporated in the Treaty of Rome and further strengthened by some rather market-friendly interpretations of the European Courts and Commission. The future of European integration may well be shaped by how the EU will address the trade-off between further integration and further widening of the Union. From a constitutional economics perspective, I here advocate a model of flexible integration within clubs aiming at further collaboration in specific policy areas.

Ingo Pies und *Christof Wockenfuß*[1]

Armutsbekämpfung versus Demokratieförderung: Wie lässt sich der entwicklungspolitische Trade-Off überwinden?

Inhalt

I. Problemstellung 405
II. Ein Modell: Wie re(a)gieren Diktatoren? 411
   1. Wie regieren Diktatoren? 411
   2. Wie reagieren Diktatoren? 415
III. Eine wohlfahrtsökonomische Therapie: Marktergebnisse simulieren 420
   1. Wintrobes Versuch einer orthogonalen Positionierung 420
   2. Non Sequitur: Zur Kritik an Wintrobes Vorschlag 423
IV. Eine ordnungspolitische Alternative: Marktprozesse stimulieren 428
   1. Ein idealtypisches Arrangement 428
   2. Ein Rechenbeispiel 432
V. Schlussbetrachtung 436
Literatur 437
Zusammenfassung 439
Summary: Poverty reduction versus democracy promotion?
How to overcome the trade-off in development cooperation 439

I. Problemstellung

Hält man sich an die internationalen Verlautbarungen zur Entwicklungszusammenarbeit, so stehen zwei Ziele im Vordergrund, die simultan verfolgt und erreicht werden sollen: Armutsbekämpfung und Demokratieförderung. Ein besonders anschauliches Beispiel hierfür bietet die *Millennium Declaration*. Sie wurde im September 2000 von den Mitgliedsstaaten der Vereinten Nationen verabschiedet. In dieser Resolution werden zunächst wichtige „wirtschaftliche" Entwicklungsziele genannt, die bis zum Jahr 2015 erreicht werden sollen. So liest man: „We resolve ... (t)o halve, by the year 2015, the proportion of the world's people who suffer from hunger and, by the same date, to halve the proportion of people who are unable to reach or to afford safe

---

[1] Die Autoren danken zwei anonymen Gutachtern, *Stefan Hielscher*, *Alfred Schüller* und *Gerd Strohmeier* für ihre ausführlichen, manchmal kritischen, aber stets wertvollen und konstruktiven Anmerkungen zu früheren Fassungen dieses Beitrags.

drinking water"². Zusätzlich enthält die Resolution ein starkes Bekenntnis zur Demokratieförderung: „We will spare no effort to promote democracy and strengthen the rule of law, as well as respect for all internationally recognized human rights and fundamental freedoms"³.

Im Jahr 2007, auf halbem Wege zwischen dem Jahrtausendwechsel und dem Zieljahr 2015, gelangt der *Millennium Development Goals Report* der Vereinten Nationen zu folgender Zwischenbilanz (Abb. 1a): Während in Ostasien – weitgehend bedingt durch die positive Entwicklung Chinas – der Anteil der Menschen, die in absoluter Armut⁴ leben, im Zeitraum von 1990 bis 2004 von 33% auf ca. 10% zurückging, war in Afrika südlich der Sahara lediglich ein Rückgang von 46,8% auf 41,1% zu verzeichnen. Auch in den wichtigsten anderen Zielregionen (Nordafrika, Lateinamerika, West-, Ost-, Südost- und Südasien) waren die Fortschritte weniger überzeugend, wobei mit Ausnahme Afrikas südlich der Sahara im Zeitraum von 1999 bis 2004 in allen Regionen geringere Fortschritte erzielt wurden als in den 1990er Jahren. In Westasien stieg der Anteil der Menschen, die von weniger als einem Dollar am Tag leben, sogar an, und zwar sowohl in den 1990er Jahren als auch nach der Jahrtausendwende. So kommt der Fortschrittsbericht zu dem Ergebnis: „The poorest are getting a little less poor in most regions."⁵ Zugleich wird die Einschätzung geäußert, dass wohl größere Fortschritte notwendig wären, um das genannte Entwicklungsziel bis zum Jahr 2015 zu erreichen.

Wie steht es im Vergleich dazu mit dem Ziel der Demokratisierung? Folgt man den Angaben von *Freedom House*, so hat sich zwischen 1987 und 1996 die Anzahl der Wählerdemokratien⁶ weltweit nahezu verdoppelt (vgl. Abb. 1b). *Samuel P. Huntington* prägte in diesem Zusammenhang den Begriff einer „Dritten Demokratisierungswelle".⁷ Insbesondere mit dem Ende des Ost-West-Konflikts um das Jahr 1990 verbanden sich große Hoffnungen. Erwartet wurde vielfach, dass der bereits in den 1980er Jahren einsetzende Schub in Richtung Demokratie durch die Transformationsprozesse in den ehemals sozialistischen Ländern sich verstärken und weltweit ausgreifen würde. Dieses welthistorisch spektakuläre Phänomen hat seinerzeit einige Intellektuelle zu der Einschätzung veranlasst, die demokratisch verfasste Marktwirtschaft habe sich nun endgültig gegenüber anderen Wirtschafts- und Gesellschaftsordnungen durchgesetzt: ein „Ende der Geschichte" sei erreicht oder stehe unmittelbar bevor.⁸

---

2   *UNO* (2000, S. 5).
3   *UNO* (2000, S. 6).
4   Als absolute Armutsgrenze gilt seit 2000 ein täglicher Konsum im Gegenwert von 1,08 US-Dollar pro Person in Kaufkraftparität von 1993. Vgl. *UNO* (2007, S. 7).
5   *UNO* (2007, S. 7).
6   *Freedom House* stuft ein politisches Regime als „electoral democracy" ein, wenn es folgende Merkmale aufweist: (1.) ein Mehrparteiensystem mit Parteienwettbewerb, (2.) das allgemeine Erwachsenenwahlrecht, (3.) regelmäßige freie, geheime, sichere und faire Wahlen und (4.) einen offenen Zugang der Parteien zu den Medien und offen geführte Wahlkämpfe. Vgl. das Kapitel zur Methodologie in *Freedom House* (2007).
7   Vgl. *Huntington* (1991). Die erste Demokratisierungswelle wird für den Zeitraum zwischen 1830 und 1930 angesetzt, die zweite unmittelbar nach dem Zweiten Weltkrieg. In beiden Wellen überstieg die Zahl der neu entstehenden Demokratien die Zahl der Rückfälle in nicht-demokratisch verfasste politische Ordnungen.
8   Vgl. *Fukuyama* (1992).

Abbildung 1: Wirtschaftliche und politische Entwicklung

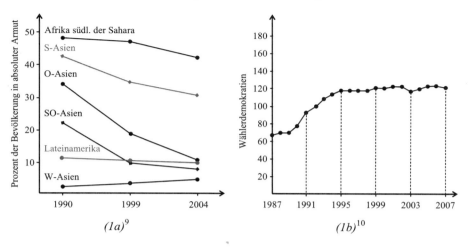

$(1a)^9$ $(1b)^{10}$

Allerdings lässt dieses vermeintliche Ende der Geschichte bis heute auf sich warten. Die „Dritte Demokratisierungswelle" ist bereits Mitte der 1990er Jahre verebbt, und zwar relativ unabhängig davon, welche der gängigen Definitionen oder Indizes man zugrunde legt. Folgt man auch hier *Freedom House*, so schwankt die Anzahl der Wählerdemokratien seit etwa 1995 um den Wert 120. Empirisch sind also seit über einem Jahrzehnt weltweit netto praktisch keine Demokratisierungsfortschritte mehr zu verzeichnen. Dabei kann der Status quo angesichts des entwicklungspolitischen Demokratisierungsziels wohl kaum befriedigend genannt werden: Als „frei" in Bezug auf politische Rechte und Bürgerfreiheiten stuft *Freedom House* für das Jahr 2006 nur 90 von 193 untersuchten Ländern ein. Diese repräsentieren weniger als die Hälfte der Weltbevölkerung. Die entwicklungspolitische Bilanz fällt also im Bereich der Demokratieförderung noch ungünstiger aus als bei der Armutsbekämpfung.[11]

Ein weiterer Umstand kommt erschwerend hinzu: Mit Ausnahme einiger besonders erdölreicher Diktaturen sind ausgerechnet diejenigen Länder, welche die größten Demokratiedefizite aufweisen, gleichzeitig auch besonders von Armut betroffen (vgl. Abb. 2). Die beiden Probleme treten also *simultan* auf. Zugespitzt formuliert bedeutet dies: Die Regierungen wohlhabender Demokratien haben es entwicklungspolitisch vor allem mit ökonomisch rückständigen Diktaturen zu tun.

---

9 Quelle: *UNO* (2007, S. 7).
10 Quelle: *Freedom House* (2007) und (2008).
11 Vgl. *Freedom House* (2007).

Abbildung 2: Wohlstand und Freiheit[12]

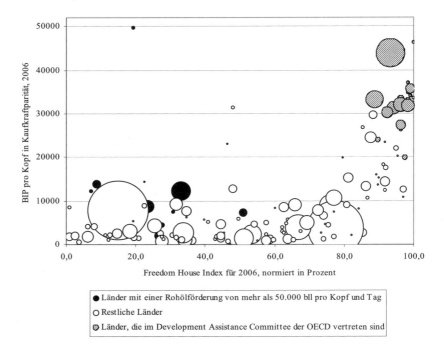

Vor diesem Hintergrund sind Zweifel angebracht, ob es überhaupt ohne weiteres möglich ist, *gemeinsam* mit mehr oder weniger autokratischen Regimes ein Demokratisierungsziel (sic) zu verfolgen, so wie es der gegenwärtig geführte entwicklungspolitische Diskurs mit der Rede von der Entwicklungs-„Zusammenarbeit" suggeriert. Die Argumentationslinie dieses Beitrags kann wie folgt dargestellt werden: Obwohl üblicherweise implizit oder explizit von einer Komplementarität der beiden Zieldimensionen Armutsbekämpfung und Demokratisierung ausgegangen wird (Abb. 3a), lässt sich anhand eines ökonomischen Modells der Diktatur zeigen, dass beide Ziele systematisch in einen Konflikt zueinander geraten, wenn Maßnahmen westlicher Entwicklungshilfe in und auf Diktaturen angewandt werden (Abb. 3b). Kurz gesagt: Wirtschaftshilfe stabilisiert Diktaturen auch politisch. Und Sanktionen schaden nicht nur dem autokratischen Regime, sondern auch der Zivilbevölkerung. Mehr Armutsbekämpfung heißt dann weniger Demokratieförderung – und umgekehrt. Hier gilt zunächst einmal die Logik des Entweder-Oder. Dieser Trade-Off lässt sich jedoch überwinden, wenn es gelingt, die Rahmenbedingungen der internationalen Entwicklungszusammenarbeit gezielt so zu

---

12 Quelle: eigene Berechnung aus *Freedom House* (2007) und *Central Intelligence Agency* (2007). Das bestmögliche *Freedom House* Rating entspricht auf der Abszisse einem Wert von 100, das schlechtest mögliche Rating einem Wert von 0. Anstelle der üblicherweise verwendeten siebenstufigen *Freedom House* Skala wurden hier die feiner abgestuften „Country Subscores" zur Berechnung herangezogen, aus denen *Freedom House* die siebenstufige Skala sowie die Klassifikation der Länder in „frei", „teilweise frei" und „nicht frei" errechnet.

verändern, dass nicht-demokratisch verfasste Regimes verstärkt zu institutionellen Reformen und zur Förderung von Demokratisierungsprozessen veranlasst werden. Hierdurch könnte einer Logik des Sowohl-Als-Auch dann nicht nur rhetorisch, sondern auch praktisch zum Durchbruch verholfen werden.

Abbildung 3: Die Argumentationslinie des Beitrags

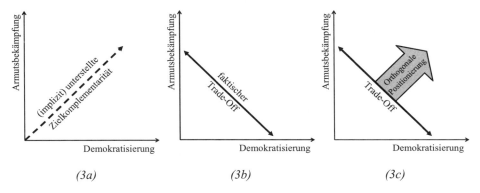

(3a)   *(3b)*   *(3c)*

Um Wege aufzufinden, wie dies erreicht werden könnte, stützt sich der Beitrag neben der neueren Literatur zur ökonomischen Autokratieforschung[13] auf das wirtschaftsethische Konzept der „orthogonalen Positionierung" (siehe Abb. 3c).[14] Die orthogonale Positionierung setzt auf einen Wechsel der Denkrichtung um neunzig Grad. Es geht darum, durch eine Veränderung des üblichen Wahrnehmungsrahmens das Problem theoretisch so zu stellen, dass die institutionellen Rahmenbedingungen, die „Spielregeln", in den Blick geraten, um dann die Frage zu stellen, wie diese Spielregeln so verändert werden könnten, dass eine Lösung auf der Ebene der „Spielzüge" möglich wird. Folglich zielt dieser Beitrag nicht darauf ab, entweder der Armutsbekämpfung oder der Förderung von Demokratisierungsprozessen einen Vorrang einzuräumen – dies käme einer Bewegung auf der Trade-Off-Geraden gleich.[15] Zudem setzt dieser Beitrag einen dezi-

---

13 Seit den 1940er Jahren wurden in der Tradition einer Political Economy erstmals Rational-Choice-Modelle zur Analyse der Demokratie entwickelt wurden. Vgl. hierzu *Schumpeter* (1942), *Arrow* (1951), *Downs* (1957), *Becker* (1958, 1982), *Buchanan* und *Tullock* (1962, 1990) sowie *Olson* (1965). Analog dazu wurden seit Mitte der 1980er Jahre erstmals Rational-Choice-Modelle zur Analyse der Diktatur entwickelt. Zu den Vorreitern zählen *Tullock* (1987), *Wintrobe* (1990) und (1998), *Olson* (2000) sowie *Acemoglu* und *Robinson* (2006).
14 Vgl. *Homann* und *Pies* (1994a), (1994b), *Pies* (2000a) sowie *Pies* und *Sardison* (2006). In neueren Veröffentlichungen wird der methodische Ansatz einer ökonomischen Theorie der Moral auch als „Ordonomik" ausgewiesen: als eine rational-choice-basierte Analyse der Interdependenz von Sozialstruktur und Semantik. Vgl. hierzu *Pies* (2007), *Pies, Beckmann* und *Hielscher* (2007) sowie *Pies* (2008). In diesem Ansatz nimmt die Argumentationsfigur der orthogonalen Positionierung einen systematischen Stellenwert ein.
15 *Sunde* (2006, S. 472) diskutiert das Problem eines möglichen Trade-Off aus folgender Perspektive: Er ist der Ansicht, dass anhand empirischer Untersuchungen zu klären wäre, ob Demokratisierung eher ein von sozioökonomischen Variablen getriebener Prozess ist, oder ob umgekehrt Wohlstand eher aus Demokratisierungsprozessen entsteht. Sei diese Frage beantwortet, dann könne einem der beiden Entwicklungsziele der Vorrang eingeräumt werden. Ganz abgesehen davon, dass diese Frage bisher nicht auch nur annäherungsweise eindeutig beantwortet ist, verstellt eine solche Perspektive von vornherein

diert anderen Akzent als die in jüngster Zeit wieder sehr kontrovers geführte Diskussion darum, ob in der Entwicklungszusammenarbeit – nach dem Motto „more of the same" – (noch) mehr Geld eingesetzt werden sollte, um einen „big push" auszulösen.[16] Dies käme einer Verschiebung der Trade-Off-Geraden gleich. Stattdessen wird untersucht, ob und wie eine Veränderung der Rahmenbedingungen der internationalen Entwicklungszusammenarbeit dazu beitragen könnte, dass die Verfolgung beider Zieldimensionen – wie offiziell deklariert (Abb. 3a) – auch in der Praxis Hand in Hand gehen kann. Die Stoßrichtung besteht also darin, den Trade-Off bewusst wahrzunehmen (Abb. 3b), um ihn dann gezielt aufzulösen (Abb. 3c).

Somit liegt dem hier verfolgten Ansatz die These zugrunde, dass die Vereinbarkeit der beiden entwicklungspolitischen Ziele nicht einfach als *Vor*gabe deklariert werden kann, sondern dass sie als *Auf*gabe verstanden werden muss. Die folgenden Ausführungen widmen sich der Ausarbeitung dieser These. Der Gang der Argumentation ist gedanklich in drei Schritte unterteilt. Im ersten Schritt wird ein einfaches mikroökonomisches Modell diskutiert, mit dem sich die „black box" der Diktatur als politisches Regime öffnen lässt. Hier wird gezeigt, dass es in der Tat – unter bestimmten Bedingungen – zu einem Trade-Off kommt, weil das Bemühen um Armutsreduktion systematisch in einen Konflikt zum Demokratisierungsziel gerät.

Im zweiten Schritt wird – modellgestützt – der Frage nachgegangen, ob es überhaupt denkbar ist, Diktatoren für eine Zusammenarbeit zu gewinnen, wenn ausgerechnet Demokratisierung als das Ziel dieser Zusammenarbeit ausgewiesen wird. Die Antwort ist kontra-intuitiv: Gestützt auf das Modell, wird ein Potential für eine echte Entwicklungszusammenarbeit identifiziert, ein Potential für eine *wechselseitige* Besserstellung. Sodann werden auf dieser Basis zwei Ordnungsprobleme identifiziert, deren Verschränkung dazu führt, dass dieses Potential bislang nicht voll ausgeschöpft wird und dass auch in Zukunft nicht damit zu rechnen ist, dass sich Problemlösungen spontan einstellen werden. Vielmehr ist hierzu eine gezielte Gestaltung des Ordnungsrahmens erforderlich.

Im dritten Schritt wird diese Diagnose in eine Therapieperspektive überführt. Es wird ein institutionelles Arrangement skizziert, das möglicherweise geeignet wäre, das Potential für Demokratisierungsfortschritte besser als bisher auszuschöpfen. Natürlich kann hier kein bis ins Detail ausgearbeiteter Reformvorschlag präsentiert werden. Ein solcher Anspruch wäre beim gegenwärtigen Erkenntnisstand vermessen – buchstäblich im *Hayekschen* Sinne: eine Anmaßung von Wissen. Gleichwohl zeigen die Überlegungen, dass von der ökonomischen Argumentation eine starke Orientierungskraft ausgeht. Die Therapieskizze markiert heuristisch eine Stoßrichtung für das zukünftige Nachdenken über die Theorie und Praxis der internationalen Entwicklungszusammenarbeit. Sie indiziert weiteren Forschungsbedarf.

---

den Blick auf die Alternative – und einzig attraktive Option –, den Trade-Off durch eine gezielte Gestaltung des Ordnungsrahmens der internationalen Entwicklungszusammenarbeit aufzuheben.
16 Die Big-Push-These wird prominent von *Sachs* (2005) vertreten. Ihm widerspricht *Easterly* (2001, 2006), der generelle Zweifel anmeldet. Vgl. hierzu den Beitrag von *Hielscher* (2008) in diesem Band.

II. Ein Modell: Wie re(a)gieren Diktatoren?

Im Folgenden wird ein Modell vorgestellt, das an die Arbeiten von *Ronald Wintrobe* anknüpft, um auf dieser Basis jedoch etwas andere Schlüsse zu ziehen als er selbst.[17] Die Argumentation ist in zwei Schritte unterteilt. Der erste Schritt untersucht die Binnenlogik diktatorischer Regimes. Hier steht die Frage im Vordergrund, wie Diktatoren regieren. Im zweiten Schritt wird untersucht, wie diktatorische Regimes aufgrund ihrer Binnenlogik äußere Impulse verarbeiten. Hier steht die Frage im Vordergrund, wie Diktatoren reagieren. Es wird gezeigt, dass entwicklungspolitische Maßnahmen zur Armutsbekämpfung etwaige Demokratisierungsfortschritte in Diktaturen behindern können und dass umgekehrt ein forcierter Druck hin zur Demokratisierung das Armutsproblem in Diktaturen verschärfen kann. Im Normalfall besteht also ein Trade-Off zwischen den beiden entwicklungspolitischen Zielen.

1. Wie regieren Diktatoren?

Im Hinblick auf das hier zugrunde liegende Erkenntnisinteresse besteht die Herausforderung darin, nicht ein möglichst differenziertes, sondern im Gegenteil ein möglichst einfach gehaltenes Modell der Diktatur zu formulieren, um die Forschungsperspektive auf den entscheidenden Sachverhalt fokussieren zu können. Zu diesem Zweck wird angenommen, dass ein Diktator als politischer Alleinherrscher fungiert und dass sich sein Verhalten so *rekonstruieren* lässt, *als sei* er ein rationaler Akteur.

Unterstellt wird zum einen, dass der Diktator nicht nur die institutionelle Verfassung, den Ordnungsrahmen, für sein Land allein festlegen kann, sondern aus diesem Grund auch die einzelnen politischen Maßnahmen bestimmt, die innerhalb dieses Rahmens von seinem Regime ergriffen werden. Kurz: Der Diktator ist Herr über Polity und Policy.

Unterstellt wird zum anderen, dass der Diktator zwei Ziele verfolgt: Einerseits ist er an seinem individuellen Konsum interessiert. Andererseits will (und muss) er politisch gestalten und Macht ausüben. Macht kann er auf zweierlei Weise generieren, gemäß dem Motto: Zuckerbrot und Peitsche. Die erste Option besteht darin, sich die Unterstützung von Teilen der Bevölkerung zu erkaufen. Zu diesem Zweck können Mitgliedern des eigenen Familienclans und Anhängern des Regimes Privilegien gewährt werden. Auch ist es möglich, sich durch die Bereitstellung öffentlicher Güter beim Volk beliebt zu machen, indem man beispielsweise Ressourcen für die Verkehrsinfrastruktur, für Schulen und Krankenhäuser einsetzt. Diese erste Option zur Generierung von Macht wird im Folgenden als Loyalitätskauf bezeichnet.[18] Die zweite Option besteht darin, auf

---

17 Vgl. *Wintrobe* (1990, 1998). Die hier vorgestellte Modellierung fokussiert auf den inhaltlichen Kern von *Wintrobes* Modell und blendet bestimmte Zusammenhänge bewusst aus, die *Wintrobe* selbst in logische Inkonsistenzen geführt haben könnten. Formale Abweichungen sind jeweils durch Fußnoten ausgewiesen.
18 Anders *Wintrobe* (1998, S. 47). Er unterscheidet zwischen „Loyalty" (im Sinne von Privilegien) und „Economic Performance" (im Sinne der Bereitstellung öffentlicher Güter). Weiter nimmt er Wechselwirkungen zwischen diesen Größen an, welche allerdings im Hinblick auf die hier interessierende Fragestellung keinen Erkenntnisgewinn generieren.

Gewalt oder die Androhung von Gewalt zu setzen, um eine etwaige Opposition zu entmutigen und die Bevölkerung gehorsam und gefügig zu machen. Einem Diktator steht hierfür eine breite Palette von Maßnahmen zur Verfügung. Das Spektrum reicht von der Pressezensur über willkürliche Verhaftungen vermeintlicher Oppositioneller bis hin zur Folter. Diese zweite Option zur Generierung von Macht wird im Folgenden als Repression bezeichnet.

In Anlehnung an *Wintrobe* lassen sich diese Überlegungen in eine mikroökonomische Terminologie übersetzen: Der Diktator hat Ziele, die er mit gegebenen Mitteln so gut wie möglich zu erreichen sucht. Insofern muss er alternative Mittelverwendungen gegeneinander abwägen. Man kann sich das so vorstellen: Der Diktator hat Zugriff auf die gesamten Ressourcen des Regimes. Diese bilden ein Budget B, über dessen Verwendung er frei verfügen kann. Er teilt nun in einem ersten Schritt diese Ressourcen auf zwei konkurrierende Verwendungen auf, nämlich auf seinen privaten Konsum C und auf die Ausübung politischer Macht π. Seine Nutzenfunktion lautet: $U = U(C, \pi)$.[19] Ferner wird angenommen, dass jede der beiden Aktivitäten einen durchgängig positiven, aber abnehmenden Grenznutzen stiftet.[20] Des Weiteren werden gegebene Preise P_C und P_π* pro Einheit Konsum und pro Einheit Machtausübung angenommen. Folglich lässt sich die Budgetfunktion schreiben als $B = P_C C + P_\pi^* \pi$.

Derjenige Teil der insgesamt verfügbaren Ressourcen, der zur Machtausübung eingesetzt werden soll, wird als Staatsbudget B_π bezeichnet. Diese Mittel teilt der Diktator nun in einem zweiten Schritt auf wiederum zwei konkurrierende Verwendungen auf: Zum einen kann er in einem gewissen Umfang öffentliche Güter bereitstellen oder bestimmten Personen Privilegien gewähren, um sich durch Loyalitätskauf L der Billigung (einiger) seiner Untertanen zu versichern und somit auf gewaltfreiem Wege Macht zu generieren und auszuüben.[21] Zum anderen kann der Diktator aber auch zum Mittel der Repression R greifen, um seine politischen Vorhaben gewaltsam durchzusetzen.

Für die Produktion von Macht durch Loyalitätskauf und Repression wird angenommen, dass die beiden Produktionsfaktoren L und R durchgängig positive, aber abnehmende Grenzproduktivitäten aufweisen.[22] Ferner wird unterstellt, dass die Preise dieser beiden Produktionsfaktoren P_L und P_R gegeben sind.[23] Die Machtproduktionsfunktion

---

19 *Wintrobe* unterscheidet zwischen verschiedenen idealtypischen Diktatoren, die beispielsweise nur privaten Konsum oder nur politische Macht anstreben. Erstere nennt er „tinpots", letztere „totalitarians". Vgl. insbesondere *Wintrobe* (1990). Diese Unterscheidung ist jedoch im Hinblick auf die von *Wintrobe* vorgeschlagene Problemlösung nicht relevant und wird deshalb hier ausgeblendet.
20 Formal ausgedrückt, sind die ersten Ableitungen der Nutzenfunktion positiv, die zweiten Ableitungen hingegen negativ. Es gilt: $U_C > 0$, $U_\pi > 0$, $U_{CC} < 0$ und $U_{\pi\pi} < 0$.
21 In Abweichung zu *Wintrobe* (1998) wird hier angenommen, dass sowohl die Bereitstellung öffentlicher Güter als auch die Gewährung von Privilegien eine durchgängig positive, aber fallende Grenzproduktivität in Bezug auf die Generierung von Loyalität aufweist. Kurz: Alle nicht-repressiven Maßnahmen, die zur Generierung und Ausübung politischer Macht geeignet sind, werden hier vereinfacht als Loyalitätskauf bezeichnet, und es wird unterstellt, dass jedes Mehr dieser Maßnahmen für die Bevölkerung ein Weniger an materieller Armut bedeutet. Mögliche Wechselwirkungen zwischen Repression und Loyalitätskauf werden vernachlässigt.
22 Formal ausgedrückt, sind die ersten Ableitungen der Produktionsfunktion positiv, die zweiten Ableitungen hingegen negativ. Es gilt: $\pi_L > 0$, $\pi_R > 0$, $\pi_{LL} < 0$ und $\pi_{RR} < 0$.
23 Zur Illustration: Stellt man sich unter einer Einheit Loyalitätskauf (bzw. Repression) beispielsweise eine bestimmte Menge öffentlicher Güter und Privilegien (bzw. Repressionsmittel und Lohnkosten für

lässt sich dann schreiben als $\pi = \pi(L, R)$, und man erhält als Staats-Budgetfunktion $B_\pi = B - P_C C = P_\pi * \pi = P_L L + P_R R$.

Ein rationaler Diktator würde die Werte der endogenen Variablen des Modells so wählen, dass sein individueller Nutzen $U(C, \pi(L, R))$ bei gegebenen Ressourcen und Preisen möglichst groß ausfällt. Dies ist dann der Fall, wenn simultan drei Bedingungen erfüllt sind: Im Nutzenmaximum sind (a) die Grenznutzen der zuletzt beschafften Mengeneinheiten für Konsum und Machtausübung gerade ausgeglichen. Zugleich sind (b) die Grenzproduktivitäten der zuletzt eingesetzten Teilmengen der Produktionsfaktoren Loyalitätskauf L und Repression R gerade ausgeglichen. Und schließlich bleiben (c) keine Ressourcen ungenutzt, weder bei der Nutzenstiftung noch bei der Machtproduktion.[24]

Abbildung 4: Grundmodell einer perfekten Diktatur

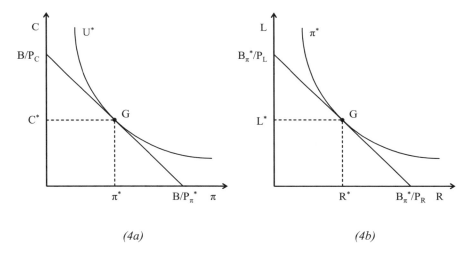

(4a)   *(4b)*

Dieses Rational-Modell diktatorischer Nutzenmaximierung und Machtproduktion sowie die simultanen Optimalitätsbedingungen sind in Abb. 4 graphisch dargestellt. Die Indifferenzkurve U* in Abb. 4a repräsentiert die persönlichen Macht-Konsum-Präferenzen des Diktators. Die Machtisoquante π* in Abb. 4b hingegen repräsentiert das Austauschverhältnis zwischen Loyalitätskauf und Repression bei der diktatorischen Produktion von Macht. Der Punkt G in beiden Abbildungen bezeichnet die gleichgewichtige Kombination der Variablen U, C, π, L und R, deren Optimalwerte jeweils durch Sterne gekennzeichnet sind. Vereinfacht gesagt, strebt ein Diktator diesem Modell zufolge bei gegebenen Ressourcen ein aus seiner subjektiven Sicht optimales Mischungsverhältnis an zwischen privatem Konsum, der Ausübung politischer Macht, dem Kauf von Loyalität und der repressiven Unterdrückung der Bevölkerung.

Sicherheitspersonal) vor, deren Bereitstellung dem Diktator Kosten verursacht, so nimmt der Machtzuwachs des Diktators zwar mit jeder weiteren Einheit zu, der marginale Machtzuwachs wird jedoch mit zunehmenden Einheiten immer kleiner. Bei *Wintrobe* (1998, S. 49) werden die Preise als flexibel modelliert.

24 Es handelt sich hier um eine Variante des 2. Gossenschen Gesetzes.

Aus der Perspektive dieses Modells drängt sich eine interessante Frage auf: Wodurch unterscheiden sich Demokratien von Diktaturen?[25] Nimmt man an, dass auch demokratisch gewählte Politiker an privatem Konsum und an politischer Gestaltung interessiert sind, und dass auch sie sich durch die Bereitstellung öffentlicher Güter und durch die Gewährung von Privilegien die Loyalität möglichst großer Teile der Bevölkerung erwerben (müssen), dann verbleibt in diesem Modellrahmen als einziges systematisches Unterscheidungskriterium das Repressionsniveau.

Tatsächlich existieren in konsolidierten Demokratien, anders als in Diktaturen, institutionelle Schranken, welche die Regierenden daran hindern, nach Belieben Repression zur Machtausübung einzusetzen. Folglich lassen sich politische Regimes im Hinblick auf die Machtproduktivität potentieller Repressionsmittel (z.B. eines Panzers) unterscheiden: Eine Demokratie ist konstitutionell so verfasst, dass es den herrschenden Politikern – anders als in einer Diktatur – gerade *nicht* möglich ist, Repression willkürlich gegen die Bürger einzusetzen, um ihre Macht abzusichern. Willkürliche Gewaltausübung gegen die Bürger ist kein Mittel demokratischer (Innen-)Politik, aber sehr wohl ein Mittel diktatorischer (Innen-)Politik. Der Unterschied wird also nicht bei den subjektiven Präferenzen verortet, sondern vielmehr bei den objektiven Restriktionen politischer Akteure.

Diese institutionellen Restriktionen lassen sich anhand des ökonomischen Modells graphisch verdeutlichen. Während Abb. 5a unverändert bleibt, verlaufen in Abb. 5b die Machtisoquanten politischer Regimes umso flacher, je wirkungsvoller die konstitutionellen Beschränkungen die Repressionsmöglichkeiten der Politiker begrenzen. Nun lassen sich drei Fälle unterscheiden: Im Fall einer perfekten Demokratie – markiert durch den Index (de) – weisen die Machtisoquanten einen strikt horizontalen Verlauf auf. Das Repressionsniveau beträgt null. Im Fall einer perfekten Diktatur – markiert durch den Index (di) – verlaufen die Machtisoquanten relativ steil. Ceteris paribus wird hier sehr stark auf Repression gesetzt. Im Fall einer Mischform zwischen diesen beiden Extremen – markiert durch den Index (sd) für ‚Semi-Demokratie' – weisen die Machtisoquanten eine negative, aber relativ flache Steigung auf. Hier wird, anders als in einer perfekten Demokratie, nicht völlig auf Repression verzichtet. Aber Repression wird ceteris paribus in geringerem Umfang eingesetzt als in einer perfekten Diktatur.

---

25 *Wintrobe* (1998) geht auf diese Frage nicht explizit ein.

Abbildung 5: Perfekte Diktaturen, Semi-Demokratien und perfekte Demokratien

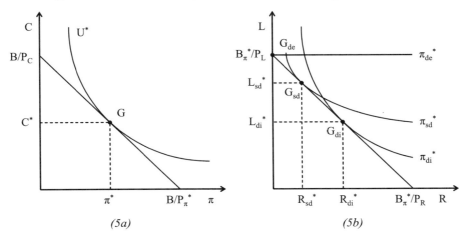

(5a) *(5b)*

Diese Fallunterscheidung mündet in zwei wichtige Schlussfolgerungen: Erstens lässt sich Demokratisierung als Abbau des innenpolitischen Repressionsniveaus auffassen. Zugrunde liegt ein Verständnis von Demokratie, das nicht ausschließlich auf Wahlen fixiert ist, sondern breiter angelegt die Perspektive auf konstitutionelle Garantien individueller Rechte fokussiert. Zweitens können aus dem Modell einer perfekten Diktatur im Rahmen einer positiven Analyse Aussagen hergeleitet werden, die der Tendenz nach für all jene politischen Regimes gelten, in denen nicht völlig darauf verzichtet wird, Repression als Mittel innenpolitischer Machtausübung einzusetzen. Der Anwendungsbereich des Modells ist also wesentlich größer, als es auf den ersten Blick scheinen mag. Vor diesem Hintergrund wird im Folgenden versucht, anhand des Modells der Frage nachzugehen, mit welchen Wirkungen zu rechnen ist, wenn entwicklungspolitische Maßnahmen auf Länder treffen, die nicht als perfekte Demokratien einzustufen sind.

2. Wie reagieren Diktatoren?

(1) Was geschieht, wenn ein nicht perfekt demokratisch regiertes Land – im Folgenden vereinfachend als „Diktatur" bezeichnet – einen positiven exogenen Schock erfährt, ausgelöst durch einen Ressourcenzufluss, etwa in der Form eines Schuldenerlasses oder in Form eines Mittelzuflusses für ein bestimmtes Entwicklungsprojekt? Wie reagiert ein Diktator als Empfänger eines positiven Ressourcentransfers? Und welche Auswirkungen hat seine Reaktion auf die beiden Ziele der Entwicklungszusammenarbeit, also im Hinblick auf die Bekämpfung von Armut und im Hinblick auf die Förderung von Demokratie, letztere verstanden als Abbau von Repression?

Abbildung 6 hilft, diese Fragen zu beantworten. Im Modell wird das ursprüngliche Simultangleichgewicht zwischen Nutzenstiftung und Machtproduktion gestört, so dass Anpassungsreaktionen ausgelöst werden, mit denen der Diktator ein neues Gleichgewicht anstrebt. Der exogene Ressourcenzufluss wird als Rechtsverschiebung der ursprünglichen Budgetgeraden B_0 auf das höhere Niveau B_1 dargestellt (vgl. Abb. 6a). Ein rationaler Diktator sähe sich veranlasst, hierauf mit einer Ausweitung seines privaten Konsums von C_0 auf C_1 zu reagieren und sein Machtniveau von π_0 auf π_1 zu erhöhen. Auf diese Weise würde er das mit dem neuen Budget B_1 maximal erreichbare Nutzenniveau $U_1 > U_0$ realisieren.

Diese Veränderung bei den nutzenstiftenden Aktivitäten schlägt durch auf die Produktion und Ausübung von Macht, weil der Diktator einen Teil der zusätzlichen Ressourcen zur Erhöhung des Staatsbudgets von $B_{\pi0}$ auf $B_{\pi1}$ verwendet. Zur kosteneffizienten Generierung des höheren Machtniveaus π_1 bedarf es nun einer Ausweitung der Ausgaben für Loyalitätskauf und Repression von $P_L L_0 + P_R R_0$ auf $P_L L_1 + P_R R_1$. In der Folge stellt sich auch hier ein neues Gleichgewicht G_1 ein (vgl. Abb. 6b).

Als Zwischenfazit bleibt festzuhalten: Im Modell führt ein exogener Ressourcenzufluss zu einem Erstarken des diktatorischen Regimes. Der Diktator steigert seinen privaten Konsum. Zugleich weitet er seine Macht aus. Das aber bedeutet zweierlei: Zum einen werden im Rahmen des Loyalitätskaufs mehr Ausgaben für öffentliche Güter getätigt. Auch stehen mehr Ressourcen für die Vergabe von Privilegien zur Verfügung. Zum anderen wird im Rahmen der Repressionspolitik nicht weniger, sondern *mehr* Druck auf die Bevölkerung ausgeübt.

Abb. 6: Ausweitung oder Verknappung der Ressourcen

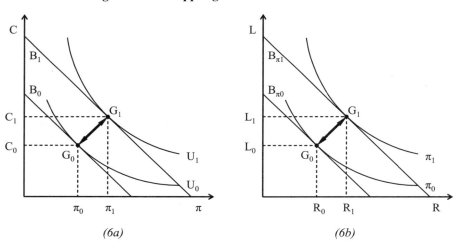

(6a)   *(6b)*

Genau umgekehrt verhält es sich im entgegengesetzten Fall einer Verknappung der Ressourcen. Sie kann auf vielfältige Weise zustande kommen. Man denke beispielsweise an ein Handelsembargo oder an andere Sanktionen bis hin zur militärischen Bedrohung.[26] Hier käme es neben einem Rückgang des Repressionsniveaus auch zu einem

---

[26] Die militärische Bedrohung könnte den Diktator zu hohen Investitionen in die Landesverteidigung veranlassen, wodurch weniger Mittel für konkurrierende Verwendungen zur Verfügung stünden. Es wäre allerdings auch denkbar, dass im Falle der militärischen Bedrohung einer Diktatur das Repressionsniveau dort unverändert bliebe oder sich gar erhöhte, denn der durch zusätzliche Rüstungsausgaben entstehende negative Budgeteffekt, der das Repressionsniveau sinken lässt, könnte dadurch kompensiert oder überkompensiert werden, dass sich die Armee nicht nur zur Landesverteidigung, sondern auch zur Unterdrückung der eigenen Bevölkerung einsetzen lässt.

Rückgang des privaten Konsums des Diktators, zu einem Rückgang des Machtniveaus (d.h. zur politischen Destabilisierung des Regimes) und zu einem Rückgang der Ausgaben für öffentliche Güter und Privilegien (Loyalitätskauf). Das Gleichgewicht würde sich von G_1 nach G_0 verschieben (vgl. wieder Abb. 6a und Abb. 6b).

Auf der Grundlage dieses Modells wäre also zunächst zu erwarten, dass jede Maßnahme, die sich als Ressourcenausweitung eines nicht-demokratisch verfassten Regimes interpretieren lässt, sowohl einen positiven Armutsbekämpfungseffekt (aufgrund steigender Investitionen in öffentliche Güter) als auch einen negativen Demokratisierungseffekt (aufgrund eines Anstiegs des Repressionsniveaus) zur Folge hat. Umgekehrt müsste eine Verknappung der einem nicht-demokratisch verfassten Regime zur Verfügung stehenden Ressourcen einen positiven Demokratisierungseffekt (aufgrund eines fallenden Repressionsniveaus) in Verbindung mit einem negativen Armutsbekämpfungseffekt (aufgrund sinkender Investitionen in öffentliche Güter) auslösen. In jedem Fall besteht ein Zielkonflikt zwischen Armutsbekämpfung und Demokratisierung.

(2) Bislang wurde stillschweigend angenommen, dass der Ressourcenzufluss in ein nicht perfekt demokratisch regiertes Land direkt dem Diktator zugute kommt. In der Realität muss das nicht der Fall sein. In der Tat haben sowohl demokratische Regierungen als auch andere Akteure der Entwicklungspolitik durchaus die Möglichkeit, die Verwendung eigener Mittel in den Zielländern zu kontrollieren oder diese Mittel kurzerhand selbst auszugeben. Folgende Beispiele mögen dies verdeutlichen: an bestimmte Reformen gebundene Kredite oder Budgethilfen; die Durchführung oder die finanzielle Förderung konkreter Projekte auf dezentraler Ebene (z.B. der Bau oder die Finanzierung von Trinkwasserbrunnen); die technische Unterstützung (z.B. die Entsendung von Ingenieuren) oder die Beratung und das Capacity Building (z.B. die Weiterbildung von Experten in dem für Brunnenbau zuständigen Ministerium des Ziellandes). Deshalb lautet die hier besonders interessierende Frage: Ließe sich auf einem dieser Wege der Zielkonflikt zwischen Armutsbekämpfung und Demokratisierung überwinden? Bietet die Umstellung von direkten zu indirekten Ressourcenzuflüssen, die Umstellung von Finanzzuweisungen an den Staat hin zu materiellen Hilfen oder hin zu Finanzzuweisungen an nicht-staatliche Akteure einen Ausweg aus dem Trade-Off?[27]

Die skizzierten Maßnahmen weisen die Gemeinsamkeit auf, dass sie sich als kostenlose Bereitstellung öffentlicher Güter interpretieren lassen, indem sie beispielsweise die allgemeine Wasserversorgung durch dezentralen Brunnenbau fördern. Aus der theoretischen Perspektive der ökonomischen Regimeforschung lautet nun die zentrale Frage: Wie würde ein rationaler Diktator auf ein solches Projekt reagieren? Abbildung 7 hilft, diese Frage – gestützt auf das Modell – so zu beantworten, dass dabei wiederum kontraintuitive Erkenntnisse generiert werden.

Ausgangspunkt der Überlegungen ist, dass ein rationaler Diktator im Rahmen seiner Strategie des Loyalitätskaufs in einem gewissen Umfang bereits selbst öffentliche Güter bereitstellt. Im Modell lässt sich deshalb die zusätzliche Bereitstellung öffentlicher Güter durch andere (ausländische) Akteure als exogen induzierter Anstieg des Loyalitätsniveaus von L_0 auf L_1 auffassen. Kurzfristig stellt sich Punkt G_1 ein (siehe Abb. 7b).

---

27 *Wintrobe* (1990, 1998) geht auf diese Frage nicht ein.

Abb. 7: Zusätzliche Bereitstellung öffentlicher Güter

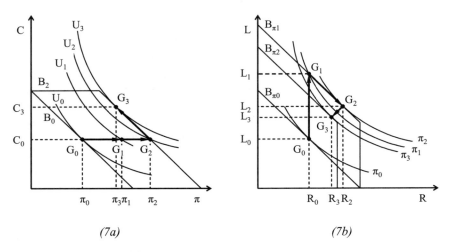

(7a)   *(7b)*

Damit ist der Anpassungsprozess jedoch noch nicht abgeschlossen, und zwar aus folgendem Grund: Das zusätzliche Angebot an öffentlichen Gütern wirkt wie eine exogen finanzierte Ausweitung des Staatsbudgets, dargestellt in Abb. 7b als Verschiebung der Budgetgeraden von $B_{\pi 0}$ nach $B_{\pi 1}$. Mithin bleibt das Preisverhältnis der beiden Faktoren diktatorischer Machtproduktion unverändert. Die neue Budgetgerade weist also die gleiche Steigung auf wie die alte. Aber in G_1 ist die ursprüngliche Kombination von Loyalitätskauf und Repression nicht mehr kosteneffizient. Anders als in G_0, tangiert die Machtisoquante in G_1 die Staats-Budgetgerade nicht, sondern schneidet sie. Deshalb folgen nun zwei Anpassungsreaktionen, nämlich zunächst von G_1 nach G_2 und sodann von G_2 nach G_3.

Die erste Anpassungsreaktion besteht darin, dass ein rationaler Diktator die Kombination von Loyalitätskauf und Repression wählt, die bei gegebenen Preisen kosteneffizient ist. Er steuert bei der Machtproduktion also G_2 an, jenen Punkt, an dem sich die neue Staats-Budgetgerade $B_{\pi 1}$ und die zugehörige Machtisoquante π_2 tangieren. Die erste Reaktion besteht folglich darin, dass der Diktator sein eigenes Angebot öffentlicher Güter zurückführt und stattdessen die Repression ausweitet.

Aber auch damit ist noch kein endgültiges Gleichgewicht erreicht. Dies sieht man sofort, wenn man G_2 in Abbildung 7a abträgt. Ähnlich wie G_1 im Hinblick auf die Machtproduktion, stellt G_2 im Hinblick auf die Nutzenstiftung kein Gleichgewicht dar. Die Indifferenzkurve schneidet die Budgetgerade, mit der Folge, dass hinsichtlich der gewählten Kombination von Macht und Konsum das subjektive Substitutions-Wollen und das objektive Substitutions-Können auseinanderfallen. Der Diktator kann sich besserstellen, wenn er Macht durch Konsum substituiert. Dieser Substitutionsprozess kommt dort an sein Ende, wo das Nutzenmaximum und simultan eine kosteneffiziente Machtproduktion realisiert wird. Dies ist in G_3 der Fall (vgl. Abb. 7a und 7b).

Der Gesamteffekt lässt sich so charakterisieren: Auf ein exogen erhöhtes Angebot öffentlicher Güter reagiert der Diktator mit einem Zurückfahren eigener Anstrengungen zum Loyalitätskauf und mit einer Ausweitung repressiver Maßnahmen. Sein Nutzen steigt. Er konsumiert mehr. Seine Macht festigt sich. Für die Bevölkerung bedeutet dies, dass sie nicht in dem Maße von dem exogen verbesserten Angebot an öffentlichen Gütern profitiert, wie dies eigentlich zu erwarten wäre. Erstens wird der exogene Effekt durch die endogene Reaktion des Diktators beim Loyalitätskauf teilweise konterkariert. Zweitens leidet die Bevölkerung unter höherer Repression.

Am Beispiel argumentiert: Der entwicklungspolitisch geförderte Brunnenbau wird dem Modell zufolge nicht die Effekte haben, die man erwarten würde, wenn man das Projekt – etwa bei Ex-ante- oder Ex-post-Evaluationen – isoliert betrachtet. Die Produktivität des Projekts wird unterminiert, weil eine nicht perfekt demokratische Regierung mit Anreizen konfrontiert wird, ihre eigenen Anstrengungen für eine bessere Wasserversorgung der Bevölkerung zurückzufahren. Diese – aus entwicklungspolitischer Sicht: perversen – Anreize resultieren daraus, dass die so eingesparten Ressourcen anderen Verwendungen zugeführt werden können, die für den Diktator – oder allgemeiner: für die politische Führung des Ziellandes – attraktiver sind als der Status quo. Konkret könnte man sich vorstellen, dass die im Brunnenbau eingesparten – und mithin einer strukturellen Armutsbekämpfung entzogenen – Mittel beispielsweise eingesetzt werden zur Anschaffung neuer Staatskarossen (als privater Konsum), für den Bau eines Golfclubs nahe der Hauptstadt (als Privileg) oder für den Kauf von Gummiknüppeln und Tränengas (Repression). Dieser Argumentation zufolge ist mit entwicklungspolitischen Initiativen wie beispielsweise Brunnenbauprojekten nicht der volle Armutsbekämpfungseffekt zu erzielen, der dem Projekt als Potential eigentlich innewohnt. Zugleich ist mit einem Anstieg des Repressionsniveaus im Empfängerland zu rechnen. Hier sieht man: Selbst im Falle einer vollständigen Kontrolle über die Verwendung der entwicklungspolitisch eingesetzten Mittel ist der Zielkonflikt zwischen Armutsbekämpfung und Demokratisierung nicht ohne weiteres zu überwinden, denn weiterhin unkontrollierbar blieben hierbei die teilweise unerwünschten Reaktionen der politischen Führung des Entwicklungslandes.

Damit lässt sich folgendes Zwischenfazit ziehen: Mit den üblichen Instrumenten ist es grundsätzlich unmöglich, die Armutsbekämpfung in Ländern mit Demokratiedefiziten zu fördern, ohne gleichzeitig einer stärkeren Repression Vorschub zu leisten und damit der demokratischen Entwicklung Abbruch zu tun.[28] Anders ausgedrückt: Dem dargestellten Modell zufolge schadet jede Maßnahme, die einem diktatorischen

---

28 Kritische Leser mögen einwenden, dass im Rahmen dieser Reaktionsanalyse lediglich Einkommenseffekte modelliert worden sind, während bei ähnlich gelagerten Problemen, etwa im Bereich der Umweltpolitik, regelmäßig auch eine Veränderung der Relativpreise über Steuern bzw. über Subventionen diskutiert wird. Analog hieße dies, entweder Repression zu besteuern oder Loyalitätskauf zu subventionieren. Beides dürfte jedoch gegenwärtig praktisch unmöglich sein. Steuern scheitern schon daran, dass es keine supranationale Instanz gibt, welche gegenüber Diktatoren mit einem Gewaltmonopol ausgestattet ist, weshalb die Steuer nicht durchsetzbar wäre. Subventionen hingegen dürften unter anderem daran scheitern, dass sich sehr viele verschiedene Maßnahmen als Loyalitätskauf interpretieren lassen. Werden einige dieser Maßnahmen subventioniert (z.B. der Bau von Schulen, Krankenhäusern, Brunnen und Straßen), so würde ein rationaler Diktator seine Investitionen in diese Maßnahmen wohl ausweiten. Gleichzeitig könnte er allerdings seine Investitionen in nicht-subventionierte Substitute dieser Maßnahmen (z.B. in den Bau von Bibliotheken, medizinischen Fakultäten, Getreidespeichern oder Bahngleisen) entsprechend zurückfahren und die dadurch freiwerdenden Mittel alternativen Verwendungen zuführen. Im Falle perfekter Substitute handelte es sich erneut um einen reinen Einkommenseffekt, nicht um eine Veränderung der Relativpreise von Repression und Loyalität.

Regime schadet, gleichzeitig auch der Zivilbevölkerung, und jede Maßnahme, die der Zivilbevölkerung nützt, nützt gleichzeitig auch dem diktatorischen Regime. Die Existenz eines grundlegenden Zielkonflikts zwischen Armutsbekämpfung und Demokratisierung bietet eine plausible Erklärung dafür, weshalb weltweit seit über einem Jahrzehnt in den entwicklungspolitischen Zieldimensionen Armutsbekämpfung und Demokratisierung keine oder nur allgemein als unbefriedigend wahrgenommene Fortschritte zu verzeichnen sind.[29]

Der hier aufgezeigte Trade-Off zwischen den beiden Ziele ist also sehr ernst zu nehmen. Damit aber stellt sich die drängende Frage, ob es andere Optionen geben könnte, die geeignet sind, diesen Trade-Off im Sinne einer orthogonalen Positionierung zu überwinden.

III. Eine wohlfahrtsökonomische Therapie: Marktergebnisse simulieren

Wintrobe hat mit seinem Ansatz nicht nur Pionierarbeit im Hinblick auf die positive Analyse geleistet, sondern auch im Hinblick auf mögliche normative Schlussfolgerungen, denn er unterbreitet eine innovative Politikempfehlung. Diese wird im Folgenden diskutiert. Die Argumentation ist in zwei Schritte unterteilt. Zunächst wird gezeigt, dass *Wintrobes* Politikempfehlung darauf ausgerichtet ist, Armutsbekämpfung *durch* Demokratisierung zu erreichen. Dies lässt sich als Versuch einer orthogonalen Positionierung interpretieren: *Wintrobe* setzt auf eine Aufhebung des Trade-Off.[30] Im zweiten Schritt wird die These vertreten, dass *Wintrobes* Politikempfehlung logische Inkonsistenzen aufweist: *Wintrobe* übersieht zwei relevante Ordnungsprobleme, ohne deren Lösung eine Aufhebung des Trade-Off nicht möglich ist. Sein Versuch einer orthogonalen Positionierung misslingt.

1. Wintrobes Versuch einer orthogonalen Positionierung

Wintrobe entwickelt aus seiner Problemdiagnose einen Therapievorschlag für die Entwicklungszusammenarbeit zwischen Demokratien und Diktaturen. Dieser Vorschlag ist insofern bemerkenswert, als er auf eine relevante Alternative aufmerksam macht, die gegenwärtig kaum systematisch in den Blick genommen wird: Der Mainstream des

---

29 Hier seien zwei neuere empirische Arbeiten genannt, die diese These stützen: *Robinson* (2006) findet keine positiven Demokratisierungseffekte, die mit wirtschaftlichem Fortschritt in Entwicklungsländern korreliert wären. *Abouharb* und *Cingranelli* (2006) untersuchen für den Zeitraum von 1981 bis 2000 die Auswirkungen struktureller Anpassungsprogramme der Weltbank auf die Menschenrechtssituation in den Zielländern. Die Autoren kommen zu dem Schluss, dass die Programme sich, trotz langfristig positiver Wachstumseffekte, negativ auf die Menschenrechtssituation ausgewirkt haben.

30 Bei *Wintrobe* (1998) folgen Diagnose und Therapie aus einer etwas anderen Fragestellung. Er spricht nicht explizit von einem Trade-Off. Vielmehr weist er als Problem aus, dass unterschiedliche Typen von Diktatoren – ausgestattet mit unterschiedlichen Nutzenfunktionen – teilweise unterschiedlich auf die gleichen Maßnahmen reagieren, die dann mal erwünschte, mal unerwünschte Effekte auslösen. *Wintrobes* Ziel ist es, ein Instrument zu entwickeln, auf das alle Regime-Typen in gleicher, erwünschter Weise reagieren. Dennoch ergibt sich der hier skizzierte Trade-Off letztlich auch aus seinem Modell.

entwicklungspolitischen Diskurses setzt bei der Demokratieförderung auf ‚natürliche Verbündete' und spricht damit primär solche Akteure an, die ein unmittelbares Eigeninteresse an diesem entwicklungspolitischen Ziel haben: politische Oppositionelle, kritische Journalisten, ‚Graswurzel-Aktivisten' und zivilgesellschaftliche Organisationen. Das Problem: Diese Akteure *wollen* Demokratie fördern, verfügen hierzu jedoch – vor allem innerhalb diktatorischer Regimes – nur über sehr begrenzte Möglichkeiten. Sie *können* oft nicht so, wie sie wollen. Vor diesem Hintergrund setzt *Wintrobe* auf die kontra-intuitive Strategie, die Diktatoren selbst anzusprechen, also ausgerechnet jene Akteure, die durchaus in der Lage wären, wichtige Weichenstellungen in Richtung Demokratie vorzunehmen, dies aber vermeintlich gar nicht wollen (können). In der Tat: Diktatoren haben offenkundig kein unmittelbares Eigeninteresse an Demokratisierung. Doch *Wintrobe* hält es nicht für ausgeschlossen, bei ihnen ein *mittelbares* Interesse hervorzurufen. Metaphorisch ausgedrückt, empfiehlt er der entwicklungspolitischen Demokratieförderung, die Diktatoren als ‚künstliche Verbündete' zu gewinnen.

In der entwicklungspolitischen Praxis ist es bereits seit längerem üblich, eine Konditionierung von Entwicklungshilfeleistungen zu betreiben. Zahlungen werden an bestimmte Gegenleistungen der Empfängerländer gebunden. Solche Gegenleistungen können auf unterschiedlichen Ebenen angesiedelt sein. Sie können auf der operativen Ebene die Durchführung bestimmter Projekte betreffen. Es ist aber auch möglich, dass die Regierung des Empfängerlandes verpflichtet wird, auf der Policy-Ebene bestimmte politische Inhalte zu verfolgen. Ebenfalls möglich ist es, dass Regierungen auf der Polity-Ebene verpflichtet werden, bestimmte wirtschaftspolitische oder sogar ordnungspolitische Reformprogramme zu exekutieren. Schließlich können Konditionierungen auch direkt an die Durchführung von Wahlen geknüpft werden. In Absetzung von dieser bereits verbreiteten Praxis wählt *Wintrobe* eine andere Ebene der Konditionierung: Er setzt auf eine Absenkung des Repressions*niveaus*. Ausgehend vom Status quo, soll der Diktator schrittweise proportional dazu gratifiziert werden, dass er seine Machtausübung zunehmend gewaltfrei organisiert.

Die zugrunde liegende Idee ist einfach: Verpflichtet sich ein Diktator, die Unterstützung seiner Untertanen nicht mehr gewaltsam zu erzwingen, so wird er sie sich wohl oder übel erkaufen müssen, indem er die Interessen der Bevölkerung bei politischen Entscheidungen stärker berücksichtigt bzw. ihre Rechte institutionell stärker verankert. Das kostet Geld. Der Machterhalt verteuert sich. Natürlich haben Diktatoren hieran kein *unmittelbares* Eigeninteresse. Aber man kann, so *Wintrobe*, bei Diktatoren ein *mittelbares* Interesse erzeugen, indem man ihnen die für eine Substitution von Repression durch Loyalitätskauf benötigten Ressourcen in Form einer Budgethilfe konditioniert bereitstellt.

Abb. 8: Auf eine Absenkung des Repressionsniveaus konditionierte Budgethilfe

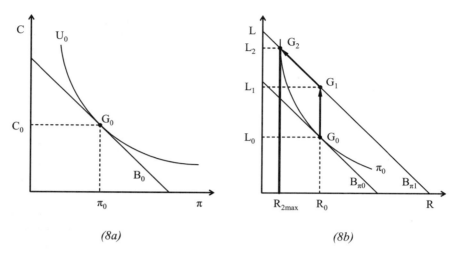

(8a) *(8b)*

Wintrobes Vorschlag ist sinngemäß in Abb. 8b dargestellt:[31] Ausgehend vom Gleichgewicht G_0 wäre es dem Diktator nach Erhalt einer konditionierten Budgethilfe und nach der resultierenden Ausweitung des Staatsbudgets von $B_{\pi 0}$ auf $B_{\pi 1}$ (vgl. Abb. 8b) möglich, die zusätzlichen Mittel zu nutzen, um das Loyalitätsniveau L_1 zu erreichen. Anschließend könnte er das Loyalitätsniveau auf L_2 anheben und simultan das Repressionsniveau von R_0 auf R_{2max} absenken, wodurch der Punkt G_2 erreicht würde. Der Diktator bliebe gleich glücklich, gleich reich und vor allem gleich mächtig, nur speiste sich seine Macht aus weniger trüben Quellen.

In *Wintrobes* Szenario bleibt das Nutzenniveau (Abb. 8a) unverändert. Änderungen betreffen lediglich den Prozess der Machtproduktion (Abb. 8b). Die Restriktion R_{2max} ist so gewählt, dass – gegeben eine Budgethilfe in bestimmter Höhe – jener Punkt auf der Machtisoquante des Diktators angesteuert wird, der möglichst weit links liegt. Mit anderen Worten: Gegeben eine bestimmte Zahlungsbereitschaft für Demokratieförderung, wird dem Diktator so viel Repressionsabbau wie möglich abgekauft. Per Konditionierung wird ihm ein Gewaltverzicht vorgeschrieben, der sein Machtniveau und sein Nutzenniveau konstant lässt. Hier kommt es nicht zu unerwünschten Ausweichreaktionen des Diktators, sondern zu der durchaus erwünschten Reaktion, dass er das Repressionsniveau absenkt und – zugunsten der Bevölkerung – den Loyalitätskauf ausweitet.

Für den Diktator ist eine solche Konditionierung zustimmungsfähig. Im Modell ist er indifferent. Damit wird dem Kriterium der Anreizkompatibilität Genüge getan. Allerdings weist *Wintrobe* als Problem aus, dass die Konditionierung nur im Zeitablauf organisiert werden könne und dass dabei eine ganz bestimmte Reihenfolge einzuhalten sei. Sein Argument: Der angesteuerte Substitutionsprozess erfordert Zeit. Loyalität kann nur langsam aufgebaut werden. Deshalb muss der Loyalitätskauf dem Repressionsabbau zeitlich vorlaufen. *Wintrobe* schließt daraus, dass die konditionierte Budgethilfe ausgezahlt werden muss, bevor der Diktator unter Beweis stellen kann, dass er die vereinbarte

---

31 Vgl. *Wintrobe* (1998, S. 69, Abb. 3.6).

Kondition tatsächlich einhalten will, denn er benötigt den Mittelzufluss, um den Loyalitätskauf vorzufinanzieren. Ohne diese Vorleistung der an Demokratisierung interessierten Finanzgeber wären die Reformbestrebungen, so *Wintrobe*, für den Diktator nicht anreizkompatibel.[32]

Wintrobe nimmt für seinen Vorschlag in Anspruch, dass der Zielkonflikt zwischen Armutsbekämpfung und Demokratisierung, der bei den traditionellen Maßnahmen konditionierter Kooperation unausweichlich auftritt, überwunden wird. Er macht geltend, dass die Akteure der internationalen Entwicklungszusammenarbeit mit Hilfe seines Therapievorschlags aus dem Trade-Off entwicklungspolitischer Ziele auszubrechen vermögen. Demnach können Demokratien und Diktaturen *gemeinsam* daran arbeiten, positive Armutsbekämpfungseffekte und *zugleich* positive Demokratisierungseffekte zu erreichen.

Wie ist es um diesen Anspruch bestellt? Der folgende Abschnitt untersucht, ob *Wintrobe* die angestrebte orthogonale Positionierung zum Trade-Off tatsächlich gelingt.

2. Non Sequitur: Zur Kritik an Wintrobes Vorschlag

(1) *Wintrobes* Ansatz kann als wohlfahrtsökonomisch inspiriert gelesen werden, denn ganz in *Pigou*scher Tradition weist er dem (demokratischen) Staat die Funktion zu, durch einen gezielten, wohldosierten Eingriff das Verhalten rationaler Akteure dergestalt zu beeinflussen, dass ein bestimmtes Ergebnis hergestellt wird: die – aus Sicht aller Beteiligten: kosteneffiziente – Reduzierung des Repressionsniveaus in Diktaturen. Dabei ist *Wintrobe* durchaus bewusst, dass die Implementierbarkeit eines solchen Instruments an bestimmte Voraussetzungen gebunden ist. Diese Voraussetzungen nimmt er als gegeben an. Aus seiner Sicht gilt (per Annahme): (a) Potentielle Geldgeber haben ein unmittelbar handlungsleitendes Interesse an einer Absenkung des Repressionsniveaus in Diktaturen.[33] (b) Entsprechende Vereinbarungen können glaubhaft gemacht und folglich auch durchgesetzt werden.[34]

Diese beiden Annahmen sind *ad hoc*. Sie ergeben sich nicht zwingend aus der zuvor durchgeführten Problemdiagnose. Vielmehr dienen sie *Wintrobe* zur Plausibilisierung seines Lösungsvorschlags. Aus diesem Grund unterläuft ihm ein Non-Sequitur-Fehlschluss: Weil er seine Lösung nicht aus der Gesamtheit seiner Annahmen herleitet, sondern einige Annahmen der Lösung nachschiebt, übersieht er, dass aus seinen expliziten und impliziten Annahmen insgesamt eine andere Lösung folgen würde. Sie lässt sich als eine idealtypische Marktlösung kennzeichnen. Das Preis-Mengen-Diagramm in Abb. 9a hilft, sich diesen Sachverhalt vor Augen zu führen.

Im Zentrum der Überlegungen von *Wintrobe* steht die unmittelbar einleuchtende Annahme, dass einem jeden Diktator durch Demokratisierung (im Sinne von Repressions-

---

32 Vgl. *Wintrobe* (1998, S. 69). Diese Schlussfolgerung wird sich als unbegründet erweisen. Vgl. Anm. 32.
33 *Wintrobe* (1998, S. 334): „Suppose, idealistically, that the only goal of western policy is to reduce repression."
34 *Wintrobe* (1998, S. 68): „Assuming that this constraint can be made effective – that is, assuming that violations can be properly monitored and that the constraint is binding – we find that the ... [dictator] will be constrained to impose a level of repression lower than R_0".

abbau) im Vergleich zum Status quo *ceteris paribus* steigende Kosten entstehen. Je mehr auf Gewalt verzichtet wird, desto mehr Geld muss für gewaltfreie Mittel des Machterhalts ausgegeben werden. Hieraus folgt im Rahmen des *Wintrobe*-Modells zwingend, dass jeder rationale Diktator Repressionsabbau zu Grenzkostenpreisen anbieten würde. Aggregiert man dies über alle Diktatoren, so erhält man eine weltweite Angebotsfunktion für Repressionsabbau, die sich graphisch als negativ geneigte – von rechts nach links zu lesende – Grenzvermeidungskostenkurve GVK_{Di} darstellen lässt.

Nun zu *Wintrobes Ad-Hoc*-Annahmen: Wenn (a) Demokratien als potentielle Geldgeber ein unmittelbar handlungsleitendes Interesse an Repressionsabbau hätten, dann existierte – bei abnehmenden Zahlungsbereitschaften – auch eine weltweite Nachfragefunktion für Repressionsabbau, die sich graphisch als positiv geneigte – von links nach rechts zu lesende – Grenzschadenskostenkurve GSK_{De} darstellen lässt (vgl. wieder Abb. 9a). Wenn zudem (b) entsprechende Verträge ohne weiteres durchsetzbar wären, dann existierte ein globaler Markt für Repressionsabbau, auf dem demokratische Regierungen als Nachfrager, Diktatoren hingegen als Anbieter agieren würden. Es käme zu spontanen Tauschprozessen, durch die sich der Preis P* einpendelte, zu dem den diversen Diktatoren, ausgehend vom Status quo R_{SQ}, ein Repressionsabbau im Umfang von $R_{SQ} - R*$ abgekauft würde.

Abb. 9b hilft, die Implikationen dieser Modellwelt zu veranschaulichen. Einzelne Diktatoren würden mit einzelnen demokratischen Regierungen Verträge abschließen, welche die Zahlung von Entwicklungshilfe an einen Repressionsabbau knüpfen. Auf dem so entstehenden Markt stünden Diktatoren untereinander in einem Wettbewerb um diese Budgethilfen (und mithin um Demokratisierung), während sich demokratische Regierungen hinsichtlich ihrer Zahlungsangebote in einem Überbietungswettbewerb befänden. *Auf* jeder der beiden Marktseiten herrschte also eine Art „Entwicklungs-Konkurrenz". *Zwischen* den Marktseiten hingegen wäre eine wechselseitig vorteilhafte „Entwicklungs-Zusammenarbeit" im Sinne eines freiwilligen Tausches möglich. Mittels solcher Tauschakte würden die Akteure alle in Abb. 9a schraffiert dargestellten Potentiale wechselseitiger Besserstellung ausschöpfen, bis sich die gleichgewichtige, paretooptimale Preis-Mengen-Kombination (R*, P*) einstellte.[35] Im Vergleich zum Status quo ließe sich ein Demokratisierungspotential DP in Höhe von $R_{SQ} - R*$ ausschöpfen, wobei Diktatoren gezwungen wären, die an sie ausgezahlten (bzw. im Erfolgsfall auszuzahlen-

---

35 Denkt man das Modell von *Wintrobe* und die zugrunde liegenden Annahmen konsequent zu Ende, so wird die zeitliche Reihenfolge von Leistung und Gegenleistung, die *Wintrobe* als ein zentrales Merkmal seiner Idee ansieht, geradezu bedeutungslos: Die „Kosten", die den Diktatoren durch den langsamen Aufbau von Loyalität zunächst entstehen, nehmen im Modell den Charakter einer Investition an. Die als rationale Akteure modellierten Diktatoren wollten, könnten und würden diese Investition – wie jede andere Investition auch – durchaus selbst vorfinanzieren, sofern nur der erwartete Ertrag hoch genug ist. Darüber hinaus werden mit dem Gedanken eines idealen Marktes zwei Fragen beantwortet, die bei *Wintrobe* selbst unbeantwortet bleiben, die Fragen nämlich, welche Zielländer Budgethilfen in welchem Umfang erhalten sollten und welche Restriktionen im Einzelfall per Konditionierung festzulegen wären. Vor allem letzteres ist wichtig: Bei *Wintrobe* steht ein Prinzipal-Agent-Ansatz im Hintergrund, demzufolge die geldgebenden Demokratien den Diktatoren vorschreiben (können), welchen Punkt sie im Trade-Off der Machtproduktion zu wählen haben. Dies ist im Paradigma der Fremdsteuerung gedacht. In einem idealen Markt hingegen käme das Paradigma der Selbststeuerung zur Geltung: Die Diktatoren würden in ihrem eigenen Interesse diejenigen Maßnahmen wählen, mittels deren sich Repression kosteneffizient abbauen ließe.

den) zusätzlichen Mittel in Maßnahmen zu investieren, die tendenziell der Armutsbekämpfung förderlich sind („Loyalitätskauf"), denn nur so können sie ja der Modelllogik zufolge überhaupt Repression abbauen, ohne politische Machteinbußen zu erleiden (vgl. Abb. 8a und 8b). Es fänden zusätzliche Demokratisierungsprozesse statt, die gleichzeitig positive Armutsbekämpfungseffekte zeitigen würden. Kurz: Aus *Wintrobes* eigenen Annahmen folgt, dass alle Probleme sich bereits von selbst lösen müssten.

Abb. 9: Entwicklungszusammenarbeit als idealtypischer Markt

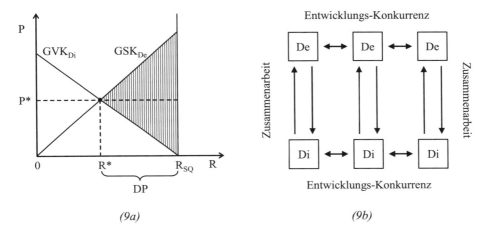

(9a)   *(9b)*

(2) In der Realität ist ein solcher Markt für Demokratisierung freilich nicht vorzufinden. Es fragt sich also, *weshalb* er nicht existiert. Auf diese Frage gibt es zwei mögliche Antworten. Die erste interpretiert den empirischen Befund im Sinne von „revealed preferences": Demnach gibt es kein Potential wechselseitiger Besserstellung und *deshalb* auch keinen Markt. Folgt man diesem Erklärungsansatz, dann muss man entweder unterstellen, dass Diktatoren nicht auf Anreize reagieren, sich also systematisch irrational verhalten, oder dass Demokratien entgegen aller Lippenbekenntnisse nicht wirklich an Demokratieförderung interessiert sind. In beiden Fällen wäre der gesamte Ansatz zu verwerfen. Die zweite mögliche Antwort lautet: Zwar existiert ein *Potential* wechselseitiger Besserstellung. Seiner *Ausschöpfung* stehen jedoch strukturelle Hindernisse im Wege. Diese werden von *Wintrobe* durch die nachträgliche Einführung von *Ad-Hoc*-Annahmen versehentlich wegdefiniert, anstatt sie in den Blick zu nehmen. Die zweite Antwort legt nahe, diese *Ad-Hoc*-Annahmen zu hinterfragen. Und dazu besteht in der Tat Anlass.

Zum einen kann man (a) bezweifeln, ob demokratische Regierungen ein unmittelbar *handlungsleitendes* Interesse daran haben, Armutsbekämpfung durch Demokratisierung zu fördern. Ist ein Repressionsabbau in diktatorischen Regimes für sie ein privates Gut, oder handelt es sich aus ihrer Sicht vielmehr um ein öffentliches Gut? Für letzteres spricht, dass von dem Repressionsabbau und der so bewirkten Armutsbekämpfung auch jene Länder profitierten, die dafür keine konditionierte Zahlung geleistet haben. Hier kann niemand von der Nutzung[36] positiver Entwicklungseffekte ausgeschlossen werden. Folglich besteht ein Trittbrettfahrerproblem, ein soziales Dilemma: Selbst dann, wenn alle Demokratien ein prinzipielles Interesse an einem diktatorischen Repressionsabbau haben, wird dieses Interesse nicht ohne weiteres unmittelbar handlungsleitend, weil es an Anreizen mangelt, sich an der Bereitstellung eines globalen öffentlichen Gutes zu beteiligen.[37]

Zum anderen kann man (b) bezweifeln, ob die erforderlichen Verträge zwischen Demokratien und Diktaturen im Status quo überhaupt durchsetzbar wären. Könnte eine demokratische Regierung einen Diktator ohne weiteres zwingen, die Absenkung des Repressionsniveaus im zuvor vereinbarten Umfang tatsächlich durchzuführen? Und könnte umgekehrt ein Diktator eine demokratische Regierung ohne weiteres zwingen, eine in Aussicht gestellte Budgethilfe auch tatsächlich zu gewähren? Hierzu wäre es unter anderem erforderlich, Diktatoren *garantierte Eigentumsrechte* an der Rückführung des in ihrem Land vorherrschenden Repressionsniveaus einzuräumen.[38] Aber man kann wohl kaum behaupten, dass solche Rechte im internationalen Kontext schon heute auf breite Anerkennung stoßen, und folglich existieren sie gegenwärtig (noch) nicht. Im Status quo gilt: Diktatoren können nicht damit rechnen, für eine Absenkung des Repressionsniveaus entlohnt zu werden. Derartige Verträge wären gegenwärtig nicht durchsetzbar.[39]

---

36 Hier wäre beispielsweise an mit zunehmender Demokratisierung unwahrscheinlicher werdende militärische Konflikte oder an Vorteile durch internationalen Handel zu denken. Vgl. *Sobek* et al. (2006), *Brainard* (2007) sowie *Cox* und *Drury* (2006).
37 Dies muss freilich nicht bedeuten, dass das öffentliche Gut überhaupt nicht bereitgestellt wird (vgl. das Beispiel in der letzten Fußnote dieses Beitrags). Dennoch dürfte der Umfang der Bereitstellung zu gering ausfallen, als dass er dem kollektiven Interesse der potentiellen Nutzer entspräche. Mit dieser Überlegung ließe sich beispielsweise erklären, weshalb die Regierungen der OECD-Länder regelmäßig öffentlich versichern, 0,7% ihres Bruttoinlandsprodukts für die Entwicklungszusammenarbeit bereitstellen zu wollen – von der Frage, wie diese Mittel derzeit verwendet werden, sei hier einmal abgesehen –, seit Jahren aber im Durchschnitt nur etwa 0,3% ihres Bruttoinlandsprodukts bereitstellen können. Vgl. OECD (2008, S. 138). Grundlegend zum Problem kollektiven Handelns ist die Arbeit von *Olson* (1965). Vgl. zur Problematik internationaler öffentlicher Güter *Hielscher* und *Pies* (2006).
38 Heutzutage ist es (immer noch) üblich, dass einem Diktator die Eigentumsrechte an den Bodenschätzen „seines" Landes zuerkannt werden. Er kann dann diese Ressourcen auf dem internationalen Markt meistbietend veräußern. Wenn es möglich sein soll, dass er sich – analog zu diesen natürlichen Ressourcen – auch Repression auf dem internationalen Markt abkaufen lässt, dann müsste Repression wie eine künstliche Ressource behandelt werden. Die internationale Staatengemeinschaft müsste also zunächst den Status quo anerkennen, indem sie Diktatoren ein Recht auf eine bestimmte Menge Repression zuerkennt. Der Sachverhalt ist also einigermaßen delikat. Allerdings wäre die Anerkennung eines solchen Rechts ein rein formaler Akt, denn materiell üben Diktatoren dieses „Recht" ja ohnehin bereits aus: Faktisch gibt es Repression. Ist das Recht allerdings einmal zuerkannt, dann könnte ein jeder Diktator es verkaufen. Dies wäre für ihn rational, wenn der Preis aus seiner Sicht hinreichend hoch ist, um das Repressionsniveau absenken zu können, ohne Macht- oder Konsumeinbußen befürchten zu müssen.
39 Dass Entwicklungsverträge im Status quo nicht allgemein durchsetzbar sind, verdeutlicht ein Beispiel, mit dem *Paul Collier* sein jüngstes Buch zur Entwicklungszusammenarbeit illustriert (2007, S. 109 f.): „Unless incentives are properly aligned, governments will promise, take the money, and then do what they like. To give you a real-life example, the government of Kenya promised the same reform to the World Bank in return for aid five times over a fifteen-year period. Yes, five times it took the money and either did nothing or made token reform that it then reversed. ... Eventually, the World Bank and other donor agencies realized this limitation and largely switched to disbursing aid on the

Dass es den skizzierten Markt gegenwärtig nicht gibt, heißt also keineswegs, dass eine wechselseitig vorteilhafte Entwicklungs-Zusammenarbeit zwischen Demokratien und Diktaturen grundsätzlich unmöglich ist. Sie ist lediglich im Status quo unmöglich, weil zwei strukturelle Probleme der Organisation von Tauschprozessen im Wege stehen. Erstens besteht ein Trittbrettfahrerproblem zwischen Demokratien. Zweitens besteht ein Vertragsdurchsetzungsproblem zwischen Demokratien und Diktaturen. Dieser Problemkomplex ist in Abbildung 10a schematisch dargestellt. Das Trittbrettfahrerproblem lässt sich als horizontales Dilemma, das Vertragsdurchsetzungsproblem als vertikales Dilemma auffassen.[40] Das horizontale Dilemma unterminiert die tatsächlich artikulierte Zahlungsbereitschaft der an Demokratieförderung interessierten Akteure. Das vertikale Dilemma behindert den entwicklungspolitischen Tauschakt, mittels dessen einem Diktator die Bereitschaft abgekauft werden könnte, seine Herrschaft weniger repressiv auszuüben. Es ist die Verschränkung dieser beiden sozialen Dilemmata, die dazu führt, dass das Potential wechselseitiger Besserstellung bislang kaum ausgeschöpft wird und die Entwicklungszusammenarbeit stattdessen im Trade-Off zwischen Armutsbekämpfung und Demokratieförderung verharrt.

Abb. 10: Status quo versus Zusammenarbeit durch Entwicklungs-Konkurrenz

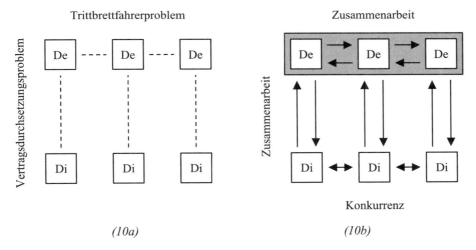

(10a)   *(10b)*

Auch wenn – auf beiden Seiten – derzeit noch kaum ein handlungsleitendes Interesse an der Abwicklung solcher Tauschakte besteht, so haben beide Seiten dennoch ein (derzeit latentes) *Regelinteresse* an wechselseitiger Besserstellung. Dieses *gemeinsame* Regelinteresse besteht darin, durch eine gezielte Gestaltung des Ordnungsrahmens internationaler Entwicklungszusammenarbeit – also durch „Global Governance" – die vorhandenen Potentiale wechselseitiger Besserstellung ausschöpfbar zu machen. Dies erfordert ein geeignetes institutionelles Arrangement. Wie ein solches Arrangement in den Grundzügen beschaffen sein könnte, wird im folgenden Abschnitt skizziert. Die Grund-

---

basis of the attained level of policies rather than on promises of improvement. ... The only problem was that it squeezed aid out of the very countries that have the biggest problems."

40 Zur systematischen Rekonstruktion sozialer Probleme als Dilemmastrukturen vgl. *Petrick* und *Pies* (2007).

idee lautet, dass es darum geht, Märkte nicht zu simulieren, sondern sie zu stimulieren: indem man die institutionellen Weichen dafür stellt, dass die Partner der Entwicklungszusammenarbeit in die Lage versetzt werden – genauer: sich selbst in die Lage versetzen können –, den Trade-Off aufzuheben und im Wege einer orthogonalen Positionierung Armutsbekämpfung und Demokratisierung gleichzeitig voranzubringen. Es geht darum, Armutsbekämpfung *durch* Demokratisierung möglich zu machen.[41]

IV. Eine ordnungspolitische Alternative: Marktprozesse stimulieren

Wie müsste ein institutionelles Arrangements beschaffen sein, das in der Lage wäre, der identifizierten Verschränkung eines Trittbrettfahrerproblems und eines Vertragsdurchsetzungsproblems wirksam entgegenzutreten? Wie ließe sich dieser entwicklungspolitischen Herausforderung in der Praxis begegnen? Nachfolgend werden skizzenhaft einige Überlegungen hierzu vorgestellt.

Die Argumentation ist in zwei Schritte unterteilt. Im ersten Schritt wird ein idealtypisches Arrangement vorgestellt. Hier geht es um die generelle Stoßrichtung einer orthogonalen Positionierung. Es soll gezeigt werden, wie eine Rahmenordnung beschaffen sein müsste – und beschaffen sein könnte –, die eine Entwicklungs-Zusammenarbeit im Sinne wechselseitiger Besserstellung zwischen Demokratien einerseits und zwischen Demokratien und Diktaturen andererseits tatsächlich ermöglichen könnte. In einem zweiten Schritt wird dieses Arrangement anhand einer Beispielrechnung illustriert. Auf dieser Basis werden dann auch einige mögliche Folgeprobleme diskutiert, die bei der Implementierung eines solchen Arrangements zu bedenken (und auszuräumen) sind.

1. Ein idealtypisches Arrangement

Man stelle sich vor, es existiere folgendes institutionelles Arrangement: (a) Eine regierungsunabhängige Stiftung öffentlichen Rechts – mit Sitz in einem demokratischen Rechtsstaat – bietet im Jahr 0 den Regierungen der im Development Assistance Commi-

---

[41] Das hier gegen *Wintrobe* (1998) vorgebrachte Argument ist strukturanalog zu dem Argument, das *Coase* (1960) gegen *Pigou* (1912) vorgebracht hat. Es besagt, dass in dem von *Pigou* unterstellten Modellrahmen – d.h. bei Abwesenheit von Transaktionskosten – *nicht* folgt, was *Pigou* beansprucht: nämlich dass zur Internalisierung externer Effekte eine Simulation der richtigen Preise durch Steuern erforderlich sei. Gegen den wohlfahrtsökonomischen Ansatz erhebt *Coase* einen Non-Sequitur-Einwand und skizziert dann die institutionenökonomische Sichtweise, dass es nicht auf eine Simulierung, sondern auf eine Stimulierung von Tauschprozessen ankommt, durch die externe Effekte internalisiert werden. Vgl. *Coase* (1960) sowie die Interpretation von *Pies* (2000b). – An dieser Stelle ist ein weiterer Hinweis angebracht: In argumentativer Hinsicht besteht eine zweite Strukturanalogie zur Idee einer „Ordnungspolitik zweiter Ordnung". Vgl. *Pies* und *Sass* (2006). Dort ist die Option identifiziert und empfohlen worden, zum Zweck der Korruptionsprävention den potentiellen Tätern stärkere Anreize zu geben, die Opfer zu verschonen, was freilich Anreize zur Anreizsetzung in und durch Unternehmen erfordert. Dort wie hier geht es um einen Paradigmawechsel von Fremdsteuerung zu Selbststeuerung, wobei letztere jedoch – durch eine „Ordnungspolitik zweiter Ordnung" – gezielt aktiviert werden muss, weil sie sich angesichts von Dilemmastrukturen nicht spontan von allein entwickeln kann.

tee (DAC) der OECD vertretenen Staaten[42] an, dass diese auf einem Konto der Stiftung Geldbeträge hinterlegen können, um auf innovative Weise die Entwicklungszusammenarbeit zu fördern. Die Satzung der Stiftung sieht hierzu Folgendes vor: (b) Stand und Umsätze dieses Einzahlungskontos werden im Internet veröffentlicht und laufend aktualisiert. (c) Die hinterlegten Beträge werden verzinst. (d) Am ersten Januar eines jeden Folgejahres ermittelt die Stiftung, welches Mitglied des DAC den geringsten Betrag in Prozent seines Bruttoinlandsprodukts hinterlegt hat. (e) Die Stiftung leitet von jedem individuellen Beitrag denjenigen Anteil, der diesem geringsten Beitrag entspricht, in einen Fonds weiter. (g) Die restlichen Mittel werden einschließlich Zinsen an die Regierungen, die sie hinterlegt haben, zurückgezahlt.

(h) Das generierte Fondsvolumen wird veröffentlicht und ein weiteres Jahr lang verzinst. (j) Im Frühjahr des jeweiligen Folgejahres, unmittelbar nach der jährlich durchzuführenden Evaluation des Repressionsabbaus in Diktaturen, schüttet die Stiftung das Fondsvolumen inklusive Zinsen nach folgender Formel aus:

$$a_i = \frac{f_i \, p_i \, V}{\sum_{i=1}^{n} f_i \, p_i}$$

mit: $i = (1, 2, ..., n)$.

n = *Anzahl der Länder, in denen im Jahr 0 Repression eingesetzt wurde.*

a_i = *Betrag, welcher an die Regierung des Landes i auszuschütten ist.*

f_i = *Absenkung des Repressionsniveaus in Land i.*

p_i = *Bevölkerungszahl des Landes i zum Zeitpunkt der Auszahlung.*

V = *ausgeschriebenes Fondsvolumen.*

(k) Als eine Einheit Repressionsabbau f_i gilt die Heraufstufung eines Landes um einen Punkt in einer der beiden siebenstufigen Dimensionen des *Freedom House* Index of Political Rights and Civil Liberties (FHI) im Verlauf des Vorjahres. (l) Jede Heraufstufung eines Landes im FHI wird nur ein einziges Mal berücksichtigt, ausgehend vom Status quo im Jahr 0. (m) Die Auszahlungen erfolgen jeweils auf gesonderte Konten der Empfängerländer bei der Stiftung, auf denen sie verzinst werden. (o) Die Regierungen der Empfängerländer können von diesen Konten pro Jahr jeweils maximal ein Zehntel abrufen. (p) Im Falle einer Rückstufung eines Empfängerlandes im FHI wird dessen Auszahlungskonto gesperrt, bis der Status quo vor der Rückstufung wieder erreicht ist. (q) Alle Regeln werden veröffentlicht. (r) Regeländerungen treten erst zwei Jahre nach ihrer Bekanntmachung in Kraft.

Welche Anreizwirkungen gingen von einem solchen Arrangement aus? Diese Frage lässt sich in drei Schritten beantworten.

(1) Zunächst zur Marktseite der Nachfrager (Demokratien): Ausgangspunkt der Überlegungen ist, dass die internationale Entwicklungszusammenarbeit bisher durch ein

---

[42] Australien, Belgien, Dänemark, Deutschland, Finnland, Frankreich, Griechenland, Großbritannien, Irland, Italien, Japan, Kanada, Luxemburg, Niederlande, Neuseeland, Norwegen, Österreich, Portugal, Schweden, Schweiz, Spanien, USA.

Trittbrettfahrerproblem zwischen Demokratien erschwert wird, was zu systematischen Unterinvestitionen in das öffentliche Gut der Demokratieförderung führt, so dass die artikulierte Zahlungsbereitschaft für Repressionsabbau geringer als möglich ausfällt. Dieses Problem ließe sich durch die Einzahlungsregeln (b) bis (g) erheblich reduzieren. Mit folgenden Anreizwirkungen wäre zu rechnen: Trittbrettfahren verliert deutlich an Attraktivität, da das öffentliche Gut (hier: das mit dem Fondsvolumen einkaufbare Ausmaß an Demokratisierung und Armutsbekämpfung) nur in dem Umfang bereitgestellt wird, in dem sich jeder einzelne Nutzer an der Finanzierung beteiligt hat. Sollte eine einzelne Regierung also feststellen (b), dass sie bisher den geringsten relativen Beitrag hinterlegt hat, so bestünde für sie aufgrund von Regel (d) und (e) ein erheblich größerer Anreiz, ihre individuellen Beiträge aufzustocken, als dies im Status quo der Fall ist: Die Regierung, die prozentual den geringsten Beitrag hinterlegt hat, könnte mit jedem zusätzlichen Anteil ε ihres BIP, den sie hinterlegt, die aktivierte Zahlungsbereitschaft (V) um ein ε des gesamten BIP aller an dem Fonds beteiligten Länder erhöhen.

Ein weiterer Anreizeffekt kommt hinzu: Gibt es eine Regierung, die glaubt, für das öffentliche Gut eine höhere Zahlungsbereitschaft zu haben als andere Regierungen, so wird es durch dieses Arrangement für sie attraktiver, höhere Beiträge zu hinterlegen: Erstens kann sie auf diese Weise dazu beitragen, dass die ‚säumigen Zahler' veranlasst werden, ihre Beiträge aufzustocken. Zweitens riskiert sie aufgrund von Regel (g) nicht, dass andere Nutzer von ihren Mehrleistungen profitieren, ohne sich selbst an den Kosten zu beteiligen.

Ein solches Regel-Arrangement dürfte es Demokratien deshalb wesentlich erleichtern, das Trittbrettfahrerproblem zu überwinden (siehe Abb. 10a). Sie würden in die Lage versetzt, eine ihrem gemeinsamen Interesse an Repressionsabbau (und Armutsbekämpfung) entsprechende Nachfrage nach diesem öffentlichen Gut zu generieren. Diese Kooperation zum wechselseitigen Vorteil ließe sich bereits als eine Form der ‚Entwicklungs-Zusammenarbeit' zwischen Demokratien bezeichnen. Die Stiftung, in Abbildung 10b schematisch dargestellt als graue Markierung, löst das Problem kollektiven Handelns auf der Nachfragerseite.

(2) Nun zur Marktseite der Anbieter (Diktatoren): Wie würde ein Diktator reagieren, wenn er von diesem Arrangement (aufgrund der Regeln h und q) erführe? Hier lauten die zentralen Schlussfolgerungen des Rational-Modells einer Diktatur, dass das Repressionsniveau in Diktaturen aus Sicht des Diktators ein Gleichgewicht darstellt, dass ihm Abweichungen von diesem Gleichgewicht Kosten verursachen und dass er deshalb bereit wäre, dieses Gleichgewicht zu verlassen, wenn ihm diese Kosten mindestens erstattet würden. Dies bedeutet: Sobald das Fondsvolumen größer als null ist, wird das Repressionsgleichgewicht in Diktaturen gestört, da jeder Diktator durch eine Absenkung des Repressionsniveaus individuelle Gewinne erzielen kann.

Um diese These nachzuvollziehen, ist die in Regel (j) genannte Auszahlungsformel näher zu erläutern. Im Zähler der Formel steht die Absenkung f_i des Repressionsniveaus in Land i im Verlauf des letzten Jahres. Dieser Wert wird mit der Einwohnerzahl p_i des Landes i gewichtet. Dadurch wird berücksichtigt, dass der Abbau einer Einheit Repression in großen Ländern vermutlich höhere Kosten verursacht als in kleinen Ländern und dass für (die Bürger von) Demokratien der Nutzen umso größer ist, je mehr Menschen in den Genuss von weniger Repression kommen. Dieser gewichtete Demokratisierungsfortschritt wird mit dem im Vorjahr (d) generierten, dem Diktator bekannten (h) Fondsvolumen V multipliziert. Der gesamte Bruch und damit die individuelle Auszahlung a_i ist also umso größer, je stärker der Diktator das Repressionsniveau absenkt. Gegeben die Absenkungen des Repressionsniveaus in anderen Ländern, hat jeder Diktator somit einen Anreiz, Kosten und Nutzen einer Substitution von Repression durch Loyalitätskauf abzuschätzen und den Substitutionsprozess so lange durchführen, bis der erwartete Grenzertrag und die erwarteten Grenzkosten sich ausgleichen und ein neues Gleichgewicht erreicht ist.

In dem skizzierten Arrangement hat dieses individuell rationale, nutzenmaximierende Verhalten eines einzelnen Diktators Rückwirkungen auf alle anderen Diktatoren: Im Nenner der Formel (j) steht die Summe aller – mit der jeweiligen Bevölkerungszahl gewichteten – Absenkungen des Repressionsniveaus, also gleichsam der weltweite Demokratisierungsfortschritt. Folglich vergrößert jede Absenkung des Repressionsniveaus den Nenner der Formel. Auf diese Weise führt der Demokratisierungsfortschritt in einem Land dazu, dass ceteris paribus die Auszahlungen für die Regierungen aller anderen Länder sinken. Betreibt ein Diktator in seinem Land Repressionsabbau, so sendet er dadurch – vermittelt über die Formel – einen externen Effekt an alle anderen Diktaturen aus, den er jedoch in seinem individuellen Kalkül nicht in Rechnung stellt. Die Folge: Jeder Diktator versucht, *auf Kosten der anderen* möglichst hohe Zahlungen für Repressionsabbau zu erhalten. Unter den Diktatoren entsteht so ein Wettbewerb um Demokratisierungsfortschritte, eine ‚Entwicklungs-Konkurrenz' (vgl. Abb. 10b).[43]

Die Regeln (k) bis (o) dienen dazu, Diktatoren daran zu hindern, in strategisch-manipulativer Absicht gezielt Rückschritte im Prozess der Absenkung des Repressionsniveaus herbeizuführen, denn Fortschritte würden nur in Relation zum Ausgangsjahr belohnt, und Rückschritte würden zu einer Sperrung des Auszahlungskontos führen.

(3) Zuletzt zum Verhältnis zwischen beiden Marktseiten: Hier ist zu fragen, ob durch dieses Arrangement das Vertragsdurchsetzungsproblem zwischen Demokratien und Diktaturen gelöst werden kann. Zwar würden bei der hier vorgeschlagenen Lösung keine Verträge im formalrechtlichen Sinne zwischen demokratischen Regierungen und Diktatoren abgeschlossen. Dennoch könnte der Austausch von Leistung und Gegenleistung indirekt über die Stiftung erfolgen, die in Abb. 10b grau hinterlegt dargestellt ist. Demokratien würden also durch die Hinterlegung von Geldern nicht sich selbst, sondern diese Stiftung dazu verpflichten, Diktatoren für eine Absenkung des Repressionsniveaus zu bezahlen. Diese Verpflichtung wäre aufgrund der Bindung der Stiftung an ihre eigene Satzung (b) glaubhaft. Außerdem wäre die Höhe des generierten Fondsvolumens (h) und das Regelwerk selbst (q) der Anbieterseite bekannt, so dass es sich faktisch um ein verbindliches Zahlungsangebot seitens der Stiftung handelt, das Diktatoren dann durch die Absenkung des Repressionsniveaus annehmen können. Die Vorschrift (r), welche eine kurzfristige Regeländerung unterbindet, dient in diesem Zusammenhang dazu, Dik-

---

43 Unter den Regeln des skizzierten Arrangements ist es daher wenig wahrscheinlich, dass sich die Diktatoren zu einem Kartell zusammenschließen können, um die Konditionen der Entwicklungszusammenarbeit zu ihren Gunsten zu manipulieren.

tatoren Planungssicherheit zu geben und dadurch ihre Bereitschaft zu erhöhen, die Risiken einer Investition in Repressionsabbau einzugehen.

Je glaubwürdiger diese Regeln sind, desto glaubwürdiger sind die Anreize, welche auf der Anbieterseite einen Wettbewerb um die Absenkung des Repressionsniveaus in Kraft setzen. Dies hat wiederum Rückwirkungen auf die Nachfragerseite: Der Grenzertrag jedes individuellen Finanzierungsbeitrags, den eine einzelne demokratische Regierung leistet, wäre bei Inkraftsetzung einer ‚Entwicklungs-Konkurrenz' auf der Anbieterseite höher als im Status quo. Das öffentliche Gut erscheint in der individuellen Wahrnehmung als verbilligt. Deshalb werden rationale demokratische Regierungen bei einer simultanen Lösung beider Probleme vergleichsweise größere Beiträge zur Finanzierung des öffentlichen Gutes leisten, als es allein durch die Lösung des Trittbrettfahrerproblems zu erwarten wäre.

2. Ein Rechenbeispiel

(1) Ein konkretes Beispiel soll die grundsätzliche Funktionsweise des Arrangements verdeutlichen: *Freedom House* zufolge konnten im Vergleich der Jahre 2005 und 2006 von 193 untersuchten Ländern lediglich 15 ihr Rating verbessern, während 19 Länder zurückgestuft wurden. Hätte im Frühjahr 2007 ein Fondsvolumen von 50 Mrd. US-Dollar zur Ausschüttung angestanden – dies entspricht ca. 0,15% des BIP der DAC-Länder –, so hätten 15 Regierungen an der Ausschüttung partizipiert. Die Tabelle auf der folgenden Seite (Abb. 11) zeigt die FHI-Ratings dieser Länder für die Jahre 2005 und 2006 in den beiden gemessenen Kategorien politische Rechte und bürgerliche Freiheiten, die sich daraus jeweils ergebenen Reformfortschritte f_i, die Bevölkerungszahl p_i und die mittels der in Regel (j) genannten Formel berechneten Auszahlungsbeträge a_i. Weiter lassen sich der Tabelle die individuellen Auszahlungen relativ zum BIP dieser Länder a_i/BIP_i sowie relativ zu den jährlichen Staatseinnahmen a_i/B_i (jeweils offizielle Wechselkurse) entnehmen.[44]

Die Regierung von Bosnien-Herzegowina erreichte beispielsweise eine Heraufstufung in der Kategorie „politische Rechte". Ihr FHI-Rating verbesserte sich von (4, 3) für das Jahr 2005 auf (3, 3) für das Jahr 2006. Bei einer Bevölkerung von ca. 4,55 Mio. und gegebenen Fortschritten in anderen Ländern hätte dies eine Auszahlung in Höhe von 0,97 Mrd. US-Dollar nach sich gezogen, was 6,8% des bosnischen BIP bzw. 17% der bosnischen Staatseinnahmen entspricht.

Die Regierung Syriens hingegen konnte eine Heraufstufung um einen Punkt in der Kategorie „Bürgerfreiheiten" erzielen. Ihr FHI-Rating verbesserte sich vom schlechtesten möglichen Rating (7, 7) auf (7, 6). Da Syrien mit knapp 20 Mio. Einwohnern etwa viermal bevölkerungsreicher ist als Bosnien-Herzegowina, wäre auch der Auszahlungsbetrag mit 4,1 Mrd. US-Dollar etwa viermal so hoch gewesen. Allerdings ist Syrien zugleich auch wirtschaftlich weniger entwickelt als Bosnien-Herzegowina. Die Einnahmen des syrischen Staates pro Kopf der Bevölkerung sind relativ gering. Deshalb

---

44 Quelle: *Freedom House* (2007), *Central Intelligence Agency* (2007), eigene Berechnung. Bei den Daten der *CIA* handelt es sich um Schätzungen.

hätte dieser Auszahlungsbetrag bereits etwa 47% der jährlichen Staatseinnahmen Syriens ausgemacht.

Die mit Abstand größten Fortschritte erzielte die Regierung Haitis. Sie konnte eine Heraufstufung um insgesamt vier Punkte von (7, 6) auf (4, 5) vorweisen. Dafür hätte sie eine Auszahlung in Höhe von 7,39 Mrd. US-Dollar erhalten, was nicht weniger als 1920% ihrer jährlichen Einnahmen entspricht.

Doch selbst dieser extrem hohe Wert wäre von der Regierung des Kongo (Kinshasa) noch übertroffen worden: Die kongolesische Regierung hätte durch eine Heraufstufung im FHI um nur einen einzigen Punkt von (6, 6) auf (5, 6) eine Ausschüttung in Höhe von 13,95 Mrd. US-Dollar generieren können. Das entspricht fast 2000% ihrer jährlichen Einnahmen.

Abb. 11: Hypothetische Auszahlungen für Repressionsabbau im Jahr 2006

Land i	FHI_i 2005	FHI_i 2006	f_i	p_i (Mio.)	a_i (Mrd. $)	a_i/BIP_i (%)	a_i/B_i (%)
Bosnien-Herzegowina	(4, 3)	(3, 3)	1	4,6	0,966	10,5	17,1
Komoren	(4, 4)	(3, 4)	1	0,7	0,151	37,6	547
Kongo (Kinshasa)	(6, 6)	(5, 6)	1	65,8	13,953	173,7	1993,3
Guatemala	(4, 4)	(3, 4)	1	12,7	2,701	7,7	70,3
Guyana	(3, 3)	(2, 3)	1	0,7	0,163	19,7	45,3
Haiti	(7, 6)	(4, 5)	4	8,7	7,390	124,3	1919,6
Kuwait	(4, 5)	(4, 4)	1	2,5	0,532	0,9	0,9
Liberia	(4, 4)	(3, 4)	1	3,2	0,678	75,1	794,2
Malawi	(4, 4)	(4, 3)	1	13,6	2,887	132,9	352,7
Mauritanien	(6, 4)	(5, 4)	1	3,3	0,694	42,3	164,8
Nepal	(6, 5)	(4, 5)	2	28,9	12,266	171,5	1063,9
Syrien	(7, 7)	(7, 6)	1	19,3	4,099	16,9	47,1
Trinidad und Tobago	(3, 2)	(2, 2)	1	1,1	0,224	1,4	3,5
Verein. Arab. Emirate	(6, 6)	(6, 5)	1	4,4	0,943	0,6	1,6
Sambia	(4, 4)	(3, 4)	1	11,5	2,436	41,9	91,1

Bei dieser Beispielrechnung ist zu berücksichtigen, dass die Auszahlungen a_i den Staatshaushalten dieser Länder nicht schlagartig, sondern in Form eines kontinuierlichen Zahlungsstromes zufließen würden. Zu berücksichtigen ist ferner, dass die Heraufstufungen im FHI, die dem Rechenbeispiel zugrunde liegen, ohne die Anreizwirkung eines solchen Fonds zustande gekommen sind. Der Zweck des Fonds besteht jedoch gerade darin, die Regierungen von Entwicklungsländern zu *zusätzlichen* Reformanstrengungen zu veranlassen. Bei einer dynamischen Betrachtung des skizzierten Arrangements wäre damit zu rechnen, dass (aufgrund der Anreize) weltweit *mehr* Repression abgebaut wird als im Status quo und dass folglich der Auszahlungsbetrag pro Einheit Repressionsabbau *sinkt*. Es würden Demokratisierungsprozesse ausgelöst, die erst dann an ihr Ende gelangen, wenn bei gegebenem Fondsvolumen sich für die Regierungen politischer Entwicklungsländer ein weiterer Repressionsabbau nicht mehr lohnt, weil ihre Grenzkosten die Grenzerträge zu übersteigen beginnen, und wenn gleichzeitig die Geberländer nicht mehr bereit sind, das Fondsvolumen noch weiter zu erhöhen.

Damit von dem Arrangement eine effektive Anreizwirkung ausgehen kann, müssen das Fondsvolumen und die Auszahlungsmodalitäten ex ante bekannt sein. Nur dann nämlich können die politischen Führungen aller potentiellen Anbieter von Demokratisierung verlässliche Erwartungen darüber bilden, ob und in welchem Umfang eine Absenkung des Repressionsniveaus sich für sie lohnen könnte. Dabei dürften die Anreize, dies zu tun, in den ärmsten Ländern am höchsten sein, denn die Auszahlungen, die sich dadurch generieren lassen, machen sich in den öffentlichen Haushalten armer Länder vergleichsweise stärker bemerkbar als in denen reicher Länder. Da nun aber gerade in den ärmsten Ländern in der Regel auch die größten politischen Entwicklungsdefizite vorliegen, dürfte dieses Arrangement tatsächlich das Potential bergen, Armutsbekämpfung *durch* Demokratisierung gerade dort zu fördern, wo beides wohl am dringendsten erwünscht, gegenwärtig aber am schwierigsten möglich ist:[45] in ökonomisch rückständigen Diktaturen.

Auch dürfte dieses Arrangement in besonderer Weise geeignet sein, den – in politischer, institutioneller, sozioökonomischer, kultureller, religiöser Hinsicht usw. – oft sehr spezifischen Bedingungen in ganz unterschiedlichen Zielländern Rechnung zu tragen: Die Regierungen dieser Länder können nämlich Heraufstufungen im FHI letztlich nur erreichen – und auf Dauer stellen –, indem sie mit Oppositionellen und anderen politischen oder zivilgesellschaftlichen Akteuren in *Verhandlungen* eintreten über institutionelle Reformen auf dem Weg zu mehr Demokratie. Da etwaige Verhandlungserfolge prämiert werden, können beide Seiten die dadurch zusätzlich verfügbar werdenden Mittel so einsetzen, dass auch hier Potentiale wechselseitiger Besserstellung ausgeschöpft werden. Allerdings würden die Reformen, die notwendig sind, um solche Auszahlungen zu generieren, im Gegensatz zur heute weit verbreiteten Praxis der Entwicklungs-,Zusammenarbeit' nicht von vermeintlichen Demokratie-, Armuts- oder Länder-Experten geplant und top-down verordnet, sondern sie würden bottom-up von den direkt betroffenen Akteuren selbst ersonnen und implementiert. Statt Reformergebnisse zu diktieren, würden Reformprozesse stimuliert.[46]

---

45 Vgl. hierzu beispielsweise *Brainard* (2007, S. 26).
46 Diese Überlegung ist anschlussfähig an den spieltheoretischen Ansatz von *Acemoglu* und *Robinson* (2006). Sie modellieren Demokratisierung als Ergebnis eines politischen Prozesses, in dem die in einer Diktatur herrschenden Eliten der unterdrückten Bevölkerungsmehrheit institutionelle Zugeständnisse machen. Solche Zugeständnisse können im Modell nur unter ganz bestimmten, historisch seltenen Situationsbedingungen wechselseitig vorteilhaft und damit anreizkompatibel sein. Vgl. *Wockenfuß* (2007). Ähnlich argumentieren bereits *Pies* und *Voigt* (2004). Seit dem Beitrag von *Lipset* (1959) gibt es eine bibliothekenfüllende Literatur, die sich – bislang ohne befriedigende Antwort – mit der Frage beschäftigt hat, wie die historische Konstellation beschaffen sein muss, damit ein Demokratisierungsprozess wahrscheinlich oder auch nur möglich wird. Aus der Perspektive des hier vertretenen Denkansatzes verliert diese Frage dramatisch an Bedeutung. Denn man muss eine solche Konstellation nicht abwarten, sondern kann sie mit dem Arrangement herbeiführen: Durch die Prämierung aller Verhandlungsergebnisse, welche in Richtung Demokratisierung weisen, wird den von *Acemoglu* und *Robinson* (2006) modellierten Akteuren systematisch ein Anreiz gegeben, sich auf Maßnahmen zum Repressionsabbau zu einigen, ohne dass die Geldgeber über die konkreten Details dieser Abmachun-

(2) Zur Einordnung: Bei diesem Rechenbeispiel handelt es sich lediglich um eine grobe Skizze. Sollten reale Akteure der internationalen Entwicklungszusammenarbeit in Erwägung ziehen, ein ähnliches Arrangement zu implementieren, so wären zuvor zahlreiche derzeit noch offene Fragen zu diskutieren. Einige seien hier zumindest genannt.

Zunächst wäre zu klären, welcher der gängigen Freiheits-, Demokratie-, oder Governance-Indizes – oder welche Kombination dieser Indizes – besonders geeignet sein könnte, einen Rückgang des Repressionsniveaus jährlich zu messen. Alternativ wäre es auch denkbar, zu diesem Zweck einen neuen Index zu erstellen.

Bei dem gewählten Index wäre dann eine möglichst feine Skala von Vorteil. Eine derart grobe Skalierung, wie sie in der obigen Beispielrechnung verwendet wurde, würde nämlich im Falle einer Heraufstufung Indiens oder Chinas im FHI dazu führen, dass fast das gesamte Fondsvolumen allein an diese Länder ausgeschüttet würde. Aus Sicht der Regierungen kleinerer Staaten entstünde dadurch ein hohes, schwer kalkulierbares Risiko, trotz eines erfolgreichen Repressionsabbaus nicht in der erwarteten Höhe belohnt zu werden. Diese Unsicherheit könnte die Regierungen kleinerer Länder von vornherein zu geringeren Investitionen veranlassen. Zudem wäre nicht auszuschließen, dass politische Instabilität bis hin zum Bürgerkrieg hervorgerufen wird, sollte durch ein Ausbleiben erwarteter Mittelzuflüsse das angepeilte Machtniveau nicht mehr gewährleistet werden können.

Des Weiteren wäre dem Problem zu begegnen, dass versucht werden könnte, die empirische Messung von Fortschritten beim Repressionsabbau manipulativ zu beeinflussen: Manipulationsversuche können sowohl von Diktaturen als auch von Demokratien ausgehen. Die Gefahren reichen von der Datenfälschung über eine fehlerhafte Datenverarbeitung bis hin zur Korruption. Neben der möglichen Manipulation von Ratings oder Auszahlungen bestünde eine weitere Manipulationsgefahr darin, dass potentielle Empfängerländer versuchen könnten, durch Kartellbildung den Wettbewerb auf ihrer Marktseite auszuschalten und gezielt nur geringere Fortschritte als möglich anzustreben: Durch ein abgestimmtes, kollusives Verhalten können diktatorische Regimes die Auszahlungen pro Einheit Repressionsabbau in die Höhe treiben. Dem muss vorgebeugt werden.

Ein anderes Problem könnte entstehen, wenn demokratische Regierungen versuchen sollten, ihre Sperrminorität strategisch zu missbrauchen, um auf andere demokratische Regierungen Druck auszuüben. Die gezielte – oder auch nur angedrohte – Weigerung einer einzelnen Regierung, Finanzierungsbeiträge zu hinterlegen, könnte verhindern, dass überhaupt ein Fondsvolumen generiert werden kann.

Ferner wäre zu diskutieren, ob alle Länder, die nicht über ein Repressionsniveau von null verfügen, in diese Art der Entwicklungszusammenarbeit aufgenommen werden sollten, und welche Anreizwirkungen von dem Arrangement ausgingen, falls das zweite Entwicklungsziel der Armutsbekämpfung – oder auch ein Maß für ökonomische Freiheit – direkt in die Auszahlungsformel aufgenommen würde.[47]

---

gen Kenntnis haben müssen: Anreizkompatibilität ermöglicht Informationseffizienz. Hierin liegt ein großer Vorteil der Umstellung von Fremdsteuerung auf Selbststeuerung.
47 Es ist zu beachten, dass das hier vorgestellte Instrument lediglich eine effiziente Demokratieförderung, nicht aber notwendig auch eine effiziente Armutsbekämpfung gewährleisten kann. Dies ist

Und schließlich stellt sich die Frage, ob und wie die Unabhängigkeit und Glaubwürdigkeit eines solchen Arrangements zu gewährleisten ist. Glaubwürdigkeit kann nur hergestellt werden, wenn die Organisation, welche die Zahlungsströme abwickelt, regierungsunabhängig ist. Dass dies prinzipiell möglich ist, zeigt das Beispiel unabhängiger Notenbanken. Ob allerdings, wie hier angeregt, eine Stiftung öffentlichen Rechts diese Unabhängigkeit gewährleisten kann, oder ob dazu eine staatliche, eine internationale, eine supranationale oder gar eine private Organisation möglicherweise besser geeignet sein könnte, ist eine noch weitgehend offene Frage.[48]

V. Schlussbetrachtung

Es gehört zu den Eigentümlichkeiten des entwicklungspolitischen Diskurses, so wie er in den letzten Jahren und Jahrzehnten geführt worden ist, dass häufig – entweder explizit oder implizit – unterstellt wird, es gebe eine Zielkomplementarität zwischen Demokratieförderung und Armutsbekämpfung. Dabei beruft man sich in der Regel auf einen empirischen Befund: auf die im Länderquerschnitt in der Tat sehr deutlich nachweisbare positive Korrelation zwischen Demokratisierungsgrad und ökonomischer Prosperität (vgl. Abb. 2). Dies hat in der Praxis der Entwicklungszusammenarbeit dazu geführt, dass zumeist versucht wird, beide Zieldimensionen umstandslos simultan zu verfolgen – mit bisher wenig überzeugenden Resultaten.

Im vorliegenden Beitrag werden diese bislang wenig überzeugenden Resultate darauf zurückgeführt, dass es aufgrund der politischen Binnenlogik in zahlreichen Entwicklungsländern zu einem Trade-Off zwischen beiden Zieldimensionen kommt: Entwicklungspolitisch motivierte Maßnahmen der Armutsbekämpfung können autokratische Regimes stabilisieren, anstatt Demokratisierungsprozesse auszulösen. Und umgekehrt kann der Fall auftreten, dass Maßnahmen, die auf eine Schwächung autokratischer Re-

---

schon deshalb so, weil ein armes Land, das bereits demokratisch regiert wird, aus diesem speziellen Fonds überhaupt keine Mittel erhalten würde. Dennoch kann man erstens annehmen, dass eine Ausweitung nicht-repressiver Maßnahmen des Machterhalts (öffentliche Güter und Privilegien) in den Zielländern tendenziell positive Armutsbekämpfungseffekte zeitigen werden. Zweitens ließe sich immerhin verhindern, dass die eingesetzten Mittel zweckentfremdet werden und unter Umständen sogar negative Demokratisierungseffekte auslösen.

48 Auch wenn die hier vorgestellten theoretischen Überlegungen auf den ersten Blick unkonventionell erscheinen mögen – ein ähnlicher Ansatz existiert bereits in der Praxis: *Mo Ibrahim*, ein Mobilfunkunternehmer britisch-sudanesischer Abstammung, der in seiner Jugend übrigens glühender Marxist war, hat als reicher Privatmann im Jahr 2006 die „Mo Ibrahim Foundation" gegründet. Diese Stiftung vergibt jährlich den „Mo Ibrahim Prize for Achievement in African Leadership" an ehemalige afrikanische Staatschefs. Der Preis ist mit 5 Mio. Dollar zuzüglich einer lebenslangen Rente wohl die höchstdotierte Auszeichnung der Welt. Er wurde erstmals im Jahr 2007 an den ehemaligen Präsidenten Mosambiks, *Joaquim Chissano*, vergeben. Vgl. *Pinzler* (2007). *Chissano* beendete den jahrelangen Bürgerkrieg in Mosambik und trat freiwillig von seinem Präsidentenamt zurück, obwohl er nach der Verfassung für eine weitere Periode hätte kandidieren dürfen. Zwar dürfte *Chissano* zum Zeitpunkt seines Rücktritts von der Existenz dieses Preises nichts gewusst haben, weshalb sein integeres Verhalten andere Ursachen gehabt haben muss. Nunmehr ist die Existenz des Preises allerdings bekannt, und es ist davon auszugehen, dass hierdurch ein glaubwürdiger Anreiz gesetzt werden konnte, der auch weitere afrikanische Staatsmänner zu integerem Verhalten veranlassen könnte. Die hier vorgestellten Überlegungen können deshalb auch als Anregung zur systematischen Weiterentwicklung des Ansatzes der Mo Ibrahim Foundation aufgefasst werden.

gimes ausgerichtet sind, nicht nur politischen Druck auf die jeweilige Regierung ausüben, sondern ungewollt auch die Bevölkerung dieser Länder wirtschaftlich in Mitleidenschaft ziehen.

Ein solcher Trade-Off ist freilich nicht unüberwindbar. Er ist kein Schicksal. Man kann den situativ auftretenden Zielkonflikt zwischen Demokratieförderung und Armutsbekämpfung auflösen. Eine orthogonale Positionierung ist möglich. Sie setzt jedoch voraus, dass man den Trade-Off zuvor klar ins Auge fasst und eine entsprechende Umgestaltung des internationalen Ordnungsrahmens gezielt in Angriff nimmt. Der vorliegende Beitrag skizziert einen Vorschlag hierzu. Er liefert kein Patentrezept. Aber er markiert die Richtung, in der nach Verbesserungsvorschlägen gesucht werden kann. Es geht darum, jene Denk- und Handlungsblockaden aufzubrechen, die dadurch zustande kommen, dass in der Theorie und Praxis der Entwicklungszusammenarbeit das Eigeninteresse politischer Akteure – insbesondere diktatorischer Regimes – bislang nicht systematisch in Rechnung gestellt wird.

Literatur

Acemoglu, Daron und James A. Robinson (2006): Economic Origins of Dictatorship and Democracy, New York.
Arrow, Keneth (1951): Social Choice and Individual Values, New York.
Becker, Gary S. (1958, 1982): Wettbewerb und Demokratie, in: Ders.: Der ökonomische Ansatz zur Erklärung menschlichen Verhaltens, Tübingen, S. 33-39.
Brainard, Lael (2007): A Unified Framework for U.S. Foreign Assistance, in: Lael Brainard (Hrsg.), Security by other Means. Foreign Assistance, Global Poverty, and American Leadership, Washington D.C., S. 1-31.
Buchanan, James M. und Gordon Tullock (1962, 1990): The Calculus of Consent. Logical Foundation of Constitutional Democracy, Ann Arbor.
Central Intelligence Agency (2007): The World Factbook. Internet-Datenbank der University of Missouri, St. Louis: http://www.umsl.edu/services/govdocs/wofact2007/index.html (Zugriff am 17. April 2008).
Coase, Ronald (1960): The Problem of Social Cost, in: Journal of Law and Economics, Vol. 3, Nr. 1, S. 1-44.
Collier, Paul (2007): The Bottom Billion – Why the Poorest Countries are Failing and What Can Be Done About It, New York.
Cox, Dan G. und A. Cooper Drury (2006): Democratic sanctions: connecting the democratic peace and economic sanctions, in: Journal of Peace Research 43(6), November 2006, S. 709-722.
Downs, Anthony (1957): An Economic Theory of Democracy, New York.
Easterly, William R. (2001): The Elusive Quest for Growth: Economists Adventures and Misadventure in the Tropic, Cambridge, MA.
Easterly, William R. (2006): The White Man's Burden. Why the West's Effort to Aid the Rest Have Done so Much Ill and so Little Good, New York.
Freedom House (2007): Freedom in the World 2006. The Freedom House Annual Survey of Political Rights and Civil Liberties, New York.
Freedom House (2008): Freedom in the World 2007. The Freedom House Annual Survey of Political Rights and Civil Liberties, New York.
Fukuyama, Francis (1992): The End of History and the Last Man, New York.
Hielscher, Stefan und Ingo Pies (2006): Internationale Öffentliche Güter – Ein neues Paradigma der Entwicklungspolitik?, in: Udo Ebert (Hrsg.): Wirtschaftsethische Perspektiven VIII. Grundsatzfragen, Unternehmensethik, Institutionen, Probleme internationaler Kooperation und nachhaltiger Entwicklung, Berlin, S. 201-227.

Homann, Karl und Ingo Pies (1994a): Wie ist Wirtschaftsethik als Wissenschaft möglich? Zur Theoriestrategie einer modernen Wirtschaftsethik, in: Ethik und Sozialwissenschaften 5(1), S. 94-108.

Homann, Karl und Ingo Pies (1994b): Wirtschaftsethik in der Moderne: Zur ökonomischen Theorie der Moral, in: Ethik und Sozialwissenschaften 5(1), S. 3-12.

Huntington, Samuel P. (1991): The Third Wave: Democratization in the late twentieth century, Norman, Oklahoma.

Lipset, Seymour M. (1959): Some Social Requisites for Democracy: Economic Development and Political Legitimacy, in: American Political Science Review Nr. 53, S. 69-105.

OECD (2008): Development Co-operation Report 2007, Bd. 9, Nr. 1, Paris.

Olson, Mancur (1965, 1985): Die Logik des kollektiven Handelns, 2. Auflage, Tübingen.

Olson, Mancur (2000): Power and Prosperity: Outgrowing Communist and Capitalist Dictatorships, New York.

Petrick, Martin und Ingo Pies (2007): In search for rules that secure gains from cooperation: the heuristic value of social dilemmas for normative institutional economics, in: European Journal of Law and Economics 23, S. 251-271.

Pies, Ingo, Markus Beckmann, Stefan Hielscher (2007): Mind the Gap! – Ordonomische Überlegungen zur Sozialstruktur und Semantik moderner Governance, Diskussionspapier des Lehrstuhls für Wirtschaftsethik an der Martin-Luther-Universität Halle-Wittenberg, Nr. 2007-16, Halle.

Pies, Ingo (2000a): Wirtschaftsethik als ökonomische Theorie der Moral – Zur fundamentalen Bedeutung der Anreizanalyse für ein modernes Ethik-Paradigma, in: Wulf Gaertner (Hrsg.): Wirtschaftsethische Perspektiven V. Methodische Ansätze, Probleme der Steuer- und Verteilungsgerechtigkeit, Ordnungsfragen. Schriften des Vereins für Socialpolitik, Band 228/V, Berlin, S. 11-33.

Pies, Ingo (2000b): Theoretische Grundlagen demokratischer Wirtschaftspolitik – Der Beitrag von Ronald Coase, in: Ingo Pies und Martin Leschke (Hgg.), Ronald Coase' Transaktionskosten-Ansatz, Tübingen, S. 1-29.

Pies, Ingo und Markus Sardison (2006): Wirtschaftsethik, in: Nikolaus Knoepffler, Peter Kunzmann, Ingo Pies und Anne Siegetsleitner (Hrsg.): Einführung in die Angewandte Ethik, Freiburg und München, S. 267-298.

Pies, Ingo (2008): Markt und Organisation – Programmatische Überlegungen zu Wirtschafts- und Unternehmensethik, Diskussionspapier des Lehrstuhls für Wirtschaftsethik an der Martin-Luther-Universität Halle-Wittenberg, Nr. 2008-2, Halle.

Pies, Ingo und Peter Sass (2006): Korruptionsprävention als Ordnungsproblem – Wirtschaftsethische Perspektiven für Corporate Citizenship als Integritätsmanagement, in: ORDO – Jahrbuch für die Ordnung von Wirtschaft und Gesellschaft, Bd. 57, Stuttgart, S. 341-369.

Pies, Ingo und Cora Voigt (2004): Demokratie in Afrika – Eine wirtschaftsethische Stellungnahme zur Initiative „New Partnership for Africa's Development", Wirtschaftsethische Perspektiven VIII. Grundsatzfragen, Unternehmensethik, Institutionen, Probleme internationaler Kooperation und nachhaltiger Entwicklung, Berlin, S. 153-172.

Pigou, Arthur C. (1912): Wealth and Welfare, London.

Pinzler, Petra (2007): „Immer schön sauber bleiben", in: DIE ZEIT, 27.12.2007, Nr. 1, http://www.zeit.de/2008/01/Portrait-Ibrahim?page=all (Zugriff am 12.03.2008).

Robinson, James A. (2006): Economic Development and Democracy, in: Annual Review of Political Science 9, S. 503-527.

Sachs, Jeffrey D. (2005): The End of Poverty: Economic Possibilities of our Time, New York.

Schumpeter, Joseph A. (1942): Capitalism, Socialism and Democracy, New York.

Sobek, David, M. Rodwan Abouharb und Christopher G. Ingram (2006): The Human Rights Peace: How the Respect for Human Rights at Home Leads to Peace Abroad, in: Journal of Politics 68(3), August 2006, S. 519-529.

Sunde, Uwe (2006): Wirtschaftliche Entwicklung und Demokratie, in: Perspektiven der Wirtschaftspolitik, 2006 7(4), S. 471-499.

Tullock, Gordon (1987): Autocracy, Dodrecht.

UNO (2000): United Nations Millennium Declaration, A/Res/55/2, New York.

UNO (2007): Millennium Development Goals Report, New York.

Wintrobe, Ronald (1990): The Tinpot and the Totalitarian: An Economic Theory of Dictatorship, in: American Political Science Review 84, 1990, S. 849-872.
Wintrobe, Ronald (1998): The Political Economy of Dictatorship, New York.
Wockenfuß, Christof (2007): Ökonomische Überlegungen zur Entstehung von Demokratie. Anmerkungen zum Buch von Daron Acemoglu und James A. Robinson „Economic Origins of Dictatorship and Democracy", in: ORDO - Jahrbuch für die Ordnung von Wirtschaft und Gesellschaft, Bd. 58, S. 262-265.

Zusammenfassung

Die internationale Entwicklungszusammenarbeit verfolgt zwei Ziele: Armutsreduzierung und Demokratisierung. Auf der Grundlage eines Rational-Choice-Modells wird gezeigt, dass diese Ziele in einem Konflikt zueinander stehen, wenn Maßnahmen westlicher Entwicklungspolitik in und auf Diktaturen angewandt werden. Es liegt ein Trade-Off vor: Mehr Armutsbekämpfung bedeutet weniger Demokratisierung – und umgekehrt. Dieser Trade-Off lässt sich auflösen, wenn es gelingt, bei diktatorischen Regimes ein Interesse daran zu wecken, ihrer Bevölkerung gegenüber weniger repressiv aufzutreten. Hierfür müsste die internationale Entwicklungszusammenarbeit mit einem geeigneten Ordnungsrahmen versehen werden. Der vorliegende Beitrag skizziert ein institutionelles Arrangement, das dazu beitragen könnte. Die zugrunde liegende These lautet, dass dieses Arrangement den Trade-Off überwinden würde und dass sowohl demokratische Regierungen als auch Diktatoren ein Interesse an seiner Implementierung hätten.

Summary:
Poverty reduction versus democracy promotion? How to overcome the trade-off in development cooperation

International development and co-operation policies try to achieve two goals simultaneously: poverty alleviation and democratization. Using a rational choice approach to non-democratic regimes, this paper argues that there is a trade-off between these two goals whenever western development policies are applied to, or within, dictatorships. In any such cases, more poverty alleviation means less democratization, and vice versa. It is possible to overcome this trade-off, however, if one can arouse the interest of dictatorial regimes to be less repressive towards their citizens. To accomplish this, development co-operation requires an appropriate framework. This article sketches an institutional arrangement that could contribute to this task. The underlying thesis is that this arrangement would be able to overcome the trade-off between poverty alleviation and democratization, and that democratic governments as well as dictators do have a common interest in implementing it.

Stefan Hielscher

Die Sachs-Easterly-Kontroverse: „Dissent on Development" Revisited – Eine ordonomische Analyse zur Interdependenz von Sozialstruktur und Semantik moderner Entwicklungspolitik

Inhalt

I. Dissent on Development? Sozialstruktur und Semantik in der Entwicklungsdebatte 441
II. *Jeffrey Sachs'* Ansatz klinischer Ökonomik 443
   1. Diagnose 445
   2. Therapie 448
III. William Easterlys ordnungspolitischer Ansatz der (Entwicklungs-)Politikberatung 450
   1. Diagnose 452
   2. Therapie 456
III. Jeffrey Sachs und William Easterly im Vergleich: Zur Interdependenz von Sozialstruktur und Semantik moderner Entwicklungspolitik 457
   1. Sozialstruktur 458
   2. Semantik 461
IV. Zur Legitimation der Entwicklungspolitik: Die Konzeption internationaler öffentlicher Güter 462
   1. Reziprozität 463
   2. Begründung 464
   3. Reform 467
V. Diskursivität und Kritik in der Entwicklungsdebatte 469
Literatur 470
Zusammenfassung 473
Summary: The Sachs-Easterly-Controversy: „Dissent on Development" Revisited 473

I. Dissent on Development?
Sozialstruktur und Semantik in der Entwicklungsdebatte

(1) Im Jahr 1971 veröffentlicht der Entwicklungsökonom *Peter T. Bauer* eine Monografie mit dem programmatischen Titel: *Dissent on Development: Studies and Debates in Development Economics*.[1] Mit diesem Buch meldet *Bauer* Einspruch an gegen den damaligen vorherrschenden Konsens in der Entwicklungsdebatte: gegen die Vorstellung, dass Entwicklungshilfetransfers notwendig und hinreichend sind, um arme Länder aus einer „Armutsfalle" zu befreien oder um die „Wohlstandsschere" zwischen Arm und Reich zu schließen. Seine These lautet: Der öffentliche Diskurs über die internationale Entwicklungspolitik wird als *Schuld*- und *Hilfe*diskurs geführt, bei dem die Armut der armen Länder auf den Kolonialismus und die Ausbeutung durch die reichen Länder zurückführt und westliche Entwicklungshilfe als deren Wiedergutmachung ins Spiel gebracht wird. Auf diese Weise präjudiziere der Diskurs politische Handlungsempfehlungen, die die Entwicklungsaussichten der ärmsten Länder der Welt nicht verbessern, sondern, im Gegenteil, sogar verschlechtern. *Bauers* Botschaft lautet: Die aus seiner Sicht per Saldo negativen Folgen der Entwicklungspolitik sind letztlich auf die Semantik zurückzuführen: auf die Denkkategorien, die gedanklichen Brillen oder ‚Mental Models', mit deren Hilfe das Problem weltweiter Armut und Entwicklung wahrgenommen, beschrieben, rekonstruiert und bewertet wird. Die Diagnose lautet: Die Semantik des Entwicklungsdiskurses passt nicht zur Sozialstruktur der relevanten Probleme: zu den menschlichen Interaktionsmustern, den (kulturellen) Institutionen und den politischen Rahmenbedingungen, die dafür sorgen, dass die Transformation von einer armen Subsistenzwirtschaft zu einer modernen und wohlhabenden Tauschwirtschaft gelingen kann.[2]

Mit diesen provozierenden Thesen macht *Peter T. Bauer* aufmerksam auf eine Diskrepanz zwischen Sozialstruktur und Semantik. Die Analyse dieses Verhältnisses von Sozialstruktur und Semantik steht heute im Mittelpunkt eines Forschungsprogramms, das in jüngster Zeit unter dem Titel „Ordonomik" firmiert. Der Ordonomik geht es um eine rational-choice-basierte Analyse von (Interdependenzen zwischen) Sozialstruktur und Semantik. Ihr geht es insbesondere um die Frage, inwieweit die Semantiken – die Denkkategorien, begrifflichen „Brillen" und „Mental Models"[3] –, mit denen gesellschaftliche Probleme wahrgenommen, beschrieben, rekonstruiert und bewertet werden, auch tatsächlich geeignet sind, um die jeweils relevante Sozialstruktur dieser Probleme konstruktiv weiterentwickeln zu können.[4] Aus ordonomischer Perspektive kann *Bauers* These so reformuliert werden: Die seinerzeit vorherrschende *Aufklärungs*kultur kritisiert Bauer als kategorial ungeeignet, einen erfolgreichen Lernprozess weltgesellschaftlicher

---

1 Vgl. *Bauer* (1971a, S. 22) sowie *Bauer* (1971b).
2 Vgl. hierzu auch das Buch „Reality and Rhetoric" von *Bauer* (1984), das ebenfalls eine Diskrepanz zwischen Sozialstruktur – Reality – und Semantik – hier als Rhetorik bezeichnet – zum Ausgangspunkt der Analyse nimmt. Die Betonung von Semantik darf nicht missverstanden werden: Bei *Bauer* ist die Kritik an Semantik keineswegs l'art pour l'art, sondern zielt zentral auf die Reform der Sozialstruktur. Vgl. u.a. *Bauer* (1967) für eine Kritik an der entwicklungspolitischen Praxis, aber auch *Meyer* (1960, 1961) und *Dürr* (1967).
3 Vgl. *Denzau* und *North* (1994).
4 Vgl. hierzu *Pies* (2007), *Pies* (2008) sowie *Pies*, *Beckmann* und *Hielscher* (2007).

(Selbst-)*Steuerung* zur Entwicklung armer Gesellschaften anzuleiten. Aus *Bauer*s Sicht stecken die Maßnahmen der Entwicklungspolitik in einer tiefen Funktionalitäts- und Legitimationskrise.

(2) *Bauer*s Kritik an Semantik ist aktueller denn je. Auch heute lautet der Befund: *Dissent on Development*. Dabei entzündet sich der Dissens im Wesentlichen an der Forderung nach einer massiven Erhöhung der Entwicklungshilfe – einem *Big Push* –, um dem ambitionierten Ziel der Millennium Development Goals (MDGs) – vor allem dem Ziel, die absolute Armut bis zum Jahr 2015 zu halbieren – näher zu kommen. Aus ordonomischer Perspektive offenbart diese Debatte, dass es der Entwicklungspolitik nach wie vor an einer geeigneten Legitimationsgrundlage mangelt. Die These dieses Beitrags lautet: Die sozialstrukturellen Herausforderungen – in erster Linie: die Reform der entwicklungspolitischen Institutionen – können erst dann besser in Angriff genommen werden, wenn auch auf der Ebene der Semantik mittels einer Konzeption internationaler öffentlicher Güter konsequent von *Hilfe* auf *Kooperation* umgestellt wird.

Diese These wird in vier Schritten in Auseinandersetzung mit den aktuell konkurrierenden Ansätzen von *Jeffrey Sachs* auf der einen und *William Easterly* auf der anderen Seite entwickelt. Dabei wird deutlich, dass beide Autoren auf sehr unterschiedliche Probleme fokussieren. Während *Sachs* das Kernproblem im Faktum der Armut sieht, welches er direkt interventionistisch zu lösen versucht (Fokus: Armutsproblem), macht *Easterly* diesen Vorschlag einer interventionistischen Therapie zum zentralen Gegenstand seiner Kritik (Fokus: Interventionsproblem).

Schritt eins rekonstruiert *Jeffrey Sachs'* Konzeption „klinischer Ökonomik" als interventionistischen Ansatz der Entwicklungspolitik. Das Argument lautet: Weil *Sachs* das Armutsproblem im Wesentlichen auf eine technisch-finanzielle Armutsfalle zurückführt, fokussiert er mit seinen Forderungen nach Big-Push-Entwicklungshilfe vor allem auf die Höhe von Transfers. Die Qualität des Output hingegen findet in *Sachs'* Erklärungsbeitrag weniger Beachtung.

Schritt zwei rekonstruiert *William Easterly*s Ansatz als ordnungspolitische Konzeption der Entwicklungspolitik. Hier lautet das Argument: Eine De-Facto-Kartellierung der multi- und bilateralen Entwicklungsorganisationen verhindert, dass sich in der Entwicklungspolitik auf breiter Front Innovations- und Lernprozesse zum Wohl der Armen durchsetzen können. Seine Antwort auf dieses Problem lautet: bessere Entwicklungszusammenarbeit durch mehr Wettbewerb.

Schritt drei vergleicht beide Ansätze miteinander. Die These dieses Abschnitts lautet, dass auf der Ebene der Semantik noch konzeptionelle Lücken bestehen, die eine konstruktive Anleitung der erforderlichen sozialstrukturellen Reformen tendenziell verhindern.

Der vierte Schritt setzt genau an dieser Stelle an. Er entwickelt eine Argumentation, wie die Semantik der Entwicklungspolitik weiterentwickelt werden kann, um den sozialstrukturellen Herausforderungen besser gerecht zu werden. Die These lautet: Als Legitimationskonzept kann der Ansatz internationaler öffentlicher Güter ein tragfähiges semantisches Gerüst bereitstellen, um eine Reform der Anreizstruktur sowohl auf der Ebene entwicklungspolitischer Regelsetzung als auch auf der Ebene entwicklungspolitischen Handelns fruchtbar anzuleiten.

Der fünfte Schritt fasst die Argumentation in einem Fazit zusammen.

II. *Jeffrey Sachs'* Ansatz klinischer Ökonomik

Jeffrey Sachs gehört zu den weltweit prominentesten Entwicklungsökonomen. Sein weltweites Renommee bezieht *Jeffrey Sachs* nicht nur als anerkannter Wissenschaftler, sondern auch als wissenschaftlicher Politikberater. Als Wissenschaftler will *Sachs* einen Beitrag zur *Erklärung* sozialstruktureller Bedingungen leisten, die dafür verantwortlich sind, dass – trotz allgegenwärtiger weltgesellschaftlicher Wachstums- und Modernisierungsprozesse, die seit 200 Jahren zu einem Rückgang der extremen Armut auf breiter Front beitragen, – nach wie vor eine Reihe von Ländern an diesen Fortschrittsprozessen nicht partizipieren. Im Fokus seiner Analyse steht das Armutsproblem. Seiner Auffassung nach sind die ärmsten Länder der Welt in einer Falle gefangen, die verhindert, dass sich die Ärmsten der Armen selbst aus der Armut befreien können. Als wissenschaftlicher Politikberater will *Sachs* diese Erkenntnisse zur *Gestaltung* von Sozialstruktur einsetzen. Hier sucht er nach möglichst umfassenden Lösungen, die ihm geeignet erscheinen, das Armutsproblem durch konkrete entwicklungspolitische Maßnahmen des Westens zu durchbrechen.[5] Kurz: Dem Ökonomen *Jeffrey Sachs* geht es um *Erklärung* zwecks *Gestaltung*.

Um die Entwicklungsökonomik für diese Aufgabe fit zu machen, plädiert *Sachs* für eine Generalüberholung der Disziplin. *Sachs* möchte die Entwicklungsökonomik mit Hilfe eines Forschungsprogramms reformieren, das er als „klinische Ökonomik" kennzeichnet.[6] Nomen est omen: *Sachs* will die Entwicklungsökonomik als Theorie für die Praxis in Anlehnung an die *Medizin* methodisch *in*formieren und *re*formieren. Er setzt dabei auf eine Analogie zwischen beiden Disziplinen: Ebenso wie der Arzt bei einem kranken Menschen zunächst eine Diagnose des pathologischen Krankheitsbildes erstellt und sodann die darauf abgestimmte Therapie einleitet, so sollte auch der Ökonom als Politikberater zunächst eine umfassende Diagnose der Volkswirtschaft erstellen, um daraufhin eine geeignete Therapie einleiten zu können, die sich gezielt gegen die Ursachen des (wirtschaftspolitischen) Krankheitsbildes richtet. Um der Komplexität armer Volkswirtschaften Rechnung zu tragen, müsse in der ökonomischen Politikberatung die Kunst der Differentialdiagnose eingeübt werden.[7] Ähnlich wie pathologische Lehrbücher für die Krankheiten des Menschen eine Vielzahl von Ursachen und deren Interdependenzen berücksichtigten, so müssten auch umfassendere pathologische Lehrbücher für die typischen Krankheitsbilder armer und instabiler Länder und deren Wechselwirkung erstellt werden. Mit Hilfe dieses Ansatzes, so *Sachs'* Erwartung, könne die Entwicklungspolitik auch bessere Ergebnisse in der Praxis erzielen. Diesen Ansatz gilt es

---

5 In den letzten Jahren ist *Sachs* vor allem in seiner Beratungsfunktion bei den Vereinten Nationen in Erscheinung getreten. Als führender Wissenschaftler im Millennium Development Project und als direkter Berater des damaligen UN-Generalsekretärs *Kofi Annan* haben *Sachs* und sein Team an der Konkretisierung der Millennium Development Goals gearbeitet. Vgl. hierzu UN Millennium Project (2005).
6 Vgl. hierzu vor allem *Sachs* (2005a), *Sachs* (2005b), *Sachs* (2005c), aber auch Sachs, McArthur, *Schmidt-Traub* et al. (2004).
7 Sachs orientiert sich nicht zufällig an der medizinischen Terminologie. In der Medizin wird die „zentrale" Zusammenführung aller Diagnosen als Differentialdiagnose bezeichnet. Auch in der Politikberatung setzt Sachs auf eine zentralistische Feinsteuerung, die top-down bei den Vereinten Nationen koordiniert werden soll. In der ordnungspolitischen Tradition wurde diese Form der Planung u.a. als „planning for constant interference" bei *Hayek* (1939) kritisch diskutiert.

nun in zwei Schritten darzustellen. Der erste Schritt betrifft *Sachs' Diagnose* des Armutsproblems; der zweite Schritt seinen *Therapie*vorschlag.

1. Diagnose

Das typische Krankheitsbild in den ärmsten Ländern der Welt, vor allem in Sub-Sahara Afrika, ist für *Sachs* die Armutsfalle. Es handelt sich um seine zentrale Argumentationsfigur zur Erklärung wirtschaftlicher Stagnation und extremer Armut. Dieser Argumentation liegt die These zugrunde, dass Armut selbst zu einer Falle werden kann, aus der sich die Ärmsten der Armen nicht aus eigener Kraft befreien könnten. Die Logik lautet: Wer extrem arm ist, kann nicht sparen, um in die Bedingungen zu investieren, die erforderlich wären, um sich selbst aus der Armut zu befreien. *Sachs* zufolge mangelt es den Ärmsten der Armen an mindestens sechs verschiedenen Arten von Kapital: Hierzu zählen Humankapital, Betriebskapital, Infrastrukturkapital, natürliches Kapital, institutionelles Kapital und Wissenskapital. Perpetuiert sich dieser Prozess, so kann der Kapitalmangel auf der Ebene von Gemeinden, von Regionen oder sogar ganzer Nationen zu einem Teufelskreis der Armut führen, der sich in stagnierendem oder sogar negativem Wirtschaftswachstum äußert.[8]

Abbildung 1 illustriert die Argumentationsfigur der Armutsfalle (hier konkret: die Sparfalle) anhand eines modifizierten neoklassischen Solow-Wachstumsdiagramms. Das Diagramm beschreibt die Veränderung des Kapitalstocks in einem Output-Kapitalstock-Diagramm. Das Diagramm besteht aus zwei Kurven: Die erste, S-förmige Kurve ist die um die Sparquote s angepasste volkswirtschaftliche Produktionsfunktion sY. Sie stellt die Pro-Kopf-Investitionen in Abhängigkeit von der Höhe des Kapitalstocks je Arbeiter (capital per worker, k) dar. Sie beschreibt den Aufbau des Kapitalstocks. Die zweite, lineare Funktion (n+d)k bezeichnet die Höhe der Pro-Kopf-Investitionen, die erforderlich ist, damit der Kapitalstock je Arbeiter konstant bleibt. Sie beschreibt den Abbau des Kapitalstocks durch Abschreibungen d und Bevölkerungswachstum n. Die Differenz der Ordinatenabschnitte beider Kurven entspricht exakt der Veränderungsquote des Kapitalstocks: Ist diese Differenz positiv – sY > (n+d)k –, so steigt der Kapitalstock; ist sie negativ – sY < (n+d)k –, so sinkt der Kapitalstock je Arbeiter. Beträgt die Differenz null – sY = (n+d)k –, bleibt der Kapitalstock konstant. Bei k_E hat die Volkswirtschaft schließlich ein stabiles Gleichgewicht erreicht, bei dem das Wachstum der Pro-Kopf-Investitionen die Abschreibungen und das Bevölkerungswachstum exakt kompensiert (steady state).[9]

---

[8] Mit Blick auf die Armut in vielen afrikanischen Ländern liest man bei *Sachs, McArthur, Schmidt-Traub et al.* (2004, S. 122, H.d.Vf.): „Our explanation is that tropical Africa, even the well-governed parts, is stuck in a *poverty trap*, too poor to achieve robust, high levels of economic growth and, in many places, simply too poor to grow at all. More policy or governance reform, by itself, will not be sufficient to overcome this trap."

[9] Der Auf- und Abbau des Kapitalkoeffizienten erfolgt nach der Formel: $\Delta k = sY - (n+d)k$.

Abbildung 1: Die Armutsfalle im modifizierten Solow-Wachstumsdiagramm[10]

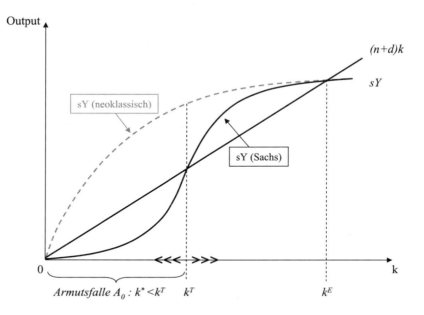

Die Besonderheit dieses Solow-Diagramms besteht darin, dass die Kurve sY gegenüber einer um s angepassten neoklassischen Produktionsfunktion (grau gestrichelte Kurve) modifiziert ist. Diese Modifikation betrifft die Grenzproduktivität des Kapitals. Anders als in der neoklassischen Theorie angenommen, ist hier die Grenzproduktivität des Kapitals bei kleinen k nicht (unendlich) groß, sondern im Gegenteil, besonders gering. Die These lautet: Erst wenn ein Mindest-Kapitalstock k^T erreicht ist, kann der moderne Produktions- und Wachstumsprozess in Gang kommen. Dieser These liegt die Überlegung zugrunde, dass die moderne industrielle Produktion ein Mindestmaß an technischer, medizinischer, institutioneller und betrieblicher Infrastruktur sowie Investitionen in Bildung erfordert, bevor der Kapitalstock – bei dann deutlich höherer Grenzproduktivität – (sprunghaft) ansteigen kann.[11]

Diese Modifikation hat zur Folge, dass ein Schwellwert des Kapitalstocks k^T das Diagramm in zwei Abschnitte unterteilt. Im ersten Abschnitt ($k^* < k^T$) ist die Kurve sY flach und liegt unterhalb von (n+d)k. Hier besteht die Armutsfalle: Das Pro-Kopf-Einkommen Y ist so gering, dass es vollständig für Konsum – d.h. für die unmittelbare Grundbedürfnisbefriedigung – aufgewendet werden muss. In diesem Fall stehen dem

---

10 Eigene Darstellung in Anlehnung an *Sachs, McArthur, Schmidt-Traub* et al. (2004, S. 126, Abb. 3). Die Logik der Armutsfalle wird auch in *Sachs* (2005b; S. 304 f.) anhand einfacher Kreislaufgrafiken beschrieben.
11 Es gibt gute Gründe, von einem S-förmigen Verlauf der Produktionsfunktion des Kapitalstocks auszugehen. Vgl. hierzu grundlegend *BeckerMurphy* und *Tamura* (1990). Auch in der Lehrbuchliteratur wird die Möglichkeit eines solchen Verlaufs diskutiert, vgl. etwa *Barro* und *Sala-i-Martin* (1998, 2003). Letztlich aber ist die Existenz eines derartigen Funktionsverlaufs nur empirisch zu beantworten. Für eine kritische Einschätzung hierzu vgl. *Easterly* (2005).

Haushalt keine Mittel zur Verfügung, um Steuern zahlen oder Ersparnisse anlegen zu können. Folglich können weder der Haushalt – durch privates Sparen als Voraussetzung für private Investitionen – noch die öffentliche Hand – durch Investitionen in öffentliche Güter – den Kapitalbestand pro Kopf erhöhen. Die Investitionen sY fallen geringer aus als die Abschreibungen auf den Kapitalstock. Der Wertverfall des bereits vorhandenen Kapitalstockes d und das Bevölkerungswachstum n führen dazu, dass der Kapitalbestand pro Kopf weiter sinkt. Das Pro-Kopf-Einkommen Y verringert sich und verschärft diesen Prozess. Kapitalstock und Einkommen drohen gegen null zu gehen. Der Teufelskreis der Armut schließt sich. Im zweiten Abschnitt ($k^* > k^T$) liegt sY oberhalb von (n+d). Die Investitionen sY sind höher als die Abschreibungen: Der Kapitalstock steigt. Dieser Abschnitt entspricht der Form nach einer neoklassischen Produktionsfunktion: In k^T verläuft die Kurve steil, allerdings nimmt die Steigung mit wachsendem k wieder ab – die Grenzproduktivität sinkt. Das Wachstum des Kapitalstocks k kommt erst im steady state – im Schnittpunkt von sY und (n+d)k in Höhe von k^E – wieder zum Stillstand. Dieser Abschnitt beschreibt einen eigenständigen und nachhaltigen Wachstumspfad, der gleichwohl erst einsetzt, wenn ein Mindestmaß an Investitionen – sei es in Form von öffentlichen Gütern oder von privaten Gütern – getätigt wird.

Die wichtigste Aufgabe, die, *Sachs* zufolge, die Politikberatung der reichen Länder für die armen Entwicklungsländer leisten kann, ist es, das Ausmaß und die geografische Verteilung der Armutsfalle zunächst genauestens zu ermitteln. Graphisch gesprochen geht es *Sachs* darum, den Schwellwert des Kapitalstocks k^T exakt zu bestimmen. Die hierfür erforderlichen Informationen solle der Ökonom aus dem vorhandenen Datenmaterial beziehen, so beispielsweise aus der volkswirtschaftlichen Gesamtrechnung oder aus (vorhandenen) Haushaltsbefragungen. Aus diesem Grund sind auch wirtschaftspolitische, fiskalische, klimatische und topografische sowie kulturelle und politische Probleme des betreffenden Landes zu beachten, weil sie dazu beitragen können, den Teufelskreis der Armut zu verstetigen.

Diese Faktoren gilt es nun, so *Sachs*, Schritt für Schritt im Rahmen der Differentialdiagnose zu prüfen, um das Ausmaß und die Ursachen der Armutsfalle eines Landes exakt bestimmen zu können.[12] So kann beispielsweise die Wirtschaftspolitik dafür verantwortlich sein, dass der Bestand an *Infrastrukturkapital* zu gering ist, um ein bestimmtes Produktivitätsniveau in Haushalten und Kleinbetrieben zu erreichen. Eine Steuerfalle verweist darauf, dass der Staat nicht in der Lage ist, die für die Produktivität eines Haushalts erforderlichen *Humankapital*investitionen in Form von Gesundheitsleistungen oder Bildung adäquat zu unterstützen. Die physikalische Geografie eines Landes kann ursächlich dafür sein, dass der Wert des *natürlichen Kapitals* eines Landes sinkt – etwa wenn durch Bodenerosion Ackerland dauerhaft verloren geht. Geopolitische Rahmenbedingungen können dafür verantwortlich sein, dass Protektionismus seitens der reichen Länder die Exportmöglichkeiten einzelner Industrien beschränkt. Bad Governance hingegen deutet darauf hin, dass der Bestand an *institutionellem Kapital* –

---

12 Aus der Vielzahl der Faktoren, die Sachs in der Differentialdiagnose berücksichtigt wissen möchte, wird deutlich, dass *Sachs* auf umfangreiches Detail- und Expertenwissen setzt. Er gibt daher auch selbst zu verstehen, dass die Checkliste weder in Kürze noch von einer Entwicklungsorganisation allein abgearbeitet werden könne. Vielmehr sei eine systematische und den jeweils veränderten Bedingungen angepasste und veränderte Antwortliste von vielen unterschiedlichen Institutionen in Kooperation zu erstellen.

wie etwa Vertrauen und Rechtssicherheit – dauerhaft erodiert. Schließlich können kulturelle Schranken dafür sorgen, dass *Wissenskapital* nicht produktiv eingesetzt oder gar nicht erst entwickelt werden kann. Dies kann insbesondere dann der Fall sein, wenn gesellschaftliche Normen verhindern, dass bestimmte Personengruppen produktiven Tätigkeiten nachgehen dürfen.[13]

2. Therapie

Sachs' Therapievorschlag besteht im Kern darin, für jedes Entwicklungsland, vor allem aber für die Länder Sub-Sahara Afrikas, eine auf die spezifischen Bedürfnisse vor Ort zugeschnittene Armutsbekämpfungsstrategie auszuarbeiten. *Sachs'* Vorstellung zufolge umfasst eine solche Top-Down-Strategie eine Reihe sorgfältig ineinander greifender und koordinierter Pläne: Aufbauend auf der Differentialdiagnose seien zunächst ein *Investitionsplan* zur Erhebung der Investitionskosten sowie ein *Finanzplan* zur Bestimmung der Finanzierungsverpflichtungen je Geberland zu erstellen. Zudem soll ein *Geberplan* die Harmonisierung der Finanzierungszusagen der Geberländer sicherstellen und ein *verwaltungspolitischer Rahmenplan* dafür sorgen, in den Entwicklungsländern eine verantwortungsvolle Governance-Praxis im Umgang mit den neu verfügbaren Finanzmitteln durch bessere Kontrollen und Evaluierungen zu gewährleisten. Das bedeutet: *Sachs* setzt auf einen top-down koordinierten *Big Push* in der Entwicklungshilfe – auf eine massive Erhöhung (besser und zentral) koordinierter, monetärer Transfers in die ärmsten Länder der Welt. Diese Transfers haben zum Ziel, in den Entwicklungsländern den Kapitalbestand pro Kopf substantiell zu erhöhen, damit diese Länder in die Lage versetzt werden, „ihren Fuß erst einmal auf die unterste Sprosse der Entwicklungsleiter" zu setzen.[14] *Sachs* zufolge kann dies auf zwei Wegen geschehen: Zum einen kann Entwicklungshilfe zur Aufstockung öffentlicher Budgets dienen, so dass der Staat in den betreffenden Ländern in die Lage versetzt wird, öffentliche Güter bereitzustellen. Zum anderen kann Entwicklungshilfe als Aufstockung des Betriebskapitals für kleine und mittlere Betriebe in Form von Mikrokrediten o.ä. verwendet werden.

Abbildung 2 veranschaulicht *Sachs'* Therapievorschlag anhand des modifizierten Solow-Wachstumsdiagramms. Die externe Entwicklungshilfe h – verwendet für öffentliche oder private Investitionen – bewirkt im Modell, dass sich die grau gestrichelte Kurve sY anteilig um den Faktor h nach oben wölbt. Es entsteht die neue Kurve (s+h)Y. Diese Lageveränderung hat zwei Konsequenzen:

---

13 Gleichwohl spielen institutionelle Faktoren in *Sachs'* Analyse eine untergeordnete Rolle, vgl. *Sachs* (2005b, S. 75 ff.) In diesem Zusammenhang ist *Sachs'* Fokus auf technische Kapitalformen bei der Erklärung geringer privater Auslandsinvestitionen in Entwicklungsländern aufschlussreich. Bei *Sachs, McArthur, Schmidt-Traub* et al. (2004, S. 122) liest man: „Specifically, Africa's extreme poverty leads to low national saving rates, which in turn lead to low or negative economic growth rates. Low domestic saving is not offset by large inflows of private foreign capital, for example foreign direct investment, because Africa's poor infrastructure and weak human capital discourage such inflows." – Vgl. zudem *Jeffrey Sachs'* Untersuchungen zu den technischen Gründen von Unterentwicklung: Zum Einfluss der Topografie auf Entwicklung vgl. *Sachs* und *Bloom* (1998) sowie *Sachs, Gallup* und *Mellinger* (1999); zum Einfluss des Klimas und der geografischen Nähe zu Küsten und Häfen vgl. *Sachs, Mellinger* und *Gallup* (2000).

14 *Sachs* (2005b, S. 95).

Zum einen „verkleinert" sich die Armutsfalle. Weil der linke Schnittpunkt B der Kurven (s+h)Y und (n+d)k auf einem geringeren Abszissenabschnitt liegt als der alte Schnittpunkt C, verschiebt sich der Schwellwert des Kapitalstocks in Pfeilrichtung nach links: von k^T zu k^{Tneu}. Der Bereich A_1 der Armutsfalle (für $0 > k^* > k^{Tneu}$) verringert sich im Vergleich zur Armutsfalle A_0 (für $0 > k^* > k^T$). Für die Volkswirtschaft bedeutet dies, dass nur noch sehr kleine (Anfangs-)Ausstattungen $k^* < k^{Tneu}$ in einen Teufelskreis der Armut münden.

Zum anderen vergrößert sich der Bereich, in dem ein nachhaltiges Wachstum des Kapitalstocks stattfinden kann. Dies ist auf zwei Effekte zurückzuführen: Einerseits bewirkt $k^{Tneu} < k^T$, dass der Wachstumsprozess bereits bei vergleichsweise niedrigen Pro-Kopf-Kapitalausstattungen $k^{Tneu} < k^* < k^T$ einsetzen kann. Andererseits zieht, angedeutet durch den in östlicher Richtung weisenden Pfeil, eine höhere Investitionsquote (s+h)Y auch einen höheren Steady-State-Kapitalkoeffizienten nach sich, so dass $k^{Eneu} > k^E$. *Big-Push*-Entwicklungshilfe hat unter diesen Annahmen zur Folge, dass der Wachstumsprozess bis hin zu Punkt E sowohl höhere Pro-Kopf-Kapitalausstattungen als auch höhere Pro-Kopf-Einkommen zulässt, als dies in Punkt D möglich ist.

Abbildung 2: Die Überwindung der Armutsfalle im modifizierten Solow-Wachstumsdiagramm[15]

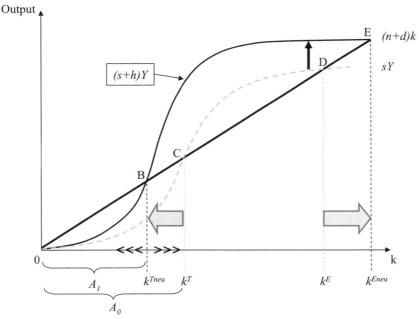

Mit Hilfe von Big-Push-Entwicklungshilfe, so hofft *Sachs*, kann der Teufelskreis der Armut letztlich durchbrochen und ein sich selbst tragender wirtschaftlicher Entwicklungsprozess gleichsam extern in Gang gesetzt werden.

---

15 Eigene Darstellung in Anlehnung an *Sachs, McArthur, Schmidt-Traub* et al. (2004, S. 129, Abb. 4).

III. William Easterlys ordnungspolitischer Ansatz der (Entwicklungs-)Politikberatung

William Easterly gehört zu den aktuell prominentesten Kritikern einer interventionistischen Therapie in der Entwicklungspolitik. Sein Fokus liegt auf dem Interventionsproblem. Seiner Auffassung nach findet dieses Problem zu Unrecht weitaus weniger Beachtung in Politik und Öffentlichkeit als das Armutsproblem. Das Interventionsproblem betrifft die jahrzehntelang erfolglosen und zum Teil kontraproduktiven Bemühungen des Westens, den Lebensstandard der Ärmsten der Armen im Rest der Welt mittels staatlicher Entwicklungshilfe zu verbessern. *Easterly* unterscheidet drei verschiedene politisch-historische Phasen des Interventionsproblems, in denen er unterschiedliche Paradigmen als vorherrschend identifiziert. Vereinfacht formuliert lauten diese: Geld überweisen, Märkte verordnen und Governance-Reformen erzwingen.[16]

– Den Beginn der ersten Phase datiert *Easterly* zurück in die 1950er Jahre. Bereits damals sei die Idee des ‚Big Push' und der Armutsfalle entstanden, die heute wieder prominent von *Jeffrey Sachs* und den Vereinten Nationen vertreten werde. Aus *Easterly*s Sicht sprechen aber sowohl theoretische als auch empirische Befunde gegen die These vom ‚Big Push'. Sein Argument lautet: Entwicklungshilfe in Form eines Geldtransfers ist weder *notwendig*, um Entwicklungsländer aus einer Armutsfalle zu befreien, noch ist sie *hinreichend*, um einen wirtschaftlich nachhaltigen Wachstumsprozess zu initiieren.[17] *Nota bene*: *Easterly* bestreitet keineswegs, dass es so etwas wie Armutsfallen geben könne. Vielmehr bestreitet er, dass die Überweisung von Geld ein geeignetes Mittel ist, um Armutsfallen zu überwinden.

– Die zweite Phase der Entwicklungspolitik charakterisiert *Easterly* als den Versuch, freie Märkte top-down verordnen zu wollen. In den 1980er Jahren habe der Westen mit *Schocktherapien* und *Strukturanpassungsprogrammen* den widersprüchlichen Versuch unternommen, freie Märkte durch einen extern verordneten Planungsprozess in der ehemaligen zweiten und in Teilen der dritten Welt herbeizuführen. Zwar ist *Easterly* der Auffassung, dass die Existenz funktionierender Märkte ausschlaggebend sei für die Entwicklung gesellschaftlichen Wohlstands. Diese entwickelten sich jedoch spontan bottom-up – angepasst an lokale Bedingungen und unterstützt durch eine Reihe komplexer, kulturell geprägter Institutionen. Das Paradigma dieser zweiten Phase staatlicher Entwicklungspolitik missachte hingegen die-

---

16 Ein detaillierte Beschreibung dieser drei Phasen findet sich bei *Easterly* (2006) in den Kapiteln 2 (‚Geld überweisen'), 3 (‚Märkte verordnen') und 4 (‚Governance-Reformen erzwingen'). *Easterly*s Kritik enthält zudem bemerkenswerte Parallelen zur ordnungspolitischen Position, wie sie u.a. in ORDO vertreten wurde. Vgl. hierzu stellvertretend die frühen Arbeiten von *Meyer* (1960, 1961) und *Dürr* (1967).

17 Die These, dass externe Hilfe nicht *notwendig* ist, Armutsfallen zu überwinden, war und ist in der Literatur durchaus umstritten. Das klassische Argument *für* diese These stammt von *Peter T. Bauer*, der sich damit vor allem gegen die Thesen von *Gunnar Myrdal* (1959) wendet. Bei *Bauer* (1996, 2000, S. 46) liest man: „Development aid is thus clearly not necessary to rescue poor societies from a vicious circle of poverty. Indeed, it is far more likely to keep them in that state. ... Nor are such external subventions sufficient for economic advance. ... The massive inflow of gold and silver from Latin America to Spain in the sixteenth and seventeenth century also failed to promote economic advance in that country."

se institutionellen Vorbedingungen von Märkten – insbesondere Rechtsstaatlichkeit und sichere Eigentumsrechte.
- Als dritte Phase staatlicher Entwicklungspolitik kennzeichnet *Easterly* die bisher weitgehend erfolglosen Versuche, in den ärmsten Ländern Demokratie per Entwicklungshilfe zu verordnen. Dieser Versuch sei – wie auch schon der Versuch, Märkte zu verordnen – die offizielle von IMF und Weltbank vertretene Doktrin. *Easterly* verweist darauf, dass es seit den 1990er Jahren üblich ist, die Vergabe von Entwicklungskrediten an Kriterien guter Regierungsführung – *good governance* – in den Empfängerländern zu koppeln. Die empirischen Ergebnisse sind jedoch sehr ernüchternd. Deshalb zieht *Easterly* den Schluss, dass die traditionelle Entwicklungshilfe konzeptionell ungeeignet ist, das Demokratisierungsziel zu erreichen.

Trotz der paradigmatischen Unterschiede weisen für *Easterly* alle drei Phasen eine wichtige Gemeinsamkeit auf. Sie besteht darin, dass die Politik im Westen die Tendenz aufweist, Entwicklung und Wohlstand in Ländern der Dritten Welt durch punktuellen *Interventionismus* gleichsam extern herbeiführen zu wollen. In diesem Punkt, so *Easterly*, unterscheiden sich der Ansatz von Weltbank und IMF auf der einen und der Ansatz von *Jeffrey Sachs* und den Vereinten Nationen auf der anderen Seite nicht wesentlich voneinander: Weder Wohlstand noch Märkte noch Demokratie könnten durch Entwicklungshilfe verordnet werden. Um es ganz deutlich zu formulieren: Für *Easterly* bezieht sich das Interventionsproblem *nicht nur* auf das Scheitern monetärer Transfers, *sondern auch* auf das Scheitern aller Versuche, durch Konditionalisierung von Entwicklungshilfe marktwirtschaftliche und demokratische Reformen zu erzwingen. Im Ergebnis zeigt sich, so *Easterlys* Kritik, dass die Entwicklungshilfe auf der Makroebene wenig zur Entwicklung beigetragen hat. Im Gegenteil: Häufig habe Entwicklungshilfe die Armutsfalle sogar stabilisiert.[18]

Easterly versucht, sich zu dieser Debatte zu positionieren, indem er ein Umdenken einfordert.[19] *Easterly* vertritt die These, dass das Armutsproblem – der Teufelskreis der Armut – in Zukunft nur dann besser in Angriff genommen werden kann, wenn gleichzeitig auch die Gründe für das Interventionsproblem – den Teufelskreis der Entwicklungshilfe – besser verstanden werden. Für diese Problemstellung entwickelt er eine

---

18 Vgl. hierzu *Easterlys* eigene empirische Untersuchungen in *Easterly* (2003a), *Easterly*, *Levine* und *Roodman* (2004) sowie *Easterly* (2004). Aufschlussreich sind zudem die empirischen Meta-Studien von *Doucouliagos* und *Paldam* (2005a), *Doucouliagos* und *Paldam* (2005b), *Doucouliagos* und *Paldam* (2005c) sowie *Doucouliagos* und *Paldam* (2005d): Die Autoren analysieren weit über 100 empirische Untersuchungen zur Auswirkung der Entwicklungshilfe auf die inländischen Investitionen und auf das Wachstum der Pro-Kopf-Einkommen in Entwicklungsländern. Auf Basis der vorhandenen Datenlage kommen sie zu dem Ergebnis, dass die Entwicklungshilfe keinen signifikanten Einfluss auf die genannten Faktoren hat – selbst dann nicht, wenn Entwicklungshilfe an die Bedingung von Good Governance in den Empfängerländern geknüpft wird.

19 Bei *Easterly* (2006, S. 115) heisst es: „Planners opt for one of two camps about bad government. One camp (…) says poor-country governments are awful and the West should get tough with the bad governments – force them in return for aid. The other camp (…) says that poor-country governments are not so bad and that countries should be free to determine their own development strategies. However this artificially restricts the debate. … Continuing my subliminal quest for the most politically unappealing truths, this chapter considers what to do if both statements are true." Diese Argumentation *Easterlys* lässt sich auch als orthogonale Positionierung interpretieren. Zur Konzeption orthogonaler Positionierung vgl. grundlegend *Pies* (2000, S. 16-62).

Diagnose sowie darauf aufbauend einen Therapievorschlag. Beide Schritte werden im Folgenden als genuin ordnungspolitischer Beitrag interpretiert.[20]

1. Diagnose

Easterlys ordnungspolitische Erklärung für das Interventionsproblem lässt sich als zweistufiges Argument rekonstruieren. Erstens macht *Easterly* geltend, dass eine problematische Prinzipal-Agent-Beziehung zur De-Facto-Kartellierung der multi- und bilateralen Entwicklungsorganisationen führe – zu einem „Cartel of Good Intentions"[21] –, mit deren Hilfe die Entwicklungsorganisationen ihre Partikularinteressen gegenüber den Regierungen durchzusetzen suchen. Zweitens verhindere diese Kartellierung, dass sich innovative und kreative Ideen zur Verbesserung von Entwicklungsdienstleistungen auf breiter Front durchsetzen können: Es mangele an Anreizen, die auf dem Markt für Entwicklungshilfe nachhaltige Lern- und Imitationsprozesse zum Wohl der Armen in Gang setzen, so dass das marktliche *Kooperations*prinzip von Leistung und Gegenleistung nicht zur Geltung kommen könne.

a. De-Facto-Kartellierung der Entwicklungsorganisationen

Die erste Argumentationsstufe lässt sich wie folgt rekonstruieren: Entwicklungsorganisationen, so *Easterly*, sind Bürokratien und handeln als Agenten im Auftrag der Geberlandregierungen.[22] Diese Delegationsbeziehung ist gekennzeichnet durch eine Simultaneität von gemeinsamen und konfligierenden Interessen. Die gemeinsamen Interessen betreffen die (moralischen) Ziele der Geberländer, die durch geeignete Programme der Entwicklungsorganisationen umgesetzt werden sollen.[23] Die Zielpalette ist umfangreich: Pro-Poor-Growth, Armutsbekämpfung, Bildung, Gesundheitsprävention, Klimaschutz, Förderung von Demokratie und Rechtsstaatlichkeit, Entschuldung, Bekämpfung von Kinderarbeit, Berücksichtigung von Genderfragen, sowie Governance-Reformen. Entwicklungsorganisationen verfolgen jedoch gleichzeitig das Ziel der Budgetmaximierung (hidden intention), was sie dazu veranlasst, die von den Geberregierungen bereitgestellten Budgets durch geeignete Marketinganstrengungen zu erhöhen, während die Programmkosten für die Umsetzung konkreter Entwicklungsprojekte möglichst gering gehalten werden (hidden action). Auf diese Weise soll ein möglichst gro-

---

20 Die vorliegende Analyse nimmt Bezug auf *Easterly* (2001), *Easterly* (2002), *Easterly* (2003a), *Easterly* (2005), *Easterly* (2006) sowie *Easterly* (2007).
21 Vgl. den gleichnamigen Artikel von *Easterly* (2003b).
22 Der Begriff Entwicklungsorganisation umfasst bei *Easterly* sämtliche staatlichen bi- und multilateralen Organisationen der Entwicklungszusammenarbeit von „Entwicklungsbanken" über Organisationen der technischen Zusammenarbeit bis hin zu Nothilfeorganisationen. Die hier diskutierten bürokratietheoretischen Überlegungen betreffen aber, *Easterlys* Auffassung zufolge, auch auf gemeinnützige Nicht-Regierungsorganisationen (NGOs) zu. *Easterly* (2003b, S. 5, Fußnote 4) schreibt hierzu: „Like aid agencies, NGOs market themselves to the public of the rich countries who provide donations, and they do not necessarily have any better feedback mechanisms from the poor they are meant to help."
23 Die Annahme, die Geberlandregierungen verfolgten mit der Entwicklungspolitik „moralische" Ziele, ist eine sehr vereinfachte Annahme. Vgl. hierzu kritisch *Alesina* und/*Dollar* (2000). Diese Annahme abstrahiert von weiteren Prinzipal-Agent-Problemen, die zwischen Regierung und Bevölkerung auftreten können.

ßer Teil des Budgets in der Organisation selbst verbleiben und für interne (Verwaltungs-)Zwecke verwendet werden. Hier liegen konfligierende Interessen zwischen Prinzipal und Agent vor.[24]

Easterly zufolge erleichtert eine Reihe von Faktoren auf dem Markt für Entwicklungsleistungen, dass die Entwicklungsorganisationen ihre Partikularinteressen mittels Kartellierung gegen die Geberlandregierungen durchsetzen können:

- *Erstens* ist die Armutsbekämpfung in den ärmsten Ländern der Welt ein riskantes Geschäft. Viele Erfolgsfaktoren, insbesondere in Räumen begrenzter Staatlichkeit, sind vor allem von nationalen politischen, kulturellen und institutionellen Rahmenbedingungen abhängig und können von der Organisation kaum beeinflusst und verändert werden. Das bedeutet: Die Gefahr des Scheiterns entwicklungspolitischer Projekte ist groß.[25]
- *Zweitens* fehlt es den Entwicklungsorganisationen an einer operationalisierbaren Zielfunktion, die diese in die Lage versetzt, Zielhierarchien bzw. Ziel-Mittel-Beziehungen zu bilden, Maßnahmen und Projekte zu priorisieren und klare Entscheidungen zu treffen. Vielmehr führen die Komplexität und die Abstraktheit der Ziele, die die Entwicklungsorganisationen im Auftrag der Regierungen erfüllen sollen, in der Praxis dazu, dass die verschiedenen Ziele nicht systematisch, meist sogar halbherzig verfolgt werden. Die Logik lautet: Wer viele Herren hat, kann keinem Herren richtig dienen.
- *Drittens* hat das Fehlen einer operationalisierbaren Zielfunktion zur Folge, dass der Prinzipal – die Regierung im Auftrag der Steuerzahler des Geberlandes – den Erfolg einzelner Armutsbekämpfungsprogramme seines Agenten sowie den je individuellen Beitrag im Vergleich zu anderen Organisationen nur schwer beobachten und überprüfen kann. Es mangelt an Kontrollmöglichkeiten. Informative Evaluationen der Programmerfolge werden erschwert. Dies hat Anreizprobleme zur Folge: Gerade weil der Erfolg ex post nicht oder nur schwer messbar ist, mangelt es ex ante an Einsatzbereitschaft, Kreativität und Fokus bei der Allokation der Ressourcen. Die kollektive Leistung der Organisation bleibt unter ihren Möglichkeiten. Die Logik lautet: Wer viele Herren hat, muss keinen wirklich fürchten.[26]

Unter diesen Umständen – vor allem aufgrund der fehlenden operationalisierbaren Zielfunktion – ist es für die Entwicklungsorganisationen vorteilhaft, so *Easterly*, sich in einem Blame-Sharing-Kartell zusammenzuschließen, um die negativen Folgen des drohenden (und wahrscheinlichen) Scheiterns ihrer entwicklungspolitischen Bemühungen

---

24 *Easterly* orientiert sich bei dieser Analyse an den Arbeiten zur Ökonomik der Bürokratie. Vgl. hierzu *Niskanen* (1971) sowie *Niskanen* (2001).
25 Bei *Easterly* (2003b, S. 22) heisst es hierzu erläuternd: "[F]oreign assistance to poor states is a very difficult and risky business – the causes of national poverty are many and the proven successes are few. ... The aid agency will have to work with local elites and problematic local government institutions who themselves may not have an incentive to see their society achieve poverty reduction. The more severe these problems in a society, the more likely that it is a client of a foreign aid agency. Even worse, the aid agency will often be called upon for help just when an already difficult situation gets even worse – in a social and economic crisis. Probability of failure is high."
26 Bei *Easterly* (2006, S. 368) liest man hierzu: „The utopian agenda has led to collective responsibility for multiple goals for each agency, one of the worst incentive systems invented since mankind started walking upright."

abzufedern: Sie betreiben „blame sharing", indem sie beispielsweise die Verantwortlichkeit für unbefriedigende Projektergebnisse auf viele Schultern verteilen oder indem sie die Transparenz gegenüber den Prinzipalen sowie deren Kontrollmöglichkeiten gezielt einzuschränken suchen.[27]

Eine Reihe institutioneller Faktoren sorgt nämlich dafür, dass es der Gruppe multi- und bilateraler Entwicklungsorganisationen vergleichsweise leicht fällt, ihr gemeinsames Gruppeninteresse zur Geltung zu bringen: Eine überschaubare Gruppengröße, zudem eine hohe interne Transparenz der Entwicklungsprogramme sowie eine intensive Kooperation bei ihrer Umsetzung sorgt dafür, dass Kartellabsprachen und die Überwachung ihrer Einhaltung vergleichsweise leicht durchsetzbar sind; auch ist eine Zuwiderhandlung einfach sanktionierbar, wenn die Kooperation mit ‚Nestbeschmutzern' bei Anschlussprojekten verweigert wird. Als Konsequenz gleichen die Entwicklungsorganisationen ihre konzeptionellen, praktischen und finanziellen Anstrengungen an, betreiben intensive Kooperation bei Projekten und Programmen und praktizieren wechselseitige Evaluation und Monitoring, um zu verhindern, dass der potentielle Misserfolg auf sie allein zurückfällt und dadurch ihr Budget gefährdet wird. Bildlich gesprochen: Weil das gute Beispiel so unwahrscheinlich ist, versuchen die Organisationen mit allen Mitteln zu verhindern, für das schlechte Beispiel *allein* verantwortlich zu sein. Es kommt zur Harmonisierung von Konzeptionen, von Politiken, Rahmenplänen, Programmen und Entwicklungsleistungen – auf vergleichsweise niedrigem qualitativem Niveau. Hidden Champions sind selten, weil Exzellenzinitiativen am Markt für Entwicklungshilfe nicht belohnt werden. Im Ergebnis macht nicht das gute, sondern das schlechte Beispiel Schule.[28]

b. Folgen der Kartellierung der Entwicklungsorganisationen

Die zweite Argumentationsstufe lässt sich wie folgt rekonstruieren: *Easterly* verweist darauf, das die Kartellierung der Entwicklungsorganisationen gravierende Folgen auf dem Markt für Entwicklung habe. Hier treten die Entwicklungsorganisationen der Geberländer als Anbieter von Entwicklungsleistungen – von lokalen öffentlichen Gütern sowie Nahrungsmittel- und Notfallhilfe, usw. – auf. Ihnen stehen die „Ärmsten der Armen" als Nachfrager gegenüber. Die negativen Folgen betreffen die Art der Tauschbeziehung sowie den fehlenden Wettbewerb. Sie sorgen dafür, dass der Markt der Ent-

---

27 Vgl. *Easterly* (2003b, S. 23).
28 Man könnte hier kritisch einwenden, dass angesichts der Konkurrenz zwischen bspw. der Weltbank und dem IWF oder der Weltbank und den Vereinten Nationen kaum von Kartellierungstendenzen unter Entwicklungsorganisationen gesprochen werden kann. Auf diesen Einwand geht *Easterly* (2003b) so ein: "This is not to say that the participants in the aid cartel have to like each other. There is always pressure to gain advantage at the expense of one's rivals, hence the frequent occurrence of ''turf wars'' in foreign aid. (Anyone who thinks cartels are one big happy family should watch The Godfather movies.) One way to make sure that one's rival doesn't expand at your expense is to simultaneously require that rival bureaucracies use inputs from your agency while you strategically restrict the supply of those inputs. The bureaucratic politics of aid is full of examples of this kind of behavior – e.g. the IMF telling the World Bank that it cannot proceed in sector Y of country X without consulting the IMFs own experts on (X,Y), and then restricting Bank access to information from the IMF on (X,Y)."

wicklungshilfe im Vergleich zu einem funktionsfähigen Markt unter seinen Möglichkeiten bleibt – mit gravierenden Folgen für die Wirksamkeit der Entwicklungspolitik.
- Freiwillige Tauschbeziehungen auf Märkten sind dadurch gekennzeichnet, dass die Leistung des Produzenten an die Gegenleistung des Konsumenten gekoppelt ist. Dieses Tauschversprechen wird durch rechtsstaatliche Institutionen sichergestellt, so dass die Interessen beider Tauschpartner prinzipiell ihre Berücksichtigung finden.[29] Auf dem prekären Markt der Entwicklungshilfe ist die Leistung der Entwicklungsorganisation nicht an eine Gegenleistung des Empfängers gekoppelt. Ganz im Gegenteil: Entwicklungshilfe ist nach wie vor eine im Kern „halbierte" Tauschbeziehung: Entwicklungs-*Hilfe* als einseitige Leistung ohne Gegenleistung.[30] Dies hat eine gravierende Konsequenz: In der Entwicklungshilfe entsteht der paradoxe Anreiz, die Leistungen nicht auf die Bedürfnisse der Armen, sondern systematisch auf die Bedürfnisse der Geber zuzuschneiden. Dies findet seinen Ausdruck darin, dass, so *Easterly*, die Entwicklungsorganisationen den Erfolg ihrer Maßnahmen auf den sehr viel leichter messbaren Input fokussieren – auf die Höhe der eingesetzten Ressourcen. Der riskante und zugleich nur schwer zu quantifizierende Output – die Verbesserung der Lebensumstände der Ärmsten – gerät systematisch in den Hintergrund. Ein umfangreiches Reportingwesen sorgt dafür, von den Schwierigkeiten bei der Generierung dieses Output abzulenken (Window Dressing).
- Auf Gütermärkten sorgt Wettbewerb simultan sowohl auf der Anbieter- als auch auf der Nachfragerseite zudem dafür, dass die Kooperationsbeziehungen zwischen Unternehmen und Kunden stabilisiert werden. Kreative Ideen und Innovationen werden auf diese Weise gefördert und finden durch Lernen und Imitation Durchsetzung auf breiter Front: Weil Nachfrager jederzeit den Anbieter wechseln können, die Anbieter aber konstitutiv auf die Gegenleistung der Kunden in Form einer am Markt artikulierten Nachfrage angewiesen sind, sind Unternehmen im Wettbewerb beharrlich darum bemüht, ihre Leistung den Bedürfnissen der Kunden bestmöglich anzupassen. Auf dem Markt für Entwicklungshilfe jedoch herrscht kein funktionaler Wett-

---

29 In einer Kaufvereinbarung wird die Leistung des Produzenten an die Gegenleistung des Konsumenten gekoppelt. Dennoch haben beide Parteien individuell einen Anreiz, von dieser Vereinbarung abzuweichen. Hier liegt ein soziales Dilemma vor, zu dessen Überwindung eine Reihe institutioneller Vorkehrungen erforderlich sind. Hierzu zählen der Vertragssicherheit durch den Rechtsstaat, Verbraucherschutzorganisationen und insbesondere die Sanktionswirkung funktionierenden Wettbewerbs. Vgl. hierzu ausführlich *Pies* (2000, S. 52-62). Dilemmatische Strukturen mögen auf spontanen Märkten nur in geringer Intensität auftreten, wie der rege Handel auf Wochenmärkten in Entwicklungsländern deutlich macht. Die Tendenz zum sozialen Dilemma verschärft sich jedoch, wenn die Tauschleistung und -gegenleistung zeitlich weitgehend entkoppelt ist. Hoch elaborierte (und für die Produktivität moderner Wachstumsgesellschaften besonders wichtige) Märkte für Kredite und Versicherungen können im institutionellen Vakuum nicht zustande kommen. Kredit- und Versicherungsmärkte erfordern eine starke institutionelle Flankierung. Vgl. hierzu auch *Soto* (2002).

30 Auch die Konditionalisierung hat keine entscheidenden Fortschritte gebracht. *Easterly* verweist in diesem Zusammenhang auf den Unterschied von Ex-ante- und Ex-post-Konditionalisierung. Kommen beide Formen der Konditionalisierung zur Anwendung, geht der Effekt verloren. In der Literatur ist dieses Phänomen als das „Samariter-Dilemma" bekannt. Es beschreibt das Zeitinkonsistenzproblem eines altruistischen Samariters, der sich nicht glaubwürdig an das Versprechen binden kann, die Hilfe einzustellen, wenn der Empfänger die Bedingungen, die an die Hilfe gebunden sind, nicht einhält. Zum Samaritaner-Dilemma vgl. *Buchanan* (1975). Für eine Anwendung dieses Arguments im Bereich der Entwicklungspolitik vgl. *Gibson*, *Andersson*, *Ostrom* und *Shivakumar* (2005).

bewerb unter den Entwicklungsorganisationen. Die Wechseloption der Armen (und ihrer Regierungen) ist weitgehend wertlos, weil unter den Entwicklungsorganisationen ein De-Facto-Kartell herrscht. Innovationen – also institutioneller und technischer Fortschritt – sowie Lern- und Imitationsprozesse bleiben weitestgehend aus. In *Easterly*s Worten: Das System der Entwicklungshilfe ist befallen von „amnesia".[31]

Beide Effekte – einseitig halbierte Tauschbeziehung und fehlender funktionaler Wettbewerb – führen dazu, dass die Bedürfnisse der Armen als Nachfrager von Entwicklungsleistungen auf dem prekären Markt der Entwicklungshilfe nicht adäquat artikuliert werden und Berücksichtigung finden können (*feedback*). Im Kern sind die dysfunktionalen Anreize in den Entwicklungsorganisationen – in *Easterly*s Worten: fehlende *accountability* – dafür verantwortlich, dass das *feedback* der Armen nicht berücksichtigt wird. Auf diese Weise plane das System – allen guten Absichten zum Trotz – systematisch an den Bedürfnissen der Armen vorbei. Die Entwicklungshilfe gerate so in einen Teufelskreis – ordnungspolitisch formuliert: in eine Interventionsspirale mit immer neuen Forderungen nach mehr Hilfe, ohne dass jedoch die Armen dadurch besser erreicht würden.

2. Therapie

Diesen Teufelskreis will *Easterly* aufbrechen, indem er die Entwicklungspolitik auf das marktliche Kooperationsprinzip von Leistung und Gegenleistung festzulegen versucht. Dieses marktliche Prinzip sei auf Anreizkompatibilität zugeschnitten, weil es zwei funktional wichtige Aspekte sicherstellt: ein systematisches *feedback* der Nachfrager und *accountability* der Anbieter. Das hat eine wichtige Konsequenz: Auf einem Markt sind Kunden keine *Almosenempfänger*, sondern selbstbewusste *Kooperationspartner*. Ganz in diesem Sinn konzipiert *Easterly* seine Politikvorschläge: Entwicklungsgutscheine sollen die Nachfrage der Armen nach lokalen öffentlichen Gütern erhöhen und somit zur Verbesserung des *feedback* der Armen gegenüber Entwicklungsorganisationen beitragen[32]; die Beschränkung auf erreichbare Ziele und eine unabhängige Evaluation ihrer Mittel soll dazu führen, die Verantwortlichkeit (*accountability*) der Implementierungsorganisationen für die Ergebnisse ihrer Projekte zu erhöhen. *Easterly* hofft, dass weitere Beispiele dieser Art inkrementelle Erfolge erzielen und Schule machen, so dass immer mehr Akteure in der Entwicklungspolitik ihren Utopismus und ihren Glauben an zentrale, externe Planung aufgeben. Letztlich fordert *Easterly* einen

---

31 *Easterly* (2003b, S. 5).
32 *Easterly* stellt sich vor, dass Entwicklungsgutscheine von unabhängigen Organisationen an die Armen in Dorfgemeinschaften verteilt werden. Diese Gutscheine spezifizieren bestimmte Dienstleistungen für die Bereitstellung lokaler öffentlicher Güter wie Straßen, Schulen oder Brunnen. Die Besonderheit besteht nun darin, dass die Armen in den Dorfgemeinschaften selbst entscheiden können, durch welche Organisation diese Dienstleistung erfüllt werden soll. *Easterly* erhofft sich dadurch, dass ((a)) die Bedürfnisse der Armen stärker als bisher berücksichtigt werden und dass ((b)) ein Wettbewerb unter den Entwicklungsorganisationen entsteht, der dafür sorgt, dass sich die Qualität der Entwicklungsleistungen verbessert – zum Wohle der Armen. Vgl. *Easterly* (2006, S. 378-380).

Mentalitätswandel: In der Entwicklungspolitik müsse es in Zukunft mehr *searcher* und weniger *planner* geben.

III. Jeffrey Sachs und William Easterly im Vergleich: Zur Interdependenz von Sozialstruktur und Semantik moderner Entwicklungspolitik

Die Ansätze von *Jeffrey Sachs* und *William Easterly* stehen im Zentrum der aktuellen Kontroverse über ein geeignetes Verständnis der Entwicklungspolitik. Zunächst fällt auf, dass beide Ansätze einen unterschiedlichen Fokus aufweisen: Während bei *Jeffrey Sachs* das Armutsproblem im Mittelpunkt des Interesses steht, befasst sich *William Easterly* im Kern mit dem Interventionsproblem. Ein differenzierter Vergleich beider Ansätze wird allerdings möglich, wenn man zwischen Sozialstruktur und Semantik im Prozess entwicklungspolitischer (Selbst-)Aufklärung und Selbst-)Steuerung unterscheidet.[33] Hier zeigt sich vor allem, mit welchen Argumenten beide Ansätze die Reform der Sozialstruktur anzuleiten versuchen.

Abbildung 3: Der Prozess entwicklungspolitischer Aufklärung und Steuerung

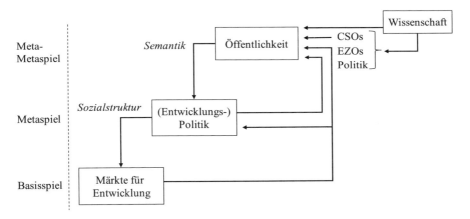

Abbildung 3 unterscheidet drei Adressatengruppen sowie drei Argumentationsebenen und veranschaulicht, wie diese Adressatengruppen miteinander interagieren. Auf der ersten Ebene agiert die Gruppe der ausführenden Akteure der Entwicklungspolitik auf unterschiedlichen ‚Märkten für Entwicklung' (Basisspiel) – also vornehmlich Berater in multi- und bilateralen Organisationen der Entwicklungszusammenarbeit (EZOs) oder Mitarbeiter von Organisationen der Zivilgesellschaft (Civil Society Organisations, CSOs). Die zweite Adressatengruppe sind die entwicklungspolitischen Entscheidungsträger in Regierung, Ministerien und Parlament. Auf dieser zweiten Ebene werden die Spielregeln für Ebene 1 festgelegt (Metaspiel) – hier geht es um gesellschaftliche *Steuerung*. Die dritte Adressatengruppe sind die Akteure der demokratischen Öffentlichkeit

---

[33] Vgl. *Pies* (2004) sowie *Beckmann* und *Pies* (2008). Grundlegend zum Prozess gesellschaftlicher (Selbst-)Aufklärung und (Selbst-)Steuerung vgl. *Albert* (1972, 1976).

auf Ebene 3 (Meta-Metaspiel) – neben EZOs und CSOs auch Akteure der Politik (Parteien und Fraktionen) sowie Kirchen, Verbände und Medien. Hier werden die normativen Erwartungen gebildet, die als Restriktionen handlungsleitend sind für die gesellschaftliche Steuerung auf Ebene 2. Das bedeutet: Die Öffentlichkeit bestimmt die informationalen Anreize, nach denen die entwicklungspolitischen Akteure ihr Regelsetzungsverhalten ausrichten (Semantik). Die daraus resultierenden institutionellen Anreize beeinflussen die Ausrichtung der Entwicklungsorganisationen und kanalisieren das Verhalten der Entwicklungsberater (Sozialstruktur). Als These formuliert: Im Ergebnis entscheiden die Erwartungen der Öffentlichkeit – also die Qualität des (normativen) Entwicklungsdiskurses auf Ebene 3 – über den Erfolg der entwicklungspolitischen Bemühungen auf Ebene 1.[34] Aus diesem Grund kommt es auf letztlich auf eine den *Steuerungs*aufgaben angemessene *Aufklärungs*- und Begründungskultur an, die Zielvorstellungen und Klugheitsargumente zu generieren vermag, *warum* es im wohlverstandenen Eigeninteresse der Industrieländer liegt, die Entwicklungsbemühungen der ärmsten der armen Länder zu unterstützen. Es geht um ein Legitimationskonzept – um *Semantik* – auf Ebene 3, die eine Reform der Sozialstruktur auf den Ebenen 1 und 2 fruchtbar anzuleiten vermag.

Beide Autoren weisen im Hinblick auf diesen Prozess deutliche Unterschiede auf. Diese gilt es nun in zwei Schritten zu rekonstruieren. Der erste Schritt befasst sich mit der Sozialstruktur (Ebenen 1 und 2). Der zweite Schritt bezieht sich auf die Semantik (Ebene 3).

1. Sozialstruktur

Sachs' klinische Ökonomik fokussiert auf das Armutsproblem. Auf Ebene 1 diagnostiziert sie in erster Linie eine kapitalbedingte, technisch-finanzielle Armutsfalle: Die Ärmsten der Armen seien im Teufelskreis der Armut gefangen, aus dem sie sich ohne finanzielle Hilfe von außen nicht befreien können. Nota bene: Diese Schlussfolgerung ist methodisch durchaus konsequent: In dem Setting einer technisch-finanziellen Armutsfalle kann eine geeignete Therapie denklogisch nur darin bestehen, den Kapitalbestand pro Kopf mit Hilfe externer Finanzkapitalspritzen zu erhöhen, im Idealfall so weit, dass $k^T \to 0$ (vgl. Abbildung 2).[35]

---

34 Der Erfolg auf Ebene 1 hängt zudem entscheidend von den komplementären Entwicklungsbemühungen der ärmsten und armen Länder und ihrer staatlichen sowie privaten Akteure ab. Die Geberländer können diese Bemühungen allerdings mit geeigneten Instrumenten beeinflussen – so beispielsweise mit glaubwürdiger Konditionierung.

35 Um Missverständnissen vorzubeugen: Die Kritik an *Sachs'* Rekonstruktion des Armutsproblem bezieht sich nicht *generell* auf die These der Armutsfalle, sondern auf die *Art* ihrer Rekonstruktion. Die Diagnose des Armutsproblems in Abschnitt 1 würde im Modell analog erfolgen, stellte man – im Sinne der institutionen- und ordnungsökonomischen Tradition – die institutionellen und kulturellen Faktoren ins Zentrum der Analyse. Gleichwohl fiele die Therapie kategorial anders aus: Weil das Armutsproblem primär als Problem mangelhafter institutioneller Arrangements in Entwicklungsländern rekonstruiert würde – vgl. hierzu aktuell *Soto* (2002) –, ginge es in erster Linie darum, durch geeignete Maßnahmen der Geberländer die Regierungen der armen Länder in ihren Bemühungen um glaubwürdige Selbstbindungen gegenüber ihren Bevölkerungen zu unterstützen – erst in zweiter Linie um finanzielle Ressourcen.

Obwohl das Interventionsproblem bei *Sachs* nicht im direkten Fokus der Analyse steht, bietet seine klinische Ökonomik auch hierfür eine – zumindest indirekte – Erklärung: Legt man die These einer technisch-finanziellen Armutsfalle zugrunde, dann liegt es nahe, die ernüchternden Ergebnisse der Entwicklungshilfe eher mit der *Quantität* des Inputs als mit der *Qualität* des Output zu erklären. Die Diagnose des Interventionsproblems bei *Sachs* lautet daher: *zu wenig* Entwicklungshilfe.[36] Dafür ist, so *Sachs*, ein weitgehend unkoordiniertes System aus bi- und multilateralen Gebern verantwortlich, das dafür sorgt, dass *zu wenig* Finanzmittel mobilisiert werden, mit der Folge, dass letztlich *zu wenig* Entwicklungshilfe bei den betroffenen Ländern ankommt. Analog lautet die Therapie: *mehr* Entwicklungshilfe. Hier setzt *Sachs* auf eine bessere Koordination und die Harmonisierung des weltweiten Verteilersystems, um die Kapazität des Systems und die Effektivität der Entwicklungshilfe zu erhöhen. Aus diesem Grund sieht die Reform vor, die Planung und Durchführung der Armutsbekämpfungsstrategien *zentral* bei den Vereinten Nationen zusammenzuführen.[37]

Nimmt man *Easterly*s ordnungspolitische Problemrekonstruktion ernst, dann ist das Scheitern der Entwicklungshilfe kein *Quantitäts*-, sondern ein *Qualitäts*problem. Es geht um institutionelle Anreize – im Empfänger- wie im Geberland. In diesem Sinn ist *Sachs'* auf technisch-finanzielle Hilfe zielende klinische Ökonomik nicht Teil der Lösung, sondern selbst Teil des Problems auf den Ebenen 1 und 2. So würde *Sachs'* Therapievorschlag das von *Easterly* diagnostizierte Grundproblem der Entwicklungspolitik – die Kartellierung der Entwicklungsorganisationen – durch weitere Koordinations-, Harmonisierungs- und Zentralisierungsanstrengungen einfach duplizieren.

Die eingeschränkte Leistungsfähigkeit der klinischen Ökonomik wird mit Blick auf das Interventionsproblem offenkundig. *Sachs* sieht sich bereits auf den Ebenen 1 und 2 genötigt, die ökonomischen Erklärungsversuche abzubrechen und stattdessen normativ aufzurüsten. In Bezug auf das Interventionsproblem offenbart sich *Sachs'* Ansatz als normative Verlegenheitslösung: Seine klinische Ökonomik müsste darauf bauen, Politiker und Entwicklungsberater in bessere Menschen verwandeln zu können. Für diesen Befund seien zwei Belege angeführt:

Erstens ist *Sachs* sehr darum bemüht, das Scheitern der bisherigen entwicklungspolitischen Bemühungen auf gravierende ideologische Fehler in einer bestimmten Phase der Entwicklungspolitik – in der Phase der Strukturanpassungsprogramme – zu begrenzen. *Sachs* schreibt hierzu: „Der IWF hat so gravierende Probleme übersehen wie die Armutsfalle, Bodenverhältnisse, Klima, Krankheiten, Transportmöglichkeiten und die Situation der Frauen und eine Fülle weiterer «Krankheitsbilder», die eine wirtschaftliche Entwicklung hemmen."[38] In dieser Phase, so *Sachs*, habe eine falsche *Marktideologie* die verantwortlichen Politiker dazu verführt, das Eigeninteresse der Industrieländer, also

---

36 Noch zugespitzter ließe sich formulieren: Da im Modell der Armutsfalle die Grenzproduktivität des Kapitals erst bei höherem Kapitalstock sprunghaft zunimmt, hängt auch die Wirkung von Entwicklungshilfe von ihrer Höhe ab. Bei Sachs hängt daher die Qualität der Hilfe unweigerlich mit ihrer Quantität zusammen. Quantität wird zur Qualität.
37 *Sachs* setzt hier letztlich auf eine Strategie interventionistischer Feinsteuerung, die bereits in den 1950er und 1960er Jahren Gegenstand der (wenig erfolgreichen) entwicklungspolitischen Programme von IWF und Weltbank waren. Vgl. hierzu aus ordnungspolitischer Sicht den kritischen Beitrag von *Dürr* (1967).
38 *Sachs* (2005b, S. 103).

die Verringerung der Entwicklungshilfe, ungezügelt zur Geltung zu bringen – zu Lasten der Entwicklungsaussichten der ärmsten der Armen. Ideologie und fehlender Ethos seien der Grund, warum diese Fehler des Washington-Consensus erst viel zu spät ins Blickfeld gerückt werden konnten. Bei *Sachs* findet man hierzu folgende Erläuterung:

„Leider spielten auch eigensüchtige und ideologische Aspekte eine Rolle. Das Eigeninteresse ist eindeutig. Die Verantwortung für den Rückgang der Armut wurde ausschließlich den armen Ländern selbst zugeschoben, weshalb man eine Erhöhung der Finanzhilfen für überflüssig erachtete. Tatsächlich wurde die pro Kopf erbrachte Auslandshilfe für die armen Länder in den achtziger und neunziger Jahren kräftig zurückgefahren. […] Ideologische Aspekte sind ebenso offensichtlich. Konservative Regierungen in den USA, Großbritannien und anderswo benutzten die internationalen Beratungsorganisationen, um Programme voranzubringen, die im eigenen Land keine Unterstützung fanden."[39]

Zweitens führt *Sachs* das Scheitern der Entwicklungshilfe aber nicht nur auf ideologische Scheuklappen der handelnden Politiker (Ebene 2), sondern auch auf fehlendes berufsständisches *Ethos* der Entwicklungsberater (Ebene 1) zurück. Bei *Sachs* liest man hierzu folgende Ergänzung:

„Fünftens fehlen den Entwicklungsökonomen die notwendigen ethischen und berufsständischen Normen. Ich behaupte nicht, dass sie korrupt oder unmoralisch seien; solche Fälle sind die Ausnahme. Vielmehr gehen Entwicklungsökonomen nicht mit dem notwendigen Verantwortungsgefühl an ihre Aufgabe heran. Für andere wirtschaftliche Ratschläge zu erarbeiten, erfordert eine tiefe innere Verpflichtung, nach den richtigen Antworten zu suchen und sich nicht mit oberflächlichen Ansätzen zu begnügen; sich entschlossen in die Geschichte, Ethnografie, Politik und Wirtschaft des Landes einzuarbeiten, in dem der Berater gerade tätig ist; sich um einen ehrlichen Rat zu bemühen, nicht nur gegenüber dem betreffenden Land, sondern auch gegenüber der Organisation, die den Berater angestellt und dorthin geschickt hat."[40]

Ganz anders bei *Easterly*: Im Gegensatz zu *Sachs* will *Easterly* die verantwortlichen Akteure der Entwicklungspolitik nicht zu besseren Menschen erziehen, sondern die Anreize verbessern, damit diese nicht systematisch gegen ihre eigentlichen Intentionen – der Hilfe für Arme – verstoßen müssen. *Easterly* konstatiert Anreizprobleme auf Ebene 1 und 2, die verhindern, dass westliche Hilfe die Bedürftigen überhaupt erreicht. Zur Lösung dieses Dilemmas adressiert *Easterly* an die Akteure der Entwicklungspolitik die Forderung, die utopische Agenda aufzugeben. Dadurch soll dem politischen Unternehmertum auf Ebene 2 und – per Veränderung der Anreizstruktur – dem unternehmerisch handelnden Entwicklungsagenten auf Ebene 1 die Möglichkeit eröffnet werden, die Bedürfnisse der Armen gezielter als bisher ins Blickfeld zu rücken.

Fazit: Easterly vollzieht in seiner Analyse von Zusammenhängen der Sozialstruktur – auf den Ebenen 1 und 2 – eine konzeptionelle Umstellung, die *Sachs* nicht gelingt. *Sachs* ist nach wie vor im Hilfeparadigma verhaftet und steht damit in der Tradition des

---

39 *Sachs* (2005b, S. 106).
40 *Sachs* (2005b, S. 104-105). Vor diesem Hintergrund sind *Sachs'* Erwartungen an die Entwicklungsökonomen nicht verwunderlich. Auf Seite 105 heißt es weiter: „Jeder Mitarbeiter des IWF und der Weltbank sowie jeder studierte Entwicklungsexperte unterliegt der Verpflichtung, nicht nur den Politikern im verarmten Land, sondern auch den politisch Verantwortlichen in den reichen Ländern die Wahrheit zu sagen."

Mainstreams der Ökonomik der 1950er Jahre. *Easterly* hingegen stellt konzeptionell um: vom Prinzip einseitiger Hilfe ohne Gegenleistung auf das marktliche Prinzip von Leistung und Gegenleistung.[41] *Easterly* will die Entwicklungspolitik darauf ausrichten, Märkte zum Wohl der Armen zu *simulieren*.[42] Er fordert eine Umstellung von *Hilfe* auf *Kooperation*.

2. Semantik

Aus Sicht der Ordonomik lautet die entscheidende Frage in Bezug auf die Semantik: Wie bereitet *Easterly* methodisch eine Änderung der informationalen Anreize vor, die eine konzeptionelle Umstellung von Hilfe auf Kooperation als im Eigeninteresse der handelnden Akteure in der (Entwicklungs-)Politik liegend auszuweisen vermag? Die Antwort lautet: *Easterly* vollzieht den in der Sozialstruktur bereits eingeleitete Umstellung nicht auf der Ebene der Semantik. Dies führt dazu, dass seiner Argumentation auf Ebene 3 die interessenbasierten Klugheitsargumente ausgehen. *Easterly*s Argumentation gerät so in die Verlegenheit, an die Abkehr von Utopismus und Interventionismus lediglich noch appellieren zu können. Nahezu beschwörend wiederholt er seine Forderungen nach Bescheidenheit und Selbstbeschränkung auf inkrementellen Fortschritt. Seine wichtigste Botschaft an die Entwicklungspolitik lautet: „First, do no harm"[43]. Wiederholt warnt er davor, ein neues Wundermittel im Kampf gegen die Armut auch nur suchen zu wollen. An verschiedenen Stellen liest man: „The only Big Plan is to discontinue the Big Plans".[44] Das bedeutet: Auf der Ebene der Semantik generiert *Easterly* keine Argumente und fällt damit – diskursiv – hinter das Werk eines *Peter Bauer* zurück, auf den er sich sonst gerne beruft.

Ein erster Schritt hin zu einer Umstellung von Hilfe auf Kooperation in der Semantik findet sich bei *Jeffrey Sachs*, dessen Programm klinischer Ökonomik auf den Ebenen 1 und 2 stringent auf Hilfe ausgerichtet bleibt. Wohl eher in taktischer denn in methodischer Absicht befasst sich *Sachs* – ganz im Gegensatz zu *Easterly* – mit der Begründung für seine *Big-Push*-Forderungen.[45] *Sachs* argumentiert: Staaten, die durch Armut und Schuldenkrisen im Zerfallen begriffen sind, seien für die westlichen Industrieländer ebenso eine Bedrohung wie die Ausbreitung von Seuchen und Infektionskrankheiten in den Ländern Afrikas. Die wachsenden globalen Interdependenzen könnten ein geeignetes Mittel sein, das Eigeninteresse des Nordens an den Problemen des Südens zu aktivieren und Mittel umzuschichten. Gleichwohl geht *Sachs* über diesen ersten Schritt

---

41 In diesem Sinne kann *Easterly* in die ordnungspolitische Tradition in der Entwicklungsökonomik eingeordnet werden. Bereits *Peter T. Bauer* forderte eine Umstellung der Entwicklungspolitik von einseitiger Hilfe als „Leistung ohne Gegenleistung" zu wechselseitiger Kooperation als echtem Tausch. Vgl. *Bauer* (1967).
42 *Easterly* ist sich darüber im Klaren, dass Märkte allein das Problem der Armut nicht lösen können. Bei *Easterly* (2006, S. 77) heißt es: „Nor are markets of much help to those who are very poor – after all, the poor have no money to motivate any market searcher to meet their needs."
43 *Easterly* (2006, S. 30).
44 So etwa bei *Easterly* (2006, S. 30).
45 Bezeichnenderweise lautet das entsprechende Kapitel (Kapitel 17) in *Sachs* (2005b) auch: „Warum wir handeln sollten."

nicht hinaus; das Prinzip einseitiger Hilfe ohne Gegenleistung steht nach wie vor im Vordergrund seiner Argumentation.[46]

IV. Zur Legitimation der Entwicklungspolitik: Die Konzeption internationaler öffentlicher Güter

Normative Leitideen wie Solidarität, Gerechtigkeit und Gleichheit sind wichtige Fokalpunkte für die Hilfesemantik. Sie beschreiben und präjudizieren den Impetus für die Hilfe für Schwache, Notleidende und Arme. Allerdings wurden diese Vorstellungen in einer Zeit geprägt, deren Sozialstruktur auf Reziprozität in Kleingruppen angelegt war.[47] Hier war die Hilfeleistung für den Geber immer mit der begründeten Erwartung verbunden, im Notfall selbst als Empfänger in den Genuss einer Hilfeleistung zu gelangen – wenn auch nicht durch dieselbe Person, dann aber doch durch den Sozialverband. Ein impliziter Vertrag war ausreichend, um in derartigen Sozialverbänden eine wechselseitig vorteilhafte Verhaltensabstimmung im Face-to-Face-Kontakt zu organisieren. Mit anderen Worten: In sozialen Kleingruppen wurde der Impetus zur Hilfe – die Hilfe-*Leistung* – dadurch nachhaltig stabilisiert, dass das Eigeninteresse des Hilfeleistenden – die von der Leistung zeitlich abgekoppelte Gegen-*Leistung* – durch den sozialstrukturellen Kontext bereits im Ansatz Berücksichtigung fand. Hilfe hatte Versicherungscharakter. Aus dieser Perspektive ist echte *Hilfe* eigentlich langfristige *Kooperation*.

In anonymen Großgruppen brechen diese natürlich gegebenen Anknüpfungspunkte für Reziprozität weg. Dies gilt insbesondere im internationalen Kontext der Entwicklungspolitik. Hier können die sozialstrukturellen Bedingungen für Reziprozität nicht einfach vorausgesetzt werden. Diese „halbierte" Reziprozität verändert die Hilfesemantik: Aus einer wechselseitig vorteilhaften Kooperationsbeziehung – einer Leistung *mit* Gegenleistung – wird eine einseitige Beziehung – eine Leistung *ohne* Gegenleistung. Hilfe in sozialstrukturellen Kontexten „halbierter" Reziprozität wird nicht als *Investition*, sondern als *Verzicht* empfunden. Diese Halbierung stellt die Hilfesemantik vor eine bedeutende Herausforderung: Will sie den Hilfeleistenden nicht durch den Verzicht auf sein Eigeninteresse dauerhaft frustrieren oder gar Ausweichhandlungen provozieren,[48] muss sie, wann immer sie auf Implementierungserfolg bedacht ist, ein funktionales Äquivalent für die sozialstrukturelle Reziprozität herstellen, die in der Kleingruppe den

---

46 Ein Beleg dafür, wie stark *Jeffrey Sachs* vom Umverteilungs- und Hilfedenken durchdrungen ist, findet sich bei *Sachs* (2005b, S. 418): „Und wenn sie [die politisch Verantwortlichen] klug sind, werden sie, insbesondere in den USA, vorrechnen, dass 0,7% nicht besonders weh tun, vor allem dann, wenn man die Mittel zwei prall gefüllten Schatullen entnimmt – dem aufgeblähten Verteidigungshaushalt durch Umschichtung von Geldern zur Förderung der weltweiten Sicherheit mittels Wirtschaftsentwicklung und den Taschen der Superreichen, deren Jahreseinkommen das der Ärmsten der Armen zehntausendfach übersteigt."

47 Vgl. hierzu unter anderen *Hayek* (1978, 1996).

48 Es ist keine Überraschung, dass die Entwicklungshilfe lange Jahre mit dem Problem „impliziter Gegenleistungen" in Form gebundener Hilfe gekämpft hat. Tied Aid beschreibt den Versuch der Geberländer, einen Teil der Finanzströme der Entwicklungshilfe wieder in das eigene Land zu lenken, indem Finanzzusagen nur gegen Lieferbindungen gemacht wurden. Entwicklungshilfe wurde hier als versteckte Exportförderung der Geberländer praktiziert.

Impetus und den nachhaltigen Erfolg der Hilfe sichergestellt hat. Sie muss – institutionell flankiert – von „halbierter" Hilfe auf *echte* Hilfe umstellen: auf *Kooperation*. Die Umstellung von Hilfe auf Kooperation erfordert die Anleitung durch eine Konzeption, die die Semantik anschlussfähig macht an die erforderliche Reform der Sozialstruktur. Die These lautet: Der Ansatz internationaler öffentlicher Güter generiert als Legitimationskonzept *informationale* Anreize auf Ebene 3, die dazu betragen können, eine institutionelle Reform der Entwicklungspolitik auf Ebene 2 in Gang zu setzen. Auf diese Weise werden *institutionelle* Anreize gesetzt, mit deren Hilfe effektivere Maßnahmen der EZOs auf Ebene 1 eingeleitet werden können. Kurz, es geht um Anreize zur Anreizsetzung.[49] Mit dieser These sind drei Pointen verbunden.

1. Reziprozität

Die Konzeption internationaler öffentlicher Güter fokussiert dezidiert auf die im Rahmen der weltwirtschaftlichen Integration zunehmenden globalen Interdependenzen, die die wechselseitige Abhängigkeit zwischen den westlichen Ländern und den Ländern Asiens, Afrikas und Lateinamerikas deutlicher denn je zu Tage treten lassen. Die damit verbundenen Reziprozitätserfordernisse beziehen sich dabei nicht nur auf die weltweiten Handelsbeziehungen oder die internationalen Finanz- und Kreditmärkte. Vor allem im Bereich internationaler Gesundheit und Sicherheit sowie beim Umweltschutz treten verstärkt gemeinsame Herausforderungen hervor, die neue Formen der *Kooperation* erfordern. Zu den wichtigsten Herausforderungen, deren Bewältigung internationale öffentliche Güter erforderlich machen, zählen u.a.:
– die institutionelle Inkraft-Setzung funktionsfähiger internationaler Finanz- und Kreditmärkte als Basis weltweiter (und wechselseitig vorteilhafter) Arbeitsteilung,
– die internationale Seuchenkontrolle und Gesundheitsvorsorge zur (überregionalen) Einhegung leicht übertragbarer Krankheiten wie HIV/AIDS, Malaria und Tuberkulose,
– sicherheitspolitische Maßnahmen in schwachen oder verfallenden Staaten (failed states) zur Prävention internationaler terroristischer Aktivitäten sowie
– die verstärkten weltweiten Bemühungen, dem Klimawandel durch eine neue Post-Kyoto-Architektur wirksam zu begegnen.[50]

Das bedeutet, dass die Konzeption internationaler öffentlicher Güter auf die sozialstrukturellen Bedingungen von Reziprozität fokussiert: Sie nimmt die international konfligierenden *Handlungs*interessen dieser Herausforderungen zum Ausgangspunkt, um

---

49 Eine Konzeption öffentlicher Güter im internationalen Kontext findet sich auch bei *Sandler* (1997) und bei *Sandler* (2004). Allerdings entwickelt *Sandler* mit Blick auf die Entwicklungspolitik kein normatives Legitimationskonzept, sondern lediglich eine positive Analyse. Wichtiger Referenzpunkt in dieser Debatte sind zudem die Veröffentlichungen von *Inge Kaul* und Mitarbeitern; vgl. hierzu *Kaul, Grunberg* und *Stern* (1999) sowie *Kaul, Conceicao, Le Goulven* und *Mendoza* (2003).
50 Die hier angeführten Beispiele öffentlicher Güter weisen die Gemeinsamkeit auf, dass potentielle Nutzer vom Konsum nicht ausgeschlossen werden können (Nicht-Ausschließbarkeit vom Konsum). Dieser Umstand löst eine Tendenz zum Trittbrettfahren aus und sorgt dafür, dass es tendenziell zu einer Unterversorgung mit öffentlichen Gütern kommt. Dies gilt verstärkt, wenn es sich – wie hier erläutert – um internationale öffentliche Güter handelt, deren Nutzerkreis die Grenzen eines oder mehrerer Nationalstaaten überschreitet.

gemeinsame *Regel*interessen zu identifizieren. Es geht um das Ziel einer *gemeinsamen* Bereitstellung internationaler und überregionaler öffentlicher Güter, die auch und gerade für die Entwicklung armer Ländern von großer Bedeutung sind. Die erste Pointe lautet daher: Die zunehmende Verflechtung internationaler Interaktionen beinhaltet für die Entwicklungspolitik die große Chance, die sozialstrukturellen Vorraussetzungen für internationale Reziprozität allererst zu finden – oder gegebenenfalls institutionell zu *er*finden –, um damit von „halbierter" auf echte Hilfe – auf Kooperation, auf Entwicklungs-Zusammenarbeit – umzustellen.[51]

2. Begründung

Die Konzeption internationaler öffentlicher Güter differenziert – insbesondere in ihrer Ausprägung bei Jack Hirshleifer und *Todd Sandler* – zudem hinsichtlich der Form, wie sich die verschiedenen (internationalen) Beiträge der beteiligten Akteure zum Gesamtbereitstellungsniveau des öffentlichen Gutes aggregieren: hier werden Weakest-Link, Best-Shot und Summation als paradigmatische Produktionstechnologien unterschieden.[52] Mit Hilfe dieser Differenzierung kann die Konzeption internationaler öffentlicher Güter als Heuristik zur Identifikation gemeinsamer (Regel-)Interessen der an der Entwicklungspolitik beteiligten Akteure beitragen:[53]

Weakest-Link: Hier gilt die Logik: Das schwächste Glied bestimmt die Reißfestigkeit der Kette – das aggregierte Bereitstellungsniveau des öffentlichen Gutes wird durch den geringsten Beitrag definiert. Weakest-Link-Interaktionsstrukturen weisen die stärkste Analogie zur Sozialstruktur der Kleingruppe auf: In Nomadenstrukturen hängt die Stärke des Sozialverbandes davon ab, wie stark, belastbar, ausdauernd und erfolgreich das *schwächste* Mitglied der Gruppe ist. Die Unterstützung des Schwächsten beim Bau von Waffen, beim Errichten von Siedlungen oder bei der Behandlung von Krankheiten ist im Grunde eine Form von *Hilfe*, die das (Überlebens-)Interesse des Einzelnen immer vor dem Hintergrund des (Überlebens-)Interesses der Gruppe zur Geltung bringt.[54] Diese Grundstruktur kooperativer Bereitstellung öffentlicher Güter weisen viele internationale und überregionale Interdependenzen auf: So bestimmt bei der Eindämmung von Seuchen und Krankheiten oder bei der Bekämpfung von terroristischen Aktivitäten der geringste Beitrag das aggregierte Bereitstellungsniveau des öffentlichen Gutes. In derartigen Interaktionsstrukturen kann es durchaus im Interesse der Gesundheitsvorsorge westlicher Industrieländer liegen, die Gesundheitssysteme und Präventionsmaßnahmen vor Ort in Entwicklungsländern zu unterstützen, um die Ausbreitung ansteckender

---

51 In der deutschen Entwicklungspolitik ist der Übergang von Entwicklungs*hilfe* zu Entwicklungs*zusammenarbeit* zumindest rhetorisch vollzogen. Für eine kritische Einschätzung des sozialstrukturellen Erfolgs dieser Umstellung vgl. *Hielscher* und *Pies* (2006).
52 Zur Unterscheidung öffentlicher Güter hinsichtlich ihrer Aggregationstechnologien vgl. grundlegend *Hirshleifer* (1983), *Cornes* und *Sandler* (1986, 1999, S. 143-197), *Sandler* (1998) sowie *Sandler* (2001).
53 Mit Blick auf die Entwicklungspolitik entwickeln *Hielscher* und *Pies* (2006) unter Rekurs auf die Unterscheidung der Aggregationstechnologien öffentlicher Güter ein Konzept zur Legitimation der Entwicklungszusammenarbeit. Die Grundzüge dieser Argumentation werden im Folgenden kurz dargestellt.
54 Vgl. hierzu auch die interessante Interpretation bei *Hirshleifer* (1983).

Krankheiten zu verhindern. So intensiviert das Bundesministerium für Gesundheit seit Jahren die bilaterale Zusammenarbeit beim Infektionsschutz, bei der Reform der Strukturen des Gesundheitswesens und des Rettungswesens vor allem mit den Ländern Osteuropas, aber auch mit Russland und China, um der länderübergreifenden Ausbreitung von Infektionskrankheiten wie AIDS, Tuberkulose oder Vogelgrippe vorbeugend entgegen zu treten.[55] Das bedeutet: In sozialen Interaktionsbeziehungen, die einen Weakest-Link-Charakter aufweisen, kann die *Hilfeleistung* für das schwächste Glied der Gruppe als echte Hilfe ausgewiesen werden, als Kooperation, die das Eigeninteresse direkt fördert.

Best-Shot: Hier gilt die Logik: Der höchste Beitrag, die größte Anstrengung bestimmt *allein* aggregierte Bereitstellungsniveau des öffentlichen Gutes. Im internationalen Kontext ist die Generierung neuen Wissens durch Forschung und Entwicklung (F&E) – beispielsweise bei der Erfindung von Medikamenten und Impfstoffen für Krankheiten wie Malaria und AIDS oder bei der Grundlagenforschung im Bereich nachhaltiger Energiegewinnung oder des Klimaschutzes – ein typisches Beispiel für Best-Shot-Interaktionsbeziehungen. Ist ein technologischer Durchbruch, ist ein Best-Shot-Öffentliches Gut bereitgestellt, können andere Staaten als Trittbrettfahrer grundsätzlich in den Genuss des innovativen Wissens kommen. Für die Semantik der Entwicklungspolitik bedeutet dies, dass es Fälle geben kann, bei denen die „Entwicklungs"-Politik ganz ohne materiellen Ressourcentransfers auskommt.[56] Im Extremfall wäre auch denkbar, dass arme Länder ganz auf eigene Anstrengungen verzichten und im Wege der Poolung sich daran beteiligen, ein möglichst hohes Bereitstellungsniveau zu erzielen. Dann würden beispielsweise Entwicklungsländer Afrikas – im Interesse ihrer eigenen Entwicklung! – Anstrengungen zur Erforschung von Tropenkrankheiten in Industrieländern unterstützen, deren Ergebnisse primär ihnen zugute kommen sollen. Im Normalfall ist aber wohl damit zu rechnen, dass bei Best-Shot-Interaktionsstrukturen eine „Entwicklungs"-Kooperation ohne sichtbare Transfers erfolgt. So ist derzeit zu beobachten, dass sowohl staatliche Forschungsinstitute der Industrieländer als auch unabhängige philanthropische Stiftungen die Erforschung solcher Krankheiten vorantreiben, die vor allem Entwicklungsländer betreffen.[57] Die Best-Shot-Interaktionsstruktur trägt zur Aufklärung der Semantik bei, weil sie eine kontraintuitive Interpretation von Hilfe erlaubt: *Hilfe* kann – freilich im Extremfall – darin bestehen, dass die Schwachen – gemäß ihrer Möglichkeiten – in eine kooperative Vorleistung gehen und die Starken damit beauftragen, ihre komparativen Vorteile zu nutzen und im *gemeinsamen* Interesse ein Best-Shot bereitzustellen.

---

55 Vgl. hierzu *Bundesministerium für Gesundheit* (2008).
56 Hier ist zum Beispiel an jenen Vorteil zu denken, den *F. A. v. Hayek* als den Vorteil der armen Länder bezeichnet. Das kumulierte Wissen, dass sich der Westen im Laufe seiner Geschichte angeeignet hat, kann jetzt von den Entwicklungsländern zu wesentlich geringeren Kosten erworben werden. *Hayek* (1971, 1991, S. 58) schreibt hierzu: „Es kann kaum bezweifelt werden, dass die Aussichten der „unterentwickelten" Länder, das gegenwärtige Niveau des Westens zu erreichen, wesentlich größer sind, als wenn der Westen nicht so weit vorausgeschritten wäre."
57 Ein solches Engagement kann durchaus im Interesse der Industrieländer liegen, nämlich genau dann, wenn es vorteilhafter ist, in die Erfindung eines Impfstoffes zu investieren anstatt die Gesundheitsvorsorge vor Ort – Hygiene, medizinische Infrastruktur usw. – zu verbessern. In diesem Fall sind Best Shot und Weakest Link in einem sozialen Wertschöpfungsprozess der Gesundheitsvorsorge miteinander verknüpft. Vgl. hierzu ausführlich *Pies* und *Hielscher* (2008) sowie *Pies* und *Hielscher* (2007).

Summation: Hier gilt die Logik: Die Beiträge aller Akteure aggregieren sich additiv zur Gesamthöhe des öffentlichen Gutes. Die Besonderheit besteht darin, dass alle Beiträge perfekte Substitute sind. Im Gegensatz zu Weakest-Link und Best-Shot ist es also unerheblich, wer die für die gewünschte Höhe des öffentlichen Gutes erforderlichen Bereitstellungsbeiträge übernimmt. Dadurch entsteht eine dilemmatische Interaktionsstruktur, die auch als „Tragik der Allmende", „Logik kollektiven Handelns" oder als das „Trittbrettfahrerproblem" bezeichnet wird. International ist hier an die Schonung und Erhaltung der Fischbestände in internationalen Gewässern oder an die Verringerung von Kohlendioxid-Emissionen zur Bekämpfung der globalen Erwärmung zu denken. Trotz gleicher Bereitstellungswirkung können die Bereitstellungskosten regional deutlich variieren: So kann die Einsparung einer Tonne CO_2 in Südamerika deutlich günstiger ausfallen als in Europa, so dass es für Industrieländer lukrativ sein mag, die Emissonsreduktion in Entwicklungsländern vornehmen zu lassen und die dortigen Regierungen für ihre Bemühungen zu kompensieren. Summation macht also darauf aufmerksam, dass es auf internationaler Ebene Interaktionsprobleme gibt, die in Kleingruppen durch eine Face-to-Face-Sozialstruktur weitestgehend gelöst werden, weil das Trittbrettfahren durch direkte informale Sanktionierung verhindert wird. In großen Gruppen hingegen treten in Abwesenheit funktionierender informaler Koordinationsmechanismen Probleme kollektiven Handelns zu Tage. Aber gerade aus diesem Grund sind derartige Interaktionsstrukturen nicht nur ein Beispiel für die Gefahr des Scheiterns kollektiven Handelns durch konfligierende *Handlungs*interessen, sondern auch ein Beispiel für die Konstitution gemeinsamer *Regel*interessen an der Lösung des zugrunde liegenden Problems. Nur dass hier – im Gegensatz zur Kleingruppe – sanktionsbewährte, institutionell äußerst vorraussetzungsreiche Regelarrangements allererst *ge*- oder *er*funden werden müssen, um das Einzel- und das Gruppeninteresse miteinander in Einklang zu bringen. Im Fall von Summation erfordert echte *Hilfe* – eine wechselseitig vorteilhafte Kooperation – eine institutionelle Flankierung, um das Eigeninteresse des *Hilfe*leistenden nicht *hilf*los der Ausbeutung auszusetzen.[58]

Die Differenzierung hinsichtlich der Produktionstechnologien ermöglicht folgende zweite Pointe: Mit Hilfe der Konzeption internationaler öffentlicher Güter kann die Entwicklungspolitik ihre eigentlichen Adressaten – die Ärmsten unter den Entwicklungsländern – aus wohlverstandenem Eigeninteresse heraus gezielter ins Blickfeld rücken, weil sie konstitutiv darauf angewiesen ist, dass jene zuallererst in die Lage versetzt werden (müssen), eigene Bereitstellungsbeiträge zu internationalen öffentlichen Gütern leisten zu können. Sie generiert damit tragfähige und nachhaltige Begründungen dafür, warum es im eigenen Interesse der Menschen in reichen Ländern liegt, die Menschen in armen Ländern wirksam zu unterstützen.[59]

---

58 In jedem Fall reicht es nicht, nur von gemeinsamen Regelinteressen zu sprechen (Ebene 3). Die Konzeption internationaler öffentlicher Güter macht zudem darauf aufmerksam, dass das (internationale) Trittbrettfahrerproblem nur durch die (Er)findung geeigneter institutioneller (Regel)Arrangements in Global-Governance-Prozessen einer Lösung näher gebracht werden kann (Ebene 2).

59 Hiermit wird ein wichtiger (und möglicherweise problematischer) Anspruch formuliert, der hier allerdings nur angedeutet werden kann: Die These lautet, dass es mit Hilfe der Konzeption internationaler öffentlicher Güter nicht nur möglich ist, Formen der Kooperation zwischen Industrie- und Entwicklungsländern zu identifizieren, die – quasi als Nebenprodukt – auch positive Effekte für die Entwicklung armer Länder aufweisen. Vielmehr besteht der Anspruch darin, auch klassische Formen von pro-

3. Reform

Die Konzeption internationaler öffentlicher Güter ermöglicht zudem eine dritte Pointe: *Easterlys* wertvolle, wenn auch negative Kritik der Entwicklungshilfepraxis kann mit Hilfe dieser Kooperationssemantik konstruktiv weiterentwickelt werden, weil nun systematisch Klugheitsargumente für die Verbesserung der Anreizstruktur auf Ebene 2 – der Entwicklungspolitik – und auf Ebene 1 – der entwicklungspolitischen Praxis – vorgebracht werden können. Hierbei können auch Argumente wertvoll sein, die im Rahmen von *Sachs'* klinischer Ökonomik entwickelt worden sind. Die zugrunde liegende Argumentationsstruktur sei in drei Schritten kurz angedeutet:

– Die Konzeption internationaler öffentlicher Güter kann dazu beitragen, klarere Zielfunktionen für die einzelnen EZOs zu generieren, die leichter operationalisierbar – und tendenziell auch leichter maximierbar sind. Eine mögliche Zielfunkton könnte lauten: Maximiere den Beitrag zu einem regionalen oder internationalen öffentlichen Gut mit Weakest-Link-, Best-Shot- oder Summation-Interaktionsstrukturen. So könnte – aus deutscher Sicht – ein Weakest-Link-öffentliches Gut darin bestehen, die Ausbreitungsgefahr von Tuberkulose (TBC) und HIV/AIDS in den Ländern Osteuropas zu verringern. Die konkrete Zielfunktion könnte zum Beispiel darin bestehen, die Entdeckungswahrscheinlichkeit und die Behandlungsrate von Tuberkulose in der Ukraine auf ein bestimmtes, für einen wirksamen Schutz der Bevölkerung erforderliches Niveau anzuheben.

– Bei der Bereitstellung eines solchen regionalen öffentlichen Gutes mögen in den Partnerländern Hindernisse auftreten, die auf andere gravierende Entwicklungsdefizite und auf Probleme absoluter Armut zurückzuführen sind. Hier können, wie bei *Sachs* diagnostiziert, infrastrukturelle, geografische und institutionelle Mängel, Bildungs- und Genderfragen sowie mangelnde Arbeits- und Sozialstandards eine wichtige Rolle spielen. Diese Faktoren wären allerdings nicht als eingeständige Ziele, sondern als Mittel zu denken. Entwicklungspolitische Instrumente, die auf die Überwindung dieser Probleme zielen, wären innerhalb von Programmen zur Bereitstellung eines internationalen öffentlichen Gutes so zu berücksichtigen und zu priorisieren, dass diejenige Maßnahme durchgeführt wird, die den größten erwarteten Beitrag zur Bereitstellung des öffentlichen Guts – zum Beispiel zur Verringerung der Ausbreitungsgefahr von TBC – erzielt.

– Mit Hilfe einer klarer definierten Zielfunktion könnte zudem das Prinzipal-Agent-Problem zwischen Regierung und Entwicklungsorganisation entschärft werden. Informativere Evaluierungen und Performance-Vergleiche würden möglich – Intransparenzen abgebaut.[60] Würde zusätzlich dafür Sorge getragen, dass die Aus-

---

poor-Armutsbekämpfungsmaßnahmen als im wohlverstandenen Eigeninteresse der Industrieländer liegend auszuweisen: So kann die derzeitige *Exklusion* der Ärmsten der Armen von den weltwirtschaftlichen Tauschprozessen als entgangener Tausch- und Kooperationsgewinn aller Länder interpretiert werden. Insofern stellt auch die *Inklusion* der ärmsten Länder in den weltweiten Handel ein globales öffentliches Gut dar.

60 Hier ist eine Analogie zum Delegationsproblem zwischen Anteilseignern und Managern in einer Aktiengesellschaft aufschlussreich: Ein wesentliches Instrument der Aktionäre zur Überprüfung und Kontrolle der von ihnen eingesetzten Manager besteht darin, inwiefern sie – im Vergleich zur direkten

schüttung der finanziellen Ressourcen stärker an die Performance – an der Zielfunktion – der Entwicklungsorganisationen geknüpft ist, könnten auch die Kartellierungsbemühungen auf dem Markt für Entwicklungsleistungen destabilisiert werden. Die Spezialisierung auf bestimmte internationale öffentliche Güter und (internationale) Arbeitsteilung würde gefördert. Neue Anbieter in den Geberländern – andere Fachministerien, nicht-staatliche Entwicklungs- und zivilgesellschaftliche Organisationen sowie zunehmend auch multinationale Unternehmen! – aber auch neue Anbieter vor Ort in den Empfängerländern – nationale oder lokale NOGs aber auch innovative Social Entrepreneurs – könnten ihre je komparativen Vorteile ausspielen und für einen Wettbewerb der Ideen sorgen. Auf diese Weise könnten Innovations- und Lernprozesse initiiert werden, die letztlich allen Beteiligten zugute kommen – auch den Ärmsten der Armen in Entwicklungsländern.[61]

Zwischenfazit: Die Konzeption internationaler öffentlicher Güter erfüllt als Heuristik eine wichtige Strukturierungsaufgabe für die Semantik. Im Bereich der Entwicklungspolitik verhilft sie dem Denken als ordnende Potenz zu praktischer Geltung:[62] Erstens fokussiert sie dezidiert auf die sozialstrukturellen Möglichkeiten, um das Problem „halbierter" Reziprozität durch institutionelle Reformen zu überwinden. Zweitens ermöglicht sie eine Identifizierung gemeinsamer Interessen zwischen Nord und Süd, indem sie zwischen den Produktionstechnologien öffentlicher Güter unterscheidet. Drittens kann sie dazu beitragen, die Anreizprobleme der Entwicklungspolitik auf Ebene 1 und auf Ebene 2 zu überwinden. Auf diese Weise ermöglicht sie ein neues Verständnis von Entwicklungs-*Hilfe* als eine Form echter Entwicklungs-*Zusammenarbeit*. Genauer: als Hilfe *durch* Zusammenarbeit und Zusammenarbeit *durch* Hilfe. Als These und in Anspielung auf I. Kant formuliert: Angesichts zunehmend globaler werdender Herausforderungen kann es sich die Entwicklungspolitik gar nicht mehr *leisten*, die Armen *nur als Zweck* aufzufassen – als pure Empfänger „halbierter" Hilfe. Sie muss die Armen zunehmend *auch als Mittel* zur Erreichung *gemeinsamer Zwecke* begreifen – also als Kooperations*partner* – mit der durch *Easterly* herausgearbeiteten Pointe, dass man den Armen nur dann wirksam helfen kann – das heißt: sie als Zweck betrachten kann –, wenn man sie konsequent als Kooperationspartner – also als Mittel – begreift.

Konkurrenz – das Ziel der Gewinnmaximierung erreicht haben. Auch hier liegt der Vorteil darin, dass es sich um *eine eindeutige* und nicht um *mehrere konkurrierende* Zielfunktionen handelt. Wenn es gelänge, mit Hilfe der Konzeption internationaler öffentlicher Güter klarere Zielfunktion(en) für die Akteure der Entwicklungszusammenarbeit zu definieren, könnte wohl auch eine Verbesserung der Entwicklungspraxis erzielt werden – schließlich liegt nach *Easterly* eines der größten Probleme der EZ-Praxis darin, dass die EZOs zu viele und z.T. konkurrierende Ziele verfolgen (sollen).

61 Eine solche Ausrichtung auf die Bereitstellung internationaler öffentlicher Güter würde die EZ-Landschaft grundlegend verändern. Der Fokus würde – statt auf der Organisation – noch stärker als bisher auf die zu bewältigenden internationalen und regionalen Aufgaben gerichtet werden. Entscheidend wäre allein, welcher Anbieter die Aufgaben am besten – d.h. am schnellsten, am günstigsten usw. – erledigen kann. Aus diesem Grund wäre damit zu rechnen, dass nicht nur Unternehmen, sondern zunehmend auch internationale Stiftungen und so genannte Social Entrepreneurs originäre Aufgaben der EZ übernehmen können.
62 Vgl. *Eucken* (1953, 1990, S. 340 ff.).

V. Diskursivität und Kritik in der Entwicklungsdebatte

Dissent on Development? Mit Hilfe der Ordonomik entwickelt der vorliegende Beitrag eine konstruktive Lesart der kontroversen entwicklungskonzeptionellen Debatte zwischen *Jeffrey Sachs* und *William Easterly*. Die Ordonomik fokussiert dabei im Kern auf die Generierung theoretischer Argumente für eine wirksame Reform der Entwicklungspolitik – zum Wohl der Armen *und* der Reichen. Es geht um Theorie für die Praxis. Wie aber verortet sich die hier entfaltete ordonomische Beitrag innerhalb der entwicklungsökonomischen Theorietradition?

Im Anschluss an *Peter T. Bauer* diagnostiziert der Beitrag eine Diskrepanz zwischen Sozialstruktur und Semantik: Wie in weiten Teilen des öffentlichen Diskurses, arbeiten sowohl *Sachs*' klinische Ökonomik als auch *Easterlys* ordnungspolitische Entwicklungsökonomik – sei es explizit oder sei es implizit – mit einer Hilfesemantik, die auf „halbierter" Reziprozität aufbaut: mit einer Semantik, die Hilfe als einseitige Leistung ohne Gegenleistung versteht. Unter den *sozialstrukturellen* Bedingungen des demokratischen Prozesses gesellschaftlicher (Selbst-)Steuerung avanciert die Zustimmungsfähigkeit von Politikentscheidungen zu einer entscheidenden Implementierungsbedingung. Das heißt konkret: Politikempfehlungen, die nicht (auch) vom Eigeninteresse der Bürger und Wähler her entwickelt werden, bemühen Semantiken, die nicht zu ihren sozialstrukturellen Implementierung passen. Die Semantik kann keine sozialstrukturelle Kraft entfalten. Die Kritik der Ordonomik an dieser Hilfesemantik steht für die Kontinuität mit dem Werk von *Peter Bauer*.[63]

Der Beitrag entwickelt aber auch ein Argument, wie diese Diskrepanz zwischen Sozialstruktur und Semantik überwunden werden kann. Er setzt dabei auf die Aufklärung der *Hilfe*-Semantik durch eine Konzeption, die als Ansatz internationaler öffentlicher Güter charakterisiert wird. Aus Sicht des Beitrags ist diese Konzeption vergleichsweise besser geeignet als die Hilfesemantik, die sozialstrukturellen Herausforderungen weltweiter (Entwicklungs-)Zusammenarbeit gedanklich zu strukturieren. Sie entwickelt drei Pointen: Erstens fokussiert die Konzeption internationaler öffentlicher Güter auf die zunehmenden internationalen Interdependenzen, um die Entwicklungspolitik konzeptionell auf einem sicheren Fundament sozialstruktureller Reziprozität aufzubauen. Zweitens ermöglicht sie eine Identifikation der *gemeinsamen* Interessen an Entwicklung. Hier sind – paradigmatisch differenziert nach drei Produktionstechnologien – unterschiedliche Formen echter Hilfe, im Sinne von Kooperation, denkbar. Auf diese Weise kann dieser Ansatz drittens dazu beitragen, die Anreizstrukturen in der Entwicklungspolitik und der Entwicklungspraxis zu reformieren – zum Wohl sowohl der Armen in Entwicklungsländern als auch der Reichen in Industrieländern.

In einem wichtigen Punkt herrscht Diskontinuität mit *Bauers* Werk. Ähnlich wie *Easterly* gelingt es auch *Bauer* nicht, vom Modus der negativen – auf politische Selbstbeschränkung abzielenden – Kritik auf den Modus der positiven – auf diskursive Überbietung abstellenden – Kritik umzustellen. Eine aufschlussreiche Analyse dieses Argu-

---

63 Zu *Bauers* Kritik an der Entwicklungshilfe und ihren Instrumenten vgl. u. a. *Bauer* (1967), *Bauer* (1971b), *Bauer* (1986), *Bauer* (1987), *Bauer* (1988), *Bauer* (1990), *Bauer* (1995) sowie *Bauer* (1996, 2000).

mentationsmodus' findet sich bei *Richard Bailey*, einem Fachrezensenten von *Bauer*s „Dissent on Development":

„The title of Professor *Bauer*'s book, *Dissent on Development*, exactly describes its contents. To have 550 pages of dissent is perhaps too much of a good thing. Although, as Professor *Bauer* suggests, 'it is not a valid objection to criticism that it does not advance ideas or proposals alternative to those which it examines' (p. 24), it is to be hoped that subjecting the reader to such a large dose of dissent will not be self-defeating."[64]

Ganz in diesem Sinne versteht sich die vorliegende Arbeit als Beitrag zur konzeptionellen Weiterentwicklung von *Bauer*s Ideen. Die Ordonomik leistet methodische ‚*Entwicklungsarbeit*': Sie stellt Kontinuität her zu einer Konzeption, der es um eine Analyse der Interdependenzen von Sozialstruktur und Semantik geht. Mit Blick auf den Argumentationsmodus hingegen setzt sie auf Diskontinuität. Hier geht es ihr um Diskursivität und Kritisierbarkeit – um einen echten Wettbewerb entwicklungspolitischer Ideen. Sie entwickelt eigene Vorschläge und setzt sie der Kritik aus.

Literatur

Albert, Hans (1972, 1976), Aufklärung und Steuerung - Gesellschaft, Wissenschaft und Politik in der Perspektive des kritischen Rationalismus, in: Hans Albert (Hg.), *Aufklärung und Steuerung*, Hamburg, S. 11-34.
Alesina, Alberto und David Dollar (2000), Who Gives Foreign Aid to Whom and Why?, *Journal of Economic Growth*, Bd. 5(1), S. 33-63.
Bailey, Richard (1972), Reviewed Work(s): Dissent on Development: Studies and Debates in Development Economics by Peter T. Bauer, *International Affairs* (Royal Institute of International Affairs 1944-), Bd. 48(4), S. 650-652.
Barro, Robert und Xavier Sala-i-Martin (1998, 2003), *Economic Growth*, Cambridge, MA.
Bauer, Peter T. (1967), Auslandshilfe, ein Instrument des Fortschritts?, *ORDO – Jahrbuch für die Ordnung von Wirtschaft und Gesellschaft*, Bd. 18, S. 173-205.
Bauer, Peter T. (1971a), *Dissent on Development*, London.
Bauer, Peter T. (1971b), The Widening Gap, *Quartely Review Banca Nazionale del Lavoro*, S. 215-232.
Bauer, Peter T. (1984), *Reality and Rhetoric: Studies in the Economics of Development*, London.
Bauer, Peter T. (1986), Market Order and State Planning in Economic Development, *Journal of Economic Growth*, Bd. 1(1), S. 3-11.
Bauer, Peter T. (1987), Creating the Third World; Foreign Aid and its Offsprings, *Journal of Economic Growth* 2(4), S. 3-9.
Bauer, Peter T. (1988), Entwicklungshilfe und ihre Folgen, *Ifo-Schnelldienst*, Bd. 41(13), S. 30-36.
Bauer, Peter T. (1990), The Third World Debt Crisis: Can't Pay or Won't pay? *CIS Occasional papers*, Bd. 3, Centre for Independent Studies, St. Leonards and Auckland.
Bauer, Peter T. (1995), Bevölkerung, Wachstum, Entwicklung: Ende der Verdunkelung, in: Hans Thomas (Hg.),: *Bevölkerung, Entwicklung, Umwelt*, Herford, S. 13-33.
Bauer, Peter T. (1996, 2000), Foreign Aid: Abiding Issues, in: Peter Bauer (Hg.), *From Subsistence to Exchange and other Essays*, Princeton.
Becker, Gary S., Kevin M. Murphy und Robert Tamura (1990), Human Capital, Fertility, and Economic Growth, *The Journal of Political Economy*, Bd. 98(5, Part 2: The Problem of Development: A Conference of the Institute for the Study of Free Enterprise Systems), S. S12-S37.

---

64 *Bailey* (1972, S. 652).

Beckmann, Markus und Ingo Pies (2008), Ordnungs-, Steuerungs- und Aufklärungsverantwortung – Konzeptionelle Überlegungen zugunsten einer semantischen Innovation, in: Ludger Heidbrink und Alfred Hirsch (Hg.), *Verantwortung als marktwirtschaftliches Prinzip. Zum Verhältnis von Moral und Ökonomie*, Frankfurt und New York, S. 31-67.

Buchanan, James M. (1975), The Samaritan's Dilemma, in: Edmund Phelps (Hg.), *Altruism, Morality and Economic Theory*, New York, S. 71-85.

Bundesministerium für Gesundheit (2008), „Bilaterale Zusammenarbeit auf dem Gebiet des Gesundheitswesens" Zugriff am 5. April 2008, unter: http://www.bmg.bund.de/cln_041/nn_599776/sid_5BBFAAC9901A69B8BAE5114F0D8F9 70F/DE/Themenschwerpunkte/Internationales/Bilaterale-Zusammenarbeit-auf-2174,param=.html__nnn=true.

Cornes, Richard und Todd Sandler (1986, 1999), *The Theory of Externalities, Public Goods, and Club Goods*, Cambridge u.a.

Denzau, Arthur T. und Douglass C. North (1994), Shared Mental Models: Ideologies and Institutions, *Kyklos*, Bd. 47(1), S. 3-31.

Doucouliagos, Hristos und Martin Paldam (2005a), *The Aid Effectiveness Literature: The Sad Result of 40 Years of Research*, Aarhus.

Doucouliagos, Hristos und Martin Paldam (2005b), *Aid Effectiveness on Accumulation: A Meta Study*, Aarhus.

Doucouliagos, Hristos und Martin Paldam (2005c), *Aid Effectiveness on Growth: A Meta Study*, Aarhus.

Doucouliagos, Hristos und Martin Paldam (2005d), Conditional Aid Effectiveness: A Meta Study, Aarhus.

Dürr, Ernst (1967), Methodische und Politische Probleme zur Berechnung des Entwicklungshilfebedarfs, *ORDO - Jahrbuch für die Ordnung von Wirtschaft und Gesellschaft*, Bd. 18, S. 207- 250.

Easterly, William (2001), *The Elusive Quest for Growth: Economists Adventures and Misadventure in the Tropics*, Cambridge, MA.

Easterly, William (2002), The Cartel of Good Intentions: Bureaucracy versus Markets in Foreign Aid, *Working Paper Nr. 4, March 2002, Center for Global Develpment*, Washington, D.C.

Easterly, William (2003a), Can Foreign Aid Buy Growth?, *Journal of Economic Perspectives*, Bd. 17(3), S. 23-48.

Easterly, William (2003b), The Cartel of Good Intentions: The Problem of Bureaucracy in Foreign Aid, *Journal of Policy Reform*, Bd. 5(4), S. 223-250.

Easterly, William (2004), Can Foreign Aid Make Poor Countries Competitive?, *The Global Competitiveness Report*, Basingstoke u.a., S. 187-195.

Easterly, William (2005), *The Lamentable Return of the Big Push in Economic Development*, Kiel.

Easterly, William (2006), *The White Man's Burden: Why the West's Efforts to Aid the Rest Have Done So Much Ill and So Little Good*, New York.

Easterly, William (2007), Was Development Assistance a Mistake?, *American Economic Review*, Bd. 97(2), S. 328-332.

Easterly, William, Ross Levine und David Roodman (2004), New Data, New Doubts: A Comment on Burnside and Dollar's "Aid, Policies, and Growth" (2000), *American Economic Review*, Bd. 94(3), S. 776-780.

Eucken, Walter (1953, 1990), *Grundsätze der Wirtschaftspolitik*, Tübingen.

Gibson, Clark C., Krister Andersson, Elinor Ostrom und Sujai Shivakumar (2005), *The Samaritan's Dilemma: The Political Economy of Development Aid*, Oxford.

Hayek, Friedrich August von (1939), Freedom and the Economic System, in: Harry Gideonse D. (Hg.), *Public Policy Pamphlet*, Nr. 29, Chicago.

Hayek, Friedrich August von (1971, 1991), *Die Verfassung der Freiheit*, Tübingen.

Hayek, Friedrich August von (1978, 1996), Die drei Quellen menschlicher Werte, in: ders., *Die Anmaßung von Wissen. Neue Freiburger Studien*, Tübingen, S. 37-75.

Hielscher, Stefan und Ingo Pies (2006), Internationale Öffentliche Güter – Ein neues Paradigma der Entwicklungspolitik?, in: Udo Ebert (Hg.), *Wirtschaftsethische Perspektiven VIII. Grundsatzfragen, Unternehmensethik, Institutionen, Probleme internationaler Kooperation und nachhaltiger Entwicklung. Schriftenreihe des Vereins für Socialpolitik*, Berlin, S. 201-227.

Hirshleifer, Jack (1983), From Weakest-Link to Best-Shot: The Voluntary Provision of Public Goods, in: *Public Choice*, Bd. 41, S. 371-386.

Kaul, Inge, Pedro Conceicao, Katell Le Goulven und Ronald U. Mendoza (2003), *Providing Global Public Goods: Managing Globalization*, New York.

Kaul, Inge, Isabelle Grunberg und Marc A. Stern (1999), *Global Public Goods: International Cooperation in the 21st Century*, New York.

Meyer, Fritz M. (1960, 1961), Entwicklungshilfe und Wirtschaftsordnung, *ORDO - Jahrbuch für die Ordnung von Wirtschaft und Gesellschaft*, Bd. 12, S. 279-303.

Myrdal, Gunnar (1959), *Ökonomische Theorie und unterentwickelte Regionen*, Stuttgart.

Niskanen, William A. (1971), *Bureaucracy and Representative Government*, Chicago.

Niskanen, William A. (2001), Bureaucracy, in: William F. Shughart und Laura Razzolini (Hg.), *The Elgar Companion to Public Choice*, Cheltenham UK.

Pies, Ingo (2000), *Ordnungspolitik in der Demokratie. Ein ökonomischer Ansatz diskursiver Politikberatung*, Tübingen.

Pies, Ingo (2004), Nachhaltige Politikberatung: Der Ansatz normativer Institutionenökonomik, *Diskussionspapier Nr. 04-10 hg. vom Forschungsinstitut des Wittenberg-Zentrums für Globale Ethik*, in Zusammenarbeit mit dem Lehrstuhl für Wirtschaftsethik an der Martin-Luther-Universität Halle-Wittenberg und der Sektion Wirtschaftswissenschaften der Stiftung Leucorea in der Lutherstadt Wittenberg.

Pies, Ingo (2007), Markt vs. Staat? Über Denk- und Handlungsblockaden im Zeitalter der Globalisierung, *Politisches Denken. Jahrbuch 2006/2007*, hg. von Karl Graf Ballestrem, Volker Gerhardt, Henning Ottmann, Martyn P. Thompson und Barbara Zehnpfennig, Berlin, S. 259-293.

Pies, Ingo (2008), Markt und Organisation: Programmatische Überlegungen zur Wirtschafts- und Unternehmensethik, *Diskussionspapier Nr. 2008-2 des Lehrstuhls für Wirtschaftsethik an der Martin-Luther-Universität Halle-Wittenberg*, hg. von Ingo Pies, Halle.

Pies, Ingo, Markus Beckmann und Stefan Hielscher (2007), Mind the Gap! Ordonomische Überlegungen zur Sozialstruktur und Semantik moderner Governance, *Diskussionspapier Nr. 2007-16 des Lehrstuhls für Wirtschaftsethik an der Martin-Luther-Universität Halle-Wittenberg*, hg. von Ingo Pies, Halle.

Pies, Ingo und Stefan Hielscher (2007), Das Problem weltmarktlicher Arzneimittelversorgung: Ein Vergleich alternativer Argumentationsstrategien für eine globale Ethik, in: *Wirtschaftsethische Perspektiven IX. Schriftenreihe des Vereins für Socialpolitik*, (im Druck, erscheint voraussichtlich 2008).

Pies, Ingo und Stefan Hielscher (2008), Das Problem der internationalen Arzneimittelversorgung: Eine wirtschaftsethische Perspektive, in: Peter Koslowski und Alois Prinz (Hg.), *Bittere Arznei. Wirtschaftsethik und Ökonomik der pharmazeutischen Industrie*, München und Paderborn, S. 209-233.

Sachs, Jeffrey (2005a), The End of Poverty: How our Generation can end etxreme Poverty by 2025, *Optima*, Bd. 51(2), S. 22-33.

Sachs, Jeffrey und David Bloom (1998), Geography, Demography, and Economic Growth in Africa, *Brookings Papers on Economic Activity*, Bd. 2, S. 207-295.

Sachs, Jeffrey D. (2005b), *Das Ende der Armut: Ein ökonomisches Programm für eine gerechtere Welt*, München.

Sachs, Jeffrey D. (2005c), *The End of Poverty: Economic Possibilities for our Time*, New York u.a.

Sachs, Jeffrey, John Luke Gallup und Andrew Mellinger (1999), Geography and Economic Development, *International Regional Science Review*, Bd. 22(2), S. 179–232.

Sachs, Jeffrey, John W. McArthur, Guido Schmidt-Traub et al. (2004), Ending Africa's Poverty Trap, *Brookings Papers on Economic Activity*, Bd. 35(1), S. 117-240.

Sachs, Jeffrey, Andrew Mellinger und John Luke Gallup (2000), Climate, Coastal Proximity, and Development, in: Gordon L. Clark, Maryann P. Feldman und Meric S. Gertler (Hg.), *Oxford Handbook of Economic Geography*, Oxford, S. 169-194.

Sandler, Todd (1997), *Global Challenges: An Approach to Environmental, Political, and Economic Problems*, Cambridge u.a.

Sandler, Todd (2004), *Global Collective Action*, New York.
Sandler, Todd M. (1998), Global and Regional Public Goods: A Prognosis for Collective Action, *Fiscal Studies: The Journal of the Institute for Fiscal Studies*, Bd. 19(3), S. 221-247.
Sandler, Todd M. (2001), *Economic Concepts for the Social Sciences*, Cambridge u.a..
Soto, Hernando de (2002), *The Mystery of Capital: Why Capitalism triumphs in the West and fails everywhere else*, New York.
UN Millennium Project (2005), *Investing in Development: A Practical Plan to achieve the Millennium Development Goals*, New York.

Zusammenfassung

Der entwicklungsökonomische Diskurs ist aktuell geprägt durch eine kontroverse Debatte zwischen *Jeffrey Sachs* und *William Easterly*. Der Beitrag rekonstruiert beide Ansätze aus ordonomischer Perspektive. Er argumentiert, dass eine auf Kooperation angelegte Semantik vergleichsweise besser geeignet ist als die von *Sachs* und *Easterly* bemühte Hilfesemantik, um die sozialstrukturellen Herausforderungen weltweiter Entwicklungszusammenarbeit gedanklich zu strukturieren. Die hierfür vorgeschlagene Konzeption internationaler öffentlicher Güter entwickelt drei Pointen: Erstens setzt diese Konzeption auf die zunehmend internationalen Interdependenzen, so dass die Entwicklungspolitik konzeptionell auf einem sicheren Fundament sozialstruktureller Reziprozität aufgebaut werden kann. Zweitens fokussiert sie auf die gemeinsamen Interessen an Entwicklung und identifiziert auf diese Weise geeignete Anknüpfungspunkte für wechselseitig vorteilhafte Kooperation. Schließlich kann dieser Ansatz dazu beitragen, die Anreizstrukturen in der Entwicklungspolitik und der entwicklungspolitischen Praxis zu reformieren – im Interesse der Armen und der Reichen.

Summary:
The Sachs-Easterly-Controversy: „Dissent on Development" Revisited

An ordonomic analysis of the interdependence of social structure and semantics in modern development policy

The development discourse is currently dominated by a controversial debate between *Jeffrey Sachs* and *William Easterly*. Using the rational-choice-approach of "ordonomics" the article presents both lines of reasoning. It claims that in order to address the challenges to international development cooperation the semantics of cooperation is comparatively better suited than the (foreign) aid semantics as put forward by both *Sachs* and *Easterly*. For this purpose, the article proposes an international public goods approach. It offers three insights: First, by focusing on the increasing international interdependencies, the international public goods approach provides a basis of reciprocity for development policy. Second, by systematically focusing on common interests of international development it identifies appropriate starting points for mutually beneficial cooperation. Finally, this approach contributes to advance both the incentive structures in development politics as well as in development practice – in the best interest of the poor and the rich.

Manfred E. Streit

Freiheit und Wettbewerb. In Memoriam Erich Hoppmann (31. Dezember 1923 – 29. August 2007)

Am 29. August 2007 starb Prof. Dr. Dr. jur. h.c. Erich *Hoppmann* im Alter von 84 Jahren nach längerer Krankheit. Seit 1979 war er Mitherausgeber dieses Jahrbuchs. Für diejenigen, welche *Hoppmann* kennen und schätzen lernten, war er ein beeindruckender Kommunikator der Ideen und Erkenntnisse des Nobelpreisträgers *Friedrich August von Hayek*, ein streitbarer Interpret des Wettbewerbs als Norm der Wettbewerbspolitik (*Hoppmann* 1967), ein überzeugender Vertreter der ordnungstheoretischen und ordnungspolitischen Vorstellungen der Freiburger Schule, ein engagierter Hochschullehrer und Wissenschaftsorganisator sowie ein verständnisvoller und uneigennütziger Kollege und Freund.

Friedrich August von Hayek, seine Ideen und Erkenntnisse entdeckte *Hoppmann*, wie er einmal erwähnte, während seiner Zeit bei *Erich Carell*, von dem er 1952 promoviert wurde und der seine Habilitation 1955 in Würzburg betreute[1]. Später sollte er nach Professuren in Erlangen, Nürnberg und Marburg sowie mehreren abgelehnten Rufen an andere Hochschulen 1968 *von Hayek* in Freiburg begegnen, wo er dessen Nachfolge auf *Hayeks* ausdrücklichen Wunsch antrat. *Hayek* bekräftigte seinen Wunsch bei einem persönlichen Gespräch mit *Hoppmann* und der Einladung zu einem Glas Wein, wie ich erfahren konnte.

Eine Abrundung, wenn nicht einen Höhepunkt seiner anhaltenden Beschäftigung mit *Hayeks* Ideen und Erkenntnissen gelang *Hoppmann*, als er 1993 die *Friedrich A. von Hayek*-Vorlesung hielt, die anlässlich *Hayeks* 90ten Geburtstag und ein Jahr nach dessen Tod alljährlich an der Albert-Ludwigs-Universität gehalten wird. Ein Jahr zuvor wurde dem Nobelpreisträger *J. M. Buchanan* die Ehre dieser Vorlesung zuteil.

Hoppmanns Hayek-Vorlesung hatte den Titel „Unwissenheit, Wirtschaftsordnung und Staatsgewalt" (*Hoppmann* 1993). Darin referierte *Hoppmann* auf beeindruckende Weise die grundlegenden Erkenntnisse *von Hayek*, die er schon in den vorangegangenen Jahrzehnten in Deutschland mit dem ihm eigenen Engagement verbreitet hatte. Diese Bemühungen anerkennend, wurde *Hoppmann* 1999 die Friedrich August von Hayek-Medaille durch die Friedrich A. von Hayek-Gesellschaft verliehen.

Es waren die Hayekschen Erkenntnisse, die *Hoppmann* dazu anregten, die wettbewerbspolitische Diskussion entscheidend zu bereichern. Streitbar konfrontierte er ein wettbewerbspolitisches Leitbild, das der konventionellen neoklassischen Denktradition entstammte, mit den Hayekschen Vorstellungen von Wettbewerb als Ausdruck wirt-

---

[1] Für den Wechsel von der Gleichgewichtsorientierung *Carells* zur Wissensorientierung *von Hayeks* dürfte sein Aufsatz „Gleichgewicht und Evolution. Voraussetzungen und Erkenntniswert der volkswirtschaftlichen Totalanalyse" (*Hoppmann* 1988, S. 98-118) stehen.

schaftlicher Handlungsfreiheit[2]. In einer von Beobachtern als „messerscharf" bezeichneten Kontroverse[3] kritisierte er das von *Kantzenbach* in Anlehnung an *J.M. Clark* vorgeschlagene Konzept eines „funktionsfähigen Wettbewerbs", der mit einer spezifischen Marktform, dem „weiten Oligopol" verbunden sein sollte. Dahinter verbarg sich eine tradierte Modellvorstellung, die von einer Marktform auf ein Marktverhalten der Wettbewerber und von da auf ein Marktergebnis schließen wollte und umgekehrt. Der Schluss auf das Marktergebnis widersprach offenbar *Hayek*s wissensorientierter Vermutung, wonach Wettbewerb „ein Verfahren zur Entdeckung von Tatsachen (ist), die ohne sein Bestehen entweder unbekannt bleiben oder doch zumindest nicht genutzt werden würden" (*Hayek* 1968, 2003, S. 132). Mit ihr wird die vorherige Kenntnis von Ergebnissen von Wettbewerbsprozessen grundsätzlich bestritten und damit eine Rückzugsmöglichkeit auf die sie hervorbringenden Marktformen. *Hoppmann* stellte dem Kantzenbachschen Konzept das der Wettbewerbsfreiheit entgegen, welches an den freien Wettbewerb der Klassik und an die *Hayek*sche Kategorie der Handlungsfreiheit anknüpfte[4]. Dem widersprachen die wettbewerbspolitischen Handlungsempfehlungen *Kantzenbachs* grundsätzlich, wonach die als wünschenswert angesehene Marktform des weiten Oligopols durch Begünstigung von Fusionen und dirigistische Markteingriffe (z.B. Entflechtung) herbeigeführt werden sollte. Rückblickend auf die Kontroverse konnte festgestellt werden: „*Hoppmanns* Konzept ist in der deutschen Kartellrechtswissenschaft zum Allgemeingut geworden. Die höchstrichterliche Rechtsprechung hat es in ihre Praxis übernommen", so der Laudator, *Wernhard Möschel*, anlässlich der Verleihung der juristischen Ehrendoktorwürde an *Erich Hoppmann* durch die juristische Fakultät der Eberhard-Karls-Universität zu Tübingen am 6.12.1993. Nach der Promotionsurkunde wollte die Fakultät ehrenhalber die Würde eines Doktors der Rechte, dem international hoch angesehenen Ordnungs- und Wettbewerbstheoretiker, dem Wegbereiter einer freiheitsorientierten Marktprozesstheorie und dem Förderer eines befruchtenden Dialogs zwischen Wirtschaftswissenschaft und Rechtswissenschaft verleihen. Diesen Dialog strebte auch Hayek seit seinem Dienstantritt in Freiburg an.

Hoppmann gehörte zu den wenigen Ökonomen in Deutschland, welche die theoretischen Grundlagen der keynesianischen Globalsteuerung als „Neue Konjunkturpolitik"[5] bezweifelten. Ganz im Sinne *Hayek*s rechnete er sie den „Irrtümern der Makroökonomik"[6] zu und kritisierte sie als Teil einer „neuen Wirtschaftspolitik", die es besser machen will[7], indem er die Verbindungen zum Ordnungsdenken *Hayek*s und *Eucken*s herstellte.

Seine Verbundenheit mit dem Gedankengut der Freiburger Schule[8] wird durch seine Tätigkeit für das Walter Eucken Institut dokumentiert. Von 1970 bis Ende 1987 gehörte

---

2 Dem entsprach *Hoppmann*s Verständnis von „Wettbewerbsfreiheit" (*Hoppmann* 1988, S. 241 ff.).
3 So die Herausgeber der Festschrift zu *Hoppmann*s 70. Geburtstag im Vorwort S. 10 (*Möschel, Streit, Witt* 1994, S. 9-10).
4 Zu den angesprochenen Leitbildern der Wettbewerbspolitik vgl. *Schmidt* (1996, Teil VI, S. 11 ff.).
5 So die Zwischenüberschrift in *Hoppmann* (1973, S. 52 ff.).
6 Vgl. *Hayek*, zit. in *Streit* (1995, 2004, S. 92 f.).
7 *Hoppmann* (1988, S. 55) umschrieb sie kritisch mit „Wirtschaftpolitik der Illusionen".
8 Wie sehr er gedanklich der Freiburger Schule und Hayek verpflichtet war dokumentiert die von ihm herausgegebene Aufsatzsammlung „Wirtschaftsordnung und Wettbewerb" (*Hoppmann*, 1988). Die Ideen und Erkenntnisse von *Eucken* und *Hayek* verband er zu einer überzeugenden Synthese freiheit-

er dem Vorstand an und trug den Hauptteil der Verantwortung für das Institut. Als Wissenschaftsmanager förderte er die Arbeit des Instituts und gab ihm wichtige Impulse[9].

Persönlich begegnete ich *Erich Hoppmann* zum ersten Mal 1990 bei meinem Dienstantritt als Nachfolger auf seinem Lehrstuhl nach seiner Emeritierung im Jahre 1989. Er war mir ein selbstloser Helfer in den ersten Monaten meiner Tätigkeit und ebnete mir manche Wege in der für mich ungewohnten Organisation der Universität und Fakultät.

Aus seinen Erfahrungen in Wissenschaft und Forschung konnten auch einige ostdeutsche Universitäten Nutzen ziehen, die nach der Wiedervereinigung Anschluss an das westdeutsche Hochschulsystem suchten. Lehraufträge an der Hochschule „Friedrich List" in Dresden und an der Friedrich-Schiller-Universität in Jena gaben ihm die Möglichkeit, hier zu helfen. Sein Rat war mir ebenfalls wichtig, da ich zur gleichen Zeit in Jena als Gründer des Max-Planck-Instituts zur Erforschung von Wirtschaftssystemen, nunmehr Max-Planck-Institut für Ökonomik, tätig war. Die Begegnungen mit ihm und seiner langjährigen Lebensgefährtin während der aufreibenden Gründungsphase waren für mich anregend und entspannend. In Freiburg selbst begegneten wir uns wöchentlich bei den Meetings des dortigen Rotary Clubs. Noch heute erinnere ich mich mit Freude an die ergiebigen Diskussionen, die wir beide mit den rotarischen Freunden über die Unzulänglichkeiten des Vertrags von Maastricht hatten. Hierbei konnte ich *Erich Hoppmann* als eloquenten und präzise argumentierenden Diskussionspartner wahrnehmen, der mit dem ihm eigenen Charme und ausgesuchter Höflichkeit seinen Standpunkt vertrat.

Nach meiner anfänglichen Charakterisierung von *Erich Hoppmann* und rückblickend auf meine Begegnungen mit ihm und seine spontane Hilfsbereitschaft bleibt mir trauernd festzustellen, dass er getreu dem Wahlspruch aus der Gründerzeit von Rotary lebte und handelte: „Service above Self."

Literatur

Gröner, Helmut (1993), Zur ordnungstheoretischen Position Erich Hoppmanns; in: *Unwissenheit, Wirtschaftsordnung und Staatsgewalt*, F.A. von Hayek Vorlesung 1993, Freiburg, S. 47-63.

Hayek, Friedrich August von (1968, 2003), Der Wettbewerbs als Entdeckungsverfahren; in: Ders, *Rechtsordnung und Handelnsordnung – Aufsätze zur Ordnungsökonomik*, F.A. von Hayek, gesammelte Schriften in deutscher Sprache, Bd. A4, hg. von Manfred E. Streit, Tübingen, S. 132-149.

Hoppmann, Erich (1967), Wettbewerb als Norm der Wettbewerbspolitik, *ORDO*, Bd.18, S. 77-94.

Hoppmann, Erich (1973), Soziale Marktwirtschaft oder Konstruktivistischer Interventionismus?; in: Egon Tuchtfeldt (Hg.), *Soziale Marktwirtschaft im Wandel*, Freiburg, S. 27-67.

Hoppmann, Erich (1988), *Wirtschaftsordnung und Wettbewerb*, Baden-Baden.

Hoppmann, Erich (1993), *Unwissenheit, Wirtschaftsordnung und Staatsgewalt*, Friedrich A. von Hayek – Vorlesung 1993, Freiburg.

Hoppmann, Erich (1995), Walter Euckens Ordnungsökonomik, *ORDO*, Bd. 46, S. 41-54.

---

lichen Denkens in einem Vortrag anlässlich der Verleihung des Walter Eucken Preises an die Preisträger am 28.01.1995 an der Friedrich Schiller Universität Jena (*Hoppmann*, 1995).

9 *Gröner* (1993, S. 49.).

Möschel, Wernhard, Manfred E. Streit und Ulrich Witt (1994), *Marktwirtschaft und Rechtsordnung*, Baden-Baden.

Schmidt, Ingo (1996), *Wettbewerbspolitik und Kartellrecht*, 3. Auflage, Stuttgart.

Streit, Manfred E. (1995, 2004), Wissen, Wettbewerb und Wirtschaftsordnung, zum Gedenken an Friedrich August von Hayek, in: Ders. (Hg.): *Jenaer Beiträge zur Wirtschaftstheorie und Wirtschaftspolitik*, Contributiones Jenenses, Bd. 9, S. 81-106, Baden-Baden.

Alfred Schüller

Der Liberalität verpflichtet. In Memoriam Helmut Gröner (12. Oktober 1930 – 27. Juli 2006)

Am 27. Juli 2006 ist Professor Dr. Helmut Gröner nach langer, schwerer Krankheit im 76. Lebensjahr verstorben. Helmut Gröner hat als Redakteur und Mitherausgeber das Profil dieses Jahrbuchs über fast zwei Jahrzehnte maßgeblich mitbestimmt und als Autor immer wieder dem liberalen Standpunkt kraftvoll und überzeugend Ausdruck verliehen. Dem folgenden Text liegt mein Nachruf aus Anlass der Gedenkfeier der Rechts- und Wirtschaftswissenschaftlichen Fakultät der Universität Bayreuth am 25. Januar 2008 zugrunde.

I.

Helmut Gröner bin ich zum ersten Mal während meines Studiums Ende der 50er, Anfang der 60er Jahre in Bonn begegnet. *Fritz W. Meyer*, einer der bedeutendsten Schüler von *Walter Eucken*, hatte *Gröner* im Frühjahr 1958 nach einem achtsemestrigen Studium der Volkswirtschaftslehre als Doktorand angenommen, ihm zunächst eine wissenschaftliche Hilfskraftstelle übertragen und ihn dann ab April 1960 mit der Verwaltung einer Assistentenstelle betraut. Diese war vom bisherigen Stelleninhaber *Hans Willgerodt* durch Habilitation und Übernahme einer Diätendozentur frei gemacht worden.

Bei *M*eyer konnte man schon als „frühes Semester" nicht nur die Vorlesungen, sondern auch die Seminare besuchen. Ohnehin gab es keine Einführungsveranstaltung. Als solche konnte man den Rat des Bonner Finanzwissenschaftlers *M. E. Kamp* auffassen, den er in seiner Vorlesung beiläufig den Erstsemestern gab: „Mit dem Studium der Volkswirtschaftslehre können Sie alles werden – oder nichts. Es liegt an Ihnen". Es gab noch kein Grundstudium und keine Zwischenprüfung, geschweige denn eine Verschulung des Studiums nach dem Geschmack heutiger Lehrverwaltungsbehörden. Es gab noch Platz für den Gedanken, Studenten als selbstverantwortliche Jungunternehmer anzusehen. Das mag heute elitär oder umständlich erscheinen, dürfte jedoch bei den meisten Studenten wie Präventivmedizin, auf jeden Fall motivierend gewirkt haben. Überhaupt studieren zu dürfen, empfanden Studenten wie *Helmut Gröner* wohl als Privileg.

In *Meyer*s Seminaren konnte ich beobachten, wie *Gröner* in der wissenschaftlich hochkarätigen Mannschaft um *Fritz W. Meyer* allmählich aus dem Schatten seiner schon namhaften Kollegen *Norbert Kloten, Kurt Schmidt* und *Hans Willgerodt* treten konnte. Vor allem die Bezugspersonen *Meyer* und *Willgerodt* muss man sehen, um *Gröner*s eigene wissenschaftliche Entwicklung zu verstehen. Erst später ist mir bewusst geworden, dass ich in *Meyer*s Seminaren einen überaus anregenden spontanen Wissenschaftsbetrieb erleben konnte, geprägt von Dozenten mit Lebenserfahrung und gründlichem Fachwissen auf dem Gebiet der „gesamten Staatswissenschaften".

Gröner entwickelte sich auf diesem geistigen Humus zu dem, was *Meyer* später in einer gutachtlichen Äußerung einen hervorragenden jungen Wissenschaftler nannte. Die Probleme verfolge er beharrlich und gewissenhaft bis in die letzten Verästelungen – „mit der unverkennbaren Begabung, das Wesentliche vom Nebensächlichen zu trennen und hervorzuheben". So legte *Gröner* 1962 mit seiner ersten eigenständiger Publikation „Zur Theorie und Praxis des Zahlungsbilanzausgleichs"[1] die brüchigen Grundlagen neuerer Anschauungen zur Theorie des Zahlungsbilanzausgleichs von *Wolfgang Stützel* und anderen offen, entwickelte daraus Vorschläge für eine Neuverteilung währungspolitischer Aufgaben und stieß damit eine Diskussion zur Weiterentwicklung von Gedanken an, die *Fritz W. Meyer* in seiner wissenschaftlichen Pionierarbeit „Der Ausgleich der Zahlungsbilanz" (Jena 1938) dargelegt hatte. 1963 folgte die Dissertation über „Zölle und Terms of Trade", mit der dieses für die Außenwirtschaft, insbesondere der Entwicklungsländer theoretisch grundlegende Thema zum ersten Mal in voller Breite behandelt worden ist.

In weiteren Arbeiten ging *Gröner* der Frage nach, wie sich Markt- und Wettbewerbsprozesse in Abhängigkeit von unterschiedlichen Systemen des Zahlungsbilanzausgleichs und verschiedenen Instrumenten der Handelspolitik entfalten. Mit diesem Beitrag zur Mikrofundierung der Makroökonomie wie auch mit seiner Antrittsvorlesung aus Anlass der Habilitation an der Bonner Rechts- und Staatswissenschaftlichen Fakultät im Jahre 1971[2] konnte *Gröner* nachweisen, dass ordnungspolitische Maßnahmen für die Entwicklung gesamtwirtschaftlicher Größen wichtiger sind als es damals in der Wissenschaft vielfach von den Anhängern eines makroökonomischen Formalismus im Geiste des Post-Keynesianismus angenommen wurde.

II.

In seinen Beiträgen zur Außenwirtschaftstheorie und -politik sowie zur Ordnung der Weltwirtschaft und der Europäischen Integration tritt bei *Gröner* immer das Leitmotiv hervor, die untersuchten Phänomene in den Zusammenhang mit der Ordnungspolitik, vor allem mit der *Wettbewerbsfrage* als Dreh- und Angelpunkt der marktwirtschaftlichen Ordnung zu bringen. Und stets geschieht dies mit dem Ziel, *Wege zu mehr Wettbewerb* und damit zu mehr Freiheit in Gesellschaft, Staat und Wirtschaft aufzuzeigen. In der Sache läuft dies meist darauf hinaus, gegenläufige Bestrebungen und Fehlurteile in der Praxis der Binnen- und Außenwirtschaftspolitik als Zwecktheorien zu entlarven und zu zeigen, dass diese bei noch so wohlklingender Berufung auf das allgemeine Wohl tatsächlich partikulären wirtschaftlichen Interessen von Verbänden und Parteien dienen. Mit der Aufforderung, diese Interessen in jedweder Erscheinungsform genauer unter die Lupe zu nehmen, stand *Gröner*s Verständnis von korrekter wissenschaftlicher Arbeit in der Tradition der Ordoliberalen.

---

1 ORDO, Bd. 13, 1962, S. 173-198.
2 Siehe *Helmut Gröner*, Marktprozesse und Zahlungsbilanz, ORDO, Bd. XXIII, 1972, S. 81-101.

Diese sehen in der Aufgabe der Nationalökonomie, den Einfluss von Meinungen und Ideologien des Alltags zu durchschauen und sich von ihnen freizumachen, ein verpflichtendes wissenschaftlichen Ethos (*Eucken* 1950, S. 244 f.). Die Breite und Intensität seiner Suche nach Wegen zu mehr Wettbewerb dokumentiert ein Sammelband mit achtzehn Schriften und Aufsätzen von *Helmut Gröner*, den *Fritz Holzwarth* zu dessen 65. Geburtstag herausgegeben hat (Baden-Baden 1996).

III.

Der Anspruch verpflichtender Liberalität bedeutete für *Helmut Gröner*, den ordnungspolitischen Verirrungen der Politik und der Wissenschaft entschieden die Vorzüge einer besseren Ordnung entgegenzuhalten. Dabei hat er sich immer gerne der geistigen Prägung durch *Fritz W. Meyer* erinnert. *Gröner* erlebte, wie *Meyer* in seinem Wirken – bei aller persönlichen Freundlichkeit – unbeirrbar den Verlockungen des Zeitgeistes und unerschrocken dem Druck von Interessentenideologien widerstanden hat. Von seinem Lehrer *Meyer* wusste *Gröner*, dass es Ordnungsfragen gibt, die nicht Verhandlungssache sein dürfen und nicht nach dem Zeitgeschmack und der Meinung der Mehrheit neu bestimmt werden können. Verzicht auf das Denken in Ordnungen löst nichts, sondern führt zur Herrschaft abweiger Ideologien und Interessen mächtiger Gruppen und Verbände der Politik und der Wirtschaft. Diese Grundposition hat *Gröner* zu seiner eigenen gemacht. Seine Beschäftigung mit der nationalsozialistischen Wirtschaftspolitik geschah aus der Überzeugung, dass diese Ideologie, der Faschismus und der Kommunismus nur Varianten eines Sozialismus sind, der über die Verstaatlichung der sozialen Frage und die (partei-)politische Instrumentalisierung des Menschen das gesamtgesellschaftliche Leben in allen seinen Teilbereichen zu beherrschen versucht (siehe *Gröner* 1992, S. 199 ff.).

IV.

Nach meinem Diplom-Examen im SS 1962 verlor ich *Helmut Gröner* aus den Augen. Doch aus unterschiedlichen Lebenslinien können immer wieder Wege entstehen, die auf geheimnisvolle Weise zusammenführen. Nach zwei Jahren Praxis führte mein Weg über *Helmut Gröner* wieder zur Uni zurück – durch Vermittlung meines Studienfreundes *Wolfgang Servet*. Als Assistent am Bonner finanzwissenschaftlichen Lehrstuhl hatte er gehört, dass *Hans Willgerodt* mit der Annahme des Rufs auf den Kölner Lehrstuhl von *Müller-Armack* als Assistenten *Josef Molsberger* mitnehmen wollte. Dessen Stelle im Bonner Mittelstandsinstitut, so erfuhr *Meyer* über *Gröner* von *Servet,* würde *Schüller* gerne übernehmen. So wurde ich schließlich doch noch *Gröner*s Kollege, wenn auch bis zu meiner Promotion im Jahre 1966 nur von der Volkswirtschaftlichen Abteilung des Mittelstandsinstituts aus, die von *Fritz W. Meyer* geleitet wurde.

Gröner hat – ganz auf der Linie von *Fritz W. Meyer* und *Hans Willgerodt* – seinen jüngeren Kollegen und später seinen Assistenten ans Herz gelegt, auch schwierige Sachverhalte möglichst verständlich darzustellen und Fremdwörter nur in unausweichlichen Fällen zu verwenden. So hat er es auch mit seinen Publikationen ganz unspektakulär vorgelebt. Wirklichkeitsfremde intellektuelle Begriffs- und Gedankenspiele waren ihm schon deshalb zuwider, weil er im Verständnis der „Freiburger" mit der Nationalökonomie eine ordnungspolitische und damit lebensgestaltende Aufgabe verband.

V.

Am Bonner Lehrstuhl von *Fritz W. Meyer* herrschte zwischen Chef und Mitarbeitern auf freundliche Art eine respektvolle Distanz. Das kumpelhafte Du, das an manchen Lehrstühlen zwischen Chef und Assistenten in den 60er Jahren Einzug hielt, hatte man nicht zu befürchten. Doch nach der Beobachtung Außenstehender waren die Beziehungen nirgendwo verlässlicher und das Vertrauensverhältnis stärker als am Lehrstuhl *Meyer*. Von einer persönlichen Abhängigkeit, die seit den 60er Jahren in Schmähschriften von Assistenten- und Studentenseite beklagt wurde, war bei *Meyer* nie etwas zu spüren. Auch *Helmut Gröner* hat sich daran später immer wieder dankbar erinnert.

In den 60er Jahren begann sich in der Bundesrepublik auch insgesamt das geistigkulturelle und (wirtschafts-)politische Klima zu verändern. Der Fortschritt der Gesellschaft wurde mehr und mehr an der Zahl der Gesetze, Schlagwörter, Programme, an politischen Parolen und Präferenzen für Institutionen gemessen, die auf dem Weg in die „unbeschränkte Demokratie" *(Friedrich A. von Hayek)* politisiert werden sollten. In der Öffentlichkeit schwand die Kritik an der Aufgabenanmaßung des Staates und seiner Verschwendungssucht.

Am deutlichsten war der geistige Wandel an Bestrebungen zu spüren, die Universitäten zu demokratisieren, im Geist des Neomarxismus zu politisieren, gruppenparitätisch zu legitimieren und nach rätedemokratischen Grundsätzen zu organisieren – ungeachtet der spezifischen Aufgaben der Hochschullehrer und der Hochschulen im Sinne des Grundrechts auf Freiheit von Forschung und Lehre gemäß Art. 5 Abs. 3 GG (siehe *Watrin* 1975, S. 637 ff.).

Traditionen wie die Vorlage einer Habilitationsschrift als zweite große Arbeit nach der Dissertation, die sich im Prinzip bewährt hatten, wurden als Zumutung angesehen. So begannen auch in Bonn manche im Mittelbau darauf zu warten, ohne Habilitation zum Professor ernannt zu werden. Die Mitgliedschaft in der aufkommenden Gewerkschaft Erziehung und Wissenschaft erschien für die Karriere hilfreicher als das beharrliche Bohren am dicken Brett einer zweiten großen Arbeit, der Habilitationsschrift auf einem Gebiet, das üblicherweise vom Thema der Dissertation abweichen musste.

Die Verwirrung der Geister ging so weit, dass im Institut von *Meyer*, einem wahrhaft Liberalen *(Willgerodt* 1980), über Nacht ein Plakat mit dem provozierenden Satz unter einem Bild von *Lenin* hing: „Er rüttelte am Schlaf der Welt". Für die angemessene Reaktion darauf brauchten *Gröner* und ich nicht erst in Lenins Schrift „Was tun?" Rat zu suchen.

VI.

Unbeirrt von den konfliktreichen Bestrebungen zur Verdrängung des bisherigen Aufgabenverständnisses und der insgesamt bewährten Anforderungen der Universität hat *Helmut Gröner* 1965 damit begonnen, sich der Analyse der Ordnungsprobleme der Energiewirtschaft im allgemeinen und der Elektrizitätswirtschaft im besonderen als zweite große Arbeit zuzuwenden.

Ausgangspunkt dieses Vorhabens war die Frage: Inwieweit trifft es zu, dass der Wettbewerb nicht auf allen Gebieten die marktwirtschaftlichen Ordnungsfunktionen auszuüben vermag? Tatsächlich war die Elektrizitätswirtschaft wie andere Bereiche der hoheitlich regulierten Energiewirtschaft jahrzehntelang eine Domäne von sog. Fachleuten in einer von der Wettbewerbsordnung abgesonderten Welt von Privilegien. Das Interesse dieser Experten war davon bestimmt, die Energieversorgung mit der Berufung auf das Argument des Marktversagens aus der Wettbewerbsordnung herauszuhalten und die Abnehmer, vor allem die privaten Haushalte, mit mehr oder weniger durchsichtigen Methoden auszubeuten.

Über einen selbst beobachteten Fall dieser Praxis berichtete *Willgerodt* in einem der Gespräche, zu denen sich die Assistenten im Dienstzimmer von *Meyer* regelmäßig morgens einfanden. Es war – wie ich von *Willgerodt* erfahren habe – der Stachel dieses konkreten Problems, der bei *Gröner* den Anstoß zur Wahl seines Habilitationsthemas „Die Ordnung der deutschen Elektrizitätswirtschaft" gab – ganz in der Tradition der Freiburger, nach der der Theoretiker seine Arbeit auf die Lösung konkreter Probleme konzentrieren sollte, was eine hinreichende Beobachtung der historischen und gegenwärtigen Fakten erfordert. Umgekehrt könne der historisch arbeitende Nationalökonom die vom Theoretiker gewonnenen Werkzeuge nur verwenden, wenn er die Theorie beherrsche.

Unabhängige Ökonomen und Juristen, die es als möglich und notwendig ansahen, die Elektrizitätswirtschaft in das wettbewerbliche Marktsystem einzubeziehen, wurden einfach nicht zu den Fachleuten gezählt, sondern herablassend zu den Bewohnern wissenschaftlicher Elfenbeintürme (siehe generell hierzu *von Hayek* 1971, S. 367 ff.). Diese Tatsache bestimmte weithin auch das Denken darüber.

Bereits die ersten Aufsätze von *Gröner*, die der herrschenden Lehre („Die Tatsachen haben das Denken über die Tatsachen zu bestimmen") widersprachen und parallel zur Arbeit an der Habilitationsschrift entstanden sind, fanden so starke Beachtung, dass *Gröner* in den Jahren 1968 und 1969 als Experte zur Mitarbeit in der „Arbeitsgruppe Wettbewerb" im Wirtschaftspolitischen Ausschuss des Vereins für Socialpolitik zugezogen wurde – durchaus ungewöhnlich für einen nicht habilitierten Fachvertreter. Mit weiteren wettbewerbspolitischen Arbeiten über staatlich regulierte Branchen hat *Gröner* in der Fachwelt so starke Beachtung gefunden, dass er 1986 mit dem Vorsitz der *Arbeitsgruppe Wettbewerb* betraut wurde.

VII.

Das breit angelegte Werk der Habilitationsschrift über „Die Ordnung der deutschen Elektrizitätswirtschaft" (Baden-Baden 1975)[3] beruht auf einer jahrelangen akribischen Forscherarbeit. Vor allem mit der Literatur- und Materialsichtung im *Koblenzer Bun-*

---

3 Siehe hierzu auch *Heinz-Dieter Smeets* und *Andreas Knorr, Die Ordnung der Elektrizitätswirtschaft – heute*, in diesem Band.

desarchiv hat *Gröner* das Terrain der Energiewirtschaft und besonders der Elektrizitätswirtschaft wirklich umfassend studiert – mit großer Ernsthaftigkeit, unbedingtem Willen und langem Atem. Wie bei der Dissertation beschritt er den Weg des *Einzelforschers*. Es gab ja noch keine Evaluierung mit dem heute üblichen Vorwurf an die Institutsdirektoren, es würde zu viel Einzelforschung betrieben. *Gröner* betrachtete die Dinge von allen Seiten, wobei er den Ordogedanken zur Grundlage seines Vorgehens machte und wie eine Leuchtlupe für eine möglichst blendfreie Betrachtung seines Gegenstandes nutzte:

Erstens – Wirtschafts- und Rechtswissenschaften bedürfen einander, denn Rechts- und Wirtschaftsordnung greifen mit starken Wechselwirkungen ineinander. *Zweitens* – Mit den ordnungstheoretischen und -politischen Instrumenten ist es möglich, den wirtschaftspolitischen Verirrungen der Zeit, also auch dem Fehlgriff in der Energiepolitik (siehe Abschnitt IX.) den Spiegel des volkswirtschaftlich Besseren entgegenzuhalten.

Dazu ist es *drittens* notwendig, den Ordogedanken nicht nur als konzeptionelle Idee zu begreifen, sondern die historischen Fakten im Lichte einer *angemessenen Wettbewerbstheorie* unter Einbeziehung der allgemeinen (wirtschafts-)politischen Entwicklung zum Sprechen zu bringen. Über dieser Gedenkrede hätte deshalb auch in Anlehnung an *Thomas Mann* stehen können: „Auf eigene Art einem Beispiel folgen. Helmut Gröner in der Tradition der Ordoliberalen".

Am Lehrstuhl *Meyer* galt die 1965 erschienene „Allgemeine Markttheorie" von *Ernst Heuß* – mit Blick auf *Euckens* Idee der Überwindung der großen Antinomie zwischen Empirie und Theorie – als ein wahrhaft bahnbrechendes Werk, als großer Fortschritt in unserer Wissenschaft, ja als eine geniale Synthese. Auch für *Gröner* hieß das wettbewerbstheoretische Mekka in Deutschland damals Marburg, erst recht, wenn die wettbewerbspolitischen Arbeiten von *Erich Hoppmann* und *Walter Hamm* einbezogen werden. *Gröner* und ich sind hiervon jedenfalls in der wissenschaftlichen Orientierung und Entwicklung nachhaltig beeinflusst worden. Folgerichtig hat sich der Marburger Wirtschaftswissenschaftliche Fachbereich im Jahre 1977 darum bemüht, *Helmut Gröner* aufgrund seiner Forschungsschwerpunkte als Nachfolger von *Ernst Heuß* zu berufen. Vor der Rufertteilung aus Wiesbaden hat *Gröner* sich jedoch dafür entschieden, den vorher ergangenen Ruf an die Rechts- und Wirtschaftswissenschaftliche Fakultät der Universität Bayreuth anzunehmen. Dies wohl nicht zuletzt auch deshalb, weil er in Bayreuth maßgeblich an der Aufgabe mitwirken konnte, das wieder zusammenzubringen, was – wie oben schon gesagt - nach Auffassung der Ordoliberalen zusammengehört: Die Erforschung der Wechselwirkungen von Rechts- und Wirtschaftsordnung im allgemeinen und des Wettbewerbsrechts und der Wettbewerbspolitik im besonderen.

VIII.

Das Zusammenwirken von Juristen und Ökonomen hielt *Gröner* wegen der Interdependenz von Rechts- und Wirtschaftsordnung für unverzichtbar. Das zeigt eine Reihe von gemeinsamen Schriften vor allem mit Bayreuther Juristen. Neuere Bestrebungen in der Wettbewerbspolitik, der ökonomischen Effizienz Vorrang vor der Wettbewerbsfreiheit einzuräumen, dürfte er kritisch gesehen haben. Denn der etwa beim Zusammenschluss von Unternehmen geforderte fusionsspezifische Effizienzzugewinn, einschließlich angemessener Verbrauchervorteile, beruht entscheidend auf firmenspezifischen Ergebnisprognosen, die im wettbewerblichen Marktgeschehen immer nur Vermutungscharakter haben können. Welche Instanz wird im Zeitablauf verhindern können, dass die vorgerechneten Effizienzgewinne unter dem Einfluss der Verhaltensänderung aus einer verengten Angebotsstruktur tatsächlich zu einer Rechnung gegen die Verbraucher umgedeutet werden können, deren Interessen sich meist nur mit ungleich höheren Transaktionskosten organisieren und zur Geltung bringen lassen? Auch die Überlegung, kartellartige Formen der Beschränkung der Wettbewerbsfreiheit bei günstigen Prognosen für Effizienzsteigerungen zu genehmigen und damit vom allgemeinen Kartellverbot Abstand zu nehmen, könnte es den beteiligten Firmen allzu leicht machen, behauptete Wohlfahrtsgewinne entschuldigend und schützend vor ihre wettbewerbsbeschränkenden Interessen zu stellen. Wahrscheinlich hätte *Gröner* in der Auseinandersetzung um die Vor- und Nachteile einer effizienzpositivistischen Wettbewerbspolitik eher der Auffassung *Mestmäcker*s (2005, S. 19 f.) zugeneigt.

IX.

Zurück zu *Gröner*s Habilitationsschrift: In einer später vorgelegten insitutionenökonomischen Interpretation der historischen Fakten, vor allem aus Sicht der Marburger wettbewerbstheoretischen und –politischen Arbeiten, zeigt sich für die Elektrizitätswirtschaft, wie für alle staatlich regulierten Branchen, eine typische Entwicklung der Marktphasen und der Regulierungseingriffe (*Gröner* 1983, S. 219 ff.). Für die Phase der Entstehung des Elektrizitätsmarktes zeigt *Gröner* das eindeutige Vorwalten privatwirtschaftlicher Bemühungen um die Nachfrageschaffung auf, während sich staatliche Stellen gegenüber dem neu aufkommenden Wirtschaftszweig abwartend verhielten. Erst mit der Möglichkeit der Verschickung elektrischer Energie über größere Entfernungen kam es zu einer beschleunigten Expansions- und Konzentrationsentwicklung des Elektrizitätsangebots. Die branchenspezifischen, auf selbst geschaffenem Recht der Wirtschaft beruhenden Handlungsrechte, die sich herausgebildet hatten, wurden in der Folge durch hoheitliche Regulierungen ersetzt. Hauptsächlich geschah dies nach *Gröner* in der Form, dass staatliche Stellen die Nutzungsrechte an Infrastrukturanlagen aufspalteten und diesen Vorgang als Einfallstor für weitergehende staatliche Regulierungen nutzten.

Gröner zeigt schließlich, wie unter den Bedingungen der rasch expandierenden Marktentwicklung die Verfügungsmacht über die „öffentlichen Wege" dazu diente, den größten Teil der Elektrizitätsversorgungsunternehmen öffentlichen Verbänden zuzuordnen. Bis in die 20er Jahre des vorigen Jahrhunderts entstanden so elektrizitätswirtschaftliche Machtstrukturen, die ohne eine ökonomisch überzeugende Begründung wie ein Datum der Wirtschaftspolitik Bestandsschutz hatten. Begleitet war diese Entwicklung von einer sich immer rascher drehenden Regulierungsspirale im Dienste politisch beeinflusster monopolistischer Angebots- und Aufsichtsstrukturen.

Versuche, diese Entwicklung ökonomisch als unabänderlich zu rechtfertigen, sind spätestens seit Helmut *Gröner*s Habilitationsschrift „Die Ordnung der deutschen Elektrizitätswirtschaft" als gescheitert zu betrachten. *Carl Christian von Weizsäcker* bezeichnete deshalb *Gröner*s Arbeit 2003 in seinem einleitenden Referat „Versorgungswirtschaft im Wettbewerb" auf der Jahrestagung der *Arbeitsgruppe Wettbewerb* des Wirtschaftspolitischen Ausschusses im Verein für Socialpolitik in Leipzig als eine „wissenschaftliche Pionierleistung". *Gröners* Nachweis neuartiger Wege für mehr Wettbewerb in der Elektrizitätswirtschaft war in der Tat in den frühen 70er Jahren die gründlichste und umfassendste Darstellung dieser komplizierten Materie und darf bis heute als wissenschaftliches Standardwerk für das behandelte Gebiet bezeichnet werden. Inzwischen ist das jahrzehntelang vorherrschende Unwerturteil über eine Wettbewerbsordnung für die Elektrizitätswirtschaft in Theorie und Praxis vielfach revidiert worden. Doch ist die wirtschaftspolitische Praxis in Deutschland immer noch davon bestimmt, den Grad von Wettbewerbsbeschränkungen hinzunehmen, der nicht zuletzt von den vier großen, vertikal integrierten Stromerzeugern und einer wettbewerbsscheuen Parteien- und Verbandslobby für erforderlich gehalten wird. Deshalb hat *Gröner*, solange er dazu in der Lage war, in zahlreichen Veröffentlichungen auf die Möglichkeiten einer wettbewerblichen Öffnung der Elektrizitätswirtschaft durch Ingangsetzung dynamisch ablaufender Marktprozesse hingewiesen. Die lebhafte Diskussion, die *Gröners* Arbeiten auf diesem Gebiet auslösten, hat nicht nur die Arbeit der Monopolkommission, sondern auch das Denken und Handeln von ordnungspolitisch geschulten Politikern beeinflusst, wie ich von *Dr. Alois Rhiel* weiß, dem Hessischen Staatsminister für Wirtschaft, Verkehr und Landesentwicklung.

X.

Helmut Gröner war auf *Tagungen* kein Mann vieler Worte. Die Lust auf öffentliche Selbstdarstellung, auf sprühende Pointen war ihm fremd. Wenn es richtig ist, dass Gefühlsausbrüche von mangelnder menschlicher Reife zeugen, dann war *Helmut Gröner* schon früh ein reifer Mann. Ich kenne ihn jedenfalls nicht als jemand, der ungestüm aus der Haut fahren konnte. In Gesprächen über wirtschaftliche und politische Zusammenhänge verblüffte er die Zuhörer oft mit seinen Geschichtskenntnissen. Diese waren Ausdruck seiner Überzeugung, dass es für die Analyse von wirtschaftlichen Ordnungsfragen unverzichtbar ist, sich um das Verstehen der Geschichte zu bemühen.

Er verrichtete seine wissenschaftliche Arbeit gewissenhaft und beständig, trat geradlinig auf, lehnte alles Gekünstelte und Überzogene ab. Mit immenser Belesenheit überblickte er die Veröffentlichungen zu verschiedenen Themenbereichen. Sein *Schreibstil* war streng sachbezogen, einfach und verständlich. Der aufkommenden Flut modischer Anglizismen ist er auf eine – wie ich meine – sympathisch-altmodische Weise entgegengetreten, wo er nur konnte – vor allem als Schriftleiter von ORDO.

Vom hohen Maß an *Kooperationsbereitschaft*, die *Helmut Gröner* in allen Bereichen seines akademischen Wirkens ausgezeichnet hat, habe ich persönlich in besonderer Weise profitiert, sei es bei gemeinsam verfassten Aufsätzen, bei der Vorbereitung, Herausgabe und Finanzierung von gemeinsam organisierten Sammelwerken[4] oder größerer Themenbände im Rahmen der Schriftleitung des Jahrbuchs ORDO.[5] Die Zusammenar-

---

4 „Internationale Wirtschaftsordnung", Stuttgart und New York 1978; „Die europäische Integration als ordnungspolitische Aufgabe", Stuttgart, Jena und New York 1993.
5 Bd. 43 (1992) „Wirtschaftsordnung und Wettbewerb" und Bd. 48 (1997) „Soziale Marktwirtschaft: Anspruch und Wirklichkeit seit fünfzig Jahren".

beit mit *Helmut Gröner* in der ORDO-Schriftleitung seit 1985 war intensiv und profitierte von einer fruchtbaren Wissens- und Arbeitsteilung.

Er war in der Zunft *angesehen*, weil er seine Schritte nicht in Hast, nicht auf der Jagd nach schnellen Resultaten, sondern mit Bedacht auf Qualität setzte – wie eine Firma, die sich einen Goodwill erwirbt, in dem sie immer wieder aufs Neue Zuverlässigkeit übt. Seine Fähigkeit zur scharfsinnigen Beobachtung mag auch daher kommen, dass er nach dem Abitur auf dem Umweg über den Beruf des Augenoptikers, dem er sich zunächst aus familiären Gründen verschrieb, zum Studium der Volkswirtschaftslehre und damit zu seiner wahren Berufung gekommen ist.

Mochte sein Erinnerungsvermögen in den letzten Jahren auch beschleunigt nachlassen und eine bedrückende Ahnung des drohenden Schicksals eines Alzheimerpatienten vermitteln, wenn ich mit ihm am Telefon über Angelegenheiten des ORDO-Jahrbuchs gesprochen habe, ist ihm sein Lieblingssatz „Das müssen wir genauer unter die Lupe nehmen" als verlässlicher Anker geblieben – als eine ausgesprochen persönliche Eigenart, dem sozialen Ethos des genauen Hinsehens, der Redlichkeit und Wahrhaftigkeit im Sinne von gelebter Liberalität verpflichtet.

Seit 1987 war *Helmut Gröner* geschäftsführender Vorstand des Freiburger Walter Eucken Instituts. *Erich Hoppmann*, sein Vorgänger im Amt, hat ihm am 13. Oktober 1995 in einer akademischen Feierstunde anlässlich seines 65. Geburtstags für seine „fruchtbare Tätigkeit" von ganzem Herzen gedankt (1996, S. 32). Nachdem *Gröner* auch selbst immer wieder über sich häufende Symptome seiner schweren Erkrankung, die ihn verunsichert und deprimiert hat, klagte, ist er im Jahre 2000 dem freundschaftlichen Rat gefolgt, aus dem Vorstand des Walter Eucken Instituts auszuscheiden, was er ohnehin schon länger vorhatte.

XI.

Das, was *Helmut Gröner* mit seinem Verstand und seinem Geist geschaffen und mit seiner Menschlichkeit beseelt hat, ist erinnernswert. Erinnernswert ist auch die Art und Weise, wie Kollegen, Kollegenfrauen, Freunde und Bekannte aus Bayreuth und Umgebung sich um *Helmut Gröner* und seine Frau *Else*, die nach ihm ebenfalls von einem unabwendbaren Schicksal heimgesucht wurde, gekümmert, ihnen bis zuletzt zur Seite gestanden und einen wahrhaft menschlichen Umgang mit Sterben und Tod bewiesen haben. Stellvertretend für alle sind besonders *Ute* und *Peter Oberender* hervorzuheben.

Literatur

Eucken, Walter (1950), *Die Grundlagen der Nationalökonomie*, Berlin, Göttingen, Heidelberg.
Gröner, Helmut (1975), *Die Ordnung der deutschen Elektrizitätswirtschaft*, Baden-Baden.
Gröner, Helmut (1983), Property Rights-Theorie und staatlich regulierte Industrien, in: Alfred Schüller (Hg.), *Property Rights und ökonomische Theorie*, München, S. 219-239.
Gröner, Helmut (1992), Die Soziale Frage und der Nationalsozialismus, in: Egon Görgens und Egon Tuchtfeldt (Hg.), *Die Zukunft der wirtschaftlichen Entwicklung – Perspektiven und Probleme. Ernst Dürr zum 65. Geburtstag*, Bern, Stuttgart und Wien, S. 199-216.
Hayek, Friedrich A. von (1971), *Die Verfassung der Freiheit*, Tübingen.
Heuß, Ernst (1965), *Allgemeine Markttheorie*, Tübingen.

Holzwarth, Fritz (Hg.) (1996), *Helmut Gröner – „Wege zu mehr Wettbewerb" – Schriften und Aufsätze. Zum 65. Geburtstag von Prof. Helmut Gröner*, Baden-Baden.

Hoppmann, Erich (1996), Helmut Gröner in der Ordnungsökonomischen Tradition Walter Euckens, in: Wolfgang Gitter (Hg.), *Wettbewerbspolitik als Herausforderung und Aufgabe*, Baden-Baden.

Mestmäcker, Ernst-Joachim (2005), Die Inderdependenz von Recht und Ökonomie in der Wettbewerbspolitik, in: Monopolkommission (Hg.), *Zukunftsperspektiven der Wettbewerbspolitik*, Baden-Baden, S. 19-35.

Meyer, Fritz W. (1938), *Der Ausgleich der Zahlungsbilanz*, Jena.

Watrin, Christian (1975), Studenten, Professoren und Steuerzahler. Die Gruppenuniversität in ökonomischer Sicht, in: *Wirtschaftsordnung und Staatsverfassung. Festschrift für Franz Böhm zum 80. Geburtstag*, hg. von Heinz Sauermann und Ernst-Joachim Mestmäcker, Tübingen, S. 637-665.

Willgerodt, Hans (1980), Ein wahrer Liberaler. Zum Tode von *Fritz Walter Meyer*, *FAZ* vom 13. März 1980, S. 13.

Buchbesprechungen

Inhalt

Hanjo Allinger
Evidenzbasierte Bildungspolitik: Beiträge der Bildungsökonomie
Ein Kommentar zum gleichnamigen Buch von Hanjo Allinger 493

Hans-Heinrich Bass
Schumpeters Finanzierungshypothese in neuer Sicht - Anmerkungen
zu einem Buch von Cord Siemon über Unternehmertum in der Finanzwirtschaft 495

Hanno Beck
Auf der Suche nach der politischen Weltformel – Anmerkungen zum Buch
„Politische Ökonomie des Politikbetriebs" von Franz Beitzinger 498

Florian Birkenfeld
Bildung – Anmerkungen zum gleichnamigen, von Wolfgang Franz,
Hans Jürgen Ramser und Manfred Stadler, herausgegebenen Tagungsband 501

Markus Breuer
Sozialer Umbruch: Zwischen neuen Werten und der demographischen
Entwicklung – Anmerkungen zu Rolf Kramers Buch „Gesellschaft im Wandel" 504

Peter Engelhard
Dynamik internationaler Märkte – Anmerkungen zum gleichnamigen,
von Franz, Ramser und Stadler, herausgegebenen Sammelband 506

Milena Susanne Etges
Was hält eine Gesellschaft zusammen? Eine kritische Betrachtung des
gleichnamigen Buchs von Christoph Lütge 511

Lothar Funk
Die Zukunft der Arbeit in Deutschland – Besprechung des vom Institut der
deutschen Wirtschaft Köln herausgegebenen gleichnamigen Bandes 515

Catherine Herfeld
Wirtschaftstheorie und Wissen - Aufsätze zur Erkenntnis- und Wissenschaftslehre
von Friedrich August von Hayek – Anmerkungen zu dem gleichnamigen Band
herausgegeben von Victor Vanberg 523

Karen Horn
Institutions in Perspective – Zu der gleichnamigen Festschrift zu Ehren
von Rudolf Richter 529

Wolfgang Kerber
An Economic Analysis of Private International Law – Anmerkungen zu dem
gleichnamigen Band, herausgegeben von Jürgen Basedow und Toshiyuki Kono 532

Alexander Lenger
Ökonomische Ethik - Anmerkungen zum gleichnamigen Buch von
Andreas Suchanek 534

Christian Müller
Corporate Social Responsibility als unternehmerische Strategie – Bemerkungen zu
einem von Hans Thomas und Johannes Hattler herausgegebenen Tagungsband 540

Benedikt Römmelt
Thomas Schellings strategische Ökonomik – Anmerkungen zu dem
gleichnamigen Buch von Ingo Pies und Martin Leschke 544

André Schmidt
The More Economic Approach to European Competition Law - Besprechung des
gleichnamigen Buches, herausgegeben von Dieter Schmidtchen, Max Albert
und Stefan Voigt 547

Carsten Schreiter
Europäische Beihilfenkontrolle und Standortwettbewerb. Eine ökonomische
Analyse – Bemerkungen zum gleichnamigen Buch von Friedrich Gröteke 551

Cord Siemon
Theorie der staatlichen Venture Capital-Politik – Anmerkungen zum gleichnamigen
Buch von E. A. Bauer 555

Manfred E. Streit
Marburger Studien zur Ordnungsökonomik – Zu dem gleichnamigen Buch
von Alfred Schüller 559

Volker Ulrich
Auf der Suche nach der besseren Lösung, Festschrift zum 60. Geburtstag von
Norbert Klusen – Zu dem gleichnamigen Buch herausgegeben von
Peter Oberender und Christoph Straub 562

Kurzbesprechungen 567

Hanjo Allinger

Evidenzbasierte Bildungspolitik: Beiträge der Bildungsökonomie
Ein Kommentar zum gleichnamigen Buch von Hanjo Allinger[*]

Der politische Kurswert der Bildungsökonomie sei seit einiger Zeit wieder deutlich angestiegen, führt der Herausgeber des Bandes, *Manfred Weiß*, in seinem Vorwort aus. An „politischen Relevanzkriterien" orientiert sei daher auch die Auswahl der Beiträge erfolgt. Ausgehend vom jeweiligen Fokus der Untersuchungen lassen sich die neun ausgewählten Beiträge des Sammelbandes, die ganz überwiegend statistisch empirisch orientiert sind, grob in drei Themengruppen untergliedern: Drei Beiträge sind Fragen der Schulbildung bzw. der Chancengleichheit von schulischer Bildung gewidmet, vier weitere befassen sich mit der beruflichen Weiterbildung und zwei Beiträge stellen die Wirkungen genuin ordnungspolitischer Institutionen im Bildungsbereich in den Vordergrund.

Die Beiträge von *Schütz* und *Wößmann*, *Mahler* und *Winkelmann* sowie der von *Weiß* und *Preuschoff* befassen sich mit der Evaluierung der Schuldbildung.

Von besonderer Bedeutung ist in dieser ersten Gruppe sicherlich der Beitrag von Schütz und *Wößmann*. Die Autoren suchen nach Erklärungen, warum es die Bildungssysteme in einigen Ländern besser vermögen als in anderen, das Versprechen von Chancengleichheit einzulösen. Politisch brisant, denn im Umkehrschluss leiten die Autoren Handlungsempfehlungen ab, wie auch im deutschen Schulsystem Bildungserfolge unabhängiger von der sozialen Herkunft des Schülers erzielt werden könnten. *Schütz* und *Wößmann* verwenden ein ausgefeiltes mehrstufiges ökonometrisches Schätzmodell auf höchstem Niveau. Mit der Anzahl der im Haushalt des Schülers verfügbaren Bücher als erklärende Variable wird in einer ersten Regression über die Ergebnisse der TIMMS und TIMMS-Repeat-Studie zunächst für jedes Land ein Maß für die Stärke des familiären Einflusses und damit auch für die Chancenungleichheit der Bildungssysteme gewonnen. Die so gewonnen Regressionskoeffizienten werden dann in einer zweiten Regression durch Variablen erklärt, die institutionelle Rahmendaten der Teilnehmerländer widerspiegeln. Noch vor anderen Einflussfaktoren wird dabei deutlich, dass sich eine späte erste schulische Selektion positiv auf die Chancengleichheit auswirkt. Als ähnlich bedeutend für die Kompensation der Nachteile von Schülern aus bildungsferneren Schichten erweist sich noch die Erhöhung der Besuchsquote im Vorschulbereich, nicht jedoch die in Ganztagsschulen gegebene längere Dauer des Schultages.

Mahler und *Winkelmann* beleuchten die Bildungschancen von Kindern alleinerziehender Mütter und untersuchen ökonometrisch, ob die Wahrscheinlichkeit für eine Einschulung im Gymnasium für Kinder alleinerziehender Mütter geringer ist als für Kinder, die bei beiden Elternteilen aufgewachsen sind. Glücklicherweise können die Autoren in dieser Hinsicht Entwarnung geben: Im umfassend spezifizierten Regressionsmodell zeigt sich, dass die leicht geringere Wahrscheinlichkeit eines Gymnasiumsbesuchs für Kinder alleinerziehender Mütter nicht auf den fehlenden Elternteil zurückgeführt werden kann. Als Hauptfaktoren erweisen sich vielmehr (wieder einmal) der Bildungshintergrund der Mutter und das Haushaltseinkommen.

Weiß und *Preuschoff* hinterfragen, ob ein in der Literatur immer wieder vermuteter Effektivitätsvorteil privater Schulen zu messbar besseren Ergebnissen in der Ausbildung der Schüler führt. Auf Basis der in PISA-E erhobenen Daten testen sie, ob sich das Leistungsniveau von Schülern der neunten Klasse in privaten und öffentlichen Schulen unterscheidet. Mit Hilfe eines Matchingverfahrens tragen sie dabei einer möglicherweise vorhandenen Selbstselektion Rech-

---

[*] Manfred Weiß (Hg.), *Evidenzbasierte Bildungspolitik: Beiträge der Bildungsökonomie*, Schriften des Vereins für Socialpolitik Band 313, Verlag Duncker & Humblot, Berlin 2006, 194 Seiten.

nung. Ihre Berechnungen zeigen, dass die Trägerschaft der Schule für den Lernerfolg des Kindes ohne Bedeutung ist. Auch aus dem Blickwinkel der Chancengerechtigkeit ist dieses Ergebnis in gewisser Weise beruhigend. Ungeachtet dessen äußern sich Eltern deutlich zufriedener über die Schule ihres Kindes, wenn diese privat geführt wird.

Vier Aufsätze untersuchen die berufliche Weiterbildung. Die Beiträge von *Neubäumer* und der von *Bellmann* und *Leber* untersuchen dabei die Angebotsseite der betrieblichen Weiterbildung. Der Beitrag von *Jürges* und *Schneider* sowie der von *Fandel*, *Bartels* und *Prümmer* befassen sich mit den Einkommenswirkungen und damit dem Wert der Weiterbildung aus Sicht der Bildungsnachfrager.

Auf der Angebotsseite liefert die qualitative Forschung von Renate *Neubäumer* eine perfekte Ergänzung zur schwerpunktmäßig quantitativen Forschung von *Bellmann* und *Leber*. Stringent und sehr ausführlich systematisiert sie die in der umfangreichen Literatur vorgestellten Einflussgrößen auf das Angebot betrieblicher Weiterbildungsmaßnahmen. *Bellmann* und *Leber* untersuchen viele dieser möglichen Einflussgrößen empirisch anhand von Daten des IAB-Betriebspanels auf ihren Erklärungsgehalt. In einer gleichermaßen pfiffigen wie anspruchsvollen Anwendung einer Komponentenzerlegung auf Probitschätzungen des Weiterbildungsangebots hinterfragen sie anschließend, worauf das unterschiedliche Weiterbildungsangebot von Großbetrieben und kleinen und mittleren Unternehmen (KMU) zurückzuführen ist. Dabei zeigt sich, dass vor allem die Existenz eines Betriebsrates, die Zugehörigkeit zu einem Unternehmensverbund und die Führung von Arbeitszeitkonten zur Erklärung der Unterschiede beitragen können. Insgesamt vermag die unterschiedliche Struktur und Ausstattung von Großbetrieben und KMU die Unterschiede im Weiterbildungsverhalten jedoch nur zu knapp einem Drittel zu erklären. Damit legt der Beitrag die Vermutung nahe, dass der politischen Gestaltbarkeit der Weiterbildungslandschaft in Deutschland enge Grenzen gesetzt sein dürften.

Die Einkommenswirkung beruflicher Weiterbildung wird von *Jürges* und *Schneider* mit Daten des SOEP geschätzt; *Fandel*, *Bartels* und *Prümmer* konzentrieren sich in ihrem Beitrag auf die Auswertung einer Befragung von Absolventen des wirtschaftswissenschaftlichen Zusatzstudiums für Ingenieure und Naturwissenschaftler der Fernuniversität Hagen. Während der erste Beitrag technisch ausgefeilt mit verschiedenen Verfahren versucht, Selektivitätsprobleme im Datensample auszugleichen, um so zu unverzerrten Schätzern für die kausale Einkommenswirkung beruflicher Weiterbildung zu kommen, versucht letzterer in methodisch eher schlichter Art und Weise durch deskriptive Statistiken, Ansätze der Investitionsrechnung und Beispielrechnungen zu evaluieren, ob sich die Investition in ein berufsbegleitendes Studium der Fernuniversität Hagen rechnet. Nicht ganz überraschend fallen die Ergebnisse von *Jürges* und *Schneider* dann auch vorsichtiger und weniger eindeutig aus: Nach Korrektur des Sample Selection Bias können Sie eine kausale Wirkung der beruflichen Weiterbildung auf das Einkommen nicht mehr eindeutig nachweisen. Gerade diesen positiven Einkommensbeitrag stellen jedoch *Fandel* et. al. in ihrem für breitere Leserschichten verständlichen Beitrag für die Weiterbildung an der Fernuniversität Hagen fest.

Die letzte Themengruppe wird gebildet aus dem Beitrag von *Allmendinger*, *Ebner* und *Schludi* und dem Beitrag von *Schenker-Wicki* und *Hürlimann*, die sich vor allem ordnungspolitisch relevanten Fragen zuwenden. Im Mittelpunkt ersteren Beitrags steht die bildungspolitische Funktion der Arbeitsverwaltung, über die die Autoren einen Überblick geben. Vor dem beruflichen Hintergrund der Autoren, die im Erscheinungsjahr des Bandes alle dem Institut für Arbeitsmarkt- und Berufsforschung der Bundesagentur für Arbeit angehörten, gewinnt ihre Kritik an der verzerrenden Finanzierungswirkung von Arbeitslosengeld I und II zusätzlich an Brisanz. *Schenker-Wicki* und *Hürlimann* schließlich befassen sich mit der Wirkungssteuerung von Universitäten und untersuchen, ob sich nach den gesetzlichen Reformen, die den Schweizer Universitäten durch die Einführung von Globalbudgets mehr Autonomie gewährten, die eidgenössischen Hochschulen den erweiterten Handlungsspielraum für eine Steigerung der Effizienz und Effektivität nutzen konnten. Methodisch stützt sich der Beitrag dabei stark auf deskriptive Statistiken. Ob das gewählte Untersuchungsdesign letzte Gewissheit über Effektivität und vor allem die Effizienz von Universitäten geben kann, muss offen bleiben.

Die größere Bereitschaft der politischen Akteure, wissenschaftliche Expertise nachzufragen, sei unübersehbar und eine Folge des gestiegenen Handlungsdrucks auf die Politik, resummiert der Herausgeber in seinem Vorwort. Ob die in diesem Buch zusammengetragenen Aufsätze in ihrer Gesamtheit tatsächlich einen „substantiellen Beitrag" in dieser Richtung leisten können, wie der Herausgeber vermutet, kann nur schwer abschließend beurteilt werden.

Dass bei der starken Konzentration der Beiträge auf die empirische Evidenz Lücken bei der wissenschaftlichen Auseinandersetzung mit gesellschaftlichen Zielen wie der Chancengleichheit verbleiben können, darf kaum verwundern und sei nur am Rande bemerkt. Ungeachtet dessen unterscheiden sich die Beiträge sowohl in ihrer wissenschaftlichen Tiefe als auch in ihrer politischen Aussagekraft und Bedeutung. Deutlich wird daran das Dilemma des Herausgebers, den Anspruch auf bildungsökonomische Forschung auf höchstem Niveau zu verbinden mit dem Wunsch nach politischer Relevanz. Aus politischer Sicht sind Forschungsergebnisse vor allem dann hilfreich und relevant, wenn sie eindeutige Schlussfolgerungen zulassen und Handlungsempfehlungen beinhalten, die geeignet sind, auch eine breite Wählerschaft zu überzeugen. Für den Wissenschaftler sollte aber gerade ein so eindeutiges Ergebnis Anlass zur Skepsis sein: nicht selten kann diese Klarheit auch Folge einer Missspezifizierung der verwendeten Modelle sein. Je mehr die Modellierung und die zum Einsatz kommende Mathematik der Komplexität der Zusammenhänge der realen Welt gerecht werden, desto differenzierter und damit „richtiger" werden häufig auch die Ergebnisse. Dies darf jedoch nicht bedeuten, dass sich der erfolgreiche Forscher damit in die politische Irrelevanz verabschieden muss: besser als jeder andere sollte er in der Lage sein, auch komplexe Forschungsergebnisse zu vermitteln. Nicht nur der Beitrag von *Schütz* und *Wößmann* macht deutlich, dass dies möglich ist.

Hans-Heinrich Bass

Schumpeters Finanzierungshypothese in neuer Sicht
Anmerkungen zu einem Buch von Cord Siemon über Unternehmertum in der Finanzwirtschaft[*]

Ein bemerkenswerter Widerspruch in *Joseph Schumpeters* Modell wirtschaftlicher Entwicklung steht im Zentrum von *Cord Siemons* Arbeit: Finanzinstitute sollen zwar durch die Kreditschöpfung erst ermöglichen, dass Ressourcen ihren bisherigen Verwendungen entzogen werden und somit einen simultanen Prozess von Strukturwandel plus Wachstum, also „Entwicklung" in Gang setzen. Zugleich werden die Finanziers aber als blasse Kapitalisten gesehen. Sie agieren, in den Worten Schumpeters in etwas anderem Zusammenhang (*Schumpeter* 1908, S. 567), „ohne Ehrgeiz, ohne Unternehmungsgeist, kurz ohne Kraft und Leben" – im Gegensatz zu den „schöpferischen Unternehmern" der Realwirtschaft. Erst der späte *Schumpeter*, so *Siemon*, komme zu einer differenzierteren Sicht und attestiere auch den (wenigen) „echten" Bankiers die Kenntnis und das Verstehen des innovativen Zweckes der Kreditschöpfung.

Problematischer noch scheint ein logischer Missgriff *Schumpeters* zu sein. *Siemon* analysiert diesen in biologie-analoger Sicht so: Der Erfolg des Innovationssystems im Schumpetermodell ist abhängig von einem systemexternen Input, der von dem eigentlichen (vom Autor als „autopoietisch", also „sich selbst generierend oder entwickelnd" interpretierten) Innovationsgeschehen getrennt ist – der Bankkredit sei also eine „inputlogische Restgröße" im ansonsten evolutionslogischen Schumpetermodell. Damit sei das Schumpetermodell in sich nicht stimmig. Denn ein autopoietisches System würde zugeführte Substanzen (hier: Kapital) aus der Systemumwelt

---
[*] Cord Siemon, *Unternehmertum in der Finanzwirtschaft: Ein evolutionsökonomischer Beitrag zur Theorie der Finanzintermediation*, Verlag Books on Demand GmbH, Norderstedt 2006, 408 Seiten.

entweder in verwertbare Bausteine überführen oder aber ignorieren – nicht jedoch ständig als lebensnotwendigen Input benötigen.

Zwar zeigt *Siemon* parallel zum ersten Einwand, dass sich *Schumpeter* mit seiner Entfernung von der österreichischen neoklassischen Gleichgewichtstheorie und der Hinwendung zum deutschen Historismus gedanklich vom Konzept des Bankkredits als Innovationsmovens habe entfernen können. Dennoch kommt *Siemon* zu dem Schluss, dass *Schumpeter* letztlich die autopoietische Kraft von Innovationssystemen, d. h. insbesondere die Bedeutung innovationsnaher informeller Finanzierungsformen, unterschätzt habe. Das Anliegen seiner Arbeit sei es daher, so *Siemon* (S. 251), „*Schumpeter*s Finanzierungshypothese einer evolutionsökonomischen Interpretation zugänglich zu machen" und damit wohl auch das Schumpetermodell logisch widerspruchsfrei zu rekonstruieren.

Aus heutiger Sicht lassen sich auch zwei substantielle empirische Einwände gegen die Validität der Schumpeterschen Finanzierungshypothese in ihrer ursprünglichen Formulierung anführen: Erstens, Banken spielen bei der Finanzierung innovativer Unternehmensgründungen nur eine untergeordnete Rolle (und Bankhistoriker mögen darüber urteilen, ob dies zu *Schumpeters* eigener Zeit tatsächlich anders war). Zweitens, in den informellen, auf Innovationen spezialisierten Finanzinstitutionen, etwa den Wagniskapitalfonds, ist Unternehmertum im Schumpeterschen Sinne essentiell.

Allerdings, so *Siemons* These, die er mit einem eigenen finanzordnungsgeschichtlichen Kapitel – vom Mississippi-Schwindel des 18. Jhdts. bis zur Millenniumshausse am Beginn des 21. Jhdts. – untermauert, wird durch den Zufluss von anlegerschutzbedürftigen, arbitrage- und routinegeleiteten Finanzmitteln in das informelle Finanzsystem (beispielsweise angestoßen durch Steuererleichterungen zum Zwecke der indirekten Innovationsförderung) dessen Innovationsorientierung bedroht. Auch innovationswillige Finanzintermediäre rücken dann vom Innovationsgeschehen ab. Mit einer terminologischen Anleihe in der Außenwirtschaftstheorie bezeichnet *Siemon* diese paradoxe Entwicklung treffend als „Holländische Krankheit in der Finanzintermediation" (überzeugend dargestellt in der Abbildung *Siemon*, S. 209).

Eigentliches Finanzunternehmertum sieht der Autor in den unterschiedlichen modernen Ausprägungen informeller Gründungsfinanzierung gegeben, die er kenntnisreich in einem weiteren Kapitel beschreibt – vom *bootstrapping* (das sind Methoden, das Unternehmen durch tausend Tricks am Leben zu erhalten und sich wie weiland Münchhausen am eigenen Schopf aus dem Sumpf zu ziehen) über Netzwerkfinanzierung bis hin zu *business angels*. Diese Vielfalt ist nicht als Störfall im Wirtschaftsgeschehen zu interpretieren – etwa als Marktversagen, das der Staat durch Ordnungspolitik zu heilen, und das hieße wohl: auf ein effizienteres, aber weniger vielfältiges Modell hin zu konzentrieren habe, sondern als der eigentliche, dynamik-garantierende Wunschfall eines kapitalistischen Wirtschaftssystems. Die „dichte Beschreibung" dieser Finanzierungsformen zeigt den Weg zur widerspruchsfreien Reformulierung der Schumpeterschen Finanzierungshypothese.

Siemons Arbeit ist nicht nur hinsichtlich der Theoriebildung bedeutsam. Sie gibt auch wirtschaftspolitische Orientierung. Zur Überwindung des Dilemmas der „Holländischen Krankheit" plädiert der Autor beispielsweise für die Bereitstellung von staatlichen Finanzmitteln nur in Abhängigkeit von den Einlagen privater Investoren in Venture-Capital-Fonds, da dies zum einen privatwirtschaftliche und staatliche Systeme unter der selben Marktlogik koppele, andererseits die Innovatoren und Investoren auf ihre eigenen unternehmerischen Fähigkeiten verweise. Grundsätzlich erwächst aus der Interpretation eines Innovationssystems als autopoietisch eine große Skepsis gegenüber den Erfolgschancen von Fremdeinwirkungen. Das versetzt den Hoffnungen vieler wohlmeinender Politiker, durch Überzeugungsarbeit mehr Wagniskapitalfinanzierung herbeizuführen und damit Innovationsschwächen zu kurieren, einen Dämpfer.

Cord Siemons Werk ist von großer Geschlossenheit. Zu seiner (moderat) konstruktivistischen Wissenschaftstheorie passt das Bild des Unternehmers als eines „visionären" (quasikonstruktivistischen) Hypothesenproduzenten in einer von Unsicherheit und der Hayekschen

Nichtzentralisierbarkeit von Wissen gekennzeichneten Welt. Im Sinne des Ashby-Gesetzes der Kybernetik, dass nur Vielfalt auch Vielfalt steuern könne, argumentiert der Autor folgerichtig, dass nur erlernte Eigenkomplexität „unternehmerisch konstruierte" Umweltkomplexität beherrschen könne. Dazu passen schließlich insbesondere die Darstellung des von anderen (inputlogisch Denkenden?) als Black Box gesehenen Innovationssystems als autopoietischem System und *Siemons* Ansätze zur Entwicklung (fast!) inputloser evolutionslogischer Innovationsförderstrategien.

Die Stärke eines geschlossenen Weltbildes beinhaltet aber auch eine Gefahr. So ist dem Rezensenten beispielsweise nicht einsichtig, warum *Siemon* die Neue Wachstumstheorie (unter anderem von *Romer*) als im Wesentlichen „inputlogisch" zur Seite wischt. Gerade hier wird doch durch die Annahme steigender Grenzerträge des Produktionsfaktors Wissen der von einem Wirtschafssystem – zum Beispiel in der Form regionaler Cluster – selbstgenerierte und durch brain gain verstärkte Wachstumsimpuls in den Mittelpunkt der Argumentation gerückt – also durchaus fruchtbar im Sinne einer Synthese von Inputlogik und Evolutionslogik argumentiert.

Es stellt sich auch die Frage, ob nicht *Schumpeter* selbst ganz bewusst, zumindest in seinem Spätwerk (*Schumpeter* 1942), systeminterne und systemexterne Impulse gemeinsam zur Innovationserklärung heranziehen wollte: nämlich in der so genannten (neo)Schumpeterschen (oder *Galbraith*schen) Hypothese – die *Siemon* leider nicht thematisiert: für ihn ist Innovation im Sinne des frühen *Schumpeters* (*Schumpeter* 1912) immer Innovation qua Unternehmensneugründung. Die Schumpetersche Hypothese besagt demgegenüber, dass im Spätkapitalismus *Groß*unternehmen wegen ihrer überragenden Finanzierungsmöglichkeiten (durch Eigenkapital oder Kapital aus dem formalen (!) Bankensektor) und durch systematische Innovationsforschung mehr und mehr zum Motor der wirtschaftlichen Entwicklung werden. Demnach wäre in der Kontroverse zwischen inputlogischer und evolutionslogischer Erklärung kein widerspruchsfreies Entweder/Oder, sondern ein pragmatisches Sowohl/Als-auch geboten.

Die obigen Anmerkungen haben versucht, den Kerngedanken von *Cord Siemons* Arbeit zu benennen und dazu beizutragen, diesem sowohl wirtschaftstheoretisch als auch dogmenhistorisch wichtigen Werk die vielen Leser zu gewinnen, die man ihm seines Inhaltes wegen wünschen möchte. Potentielle Leser seien aber auch gewarnt: Um zum Zentrum der Arbeit zu gelangen, muss sich der Leser durch eine – erst aus der Retrospektive vollends als zielführend erkennbare – Darstellung von Epistemologie, Evolutionstheorie, sozialwissenschaftlicher Systemtheorie und andere Prolegomena hindurchkämpfen. Dadurch geht *Siemons* Arbeit (entstanden als Dissertation in der Marburger Schule um *Jochen Röpke*) weit über das durchschnittliche Niveau einer Doktorarbeit hinaus – aber es ist eine mühsame Lektüre! Ein unvorteilhaftes Layout, überbordender Fußnotentext (fast 900 Fußnoten, in denen mehr als die Hälfte des Textes versteckt ist) und überlange Absätze erschweren die Lektüre zusätzlich, obwohl die Gestaltung eines Buches dem Leser doch die Konzentration auf den Inhalt erleichtern sollte. Wer aber diese Mühen nicht scheut, wird durch zahlreiche neue Erkenntnisse und Einsichten zu einem Thema belohnt, das nicht nur wissenschaftsgeschichtlich und wirtschaftstheoretisch fasziniert, sondern auch von hoher praktisch-politischer Relevanz ist.

Literatur

Schumpeter, Joseph (1908), *Wesen und Hauptinhalt der theoretischen Nationalökonomie*, Berlin.

Schumpeter, Joseph (1912/1993), *Theorie der wirtschaftlichen Entwicklung: Eine Untersuchung über Unternehmergewinn, Kapital, Kredit, Zins und den Konjunkturzyklus*, Berlin, 8. Aufl. (unveränderter Nachdruck der 4. Aufl. 1934).

Schumpeter, Joseph (1942/1993), *Kapitalismus, Sozialismus und Demokratie*, Tübingen und Basel, 7. Aufl. 1993.

Hanno Beck

Auf der Suche nach der politischen Weltformel
Anmerkungen zum Buch „Politische Ökonomie des Politikbetriebs" von Franz Beitzinger[*]

Politik, so heißt es, ist keine Sache für Leute mit Charakter und Erziehung. Die Vehemenz, mit der Politiker jeden Tag aufs Neue dieses Vorurteil bestätigen, ist ebenso bemerkenswert wie die Kontinuität ihrer machtpolitischen Winkelzüge, in deren Gefolge Werte wie Aufrichtigkeit, Anstand und Ehrlichkeit zu Worthülsen verkommen, denen niemand im Politzirkus viel Bedeutung beizumessen scheint. Aber entsprechen diese Vorurteile der Realität? Und wenn ja, was ist es, das Politiker zu Zynikern der Macht werden lässt, und was muss man tun, um Politiker zu dem zu machen, was sie eigentlich sein sollen – zu Dienern des Volkes?

Wer wissen will, was die politische Welt in ihrem Innersten zusammenhält, muss nach den Anreizen fragen, denen Politiker ausgesetzt sind, und wer Politik und die Politiker ändern will, muss die Anreize ändern, denen diese ausgesetzt sind. Dieser Gedanke spricht dafür, die politische Welt mit den Instrumenten und Ideen der Ökonomen zu untersuchen – eine Disziplin, die mittlerweile auf eine lange Tradition zurückblicken kann. Die Anwendung des ökonomischen Werkzeugkastens auf den Politikbetrieb hat sich als äußerst fruchtbar erwiesen, doch viele Fragen sind noch ungeklärt – was also ist die alles erklärende ökonomische Weltformel, welche die politische Welt in ihrem Innersten zusammenhält?

Franz Beitzinger hat sich aufgemacht, den Erklärungsgehalt unterschiedlicher ökonomischer Denktraditionen für den politischen Betrieb zu untersuchen: Welchen Beitrag leisten sie zur Lösung des Politikproblems, und welche Lehren geben sie dem Forscher auf den Weg bei der Suche nach einem geeigneten politischen Ordnungsrahmen? *Beitzinger* versucht, dem politischen Betrieb mit dem Instrumentarium zweier ökonomischer Denkschulen auf die Schliche zu kommen – der neoklassisch inspirierten Schule der Public Choice und der eher evolutionär orientierten Österreichischen Schule der Nationalökonomie. Sein Ziel ist es, mit Hilfe dieser beiden Ansätze den ordnungspolitischen Gedanken auf die Politik zu übertragen und zu fragen, wie eine Ordnungspolitik für das politische System aussehen könnte. Ein spannender Gedanke und ein ambitioniertes Vorhaben.

Beitzinger wagt zu diesem Zweck einen Parforce-Ritt durch die relevante Literatur und zeichnet akribisch die Ideen und Schlussfolgerungen beider Schulen nach. Die Neue Politische Ökonomie sieht er dabei als eine statische, gleichgewichtsorientierte Konzeption, die eher die Nachfrage nach Politik betont. Mit Blick auf den Ordnungsrahmen, den man der Politik verleihen wolle, könne diese Konzeption helfen eine Antwort auf die Frage zu finden, wie der politische Betrieb organisiert werden müsse, damit eine optimale Auswahl der Politik durch die Wähler erreicht werden könne. Die österreichische Schule hingegen betone die Angebotsseite der Politik, ihr Beitrag zu einer Ordnungstheorie der Politik bestehe darin, Hinweise darauf zu liefern, wie man eine politische Ordnung gestalten müsse, damit in ihr ein innovationsfreundliches Klima entstehe, das die Entdeckung neuer politischer Lösungen für gesellschaftliche Probleme zulässt.

Im zweiten Abschnitt beschäftigt sich das Buch mit der Idee und Theorie politischer Eliten, im dritten Kapitel zeichnet der Autor Grundprinzipien einer Ordnungstheorie der Demokratie auf und kommt zu dem Schluss, dass eine Anwendung des ordnungspolitischen Instrumentariums auf den Gegenstand des politischen Betriebs prinzipiell zulässig ist (S. 59). Im vierten Abschnitt erörtert *Beitzinger* die neoklassische Konzeption der Neuen Politischen Ökonomie, der

---

[*] Franz Beitzinger, Politische Ökonomie des Politikbetriebs: Die konzeptionellen Unterschiede verschiedener ökonomischer Theorietraditionen in *Analyse und Bewertung politischer Ordnungen*; Verlag Lucius & Lucius, Stuttgart 2004, 178 Seiten.

fünfte Abschnitt hat die Perspektive der Österreichischen Schule zum Gegenstand. Der sechste Abschnitt legt knapp die Folgerungen der Untersuchung für eine Politische Ökonomie des Politikbetriebs dar.

Mit Hilfe des neoklassischen Ansatzes sucht *Beitzinger* nach Fällen des politischen Marktversagens – dass dies in der Realität vorkommt, bezweifelt wohl niemand. Dabei sieht er den Schwerpunkt eines politischen Versagens aus ökonomischer Sicht in der Existenz von Transaktionskosten. Seine Schlussfolgerung: Der Ordnungsrahmen einer politischen Ordnung muss so beschaffen sein, dass er die Transaktionskosten minimiert. Als mögliche Institutionen, die zur Senkung der Transaktionskosten beitragen könnten, nennt er Normen, Werte, politische Institutionen, Wahlverfahren oder auch Kontrollrechte der Wähler über die Handlungen ihrer Repräsentanten, welche ex post die Transaktionskosten senken könnten (S. 93). Eine Konkretisierung dieser Vorschläge allerdings erfolgt nicht, hier bietet sich genügend Stoff für eine weitere Arbeit.

Die Schwäche des neoklassischen Ansatzes sieht *Beitzinger* in ihrem statischem Charakter und in ihrer einseitigen Betonung der Nachfrageseite: „Aussagen, in welchem Maße eine politische Ordnung in der Lage ist, auf künftige Ereignisse durch die Entwicklung adäquater Lösungsmöglichkeiten zu reagieren, sind aufgrund der statischen Analyse einerseits und der Nachfragedominanz andererseits nicht möglich" (S. 100). Diesem Mangel will er begegnen, indem er die Konzeption der Österreichischen Schule untersucht, die seiner Ansicht nach geeignet ist, Antworten auf die Frage zu geben, welche institutionellen Hemmnisse der evolutorischen Weiterentwicklung politischer Ordnungen entgegenstehen (S. 101).

Beitzinger begreift in seiner Analyse der österreichischen Schule politische Ordnungen als Marktordnungen, in denen politische Unternehmer agieren und deren Bestandteil politische Parteien sind. Doch diese Marktordnung hat Fehler: die Tauschprozesse auf dem politischen Markt finden nicht auf perfekten Märkten statt, schreibt *Beitzinger*. Der einzelne Konsument der politischen Leistungen kann nicht frei konsumieren, denn die politischen Leistungen – beispielsweise in Form von Gesetzen – werden von der Gesamtheit aller Wähler konsumiert, und die Regierung hat ein temporäres Zwangsmonopol auf das Angebot politischer Leistungen. Dem zwangsbeglückten Bürger bleiben nur die klassischen Optionen der Abwanderung (exit) oder der Abwahl (voice), letzteres allerdings erst mit dem Ende der Legislaturperiode. Doch das muss letztlich nicht schlimm sein, rekurriert man auf die Ideen der österreichischen Schule: Wichtig am politischen Wettbewerb sei, dass Unternehmer untereinander in wettbewerblicher Konkurrenz zueinander stehen, das garantiere ein Funktionieren der Marktprozesse (S. 140).

Aus dieser Überlegung resultiert *Beitzingers* Rat, mittels eines politischen Ordnungsrahmens Wettbewerb zu schaffen, der genügend potentielle Konkurrenz schafft und erhält. Man müsse die Anbieter politischer Ideen in „schöpferische Unruhe" versetzen (S. 143). Dabei sieht *Beitzunger* dabei zwei Arten politischen Unternehmertums: die Schaffung neuer Ideen, ein sogenanntes schöpferisches Unternehmertum, oder aber die Erlangung politischer Vorteile durch wohlfahrtsstaatliche Transfers, also ein plünderisches Unternehmertum, wie er es nennt (S. 143). Ein Politiker kann also versuchen, durch neue Lösungsansätze Karriere zu machen oder aber durch gezielten Stimmenkauf mittels wohlfahrtsstaatlicher Politik. Dabei sind die Anreize zu plünderischem politischem Unternehmertum durch den institutionellen Rahmen politischen Handelns vorgegeben und liegen insbesondere im Anspruch moderner Ordnungen, individuelle Bedingungen durch wohlfahrtsstaatliche Transfers anzugleichen. Daraus folgt für *Beitzinger*, dass ein politischer Ordnungsrahmen die Möglichkeiten für solche politischen Kuhhändel reduzieren muss, indem die Durchführung dieser Umverteilung durch eine „adäquate Gestaltung des Ordnungsrahmens von Politik" erschwert wird (S. 144).

So richtig dieser Gedanke ist, so problematisch wird er, wenn man sich an seine Umsetzung wagt, auch wenn die Diagnose richtig und naheliegend ist: Der moderne Wohlfahrtsstaat führt Politiker in Versuchung, Stimmen mittels gezielter Transfers zugunsten klar definierter Interessengruppen zu kaufen und die Kosten dieser Politik der Allgemeinheit aufzubürden. Doch wie sollte ein Ordnungsrahmen aussehen, der diese verhängnisvolle, politisch motivierte Verunstaltung sozialpolitischer Ideen zähmt? Hier hätte man eine Reihe von Ideen diskutieren können, beispielsweise die Idee, die Sozialpolitik sozusagen auf Autopilot zu schalten und sie damit den Niederungen des politischen Alltags zu entziehen. Einmal abgesehen davon, dass schon alleine das Wissen der Politik um die (wahltechnische) Mächtigkeit des Instrumentes Sozialpolitik einen solchen politisch selbstlosen Schritt verhindern wird, bringt eine solche Lösung auch Probleme mit sich. Eine automatisierte Sozialpolitik hätte wie alle Automatismen den Nachteil mangelnder Flexibilität und wäre zudem auch der Kritik unterworfen, nicht auf demokratischem Wege zustande zu kommen. Letzteres Argument ist auch der Sargnagel zu der Idee, die Sozialpolitik einem überparteilichem Gremium zu überantworten: Wer sollte mit welcher Legitimation über die sozialpolitischen Geschicke der Nation entscheiden? Und selbst wenn man diesen Schritt wagen und schaffen würde, kann man mit Sicherheit davon ausgehen, dass eine solche überparteiliche Lösung nur auf dem Papier den Scharmützeln des politischen Alltags entzogen wäre – wer sich ein wenig mit den Erfahrungen des de jure überparteilichen öffentlich-rechtlichen Rundfunks auskennt, wird dieses Urteil wenig überraschen.

Nun könnte man eine weitere Idee diskutieren: Vielleicht sollte der Ordnungsrahmen nicht an der Politik, sondern an den Politikern ansetzen, indem er positive Anreize gibt, sich den politisch induzierten Umverteilungsmechanismen zu verweigern. Hier könnte man vielleicht über Beschränkungen der Amtsperioden nachdenken, die beispielsweise den amerikanischen Präsidenten in seiner zweiten Amtszeit freier in seinen Entscheidungen machen. *Beitzingers* Schlussfolgerung bezüglich der Person der Politiker, also der politischen Unternehmer, zielt darauf ab, die Marktzugangsbeschränkungen für Politiker zu senken – hier sieht er vor allem den Parteienapparat mit seinen spezifischen Regularien und Gepflogenheiten als Hemmnis. Als Fazit sieht er die Notwendigkeit der Schaffung einer „doppelten Anreizstruktur" (S. 150): Man müsse bei den Politikern Anreize schaffen, schöpferisch statt plündernd tätig zu werden, zudem müsse man gewährleisten, dass politische Unternehmer in den Markt eintreten können (S. 150). Das klingt einleuchtend, wird aber umso schwieriger, je mehr man versucht, diese Postulate zu konkretisieren oder gar in den politischen Alltag umzusetzen.

Beitzingers Fazit seiner Untersuchung ist knapp: die neoklassische Antwort auf die Frage nach dem politischen Ordnungsrahmen liege in einer Schwächung demokratischer Eliten, beispielsweise durch Schaffung demokratischer Kontrollrechte (S. 156), also mittels einer Demokratisierung politischer Entscheidungen beispielsweise durch Etablierung direktdemokratischer Institutionen (S. 157). Die Antwort der österreichischen Schule hingegen verlange nicht eine Schwächung der Anbieter demokratischer Leistungen, sondern eine Stärkung politischer Eliten, die jedoch gleichzeitig an rechtsstaatliche Prinzipien gebunden werde müsse (S. 157) – eine Stärkung dieser Eliten sei nur unter der Voraussetzung einer institutionellen Beschränkung staatlicher Macht sinnvoll.

Dort, wo *Beitzinger* aufhört, eröffnet sich ein weites Forschungsfeld: Wie wäre ein politischer Ordnungsrahmen auszugestalten, der Transaktionskosten minimiert, politische Eliten stärkt und zugleich den Wettbewerb auf der Angebotsseite stärkt, ohne den Sozialstaat zur Beute eigennutzorientierter Politprofis zu machen? Welche Vor- und Nachteile bieten Instrumente der direkten Demokratie, was ist von einer Förderalisierung der Politik zu halten, wie soll man mit dem Phänomen des Berufpolitikertums umgehen, wie mit dem offenbar schwindenden Interesse der Bürger an politischen Prozessen? Und welche persönlichen Restriktionen soll man Politikern auferlegen, um sie von den sachlogischen Zwängen des politischen Machtkalküls zu befreien?

Politik ist die Führung öffentlicher Angelegenheiten zum privaten Vorteil, und die große Leistung der Ökonomie besteht darin, dieses Dilemma herausgearbeitet zu haben. Doch mit der Problemanalyse ist nur der erste Schritt einer langen Reise getan – ohne konkrete Lösungsvorschläge geht sie nicht zu Ende. Die Idee, auf dem Weg zu einer besseren politischen Ordnung den ordnungspolitischen Ansatz zu nutzen, ist elegant und ansprechend, doch *Beitzingers* Arbeit macht deutlich, dass noch eine lange Reise vor uns liegt.

Florian Birkenfeld

Bildung
Anmerkungen zum gleichnamigen, von Wolfgang Franz, Hans Jürgen Ramser und Manfred Stadler, herausgegebenen Tagungsband[*]

Der vorliegende Band enthält die Referate und die Korreferate des 33. Wirtschaftswissenschaftlichen Seminars Ottobeuren. An der Expertise der Teilnehmer und Autoren sowie an der Qualität ihrer Beiträge bestehen grundsätzlich keine Zweifel.

Die abgedruckten Beiträge sind ausgesprochen heterogener Natur. Die meisten sind (im Sinne der JEL-Klassifikation) weniger der Bildungs- als vielmehr der Personal- und Arbeitsmarktökonomik zuzuordnen. Zunächst seien die beiden Beiträge zur Turniertheorie betrachtet.

In seinem Beitrag „Mobilität in mehrstufigen Ausbildungsturnieren" wendet *Kai A. Konrad* Methoden und Erkenntnisse der Verkehrsforschung auf Ausbildungsturniere an. Aus diesem Bereich ist das so genannte *Braess*-Paradoxon bekannt, welches besagt, dass zusätzliche Verkehrsverbindungen zu einer Verlängerung der Gesamtreisezeit führen können. *Konrad* überträgt dieses Paradoxon auf Ausbildungssysteme, bei denen auf einer Zwischenstation nun der Wechsel des ursprünglich gewählten Ausbildungspfades ermöglicht wird. Man mag sich vielleicht den Wechsel auf einen kaufmännischen Masterstudiengang nach einem technisch ausgerichteten Bachelorstudiengang vorstellen.

Konrad zeigt, dass auch in der Übertragung auf die Bildungs- bzw. Personalökonomik das oben genannte Paradoxon auftreten kann – aber nicht muss. Die Externalitäten, die in Turnieren auftreten, sind dabei die interessanteste Variante. Der ambivalente Charakter der Mobilität kann aber auch ohne die Turniercharakteristik und die damit verbundene strategische Interaktion auftreten.

Werner Neus kritisiert in seinem Korreferat, das Ergebnis würde zu sehr von einer wie auch immer gearteten Netto-Teilnahmeprämie abhängen. Dieser Konsumnutzen des Ausbildungsganges muss im Modell teilweise unsinnig hoch sein, um tatsächlich „schädliche Mobilität" hervorzurufen. Folglich könnte die Einführung von Mobilitätskosten das Modell bereichern. Als weitere Ergänzung schlägt *Neus* vor, die Akteure im Modell mit unterschiedlichen Informationen auszustatten, um so die Bedeutung von Mobilität noch weiter herauszustellen.

Christine Harbring, Bernd Irlenbusch und *Matthias Kräkel* nehmen in ihrem Beitrag „Ökonomische Analyse der Professorenbesoldungsreform in Deutschland" das Gesetz zur Reform der Professorenbesoldung als Aufhänger für eine Analyse der Turnierentlohnung über ein Modell und ein Laborexperiment. Die Besoldungsreform führt aus Sicht der Autoren deswegen zu einem Turnier zwischen den Professoren, weil die Summe der variablen Leistungsbezüge, also der Turnierpreise, im Voraus fixiert wird. Die in der Arbeit formulierten Hypothesen werden im Laborexperiment mit Bonner Studenten nicht vollständig verifiziert. So ist insbesondere weniger Sabotage zu beobachten als vorhergesagt.

Das Korreferat von *Uschi Backes-Gellner* zeigt sehr schön, dass der Beitrag zwar anschaulich Probleme der Turnierentlohnung aufzeigt. Anwendbar auf die Situation deutscher Hochschullehrer sind diese Erkenntnisse jedoch kaum. Da die variablen Leistungsbezüge nur einen kleinen Teil des gesamten Einkommens ausmachen ist ein „Rattenrennen" (ineffizient hohe Anstrengungen der Turnierteilnehmer) kaum zu erwarten. Und weiter könnte sogar der Analyserahmen der Turnierentlohnung falsch gewählt sein. Wenn nämlich die Summe der Leistungszulagen über Fachbereiche hinweg gedeckelt wird liegen die Konkurrenten außerhalb der Sabotagereichweite.

---

[*] Wolfgang Franz, Hans Jürgen Ramser und Manfred Stadler (Hg.), *Bildung*, Verlag Mohr Siebeck, Tübingen 2004, 283 Seiten.

Neben diesen beiden personalökonomisch motivierten Beiträgen findet sich eine Vielzahl von Aufsätzen zur Arbeitsmarktökonomik. Die Autoren befassen sich mit Arbeitslosigkeit, Einkommensverteilung und Berufswechseln.

Michael C. Burda erweitert in seinem Beitrag „Humankapital und Arbeitsmarktinstitutionen bei gleichgewichtiger Arbeitslosigkeit" ein Standardmodell der Arbeitsmarktökonomik um endogene Humankapitalbildung. Das mathematisch anspruchsvolle Modell löst er per Kalibrierung. Seine zentralen Ergebnisse sind zum einen ein durchweg negativer Effekt des Kündigungsschutzes auf die Beschäftigung und zum Anderen ein teilweise positiver Anreiz einer höheren Arbeitslosenunterstützung auf die Humankapitalbildung. Bedauerlicher Weise wurde diesem Beitrag kein Korreferat zur Seite gestellt.

Der Beitrag „Der Kausaleffekt von Bildungsinvestitionen: Empirische Evidenz für Deutschland" von *Markus Jochmann* und *Winfried Pohlmeier* beschreibt die Problematik, den Einfluss von Bildungsinvestitionen auf das Einkommen korrekt zu ermitteln. Dazu schlagen sie verschiedene Instrumentenschätzer vor und wenden diese auf Daten des Sozioökonomischen Panels (SOEP) an.

Das Korreferat von *Felix Büchel* beschränkt sich leider weitgehend auf eine Zusammenfassung und die Erkenntnis, dass das grundsätzliche Problem bestehen bleibt: Verschiedene Modelle liefern verschiedene Ergebnisse, und der Bildungspolitik kann so immer nur eine Bandbreite und kein konkreter, „wahrer" Wert genannt werden.

Der Beitrag „Struktur des Bildungssystems und Einkommensverteilung" von *Hans Jürgen Ramser* und *Stefan Zink* untersucht modelltheoretisch, wie sich Bildungsstandards (an der individuellen Begabung orientierte Zugangsbeschränkungen) und Bildungssubventionen (Zahlungen an Bildungswillige) auf die Einkommensverteilung einer Volkswirtschaft mit unterschiedlich reichen und unterschiedlich begabten Individuen auswirken. Die differierenden Ergebnisse der statischen und der dynamischen Betrachtung zeigen einmal mehr, dass man mit all zu pauschalen Forderungen an die Bildungspolitik nicht weiterkommt. Da das Modell detaillierte Politikmaßnahmen jedoch nicht abbilden kann, empfehlen die Autoren hier Weiterentwicklungen.

Dem Aufsatz sind zwei Korreferate nachgestellt. Zunächst stellt *Klaus Jaeger* ganz stark die praktische Relevanz des Modells in Frage. Ein fehlender Kapitalmarkt und die substitutionale Produktionsfunktion sind seine zentralen Einwände.

Leslie Neubecker schlägt konkret einige Erweiterungen vor, um auch die bei Hoch- und Niedrigqualifizierten unterschiedlich wahrscheinliche Arbeitslosigkeit mit modellieren zu können. Da Niedrigqualifizierte aufgrund ihrer kürzeren Ausbildungsdauer (im Modell von *Ramser* und *Zink* handelt es sich einfach um einen völligen Verzicht auf Ausbildung) länger im Erwerbsleben stehen, schlägt sie eine Änderung des Modells von zwei auf drei Perioden vor.

In seinem Beitrag „Subventionierung versus öffentliche Bereitstellung der Hochschulbildung und die Rolle der Einkommensbesteuerung" untersucht *Berthold U. Wigger* anhand eines Modells mit zwei Typen von unterschiedlich begabten Individuen die Auswirkungen zweier Politikmaßnahmen, nämlich der Subventionierung privater Bildungsnachfrage und der vollständigen staatlichen Finanzierung des Bildungssektors. Es zeigt sich, dass eine Effizienzverbesserung per Subventionierung möglich ist, die vollständige Übernahme der Ausbildungskosten durch den Staat aber nicht zu empfehlen ist.

Bernd Genser bemängelt in seinem Korreferat die Realitätsferne des Modells und verweist auf komplexere Modelle aus der Literatur. Folglich kann er sich auch mit den hergeleiteten Politikempfehlungen nicht anfreunden.

Der Beitrag „Die Anatomie des Berufswechsels: Eine empirische Bestandsaufnahme auf Basis der BIBB/IAB-Daten 1998/1999" von *Bernd Fitzenberger* und *Alexandra Spitz* untersucht mögliche Beweggründe für einen Berufswechsel und will so den Umstand, dass 45% der abhängig Beschäftigten nicht im erlernten Beruf tätig sind bewerten.

Die Hypothese, dass sich ein Berufswechsel dann lohne, wenn im neuen Beruf ein höheres Einkommen erzielt werden kann, obwohl bisher erlangtes spezifisches Humankapital abgeschrieben wird, wird durch die verwendeten Daten gestützt und die Autoren bewerten den Berufswechsel in der Folge als durchweg positive Erscheinung.

Das sehr fokussierte Korreferat von *Karl Heinrich Oppenländer* wirft insbesondere einige Definitionsfragen auf, die die Autoren in einer weiteren Version ihres Beitrags sicher aufnehmen werden.

Regina Riphahn hingegen beginnt ihr Korreferat zum gleichen Beitrag mit einer zweiseitigen grundsätzlichen Hinführung zum Thema und fasst dann noch einmal über eine Seite den Aufsatz von *Fitzenberger* und *Spitz* zusammen. Der wohl gravierendste Einwand, den sie anschließend vorbringt, ist der nicht ausreichend berücksichtigte Alterseffekt, der über eine Senioritätsentlohnung die Ergebnisse verfälschen könnte.

Der Beitrag „Firm Specific Investments Based on trust and Hiring Competition: A Theoretical and Experimental Study of Firm Loyalty" von *Siegfried K. Berninghaus, Luis G. González* und *Werner Güth* modelliert eine Welt mit zwei Unternehmen, den dazugehörigen Unternehmern und je einem Angestellten. Die Unternehmer investieren zunächst in Sachkapital, danach investieren die Angestellten in ihr jeweiliges Humankapital. Schließlich machen beide Unternehmer beiden Angestellten je ein Gehaltsangebot für die nächste Periode, dass diese annehmen oder ablehnen. Per Rückwärtsinduktion lassen sich diese vielen Unsicherheiten durchaus beherrschen.

Ein Laborexperiment mit Studenten der Universität Jena lieferte vier Ergebnisse: Je spezifischer das Humankapital der Beschäftigten, desto höher die Sachkapitalinvestitionen; aus höheren Sachkapitalinvestitionen resultieren oft keine höheren Humankapitalinvestitionen; der von den Unternehmen angebotene Lohn ist niedriger als vorhergesagt und die Beschäftigten bleiben seltener bei ihrem alten Unternehmen, obwohl dies effizient wäre. Diese Erkenntnisse stehen teilweise in krassem Gegensatz zur bisherigen Literatur.

Simon Gächter macht in seinem Korreferat kaum kritische Anmerkungen sondern ordnet den Beitrag von *Berninghaus, González* und *Güth* in die bisherige Theorie ein und ermöglicht es dem Leser so, den Beitrag besser zu verstehen.

Der Beitrag „Bildung, Innovationsdynamik und Produktivitätswachstum" von *Manfred Stadler* stellt ein Wachstumsmodell vor, in dem er die Wirkungen von Bildung und Innovation nebeneinander abbildet. Modelle dieser Art haben üblicherweise mit völlig unrealistischen Ergebnissen zu kämpfen, die *Stadler* durch seine Modellierung vermeidet. Im Ergebnis tragen allein staatliche Bildungsausgaben die Erhöhung des Produktivitätswachstums.

An dieser Stelle setzt dann auch die Kritik von *Alfred Maußner* in dessen Korreferat an. Er weist insbesondere darauf hin, dass die Politikimplikationen zu pauschal sind. Das Modell bietet nämlich nur einen einzigen Ansatzpunkt, das Bildungswesen zu reformieren, und dass ist der Anteil des BIP, der in das Bildungssystem fließt. Es ist eine weithin akzeptierte Tatsache, dass Qualität und öffentliche Ausgaben in Bildungssystemen nicht Hand in Hand gehen.

Eine Sonderrolle in diesem Band nimmt der Beitrag „Regionale Verteilungseffekte der Hochschulfinanzierung und ihrer Konsequenzen" von *Thiess Büttner* und *Robert Schwager* ein. Die Autoren befassen sich entgegen der Überschrift mit der strategischen Interaktion zweier Gebietskörperschaften (interpretierbar als deutsche Bundesländer) beim Angebot von Hochschulen. Daher ist der Aufsatz weder der Bildungsökonomik im engeren Sinne, noch der Personalökonomik zuzurechnen. Das theoretische Modell liefert als Ergebnisse, dass ein Land dann höhere Hochschulinvestitionen unternimmt, wenn deren Grenzkosten sinken, wenn Forschung nützlicher wird oder die Mobilität der Landeskinder sich reduziert. Das andere Land reagiert jeweils entgegengesetzt.

An dieses Modell schließt sich eine empirische Untersuchung für die 16 deutschen Bundesländer an, an der *Hans-Jürgen Krupp* in seinem wirklich lesenswerten Korreferat jedoch kein gutes Haar lässt.

Schenkt man den im Internet verfügbaren Publikationslisten der Autoren Vertrauen, so ist bis Mai 2008, also viereinhalb Jahre nach den Vorträgen, keiner der Aufsätze aus dem vorliegenden Sammelband zur Publikation in einer referierten Zeitschrift angenommen worden. Außerdem stammen die Beiträge aus derart unterschiedlichen Fachrichtungen, dass der Tagungsband insgesamt fragmentarisch bleiben muss.

Markus Breuer

Sozialer Umbruch: Zwischen neuen Werten und der demographischen Entwicklung
Anmerkungen zu Rolf Kramers Buch „Gesellschaft im Wandel"[*]

Unter den Veröffentlichungen von *Rolf Kramer* findet sich neben der 2007 erschienenen „Gesellschaft im Wandel" eine Vielzahl weiterer Arbeiten, die sich vornehmlich mit den Problemkreisen der Globalisierung, Nachhaltigkeit und der (Wirtschafts-)Ethik beschäftigen. Gemeinsam ist diesen Arbeiten jeweils, dass sie nicht nur aus einem ökonomischen oder soziologischen Blickwinkel, sondern immer auch unter theologischen Aspekten argumentieren. So untersucht *Kramer* auch im vorliegenden Buch Fragestellungen des gesellschaftlichen Wandels, die sich aus ökonomischer, demographischer und naturwissenschaftlicher Perspektive ergeben unter Berücksichtigung der christlichen Soziallehre.

In seiner Analyse geht *Kramer* schon früh auf den Niedergang der klassischen Familie ein. So finden sich zunehmend Alternativmodelle („Patchworkfamilie"), bei denen die biologische Elternschaft von der sozialen entkoppelt wird. Die neue Vielfalt der Formen des Zusammenlebens bedeuten einerseits die Abkehr vom christlich-bürgerlichen Familienideal, eröffnen damit allerdings insbesondere den Frauen neue Möglichkeiten der Selbständigkeit und Selbstbestimmung, bspw. in der Form, dass sie als Arbeitnehmerinnen Beitragszahler zur gesetzlichen Rentenversicherung darstellen und somit eigene Ansprüche aus dieser Versicherung begründen, was die Abhängigkeit vom Ehepartner verringert.

Die menschliche Arbeit nimmt nach *Kramer* überhaupt eine Schlüsselstellung in der aktuellen Wirtschaftspolitik ein: Eine Gesellschaft ohne Arbeit ist schlichtweg nicht vorstellbar, vielmehr handelt es sich dabei um ein Grundphänomen menschlicher Existenz; aus theologischer Sicht steht Arbeit allen Menschen zur Verfügung. Die Verbreitung der Massenarbeitslosigkeit stellt daher nichts weniger dar als Sprengstoff für die sich wandelnden gesellschaftlichen Verhältnisse. Zu den Aufgaben des Staates zählt in diesem Zusammenhang die Schaffung einer notwendigen Rahmenordnung, die dem Subsidiaritätsprinzip unterliegt. Soziale Gerechtigkeit wird nicht durch materielle Gleichheit, sondern vielmehr durch die Gleichheit an Chancen sichergestellt. Die Aktivitäten der Regierung im Rahmen sozialstaatlicher Tätigkeiten müssen dabei durch möglichst geringe Eingriffe in die individuellen Grundrechte gewährleistet werden; die Leistungsgesellschaft ist zu erhalten. Die soziale Marktwirtschaft ist in diesem Zusammenhang mehr, als nur eine Wettbewerbsordnung. Sie geht immer einher mit dem Aufbau einer offenen Gesellschaft. Parallelen zu *George Soros* (2001) und dem Open Society Institute liegen nahe, müssen jedoch mit Bedacht gezogen werden, da *Kramer* den Begriff der offenen Gesellschaft nicht näher spezifiziert.

An die Unternehmen ergeht die Forderung nach unternehmerischem Anstand. So ist das Geld als solches wertneutral; der Mensch jedoch bestimmt über Gebrauch und Missbrauch. Eine funktionierende Wirtschaftsethik setzt dabei notwendigerweise die Freiheit des Handels und der Auswahl von Alternativen voraus. Die Marktwirtschaft sei dabei das beste System von allen, um Solidarität unter den Menschen zu realisieren. Den Ansätzen *Mandevilles* (1998) und seiner

---

[*] Rolf Kramer; *Gesellschaft im Wandel*, Verlag Duncker & Humblot, Berlin 2007, 243 Seiten.

hinlänglich bekannten Bienenfabel folgt *Kramer* hingegen nicht. Vielmehr wirft er ihm vor, dieser hätte die Ethik aus der Marktwirtschaft entfernt.

Auf der Ebene des Individuums ist eine zunehmende Konzentration auf das Diesseits zu konstatieren. Ergebnisse dieses Verlustes an Transzendenz zeigen sich in Trends wie Anti-Aging und der zunehmenden Gesundheitsorientierung der Menschen. Doch gerade die Fixierung auf die Gesundheit stellt aus der Sicht des Theologen eine Art Götzendienst dar. Ohne den Glauben an ein ewiges Leben ist ein entsprechend langes Leben ohne äußere Anzeichen der Alterung und möglichst geringe Einschränkungen des Alltags zum „Unsterblichkeitsersatz" geworden. Von den christlichen Kirchen wird diese Entwicklung freilich unterstützt durch eine verstärkte Übernahme religiös-sozialer Funktionen, die die Verkündigung des Seelenheils in den Hintergrund rücken lässt.

Spätestens mit dem vierten Kapitel geraten das Alter und die Alterung der europäischen Gesellschaften in den Mittelpunkt der Analyse – ein Thema, das aus ökonomischer und soziologischer Perspektive in jüngerer Zeit u. a. bei *Birg* (2005) sowie *Tesch-Römer*, *Engstler* und *Wurm* (2006) behandelt wurde. Entgegen der oftmals herrschenden Rhetorik stellt *Kramer* nicht nur die Frage nach der Überlebensfähigkeit der Rentensysteme, sondern verweist weiterhin explizit auf die Problematik eines Konsumrückgangs in einer alternden Gesellschaft. Auch wenn die werberelevante Zielgruppe bislang mit den 49jährigen endet, wird seitens der Wirtschaft hier ein Umdenken erforderlich sein und einsetzen. Weiterhin ist der Begriff des *Alters* heute weit weniger eindeutig, als dies in der Vergangenheit der Fall war. So lassen sich verschiedene Stufen des Alters definieren, die mit der Vollendung des 50., 65. oder auch erst des 80. Lebensjahres beginnen können. Der Alterungsprozess im Berufsleben stellt in diesem Zusammenhang eine Besonderheit dar, da er sich mit einer besonderen Dynamik vollzieht. Dass eine Geringschätzung des Alters bzw. die *Herrschaft der Jungen über die Alten*, wie sie in diesem Zusammenhang zu beobachten sind, jedoch keine völlige Neuentwicklung unserer Zeit sein kann, zeigt der Vergleich mit dem antiken Athen. Bezüglich zurückgehender Geburtenzahlen ist festzuhalten, dass Kinder in der gegenwärtigen Gesellschaft zunehmend als Kostenfaktor wahrgenommen werden, der zu individuellem Konsumverzicht führt. Gleichwohl ist der Geburtenrückgang keinesfalls als Phänomen der letzten Dekaden anzusehen, sondern kann auf eine wesentlich längere historische Entwicklung zurückblicken.

Einen letzten Aspekt gesellschaftlichen Wandels beschreibt *Wagner* im Rahmen der sich zum Teil gerade erst abzeichnenden Möglichkeiten in der (Medizin-)Technik. So ergeben sich die meisten Überlegungen zur aktiven wie passiven Sterbehilfe erst durch den technischen Fortschritt der letzten Jahre. Ethische Probleme offenbaren sich weiterhin insbesondere in den Bereichen der Präimplantationsdiagnostik sowie der Embryonenforschung. In der Intensivmedizin herrscht hingegen Klarheit, dass eine Kosten-Nutzen-Rechnung im ökonomischen Sinne hier keinen Platz finden darf. Auf Probleme im Bereich der Rationierung medizinischer Leitungen wird jedoch nicht eingegangen.

Das Buch lädt ein zum Nachdenken. Viele der Entwicklungen beschreibt der Verfasser vor einem christlich-theologischen Hintergrund, der in dieser Form nur äußerst selten in ökonomischen oder soziologischen Schriften zu finden ist. In diesem Aspekt liegt jedoch unter Umständen auch ein Problem der Herangehensweise: So ist zu fragen, ob die Analyse des gesellschaftlichen Wandels vor dem Hintergrund einer christlichen Sozialethik in einer verweltlichten Gegenwart noch zeitgemäß ist und Leser findet. Möglicherweise haben Individualität, religiöser Pluralismus und die hektische Betriebsamkeit des Alltags die Gesellschaft bereits soweit verändert, dass die Einbeziehung der christlichen Soziallehre als nicht mehr zeitgemäß angesehen wird bzw. nicht mehr angenommen werden kann. Besonders deutlich wird dies in den Abschnitten, die sich explizit mit theologischen Grundlagen wie dem christlichen Menschenbild beschäftigen. Nichtsdestotrotz zeigt sich innerhalb der Analyse eine Vielzahl von Problemkreisen, die sich auch in der wirtschaftspolitischen Diskussion wieder finden. Die unvoreingenommene Aufnahme einer theologischen Perspektive, die die abendländische Kultur über Jahrhunderte entscheidend geprägt hat, kann in diesem Zusammenhang sicherlich zu individuell neuen bzw. veränderten Ansichten führen.

Schließlich endet das Buch selbst mit einem beinahe versöhnlichen Ausblick. Wenn schon nicht das Heil der Welt durch den Menschen herbeigeführt werden kann, so ist doch zumindest nach einer Gesellschaft zu suchen, die das Leben der Mitmenschen erleichtert. Unter dieser Prämisse werden die Menschen lernen müssen verantwortungsvoll nicht nur mit ihren Mitmenschen umzugehen, sondern auch und gerade mit den technischen Möglichkeiten, deren Tragweite in Teilgebieten noch nicht abzuschätzen ist.

Literatur

Birg, Herwig (2005) (Hg.), *Auswirkungen der demographischen Alterung und Bevölkerungsschrumpfung auf Wirtschaft, Staat und Gesellschaft*, Münster.

Mandeville, Bernard de (1998), *Die Bienenfabel oder private Laster/öffentliche Vorteile*, Frankfurt am Main.

Soros, George (2001), *Die offene Gesellschaft*, Berlin.

Tesch-Römer, Clemens, Heribert Engstler und Susanne Wurm (2006), *Altwerden in Deutschland: Sozialer Wandel und individuelle Entwicklung in der zweiten Lebenshälfte*, Wiesbaden.

Peter Engelhard

Dynamik internationaler Märkte
Anmerkungen zum gleichnamigen, von Franz, Ramser und Stadler, herausgegebenen Sammelband*

Franz, *Ramser* und *Stadler* haben einen Sammelband „Dynamik internationaler Märkte" herausgegeben, der eine Reihe von Referaten und Koreferaten umfasst, die im Rahmen des Wirtschaftswissenschaftlichen Seminars Ottobeuren gehalten wurden. Damit liegt nun die 36. Dokumentation dieser Veranstaltung vor, die alljährlich Fachleute eines ausgewählten wirtschaftswissenschaftlichen Themenkreises versammelt. Den Referenten des Jahres 2007 ging es um den Sachverhalt der „Globalisierung" im engeren, wirtschaftlichen Sinne, also um die wachsenden und die einzelstaatlichen Grenzen überschreitenden Tauschbeziehungen auf den Güter-, Dienstleistungs- und Finanzmärkten.

Wie bei den meisten Sammelbänden dieser Art, kann die Besprechung vom spezifisch ordnungsökonomischen Standpunkt aus in ordnungsökonomisch besonders instruktive Beiträge auf der einen Seite und ordnungsökonomisch etwas weniger relevante Arbeiten auf der anderen unterscheiden.

Ordnungsökonomisch sehr instruktiv ist zweifellos der Beitrag von *Kohler*, der sich mit dem bekannten „Basareffekt" oder „*Offshoring*" (Abnahme heimischer Fertigungstiefe bei Zunahme des internationalen Handels) befasst. Seine Grundlage bildet die Theorie der komparativen Kostenvorteile nach *Ricardo* und *Heckscher-Ohlin*. Industrieproduktion beruht danach auf der Verknüpfung spezieller Faktorbündel. Bei bestimmten Teilen eines Faktorbündels mag eine Volkswirtschaft komparative Vorteile aufweisen, bei anderen aber Nachteile. Wenn beide Teilbündel aufgrund hoher Entbündelungskosten nicht getrennt werden können, interessiert allein der durchschnittliche komparative Vorteil des Gesamtbündels. Technische und (vertrags-) rechtliche Neuerungen können die Kosten der Entbündelung aber so stark senken, dass sich auf dem Wege der Arbitrage die nationalen und internationalen Produktionsstrukturen neu gruppieren. Mithin wird auch die gewohnte Fertigungstiefe traditioneller industrieller Prozesse in Frage

---

* Wolfgang Franz, Hans Jürgen Ramser und Manfred Stadler (Hg.), *Dynamik internationaler Märkte*, Verlag Mohr Siebeck, Tübingen 2007, 251 Seiten.

gestellt. Für die Wohlfahrt der einzelnen Volkswirtschaften hat dies weitreichende Folgen. Zum einen ändert sich die Zusammensetzung der Faktornachfrage, zum anderen entstehen Produktivitätsfortschritte, da Faktorbündel mit komparativen Vorteilen von der „Last" ehemals komplementärer, aber mit komparativen Nachteilen behafteter Faktorbündel befreit werden. Diesem zweiten Effekt schreibt *Kohler* pareto-superiore Wirkungen zu. „Basareffekte" sind also nicht unbedingt pathologische Erscheinungen der „Globalisierung", wie oft suggeriert wird. *Kohler* stellt die Prozessdimension des „Basareffektes" modelltechnisch stringent und umfassend dar. Gleichzeitig berücksichtigt die Analyse auch wichtige institutionelle und technische Gegebenheiten. Durch die Entbündelungskosten formen diese als Randbedingungen den Ablauf des „*Offshorings*" von Produktionstätigkeiten aus den traditionellen Industriestandorten. Hieraus entsteht eine neuartige und sachliche Sicht auf den „Basareffekt".

Ordnungsökonomisch ebenfalls instruktiv ist ein Beitrag von *Hesse*, der als Koreferat zu *Kohler* angelegt, inhaltlich aber eigenständig ist. Prozess- wie auch ordnungstheoretisch wichtig ist *Hesses* Hinweis, dass die Annahme vollständiger Konkurrenz, die den meisten modellhaften Untersuchungen von „Globalisierungsprozessen" zu Grunde liegt, wirklichkeitsfern sei. Vielmehr ist es auch mit Blick auf globalisierte Märkte angezeigt, von oligopolistischen Verhältnissen auszugehen. Für die Untersuchung von „Basareffekten" und „*Offshoring*-Effekten" hat dies konkrete Folgen. Denn in Wirklichkeit wirken die damit verbundenen Preissetzungsspielräume der Unternehmen der Verlagerung von Produktionsprozessen aus traditionellen Industriestandorten entgegen und dämpfen diese. Auch mag der technische Fortschritt etwaige Arbeitskostennachteile in den traditionellen Industrieländern tendenziell wieder ausgleichen. Schließlich weist *Hesse* darauf hin, dass die „Globalisierung" von Wirtschaftsprozessen auch die analytische Endogenisierung der Wirtschaftspolitik gebiete.

Ein Beitrag *Stadlers* betrachtet an Hand eines dynamischen allgemeinen Gleichgewichtsmodells der Handelsbeziehungen zwischen zwei Regionen („entwickelter" Norden und „unterentwickelter" Süden), wie sich Neuerungen, Nachahmung und Produktzyklen im internationalen Handel entfalten. Das Bewegungsmoment des Modells wird durch die Akkumulation von „Humankapital"[1] endogen bestimmt. Es lassen sich drei Folgerungen ableiten: Erstens steigt die allgemeine Neuerungsrate an, wenn die Volkswirtschaften des Südens in den Freihandel mit dem Norden einbezogen werden. Gleichzeitig nimmt der Grad der Nachahmung zu, womit sich die Produktzyklen verkürzen. Dies ist zweitens aber von der Ausgestaltung der Eigentumsrechte abhängig. Wenn diese den Schutz des geistigen Eigentums zu stark betonen, wird der Süden bei der Nachahmung von Neuerungen behindert. Drittens hängt die allgemeine Neuerungsrate auf lange Sicht weder vom Bestand an „Humankapital" im Norden oder Süden noch von der Ausgestaltung der geistigen Eigentumsrechte, sondern vielmehr von der Wachstumsrate des „Humankapitals" ab, die durch Ausbildungsinvestitionen bestimmt wird.

Die Beiträge von *Kohler*, *Hesse* und *Stadler* zeigen, dass es sehr sinnvoll ist, bei der formaltechnischen Modellanalyse von Globalisierungsprozessen stets auch institutionelle Gegebenheiten beziehungsweise den Ordnungsrahmen mit einzubeziehen. Denn im Sinne *Euckens* bildet eben die Wirtschaftsordnung einen gleichsam wirklichkeitsverbundenen Bezugspunkt (*Wentzel* 1998, S. 1999, S. 41) und die geistige Klammer für eine notwendig mehr oder minder stark abstrakte Modellierung der Prozesse, die innerhalb ihrer ablaufen. Darüber hinaus erinnern die Ausführungen von *Kohler* und *Hesse* zu den Strukturveränderungen des Produktionsaufbaues im Globalisierungsprozess an die Überlegungen zur temporalen und heterogenen Kapitaltheorie, wie sie *Lachmann* (*Lachmann* 1956) oder *Eucken* (*Eucken* 1954) angestellt haben. Bekanntlich

---

1 Der im deutschen Sprachgebrauch und auch im vorliegenden Band häufig verwendete Anglizismus „Humankapital" ist bekanntlich irreführend, da der Begriff „Kapital" in Wirklichkeit allein Finanzierungsmittel für Investitionszwecke bezeichnet (Preiser 1961, S. 99). Sachgerechter wäre die Verwendung des Begriffes „Humanvermögen" oder „Arbeitsvermögen", da ein Handlungspotential des Wirtschaftssubjektes gemeint ist (Krüsselberg 1977).

hat vor allem *Eucken* die Ordnungsabhängigkeit des Produktionsaufbaues und seiner Veränderungen hervorgehoben (*Fehl* 1989).

Eine Reihe weiterer Beiträge dieses Bandes, die sich verschiedenen Einzelfragen der internationalen Wirtschaftsintegration widmen, spiegelt ebenfalls einen hohen Stand der formalen Modellierungstechnik wider. Der Ordnungsbezug der Ausarbeitungen ist aber weniger gut erkenn- und ableitbar als bei den bisher besprochenen Arbeiten.

Böhm, *Kikuchi* und *Vachadze* gehen modelltheoretisch der Frage nach, ob es endogene Gründe dafür gibt, dass sich die Pro-Kopf-Kapitalbestände zweier ansonsten gleicher Volkswirtschaften unterschiedlich entwickeln, wenn deren Finanzmärkte wechselseitig integriert sind. Unter bestimmten Parametereinstellungen meinen die Verfasser zeigen zu können, dass es allein aufgrund des freien internationalen Handels mit Finanztiteln dauerhaft asymmetrische *Steady-State*-Wachstumspfade geben mag, die Einkommensunterschiede zwischen den beiden Ländern verstärken. *Ramser* weist in seinem Koreferat zu Recht darauf hin, dass die darin enthaltene starke globalisierungskritische Aussage nur dann haltbar ist, wenn die Modellergebnisse verallgemeiner- und empirisch belegbar wären. Sie hängen am Ende aber sehr von der im Modell enthaltenen, einigermaßen restriktiven Annahme der Immobilität von Arbeit und realen Vermögenswerten sowie von der Beschränkung auf den Fall zweier Länder ab.

Egger und *Kreikemeier* untersuchen Einkommens-, Verteilungs- und Beschäftigungseffekte der „Globalisierung" an Hand eines allgemeinen Gleichgewichtsmodells, das Firmenheterogenitäten und Arbeitsmarktunvollkommenheiten (Effizienzlöhne und „*rent-sharing*") einbezieht. Sie kommen zu dem Ergebnis, dass die grenzüberschreitende Integration der Gütermärkte in der Regel zu Handelsgewinnen sowie zu höheren Durchschnittsgewinnen und Durchschnittslöhnen führt. Auf der anderen Seite sehen sie sowohl auf der Unternehmens- als auch auf der Arbeitnehmerseite neben Gewinnern auch Verlierer: weniger produktive Firmen scheiden bei Freihandel aus dem Markt aus, die Arbeitslosigkeit steigt dadurch an. Gleichzeitig nimmt die Lohnungleichheit innerhalb einzelner Wirtschaftszweige und Volkswirtschaften zu. Auch gegen diese als globalisierungskritisch interpretierbaren Ergebnisse lässt sich einwenden, dass sie sehr von der Ausblendung aller langfristigen Wachstumseffekte des weltweiten Freihandels abhängen, insofern also höchstens kurzfristige Aussagekraft beanspruchen können.

Meckl und *Weigert* setzen sich an Hand eines statischen, symmetrischen Zwei-Länder-Modells mit dem Einfluss der Akkumulation von „Humankapital" und der internationalen Wettbewerbsfähigkeit von Unternehmen auseinander. Sie nehmen an, dass sich nur die produktivsten Unternehmen an der „Globalisierung" der Produktionsprozesse beteiligen. Weniger produktive Unternehmen beschränken sich auf den reinen Außenhandel oder auf das Inland. Die Produktivität des Unternehmens hängt wiederum von den Bildungsinvestitionen des Unternehmers ab. Insofern gelingt es, einen hypothetischen Zusammenhang zwischen der Wettbewerbsfähigkeit einzelner Unternehmen und der Ausbildung des jeweiligen Unternehmers zu zeigen. Die Ergebnisse hinsichtlich des Zusammenhanges zwischen Bildungswesen, volkswirtschaftlicher Wohlfahrt und „Globalisierung" sind aber einigermaßen zweideutig – was, wie ein Koreferat von *Eggert* hervorhebt, im Widerspruch zur einschlägigen Empirie steht, nach der hier eine eindeutig positive Wechselwirkung besteht.

Schließlich verfassten *Berninghaus, Güth u .a.* eine Arbeit, in der mittels eines spieltheoretischen Duopolmodells die Konkurrenzprozesse auf einem globalisierten Arbeitsmarkt nachgestellt werden. Sie stellen die Frage, ob die gesamtwirtschaftliche Wohlfahrt eher durch eine Förderung der Mobilität oder der Sesshaftigkeit von Arbeitnehmern gesteigert werden kann. Dazu nehmen die Verfasser an, es gebe zwei Typen von Arbeitnehmern, nämlich für den internationalen Einsatz qualifizierte und nur auf dem heimischen Arbeitsmarkt effizient einsetzbare. Eindeutige Aussagen zu Gleichgewichtspunkten, die die Fragestellung beantworten, können in diesem Modell nicht abgeleitet werden. Die Verfasser zeigen aber, dass bei ganz bestimmten Einstellungen der Parameter ein *Nash*-Gleichgewicht bei Immobilität der Arbeitskräfte besteht.

Bei den letztgenannten vier Beiträgen entsteht erstens der Eindruck, dass die Fragestellungen zwar interessant, aber recht eng gefasst sind. Zweitens scheinen die Aussagen zu den Wohlfahrtswirkungen von Globalisierungsprozessen vielfach, wenn nicht vage, dann doch stark von sehr spezifischen Parametereinstellungen und Annahmen der jeweiligen Modelle abhängig zu sein. Unter etwas offeneren Annahmen würden sich die Ergebnisse vermutlich umkehren oder zumindest deutlich relativieren. Letzten Endes führt dies in eine gewisse inhaltliche Zweideutigkeit, die offenbar dem Fehlen einer eindeutigen ordnungsökonomischen Bezugsnorm geschuldet ist.

Eine solche Bezugsnorm, die die institutionellen Gestaltungsvoraussetzungen beschreibt, unter denen die weltwirtschaftliche Integration der Wirtschaft unbedingt wohlfahrtsfördernd ist, wurde bekanntlich bereits durch *Wilhelm Röpke* formuliert. *Röpke* ließ keinen Zweifel daran, dass eine funktionierende, internationale Markt-, Preis- und Zahlungsgemeinschaft erstens von einer unverbrüchlichen Rechtsordnung, zweitens von allgemein geteilten Normen, Prinzipien und Verhaltensregeln im internationalen Geschäftsverkehr und drittens von einer gängigen und stabilen Währung als allgemeinem Tauschgut abhängig sei. Wenn diese Voraussetzungen erfüllt sind, kann sich der internationale Wirtschaftsverkehr in Form einer weitgestaffelten Arbeitsteilung und wechselseitigen Verbundenheit der Wirtschaftssubjekte entfalten und erhalten (*Röpke* 1979, S. 105 ff.). Die tatsächlichen Wohlfahrtswirkungen des internationalen Wirtschaftsverkehrs sind in erster Linie also ordnungsabhängig und ordnungsbedürftig, wenn man diskriminierungsfreien Wettbewerb als Gestaltungsnorm und Rahmen für die Abwicklung wechselseitig vorteilhafter und fairer Transaktionen ansieht (*Leipold* 2005, S. 9; *Schüller* 2006, S. 307). Die prozesstheoretische Untersuchung der Wohlfahrtswirkungen von Globalisierungsprozessen mittels spiel- oder traditionell gleichgewichtstheoretischer Ausarbeitungen liefert genau dann gehaltvolle Aussagen, wenn sie die ordnungsökonomische Gestaltungsnorm als erfüllt oder nicht erfüllt voraus- und an konkreten Ordnungsbedingungen ansetzt. Sie zeigt dann gut, welche Auswirkungen „gute" und „schlechte" internationale Ordnungsausformungen für den Wohlstand der Nationen haben.

Man kann schließlich noch anmerken, dass an der Schnittstelle zwischen Ordnungs- und modellgestützter Prozesstheorie, die damit bestimmt ist, gerade mit Blick auf die „Dynamik internationaler Märkte" noch viele Grundsatzfragen zu klären sind. Sie gruppieren sich alle um *Röpkes* Vorstellung von der internationalen Markt- Preis- und Zahlungsgemeinschaft und heben auf die Rechts-, Werte- und Geldordnung ab. Ein Beispiel ist die interessante These *Sentis*, welche besagt, dass die Prinzipien der Meistbegünstigung und der Reziprozität, die heute wichtige Bestandteile einer von der Welthandelorganisation *WTO* festgeschriebenen Welthandelsordnung sind, im Kern eine merkantilistische Grundhaltung ausdrücken. Diese wiederum bietet die Rechtfertigung für die (macht-) politische Beeinflussung des internationalen Handels (*Senti* 2006). Die Rückwirkungen dieses Umstandes auf die konkreten Prozessergebnisse hinsichtlich der Wohlfahrts- und Verteilungswirkungen des internationalen Handels beschreibt *Senti* zwar in Form allgemeiner Musterprognosen, sie ließen sich aber mittels modelltechnischer Untersuchungen sicherlich noch präziser einfangen. Dies gilt ebenfalls etwa für die komplexe Frage nach der angemessenen internationalen Geldordnung. Sie ist im Prinzip offen, seit der allgemeine Goldstandard unter der Führung der Bank von England scheiterte, spätestens aber seitdem das System von *Bretton Woods* zerbrach (*Krugman* 1995 S. 195). Hier liegt bereits seit längerem eine Reihe von ordnungspolitischen Vorschlägen vor – seien es Gedanken zur Rückkehr zum Goldstandard, der *Hankel*-Plan einer Weltzentralbank oder *McKinnons* Vorstellung vom „Weltmonetarismus" sowie andere (vgl. die Zusammenfassung in *Herr / Voy* 1989, S. 190 ff.). Abgesehen davon, dass die prozesstheoretischen Gesichtspunkte solcher Ordnungsentwürfe noch nicht ausreichend geklärt wurden, haben *Herr* und *Voy* darauf hingewiesen, dass die Umsetzung solcher internationalen Kooperationsformen ein komplexes spieltheoretisches Problem ist (*Herr / Voy* 1989, S. 198 ff.), bei dessen Lösung die formal-abstrakte Modellierung hilfreiche Einsichten liefern könnte, um die dahinter stehenden Interessenlagen besser zu verstehen.

Es bleiben noch zwei empirisch-statistische Arbeiten des vorliegenden Sammelbandes zu erwähnen.

Flaig und *Wollmershäuser* gehen der Frage nach der angemessenen Währungspolitik innerhalb der Europäischen Währungsunion an Hand eines statistischen „Stressindikators" nach. Der geldpolitische „Stress", dem ein Land unterliegt, bemisst sich nach der Abweichung des tatsächlichen Zinssatzes von jenem, der herrschen würde, wenn die jeweilige Geldpolitik der Zeit vor der Währungsunion fortgeführt worden wäre. Für Deutschland messen die Autoren einen Stresswert von null, woraus die Aussage abgeleitet wird, dass die Europäische Zentralbank die Geldpolitik der Bundesbank weiterverfolge. Für die meisten anderen Länder ergeben sich hingegen negative Stresswerte, woraus abzulesen ist, dass diese Geldpolitik vor allem für die südeuropäischen Länder und für Irland bislang zu expansiv war.

Eine solche Schlussfolgerung erscheint freilich als zu stark, um sie mit einer einzigen (für sich genommen keinesfalls uninteressanten) Indikatormessung tatsächlich belegen zu können. Dies gilt vor allem mit Blick auf die vermeintliche Deckungsgleichheit der früheren Geldpolitik der Bundesbank und jener der Europäischen Zentralbank (vgl. hierzu etwa *Thieme* 2005, S. 341 f.), aber auch auf die Wachstumswirkungen der europäischen Geldpolitik in den Mitgliedsländern der Währungsunion, die jeweils eine sehr umfassende volkswirtschaftliche Betrachtung erfordern, um gehaltvolle Aussagen zu liefern (*De Grauwe* 1997).

Möglicherweise verstärkt die weltumspannende Integration der Märkte die Schwankungsbreite und die Häufigkeit wirtschaftlicher Wechsellagen. Ob derartige „Volatilitäten" förderlich oder schädlich für das Wachstum von Volkswirtschaften sind, ist umstritten. Ein Referat von *Buch* und *Döpke* nähert sich diesem Thema mittels statistischer Analysen auf der einzelwirtschaftlichen Ebene. Die Datengrundlage wird durch finanzwirtschaftliche Angaben der Unternehmen gebildet, die die *Deutsche Bundesbank* sammelt und die den Zeitraum von 1997 bis 2005 abdecken. Die Verfasser kommen zu dem Ergebnis, dass kleine Firmen und vor allem solche mit einer hohen Fremdkapitalquote schneller wuchsen als große Firmen. Weiterhin wuchsen Firmen mit schwankendem Absatz schneller als solche mit einer eher stetigen Absatzentwicklung. Hieraus ziehen die Verfasser den Schluss, dass „Volatilität" wachstumsförderlich sei und ergänzen dies um den Hinweis, dass die „Volatilität" mit dem Grad der Außenhandelsorientierung von Unternehmen zunehme.

Auch hier werden, unbeschadet der an sich sehr interessanten Fragestellung und Herangehensweise, auf einer mit nur acht Jahren zeitlich sehr begrenzten Datengrundlage recht starke Aussagen getroffen. Auch geht es etwas verloren, dass sich „Volatilität" in unterschiedlichen Wirtschaftszweigen sehr unterschiedlich auswirken kann, zum Beispiel je nachdem, wie *Lachmann* hervorhob, ob es sich um eher spekulative Finanz- und Handelsgeschäfte oder um produktionswirtschaftliche Tätigkeiten handelt (*Lachmann* 1994, S. 271). Vor allem in der Produktionswirtschaft hängt die Fähigkeit zur Reaktion auf wirtschaftliche Wechsellagen sehr davon ab, wie schnell und umfangreich Umschichtungen beziehungsweise Umwertungen innerhalb des Kapitalstocks vorgenommen werden können (*Lachmann* 1956, S. 100 ff). Dies abzuschätzen erfordert aber eine differenzierte, mit langfristigen Zeitreihen abgestützte Analyse der Wirkungen von „Volatilität" auf das Firmenwachstum.

Insgesamt ist der Band „Dynamik internationaler Märkte" zumindest im deutschsprachigen Raum für jeden Wissenschaftler, der sich mit dem Thema der „Globalisierung" befasst, instruktiv und sicherlich Teil der Pflichtlektüre. Besonders über die Anpassungsprozesse, die sich durch die zunehmende Eingliederung der industrialisierten Volkswirtschaften in den Handel mit „*emerging economies*" ergeben, lassen sich auch aus ordnungsökonomischer Sicht interessante Erkenntnisse ziehen. Bedauerlich ist allein, dass die Schlussfolgerungen einer Reihe von Beiträgen ordnungsökonomisch gesehen etwas amorph anmuten.

Literatur

De Grauwe, Paul (1997), Core-Periphery Relations, in EMU, in: Dieter, Duwendag (Hg.), *Finanzmärkte im Spannungsfeld von Globalisierung, Regulierung*, Berlin, S. 153-177.

Eucken, Walter (1954), *Kapitaltheoretische Untersuchungen*, 2. Auflage, Tübingen und Zürich.

Fehl, Ulrich (1989), Zu Walter Euckens kapitaltheoretischen Überlegungen, in: *ORDO*, Band 40, S. 71-83.

Herr, Hansjörg und Klaus Voy (1989), *Währungskonkurrenz und Deregulierung der Weltwirtschaft*, Marburg.

Krugman, Paul R. (1995), *Currencies and Crises*, Cambridge, Massachusetts.

Krüsselberg, Hans-Günter (1977), Die vermögenstheoretische Dimension in der Sozialpolitik – Ein Kooperationsfeld für Soziologie und Ökonomie, in: Christian von Ferber und Franz-Xaver Kaufmann (Hg.), *Soziologie und Sozialpolitik*, Köln, S. 232-259.

Lachmann, Ludwig M. (1956), *Capital and its Structure*, London.

Lachmann, Ludwig M. (1994), *Expectations and the Meaning of Institutions*, London und New York.

Leipold, Helmut (2005), Der Vergleich und der Wettbewerb der Wirtschaftssysteme vor globalen Herausforderungen, in: Helmut Leipold und Dirk Wentzel (Hg.), *Ordnungsökonomik als aktuelle Herausforderung*, Stuttgart, Verlag Lucius & Lucius, S. 3-30.

Preiser, Erich (1960), *Bildung und Verteilung des Volkseinkommens*, Göttingen.

Röpke, Wilhelm (1979), *Internationale Ordnung - heute*, 3. Auflage, Bern und Stuttgart.

Schüller, Alfred (2006), Saint-Simonismus als Integrationsmethode: Idee und Wirklichkeit – Lehren für die EU, in: *ORDO*, Band 57, S. 285-314.

Senti, Richard (2006), Argumente für und wider die Reziprozität in der WTO – Die Reziprozität als merkantilistisches Erbe in der geltenden Welthandelsordnung, in: *ORDO*, Band 57, S. 315-339.

Thieme, H. Jörg (2005), Geldpolitik in Euroland: Strukturbrüche oder Strategiefehler?, in: Leipold, Helmut und Dirk Wentzel (Hg.), *Ordnungsökonomik als aktuelle Herausforderung*, Stuttgart, S. 333-344.

Wentzel, Bettina (1999), Ordnungstheorie und Methodologie, in Peter Engelhard und Heiko Geue (Hg.), *Theorie der Ordnungen – Lehren für das 21. Jahrhundert*, Stuttgart, Verlag Lucius & Lucius, S. 31-62.

Milena Susanne Etges

Was hält eine Gesellschaft zusammen?
Eine kritische Betrachtung des gleichnamigen Buchs von Christoph Lütge[*]

Der Philosoph *Christoph Lütge* stellt in seiner Habilitationsschrift die Frage nach den normativen Grundlagen einer modernen Gesellschaft unter Globalisierungsbedingungen. „Was hält eine Gesellschaft zusammen?" lautet der programmatische Titel seines Werks und nimmt Bezug auf das Problem sozialer Ordnung. Explizit geht es ihm um die Bestimmung einer „Ethik im Zeitalter der Globalisierung", so der Untertitel des Buchs, und somit um die Frage, welche Fähigkeiten und Eigenschaften die Individuen aufweisen müssen, damit eine Gesellschaft stabil bleiben kann. Oder anders formuliert: Sind moralische Fähigkeiten bzw. Eigenschaften nötig oder reicht das Eigeninteresse der Akteure aus, um soziale Ordnung zu garantieren?

Bereits in seinem Vorwort nimmt *Lütge* die Antwort vorweg: Gesellschaftlicher Zusammenhalt ist allein durch das Eigeninteresse der Individuen stabilisierbar. Die entscheidenden Stellschrauben der gesellschaftlichen Steuerung sind in dieser Konzeption die institutionellen Regeln, welche durch Anreize und Sanktionen den homo oeconomicus zur Regelkonformität be-

---
[*] Christoph Lütge, *Was hält eine Gesellschaft zusammen? Ethik im Zeitalter der Globalisierung*, Verlag Mohr Siebeck, Tübingen 2007, 293 Seiten.

wegen können. Moralische bzw. normative Elemente, so *Lütge,* seien in komplexen, modernen Gesellschaften zum einen nicht mehr notwendig und zum anderen auch nicht mehr systematisch voraussetzbar.

Lütge entfaltet seine Argumentation in vier Kapiteln. Die Einleitung „Globalisierung als Herausforderung der Philosophie" (S. 1-24) nähert sich der Frage nach den normativen Grundlagen moderner Gesellschaften, indem das Phänomen der Globalisierung unter philosophischer Perspektive behandelt wird. Im zweiten Kapitel „Normativität unter Bedingungen der Globalisierung: Die Konzeption der Ordnungsethik" (S. 25-73) stellt *Lütge* den von ihm vertretenen ordnungsethischen Ansatz dar, um ihn dann in Abgrenzung zu individual- bzw. tugendethischen Ansätzen zu profilieren. Im Hauptteil der Arbeit, dem dritten Kapitel „Wie viel Normativität benötigt die moderne globale Gesellschaft? Ein Spektrum von Antworten" (S. 74-244), stellt der Autor acht verschiedene größtenteils philosophische, aber auch soziologische und ökonomische Ansätze vor, die ihre jeweils eigene Antwort auf die Leitfrage der normativen Voraussetzungen gesellschaftlicher Ordnung geben. *Lütge* zieht zu jedem Ansatz eine kritische Bilanz, versucht aber auch Aspekte zu finden, die er konstruktiv in seine Konzeption der Ordnungsethik zu integrieren sucht. Im vierten und letzten Kapitel „Konklusion: Normativität ex nihilo?" (S. 245-260) gibt der Autor eine Zusammenfassung des Hauptteils und eine eigene Antwort aus ordnungsethischer Perspektive auf die Leitfrage seiner Arbeit. Ein kurzer „Ausblick" (S. 261-262) über die zunehmende Bedeutung von Globalisierungsprozessen beschließt das Werk.

Beginnen wir mit der Einleitung und mit einem ersten Problem. Da *Lütge* die Frage des gesellschaftlichen Zusammenhalts explizit auf die globale Ebene rückt, versucht er zunächst, das Globalisierungsphänomen unter Bezugnahme auf die philosophischen Arbeiten von *Ottfried Höffe* und *John Rawls* zu spezifizieren. Die Definition dessen, was unter „Globalisierungsprozessen" zu verstehen ist, bleibt dabei mit dem Verweis auf *Höffes* (1999/2002, S. 13) Definition einer „Zunahme und Verdichtung der weltweiten sozialen Beziehungen mit weitreichenden Auswirkungen auf Gesellschaft, Wirtschaft, Politik und Kultur" (S. 2) äußerst vage. Die Differenziertheit dieser Beziehungen, Strukturen und Auswirkungen ist zugegebenermaßen schwierig zu analysieren, wäre aber zumindest zu präzisieren, wenn eine „Ethik im Zeitalter der Globalisierung" entwickelt werden soll. *Lütge* verzichtet jedoch auf eine sorgfältige Darstellung der globalen Prozesse und ist mehr um eine ausführliche Darstellung der Ansätze von *Höffe* und *Rawls* bemüht. *Höffes* „Weltbürger-Tugenden" und *Rawls* „Gerechtigkeitssinn" hält *Lütge* jedoch weder für notwendig, noch für realisierbar und stellt diesen im folgenden Kapitel seine Konzeption der Ordnungsethik gegenüber.

In Anlehnung an *Homann* skizziert *Lütge* seinen ordnungsethischen Ansatz: Dieser nimmt Bezug auf das Problem sozialer Ordnung, welches sich auf Akteursebene als Problem kollektiven Handelns bzw. als Problem antagonistischer Kooperation in Gefangenendilemma-Strukturen darstellt. Ausgehend von einem rational handelnden Akteurskonzept (homo oeconomicus) wird die Überwindung von Dilemmastrukturen über spezifische Anreizsysteme zum Anliegen der hier präsentierten Ordnungsethik. Betont wird dabei der situative und interaktive Charakter der Rahmenbedingungen, in denen das Handeln und somit auch die Kooperation stattfinden müssen. Die Beeinflussung der Rahmenbedingungen über anreizkompatible und sanktionsbewehrte Regelsysteme wird somit zum zentralen Steuerungsmechanismus moderner Gesellschaften. Eine solche „Bedingungsethik" (*Homann* 2002, S. 100) lehnt die Forderung eines – von *Lütge* so bezeichneten – moralischen Mehrwerts ab, welche normative Grundlagen eines gesellschaftlichen Zusammenhalts postuliert und von den Individuen moralische Fähigkeiten bzw. Eigenschaften notwendigerweise erwartet. Ordnungsethik wird somit als „Ethik der Vorteile und Anreize" (S. 36) von individualethischen, im Sinne von tugendethischen Ansätzen scharf abgegrenzt. Die Frage, „ob es in der Moderne noch sinnvoll ist, die Stabilität und das Funktionieren einer Gesellschaft an personale Voraussetzungen zu knüpfen, über die die Mitglieder dieser Gesellschaft verfügen müssen" (S. 26), wird somit aus ordnungsethischer Perspektive eindeutig verneint. In diesem – von *Lütge* skizzierten – Theoriegebäude wird normativen Elementen letztlich eine heuristische Funktion zugewiesen, wobei *Heuristik* hier als letztlich technologisches Hilfsmittel verstanden wird, welches zur Herstellung neuer Problemlösungsstrategien dient. Die moralischen Mehrwerte erhalten die Funktion eines Ideen-Fundus, der für eine Neugestaltung der Regeln genutzt werden kann. Als Steuerungsmechanismus bzw. gesellschaftsintegrierender Faktor bleiben sie jedoch additiv zu einem mit den Eigeninteressen der Akteure kompatiblem Regelwerk.

Im folgenden dritten Kapitel werden acht verschiedene philosophische und ökonomische Ansätze besprochen und mit der ordnungsethischen Konzeption kontrastiert. *Lütge* versucht dabei die moralischen Mehrwerte der Theorien von *Hösle, Foot, Habermas, Rawls, Rorty, Gauthier, Buchanan* und *Binmore* zu identifizieren und darauf hin zu untersuchen, ob sie für das Funktionieren moderner Gesellschaften als notwendig erachtet werden können. Angesichts der im Vorfeld klar formulierten Konzeption einer Ordnungsethik, überrascht es den Leser nicht, dass keiner dieser Ansätze dem kritischen, ordnungsethischen Blick des Autors standhält. Weder *Vittorio Hösle*, aktueller Vertreter und Befürworter einer anthropologischen Fundierung objektiv bestimmbarer Werte als Basis für einen gesellschaftlichen Zusammenhalt, noch die Tugendethik einer *Philippa Foot* können *Lütge* überzeugen. Ebenso wenig halten die Diskursethik von *Jürgen Habermas*, der Gerechtigkeitssinn von *John Rawls*, die Kooperations-Dispositionen von *David Gauthier* und die Solidaritätsgefühle von *Richard Rorty Lütges* kritischer Überprüfung stand. Alle hier formulierten „moralischen Mehrwerte" können aus ordnungsethischer Perspektive für die gesellschaftliche Stabilität nicht systematisch vorausgesetzt werden. Die von den oben genannten Autoren formulierten anthropologischen Fähigkeiten und Eigenschaften weist *Lütge* somit als „nicht tragfähig" zurück, gesteht ihnen bzw. den dahinter stehenden Intuitionen jedoch eine heuristische Funktion für die Weiterentwicklung und Veränderung der Regeln zu.

Die zwei letzten Ansätze, denen sich *Lütge* zuwendet, stammen von den Ökonomen *James M. Buchanan* und *Kenneth Binmore* und unterscheiden sich in ihrem stärkeren Fokus auf Anreizstrukturen und institutionellen Regeln von den vorausgehenden Theoretikern. Man würde erwarten, dass gerade *James Buchanan*, der als Begründer der konstitutionellen Ökonomik die Bedeutung von institutionellen Regeln und einer mit den Eigeninteressen der Akteure kompatiblen Regelgestaltung betont, den ordnungsethischen Gedanken *Lütges* nahekommt. Dieser bezieht sich in seiner Analyse jedoch nicht auf *Buchanans* Hauptargumente einer konstitutionellen Ökonomik, sondern auf Arbeiten, in denen *Buchanan* von einer Produktivität puritanischer Normen und Werte ausgeht, die gesellschaftlich zu fordern seien. Dies liefert *Lütge* wiederum eine Steilvorlage und dem Leser den wiederholten Hinweis, dass Moral als Steuerungsmechanismus ausgedient hat. Ob man damit *Buchanan* und seinem Werk gerecht wird, kann doch mit gutem Grund bezweifelt werden.

Die Auseinandersetzung mit *Kenneth Binmore* steht am Ende der Abhandlungen und insgeheim fragt man sich als Leser bereits, welcher moralische Mehrwert nun diesmal „entwertet" wird bzw. in welchen heuristischen „Lagerbestand" dieser umzuwandeln wäre. So ist man fast erleichtert, dass im Ansatz des Ökonomen und Spieltheoretikers *Binmore* nur die verhältnismäßig „anspruchslose" anthropologische Fähigkeit zur Empathie identifiziert werden kann. So ist dann auch *Lütge* hier in seinem Urteil milder gestimmt, da die Fähigkeit zu einem empathischen Hineinversetzen sich von den anderen „moralischen Mehrwerten" darin unterscheidet, dass sie nicht ausbeutbar ist. Im Gegensatz zu solidarischem Handeln, welches einen leicht zum Opfer von Ausbeutung werden lässt, ist die empathische Fähigkeit zunächst einmal „ungefährlich". Aus dem bloßen Hineinversetzen in den anderen folgt noch keine normative Handlungsverpflichtung, die den Interessen des homo oeconomicus entgegensteht. Auch *Lütge* will die Anlage zur Empathie nicht als „moralischen Mehrwert" im strengen Sinn verstanden wissen. Er kommt zu dem Schluss, dass *Binmores* Ansatz seiner ordnungsethischen Konzeption von allen besprochenen Theorien am Nächsten kommt und gesteht der Empathiefähigkeit die Rolle „als geeignetster Kandidat für eine akzeptable minimale personale Voraussetzung stabiler moderner Gesellschaften unter Globalisierungsbedingungen" (S. 244) zu. Dennoch erachtet er selbst diese nicht in jedem Fall als zwingend notwendig für den gesellschaftlichen Zusammenhalt und verweist auf – allerdings sehr hypothetische, da aus dem Science-Fiction-Bereich kommende – Beispielsituationen, in denen ein Hineinversetzen nicht nötig für eine gelungene Kooperation ist (S. 242 ff).

In seiner Konklusion (Kapitel vier) gibt *Lütge* noch einmal einen tabellarischen Überblick über die besprochenen Theorien und fasst seine (negativen) Ergebnisse zusammen. Für seine puristische Konstruktion der Ordnungsethik war keiner der Ansätze ein wirklicher Gewinn, da „moralische Mehrwerte" mit der Nullhypothese der Beschränkung auf das Eigeninteresse kaum vereinbar sind, was nicht weiter überraschen dürfte. Konstruktiv nutzen lassen sich die normativen Elemente bzw. die dahinter stehenden Intuitionen nach *Lütge* nur in der besprochenen Weise als Heuristik. Diese magere Ausbeute wirft die Frage auf, weshalb sich der Autor über fast zweihundert Seiten mit Theorien befasst, die teilweise aufgrund ihrer Problemstellung – was *Lütge* diesen auch zugesteht (S. 247 ff) – und/oder ihrer individual- bzw. tugendethischen Tendenzen nicht sinnvoll in einen ordnungsethischen Zusammenhang gebracht werden können.

Abschließend benennt der Autor drei minimale Voraussetzungen der Ordnungsethik, die im Gegensatz zu bestimmten Wertorientierungen von den Individuen „keine Durchbrechung der Logik der Vorteile und Anreize" (S. 254) verlangen. Es sind dies *Soziabilität, Kommunikationsfähigkeit* und *Investitionsfähigkeit*. Die Individuen müssen also „nur" Mitglieder einer Gesellschaft sein, miteinander kommunizieren können und neben der Maximierung des sofortigen Nutzens hin und wieder auch den langfristigen Nutzen im Blick haben, damit eine Gesellschaft stabil bleiben kann. Entscheidend ist die Ausgestaltung und Durchsetzung der institutionellen Regeln, welche sich an den Eigeninteressen der Individuen orientieren müssen. Gemeinsame Wertorientierungen können gerade in einer pluralisierten Gesellschaft unter Globalisierungsbedingungen für einen gesellschaftlichen Zusammenhalt nicht mehr notwendig vorausgesetzt werden. Neben einer anreizkompatiblen Regelsetzung komme somit auch einer Semantik große Bedeutung zu, welche die individuellen Vorteile der Regeln verständlich und prägnant kommuniziert.

Soweit die von *Lütge* entworfene ordnungsethische Konzeption. Diese knüpft implizit und explizit an die Arbeiten von *Karl Homann* an, dessen Verdienst es ist, herauszustellen, dass eine moderne Ethik sich an den Rahmenbedingungen des Handelns, d. h. den situativen Vorteils- und Anreizstrukturen orientieren muss. Appelle an die individuelle Handlungsmoral stellen keinen adäquaten Steuerungsmechanismus einer komplexen modernen Gesellschaft dar, denn „der systematische Ort der Moral in einer Marktwirtschaft ist die Rahmenordnung" (*Homann/Blome-Dress* 1992, S. 35). In diesem Punkt ist *Lütges* respektive *Homanns* Argumentation vollkommen zuzustimmen.

Lütges Argumentation besitzt jedoch zwei wesentliche Schwachstellen: Zum einen die Ausblendung *konflikthafter Strukturen*, zum anderen die ungeklärte Frage der *Normbegründung*. Die vorgestellte Konzeption der Ordnungsethik geht von einem ökonomischen Vorteilsbegriff aus und postuliert, dass eindeutige Pareto-Verbesserungen für alle Beteiligten realisierbar sind und für die Begründung einer Norm auch realisierbar sein müssen. Die Existenz konflikthafter Strukturen, in denen keine kollektiven Gewinne möglich sind, wird jedoch in einer Ordnungsethik im Gefolge *Homanns* ausgeblendet (vgl. hierzu *Goldschmidt* 2007). Das Gefangenendilemma wird als Grundmuster gesellschaftlicher Strukturen verstanden, aus dem es immer den Ausweg einer „win-win-Situation" geben soll. Diese Fokussierung übersieht die Verschiedenartigkeit strategischer Situationen und deren spezifische Lösungsmechanismen (*Esser* 2000). *Lütge* belässt es bei einem kurzen Blick auf die Spieltheorie, was abgesehen von der ungenauen Beschriftung einiger Spielmatrizen noch verzeihlich sein mag. Die Ausblendung von Konfliktstrukturen ist es nicht. Die praktizierte Lösung für konflikthafte Situationen heißt nicht selten Herrschaft und diese setzt qua ihrer Durchsetzungskraft Regeln, die nicht zwingend für alle von Vorteil sind bzw. Ungleichheiten in der Allokation von Ressourcen nach sich ziehen. Bezogen auf die Leitfrage dieses Buchs ist zumindest ein Teil der Antwort darin zu sehen, dass neben anderen integrierenden Mechanismen auch der Faktor Herrschaft für soziale Ordnung sorgt. Dass „geltende Werte" oftmals „herrschende Werte" (*Dahrendorf* 1974, S. 262) sind, ist zu berücksichtigen, wenn es darum geht, ethische Forderungen an die Spielregeln zu stellen. Die Vorstellung eines grundsätzlichen kollektiven Kooperationsgewinns darf nicht über bestehende Konflikte und Ungleichheiten hinwegtäuschen. Anderenfalls besteht die Gefahr, dass eine Vorteilssemantik, die mit Begriffen wie „Investieren", „wechselseitiges Eigeninteresse" oder „wechselseitige Vorteile" hantiert (S. 260), zu leeren Worthülsen verkommt.

Zum letzten Punkt, der Frage der *Normbegründung*: Ausgehend von der unstrittigen Einsicht, dass moderne Gesellschaften aufgrund ihrer Komplexität und Pluralität weder direkt über moralische Forderungen an die Individuen steuerbar noch über einen übergreifenden Wertekonsens integrierbar sind, beschränkt sich die ökonomische Ordnungsethik wie *Lütge* sie skizziert, auf Fragen der *Normenimplementation*. Fragen der *Normenbegründung* werden reduziert auf Fragen der Durchsetzbarkeit, denn „wohlbegründet" (S. 61) ist eine Norm nach dieser Auffassung dann, wenn sie durch anreizkompatible Regelsetzung systematisch implementierbar ist. Es bleibt ungeklärt, auf welchem Wege gesellschaftliche Prämissen gesetzt werden bzw. wer diese zu bestimmen hat. Die Bedeutung normativer Diskurse für die gesellschaftliche Bearbeitung zentraler Probleme bleibt unbeachtet. Gesellschaftliche Diskurse über normative Leitlinien, die häufig Verteilungskonflikte zum Thema haben und Prioritätsentscheidungen begleiten, sollten von einer modernen Ethik ernst genommen werden (vgl. auch *Goldschmidt* 2007). Die moralischen Mehrwerte, denen *Lütge* allenfalls ein Schattendasein als Heuristik zugesteht, werden oftmals zum eigenständigen Verhandlungs- und Diskussionsziel – auch weil mit ihnen konkrete Interessen verknüpft sind. Die Engführung einer „Ethik im Zeitalter der Globalisierung" auf die Umsetzung objektiv bestimmbarer anreizkompatibler Regelsysteme übersieht die Ambivalenz und Konflikthaftigkeit zahlreicher realer, historisch gewachsener und kulturell divergenter Strukturen und die tatsächliche Notwendigkeit normativer Diskurse.

Literatur

Dahrendorf, Ralf (1974), *Pfade aus Utopia: Arbeiten zur Theorie und Methode der Soziologie*. Gesammelte Abhandlungen I, München.

Esser, Hartmut (2000), *Soziologie: Spezielle Grundlagen*, Band 3: Soziales Handeln, Frankfurt a.M. / New York.

Goldschmidt, Nils (2007), Kann oder soll es Sektoren geben, die dem Markt entzogen werden, und gibt es in dieser Frage einen (unüberbrückbaren) Hiatus zwischen „sozialethischer' und „ökonomischer' Perspektive?, in: Detlef Aufderheide und Martin Dabrowski (Hg.), *Markt und Wettbewerb in der Sozialwirtschaft. Wirtschaftsethische und moralökonomische Perspektiven für den Pflegesektor*, Berlin, S. 53-81.

Höffe, Otfried (1999/2002), *Demokratie im Zeitalter der Globalisierung*, München

Homann, Karl und Franz Blome-Drees (1992), *Wirtschafts- und Unternehmensethik*, Göttingen.

Homann, Karl (2002), Vorteile und Anreize: zur Grundlegung einer Ethik der Zukunft, Tübingen.

Lothar Funk

Die Zukunft der Arbeit in Deutschland
Besprechung des vom Institut der deutschen Wirtschaft Köln herausgegebenen gleichnamigen Bandes[*]

Das Problem vergleichsweise hoher, dauerhafter struktureller Arbeitslosigkeit beherrscht trotz der Erfolge zwischen 2005 und Herbst 2008 an dieser Hauptfront der Wirtschaftspolitik nach wie vor die politische Debatte. Klare Hinweise der spürbaren Verbesserung sind: Ein er-

---

[*] Institut der deutschen Wirtschaft Köln (Hg.): Die Zukunft der Arbeit in Deutschlands. Megatrends, Reformbedarf und Handlungsoptionen, Deutscher Instituts-Verlag, Köln 2008, 342 Seiten.

heblicher Rückgang der registrierten Arbeitslosigkeit um mehr als 1,6 Millionen ist – auch unter Berücksichtigung aller fragwürdigen Versuche, Arbeitslosigkeit statistisch zu verstecken (z.B. durch Herausnahme von Teilen älterer Arbeitsloser und von in Ein-Euro-Jobs Beschäftigten aus der Statistik) – zweifellos ein Erfolg; auch wenn man die nicht bei der Arbeitsagentur gemeldeten Arbeitssuchenden („stille Reserve") mit einbezieht, lag 2007 bei sehr breiter Definition die Zahl von Menschen, die bei einem entsprechenden Arbeitsangebot nach eigenen Angaben arbeiten würden, mit 5,1 Millionen so niedrig wie seit 1992 nicht mehr. Mit 40 Millionen Erwerbstätigen im Jahre 2007 wurde der bisher höchste Beschäftigungsstand in Deutschland erreicht und mit 69,4 Prozent Erwerbstätigen in Prozent aller 15- bis 64-jährigen lag Deutschland 4 Prozentpunkte vor dem Durchschnitt der EU-27, allerdings noch immer deutlich niedriger als die Spitzenreiter (Dänemark = 77,1 %; Niederlande = 76,0); schließlich noch die Schaffung von 1,2 Millionen zusätzlichen sozialversicherungspflichtigen Stellen in den letzten drei Jahren sowie ein deutlicher Beschäftigungsaufbau auch in Bezug auf das in den letzten Aufschwüngen schwach reagierende Arbeitsvolumen (alle geleisteten Arbeitsstunden in der Volkswirtschaft) und ebenfalls bei Gruppen, die bislang zu den Benachteiligten am Arbeitsmarkt gehörten (Ältere, Geringqualifizierte, Langzeitarbeitslose und Frauen). All dies spricht für die erhöhte Anpassungsfähigkeit des deutschen Arbeitsmarktes.

Vor allem aus zwei Gründen stellt sich allerdings die Frage der Zukunftsfähigkeit dieser auf den ersten Blick rosigen jüngeren Arbeitsmarktperformanz. Einmal ergeben sich Fragezeichen angesichts der vorherigen gewaltigen Misere am (west-)deutschen Arbeitsmarkt, die sich seit der ersten Hälfte der 1970er Jahre trendmäßig verschlimmert hat: Trotz Aufschwüngen hat sich der Arbeitsmarkt in Deutschland aufgrund von Funktionsdefiziten bis in jüngerer Zeit als unfähig erwiesen, einen steigenden Sockel von Arbeitslosen zu verhindern. Zum anderen bleiben Unsicherheiten, da parallel zur statistisch belegten Verbesserung der Arbeitsmarktlage in der öffentlichen Debatte Irrtümer und Fehlinterpretationen zur Entwicklung am Arbeitsmarkt kursieren und möglicherweise sogar bewusst lanciert werden. Dies erfolgt in der Regel unter dem Vorwand, mehr „soziale Gerechtigkeit" schaffen zu wollen und verfolgt den Zweck, wesentliche Kanäle, die nachweislich die Anpassungsfähigkeit des Arbeitsmarktes verbessert haben und folglich wesentliche Voraussetzung der aktuell verbesserten Beschäftigungslage sind, wieder zuzuschütten. Das Motto dieser Gegenkampagne zu der den deutschen Arbeitsmarkt- und Sozialreformen zugrunde liegenden Strategie, die sehr vereinfacht der Idee „Sozial ist, was Arbeit schafft" folgt, zeigt sich beispielhaft an den Plakaten des Deutschen Gewerkschaftsbunds zum 1. Mai 2008 mit der Aufschrift „Nur gute Arbeit ist sozial."

Verzichtet man auf die überspitzten Formulierungen der Slogans und übersetzt sie in ökonomischen Fachsprache, so zielt die marktwirtschaftskonforme, beschäftigungsförderliche Richtung darauf ab, auch arbeitsmarktfernen Gruppen, den Outsidern, Chancen am Arbeitsmarkt zu schaffen, selbst wenn dies in Teilen oder zumindest kurzfristig zu Lasten der Insider, also der Arbeitsplatzbesitzer, geht. Denn gerade am wirksamen Outsiderwettbewerb hat es insbesondere durch den über vergleichsweise hohe Arbeitsmarkt- und Gütermarktregulierungen abgesicherten Schutz der Insiderinteressen lange Zeit in Deutschland gemangelt. Dies zeigen auch die stilisierten Fakten der Arbeitsmarktentwicklung in Deutschland, die sich sehr gut z.B. mit Insider-Outsider-Theorien des Arbeitsmarktes und deren Erweiterungen erklären lassen.

Die vor allem gewerkschaftlich dominierte und auch durch Forderungen der Linkspartei getriebene Gegenrichtung betont hingegen die Kehrseite der steigenden Beschäftigungszahlen im jüngsten Aufschwung in Form von kaum steigenden Gehältern, einem Zuwachs des Niedriglohnsektors sowie einer Zunahme der Ungleichverteilung der Markteinkommen. Die Protagonisten dieser Richtung dominieren aktuell (wieder) die öffentliche Diskussion und plädieren dafür, sich angesichts des aus der Perspektive vor allem der Arbeitsplatzbesitzer und auch nicht weniger zuvor arbeitsloser Wiederbeschäftigter enttäuschenden Aufschwungs (Stichworte: u.a. Bedeutungszunahme der Leiharbeit und von Vollzeitjobs, von denen Beschäftigte nicht leben können) nun wieder verstärkt um die Insider zu kümmern. Diese Verfechter kräftiger Lohnerhöhungen zur Kaufkraftsteigerung und zur Stärkung des volkswirtschaftlichen Konsums sowie von interventionistischen Eingriffen zugunsten der aktuellen Arbeitsplatzbesitzer scheinen entweder davon auszugehen, dass dies sowohl den derzeit Beschäftigten als auch den verbleibenden Outsidern letztlich nützt. Oder die Insider nehmen die durch weite Teile der Theorie und der historischen und Länder vergleichenden Empirie belegten Nachteile der geforderten Maßnahmen für Teile der Insider und die Outsider des Arbeitsmarktes billigend in Kauf. Dass die interventionistischen Forderungen trotz der wissenschaftlichen Einwände einer Vielzahl von Volkswirten und von der großen der Mehrzahl der führenden ökonomischen Forschungsinstitute nicht selten Unterstützung in den Parteien finden, lässt sich leicht polit-ökonomisch erklären. Denn die Insider des Arbeitsmarktes stellen zusammen mit ihren Angehörigen aus politischer Sicht noch die Mehrheit der Wähler und halten angesichts der in einem Aufschwung verbesserten Arbeitsmarktlage ihren jeweiligen Arbeitsplatz auch nur für bedingt oder gar nicht bedroht, so dass die politischen Parteien auch angesichts der Komplexität der zugrunde liegenden ökonomischen Zusammenhänge und der rationalen Uninformiertheit vieler Wähler tendenziell diese Forderungen aufgreifen (müssen), um wahlpolitisch erfolgreich zu bleiben oder zu werden.

Dennoch, bzw. gerade im Angesicht der beschriebenen Konstellation und politisch äußerst relevanten und brisanten Kontroverse lohnt es sich, die zugrunde liegenden Arbeitsmarktzusammenhänge genauer zu erfassen und in geeigneter Form den interessierten Bürgern, Multiplikatoren und Studierenden zugänglich zu machen. Dies ist explizites Ziel des hier betrachteten Sammelbandes unter Federführung des Leiters der Wissenschaftsabteilung Bildungs- und Arbeitsmarktpolitik am Institut der deutschen Wirtschaft Köln (IW), *Hans-Peter Klös*, der bewusst die Arbeitsmarktanalyse nicht auf den Aspekt der Arbeitslosigkeit verengt, wie dies häufig geschieht. Der Bogen wird vielmehr und völlig der Thematik angemessen deutlich weiter gespannt, indem insbesondere die aktuell besonders wichtigen Anlässe und verursachenden Faktoren für steigende Arbeitslosigkeit und geänderte Beschäftigungsformen herausgearbeitet werden und indem die enge Verzahnung von Arbeitsmarkt- und Bildungspolitik für erfolgreiche Beschäftigungs- und Wachstumsperformance belegt wird.

Der innovative Kopf des bildungs- und arbeitsmarkpolitischen Ressorts am IW selbst hat unbeirrt von teilweise propagierten makroökonomischen Bekämpfungsversuchen bereits sehr früh in der deutschen Debatte auf die Möglichkeit und das Erfordernis verwiesen, den treppenförmigen Anstieg der dauerhaft hohen Arbeitslosigkeit in Deutschland letztlich mikroökonomisch zu erklären und durch Maßnahmen zu bekämpfen, die vor allem an mikroökonomischen Kalkülen der Wirtschaftsakteure ansetzen (vgl. *Klös* 1990). Er war zudem einer der Pioniere bei der Forderung nach einem Ausbau des Niedriglohnsektors und von „in-work"-benefits auf einem weniger regulierten Arbeitsmarkt in Deutschland – Maßnahmen, die nach einer langen Zeit des „Durchwurstelns" nun nach ihrer Einführung, wie oben beschrieben, mittlerweile deutliche Früchte tragen und eine erhebliche Reformdividende mit sich bringen.

Bereits vor sieben Jahren hat er die Rolle der Megatrends für die Entwicklungen am Arbeitsmarkt systematisch und im Zusammenspiel thematisiert (vgl. *Klös* 2001), die andere vereinzelt analysiert (vgl. beispielsweise *Funk/Knappe* 1997) bzw. deren Wirkungen auf die Arbeitsbeziehungen in Deutschland herausgearbeitet haben (vgl. z.B. *Funk* 2007). Die „Krönung" dieses langjährigen Forschungsprogramms ist der hier vorliegende Band, den der IW-Abteilungsleiter mit 11 Expertinnen und Experten des Kölner Instituts erarbeitet hat. Er gliedert sich in 4 Kapitel mit 13 längeren Unterabschnitten und greift dringliche arbeitsmarkrelevante Themen auf, deren empirischer und theoretischer Hintergrund auf dem aktuellen Forschungsstand beruhen und dennoch – anders als vielfach in ähnlichen Werken – in sehr verständlicher Sprache dargelegt werden.

Ausgangspunkt der Analyse sind dabei folgende Erkenntnisse: Bis 2005 hatte sich der deutsche Arbeitsmarkt als unfähig erwiesen, den Arbeitsmarkt betreffende Umwälzungen durch wirtschaftliche und gesellschaftliche Datenänderungen beschäftigungs- und wachstumsfreundlich und ohne mittelfristige Erhöhung der Arbeitslosigkeit zu verarbeiten. Wirtschaftliche Megatrends wie die Globalisierung, der Wandel zur Dienstleistungsgesellschaft, Tendenzen zu individualisierteren Verhaltensweisen (z.B. Abkehr von Einverdienerfamilie, Wunsch nach mehr Zeitsouveränität und vergrößerte Nachfrage nach Teilzeittätigkeiten etc.) und die Alterung von Bevölkerung und Belegschaften, die die meisten Industrieländer betreffen, haben die Anpassungsfähigkeit von Institutionen des Arbeitsmarktes und des Bildungssystems herausgefordert. Deutschland war es, anders als vielen anderen Ländern, bis zur Mitte des Jahrzehnts nicht gelungen, diese Herausforderungen ähnlich gut wie zahlreiche andere Staaten zu meistern. Auch die besondere Herausforderung hierzulande durch die Wiedervereinigung kann allein das Hinterherhinken Deutschlands im Vergleich zu anderen Ländern auch Europas – wie beispielsweise Großbritannien, Dänemark oder Niederlande – keineswegs vollständig erklären. Hierzu ist ein Ansatz erforderlich, der weit umfassender und gründlicher die Zusammenhänge erfasst – so wie es im Band des IW-Expertenteams systematisch geschieht.

Verfolgt man einen solchen Ansatz, so zeigen sich auch die jüngeren Arbeitsmarktergebnisse Deutschlands als hiermit theorie- und empiriekonform. Hiernach haben strategisch eingesetzte Reformen am Arbeitsmarkt, eine maßvolle Lohnpolitik, Restrukturierungsmaßnahmen der Unternehmen und eine gute Konjunktur zu einem spürbaren Abbau der Arbeitslosigkeit und einer deutlichen gesamtwirtschaftlichen Beschäftigungssteigerung geführt. Der jüngste Aufschwung hat insofern eine gesamtwirtschaftlich wichtige Reformdividende mit sich gebracht, als es erstmals seit 30 Jahren gelungen ist, die Arbeitslosigkeit deutlicher zu senken, als sie im Abschwung zuvor zugenommen hatte – vorher stieg seit 1970 die Arbeitslosenzahl etwa in Westdeutschland seit 1970 in jedem Konjunkturzyklus um rund 800.000 Personen. Dass es sich hierbei nicht allein um ein konjunkturelles Phänomen handelt, zeigt sich daran, dass sich der Arbeitsmarkt in der Hochkonjunktur schneller und deutlicher im Hinblick auf viele oben genannten Mengenindikatoren erholt hat als in früheren Aufschwungphasen.

Die im Vergleich zu ähnlichen vorherigen Aufschwüngen höhere Beschäftigungsintensität des Wirtschaftswachstums seit 2006 weist darauf hin, dass die Lohnzurückhaltung und die Flexibilisierung am Arbeitsmarkt sowie im Sozialbereich zum nachhaltigen Beschäftigungsaufbau sowie zum Abbau von struktureller Arbeitslosigkeit, die durch eine bessere Konjunktur nicht nachhaltig beseitigt werden kann und bei der IW-Analyse daher im Vordergrund steht (vgl. zu konjunktureller Arbeitslosigkeit *Funk/Voggenreiter/Wesselmann* 2008), beigetragen haben. Hintergrund waren vor allem die weniger generöse Arbeitslosenunterstützung, Deregulierungen bei der Zeit- und Leiharbeit sowie die bundesweite Einführung von Zuschüssen an Niedriglohnempfänger im Zuge der von Bundeskanzler Gerhard Schröder 2003 eingeleiteten Reformen der „Agenda 2010". Dies hat im Zusammenspiel mit den Internationalisierungs- und Rationalisierungsbestrebungen der Unternehmen, was beides auch Treiber zurückhaltender Lohnforderungen waren, die Arbeitsbereitschaft deutlich gefördert und die Arbeitslosenstatistik auch durch das auf Deutschland ausstrahlende kräftige Wachstum der Weltwirtschaft erheblich entlastet.

In Kapitel 1, das systematisch die wirtschaftlichen Megatrends in Gesellschaft und Unternehmen kurz beleuchtet sowie die Entwicklungslinien und stilisierten Fakten des deutschen Arbeitsmarktes im Spiegel dieser Trends vorstellt, geht es um einen Problemaufriss und ersten Problembefund. Letzterer zeigt, dass von einer „strukturellen Fitness des deutschen Arbeitsmarktes...noch nicht gesprochen werden" kann (S. 19). Zudem erfolgt ein grundlegender Einblick in die Zusammenschau der einzelnen Aspekte moderner Erwerbsarbeit aus ökonomischer Sicht. Im Anschluss wird das Ziel der Studie beschrieben, auf der Basis der herausgearbeiteten Erkenntnisse, im Schlusskapitel ein arbeitsmarktökonomisches Leitbild und Handlungsempfehlungen zur Förderung und Entwicklung des Arbeitskräftepotentials in Deutschland zu entwerfen, bei denen es darum geht, die Zukunftsfähigkeit der menschlichen Arbeit als Wachstumsfaktor auch angesichts geänderter Herausforderungen sicherzustellen. Dabei soll der dauerhaft hiermit verbundene Ertrag letztlich allen zugute kommen. Die derzeit existierenden Akzeptanzdefizite gegenüber Markt stärkenden Reformen, die von den Insidern deutlich spürbare Anpassungsleistungen für spätere potenzielle individuelle Vorteile erfordern, verdeutlichen jedoch die wahrscheinlichen Schwierigkeiten bei der politischen Umsetzung solcher Maßnahmen. Denn wie oben gesehen, hat der Verteilungskampf gerade während des Endes der aktuellen Aufschwungphase wieder deutlich an Schärfe zugenommen.

Die öffentliche Debatte könnte an Sachlichkeit gewinnen, wenn sich die Befürworter neuer vermeintlich „sozialer" staatlicher Eingriffe – etwa die Einführung flächendeckender, beschäftigungsschädlicher Mindestlöhne, Reregulierung von Beschäftigungsformen außerhalb so genannter Normalarbeitszeit (Zeitarbeit, Leiharbeit, Teilzeit etc.) oder Rücknahme von Teilen der Hartz-IV-Reformen, die den Anreiz zur Arbeitsaufnahme im Vergleich zu früher erhöhen – den glasklaren Befund zum deutschen Arbeitsmarkt des ersten Kapitels vorurteilslos verdeutlichen würden. Hiernach sind die im Vergleich zu 1991 im Jahr 2005 gestiegenen Niedrigeinkommensquoten, die zunehmende Lohnspreizung zwischen hohen und geringen Einkommen, die verstärkte Ungleichverteilung der Haushaltsmarkteinkommen in erster Linie Spätfolgen der lange Zeit institutionell verhärteten, hohen Arbeitslosigkeit in Deutschland, die zur Dequalifikation von Langzeitarbeitslosen beitrug, sowie die Folge einer auch für andere Industrieländer charakteristischen strukturwandelbedingten Verschlechterung der relativen Arbeitsmarktsituation für Geringqualifizierte. Beide Einflussfaktoren bewirken eine stärkere Differenzierung der Arbeitseinkommen, wenn politisch die Reservationslöhne gesenkt werden und gleichzeitig die Hochqualifizierten relativ zur Nachfrage knapp sind, wie es bis zum aktuellen Rand der Fall gewesen ist. Dies hat naturgemäß Effekte sowohl auf die personelle wie auf die funktionelle Einkommensverteilung, die aus der Perspektive wenig anpassungsfähiger oder anpassungsbereiter Erwerbstätiger nachteilig erscheinen.

Gefragt ist allerdings in dieser Situation keine defensive protektionistische bzw. interventionistische Strategie, die mittelfristig die Probleme eher verschärft, sondern eine nüchterne Diagnose mit ebenso nüchternen Therapievorschlägen, wie sie in der wissenschaftlichen Analyse des IW erfolgt. Wenn Deutschland vor dem Wirksamwerden der beschäftigungsfreundlichen Reformen weltweit einen der höchsten Anteile an Langzeitarbeitslosigkeit und einen der niedrigsten Beschäftigungsquoten von Geringqualifizierten hatte, so stellt sich dem Ökonomen sofort die Frage, wie die von Verfechtern „guter Arbeit" unter anderem geforderte Verteuerung dieser Problemgruppen für die Arbeitgeber und eventuelle Verschlechterungen der Arbeitsanreize der Betroffenen (z.B. durch verlängerte Bezugsmöglichkeiten von Arbeitslosengeld) zu einer erhöhten Beschäftigung dieser Problemgruppen des Arbeitsmarktes führen sollten. Sozialpolitisch darf zudem nicht vergessen werden, dass im Gegensatz zu den Haushaltmarkteinkommen bei den Nettoeinkommen der Haushalte nach Abschluss der Umverteilungsprozesse die Zunahme der Ungleichheit wesentlich geringer ausgefallen ist, was mit einer bis vor kurzem deutlichen Zunahme der Transferempfängerquoten und einer zunehmenden Bedeutung des Einkommensanteils aus staatlichen Transfers verbunden war.

Kapitel 2 beschäftigt sich dann in 6 Teilkapiteln entlang der zuvor entwickelten Systematik im Einzelnen mit Theorie und Empirie der Megatrends, wobei sich jedem Unterkapitel sehr leserfreundlich noch einmal die Zusammenfassung der zentralen Ergebnisse anschließt. Sehr kurz gefasst zeigen sich die folgenden zentralen Befunde zu den großen Entwicklungstreibern für Wirtschaft und Gesellschaft, die zudem „ineinandergreifen und in der Summe unaufhaltsam sind" (S. 7): Als Folge der Vervierfachung des weltweiten Angebots an häufig gering qualifizierten Arbeitskräften bei trendmäßig offeneren Grenzen müssen als Folge der Globalisierung insbesondere Geringqualifizierte hierzulande – zumindest relativ gesehen – geringere Marktlöhne akzeptieren und verlieren Beschäftigungsmöglichkeiten. Die gestiegene Bedeutung der Dienstleistungsproduktion im Rahmen der Tertiarisierung vermindert vor allem die Nachfrage nach einfacher (Industrie-)Arbeit, so dass Geringqualifizierte insgesamt nur schwer eine neue Beschäftigung finden, wenn sie in der Industrie ihre Arbeit verloren haben. Die zunehmende Bedeutung von Informations- und Kommunikationstechnologien im Zuge der Informatisierung von Wirtschaft und Gesellschaft verändert die Beschäftigungsstruktur zugunsten hoch qualifizierter Arbeitnehmer und ermöglicht eine flexiblere Arbeitsorganisation und Produktion – gleichzeitig erfordert sie das aber auch bei allen Beteiligten, wenn man im Wettbewerb mithalten will. Bis zum Jahr 2050 könnte die Bevölkerung in Deutschland als Folge demographischer Änderungen deutlich – um mehr als 10 Millionen – schrumpfen, die Altersstrukturen in den Betrieben schieben sich fühlbar nach oben und die Betriebe könnten mit erheblichen qualifikatorischen Engpässen konfrontiert werden, die auch bei Forschung und Entwicklung negativ zu Buche schlagen könnten. Zudem könnten die Lohnnebenkosten deutlich steigen und negative Arbeitsmarkteffekten zur Folge haben, weil weniger Beitragszahler für die zumindest relativ gestiegene Zahl an Nichterwerbspersonen aufkommen müssen. Schließlich hat angesichts zunehmender Individualisierungstendenzen der normale Vollzeitarbeitsplatz relativ zu unbefristeten Teilzeitstellen und geringfügiger Beschäftigung an Bedeutung verloren – auch wenn die Empirie nicht dafür spricht, dass diese atypischen Beschäftigungsformen die Vollzeitarbeit künftig verdrängen werden. Eher führen atypische Beschäftigungen später zur Aufnahme einer Vollzeitarbeit und dienen sozusagen als Sprungbrett, so der empirische Befund des IW.

Fasst man vereinfacht den Gesamteffekt der Megatrends auf die volkswirtschaftliche Beschäftigung zusammen, die im Buch anhand verschiedener gut verständlich dargestellter grafischer Modelle des Arbeitsmarktes abgeleitet werden, so zeigt sich insbesondere Folgendes: Sie führen angesichts einer geänderten Struktur und erhöhten Elastizität der Arbeitsnachfrage zu einem vergrößerten Differenzierungsbedarf bei der Gestaltung der Arbeitsbedingungen. Wird dies missachtet, indem die Löhne unflexibel reagieren und Arbeitsmarktregulierungen etwa in Form von Bestandsschutzregelungen die Anpassungsflexibilität blockieren, entsteht Arbeitslosigkeit und läuft in der Folge Gefahr, dauerhaft zu werden. Bereits bekannte Befunde werden bestätigt, dass ein sich durch demografischen Wandel verknappendes Arbeitskräftepotential nicht zwingend auch zu einer verringerten gesamtwirtschaftlichen Arbeitslosigkeit führen muss. Summa summarum ist also festzustellen, dass trotz der zuletzt günstigen Arbeitsmarktentwicklung gravierende Probleme noch ungelöst bleiben und durch die Megatrends eher verschärft werden. Geringqualifizierte werden künftig eher noch schwerer als bisher eine Stelle finden, und auch die Langzeitarbeitslosigkeit dürfte hoch bleiben, wenn inadäquat reformiert wird und beschäftigungsstärkende Elemente der Agenda 2010 noch weiter demontiert werden.

Zentral ist auch folgendes Ergebnis, das einerseits wirtschaftspolitische Ansatzpunkte impliziert und andererseits auch noch vorhandene künftige Unsicherheiten herausarbeitet: „Die Erhöhung der Erwerbsbeteiligung durch die bessere Integration von Frauen in die Vollzeitbeschäftigung und die stärkere Einbindung von Randbelegschaften (insbesondere Migranten) in den Arbeitsmarkt kann dem Arbeitskräfterückgang entgegenwirken. Offen bleibt, inwieweit sich der Prozess kollektiver Lohnverhandlungen und damit auch das resultierende Niveau an Arbeitslosigkeit an eine veränderte Menge und Struktur des Arbeitsangebots anpassen wird" (S. 195).

Fünf Teilkapitel zu den hier angesprochenen Aspekten analysieren an der Schnittstelle von einer gelungenen Verbindung von Theorie, Empirie und Maßnahmenempfehlungen unter der Gesamtüberschrift „Reformoptionen für Arbeit und Humanvermögen in Deutschland" die Wechselwirkungen der Megatrends mit Regulierungsmaßnahmen, Zuwanderung, Sozialstaat, Bildung und Familie sowie den deutschen Institutionen der Arbeitsbeziehungen und akzentuieren die eben genannten generellen Befunde zum Zusammenhang zwischen den Entwicklungstreibern der Wirtschaft und Beschäftigung noch. Herausgegriffen sei hier beispielhaft nur ein Ergebnis zum Bereich industrieller Arbeitsbeziehungen, wozu es heißt: „Der nachlassende Bindungsgrad von Branchentarifverträgen ist ein Indiz dafür, dass Flächentarifverträge den Differenzierungsanforderungen der Megatrends und den Bedürfnissen von Unternehmen in einem volatilen Umfeld noch nicht entsprechen. Vielerorts haben die Tarifparteien daher mit Öffnungsklauseln den Weg für abweichende Regelungen auf betrieblicher Ebene geebnet" (S. 313). Unbestritten besteht hier daher aus ökonomischer Sicht noch weiterer Reformbedarf, der auch hier eingefordert wird (z.B. gesetzliche Klarstellung des Günstigkeitsprinzips zur rechtlichen Absicherung von betrieblichen Abweichungen, Befristung der Nachwirkung von Tarifverträgen). Gleichzeitig steht aber das bisweilen im Rahmen der Evolution von Tarifverhandlungen prognostizierte oder ordnungspolitisch manchmal geforderte „Ende der Flächentarifverträge" im Einklang mit den aktuellen empirischen Befunden nicht auf der Agenda: „Insgesamt gesehen deuten weder theoretische Überlegungen noch empirische Untersuchungen ... über die ökonomischen Auswirkungen unterschiedlicher Tarifverhandlungssysteme darauf hin, dass eine generelle Verlagerung der Tarifverhandlungen in Deutschland auf die Betriebsebene in jedem Fall von Vorteil sein dürfte" (*Schnabel* 2008, S. 291).

Die Analyse dieser Megatrends und ihrer Wechselwirkungen mit staatlichen Eingriffen und Institutionen mündet nach den höchst instruktiven vorherigen Kapiteln in der überzeugenden wirtschaftspolitischen Schlussfolgerung, dass eine ursachengerechte Therapie unabdingbar ist. Die derzeit häufige Forderung von Kritikern marktkonformer Lösungen nach Forcierung von Symptom kurierenden Maßnahmen zur Beseitigung einer zunehmenden Zahl von schlecht bezahlten Beschäftigungsverhältnissen etwa durch das Vorschreiben gesetzlicher Mindestlöhne übersieht, dass dies zwar einige akute Einkommensprobleme von bereits in Armut lebenden Personen einigermaßen lindert. Dies kann aber die zugrunde liegenden Ursachen nicht beseitigen. Mittelfristig vergrößern sich die Probleme sogar, da Löhne, die von der jeweiligen Arbeitsproduktivität nicht gedeckt werden, zum Abbau der betreffenden Arbeitsplätze und daraus resultierender Arbeitslosigkeit führen. Zudem vermindern über dem Gleichgewichtslohn der betreffenden Arbeitnehmergruppe liegende Mindestlöhne die Anreize, in Humankapital zu investieren, um sich so gegen die Unwägbarkeiten des Strukturwandels quasi zu „versichern". Sie stellen daher eindeutig den falschen Weg zur Beseitigung der weiterhin ungelösten Probleme am deutschen Arbeitsmarkt dar.

Das Übel drohender Armut als Folge von mangelnder oder falscher Qualifikation und Motivation sowie daraus resultierender Arbeitslosigkeit muss stattdessen bei der Wurzel gepackt werden. Die Antwort heißt daher nicht, wie die in Schieflage befindliche öffentliche Debatte allzu oft fordert, in erster Linie mehr Umverteilung, sondern „mehr Teilhabe", um es einmal im politischen Jargon auszudrücken. Praxisnah ausgedrückt: Der Kuchen des Bruttonationaleinkommens muss größer werden, und die Rahmenbedingungen sind so zu setzen, dass mehr Menschen „beim Backen" beteiligt werden. Der Vergleich zu beschäftigungs- und wachstumspolitisch erfolgreicheren anderen Ländern zeigt, dass in Deutschland noch zu viele Menschen nicht oder nur unzureichend im Erwerbsleben integriert sind und zu viele Menschen erhebliche, lang währende Lücken in ihren Erwerbsbiographien aufweisen. Die Folge hiervon ist eine Segmentierung des Arbeitsmarktes, die nicht nur mit einer Erosion der funktionalen Einkommensverteilung zu Lasten der Arbeitnehmereinkommen verbunden ist, sondern auch mit einer Verdienstspreizung zu Ungunsten der Mitte und zugunsten der hohen Einkommen einher geht.

Die Überwindung derartiger Segmentationstendenzen dürfte nur gelingen, wenn der deutsche Arbeitsmarkt durchlässiger wird und dies durch eine Bildungs- und Qualifizierungsoffensive konsequent umgesetzt wird. Noch immer ist die Trennung zwischen Insidern mit relativ geschützten und sozial gut abgesicherten Arbeitsplätzen und Outsidern, denen dies verwehrt wird, in Deutschland auffälliger als in vielen anderen Staaten. Daher greift auch die oft wohlfeile Kritik über einen wachsenden Niedriglohnsektor tendenziell zu kurz, wenn auf funktionsfähigen Arbeitsmärkten die niedrigen Markteinkommen durch staatliche Transfers in Form von Kombieinkommen ergänzt werden und dies nicht zu einer Langfristfalle für die Betroffenen wird. Letzteres ist in Deutschland wegen der nur kurzfristigen Inanspruchnahme bislang bei der großen Mehrzahl der Betroffenen gerade nicht der Fall. Problematisch ist es allerdings, wenn zu viele Geringverdiener zu lange für den Übergang in besser bezahlte Stellen brauchen oder ihn auch bei ähnlicher Produktivität wie die Besserverdienenden nicht schaffen, weil die Übergänge vor allem künstlich blockiert sind.

Die Ziel führenden Maßnahmen müssen in dieser Lage, für die die Indizien am deutschen Arbeitsmarkt ziemlich eindeutig sprechen, doppelt ansetzen. Mehr Arbeitsmarktflexibilität und verbesserte Bildung und Qualifizierung sind parallel anzusteuern. Vor allem die Politik muss durch Schaffung adäquater Rahmenbedingungen dazu beitragen, Hemmnisse zu beseitigen, die das Einstellungsverhalten von Unternehmen negativ beeinträchtigen. Da das Risiko der Arbeitslosigkeit für Menschen ohne Ausbildung annähernd drei Mal so hoch ist wie für Ausgebildete, besteht ebenfalls Bedarf, die Bildungs- und Qualifikationssysteme sowie die Anreize für mehr Bildung deutlich zu verbessern. Hiermit ließen sich sogar bestenfalls „mehrere Fliegen mit einer Klappe schlagen": „Durch die Verbesserung der Bildungsergebnisse würden Produktivität und

Beschäftigungschancen gesteigert und – im Falle einer gleichmäßigeren Verteilung – Einkommensungleichheiten verringert" (*OECD* 2008, S. 15).

Diese Grundstrategie, die viele Ökonomen der Richtung nach favorisieren, operationalisiert *Hans-Peter Klös* (und sein Expertenteam) in dem aus der Diagnose abgeleiteten arbeitsmarktökonomischen Leitbild. Es setzt durchgängig auf eine duale Strategie mit einer klaren Grundsatzentscheidung zugunsten von jeder Form von bezahlter Erwerbstätigkeit (work first), die als Einstieg in den Arbeitsmarkt und damit möglicher Aufwärtsmobilität im Vergleich zum Bezug von Transferleistungen prinzipiell bevorzugt wird. „Um den Einstieg in den Arbeitsmarkt zu erleichtern und den Erfolg auch längerfristig zu sichern, muss die Bildung und Nutzung von Humankapital gestärkt werden. In einer Gesellschaft ohne Bevölkerungswachstum kann die Wirtschaftsleistung und deren angemessene Verteilung nur dann gesteigert beziehungsweise gesichert werden, wenn jeder Erwerbstätige mehr zu leisten in der Lage ist. Weiteres Wachstum setzt daher den quantitativ wie qualitativ steigenden Einsatz von Humankapital voraus" (S. 8). Im Gegensatz zur EU-Kommission und nicht weniger nationaler EU-Regierungen, die das dänische Modell der Flexicurity einer gestärkten Beschäftigungs- bei verringerter Arbeitsplatzsicherheit und per Saldo etwas erhöhter Flexibilität favorisieren, sieht das IW hierin keine Patentlösung (vgl. S. 199 sowie zur umfassenden Kritik *Funk* 2008). Das IW setzt stattdessen auf eine Zwei-Säulen-Strategie, die zum einen auf eine umfassendere Erwerbsintegration über flexiblere Arbeitsmärkte und bessere Anreize zur Annahme einer Arbeit durch eine bedürftigkeitsgeprüfte negative Einkommensteuer setzt, die geringe Erwerbseinkommen mit Steuergeldern aufstockt. Um den Arbeitsmarkt flexibler zu gestalten, wäre unter anderem eine Abfindungslösung gegenüber der jetzigen Regelung des Kündigungsschutzes zu bevorzugen. Zum anderen beinhaltet der Ansatz eine Anhebung des Bildungsniveaus durch Humankapitalintensivierung nach dem doppelten Grundsatz „Beschäftigung durch Bildung" und „Bildung durch Beschäftigung" (Eduployment). Flankiert wird dies unter anderem durch eine verstärkte frühkindliche Bildung, eine Weiterentwicklung der Berufsausbildung sowie mehr Wettbewerb und Freiheit im Hochschulwesen. Gesetzliche Mindestlöhne und ein bedingungsloses Grundeinkommen sind aus IW-Perspektive hingegen kontraproduktiv, da sie vor allem die Beschäftigungssituation der Geringqualifizierten und Langzeitarbeitslosen verschärfen, die durch die Megatrends zunehmend in Bedrängnis geraten und bei verstärkten Regulierungen noch weniger Integrationschancen hätten.

Auch wenn der eine oder andere Aspekt bei Diagnose oder Therapie anders gesehen werden mag, so dürfte eine derartige Doppelstrategie, die auf einer breit angelegten und gekonnt durchgeführten arbeitsmarktökonomischen Analyse beruht, doch die prinzipielle Zustimmung vieler Volkswirte in Deutschland und auch in Teilen der Politik finden – selbst wenn die politische Durchsetzbarkeit wegen möglicherweise recht geringer Kurzfristerfolge bei der längerfristig angelegten Bildungsstrategie sicherlich alles andere als einfach sein dürfte. Als Fazit bleibt demnach festzuhalten: Das Buch ist ein großer Wurf, das in Konzeption, Aktualität und gelungener Ausarbeitung der Einzelkapitel etwas Ebenbürtiges in der deutschsprachigen Literatur zur Arbeitsmarktökonomie nicht hat. Möge es große Verbreitung an Hochschulen, Forschungsinstitutionen sowie hoffentlich auch Ministerialbeamten und Praktikern der industriellen Arbeitsbeziehungen finden und hoffentlich auch in einigen Jahren wieder in aktualisierter Neuauflage erscheinen.

Doch selbst wenn man der hier vollzogenen Argumentation nicht gänzlich folgen mag, so sollte dennoch folgendes bedacht werden: Bevor die Kehrtwende bei den Reformen am Arbeitsmarkt, die wesentlich zu Lasten der Arbeitsmarktchancen der Outsider geht, fortgesetzt wird, ist folgendes zu bedenken: Auch wenn in den letzten drei Jahren die nationale Arbeitslosenquote jeweils im Jahresdurchschnitt von 11,7 Prozent um 2,7 Prozent gesenkt werden konnte, so liegt sie noch immer bei 9 Prozent und damit trotz des derzeitigen Auslaufens des Konjunkturaufschwungs weit entfernt von Vollbeschäftigung. Wenn es zutrifft, dass die die Flexibilität steigernden Arbeitsmarkt- und Sozialreformen, die auch die Lohnzurückhaltung mitstimulierten und den Unternehmen Restrukturierungsmaßnahmen erleichterten, wesentlichen Anteil an den Arbeitsmarkterfolgen hatten, so gilt tendenziell auch der Umkehrschluss. Kommt es per Saldo zum Abbau von Flexibilität und missachten die Lohnerhöhungen wieder die volkswirtschaftlichen Verteilungsspielräume, so gehen die bisherigen Beschäftigungsgewinne verloren und dauerhaft höhere Arbeitslosigkeit als bisher droht wieder. Dies ist das Minimum an Botschaft, die jeder aus der Lektüre dieses gelungenen Buches mitnehmen sollte.

Literatur

Funk, Lothar (2007), Current Structural Changes, Challenges for the German Labour Market and Collective Bargaining, in: Jens Hölscher (ed.): *Germany's Economic Performance: From Unification to Euroization*, Basingstoke, S. 175-195.

Funk, Lothar (2008), European Flexicurity Policies. A Critical Assessment, *International Journal of Comparative Labour Law and Industrial Relations*, Bd. 24/3, pp. 349-384.

Funk, Lothar, Dieter Voggenreiter und Carsten Wesselmann (2008), *Makroökonomik*, 8. Aufl., Stuttgart.

Funk, Lothar und Eckhard Knappe (1997), Neue Wege aus der Arbeitslosigkeit, in: Leo Montada (Hg.), *Beschäftigungspolitik zwischen Effizienz und Gerechtigkeit*, Frankfurt am Main, New York, S. 80-97.

Klös, Hans-Peter (1990), *Mikroökonomik der Arbeitslosigkeit*, Köln.

Klös, Hans-Peter (2001), Deutschland im Widerspruch: der gespaltene Arbeitsmarkt, in: Institut der deutschen Wirtschaft Köln (Hg.): *Fördern und Fordern. Ordnungspolitische Bausteine für mehr Beschäftigung*, Köln, S. 63-106.

OECD (2008), *OECD-Wirtschaftsberichte: Deutschland*, Paris.

Schnabel, Claus (2008), Moderne Tarifpolitik: Mehr Differenzierung und Flexibilisierung, in: Vereinigung der Bayerischen Wirtschaft e.V., Verband der Bayerischen Metall- und Elektro-Industrie e.V. und Bayerischer Unternehmensverband Metall und Elektro e.V. (Hg.): *Einsichten schaffen Aussichten: die Zukunft der Sozialen Marktwirtschaft – Festschrift für Randolf Rodenstock zum 60. Geburtstag*, Köln 2008, S. 288-296.

Catherine Herfeld

Wirtschaftstheorie und Wissen - Aufsätze zur Erkenntnis- und Wissenschaftslehre von Friedrich August von Hayek

Anmerkungen zu dem gleichnamigen Band herausgegeben von Victor Vanberg[*]

Die von *Victor Vanberg* herausgegebenen Beiträge von *F. A. von Hayek* behandeln erkenntnis- und wissenschaftstheoretische Fragen der Sozialwissenschaften. Es handelt sich um Aufsätze und Artikel, Manuskripte und Kommentare, sowie Referate, Vorträge und Reden von *Hayek*, die ursprünglich in den Jahren zwischen 1936 und 1982 veröffentlicht wurden. Sie bilden in der Abteilung „Aufsätze" den ersten Band der vom Mohr Siebeck Verlag herausgegebenen Reihe „Friedrich August von Hayek - Gesammelten Schriften in deutscher Sprache". Das Ziel der Herausgeber dieser Reihe ist, Bücher und Aufsätze von *Hayek* zusammenzustellen, die ursprünglich in deutscher Sprache verfasst, oder deren Übersetzung von *Hayek* selber autorisiert wurden. Damit werden *Hayeks* bedeutendsten Essays zum ersten Mal in gesammelter Form in deutscher Sprache bereitgestellt.

In der vorgelegten Ausgabe wurden 14 Beiträge unter die drei folgenden Themenkomplexe subsumiert: 1) Wahrnehmung, Regeln und Wissen 2) Die Anmaßung von Wissen und 3) Sozialwissenschaft als Theorie komplexer Phänomene. Alle drei Bereiche reflektieren die wesentlichen theoretischen Grundlagen von *Hayeks* Sozialphilosophie und Wirtschaftstheorie. Damit

---

[*] Victor Vanberg (Hg), *Wirtschaftstheorie und Wissen – Aufsätze zur Erkenntnis- uns Wissenschaftslehre*, Friedrich August von Hayek, Gesammelte Schriften in deutscher Sprache Abt. A Band 1, Verlag Mohr Siebeck, Tübingen 2007, 231 Seiten.

sind die präsentierten Argumente keineswegs neu. Vielmehr bietet die Zusammenstellung eine Möglichkeit, die wissenschaftstheoretische Basis von *Hayeks* Überlegungen zur Kritik am Sozialismus, der Verteidigung des Liberalismus und einer freien Marktwirtschaft á la *Adam Smith*, sowie seiner Theorie der kulturellen Evolution kennen zu lernen. *Hayek* thematisiert die Grenzen sowohl unseres Wissens als auch unserer Vernunft und deren überschätzte Bedeutung für die Erklärung von individuellem Handeln und einer daraus resultierenden Gesellschaftsordnung. Er betont die Bedeutung von Regeln, die unsere Wahrnehmung und Handlungen dominieren, sowie die Unsicherheit der Marktteilnehmer über zukünftige Ereignisse. Er diskutiert die begrenzten Erkenntnismöglichkeiten sowie die Komplexität des Untersuchungsgegenstandes in den Sozialwissenschaften und die sich daraus ergebenden methodologischen Konsequenzen. Zugleich zeigt *Hayek* die Bedeutung seiner wissenschaftstheoretischen Überlegungen für die praktische Anwendung von ökonomischen Modellen auf, für Handlungsanweisungen auf pädagogischer und politischer Ebene und die Implikationen für sozialplanerische Konzepte bzw. den Sozialismus als vieldiskutierte Form sozialer Ordnung. *Hayek*, Nobelpreisträger für Wirtschaftswissenschaften, bezieht seine Überlegungen hauptsächlich auf die Ökonomie.

Der erste Teil des Buches behandelt vier Beiträge zum Thema „Wahrnehmung, Regeln und Wissen" (Die ersten drei Aufsätze „Regeln, Wahrnehmung und Verständlichkeit" (1962), „Der Primat des Abstrakten" (1968) und „Noch einmal: Angeboren oder anerzogen" (1971) wurden für die vorliegende Sammlung erstmalig ins Deutsche übersetzt.). In seinem Aufsatz „Regeln, Wahrnehmung und Verständlichkeit" (1962) argumentiert *Hayek*, dass unser Handeln und unsere Wahrnehmung des Handelns anderer Menschen von Regeln, so genannter „Wahrnehmungsmuster" oder „Bewegungsmuster", geleitet sind (S. 5). *Hayek* bezeichnet diese Erscheinungen als „Regelwahrnehmungen" (S. 18). Unsere Sinne nehmen zuerst abstrakte Merkmale, i.e. eine „Ordnung von Reizen" oder ein Muster wie beispielsweise Gebärden oder Gesichtsausdrücke wahr, welches für uns einen Sinn hat, was wir aber im Einzelnen nicht identifizieren können (S. 15 ff.). Nach bestimmten Regeln nehmen wir unbewusst eine Klassifizierung dieser wahrgenommenen Reize und dann die Spezifizierung eines bestimmten Handelns vor (S. 41 und S. 20 ff.). Die für uns erkennbaren Muster stellen unser gesamtes Wissen dar (S. 14). Wir können nie „in einer Position sein [...], in der wir alle diese Regeln [die unsere Wahrnehmungen und Handlungen] [...] diskursiv angeben könnten" (S. 24). Unsere geistige Tätigkeit ist ebenfalls von Regeln geleitet, die wir nicht spezifizieren oder denen wir uns nicht bewusst werden können (S. 24). Demnach wird alles, worüber wir sprechen und was wir bewusst denken können, in einen „überbewussten" Bezugsrahmen gesetzt, welcher den Sinn unserer Worte und Gedanken bestimmt, sich aber unserer Vorstellungskraft entzieht (S. 24 ff.). Dies hat zur Folge, dass erstens unsere Wahrnehmung und unser explizites Wissen beschränkt sind und zweitens wir die Funktionsweise unseres Verstandes niemals vollständig erklären können. Die daraus entstehenden methodologischen Konsequenzen für das vieldiskutierte „Problem des Verstehens" beispielsweise sind für *Hayek* unproblematisch. Menschliches Handeln ist für einen Beobachter bereits „verständlich", wenn der Handelnde und der Interpret eine ähnliche geistige Struktur aufweisen (S. 23). Damit schafft *Hayek* die Basis für die Möglichkeit einer wissenschaftlich fundierten Interpretation und bestärkt die kontinentaleuropäische Perspektive zur Möglichkeit der Introspektion als valides wissenschaftliches Instrumentarium in den Sozialwissenschaften.

In seinem Referat „Der Primat des Abstrakten" (1968) führt *Hayek* die oben zusammengefassten Ideen weiter aus. Er stellt die Behauptung auf, dass unsere bewusste Erfahrung, i.e. Empfindungen, Wahrnehmungen, bildliche Vorstellungen, die wir meist als konkret und primär ansehen, von abstrakten Regeln bestimmt sind, welche eine Ordnung festlegen, nach welcher wir einzelne Objekte klassifizieren. Diese Klassifikation macht es dem Menschen erst möglich, konkrete Einzelheiten zu erleben oder bewusst wahrzunehmen. Der Geist nimmt die Rolle ein, diese Abstraktionen zu vollziehen. Der Abstraktionsprozess kann damit nach *Hayek* nicht als menschliche Handlung angesehen werden, sondern vielmehr „als etwas, das mit dem Geist geschieht, oder als etwas, das jene Struktur von Beziehungen verändert, die wir als den Geist bezeichnen und die aus einem System von abstrakten Regeln besteht, die seine Funktion steuern" (S. 35). Der Geist wird damit bei *Hayek* auf ein System abstrakter Regeln reduziert, wobei eine Regel erst eine Klasse von Handlungen definiert. Wie bereits angedeutet leiten neben unserer geistigen Aktivität diese abstrakten Regeln auch unser Handeln, ohne dass sich der Einzelne darüber bewusst ist. Heute einer gängigen Sichtweise in der Philosophie der Handlung folgend, geht *Hayek* von so genannten Dispositionen für bestimmte Handlungsbereiche aus. Dispositionen sind nicht auf bestimmte Handlungen, sondern auf eine Gruppe von Handlungen gerichtet. Die gemeinsame Wirkung vieler solcher Dispositionen determiniert die verschiedenen Attribute einer bestimmten Handlung in Abhängigkeit der jeweiligen Situation oder Umwelt (S. 33). Die Gesamtheit des Wissens eines Organismus bezüglich der äußeren Welt besteht demnach in den Handlungsschemata, die durch äußere Reize hervorgerufen werden und entsprechende Aktivierungsprozesse innerhalb eines, durch gegebene Dispositionen abgesteckten, Rahmens in Gang setzen. „Das, was wir menschliche Erkenntnis nennen, wäre nach diesem Verständnis ein System von Aktions- bzw. Wahrnehmungsregeln, die noch durch Regeln ergänzt werden, die Äquivalenz, Verschiedenheit oder verschiedene Kombinationen von Reizen bezeichnen" und gemäß der Situation und auf Basis der menschlichen Erfahrung eine Kategorisierung von Wahrnehmungen und Handlungen durch den Einzelnen ermöglichen (ebenda). Was *Hayek* in diesem Zusammenhang den Primat des Abstrakten nennt, ist „dass die Dispositionen für eine Handlungsart, die bestimmte Eigenschaften besitzt, an erster Stelle stehen und dass die betreffende Handlung durch die Überlagerung vieler solcher Dispositionen zustande kommt" (S. 34). *Hayek*s Sichtweise ist damit vereinbar mit der modernen Handlungstheorie. Ihre Vertreter wie beispielsweise *Davidson* und *Mele* betonen, wie *Hayek*, die Rolle mentaler Faktoren als Steuerungsmechanismen für menschliches Handeln und Denken sowie eine kausal determinierte Struktur der Handlung. Gleichzeitig orientiert sich *Hayek*s Darstellung ebenfalls am Behaviorismus, wonach alle sensorische Erfahrung ihre besonderen qualitativen Merkmale von jenen Aktionsregeln ableitet, die sie in Funktion setzt (S. 34). Auch wenn *Hayek*s Ideen im Detail von diesen Perspektiven abweichen, leisten sie noch immer einen aktuellen Beitrag zu dem Unterfangen, innerhalb der Handlungstheorie oder der Philosophie der Handlung menschliches Handeln adäquat zu erklären bzw. zu verstehen (*Caldwell* 2000, S. 5).

Der zweite Teil des Buches beinhaltet fünf Beiträge, subsumiert unter dem Titel „Die Anmaßung von Wissen". In seinem Aufsatz „Die Verwertung des Wissens in der Gesellschaft" (zuerst veröffentlicht in englischer Sprache unter dem Titel „The Use of Knowledge in Society", 1945, in *American Economic Review* 35, 4, S.519-530. Der Aufsatz ist neben *Hayek*s berühmten Beitrag „Economics and Knowledge" (1937) eine Reaktion auf die bei Historikern als „Socialist Calculation Debate" bekannte Diskussion (*Shearmur* 1996, S. 46 ff.). In seinem 1945-Beitrag thematisiert *Hayek* sowohl die Unzulänglichkeiten bei der Anwendung von ökonomischen Modellen auf praktische Probleme als auch die mit ihnen verbundenen methodologischen Schwierigkeiten. Seines Erachtens haben Probleme in der Wirtschaftstheorie und -politik „ihre gemeinsamen Wurzeln in einer falschen Auffassung über die Natur des wirtschaftlichen Problems der Gesellschaft" (S. 58). Für *Hayek* steht das „Problem der Verwertung von Wissen" über dem, in der Ökonomie als primär angesehenen, Ressourcenallokationsproblem (S. 58 ff.). Sein Hauptargument gegen *Oskar Lange* und die Anhänger von *Pareto* basiert auf der Hypothese, dass Preise nicht alleine die Tauschraten zwischen Gütern sind (*Shearmur* 1996, S. 46 ff.). Vielmehr sei der Preis eines Gutes „ein Mechanismus zur Vermittlung von Informationen" (S. 65). Die Wirtschaftsakteure haben begrenztes Wissen über die Vorgänge außerhalb ihres unmittelbaren Umfeldes. Dieses Unwissen macht sie nach *Hayek* erst zu Preisnehmern und damit zum unmittelbaren Motor des Preissystems. Wenn das Wissen eines einzelnen Akteurs größer wäre, dann würden die Akteure sich der Rolle des Preisnehmers verweigern und Entscheidungen treffen, mittels derer sie ihr Umfeld zu ihrem eigenen Vorteil beeinflussen können; und würden damit das Preissystem als solches zerstören. In einem komplexen Umfeld sind die Akteure jedoch nicht in der Lage, die Konsequenzen ihrer Handlungen im gesamtwirtschaftlichen Geschehen vorauszusagen. Daher ist das Preissystem ein Koordinationsmechanismus für Informationen und der einzige Weg, auf welchem es als solches funktionieren kann (S. 64 ff.). Um diese Übermittlungsfunktion zu übernehmen, entwickelt sich das Preissystem spontan und aus der Unwissenheit der Marktteilnehmer heraus (S. 67). Bei starren Preisen würde diese Funktion verloren gehen (S. 65). Mit diesem Argument erteilt *Hayek* der Planwirtschaft eine Absage. Die Planung eines Systems sei schon alleine deshalb unmöglich, weil die Unwissenheit der Akteure am Markt nicht beseitigt und auch in einem sozialistischen System weiterhin bestehen würde. Die Voraussagekraft eines sozialen Planers sei daher stark eingeschränkt, wenn nicht unmöglich, bei der Konstruktion einer „rationalen Wirtschaftsordnung'" (S. 57). Übereinstimmend mit *Hume* und *Smith* argumentiert *Hayek* demnach gegen die Möglichkeit der Planung einer sozialen Ordnung durch die Individuen einer Gesellschaft (*Shearmur* 1996, S. 1 ff.).

Basierend auf diesen Ideen stellt *Hayek* in seiner Ludwig-von-Mises Vorlesung unter dem Titel „Zur Bewältigung der Unwissenheit" (1978) erneut die Hypothese auf, dass „sowohl das Ziel der marktwirtschaftlichen Ordnung als auch [...] der Gegenstand ihrer theoretischen Erklärung ist, die vermeintliche Unsicherheit jedes einzelnen über die meisten der besonderen Tatsachen, die diese Ordnung bestimmen, zu bewältigen" (S. 101). Durch ihre Handlungen setzen die Akteure einen für sie nicht im Ganzen zu verstehenden Prozess in Gang. Der Markt wird als ein Ordnungsmechanismus verstanden, wobei die Preise die wesentlichen Signale am Markt sind. Sie stellen dem Einzelnen die notwendige Information bereit, um seine Pläne zu adjustieren. Der Wirtschaftswissenschaftler möchte nun das Resultat der Handlungen, d.h. die entstehende Ordnung erklären und voraussagen, ohne jedoch über die spezifischen Daten zu verfügen, die dem individuellen Handeln zugrunde liegen. *Hayek* kritisiert im Hinblick auf dieses Ziel insbesondere den Aspekt der Messung: spezifische Daten stehen dem Ökonomen nicht zur Verfügung, da es bei der Erklärung von menschlichem Handeln nicht auf objektive Daten, sondern vielmehr auf die individuelle Wahrnehmung ankommt. Die Wahrnehmung jedes Einzelnen ist jedoch unbekannt und kann auch nicht durch sinnvolle Messungen erfasst werden. Das Operieren auf Basis von statistischen Aggregaten und Durchschnitten lehnt *Hayek* aber ab, da die Sozialwissenschaften es mit „organisierter Komplexität" zu tun haben, bei denen eine dauerhafte konstante Beziehung zwischen Aggregaten und Durchschnitten nicht angenommen werden kann (S. 106). *Hayek* stützt sich bei diesem Ausdruck auf eine Definition von *Warren Weaver*. Mit „organisierter Komplexität" ist ein Phänomen gemeint, das nicht aus einer genügend großen Anzahl von ähnlichen Ereignissen besteht, um es uns zu ermöglichen, Wahrscheinlichkeiten für ihr Auftreten festzustellen (S. 107). Messungen als auch Voraussagen auf Basis von statistischen Regularitäten sind in der Wirtschaftswissenschaft, vor allen Dingen in der Makroökonomie, daher nicht von Nutzen, so *Hayek*. Für die Problematik der menschlichen Motivation als nicht beobachtbare und nicht quantifizierbare „Black Box" wird in *Hayeks* Beitrag jedoch keine greifbare Alternative präsentiert; und damit bleibt eines der Hauptprobleme zur Erklärung von menschlichem Handeln weitgehend ungelöst. An anderer Stelle verweist *Hayek* auf die Bedeutung psychologischer Erkenntnisse zur Erklärung des menschlichen Gehirns und der Ausführung seiner Funktionen und spezifiziert die von ihm, in seinem Werk zugrunde gelegten psychologischen Grundlagen in seinem Buch „The Sensory Order: An Inquiry into the Foundations of Theoretical Psychology" (*Caldwell* 2000, S. 9).

An diese Problematik anschließend thematisiert *Hayek* in seinem Vortrag „Arten des Rationalismus" (1964) die Begrenztheit der individuellen Vernunft und damit unseres praktischen sowie unseres theoretischen Wissens. Er stellt sich gegen die Vertreter des „Rationalismus" oder, wie *Hayek* sie bezeichnet, des „rationalistischen Konstruktivismus" (S. 74), welche basierend auf *Descartes* Ideen annehmen, dass die Vernunft es als Fähigkeit des Verstandes ermöglicht, durch einen Prozess des deduktiven Denkens auf die Wahrheit zu stoßen. Institutionen werden von dieser Denkschule als etwas, von dem Menschen Geschaffenes angesehen. Jede Form von regelgeleitetem Verhalten wird abgelehnt, mit der Idee, dass der Einzelne *jede* Entscheidung und Situation nach dem Wert ihrer Konsequenzen beurteilt (S. 79). *Hayek* sieht in dieser „antiliberalen' Denkschule die Gefahr des sich manifestierenden Totalitarismus und die Rechtfertigung des modernen Sozialismus' (S. 75 ff.). In seinem Referat „Die überschätzte Vernunft"

(1982) argumentiert *Hayek*, dass sich unsere heutige Tradition von moralischen Regeln und sozialen Normen nur entwickeln konnte durch die historische Entwicklung bestimmter Handlungsweisen. Diese werden von den Menschen erlernt und meist unbewusst befolgt, um die Koordination in größeren Gruppen zu bewerkstelligen; sie wurden nicht genetisch determiniert oder bewusst entworfen. Nach *Hayek* ist eine solche „kulturelle Entwicklung" die Ursache für die Schöpfung der menschlichen Vernunft und nicht umgekehrt. Die bewusste Planung der Bildung einer Zivilisation ist daher nicht möglich. Kulturelle Evolution ist nach *Hayek* dem Zufall ausgesetzt. Das Erlernen und blinde Befolgen von Regeln bewirkt die Bildung einer Ordnung der menschlichen Tätigkeit über das hinaus, was der Einzelne überblicken kann. Durch selektive Entwicklung nimmt die Bildung von Ordnung zu (S. 121). Das Auswahlprinzip der kulturellen Entwicklung ist nach *Hayek* dasselbe wie das der biologischen Entwicklung. „Die gesamte Moral [beruht] darauf .., dass sich jene Verhaltensweisen durchgesetzt haben, die der Gruppe, die diese Verhaltensweisen annahm, am meisten geholfen haben, sich zu vermehren" (S. 129). Die Vernunft hat alleine die Fähigkeit, die abstrakten Strukturen der realen Welt zu erkennen aber nicht zu entwerfen. Ebenso wie in der Darwinistischen Theorie der biologischen Entwicklung kann es keine Gesetze der kulturellen Entwicklung geben, da Anpassungen an gegebene Umstände und Veränderungen unvorhersehbar sind; der Ausgang der Entwicklung ist offen. Daher sind Voraussagen über zukünftige Ordnungen für den Ökonomen nicht möglich.

Basierend auf diesen Ideen zur menschlichen Begrenztheit thematisiert *Hayek* in seiner Rede zur Verleihung des Nobel-Gedächtnispreises für Wirtschaftswissenschaften unter dem Titel „Die Anmaßung von Wissen" (1974) die Probleme der Wirtschaftstheorie und die Konsequenzen für wirtschaftspolitische Handlungsanweisungen. Wie bereits erwähnt, können Ökonomen aufgrund der Komplexität ihres Untersuchungsgegenstandes wichtige Faktoren, wie beispielsweise individuelle Handlungen und deren Einfluss auf komplexe Phänomene, wie die des Marktes, nicht messbar machen; Voraussagen sind nicht möglich. Daher kann laut *Hayek* die Ökonomie als Wissenschaft nicht die exakten Methoden der Naturwissenschaft übernehmen. Des Weiteren betont *Hayek* die Begrenztheit der Wissenschaft im Allgemeinen und die damit einhergehende Gefahr „der Forderung nach einer wissenschaftlicheren Lenkung der menschlichen Tätigkeit", sowie das Ersetzen spontaner Prozesse durch eine bewusste menschliche Lenkung (S. 95). Nach *Hayek* sollte diese „Anmaßung von Wissen" und die Hoffnung auf präzise Voraussagen, insbesondere in den Sozialwissenschaften, verhindert werden (S. 95 ff.). Die Verantwortung des Forschers läge vielmehr darin, seine unüberwindbaren Grenzen des Wissens zu erkennen und eine Umgebung zu schaffen, in welcher sich eine spontan entstehende Ordnung wie die des Marktes, frei entwickeln kann.

Die fünf Aufsätze im letzten Teil des Buches stehen unter dem Titel „Sozialwissenschaft als Theorie komplexer Phänomene". Im ersten Vortrag „Wirtschaftstheorie und Wissen" (1936) kritisiert *Hayek* die neoklassische Fiktion vollkommen informierter Marktakteure. Seines Erachtens könne eine empirisch gehaltvolle ökonomische Theorie nicht den Tatbestand ignorieren, dass individuelles Handeln durch das subjektive Wissen des Einzelnen bestimmt ist und das dieses Wissen nicht nur stets begrenzt und unvollkommen ist, sondern von Mensch zu Mensch variiert und sich in der Zeit wandelt. Wie bereits erwähnt, besteht nach *Hayek* das empirische Element der Wirtschaftstheorie in Aussagen über den Erwerb von Wissen. Die Tautologien, aus denen die formale Gleichgewichtsanalyse in der Wirtschaftstheorie im Wesentlichen besteht, können seiner Meinung nach nur insoweit in Aussagen über Kausalzusammenhänge in der realen Welt verwandelt werden, sofern in die formalen Sätze Behauptungen über den Erwerb und die Vermittlung von Wissen eingesetzt werden können. Die Annahme, dass die Individuen vollkommene Information über die Preise und die Erwartungen der anderen Marktteilnehmer haben, ist jedoch realitätsfern. Daher bleibt für *Hayek* das Wissensproblem in der klassischen Betrachtungsweise erklärungsbedürftig.

Sowohl der Vortrag „Die „Tatsachen" der Sozialwissenschaften" (1942) als auch die Artikel „Die Theorie komplexer Phänomene" (1961) und „Scientismus" (1969) vereinen *Hayeks* Grundideen zur Wissenschaftstheorie. Sie befassen sich vor allem mit dem Problem der mangeltenden Anwendbarkeit naturwissenschaftlicher Instrumente in den Sozialwissenschaften. Basierend auf einer Unterscheidung zwischen Theorien „einfacher" und „komplexer" Phänomene trennt *Hayek* zwischen Wissenschaften, die geschlossene Systeme mit einer relativ geringen Anzahl interdependenter Variablen untersuchen, und Wissenschaften, die sich mit komplexen sozialen Phänomenen und einer hohen Anzahl interdependenter Variablen befassen (*Caldwell* 2000, S. 12). Mit seiner oberflächlichen Imitation des Physikmodells verkenne der „Scientismus", so *Hayeks* Argument, die inhärenten Grenzen ihrer Erklärungs- und Voraussagemöglichkeiten, die der Ökonomik als einer Wissenschaft komplexer Phänomene gesetzt seien (*Caldwell* 2000, S. 10). Da die Naturwissenschaften sich mit einfachen Phänomenen befassen und daher zu vollständigen Erklärungen und spezifischen Voraussagen gelangen können, müssen sich, so *Hayek*, die Sozialwissenschaften mit Erklärungen des Prinzips und allgemeinen Mustervoraussagen abfinden (ebenda); ein Schicksal, das sie allerdings nur dann mit den Naturwissenschaften teilen, soweit diese sich, wie etwa die Evolutionsbiologie, ebenfalls mit komplexen Phänomenen befassen. Eine „Verwissenschaftlichung der Sozialwissenschaften" bezeichnet *Hayek* daher als absurd. Diese Problematik bezieht *Hayek* auch auf die Erklärung von individuellem Handeln. Da dieses durch subjektive Motive verursacht wird, kann nach *Hayek* die reine Beobachtung der physischen Eigenschaften einer Handlung nicht zur ihrer vollständigen Erklärung beitragen. Das hat zur Folge, dass kein objektives Wissen bei der Erklärung von Handlungen durch subjektive Motive hilft, unabhängig vom Wissen des Beobachters. Laut *Hayek* ist die Erklärung bewussten Handelns jedoch auch nicht die Aufgabe der Ökonomie, da diese nur auf die Klassifikation von Typen individuellen Handelns abzielt. Diese Typen können wir verstehen. Und wie bereits erwähnt, stellt das „Problem des Verstehens" für *Hayek* kein Hindernis dar. Wir interpretieren das, was wir als das bewusste Handeln anderer Leute ansehen, immer in Analogie zu unserem eigenen Denken. Wir teilen ihre Handlungen und die Objekte des Handelns in Kategorien ein, die wir nur aus unserem eigenen Denken kennen, d.h. wir projizieren unser eigenes Klassifikationssystem in andere Personen hinein. Sozialwissenschaftler verwenden die verschiedenen, so klassifizierten Arten individuellen Handelns als Elemente, aus denen sie hypothetische Modelle bauen, um die Muster der sozialen Beziehungen zu reproduzieren (S. 169). Jedoch sind, wie bereits erwähnt, soziale Erscheinungen nicht so gegeben wie die Erscheinungen der Natur, i.e. physische Tatsachen, und daher nicht mit einfachen Gesetzen beschreibbar. Vielmehr sind sie komplexer Natur. Sie sind gedankliche Konstrukte, basierend auf Elementen, die wir in unserem eigenen Denken vorfinden. Die Elemente, aus denen wir soziale Erscheinungen zusammensetzen, sind vertraute Kategorien unseres eigenen Denkens. Sie sind daher auch nur durch Verstehen zugänglich. Die gemeinsame Struktur des Denkens ist die Vorbedingung für gegenseitiges Verständnis und bildet die Grundlage für Interpretationen von komplexen sozialen Strukturen. *Hayeks* Kritik in diesen Beiträgen richtet sich daher gegen die Beobachter-Perspektive des Empirismus und die Möglichkeit der Ableitung von allgemeinen oder empirischen Gesetzmäßigkeiten in den Sozialwissenschaften. Sie richtet sich gegen die Ablehnung der historischen Methode und die Möglichkeit der Erkenntnisgewinnung durch Introspektion, vor allen Dingen durch Vertreter der angelsächsischen Tradition.

In den vorgestellten Beiträgen zeigt sich einerseits, dass für *Hayek* wissenschafts- und erkenntnistheoretische Ideen bedeutende Konsequenzen für die praktische Anwendung der Sozialwissenschaften haben und Theorie nicht losgelöst von Praxis betrachtet werden kann. Andererseits wird sowohl der hohe Grad an Interdisziplinarität sichtbar, der *Hayeks* Gesamtwerk prägt als auch sein grenzüberschreitendes Denken, welches ihm die Freiheit für neue Ideen jenseits des neoklassischen Mainstreams ermöglichte. Zugleich tragen *Hayeks* Betrachtungen zu den, bis heute bestehenden, epistemologischen und methodologischen Problemstellungen bei, die innerhalb der Sozialwissenschaften seit *Alfred Weber* diskutiert werden. Zusätzlich stellen sie die Basis für neue theoretische Entwicklungen in den Sozialwissenschaften dar, wie beispielsweise die ansteigende Bedeutung von Evolutionstheorien, d.h. sowohl der evolutionären Spieltheorie als auch der evolutionären Psychologie, zeigt. Da sie aktuell für die Erklärung von menschlichem Verhalten, für das Zustandekommen und Aufrechterhalten von Institutionen, für das Befolgen von moralischen Regeln sowie für soziale Normen und das Zustandekommen einer sozialen Ordnung herangezogen werden, können *Hayeks* Gedanken als hochaktuell angesehen werden. Sowohl eine evolutorische Sicht von der Entwicklung gesellschaftlicher Prozesse als auch die Idee des Wettbewerbs als ein Entdeckungsverfahren stellten für ihn eine Basis für aussagekräftigere Erklärungen der wirtschaftlichen und sozialen Realität dar, als das vom Gleichgewichtsparadigma der Mechanik inspirierte neoklassische Denken in Modellen. Nicht umsonst wird er oftmals als der Gründervater der Evolutionsökonomik bezeichnet.

Literatur

Caldwell, Bruce (2000): *The Emergence of Hayek's Ideas on Cultural Evolution*, in: Review of Austrian Economics, 13, S. 5-13.

Davidson, Donald (1963): *Actions, Reasons, and Causes*, in: Davidson, Donald (2001): *Essays on Actions and Events*, Oxford University Press: Oxford, S. 3-21.

Mele, Alfred (2003) (Hg.): *The Philosophy of Action*, Oxford University Press: Oxford.

Shearmur, Jeremy (1996): Hayek and After: Hayekian Liberalism as a Research Programme, Routledge, London.

Karen Horn

Institutions in Perspective
Zu der gleichnamigen Festschrift zu Ehren von Rudolf Richter[*]

Mit seinem Aufsatz „The Nature of the Firm" legte der britische Ökonom *Ronald Coase* schon vor siebzig Jahren die Grundlage für ein Forschungsprogramm, das allerdings erst viel später zur vollen Entfaltung kam. *Coase* erhielt später, im Jahr 1991, den Nobel-Gedächtnispreis für Wirtschaftswissenschaften. Er hatte zwei ganz schlichte, aber bislang in der Theorie erstaunlicherweise kaum gestellte, geschweige denn beantwortete Fragen im Blick. Erstens: Warum gibt es überhaupt Unternehmen? Warum laufen nicht alle Transaktionen in der Wirtschaft zwischen autonomen, ungebundenen Individuen ab? Welche Funktion erfüllt diese hierarchische Struktur, die mit einer spezifischen Bestimmung von Verfügungsrechten einhergeht und ein Dasein jenseits des Markts, jenseits freiwilliger, umfassend ausformulierter Verträge und des Preissystems fristet? Was macht sie sinnvoll? Und zweitens: Wovon hängt die Größe dieser Organisationen ab? *Coase* entdeckte, dass sich diese beiden Fragen mit dem Begriff der Transaktionskosten beantworten lassen, das heißt mit der Tatsache, dass die Anbahnung, Ausführung und Überwachung von Vertragsbeziehungen Aufwand verursacht und somit keineswegs umsonst zu haben ist. Aktivitäten innerhalb eines Unternehmens zu bündeln, lohnt sich mithin so lange, wie dadurch im Vergleich zu individuellen Vertragsbeziehungen Transaktionskosten gespart werden. Sobald der dabei allerdings unvermeidliche Verwaltungsaufwand und die Kosten der internen Kontrolle die Transaktionskostenersparnis „auffressen", hat das Unternehmen seine natürliche Wachstumsgrenze erreicht.

Der Fokus auf Transaktionskosten und Verfügungsrechte („Property Rights") ist die Basis der Neuen Institutionenökonomik. Er erlaubt, Fragen zu stellen, die im herkömmlichen neoklassischen Ansatz definitorisch ausgeklammert sind – und das hat die Erklärungskraft und das Erkenntnispotential der ökonomischen Theorie über die vergangenen Jahrzehnte erheblich verbessert. In dieser Zeit sind zahlreiche Verästelungen des ursprünglichen Ansatzes hinzugekommen, die jeweils selbst umfassende Forschungsprogramme ausmachen – von der Organisationstheorie

---

[*] Ulrich Bindseil, Justus Haucap und Christian Wey (Hg.), *Institutions in Perspective. Festschrift in Honor of Rudolf Richter on the Occasion of his 80th Birthday*. Verlag Mohr Siebeck, Tübingen 2007, 407 Seiten.

über die Vertragstheorie bis hin zur modernen Verbindung von Recht und Ökonomie in „Law and Economics". Um diese Entwicklung hat sich in Deutschland der umtriebige Saarbrücker Wirtschaftstheoretiker *Rudolf Richter* verdient gemacht, der sich zuvor vor allem auf den Gebieten der Preistheorie, der Makroökonomik und der Geldtheorie bewegt hatte. Früh schon holte *Richter* wichtige Vertreter der Neuen Institutionenökonomik aus den Vereinigten Staaten zu Gastvorträgen und Konferenzen an die Universität des Saarlandes. In den frühen neunziger Jahren brachte er dann selbst sein erstes Buch zu diesem Thema auf den Markt, „Institutionen ökonomisch analysiert: Zur jüngeren Entwicklung auf einem Gebiet der Wirtschaftstheorie", wenig später folgte „Neue Institutionenökonomik: Eine Einführung und kritische Würdigung". Zum unumgänglichen Klassiker und zur Referenzgröße der Zunft wurde das gemeinsam mit *Eirik G. Furubotn* verfasste Werk „Institutions and Economic Theory: The Contribution of the New Institutional Economics".

Rudolf Richter zu Ehren haben nun seine Schüler *Ulrich Bindseil* (Europäische Zentralbank), *Justus Haucap* (Universität Bochum und Monopolkommission) und *Christian Wey* (Technische Universität Berlin) eine Festschrift herausgebracht. Darin liefern deutsche und amerikanische Weggefährten aus vielen Jahren Perspektivisches, Zusammenfassendes und zum Teil auch Neues, Originelles aus allen Sparten des *Richterschen* Forschungsprogramms auf den Spuren von *Ronald Coase*. Die Liste der Autoren ist klangvoll, sie reicht von *Oliver Williamson* (University of California at Berkeley), *Thomas Saving* (Texas A&M University) und *Victor Goldberg* (Columbia University, New York) bis hin zu *Arnold Picot* (Universität München), *Christian Kirchner* (Humboldt-Universität Berlin), *Wernhard Möschel* (Universität Tübingen), *Dieter Schmidtchen* (Universität des Saarlandes) und *Urs Schweizer* (Universität Bonn).

In seinem Eingangsbeitrag schlägt *Oliver Williamson* seinen üblichen interdisziplinären Bogen von der Soziologie – die er so weit fasst, dass sie die Organisationstheorie umschließt – hin zur Wirtschaftswissenschaft, insbesondere zur Transaktionskostenökonomik. *Williamson* hat in der Neuen Institutionenökonomik entscheidende Begriffe geprägt – für die Verankerung eines Forschungsprogramms in der akademischen Welt ist mitunter die Entwicklung einer eigenen Sprache nicht unerheblich. Dabei begreift er die Theorie der Firma, wie sie von *Coase* begründet wurde, im wesentlichen als Theorie der „Governance structure" – also als eine Theorie darüber, wie bestimmte Ordnungssysteme im Unternehmen zustande kommen, wie sie wirken, welche Probleme sie lösen, und wie sie aufrecht erhalten werden. Um aus der „Black-Box"-Sackgasse der neoklassischen Theorie auszubrechen, waren nach *Williamson* einige wesentliche Schritte notwendig: die Verschiebung des Fokus von der persönlichen Wahl hin zum Vertrag; methodologischer Pragmatismus; ein beherztes Weiterdenken in der Logik der Transaktionskosten dergestalt, dass man sich nicht lange mit einem allfälligen, statischen Befund von Marktversagen aufhält, sondern nach spontan aufkommenden Antworten darauf fragt.

Auf die unzähligen noch zu lösenden theoretischen Herausforderungen verweist *Claude Ménard* (Paris Sorbonne), der langjährige Präsident der International Society for the New Institutional Economics (ISNIE). Für die Welt der Unternehmen könne man beispielsweise mittlerweile erklären, wieso Mischformen (zwischen Hierarchie und Markt) nützlich seien – aber ob sich dieser Ansatz auch auf Fragen der Politik übertragen lasse, sei noch unklar. Ebenso sei theoretisch noch nicht erklärt, warum in der realen Wirtschaftswelt für ein und dieselbe Art der Transaktion verschiedene Organisationsformen überlebten. Müsste sich im Wettbewerb der Organisationsformen nicht irgendwann die eine, überlegene Form herauskristallisieren und durchsetzen? Auch zur Innovation gebe es noch viele offene Fragen, berichtet *Ménard*. Zum Beispiel gebe es noch keine systematische Antwort darauf, wie Unsicherheit die spontane Entwicklung von Organisationen befördert und technischen Fortschritt erzwingt. Selbst der Prozess der Schaffung neuer Märkte sei noch weitgehend unerforscht. Strittig sei zudem, auf welchem Wege die Anreize untersucht werden müssen, die gesellschaftliche Regelsysteme individuell unterstützen – insbesondere ob ein kognitionstheoretischer Ansatz hier Erfolg versprechend sei, wie ihn der amerikanische Nobelpreisträger *Douglass North* verfolgt.

Besonders zum Nachdenken regt der Beitrag von *Siegwart Lindenberg* (Universität Groningen, Niederlande) an. *Lindenberg* fragt, wie sich Gesellschaften dagegen absichern, aus einem System der Offenheit und der anonymen Austauschwirtschaft („impersonal exchange") mit Marktzugang für jedermann wieder zurückzufallen in den Zustand der „Natural State Society", in der sich alles um persönliche Beziehungen und Rent-seeking dreht. Er glaubt nicht, dass der Fortbestand der „Open Access Society" allein durch sachliche Anreize gesichert ist und dass der Markt aus sich selbst heraus stabil genug ist, um den eigenen Fortbestand zu gewährleisten. „Unpersönliche Austauschbeziehungen müssen durch vertrauensvolle persönliche Vertragsbeziehungen und durch eine tüchtige Verwaltung flankiert sein – und diese funktionieren nicht gut, wenn sie allein auf sachliche Anreize gestützt sind", schreibt *Lindenberg*. Dies bringt ihn vorderhand dazu, nach der Motivation menschlichen Handelns zu fragen. Er listet drei Zielsysteme auf: das hedonische (Menschen wollen sich kurzfristig besser fühlen), das gewinnorientierte (Mensche denken strategisch in Bezug auf ihre Zukunft) und das normative Zielsystem (Menschen tun Dinge, weil diese „sich gehören"). Hedonische Ziele erhielten sich und wirkten aus sich selbst heraus; gewinnorientierte und normative Ziele indes bedürften der Flankierung durch gesellschaftliche und institutionelle Arrangements. Soll heißen: kurzfristigen Genuss zu verfolgen, ist fester Bestandteil der menschlichen Natur. Mittel- und langfristig den eigenen Nutzen zu maximieren oder gar andere, nicht vordergründig eigeninteressierte Ziele zu verfolgen, bedarf der Erziehung. Doch wann ist ein normatives Zielsystem nachhaltig? Wann hält es den anderen, konträren Anreizen stand? Wenn die Gesellschaft eine Ordnung hat, die einen möglichst großen Gleichlauf der Interessen ermöglicht, spekuliert *Lindenberg*, und wenn möglichst viele Mitglieder hinreichend Kenntnis über die Funktionsweise dieser Ordnung haben. Als gefährlich für die Stabilität der normativen Zielsysteme betrachtet er beispielsweise den Wettbewerbsdruck in der Marktwirtschaft: Dieser führe fast zwangsläufig zu einem stärkeren Gewicht der unmittelbar hedonischen Ziele. Die „öffentliche Moral" leide ebenso, wenn sich Führungskräfte in Wirtschaft und Politik daneben benähmen und opportunistisch handelten.

Peter Bernholz erzählt den Streit um die Goldreserven der Schweizer Nationalbank nach und vergleicht ihn mit zwei früheren historischen Situationen, mit der Franken-Abwertung von 1936 und den Aufwertungen von 1971. Die Diskussion um die Goldreserven begann 1997, als der damalige Präsident der SNB vorschlug, die Erträge aus dem Verkauf von nicht mehr gebrauchten Reserven – immerhin 1300 Tonnen Gold im Wert von 21 Milliarden Schweizer Franken – in einen Solidaritätsfonds zur Entschädigung von Nazi-Opfern fließen zu lassen. An Gegenvorschlägen für die Verwendung der Mittel mangelte es in der Folge nicht, sie reichten von der Nutzung der Goldreserven zur Finanzierung der Sozialversicherung („Kosa-Initiative") und der Rückzahlung von Staatsschulden bis hin zur Investition in Bildung und Forschung. Die „Kosa-Initiative ist mittlerweile vom Schweizer Volk abgelehnt, das Geld auf Bund und Kantone verteilt – und der Streit geht auf den jeweiligen Ebenen weiter. Der Punkt von *Bernholz* in seinem Beitrag ist, dass die politischen, zu erheblichem Gerangel führenden Begehrlichkeiten nur durch transparente und klar abgegrenzte Eigentums- und Verfügungsrechte hätten unterbunden werden können, doch an denen habe es seit jeher gefehlt: wem die „Windfall Profits" aus Währungsneubewertungen und Reservenverkäufen zustünden, sei ein Fall von „Fuzzy and Opaque Public Property Rights".

Christian Pfeil und *Thorsten Posselt* (Universität Wuppertal) gehen der Frage nach, warum Kundenbindungsprogramme im Einzelhandel eigentlich so beliebt sind – und kommen auf Basis von empirischen Analysen zu dem Ergebnis, dass es den Händlern weniger darum geht, die Kunden glücklich zu machen und infolge dessen auf weitere Einkäufe hoffen zu dürfen, als schlicht den Preiswettbewerb zu entschärfen. Bonusprogramme sind also „künstliche Wechselbarrieren" mit wettbewerbswidrigem, preistreibendem Effekt. *Eirik G. Furubotn* befasst sich mit Firmen, die verschiedene Unternehmensziele zugleich verfolgen; *Kenneth E. Scott* (Stanford Law School) beleuchtet den Begriff der „Corporate Governance"; *Arnold Picot* und *Marina Fiedler* (Universität München) beschäftigen sich mit Verfügungsrechten und Offenheit als Innovationstreiber. *Volker Böhm* (Universität Bielefeld) und *Jürgen Eichberger* (Universität Heidelberg), *Rudolf Richters* einstiger Nachfolger auf dem Saarbrücker Lehrstuhl, untersuchen den Zusammenhang zwischen Produktionseffizienz und unvollkommener Konkurrenz. Ein Beitrag von *Justus Haucap, Uwe Pauly* (Saarländisches Wirtschaftsministerium) und *Christian Wey* zur kollektiven Lohnfindung schließt den Band ab – mit dem Ruf nach einem gesetzlichen Rahmen zur Sicherung des Wettbewerbs auf dem Arbeitsmarkt.

Literatur

Coase, Ronald (1937), *The Nature of the Firm*, Economica, 1937, 4, 386-405.

Richter, Rudolf (1994), *Institutionen ökonomisch analysiert: Zur jüngeren Entwicklung auf einem Gebiete der Wirtschaftstheorie*. Tübingen.

Richter, Rudolf (1996), *Neue Institutionenökonomik: Eine Einführung und kritische Würdigung*. Tübingen.

Richter, Rudolf, und Eirik G. Furubotn (1997), Institutions and Economic Theory: *The Contribution of the New Institutional Economics*, Ann Arbor.

Wolfgang Kerber

An Economic Analysis of Private International Law
Anmerkungen zu dem gleichnamigen Band, herausgegeben von Jürgen Basedow und Toshiyuki Kono[*]

Was ist Internationales Privatrecht und weshalb ist es wichtig für Ökonomen? Internationales Privatrecht umfasst alle Regeln, die bei grenzüberschreitenden Sachverhalten darüber entscheiden, welches nationale Recht zur Anwendung kommt. Dies kann sich auf die rechtlichen Regeln selbst beziehen oder darauf, welches Gericht über Streitigkeiten entscheidet (Forum). Diese Kompetenzabgrenzungsregeln sind von zentraler Bedeutung, weil es kein wirkliches internationales Privatrecht gibt, so dass bei grenzüberschreitenden Sachverhalten auf nationales Recht zurückgegriffen werden muss. Umgekehrt aber ermöglicht dies Firmen, bei internationalen Transaktionen zwischen nationalen Rechtssystemen zu wählen (freie Rechtswahl im Rahmen der Privatautonomie). Insofern entscheiden die Regeln des Internationalen Privatrechts auch über das Ausmaß und die Funktionsfähigkeit von institutionellem Wettbewerb zwischen privatrechtlichen Regeln und Gerichten verschiedener nationaler Rechtssysteme. Des Weiteren stellt sich das Problem grenzüberschreitender Externalitäten zwischen den Rechtssystemen, die durch rechtliche Regelungen oder Gerichtsentscheidungen verursacht werden. Als zentrales Problem muss dabei gesehen werden, dass diese Regeln über die Abgrenzung der Reichweite nationalen Rechts selbst bisher fast ausschließlich nationale Regeln sind, was zu der Problematik mangelnder Konsistenz und vielfältiger Konflikte führt. Ordnungsökonomisch betrachtet fehlt somit bisher ein konsistentes Regelsystem für eine globale Ordnung, die aus einer Anzahl unterschiedlicher nationaler Privatrechtssysteme besteht (Global Governance-Problem).

Der von den Rechtswissenschaftlern *Jürgen Basedow* und *Toshiyuki Kono* herausgegebene Sammelband ist das Ergebnis einer Tagung, die 2005 in Japan stattfand. Auf dieser Tagung gingen sowohl Juristen als auch Ökonomen der Frage nach, inwieweit der spezifische Ansatz der Ökonomischen Analyse des Rechts, der sich auf vielen Rechtsgebieten als fruchtbar erwiesen hat, auch zu dieser Problematik des Internationalen Privatrechts hilfreiche Beiträge leisten kann. Die Ausgangssituation ist dabei schwierig. Zunächst scheinen trotz jahrzehntelanger umfangreicher Rechtsprechung bisher kaum überzeugende allgemeine Prinzipien in der Rechtswis-

---

[*] Jürgen Basedow, Toshiyuki Kono (Hg), *An Economic Analysis of Private International Law: Materialien zum ausländischen und internationalen Privatrecht*, Verlag Mohr Siebeck, Tübingen 2006, 246 Seiten.

senschaft selbst entwickelt worden zu sein. Vor allem aber gibt es bisher noch relativ wenige Beiträge, die sich aus ökonomischer Perspektive mit dieser Frage beschäftigen. Insofern hatte diese Tagung eine innovative Pionierfunktion, die diesen Sammelband so wichtig macht (aber auch zu einer etwas ungleichgewichtigen Relevanz und Qualität der Beiträge führt).

Für einen systematischen Einstieg in die Ökonomische Analyse des Internationalen Privatrechts sind die Beiträge von *Hans-Bernd Schäfer* und *Katrin Lantermann* („Choice of Law from an Economic Perspective") und von *Christian Kirchner* („An Economic Analysis of Choice-of-Law and Choice-of-Forum Clauses") zu empfehlen. Nach einer klaren Herausarbeitung der methodologischen Weichenstellungen bei Verwendung einer ökonomischen Analyse auf solche rechtlichen Fragestellungen, konzentriert sich *Kirchner* auf die Frage der Regeln für die freie Wahl von rechtlichen Regeln und Gerichten und betont dabei zu Recht die Notwendigkeit der Differenzierung zwischen verschiedenen rechtlichen Ebenen (private ordering, national law, supranational law, international law).

Die typische Vorgehensweise der Ökonomischen Analyse des Rechts wird jedoch vor allem in dem Beitrag von *Schäfer* und *Lantermann* deutlich. Falls keine Wirkungen auf Dritte ausgehen und auch keine anderen Marktversagensprobleme auftreten, dann sollte das Internationale Privatrecht vor allem in der Ermöglichung der freien Rechtswahl bestehen, die sowohl die Wohlfahrt der Transaktionsparteien erhöht als auch zu einen wohlfahrtserhöhenden Wettbewerb zwischen privatrechtlichen Regeln führen kann. Treten aber durch die freie Rechtswahl Drittwirkungen auf, dann müssen diese bei der Ausgestaltung der Regeln einbezogen werden. In diesen Fällen ergibt sich aber auch ein Übergang zu zwingenden Regeln im Privatrecht und expliziten Regulierungen. Werden in verschiedenen Rechtssystemen von den Gesetzgebern verschiedene Politiken verfolgt („ordre public"), dann ergeben sich hieraus auch Beschränkungen der freien Rechtswahl (bspw. Mindeststandards). Die extraterritoriale Anwendung dieser nationalen Regeln kann dann auch zur Überregulierung führen (wie unter Umständen im Fusionskontrollrecht durch das Auswirkungsprinzip). *Schäfer* und *Lantermann* machen deutlich, dass aber auch andere Marktversagensprobleme wie bspw. Informationsasymmetrien bei Verbrauchern wichtig sein können (Verbraucherschutz). So wird analysiert, ob bei der Haftung für international gehandelte Produkte das Recht des Standorts des Herstellers („lex loci delicti"), das Recht des Wohnortes des Opfers („lex domicilii") oder das Recht des Landes, in dem das Produkt verkauft worden ist („law of the country of commercialisation"), angewendet werden sollte. Im Allgemeinen erweist sich das Letztere als die effiziente Lösung.

Lesenswerte konkrete ökonomische Analysen unterschiedlicher Fragestellungen im Internationalen Privatrecht (inklusive adäquater Vorgehensweisen bei der ökonomischen Modellierung) finden sich in den Beiträgen von *Souichirou Kozuka* („The Economic Implications of Uniformity of Laws") und *Kazuaki Kagami et al.* ("Economic Analysis of Conflict-of-Laws Rules in Tort - Lex Loci Delicti Principle vs. Interest Analysis Approach"). Aus einer eher grundsätzlichen Perspektive interessant sind vor allem die Beiträge von *Ralf Michaels* und *Jürgen Basedow*. *Ralf Michaels* („Two Economists, Three Opinions? Economic Models for Private International Law - Cross-Border Torts as Example") zeigt in überzeugender und spannender Weise, dass zentrale Frontstellungen in der rechtlichen Diskussion über Internationales Privatrecht, nämlich ob man es mehr vom Privatrecht (rechtliche Regelungen zwischen privaten Akteuren) oder vom internationalen Recht (rechtliche Regelungen zwischen Staaten mit ihren Privatrechtsordnungen) her sieht, auch von einer ökonomischen Analyse her entwickelt werden können. Hierbei dient ihm das Haftungsrecht als Anwendungsbeispiel. Was bei seiner Analyse deutlich wird, ist eine differenziertere Einschätzung der Möglichkeiten und Grenzen dessen, was die Ökonomie zur Frage der Gestaltung des Internationalen Privatrechts beitragen kann. Eine etwas größere Skepsis bezüglich der Reichweite möglicher Beiträge der Ökonomie wird in dem Beitrag von *Jürgen Basedow* („Lex Mercatoria and the Private International Law of Contracts in Economic Perspective") deutlich. Zunächst ist ihm vermutlich zuzustimmen, dass die gelegentlich (insbesondere von Ökonomen) geäußerte Einschätzung, dass die so genannte Lex Mercatoria dem Internationalen Privatrecht überlegen sei und es ersetzen würde, nicht richtig ist. Tatsächlich sind beide eher komplementär zu sehen, da bei internationalen Transaktionen im Allgemeinen (trotz Betonung von private ordering) sehr wohl auf die Anschlussfähigkeit zu einem bestimmten nationalen Recht Wert gelegt wird. Auch hat er sicherlich Recht, dass bei der Formulierung von Regeln des Internationalen Privatrechts nicht immer auf die Wirkungen in Bezug auf die globale Effizienz abgestellt werden kann (was faktisch auch bei *Schäfer* und *Lantermann* in ihrem Abschnitt über rules vs. standards implizit diskutiert wird), aber von vornherein nur auf Transaktionskosten abzustellen, wie es *Basedow* vorschlägt, kann ebenfalls zu kurz greifen. Der generellen Skepsis gegenüber dem Ziel der global efficiency ist allerdings zuzustimmen, was die (auch in anderen Beiträgen ex- oder implizit geäußerte) Notwendigkeit einer differenzierteren normativen Analyse verdeutlicht.

Ein eigener, für sich stehender Teil des Sammelbandes bezieht sich auf die Frage der freien Rechtswahl im Bereich des Gesellschaftsrechts und des daraus unter Umständen folgenden Regulierungswettbewerbs. Der Beitrag von *Horst Eidenmüller* bietet eine sehr gute Analyse der Folgen der faktischen Einführung der freien Wahl des Gesellschaftsrechts in der EU (durch die Ablösung der Sitztheorie durch die Gründungstheorie in der Rechtsprechung des EuGH zur Niederlassungsfreiheit) für das deutsche und europäische Gesellschaftsrecht. Während *Eidenmüller* die Einführung des Gesellschaftsrechtswettbewerbs begrüßt und primär nach einer Verbesserung seiner rechtlichen Rahmenbedingungen fragt, stellt der folgende Beitrag von *Tomoyo Matsui* („What Cases Should be Governed by Lex Incorporationis? A Policy and Application-Costs Perspective") eher kritische Fragen zur freien Rechtswahl im Gesellschaftsrecht. Er führt eine Anzahl von wichtigen Kritikpunkten und notwendigen Differenzierungen an, die insbesondere bei der konkreten Ausgestaltung zu bedenken sind. Ein kurzer Überblick über eine interessante aktuelle Diskussion zur Reform des japanischen Gesellschaftsrechts (von *Yoshihisa Hayakawa*) rundet diesen Teil ab.

Wenn sich die (Ordnungs-)Ökonomie ernsthaft mit den institutionellen Grundlagen einer internationalen Rechts- und Handelsordnung auseinandersetzen will, dann ist die Beschäftigung mit dem Internationalen Privatrecht unabdingbar, weil es sich hierbei um die Regeln für das internationale Zusammenspiel der nationalen Privatrechtsordnungen handelt. Gleichzeitig besteht hier auch noch erheblicher wirtschafts- und rechtspolitischer Forschungs- und Gestaltungsbedarf. Der hier besprochene Sammelband ermöglicht einen fruchtbaren und sehr lesenswerten Einstieg sowohl in die rechtlichen Fragestellungen als auch in die Problematik ihrer ökonomischen Analyse.

Alexander Lenger

Ökonomische Ethik
Anmerkungen zum gleichnamigen Buch von Andreas Suchanek[*]

Das vorliegende Buch von *Andreas Suchanek* bildet so etwas wie ein Zwischenfazit an der Arbeit zur Konzeption einer ökonomischen Ethik. Grundlage für seine Konzeption ist dabei die Ordnungsethik von *Karl Homann*, welcher in zahlreichen Publikationen die methodischen und inhaltlichen Fundamente zu einer ökonomischen Ethik gelegt hat.

Das Buch – vorliegend in zweiter Auflage in neu bearbeiteter und erweiterter Fassung – umfasst vier Kapitel und zeichnet sich durch einen klaren roten Faden und einen äußerst zweckmäßigen Aufbau aus: Kapitel 1 (26 Seiten) trägt zunächst das relevante ethische und wirtschaftstheoretische Grundlagenwissen zusammen, welches einer ökonomischen Ethik vorausgesetzt wird; Kapitel 2 (46 Seiten) stellt das Konzept der ökonomischen Ethik ausführlich vor; Kapitel 3 (77 Seiten) thematisiert verschiedene institutionelle Arrangements, um ein besseres Verständ-

---

[*] Andreas Suchanek, *Ökonomische Ethik*, Verlag Mohr Siebeck, Tübingen, 2. Aufl. 2007, 199 Seiten.

nis für die Funktionsweisen der ökonomischen Ethik zu ermöglichen; und Kapitel 4 (23 Seiten) reflektiert abschließend einige zentrale Erkenntnisse der ökonomischen Ethik und schließt mit einem Ausblick auf kommende Entwicklungen.

Die folgenden Anmerkungen diskutieren zunächst das Konzept der ökonomischen Ethik und daran anschließend die Anwendung auf institutionelle Arrangements. Danach wird kurz auf die Reflexion von *Suchanek* eingegangen. Der Beitrag schließt mit einem kurzen Fazit.

Die moderne Ordnungsökonomik ist auf der Suche nach denjenigen gesellschaftlichen Arrangements, welche es Personen ermöglichen, durch die gemeinsame Bindung an bestimmte Regeln wechselseitige Vorteile auf gesellschaftlicher Ebene zu realisieren (*Vanberg* 2003: 52). Genau an diesem Punkt setzt auch das Programm der ökonomischen Ethik an, welches *Suchanek* folgendermaßen charakterisiert:

„Ökonomische Ethik befasst sich mit den Bedingungen der Möglichkeit, wie Moral und Eigeninteresse im Falle ihres Konfliktes miteinander kompatibel bzw. füreinander fruchtbar gemacht werden können, um zu einer gelingenderen gesellschaftlichen Zusammenarbeit zum gegenseitigen Vorteil zu gelangen." (S. 39)

Wann immer also Konflikte zwischen Eigeninteresse und Moral auftreten, so ist systematisch nach Wegen zu suchen, beides füreinander verträglich zu gestalten. Aus dieser Überlegung leitet *Suchanek* die *Goldene Regel* der ökonomischen Ethik ab, welche zugleich den zentralen Ansatz des Buches darstellt: „Investiere in die Bedingungen der gesellschaftlichen Zusammenarbeit zum gegenseitigen Vorteil!" (S. 80). Dabei empfiehlt die ökonomische Ethik, den eigenen Vorteil so zu verfolgen, dass er zugleich zu einer Besserstellung anderer führt. Da Menschen in modernen Gesellschaften immer auch in soziale Kontexte eingebunden sind und niemand sein Leben völlig unabhängig von anderen Menschen leben kann, ist jedes Individuum letzten Endes immer auf andere angewiesen, um seine eigenen Ziele zu realisieren. Um also Moral und Eigeninteresse miteinander zu vereinbaren, sind Investitionen erforderlich, die sich an der Idee der Besserstellung *aller* Beteiligten orientieren.

In der Argumentationsstruktur des Buches spiegeln sich dabei insbesondere die zwei Strömungen wider, welche das Konzept der ökonomischen Ethik maßgeblich beeinflusst haben: Die langjährige Auseinandersetzung *Suchaneks* mit der Wirtschafts- und Unternehmensethik in Anlehnung an seinen akademischen Lehrer *Karl Homann* sowie die intensive Beschäftigung mit neueren Theorieentwicklungen in der Ökonomik.

Ausgangspunkt seiner Überlegungen bilden die veränderten Bedingungen der modernen Gesellschaft. Um die Umbrüche zu verdeutlichen, mit denen die Gesellschaft seit *Aristoteles* konfrontiert ist, hebt *Suchanek* zwei charakteristische Phänomene moderner Gesellschaften hervor: die Individualisierung und die funktionale Institutionalisierung. So erkennt *Suchanek* in der Freisetzung des Eigeninteresses und dem „Faktum des Pluralismus" (*Rawls* 1998), welche aus einer Herauslösung des einzelnen aus tradierten Bindungen resultieren und die individuellen Handlungsspielräume sowie subjektiven Möglichkeiten dramatisch erweitern, ein entscheidendes Moment der Moderne und verortet hier den Übergang von einer wertintegrierten zu einer regelintegrierten Gesellschaft. Hinzu tritt die (ordnungsökonomische) Einsicht, dass Menschen gezielt versuchen, die Spielregeln gesellschaftlichen Zusammenlebens im Hinblick auf die Erreichung menschlicher Zwecke zu gestalten, wobei die Maßnahmen häufig nicht-intendierte Folgen haben.

Um aber dem Postulat freiwilliger Zustimmung aller Betroffenen gerecht zu werden und dabei gleichzeitig eine Vielfalt der Lebenslagen berücksichtigen zu können, müssen einer ökonomischen Theorie konsequenterweise realitätsnahe Annahmen zugrunde liegen (vgl. *Lenger* 2008). Mit eben diesem Anspruch stattet auch *Suchanek* seine ökonomische Ethik aus, wenn er herausstellt, dass „vernünftige moralische Urteile oder Forderungen sich dadurch aus[zeichnen, AL], dass sie konsensfähige moralische Ideale zu Grunde legen und die je relevanten empirischen Bedingungen angemessen berücksichtigen" (S. 34). Durch die Integration von universellen, normativen Überlegungen unter Berücksichtigung realer, empirischer Bedingungen gelingt es *Suchanek*, die bestehenden ordnungsökonomischen und ordnungsethischen Erklärungen um realitätsnahe normative Forderungen zu bereichern. Das Programm der ökonomischen Ethik stellt somit nicht einfach eine genügsame Wiedergabe der *Homannschen* Ordnungsethik dar, sondern geht explizit darüber hinaus und verfolgt das Ziel, neuere sozialwissenschaftliche Erkenntnisse in die ordnungsethische Analyse zu integrieren. Diese Erweiterung erscheint vor allem deswegen nötig, weil eine realitätsnahe Wirtschaftstheorie die faktischen Interessen aller *heute* betroffenen Menschen zu berücksichtigen hat, um geeignete wirtschaftspolitische Empfehlungen formulieren zu können. Solche konsensfähigen Urteile sind aber nur schwerlich aus einem rein hypothetischen Gesellschaftsvertrag ableitbar, sondern bedürfen genauer Kenntnisse über die zugrundeliegenden empirischen Bedingungen.

Unter empirischen Bedingungen sind im Sinne der ökonomischen Ethik alle diejenigen situativen Voraussetzungen (also Beschränkungen und Ermöglichungen) zu fassen, welche die Akteure vorfinden und die ihre Handlungsspielräume bzw. relevanten Alternativen definieren. Hierdurch rückt die ökonomische Ethik, wie sie nun von *Suchanek* erweitert wurde, zugleich sehr nah an das Forschungsprogramm der kulturellen Ökonomik, die individuelles Handeln im Rahmen gesellschaftlicher und wirtschaftlicher Entwicklung interdependent, d. h. im Zusammenspiel individueller Handlungen untereinander und in Abhängigkeit der jeweiligen sozialen Lage und aus einer kulturellen Umgebung heraus erklärt (vgl. *Blümle* et al. 2004, *Goldschmidt* 2006). So betont *Suchanek* ausdrücklich, dass sich moralische Ideale bzw. individuelle Interessen weder beliebig realisieren lassen, noch dass die empirischen Bedingungen die Handlungsmöglichkeiten der Individuen so sehr einschränken, „dass man alles fatalistisch hinzunehmen hat" (S. 45).

Insbesondere die Anschlussfähigkeit der ökonomischen Ethik an neuere Theorieentwicklungen ist vorbildlich. So greift die ökonomische Ethik das ordnungsökonomische Konzept der Konsensethik auf, welche im Kriterium der Zustimmung das Legitimationskriterium einer gesellschaftlichen Ordnung sieht (*Buchanan* 1975). Dementsprechend wird Ökonomik als „die Wissenschaft von den Chancen und Problemen der Zusammenarbeit zum wechselseitigen Vorteil" (S. 37) verstanden. Anknüpfend an die Erkenntnis, dass Menschen die Spielregeln für ihr gemeinsames (wirtschaftliches) Zusammenleben durch kollektive Entscheidungen festlegen müssen, hat eine ökonomische Ethik laut *Suchanek* die Aufgabe, „zu einer gelingenden normativen Selbstverständigung in der Gesellschaft als Grundlage einer gelingenden gesellschaftlichen Zusammenarbeit beizutragen" (S. 27).

Dennoch ist aus ordnungsökonomischer Perspektive auf ein Grundproblem der ökonomischen Ethik hinzuweisen, welches weiteren Forschungsbedarf nach sich ziehen wird: der Umgang mit Konflikten (vgl. *Goldschmidt* 2007). Als Kernproblem der Konzeption der ökonomischen Ethik sieht *Suchanek* – in Anschluss an die Ordnungsethik nach *Homann* (2002) und *Pies* (2000) – Dilemmastrukturen, welche aufgrund von Informations- und Anreizproblemen verhindern, dass Investitionen in die Zusammenarbeit zum gegenseitigen Vorteil vorgenommen werden (S. 52-62). Eine ökonomische Ethik geht somit grundlegend davon aus, dass Interessenkonflikte, welche eine Zusammenarbeit zum wechselseitigen Vorteil verhindern, über eine Veränderung der Spielregeln mittels der Gestaltung der Anreizstrukturen gelöst werden können. Dahinter steht die Vorstellung, dass durch die Änderung der Rahmenbedingungen ein Gefangenendilemma in eine Win-win-Situation überführt werden kann, so dass letztlich kein Konflikt mehr vorliegt. Insofern ist unter ökonomischer Ethik nichts anderes zu verstehen als Ordnungsethik oder Anreizethik (vgl. hierzu *Pies* und *von Winning* 2004).

Dabei geht die ökonomische Ethik von der Prämisse aus, dass Moral anreizkompatibel sein muss, d.h. „vereinbar mit dem (wohlverstandenen bzw. reflektierten) Eigeninter-esse" (S. 49). Da aber von keinem Akteur verlangt werden kann, Beiträge zu erbringen, die absehbar zu seiner eigenen Schlechterstellung führen, Menschen zugleich in soziale Kontexte eingebunden sind und es empirisch gegeben ist, dass Menschen sowohl ein anthropologisch als auch ein sozial bedingtes Eigeninteresse verfolgen (S. 47), empfiehlt die ökonomische Ethik, nach solchen Lösungen zu suchen, die zugleich zur Besserstellung anderer führen (S. 80). Denn eine ökonomische Ethik würde – so *Suchanek* – ihren Sinn verlieren, wenn sie sowohl jegliches eigeninteressierte Verhalten akzeptieren würde, als auch, wenn sie das Eigeninteresse im Konfliktfall immer und unbedingt der Moral unterordnen würde. So erscheint es für *Suchanek* sinnvoller, danach zu fragen, „ob der Konflikt zwischen Moral und Eigeninteresse nicht dadurch auflösbar wird, dass das Eigeninteresse in den Dienst der Moral, d. h. der gelingenden Zusammenarbeit aller, genommen wird" (S. 50).

Damit aber beinhaltet die Konzeption der ökonomischen Ethik die Gefahr, dass die tatsächlichen, in der Realität zu beobachtenden wirtschaftsethischen Konflikte, welche der Autor zuvor in die ökonomische Analyse integriert hat, wieder ausgeblendet werden. Denn wenn Akteure mit einer Situation konfrontiert sind, in der durch eine Gestaltung der Rahmenordnung alle beteiligten Personen bessergestellt werden können, so liegt letzten Endes eigentlich kein wirtschaftsethischer Konflikt vor. So hat *Nils Goldschmidt* zu recht darauf hingewiesen, dass es sich bei dem Aufdecken von (zugegebenermaßen teils sehr verborgenen) Kooperationsgewinnen um eine allgemeine wirtschafts*politische* Aufgabe handelt und nicht um eine spezifisch wirtschaft-*ethische* Fragestellung. Vielmehr ist es vornehmliche Aufgabe einer Wirtschaftsethik, Interessengegensätze dort zu thematisieren, wo sich Konflikte nicht *unmittelbar* in wechselseitige Vorteile umwandeln lassen. Denn hier bedürfen Individuen einer geeigneten Argumentation und konkreter Hinweise, wie sie sich in einer solchen Situation zum Vorteil aller zu verhalten haben.

Anknüpfend an die umfangreiche Darstellung des Programms der ökonomischen Ethik thematisiert *Suchanek* verschiedene institutionelle Arrangements, um ein besseres Verständnis für deren Funktionsweisen zu ermöglichen und zu demonstrieren, wie eine ökonomische Ethik dazu beitragen kann, bestehende Rahmenbedingungen zu bewerten und zu verbessern. Denn es ist – so *Suchanek* – für die Funktionsfähigkeit von Institutionen auf Dauer notwendig, „dass die Menschen, deren Handlungen sie koordinieren sollen, diese sittliche Qualität auch erkennen […] [u]nd dazu ist ein Verständnis der Institutionen eine unverzichtbare Voraussetzung" (S. 89). Hierzu stellt *Suchanek* fundiert und lesenswert drei grundlegende Formen institutioneller Arrangements dar: die Soziale Marktwirtschaft, Unternehmen und ihre Verantwortung sowie Demokratie, Gerechtigkeit und Politik.

Dabei gelingt es *Suchanek* ausgezeichnet, die Kerngedanken des ordnungsethischen Ansatzes nach *Homann* ein weiteres Mal in anschaulicher Weise darzulegen und durch geeignete Fallbeispiele zu verdeutlichen. *Homann* und seine Schüler haben in einer Vielzahl von Publikationen herausgearbeitet, dass der systematische Ort der Moral in einer Marktwirtschaft die Rahmenordnung ist (vgl. grundlegend *Homann* und *Blome-Drees* 1992, 35). So ist es der entscheidende Beitrag der Ordnungsethik, darauf aufmerksam gemacht zu haben, dass moralisch unerwünschte Zustände nicht auf moralische Defekte der Akteure zurückzuführen sind (schließlich ist die Verfolgung eigener Inter-essen eine Grundbedingung menschlicher Existenz), sondern aus Funktionsdefiziten der Ordnung resultieren. Deswegen müssen angestrebte Veränderungen bei einer Reform des Ordnungsrahmens und der Anreizstrukturen ansetzen. Damit rückt – wie es auch die Ordnungsökonomik postuliert – die Gestaltung der Verfassung in den Mittelpunkt des Forschungsinteresses (S. 165).

Allerdings zeigen sich bei *Suchaneks* ausführlicher Darstellung der Funktionsweise der sozialen Marktwirtschaft (S. 90-115) auch die Grenzen der ökonomischen Ethik. So kann sie die von *Suchanek* aufgeworfene Frage, wieso die Marktwirtschaft so ungeliebt ist, obwohl sie doch das bisher leistungsfähigste institutionelle Arrangement darstellt, (noch) nicht befriedigend beantworten. Zwar ist seiner Argumentation zunächst zuzustimmen, dass es „ein erhebliches Maß an ökonomischer Bildung" (S. 90) erfordert, „um zu verstehen, warum unter gegebenen Bedingungen der modernen (Welt-)Gesellschaft die Marktwirtschaft offenbar das beste Instrument ist, die gesellschaftliche Zusammenarbeit zum gegenseitigen Vorteil zu fördern" (S. 90-91). Eine solche Sichtweise verdeckt aber, dass Menschen eine wirtschaftliche Ordnung anhand der für sie relevanten Ergebnisse beurteilen und dabei nicht auf ökonomische Modellbilder zurückgreifen.

Es ist – so *Suchanek* – für (negativ) betroffene Menschen natürlich nicht leicht eingängig, warum Wettbewerb unter bestimmten Spielregeln konsensfähig sein soll. Der Autor argumentiert dann aber, dass Leistungswettbewerb zustimmungsfähig sei, weil er Menschen dazu anhält, in die gesellschaftliche Zusammenarbeit zum gegenseitigen Vorteil zu investieren. Denn „ein solcher Leistungswettbewerb ist kein Interessenkonflikt nach dem Muster eines Nullsummenspiels, bei dem einer gewinnt, was ein anderer verliert. Bei einem Nullsummenspiel werden (netto) Werte weder geschaffen noch zerstört; dies ist beim Leistungswettbewerb, bei dem Wertschöpfung ein zentrales Element ist, offensichtlich anders" (S. 76). Dass aber Leistungswettbewerb insgesamt eine produktive Wirtschaftsordnung darstellt, welche ihre Attraktivität aus einem Wettbewerb um bessere Kooperations- bzw. Tauschchancen zieht, ist unbestritten.

Hieraus aber bereits die normative Qualität einer Marktwirtschaft abzuleiten („es ist dieser Wettbewerb um Tauschchancen, der Grundlage der enormen Produktivität – und damit auch der normative Qualität – von Märkten ist" (S. 98)), ist verfehlt. Denn die Legitimation einer marktwirtschaftlichen Ordnung leitet sich nicht direkt aus ihrer Produktivität ab, sondern resultiert letztlich aus der freiwilligen Zustimmung aller Beteiligten. So läuft die Argumentation der ökonomischen Ethik auch schnell Gefahr, zu verkennen, dass es den systematischen „Verlierern" des marktwirtschaftlichen Prozesses nicht einfach an einem korrekten Verständnis für marktwirtschaftliche Prozesse mangelt, sondern dass sie eben die systematischen Verlierer des Marktspiels sind. „Die grundsätzliche Besserstellung aller ist also notwendigerweise immer wieder mit Zumutungen an einzelne verknüpft, z. B. in Form von Arbeitsplatzverlusten bei (gesamtgesellschaftlich notwendigem) Strukturwandel, erheblichen Belastungen der Familie oder der eigenen Gesundheit oder – weniger drastisch – in Form von Preiserhöhungen bei sich verändernder Knappheitsrelationen" (S. 102) schreibt *Suchanek*. Dabei übersieht er aber, dass die *grundsätzliche Besserstellung aller* für die Verfolgung eigener Interessen keine (unmittelbare) Rolle spielt.

Auch fällt es schwer, *Suchanek* zuzustimmen, dass mit dem Kriterium der *individuellen Leistungsbereitschaft*, welches er als das entscheidende Kriterium zur Erlangung erwünschter Ressourcen in einer Marktwirtschaft sieht, „grundsätzlich das produktivste bzw. gerechteste – und damit zustimmungsfähigste" (S. 101) Kriterium gefunden wurde. So ist *Hayek* zu verdanken, darauf hingewiesen zu haben, dass die Spannung zwischen Gerechtigkeitsurteilen über Marktprozesse und Gerechtigkeitsurteile über Verteilungsprozesse zu einem wesentlichen Teil daraus resultiert, dass Menschen Gerechtigkeitsprinzipien, aus *vertrauten* Situationen auf marktwirtschaftliche Prozesse übertragen, für die diese Prinzipien gänzlich ungeeignet sind (vgl. *Hayek* 1976/2003: 285 f., 472 ff.). Dass eine marktwirtschaftliche Ordnung in ihrem Gesamtergebnis – wenn auch nicht in jedem Einzelergebnis – eine attraktive Regelordnung darstellt, verhindert also nicht, dass sie mit vorherrschenden, kulturell geprägten Gerechtigkeitsvorstellungen (bzw. empirischen Bedingungen) in Konflikt gerät. Die spontanen Gerechtigkeitsempfindungen der Menschen müssen also nicht unbedingt ihren aufgeklärten Interessen entsprechen, die ihre Entscheidung zwischen alternativen Regelordnungen bestimmen würden, wenn sie sich über deren faktische Auswirkungen bewusst wären.

Damit gerät *Suchaneks* Erklärungsansatz zum Spannungsverhältnis zwischen Gerechtigkeit und Effizienz aber in einen grundsätzlichen Konflikt zwischen theoretisch-normativer Begründung und praktischen Handlungsempfehlungen. Denn die moralischen Empfindungen der betroffenen Menschen und damit die Zustimmungsfähigkeit zu einer gesellschaftlichen Ordnung entspringen den sozio-kulturellen Bedingungslagen und historischen Erfahrung der Menschen in ihrer sozialen Welt und stellen nicht einfach ein absolutes, gesellschaftspolitisches Gebot dar (vgl. *Goldschmidt* und *Remmele* 2004). Gerade deswegen muss – wie ja auch von *Suchanek* betont – individuelles Handeln im Rahmen gesellschaftlicher und sozialer Kontexte analysiert werden. Zielpunkt einer gehaltvollen Wirtschaftsethik muss es sein, *normative* Erwägungen anhand der *faktischen* Gerechtigkeitsvorstellungen zu prüfen und aus den vorliegenden empirischen Erkenntnissen gegebenenfalls Konsequenzen für die Theorie abzuleiten. Vor diesem Hintergrund erscheint es aber doch recht schwierig, das Kriterium der *individuellen Leistungsbe-*

reitschaft als das entscheidende Kriterium zur Akkumulation erwünschter Ressourcen in einer Marktwirtschaft zu verstehen, denn eine solche Perspektive vernachlässigt weiterhin bestehende Macht- und Informationsasymmetrien, unterschiedliche Ressourcenausstattungen sowie grundlegend verschiedene Möglichkeiten zur Teilnahme am gesellschaftlichen Prozess.

Trotz einiger hier aufgegriffener Kritikpunkte ist ausdrücklich darauf hinzuweisen, dass *Suchanek* mit dem vorliegenden Buch ein exzellenter Beitrag zur wirtschaftsethischen Grundlagenforschung gelungen ist, der auch für Ordnungsökonomen von großem Interesse sein dürfte. Dies wird insbesondere bei der abschließenden Reflexion über einige zentrale methodologische wirtschaftsethische Fragestellungen deutlich. So ist das Programm der ökonomischen Ethik bestens geeignet, einige grundlegende ordnungsökonomische Schwierigkeiten aufzuklären. Ausgangspunkt hierfür ist das ehrgeizige Ziel der ökonomischen Ethik, eine Methode entwickeln zu wollen, um die Möglichkeiten einer Besserstellung aller ausfindig zu machen. Ein Ziel, welches von Ordnungsökonomen nur unterstützt werden kann. Dabei begründet sich der Wert der ökonomischen Ethik insbesondere daraus, dass sie für die Begründung konkreter moralischer Forderungen eine sorgfältige Analyse der konkreten gegenwärtigen Situation und empirischen Bedingungen zulässt (S. 167-177).

Auch gestaltet sich *Suchaneks* Diskussion über das der ökonomischen Ethik zugrundeliegende Menschenbild eines „homo oeconomicus" (S. 177-188) äußerst fruchtbar für weiterführende theoretische Überlegungen. Sich gegen eine verkürzte Interpretation des homo oeconomicus wehrend betont *Suchanek* die Notwendigkeit, „ein möglichst gut fundiertes Wissen darüber zu haben, wie sich Menschen *typischerweise* in bestimmten Situationen verhalten" (S. 177, Hervorhebungen im Original). Indem *Suchanek* beide menschlichen Wesenszüge – d. h. Menschen handeln sowohl eigeninteressiert, sind aber zugleich auch empirisch bedingte Wesen, die biologischen, psychologischen, sozialen und kulturellen Bedingungen unterliegen – in seine Analyse integriert, gelingt es ihm, die ökonomische Ethik anschlussfähig für (ordnungs-)ökonomische Forschung zu halten. Denn unbestrittenerweise stellt das Modell des homo oeconomicus, welcher rational und eigeninteressiert auf die Anreizbedingungen von bestimmten Situationen reagiert, die gemeinsame analytische Basis ökonomischer Forschung dar. Ein solches Analysemodell hat aber nur einen Wert, wenn es auch realitätsnahe Erklärungsmuster menschlichen Verhaltens zulässt. Denn nur wenn theoretischen Modellen eine angemessene Abbildung der Realität zugrunde liegt, sind diese geeignet, normative Schlussfolgerungen zuzulassen.

Insgesamt stellt der vorliegende Text, trotz einiger verbleibender Unklarheiten – es sei nochmals auf die angesprochenen Probleme im Umgang mit Konflikten verwiesen – eine ausgezeichnete und sehr gut lesbare Synthese wirtschaftsethischer Fragen aus ordnungs- bzw. anreizethischer Perspektive dar. Damit gelingt S*uchanek* zugleich eine ernstzunehmende Ausweitung und Weiterentwicklung des *Homannschen* Ansatzes der Ordnungsethik. Da die Ausführungen laut *Suchanek* bisher nur ein „Zwischenfazit" (S. VI) an der Arbeit am Konzept der ökonomischen Ethik darstellen, darf man gespannt sein, wie es weitergeht. Die angesprochenen Probleme sollten aber verdeutlicht haben, dass es noch etlicher weiterer Bemühungen bedarf, um das Ziel einer „realistischen Ethik" (S. 189) zu verwirklichen.

Literatur

Blümle, Gerold, Nils Goldschmidt, Rainer Klump, Bernd Schauenberg und Harro von Senger (2004) (Hg.), *Perspektiven einer kulturellen Ökonomik*, Münster.

Buchanan, James M. (1975), The Limits of Liberty: Between Anarchy and Leviathan, Indianapolis.

Goldschmidt, Nils (2006), A Cultural Approach to Economics, *Intereconomics*, Vol. 41 (4), S. 176-182.

Goldschmidt, Nils (2007), Kann oder soll es Sektoren geben, die dem Markt entzogen werden, und gibt es in dieser Frage einen (unüberbrückbaren) Hiatus zwischen „sozialethischer' und „ökonomischer' Perspektive?, in: Detlef Aufderheide und Martin Dabrowski (Hg.), *Markt und Wettbewerb in der Sozialwirtschaft. Wirtschaftsethische und moralökonomische Perspektiven für den Pflegesektor*, Berlin, S. 53-81.

Goldschmidt, Nils und Bernd Remmele (2004), Kultur UND Ökonomie (Weber Revisited), in: Gerold Blümle et al. (Hg.), *Perspektiven einer kulturellen Ökonomik*, Münster, S. 109-126.

Hayek, Friedrich A. (2003), Recht, Gesetz und Freiheit. Eine Neufassung der liberalen Grundsätze der Gerechtigkeit und der politischen Ökonomie, Tübingen.

Homann, Karl (2002), Vorteile und Anreize. Grundlegung zu einer Ethik der Zukunft, Tübingen.

Homann, Karl und Franz Blome-Drees (1992), *Wirtschafts- und Unternehmensethik*, Göttingen.

Lenger, Alexander (2008), Gerechtigkeit und das Konzept des Homo Culturalis, erscheint voraussichtlich in: Nils Goldschmidt und Hans G. Nutzinger (Hg.), *Vom homo oeconomicus zum homo culturalis. Handlungen und Verhalten in der Ökonomie*, Münster.

Pies, Ingo (2000), Wirtschaftsethik als ökonomische Theorie der Moral: Zur fundamentalen Bedeutung der Anreizanalyse für ein modernes Ethikparadigma, in: Wulf Gaertner (Hg.), *Wirtschaftsethische Perspektiven V: Methodische Ansätze, Probleme der Steuer- und Verteilungsgerechtigkeit, Ordnungsfragen*, Berlin, S. 11-33.

Pies, Ingo und Alexandra von Winning (2005), Wirtschaftsethik, in: Rolf H. Hasse, Hermann Schneider und Klaus Weigelt (Hg.), *Lexikon Soziale Marktwirtschaft. Wirtschaftspolitik von A bis Z*, 2. Auflage, Paderborn, S. 495-498.

Rawls, John (1998), *Politischer Liberalismus*, Frankfurt am Main.

Vanberg, Viktor J. (2003), Konsumentensouveränität und Bürgersouveränität: Steuerungsideale für Markt und Politik, in: Roland Czada und Reinhard Zintl (Hg.), *Politik und Markt*, Wiesbaden, S. 48-65.

Christian Müller

Corporate Social Responsibility als unternehmerische Strategie
Bemerkungen zu einem von *Hans Thomas* und *Johannes Hattler* herausgegebenen Tagungsband[*]

Wirtschaft braucht Ethik. Aber auch die (Wirtschafts- und Unternehmens-)Ethik kommt ihrerseits nicht ohne eine Beachtung der wirtschaftlichen Gesetzmäßigkeiten aus. „Eine Moral", schrieb 1985 *Joseph Ratzinger*, „die ... die Sachkenntnis der Wirtschaftsgesetze überspringen zu können meint, ist nicht Moral, sondern Moralismus, also das Gegenteil von Moral." Diese nicht immer ganz spannungsfreien Beziehungen zwischen Ökonomie und Moral auszuleuchten, war die Aufgabe eines internationalen Colloquiums des Kölner Lindenthal-Instituts im Mai 2007, an dem von deutscher Seite u. a. die Ökonomen *Horst Albach* und *Jürgen Donges* sowie der Eichstätter Sozialethiker *André Habisch* teilnahmen. Der besondere Reiz des nun unter der Federführung von *Hans Thomas* und *Johannes Hattler* herausgegebenen Tagungsbandes liegt darin, dass er die Beiträge dieser und anderer Theoretiker mit den Überlegungen und Statements von Führungspersönlichkeiten aus der Unternehmenspraxis konfrontiert und diese miteinander in die Diskussion bringt.

Insgesamt stellen die Beiträge je unterschiedliche Facetten ein und desselben Plädoyers für mehr Ethik in den Chefetagen moderner Wirtschaftsunternehmen dar. Während *Franz Borgers*, langjähriger Geschäftsführer des Automobilzulieferers Borgers AG, verlangt, Führungskräfte sollten menschliche Tugenden pflegen (S. 30), fordert *Ludwig Engels*, Geschäftsführer der Wegmann-Gruppe, eine Besinnung der Manager auf eine Gesinnungs- und Verantwortungsethik, die er, in Anlehnung an *Hans Jonas'* ethischen Imperativ, wie folgt formuliert: „Handle so (Führe Dein Unternehmen so), dass die Wirkungen dieser Entscheidungen (und ihrer Umsetzung) verträglich sind mit der Permanenz echten menschlichen Lebens"; die Entscheidungen von Managern, so *Engels*, müssen danach „zur Schaffung und Stabilisierung des Gleichgewichts der Interessen aller am Unternehmen Beteiligten" (S. 66) beitragen.

---

[*] Hans Thomas und Johannes Hattler (Hg.), *Ethik im Dienst der Unternehmensführung*, Verlag Metropolis, Marburg 2008, 234 Seiten.

Dieses Gleichgewicht aller relevanten Interessen herbeizuführen, ist eine wesentliche Aufgabe des vieldiskutierten Konzepts der „Corporate Social Responsibility" (CSR). Mit großer Einmütigkeit betonen die Autoren des Bandes, dass es sich für ein Unternehmen lohnen kann, auf freiwilliger Basis Sozial- und Umweltbelange in ihre Tätigkeit und in die Austauschbeziehungen mit ihren Stakeholdern zu integrieren, oder wie es *Borgers* in leicht ironisierendem Neudeutsch ausdrückt: „Ethic pays" (S. 30). Ganz in diesem Sinne unterscheidet der spanische Management-Professor *Carlos Cavallé* in seinem Beitrag eine unternehmerische, eine rechtliche, eine strategische und eine ethische Perspektive, in der sich ein CSR-Engagement von Unternehmen auszahlen kann. *André Habisch* (S. 152 ff.) belegt zudem mit einer Reihe von Beispielen aus der unternehmerischen Praxis, dass solche und ähnliche Überlegungen mehr als nur theoretische Relevanz haben.

Unternehmerische Ethik ist damit kein Selbstzweck, sondern verfolgt eine dienende Funktion: Ethik im Unternehmen, so postulieren die Tagungsteilnehmer, ist selbst ein „Mittel" – nicht nur nach innen, zur Steigerung des „Binnengemeinwohls" des Unternehmens, sondern auch im Sinne der volkswirtschaftlichen Wohlfahrt insgesamt. Den Ordnungsökonomen mag es kaum überraschen, dass sowohl *Horst Albach* (S. 86), der Nestor der deutschen Betriebswirtschaftslehre, wie auch der ehemalige „Wirtschaftsweise" *Jürgen Donges* (S. 95) gerade den viel gescholtenen Markt und seinen Leistungswettbewerb als jene Institution ausmachen, welche die individuellen Eigeninteressen der Marktteilnehmer in Richtung auf das Wohl aller Beteiligten hin koordiniert. Der wettbewerblich organisierte Markt entlastet nach *Albach* die moralischen Gewissen der Unternehmer, jede einzelne ihrer Handlungen auf ihre Gemeinwohltauglichkeit prüfen zu müssen. Das Handeln des investierenden Unternehmers, so *Albach* (S. 76), werde von der „Ethik des Schaffens" bestimmt, die einen Vorrang vor der „Ethik des Teilens" genieße. Wer das eine gegen das andere ausspielen wolle, habe nicht verstanden, dass erst der Unternehmer, der heute investiert, die Grundlagen dafür schaffe, dass morgen etwas produziert werden könne, das verteilt werden kann.

Schon zuvor hatte *Albach* (2005, 2007) in zwei vielbeachteten Fachaufsätzen argumentiert, dass die Grundpfeiler der Betriebswirtschaftslehre – die sechs systemindifferenten (Wirtschaftlichkeit, Kombinationsprozess, finanzielles Gleichgewicht) und systembezogenen Unternehmensfaktoren (erwerbswirtschaftliches Prinzip, Alleinbestimmusprinzip, Autonomieprinzip) – auf den Schultern der Vernunft-, der Handlungs-, der Verantwortungs- und der Ethik des Schaffens stünden. Die Betriebswirtschaftslehre selbst sei daher Unternehmensethik, so dass sich sogar eine eigenständige wissenschaftliche unternehmensethische Disziplin erübrige. Ein Unternehmer bedürfe daher keiner Moralpredigten, von welcher Seite auch immer. Vielmehr brauche er sich nur mit der Theorie der Unternehmung zu beschäftigen, um ethisch verantwortbare Entscheidungen zu treffen.

In dem Kölner Tagungsband wird *Albach* nun noch deutlicher, woher sein Fach diese ethischen Prinzipien beziehe: So argumentiert er, dass „die christliche Kinderstube" eine der theoretischen Wurzeln der Betriebswirtschaftslehre ist und dass aus dieser Wurzel das praktische unternehmerische Handeln gespeist wird" (S. 73). Zur christlichen Kinderstube gehört für ihn „die Erziehung durch christlich geprägte Eltern, es gehören dazu die Bibel-Lesung, der Katechismus, die Bergpredigt und die Zehn Gebote", darüber hinaus „die historische Person Jesus" sowie das Wissen darum, was gut und was böse ist. „Mir ist der Hinweis wichtig", so *Albach*, „dass wir wieder stärker bemüht sein sollten, christliche Ethik in Elternhäuser und Schulen hineinzubringen." (S. 89)

Unternehmer, so bringen es *Thomas* und *Hattler* (S. 10) auf den Punkt, nehmen in diesem Sinne ihre gesellschaftliche Verantwortung gerade dadurch wahr, dass sie nach Gewinn streben. Es wäre daher weder zielführend noch vernünftig, von Führungspersonen zu verlangen, ständig altruistisch zu handeln. Altruismus, argumentiert *Joanne B. Ciulla* von der University of Richmond, mag ein Motiv für Handlungen sein; seiner Natur nach jedoch ist er kein normatives Prinzip (S. 205). Eine „Verbindung zwischen den Extremen des Altruismus und des Eigeninteresses" sieht sie demgegenüber in der „Goldenen Regel" („Was du nicht willst, das man dir tu', das füg' auch keinem andern zu"), die sich in fast allen größeren Kulturen als grundlegendes moralisches Prinzip findet. Unternehmen haben daher nach *Habisch* (S. 141) auch wenig Grund, ethische Strategien wie ein CSR-Engagement allein deshalb zu ergreifen, um sich – im Sinne von „Ablasszahlungen" – von moralischer Kritik „freizukaufen". Im Gegenteil: Allzu freigiebiges, philantropisches Verhalten von Unternehmensleitern könne die gesellschaftliche Wohlfahrt sogar verringern, statt diese zu fördern, wenn nämlich „Führungskräfte nach ihrem Gutdünken Spendengelder ausreichen, die letztlich von Aktionären und/oder Steuerzahlern finanziert werden" (S. 140).

Während die Beteiligten noch relativ leicht einen Konsens über die Vorteilhaftigkeit von CSR-Strategien erzielen, tun sie sich schon deutlich schwerer mit der Frage, welche unternehmerischen Entscheidungen eine solche ethische Ausrichtung der Unternehmensführung konkret impliziert. Ist die Schließung eines nicht mehr wirtschaftlichen Unternehmens und die Entlassung seiner Arbeitnehmer ethisch zu verantworten? Ist es moralisch vertretbar, den *Shareholder value* eines Unternehmens zu maximieren, ohne die Interessen der übrigen *Stakeholder* gleichberechtigt in den Blick zu nehmen? *Albach* jedenfalls bejaht beide Fragen uneingeschränkt. Noch heute sieht er keinen Konflikt mit seinem christlichen Gewissen, dass er einst, als Mitglied des AEG-Aufsichtsrates, der Schließung der Olympia-Werke durch den Alleineigentümer zustimmte (S. 75). Und eine Maximierung des Unternehmenswerts sei „moralisch gerechtfertigt", weil der *Shareholder* das Risiko des unternehmerischen Scheiterns trage, während die anderen *Stakeholder* die Wahrnehmung ihrer Interessen etwa durch Verträge (Kaufverträge, Lieferverträge, Kreditverträge, Arbeitsverträge) sichern könnten. Die ganze Diskussion über *Shareholder value* und *Stakeholder interest* macht für *Albach* deutlich, „wie sehr es an betriebswirtschaftlichem Orientierungswissen fehlt" (S. 88).

Und wie steht es um die Beteiligung von Unternehmen an Korruption? Korruptive Handlungen von Managern sind für *Antonio Argandona*, Wirtschaftsethiker an der IESE Business School in Pamplona, ethische „Fehlstrategien". Der Wettbewerbsvorteil, den sich ein Unternehmen durch Bestechung verschafft, sei nicht nachhaltig und komme es langfristig teuer zu stehen. In einer sozialen (Gefangenen-)Dilemmasituation, in der jeder vor dieser Wahl steht, ist Korruption, mit anderen Worten, eine nicht verallgemeinerbare Handlung, weil, wenn jeder so handelte, alle in einer (*pareto*-)inferioren Situation landeten: „Die Korruption wird zur gängigen Praxis, das Umfeld gewöhnt sich daran, die Erpressung wächst sich aus." (S. 42) *Argandonas* detaillierte Vorschläge zur Bekämpfung von Korruption lesen sich somit auch wie die Bestimmungen in einem *Hobbes*schen Gesellschaftsvertrag zur Überwindung eines anarchischen „Krieges aller gegen alle": Sie reichen von einer unmissverständlichen Willenserklärung eines Verzichts auf jegliche Korruptionsbeteiligung über detaillierte Regelungen zulässiger und unzulässiger Zuwendungen bis hin zur Etablierung unternehmensinterner Überwachungs- und Kontrollsysteme unter Hinzuziehung externer Wirtschaftsprüfer.

Doch wie korrespondiert diese Forderung nach einer einseitigen „Abrüstung" im illegalen Streben nach Sondervorteilen mit dem ethischen Imperativ, wenn die Konkurrenten am Markt nicht ebenfalls der Korruption vollständig und glaubhaft entsagen? Schon für *Thomas Hobbes* war klar, es könne nicht moralisch gefordert sein, dass Beteiligte in einer sozialen Dilemmasituation anderen „sich selbst als Beute darbieten" (*Hobbes* 1651, 1976, S. 100). Und auch *Donges* schlägt angesichts der jüngeren Bestechungsfälle bei *Siemens* in dieselbe Kerbe: „Tue ich es nicht, weil es unethisch ist, kann ich mich nicht darauf verlassen, dass alle meine Kollegen oder Konkurrenten auch sagen: Ich besteche niemanden, um den Auftrag zu bekommen. Da ich mich nicht darauf verlassen kann, muss ich es auch machen." (S. 96)

Korruptes Handeln mag aus dieser Sicht einen *kategorischen* Imperativ verletzen, sein eigenes Verhalten im ethischen Sinne zu „universalisieren". Insofern aus ordnungsökonomischer Sicht, Bestechung durchaus rational sein kann, kann es jedoch auch einem *hypothetischen* Imperativ – einer moralischen Klugheitsregel – entsprechen, sich korrupt zu verhalten. Es ist wenig überzeugend, wenn *Albach* dieses Problem pauschal mit dem Hinweis vom Tisch wischen will, dass „das Gefangenendilemma in unserer Gesellschaft unsinnig" oder zumindest für die Frage nach den Gründen und Motiven individueller Entscheidungen irrelevant sei (S. 99 f.). Auch für seine Behauptung, schon bei fünf Prozent Altruismus verliere das Gefangenendilemma „seine vermeintliche Problematik für die Moral" (S. 100), dürfte er in der einschlägigen formalen spieltheoretischen Literatur kaum eine Grundlage finden.

Nun ist es gerade das – auch dem Gefangenendilemma zugrunde liegende – ökonomische Verhaltensmodell des rationalen und eigennützigen Entscheidungsträgers, das bei manchem Nichtökonomen Unbehagen auslöst. Obwohl die meisten Ökonomen dieses Bild des *Homo oeconomicus* keineswegs, wie einer der Diskussionsteilnehmer, als „Menschenbild" (S. 103) verstehen, sondern allenfalls als ein brauchbares analytisches Instrument, wird man sicher auch *Donges* (S. 109) zustimmen können, der diese Verhaltenstheorie für letztlich „nicht ausreichend" hält. Als Alternative erwägt er, die Ziele des ökonomischen Rationalentscheiders um ein Gespür für Fairness und Reziprozität zu erweitern. *Albach* führt in der Diskussion sogar eine „christliche Nutzenfunktion" (S. 100) ein, die als Argument nicht nur den Eigennutz enthält, sondern auch das „Glück des Nächsten" – das allerdings seinerseits erst durch die „christliche Kinderstube" dort verankert werden müsse. Doch so plausibel solche Erweiterungen des ökonomischen Verhaltensmodells auch sein mögen: Sie erkaufen in allen ihren bisherigen Varianten die hierdurch erzielte höhere Realitätsnähe der Aussagen mit einer zumeist drastischen Reduktion ihres empirischen Gehalts (näher *Tietzel* 1985, S. 83-97). Eine echte Alternative zu diesem analytischen Instrument ist daher nicht in Sicht.

Bei aller berechtigten Kritik, die sich der *Homo oeconomicus* auch in diesem Sammelband gefallen lassen muss, lässt sich so mancher Tagungsbeitrag doch auch als ein Konfirmator der ökonomischen Verhaltenstheorie interpretieren. So sind etwa die Bedingungen, welche *Borgers* aus seiner unternehmerischen Praxis heraus als Voraussetzungen erfolgreicher Teamarbeit formuliert, letztlich die gleichen wie jene, die schon *Alchian* und *Demsetz* (1972) ihrer berühmten Theorie der Teamproduktion zugrunde legten. „Teamwork" ist ein Prozess, der nicht lediglich aus der Addition der einzelnen Arbeitsanteile hervorgeht. Der Grenzbeitrag eines jeden einzelnen Teammitglieds zum Erfolg der ganzen Gruppe ist in aller Regel mehr als sein bloßer relativer Anteil und kann im Einzelfall sogar 100 Prozent erreichen. Entsprechend schwer fällt hier eine Entlohnung nach dem Grenzprodukt, so dass sich nach *Borgers* (S. 17) besondere Anforderungen an Arbeitsorganisation und Entlohnung stellen. Entsprechend lesen sich *Borgers'* Voraussetzungen erfolgreicher Teamarbeit wie *Olson*s (1965, 1968) Bedingungen der privaten Bereitstellung öffentlicher Güter: Das Kollektivgut „Teamerfolg" wird nur in dem Maße bereitgestellt, in dem sich ein klar messbares Ziel, eine „informelle Führung" (ein „*Olson*scher Großer"!) und eine homogene Zusammensetzung des Teams vorfinden lassen.

Wo Teams funktionieren, ist nach *Borgers* auch Subsidiarität *im* Unternehmen praktikabel: Dieses aus der katholischen Soziallehre stammende Prinzip wendet der Unternehmer *Borgers* in dem Sinne auch auf die innerbetrieblichen Abläufe und Prozesse an, dass überall dort, wo Delegation möglich ist, auch delegiert werden sollte – auch und gerade, um den Mitarbeiter in seiner menschlichen Würde ernst zu nehmen. So verstanden, kann innerbetriebliche Subsidiarität auch die gesetzlichen Mitbestimmungseinrichtungen entlasten, die nach *Borgers* auf einem höchst „technokratischen Regulierungsprinzip" beruhen:

„Wir sagen den „abhängig Beschäftigten', was gut für sie ist, schaffen dafür bürokratische Systeme – schließlich soll ja alles gerecht zugehen – und belasten die Begünstigten dann mit den Kosten, die die Leistungen erheblich verwässern, oft zu Missbrauch einladen und schließlich die Eigeninitiative lähmen bis hin zur Fortpflanzung." (S. 28)

Es ist insgesamt ein überaus anregender und kurzweiliger Sammelband, den *Thomas* und *Hattler* vorlegen. Niemand wird erwarten, dass in einem einzigen solchen Buch alle Beziehungen zwischen Ethik und Ökonomik erschöpfend erörtert werden. Aber immerhin einen Schritt weit dürften sich die Vertreter dieser beiden Schwesterdisziplinen in Köln doch näher gekommen sein.

Literatur

Albach, Horst (2005), Betriebswirtschaftslehre ohne Unternehmensethik, *Zeitschrift für Betriebswirtschaft* 75, S. 809-831.

Albach, Horst (2007), Betriebswirtschaftslehre ohne Unternehmensethik: Eine Erwiderung, *Zeitschrift für Betriebswirtschaft* 77, S. 195-206.

Alchian, Armen A. und Harold Demsetz (1972), Production, Information Costs, and Economic: Organization, *American Economic Review* 62, S. 777-795.

Hobbes, Thomas (1651, 1976), Leviathan oder Stoff, Form und Gewalt eines bürgerlichen und kirchlichen Staates, Frankfurt am Main.

Olson, Mancur (1965, 1968), *Die Logik des kollektiven Handelns: Kollektivgüter und die Theorie der Gruppen*, Tübingen.

Tietzel, Manfred (1985), *Wirtschaftstheorie und Unwissen: Überlegungen zur Wirtschaftstheorie jenseits von Risiko und Unsicherheit*, Tübingen.

Benedikt Römmelt

Thomas Schellings strategische Ökonomik
Anmerkungen zu dem gleichnamigen Buch von Ingo Pies und Martin Leschke[*]

Warum sind in einem akademischen Hörsaal die ersten Reihen unbesetzt, während der Rest des Auditoriums gut gefüllt scheint? Füllen sich die Reihen von hinten auf? Sichern sich die Ersten die besten Reihen und alle später Kommenden füllen den Rest des Saales nach hinten auf? Möchte keiner in der ersten gefüllten Reihe sitzen? Ist eine solche Sitzordnung überhaupt von den Hörern gewollt? Fragen wie diese stellt *Schelling* (1978, 11 ff.).

Einem Essayisten ähnlich, mit einfachen, lebensnahen Beispielen schreibt *Schelling* über komplexe Zusammenhänge und bringt durch neue Denkanstöße und Impulse Farbe in graue Theorie. *Schelling*s Ansätze beschäftigen sich multithematisch mit Konflikt-, bzw. Entscheidungssituationen. Hierbei deckt der Träger des Nobelpreises für Wirtschaftswissenschaften des Jahres 2005 auch Themenfelder außerhalb klassischer ökonomischer Probleme ab: unter anderem sind Kriegs-, Nuklear- und Rüstungsstrategien (*Schelling & Halperin*, 1961), zwischenmenschliches Verhalten (*Schelling*, 1978), Terrorismus (*Schelling*, 1984, 309 ff.), Ethik und Recht (*Schelling*, 1984, 83 ff.) oder auch das Klima (*Schelling*, 1992) Gegenstand seiner Arbeiten.

Es ist daher nicht verwunderlich, dass einem Mann wie *Schelling* im Jahr 2006 die 13. Tagung im Rahmen der Reihe „Konzepte der Gesellschaftstheorie" gewidmet wird. Die Beiträge der Tagung liefern die Grundlage des von *Pies* und *Leschke* im Jahr 2007 herausgegebenen Bandes "Thomas *Schelling*s strategische Ökonomik". Multidisziplinär werden *Schelling*s Ansätze aufgearbeitet, erklärt und bewertet.

Schon im ersten, einführenden Beitrag beschreibt *Ingo Pies* (S. 1-37) nicht nur *Schelling*s Werke und seine Themenvielfalt, sondern auch dessen Einfluss auf die Gesellschaft. Zunächst erläutert *Pies* Grundlagen der Spieltheorie und *Schelling*s Interpretation dieser. Anhand von *Schelling*s Kritik am Nullsummendenken (S. 4) und seiner Forderung, Konflikte als Verhandlungsspiele anzusehen (S. 7), belegt der Autor *Schelling*s positiven Beitrag zur Forschung. Auch normativ leistet *Schelling* seinen Forschungsbeitrag, wie *Pies* anschaulich vermittelt. Er belegt diesen mit einem Überblick über *Schelling*s Anwendung seiner Theorien nicht nur auf Militärstrategie, nationale Sicherheit und Rüstungskontrolle, sondern auch auf den Energiemarkt, die Klimapolitik, das organisierte Verbrechen und ethische Probleme wie die Sterbehilfe (S. 20 ff.).

---

[*] Ingo Pies und Martin Leschke (Hg.), *Thomas Schellings strategische Ökonomik*, Verlag Mohr Siebeck, Tübingen 2007, 232 Seiten.

Im anschließenden Beitrag (S. 39-61) beschäftigt sich *Guido Schröder* mit der Frage, inwieweit *Schellings* Ansätze und transdisziplinäre Beiträge auf meritorikfreie Weise Lösungsansätze konkreter gesellschaftlicher Probleme darstellen. Am Beispiel des Drogenkonsums beschreibt *Schröder* die Theoriedefizite der paternalistisch meritorischen Denktradition (S. 45 f.). *Schelling* hingegen vermeide mit seinem originär ökonomischen Ansatz die methodischen Fehler dieser paternalistischen Meritorik (S. 47), da er primär überprüfbare Größen zur Erklärung des Verhaltens heranziehe, anstatt sich mit der wissenschaftlich weitaus schwierigeren Erklärung von Veränderungen der Präferenzordnungen aufzuhalten (S. 53). Hierbei bemüht sich *Schröder*, Inkonsistenzen in der Arbeit des „Meritorikers" *Becker* aufzudecken (S. 56). Im Gegensatz zu diesem gelinge es *Schelling* hingegen, nicht nur den ökonomischen Ansatz weiterzuentwickeln, sondern auch Impulse zur Lösung des Drogenproblems zu geben (S. 57).

Zwar liegt *Schellings* Arbeitsschwerpunkt nicht in der Klimapolitik, jedoch gibt er weitreichende Denkanstöße in dieser globalen Diskussion. Diese sind Thema des Beitrags von *Bernd Hansjürgens* (S. 85-111). Zunächst bespricht der Autor die Besonderheiten des Klimaproblems, allen voran die Unsicherheit bei der Prognose der Klimaentwicklung (S. 88) und die Gefahr des Freifahrerverhaltens bestimmter Länder im Rahmen der CO_2 Vermeidung (S. 90). Anschließend analysiert *Hansjürgens* den institutionellen Rahmen des Kyoto-Protokolls und spricht die Einwände gegen dessen Beibehaltung an (S. 90 ff.). So gelinge es, bedingt durch die geringe Partizipation – nur 38 Staaten ist eine Minderungsquote vorgegeben – lediglich ein schwaches ökologisches Ziel zu erreichen. Die kurzen Zeitfristen, die hohen Kosten, die einseitige Fokussierung auf „outcomes" sowie unzureichende „Compliance-Mechanismen" verbunden mit schwachen Sanktionsregeln scheinen den Staaten nur geringe Anreize für Investitionen in den Klimaschutz zu geben. Nach einer Analyse verschiedenster Ansätze für eine mögliche Architektur einer künftigen Klimapolitik wendet sich *Hansjürgens* wiederum *Schellings* Ideen zu. Dieser meine, das Wachstum eines Entwicklungslandes sei die beste Maßnahme zum Schutz vor dem Klimawandel (S. 99). Weiterhin schlägt *Schelling* (1992, 12) ein dem Marshall-Plan ähnliches Vorgehen vor. Jedoch zweifelt *Hansjürgens* daran (S. 108), ob ein solcher Weg wirklich erfolgversprechend zur Lösung des Klimaproblems beitragen kann.

Ein weniger globales als vielmehr individuenzentriertes Problem mit dem sich *Schelling* beschäftigt, die Theorie der Self-Command, ist Gegenstand des Beitrags von *Andreas Ortmann* und *Angelika Weber* (S. 121-134). Die Autoren geben hierbei einen Überblick über *Schellings* Ansätze zum „Selbstmanagement" – in dessen Sprache auch „Strategic Egonomics" (S. 122). *Schelling* sehe es als hilfreich an, den Konflikt der „zwei Selbst" eines Menschen als strategisches Spiel aufzufassen. Jedoch hätten *Schellings* Arbeiten zur Self-Command weniger Einfluss auf die Wissenschaft als dessen sonstige Werke. Dies mag daran liegen, dass die Idee der „zwei zeit-inkonsistenten Selbst" schon im 18. Jahrhundert von *Smith* formuliert wurde (S. 126) und *Schellings* Interpretationen zwar genial, jedoch nicht neu seien und er keine Formalisierung seiner Theorie lieferte (S. 128).

Joachim Behnkes Aufsatz (S. 155-174) thematisiert *Schellings* Theorie der „Focal Points". Zentral für diese seien reine Koordinationsspiele im Rahmen derer keine explizite Kommunikation möglich sei und dennoch bestimmte Handlungsalternativen eine Prominenz erhielten (S. 158 f.). Diese prominenten Focal Points helfen, Koordinationsprobleme zu lösen (S. 166). Im Laufe der Analyse der Focal Points Theorie spricht *Behnke* ausdrücklich die besondere Problematik von Focal Points in Mixed-Motive-Games (S. 162 ff.) an und diskutiert das Empfinden von „Fairneß" (S. 167 ff.).

Die Veröffentlichung von „Strategy and Arms Control" zusammen mit *Halperin* im Jahr 1961 machte *Schelling* zu einem Kennedy Berater. *Schellings* militärstrategische Ansätze analysiert *Klaus Beckmann* in seinem Beitrag (S. 189-216). Nach einer Beschreibung der Relevanz der Spieltheorie für die Militärstrategie (S. 190) thematisiert *Beckmann*, inwiefern ein Handeln auf der Meta-Ebene Halbdilemmata durch Commitment lösen kann (S. 199 ff.). Vorraussetzung sei jedoch die Glaubwürdigkeit der Handlungen auf der Meta-Ebene (S. 204 f.). Auch eine gewisse Risikobereitschaft, manchmal sogar Waghalsigkeit („Brinkmanship"), beeinflusse den Erfolg militärischer Strategien (S. 206 ff.). Weiter beschreibt der Autor die Rolle von Focal-Points in Militärspielen und wie Konventionen auf Meta-Ebene zu beeinflussen sind (S. 209 ff.). *Beckmann* gelingt es, mit seinem Artikel den Anspruch, *Schelling* als Pflichtlektüre bei Militärs einzuführen, zu begründen.

Wenn sich Wissenschaftler unterschiedlicher (ökonomischer) Fachrichtungen verschiedenster Universitäten treffen, um *Schelling* eine Konferenz zu widmen, kommt es zu einem Buch wie dem vorliegenden. „Schellings strategische Ökonomik" zeigt die Vielfalt der Anwendungsmöglichkeiten seiner spieltheoretischen Ansätze. Dessen multithematisches Gesamtwerk findet sich in diesem Band durch die Auswahl der im Fokus variierenden Beiträge wieder. Besonders durch die Korreferate – mit Ausnahme von *Pies* einleitendem Beitrag werden alle Aufsätze dieses Bandes von jeweils zwei Autoren korreferiert – entsteht ein vertiefender Diskurs. Die Kernaussagen der Hauptaufsätze werden nicht nur kommentiert, sondern kritisch reflektiert und kontrovers diskutiert.

*Schelling*s stringente Anwendung seines Rational-Choice basierten Arbeitsansatzes wird hierbei deutlich und seine konsequente Übertragung desselben auf verschiedenste Disziplinen wird klar dargestellt. Die Interpretation, dass soziale Interaktionen nicht-kooperative Spiele sind und auf diese Weise analysierbar sind (*Kocher* & *Sutter*, 2005, S. 802), macht ihn zu einem Pionier der angewandten Spieltheorie. Er argumentiert stets zielorientiert und rational. Folglich stehen seine Lösungsansätze auf einer nur schwierig angreifbaren Metaebene.

Zwar sind die auf diese Weise gewonnenen Resultate nicht immer dem Zeitgeist entsprechend, aber dennoch für sich gesehen auf neutraler Ebene nachvollziehbar. Besonders deutlich wird dies anhand von *Schelling*s Ansichten zur globalen Erwärmung und seiner Interpretation des Dilemmas beim Streben nach einer Reduzierung des CO_2-Ausstoßes (vgl. *Schelling*, 1992).

Dieser Kongressband führt nicht nur in die Grundlagen der Schellingschen Spieltheorie ein, sondern bietet auch gerade fortgeschrittenen Interessierten weiterführende Hinweise zu Anwendungsmöglichkeiten und zur Themenunabhängigkeit spieltheoretischer Ansätze. Das Buch stellt mehr als nur einen Strauss bunt zusammengewürfelter Aufsätze dar. Vielmehr spiegelt es die Multithematik von *Schelling*s Schaffen, die Konsequenz der Anwendung seiner theoretischen Basis und seinen Einfluss als Berater auf die globale Politik wider.

Literatur

Kocher, Martin und Matthias Sutter (2005), Spieltheoretische Analyse von Konflikt und Kooperation: Zum Nobelpreis an Robert Aumann und Thomas Schelling, *Wirtschaftsdienst*, 85. Jg., S. 802-808.

Schelling, Thomas C. und Morton H. Halperin (1961), *Strategy and Arms Control: The summer study on arms control of the American Academy of Arts and Science*, New York.

Schelling, Thomas C. (1960), *The strategy of conflict*, Cambrigde Massachusetts.

Schelling, Thomas C. (1978), *Micromotives and Macrobehavior*, New York.

Schelling, Thomas C. (1984), *Choice and Consequence: Perspectives of an errant economist*, Cambridge Massachusetts.

Schelling, Thomas C. (1992), Some economics on global warming, *The American Economic Review*, Vol. 82 Issue 1, S. 1-14.

André Schmidt

The More Economic Approach to European Competition Law
Besprechung des gleichnamigen Buches, herausgegeben von Dieter Schmidtchen, Max Albert und Stefan Voigt[*]

Während die Notwendigkeit der europäischen Wettbewerbspolitik stets unumstritten war, so war und ist jedoch ihre Ausgestaltung häufig Gegenstand kontroverser Diskussionen. Eine solche neue Kontroverse hat sich in der jüngeren Vergangenheit an dem so genannten „*more economic approach*" entzündet, der seit einiger Zeit die Diskussion über die europäische Wettbewerbspolitik dominiert. Dieser ökonomischere Ansatz bestimmte in den letzten Jahren die gesamten Reformen in der europäischen Wettbewerbspolitik. Nach der Neuordnung der Vorschriften zur Anwendung der Art. 81 und 82 EGV durch die VO 1/2003 und nach der grundlegenden Revision der europäischen Fusionskontrolle im Jahr 2004 stehen nun die Missbrauchsaufsicht gegenüber marktbeherrschenden Unternehmen und die Beihilfenkontrolle auf dem Prüfstand. Mit anderen Worten, der „*more economic approach*" scheint sich zu einem neuen Leitbild der europäischen Wettbewerbspolitik zu entwickeln. Seither wird sowohl zwischen Juristen und Ökonomen als auch zwischen den Ökonomen selbst heftig über die Chancen und Risiken dieses Ansatzes diskutiert. Diese kontroverse Diskussion war Gegenstand der Jahreskonferenz für Neue Politische Ökonomie im Oktober 2006, deren Beiträge in diesem Werk nun zusammengefasst erschienen sind.

Den Herausgebern ist für ihre Arbeit zu danken. Das Ergebnis ist ein insgesamt gefälliger Band, der hervorragend die aktuelle Diskussion über die verschiedenen Facetten des „*more economic approach*" widerspiegelt. Der Band enthält eine Reihe von Aufsätzen zu insgesamt zehn Themenkreisen, die jeweils durch Referat und Korreferat abgedeckt werden und das breite Spektrum der akademischen Meinungen abbilden. Von den Problemfeldern der geeigneten Ziele der Wettbewerbspolitik, über Fragen der Politischen Ökonomie der Wettbewerbspolitik und den Problemen der privaten Rechtsdurchsetzung bis zur Bedeutung von Leniency-Programmen sowie den ökonomischem Problemen von Auflagenentscheidungen in der Fusionskontrolle, der Relevanz von Simulationsanalysen und dem speziellem Feld der Beihilfenkontrolle, – alle aktuellen Problemfelder der europäischen Wettbewerbspolitik werden angesprochen. Bedauerlicherweise ist es an dieser Stelle nicht möglich, auf alle Beiträge des Sammelbandes in gleicher Weise einzugehen. Daher kann hier nur eine Auswahl einzelner Beiträge erfolgen, die jedoch stellvertretend das Interesse an diesem Werk wecken sollen.

Christian Kirchner eröffnet den Sammelband mit seinem Beitrag über die Ziele der europäischen Wettbewerbspolitik („*Goals of Antitrust and Competition Law Revisited*"). Im Rahmen einer positiven Analyse erklärt er die Entstehung des „*more economic approach*" aus dem Zusammenspiel der an der Schaffung und Durchsetzung des europäischen Wettbewerbsrechts beteiligten Akteure. Im Mittelpunkt steht hierbei vor allem die Interaktionsbeziehung zwischen der Europäischen Kommission und dem Europäischen Gerichtshof bzw. dem Gericht Erster Instanz. *Kirchner* argumentiert, dass mit der Einführung des „*more economic approach*" die europäische Wettbewerbspolitik nun stärker dem tatsächlichen Wettbewerbsziel verpflichtet ist und ihre integrationspolitische Zielsetzung – die immer ein zentrales Fundament der europäischen Wettbewerbspolitik bildete – mehr und mehr abstreift. Mit Hilfe der Neuen Institutionenökonomik lässt sich dieser „Paradigmenwechsel" erklären. Dabei verweist *Kirchner* darauf, dass die Rechtsetzung im Bereich des europäischen Wettbewerbsrechts als das Ergebnis eines Spiels zwischen den verschiedenen Akteuren erklärt werden kann. Auf der Seite der Kommission findet er zwei Hauptmotive, die die Einführung des „*more economic approach*" erklären. Zum einen wollte sich die Kommission gegenüber der Rechtsprechung der Europäischen Ge-

---
[*] Dieter Schmidtchen, Max Albert und Stefan Voigt, The more economic approach to European competition law, Verlag Mohr Siebeck, Tübingen 2007, 359 Seiten.

richte stärker absichern, und zum anderen war es die beabsichtigte Anpassung des europäischen Wettbewerbsrechts an das US-amerikanische. Insbesondere dem ersten Argument *Kirchners* ist uneingeschränkt zuzustimmen. So waren es gerade die Niederlagen der Europäischen Kommission gegenüber dem Gericht Erster Instanz in den Fusionsfällen *Airtours/First Choice*, *Schneider/Legrande* und *Tetra-Laval/Sidel* im Jahr 2002, die als Auslöser der Reform der Fusionskontrolle anzusehen sind. Inwieweit das Harmonisierungsargument hier nicht mehr oder weniger nur eine geeignete Legitimationsbasis für die Neuordnung der europäischen Wettbewerbspolitik darstellt, darf kritisch hinterfragt werden, vor allem vor dem Hintergrund, dass die materiellrechtlichen Unterschiede zwischen dem europäischen und US-amerikanischen Wettbewerbsrecht ohnehin nur marginaler Natur waren. Daher ist es vor allem das erste Argument, welches als diskussionswürdig angesehen werden muss. Für *Kirchner* ist nun entscheidend, dass die Initiierung des ökonomischeren Ansatzes in der Wettbewerbspolitik den Rechtssetzungsprozess im europäischen Wettbewerbsprozess nachhaltig verändert. So könnten gerade die Europäischen Gerichte Verlierer dieses Prozesses sein, da sich bei Anwendung des wirkungsbezogenen Ansatzes (*effects-based approach*) die indirekte Rechtssetzungsmacht der Kommission erhöht, während sich die diskretionären Interpretationsspielräume der Europäischen Gerichte reduzieren. Allerdings wendet *Kirchner* gegen eine solche mögliche Entwicklung selbst ein, dass sich die diskretionären Interpretationsspielräume der Gerichte so lange nicht verringern, so lange die Zielsetzungen des europäischen Wettbewerbsrechts nicht eindeutig festgelegt sind. Da dies jedoch noch nicht explizit geschehen ist, werden also die europäischen Gerichte ihre Entscheidungsspielräume behalten. Aus Gründen der Rechtssicherheit sei dabei jedoch nicht zu erwarten, dass die Gerichte den ökonomischeren Ansatz der Europäischen Kommission unterminieren werden. Sie werden jedoch auf die Notwendigkeit einer differenzierten Betrachtung – die beispielsweise nicht nur an statischen, sondern auch dynamischen Wohlfahrtseffekten ansetzen soll – oder auf eine erweiterte Analyse verweisen. Von diesem Letztentscheidungsrecht werden die Gerichte Gebrauch machen und dementsprechend zu einem modifizierten „*more economic approach*" beitragen, indem stärker die dynamischen und langfristigen Wohlfahrtseffekte wettbewerbsbeschränkenden Verhaltens sowie die Aspekte der Rechtssicherheit berücksichtigt werden. Im anschließenden Korreferat bekräftigt *Roger Van den Bergh* die Zweifel *Kirchners* am tatsächlichen Erfolg der Kommission, die diskretionären Entscheidungsspielräume der Europäischen Gerichte zu begrenzen. Darüber hinaus weist *Van den Bergh* noch auf einen in der Diskussion über den „*more economic approach*" vernachlässigten, aber nicht minder wichtigen Aspekt hin. Der Vorschlag der Kommission zur Anwendung des ökonomischeren Ansatzes bezieht sich ausschließlich auf die Sicht der Neuen Industrieökonomik. Man dürfe aber nicht vergessen, dass dies keineswegs die einzig mögliche Sicht der Dinge sei. Hier sei insbesondere an das Konzept der Wettbewerbsfreiheit (*Hoppmann* 1967) zu erinnern, das ökonomische Aspekte mit denen einer an Rechtsdurchsetzungsprinzipien orientierten Wettbewerbspolitik sinnvoll verbindet.

Einen umfassenden Überblick über die Entwicklung der europäischen Wettbewerbspolitik, insbesondere was die Zuordnung der Kompetenzen zwischen Kommission und Mitgliedstaaten betrifft, liefert *Clifford A. Jones* in seinem Beitrag „*The Second Devolution of European Competition Law: The Political Economy of Antitrust Enforcement Under a More Economic Approach*". Leider kommt jedoch die im Titel genannte politökonomische Analyse zu kurz. Nur am Ende seines Beitrags skizziert der Verfasser politökonomische Überlegungen. *Jones* betont, dass die neue Verordnung 1/2003 sowohl Elemente der Dezentralisierung als auch der Zentralisierung von Kompetenzen beinhaltet. Die Dezentralisierung ergibt sich daraus, dass nun das Monopol der Kommission bei der Anwendung der Freistellungen nach Art. 81 Abs. 3 EGV zugunsten der Anwendung nationaler Wettbewerbsbehörden durchbrochen wurde und nationale Wettbewerbsbehörden und Gerichte verstärkt europäisches Wettbewerbsrecht anwenden können. Dagegen könne die Implementierung des Netzwerkes der europäischen Wettbewerbsbehörden zu einer stärkeren Zentralisierung der Wettbewerbspolitik führen, wenn die Kommission dieses Netzwerk verstärkt dazu nutzt, konsistente Entscheidungen herbeizuführen. Darüber hinaus dürfe die Bedeutung der Art. 15 und 16 der VO 1/2003 nicht unterschätzt werden, nach denen die Kommission auf Wunsch der Gerichte Informationen und Stellungnahmen abgeben kann, soweit diese für die Anwendung der Wettbewerbsregeln relevant sind. Insgesamt sieht *Jones* die Position der Kommission gefestigt. Während der Einfluss von Interessengruppen auf die Entscheidungen anscheinend stärker zurückgedrängt werden kann, bedeutet der *more economic approach* für die Kommission mehr Durchführungskompetenzen, stärkere Abschreckung und insgesamt mehr Einfluss. Inwieweit dies jedoch zu einer besseren Wettbewerbspolitik führt, bleibt abzuwarten. Darauf weist insbesondere *Stefan Voigt* in seinem Korreferat hin. Gerade die Entscheidung im Fall *Sony/BMG* ließe ernsthafte Zweifel laut werden.

Einen breiten Rahmen nimmt in diesem Sammelband insbesondere die Diskussion über die Anwendung des *more economic approach* bei Kartellabsprachen ein. Im Mittelpunkt stehen hierbei insbesondere private Schadensersatzklagen, die stärkere Verfolgung von Kartellabsprachen und deren Aufdeckung sowie die Geeignetheit von *Leniency-Programmen.*

Wernhard Möschel widmet sich in seinem Beitrag den Vor- und Nachteilen privater Kartellrechtsdurchsetzung. Insgesamt zeichnet er ein sehr skeptisches Bild und bezweifelt deren Geeignetheit für eine bessere Verfolgung von Absprachen. Den wenigen Vorteilen stehen seiner Ansicht nach gravierende Nachteile gegenüber. So sei es zwar unstrittig, dass die privaten Akteure über bessere Informationen als die Kartellbehörden verfügen, dass die private Kartellrechtsdurchsetzung die chronisch überlasteten Kartellbehörden entlasten und von der Möglichkeit privater Schadensersatzforderungen eine zusätzliche Abschreckung ausgehen würde. Jedoch, so die Ansicht *Möschels*, sei zu bedenken, dass das Kartellrecht durch eine Reihe unbestimmter Rechtsbegriffe geprägt sei, die eine private Verfolgung erschweren würden. Auch hätten private Kläger keine genauen Informationen über die Abgrenzung des relevanten Marktes. Die zentrale Schwäche privater Kartellrechtsdurchsetzung sieht *Möschel* darüber hinaus vor allem darin, dass private Kläger ausschließlich ihr Eigeninteresse verfolgen würden, so dass die private Kartellverfolgung auch marktsstrategisch eingesetzt werden könnte. An diesem Punkt setzt die Kritik von *Gerhard Wagner* in seinem Korreferat an. Er hinterfragt, warum die Verfolgung des Eigeninteresses, auf die sich schließlich die gesamte ökonomische Theorie stützt, ausgerecht im Fall der Kartellverfolgung als negativ zu bewerten sei. So dürfe man nicht vergessen, dass auch die Beamten der Wettbewerbsbehörden ebenfalls nur ihr Eigeninteresse verfolgen. Insofern sei das Argument von *Möschel* an dieser Stelle stark zu relativieren. Auch dem Argument der Gefahr der „strategischen" Instrumentalisierung der privaten Kartellrechtsdurchsetzung kann *Wagner* wenig abgewinnen, da mithilfe der privaten Kartellrechtsdurchsetzung nicht unmittelbar auf die Geschäftspläne der Wettbewerber Einfluss genommen werden kann und diese auch einer gerichtlichen Überprüfung standhalten muss. Insofern sieht *Wagner* die private Kartellrechtsdurchsetzung als eine wesentliche Ergänzung der Kartellverfolgung, bei der die Vorteile eindeutig überwiegen würden.

Maarten Pieter Schinkel liefert in seinem Beitrag einen hervorragenden und sehr detaillierten Überblick über die Kartellaufdeckung und die verhängten Bußgeldzahlungen in der Europäischen Union. Auf der Basis ökonomischer Überlegungen zeigt *Schinkel*, dass die Stabilität eines Kartells vor allem von der Aufdeckungswahrscheinlichkeit und der zu leistenden Sanktionszahlungen im Vergleich zu den aus dem Kartell erwirtschafteten Profiten abhängt. Ohne eine massive Erhöhung der Aufdeckungswahrscheinlichkeit bleiben jedoch auch trotz der jüngsten Reformen noch starke Anreize kollusivem Marktverhalten bestehen. Fraglich sei, ob die Aufdeckungswahrscheinlich so einfach zu erhöhen sei. Vor allem sei damit zu rechnen, dass die Unternehmen auf die neue Rechtslage reagieren und alles daran setzen werden, ihr kollusives Verhalten besser zu verstecken, so dass es möglicherweise schwieriger wird, solche Kartellabsprachen überhaupt aufzudecken. *Paul Heidhues* thematisiert in seinem Korreferat die wenigen theoretischen und empirischen Erkenntnisse darüber, ob Kartelle tatsächlich zu höheren Preisen führen. Gerade die Empirie sei hier weniger eindeutig als erwartet. Auch sei fraglich, ob tatsächlich höhere Geldbußen eine höhere Abschreckung zur Folge hätten. Vielmehr sei eine größere Abschreckung durch Einführung strafrechtlicher Sanktionen zu erwarten.

Der höheren Relevanz von Auflagenentscheidungen in der Fusionskontrolle und den damit zusammenhängenden Problemen widmet sich der Beitrag von *Duso, Gugler* und *Yurtoglu*. Die Autoren verweisen darauf, dass in der europäischen Fusionskontrolle die Bedeutung von Auflagenentscheidungen mittlerweile das gleiche Ausmaß wie in den USA erreicht hat. Auflagenentscheidungen sind ein wichtiges Instrument, um Untersagungen eines Zusammenschlussvorhabens zu umgehen. Allerdings zeigen empirische Untersuchungen sowohl in den USA als auch in Europa, dass nicht in allen Fällen Auflagenentscheidungen dazu geeignet sind, die wettbewerblichen Probleme auf einem Markt zu lösen. Die Autoren konstatieren, dass dies im Rahmen der europäischen Wettbewerbspolitik insbesondere für Auflagenentscheidungen nach Eröffnung des Hauptverfahrens gilt. Hauptverantwortlich hierfür sei vor allem die Komplexität solcher Fälle, die eine Erteilung geeigneter Auflagen- und Bedingungen erschwert. Eine zweite Erklärung basiert auf spieltheoretischen Überlegungen. Nach Eröffnung des Hauptverfahrens verliert die Europäische Kommission einen wichtigen Drohpunkt, denn sie kann die Fusion nun allenfalls nur untersagen. Ist jedoch aus handels- oder industriepolitischen Gründen eine Untersagung für die Kommission politisch schwierig durchsetzbar, so gelingt es den Unternehmen, laxere Auflagen und Bedingungen zu verhandeln. Will man dieses Problem lösen, so müssten die Untersagungen eine glaubwürdigere Option darstellen.

Roy Epstein und *Daniel Rubinfeld* beschäftigen sich in ihrem Beitrag mit methodischen Fragen der Simulation von Preiseffekten infolge von Unternehmensfusionen. Insbesondere bei der Beurteilung des Auftretens unilateraler Preiseffekte auf Märkten mit differenzierten Gütern ist der Einsatz solcher Simulationsmodelle unumgänglich. Problematisch an den meisten Verfahren ist, dass eine Reihe von Variablen erst einmal ermittelt werden muss, was sich jedoch in der Praxis als außerordentlich schwierig erweist. *Epstein/Rubinfeld* zeigen mithilfe ihres PCAIDS-Modells, dass es ausreichen kann, mithilfe der Marktanteile, der Preiselastizität der Branche und den Preiselastizitäten der einzelnen differenzierten Produkte, die unilateralen Preiseffekte zu ermitteln. Hierzu merkt jedoch *Christian Wey* in seinem Korreferat an, dass das von *Epstein/Rubinfeld* vorgestellte PCAIDS-Modell nicht frei von Schwächen sei. Hierbei verweist er besonders auf die Problematik von differenzierten Markenprodukten, unterschiedlichen Produktionskosten und darauf, dass das Modell ausschließlich auf den Preiswettbewerb abstellt und andere wettbewerbliche Aktionsparameter vernachlässigt.

Die Liste der bemerkenswerten Beiträge ließe sich noch um einiges verlängern. So diskutieren beispielsweise *Wils* und *Polo* in ihren Beiträgen die Vor- und Nachteile von *Leniency Programmen*, während *Friederiszick/Maier-Rigaud* die Möglichkeiten einer besseren Kartellaufdeckung durch eine pro-aktive Kartellverfolgung aus ökonomischer Perspektive erläutern. Ebenfalls in die Reihe der lesenswerten Beiträge gehört der Aufsatz über die Anwendung des ökonomischeren Ansatzes in der Beihilfenkontrolle von *Heidhues* und *Nitsche* ein. Sie entwickeln ein ökonomisch adäquates Testverfahren zur Überprüfung staatlicher Beihilfen. Dabei stellen sie vor allem auf die Notwendigkeit der Beihilfe zur Heilung eines Marktversagens ab. Im Rahmen einer Einzelfallentscheidung sollen sodann im zweiten Schritt die wettbewerblichen Wirkungen der Beihilfe auf Konkurrenten und Verbraucher sowie den zwischenstaatlichen Handel untersucht werden.

Aus den dargestellten Beiträgen wird sichtbar, wie vielfältig die Diskussion über die verschiedenen Problemfelder des ökonomischeren Ansatzes in der Wettbewerbspolitik ist. Dabei versteht es sich von selbst, dass es nahezu unmöglich ist, das gesamte Spektrum abzudecken. Dennoch hätten man sich eine stärkere Diskussion bspw. der Fragen der normativen Aspekte des „more economic approach" in der Wettbewerbspolitik, wie sie auch gerade aktuell diskutiert werden (*Hellwig* 2006, *von Weizsäcker* 2007), gewünscht. Auch vermisst man die kritische Auseinandersetzung über die adäquate Berücksichtigung von Effizienzaspekten sowie die Frage nach dem geeigneten Maßstab für die Berücksichtigung der beim „*more economic approach*" stark betonten Konsumentenwohlfahrt. Dies kann jedoch nicht das Urteil beeinträchtigen, dass dieser Tagungsband überaus lesenswert ist. Befürworter und Gegner des ökonomischeren Ansatzes finden zahlreiche interessante Hinweise, die auch in der weiteren Zukunft die kritische Auseinandersetzung befruchten werden.

Literatur

Hellwig, Martin (2006), Effizienz oder Wettbewerbsfreiheit? Zur normativen Grundlegung der Wettbewerbspolitik, in: Christoph Engel und Wernhard Möschel (Hg.), *Recht und spontane Ordnung: Festschrift für Ernst Joachim Mestmäcker zum achtzigsten Geburtstag*, Baden-Baden, S. 231-268.

Hoppmann, Erich (1967), Wettbewerb als Norm der Wettbewerbspolitik, in: *ORDO-Jahrbuch für die Ordnung von Wirtschaft und Gesellschaft* 28, S. 77-94.

Weizsäcker, C. Christian von (2007), Konsumentenwohlfahrt und Wettbewerbsfreiheit: Über den tieferen Sinn des „Economic Approach", *Wirtschaft und Wettbewerb* 57, S. 1078-1084.

Carsten Schreiter

Europäische Beihilfenkontrolle und Standortwettbewerb. Eine ökonomische Analyse.
Bemerkungen zum gleichnamigen Buch von Friedrich Gröteke[*]

Erst jüngst sind Beihilfen wieder in den Fokus gerückt. Nokia kündigte an, die Handy-Produktion von Bochum nach Rumänien und Ungarn zu verlagern. Die Empörung darüber resultiert aus dem Umstand, dass Nokia etwa 88 Mio. Euro Subventionen im Rahmen der regionalen Wirtschaftsförderung und der Forschungsförderung erhalten hat. Der Anteil an Landesmitteln ist erheblich gewesen und wird zusätzlich erhöht durch die Infrastrukturinvestitionen. Des Weiteren bestand der Verdacht, dass Nokias Standortverlagerung durch weitere Subventionen am neuen Standort motiviert sein könnte. Es handelte sich dann gewissermaßen um einen Fall von „Subventionshopping". Wenngleich in diesem konkreten Fall die Verlagerung tatsächlich nicht durch EU-Strukturfondsmittel ausgelöst worden ist, wirft der Fall Nokia Fragen auf, ob die Beihilfenkontrolle wirksam funktioniert bzw. welche Änderungen zu treffen sind, damit die Wohlfahrt der abgebenden Staaten nicht durch Beihilfen der Geberländer verringert wird.

Das bringt uns zu der Kernfrage von *Grötekes* Buch: „Unter welchen Umständen ist der Eingriff der europäischen Beihilfenkontrolle in finanz- und wirtschaftspolitische Kompetenzen nationaler, regionaler und lokaler Regierungen gerechtfertigt und notwendig?" (S. 4)

Um diese Frage beantworten zu können, wird die Wirkung von Beihilfen im Kontext verschiedener Theorieansätze, der klassischen Außenhandelstheorie, der strategischen Handelspolitik, der Neuen politischen Ökonomie und Wettbewerbstheorie untersucht. Dabei wird dem Umstand Rechnung getragen, dass im Zuge der Entwicklung hin zum Gemeinsamen Markt der Wettbewerb in hohem Maße von dem Grad der Marktintegration abhängig ist. Auf der Stufe des Freihandels und der Zollunion stehen die Unternehmen mit ihren Produkten im Wettbewerb.

Im Gemeinsamen Markt sind im Idealfall alle Faktoren international mobil. Deshalb stehen nicht nur die Unternehmen im Wettbewerb, sondern die Wahl des Standortes wird selbst zu einem Wettbewerbsparameter der Unternehmen. Gleichzeitig löst die Mobilität der Faktoren einen Standortwettbewerb im Sinne eines interjurisdiktionellen Wettbewerbs aus, in dem Beihilfen im Kosten-Leistungsbündel des Standortes ein Wettbewerbsparameter sind.

Auf diese Weise besteht eine Beziehung zwischen der Beihilfenkontrolle und dem interjurisdiktionellen Wettbewerb, der von *Gröteke* deutlich herausgearbeitet wird. Im Kern wird die These vertreten, dass im Falle eines funktionsfähigen interjurisdiktionellen Wettbewerbs auf

---

[*] Friedrich Gröteke, *Europäische Beihilfenkontrolle und Standortwettbewerb: Eine ökonomische Analyse*, Verlag Lucius & Lucius, Stuttgart 2007, 319 Seiten.

eine (restriktive) Beihilfenkontrolle nicht nur verzichtet werden kann, sondern aus Effizienzgründen geradezu verzichtet werden muss. Auf den ersten Blick erscheint diese These kühn, und sie entspricht keinesfalls der Position der EU-Kommission, die ganz im Gegenteil eine mit zunehmender Integration der Volkswirtschaften immer schärfere Beihilfenkontrolle durchführt.

Um zu sehen, wie *Gröteke* zu dieser Aussage gelangt, lohnt es sich, seinen Gedankengang bei der ökonomischen Analyse aufzunehmen. Dabei führt das Buch (Kapitel 2) zunächst ausführlich in die Beihilfenkontrolle der EU ein und gibt einen guten Überblick über die Ausnahmen vom Beihilfenverbot, die gezahlten Beihilfen und macht anhand ausgewählter Beihilfenfälle deutlich, welche Schwierigkeiten auftreten können, wenn konkrete staatliche Maßnahmen unter dem Blickwinkel ihres Beihilfecharakters bewertet werden müssen.

Im ersten Teil der Wirkungsanalyse (Kapitel 3) werden zuerst die ökonomischen Wirkungen von Beihilfen auf der Unternehmensebene dargelegt. Dafür werden verschiedene Theorieansätze vorgestellt, um zu zeigen, dass die Effekte auch vom Stadium der Marktintegration abhängen. Zeichnet man die Wirkungen von Beihilfen im Rahmen der klassischen Außenwirtschaftstheorie nach, zeigt sich, dass eine Beihilfenkontrolle notwendig ist, weil Beihilfen die nach absoluten und komparativen Vorteilen entstehende Spezialisierung zwischen den Mitgliedern eines Integrationsraumes konterkarieren können. Dabei entstehen nicht nur grenzüberschreitende Wohlfahrtsverluste, sondern auch Effizienzverluste in dem Beihilfen gewährenden Land. Dieses Ergebnis wirft freilich die Frage auf, warum Beihilfen gewährt werden sollten, wenn sie für das Geberland keinen Wohlfahrtsgewinn verursachen. Damit Beihilfen positive Wirkungen, zumindest für das Geberland, hervorrufen, müssten sie allokationstheoretisch Marktversagen korrigieren. So sind analog zum Infant-Industry-Argument externe Effekte durch Forschung und Entwicklung oder Humankapitalbildung als eine mögliche Quelle für Wohlfahrtsgewinne vorstellbar. Diese Marktverzerrungen korrigierende Beihilfen haben zudem nur dann Auswirkungen auf andere Mitgliedsländer einer Zollunion, wenn sie von einem großen Land durchgeführt werden. Im Falle eines kleinen Landes wäre eine Beihilfenkontrolle nicht erforderlich.

Ein naheliegendes weiteres Motiv für Vergabe von Beihilfen im Kontext der Außenwirtschaftstheorie ist eine Verbesserung der Wohlfahrt durch Verbesserung der Terms of Trade. *Gröteke* analysiert hierfür ausführlich und klar strukturiert die Auswirkungen verschiedener Arten von Beihilfen – sektorale Beihilfen, Regionalbeihilfen und allgemeine Faktorbeihilfen – in einem zwei-Länder-zwei-Güter-Heckscher-Ohlin-Samuelson-Modell. Sektorspezifische Beihilfen haben den größten negativen Effekt auf die Wohlfahrt bzw. die Produktion im Ausland. Den größten wirtschaftlichen Schaden richtet dabei ein Geberland an, wenn es die Produktion eines Gutes subventioniert, für das kein komparativer Vorteil besteht.

Regionalbeihilfen sind weniger schädlich. Sie entfalten in einer Zollunion keine negativen Wirkungen über die Terms of Trade, wenn sie die relativen Preise unverändert lassen. Das ist dann der Fall, wenn die Faktoren auch zwischen den Regionen des Geberlandes immobil sind. Wird diese Annahme aufgehoben, ergeben sich Faktorwanderungen in die begünstigte Region, die die relativen Faktorpreise und die Produktionsmöglichkeiten verändern sowie einen Strukturwandel im Ausland auslösen können. Allgemeine Faktorbeihilfen lassen die relativen Faktorpreise unverändert, so dass keine Anreize für interregionale Faktorwanderungen ausgelöst werden. Das gilt nicht für Faktoren im Ausland.

Unterstellt man immobile Faktoren, so steigen nur die Faktoreinkommen. Produktionsstruktur und Terms of Trade bleiben unverändert. Auch eine rein interregionale Faktormobilität führt zu keiner anderen Wirkung der Beihilfe. Effekte treten erst bei internationaler Faktormobilität auf. Eine Zuwanderung von ausländischen Faktoren verändert die relativen Produktionsmöglichkeiten, wenngleich der Terms-of-Trade-Effekt unbestimmt bleibt.

Fasst man *Grötekes* Analyse zusammen, so lässt sich feststellen: Je stärker also die Bedingungen für einen gemeinsamen Markt gelten, d. h. je mobiler die Faktoren sind, um so notwendiger wird im Rahmen der Außenwirtschaftstheorie eine Beihilfenkontrolle, und zwar für alle genannten Arten von Beihilfen, wenn kleine und große Länder den Integrationsraum bilden. Die außenwirtschaftstheoretische Analyse hat Grenzen, was sich u. a. darin zeigt, dass in die Wirkung der besonders schädlichen sektoralen Beihilfen bislang keine Retorsionsmaßnahmen anderer großer Länder eingehen. Diese lassen sich berücksichtigen, durch einen Blick auf die Theorie der strategischen Handelspolitik. Sie ist möglich, wenn dynamische und oligopolistische Märkte mit Marktzutrittschranken Oligopolrenten erzeugen. Mit Hilfe von Exportbeihilfen können Staaten versuchen, ihre Wohlfahrt zu erhöhen, in dem sie die inländische Produktion ausweiten und mehr Nachfrage auf die heimischen Unternehmen lenken. Durch die economies of scale wird die Produktion im Ausland zurückgedrängt und die anfallenden Oligopolrenten in das Inland verlagert. Letzteres setzt strenggenommen voraus, dass der Profit im Inland verbleibt und dort vom Staat mit Steuern angeeignet werden kann. Das kann letztlich nur bei Staatsunternehmen vorausgesetzt werden, weswegen im Kontext der strategischen Handelspolitik die Gründung von Staatsunternehmen verhindert werden sollte.

Weitere Anreize für Staaten Beihilfen zu vergeben, können mit der Theorie der strategischen Handelspolitik identifiziert werden. Der Staat greift zu Beihilfen, wenn er die Wohlfahrt erhöhen kann und verteilt über Exportsubventionen Oligopolrenten um. Da die Wohlfahrt zu Lasten anderer erhöht werden soll, ist mit Gegenreaktionen der betroffenen Länder zu rechnen. Das Gleichgewicht ist eine Gefangenendilemmasituation, aus dem eine supranationale Beihilfenkontrolle die Staaten befreien kann. Da die strategische Handelspolitik eher auf der Integrationsstufe der Zollunion durchführbar ist, wird eine Beihilfenkontrolle benötigt.

Galt für die vorangegangenen Theoriefragmente, dass der Staat am Gemeinwohl orientiert Beihilfen einsetzt, führt die Neue Politische Ökonomie (NPÖ) das Eigeninteresse von Politikern als Zielfunktion ein. Beihilfen erhalten dann die Sektoren oder Unternehmen, die für das Wahlverhalten der Bürger wichtig sind. Beihilfen können nunmehr von vornherein sehr ineffizient für den Staat bzw. das Gemeinwohl sein, vor allem wenn man bedenkt, dass die etablierten Unternehmen und Industriesektoren am ehesten Wählerstimmen mobilisieren können, die unter Wettbewerbsdruck und Strukturanpassungen leiden. Hinzu kommen noch die Wohlfahrtseinbußen, die anderen Ländern zugefügt werden oder die durch Gegenmaßnahmen entstehen. Wenn die gesamtwirtschaftliche Steigerung der Wohlfahrt das Ziel ist, so sind aus der Sicht der NPÖ alle die Wohlfahrt mindernden Beihilfen zu untersagen, d. h. auch Beihilfen ohne grenzüberschreitende Wirkung. Die gemeinwohlschädlichen Beihilfen können jedoch nur unter der Bedingung der Zollunion von den Politikern eingesetzt werden, ohne Sanktionen befürchten zu müssen. Die Faktoren und Unternehmen können nicht in Staaten oder Regionen ausweichen, in denen sie dann nicht zur Finanzierung herangezogen werden. Der interjurisdiktionelle Wettbewerb kann somit unter noch näher zu bestimmenden Voraussetzungen die Vergabe von gemeinwohlschädlichen Beihilfen wirkungsvoll verhindern.

Schließlich werden Beihilfen mit der Wettbewerbstheorie selbst untersucht, und zwar zunächst der Ansatz von *Fingleton* et al.: Beihilfen sollen anhand ihres Nettoeffektes beurteilt werden. Es wird vorgeschlagen, dass alle Beihilfen erlaubt sein sollten, die keinen negativen totalen Nettoeffekt aufweisen und die keine negative grenzüberschreitende Wirkung besitzen. Um den Effekt einer Beihilfe zu ermitteln, werden der Industrieeffekt (Branche), der Industriesektoreffekt (vor- und nachgelagerte Märkte) und der Markteffekt (Preis- und Mengeneffekt, Konsumentenrente) einer Beihilfe ermittelt und die Teilwirkungen gegeneinander abgewogen.

Folgt man dagegen stärker der Auffassung, die Wirkung einer Beihilfe sei an der Konsumentenrente bzw. den Preis- und Mengeneffekten zu messen, dann wäre eine Beihilfenkontrolle nur durchzuführen, wenn durch die Vergabe einer Beihilfe ein Unternehmen eine marktbeherrschende Stellung erlangt oder diese Stellung verstärkt wird. Rettungsbeihilfen beispielsweise fielen dann nicht unter die Beihilfenkontrolle, da sie kaum geeignet sind, eine marktbeherrschende Stellung zu erlangen. Vielmehr haben sie einen positiven Markteffekt für die Konsumenten.

Gröteke betrachtet für die Vergabe von Beihilfen mit negativen grenzüberschreitenden Beihilfen das Staatsversagen und den unvollkommenen Wettbewerb als beste Erklärung. Damit bekommt die Beihilfekontrolle den Charakter eines Instrumentes zum Selbstschutz der Staaten, denen es gerade im Stadium der Zollunion aus eigener Kraft nicht gelingt, das Staatsversagen in den Griff zu bekommen. Die Beihilfekontrolle habe weniger Wettbewerbsprobleme zwischen den Unternehmen zu regeln.

Damit stellt sich die Frage, ob es nicht mit der Stufe des Gemeinsamen Marktes eine Kontrolle der Staaten durch den Wettbewerb zwischen den Standorten oder den Jurisdiktionen geben kann (Kapitel 4). Die Grundidee besteht darin, dass ähnlich wie in dem Modell von *Tibout*, die Wähler mit den Füßen abstimmen und solche Jurisdiktionen wählen, die entsprechend ihren Präferenzen bzw. Nutzen-Kosten-Bewertung die für sie besten Leistungsbündel von öffentlichen Gütern anbieten. Ohne an dieser Stelle näher auf die Voraussetzungen für das Funktionieren eines Standortwettbewerbs einzugehen, soll die Rolle der Subventionen und der Beihilfenkontrolle im Standortwettbewerb kurz aufgegriffen werden. Beihilfen sind für die Standortwahl immer bedeutsamer geworden, je mobiler die Unternehmen, je geringer die Translokationskosten werden, je weniger Abhängigkeit eben von einem bestimmten Standort besteht. Es gibt nun Überlegungen, die besagen, dass die Vergabe von Beihilfen indiziert, dass der interjurisdiktionelle Wettbewerb funktioniert und dass die Beihilfen als ein Instrument der Preisdifferenzierung eingesetzt werden. Begründen lässt sich diese Preisdifferenzierung damit, dass Unternehmen auch bei identischen Präferenzen für die Jurisdiktion nicht alle gleich nützlich sind. Ferner werden verschiedene Jurisdiktionen ein bestimmtes Unternehmen ungleich bewerten, je nach bereits vorhandenen Kapazitäten oder Branchenstrukturen etc. Subventionskriege sind bei rationalem Verhalten der Jurisdiktionen dann nicht zu befürchten. Beihilfen im Sinne der Preisdifferenzierung oder eines Standortleistungsrabattes signalisieren vielmehr einen wirksamen Standortwettbewerb.

Positive Wirkungen auf den Wettbewerb gehen ferner von Beihilfen aus, die positive fiskalische Externalitäten einer Unternehmensansiedlung in die Standortentscheidung von Unternehmen internalisieren. Des Weiteren können Beihilfen die Effizienz erhöhen, wenn Informationsasymmetrien zu Lasten der Jurisdiktion oder zu Lasten der Unternehmen bestehen. Standorte besitzen nämlich den Charakter von Erfahrungsgütern. Die wahre Qualität kann ein Unternehmen erst nach seiner Ansiedlung erkennen. Ansiedlungsprämien können ein Qualitätssignal der Jurisdiktion sein, genauso wie Werbeausgaben, die irreversible Investitionen darstellen und sich nur amortisieren, wenn der Standort eine hohe Qualität aufweist.

Wenn Beihilfen also grundsätzlich positive Wirkungen im Standortwettbewerb entfalten können, dann schränkt ein absolutes Verbot von Beihilfen die Wohlfahrtswirkungen des Standortwettbewerbs ein. Auf der anderen Seite muss gewährleistet sein, dass die Vergabe von Beihilfen nicht selbst Ineffizienzen hervorruft und den Wettbewerb zwischen den Unternehmen verzerrt.

Geht man davon aus, dass die Vergabe von Beihilfen überwiegend eine Folge von Staatsversagen ist, dann ändert sich das Ziel der Beihilfenkontrolle. Es geht dann nicht mehr direkt um die Unternehmensebene und dort auftretende Verzerrungen oder grenzüberschreitende negative Effekte. Vielmehr geht es um die ordnungspolitischen Voraussetzungen, dass die Staaten daran gehindert werden, ineffiziente Beihilfen zu vergeben. Gerade auf der Integrationsstufe des Gemeinsamen Marktes ist das besonders wichtig, weil hier die negativen Auswirkungen auf das Ausland besonders intensiv sind und auch Rückwirkungen durch Gegenmaßnahmen zu erwarten sind. Damit Jurisdiktionen nicht Beihilfen mit negativer Wirkung vergeben können, müssen die institutionellen Rahmenbedingungen gegeben sein, die einen funktionsfähigen jurisdiktionellen Wettbewerb ermöglichen, der die Jurisdiktionen diszipliniert.

Zu den wichtigsten Voraussetzungen gehört, dass die Faktoren und Unternehmen abwandern können. Es müssen – genannt seien nur die wichtigsten – die Bedingungen eines Gemeinsamen Marktes erfüllt sein. Es ist notwendig, dass ein föderales Mehr-Ebenen-System existiert und dass die fiskalische Äquivalenz bzw. harte Budgetrestriktionen glaubhaft gelten und Konkursregeln einschließen. Zudem muss der Kapitalmarkt die Beihilfevergabe der Jurisdiktion in dem Kreditrating der Jurisdiktion widerspiegeln.

Nur dann, wenn diese und noch weitere Bedingungen gelten, kann davon ausgegangen werden, dass im Rahmen des Standortwettbewerbs nur Beihilfen gewährt werden, die aus der Sicht der Unternehmen am Standort auch effizient sind. „Die Notwendigkeit für eine Beihilfenkontrolle wäre also nur selten gegeben." (S. 268) Gleichzeitig kann eine restriktive Beihilfenkontrolle bzw. ein zu weitgehendes Beihilfenverbot die positiven Wirkungen des Standortwettbewerbs beeinträchtigen.

Damit ist zugleich klar, dass wenn die Voraussetzungen für einen funktionsfähigen Standortwettbewerb nicht erfüllt sind, dass dann eine entsprechend strenge Beihilfenkontrolle durchgeführt werden muss, um die Folgen des Staatsversagens einzudämmen. Das ist grundsätzlich in der EU der Fall, in der ein interjurisdiktioneller Wettbewerb nicht funktionsfähig arbeiten kann, weil z. B. die Mobilität noch eingeschränkt ist oder harte Budgetrestriktionen und Konkursmöglichkeiten von Jurisdiktionen fehlen. Das aufgrund dessen die EU eine mit wachsender Integration zunehmend strengere Beihilfenkontrolle durchführt, ist somit folgerichtig und steht nicht im Widerspruch zu der eingangs vorgestellten These *Grötekes*.

Ferner macht *Grötekes* Analyse deutlich, dass die Beihilfenkontrolle der EU trotzdem nur ein Herumdoktern an den Symptomen ist, die eigentlichen Ursachen für das Staatsversagen jedoch nicht beseitigt werden können. Das wiederum führt zu der Frage, ob es nicht vorzuziehen sei, statt einer komplizierten Beihilfenkontrolle nicht den Standortwettbewerb in Funktion zu setzen.

Aus rein theoretischer Sicht mag ein vollkommener Standortwettbewerb dafür sorgen, dass die Staaten im Grundsatz nur effiziente Beihilfen vergeben. Tatsächlich macht die Arbeit *Grötekes* gleichermaßen deutlich, dass die für einen vollkommen funktionierenden Standortwettbewerb notwendigen Bedingungen in der EU realiter kaum in absehbarer Zeit erfüllbar sind. Aus diesem Grund bleibt es letztlich bei der Beihilfenkontrolle und der Forderung, Beihilfen in Zukunft grundsätzlich stärker nach ökonomischen Gesichtspunkten abzuwägen. In dieser Hinsicht lässt nun *Grötekes* sehr lesenswerte und anregende Arbeit den Leser ein wenig mit der Frage allein, welche konkreten Beihilfen in der EU denn nun verboten oder eingeschränkt sind, aus ökonomischer Sicht jedoch erlaubt werden sollten. Es wäre mit anderen Worten wünschenswert gewesen, wenn *Gröteke* das bestehende Beihilferecht bzw. die bestehenden Ausnahmeregelungen stärker mit seiner theoretischen Analyse verklammert hätte. Auf diese Weise wäre mitunter deutlich geworden, dass die Europäische Beihilfenkontrolle einem Lernprozess unterliegt, der sich auch darin zeigt, dass die EU-Kommission inzwischen in zunehmendem Umfang nationale Marktversagenstatbestände berücksichtigt und damit zumindest in dieser Hinsicht *Grötekes* Forderung bereits entgegenkommt.

Cord Siemon

Theorie der staatlichen Venture Capital-Politik
Anmerkungen zum gleichnamigen Buch von E. A. Bauer[*]

Das Buch von *E. A. Bauer* widmet sich einem Thema, dass in jüngster Zeit aufgrund seiner innovationspolitischen Grundausrichtung im Rahmen wachstums-, entwicklungs- und evolutionsökonomischer Diskussionen hohe Bedeutung gewonnen hat.

Die vorliegende Arbeit gliedert sich in sechs Kapitel. In der Einleitung (Kapitel 1) wird die Zielsetzung und Problemstellung der Arbeit skizziert. *Bauer* konstatiert dazu, dass sich die Finanzierung von Innovationen bereits seit einiger Zeit als ein zentrales Hemmnis bei der Durchsetzung neuer unternehmerischer Konzepte darstellt. Selbst die seit Jahrzehnten viel gepriesene

---

[*] Ekkehard A. Bauer, *Theorie der staatlichen Venture Capital Politik: Begründungsansätze, Wirkungen und Effizienz der Staatlichen Subventionierung von Venture Capital*, Verlag Wissenschaft und Praxis, Sternenfels 2006, 269 Seiten.

Finanztechnologie „Venture Capital" (VC) konnte diesem Mangel keine Abhilfe schaffen. Es stellt sich somit die ordnungsökonomisch bedeutsame Frage, inwiefern Begründungsansätze und Effizienzüberlegungen existieren, die eine staatliche Intervention in den VC-Markt zur Stützung des Innovationspotenzials legitimieren.

Vor dem Hintergrund dieser Problemstellung beschreibt *Bauer* zunächst einige wesentliche Grundlagen zum Themenkomplex „Venture Capital" (Kapitel 2). Er liefert dazu definitorische Abgrenzungen und gibt einen knappen Überblick über die Entstehungsgeschichte, die Rolle der institutionellen Rahmenbedingungen und der quantitativen Dimension der Finanztechnologie, die im Unterschied zur Kreditfinanzierung haftendes Eigenkapital repräsentiert. Er charakterisiert VC sehr anschaulich als heterogenes Forschungsfeld, dessen unternehmens- und vertragsbezogene Bestimmungsfaktoren in der Literatur sehr unterschiedlich diskutiert werden. *Bauer* systematisiert den VC-Markt in einen formellen, informellen sowie einen Corporate VC-Markt und geht dabei am Rande auch auf die Bedeutung der sog. „Business Angels" im Rahmen von innovativen Gründungsfinanzierungen ein. Neben der Darstellung der gängigen Beteiligungswürdigkeitsprüfung (Grob-/Feinanalyse) ist sein Verweis auf die unterschiedliche Rolle der Kapitalmärkte und der Finanzintermediation in Industrieländern wie USA, Großbritannien, Japan, Frankreich und Deutschland bedeutsam. Denn hieraus resultieren sowohl unterschiedliche Finanzierungsmuster der Unternehmen als auch verschiedene Berührungspunkte zur Funktionsweise der jeweiligen VC-Märkte: „So ist der Rückstand der meisten Länder gegenüber den USA kaum partiell oder mikroökonomisch zu sehen, sondern vielmehr in einem grundsätzlich anders ausgerichteten Finanzsystem zu suchen" (S. 31).

Im 3. Kapitel geht *Bauer* in medias res: Er skizziert die unterschiedlichen Ausprägungen der staatlichen VC-Politik als Teilbereich der allgemeinen Wirtschaftspolitik und geht der Frage nach, inwiefern sich Subventionen/Interventionen über ökonomische Begründungsansätze herleiten lassen. Zunächst verweist er auf die klassischen Argumente des Marktversagens und stellt die Rolle der mit F&E- und Innovationsfinanzierungen verbundenen positiven Externalitäten heraus. Die damit verbundene Problematik der Unterversorgung mit VC wäre demnach via staatlicher Interventionen zu *heilen* (S. 54). Der Autor rekurriert darüber hinaus aber auch auf neuere wirtschaftspolitische Begründungsansätze, indem er bspw. die Neue Wachstumstheorie als Bezugsrahmen heranzieht. Innerhalb dieser u. a. auf *Romer* und *Lucas* zurückgehenden theoretischen Stoßrichtung werden innovationsrelevante Größen, wie F&E oder technischer Fortschritt produktionstechnologisch endogenisiert. Vor diesem Hintergrund kommt einer wirtschaftspolitischen Aktivität nicht nur eine heilende, sondern auch eine *anstoßende, dynamisierende* Wirkung zu (S. 57 ff.). In diesem Zusammenhang stellt er die Problematik unvollständiger Finanzierungsverträge heraus, die im Zuge der asymmetrischen Informationsverteilung bei Innovationsfinanzierungen auftreten (S. 60 ff.). *Bauer* stellt anschließend auf die damit verbundene Problematik der Unternehmenskontrolle ab und erklärt, dass bspw. „convertible securities" als Mischform aus Eigen- und Fremdkapital und das sog. „stage financing" – bedarfsgerechtes zur Verfügung stellen von Finanzmitteln in den jeweiligen Unternehmensphasen – zwar typische Instrumente darstellen, mit denen Investoren sich vor den institutionenökonomischen Problemen schützen können, aber im Zuge der Komplexität der Probleme selbst bei innovationsspezialisierten Finanzintermediären so viele Unwägbarkeiten verbleiben, dass der Staat hier gefordert ist. Für eine staatliche VC-Politik knüpft *Bauer* daher am Prozess der Beteiligungsfinanzierung an und stellt konkret auf vier mögliche Ansatzpunkte (S. 72 ff.) ab:

1. Subventionierung des Refinanzierungsprozesses von VC-Gesellschaften durch finanz- und ordnungspolitische Instrumente, um Einfluss auf ihr Passivgeschäft und damit auf das zur Disposition stehende Fondsvolumen zu nehmen;
2. Subventionierung des Refinanzierungsprozesses per Ausfallbürgschaft, um auf die Höhe des Fondsvolumens durch vorerst zahlungsunwirksame Eventualverbindlichkeiten einzuwirken;
3. Subventionierung des Beteiligungsprozesses durch direkte Beteiligungen, um den Umfang des Aktivgeschäftes von VC-Gesellschaften nach Art und Höhe zu beeinflussen;

4. Subventionierung von Unternehmertrainings, um die qualitative Dimension der Beteiligungsfinanzierung zu forcieren.

Anschließend widmet *Bauer* das 4. Kapitel der Wirkungs- bzw. Effizienzanalyse der unterschiedlichen Subventionierungsinstrumente, wobei er auch den Stand der Forschung referiert, um so – auf der Basis der Theorie unvollständiger Finanzierungsverträge – modelltheoretische Effizienzüberlegungen zu den einzelnen Subventionierungsansätzen anzustellen. *Bauer* hält dazu rein empirisch oder argumentativ basierte Ansätze für zu wenig konkret und identifiziert mit der fehlenden Modelltheorie zur Untersuchung von Subventionierungseffekten eine Forschungslücke (S. 109 ff.). Das Kapitel schließt mit einer Bewertung (S. 224 ff.) und kommt zu dem Ergebnis, dass die politische Begründbarkeit für die Ausfallbürgschaft hoch, aber die ökonomische Effektivität gering einzustufen ist. Für die direkte Beteiligung gilt das Argument vice versa. Refinanzierungssubventionen liegen zwischen diesen beiden Extrempositionen.

Kapitel 5 liefert einen Ausblick zur Rolle des Kapitalmarktes als Alternative zur staatlichen Subventionierung des VC-Marktes. In diesem Zusammenhang wirft der Verfasser die ordnungsökonomisch wichtige und unter theoretischen Gesichtspunkten oftmals diskutierte Frage auf, ob der Kapitalmarkt auch für die Innovationsfinanzierung jene Informationsverarbeitung zu leisten im Stande ist, die ihm bspw. von der herrschenden Kapitalmarktgleichgewichtstheorie beigemessen wird. Diesbezüglich hat sowohl die neuere Forschung (Neue Institutionenökonomie, Behavioral Finance, Theorie spekulativer Blasen etc.) als auch die reale Erfahrung (Neuer Markt, Milleniumshausse) gezeigt, dass es aufgrund der notwendigerweise unvollständigen Information der Kapitalmarktteilnehmer gerade im Falle der Innovationsfinanzierung zu extremen Unter- und Überbewertungen kommt (S. 236). Folglich ist der Kapitalmarkt weniger als eine Alternative anzusehen, sondern vielmehr als eine komplementäre Finanzinstitution im arbeitsteiligen Prozess der Innovationsfinanzierung, in dem Wagniskapitalisten als „Gatekeeper" fungieren. Im 6. Kapitel werden die Ergebnisse der Studie noch einmal zusammengefasst.

Die Untersuchung von *Bauer* leistet einen wertvollen Beitrag zur Diskussion über die Förderungswürdigkeit der Finanz*technologie* „Venture Capital" und der Finanz*institution* „VC-Gesellschaften", zumal die herrschende Kapitalmarktgleichgewichtstheorie (*Modigliani/Miller*, CAPM etc.) die Frage nach adäquaten Finanztechnologien für irrelevant hält und für institutionelle Aspekte der Finanzintermediation kaum Raum lässt. Die institutionenökonomischen Beiträge zur Kapitalmarkttheorie widmen sich zunehmend der Berücksichtigung von Transaktions- und Agencykosten im Rahmen von Finanzierungsbeziehungen, um daraus normative Schlussfolgerungen für die Theorie und Praxis abzuleiten, die eng am Paradigma allokativer Effizienz anlehnen. Vor diesem Hintergrund ist die Identifizierung der o. g. Forschungslücke zweifellos eine besonders erwähnenswerte theoretische Leistung. Der didaktische Wert der modelltheoretischen Analyse ist zudem unbestritten. Gleichwohl hätte es vor dem Hintergrund des innovationsökonomischen Themas nicht geschadet, eine Unterscheidung nach dynamischen und statischen Effizienzkriterien vorzunehmen, wie dies bspw. *Leibenstein* mit seiner X-Ineffizienz-Theorie oder *Drucker* mit seiner Differenzierung nach Effizienz und Effektivität („Doing the things right – Doing the right things") getan haben. Es bleibt eine altbekannte Streitfrage, ob und inwiefern aus einer an statischen Effizienzkriterien orientierten Modelltheorie politische Handlungsempfehlungen und Effizienzaussagen für einen innovationsbezogenen, dynamischen Interaktionsprozess gefolgert werden können. Angesichts der Explosion innovations- und evolutionsökonomischer Literatur ist das Bemühen des Autors um Komplexitätsreduktion durchaus verzeihlich. Man wünscht sich jedoch gelegentlich einen stärkeren Bezug zu *sozialtechnologischen* Hypothesen, wie bspw. bezüglich der Wirkungsweisen von Handlungsrechten auf die (finanz-) unternehmerischen Fähigkeiten oder auf die Leistungsmotivation eines Entrepreneurs. Es ist m. E. auch etwas bedauerlich, dass der Name *Schumpeter* nicht ein einziges Mal fällt, zumal *Schumpeter* die Interaktion real- und finanzwirtschaftlicher Sphäre mit seinem Innovationsansatz, seiner Unternehmerfigur, seiner Methodologie (Dichotomie von Gleichgewichts- und Ungleichgewichtsansatz; konkretisierte Theorie) sowie seinen geldtheoretischen Auffassungen (Innovationsfinanziuerung per Kreditschöpfung durch Banken) bereits thematisiert hatte und damit ideale Anknüpfungspunkte für die weiterführende Analyse der Finanztechnologie „Venture Capital" bzw. der dahinter stehenden Formen der Finanzintermediation/-disintermediation geliefert hat.

Eine staatliche Intervention ist ordnungsökonomisch mit dem Problem der Wissensanmaßung im Hayek'schen Sinne verbunden. Dies führt auch der Verfasser an. Dass öffentliche Träger eigens VC-Gesellschaften begründen und damit unternehmensverfassungsrechtlich versuchen, ein erfolgreiches innovations- bzw. frühphasenorientiertes Aktivgeschäft in die Wege zu leiten, mag eine sinnvolle Ergänzung der Marktkräfte sein. Die dahinter stehende grundsätzliche Problematik ist jedoch, ob es für eine proaktive staatliche VC-Politik ausreichend ist zu argumentieren, dass der formelle VC-Markt aufgrund informationsspezifischer Argumente (Transaktionskosten, Agencykosten etc.) „versagt". Alternativ hätte man in diesem Zusammenhang nämlich auch der Frage nachgehen können, ob (und wie) man VC-Gesellschaften dahin bringen kann, dass sie ihren spezialisierungsbedingten Vorteil als Finanzintermediäre auch im Seed- und Start-up-Segment wieder ausspielen, da ihre Investitionspräferenzen (Buy-out-/Spätphasenfinanzierungen; Volumina ab 500.000 € aufwärts) momentan nicht mit den Anforderungen im kritischen Segment der Innovationsfrühphase harmonisieren. Ferner wäre es wichtig gewesen zu diskutieren, ob nicht auch andere, mitunter förderungswürdige oder gehemmte Kräfte im VC-Markt existieren und sich demzufolge der gesamte Finanzierungsprozess innovativer Unternehmer nicht auch als arbeitsteiliger Prozess unterschiedlicher finanzunternehmerischer Akteure deuten ließe. An dieser Stelle kommt die Analyse der Bedeutung des informellen Marktes für VC zu kurz: Zwar führte dieses Forschungsfeld lange Zeit ein Schattendasein, allerdings ist heutzutage bekannt, dass den sog. „Business Angels" – als informelles, disintermediäres Segment des VC-Marktes – aufgrund ihrer unternehmerischen Erfahrungen und ihrer finanzunternehmerischen Disposition gerade im Fall der innovativen Unternehmensgründung eine Schlüsselfunktion zukommt. Sie überbrücken oftmals die i. d. R. begrenzten Ressourcen der 3 F (family, founder, friends) und ebnen mit ihrem Engagement überhaupt erst den Weg zum formellen Finanzsystem der VC-Gesellschaften, Banken sowie des Kapitalmarktes (*Coveney/Moore* 1998). Von verschiedenen Seiten werden in diesem Zusammenhang immer wieder institutionelle Hemmnisse als Ansatzpunkt einer staatlichen VC-Politik ins Spiel gebracht. Seit geraumer Zeit wird bspw. die 2001 vorgenommene Absenkung der Wesentlichkeitsgrenze auf 1 % im § 17 EStG als schädlich angesehen, da daraus hervorgeht, dass Veräußerungsgewinne im Rahmen privater Beteiligungen an einer Kapitalgesellschaft (GmbH, AG etc.) auch bei kleineren Anteilsquoten der Steuerpflicht unterliegen.

Auch empirisch kann festgestellt werden, dass viele VC-Gesellschaften mittlerweile eine enge Anbindung zum informellen VC-Markt suchen, um sich die komparativen Vorteile von Business Angels im Frühphasenbereich der Innovationsfinanzierung nutzbar zu machen. Dann wäre aber zuerst danach zu fragen, wie sich diese „strukturelle Kopplung" wirtschaftspolitisch intensivieren lassen könnte? Können VC-Gesellschaften hierdurch bzw. durch geeignete institutionelle bzw. finanzpolitische Vorkehrungen (wieder) an den Pol „Frühphasenfinanzierung" geleitet werden? In diesem Zusammenhang sind die vom Autor betrachteten Aspekte zur Förderung des Passivgeschäftes von VC-Gesellschaften sehr treffend. *Bauer* argumentiert hier, „dass eine Förderung des Refinanzierungsvorgangs nicht die intuitivste Einwirkungsmöglichkeit des Staates darstellt" (S. 77). Dies ist m. E. ordnungspolitisch insofern richtig, als eine „inputlogische" Mobilisierung „irgendwelcher" Finanzmittel zur Unterstützung der Refinanzierung von VC-Gesellschaften, sowohl historisch (*Bygrave/Timmons* 1992) als auch theoretisch dazu führen kann, dass evolutionslogisch gerade diejenigen innovationsrelevanten finanzunternehmerischen Fähigkeiten verloren gehen können, die für den embryonalen Kern der Entwicklungs- und Wachstumsdynamik – die Innovationsfinanzierung in der Frühphase des Unternehmenszyklus – notwendig sind. Finanzkapital, selbst VC als „innovationsfreundlichere" Finanzierungsform, stellt weder eine produktionstechnologisch notwendige noch eine per se förderungswürdige Inputgröße dar. Es erhält seine realwirtschaftliche Relevanz aus der Interaktion real- und finanzwirtschaftlichen Unternehmertums (*Siemon* 2006).

Interessanterweise sieht *Bauer* auch im Unternehmertraining einen Ansatzpunkt für staatliche VC-Politik. Dies ist suis generis sicherlich keine herkömmliche VC-Politik und wird nur über einen eigenwilligen Umweg verständlich: Obwohl Trainingsmaßnahmen nämlich „am weitesten vom Beteiligungsprozess entfernt sind, setzen sie dennoch am Kernproblem für eine Unterversorgung an: den Fähigkeiten der Unternehmer bzw. dem daraus resultierenden Gewinn eines Projekts" (S. 86). Auf diesem Wege wird die qualitative Dimension der Interaktion real- und finanzwirtschaftlicher Sphäre angesprochen. Bereits seit geraumer Zeit wird unter entwicklungs- und wachstumspolitischen Gesichtspunkten der Frage nachgegangen, inwiefern sich potenzielle Unternehmensgründer (insbesondere mit akademischen Hintergrund) didaktisch wirksam für zukünftige Herausforderungen sensibilisieren und konditionieren lassen. Ob betriebs- und volkswirtschaftliches Wissen dabei die innovations- und evolutionslogisch zentralen Engpassfaktoren darstellen, kann jedoch durchaus bezweifelt werden (*Röpke* 2002). Zudem sollte nicht vergessen werden, dass Business Angels und VC-Gesellschaften als Beteiligungsgeber in den unterschiedlichen Finanzierungsphasen eines innovativen Unternehmens i. d. R. einen wertvollen Beitrag zur Wertschöpfung leisten, da sie nicht nur Kapital, sondern auch Knowhow, Netzwerkkontakte und Erfahrungen in das Unternehmen einbringen und somit auch als „Resonanzboden" für unternehmerische Belange fungieren. Vor diesem Hintergrund ist die vom Autor aufgeworfene These, dass Wirkungen der Managementunterstützung seitens der Wagniskapitalisten allgemein überschätzt werden (S. 229), mit Skepsis zu betrachten.

Die vorstehenden Anmerkungen sind keineswegs als Manöverkritik zu verstehen. Im Gegenteil: Der Verfasser argumentiert sehr klar und präzisiert seine Argumente anhand zahlreicher modelltheoretischer Ableitungen. Besonders erwähnenswert ist der didaktische Wert seiner Abbildungen und Tabellen, die den Gang der Argumentation hervorragend vorbereiten bzw. nachzeichnen. *Bauer* stößt mit seinem Buch weiterführende evolutions- und ordnungsökonomische Überlegungen an. Das Buch ist in einer schnörkellosen Sprache geschrieben und kann als überaus begrüßenswerter Ansatzpunkt gesehen werden, um altbekannte Argumente für eine staatliche Intervention und Subventionierung des Innovationsgeschehens theoretisch zu reflektieren und hinsichtlich ihrer Relevanz für eine zielführende VC-Politik zu beleuchten.

Literatur

Bygrave William D. und Jeffry Timmons (1992), *Venture Capital at the Crossroads*.

Coveney, Patrick und Karl Moore (1998): *Business Angels*.

Röpke, Jochen (2002), *Der lernende Unternehmer*.

Siemon, Cord (2006), *Unternehmertum in der Finanzwirtschaft*.

Manfred E. Streit

Marburger Studien zur Ordnungsökonomik
Zu dem gleichnamigen Buch von Alfred Schüller[*]

Nach dem Vorwort zu diesem Band handelt es sich um ein Geschenk an den Autor. Als Schenkende ausgewiesen werden die Mitglieder der vom Autor in der Nachfolge von *K. Paul Hensel* geleiteten Forschungsstelle zum Vergleich wirtschaftlicher Lenkungssysteme in Marburg. Das Geschenk ist zugleich Glückwunsch an den Autor zum 65. Geburtstag und Dank dafür, dass er sein Amt noch weitere 3 Jahre fortführen möchte.

Der Band enthält Aufsätze des Autors aus 25 Jahren (1975-2000). Inhaltlich herrscht dabei, gemäß dem Titel, die Ordnungsökonomik in unterschiedlichen Anwendungen vor. Erklärterma-

---

[*] Alfred Schüller, *Marburger Studien zur Ordnungsökonomik*, Verlag Lucius & Lucius, Stuttgart 2002, 358 Seiten.

ßen steht sie in der Tradition von *Walter Eucken, Franz Böhm, Wilhelm Röpke* und *Friedrich A von Hayek*, womit sich eine tradierte Verbindung zwischen Marburger und Freiburger Schule ergibt. Am Beginn des ersten der vier Teile des Bandes findet sich der Abdruck eines eher programmatisch für die Forschungsstelle zu lesenden Aufsatzes, erschienen im Jahr 2000 mit dem Titel „Theorie des wirtschaftlichen Systemvergleichs - Ausgangspunkte, Weiterentwicklungen und Perspektiven". Es handelt sich, wie mit dem Untertitel angekündigt, um eine Analyse der Tragfähigkeit des Vergleichs von Wirtschaftssystemen als wissenschaftlichem Bestätigungsfeld, einer Fragestellung, die seit Ende der 60er Jahre des vergangenen Jahrhunderts wohl unter dem Eindruck des damaligen Ost-West-Konflikts sowie Strömungen unter Linksintellektuellen an Hochschulen des In- und Auslands entstand. Inzwischen ist es, bis auf die Transformationsdiskussion Ende der 80er Jahre, um diese Fragestellung etwas still geworden. Um so wertvoller dürfte es sein, wenn sich der Verfasser anschickt, nach Perspektiven und Weiterentwicklungen zu suchen. Die Suche führt nahezu zwangsläufig zu *Walter Eucken*, dem Begründer der Ordnungsökonomik Freiburger Prägung, an der sich auch der Systemvergleich orientierte, wenn er von der marktwirtschaftlichen oder Wettbewerbsordnung als Referenzsystem ausging. Seine moralphilosophischen, naturrechtlichen Grundlagen sind, wie der Autor aufzeigt (S. 11) bei *Adam Smith* zu suchen. Man könnte, *v. Hayek* aufgreifend, auch *Adam Ferguson, David Hume* und *J. St. Mill* bemühen. Werden *v. Hayeks* rechts- und verfassungstheoretische Überlegungen noch hinzugezogen, so wird als Weiterentwicklung der Ordnungsökonomik die Institutionsökonomik und der auf ihr fußende methodologische Individualismus erkennbar (S 13). Die Institutionenökonomik ist zugleich der Schlüssel zum Studium des Systemwandels und dessen Ursache, des Systemwettbewerbs (S.18), wenn Wirtschaftsverfassungen als Institutionensysteme verstanden werden. Damit sind die Voraussetzungen für eine „Synthese auf breiter Front", wie dies der Autor, *Röpke* zitierend, nennt (S. 25); denn der Systemwettbewerb ist nichts anderes als ein Aspekt des weltweiten Wettbewerbs der politisch handelnden Anbieter von Institutionen und Institutionensystemen um international mobile Ressourcen. Den Abschluss dieses facettenreichen Aufsatzes bildet ein Plädoyer, die Analyse von Wirtschaftssystemen um die ihnen zugrunde liegenden „kulturellen Kausalitäten" durch deren Entwirrung zu bereichern (S. 28). Das beinhaltet, wie der Autor in Anlehnung an *Eucken* meint, „das geschichtliche Verstehen religiöser, geistiger, politischer, moralischer und seelischer Wandlungen" (S. 29). Streng genommen dürfte sich dahinter und hinter dem Systemvergleich, wie ihn der Autor versteht, ein umfassendes ökonomisches, interdisziplinär angelegtes Forschungsprogramm mit sozialpsychologischem Schwerpunkt verbergen, ein sehr ambitioniertes Vorhaben und, wie der Autor abschließend meint „das größte Glanzstück systemvergleichender Forschung." Wer sich an *v. Hayeks* Urteil über die vorherrschende Form von Demokratie als einer „Schacherdemokratie und an *Olsons* daraus abgeleiteter Folge der „institutionellen Sklerose" erinnert, wird mir Genuss den Aufsatz im zweiten Teil (Ordnungsprobleme der sozialen Marktwirtschaft) lesen. Sein alarmierender Titel lautet: „Meine Tasche, Deine Tasche: das Umverteilungschaos im Sozialstaat", ein Zeitungsartikel aus dem Jahre 1994, der leider ohne erkennbare Resonanz bei den politisch Verantwortlichen und in der Öffentlichkeit blieb. *Gertrud von Le Fort* im Sinne des Titels zitierend beginnt der Autor die massive Kritik an der als „sozial" bemäntelten Umverteilungspolitik in Deutschland mit dem Verdikt, Chaos ist eine „fürchterliche Parodie auf die Gleichheit". *Euckens* konstituierende und regulierende Prinzipien aufgreifend wird Sozialpolitik primär als Ordnungspolitik aufgefasst (S. 176). Das spricht der Kurzsichtigkeit sozialpolitischen Handelns (S. 175) Hohn; denn was sodann kritisiert wird, ist nichts anderes als ein „Missbrauch der Sozialpolitik" (*Vaubel*) zu Zwecken des Stimmenfangs im demokratischen Prozess. Ob es sich um Produzentensubventionen, bildungspolitische Maßnahmen (S. 176) oder Manipulationen der Arbeitsvertragsfreiheit (S. 177) handelt, die Ergebnisse sind enttäuschend. Sieht man sich die vom Autor genannten Fälle genauer an, dürfte seine Kritik eher als untertrieben gelten. In beiden Fällen geht es um kurzsichtiges Handeln im Verlauf der deutschen Vereinigung oder der sog. „Wende" (*E. Krenz*). Auf den ostdeutschen Arbeitsmärkten wurde, wider den Rat von Beratungsgremien, eine Angleichung der Arbeitsbedingungen an die von Westdeutschland toleriert, mit der Folge, dass der extreme Anstieg des Lohnkostenniveaus in Ostdeutschland dort erst einen flächendeckenden Sanierungsbedarf unbeschadet des maroden sozialistischen Erbes bewirkte und danach einen milliardenschweren Transferbedarf im Namen des „Aufschwung Osts" auslöste. Die „Wende" wurde in diesem Sinne missverstanden als eine „Übertragung wichtiger Elemente des westdeutschen Sozialstaats auf die neuen Bundesländer" (S. 179). Die Erklärung dieses Fehlverhaltens der westdeutschen Regierung Kohl und der sie tragenden politischen Parteien dürfte politökonomisch sein. Es ging vermutlich darum, die Zustimmung der ostdeutschen Bevölkerung durch sozialpolitische Wohltaten vor den anstehenden Wahlen zu erkaufen. Wie hoch der Kaufpreis war, zeigte sich erst mit Verzögerung. So dürften z. B. die laufenden Finanzierungsengpässe der Sozialversicherung Folge der großzügigen Anpassungen von Versicherungsansprüchen in Ostdeutschland an das westdeutsche Niveau sein, das seinerseits einen ausufernden, politisch bewirkten Sozialstaat widerspiegelt. Im letzten Teil des Aufsatzes geht der Autor einer „Chance für eine mutige Ordnungspolitik" (S. 180) im Sozialbereich nach. Gewünscht wird eine „systemgerechtere Sozialpolitik", die eine Zustimmung im politischen Prozess erfordert (S. 181). Es geht dabei um nicht weniger als um eine Zustimmung zu sozialpolitischen Reformen. Nach den vom Autor genannten Prinzipien (ebenda) wird eine durchgreifende Reform der sozialpolitischen Hinterlassenschaft gefordert, eines Erbes, das durch zahlreiche, auf Stimmenfang gerichtete, gruppenorientierte Privilegien gekennzeichnet ist. Das bedeutet politökonomisch, dass frühere Wahlgeschenke bei den Begünstigten von den Schenkenden im Namen der Reform wieder eingesammelt werden müssten. Das dürfte alles andere als politisch attraktiv sein, wie die Reformversuche im vergangenen Jahrzehnt lehren. Insofern vermutet der Autor zu Recht einen Mangel an „Wählern, die gegen volkswirtschaftlich schädliche Umverteilungsversprechen sind" sowie „an Politikern, die davon überzeugt sind, dass man mit einem glaubwürdigen ordnungspolitischen Wegweiser aus dem Umverteilungschaos auch Wähler gewinnen kann." (S.182)

Die vorangegangene Kritik am „sozialpolitisch motivierten Interventionismus" (S. 187) fügt sich nahtlos in dem dann folgenden Aufsatz an, der mit sich mit der Zukunft der Sozialen Marktwirtschaft als einer wirtschaftpolitischen Konzeption (*Giersch*) beschäftigt, die von der Politik beschönigend als wirtschaftspolitische Realität interpretiert wird. In diesem Aufsatz werden die zuvor erwähnten sozialpolitischen Fehlleistungen im deutschen Einigungsprozess noch einmal hervorgehoben, mit dem diagnostischen Ergebnis: „wenn die ostdeutsche Wirtschaft die typischen Transformationsprobleme weitgehend überwunden hat, so wirken jetzt vor allem Strukturprobleme der westdeutschen Wirtschaft fort." (S.187) Bezogen auf die Probleme der westdeutschen Wirtschaft in den vergangenen Jahren kann man das auch als „Aufschwung Ost im Reformstau West" kritisieren.

Der dritte Teil ist überschrieben mit „Ordnungsprobleme der europäischen Integration". Nach dem Autor stehen zwei Integrationswege offen: der wettbewerblich-marktwirtschaftliche und der politisch-bürokratische Weg. Angewandt auf die Osterweiterung der EU, einem Gegenstand des Aufsatzes, spricht manches für den letztgenannten Weg, wenngleich damit Anpassungskosten verbunden sein dürften. Von den Gemeinschaftspolitiken nach dem Vertrag von Maastricht wird insbesondere die Industriepolitik in Frage gestellt (S.220), die mit den Wissensargumenten des Autors leicht zu kritisieren wäre, setzt sie doch zukunftsweisendes Wissen über „europäische Champions" oder „Schlüsselindustrien" voraus, die sich, mangels Wissen, als teure Fehlinvestitionen erweisen, die bürokratisch-politisch bewältigt werden müssen. Für erwartbare Missbräuche hält der Autor ein Gegenmittel bereit, den Systemwettbewerb (S. 315), sowohl als kontrollierende als auch initiierende Kraft. Dem Wettbewerb möchte er auch, *v. Hayeks* Vorschlag einer Entnationalisierung des Geldes folgend, die Geldversorgung der Union dem Wettbewerb statt einer Einheitswährung überlassen. Dem Euro als Einheitswährung ist dann ein weiterer, kritisch orientierter Aufsatz in diesem Band zugedacht.

Der Band endet mit der Würdigung eines in wirtschaftspolitischen Diskussionen von Politikern immer wieder polemisch, Ängste schürend angesprochenen Phänomens, der Globalisierung („ordnungspolitische Dimensionen der Globalisierung"). Sie ist die Antwort auf die mit dem „Hauptstreben großer liberaler Autoren" (S. 304) verbundenen Frage: Wie kann weltweit ein System gesellschaftlicher Institutionen gefunden werden, das jeden Einzelnen dazu veranlassen sollte [...] zur Befriedigung der Bedürfnisse aller seiner Mitmenschen beizutragen?" (*Hayek*). Damit die Antwort ökonomisch tragfähig wird, ist eine internationale Wettbewerbsordnung notwendig, so der Autor (S. 34). Das führt unmittelbar zu vom Autor angegriffenen, rechtswissenschaftlich begründeten Vorschlägen, die im Grunde auf ein Weltkartellrecht zielen und damit Durchsetzungsprobleme entstehen lassen. Sie erweisen sich als besonders schwerwiegend bei staatlichen Wettbewerbsbeschränkungen und damit bei Verstößen gegen multilaterale Verpflichtungen von Signatarstaaten als Ausdruck eines handelspolitischen Nationalismus (S. 310 ff.), wie er durch eine Industriepolitik immer wieder provoziert wird. Die bisher aufgegriffenen Themen stehen für die Breite der Darlegungen des Verfassers, die durch Überlegungen zur Globalisierung und zur Weltwährungsordnung noch ergänzt wird. Im letzten Abschnitt wird von ihm ein Phänomen aufgegriffen, das in dem Band häufig thematisiert wird, der Sytemwettbewerb (S. 318 ff.) und mit ihm die Kontrolle der Anbieter von Institutionensystemen (Wirtschaftsverfassungen) durch Entscheidungen von Produzenten handelbarer Güter und Anlegern von international mobilem Kapital. Letztlich wirkt sich dieser Wettbewerb als Kontrolle auf Marktkonformität nationaler Institutionensysteme aus. Darin liegt seine ordnungspolitisch begrüßenswerte Qualität, die der Verfasser häufig hervorhebt und die von interventionsfreudigen Politikern, wenn auch unreflektiert, als Globalisierungsfolge beklagt wird.

Insgesamt handelt es sich um einen Band, in den inspirierend und lernend hineinzuschauen man nicht nur Studierenden wünschen kann, sondern auf den auch der Verfasser als Emeritus mit Genugtuung zurückschauen kann.

Volker Ulrich

Auf der Suche nach der besseren Lösung, Festschrift zum 60. Geburtstag von Norbert Klusen
Zu dem gleichnamigen Buch herausgegeben von Peter Oberender und Christoph Straub[*]

Der vorliegende Sammelband von *Peter Oberender* und *Christoph Straub* widmet sich einer aktuellen und spannenden Fragestellung: Wie ließe sich unser Gemeinwesen im Allgemeinen und das Gesundheitssystem im Besonderen verbessern? Mit dem Band ehren die Herausgeber zugleich den Einsatz von *Norbert Klusen*, dem Vorstandsvorsitzenden der Techniker Krankenkasse, für mehr Wettbewerbsansätze in der Gesetzlichen Krankenversicherung (GKV), einem System, das bis zum heutigen Tag weitgehend kollektivvertraglich und damit „gemeinsam und einheitlich" organisiert und gesteuert wird. Der Blick auf den Inhalt und die hier aufgeführten 23 Autoren des Sammelbands weckt eine gewisse Vorfreude auf die Lektüre des Buchs, da die Autoren entweder hervorgehobene Positionen in der Politik bzw. in den Verbänden des Gesundheitswesens innehaben oder als Wissenschaftler die Dauerbaustelle Gesundheitsreform beratend begleiten.

Der erste Beitrag „Schwerpunkte einer bürgerorientierten Gesundheitspolitik" stammt von Bundesgesundheitsministerin *Ulla Schmidt*. Für sie bilden Solidarität und Eigenverantwortung die beiden tragenden Prinzipien des Gesundheitssystems, die es zu balancieren gilt. Sicherlich trifft zu, dass ein hochwertiges und finanzierbares Gesundheitssystem einer ständigen Anpassung und Reformfähigkeit bedarf, da sich die Anforderungen an den Sozialstaat ebenfalls permanent verändern. *Ulla Schmidt* stellt die Reformansätze seit dem Gesundheitsmodernisierungsgesetz (GMG 2004) in ihren Grundzügen dar und unternimmt eine Einordnung bzw. Be-

---

[*] Peter Oberender/Christoph Straub (Hg.), *Auf der Suche nach der besseren Lösung*, Festschrift zum 60. Geburtstag von Norbert Klusen, Nomos, Gesundheitsökonomische Beiträge, Band 52, Baden-Baden 2007.

wertung der einzelnen Maßnahmen anhand der eingeforderten Balance zwischen Solidarität und Eigenverantwortung. Die aufgelisteten Maßnahmen seit dem GMG sind in erster Linie an den bestehenden Schnittstellen erfolgreich, insbesondere innerhalb der Versorgung der GKV-Patienten entlang der Versorgungskette. Das Verhältnis zwischen GKV und PKV ist dagegen nach wie vor offen. Der zukünftigen Gestaltung des Krankenversicherungsmarktes kommt daher eine entscheidende Bedeutung zu und es wird interessant sein zu beobachten, wie die Idee der Ministerin eines einheitlichen Krankenversicherungsmarktes konkretisiert wird. Davon hängt nämlich entscheidend ab, ob bei der Suche nach einem nachhaltigen Finanzierungssystem Erfolge zu erwarten sind, da diese Aufgabe eine Begrenzung der intergenerativen Umverteilung voraussetzt.

Diesen Punkt betont auch der Beitrag von *Daniel Bahr*, dem gesundheitspolitischen Sprecher der FDP-Bundestagsfraktion. In seinem Beitrag werden letztlich die gleichen Probleme wie im Text der Bundesgesundheitsministerin angesprochen, erwartungsgemäß aber mit anderen Schwerpunkten und anderen Schlussfolgerungen. Während bei *Ulla Schmidt* eher eine Einbindung der PKV in das GKV-System zumindest vorsichtig anklingt, liegt für *Daniel Bahr* die Lösungsstrategie in der umgekehrten kausalen Richtung, d.h. die Umwandlung der GKV-Krankenkassen in private Versicherungsunternehmen, welche nach dem Kapitaldeckungsverfahren funktionieren sollten. Dies hätte im demografischen Wandel sicherlich Vorteile, allerdings bedarf eine solche Umstellung eines langen Atems, da eine schnelle Umstellung durch den Aufbau des Kapitalstocks sowie durch den Zeitbedarf für das Auslaufenlassen des Umlageverfahrens begrenzt wird.

Auch der Beitrag von *Biggi Bender*, der gesundheitspolitischen Sprecherin der Fraktion Bündnis 90/Die Grünen widmet sich der zukünftigen Finanzierung der GKV und hier vor allem dem neuen Gesundheitsfonds und den Zusatzprämien. Da Bündnis 90/Die Grünen in Berlin nicht mehr an der Regierung beteiligt sind, überrascht es nicht, dass *Biggi Bender* den Finger in die offene Wunde „Gesundheitsfonds" legt und die Schwachstellen der zukünftigen Finanzierung betont. Wenn, wie geplant, der zukünftige Wettbewerb über den Zusatzbeitrag laufen soll, macht es wenig Sinn, dass die Höhe des Zusatzbeitrags von der Mitgliederstruktur abhängt. Damit sagt die Höhe des Zusatzbeitrags letztlich nichts über die Wirtschaftlichkeit einer Krankenkasse aus, sondern nur über die Risikostruktur ihrer Versicherten.

Eugen Münch, der frühere Vorstandsvorsitzende und heutige Aufsichtsratsvorsitzende der Rhön-Klinikum AG betont die Notwendigkeit des Wandels in einer sich extrem verändernden Welt des Gesundheitswesens. Interessanter weise fordert er insoweit einen starken Staat, als dieser den beteiligten Spielern im Gesundheitswesen, also den Krankenkassen, den Verbänden der Anbieter und den Gesundheitskonzernen klare Spielregeln vorgeben sollte, d.h. auch die Grenzen bestimmen sollte, die für alle verbindlich sind. Da der Staat dann allerdings sehr häufig mit den Verstößen gegen seine eigenen Regeln konfrontiert würde, erlässt er lieber erst gar keine bindenden Regeln, was zu dem vorherrschenden Steuerungswirrwarr (mit)beiträgt.

Der Beitrag von *Horst Seehofer*, Bundesminister für Ernährung, Landwirtschaft und Verbraucherschutz, setzt sich mit dem Spannungsverhältnis zwischen Solidarität und Subsidiarität auseinander, allerdings bezogen auf das eigenständige System der Sozialversicherung der Landwirte. Wie in der GKV gilt auch hier, dass neue Rahmenbedingungen und geänderte Gegebenheiten Anpassungen der Finanzierungsstrukturen für die landwirtschaftliche Kranken-, Alters- und Unfallversicherung erfordern. Der fortschreitende Strukturwandel mit einer kleiner werdenden Solidargemeinschaft lässt das bestehende System ebenfalls an grenzen stoßen. *Horst Seehofer* drückt diesen Konflikt sehr elegant wie folgt aus: „Dies trägt auch dem Gedanken Rechnung, dass ein Anspruch auf externe Solidarität voraussetzt, alle Möglichkeiten der internen Solidarität ausgeschöpft zu haben". Am Rande sei angemerkt, dass in der Krankenversicherung der Landwirte bereits heute schon ein Prämienmodell zur Finanzierung eingesetzt wird, das nach Einkommensklassen gestaffelt ist.

Der letzte Beitrag, der diesen Themenkomplex über Wettbewerb, Solidarität und Finanzierung thematisiert, stammt von *Wilfried Jacobs*, dem Vorstandsvorsitzenden der AOK Rheinland/Hamburg. Zwar ist bekannt, dass auch die AOKen den Gesundheitsfonds eher kritisieren als bedingungslos unterstützen, dennoch betont *Wilfried Jacobs* in seinem Beitrag die Chancen, die mit der Gesundheitsreform verbunden sind und fordert insgesamt mehr Kreativität aller Beteiligten zum Wohle der Versorgung der Patienten. Wettbewerb ist für ihn kein Selbstzweck, sondern seine Erfolge zeigen sich letztlich erst, wenn er entsprechende Erfolge auf der Leistungs- und Versorgungsseite besitzt.

Ein weiterer Themenkomplex ist den neuen Versorgungsformen, Wahltarifen und Managementaufgaben gewidmet.

Thomas McGuire und *Sebastian Bauhoff* von der Harvard Medical School analysieren die jüngsten Reformmaßnahmen vor dem Hintergrund zunehmender Wahlfreiheiten der Konsumenten/Versicherten. Wie nicht anders zu erwarten, messen die beiden Autoren dem Wettbewerb und insbesondere den Wahlmöglichkeiten der Versicherten große Bedeutung bei. Ihr Urteil nach einem Jahrzehnt Wettbewerb in der GKV, der für sie mit dem GSG von 1993 und den Möglichkeiten zum Wechsel der Krankenkasse begann, fällt allerdings eher nüchtern aus. Zurzeit dominieren partielle Analysen einzelner Wettbewerbselemente, etwa über den Risikostrukturausgleich (RSA) oder über die regionalen Effekte, während eine übergeordnete Perspektive fehlt, d.h. es mangelt nach wie vor an einem wettbewerblichen Gesamtkonzept für die GKV.

Eberhard Wille, der Vorsitzende des Sachverständigenrats für die Begutachtung der Entwicklung im Gesundheitswesen, gibt einen Überblick über Stand und Entwicklungsperspektiven der Integrierten Versorgung. Seiner Meinung nach haben die Möglichkeiten bei den neuen Versorgungsformen erhebliche Bewegung in die verkrusteten Strukturen des deutschen Gesundheitswesens gebracht. Allerdings ist es für eine Zwischenbilanz, auch aufgrund der permanenten Änderungen der rechtlichen Rahmenbedingungen noch zu früh. Bisher stellen die meisten Projekte lediglich regionale Versorgungsinseln dar, sie können aber noch nicht als flächendeckendes Gütesiegel angesehen werden.

Rainer Daubenbüchel, der langjährige Vorsitzende des Bundesversicherungsamts (BVA), analysiert aus aufsichtsrechtlicher Sicht die Einführung von Wahltarifen als Wettbewerbsinstrument im Solidarsystem GKV. Mit den Wahltarifen wird insbesondere ein – umstrittenes – Wettbewerbsfeld gegenüber der PKV eröffnet. Mit Blick auf die Solidargemeinschaft GKV implizieren Wahltarife, dass der Fokus von der Versichertengemeinschaft in toto auf kleinere Einheiten bzw. Subsysteme wechselt, da jeder einzelne Tarif wirtschaftlich sein muss und Quersubventionierung nicht zulässig ist. Die Schwierigkeit für das BVA besteht darin, dass bei der Genehmigung der Tarife noch keine Ist-Zahlen vorliegen und somit die Überprüfungen durch das BVA lediglich auf Plausibilitätsbetrachtungen beruhen können. Die Krankenkassen müssen daher bereits mit den ersten Echtzahlen die Wirtschaftlichkeit der Wahltarife belegen, sonst kann die Genehmigung widerrufen werden. Da der Gesetzgeber viele Details bei Einführung der Wahltarife noch offen gelassen hat, dürften die Aufsichtsbehörden damit noch eine ganze Weile beschäftigt bleiben.

Volker Leienbach, *Frank Schulze Ehring* und *Christian Weber* vom Verband der privaten Krankenversicherung, sehen die Einführung der Wahltarife in das GKV-System naturgemäß sehr kritisch, „wildert" die GKV hier doch in einem Geschäftsbereich der bisher der PKV vorbehalten war. Neben der Frage, ob Freiwilligkeit, Leistungsäquivalenz und Risikoorientierung überhaupt zum GKV-Solidarmodell passen, thematisieren sie die spannende Frage, ob die Einführung von Wahltarifen möglicherweise der Anfang vom Ende für die GKV als Gesamtsolidargemeinschaft ohne Gewinnzweck bedeutet. Falls der Europäische Gerichtshof das bisherige Solidarsystem relativiert, würde die GKV sicherlich mittel- bis langfristig ihre Immunisierung gegenüber dem europäischen Kartellrecht einbüßen mit der Folge, dass letztlich auch die GKV als staatliche Pflichtversicherung keinen Fortbestand mehr hätte, sondern lediglich eine Versicherungspflicht bei frei zu wählenden privaten Versicherungsunternehmen bestehen bliebe. Das wiederum würde den Interessen der PKV sicherlich nicht zuwider laufen, so dass es fraglich ist, ob die PKV die Einführung von Wahltarifen überhaupt „bekämpfen" sollte.

Ein weiterer Beitrag in diesem Block über Versorgungsformen, Wahltarifen und Managementaufgaben stammt von *Ulrich Wandschneider*, dem Vorstandsvorsitzenden der MediClin AG, der sich mit den Herausforderungen für das Klinikmanagement auseinander setzt. Eine effiziente Versorgung der Patienten erfordert sicherlich die enge Verknüpfung ambulanter, stationärer und poststationärer Leistungen, d.h. eine Orientierung an der Wertschöpfungskette. Ferner ergeben sich weitere Einsparpotenziale durch Fusionen, Vernetzungen oder strategische Partnerschaften. Wenn jedoch alle das gleiche anstreben, wird nur derjenige Erfolg haben, der dies schneller kann als sein Konkurrent. Somit gilt es auch die Lerngeschwindigkeit gegenüber der Umwelt zu erhöhen. Ob bei all diesen Bestrebungen auch noch das eigentliche Hauptziel, nämlich die optimale Versorgung des Patienten erreicht wird, bleibt abzuwarten.

Thematisch bündeln lassen sich die Beiträge von *Oberender* und *Zerth*, *Häussler*, *Graf von der Schulenburg*, *Straubhaar* und *Vöpel*, *Hoppe* und auch *Danner*, die sich mit den Begriffen Orientierung, Legitimation, Europa und Jobs im Gesundheitswesen auseinandersetzen. Eine klare ordnungspolitische Bewertung der aktuellen Reformbestrebungen im Gesundheitswesen leisten *Peter Oberender* und *Jürgen Zerth* von der Universität Bayreuth. Sie weisen darauf hin, dass vor dem Hintergrund des demografischen Wandels und der Wechselwirkungen mit dem medizinisch-technischen Fortschritt eine zentrale Herausforderung darin besteht, die intergenerativen Belastungen des bestehenden Systems zu begrenzen. Nach ihrer Analyse kann dies die jüngste Gesundheitsreform nicht leisten, da sowohl in der GKV als auch nun auch in der PKV das Umlageverfahren ausgebaut wird. Rückführung intergenerativer Umverteilung bedeutet aber, dass Entscheidungskompetenzen auf die Ebene der Bürger und der Krankenkassen zurückverlagert werden, was bisher nicht im ausreichenden Maß geschehen ist. Von daher gilt der dem Fußball entliehene Spruch: nach der Reform ist vor der Reform.

Bertram Häussler, der Direktor des IGES Instituts, betont die Bedeutung der Gesundheitsforschung für die Weiterentwicklung des Systems. Anhand zweier Gutachten zeigt *Häussler*, dass wissenschaftliche Beratung nicht unglaubwürdig sein muss, falls bestimmte Spielregeln eingehalten werden: Transparenz, international anerkannte Methoden und Offenlegung der verwendeten Datenbasis. Unter diesen Voraussetzungen ist *Häussler* zuzustimmen, dass die Gesundheitsforschung mehr als Beratung sein kann, nämlich einen Beitrag zur Weiterentwicklung des Systems leisten kann.

Matthias Graf von der Schulenburg von der Universität Hannover blickt in seinem Beitrag über die Grenzen Deutschlands und analysiert die internationalen Vorgehensweisen im Rahmen von Evaluationsverfahren. Diese Thematik hat durch das GKV-WSG eine besondere Brisanz erhalten, da es auch um die Methoden geht, die das Institut für Qualität und Wirtschaftlichkeit im Gesundheitswesen (IQWiG) seinen Kosten-Nutzen-Bewertungen zugrunde legt. Von besonderem Interesse sind daher die Ausführungen *von der Schulenburgs* zu der Frage „welcher internationaler Standards der Gesundheitsökonomie sollte sich Deutschland bedienen?" Hier wird überzeugend dargestellt, dass ein breiter internationaler Konsens in Bezug auf die wissenschaftliche Fundierung der zur Verfügung stehenden gesundheitsökonomischen Analysearten besteht und dass diese Methoden keinesfalls durch den deutschen Gesetzgeber vernachlässigt werden sollten.

Thomas Straubhaar und *Henning Vöpel* vom Hamburgischen Weltwirtschaftsinstitut (HWWI) befassen sich mit der Frage, „welche empirischen Beschäftigungswirkungen können bei Umsetzung eines modernen Krankenversicherungssystems gegenüber dem Status quo erzielt werden?" Anhand verschiedener Szenarien, die einen unterschiedlichen Regulierungsgrad unterstellen, quantifizieren sie in einem Simulationsmodell die jeweiligen Beschäftigungseffekte. Den stärksten Beschäftigungszuwachs verzeichnet das „liberale Gesundheitsmodell, bei dem der Anteil der öffentlich finanzierten Gesundheitsausgaben von derzeit fast 80 % auf 50 % sinkt. In dieser Simulation ergibt sich ein Beschäftigungszuwachs von mehr als 600.000 Arbeitsplätzen. Ihre Empfehlung für ein modernes Krankenversicherungssystem lautet daher, dass zukünftige Reformen stärker wettbewerblich ausgerichtet sein müssten, um den „Jobmotor Gesundheitswesen" nutzen zu können.

Jörg-Dietrich Hoppe, der Präsident der Bundesärztekammer, analysiert den Gesundheitsbegriff im Spannungsverhältnis zwischen den Polen „ärztliche Sicht und ökonomische Zwänge". Er plädiert eindrücklich dafür, viel stärker und intensiver als bisher die Möglichkeiten der Versorgungsforschung und der Vernetzung zu nutzen, um neue Lösungsmöglichkeiten für eine Abschwächung des Problems der Ressourcenknappheit zu finden und anzuwenden. Als Alternative bleibt sonst nur der Weg in die offene Rationierung.

Der letzte Beitrag in diesem Block über Orientierung, Legitimation, Europa und Jobs im Gesundheitswesen stammt von *Günter Danner*, dem stellvertretenden Direktor der Europavertretung der Deutschen Sozialversicherung. Er spricht sich sehr deutlich dafür aus, die eigenen Standortvorteile in dem Zukunftsbereich Gesundheitswesen stärker darzustellen und zu nutzen. Als zentralen Vorteil einer standortorientierten Gesundheitspolitik sieht er die Sicherung von Arbeitsplätzen sowie das Erkennen des hohen Stellenwerts einer sozialen Gesundheitspolitik.

Der insgesamt letzte hier zu besprechende Beitrag des Bandes stammt von *Ute Rosenbaum* von der Hochschule Zwickau, die sich der Thematik der Armenpflege im Zeitalter der Reformation angenommen hat. Ihre interessante These lautet, dass die aktuellen Diskussionen über die sozialen Sicherungssysteme meistens eine Variante historischer gesellschaftlicher Entwicklungen darstellen und in ihrer Wirkungsweise damit Ausdruck des aktuellen Zustands einer Gesellschaft sind. Exemplarisch stellt *Ute Rosenbaum* die Situation in der Stadt Zwickau an der Schwelle zur Neuzeit dar. Aus ihren interessanten Ausführungen erkennt man, dass der aufkeimende Wohlstand letztlich eng korreliert mit dem überdurchschnittlichen Armen- und Fürsorgesystem der damaligen Zeit. So geben reiche Städte bzw. Länder nicht nur mehr Geld für Gesundheit aus, sondern umgekehrt gilt auch, dass ein gut ausgebautes Bildungs- und Gesundheitssystem langfristig den Wohlstand mehrt.

Insgesamt erweist sich der Sammelband von *Peter Oberender* und *Christoph Straub* aus zwei Gründen als sehr lesenswert. Zum einen leistet er einen aktuellen Überblick über die Probleme des Gesundheitswesens und zeigt Ansatzpunkte für eine Weiterentwicklung des bestehenden Systems auf. Zum anderen kommen in diesem Sammelband Autoren mit sehr unterschiedlichen ordnungspolitischen Auffassungen und Einstellungen zu Wort, so das der Leser aus der Fülle der Informationen sich selbst ein Urteil bilden kann, welche Schritte unternommen werden müssten, damit die anvisierte Suche nach der besseren Lösung erfolgreich verlaufen kann.

Kurzbesprechungen

Frank Daumann, Stefan Okruch und Chrysostomos Mantzavinos (Hg.), *Wettbewerb und Gesundheitswesen: Konzeptionen und Felder ordnungsökonomischen Wirkens.* **Festschrift für Peter Oberender zu seinem 65. Geburtstag, Andrássy Schriftenreihe, Band 4, Budapest 2006, 346 Seiten.**

Der vorliegende Sammelband umfasst insgesamt 19 Beiträge namhafter Ökonomen, mit denen das wissenschaftliche Wirken von Peter Oberender gewürdigt wird.

Im ersten Teil werden verschiedene Facetten im Verhältnis von „Ordnung und Wettbewerb" beleuchtet. Drei Beiträge befassen sich mit den vielfältigen Hindernissen bei der Vermittlung ordnungsökonomischen Denkens auf dem Feld der Politikberatung. Für *Manfred E. Streit* kann hierbei der „Wissenschaftler als Berater" dem gesellschaftlichen und wirtschaftspolitischen Fortschritt vor allem dann dienen, wenn er sich auf „unerbetenen Rat in kritischer Absicht, abseits vom prestigeträchtigen Auftritt in der Nähe von politischen Akteuren und weit entfernt von jeglicher Anmaßung an Wissen" beschränkt (S. 5). Er beschreibt damit Leitlinien, die sich *Peter Oberender* im Laufe seiner umfangreichen Beratungstätigkeit stets zu Eigen gemacht hat. In sechs weiteren Artikeln wird unter anderem von *Egon Görgens* und *Martin Babl* auf die zentrale Bedeutung der Interdependenz der Ordnungen im Transformationsprozess in den mittel- und osteuropäischen Ländern verwiesen (S. 59 ff.), *Gisela Aigner* und *Wolfgang Kerber* gehen der Frage nach, „ob FuE-Kooperationen, die die Anzahl der verfolgten Forschungspfade [...] reduzieren, den wettbewerblichen Prozess der Wissensschaffung auch beeinträchtigen können" (S. 118), während *Stefan Okruch* mit Blick auf die EU-Wettbewerbspolitik „die Bedeutung von Koordination und von Lernprozessen betont, um im europäischen Systemwettbewerb eine erwünschte, ausreichende Einheitlichkeit zu sichern" (S. 169). Diesen Forschungsfeldern hat sich auch *Peter Oberender* in seinem beeindruckenden wissenschaftlichen Oeuvre immer wieder zugewandt.

Die Herausgeber heben in ihrem Vorwort hervor, dass für *Peter Oberender* „das Denken in Ordnungen und die Interdependenz der Teilordnungen die Rolle eines Paradigmas in seinem wissenschaftlichen Werk (einnehmen)". Besonders augenfällig wird dies beim Thema „Gesundheit", das den zweiten Teil der Festschrift überschreibt. Treffend weist hier *Hartmut Kliemt* darauf hin, „viele Fehlentwicklungen hätten vermieden werden können, wenn man Fragen der öffentlichen Gesundheitsversorgung – wie von Peter Oberender stets angemahnt – ordnungs- und nicht bloß tagespolitisch behandelt hätte" (S. 176). Für *Kliemt* sollte sich daher „Gesundheitsordnungspolitik an politischen und nicht an medizinischen Maßstäben orientieren". Bei den „eigentlichen Fundamentalfragen" – etwa der Entscheidung über einen angemessenen Leistungskatalog in der Gesundheitsversorgung – gehe es nämlich nicht um medizinische, sondern „um ethische und politische Probleme, die ordnungspolitisch auf einer ordnungsökonomischen und -ethischen Grundlage gelöst werden sollten" (S. 188). Fast alle Beiträge in diesem zweiten Teil beschäftigen sich mit Reformansätzen bei der Finanzierung der Gesundheitsausgaben. Zu Recht hebt allerdings *Volker Ulrich* hervor, die Finanzierungsseite stelle letztlich „nur die eine Seite der Medaille dar. Ohne weitere Anstrengungen zur Begrenzung bzw. zur Anreizverbesserung auf der Ausgabenseite wird eine „echte Gesundheitsreform"nicht gelingen" (S. 256). Eine darüber hinausgehende Problemstellung greift *Günter Neubauer* auf, der die in Deutschland bestehende staatliche „Krankenhausplanung in der Sackgasse" sieht und eine „ordnungspolitische Neubesinnung" einfordert. Die „duale Finanzierung" führe zu „betriebswirtschaftlichen Unsinnigkeiten" und „zu einer Vielzahl von geradezu grotesken Erscheinungsbildern, wie sie sonst nur aus Planwirtschaften bekannt sind". Es sei nun einmal ein Trugschluss, wenn behauptet werde, „dass in der Krankenversorgung, und hier insbesondere in der Krankenhausversorgung, eine marktliche Steuerung nicht funktioniert oder wenn, sozialpolitisch nicht akzeptabel ist". Gegen solche Vorurteile habe „Peter Oberender in den letzten Jahrzehnten vehement (an-) gekämpft und seine Ansicht hat mehr und mehr Anhänger gefunden" (S. 305).

Peter Oberender wird sich über diese Festschrift gefreut haben.

Manfred Hilzenbecher

Rolf Hasse und Uwe Vollmer, *Incentives and Economic Behaviour,* **Verlag Lucius & Lucius, Stuttgart, 2005, 144 Seiten.**

Der von *Rolf Hasse* und *Uwe Vollmer* (Universität Leipzig) herausgegebene Band enthält sieben Beiträge. Den Anfang macht der Festvortrag von *Arnold Picot* (LMU) zum zehnjährigen Jubiläum der Wiedergründung der Wirtschaftswissenschaftlichen Fakultät der Universität Leipzig im November 2003. Er widmet sich dem „Beitrag der Institutionenökonomik zur Entwicklung der Wirtschaftswissenschaften". Hierauf folgen zunächst vier Texte in englischer Sprache: *Winand Emons* (Universität Bern) über „Credence Goods: The Monopoly Case", *Dalia Marin* (LMU) zu „Law in Transition and Development. The Case of Russia", *Torsten Eymann* (TU Freiberg) über „Rational (Software-)Agents" sowie *Diemo Diedrich* (Universtität Leipzig) mit dem Thema „Monetary Policy and Bank Lending in Japan: An Agency-based Approach". Den Abschluss bildet der deutschsprachige Artikel von *Silvia Föhr* und *Harald Wiese* (Universität Leipzig) über „Intrinsische Motivation und Delegation". Drei dieser fünf Beiträge sind während des Kolloquiums anlässlich des Fakultätsjubiläums präsentiert worden.

Picot erläutert die zentralen Begriffe „Institution" und „Ökonomik" und stellt heraus, warum diese Forschungsrichtung ein gemeinsames Paradigma für BWL und VWL liefert und dadurch die Einheit der Wirtschaftswissenschaft fördert. Ein Beispiel für diesen integrativen Ansatz bildet das sog. „Coase-Theorem": Die Einsicht, dass die Zuteilung von Verfügungsrechten nur bei positiven Transaktionskosten Effizienzwirkung entfalten kann, hat nicht nur Folgen für die VWL-Analyse von Regulierungen und Wirtschaftspolitik, sondern liefert einen Grund dafür, warum das Phänomen „Organisation" überhaupt ein relevantes Forschungsobjekt der BWL darstellt. *Picot* hält die Ökonomen für recht weit darin vorangeschritten, optimale oder auch nur bessere Institutionen zu entwerfen; allerdings täten sie sich noch schwer, Wege für den Prozess des Wandels von Institutionen aufzuzeigen. Er skizziert in groben Pinselstrichen einen Rahmen für ein auf Institutionenökonomik basierendes „change management" und liefert damit einer ganzen Generation von Institutionenökonomen beider Disziplinen genug Stoff für ein lebenslanges Forschungsprogramm.

Der Beitrag von *Emons* nimmt starken Bezug auf *Emons* (2001). Er betrachtete einen Experten, der als Monopolanbieter eines Vertrauensgutes auftritt und vorab in Kapazität investieren muss. Ist diese Kapazität beobachtbar, können die Konsumenten daraus bereits ablesen, ob der Experte Anreize hat, ihnen zu hohe Leistungen unterzuschieben. Bei unbeobachtbarer Kapazität könnte eine vertragliche Trennung zwischen „Diagnose" und „Reparatur" das Anreizproblem lösen.

Marin weist in ihrem Beitrag zunächst anhand einer empirischen Analyse nach, dass die Entwicklung Russlands in den frühen 90er Jahren zu einer geldlosen Wirtschaft („demonetization") nicht durch eine „virtuelle" Ökonomie erklärt werden kann. Ihr alternativer Erklärungsansatz basiert auf einem Modell einer Lieferkette mit spezifischen Investitionen. Wenn Vertragsdurchsetzung in einem imperfekt arbeitenden Rechtssystem Transaktionskosten erfordert, verringert dies den Spielraum für einen Hold-up zwischen den Partnern einer Nash-Verhandlung, was wiederum ihre Bereitschaft erhöhen kann, spezifische Investitionen vorzunehmen. *Marin* betrachtet allerdings nur eine einzige Transaktion auf einer Stufe einer endlichen Wertschöpfungskette. Es wäre sicher interessant zu erfahren, ob sich das Ergebnis ihrer Analyse ändert, wenn die Rückwärtsinduktion mit dem Endabnehmer startet. Der letzte Lieferant könnte ja der Imperfektion des Rechtssystems ausweichen, indem er mit diesem ein Zug-um-Zug-Geschäft abschließt. Aber auch die vereinfachte Modellanalyse erscheint zusammen mit den empirischen Belegen geeignet, die Hintergründe des russischen Wirtschaftsgeschehens kurz nach der Wende zu beleuchten.

Rationale Software-Agenten, die *Eymann* vorstellt, sind Computerprogramme, welche in Auktionen oder an Wertpapierbörsen selbständig agieren. Besonders spannend wird das Thema, wenn man berücksichtigt, dass solche Agenten gegen andere Computerprogramme antreten. Die spieltheoretisch gestützte Analyse eines optimalen Bietverhaltens gegen vielleicht nicht optimal eingestellt Agenten scheint jedenfalls noch in den Kinderschuhen zu stecken; auch hier eröffnet sich breiter Spielraum für ein Zusammenwachsen der beiden Disziplinen BWL und VWL.

Dietrichs Beitrag belegt die Nützlichkeit der mikroökonomischen Vertragstheorie auch für Themen, die zum Gegenstandsbereich der Makroökonomik gehören. Er zeigt anhand japanischer Daten aus den 90er Jahren, dass expansive Geldpolitik bei niedrigen Zinsen das Bankkreditvolumen verringern kann, und erklärt dies durch ein Prinzipal-Agenten-Modell.

Ausgangspunkt des Artikels von *Föhr* und *Wiese* ist die Kritik, das Konzept der intrinsischen Motivation von *Frey* (1997) et. al. basiere auf einer Ad-hoc-Annahme. Die Autoren wollen theoretisch zeigen, dass die Motivationsforschung mit Hilfe der Vertragstheorie präzisiert und quantifiziert werden kann. Hierzu stellen sie zunächst das Prinzipal-Agenten-Modell von *Aghion* und *Tirole* (1997) vor, in dem endogen hergeleitet wird, wie verstärkte Kontrolle die Motivation eines Agenten verdrängen kann. Sie ergänzen dieses Modell um intrinsische Motivatoren. Allerdings beschränken die Autoren sich auf reine Modellarbeit. Den Ad-hoc-Vorwurf auszuräumen hätte dagegen empirische Belege für den Erklärungswert des ursprünglichen (oder auch des erweiterten Modells) von *Aghion* und *Tirole* erfordert.

Der schmale Band trägt zur Einheit der Wirtschaftswissenschaft bei. Er gibt einen guten Überblick über die Leistungsfähigkeit der modernen mikroökonomischen Anreiztheorie für Themen aus den Bereichen der Makroökonomik und der BWL. Zwar unterscheiden sich diese Disziplinen nach ihrem Gegenstand, aber Knappheit, Institutionen und Anreize stellen das methodische Fundament dar, auf dem sie zusammenfinden sollten.

Roland Kirstein

Literatur

Aghion, Philippe und Jean Tirole (1997), Formal and Real Authority, in Organizations, *Journal of Political Economy 105*, 1-29.

Emons, Wienand (2001), Credence Goods Monopolists, *International Journal of Industrial Organization 19*, 375-389.

Frey, Bruno S. (1997), On the Relationship between Intrinsic and Extrinsic Work Motivation, *International Journal of Industrial Organization 15*, 427-439.

Friedrich Breyer und Wolfgang Buchholz, *Ökonomie des Sozialstaats*, Springer-Verlag, Berlin, Heidelberg, New York. 2007, 328 Seiten.

Mit der Verkleinerung und Verjüngung vieler volkswirtschaftlicher Abteilungen ist in den letzten Jahren auch eine stärkere Hinwendung zu formaltheoretischen Fragestellungen und Methoden im volkswirtschaftlichen Curriculum einhergegangen. Traditionell eher institutionell ausgerichtete Themengebiete – wie die Ordnungspolitik – haben darüber vielfach ihren Platz als eigenständige Lehrveranstaltungen verloren. Von diesem Schicksal ist tendenziell auch das Fach Sozialpolitik, das durch seine Nähe zur Lebenswirklichkeit von vielen Studierenden geschätzt wird, bedroht, wenn es die Modelltheorie ignoriert.

Mit dem neuen Lehrbuch zur Sozialpolitik von *Friedrich Breyer* und *Wolfgang Buchholz* liegt nun erstmals eine Gesamtdarstellung des Sozialstaats vor, die in ihrer theoretischen Ausrichtung den formalen Anforderungen eines modernen volkswirtschaftlichen Studiums entspricht und bereits dadurch hoch einzuschätzen ist, gleichzeitig aber nicht auf eine – wenn auch begrenzte – Betrachtung des deutschen Sozialstaats verzichtet. Gelingt es den Autoren, ihr Lehrbuch durch Neuauflagen regelmäßig an die aktuellen sozialpolitischen Entwicklungen und Diskussionen in Deutschland anzupassen, so kann es sich zu einem neuem Standardwerk in diesem Bereich entwickeln und damit dem Fach Sozialpolitik einen angemessenen Platz im volkswirtschaftlichen Curriculum sichern.

Das Buch ist in einen eher allgemein gehaltenen Teil (Kapitel 1 bis 4), einen Teil, der einzelne Säulen der sozialen Sicherung, insbesondere der Sozialversicherung, herausgreift (Kapitel 5 bis 8) sowie eine kurze Betrachtung von Zukunftsproblemen des deutschen Sozialstaats (Kapitel 9) aufgeteilt. Diese Aufteilung erscheint sinnvoll, auch wenn die Autoren den Sozialstaat jenseits der Sozialversicherung (z.B. Wohnungspolitik und Bildungspolitik) kaum thematisieren.

Der allgemeine Teil beginnt mit einer sehr knappen Einführung, die grundlegende Begriffe definiert und die Elemente einer Theorie der Sozialpolitik umreißt. Hinzu kommen einige stilisierte Fakten und eine sehr grobe Beschreibung des deutschen Sozialsystems in seiner Gesamtheit, deren Umfang in späteren Auflagen des Lehrbuchs noch ergänzt werden könnte.

Mit grundsätzlichen Erwägungen zu „Gleichheit und Gerechtigkeit" (Kapitel 2) beginnt die eigentliche Diskussion der theoretischen Grundlagen des Sozialstaats. Zentrale Elemente sind hierbei die Betrachtung von Armut und Ungleichheit sowie das Konzept der Sozialen Wohlfahrtsfunktion. Gleichheitsziele in der Umverteilungspolitik werden dabei in Frage gestellt und eine Zielverlagerung der Sozialpolitik in Richtung Armutsbekämpfung angeregt. Zwecks besserer Einordnung der Argumentation wäre hier ergänzend eine Darstellung unterschiedlicher gesellschaftspolitischer Sichtweisen des Sozialstaats wünschenswert, wie sie etwa von *Nicholas Barr* in seinem Lehrbuch „Economics of the Welfare State" (Oxford, 2004) vorgenommen wird, der aufzeigt, dass es nicht unerhebliche gesellschaftliche Gruppen gibt, die Effizienzverluste zur Erreichung bestimmter Gleichheitsziele als durchaus angemessen erachten. Der Befund, dass gesellschaftliche Präferenzen für Umverteilung im internationalen Vergleich stark differieren, könnte diese Ergänzungen sinnvoll abrunden.

In Kapitel 3 werden effizienzorientierte Begründungen für Umverteilung vorgestellt, die vom Argument des Altruismus bis zur Theorie von *Hans-Werner Sinn* über die Versicherungsfunktion des Staates reichen. Diese Diskussion wird noch spezifiziert durch eine Begründung der Existenz einer Sozial*versicherung*; hierbei vor allem durch die Betrachtung des Problems der adversen Selektion auf Versicherungsmärkten, das überraschenderweise nicht im Kapitel über die Krankenversicherung (wie etwa im Gesundheitsökonomie-Lehrbuch von *Friedrich Breyer*, *Peter Zweifel* und *Matthias Kifmann*, Berlin/Heidelberg, 2005), sondern in einem vorangestellten eigenen Kapitel diskutiert wird. Besonders positiv aus der Sicht von Studierenden ist zu bewerten, dass die effizienztheoretische Diskussion über weite Strecken (in den Kapitel 2 bis 4, teilweise auch in Kapitel 6) in demselben grafischen Rahmen erfolgt, was das Verständnis erheblich erleichtert.

Mit Kapitel 5 über die Rentenversicherung beginnt die Betrachtung einzelner Säulen der Sozialversicherung. Das Kapitel ist das umfangreichste des gesamten Buchs und beruht teilweise auf einem älteren Lehrbuch von *Friedrich Breyer* aus dem Jahr 1990 (Ökonomische Theorie der Alterssicherung, München). Bei der Überarbeitung und Eingliederung des Textes wäre eine Straffung der – im Vergleich zum Rest des Buches – recht komplexen Darstellung wünschenswert gewesen. Hinzu kommt, dass neuere Entwicklungen in der Literatur wie die intensive Diskussion über die intragenerative Umverteilung in Rentensystemen nur sehr knapp abgehandelt werden, während andere Abschnitte für ein Lehrbuch sehr umfangreich erscheinen.

Zum erweiterten Komplex der Rentenversicherung gehört letztlich auch Kapitel 8 über die Familienpolitik, das seinen theoretischen Schwerpunkt auf Fragen der endogenen Fertilität und der Berücksichtigung von Kindern in der Rentenversicherung legt. Zumal die Finanzierungsseite der Familienpolitik ausgeblendet wird, ist eine Darstellung in einem eigenen Kapitel kaum gerechtfertigt, sondern eine Eingliederung in Kapitel 5 vorzuziehen. Bisher nicht im Buch aufgenommen, aber zweifellos wünschenswert, ist das Thema Pflegeversicherung.

Sowohl das Kapitel über die Krankenversicherung (Kapitel 6) als auch über die Arbeitslosenversicherung (Kapitel 7) greifen aktuelle politische Entwicklungen und Diskussionen auf und sind damit für die Studierenden von großem Interesse. Neben der jeweiligen Begründung von Staatseingriffen und speziellen Ausgestaltungsproblemen findet sich im Krankenversicherungskapitel bspw. auch eine formale Betrachtung der Diskussion um Bürgerversicherung und Kopfpauschale. Ähnliches gilt für das Kapitel zur Arbeitslosenversicherung, in dem auch einzelne Aspekte der Hartz-Gesetzgebung beleuchtet werden.

Insgesamt ist das Lehrbuch eine äußerst erfreuliche und notwendige Ergänzung zur bestehenden Literatur zum Thema Sozialstaat, für das es bisher keine formaltheoretische Gesamtdarstellung gab. Zukünftige Ausgaben des Buches sollten den Fokus erweitern und bei aktuellen Entwicklungen in der sozialpolitischen Debatte stets auf dem Laufenden bleiben (z.B. hinsichtlich der Folgen der Globalisierung und der Europäisierung der Sozialpolitik), was das Interesse der Studierenden am Thema Sozialpolitik weiter steigern sollte.

Tim Krieger

Stefan Bechthold, Ansgar Ohly, Jürgen Schade und Dieter Schmidtchen, *Wettbewerb und geistiges Eigentum*, Schriften des Vereins für Socialpolitik – Neue Folge Band 316, hrsg. von Peter Oberender, Verlag Duncker & Humblot, Berlin 2007, 100 Seiten.

Die Arbeitsgruppe Wettbewerb des Wirtschaftspolitischen Ausschusses im Verein für Socialpolitik zielt laut ihrem Selbstverständnis schwerpunktmäßig auf eine empirisch fundierte wettbewerbspolitische und wettbewerbstheoretische Analyse ausgewählter Branchen und Märkte. Auch in dem vorliegenden Sammelband der 2006 in Göttingen abgehaltenen Jahrestagung „Wettbewerb und geistiges Eigentum" sollen empirische Befunde dargestellt und ein interdisziplinärer Austausch auf diesem Feld gefördert werden. Dementsprechend lässt der Tagungsband sowohl Wirtschafts- und Rechtswissenschaftler als auch einen Praktiker zu dem altbekannten und weiterhin aktuellen Spannungsfeld zwischen Wettbewerbspolitik und dem Schutz geistigen Eigentums zu Wort kommen. Aufgrund des begrenzten Umfangs des Bandes – es sind vier Hauptreferate und ein kurzes, zusammenfassendes Abschlussreferat auf insgesamt knapp 100 Seiten untergebracht – kann der empirische Befund zwar nicht in erschöpfender Breite geliefert werden, zumal der Aufsatz des Praktikers *Jürgen Schade* vom Deutschen Patent- und Markenamt nur sieben Seiten umfasst. Anderseits werden diverse aktuelle Entwicklungen aus der Praxis und deren Herausforderungen für die Wissenschaft thematisiert.

Einen informativen, ausgewogenen Einstieg in und Überblick über die Thematik liefert der relativ umfangreiche, aus ökonomischer Sicht geschriebene Aufsatz von *Dieter Schmidtchen* zu Konflikt-, Harmonie- und Arbeitsteilungsaspekten zwischen dem Wettbewerbsrecht und dem Recht geistigen Eigentums. Es wird insbesondere auf die Wohlfahrts-, Effizienz-, Anreiz- und Informationswirkungen des Rechtes geistigen Eigentums eingegangen. *Schmidtchens* normatives Fazit, für eine arbeitsteilige Beziehung zwischen dem Wettbewerbsrecht und dem Recht geistigen Eigentums zu plädieren, in der das Wettbewerbsrecht die Rolle einer am more economic approach und am Einzelfall orientierten Missbrauchsaufsicht über die Nutzung von Patenten, Urheberrechten und Warenzeichen einnimmt, orientiert sich am aktuellen Mainstream einer Ausweitung des more economic approach und ist nachvollziehbar und schlüssig. Er plädiert dabei jedoch für eine weitgehende Beschränkung des Wettbewerbsrechts auf eine ex ante-Verhinderung von restriktiver Marktmacht und lehnt daher eine ex post-Reoptimierung der Schutzdauer und des Schutzumfanges bereits gewährter geistiger Eigentumsrechte durch die Wettbewerbspolitik ab, weil dies zu „regulatorischem Opportunismus" führen könne und weil bislang keine überzeugenden Konzepte für solch ein wettbewerbspolitisches „fine-tuning" existieren. Aus ordnungspolitischer Sicht kann dieser normativen Abwägung, die *Schmidtchen* in seinem Abschlussreferat nochmals zusammenfassend darstellt, zugestimmt werden.

Ansgar Ohly stellt in seinem Beitrag „Geistiges Eigentum und Wettbewerbsrecht – Konflikt oder Symbiose?" aus immaterialgüterrechtlicher Sicht – auf Basis konkreter Gerichtsfälle – dar, dass eine komplementäre bzw. symbiotische Beziehung zwischen den beiden eigenständigen Rechtsgebieten Wettbewerbs- und Immaterialgüterrecht besteht. Eingangs betont er, dass die These vom Konflikt zwischen beiden Rechtsgebieten inzwischen überholt sei und sich stattdessen eine gegenseitige Akzeptanz entwickelt habe: Das Kartellrecht erkenne mittlerweile die positive Wirkung des Immaterialgüterrechts auf den Innovationswettbewerb an und das Immaterialgüterrecht akzeptiere die Notwendigkeit einer Missbrauchsaufsicht durch das Wettbewerbsrecht. Allerdings geht *Ohly* dann ausführlich auf die verbleibende strittige Frage ein, in welchen Fällen die Ausübung immaterialgüterrechtlicher Befugnisse missbräuchlich bzw. funktionswidrig erfolgt. Dem Leser wird diesbezüglich exemplarisch anhand ausgewählter Fälle ein lesenswerter Überblick und eine kritische Analyse der wichtigsten Kriterien und Instrumente in der Rechtspraxis des EuGH, des BGH und der Europäischen Kommission geboten.

Der Nutzen des Praxisberichts von *Jürgen Schade* zu den Auswirkungen von Rechten geistigen Eigentums auf den Wettbewerb aus Sicht des Deutschen Patent- und Markenamtes liegt darin, dass er eine kurze Bestandsaufnahme im Patent- und Markenschutz aus der Perspektive eines Praktikers bietet. Aktuelle nationale und internationale Entwicklungen sowie Problemfelder – u. a. die zahlenmäßigen Tendenzen bei Marken- und Patentanmeldungen, der Nachholbedarf im Bereich der KMU, die Bedeutung der Immaterialgüterrechtharmonisierung im Rahmen der WTO, die schwierige Thematik einer Patentierung von genetischen Ressourcen oder Mikroorganismen sowie Grenzen des Patentrechts in der Grundlagenforschung – werden, jeweils knapp, aufgezeigt. Als Grundphänomen wird die wachsende Bedeutung geistiger Schutzrechte und deren Lizenzierung in der globalen Wissens- und Dienstleistungsgesellschaft herausgestrichen, was eine stetige Weiterentwicklung des Immaterialgüterrechts erforderlich mache. Leider ist der Titel des Aufsatzes falsch gewählt, da auf die Auswirkungen der Immaterialgüterrechte auf den Wettbewerb nicht explizit eingegangen und auf eine kritische Analyse verzichtet wird.

Stefan Bechtold untersucht in seinem Aufsatz den Einfluss von Immaterialgüterrechten auf die Strategie von Unternehmen, die technische Kontrolle über Sekundärmärkte (z. B. für Verbrauchs- und Ersatzteile ihres patentrechtlich geschützten Primärproduktes) zu erlangen. Sein vorläufiges Fazit: Während Immaterialgüterrechte für sich genommen durch schutzrechtsinterne Beschränkungen kaum geeignet seien, die Kontrolle über Sekundärmärkte zu ermöglichen, habe eine Kombination bestimmter Immaterialgüterrechte mit immer neuen, von den Unternehmen entwickelten technischen Schutzsystemen (Marktausschlusstechniken) das Potential einer wettbewerbsfeindlichen Wirkung auf Sekundärmärkten. *Bechtold* weist dies schwerpunktmäßig in Bezug auf die IT- und Biotechnologiebranche nach. Er leistet mit seinem Beitrag eine Sensibilisierung für potentielle zukünftige Wettbewerbsbeschränkungen infolge weiterer technischer Entwicklungen und zeigt damit eine wichtige Herausforderung für die Weiterentwicklung des Immaterialgüterrechts auf.

Andreas Mitschke

Gerhard Mussel, *Einführung in die Makroökonomik*, Verlag Franz Vahlen, München, 9. Aufl. 2007, 210 Seiten.

Lehrbücher zu den Grundlagen der Makroökonomik gibt es zuhauf. Es darf deshalb die Frage erlaubt sein, ob das Werk von *Mussel* zu diesem Thema etwas beisteuern kann, das in dieser Form bisher noch nicht vorliegt. Zunächst beeindruckt das Buch von *Mussel* mit seiner kompakten Darstellung. In drei Teilen wird auf knapp 200 Seiten der Versuch unternommen, die Grundlagen der Makroökonomik in ihrer ganzen Breite abzudecken. Der Verfasser beginnt mit Ausführungen zur Einordnung und Gegenstand der Makroökonomik. Er ergänzt dieses und jedes folgende Kapitel mit Grafiken und Tabellen. Überhaupt ist es ein Verdienst von *Mussel*, dass für das Verständnis der im Buch dargestellten ökonomischen Sachverhalte nur geringe mathematische Vorkenntnisse notwendig sind. *Mussel* kommt es stattdessen auf das Verstehen von ökonomischen Zusammenhängen an. Die Leser können sich damit vollständig auf die theoretischen Inhalte konzentrieren und werden nicht durch mathematische Darstellungen abgelenkt.

Der erste Teil legt mit der volkswirtschaftlichen Gesamtrechnung den theoretischen Grundstein für die makroökonomische Analyse. Studienanfänger erhalten eine fundierte Einführung in die makroökonomische Kreislauftheorie. Mit diesem theoretischen Instrumentarium sind die Leser gut gerüstet für den zweiten Teil, der einen kompletten Überblick über das Lehrgebiet der makroökonomischen Theorie bietet. Von Problemen des Gütermarktes über Geldangebot und Geldnachfrage bis zum Arbeitsmarkt und schließlich der Totalanalyse wird den Studierenden das ganze Spektrum der makroökonomischen Theorie vorgestellt. Ausgestattet mit derartigem Problembewusstsein bereitet *Mussel* den Leser im dritten Teil auf wirtschaftspolitische Konsequenzen vor.

Ein Vorteil des Lehrbuches von *Mussel* ist die kompakte Aufbereitung des Lehrstoffes. Die einzelnen Teile können als Lernmodule aufgefasst werden, da sie in sich geschlossen, aber auch miteinander kombinierbar sind. Didaktisch gelungen ist auch die im Text vorgenommene Einteilung in klassische und keynesianische Theorieinhalte. Für das ordnungspolitische Verständnis sind derartige Grundlagen von unschätzbarem Wert.

Das Hauptanliegen des Buches, die zentralen Fragen der makroökonomischen Theorie in kompakter Form für Studierende der Volks- und Betriebswirtschaftslehre sowie interessierte Praktiker aus dem Wirtschafts- und Politikleben darzustellen, wurde voll erfüllt. Dies gelang in äußerst knapper Darstellung. Damit ist die eingangs gestellte Frage, ob *Mussel* mit seinem Lehrbuch etwas Neues beigesteuert hat, zu bejahen. Dem Lehrbuch sind deshalb eine weite Verbreitung und noch viele Auflagen zu wünschen.

Thomas Pfahler

Helmut Leipold, *Kulturvergleichende Institutionenökonomik*, Verlag Lucius & Lucius, Stuttgart, 2006, 319 Seiten.

Das Werk „Kulturvergleichende Institutionenökonomik" ist eine Fusion und Weiterentwicklung des Lehrbuches „Wirtschafts- und Gesellschaftssysteme im Vergleich" und eines geplanten Lehrbuches zur Neuen Institutionenökonomik. Anlass für das Buch waren praktische Erfahrungen *Leipolds* aus Beratertätigkeiten in den neuen Bundesländern und anderen Transformationsländern. Nach den Umwälzungen Ende der achtziger Jahre in Deutschland und Osteuropa ging *Leipold*, geprägt von der älteren und neueren Institutionenökonomik, davon aus, dass sich postsoziale Wirtschafts- und Gesellschaftssysteme durch Veränderung der Ordnungs- und damit der Anreizsysteme leicht umgestalten ließen. Die in der Realität beobachtbaren Schwierigkeiten in diesem Zusammenhang haben Zweifel an der Richtigkeit dieser Hypothese und damit Zweifel an der Erklärungskraft der Theorieansätze geweckt. Aus diesem Zweifel heraus hat sich *Leipold* mit dem Einfluss historisch-kultureller Faktoren auf Politik, Wirtschaft und das alltäglich Leben der Menschen befasst. Diesen Einfluss der Kultur auf das Handeln der darin lebenden Menschen und damit auf die jeweiligen Wirtschafts- und Sozialsysteme arbeitet er in seinem Werk auf.

Nach einer kurzen Einführung (20 Seiten) in die aus der Globalisierung resultierenden aktuellen Herausforderungen der Institutionenökonomik, beginnt das vorliegende Buch in Kapitel zwei – ganz der Aufgabe eines Lehrbuches gerecht werdend – mit einer überblicksartigen Darstellung des Theoriegebäudes. Abrisshaft werden, beginnend bei *Adam Smith*, die Forschungsprogramme der Historischen Schule, von *Max Weber*, *Walter Eucken* und *Friedrich August von Hayek* und schließlich, mit der Theorie der Property Rights, der Transaktionskostentheorie und der Theorie des instituionellen Wandels, das Forschungsprogramm der Neuen Institutionenökonomik dargestellt, problematisiert und gegeneinander abgegrenzt. *Leipold* gelingt es dabei, auf gerade mal 42 Seiten eine Einführung in die Grundlagen der wichtigsten Theorien der kulturellen Ökonomik zu geben, die durchaus von einem Studenten, der sich in das Thema einarbeitet, verstanden werden kann. Gleichzeitig ist dieser Abschnitt so kurz gefasst, dass er für Wissenschaftler, die sich bereits tiefer mit den Theorien auseinandergesetzt haben, einen guten Überblick und eine Hinführung zum eigentlichen Thema des Buches darstellt.

Im Dritten Kapitel wird in die Typologie der Institutionen eingeführt (22 Seiten). *Leipold* unterscheidet hier zwischen Selbstbindenden und Bindungsbedürftigen Institutionen. Selbstbindende Institutionen sind dabei solche, die durch eigeninteressiertes Verhalten der handelnden Akteure gestützt werden. Als Beispiel werden Sitten, Rituale und andere kulturspezifische Gewohnheiten angeführt. Hiervon zu unterscheiden seien die bindungsbedürftigen Institutionen, die sich beispielsweise in Form eines Gefangenendilemmas darstellen ließen. Aus dem grundlegende Charakteristikum des Gefangenendilemma, dass sich jeder unabhängig vom Verhalten des anderen dadurch besser stellen kann, dass er gegen eine zuvor festgelegte Regel verstößt, wobei der Verstoß aller gegen die Regel zu einem pareto inferioren Ergebnis führt, folgt eine nötige Beschränkung des Selbstinteresses. Diese Beschränkung stelle eine bindungsbedürftige Institution dar, da keine eigeninteressierte Bindung vorhanden sei. Als originäre Bindungsfaktoren werden Emotion, Glaube und Ideologie bzw. Vernunft aufgeführt. Das Dritte Kapitel endet mit einem Fazit und stellt damit den Abschluss des theoretischen Teils und die Überleitung zu einer eher deskriptiven Veranschaulichung einzelner Kulturen dar, in der diese vorgestellt und anhand bestehender Theorien bewertet werden. In der Überleitung macht *Leipold* deutlich, dass bestehende Regelsysteme nicht auf die natürliche Eigenschaft des Menschen zur Unterwerfung zurückzuführen seien, sie seien vielmehr durch enorme Anstrengungen aufgebaut worden und wiesen die für eine evolutorische Entwicklung typische Vielfalt auf, weshalb der kulturelle Hintergrund bei dem Versuche der Modifizierung von Regelsystemen nicht außer Acht gelassen werden dürfe.

Anschließend werden in Kapitel vier auf 64 Seiten historische Vergleichsstudien zur kulturellen und institutionellen Entwicklung angestellt. Am Beispiel früher, primitiver Gemeinschaftsformen und Stammesgesellschaften werden emotionalgebundene Institutionen beleuchtet. Charakteristisch für die Jäger und Sammergemeinschaften sei das Verwandtschaftsprinzip. *Leipold* erläutert anschaulich, dass der Verwandtschaftsgrad das dem Regelwerk immanente Kooperationsprinzip in diesen Gesellschaftsformen sei, wobei sich innerhalb der nächsten Verwandtschaft alle gegenseitig hülfen, ohne für ihre Taten eine direkte Gegenleistung zu erwarten. Mit zunehmender räumlicher und verwandtschaftlicher Distanz sinke die emotionale Bindung, Leistungen würden nur noch gegen adäquate Gegenleistung gewährt. Das ureigene Interesse für die eigene Leistung eine möglichst hohe Gegenleistung zu erhalten und die fehlende emotionale Bindung führe zum Einsatz von Mitteln wie Betrug, Täuschung und Raub wodurch eine weitergehende Spezialisierung und Arbeitsteilung behindert werde. Unter dem Begriff der ersten institutionellen Revolution wird am Beispiel früher Häuptlingstümer, Staaten und Imperien gezeigt, wie die Religion und damit der Glaube die Grenzen emotionaler, verwandtschaftlicher Bindungen überwinden kann und den Aufbau größerer hierarchischer Gebilde ermöglicht. Unter dem Begriff der zweiten institutionellen Revolution werden die Einflüsse der Reformation und der Aufklärung, auf die institutionellen Gebilde erläutert. Am Ende des Kapitals postuliert *Leipold*, dass es aus historischer Perspektive, keine der Religion vergleichbare Ordnungsmacht gäbe, nur der Glaube sei in der Lage, Sinn und Formen des Zusammenlebens durch Überzeugung zu modifizieren.

In dem anschließenden fünften und damit – abgesehen vom Fazit – letzten Kapitel wird die institutionelle und wirtschaftliche Entwicklung ausgewählter Kulturen und Kulturräume analysiert. Die hier vorliegende Analyse des afrikanischen und islamischen Kulturraumes sowie der chinesischen, russischen, amerikanischen und deutschen Kultur umfasst knapp 130 Seiten und stellt damit vom Umfang her das größte Kapitel dar. Für jede Kultur werden die Eigenarten des Institutionengefüges dargestellt und anschließend Folgen für die wirtschaftliche Entwicklung abgeleitet. Eindrucksvoll wird hier vorgeführt, warum die Anreizsysteme der Institutionenökonomik in den einzelnen Kulturräumen unterschiedlich wirken. So wird für die Russische Kultur ein verbreitetes Vertrauen in informale, emotionalgebundene Institutionen konstatiert, dass im Umkehrschluss ein Misstrauen in formale Regeln des Rechts und deren verlässliche Verwaltung bedeute. Die Auswirkungen wie Schattenwirtschaft und Korruption verdeutlichen die Schwierigkeiten bei der Modifizierung der Regelsysteme.

Mit seinem Werk belegt *Leipold* eindeutig den oft unterschätzen Einfluss der Kultur auf die Regelsysteme und die damit einhergehenden Schwierigkeiten der Gestaltung einer globalen Wirtschaft. Die Institutionenökonomik ist damit jedoch keines Falls obsolet, vielmehr zeigt *Leipold* Entwicklungspotential auf, die Institutionenökonomik weiter zu entwickeln und um eine kulturelle Komponente zu erweitern.

Kathrin Pongs

Wolf Schäfer (Hg.), *Wirtschaftspolitik im Systemwettbewerb,* **Schriften des Vereins für Socialpolitik, Band 309, Verlag Duncker & Humblot, Berlin 2006, 257 Seiten.**

Der vorliegende Band gibt Referate wieder, die anlässlich der Jahrestagung des Wirtschaftspolitischen Ausschusses im Verein für Socialpolitik im März 2005, orientiert am Thema des Buchtitels, gehalten wurden.

Das Vorwort des Herausgebers enthält eine treffende Erläuterung der thematischen Schwerpunkte der Tagung, der Globalisierung und des Systemwettbewerbs aus wirtschaftspolitischer Sicht. An den Beginn der Edition ist der Abdruck einer themengerechten After Dinner Speech von *Erhard Kantzenbach* (Hamburg) gestellt. Der Leser erfährt hier viel Empirisches über die verschiedenen Dimensionen der Globalisierung. Nach dem Bedauern des Redners, dass bisher für den Systemwettbewerb kein theoretisches Modell existiert (S. 15), wartet der Leser vergeblich auf einen konstruktiven Gegenvorschlag. Anschließend geht *Wernhard Möschel* der Wettbewerbspolitik im Systemwettbewerb nach. Die wohl unausgesprochene Frage, ob hier eine Tendenz zur Senkung wettbewerbsrechtlicher Standards, einer competition in laxity, besteht, beantwortet er mit einem mit Vorbehalten versehenen Vorschlag für eine vorsichtige Harmonisierung nationaler wettbewerbsrechtlicher Vorschriften. Die Verbindung zu neoklassisch begründeten Vermutungen einer competition in laxity stellt nachfolgend indirekt *Hans Pitlik* (Hohenheim) her, wenn er bei der Kapitalbesteuerung der These eines „race to the bottom" durch wettbewerbliche Senkung der entsprechenden Steuersätze empirisch nachgeht. Die umsichtig durchgeführte Untersuchung fördert zu Tage, dass sich keine überzeugenden Hinweise auf einen Steuersenkungswettlauf finden lassen (S. 51), was ihn zur Vermutung führt, dass Steueranpassungen durch politische Handlungsbarrieren in Form zusätzlicher Sozialausgaben begrenzt sein mögen (S. 52). Das veranlasst ihn zu einem Plädoyer für eine vertiefende Diskussion einer Neuen Politischen Ökonomie der Besteuerung und des Steuerwettbewerbs (ebenda). Damit deckt er, vermutlich unbewusst, eine erklärungsbedürftige Facette des Systemwettbewerbs auf. Im Grunde wäre es erforderlich, das Verhalten der Anbieter von Institutionen (Besteuerungsregeln), der politischen Akteure, zu modellieren; denn das Phänomen des Systemwettbewerbs beinhaltet einmal das Aufspüren lohnender institutioneller Arrangements durch Eigentümer international mobiler Ressourcen. Zum anderen wäre es auch erforderlich, dem politischen Prozess nachzugehen, durch den die wettbewerbliche Anpassung der heimischen institutionellen Arrangements herbeigeführt wird. Eine Durchsicht der in den Band aufgenommenen Arbeiten zeigt allerdings, dass diese politökonomische Dimension des Phänomens Systemwettbewerb kaum beleuchtet wird. Eine zupackende Befassung mit dem Thema Systemwettbewerb und Wirtschaftspolitik wird der Leser vermissen, wenn er sich der Arbeit von *Heilemann* und *Klinger* (Leipzig) zuwendet. Hier geht es konkret um die Genauigkeit makroökonomischer Prognosen. Wenn sich die Autoren dem Wettbewerb zwischen Anbietern solcher Prognosen als Remedur für bessere Prognoseleistungen zuwenden, dürften sie damit das Tagungsthema verlassen haben und vermutlich ihren eigenen Vorkenntnissen folgen.

Manfred E. Streit

Klaus W. Richter, *Die Wirkungsgeschichte des deutschen Kartellrechts vor 1914: Eine rechtshistorisch-analystische Untersuchung*, Verlag Mohr Siebeck, Tübingen 2007, 244 Seiten.

Klaus W. Richter versucht die Frage zu beantworten, „ob sich die Neue Institutionenökonomik (...) auch für die rechtshistorische Forschung nutzbar machen lässt". Er fragt also, inwiefern Methoden aus der modernen Wirtschaftswissenschaft zu einem Erkenntnisgewinn in der Rechtsgeschichte führen können. Dem liegt die Idee zugrunde, dass es bei der Rechtsgeschichte, die als Teil der Rechtswissenschaft verstanden wird, neben der Entstehungsgeschichte auch um die Wirkungsgeschichte rechtlicher Regelungen geht. Diese Wirkungsgeschichte verlangt jedoch eine kausal-analytische Behandlung, die mit der traditionellen Narration nicht möglich ist.

Die Neue Institutionenökonomik ist nun der sozialwissenschaftliche Ansatz, der es ermöglicht, aus gegebenen, allgemeinen Rahmenbedingungen (dem Explanans), Prognosen bezüglich der zu erwartenden Entwicklung aufzustellen (dem Explanandum). Diese sollen dann anhand rechtshistorischer Quellen getestet werden.

Ausgangspunkt der Untersuchung bildet das Urteil des Reichsgerichts zum sächsischen Holzstoffkartell vom 4. Februar 1897, das in der der Literatur als Wendepunkt in der deutschen Kartellrechtsgeschichte gesehen wird. Das 1883 gegründete Rheinisch-Westfälische Kohlensyndikat dient aufgrund seiner außerordentlich guten Dokumentation als Analyseobjekt.

Nach der umfassenden Einleitung, wird gründlich auf die zwei für die anstehende Analyse relevanten Forschungszweige der Neuen Institutionenökonomik eingegangen. Dabei handelt es sich um die Neue Institutionenökonomik der Geschichte nach *Douglass C. North*, mit der das institutionelle Umfeld erklärt werden kann, und die von *Oliver Williamson* entwickelte Transaktionskostenökonomik, die sich auf institutionelle Arrangements bezieht. *Richter* geht ausführlich auf die Grundannahmen dieser Analysemethoden ein und erläutert, wie sich diese Methoden in der Rechtsgeschichte anwenden lassen, ohne den Eindruck erwecken zu wollen, Geschichte lasse sich durch Gesetzmäßigkeiten erklären.

Anschließend folgt eine sehr detaillierte Schilderung der Ausgangssituation. *Richter* grenzt den Zeitrahmen ein, liefert eine genaue Übersicht über die Geschichte des Kartellrechts von 1800 bis 1897 und führt in die Geschichte des Rheinisch-Westfälischen Kohlensyndikats von 1893 bis 1895 ein. Mithilfe des damit beschriebenen institutionellen Umfelds und den zwei entscheidenden Verhaltensannahmen der Neuen Institutionenökonomik, nämlich der eingeschränkten Rationalität der Individuen und ihrer unvollkommenen Voraussicht, bildet er dann Prognosen bezüglich des Verhaltens des Rheinisch-Westfälischen Kohlensyndikats nach dem Urteil des Reichsgerichts zum sächsischen Holzstoffkartell von 1897 bis 1914. Unter Zuhilfenahme der Transaktionskostenökonomik kommt *Richter* zu dem Schluss, dass die Mitglieder des Kohlensyndikats ihre nach *Williamson* stets unvollständigen Verträge, flankiert durch das

Urteil von 1897, ständig derart abändern, dass es zu immer konkreteren und stärkeren *governance structures* kommt, die schließlich in einer Quasi-Fusion der beteiligten Unternehmen enden.

Im anschließenden Vergleich mit den tatsächlichen Auswirkungen der Rechtsprechung von 1897 auf das Verhalten der Akteure stellt *Richter* fest, dass es aufgrund der eingeschränkten Rationalität der Kartellmitglieder, ihrer unvollkommenen Voraussicht und dem daraus resultierendem opportunistischen Verhalten in der Tat zu immer schärferen Durchsetzungs- und Überwachungsmechanismen kommt, bis die Selbständigkeit der beteiligten Unternehmen nur noch auf dem Papier existiert und ihre jeweiligen Entscheidungen vom Einverständnis der Syndikats-AG abhängen.

Richter sieht seinen Versuch, Methoden der modernen Wirtschaftswissenschaften für die Rechtsgeschichte nutzbar zu machen als gelungen an und in der Tat kann die interdisziplinäre Anwendung der Neuen Institutionenökonomik in der Rechtsgeschichte als Gewinn für die Rechtswissenschaft gewertet werden. Dabei kann und soll der historisch-analytische Ansatz die traditionelle Methodik nicht verdrängen sondern dort, wo eine ausreichende Quellenlage es zulässt, ergänzen. *Richter* wendet sich hauptsächlich an Rechtshistoriker und so kommt es, das sein Werk für Wirtschaftswissenschaftler zwar als Lektüre zu empfehlen ist, da es eine interessante Anwendung der Neuen Institutionenökonomik liefert, den Kenntnisstand in der Ökonomik jedoch nicht erweitert

Luis Manuel Schultz

Personenregister

Abouharb, Rodwan 420, 438
Acemoglu, Daron 409, 434, 437f.
Ackermann, Rolf 333, 337
Adams, Michael 289, 291, 309
Adkins, Lee C. 215, 232
Ahrens, Joachim 396f., 400
Albach, Horst 538ff.
Albert, Hans 351, 360, 457, 470
Alcaly, Roger E. 105, 111
Alchian, Armen A. 316, 337, 541f.
Alesina, Alberto 51, 60, 398, 400, 452, 470
Alexy, Robert 153ff., 157, 180
Ali, Abdiweli M. 215, 232
Allingham, Michael G. 82, 86
Amaral, Alberto 379
Andersen, Esben Sloth 301 309
Andersson, Krister 455, 471
Andreas Freytag 36
Angeloni; Ignazio 400
Areeda, Phillip 222, 232, 243, 259
Arnim, Hans H. 34ff.
Arrow, Kenneth J. 215, 232, 349, 360, 372, 377, 409, 437
Ashby, William R. 313, 337
Audretsch, David B. 219, 232
Auer, Josef 278, 283
Aufderheide, Detlef 513, 537
Augsten, Frank 50, 60
Auster, Richard D. 327, 337

Baake, Pio 87
Bachmann, Meinolf 298f., 306, 311
Bagwell, Laurie S. 107ff.
Baier, Horst 140, 207
Bailey, Richard 470
Bain, Joe S. 218, 232
Baker, George P. 230, 232
Ballestrem, Karl Graf 296, 309, 402
Baltes, Paul B. 377
Barbier, Hans D. 367, 377
Barro, Robert J. 244, 259, 446, 470
Bartling, Helmut 222, 232
Basedow, Jürgen 190, 206, 210, 232
Bauer, Peter T. 442f., 461, 469f.

Baumol, William J. 219, 232
Bear, John 372, 377
Beck, Kurt 120, 125, 140
Becker, Gary S. 45, 60, 249, 259, 364, 366ff., 372f., 377ff., 409, 437, 446, 470
Becker, William E. 367, 377
Beckert, Jens 293, 309
Beckmann, Markus 409, 438, 442, 446, 452, 457, 471f.
Behrens, Peter 214, 232, 387, 400
Bélanger, Gerad 301, 311
Bender, Dieter 310
Bentham, Jeremy 190, 193, 200f., 206
Berg, Hartmut 295f., 310
Bergh, Roger van den 163, 180
Bergh; Andreas 403
Berg-Schlosser, Dieter 141
Berlin, Isaiah 153, 180
Bernhard, Armin 3613, 374, 377
Bernheim, B. Douglas 107ff.
Bernholz, Peter 398, 400
Berry, Christopher J. 93, 111
Bersch, Julia 43, 60
Bertalanffy, Ludwig von 314, 337
Berthold, Norbert 39, 49, 56, 60
Besley, Timothy J. 41, 45, 60
Bhalla, Surjit 8, 24
Bier, Christoph 238, 261
Bigus, Jochen 182
Birg, Herwig 504f.
Biskup, Reinhold 387, 400
Blankart, Charles B. 27, 34, 50, 52, 63, 76, 86f., 274, 231, 387, 390, 400ff.
Blankart, Charles Beat
Blome-Drees, Franz
Blome-Drees, Franz 47, 60, 513, 535, 538
Bloom, David 448, 472
Blümle, Gerold 534, 537f.
Bode, Sven 266, 280, 283
Böhm, Franz 27, 189, 191, 195, 207, 211, 213, 220f., 232, 297, 310
Bohne, Eberhard 282f.
Borck, Rainald 87
Borjas, George J. 373, 377
Bork, Robert H. 219, 232
Boss, Alfred 73, 86
Bouillon, Hardy 36f., 216, 232
Brainard, Lael 425, 434, 437
Brandi; Clara 399, 403

Brauer, Jurgen 369, 377
Bredt, Stephan 395, 400
Brennan, Geoffrey 391, 394, 400f.
Breton, Albert 27
Brewer, John 95, 112
Britzelmaier, Bernd 311
Brozen, Yale 219, 232
Brueckner, Jan K. 69, 86
Brunner, Karl 337
Buchanan, James M. 4ff., 14, 27f., 40, 42f., 45, 60, 100, 111, 211f., 217, 232, 234, 320, 327, 330, 337, 340., 394, 397, 400f., 409, 437, 455, 471, 511, 534, 537
Budzinski, Oliver 216, 224, 232
Bygrave William D. 557

Caldwell, Bruce 523f., 526f.
Caplan, Bryan 395, 401
Carell, Erich 339
Carlsson, Frederik 215, 232
Cassel, Dieter 233, 295f., 310
Christiansen, Arndt 210, 223, 232
Clark, Maurice 218, 232
Clarke, Roger 302, 310
Clement, Wolfgang 140
Clotfelter, Charles T. 300, 310
Coase, Ronald 147, 165, 170, 172, 180, 182f., 185, 202ff., 207f., 295, 310, 318, 340f., 428, 437f., 527f., 530
Coate, Stephen 41, 45, 60
Cohn, Elchanan 373, 377
Colbe, Walther Busse von 285
Cole, Harold L. 107f., 110f.
Collier, Paul 426, 437
Commons, John R. 318, 340
Conceicao, Pedro 463, 472
Congleton, Roger D. 107, 111, 401
Cook, Philip J. 300, 310
Cooper, James 223, 228, 233
Cooter, Robert 154, 180
Corneo, Giacomo 105ff., 110f.
Cornes, Richard 464, 471
Cornwall, Nigel 271, 283
Corrales, Kattia M. 379
Cournot, Augustin 98f., 111
Coveney, Patrick 556f.
Cox, Dan G. 425, 437
Cox, Helmut 234
Crain, W. Mark 215, 232

Cukierman, Alex 34f., 60
Cwojdzinski, Lisa 274, 283
Czada, Roland 538

Dabrowski, Martin 513, 537
Daffern, Peter 300, 310
Dahrendorf, Ralf 512f.
Danninger, Stephan 52, 60
Davidson, Donald 523, 527
Debreu, Gerard 215, 232f.
Delhaes, Karl von 272, 283
Demsetz, Harold 316, 337f., 541f.
Denzau, Arthur T. 442, 471
Devadoss, Stephen 367 369, 377
Devlin, Maureen E. 377
Dewenter, Ralf 240f., 259
Di Fabio, Udo 214, 233
Dieter Cassel 36
Dill, David 379
Dirlam, Joel B. 200, 207
Dixit, Avinash K. 243, 259
Dollar, David 452, 470f.
Dollinger, Bernd 311
Dolton, Peter J. 367, 377
Domar, Evsey 50, 60
Dopfer, Kurt 360
Doucouliagos, Hristos 451, 471
Douglas R. 378
Douglas, Mary 104, 111
Dowd, Douglas F. 111
Dowe, Dieter 123, 140
Downs, Anthony 41, 60, 331, 334, 340, 409, 437
Drexl, Josef 234
Drury, A. Cooper 425, 437
Duesenberry, James S. 104, 111
Dulleck, Uwe 301, 310
Dürr, Ernst 440, 450, 459, 471
Duwendag, Dieter 509

Easterly, William 410, 437, 441, 443, 446, 450ff., 461ff., 469ff., 471, 473
Ebert, Udo 437, 471
Edgell, Stephen 96, 111
Eger, Thomas 325, 328, 340
Eicker-Wolf, Kai 310
Eickhof, Norbert 248, 259, 275, 284
Eidenmüller, Horst 144, 148f., 154, 180

Eilhauge, Einer R. 179f.
Elster, Jon 394, 401
Empter, Stefan 60
Engel, Christoph 180f., 233f., 255, 259, 549
Engelhard, Peter 311, 509
Engstler, Heribert 503f.
Epstein, Richard A. 197, 207
Ergas, Henry 250, 259
Erhard, Ludwig 381ff., 386ff., 391, 400ff.
Eschenburg, Theodor 35f.
Esser, Hartmut 512f.
Eucken, Walter 28, 35f., 211, 213, 220f., 233f., 241, 259, 294, 296, 310, 382f., 401, 403, 468, 471, 479, 481, 484, 487f., 505f., 509, 557f.
Everling, Ulrich 391, 401
Ewers, Hans-Jürgen 295, 310
Ezell, Allen 372, 377

Fabian, Gregor 378
Falk, Armin 46, 60
Fasten, Erik R. 52, 60
Fehl, Ulrich 506, 509
Fehr, Ernst 45, 60
Fehr, Hans 74, 86
Feld, Lars P. 50, 60, 67, 76, 81f., 86, 338, 340, 395, 401
Ferber, Christian von 509
Fischbacher, Urs 45, 60
Flechtheim, Ossip K. 118, 140
Foltz, John 367, 369, 377
Fox, Eleanor M. 228, 233
Francke, Hans-Hermann 235
Frank, Robert H. 105ff., 110f.
Franz Borkenau 36
Frenzel, Sabine 266ff., 274, 277, 279
Frey, Bruno S. 50, 60, 67, 86, 329, 340
Fricke, Holger 49, 56, 60
Friedman, Milton 363ff., 377
Friedman, Rose D. 363, 365, 377
Fritsch, Michael 295, 310
Fritz, Marco 274, 283
Fukuyama, Francis 406, 437
Funk, Lothar 515, 520f.
Furubotn, Eirik G. 203, 207, 260, 318, 340, 528ff.

Gabriel; Oscar W. 403
Gaertner, Wulf 438, 538
Gäfgen, Gérard 34, 36, 102f., 111
Galbraith, John Kenneth 102ff., 111
Gallup, John Luke 448, 472
Gebauer, Andrea 87
Geradin, Damien 249, 259
Gerber, David 214, 233
Gerhardt Volker 472
Geske, Terry G. 373, 377
Geue, Heiko 311, 509
Gibbons, Robert 230, 232f.
Gibson, Clark C. 455, 471
Giddens, Anthony 137, 140
Gideonse, Harry D. 471
Gilbert, Richard J. 219, 233
Gitter, Wolfgang 488
Glück, Alois 120, 123, 139f.
Goethals, George 367, 377
Goldschmidt, Nils 27, 382, 401ff., 512f., 534ff.
Görgens, Egon 487
Graf, Hans G. 315, 340
Grauwe, Paul de 508f.
Green, Diana 375, 375
Gress, Manfred 83, 86
Grimm, Dieter 401
Gröner, Helmut 263ff., 269ff., 283ff., 477, 479ff.
Groscurth, Helmuth 266, 280, 283
Grossekettler, Heinz 294, 296f., 302f., 310
Grossman, Sanford J. 230, 233
Großmann-Doerth, Hans 27
Grötzinger, Gerd 340
Growitsch, Christian 278, 280, 284
Grunberg, Isabelle 463, 472
Güth, Werner 216, 233
Guth, Wilfried 401
Gutmann, Gernot 293f., 297, 310

Haas, Melanie 140
Haase, Henning 289, 298, 310
Habermas, Jürgen 384, 401
Haberstroh, Chadwick J. 357, 360
Hagen, Jürgen von 45, 60f.
Hahn, Jörg 293, 310
Hahn, Robert W. 376f.
Halperin, Morton H. 542ff.
Hamlin; Alan 391, 401

Hansjürgens, Bernd 379
Hanushek, Eric A. 364, 377
Harden, Ian J. 45, 60
Hart, Oliver D. 230, 233
Hartmann, Eva 363, 377
Hartwig, Karl-Hans 211, 233, 259, 295f., 305, 307, 310
Harvey, Lee 375, 377
Hasse, Rolf .H. 28, 402, 538
Haucap, Justus 107f., 110f., 225, 233, 237f., 240f., 243, 248, 256f., 259, 271, 284
Haug, Peter 270, 284
Hayek, Friedrich A. von 3f., 28, 33, 36, 151, 154, 159f., 173f., 180ff., 185, 189, 191, 199ff., 204ff., 210, 212f., 221, 233, 235, 251, 259, 294, 310, 320, 338, 340, 343ff., 360f.., 381ff., 396, 400ff., 444, 462, 465, 471, 475ff., 482f., 487, 521ff., 536, 538, 556f.
Heidbrink, Ludger 471
Heimeshoff, Ulrich 243, 248, 259
Held, Martin 181, 340
Hellwig, Martin 145, 149, 152f., 162, 165, 173ff., 179f., 198, 207, 210, 216, 227ff., 233, 548f.
Helmedag, Fritz 295, 310
Helms, Ludger 140
Henke, Klaus-Dieter 28
Henning, Christian 401
Hense, Andreas 237, 259
Hensel, Karl. P. 314, 329, 340
Hentschel, Volker 401
Herdzina, Klaus 218, 233
Hering, Hendrik 273, 284
Hermes, Georg 311
Herr, Hansjörg 507, 509
Heuss, Ernst 340, 484, 487
Heyer, Ken 227, 233
Hielscher, Stefan 405, 409f., 426, 437f., 441f., 464f., 471f.
Hill, Forest G. 100, 111
Hirsch, Alfred 471
Hirsch, Fred 96, 102ff., 109ff.
Hirsch, Günther 207
Hirschhausen, Christian von 277, 280, 284
Hirschman, Albert O. 17, 27, 64, 86
Hirshleifer, Jack 464, 472
Hobbes, Thomas 540, 542

Hodgson, Geoffrey M. 357, 360
Hoen, Herman W. 400
Höffe, Otfried 510, 513
Hohmann, Karl 401
Höijer; Rolf 403
Holmström, Bengt 230, 233
Hölscher, Jens 521
Holzer, Verena 248, 259, 284
Holznagel, Bernd 239, 254, 256, 259
Holzwarth, Fritz 481, 488
Homann, Karl 44, 47, 60, 139f., 296, 310, 409, 437, 510, 512f., 532f., 538
Homburg, Stefan 74, 86
Hopkins, Ed 105, 111
Hoppmann, Erich 180f., 209, 220f., 226, 233f., 272, 284, 320, 340, 475ff., 484, 487f.; 546, 549
Horn, Hans-Detlef 311
Horstmann, Kai 181
Hrbek, Rudolf 311
Humboldt, Wilhelm von 370, 377
Hume, David 94f., 112; 191, 206f.; 345f., 360
Hunold; Albert 401
Huntington, Samuel P. 406, 437
Huss, Susanne 363, 377

Idot, Laurence 234
Ihering, Rudolf von 186, 207
Immenga, Ulrich 145, 180; 260
Inderst, Roman 271, 284
Ingram, Christopher G. 438
Ireland, Norman J. 105ff., 110ff.
Isherwood. Baron 104, 111
Isserstedt, Wolfgang 368, 378
Issing; Othmar 401

Jahn, Karoline 282, 284
Jasay, Anthony De 216, 234
Jeanne, Olivier 105ff., 110f.
Jens, Uwe 234
Johnson, Alvin 112
Jones, Eric 401
Jongbloed, Ben 379
Jorde, Thomas 232
Joskow, Paul 282, 284
Jun, Uwe 140

Kahn, Alfred E. 200, 207
Kahneman, Daniel 76, 86
Kallfaß, Hermann H. 218, 234
Kalman, Peter J. 105, 112
Kampmann, Birgit 50, 53, 60
Kant, Immanuel 187, 191f., 206f.; 213, 228, 234 ; 384f., 401
Kantzenbach, Erhard 203, 218, 233f.
Kaplow, Louis 163, 180
Kath, Dietmar 294, 310
Kaufmann, Franz-Xaver 509
Kaul, Inge 463, 472
Keen, Michael 86
Kerber, Wolfgang 195, 207; 222, 234
Kerf, Michel 249, 259
Kerschbamer, Rudolf 301, 310
Kirchgässner Gebhard 50, 53, 60; 68, 86; 376, 379
Kirchner, Christian 163, 180; 245f., 259f.; 390, 400
Kirsch, Guy 388, 401
Kirstein, Roland 173, 180, 182; 365, 379
Kirzner, Israel M. 220, 234
Klaiber, Achim 60
Klaus, Joachim 36
Klein, Werner 378
Kleist, Rüdiger von 50, 52f., 61
Klemmer, Paul 36
Klevorick, Alvin K. 105, 111
Klös, Hans-Peter 515, 520f.
Klotzbach, Kurt 123, 140
Klump, Rainer 537
Klumpp, Ulrich 224, 234
Knappe, Eckhard 515, 521
Knieps, Günter 242ff., 260; 274, 284
Knoepffler, Nikolaus 438
Knorr, Andreas 259; 263, 273, 284
Kocher, Martin 544
Koenig, Ulrich 28
Köhler, Gerd 363, 378
Köhler, Michael 159f., 180
Komesar, Neil. K. 200, 207
Kontopoulos, Yianos 51, 61
Korn, Marcella E. 368, 378
Kornienko, Tatiana 105, 111
Koslowski, Peter 472
Kraus, Michael 282, 284
Krautz, Jochen 363, 378
Kreikebaum, Hartmut 104, 112

Kreis, Constanze 242, 260
Kreutz, Doreen 289, 291, 310
Kromrey, Helmut 374, 378
Krugman, Paul R. 507, 509
Kruse, Jörn 236, 238, 240, 257f.; 295, 310
Krüsselberg, Hans-Günter 211, 234; 372, 378; 505, 509
Kühling, Jürgen 256f., 259
Kulenkampff, Gabriele 235
Kumkar, Lars 238, 260
Kunreuther, Howard 77, 86
Kunz, Rainer 141
Kunzmann, Peter 438
Kupferschmidt, Frank 364f., 378
Kydland, Finn E. 260; 401

Lachmann, Ludwig M. 505, 508f.
Laffont, Jean J. 249, 251, 260
Landrum, R. Eric 368, 378
Lang, Christoph 280, 282, 285
Lang; Kai Olaf 403
Lange, Ludwig 289, 310
Langer, Mathias 293, 310
Lauré, Maurice 72f., 86
Le Goulven, Katell 463, 472
Leibenstein, Harvey 104f., 112; 244, 260
Leipold, Helmut 28; 36; 211, 234; 507, 509
Lemley, Mark A. 146, 148, 180
Lenger, Alexander 533, 538
Leonhardt, Rolf-Peter 289f., 310
Lerner, Abba P. 27
Leschke, Martin 438
Leslie, Christopher R. 146, 148, 180
Levine, Ross 451, 471
Lewis, Darrell R. 377
Leyendecker, Hans 34, 36
Lipset, Seymour M. 434, 437
Lipsky, Abbott B. 243, 260
List, Friedrich 8, 27
Lith, Ulrich van 364f., 367, 370, 375, 378
Loasby, Brian J. 347, 351, 353, 357, 360
Lohmann, Ingrid 363, 378
Lott, John R. 364, 386
Lübbe, Hermann 137, 140
Luhmann, Niklas 118, 140; 144, 148f., 180; 185ff., 191ff., 207
Lundstrom, Susanna 215, 232
Lutter, Mark 293, 309

Macleod, Alistair 156f., 161f., 180
Maggs, Jennifer L. 368, 378
Maier, Herbert 141
Mailath, George J. 111
Makowski, Louis 164, 180
Mandeville, Bernard de 93ff., 98, 112 ; 502, 504
Mantzavinos, Chrysostomos 145, 180, 210, 226, 234
Marburger, Daniel R. 367, 378
Marcenaro, Oscar D. 377
March, James G. 347, 360
Markert, Kurt 234
Märkt, Jörg 19, 28
Marquard, Odo 122, 140
Marshall, Alfred 99, 101, 109f., 112, 349, 360
Marshall; William J. 403
Märtz, Thomas 333, 340
Mason, Roger 94, 109, 112
Mause, Karsten 363, 368, 378
Max Weber 193, 207
Mayer, Annette 401
McArthur, John W. 444ff., 448f., 472
McClelland, David 358, 360
McKendrick, Neil 95, 112
Meade, James E. 322, 340
Mele, Alfred 523, 527
Mellinger, Andrew 448, 472
Meltzer, Allan H. 34f., 60
Mendoza, Ronald U. 463, 472
Merkel, Angela 116, 119, 140ff.
Messerlin, Patrick A. 401
Mestmäcker, Ernst-Joachim 144ff., 155, 159f., 162, 171ff., 175ff., 185ff., 193, 214, 226ff., 232ff., 387, 391, 401f., 485, 488
Metallinos-Katsaras, Elizabeth 379
Metcalfe, J. Stanley 347, 360
Meyer, Fritz M. 442, 450, 472
Meyer, Fritz W. 479ff., 488
Meyer, Gerhard 298f., 306, 311
Meyerson, Joel W. 377
Michael, Robert T. 364, 366, 368, 378
Middendorff, Elke 378
Miers, David 301, 311
Mierzejewski, Alfred C. 386, 402
Migué, Jean-Luc 301, 311
Mikesell, John 299, 311

Miksch, Leonhard 294, 311
Milgrom, Paul 230, 233
Mill, John S. 95, 97, 109f., 112
Miller, Edward 106, 112
Mincer, Jacob 372, 378
Mintzel, Alf 116, 140
Mittendorf, Markus 271, 274, 284
Moe, Terry M. 394, 402
Möller; Hans 402
Molsberger; Joseph 402
Moneger, Joel 234
Montada, Leo 521
Montag, Frank 207
Moomaw, Ronald L. 215, 232
Moore, Karl 556f.
Mosca, Gaetano 31, 36
Möschel, Wernhard 145, 160, 180f., 197, 207, 222, 233f., 273, 284, 399, 402, 476, 478, 528, 547, 549
Mueller; Dennis C. 379, 383, 387, 400ff.
Mühlenkamp, Holger 295, 311
Müller, Jürgen 241, 260
Müller-Rommel, Ferdinand 141
Murphy, Kenneth J. 230, 232
Murphy, Kevin M. 446, 470
Müsgens, Felix 278, 280, 284f.
Musgrave, Richard A. 86, 295, 3111
Mussler, Werner 392, 402
Myrdal, Gunnar 450, 472

Navarro, Lucia 377
Nelson, Richard R. 3424 360
Nettesheim, Martin 311
Neumann, Manfred 259
Ng, Yew-Kwang 112
Niedermayer, Oskar 140
Niskanen, William A 77, 86, 453, 472
Nolte, Frank 298, 311
North, Douglas C. 66, 86, 100, 112, 335, 340, 442, 471
Nutzinger, Hans G. 340, 538

Oberender, Peter 181f., 235, 284
Ohr; Renate 396f., 400
Olivera, Julio H.G. 375, 378
Olson, Mancur 36, 73, 86, 334, 340, 409, 426, 438, 541f., 558
Oppermann, Thomas 402

Ostroy, Joseph 162, 180
Ottmann, Henning 472
Oualid, William 86

Pahlke, Armin 28
Paldam, Martin 451, 471
Panther, Stephan 340
Panzar, John 219, 232, 242, 260
Paqué, Karl-Heinz 218, 234
Parsche, Rüdiger 87
Parsons, Talcott 315, 340
Peacock, Alan T. 69, 86
Pejovich, Svetozar 318, 340
Peltzman, Sam 241, 249, 260
Penz, Reinhard 28
Perroti, Roberto 51, 61
Persson, Torsten 41, 44f., 51, 61
Pesendorfer, Wolfgang 108, 112
Petersen, Tim 402
Petrick, Martin 427, 438
Petry, Jörg 298, 311
Phelps, Edmund 471
Phlips, Louis 216, 234
Pieroth, Bodo 291, 311
Pies, Ingo 305, 307, 310, 405, 409, 426ff., 434, 437f., 442, 451, 455, 457, 464f., 471f., 534, 538, 542, 544
Pigou, Arthur C. 101f., 106, 112, 423, 428, 438
Pilcher, June J. 368, 378
Pindyck, Robert S. 370, 372, 378
Pinzler, Petra 436, 438
Pirog-Good, Maureen A. 297, 311
Pitlik, Hans 61
Platzeck, Matthias 120, 123, 140
Plumb,.Jack H. 95, 112
Podewils, Clemens Graf 140
Poguntke, Thomas 141
Pollak, Robert A. 366, 379
Pommerehne, Werner W. 68, 76, 82, 87
Popper, Karl R. 343, 347ff., 355, 359ff.
Posner, Richard 174, 181, 205ff., 219, 234
Postlewaite, Andrew 111
Powell, Lisa M. 379
Preiser, Erich 505, 509
Prescott, Edward 43, 61, 260, 401
Priddat, Birger P. 340
Prinz, Alois 472

Quaas, Friedrun 28
Quaißer, Gunter 363, 378
Quesnay, François 95, 112
Quitzau, Jörn 288, 311

Rabin, Robert 150, 181
Radnitzky, Gerard 36f., 211, 234
Rae, John 96f., 99, 109ff.
Ramb, Bernd-Th. 36, 233
Rawls, John 15, 28, 296, 311, 385, 391, 402, 510f., 533, 538
Razzolini, Laura 472
Reeckmann, Martin 299, 311
Reid, Robert H. 372, 379
Reiner, Sabine 310
Remmele, Bernd 536, 538
Renner, Elke 363, 379
Ribolits, Erich 379
Richter Rudolf 203, 207, 260, 527f., 530
Riesenhuber, Karl 207
Rieter; Heinz 402
Rinsche, Günter 104, 112
Robinson, James A. 409, 420, 434, 437f.
Rogoff, Kenneth 41, 45, 61
Rolf Borell 61
Rölle, Daniel 117, 141
Romer, David 367, 369, 679
Romer, Paul M. 43, 61
Roodman, David 451, 471
Röpke, Jochen 315ff., 340, 495, 507, 509, 557f.
Röpke, Wilhelm 28, 386, 400ff., 495, 507, 509, 557f.
Roscher, Wilhelm 97f., 112
Rose, Manfred 82f., 86
Rosen, Harvey S. 76, 87
Rosenberg, Christoph 74, 86
Rothschild, Michael 375, 379
Rottenbiller, Silvia 243, 260
Rowley, Charles K 331, 340
Rubinfeld, Daniel L. 370, 372, 378
Rürup, Bert 28
Rüttgers, Jürgen 137, 141

Sachs, Jeffrey 441, 443ff., 457ff., 467, 469, 472f.
Sachs, Jeffrey D. 410, 438
Säcker, Franz Jürgen 282, 285, 207

Sadowsky, Brigitte 378
Sala-i-Martin 7, 28, 446, 470
Sally, Razeen 385, 402
Salmon, Pierre 402
Samson, Erich 81, 87
Samuelson, Paul A. 295, 311
Sandler, Todd 463f., 471f.
Sandmo, Agnar 82, 86f.
Sardison, Markus 409, 438
Sass, Peter 428, 438
Sauermann, Heinz 488
Savoiz, Marcel R. 338, 340
Schäfer, Wolf 28
Schäffner, Daniel 237, 259
Schauenberg, Bernd 537
Schebstadt, Arndt 238, 240f., 260
Schelling, Thomas C. 542ff.
Schelsky, Helmut 207
Schemmel, Lothar 43f., 61
Schenk, Karl-E. 343, 353f., 357, 360
Scherrer, Christoph 363, 379
Schlesinger, Helmut 43ff., 61
Schlicht, Ekkehart 335, 340
Schmalensee, Richard 260
Schmidt, André 145f., 181, 209f., 216, 234f.
Schmidt, Andreas J. 81f., 86
Schmidt, Holger 280, 285
Schmidt, Ingo 145, 158f., 181, 476, 478
Schmidt, Karsten 180
Schmidtchen, Dieter 143ff., 154, 158f., 163f., 171ff., 179ff., 210, 220, 224, 226, 235, 320, 329, 340, 365, 397
Schmidt-Semisch, Henning 311
Schmidt-Traub, Guido 442ff., 448f., 472
Schmidt-Trenz, Hans-Jörg 329, 340
Schmitt, Dieter 281, 285
Schmölders, Günther 73, 87
Schnabel, Claus 519, 521
Schneider, Friedrich 64f., 81f., 86f., 376, 379
Schneider, Hermann 492, 538, 546
Schneider; Friedrich 400
Schöbel, Enrico…64, 88
Schönbohm, Wulf 117, 141
Schraven, David 266, 285
Schuknecht; Ludger 400
Schüller, Alfred 360, 481, 487, 507, 509, 557

Schultz, Theodore W. 372, 379
Schulz, Norbert 48, 61
Schumpeter, Joseph A. 409, 438, 493ff., 555
Schwalbe, Ulrich 195, 207, 227, 235
Schwarz, Hans-Günter 280, 285
Schwarz; Hans-Peter 402
Schweitzer, Heike 186, 207
Scitovsky, Tibor 102ff., 112
Seligman. Edwin R. 112
Sen, Amartya 200, 207
Senger, Harro von 537
Senior, Nassau W., 95, 112
Senti, Richard 507, 509
Sharkey, William 271, 285
Shavell, Steven 163, 180
Shearmur, Jeremy 523f., 527
Sheng-Ping Li 379
Shields, Deborah H. 368, 379
Shughart, William F. 472
Sibert, Anne 45, 61
Sidak, Gregory J. 243, 260
Sideras; Jörn 403
Sieber, Ulrich 78f., 87
Siedentop, Larry 398, 402
Siegetsleitner, Anne 438
Siegfried, Frick 28
Siemon, Cord 493ff., 553, 556f.
Simon, Herbert A. 343, 345 347, 349, 355, 360f.
Sinn, Hans-Werner 70f., 87
Sioshansi, Fereidoon P. 283
Smelser, Neil J. 377
Smit, Hilke 235
Smith, Adam 7f., 28, 95f., 109, 112, 199, 206, 208, 372f., 379
Smith, Stephen 70, 86
Sobek, David, M. 425, 438
Sombart, Werner 90, 96, 105, 110
Soros, George 502, 504
Soto, Hernando de 455, 458, 473
Spence, A. Michael 112, 372, 379
Stammen, Theo 117, 141
Steiner, Hillel 156, 182
Stern. Marc A. 463, 472
Stigler, George J. 61, 241, 249, 260, 360, 366, 379
Stinebrickner, Todd, R. 367, 379
Stöver, Heino 298, 311

Stratmann, Klaus 280, 285
Streissler, Erich W. 212, 235, 379
Streit, Manfred 31, 33f., 36, 189, 207, 294, 311, 388, 397, 402, 476ff.
Stubblebine, William C. 322, 339
Stucke, Maurice E. 172, 182
Suchanek, Andreas 47, 57, 60f.
Sunde, Uwe 410, 438
Sutter, Matthias 544
Sutton, John 229, 235
Svvides, Andreas 232

Tabellini, Guido 41, 44f., 51, 60f.
Tamura, Robert 446, 470
Teece, David 232
Teixeira, Pedro 371, 379
Tesch-Römer, Clemens 503f.
Thielemann, Ulrich 306, 311
Thieme, H. Jörg 36, 233, 508f.
Thomas, Hans 470
Thompson, Martyn P. 472
Tiebout, Charles. M. 329, 340
Tietzel, Manfred 541f.
Tilman, Rick 96, 111
Timmons, Jeffry 556f.
Tirole, Jean 249, 251, 260
Tolkemitt, Till 289, 291, 309
Tollison, Robert D 33, 36, 217, 232, 329, 337f.
Torgler, Benno 65, 87
Train, Kenneth E. 242, 260
Tsai, Ling-Ling 368, 379
Tuchtfeldt, Egon 232, 272, 285, 293, 311, 477, 487
Tullock, Gordon 212, 232, 243, 260, 323, 329f., 337f., 409, 437f.
Tversky, Amos 76, 86

Uhde, André 237, 248, 259
Ursprung, Heinrich W. 27

Vanberg, Victor 3, 17, 21, 28, 36, 211, 217, 235, 317, 341, 399, 402f., 521, 533, 538
Varwick; Johannes 403
Vaubel, Roland 33, 37, 73, 87, 390, 396, 400, 403
Veblen, Thorstein B. 92, 99ff., 105, 111f.

Vehrkamp, Robert B. 60
Vibert; Frank 395, 400, 403
Vincent, J.M. 112
Viren, Matti 299f., 305, 311
Vogel, Bernhard 123, 140
Vogelsang, Ingo 239, 241, 254, 256, 257f.
Voigt, Cora 434, 438
Voigt, Stefan 145f., 181, 210, 212, 216, 234f., 397, 402
Voy, Klaus 507, 509

Wagener, Hans-Jürgen 341
Wagner, Adolph 94, 97, 113
Wagner, Gerd R. 341
Wagner, Richard E. 40, 42, 45, 60
Walter-Rogg, Melanie 396, 403
Walterscheid, Heike 313, 326, 330, 341
Warren James R. 112
Watrin, Christian 402, 482, 488
Wätzold, Frank 379
Weber, Manfred 61
Weber, Max 113
Weber, Ralf L. 293, 311
Wechsler, Henry 379
Weck-Hannemann Hannelore 68, 76, 82, 87
Wegehenkel, Lothar 313, 319ff., 325ff., 330, 335, 340
Wegner, Gerhard 340
Weigand, Jürgen 259
Weigelt, Klaus 538
Weigt, Hannes 277, 280, 284
Wein, Thomas 295, 310
Weingast, Barry R. 49, 61, 403
Weiß, Jens 28
Weizsäcker, C. Christian von 148, 159, 161, 165, 174, 178f., 182, 190f., 197, 202, 204ff., 208, 223, 235, 241f., 260, 548f.
Weizsäcker, Robert K. von 52, 61
Welfens, Paul 259
Wentzel, Bettina 505, 509
Wentzel, Dirk 28, 505, 509
Wenzel, Heinz-Dieter 43, 61
Weske, Mathias 259
White, Lawrence J. 375, 379
Wicksell, Knut 67, 87
Wiegard, Wolfgang 74, 86
Wiesendahl, Elmar 141

Wigger, Berthold U. 364f., 378
Will, Birgit E. 145, 182
Willgerodt, Hans 173, 182, 293, 311, 479, 481f., 488
Williams, Jenny 368, 379
Williamson, Oliver E. 219, 235, 243, 261, 321, 341
Willig, Robert D 219, 232, 260
Winning, Alexandra von 534, 538
Winston, Gordon 377
Winter, Sidney 344, 360
Wintrobe, Ronald 405, 409, 411ff., 417, 420ff., 428, 438
Wiswesser, Rolf 83, 86
Witt, Ulrich 360, 476, 478
Wockenfuß, Christof 405, 434, 438
Wohlgemuth, Michael 27f., 381ff., 385, 394, 396f., 399, 401ff.
Wolf, Dorothee 310
Woll, Artur 364, 379
Wolter, Andrä 378

Wurm, Susanne 503f.

Young, Robert 300, 311

Zachmann, Georg 277, 280, 284
Zehetmair, Hans 123, 140f.
Zehnpfennig, Barbara 472
Ziebarth, Gerhard 61
Ziebura, Gilbert 141
Zimmer, Daniel 195, 207f., 225, 227, 231, 235
Zimmermann, David 377
Zimmermann, Klaus 28
Zintl, Reinhard 538
Zöller, Michael 151, 182
Zuber, Johannes 379
Zweynert; Joachim 402

Sachregister

Agenda 2010   118ff.
Allphasenbruttoumsatzsteuer   72f.
Armutsfalle   445ff.
   Überwindung   449
Aufklärung   457f.
Ausgeglichener Haushalte   39, 46ff.

Begrenzte Rationalität   347ff.
Beihilfekontrolle   551ff.
Berufpolitikertum   500
Bestimmungslandprinzip   67f., 70ff., 74f., 89
Best-Shot-Interaktionsstrukturen   465f.
Bildung   363ff., 501ff.
Bildungsinvestitionen   502
Bildungsmarkt   364, 371, 373
Bildungsökonomie   493f.
Bildungspolitik   493f.
Bildungsproduktion   365ff.,
Bildungsproduzenten   369ff.
Bildungsverständnis   367
Bremer Entwurf   120, 123f.
Bundesversicherungsamt   564
Bürgergenossenschaft   384

Capacity Building   417f.
Chancengerechtigkeit   122f.
Clubs (von Staaten)   396ff.
Compliance-Mechanismen   545
Conspicuous consumption   92, 106ff., 113
cooperative case   106
Corporate Governance   531f.
Corporate Social Responsibility   540ff.

Das Konzept der Wettbewerbsfreiheit   220
Defizite   39f., 36ff., 50ff., 59, 61
Demografische Entwicklung   504ff.
Demographische Wandel   121
Demokratieförderung   405, 407f., 421f., 427, 430, 436f.
Demokratischer Sozialismus   124
Demokratisierungswelle   406f.
Demonstratives Konsumverhalten   91ff., 96, 99, 104ff.

Denkblockaden   437
Deutsche Europadebatte   133
Dezentralisierung   326ff.
Die institutionalistische Schule   99
Die neoklassische Schule   99, 109f.
Die neuen Grundsatzprogramme   115f., 121, 135ff.
Die ordnungsökonomische Perspektive   3, 5
Die wohlfahrtsökonomische Schule   101
Diktatoren   411ff.
Direkte Demokratie   67, 86, 89
Diskretionäre Spielraum   49, 54, 56ff.
Diskursivität   469f.
Dynamik
   internationaler Märkte   506ff.

Effizienz   143ff., 185, 189, 195, 197f., 200, 202, 204, 206
   als Rechtsprinzip   163, 166, 169, 170f.
Eigentumsrechte   44, 46, 53, 318ff., 426f.
Eigenverantwortung
   des Bildungsproduzenten   369f.
Elektrizitätswirtschaft   263ff., 483ff.
   Marktstruktur   276f.
   Ordnungspolitische Gestaltung   272ff.
   Preisbildung   278ff.
   Rechtliche Grundlagen   274ff.
   Strukturreformen   269ff.
Entbündelungskosten   506ff.
Entdeckungswahrscheinlichkeit   78
Entwicklungsdebatte   469f.
Entwicklungs-Konkurrenz   427
Entwicklungsorganisationen   452f.
   Kartellierung   452ff.
Entwicklungspolitik   441ff.
Entwicklungszusammenarbeit   405, 408, 410, 415, 420, 423, 425, 427ff., 435, 437
Erkenntnis- und Wissenschaftslehre   523ff.
Ethik
   ökonomische   534ff.
   und Globalisierung   511ff.
Europa   133f.
Europäische Integration   389ff.
Europäische Ordnungspolitik   381ff.
Europäisches Wettbewerbsrecht   547ff.

Europas Wirtschaftsverfassung 387ff.
Evolution und Rechtsstruktur 313ff.
Evolution von Systemen 344ff.
Ex-ante Regulierung 261
Ex-post Aufsicht 261
Externalitäten 295, 324f., 501, 532f.
Extrinsische Motivation 107

Finanzierungshypothese 495ff.
Finanzwirtschaft 495ff.
Freiburger Schule 476f.
Freiheit 121ff., 189ff.
Fruit of poisonous tree doctrine 81
Funktion des Staates 9

Gerechtigkeit 121ff., 125, 127, 137ff.
  und Effizienz 538f.
Gesellschaft im Wandel 504ff.
Gesellschaftlicher Zusammenhalt 511ff.
Gesundheitspolitik 562ff.
Gesundheitssystem 562ff.
Gewerbefreiheit 195
GKV-System 564f.
Globalisierung 6ff., 21, 26, 28
Goldene Regel 535
Governance-Strukturen 530f.
Granger-Kausalität 83
Großen Koalition 116, 119, 142, 135, 138
Grundsatzprogramm 115ff.

Hamburger Programm 120, 123ff.
Handelspolitik 480
Handlungsblockaden 437
Handlungsrechte 318ff.
Harmonisierung 392f.
Haushaltspolitik 132
Hayek-Gesellschaft 475
Homo oeconomicus 539
Humankapital 364, 366, 370, 372, 374f., 507f.
Humanvermögen 371f.

Individuelle Handlungsfreiheit 152, 154, 160f., 179f.
Institutionelle Regulierungsalternativen 247

Institutionelle Sklerose 36
Institutionenökonomik 529ff.
Instrumentenleiter 256f., 261
Integration 383ff.
Intensivierungs-Strategie 55ff.
Interdependenz der Ordnung 189
Internalisierung 52ff.
Internationale öffentliche Güter 462ff., 467ff.
Internationales Privatrecht 532ff.
Interpersonelle Nachfrageeffekte 101f., 104
Intrinsische Motivation 105

Jurisdiktionen 10ff., 16f.

Kaldor-Hicks Kriterium 175
Kanalisierungs-Strategie 55ff.
Kapitalismus 127f., 138
Klimapolitik 545
Klinische Ökonomik 444ff.
Konditionalprogramm 147ff., 185ff.
Konjunkturpolitik 476f.
Konjunkturzyklus 518
Konsensuale Politik 31, 33, 37
Konstitutionenökonomik 211, 222
Koordinationsketten 352f.
Kosmopolitischen Ökonomie 8

Langzeitarbeitslosigkeit 519
Leerformel 157, 160ff.
Lehrdienstleistung 371f.
Liechtensteiner Steueraffäre 80, 82
Lieferverweigerung 159f., 171
Log rolling 390
Lotteriemarkt 287ff.
  Erlöse 292ff.
  Externaliäten 295
  Marktversagen 297ff.
  Rechtslage 290f.
  Referenzsystem 293ff.
  Legitimation von Eingriffen 302f.
Lottospiel 289ff.
Luxus 92ff.
Luxusgüter 92ff., 109f.

Machtisoquante 414ff.

Sachregister

Marginalistische Schule 98f.
Marktprozessstimulierung 428ff.
Marktversagen 297ff.
Marktwirtschaft 537f.
Matchingverfahren 493
Mehrwertsteuer 70ff., 74ff.
Meritorik 545
Merkantilisten 92ff., 109
Mindestlohngesetz 22
Mobilität 10f., 16f., 20, 24
More Economic Approach 222, 224f., 227, 547ff.
Nationalsozialistische Wirtschaftspolitik 481
Negative externe Effekte 42, 50, 52, 54
Non-Sequitur-Fehlschluss 423f.
Normenbegründung 514f.

Objektsteuer 66, 68ff, 89
Ökonomische Ethik 534ff.
Ökonomische Rationalität 151
Ökonomisierung der Bildung 376
Oligopol 476
Ordnungsökonomik 209ff., 227
Ordnungsökonomische Wettbewerbskonzepte 209
Ordnungsökonomische Wettbewerbspolitik 228
Ordnungspolitik 6, 122, 127, 137f., 211
    Europäische 381ff.
Ordnungspolitische Selbstbindung 393ff.
Ordnungspolitischer Ansatz 450ff.
Ordnungsrahmen 499
Ordnungstheorie 211
Ordoliberale 484
Ordonomik 442ff.
Orthogonale Positionierung 409f., 420ff.

Paradox der Freiheit 206
Pareto-Kriterium 175
Pareto-Verbesserungen 514
Parteien 115ff., 118, 121, 132ff.
Parteiprogrammen 117f., 126
Per se Verbote 186
Per-se-Regeln 145

Pfadabhängigkeit 314, 335, 338f.
Physiokraten 95
PKV-System 564f.
Planification 386
Politikberatung 450ff.
Politikbetrieb 498ff.
Politische Einflussnahme 331ff.
Politische Märkte 41, 46, 54f.
Politische Ökonomie 498ff.
    der Europäischen Integration 389ff.
Politische Weltformel 498ff.
Politischen Wettbewerb 39f., 42, 44, 46, 51, 55ff.
Positional goods 105f.
Preiskartell 146f., 158f., 166, 168f, 171
Prinzip der Besteuerung nach
    Belastbarkeit 16f., 19
    Interesse 14ff., 18f.
    Leistungsfähigkeit 14, 16, 18
Prinzip von Leistung und Gegenleistung 13f.
Privatrecht
    internationales 532ff.
Programmdebatte 117, 119f., 123
Property Rights 146f., 151, 155f., 159ff., 171, 176, 178, 190f., 194, 197, 200ff.
    -Theorie 318ff.
Protektionismus 8

Rational-Choice-Ansatz 546
Rationalität des Rechts 144f., 150
Rationalität von Systemen 344ff.
Rechtsprinzip der Freiheit 144, 151, 176
Rechtsstruktur und Evolution 313ff.
Recontracting 392
Reformeifer 31
Reformen 7
Reformstau 31f., 34f., 37
Regulierung 237ff.
Regulierung netzgebundener Industrien 240, 241f, 244
Regulierungen 19, 21ff.
Regulierungsdichte 354ff.
Re-nationalisierung 397f.
Rent Seeking 331ff.
Repression 67, 76, 86f.
Repressionsniveau 421ff.

Reverse Charge Verfahren 71f., 76
Rule of Law 204
Rule-of-reason-Standard 145, 180

Schattenwirtschaft 63ff. 83
Selbst- und Fremd-Regulierung 52ff.
Semantik
 und Sozialstruktur 441ff., 457ff.
Semi-Demokratien 414f.
Situative Rationalität 347ff.
Soziale Marktwirtschaft 26ff.
Sozialstruktur
 und Semantik 441ff., 457ff.
Spielregel 199
Spielsucht 298f.
Staat als Gemeinschaftsunternehmen 9ff., 15, 18, 20ff., 25, 28
Staat als Standortunternehmen 9f., 16, 21ff., 28
Staatenclubs 396ff.
Staatenwettbewerb 10
Staatsschuldillusion 44ff, 49f.
Staat-Schuld-Vermeidungs-Kooperation 48
Staatsverschuldung 39f., 42ff.
Standortnutzer 9ff.
Standortwettbewerb 12, 18ff., 26, 551ff.
Statusstreben 91ff., 96, 99, 103ff., 109ff.
Steuererfüllung 63ff.
Steuerfahndung 78ff., 82, 86
Steuerhinterziehung 63ff.
Steuern 12f., 15ff., 21
Steuersatz 83ff.
Steuerwettbewerb 16, 20
Stimmentausch 390
Strategische Ökonomik 544ff.
Stromerzeugung 265f.
Stromhandel 268f.
Stromtransport 267f.
Stromverteilung 267f.
Stromwirtschaft 263 ff., 273ff.
Strukturelle Kopplung von Wirtschaft und Recht 189
Subjektive Rechte 191ff.
Subjektsteuer 66f., 68f., 86, 89
Subventionshopping 551
Systemtheorie 314ff., 343ff.

Systemverständnis
 und Wirtschaftspolitik 350f.
Sytemwettbewerb 562

TIMMS-Repeat-Studie 493
Transaktionskosten 321f., 529ff.

Umlageverfahren 563
Unternehemenszusammenschluss 144, 147, 163, 171ff.
Unternehmertum 495ff.
Ursprungslandprinzip 67, 70, 73, 75, 86, 89

VC-Gesellschaft 556ff.
Veblen-Effekt 105
Venture Capital 555ff.
Verein für Socialpolitik 483
Verfassungsvertrag 133
Vertiefung/Erweiterung der EU 396ff.
Vorsteuerabzug 71, 73f.
Vorumsatzabzug 72ff.

Wählerdemokratien 406f.
Währungspolitik 510
Walter Eucken Institut 487
Weakest-Link-Interaktionsstrukturen 464ff.
Weltformel 498ff.
Wertschöpfungskette 265ff.
Wettbewerb 10ff., 16ff., 39ff., 46ff.
 dynamischer perfekter 165
 dynamischer imperfekter 165
Wettbewerbsbeschränkung 144, 148, 150f., 165, 171f., 174, 176, 178ff.
Wettbewerbsfrage 480f.
Wettbewerbsfreiheit 143, 146, 150ff., 160, 176, 179
Wettbewerbsfreiheit 195ff., 476, 485
 – gesetzgeberische Ausgestaltung 197
Wettbewerbsfreiheit im Privatrecht 196
Wettbewerbspolitik 143, 145ff., 152f., 163, 173, 175ff., 209ff., 216ff.
Wettbewerbspolitische Leitbilder 217f.
Wettbewerbsrecht 237ff., 243, 245f., 250, 254ff.
 europäisches 547ff.
Wettbewerbsstärkungsgesetzes 32

Williamson-Trade-off 169f.
Wirtschaftspolitik
    und Systemverständnis 350f.
Wirtschaftssysteme 314ff., 343ff.
    Systemkomponenten 351f.
Wirtschaftstheorie
    und Wissen 523ff.
Wirtschaftsverfassung Europas 387ff.
Wissen
    und Wirtschaftstheorie 523ff.
Wissenschaftsmanager 477
Wohlfahrtsökonomik 209, 212, 215ff., 219, 222, 225, 227
Wohlfahrtsökonomische Wettbewerbskonzeptionen 218
Wohlstand 7f.
    und Freiheit 408
Wohnsitzprinzip 70

Zahlungsbilanzausgleich 480
Zentralisierung 326ff., 392f.
Zukunft der Arbeit 515ff.
Zusammenschluss von Staaten 383ff.
Zweckprogramm 147, 149, 185ff.

Anschriften der Autoren

Dr. Hanjo Allinger
Fachvertreter an der Universität Passau, Lehrstuhl für Volkswirtschaftslehre mit Schwerpunkt Finanzwissenschaft, 94032 Passau, Innstraße 27.

Dr. Hans-Heinrich Bass
Professor an der Hochschule Bremen, Lehrstuhl International Economics, 28199 Bremen, Wederstraße 73.

Dr. Hanno Beck
Professor an der Hochschule Pforzheim, Lehrstuhl für Volkswirtschaftslehre, 75175 Pforzheim, Tiefenbronner Straße 65.

Dr. Norbert Berthold
Professor an der Julius-Maximillians-Universität Würzburg, Lehrstuhl für Volkswirtschaftslehre, insbes. Wirtschaftsordnung und Sozialpolitik, 97070 Würzburg, Sanderring 2 - Zimmer 298.

Dipl.-Volksw. Florian Birkenfeld
Wissenschaftlicher Mitarbeiter an der Universität Passau, Lehrstuhl für Volkswirtschaftslehre mit Schwerpunkt Wirtschaftspolitik, 94032 Passau, Innstraße 27.

Dr. Charles B. Blankart
Professor an der Humboldt Universität zu Berlin, Wirtschaftswissenschaftliche Fakultät, 10178 Berlin, Spandauer Straße 1.

Dipl.-Volksw. Markus Breuer
Mitarbeiter an der Friedrich-Schiller-Universität Jena, Fachbereich Sportökonomie, 07749 Jena, Institut für Sportwissenschaft, Seidelstr. 2

Dr. Frank Daumann
Professor an der Friedrich-Schiller-Universität Jena, 07749 Jena, Institut für Sportwissenschaft Zi. E 009, Seidelstr. 20.

Dr. Peter Engelhard
RWE Aktiengesellschaft, 45128 Essen, Opernplatz 1.

Dipl.-Sozialwiss. Milena Susanne Etges
Mitarbeiterin am Zentrum für Sozialstaat und Soziale Marktwirtschaft (zsm) an der Universität der Bundeswehr München, 85579 Neubiberg, Werner-Heisenberg-Weg 39.

Dr. Lothar Funk
Professor an der Fachhochschule Düsseldorf, Lehrstuhl für Volkswirtschaftslehre, insbesondere internationale Wirtschaftsbeziehungen, Fachbereich Wirtschaft FB 7, 40225 Düsseldorf, Universitätsstraße, Gebäude 23.32.

Dr. Justus Haucap
Professor an der Friedrich-Alexander-Universität Erlangen-Nürnberg, Lehrstuhl für Wirtschaftspolitik, 90403 Nürnberg, Lange Gasse 20.

Dr. phil. habil. Hans Jörg Hennecke
Privatdozent, 25524 Heiligenstedten, Eichholz 33a.

Dipl.-Volksw. Catherine Herfeld
externe Doktorandin an der Universität Witten/Herdecke an der Fakultät für Wirtschaftswissenschaften, Zustiftungslehrstuhl für Volkswirtschaft und Philosophie, 58452 Witten, Alfred-Herrhausen-Straße 50.

Dipl.-Kfm. Stefan Hielscher
Wissenschaftlicher Mitarbeiter an der Martin-Luther-Universität Halle-Wittenberg, Lehrstuhl für Wirtschaftsethik, 06108 Halle, Grosse Steinstr. 73.

Manfred Hilzenbecher
Ministerialrat im baden-württembergischen Ministerium für Wissenschaft, Forschung und Kunst, 70173 Stuttgart, Königstraße 46.

Dr. Karen Horn
Leitung des Hauptstadtbüros, am Institut der deutschen Wirtschaft Köln, 50968 Köln, Gustav-Heinemann-Ufer 84-88

Dr. Wolfgang Kerber
Professor an der Philipps-Universität Marburg, Lehrstuhl für Wirtschaftspolitik, 35032 Marburg, Am Plan 2.

Dr. Roland Kirstein
Professor an der Otto-von-Guericke Universität Magdeburg, Economics of Business and Law, 39106 Magdeburg, Universitätsplatz 2.

Dr. Andreas Knorr
Professor an der Deutschen Hochschule für Verwaltungswissenschaften Speyer, Lehrstuhl für Volkswirtschaftslehre, insbesondere nationale und internationale Wirtschaftspolitik, 67346 Speyer, Freiherr-vom-Stein-Str. 2.

Dipl.-Volksw. Daniel Koch
Wissenschaftlicher Mitarbeiter an der Julius-Maximillians-Universität Würzburg, Lehrstuhl für Volkswirtschaftslehre, insbes. Wirtschaftsordnung und Sozialpolitik, 97070 Würzburg, Sanderring 2.

Dr. Tim Krieger
Wissenschaftlicher Mitarbeiter (Juniorprofessor) an der Universität Paderborn, 33098 Paderborn, Warburger Straße 100.

Dipl.-Volksw. Alexander Lenger
Mitarbeiter an der Albert-Ludwigs-Universität Freiburg, Institut für allgemeine Wirtschaftsforschung, Abteilung für Wirtschaftspolitik, 79085 Freiburg, Kollegiengebäude II, Platz der Alten Synagoge.

Dr. Karsten Mause
wissenschaftlicher Mitarbeiter an der Universität Bremen, Sonderforschungsbereich Sfb 597 „Staatlichkeit im Wandel", 28359 Bremen, Linzer Str. 9a.

Dr. D. h.c. Ernst-Joachim Mestmäcker
Professor em., Max-Planck-Institut für ausländisches und internationales Privatrecht, 20148 Hamburg, Mittelweg 187.

Dr. Andreas Mitschke
Mitarbeiter an der Friedrich-Alexander-Universität Erlangen-Nürnberg, 90403 Nürnberg, Lange Gasse 20.

Dr. Christian Müller Duisburg Essen;
Professor an der Westfälischen Wilhelms-Universität Münster, Institut für Ökonomische Bildung, 48151 Münster, Scharnhorststr. 100.

Dr. Thomas Pfahler
Professor an der Hochschule für Angewandte Wissenschaften in Hamburg, Lehrstuhl für öffentliche Finanzwirtschaft, 20099 Hamburg, Berliner Tor 5.

Dr. Ingo Pies
Professor an der Martin-Luther-Universität Halle-Wittenberg, Lehrstuhl für Wirtschaftsethik, 06108 Halle, Große Steinstrasse 73.

Kathrin Pongs
Oberender & Partner, 95448 Bayreuth, Nürnberger Str. 38.

Dipl.-Sportökonom Benedikt Römmelt
Mitarbeiter an der Universität Jena, Fakultät für Sozial- und Verhaltenswissenschaften, Institut für Sportwissenschaft Zi. K 002a, 07749 Jena, Seidelstr. 20.

Dr. Karl-Ernst Schenk
Professor em. an der Universität Hamburg, Fakultät Wirtschafts- und Sozialwissenschaften, Institut für Wirtschaftssysteme, Wirtschafts- und Theoriegeschichte, Arbeitsbereich Geschichte der Volkswirtschaftslehre, 20146 Hamburg, Von-Melle-Park 5.

Dr. André Schmidt
Professor an der Universität Witten-Herdecke, Lehrstuhl für Makroökonomik und Internationale Wirtschaft, 58448 Witten, Alfred-Herrhausen-Straße 50.

Dr. Dieter Schmidtchen
Professor an der Universität des Saarlandes, Lehrstuhl für Nationalökonomie, insbesondere Wirtschaftspolitik, 66041 Saarbrücken, Postfach 15 11 50.

Dr. Carsten Schreiter
Referent für Wirtschaftspolitik im Hessischen Ministerium für Wirtschaft, Hessisches Ministerium für Wirtschaft, Verkehr und Landesentwicklung, 65185 Wiesbaden, Kaiser-Friedrich-Ring 75.

Dr. Alfred Schüller
Professor em. an der Philipps-Universität Marburg, Fachbereich Wirtschaftswissenschaften, Ordnungstheorie und Wirtschaftspolitik, 35032 Marburg, WiWi-Baracke, Universitätsstraße 25.

Diplom-Ökonom Luis Manuel Schultz
Stipendiat an der Friedrich-Alexander-Universität Erlangen-Nürnberg, Lehrstuhl für Wirtschaftspolitik, 90403 Nürnberg, Lange Gasse 20.

Dr. Cord Siemon
Marburger Förderzentrum für Existenzgründer aus der Universität, 35037 Marburg, Universitätsstr. 25.

Dr. Heinz-Dieter Smeets
Professor an der Heinrich-Heine-Universität Düsseldorf Lehrstuhl für Volkswirtschaftslehre, 40225 Düsseldorf, Universitätsstr. 1, Geb. 23.31.

Dr. Manfred E. Streit
Professor em. am Max-Planck-Institut zur Erforschung von Wirtschaftssystemen, 07745 Jena, Kahlaische Straße 10.

Dr. Tobias Thomas
Wissenschaftlicher Assistent an der Helmut Schmidt Universität, Fakultät für Wirtschaft- und Sozialwissenschaften, 22043 Hamburg, Holstenhofweg 85.

Dr. André Uhde
Habilitand am Lehrstuhl für Finanzierung und Kreditwirtschaft, Ruhr Universität Bochum, 44801 Bochum, Universitätsstraße 150.

Dr. Viktor J. Vanberg
Professor der Albert-Ludwigs-Universität Freiburg im Breisgau, Institut für Allgemeine Wirtschaftsforschung, Abteilung für Wirtschaftspolitik, 79085 Freiburg, Kollegiengebäude II, Platz der Alten Synagoge.

Dr. Volker Ulrich
Professor an der Universität Bayreuth, Lehrstuhl für Volkswirtschaftslehre III, Finanzwissenschaft, 95440 Bayreuth, Universitätsstraße.

Dr. Heike Walterscheid
Technische Universität Ilmenau, Institut für Volkswirtschaftslehre, Fachgebiet Wirtschaftstheorie, 98693 Ilmenau, Ernst-Abbe-Zentrum, Ehrenbergstraße 29.

Dr. Lothar Wegehenkel
Professor em. an der Technischen Universität Ilmenau, Institut für Volkswirtschaftslehre, Fachgebiet Wirtschaftstheorie, 98693 Ilmenau, Ernst-Abbe-Zentrum, Ehrenbergstraße 29.

Christof Wockenfuß
Doktorand an der Martin-Luther-Universität Halle-Wittenberg, Lehrstuhl für Wirtschaftsethik, 06108 Halle, Grosse Steinstr. 73.

Dr. Michael Wohlgemuth
Mitarbeiter am Walter Eucken Institut, 79100 Freiburg im Breisgau, Goethestraße 10.

Wandlungen des Neoliberalismus

Eine Studie zu Entwicklung und Ausstrahlung der „Mont Pèlerin Society"

Von Philip Plickert

Marktwirtschaftliche Reformpolitik Bd. 8

2008. XII/516 S., gb. € 59,-. ISBN 978-3-8282-0441-6

Ein Gespenst geht um in Europa: der Neoliberalismus. Der „Neoliberalismus" ist zu einem meist negativ konnotierten Schlagwort verkommen. Dieses Buch möchte einen Beitrag zur Versachlichung der Debatte leisten und die geistes- und zeitgeschichtlichen Ursprünge des Neoliberalismus erhellen.

Der Wirtschaftshistoriker Philip Plickert analysiert den Niedergang des klassischen Liberalismus und dessen Krise im frühen 20. Jh. In der Zwischenkriegszeit entwickelten sich vier Zentren eines erneuerten Liberalismus: Wien, London, Freiburg und Chicago. 1947 gründete Friedrich August von Hayek die Mont Pèlerin Society (MPS) als Sammlungspunkt der versprengten und marginalisierten Neoliberalen.

Aktive Mitglieder der MPS waren einflußreiche Denker wie Hayek, Ludwig von Mises, Milton Friedman, James Buchanan, Walter Eucken, Wilhelm Röpke und Alexander Rüstow sowie Ludwig Erhard. Das Buch schildert, gestützt auf reiches Quellenmaterial, den schwierigen Aufbau der MPS, unterschiedliche strategische Perspektiven, den frühen politischen Durchbruch in Deutschland mit Erhards Wirtschaftsreform, die interne Krise um 1960 und die langfristige Ausstrahlung der MPS als intellektueller Kernorganisation der Neoliberalen auf Wissenschaft und Politik.

Inhaltsübersicht:

1. Teil: Die Geburt des Neoliberalismus aus der Krise

I. Aufstieg und Niedergang des klassischen Liberalismus
II. Zwischenkriegszeit und liberale Selbstfindung
III. Krisenbewußtsein und Revisionismus des Liberalismus

2. Teil: Ortsbestimmung des Neoliberalismus

IV. Der lange Weg zum Mont Pèlerin
V. Aufbau, Strategie und Krise der MPS

3. Teil: Die MPS bezieht Stellung: Auf verlorenem Posten?

VI. Positionen und Kontroversen in der frühen MPS
VII. Neoliberale in der Politik: Durchbrüche und Durststrecken

4. Teil: Beginn einer neoliberalen Gezeitenwende

VIII. Der Kampf gegen den keynesianischen Konsens
IX. Der Neoliberalismus an der Macht?
X. Resümee und Ausblick

 Stuttgart

Gesundheitsökonomische Forschung in Deutschland

Herausgegeben von Klaus-Dirk Henke
Jahrbücher für Nationalökonomie und Statistik Band 227, Heft 5+6/2007
2008. 384 S., kt. € 89,-. ISBN 978-3-8282-0431-7

Die Gesundheitsökonomie hat sich in Deutschland als akademisches Lehr- und Forschungsgebiet etabliert. Inhalt und Methoden der Gesundheitsökonomie sind vielfältig. Die fachlichen Hintergründe liegen nach wie vor in der Sozialpolitik, in der Finanzwissenschaft, in der Ordnungspolitik, aber auch in der Versicherungswissenschaft, der Institutionenökonomie und der angewandten Mikroökonomie sowie neuerdings sogar in der Spieltheorie. Innerhalb der Betriebswirtschaftslehre war es insbesondere die Krankenhausbetriebslehre, die Pate stand für die Weiterentwicklung zum Gesundheitsmanagement als Schwerpunkt in der betriebswirtschaftlichen Ausbildung und Forschung im Fach Gesundheitsökonomie. Fragen an der Schnittstelle zu anderen Sozialwissenschaften und der Medizin werden insbesondere in der Public Health-Forschung aufgegriffen.

Im vorliegenden Themenheft wird der beschriebene Hintergrund des Faches an vier ausgewählten Themenfeldern deutlich (Ordnungspolitik und Steuerung, Finanzierung und Vergütung, Wachstum und Verteilung, Neue Versorgungsformen und Evaluation).

Die Ordnung von Wirtschaft und Gesellschaft als zentrale Aufgabe

Ordnungsökonomische und kulturvergleichende Studien
Von Helmut Leipold
SCHRIFTEN ZU ORDNUNGSFRAGEN DER WIRTSCHAFT Band 88
2008. VIII/307 S., kt. € 38,-. ISBN 978-3-8282-0436-2

Die vorliegenden Studien sind von der elementaren Einsicht geprägt, daß in der Herstellung einer gerechten und produktiven Ordnung von Wirtschaft und Gesellschaft das zentrale und ewig aktuelle Knappheitsproblem der Menschheitsgeschichte zu sehen ist. Was kann die Wissenschaft zur Lösung dieses Problems beitragen?

Dieser Frage wird zunächst anhand der Antworten von ordnungsökonomischen Theorieansätzen nachgegangen, die zugleich einer kritischen Bewertung unterzogen werden. In den nachfolgenden Beiträgen wird versucht, die rein ordnungsökonomischen Erklärungen um historisch-kulturelle Einflußfaktoren zu erweitern und durch komparative Studien zu belegen.

 Stuttgart

Neu bei Mohr Siebeck

Sara Borella
Migrationspolitik in Deutschland und der Europäischen Union
Eine konstitutionenökonomische Analyse der Wanderung von Arbeitskräften
2008. XI, 259 S. (Untersuchungen zur Ordnungstheorie und Ordnungspolitik 54). ISBN 978-3-16-149645-5 fBr € 49,–

Johann Eekhoff / Vera Bünnagel / Susanna Kochskämper / Kai Menzel
Bürgerprivatversicherung
Ein neuer Weg für das Gesundheitswesen
2008. X, 233 S. ISBN 978-3-16-149636-3 fBr € 29,–

Grundtexte zur Freiburger Tradition der Ordnungsökonomik
Herausgegeben von Nils Goldschmidt und Michael Wohlgemuth
2008. X, 780 S. (Untersuchungen zur Ordnungstheorie und Ordnungspolitik 50). ISBN 978-3-16-148297-7 fBr € 49,–

Eric L. Jones
Globalisierung der Kultur?
Kulturhistorische Ängste und ökonomische Anreize
Übersetzt von Monika Streissler
2008. XIV, 210 S. (Die Einheit der Gesellschaftswissenschaften 143). ISBN 978-3-16-149602-8 Ln € 69,–

Andreas Suchanek
Ökonomische Ethik
2. neu bearb. u. erw. A. 2007. XIII, 199 S. (UTB 2195). ISBN 978-3-8252-2195-9 Br € 9,90

Bodo Knoll
Minimalstaat
Eine Auseinandersetzung mit Robert Nozicks Argumenten
2008. XIV, 301 S. (Die Einheit der Gesellschaftswissenschaften 142). ISBN 978-3-16-149604-2 Ln € 89,–

Christoph Lütge
Was hält eine Gesellschaft zusammen?
Ethik im Zeitalter der Globalisierung
2007. XI, 293 S. (Die Einheit der Gesellschaftswissenschaften 140). ISBN 978-3-16-149408-6 Ln € 79,–

Privatrechtsgesellschaft
Entwicklung, Stand und Verfassung des Privatrechts
Herausgegeben von Karl Riesenhuber
2007. XXII, 394 S. (Untersuchungen zur Ordnungstheorie und Ordnungspolitik 53). ISBN 978-3-16-149510-6 Ln € 89,–

Thomas Schellings strategische Ökonomik
Herausgegeben von Ingo Pies und Martin Leschke
2007. VII, 233 S. (Konzepte der Gesellschaftstheorie 13). ISBN 978-3-16-149431-4 fBr € 39,–

Mark Wipprich
Größe und Struktur von Unternehmensnetzwerken
Ein quantitativer Modellansatz
2008. XVII, 255 S. (Ökonomik der Kooperation 6). ISBN 978-3-16-149664-6 fBr € 64,–

Maßgeschneiderte Informationen:
www.mohr.de

Mohr Siebeck
Tübingen
info@mohr.de
www.mohr.de

Erfolgsnationen vor dem Abstieg bewahren

Die Egologik als Erfolgsfaktor
Von Friedrich Reutner
Marktwirtschaftliche Reformpolitik Bd. 9
2008. X/140 S., gb. € 28,-. ISBN 978-3-8282-0440-9

Der globale Wettbewerb stellt weit höhere Anforderungen an die politische Steuerung. Negieren Regierungen den Zwang zur Wirtschaftlichkeit und Leistungsfähigkeit, verliert das Land Know-how, Arbeitsplätze und erntet Armut.

Die Rahmenbedingungen der Demokratie fördern Strukturkrisen, gefährliche Trends sowie Managementfehler. Damit blockieren die Schwächen der Demokratie zunehmend die Kräfte der Sozialen Marktwirtschaft, denn wie alle Menschen folgen auch Politiker ihrer Egologik, auch wenn sie dies verneinen. Steuert die Egologik wettbewerbsschädlich, so macht dies jedes Wirtschaftssystem langfristig zum Verlierer, wenn andere Länder sich wettbewerbsorientierter verhalten. Viele alternde Demokratien „verbessern" sich durch Regulierung, Kompliziertheit, Administration und Reibungsverluste. Jedes gut geführte Unternehmen antwortet dagegen bei stärkeren Wettbewerb mit Leistungssteigerung. Um die Demokratie als die beste bekannte Staatsform zu sichern, müssen die größten Wettbewerbsschwächen beseitigt werden.

Ökologieorientiertes Management

Um-(weltorientiert)Denken in der BWL
Von Edeltraud Günther
wisu-texte. 2008. XX/387 S., kt., € 29,90. UTB 8383. ISBN 978-3-8252-8383-4

Ökologisch verantwortungsvolles Handeln ist zu einem wichtigen Element von Unternehmen geworden. Das erfordert ein Umdenken in der BWL. Dieses neue Denken muss viele Bereiche durchdringen: das Managementsystem i.S. von Umwelt- und Qualitätsmanagement, die Formulierung von entsprechenden Zielen, die Entwicklung geeigneter Strategien. Das ökologieorientierte Management muss dabei die diversen Anspruchsgruppen (stakeholder) und die angesprochenen Funktionsbereiche in die Planung einbeziehen.
Abschließend stellt die Autorin Ökobilanzierung, Kostenorientierung sowie die Umsetzung (Entscheidungsinstrumente, Implementierung, Umweltberichterstattung) dar.
Ein Buch, das gleichermaßen für Studierende wie als Handreichung für die Praxis geeignet ist.

 Stuttgart